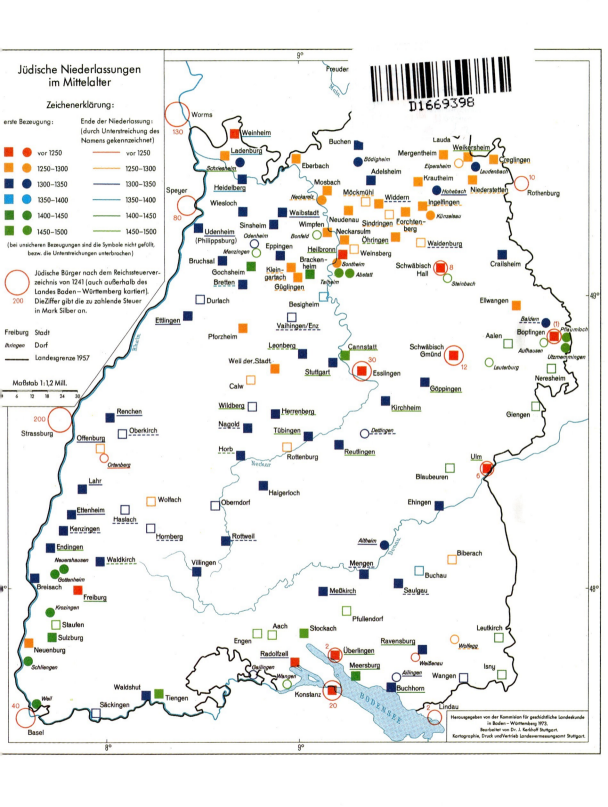

Jüdische Niederlassungen
im Mittelalter

Zeichenerklärung:

erste Bezeugung:

Ende der Niederlassung:
(durch Unterstreichung des
Namens gekennzeichnet)

🟥 🔴	vor 1250	── vor 1250
🟧 🟠	1250–1300	── 1250–1300
🟦 🔵	1300–1350	── 1300–1350
🔵 🔵	1350–1400	── 1350–1400
🟩 🟢	1400–1450	── 1400–1450
🟩 🟢	1450–1500	── 1450–1500

(bei unsicheren Bezeugungen sind die Symbole nicht gefüllt,
bezw. die Unterstreichungen unterbrochen)

⭕ Jüdische Bürger nach dem Reichssteuerver-
zeichnis von 1241 (auch außerhalb des
Landes Baden–Württemberg kartiert).
DieZiffer gibt die zu zahlende Steuer
200 in Mark Silber an.

Freiburg Stadt
Ihringen Dorf
──── Landesgrenze 1957

Maßstab 1:1,2 Mill.

Herausgegeben von der Kommision für geschichtliche Landeskunde
in Baden–Württemberg 1973.
Bearbeitet von Dr. J. Kerkhoff Stuttgart.
Kartographie, Druck und Vertrieb Landesvermessungsamt Stuttgart.

Erinnerungen und Zeugnisse jüdischer Geschichte
in Baden-Württemberg

Herrn Dr. Löffler
mit den besten Wünschen
für die Wiederherstellung
und würdigen Nutzung der
ehem. Synagoge in Baisingen!

Joachim Hahn

Baisingen, 13. 10. 1988

Joachim Hahn

Erinnerungen und Zeugnisse jüdischer Geschichte in Baden-Württemberg

Mit einem Geleitwort von Dietmar Schlee
und einem Vorwort von Meinrad Schaab

Herausgegeben von der Kommission
für geschichtliche Landeskunde in Baden-Württemberg
und dem Innenministerium Baden-Württemberg

Konrad Theiss Verlag Stuttgart

CIP-Titelaufnahme der Deutschen Bibliothek

Hahn, Joachim:
Erinnerungen und Zeugnisse jüdischer Geschichte in Baden-
Württemberg : Hrsg. v. d. Komm. für Geschichtl. Landeskunde
Baden-Württemberg u.d. Innenministerium Baden-
Württemberg / Joachim Hahn. Mit e. Geleitw. von Dietmar
Schlee u.e. Vorw. von Meinrad Schaab. – Stuttgart : Theiss,
1988
ISBN 3-8062-0566-3

Schutzumschlag:
Jürgen Reichert, Kornwestheim
Umschlagbild:
Wirtshausschild der ehemaligen jüdischen Wirtschaft
»Zum König David« in (Göppingen-)Jebenhausen; künftig im
jüdischen Museum in Jebenhausen untergebracht

© Konrad Theiss Verlag GmbH & Co., Stuttgart 1988
Satz und Druck: Gulde-Druck GmbH, Tübingen
Printed in Germany
ISBN 3-8062-0566-3

Schweigend spricht der Stein
vom Martyrium der sechs Millionen
deren Leib verwandelt in Rauch
durch die Luft zog.

Schweigen – Schweigen – Schweigen.

Ihr Nachgeborenen
gedenket der Männer, Frauen, Kinder,
die in einer Zeit der Gewalt
Märtyrer wurden.
Neigt euer Haupt in Demut.

NELLY SACHS

Geleitwort

Von DIETMAR SCHLEE, Innenminister des Landes Baden-Württemberg

Jeder, der sich mit der jüdischen Geschichte in Deutschland befaßt, wird konfrontiert mit der jüngsten deutschen Vergangenheit, die zugleich das dunkelste Kapitel der deutschen Geschichte darstellt. 1988 jährt sich zum 50. Mal die sogenannte Reichskristallnacht. In jener Nacht vom 9. auf den 10. November 1938 wurde der größte Teil aller Synagogen im Gebiet des heutigen Landes Baden-Württemberg geschändet, demoliert und zerstört. Der Vernichtung der Synagogen, in denen der Glaube, die Geschichte und die Emanzipation der Juden in Deutschland ihren sichtbarsten Ausdruck gefunden hat, folgte mit einer teuflischen Konsequenz die physische Vernichtung der Juden. In den zwölf Jahren des nationalsozialistischen Terrors und der Tyrannei wurde eine jahrhundertealte jüdische Kultur in Deutschland nahezu ausgelöscht. In vielen Orten mit einst lebendigen jüdischen Gemeinden erinnert heute kaum noch etwas an die jüdische Vergangenheit. Bis heute bleiben viele Zeugnisse der jüdischen Geschichte vergessen. Doch das Vergessen ist kein Weg, auf dem wir zur Aussöhnung mit dem jüdischen Volk und zu einem würdigen Umgang mit unserer eigenen Geschichte gelangen können. Weder die Zeit noch das Vergessen heilt die geschlagenen Wunden. Versöhnung kann es ohne Erinnerung nicht geben.
Mit dem vorliegenden, vom Innenministerium Baden-Württemberg und der Kommission für geschichtliche Landeskunde in Baden-Württemberg gemeinsam im Konrad Theiss Verlag herausgegebenen Buch werden die noch erreichbaren Spuren und Zeugnisse der jüdischen Geschichte in Baden-Württemberg zusammengetragen und dokumentiert. Die Herausgabe dieser Dokumentation, die von Pfarrer Dr. Joachim Hahn in jahrelanger, bewunderungswürdiger Forschungsarbeit zusammengestellt wurde, ist Ausdruck der geschichtlichen Verantwortung, die uns obliegt. Dieser Verantwortung wird nur gerecht, wer bereit ist, auch sichtbare Zeichen zu setzen. Ein solches Zeichen ist diese Dokumentation, welche die Geschichte der Juden in Baden-Württemberg und ihr Schicksal wachhalten und im Gedächtnis der Bevölkerung all der Orte, in denen jüdische und christliche Bürger zusammen lebten, verankern soll.
Die Geschichte der in Baden-Württemberg vereinigten Landesteile ist eng verwoben mit der Geschichte der hier jahrhundertelang lebenden Juden. Die Biographien herausragender Persönlichkeiten, bedeutsame Baudenkmäler und wichtige Bestände in Museen und Archiven legen hiervon Zeugnisse ab, aber auch die oftmals in Vergessenheit geratenen und einer besonderen Pflege bedürftigen alten jüdischen Friedhöfe sowie häufig unscheinbare, den jüdischen Gemeinden dienende Gebäude oder auch Straßen-, Platz- und Flurnamen. Vieles davon ist der Vernichtung während der nationalsozialistischen Gewaltherrschaft anheimgefallen. Es ist unsere Aufgabe, das, was übrig geblieben ist, zu bewahren und in Erinnerung zu behalten.

Die Geschichte der Juden in Südwestdeutschland beginnt im Mittelalter. Sie ist gekennzeichnet durch ein gedeihliches Miteinander, aber auch durch grausame Verfolgung. An vielen Orten in Baden-Württemberg lebten Juden und Christen über lange Zeit hinweg friedlich und in gegenseitiger Achtung miteinander. Die Geschichte der Juden in Deutschland war vom Beginn der Emanzipation um 1800 bis ins 20. Jahrhundert hinein alles in allem eine bemerkenswerte Erfolgsgeschichte. Das 19. Jahrhundert war auch das große Jahrhundert des Synagogenbaus. Juden als Teil des liberalen Bürgertums setzten sich für die liberal-nationale Sache ein. Gabriel Riesser, einer der Männer der Paulskirche und Wortführer der jüdischen Emanzipation, der erste deutsche Richter jüdischer Konfession, war durchaus repräsentativ, wenn er im September 1849, als sich das Scheitern der nationalliberalen Bewegung schon ankündigte, für seine jüdischen Glaubensgenossen bekannte: »Was der Sturm des Augenblicks zu verheißen schien und zu gewähren nicht vermochte, das wollen wir alle, Christen und Juden, in treuer, schwerer, beharrlicher Arbeit der Zeit abzuringen nicht ermüden.« Bei der Einweihung der alten Stuttgarter Synagoge, die im Inferno der Reichspogromnacht am 9. November 1938 unterging und aus der lediglich die Gesetzestafeln für die neu nach dem Krieg errichtete Synagoge gerettet werden konnten, wandte sich Rabbiner Dr. Maier im Jahr 1861 an »den Ewigen, den der Israelite verehrt wie der Christ, wenn auch in anderer Form«. Sein Schlußgebet beendete er mit den Worten: »Ja, Dir, geliebtes Stuttgart, unserem Jerusalem, wünschen wir Heil!«
Als Zeugnis für den Patriotismus und das Zugehörigkeitsgefühl der Juden in den Landesteilen Baden-Württembergs steht auch das Denkmal für die im Ersten Weltkrieg gefallenen Juden auf dem Pragfriedhof in Stuttgart. Es ist ein Beispiel von vielen. 520 Juden aus Stuttgart und Bad Cannstatt dienten als Frontsoldaten, 109 von ihnen fielen. Nicht weit davon entfernt, im israelitischen Teil des Pragfriedhofs, steht ein anderer Gedenkstein. Errichtet aus den Trümmern der 1938 niedergebrannten Synagoge und der zerstörten Friedhofskapelle, kündet er von 2498 Juden aus Württemberg, die zwischen 1933 und 1945 von den Nationalsozialisten ermordet wurden. An diesem Nebeneinander wird das Unfaßliche und Grausame der nationalsozialistischen Judenverfolgung besonders deutlich. Die lange Geschichte des jüdischen Leidens und der jüdischen Unterdrückung zeigt, daß die Wurzeln des Irrationalen weit zurückreichen. Jedoch nie zuvor war dieses Irrationale wie im Hitler-Regime als Instrument einer staatlichen Vernichtungsmaschinerie benutzt worden.
Im Westen Deutschlands wurde nach 1945 eine freiheitliche, rechtsstaatliche Demokratie aufgebaut. Eine neue Generation wuchs heran. Auch für unsere junge Demokratie ist es lebenswichtig, die Erinnerung wachzuhalten. In seiner Rede zum 40. Jahrestag des Kriegsendes am 8. Mai 1945 mahnt uns Bundespräsident Richard von Weizsäcker: »Wer vor der Vergangenheit die Augen verschließt, wird blind für die Gegenwart. Wer sich der Unmenschlichkeit nicht erinnern will, der wird wieder anfällig für neue Ansteckungsgefahren.«
Die Landesregierung von Baden-Württemberg hat frühzeitig und deutlich ihre Ver-

antwortung erkannt, durch Aufarbeitung der Vergangenheit im Rahmen der politischen Bildungsarbeit in breiten Bevölkerungskreisen und insbesondere in der nachwachsenden Generation das Bewußtsein von den Geschehnissen, Wirkungen und Folgen der nationalsozialistischen Gewaltherrschaft zu verankern. Daß auch Denkmalschutz und Denkmalpflege hier gefordert sind, daß sie eine Verantwortung für die baulichen Überreste der jüdischen Geschichte wahrzunehmen haben, auch wenn das Bauwerk oder seine Überreste äußerlich unscheinbar waren, also keinen eigenen architektonischen Wert repräsentieren, dies wurde in seiner Bedeutung erst später erkannt. Vielleicht mußte sich erst ein klares Bild der Aufgabenstellung der Denkmalpflege in der Fachwelt und in der Öffentlichkeit durchsetzen.

Das 1972 in kraft getretene baden-württembergische Gesetz zum Schutz der Kulturdenkmale brachte eine eindeutige Zielbestimmung der Denkmalpflege. Auftrag der Denkmalpflege ist nach diesem Gesetz die Erhaltung der Denkmale als Geschichtsdenkmal, als materieller Zeuge der Geschichte. Kulturdenkmale vermitteln uns historische Nachrichten und Erfahrungen. Sie sind in ihrer originalen Substanz selbst Geschichte. In diesem Sinne sind sie unersetzlich und damit schutzwürdig. Heute wissen wir: jede ehemalige Synagoge in Baden-Württemberg, jeder jüdische Friedhof ist ein schützenswertes Kulturdenkmal und zugleich ein Mahnmal des Gewissens. Diese Kulturdenkmale so weit wie möglich zu erhalten, sie zu schützen und würdig zu nutzen, ist uns sowohl gesetzliche wie moralische Verpflichtung.

Es war der starke Aufschwung des Gedankens des Denkmalschutzes und der Denkmalpflege in den siebziger Jahren, insbesondere seit dem Europäischen Jahr für Denkmalschutz 1975, der auch die ehemaligen Synagogen in das Bewußtsein der Öffentlichkeit treten ließ. Im Mai 1979 beschloß die Landesregierung von Baden-Württemberg das Schwerpunktprogramm Denkmalpflege. Über die normale Denkmalförderung hinaus sieht es eine erhöhte finanzielle Unterstützung für bestimmte hochwertige Kulturdenkmale vor, die substantiell gefährdet sind und ohne besondere staatliche Unterstützung dem Verfall preisgegeben wären. In dieses Programm wurden die ehemaligen Synagogen in Freudental, Michelbach an der Lücke, Hechingen, Sulzburg und Kippenheim aufgenommen. Das im Jahr 1986 aufgestellte Denkmalnutzungsprogramm, mit dessen Hilfe gefährdete Kulturdenkmale einer langfristigen, denkmalgerechten öffentlichen Nutzung zugeführt werden sollen, sieht die Restaurierung zweier weiterer Synagogen, nämlich der von Obersulm-Affaltrach und der von Werbach-Wenkheim vor. In dem vom Innenministerium im Konrad Theiss Verlag herausgegebenen und ebenfalls von Pfarrer Dr. Joachim Hahn erarbeiteten Buch über die Synagogen in Baden-Württemberg sind neben der Beschreibung aller im Gebiet des Landes Baden-Württemberg nachweisbaren ehemaligen Synagogen besonders die Restaurierungsbeispiele in Wort und Bild dargestellt. Sie sollen als zielgerichtete Entscheidung der staatlichen Denkmalpflege richtungweisend und beispielgebend sein.

Die früheren jüdischen Gemeinden unterhielten im Gebiet des heutigen Landes

Baden-Württemberg 144 Begräbnisstätten. Diesen Friedhöfen kommt aufgrund der religiösen Überzeugung und der jahrtausendealten Tradition des Judentums besondere Bedeutung zu, die sich insbesondere darin ausdrückt, daß die Totenruhe ewig währt. Die jüdischen Friedhöfe müssen daher als heiliger Bezirk, als eine in die Landschaft eingefügte Gesamtheit dauernd erhalten bleiben. Die nach der nationalsozialistischen Ausrottungspolitik auf dem Gebiet Baden-Württembergs wiedererstandenen wenigen jüdischen Gemeinden waren weder finanziell noch von ihrer Mitgliederzahl her in der Lage, diese Friedhöfe selbst zu betreuen. Staat und Kommunen haben daher sehr früh erkannt, daß sie diese Aufgabe in Erfüllung einer moralischen Verpflichtung übernehmen müssen. Seit 1957 erfolgt die Betreuung der verwaisten jüdischen Friedhöfe unter der Verantwortung des Landes auf der Basis einer gemeinschaftlichen Absprache zwischen Bund und Ländern. Die Betreuung wird in Absprache mit den jüdischen Landesverbänden und entsprechend den rituellen Vorschriften des Judentums durchgeführt. Sie umfaßt sowohl die Sicherung der Grabanlagen als auch Instandsetzungsmaßnahmen und regelmäßige Pflege.

Über diese regelmäßige Betreuung hinaus sind jüdische Friedhöfe auch eine Aufgabe der Denkmalpflege und Denkmalerhaltung. Sorgen bereitet dabei vor allem der Steinzerfall, der sich gerade bei den Sandsteindenkmalen auf jüdischen Friedhöfen verheerend auswirkt. Mit dem seit 1985 laufenden Umweltschadensprogramm versucht die Landesregierung durch die Untersuchung von Schadensprozessen und Konservierungsmöglichkeiten die Umweltschäden an Kulturdenkmalen zu erforschen und durch Vergabe namhafter Zuschüsse zu Konservierungsmaßnahmen die entstandenen Umweltschäden zu beseitigen. Es ist eine selbstverständliche Verpflichtung, daß auch die Grabsteine auf jüdischen Friedhöfen in diese Erhaltungsmaßnahmen mit einbezogen werden.

Neben der Inventarisierung der erhaltenen Synagogengebäude und der Reste ehemaliger Synagogen sowie der jüdischen Friedhöfe dient die vorliegende Dokumentation auch der Erfassung und Darstellung der anderen noch auffindbaren baulichen Zeugnisse der jüdischen Geschichte, die oft weniger bekannt oder ganz vergessen sind. Dazu gehören z. B. jüdische Schulhäuser und Rabbinerhäuser. Die vorliegende Dokumentation ist deshalb auch eine wichtige Grundlage für die beim Landesdenkmalamt laufende Erfassung aller Kulturdenkmale in Baden-Württemberg in der Denkmalliste und damit ein wichtiger Beitrag für einen effektiven Denkmalschutz.

Neben den baulichen Zeugnissen der jüdischen Geschichte erfaßt die vorliegende Dokumentation darüber hinaus alles, was heute in den Gemeinden noch an die jüdische Geschichte erinnert. Dies können Hausinschriften, Bestände in den Heimatmuseen oder Straßen sein, die nach jüdischen Persönlichkeiten benannt sind. Auch Spuren, die in frühere Jahrhunderte zurückweisen, werden in dem vorliegenden Werk festgehalten. Aus literarischen Quellen und Archivbeständen ist bekannt, daß an einzelnen Orten früher jüdische Gemeinden bestanden haben. Unbekannt ist freilich meist, daß sich an diesen Orten oft auch heute noch mancherlei Erinnerungen finden.

Einzelne Flurnamen oder Gebäudebezeichnungen erzählen von der Geschichte. So gibt es in Winnenden, in Neubulach und an etlichen anderen Orten, an denen später keine jüdische Gemeinden mehr bestanden, noch die Flur »Judenkirchhof« als Erinnerung an die mittelalterliche jüdische Gemeinde. In Wildberg heißt ein Gebäude mit alten romanischen Säulen im Keller bis heute »Judenbad«.

Mein besonderer Dank gilt Pfarrer Dr. Joachim Hahn, der mit dieser einzigartigen Dokumentation einen wichtigen Beitrag zur Landesgeschichte und für die Denkmalpflege geleistet hat. Danken möchte ich auch der Kommission für geschichtliche Landeskunde in Baden-Württemberg, die das Werk wissenschaftlich betreut hat. Mein Dank gebührt aber auch allen Personen und Institutionen, die Dr. Joachim Hahn bei seiner umfassenden und mühsamen Arbeit tatkräftig unterstützt haben.

An vielen Orten sind inzwischen gemeinnützige Bürgeraktionen und lokale Fördervereine zur Wahrung von Erinnerungen und Zeugnissen der jüdischen Geschichte entstanden. Sie leisten in großer Verantwortung Hervorragendes für die christlich-jüdische Verständigung. Daß auch in Zukunft das bürgerschaftliche Engagement bestehen möge, um die Zeugnisse einer gemeinschaftlichen deutsch-jüdischen Geschichte zu bewahren, ist Wunsch und Hoffnung, die ich dem Werk gerne mit auf den Weg gebe.

Vorwort

Von Professor Dr. MEINRAD SCHAAB, Vorsitzender der Kommission für geschichtliche Landeskunde in Baden-Württemberg

Auch wenn uns nicht die Last einer unseligen Vergangenheit auferlegt wäre, hätte heute das Thema der jüdischen Bevölkerung seinen Platz in der Landesgeschichte. Seit sie als geschichtliche Landeskunde eine umfassende Sicht der gesellschaftlichen und sozialen Verhältnisse anstrebt, besitzt gerade die Frage nach den Minderheiten besonderen Rang. Unter allen Minderheiten gibt es keine, die sich so beharrlich gehalten hat und leidend wie gestaltend unser Dasein mitprägte, wie die Juden.

Die mittelalterliche Gesellschaft, die christliche Ketzer dem Tod überantwortete und Mohammedanern wie Heiden dauernden Aufenthalt versagte, hat den Juden doch eine gewisse Duldung entgegengebracht. Sie standen unter dem besonderen Schutz des Kaisers, für den sie als seine Kammerknechte eine wichtige Einnahmequelle waren. Sie waren offensichtlich für das Wirtschaftsleben unentbehrlich, zumal es den Christen verboten war, Geld gegen Zins auszuleihen. Anscheinend war es auch leichter, diese eingeschränkte Duldung der Juden im Vergleich zu allen anderen außerchristlichen Religionen mit der religiösen Verwandtschaft zu rechtfertigen. Dies änderte nichts an der prinzipiellen Ausgrenzung und einer oft feindseligen Nachbarschaft.

Die Juden, im rechtsrheinischen Südwestdeutschland seit dem Hochmittelalter nachweisbar, haben sie in den zahlreichen Verfolgungen des Spätmittelalters zu spüren bekommen. Entscheidend für die Verteilung ihrer Siedlungen wurde, daß sie aus den Reichsstädten und den großen Territorien ausgewiesen wurden, während sich der Ritteradel, kleinere Territorialherren und die geistlichen Fürsten durch den Judenschutz eine zusätzliche Einnahmequelle verschafften. Württemberg blieb bei seiner grundsätzlichen Ablehnung der Juden auch in der Neuzeit. In Vorderösterreich gab es kaum Ansiedlungen von Juden, während die Kurpfalz ihre scharfe antijüdische Haltung zu Ende des 14. Jahrhunderts bald wieder durchbrach, und auch die Markgrafschaft Baden jüdische Gemeinden duldete.

In der Reformationszeit, als es der vom Bekenntnis des Herrschers abweichenden christlichen Minderheit verwehrt war, beim eigenen Glauben und im Lande zu bleiben, wurde vielfach die größere Duldsamkeit gegenüber den Juden als Argument im Kampf gegen die Ausweisung, freilich vergebens, eingeführt. Es läßt sich jedoch nicht übersehen, daß die »Duldung« der Juden, wo es sie überhaupt gab, mit einschneidender Benachteiligung erkauft war. Die außerordentliche Treue zum Glauben ihrer Väter und zur überlieferten Eigenart bezahlten die Juden mit gesellschaftlicher Absonderung und Diskriminierung. Vielleicht besserte sich ihre Lage in den Jahrhunderten der Neuzeit geringfügig. Einzelne besonders tüchtige Finanzleute aus ihren

Reihen stiegen zu einflußreichen Stellungen als Hoffaktoren auf. Die Masse der Landjuden lebte jedoch in großer Armut, die sich durch die demographische Zunahme noch verschärfte. Da es ihnen verwehrt war, den Lebensunterhalt in Landwirtschaft oder zünftigem Gewerbe zu finden, blieben ihnen nur der sogenannte Nothandel, vielfach Viehhandel und kleinere Kreditgeschäfte. Das mußte sie bei der geldwirtschaftlich unerfahrenen Landbevölkerung verhaßt machen.

Es ist ein Verdienst der deutschen Aufklärung, daß sie die theoretischen Grundlagen für die Judenemanzipation gelegt hat. Nicht zuletzt kamen wichtige Anstöße dazu aus den Reformen Josephs II., auch in Vorderösterreich. Der badische Oberamtmann Johann Georg Schlosser, Goethes Schwager, hat sich entscheidend an der Diskussion beteiligt. Durchgesetzt wurde die Emanzipation der Juden in Europa erstmals im revolutionären Frankreich, wo zunächst Mirabeau die deutschen Anregungen aufgegriffen hatte. Zu ersten Reformen in Südwestdeutschland kam es in der napoleonischen Zeit. Baden ging hier in der Gesetzgebung voran, Württemberg hat bis 1823 den gleichen Stand erreicht. Die Juden wurden in Pflichten und Rechten den übrigen Staatsbürgern gleichgestellt, die Staatsämter allerdings den Angehörigen der christlichen Konfessionen vorbehalten. Auf religiösem Gebiet machte sich die Tendenz zu staatlicher Bevormundung bei ihnen wie bei den christlichen Kirchen bemerkbar. Die Ungleichheit auf dem Gebiet des Gemeindebürgerrechts blieb. Diese ersten Schritte auf dem Weg zur Emanzipation, immer wieder, zuletzt noch mit dem Scheitern der Revolution von 1848/49, von Rückschlägen getroffen und von einzelnen Ausschreitungen begleitet, waren von philanthropischen, aber auch sozialpädagogischen Zielen bestimmt. Man wollte die schwierige Lage der Juden heben und sie allmählich ganz assimilieren. Es dauerte lange, bis sich die Erkenntnis durchgesetzt hat, daß man den Juden die Gleichberechtigung auch dann einräumen müsse, wenn sie nicht bereit waren, ihre religiöse und ethnische Eigenart aufzugeben. Gegen die Stimmung der Mehrheit der Bevölkerung wurde die volle Emanzipation in der Epoche des badischen Reformliberalismus 1863 durchgesetzt. Württemberg hat sich unmittelbar danach angeschlossen. Die Judenemanzipation war von einem demographischen Umschichtungsprozeß begleitet. Die jüdischen Bürger verließen zum großen Teil die Landorte und strebten in die größeren Städte. Mit der Verstädterung war eine Zunahme von Wohlstand und Bildung, auch eine größere Anpassung an die bürgerliche Gesellschaft gegeben. Trotz dieser Veränderungen zeigt die Verteilung der Wohnsitze jüdischer Einwohner bis zum Beginn der nationalsozialistischen Verfolgungen immer noch Nachwirkungen der Verhältnisse zu Beginn der Neuzeit. Das heißt, daß aufgrund der territorialen Gliederung vor 1803 wesentlich mehr Juden im Gebiet des Großherzogtums Baden wohnten als im Königreich Württemberg.

Die Erforschung jüdischer Geschichte blieb im 19. Jahrhundert Sache der Juden selbst. Die auf alten Traditionen beruhende Gelehrsamkeit der Juden entfaltete auf vielen Feldern der Wissenschaft und so auch in der Aufarbeitung der eigenen Geschichte eine vorbildliche Tätigkeit. Es sei hier nur an die Werke von Lewin, Löwenstein, Rosenthal und Tänzer erinnert. Dank des eigenen Interesses der Juden und ihrer wirtschaftlichen Stärke war es auch kein Problem, für diese Werke Verlage und Käufer zu finden. So nimmt es nicht wunder, daß sich die badische wie die württembergische Historische Kommission um dieses Thema kaum kümmerten. Es entsprach jedoch bester liberaler Tradition im Land, wenn die Badische Historische Kommission einzelne jüdische Gelehrte, etwa Harry Breßlau wegen seiner Verdienste um die Urkundenlehre oder Julius Cahn als Experten der Münzkunde, in ihre Reihen berief. Durch ihre Herkunft mit dem Judentum verbunden waren so bedeutende Mitglieder wie Bernhard von Simson, zuletzt Ehrenmitglied, und ihr Vorsitzender Eberhard Gothein, einer der produktivsten Kultur- und Wirtschaftshistoriker. Betroffen von der nationalsozialistischen Verfolgung wurde der Rechtshistoriker Eberhard Freiherr von Künßberg. Er verlor die Mitgliedschaft, weil seine Frau Jüdin war.

Nach der weitgehenden Vernichtung des einheimischen Judentums stand die Landesgeschichte vor einer ganz anderen Situation. In den sechziger Jahren gewann die Einsicht Boden, daß man verpflichtet war, die noch greifbaren Zeugnisse für die Nachwelt festzuhalten. Das wurde zunächst von der Staatlichen Archivverwaltung verwirklicht, die mit der 1954 gegründeten Kommission für geschichtliche Landeskunde in Baden-Württemberg personell engstens verbunden war. Es entstand die mehrbändige Dokumentation über die jüdischen Gemeinden in Baden wie in Württemberg sowie über die Schicksale jüdischer Bürger während der nationalsozialistischen Verfolgungszeit. Die Zeitschriften, von der Kommission herausgegeben, haben die Thematik vielfach aufgenommen. Als grundlegender Beitrag sei der von Reinhard Rürup über die Judenemanzipation in Baden in der Zeitschrift für die Geschichte des Oberrheins 1966 genannt. Wichtiges Zeugnis einer recht weitgehenden Assimilation sind die ebendort 1984 herausgegebenen Briefe Moriz Ellstätters, der von 1868 bis 1893 badischer Finanzminister war. Paul Sauer, der sich bereits große Verdienste in der Dokumentation über die jüdischen Gemeinden erworben hatte, hat weitere Aufsätze in der Zeitschrift für die Geschichte des Oberrheins 1980 und in der Zeitschrift für Württembergische Landesgeschichte 1988 beigesteuert. Mit der Geschichte der jüdischen Gemeinden in Baden und im fränkischen Raum (z. B. Michelbach an der Lücke) hat sich Gerhard Taddey befaßt. Breite Beschäftigung mit jüdischer Geschichte verlangte der Historische Atlas, in dessen Vorarbeiten 1970 die Untersuchung von Helmut Veitshans über die Judensiedlungen in den schwäbischen Reichsstädten und den württembergischen Landstädten erschien. 1973 folgten Karte und Beiwort über die jüdischen Einwohner im ganzen Land vom Mittelalter bis 1925 von Joseph Kerkhoff und Paul Sauer. Die nationalsozialistische Verfolgung fand eine zusammenfassende Darstellung im ebenfalls von der Kommission herausgegebenen Buch von Paul Sauer über Württemberg zur Zeit des Nationalsozialismus (1975). Einem besonders dunklen Kapitel, den Konzentrationslagern in der Endphase des Krieges, wendet sich der von Herwart Vorländer herausgegebene Sammelband (1978) zu.

Die Erforschung jüdischer Geschichte im Land wird auch für künftige Generationen und für viele Institutionen Aufgabe und Verpflichtung bleiben. Die letzten Zeitzeugen für die Zustände vor der Verfolgung und während der Verfolgung stehen bereits in hohem Alter. Die Kriegszerstörung und der rasante Umbruch in der Bausubstanz auch auf dem Land hat zahlreiche und gerade die unscheinbaren Zeugnisse jüdischer Geschichte beseitigt und bedroht immer noch weitere. Gerade diese beiden Umstände haben die umfangreiche Dokumentationstätigkeit von Pfarrer Dr. Joachim Hahn ausgelöst. Sie wurde von Anfang an vom Innenministerium unter Minister Dietmar Schlee unterstützt. Die Kommission hat den Rat ihrer Mitglieder Paul Sauer und Gerhard Taddey vor allem für eine inhaltliche Begrenzung der Thematik und die Form der Arbeit zur Verfügung gestellt. Ihr Vorstand hat sich entschlossen, das Buch als Sonderveröffentlichung ins Programm aufzunehmen. Die Kommission ist dem Autor sowie den genannten Mitgliedern für ihre Mühen und den Willen zu gedeihlicher Kooperation dankbar. Um die Redaktion haben sich Otto-Heinrich Elias sowie Gerhard Borawski von der Landesarchivdirektion verdient gemacht. Der Konrad Theiss Verlag war für eine gediegene Herstellung und das termingerechte Erscheinen bemüht, das Landesvermessungsamt stellte die kartographischen Unterlagen zur Verfügung. Auch dafür und für alle Bildvorlagen, die zum großen Teil vom Autor selbst stammen, ist zu danken. Das Buch hätte nicht erscheinen können ohne wesentliche finanzielle Unterstützung durch das Innenministerium. Ich wünsche ihm, daß es weite Teile unserer Öffentlichkeit erreicht und mit dazu beiträgt, den Anteil jüdischer Menschen an unserer Landesgeschichte, der so freventlich ausgelöscht wurde, wenigstens im Gedächtnis zu bewahren.

Inhalt

Methodische Vorbemerkung

Dieses Buch versteht sich als eine Dokumentation in jenem weiteren Sinn des Begriffs, der auch dingliche und sprachliche Relikte der Geschichte, ja selbst die Aussagen von Zeitzeugen einbezieht. Es ist gegliedert in einen allgemeinen Einführungsteil, der grundsätzliche Erläuterungen und Hinweise geben soll, die zum Verständnis des Folgenden nötig sind, und einen topographisch unterteilten Hauptteil.
Der topographische Teil ist alphabetisch nach den Stadt- und Landkreisen Baden-Württembergs geordnet. Innerhalb der Kreisabschnitte werden alle Orte (bzw. Ortsteile) aufgeführt, an denen sich Spuren der jüdischen Geschichte finden lassen. Je nach Art dieser Spuren werden die Ortsartikel durch unterschiedliche Zwischenüberschriften gegliedert:
Bei Orten, an denen jüdische Bewohner nachweisbar sind, in denen es aber nicht zur Bildung einer Gemeinde kam, findet der Leser die Überschrift **Zur Geschichte jüdischer Bewohner.** Dort werden Angaben zum Zeitraum gemacht, für den Juden festgestellt werden können (zum Teil ohne weitere Namensnennungen), sowie Angaben über jüdische Gewerbebetriebe, die an diesem Ort bestanden haben. Schließlich wird Näheres zu den Personen mitgeteilt und was an sie gegebenenfalls noch erinnert (u. a. Straßennamen). Außerdem werden vielfach Angaben über die Zugehörigkeit dieser Personen zu einer auswärtigen Synagogen-Gemeinde beigefügt und darüber, wo jüdische Verstorbene aus diesem Ort beigesetzt wurden.
Bei Orten, an denen sich Spuren zur jüdischen Geschichte feststellen lassen, ohne daß jüdische Einwohner nachweisbar sind, enthält der betreffende Artikel auf diese Spuren bezogene Überschriften, meist allgemein formuliert als **Spuren der jüdischen Geschichte,** zuweilen stärker eingegrenzt, z. B. **Spuren der Verfolgungszeit 1933 bis 1945.**
Bei Orten, an denen es zur Bildung einer jüdischen Gemeinde kam, findet der Leser folgende Abschnitte:
Zur Geschichte der jüdischen Gemeinde. Dieser Teil enthält Informationen
a) zum Zeitraum des Bestehens einer Gemeinde am Ort, markiert durch das Jahr der urkundlich belegten ersten Erwähnung jüdischer Bewohner und dem Jahr der Auflösung der Gemeinde. Da nur in wenigen Fällen das eigentliche Gründungsjahr der Gemeinde feststellbar ist, wird die Entstehungszeit meist nur pauschal angegeben (z. B. »zweite Hälfte des 17. Jahrhunderts«). Bei mittelalterlichen oder neuzeitlichen Gemeinden werden hier auch die Jahre von Verfolgungen, Ausweisungen, Neuansiedlungen usw. genannt. Bei Orten, an denen heute wieder eine jüdische Gemeinde besteht, ist das gleichfalls vermerkt.
b) zur feststellbaren Höchstzahl jüdischer Bewohner am Ort. Um eine möglichst genaue Zahl zu erhalten, wurden für den Zeitraum zwischen 1806 und 1933 alle im Gebiet Badens, Württembergs und Hohenzollerns durchgeführten Volkszählungser-

gebnisse ausgewertet, die in den Staatshandbüchern (für Württemberg ab 1806, für Baden ab 1827) und den Publikationen des Badischen Statistischen Landesamts zugänglich sind. In jedem Fall wurde die lokalgeschichtliche Literatur zugezogen und verglichen, da die allgemeinen Volkszählungsergebnisse fast durchweg die ortsanwesende, nicht die ortsangehörige Bevölkerung erfassen und insofern ein etwas verzerrtes Bild wiedergeben.

c) zur Zahl der Opfer in der Verfolgungszeit der NS-Herrschaft 1933 bis 1945. Diese Angaben stützen sich auf das von der Archivdirektion Stuttgart 1969 herausgegebene Gedenkbuch (Beiband zu Band 20 der Veröffentlichungsreihe der Archivdirektion). Die Zahlen beziehen sich auf Personen, die 1933 an diesen Orten wohnhaft waren oder nach 1933 noch zugezogen sind. Nachforschungen anderer Autoren über einzelne Orte haben inzwischen teilweise zu vollständigeren Angaben geführt. Diese Ergebnisse wurden berücksichtigt. Es wird jeweils eine Mindestzahl von Opfern angegeben, da in vielen Fällen das weitere Schicksal ehemaliger jüdischer Einwohner nicht mehr geklärt werden kann.*

Wohngebiet und Einrichtungen der jüdischen Gemeinde. Hier werden Informationen über ein Wohngebiet zusammengestellt, in dem sich jüdische Einwohner im Mittelalter oder der Neuzeit niederlassen konnten, sowie zu den am jeweiligen Ort nachweisbaren Einrichtungen wie Synagoge/Betsaal, rituelles Bad und dergleichen. Es sind nicht nur die zuletzt (z.B. bis 1938) benutzten Einrichtungen aufgeführt, sondern – soweit feststellbar – auch alle zuvor bestehenden. Wenn diejenigen, die nur aufgrund schriftlicher Nachweise oder gar nur durch Flurbezeichnungen bekannt sind, nicht mehr lokalisiert werden können, wird das im einzelnen vermerkt. Zu jedem Stichwort werden historische Angaben gemacht. An dieser Stelle werden auch entsprechende Straßenbezeichnungen und heutige Hinweis- und Gedenktafeln erwähnt (mit Jahr der Anbringung usw.).

Weitere Spuren der jüdischen Geschichte. Hier werden insbesondere zusammengestellt:

a) ehemalige jüdische Wohnhäuser, Geschäfte und Gewerbebetriebe. Für die großen Städte Stuttgart, Mannheim, Karlsruhe, Heidelberg, Heilbronn, Freiburg, Ulm und Konstanz wurde auf derartige Listen verzichtet, weil das den Rahmen dieses Buches gesprengt hätte. Es wird aber angegeben, wo solche Verzeichnisse zu finden sind. In der Regel werden für alle anderen Orte jüdische Geschäfte und Gewerbebetriebe bzw. Wohnhäuser genannt, die bis nach 1933 bestanden haben. Vor allem für Orte, an denen eine Gemeinde in dieser Zeit nicht mehr existierte, sind auch Wohnhäuser aus früherer Zeit zusammengestellt worden.

---

* Zwischen der »höchsten Zahl jüdischer Bewohner« (in Landgemeinden gewöhnlich in der Mitte des 19. Jahrhunderts erreicht) und der Zahl der »Opfer der Verfolgungszeit« bestehen in der Regel erhebliche Unterschiede. Hierbei ist zu berücksichtigen, daß die jüdische Bevölkerung auf dem Land bis um 1930 durch Abwanderung in die Städte und durch Auswanderung bereits erheblich zurückgegangen ist.

b) Flur-, Gewann- und Wegenamen, die im Zusammenhang mit der jüdischen Geschichte stehen. Derartige Namen werden nur dann im jeweiligen Ortsartikel erwähnt, wenn sie sich direkt auf eine jüdische Ansiedlung oder Einrichtung beziehen; andernfalls wurden sie in einem besonderen Verzeichnis (S. 100 ff.) zusammengefaßt.

c) Gefallenendenkmale des Ersten Weltkrieges (teilweise auch des Krieges 1870/71). Die Namen jüdischer Kriegsteilnehmer bzw. Gefallener sind aus den Gedenkbüchern der Gemeinden bekannt (vgl. Gedenkbuch 1932). Der Ortsartikel gibt Auskunft darüber, ob die Gefallenen auf dem Kriegerdenkmal des Ortes genannt werden und über deren Anzahl.

d) Gedenksteine für jüdische Gemeinden, Opfer der NS-Zeit usw. Hier wird in der Regel das Jahr der Aufstellung und der Standort angegeben.

e) Museumsbestände. In zahlreichen Heimatmuseen finden sich Gegenstände, die im Zusammenhang mit der jüdischen Geschichte stehen. Auf diese Exponate wird hingewiesen.

f) Weitere Spuren der jüdischen Geschichte, die im weitesten Sinn als jüdische Kulturdenkmale bezeichnet werden können.

Persönlichkeiten und auf sie bezogene Erinnerungsmale. Hier werden bedeutende Persönlichkeiten genannt, die in besonderer Beziehung zu dem jeweiligen Ort stehen (die hier geboren sind, gewohnt haben und sich auf irgendeinem Gebiet besondere Verdienste erwarben). In der Regel werden ein kurzgefaßter Lebenslauf und knappe Hinweise auf die besondere Bedeutung gegeben. Die Angaben beruhen auf den einschlägigen Speziallexika (Herzlitz/Kirschner; Tetzlaff; Kaznelson) sowie auf der lokalgeschichtlichen Literatur. Eine Übersicht über die in Südwestdeutschland tätigen Rabbiner enthält der Anhang. Bei den Erinnerungsmalen kann es sich um Straßenbezeichnungen, Denkmale und dergleichen handeln. Derartige Würdigungen werden aber nur dann erwähnt, wenn die Persönlichkeit zu dem jeweiligen Ort in einer besonderen Beziehung steht, d.h. eine »Einstein-Straße« wird nur in Bad Buchau und Ulm, eine »Berthold-Auerbach-Straße« nur in (Horb-)Nordstetten genannt. Ehrungen ohne lokalen Anlaß bleiben unberücksichtigt.

Alle Ortsartikel enthalten Angaben über Quellen und Literatur. Diese Angaben können in der Regel nicht vollständig sein; meist werden lediglich neuere Titel genannt, die dann den Zugang zu älteren Darstellungen vermitteln. Besonderer Wert wurde auf Titel gelegt, die zeitlich nach der grundlegenden Dokumentation der Archivdirektion Stuttgart (Sauer 1966; Hundsnurscher/Taddey 1968) erschienen sind.

Allgemeiner Teil

Zur Forschungsgeschichte

Der Titel dieses Buches richtet den Blick des Lesers auf die nach den überlieferten Quellen fast 800jährige Geschichte der Juden in Südwestdeutschland. Es dürfte sogar noch längere Zeit, nämlich mindestens 1000 Jahre, zurückliegen, daß sich in Städten wie Wertheim, Heilbronn oder Schwäbisch Hall die ersten jüdischen Einwohner niederließen. »Erinnerungen und Zeugnisse jüdischer Geschichte in Baden-Württemberg« sollen betrachtet werden. Das setzt das Wissen voraus, daß das hier behandelte, erst seit 1952 zusammengeschlossene Gebiet historisch keine politische Einheit darstellte. Bis zum Anfang des 19. Jahrhunderts handelte es sich vielmehr um eine Vielzahl von Territorien und Herrschaften, die gerade im Blick auf die Behandlung der Juden völlig unterschiedliche Wege gegangen sind. Erst die Zeit Napoleons beseitigte die territoriale Vielfalt, trennte aber zugleich Gebiete, die jahrhundertelang zusammengehört hatten, wie das Fürstentum Ansbach oder die Kurpfalz. Andererseits glich sich seit der Mediatisierung die Geschichte der Juden in den Ländern Baden und Württemberg wie in den hohenzollerischen Gebieten weitgehend an. Dieser historische Vorgang und die gegenwärtige Zugehörigkeit zu einem Bundesland rechtfertigen eine gemeinsame Bestandsaufnahme. In diesem Sinne ist es völlig unerheblich, daß auch die heute in diesem Bundesland bestehenden Gemeinden zwei unterschiedlichen Verbänden angehören, der Israelitischen Religionsgemeinschaft in Württemberg und Hohenzollern bzw. dem Oberrat der Israeliten in Baden.

Die ersten Versuche, die leidvolle Geschichte der Juden im deutschen Südwesten nachzuzeichnen, gehen auf die Mitte des 19. Jahrhunderts zurück. Dabei handelt es sich überwiegend um Aufsätze, die in verschiedenen Periodika veröffentlicht wurden, etwa in den Württembergischen Jahrbüchern für vaterländische Geschichte von 1857 der Aufsatz von Karl Pfaff über »Die früheren Verhältnisse und Schicksale der Juden in Württemberg« und in der Zeitschrift des Historischen Vereins für das wirtembergische Franken von 1861 der Beitrag von Hermann Bauer über »Israeliten im wirtembergischen Franken«. Einige Jahrzehnte später erschienen erste umfassende Monographien, zur Geschichte der badischen Juden die bahnbrechenden Forschungen der Rabbiner Leopold Löwenstein, Mosbach (»Geschichte der Juden am Bodensee und Umgebung«, 1. Teil 1879; »Geschichte der Juden in der Kurpfalz«, 1895) und Adolf Lewin (unter anderem »Geschichte der badischen Juden seit der Regierung Karl Friedrichs [1738 bis 1909]«, 1909), schließlich die Aufsätze des Oberlandesgerichtspräsidenten Johann Anton Zehnter (unter anderem in der Zeitschrift für die Geschichte des Oberrheins).

Bis zur NS-Zeit wurden die wichtigsten Beiträge zur Geschichte der Juden von jüdischen Historikern verfaßt. Diese Arbeiten sind bis heute grundlegend; einige wurden zu Recht nachgedruckt, vor allem Berthold Rosenthals »Heimatgeschichte der badischen Juden« von 1927 (Nachdruck 1981) und Aaron Tänzers »Geschichte der

Juden in Württemberg« von 1937 (Nachdruck 1983). Zum Themenbereich der jüdischen Kulturdenkmale erschien 1932 im Auftrag des Oberrates der Israelitischen Religionsgemeinschaft Württembergs das Buch »Jüdische Gotteshäuser und Friedhöfe in Württemberg«, das inzwischen von größtem historischem Wert ist, da es von etlichen Synagogengebäuden die einzigen bekannten Fotos enthält. Leider ist im badischen Bereich kein entsprechendes Buch erschienen. Das genannte Werk des Oberrats nimmt auch eine erste, wenn auch aus heutiger Sicht völlig unvollständige und quellenmäßig stark überholte Zusammenstellung von Kurzgeschichten der jüdischen Gemeinden im Bereich Württembergs vor.

Auch in der NS-Zeit wurden intensive Forschungen zur jüdischen Geschichte vorangetrieben, freilich unter dem einseitigen Aspekt, die »Verbreitung des Judentums im deutschen Volkskörper« feststellen zu können. Einige der in diesen Jahren entstandenen Arbeiten sind stark vom NS-Gedankengut geprägt, bei anderen handelt es sich um intensive Quellenstudien, die cum grano salis bis heute herangezogen werden können. Hierzu gehören lokale Beiträge wie »Die Geschichte und Entwicklung der Juden in Buttenhausen« von Alfred Fritz (1938) oder »Die Juden in Mergentheim« von Gustav Adolf Renz (1943), aber auch übergreifende Darstellungen wie »Quellen zur Geschichte der Judenfrage in Württemberg« von Walter Grube (1938) oder »Die Entwicklung der Judenemanzipation in Württemberg bis zum Judengesetz von 1828« von Ottmar Weber (1940).

Nach 1945 herrschte zunächst weithin betroffenes oder ratloses Schweigen. Nur langsam finden sich wieder einzelne Beiträge zur Geschichte der Juden an einzelnen Orten. Anfang der sechziger Jahre erschienen erste monographische Darstellungen wie die »Dokumentation über die Verfolgungen der jüdischen Bürger von Ulm« von Heinz Keil (1961), die »Geschichte und Schicksal der Juden in Heilbronn« von Hans Franke (1963) oder »Weg und Schicksal der Stuttgarter Juden« von Maria Zelzer (1964). Seither nahm die Zahl der Darstellungen (auch in Heimatbüchern oder Zeitschriften) ständig zu. Einige jüdische Autoren haben sich an der Darstellung der Geschichte der Juden an ihren Heimatorten beteiligt; hier sind zu nennen die »Geschichte der Juden von Konstanz« von Erich Bloch (1971) oder die »Geschichte der Juden im Hegaudorf Randegg« von Samuel Moos (1986).

An umfassenden Geschichtsdarstellungen erschienen in den sechziger Jahren die Bände 16 bis 20 der »Veröffentlichungen der Staatlichen Archivdirektion Baden-Württemberg«, in denen eine umfassende Erforschung der Schicksale der jüdischen Bürger Baden-Württembergs während der Verfolgungszeit 1933 bis 1945 vorgenommen wurde. Eine Dokumentationsstelle war sieben Jahre lang mit dieser Aufgabe beschäftigt. Als Ergebnis wurde 1966 eine zweibändige Quellenpublikation »Dokumente über die Verfolgung der jüdischen Bürger in Baden-Württemberg durch das nationalsozialistische Regime 1933 bis 1945« vorgelegt. Ihr folgte noch im gleichen Jahr ein Gedenkbuch von Paul Sauer über die »Jüdischen Gemeinden in Württemberg und Hohenzollern« und im Frühjahr 1968 von Franz Hundsnurscher und Gerhard

Taddey ein Gedenkbuch über »Die jüdischen Gemeinden in Baden«. In diesen beiden Bänden wurde in grundlegender Weise die Geschichte der Juden an einzelnen Orten zusammengestellt, wobei der Schwerpunkt die Erforschung des Schicksals der jüdischen Gemeinden in der NS-Zeit war. Schon aus diesem Grund fielen damals Darstellungen der Geschichte jüdischer Gemeinden in früheren Jahrhunderten wie z. B. in Aulendorf, Grundsheim, Ravensburg, Stühlingen usw. weg, die in der vorliegenden Dokumentation mitbehandelt werden.

Die Veröffentlichungen zur jüdischen Geschichte in Baden-Württemberg (lokaler oder regionaler Art bzw. zu einzelnen Fragestellungen) haben in den vergangenen Jahren erfreulicherweise stark zugenommen, so daß in den Literaturnachweisen bei den meisten Orten auf weiterführende Beiträge verwiesen werden kann. Für die vorliegende Dokumentation wurde unter der jeweiligen Fragestellung die gesamte Literatur ausgewertet. In vielen Fällen handelt es sich um maschinenschriftliche Vervielfältigungen, da leider viele gute Arbeiten nicht zur gedruckten Veröffentlichung kommen.

Zur Geschichte der Juden in Südwestdeutschland

Mittelalter: Städtische Ansiedlung, Zeiten der Verfolgung und schließlich Ausweisung

Wann sich Juden erstmals im südwestdeutschen Raum niedergelassen haben, verbirgt sich im Dunkel der Geschichte. Vermutlich dürften bereits zu römischen Zeiten Juden an einzelnen Militär- und Handelsorten gewohnt oder sich wenigstens zeitweilig aufgehalten haben. Im Germanien befand sich Anfang des 4. Jahrhunderts zumindest eine große jüdische Gemeinde in Köln (321 erwähnt), vermutlich aber auch in anderen Städten (Trier, Augsburg, Regensburg).

Das Schicksal dieser jüdischen Gemeinde(n) nach dem Ende der Römerherrschaft ist unbekannt, da erst im 10./11. Jahrhundert Juden wieder in Städten an Rhein und Mosel urkundlich genannt werden (Mainz, Worms, Köln, Trier und Speyer). Seither nahm die Zahl der Ansiedlungen, in denen Juden wohnten, stetig zu. Noch im 11. Jahrhundert waren jüdische Kaufleute unentbehrlich für die Gründung einer neuen Stadt. Bischof Rüdiger von Speyer erklärte im Jahr 1084: »Da ich aus dem Flecken Speyer eine Stadt machen wollte, habe ich Juden aufgenommen.«

Nachdem die Juden 1184 aus Frankreich vertrieben worden waren, zogen viele von ihnen über den Rhein und ließen sich in den zahlreichen in dieser Zeit neugegründeten Städten nieder. Die ersten urkundlichen Erwähnungen von Juden im Gebiet des heutigen Baden-Württemberg stammen aus der ersten Hälfte des 13. Jahrhunderts: Wertheim (1212), Grünsfeld (1218), Überlingen (1226), Freiburg (1230), Lauda und

Tauberbischofsheim (1235), Bopfingen, Esslingen, Schwäbisch Gmünd, Schwäbisch Hall, Konstanz und Ulm (1241/42) zählen zu den ältesten Gemeinden, wenngleich in diesen und anderen Städten schon vorher Juden gelebt haben dürften. In Heilbronn wurde ein Stein mit einer hebräischen Inschrift in das 11. Jahrhundert datiert.

Nur kurze Zeit währte im südwestdeutschen Raum eine relativ ungestörte Zeit der Ansiedlung. Wenige Jahre, nachdem die ersten jüdischen Gemeinden urkundlich genannt werden, setzten die Judenpogrome ein, die im Gebiet der Rheinstädte schon zu Zeiten des ersten Kreuzzugs (1096) einen ersten grausamen Höhepunkt erreicht hatten. Wie Seuchen breiteten sich die Verfolgungen aus, die durch völlig unhaltbare Beschuldigungen der Juden als Hostienschänder, Ritualmörder und Brunnenvergifter ausgelöst wurden.

Schreckliches Unheil kam über die Juden im deutschen Südwesten durch drei Pogromwellen: 1298 wurden durch die Banden des Ritters Rindfleisch aus Röttingen/ Unterfranken Dutzende jüdischer Gemeinden, insbesondere im Gebiet zwischen Neckar und Main, ausgelöscht. Jüdische »Memorbücher« nennen die Namen von 20 000 Opfern. In den Jahren 1335/37 zogen erneut große Scharen von »Judenschlägern«, wie sie sich selbst nannten, gegen die jüdischen Gemeinden. An ihrer Spitze stand »König Armleder«, ein Ritter von (Külsheim-)Uissigheim. 1348/49, als die Pest über Europa hereinbrach, wandte sich die Bevölkerung mit dem Vorwurf der Brunnenvergiftung wieder gegen die Juden. Fast alle Orte, in denen zu dieser Zeit jüdische Familien lebten, wurden Stätten grausamer Massenmorde. Die wenigen Juden, die diese Schreckensjahre überlebt hatten, flohen teilweise in den Osten, in polnische und russische Gebiete, andere konnten sich einige Jahre später wieder in den Städten niederlassen. Ihre soziale Stellung war abermals schlechter geworden. Zunehmend wurden Juden in ihren Rechten beschränkt und aus dem Wirtschaftsleben verdrängt. Im 15. und bis zum Anfang des 16. Jahrhunderts wurden sie aus den meisten Städten (so aus Freiburg 1401 und 1424, aus Heilbronn 1476 und 1490, aus Ulm 1499 und aus Konstanz 1537) und den Gebieten vieler Herrschaften (zum Beispiel aus Württemberg mit der Regimentsordnung von 1498) ausgewiesen.

Frühe Neuzeit: Dörfliches Schutzjudentum

Nach der Vertreibung aus den Städten und anderen Herrschaftsgebieten konnten sich Juden überwiegend im weiten Umkreis der jeweiligen Städte und Herrschaften niederlassen. Die Zersplitterung des südwestdeutschen Raumes in eine Vielzahl geistlicher und weltlicher Territorien machte dies möglich. Gegen hohe »Schutzgelder« und andere Sonderabgaben wurden Juden gerade in kleineren Herrschaften bereitwillig aufgenommen. Über mehrere Jahrhunderte hin wurden sie Objekte der Ausbeutung. In den Dörfern, in denen Ansiedlungen möglich waren, lagen im 16. Jahrhundert »Judenhäuser« streng abgesondert von christlichen Wohngebieten.

Der Dreißigjährige Krieg brachte an etlichen Orten neue Möglichkeiten der Niederlassung. Viele Herrschaften erlaubten nach diesem Krieg bereitwillig auch jüdischen Familien die Ansiedlung in den teilweise völlig ausgebluteten und niedergebrannten Orten. Die Juden beteiligten sich am Wiederaufbau der zerstörten Häuser und Höfe. Die Sonderabgaben, die sie zu leisten hatten, wurden beibehalten und ermöglichten ihnen gerade noch ein Existenzminimum. Seither nahm die Zahl jüdischer Bewohner in den zur Ansiedlung offenen Orten stark zu, ein Prozeß, der in der ersten Hälfte des 19. Jahrhunderts seinen Abschluß erreichte. Noch im 17. Jahrhundert wanderten auch polnische und russische Juden ein, die vor den furchtbaren Judenpogromen in östlichen Gebieten im Zusammenhang mit dem Kosakenaufstand 1648/49 geflüchtet waren. Die zahlenmäßig stärkste jüdische Gemeinde im südwestdeutschen Raum entstand in Mannheim, wo sich Juden von 1652 an unter relativ günstigen Voraussetzungen niederlassen konnten.

In allen Gebieten lebten die jüdischen Familien in dieser Zeit überwiegend vom Waren-, Vieh- und Geldhandel. Bereits seit dem Mittelalter war ihnen der Zugang zur Landwirtschaft verschlossen, da sie keinen Boden erwerben konnten. Auch handwerkliche Berufe waren ihnen untersagt, da sie nicht in die Zünfte aufgenommen wurden. Nur einzelnen Juden, die zu Finanzexperten und Lieferanten (sogenannten Hoffaktoren) an einigen Höfen aufstiegen, gelang es im 17./18. Jahrhundert zu Reichtum zu kommen. Die Geschichte von Jud Süß Oppenheimer zeigt freilich, welche Risiken damit verbunden waren. Die rechtliche Stellung der Juden in den einzelnen Territorien unterschied sich teilweise beträchtlich. An zahlreichen Orten kam es immer wieder zu willkürlichen Ausweisungen oder zu Versuchen, Juden in einem ghettoartigen Siedlungsgebiet zusammenzufassen.

Nach der Französischen Revolution: Rechtliche Emanzipation und Rückkehr in die Stadt

Als eine Folge des Aufklärungszeitalters und der Französischen Revolution setzte Anfang des 19. Jahrhunderts auch in den neugebildeten Ländern Baden, Württemberg und Hohenzollern (Hohenzollern-Sigmaringen und Hohenzollern-Hechingen) ein Prozeß ein, in dessen Verlauf Juden allmählich wieder die bürgerlichen Rechte eingeräumt wurden. Von 1807 an hoben in Baden sogenannte Konstitutionsedikte, in Württemberg königliche Erlasse die zahlreichen, Jahrhunderte zuvor auferlegten Beschränkungen auf. 1809 wurde der »Badische Oberrat der Staatsbürger Mosaischen Bekenntnisses« (später »Oberrat der Israeliten Badens«) als geistliche und zugleich für die Verwaltung der jüdischen Gemeinden zuständige Oberbehörde begründet. In Württemberg brachte 1828 das »Gesetz in Betreff der öffentlichen Verhältnisse der israelitischen Glaubensgenossen« umfassende Neuregelungen. Seither gab es hier eine »Israelitische Oberkirchenbehörde« (nach 1924 »Oberrat der israelitischen Religionsgemeinschaft Württembergs« genannt). Bis zur völligen Gleichstellung mit den christlichen Bürgern vergingen jedoch nochmals Jahrzehnte. Erst 1862 wurde sie in Baden, 1864 in Württemberg erreicht. Dazwischen gab es auch Rückschläge, wie in der Zeit der Revolution 1848/49.

Mit der Emanzipation und der allgemeinen Aufhebung von Niederlassungsverboten setzte eine starke Landflucht ein: Im Verlauf weniger Jahrzehnte kam es zu einem weitgehenden Rückgang der jüdischen Bevölkerung in den Landgemeinden und zu einer Konzentration in den Städten. Die größten Gemeinden entwickelten sich im Gebiet des heutigen Baden-Württemberg in Mannheim, Stuttgart und Karlsruhe. Gegen Ende des 19. Jahrhunderts wurden bereits einige jüdische Landgemeinden aufgelöst.

Das religiöse Leben erfuhr mancherlei Veränderungen, da in vielen Stadtgemeinden Reformen durchgeführt wurden, die den Widerstand konservativ-orthodoxer Kreise hervorriefen (Einführung der Orgel, neue Gesangbücher mit deutschen Gesängen und dergleichen). In einigen Städten bildeten sich daraufhin orthodoxe jüdische Religionsgemeinschaften mit eigenen Betsälen.

Von der Mitte des Jahrhunderts an leisteten jüdische Unternehmer bedeutende Beiträge zur Industrialisierung des Landes. Nach Erreichung der bürgerlichen Gleichstellung wurden die ersten Juden in Richter- und Staatsanwaltsstellen berufen. An zahlreichen Orten ließen sich jüdische Ärzte nieder. An den Universitäten lehrten nun auch jüdische Professoren. Jüdische Gemeinderäte und Landtagsmitglieder waren bald nichts Ungewöhnliches mehr.

Gegen Anfang des 20. Jahrhunderts setzte sich der Prozeß der Abwanderung aus den Landgemeinden fort. In den Städten pflegten zahlreiche jüdische Vereine ein reges kulturelles Leben. Die Assimilation der jüdischen Kultur an diejenige ihrer Umwelt erreichte ihren Höhepunkt. So konnte sich in Deutschland die zionistische Hoffnung einer Rückkehr nach Palästina nur sehr langsam ausbreiten. Im Ersten Weltkrieg kämpften ganz selbstverständlich auch jüdische Soldaten an den Fronten. 1918 beklagten die jüdischen Gemeinden Badens 589, die Gemeinden Württembergs 270 Gefallene. Die Zahl der jüdischen Bewohner betrug in Baden damals ungefähr 24 000, in Württemberg 11 000 Personen. Viele jüdische Soldaten kamen aus dem Weltkrieg mit hohen Auszeichnungen zurück. Dies hinderte die bereits im letzten Drittel des 19. Jahrhunderts aktiven Antisemiten nicht daran, nach 1918 die Schuld am unglückseligen Verlauf des Ersten Weltkrieges den Juden zuzuschreiben. Seit 1925 wuchs die antisemitische Welle an, nahm zunächst aber noch keine bedrohlichen Formen an.

Im NS-Staat: Verfolgung und Vernichtung

Mit der Machtergreifung Hitlers 1933 änderte sich dies schlagartig. Von da an war »der Jude« zum Volksfeind Nr. 1 gestempelt. Es begann eine Leidensgeschichte, die die

Grausamkeiten und die Judenpogrome früherer Jahrhunderte in den Schatten stellen sollte. Am 1. April 1933 setzte der Boykott jüdischer Geschäfte ein, der eine Verdrängung von Juden aus dem Wirtschaftsleben zum Ziel hatte. Sechs Jahre später waren alle jüdischen Handels- und Gewerbebetriebe zwangsverkauft, enteignet und »arisiert«. Beamte wurden entlassen, Rechtsanwälten und Ärzten wurde die Zulassung entzogen. 1935 regelten die Nürnberger Gesetze den »Schutz des deutschen Blutes und der deutschen Ehre«. 1938 wurden die Juden polnischer Herkunft ausgewiesen. Am 9./ 10. November 1938 brannten die Synagogen, wurden jüdische Geschäfte und Betriebe, die noch bestanden, demoliert und geplündert. Juden wurden geschlagen, zu unwürdigen Handlungen gezwungen, ein Großteil der Männer in das Konzentrationslager Dachau eingeliefert. Die Zahl derjenigen, die auswandern wollten, nahm rapide zu.

Der Kriegsbeginn 1939 brachte Ausgangsbeschränkungen. 1940 setzen die Deportationen ein. Ein erster Transport betraf die badischen Juden, die am 22. Oktober 1940 in Lager Südfrankreichs verschleppt wurden. Am 1. September 1941 wurde der Judenstern eingeführt, im selben Jahr setzten die Deportationen aus Württemberg und Hohenzollern ein. Auf dem Stuttgarter Killesberg wurde ein zentrales Sammellager eingerichtet. Die Wannsee-Konferenz im Januar 1942 beschloß die »Endlösung der Judenfrage«. Aus dem Gebiet des heutigen Baden-Württemberg kamen nach den Forschungen der Archivdirektion Stuttgart mindestens 8500 jüdische Mitbürger gewaltsam ums Leben. Das unbeschreibliche Elend und Leid, das hinter den Namen Auschwitz, Lublin-Majdanek, Maly Trostinec, Izbika, Theresienstadt, Riga, Gurs oder Récébédou steht, wo überall auch Juden aus Südwestdeutschland ermordet wurden, kann hier nur angedeutet werden.

Kurze Zeit, nachdem fast alle jüdischen Mitbürger deportiert worden waren, wurden auch im Gebiet Baden-Württembergs Konzentrationslager eingerichtet, in denen vom Sommer 1944 an auch Tausende jüdischer Häftlinge, die insbesondere aus polnischen Gemeinden stammten, unter katastrophalen äußeren Verhältnissen zur Zwangsarbeit verurteilt waren. Die furchtbarsten dieser Lager, allesamt Außenkommandos des Konzentrationslagers Natzweiler/Elsaß, befanden sich zwischen Heilbronn und Mosbach, in Leonberg, Vaihingen/Enz, Schwäbisch Hall-Hessental, im Raum Balingen/Rottweil und an anderen Orten. Die Zahl der hier nach dem grausamen Motto »Vernichtung durch Arbeit« (in der Rüstungsindustrie, beim Ölschieferabbau usw.) Umgekommenen geht in die Tausende.

Neuanfang nach Kriegsende

Der Einmarsch der Alliierten brachte im April 1945 die Befreiung der noch lebenden Lagerinsassen. Einige dieser ehemaligen Lagerarbeiter und die wenigen zurückkehrenden Deportierten waren die ersten, die sich 1945 in einigen Städten wieder zu jüdischen Gemeinden zusammenschlossen. In diesem Jahr konnten Gemeinden in Mannheim, Karlsruhe, Heidelberg, Stuttgart und Freiburg wiederbegründet werden. Später kamen noch weitere in Baden-Baden, Konstanz und Pforzheim dazu. Inzwischen leben im Gebiet Baden-Württembergs wieder ungefähr 2200 jüdische Gemeindeglieder.

Das jüdische Wohngebiet und die Einrichtungen der jüdischen Gemeinde

Judenhaus, Judengasse, Ghetto

In den mittelalterlichen Städten wohnten die jüdischen Familien gewöhnlich in unmittelbarer Nähe ihrer Synagoge in einer »Judengasse«, um einen »Judenhof« oder in der näheren Umgebung. Vermutlich war dieses Zusammenwohnen zunächst gar nicht aufgezwungen, sondern entsprach den Wünschen der Juden selbst. In den meisten Fällen hatte die Judengasse einen eigenen Ein- und Ausgang in der Stadtmauer. Das »Judentor« bzw. der »Judenturm« (so in Breisach, Esslingen, Heidelberg, Weinheim, Wertheim, Weil der Stadt genannt) war Teil der Stadtbefestigung und von den jüdischen Familien zu unterhalten. Vielfach endete die Judengasse an einem tiefergelegenen Teil der Stadt (sehr oft in der Nähe eines Baches), so daß problemlos die Anlage einer Mikwe möglich war (so in Tübingen, Weinheim, Wildberg).

In zahlreichen Städten wechselten im Laufe des Mittelalters die jüdischen Wohngebiete; entscheidende Anlässe hierzu brachten die Zeiten der Verfolgungen Mitte des 14. Jahrhunderts mit sich (zum Beispiel in Heilbronn, Rottenburg a. N., Stuttgart, Wertheim). In Städten, wo die jüdische Bevölkerung nur wenige Familien umfaßte, sind meist nur einzelne »Judenhäuser« und keine »Judengasse« feststellbar (zum Beispiel in Biberach). In vielen Städten lagen die Judengassen an hervorragender Stelle für die wirtschaftliche Betätigung jüdischer Kauf- und Handelsleute; oft bestand ein unmittelbarer Zugang zum Markt und einer bedeutenden Handelsstraße (so in Heilbronn, Reutlingen, Ulm; in Überlingen in der Nähe der Schiffsanlegestelle usw.). Freilich gibt es auch Städte, wo die Judenansiedlung aus nicht bekannten Gründen an einer wenig begehrten Stelle lag (in Schwäbisch Hall nahe dem Kocher). Die jüdischen Wohnviertel waren teilweise so angelegt, daß Nichtjuden die Siedlung nie betreten mußten. In Ulm war es durch die Anordnung mehrerer unbedeutender Gassen für die christlichen Einwohner möglich, den »Judenhof« trotz der zentralen Lage immer zu umgehen. Trotz der abgesonderten Lage kann man für das Mittelalter nicht von einer ausgeprägten Ghettosituation im späteren Sinne reden.

Eine Tendenz zur erzwungenen Ghettoisierung der Juden ist erst im 16. Jahrhundert festzustellen. Jüdischen Familien war es in dieser Zeit nach der Ausweisung aus vielen Städten und Herrschaftsgebieten nur möglich, sich gegen Zahlung hoher Schutzgelder in kleinen Herrschaften, etwa in reichsritterschaftlichen Gebieten, niederzulassen. Dabei spiegelt die Wohnsituation im 16. Jahrhundert die soziale Stellung wider, in der sich Juden seither befanden: In kleineren Städten, in denen sie noch nicht ausgewiesen oder auch neu aufgenommen worden waren, befanden sich ihre Wohnhäuser (sogenannte »Judenhöfe«) schutzlos außerhalb der Stadtmauern (so in Großbottwar und Rottenburg-Obernau). In den Dörfern auf dem Land lebten sie nun streng abseits der christlichen Bevölkerung, gewöhnlich durch eine Grenze von ihr geschieden. In Mittelbiberach bildete ein Bach diese »natürliche« Grenze. An manchen Orten entstanden die jüdischen Wohngebiete in der Nähe herrschaftlicher Gebäude, die den jüdischen Familien zugewiesen worden waren (so in Horb-Rexingen um das Johanniterschloß). Manche Adlige nahmen zwar Juden auf, aber nicht an dem Ort, an dem sich ihr Herrschaftssitz befand (zum Beispiel ließen die Herren von Berlichingen keine Juden in Jagsthausen zu, wo ihre Schlösser waren).

Die Entwicklung vieler Dörfer im Dreißigjährigen Krieg führte in Orten, wo jüdische Familien danach (wieder) aufgenommen wurden, zu einer Aufhebung der Ghettoisierung. Den Ortsherren war es oft gleich, welche der vielen öden Hofstätten von einer neu zugezogenen jüdischen oder einer christlichen Familie aufgebaut wurde. So ergab es sich dann zum Beispiel in Dörfern im Kraichgau oder im hohenlohischen Raum, daß jüdische Familien ganz verstreut in einem Ort wohnten.

Doch kam es auch dort, wo Juden zunächst über den Ort verteilt wohnten, noch im 18. Jahrhundert zur erzwungenen Konzentrierung jüdischer Familien auf bestimmte Bezirke: In Haigerloch forderte der Fürst von Hohenzollern-Sigmaringen, daß alle Juden, die kein eigenes Haus besäßen, in herrschaftlichen Gebäuden in einem abgesonderten Stadtviertel (dem »Haag«) untergebracht werden sollten. In wenigen Jahren entwickelte sich der Haag zu einem Ghetto, das bis zum Ende der jüdischen Gemeinde in der NS-Zeit nur von jüdischen Familien bewohnt war. In Hechingen war es nach dem Schutzbrief des Fürsten Friedrich Joseph 1754 nur zehn Familien erlaubt, in der Stadt selbst zu wohnen. Alle anderen mußten sich im Vorort Friedrichstraße niederlassen. Dieser Stadtteil entwickelte sich innerhalb weniger Jahrzehnte zu einem jüdischen Dorf mit eigenen Einrichtungen (Synagoge, Mikwe usw.). Dieses rein jüdische Wohngebiet wurde von jüdischer Seite durchaus auch positiv gesehen. Als Berthold Auerbach 1825 nach Hechingen kam, schrieb er über seine ersten Eindrücke: »Wir fuhren die Friedrichstadt vorüber, ich hörte, daß da nur Juden wohnen. Das erschien mir als wahres Paradies. Keinem Spott und keinem Haß ausgesetzt, unter lauter Juden wohnen, wie herrlich muß das sein...«

Noch in der zweiten Hälfte des 18. Jahrhunderts wurde bei Neuaufnahmen jüdischer Bewohner von vielen Ortsherrschaften auf eine Trennung zwischen jüdischen und christlichen Familien geachtet. In (Göppingen-)Jebenhausen und (Münsingen-)Buttenhausen, wo die Freiherrn von Liebenstein 1777 bzw. 1787 Juden aufgenommen hatten, ergab sich in beiden Fällen eine deutliche Zweiteilung des Ortes. Die christliche bäuerliche Gemeinde zeigt das regellose Bild eines Haufendorfs, in dessen Mittelpunkt die Kirche steht. Von diesem Ortsteil war – in Jebenhausen wie in Buttenhausen – durch einen Bachlauf (in Jebenhausen der Lauf von Fulbach und Heimbach, in Buttenhausen die Große Lauter) der jüdische Teil abgesondert. Die Aufhebung der Niederlassungsbeschränkungen im Laufe der ersten Hälfte des 19. Jahrhunderts (die letzten Schranken fielen um 1865) führte dann dazu, daß Juden sich wieder am Ort ihrer Wahl niederlassen konnten.

Noch einmal versuchten die Nationalsozialisten, Juden zu ghettoisieren, indem sie 1941/42 einige der »Judendörfer« für Zwangseinquartierungen benutzten, um andere Städte »judenfrei« zu bekommen. Baden war der erste Reichsgau, der im Sinne der nationalsozialistischen Sprachregelung für »judenfrei« erklärt werden konnte, nachdem am 22. Oktober 1940 die jüdischen Bewohner nach Südfrankreich deportiert worden waren. In Württemberg kam es bis 1943 zu Zwangseinweisungen in Dörfern wie (Rottenburg-)Baisingen, (Münsingen-)Buttenhausen, (Horb-)Rexingen u. a.

Die Synagoge

Die Geschichte jüdischer Gotteshäuser und ihre religiöse Bedeutung

Wann Synagogen in Gebrauch kamen, läßt sich nicht genau bestimmen. Vermutlich geht ihr Ursprung auf die Zeit des sogenannten Babylonischen Exils (6. Jahrhundert v. d. Z.) zurück. Der Begriff »Synagoge« ist sehr alt: In der griechischen Bibelübersetzung (Septuaginta) meint er zunächst dasselbe wie der hebräische Begriff für »Gemeinde«. Später bezeichnete das Wort den Versammlungsort einer Gemeinde (hebr.: Bet ha-Knesset). In der Bibel ist auch je einmal von einem »Haus des Volkes« (Jer 39,8) und von einem »Haus des Gebetes« (Jes 56,7) die Rede. Beide Bezeichnungen drücken den Charakter des Gebäudes aus, das schon in früher Zeit Gotteshaus, Lehr- und Versammlungsort einer jüdischen Gemeinde war. Im Mittelalter war der Begriff »Schule« für die »Synagoge« verbreitet; Martin Luther prägte den Begriff der »Judenschule« als Übersetzung von »Synagoge«.

Von Synagogengebäuden erfährt man Näheres erst im 3. Jahrhundert v. d. Z. aus Ägypten, als bereits zahlreiche Synagogen bestanden. In Palästina lassen sie sich seit dem 1. Jahrhundert n. d. Z. nachweisen. Zahlreiche Bauten wurden in den letzten Jahren bei archäologischen Ausgrabungen entdeckt, wobei sich architektonisch unterschiedliche Typen feststellen ließen. Zur Zeit der Mischna (2. Jahrhundert n. d. Z.) wird das Vorhandensein von Synagogen als selbstverständlich vorausgesetzt; so wird einem Gelehrten empfohlen, sich an einem Ort ohne Kultgebäude nicht niederzulassen (b. Sanh 17b).

Tafel 2   Hechingen/Hohenzollern: im Vordergrund Gebäude des ehemaligen jüdischen Stadt-
teiles Friedrichstraße; am rechten Bildrand ist die Synagoge (mit hohen Fenstern und Walmdach)
zu erkennen (nach einem Gemälde von J. H. Bleuler, um 1800).

Tafel 1   (vorhergehende Seite) Mittelalterliches jüdisches Bad (Mikwe) in Offenburg, vermutlich um 1300 angelegt: die Treppe führt über 36 Stufen zum eigentlichen Badeschacht.

Fast immer standen die Synagogen unter staatlichem Schutz und waren unverletzlich. Schon im Römischen Reich wurden sie zum Dank dafür auch nach dem Namen des Kaisers benannt. Dieser Schutz ist freilich oft mißachtet worden: Schon 388 brannten Christen in der Stadt Kallinikon die Synagoge nieder, ganz zu schweigen von den unzähligen Übergriffen im späten Mittelalter und in unserer Zeit.

Die Synagogen galten als »Heiligtümer im Kleinen« und orientierten sich in manchen Vorschriften an die biblischen Weisungen für den Jerusalemer Tempel. Allerdings wollte man nach der Zerstörung des Tempels durch die Römer (70 n. d. Z.) damit nie einen Ersatz für den Tempel schaffen. Die prophetische Verheißung der Wiedererrichtung des Tempels in messianischer Zeit ist die große Hoffnung der Judenheit durch alle Jahrhunderte geblieben.

Als Haus, in dem das Gebet und die Belehrung eine zentrale Rolle spielen, wurde die Synagoge trotz aller auseinandergehenden Entwicklungen auch das geistige Vorbild sowohl der christlichen Kirche als auch der islamischen Moschee. Schon zu antiken Zeiten war die Synagoge auch häufig das soziale Zentrum einer Gemeinde. Sie diente der Gemeindeverwaltung, für Hochzeits- und Beerdigungsfeiern, der Vollziehung von Rechtsakten oder als Herberge für Durchreisende. Für Gebet und Gottesdienst brauchte man nicht unbedingt ein ganzes, selbständiges Gebäude; es genügte ein einziger Raum. Oft verwendete man dazu Privathäuser, in denen ein Raum für diesen Zweck eingerichtet wurde.

Nach später rabbinischer Tradition sollte die Synagoge an der höchsten Stelle eines Ortes liegen. Dieser Brauch ließ sich in der Praxis freilich meist nicht durchführen. In einigen Gemeinden half man sich mit hohen Stangen auf dem Dachfirst (so in Freudental), um wenigstens auf diese Weise die benachbarten Gebäude zu überragen. Einfache Betsäle wurden in den Dachgeschossen von Häusern eingerichtet; darüber sollte niemand mehr wohnen. Häufig legte man den Fußboden tiefer als das Straßenniveau, um dadurch einen höheren Innenraum zu erreichen. Später gab man diesem Merkmal eine mystische Erklärung, die von der Psalmstelle »Aus der Tiefe rufe ich Dich« (Psalm 130,1) hergeleitet wurde.

Bezüglich der Gebetsrichtung bildete sich allgemein der Brauch aus, nach dem Vorbild Daniels (Dan 6,11) Jerusalem zugewandt zu beten. So wurde der Eingang einer Synagoge in der Regel an die Westseite gelegt; der Toraschrein erhielt seinen Platz im Osten, also an der Jerusalem zugewandten Seite. Die christliche Kirche hat diesen Brauch übernommen und ihre Kultgebäude nach Osten ausgerichtet. Die Ostseite war traditionell mit Fenstern versehen, damit die Morgensonne in den Raum scheinen konnte. Als in (Hirschberg-)Leutershausen ein Nachbar sein Haus aufstockte und damit der Synagoge das Morgenlicht wegnahm, prozessierte die jüdische Gemeinde gegen diesen Nachbarn. Da der Prozeß für sie nachteilig ausging, entschloß sie sich, eine neue Synagoge zu erbauen (1867).

Im babylonischen Talmud findet sich die Forderung der Trennung von Frauen und Männern. Schon in der Synagoge von Kapernaum stand den Frauen eine von Säulen getragene Galerie zu. Für das Mittelalter läßt sich eine Frauensynagoge in Ulm (auch in Worms, Speyer, Prag, Krakau) nachweisen. Vermutlich war auch in Ulm ursprünglich ein Gemeinschaftsbau mit abgetrennten Plätzen vorhanden; bei einer Vergrößerung wurde die Frauensynagoge als Anbau ergänzt. In Wiesloch war bis 1837 eine getrennte »Männerschule« und eine »Weiberschule« in zwei verschiedenen Gebäuden vorhanden. Gewöhnlich war jedoch in einfachen Betsälen eine Abschrankung für den Frauenteil (so in der Synagoge in Schwäbisch Hall-Unterlimpurg), in Synagogengebäuden eine Frauenempore vorhanden. Bei den Christen bildeten sich ganz ähnliche Traditionen heraus: In evangelischen Kirchen war den Männern meistens die Empore zugewiesen, in katholischen Kirchen bildete der Mittelgang oft die Trennungslinie zwischen Frauen (links) und Männern (rechts).

Im Synagogenvorraum befand sich ein Becken zum Händewaschen. Hier hielten sich nach dem Brauch vieler jüdischer Gemeinden die Trauernden auf, ehe sie am Beginn des Sabbats eingelassen wurden. Hier wurden auch die Kinder vorbereitet, ehe sie zur Beschneidung in die Synagoge gebracht wurden.

Zur Inneneinrichtung gehörte in ältester Zeit nichts weiter als ein Schrein für die heiligen Schriften. Dieser Schrein war aus Holz gefertigt und ähnelte ursprünglich einer antiken Büchertruhe. Im Laufe der Zeit wurde der Schrein, der nach der biblischen Bundeslade »Aron Hakodesch« (»Heilige Lade«) genannt wurde, mehr und mehr als Prunkstück der Synagoge gestaltet. Der Toraschrein war in der geosteten Apsis des Gebäudes aufgestellt; analog zum Tempel repräsentierte er das Allerheiligste, worauf auch der Toravorhang (Parochet) hinwies. Vielfach fanden rechts und links des Schreins die Motive der beiden Tempelsäulen Jachin und Boas Verwendung.

Während des Gottesdienstes wird der Toraschrein geöffnet, die Torarollen werden herausgenommen. Nach diesem »Ausheben« werden diese im Umzug an das Vorlesepult, den Almemor, getragen. Der Almemor stand in den traditionellen Synagogen, vor allem in Landgemeinden, in der Mitte des Raumes. Zu ihm führen meist einige Stufen hinauf, so daß er eine erhöhte Estrade darstellt, an deren Ostseite das Lesepult (Schulchan) steht. Von hier wird der Toraabschnitt verlesen.

Zu den notwendigen Einrichtungsgegenständen gehören auch Lampen und Leuchter. Traditionell brennen zwei Kerzen am Vorbeterpult sowie das »Ewige Licht« (Ner Tamid), das schon im Stiftszelt Moses (3.Mose 24,2−3) angebracht war. Die katholische Kirche hat dies von der Synagoge übernommen. Durchweg finden sich in der Synagoge auch sieben- und achtarmige Leuchter (Menora, Chanukka-Leuchter).

Eine Synagoge erhält ihre Weihe nur durch die Verwendung für den Gottesdienst, für den zehn religionsmündige männliche Personen anwesend sein müssen (»Minjan«).

Zu den bis heute an etlichen Orten erhaltenen Besonderheiten eines Synagogenbaus gehören hebräische Inschriften über den Eingängen. Die Tradition der Portalinschrift reicht in das Altertum zurück. Die Inschriften sollten an die Heiligkeit des Ortes erinnern, wobei einige biblische Texte häufig vorkommen: »Wie ehrfurchtgebietend ist dieser Ort! Hier ist nichts anderes denn Gottes Haus und hier ist die Pforte des

1   Wo es die örtlichen Gegebenheiten erlaubten, baute man das Synagogengebäude so hoch, daß
es die umliegenden Häuser überragte; der Pfeil weist auf das Gebäude der ehemaligen Synagoge
in Billigheim (1984).

2   Achtarmige Menora
(Chanukka-Leuchter) in der
(1938 zerstörten) Synagoge
in Heidelberg, ursprünglich
eine Stiftung Samuel Oppen-
heimers, der in der zweiten
Hälfte des 17. Jahrhunderts
in Heidelberg wohnte und
später als kaiserlicher Hoffaktor in Wien zu Ansehen
kam (hist. Aufnahme ca.
1925).

3   Inschrift über dem Eingang der ehemaligen Synagoge in (Horb-)Rexingen mit Zitat aus 1. Mose 28,17 (1987).

Himmels« (1.Mose 28,17, so in Bopfingen-Oberdorf, Horb-Rexingen, Walldorf); »Dies ist das Tor zum Herrn, die Gerechten ziehen durch es hinein« (Psalm 118,20, so in Bad Schönborn-Bad Mingolsheim, Efringen-Kirchen, Horb-Rexingen alte Synagoge, Sinsheim-Ehrstädt, Werbach-Wenkheim); »Mein Haus soll ein Bethaus für die Völker genannt werden« (Jes 56,7, so in Rastatt alte und neue Synagoge, Ettlingen, Seckach-Großeicholzheim). Seltener sind Inschriften wie: »Und Salomo baute das Haus« (1.Kön 6,14, Obersulm-Eschenau); »Ich freue mich über die, die mir sagten: lasset uns ziehen zum Haus des Herrn« (Psalm 122,1, Wiesloch); »Er verkündet Jakob seine Worte, Israel seine Gesetze und Rechte« (Psalm 147,19, Müllheim); »Haus Jacob! Laßt uns wandeln im Lichte des Herrn!« (Jes 2,5, Gaggenau-Hörden) und andere Inschriften. Oft sind einzelne Buchstaben der hebräischen Texte so markiert, daß man beim Zusammenzählen der Zahlenwerte der Buchstaben das Jahr der Einweihung des Gebäudes erhält.

Eine Besonderheit des süddeutschen Raumes ist der sogenannte Hochzeits- oder Chuppa-Stein, der sich noch an einigen ehemaligen Synagogengebäuden befindet. Er geht auf ein Ritual während der Trauungszeremonie zurück: Braut und Bräutigam trinken am Schluß des Trauungsaktes aus einem Glas als Symbol ihrer ehelichen

4 *Gebotstafeln über dem Giebel der ehemaligen Synagoge in Sulzburg (nach dem zerstörten Original rekonstruiert). Jede Zeile enthält den Text bzw. den Textbeginn eines der zehn Gebote (1987).*

Vereinigung, anschließend wird dieses Glas an den Hochzeitsstein geworfen. Mehrere Deutungen dieser Sitte sind bekannt. Zum einen möchten Braut und Bräutigam alle Übel von ihrer Ehe und ihren Gästen abwenden, dazu den Wunsch nach Fruchtbarkeit in ihrer Ehe ausdrücken. Zum anderen sollen die zerbrochenen Scherben auch an diesem Tag der Freude daran erinnern, daß der Jerusalemer Tempel zerstört wurde und die messianische Zeit noch nicht angebrochen ist.

Auf den Steinen findet sich häufig ein Hexagramm (Davidstern) oder eine Blütenform mit Inschriften, von denen zwei immer wieder vorkommen: der Wunsch »Masel tow« (»Gut Glück«), den die Hochzeitsgäste dem Paar zurufen (auf dem Stein ausgeschrieben oder nur in den Buchstaben M und T) und der hebräische Satz: »Die Stimme der Wonne und die Stimme der Freude, (das sind) die Stimme des Bräutigams und die Stimme der Braut« (vgl. Jer 33,11). Auch dieser Spruch ist meist nur abgekürzt zitiert. Hochzeitssteine sind noch vorhanden in Eppingen (alte Synagoge), (Bad Rappenau-) Heinsheim, (Sinsheim-)Ehrstädt, Freudental, (Tauberbischofsheim-)Dittigheim, (Wallhausen-)Michelbach a.d.L., vermutlich auch (unter Verputz) in (Bopfingen-) Aufhausen, (Bopfingen-)Oberdorf und (Bad Friedrichshall-)Kochendorf. Nicht erhalten ist der Stein in Niederstetten. Der aus der Synagoge (Bad Mergentheim-)

Edelfingen stammende Chuppa-Stein wird in der örtlichen Verwaltungsstelle Edelfingen aufbewahrt.

In einigen Fällen wurde der Grundstein der Synagoge auffallend gestaltet. In (Adelsheim-)Sennfeld trug er das sonst aus Portalinschriften bekannte Psalm-Zitat: »Dies ist das Tor zum Herrn, die Gerechten ziehen durch es hinein.« (Ps 118,20). In der NS-Zeit wurde die Inschrift herausgemeißelt. In (Buchen-)Bödigheim ist bis heute die Inschrift zu lesen: »Diese Sinagog wurde Erbaut unter der Regierung des Durchlaucht Grosherzog Ludwig von Baden dem Israelitischen Vorsteher Ms. Behr durch Werckmeister Huber 1818.« An anderen Orten trägt der Grundstein die Jahreszahl der Erbauung (so in Ahorn-Eubigheim, Sinsheim-Rohrbach, Sinsheim-Steinsfurt usw.). In Buchen und Sinsheim sind die Grundsteine der Synagoge, die in den Heimatmuseen aufbewahrt werden, das einzige Erinnerungsstück an die Synagoge.

Ursprünglich befanden sich an vielen Synagogengebäuden auch Darstellungen der Gebotstafeln, häufig am Giebel des Gebäudes, über dem Eingangsportal oder im Synagogeninneren, hier meist über dem Aron Hakodesch. Nur wenige dieser Tafeln sind erhalten. In Stuttgart wurden sie 1939 während des Abbruchs der Synagoge unter Schutt vergraben und nach 1945 wieder geborgen. Seit 1952 sind sie in der neuen Synagoge eingebaut. In Eberbach wurden die ehemals am First der Synagoge befindlichen Tafeln 1978 bei Baggerarbeiten im Neckar wieder aufgefunden, wo sie vermutlich 1938 versenkt worden waren.

Nach dem Ersten Weltkrieg wurden in den Synagogen – wie in vielen Kirchen – Tafeln für die Gefallenen der Gemeinde angebracht. Einige dieser Tafeln sind erhalten (so in Stuttgart und Sinsheim-Steinsfurt; die Tafel aus der Synagoge in Schöntal-Berlichingen befindet sich im Heimatmuseum Künzelsau; die Tafeln aus der Horb-Rexinger Synagoge werden in der örtlichen Verwaltungsstelle verwahrt).

Eine Orgel findet sich in Synagogen erst seit der zweiten Hälfte des 19. Jahrhunderts. Ihre Einführung war höchst umstritten und einer der Gründe für den Bau eigener Kultgebäude durch orthodox-jüdische Gemeinschaften. Einige Synagogen verfügten nur über ein Harmonium (Bretten, Laupheim usw.), andere über große Orgeln (in allen städtischen Synagogen, aber auch in Landgemeinden wie Bad Buchau usw.).

Fast jede Synagoge besaß einen Raum, worin verschlissene Bücher, alte Schriftstücke und Kultgegenstände vorläufig deponiert wurden (Genisa). Nach jüdischer Tradition darf eine Schrift, die den Gottesnamen enthält, nicht einfach weggeworfen werden. Vielfach wurden alle hebräischen oder mit hebräischen Buchstaben (also auch jiddisch) geschriebenen Bücher, Hefte und Kalender gelagert, um eines Tages auf dem Friedhof der Gemeinde beerdigt zu werden. In Hechingen und Freudental wurden vor einigen Jahren bei den Restaurierungsarbeiten derartige Aufbewahrungsorte gefunden. Hierbei kamen zahlreiche Druckwerke zutage (Talmudblätter, Gesang- und Gebetbücher, Erbauungsliteratur, Kalender jüdischer Händler, kleinere Kultgegenstände usw.).

Synagogen in Südwestdeutschland

An allen Orten, wo im Mittelalter jüdische Gemeinden entstanden, wurden auch Synagogen eingerichtet. Gottesdienste konnten gefeiert werden, wenn zehn religionsmündige, d. h. über 13 Jahre alte Männer zusammen waren. Für kleinere Gemeinden reichte ein Betsaal in einem der jüdischen Häuser aus, größere Gemeinden erstellten dafür eigene Gebäude. In Südwestdeutschland sind durch schriftliche (in drei Fällen nur durch alte mündliche) Überlieferungen in etwa 30 Städten mittelalterliche Synagogen bekannt. Die tatsächliche Zahl wird wesentlich höher liegen. Nur in einem Teil der Orte sind die genauen Standorte bekannt; keines der Gebäude ist erhalten (so in Bad Wimpfen, Bruchsal, Ehingen/Donau, Esslingen, Freiburg, Grünsfeld, Heidelberg, Heilbronn, Herrenberg, Kirchheim/Teck, Konstanz, Lahr, Leonberg, Offenburg, Öhringen, Ravensburg, Reutlingen, Rottenburg/Neckar, Rottweil, Schwäbisch Gmünd, Schwäbisch Hall, Stuttgart, Tübingen, Überlingen, Ulm, Villingen, Waiblingen, Weikersheim, Weil der Stadt, Weinheim, Wertheim).

Vermutlich werden auch im Gebiet Baden-Württembergs die mittelalterlichen Synagogen in den Stilformen ihrer Zeit errichtet worden sein. Diesen Schluß legt ein Vergleich mit teilweise erhaltenen Synagogen dieser Zeit aus einer weiteren Umgebung nahe. Die 1174/75 in Worms erbaute Synagoge (demoliert 1938, erneuert und wiedereingeweiht 1961) gilt als Meisterwerk spätromanischer Architektur. Die erhaltenen Ruinen in Speyer zeigen für den Bau um 1090 romanische Fenster, die teilweise im 14. Jahrhundert durch Spitzbogenfenster mit Mittelstreben ersetzt wurden. Anfang des 13. Jahrhunderts wurde die Synagoge in Regensburg in frühgotischem Stil erbaut; spätgotisch sind die erhaltenen Gebäude in Prag (Altneu-Schule) und Krakau-Kazimierz (Alte Synagoge), die aus dem 14./15. Jahrhundert stammen.

Innerhalb des jüdischen Viertels, der Judengasse oder dem Judenhof standen die Synagogen gewöhnlich frei, umgeben von dem »Judenschulhof« (diese Bezeichnung ist z.B. aus Schwäbisch Gmünd, Ulm und anderen Orten bekannt), der eine Art innerer Marktplatz der Judengasse gebildet haben wird.

In Zeiten der Verfolgung wurden die Gotteshäuser, in die sich die Juden zu retten versuchten, oftmals zum Schauplatz furchtbarer Blutbäder: In Weinheim verbrannten bei der Judenverfolgung am 20. Dezember 1298 etwa 70 Personen in der Synagoge, in der sie noch den Sabbatgottesdienst gefeiert hatten. Ähnliche Szenen spielten sich im März 1332 in Überlingen und Ende Dezember 1348 in Esslingen ab.

Nach den Verfolgungen und Ausweisungen gingen die Synagogen in städtischen, klösterlichen oder in Privatbesitz über. In Heidelberg, Wertheim, vermutlich auch in Herrenberg, Lauda, Rottweil und Überlingen wurden auf den betreffenden Plätzen Kirchen erbaut bzw. die Synagogen in Kirchen umgewandelt.

Nach Ausweisung der Juden aus zahlreichen Städten und Herrschaftsgebieten entstanden zunächst nur noch an wenigen Orten jüdische Gemeinden mit eigenen Einrichtungen, in einigen wenigen Fällen bestand auch die mittelalterliche Gemeinde

5   Alte Synagoge in Worms, 1034 gestiftet, 1175 neu gebaut. Die Aufnahme zeigt den Zustand des Gebäudes vor der Zerstörung 1938. Das Gebäude wurde wieder aufgebaut und 1961 aufs neue eingeweiht.

6   *Haus des Betsaals in Bad Buchau, nach der Überlieferung aus dem 15. Jahrhundert. Der Betsaal befand sich im Obergeschoß des Anbaus, der Toraschrein an der Stelle des heutigen, nach Osten gerichteten Fensters.*

fort (so in Wertheim). In Hechingen und Sulzburg werden 1546 erstmals Synagogen genannt, an anderen Orten wenige Jahre später: (Schwendi-)Orsenhausen (1550), Künzelsau (nach 1550), Breisach (1565), Aach (1581), Haigerloch (1595), (Bad Rappenau-)Heinsheim und (Buchen-)Hainstadt (um 1600), (Königsheim-)Gissigheim (1617). In vielen Fällen besuchten Juden aus Orten, in denen die Einrichtung einer Synagoge nicht möglich war, die Gottesdienste einer Nachbargemeinde. So feierten die Wimpfener Juden um 1600 die Gottesdienste gemeinsam mit denen aus Heinsheim im dortigen Betsaal, die Königheimer Juden gingen nach Gissigheim, die Mergentheimer Juden zogen bis 1648 ins benachbarte Neunkirchen. Fast durchweg wird es sich bei diesen »Synagogen« um einfache Betstuben in jüdischen Wohnhäusern gehandelt haben.

Als nach dem Dreißigjährigen Krieg etliche geistliche und weltliche Herrschaften zunehmend jüdische Familien zur Belebung der Ortschaften und der wirtschaftlichen Verhältnisse aufnahmen, erhöhte sich auch bald die Zahl der Betsäle und Synagogen. 1648 werden »Judenschulen« in Waibstadt und Weikersheim genannt, dann nimmt die Zahl der Erwähnungen stetig zu. Keiner der in dieser Zeit eingerichteten Betsäle ist erhalten, doch werden auf sie dieselben Merkmale wie im Jahrhundert zuvor zugetroffen haben.

In der zweiten Hälfte des 17. Jahrhunderts wurde von der später bedeutenden jüdischen Gemeinde Mannheims eine erste Synagoge erbaut (1666/1670). Nur wenige Jahre konnten in ihr Gottesdienste gefeiert werden, da Mannheim 1689 durch die Franzosen völlig zerstört wurde. Bis 1705 konnte am selben Platz wieder eine Synagoge erbaut werden. 1689 ist auch Offenburg zerstört worden; hier soll die jüdische Gemeinde zuvor sogar zwei Gotteshäuser benutzt haben.

In der ersten Hälfte des 18. Jahrhunderts wurden einige der Betsäle prachtvoll ausgemalt. Die Tradition kunstvoller Synagogendekorationen läßt sich bereits in der Antike feststellen; im Mittelalter begegnet sie in spanischen Synagogen. Im 17. Jahrhundert finden sich herrlich ausgemalte Räume in Polen. Von hier aus kam diese Tradition nach Süddeutschland. Um 1730/1740 gestaltete der polnische Künstler Elieser Sussmann, Sohn des Kantors Schlomo Katz aus Brod, mehrere Synagogen im süddeutschen Raum aus: Bechhofen in Mittelfranken (1938 zerstört), Horb am Main (Betsaal heute im Israel-Museum Jerusalem), (Schwäbisch Hall-)Unterlimpurg (heute im Hällisch-Fränkischen Museum in Schwäbisch Hall), Kirchheim bei Würzburg (1945 zerstört). Der im Haller Museum aufgestellte Unterlimpurger Betsaal (1985–1988 restauriert) ist das letzte im süddeutschen Raum erhaltene Zeugnis jener bemerkenswerten Kunst. Noch andere Betsäle wurden in dieser Zeit ausgemalt, wie ein erhaltener Raum in Bad Buchau zeigt. Hier ist die Gestaltung der Kassettendecke und der Türe im Stil von Bauernmalerei gehalten (Blumen in leuchtenden Farben).

Als im 18. Jahrhundert die Zahl jüdischer Gemeindeglieder an etlichen Orten stark zunahm, wurden die ersten eigenständigen Synagogengebäude errichtet, die einen der örtlichen Kirche durchaus vergleichbaren repräsentativen Charakter aufwiesen. Frei-

7 *Ausschnitt aus der Kassettendecke eines ehemaligen
Betsaales der jüdischen Gemeinde in Bad Buchau. Der
Betsaal wurde bis 1731 benutzt (1987).*

lich waren sie durch das Fehlen eines Turmes wesentlich unauffälliger und standen oft abseits des Ortszentrums. Teilweise lag ihnen ein weitgehend einheitliches architektonisches Schema zugrunde, der sogenannte Hugenottenstil. Hugenotten und Juden verband in dieser Zeit eine ähnliche Unterdrückung bzw. Duldung. Die aus Frankreich vertriebenen Hugenotten verbreiteten in Holland und Deutschland einen Kirchenbaustil, der im Gegensatz zum Barock von nüchterner Klarheit und großer Sparsamkeit in den Schmuckformen war. Es handelte sich um Gebäude im Stil antiker Basiliken mit hohem Walmdach, langgezogenen Rundbogenfenstern, einem Muldengewölbe und ringsumlaufenden Emporen im Innern. Dieselben Merkmale weisen beispielsweise die Synagogen in Hechingen (Friedrichstraße 1761 und Goldschmiedstraße um 1770), Freudental (1770) und (Weikersheim-)Laudenbach (1799) auf. Doch gab es auch in dieser Zeit zahlreiche architektonische Varianten. Die Fenster sind mit Rundbögen, Korbbögen oder rechteckig gestaltet. Die Decken weisen nur in einigen Fällen ein Muldengewölbe auf; verbreitet ist auch eine Flachdecke oder ein Tonnengewölbe.

Das 19. Jahrhundert war die große Zeit des Synagogenbaus in Deutschland. Zum einen wurden in der ersten Hälfte des Jahrhunderts in zahlreichen Landgemeinden jüdische Gotteshäuser wieder neu erstellt oder vergrößert. Die Zahl der Gemeindeglieder erreichte damals in den Dörfern ihren Höhepunkt. Zum anderen wurden in diesem Jahrhundert in vielen Städten neue Synagogen erbaut, insbesondere nach

Aufhebung der Niederlassungsverbote. Eine erste Großstadtsynagoge wurde 1798 bis 1806 in Karlsruhe erbaut. Weitere repräsentative Bauten dieser Art folgten jedoch erst von der Mitte des Jahrhunderts an in anderen Städten.

Für die Synagogenarchitektur gab es seit dem Anfang des 19. Jahrhunderts trotz eines großen Variationsspektrums zwei grundsätzlich verschiedene Möglichkeiten, die unterschiedliche Begründungszusammenhänge voraussetzen. Nach der ersten Ansicht sollte in der Architektur ein spezifisch jüdisches Element, ein eigener Stil verwirklicht werden. Eine Möglichkeit bot dazu die Orientierung an Modellen des zerstörten Jerusalemer Tempels, an den jede Synagoge erinnern sollte, um damit die Hoffnung auf seine Wiedererrichtung lebendig zu halten. Nach der Anfang des 19. Jahrhunderts vorherrschenden architekturgeschichtlichen Auffassung war dieser Tempel von ägyptischen Vorbildern geprägt, wie überhaupt zahlreiche Erscheinungen der Bibel aus Ägypten hergeleitet wurden. Es lag nahe, Elemente dieser Tempelarchitektur im Synagogenstil zu verwirklichen (so die Pylone der Westfassade der Weinbrenner-Synagoge in Karlsruhe oder der Synagoge in Efringen-Kirchen). Um 1830 wurde die Verwendung des ägyptischen Stils beim Bau des salomonischen Tempels stark bezweifelt, was zum Ende dieser Variante des Synagogenbaus führte. Man nahm nunmehr an, daß die orientalische Tradition der alten Israeliten für den Tempel in Jerusalem eher einen Stil vermuten lasse wie den der arabischen Völker, und daß die Juden, wären sie nicht aus Palästina vertrieben worden, in ähnlicher Weise gebaut hätten. Am arabischen Stil hatte sich zudem der Synagogenbau im mittelalterlichen Südspanien orientiert. Dieser Impuls sollte sich seit 1830/1840 in den neuislamischen bzw. maurischen Synagogenbauten niederschlagen (erste Beispiele im pfälzischen Ingenheim 1830–1832, in Weingarten 1840, in Stuttgart 1859–1861, in Ulm 1870–1873, in Heilbronn 1873–1877, in Mannheim die Lemle-Moses-Klaus-Synagoge 1887/88 und an einigen anderen Orten). Charakteristisch für diese Stilrichtung ist die Verwendung von Hufeisenbögen im Eingangsportal und in den Fenstern, die Ornamentik mit zinnenförmigen Abschlußbändern im Inneren der Bauten, Säulen und Bögen nach dem Vorbild der Alhambra in Granada, ferner in der Größe sehr unterschiedliche bauchige Kuppeln auf den Dächern usw. Am Ende des 19. Jahrhunderts wurden noch in einigen Dörfern Synagogen in neuislamischen Stilformen erbaut (Freudenberg 1891). Das einzige in Baden-Württemberg erhaltene Synagogengebäude mit erkennbaren neuislamischen Stilformen ist das in Freudenberg.

Neben dieser zunächst an Rekonstruktionen des Jerusalemer Tempels und an maurisch-islamischen Vorbildern orientierten Architektur gab es einen zweiten Begründungszusammenhang, bei dem der Bezug zum Jerusalemer Tempel und zum Orient bewußt außer acht blieb. Danach mußte die Synagoge als Bethaus in der Diaspora keinen eigenen architektonischen Stil haben, sondern konnte durchaus dem Baustil der Zeit und der Umgebung folgen. Sie sollte keinesfalls zum Ersatz des Tempels werden, sondern auch architektonisch ihren Diasporacharakter zeigen. Die mittelalterlichen Synagogen hatten sich ja auch an romanischen und gotischen Vorbildern und somit am Baustil ihrer Zeit orientiert. Nach diesem Begründungszusammenhang nahm die Synagogenarchitektur im 19. und 20. Jahrhundert eine Entwicklung, die der allgemeinen Architekturgeschichte entsprach. Freilich gab es deutliche Unterschiede in der Übernahme einzelner Stilrichtungen sowie starke Vorbehalte gegen die neugotische Bauweise.

Es begegnen im einzelnen: klassizistisch geprägte Bauten (so in Horb-Rexingen 1835–1837, Bad Buchau 1837–1839) mit charakteristischem Giebelfeld über einem Eingangsbereich und mit Architrav auf dorischen Säulen (Rexingen); neuromanische Bauten mit Rundbogenfenstern, Rundbogenfriesen usw. (so in Hemsbach, Reilingen, Gondelsheim, Riesbürg-Pflaumloch, Müllheim, alle um 1840/1850 erbaut, ferner die Stadtsynagogen in Mannheim 1851–1855 und Baden-Baden 1898/99); neugotische Bauten mit Spitzbogenfenstern (nur in Ladenburg, Creglingen-Archshofen, Gernsbach); Bauten im Neurenaissancestil mit Einflüssen der italienischen Renaissance, etwa einem Fassadenvorbau (Tempietto an der Bruchsaler Synagoge, 1881/82 erbaut). Trotz der die Gebäude teilweise stark prägenden Stilelemente ergab sich in der Praxis des Synagogenbaus oft ein eklektizistischer Mischstil; nur wenige Gebäude entsprechen außen und innen konsequent einer Stilrichtung. Beispielsweise zeigt die 1869/70 erbaute Freiburger Synagoge außen romanische, gotische und neuislamische Stilelemente sowie minarettartige Aufsätze, im Innern überwiegen neuislamische bzw. maurische Formen. Unterschiedlich war die Grundrißgestaltung. Unter dem Einfluß des protestantischen Barock und bei Beibehaltung des Almemors in der Mitte des Betsaales ergaben sich schon im 18. Jahrhundert vielfach eher quadratische Grundrisse. Im 19. Jahrhundert überwogen lange Zeit längsrechteckige Bauten; im letzten Drittel des Jahrhunderts wurden etliche Zentralbauten mit fast quadratischem Grundriß erbaut (so in Göppingen 1881 und Ludwigsburg 1884).

Nicht an allen Orten, wo jüdische Gemeinden bestanden, gab es die Notwendigkeit eines Neubaus. In manchen Fällen konnten auch leerstehende Kirchengebäude übernommen und umgebaut werden. In Baden standen nach der Vereinigung der lutherischen und reformierten Kirchen zur evangelischen Landeskirche 1821 viele Kirchengebäude zum Verkauf. In den Jahren darauf wurden Synagogen in Schriesheim, (Weinheim-)Lützelsachsen, Walldorf, Sandhausen und (Bruchsal-) Obergrombach in ehemaligen Kirchen eingerichtet. In Offenburg und Öhringen bauten die jüdischen Gemeinden ehemalige Gasthäuser zu Synagogen um. In Schwäbisch Gmünd eignete sich hierzu ein stillgelegtes Fabrikgebäude.

Nur in wenigen Orten im Gebiet Baden-Württembergs waren die Gemeinden so groß, daß es mehrere Synagogen am Ort gab. In Hechingen bestanden in der ersten Hälfte des 19. Jahrhunderts gleichzeitig drei, später gab es in Mannheim, Karlsruhe, Stuttgart, Freiburg, Heilbronn, Heidelberg und Pforzheim neben der Hauptsynagoge auch kleinere Synagogen bzw. Betsäle der orthodoxen Gemeinden und »Betstübel« von zugewanderten, aus Polen bzw. Rußland stammenden Juden.

In den ersten drei Jahrzehnten des 20. Jahrhunderts ging die Zahl der Synagogen insgesamt zurück, da etliche Landgemeinden aufgelöst und ihre Synagogen geschlossen wurden. In den zwanziger Jahren konnten nochmals wenige Synagogen erbaut (Schwäbisch Gmünd 1926, Gernsbach 1928) oder Betsäle eingerichtet werden (Ellwangen 1926). Andere wurden vergrößert und umgebaut (so in Emmendingen 1922/23, Freiburg 1925/26); zahlreiche Synagogen und Betsäle in Stadt- und Landgemeinden wurden gründlich renoviert und erhielten beim Umbau teilweise ein modernes Aussehen (so die Lemle-Moses-Klaus-Synagoge in Mannheim, 1929/30 nach Gesichtspunkten der Neuen Sachlichkeit umgestaltet).

Die Machtergreifung der Nationalsozialisten brachte bald auch erste Konsequenzen für das gottesdienstliche Leben zahlreicher Gemeinden mit sich. In Schwetzingen und Ellwangen, wo die Gemeinden Betsäle nur gemietet hatten, wurde ihnen eine weitere Benutzung untersagt. Geplante Bauvorhaben neuer Synagogen (in Grünsfeld, Horb und Singen) mußten aufgegeben werden. Zu ersten Demolierungen kam es im Zusammenhang mit zahlreichen bereits 1933 durchgeführten Durchsuchungen der Synagogen (1933 Hauptsynagoge in Mannheim durchsucht und demoliert, 1934 in Schwäbisch Gmünd Inneneinrichtung zerschlagen; erste Brandstiftung 1935 in Konstanz).

Die Reichspogromnacht am 9./10. November 1938 bedeutete das Ende fast aller bis dahin benutzten Gotteshäuser. Den Vorwand zu den Ausschreitungen bot das Attentat des jüdischen Jugendlichen Herschl Grünspan auf den Legationssekretär an der deutschen Botschaft in Paris vom Rath. Grünspan gehörte einer aus Deutschland vertriebenen polnisch-jüdischen Familie an. Die Pogromnacht war allerdings schon lange geplant gewesen; der Mord an vom Rath bot einen guten Anlaß zur Durchführung des Pogroms. Diese Nacht wurde zu einer der schwärzesten und beschämendsten der deutschen Geschichte. In Baden, Württemberg und Hohenzollern wurden von 151 bis dahin benutzten Synagogengebäuden 60 niedergebrannt, völlig zerstört und kurz darauf beseitigt. Nicht weniger als 77 sind schwer demoliert bzw. geplündert worden. Nur 14 Synagogen bzw. Betsälen ist nichts geschehen, in einigen wenigen Fällen aufgrund des Widerstandes der Bevölkerung. Überall liefen die Aktionen nach ähnlichen Mustern ab. Wo es die bauliche Umgebung der Synagoge zuließ, diese anzuzünden, geschah das auch. In vielen Fällen wurde die Feuerwehr herbeigerufen, um die Nachbargebäude zu schützen. Bei Demolierungsaktionen wurden vielerorts die zerschlagene Einrichtung, die Torarollen und anderes Inventar auf Haufen zusammengetragen und öffentlich verbrannt (so in Mosbach, Öhringen, Offenburg, Schwäbisch Hall, Tauberbischofsheim). An anderen Orten reichte hierfür auch ein Sportplatz (in Freudental) oder ein naher Garten bei der Synagoge aus (in Bretten und Rottenburg-Baisingen).

In den zwei bis drei Jahren zwischen der Pogromnacht und dem Beginn der Deportationen fanden die Gottesdienste der verbliebenen jüdischen Bewohner überwiegend in Privathäusern statt. In den Großgemeinden Mannheim, Heidelberg, Stuttgart und Freiburg waren jeweils die orthodoxen jüdischen Betsäle nicht so stark zerstört worden, so daß sie wieder notdürftig für Gottesdienste hergerichtet werden konnten.

In Karlsruhe dienten die früheren Sitzungsräume des Gemeindehauses in der Herrenstraße diesem Zweck. Ab 1940 beendeten die Deportationswellen auch den Rest dieses religiösen Lebens.

Von den 1945 aus den Konzentrationslagern zurückkehrenden wenigen Überlebenden der alten badischen und württembergischen Gemeinden sowie den »Displaced Persons« (KZ-Überlebende, die ursprünglich aus Polen und anderen Ländern stammten), die in Deutschland geblieben waren, wurden bereits 1945 einige provisorische Betsäle eingerichtet. In Stuttgart, Mannheim, Freiburg, Karlsruhe und Heidelberg entstanden bald nach Kriegsende wieder jüdische Gemeinden. Im württembergischen Bereich wurde nur in Stuttgart 1952 eine Synagoge neu erbaut und eingeweiht. Vorübergehend gab es einen Betsaal in Ulm. In Mannheim bestand nach Schließung des provisorischen Betsaales wieder seit 1957 eine kleine Synagoge, die 1987 durch einen Neubau ersetzt werden konnte. In Freiburg bestand ein Betsaal ab 1953, bis dieser gleichfalls 1987 durch einen Synagogen-Neubau abgelöst wurde. In Karlsruhe konnte nach 1945 der bis 1940 genutzte Betsaal wiederhergestellt werden. Von 1969 bis 1971 entstand eine neue Synagoge mit Gemeindezentrum. Karlsruhe ist auch der Sitz des Oberrates der Israeliten Badens. In Heidelberg ist ein Gotteshaus derzeit im Bau, nachdem die Gemeinde seit Kriegsende mehrmals umziehen und den Betsaal wechseln mußte. Betsäle bestehen auch für die kleineren jüdischen Filialgemeinden in Konstanz (die mit Freiburg eine Gemeinde bildet) und in Pforzheim (Filiale von Karlsruhe). Von 1956 bis 1984 bestand eine kleine Synagoge auch in Baden-Baden. Für das regelmäßige Abhalten von Gottesdiensten fehlen hier jedoch derzeit genügend Gemeindemitglieder.

Die Synagoge als Aufgabe der Denkmalpflege

1938 wurde ein großer Teil der bis dahin bestehenden Synagogen von Nationalsozialisten zerstört. Die Ruinen sind an vielen Orten noch im selben Jahr beseitigt worden, oftmals auf Kosten der jüdischen Gemeinden. An anderen Orten standen Ruinenreste noch lange über das Kriegsende hinaus.

In den Kriegsjahren wurden die übriggebliebenen Synagogen demonstrativ unwürdig genutzt. In (Horb-)Mühringen und (Horb-)Rexingen dienten sie als Lager der Waffenfabrik Mauser. Die Synagoge in (Bopfingen-)Aufhausen wurde Heim der Hitlerjugend; zahlreiche Gebäude wurden als Kriegsgefangenenlager oder als Turn- oder Rekrutierungshallen für Soldaten verwendet. Diese Gebäude waren (bis spätestens 1943/44) von den jüdischen Gemeinden bzw. der Reichsvereinigung der Juden in Deutschland verkauft worden, oder sie kamen, nachdem das Vermögen der Reichsvertretung beschlagnahmt worden war, durch Verkauf in den Besitz von politischen Gemeinden oder Privatpersonen. Gegen Kriegsende wurden einige Synagogengebäude durch Kriegseinwirkungen zerstört, darunter in Hohenlohe die ehemaligen Synagogen in Crailsheim, Königheim, (Neuenstadt-)Stein a. K. und Niederstetten.

Nach dem Krieg gaben die alliierten Militärregierungen 1947 der deutschen Justiz den Auftrag, allen Personen und Vereinigungen, denen von 1933 bis 1945 aufgrund der nazistischen Gesetzgebung Vermögenswerte entzogen worden waren, diese wieder zurückzugeben. Dies betraf auch alle ehemaligen Synagogen und Synagogengrundstücke, die großenteils durch die Militärregierungen mit Beschlag belegt worden waren. Am 1. April 1949 verabschiedete die württembergisch-badische Landesregierung das Gesetz der Wiedergutmachung nationalsozialistischen Unrechtes. In den folgenden Monaten kamen die ehemaligen Synagogen und die Grundstücke an die Jewish Restitution Successor Organization (JRSO) in New York, nachdem sich herausgestellt hatte, daß an fast allen Orten keine jüdischen Gemeinden mehr entstehen würden. Die JRSO übertrug daraufhin die Synagogen den wieder bestehenden jüdischen Gemeinden, die sie aber auch nicht mehr benötigten. Das Land Württemberg-Baden kaufte daraufhin 1952 in einem Globalvertrag alle im Land nicht mehr benutzten Synagogengebäude auf und veräußerte sie weiter, teilweise wieder an die politischen Gemeinden, teilweise an Privatpersonen. Ähnlich gestalteten sich die Verhältnisse in den ehemaligen Landesteilen Baden und Württemberg-Hohenzollern. Nach Kriegsende wurden die ersten Prozesse um die Synagogenbrände von 1938 eröffnet, die sich teilweise lange verzögerten und mit wenig befriedigenden Ergebnissen und Urteilen endeten. In vielen Fällen schoben die Angeklagten die Schuld auf Personen, die im Krieg gefallen waren. Kaum einer bekannte sich schuldig.

Die Nutzung der ehemaligen Synagogen war seit dem Anfang der fünfziger Jahre weithin in das Belieben der jeweiligen Besitzer gestellt. Da die Gebäude nach den Beschädigungen von 1938 und im Krieg oft baulich heruntergekommen waren, wurden sie an 29 Orten Baden-Württembergs zwischen 1945 und 1987 noch abgebrochen. Teilweise gab es in den einzelnen Orten entschiedene Kritiker dieses Verfahrens; so wurde 1964 in Rust der bevorstehende Abbruch heftig diskutiert. Die Gegner betonten, daß die Zerstörung eines ehemaligen jüdischen Gotteshauses grundsätzlich völlig indiskutabel sein müsse. Man dürfe nicht nach 1945 nachholen, was 1938 an wenigen Orten nicht verwirklicht wurde.

Auch seitens der staatlichen Denkmalpflege herrschte lange Zeit kein Interesse an der Erhaltung ehemaliger Synagogen. Erst im Zuge der in den siebziger Jahren überall einsetzenden flächendeckenden Erfassung der Kulturdenkmale wurden die Synagogen sozusagen wieder entdeckt. Zugleich erwachten an einigen Orten Bemühungen um die Rettung von Synagogengebäuden, teilweise von Personen getragen, die durch den bevorstehenden Abbruch mobilisiert worden waren. So kam es in Freudental 1980 zur Gründung eines »Förder- und Trägervereins ehemalige Synagoge Freudental e.V.«, der das Ziel hatte, die örtliche Synagoge zu erhalten und sinnvoll zu nutzen. Der Gemeinderat Freudentals hatte im Jahr zuvor schon den Abbruch des Gebäudes beschlossen. Fünf Jahre nach der Gründung des Fördervereins konnte es trotz vieler zu überwindender Schwierigkeiten als »Pädagogisch-kulturelles Centrum« eingeweiht werden.

Tafel 3   Geschichte und Natur reichen sich auf den zahlreichen in Baden-Württemberg erhaltenen jüdischen Friedhöfen die Hand (Hechingen und Braunsbach).

Tafel 4   Viele der noch erhaltenen Synagogengebäu-
de zeigen deutliche Spuren
ihrer Vergangenheit, wer-
den aber bis heute als
Scheunen oder Lagerhallen
unwürdig genutzt (Rotten-
burg-Baisingen, Außen-
aufnahme, und Werbach-
Wenkheim, Innenaufnah-
me; an beiden Orten sind
derzeit Überlegungen für
eine künftig sinnvollere
Nutzung in Gang gekom-
men).

Das vom Innenministerium und vom Landesdenkmalamt erstellte und von der baden-württembergischen Landesregierung im Jahre 1979 beschlossene »Schwerpunktprogramm Denkmalpflege« setzte ein Signal für das neuerwachte öffentliche Interesse an den Synagogen, indem es fünf, nämlich die zu Sulzburg, (Wallhausen-)Michelbach an der Lücke, Freudental, Hechingen und Kippenheim in dieses Programm aufnahm und für ihre Restaurierung und Instandsetzung hohe finanzielle Zuschüsse aus Landesmitteln bereitstellte. Das im Juni 1985 beschlossene Denkmalnutzungsprogramm des Landes Baden-Württemberg führt diesen Weg mit den Synagogen (Obersulm-)Affaltrach und (Werbach-)Wenkheim fort. Aus der allgemeinen Denkmalförderung des Landes wurden in den letzten Jahren Projekte in Hemsbach, Braunsbach und Eppingen bezuschußt.

Andere ehemalige Synagogen dienen zur Zeit als Kirchen (Horb-Rexingen seit 1951, Ravenstein-Merchingen seit 1951 und andere), als Rathaus (Riesbürg-Pflaumloch), aber auch als Wohnhäuser, Lagerhallen und Fabriken oder sogar als Scheunen und Ställe. Einige Gebäude sind dadurch in ihrer Bausubstanz höchst bedroht. Es ist zu hoffen, daß noch an anderen Orten wie den genannten eine Erhaltung als Denkmal und Mahnmal für die jüdische Geschichte und eine künftig würdige Nutzung gelingen kann.

Die Schule

Zur Geschichte jüdischer Bildungseinrichtungen

Das jüdische Schulwesen kann auf eine alte Tradition zurückblicken. Ursprünge gibt es bereits in biblischen Zeiten in Schulen, die sich um Prophetengestalten bildeten (vgl. Jes 8,16) oder in den »Weisheitsschulen«, in denen weisheitliche Traditionen, verbunden mit naturwissenschaftlichem und religiösem Wissen, weitergegeben wurden. Vom judäischen König Josafat wird berichtet, daß er im 9. Jahrhundert v. d. Z. Beamte, Leviten und Priester als Wanderlehrer beauftragt habe: »Sie lehrten in Juda; mit dem Gesetzbuch des Herrn durchzogen sie alle Städte Judas und belehrten das Volk« (2.Chr 17,9). Die talmudische Zeit gab den Anstoß zur Entstehung der jüdischen Gemeindeschule. Unterrichtsgegenstände waren Lesen, Schreiben, Bibel und Traditionslernen. Der Unterricht in der Schule setzte im 3. Jahrhundert n. d. Z. im 5. oder 6. Lebensjahr ein und dauerte bis zur Zeit der Verheiratung, die in der Regel mit 18 Jahren erfolgte.

Auch im Mittelalter hatten größere Gemeinden ihre eigenen Schulen. Der Unterricht war stufenweise aufgebaut und umfaßte bei Jungen Lesen, Schreiben, Gebete, Bibel, Mischna und den Talmud. Die Bildung der Mädchen beschränkte sich nur auf einen kurzen Zeitraum und hatte das Lesen der Gebete, die wichtigsten Glaubenslehren und rituelle Vorschriften zum Inhalt. Die Schulen befanden sich entweder in Nebenräumen der Synagoge oder in einzelstehenden Häusern. Im Gebiet Baden-Württembergs ist in Ehingen/Donau noch ein Gebäude erhalten, in dem sich im Mittelalter eine jüdische Schule befand.

Die Zeiten der schweren Verfolgungen und Ausweisungen der Juden aus vielen Herrschaftsgebieten setzten am Ende des Mittelalters auch dem Schulwesen enge Grenzen. Die Weitergabe jüdischer Bildung und Traditionen verlagerte sich sehr stark in die Familien: Eltern unterrichteten die Kinder in Lesen, Schreiben und den Lehren der Religion, vor allem an den Orten, an denen keine jüdische Gemeinde mit eigenen Institutionen bestand. Nur in den wenigen größeren Gemeinden des 16./17. Jahrhunderts konnte die mittelalterliche Schultradition fortgeführt werden. So ist für Hechingen in der zweiten Hälfte des 16. Jahrhunderts die Lehrtätigkeit eines »Rabi, der Juden Schulmeister« überliefert, der 1573 20 Schüler und 1574 14 Schüler unterrichtete. Andernorts sollte sich die Situation erst wieder in der zweiten Hälfte des 17. Jahrhunderts ändern, als die Zahl jüdischer Familien in vielen Gemeinden wieder zunahm.

In dieser Zeit kamen aus dem polnisch-russischen Bereich Juden, die vor den dortigen Pogromen geflüchtet waren, darunter auch etliche, die als Wanderlehrer ihr Brot verdienten. Sie verbreiteten die Sitte des im Osten üblichen »Cheder«, des Lehrzimmers für die jüdischen Kinder ab dem 4. bis 5. Lebensjahr. So erhielten im 18. Jahrhundert an vielen Orten die jüdischen Kinder verstärkt Unterricht durch Haus- und Wanderlehrer, Rabbiner oder Vorsänger. Freilich bestand die Hauptaufgabe des Unterrichts darin, in die religiösen Traditionen einzuführen. Bis zum Anfang des 19. Jahrhunderts war dieses Unterrichtsziel vorherrschend. Auch das höhere jüdische Schulwesen war hiervon geprägt. Hier ist insbesondere die Einrichtung der Talmud-Hochschulen zu nennen, von denen im Gebiet des heutigen Baden-Württemberg Anfang des 19. Jahrhunderts einige wenige bestanden. Von besonderer Bedeutung war die Lemle-Moses-Klaus in Mannheim, eine Art jüdisches Lehrhaus mit Synagoge für intensive Tora- und Talmudstudien. Sie bestand seit 1708 und blieb bis weit ins 19. Jahrhundert eine Lehranstalt mit weiter Ausstrahlung. 1803 ließ die Hoffaktorin Madame Kaulla auch in Hechingen eine Talmud-Hochschule einrichten. Berthold Auerbach, der zunächst Rabbiner werden sollte, hat hier studiert.

Bei der Begründung des neuzeitlichen jüdischen Schulwesens kommt Moses Mendelssohn (1729–1786) großes Verdienst zu. Mit Entschiedenheit vertrat er die Idee, durch die Gründung jüdischer Schulen modernen Gepräges die Juden aus der Enge des geistigen Ghettos hinauszuführen. Die Verbreitung allgemeiner Bildung sollte diesem Ziel dienen, die bis dahin ausschließlich gepflegten religiösen Inhalte an die zweite Stelle treten. Bald verbreiteten sich seine Ideen. Im badischen Emmendingen vertrat Oberamtmann Johann Georg Schlosser, der Schwager Goethes, als Mann fortschrittlicher Gesinnung schon 1775 die Meinung, daß die jüdischen Gemeinden seines Bezirks ihre Söhne auch in elementarem Wissen unterrichten sollten. Auch anderswo war dies bereits zum Anliegen der jüdischen Eltern geworden. In Buchau besuchten die jüdischen Kinder 1770 bis 1803 die Normalschule des katholischen Stifts, 1803 bis

1826 die Stadtschule. Reichere Familien in den Städten (z. B. der Bankier Kaulla in Stuttgart) hielten sich eigene Hauslehrer.

Die ersten neuzeitlichen jüdischen Schulen wurden in Deutschland im letzten Quartal des 18. Jahrhunderts gegründet (Berlin 1778, Wolfenbüttel 1786, Breslau 1791, Dessau 1799). In diesen jüdischen Konfessionsschulen wurde der Lehrstoff der allgemeinen Volksschulen nach den landesüblichen Lehrplänen durchgenommen, vermehrt um einen mehr oder weniger intensiven Unterricht in der jüdischen Religionslehre.

Jüdische Schulen und Lehranstalten in Süddeutschland

In den Ländern Baden, Württemberg und Hohenzollern (Hohenzollern-Sigmaringen und Hohenzollern-Hechingen) verlief die Entwicklung des jüdischen Unterrichtswesens im 19. Jahrhundert zunächst weitgehend parallel, wobei sich die Entwicklung im badischen Bereich rascher vollzog. Hier wurden die ersten jüdischen Volksschulen 1815 in Gailingen, (Bruchsal-)Heidelsheim und (Gottmadingen-)Randegg eingerichtet. Die größeren Städte Karlsruhe und Mannheim folgten bald nach. In Mannheim bestand seit 1816 eine Privatschule in den Räumen der Klaus, die 1821 in eine jüdische Volksschule für Knaben und Mädchen umgewandelt wurde. Schulpflicht bestand für Jungen ab dem sechsten, für Mädchen vom siebten bis zum dreizehnten Lebensjahr. Nach Geschlechtern getrennt wurden die Kinder von vier Lehrern in Religion, biblischer Geschichte mit Sittenlehre, deutscher und hebräischer Sprache, Schönschrift, Geographie, Verstandes- und Gedächtnisübungen unterrichtet. Etwa 100 Schüler besuchten in den ersten Jahren die Mannheimer jüdische Volksschule. In Württemberg wurde die erste israelitische Volksschule 1822 in (Horb-)Nordstetten eingerichtet. Der erste Lehrer, Bernhard Frankfurter, hatte in Ansbach studiert und die Prüfung für das Schulamt vor dem Evangelischen Konsistorium in Stuttgart abgelegt. Die Schule wurde mit 46 Schülern eröffnet; zu ihrer finanziellen Unterhaltung hatten alle jüdischen Familien am Ort beizutragen. In Hohenzollern wurde im Januar 1823 in Haigerloch eine jüdische Elementarschule eingerichtet. Ende desselben Jahres wurde sie staatlich anerkannt. Zunächst mußten die Widerstände des konservativen Rabbiners am Ort gegen diese Neueinrichtung überwunden werden. Die Haigerlocher Schule bestand bis zu ihrer gewaltsamen Auflösung am 1. Oktober 1939. In Hechingen gab Fürst Friedrich 1825 den Anstoß zur Errichtung der israelitischen Volksschule. Sie bestand über ein Jahrhundert. Als sie 1926 nur noch von drei Schülern besucht wurde, stellte man den Unterrichtsbetrieb ein.

Die Lehrerausbildung wurde in Baden dem 1823 in Karlsruhe eröffneten Lehrerseminar anvertraut, das auch jüdische Studenten aufnahm. In Württemberg fand sie im evangelischen Lehrerseminar in Esslingen statt.

Langsam mehrte sich die Zahl der jüdischen Volksschulen. Bis 1835 gab es in über 30 badischen und knapp 30 württembergischen Gemeinden eine derartige Anstalt. Die Aufsicht über das Schulwesen hatten in Baden die katholische oder die evangelische

8   *Gebäude der ehemaligen jüdischen Schule in (Öhningen-)Wangen (1985).*

Kirchen-Ministerial-Sektion, je nachdem, welche Konfession am Ort vorherrschte.
Ähnlich war es in Württemberg und Hohenzollern, wo je nach der Mehrheitskonfession eines Ortes entweder das evangelische Konsistorium oder der katholische Kirchenrat in Stuttgart zuständig war. Dem betreffenden Ortspfarrer kam die unmittelbare Aufsicht zu.

Die israelitischen Schulen waren unterschiedlich untergebracht. An einigen Orten gab es bald eigene Schulgebäude, gewöhnlich zusammen mit einer Lehrer-/Vorsängeroder auch Rabbiner-Wohnung (so in Breisach, Freudental, Hechingen). Oft wurde die Schule mit mehreren Einrichtungen in einem Gebäude zusammengefaßt, häufig als Gemeindezentrum mit Schulraum, Vorsänger-/Lehrerwohnung und Synagoge (so in Hemsbach und Bad Mergentheim-Wachbach). Vielerorts errichteten die politischen Gemeinden auch gemeinsame Gebäude für alle am Ort vorhandenen Schulen (zum Beispiel in Bopfingen-Aufhausen, Bad Buchau, Horb-Rexingen; in Haigerloch gab es nach 1900 ein Rathausgebäude mit israelitischer, katholischer und evangelischer Volksschule; ähnlich in Weikersheim-Laudenbach).

In vielen Orten, an denen die Errichtung einer eigenen Schule aufgrund zu geringer Kinderzahl nicht möglich war, besuchten die jüdischen Kinder die evangelische oder

9 *Gebäude der ehemaligen jüdischen Schule in Eichstetten, 1840 an der Stelle der ehemaligen Zehnttrotte erbaut (1985).*

katholische Schule am Ort, so in (Leingarten-)Schluchtern, wo um die Mitte des 19. Jahrhunderts die jüdischen Schüler in die evangelische Volksschule gingen. Als im Jahr 1868 die daneben bestehende katholische Schule wegen zu geringer Schülerzahl mit der evangelischen vereinigt werden sollte, beschloß die israelitische Gemeinde, ihre Kinder künftig in die katholische Volksschule zu schicken. Diese Entscheidung sicherte deren Bestand zumindest bis 1876. Bisweilen besuchten auch christliche Kinder eine jüdische Schule. So hatte in (Bopfingen-)Oberdorf die jüdische Anstalt einen so guten Ruf, daß einige christliche Eltern ihre Kinder dort lernen ließen. Ähnliches wird aus (Ettenheim-)Altdorf berichtet. Manche Notzeiten brachten ein enges Miteinander der Konfessionsschulen. In (Wallhausen-)Michelbach übernahm mit Beginn des Ersten Weltkrieges der jüdische Lehrer den Unterricht an der evangelischen Volksschule, da deren Lehrer eingezogen worden war.

In Baden erschwerte das Schulgesetz von 1868 die Einrichtung von Konfessionsschulen zugunsten von Gemeinschafts- oder Simultanschulen. 1876 wurde hier die Gemeinschaftsschule bindend. Abgesehen vom Religionsunterricht wurden nun die Kinder aller Konfessionen gemeinsam unterrichtet. Die Eingliederung der jüdischen Kinder in die gemischten Klassen gelang weitgehend problemlos. In Württemberg und Hohenzollern blieben die Konfessionsschulen bis in die NS-Zeit bestehen. 1932 gab es israelitische Volksschulen in (Rottenburg-)Baisingen, Bad Buchau, (Münsingen-)Buttenhausen, (Dörzbach-)Hohebach, Laupheim, Niederstetten und (Horb-)Rexingen, in Hohenzollern in Haigerloch. An den anderen Orten waren die Schulen aufgelöst worden; die Kinder besuchten dort eine christliche Schule.

Durch Franz Rosenzweig wurde 1919 in Frankfurt das Freie Jüdische Lehrhaus gegründet, dessen Leitung Martin Buber übernahm. Es handelte sich um eine Art Volkshochschule mit dem Ziel der Erneuerung des jüdischen Lernens in Arbeitsgemeinschaften, Vorlesungen und Lernstunden. Diese Idee ist auch in Stuttgart (seit 1926) und in Mannheim (seit 1929) aufgegriffen und verwirklicht worden, an beiden Orten gleichfalls zum Zweck der Erwachsenenbildung auf den Gebieten der jüdischen Geschichte, der jüdischen Philosophie, der hebräischen Sprache, der Begegnung mit dem Christentum usw.

Unter dem Druck der NS-Zeit kam es auch in Südwestdeutschland zur Ausbildung einer hier bislang unbekannten Schulart, der Hachschara (hebr. wörtl.: »Tauglichmachung«). Damals konnten durch die Nürnberger Gesetze jüdische Gymnasiasten ihren Ausbildungsweg nicht weitergehen. Eine Auswanderung nach Palästina war für sie nach dem Gesetz der dortigen Mandatsregierung auch nicht möglich, da nur bestimmte Berufsgruppen, Handwerker, Bauern usw., einwandern durften. Viele schlossen sich aus diesem Grund den schon seit den zwanziger Jahren bestehenden zionistischen Jugendverbänden an, die über eine Ausbildung in einem jüdischen landwirtschaftlichen Lehrgut ein Zertifikat zur Einwanderung in Palästina anstrebten. Die Reichsvertretung der Juden in Deutschland erteilte für Absolventen dieser Lehrgüter Abschlußzeugnisse.

Unter den Jugendverbänden, die sich um die Einrichtung von landwirtschaftlichen Lehrgütern bemühten, sind insbesondere die Hechaluz-Bewegung und die »Werkleute, Bund deutsch-jüdischer Jugend« zu nennen. Die Hechaluz-Bewegung entstand in der Zeit des Ersten Weltkriegs in Rußland, Polen und Galizien. Chaluz bezeichnete seither den Pionier, der nach Palästina gehen will, um dort beim Aufbau der nationalen Heimstätte des jüdischen Volkes mitzuwirken. Hachschara und Alija (Einwanderung) markieren die zwei Stadien des Chaluz-Lebens. Hechaluz bestand als ein jüdischer Weltverband seit 1921, als deutscher Landesverband seit 1922/23 mit Sitz in Berlin. Kleiner war der Jugendverband der »Werkleute«, eine nicht religiös und sozialistisch geprägte Gruppierung.

An etlichen Orten im Gebiet Baden-Württembergs entstanden nach 1933 Hachschara-Zentren, so in Schöntal-Halsberg (Familien Metzger und Baer), Lehrensteinsfeld (Familie Hirschheimer), Ravensburg (Familie Erlanger), (Gaienhofen-)Horn (Familie Bloch) und an anderen Orten. In (Adelsheim-)Sennfeld gab es (als einziges im Gebiet des heutigen Baden-Württemberg) ein Lehrgut der »Werkleute«. Auch hier konnten mehrere Dutzend Jugendlicher ihre Ausbildung in Landwirtschaft erhalten.

Zu einem Zentrum jüdischen Lebens in Süddeutschland wurde auch das Landerziehungsheim unter Leitung von Hugo Rosenthal, das von 1933 bis 1939 in (Blaustein-) Herrlingen bestand. Es war zeitweise von über 100 Schülern besucht. Regen Anteil an dieser Schule nahmen Rabbiner Leo Baeck sowie die Professoren Martin Buber und Ernst Simon.

Die Maßnahmen der nationalsozialistischen Machthaber schlossen seit 1933 die jüdischen Kinder und Jugendlichen immer mehr von allen Bildungsmöglichkeiten aus. So mußten auch in Baden seit 1935 wieder eigene jüdische Schulen in den größeren Städten eröffnet werden. Diese mußten nach dem 10. November 1938 ihre Tätigkeit einschränken und nach dem 22. Oktober 1940, dem Tag der Deportation der badischen Juden nach Südfrankreich, gänzlich aufgeben. In Württemberg konnten die noch bestehenden als Privatschulen weiterarbeiten (in Bad Buchau, Bad Mergentheim, Braunsbach, Münsingen-Buttenhausen, Creglingen, Bad Mergentheim-Edelfingen, Freudental, Göppingen, Niederstetten, Öhringen, Horb-Rexingen); dazu wurden in den Städten Stuttgart, Heilbronn und Ulm jüdische Schulen eingerichtet. 1938/39 mußten alle diese Anstalten schließen, zuletzt 1941 auch die in Stuttgart.

Jüdisches Schulwesen heute

Nach 1945 wurde im Gebiet Baden-Württembergs keine jüdische Konfessionsschule wiederbegründet. Die jüdischen Schulkinder besuchen überall die allgemeinen Schulen, erhalten jedoch Religionsunterricht durch Lehrer des Oberrates der Israeliten Badens bzw. der Israelitischen Religionsgemeinschaft Württembergs.

1979 konnte in Heidelberg eine »Hochschule für Jüdische Studien« eröffnet werden, die als private Hochschule vom Zentralrat der Juden in Deutschland getragen wird. Mit ihr wurde eine Anstalt geschaffen, der es sowohl um die akademische Ausbildung von Rabbinern und anderem Personal für die Gemeinden geht, als auch um die Vermittlung des Wissens über das Judentum und um die Erforschung der jüdischen Tradition. Binnen kurzem wurde diese Hochschule in Heidelberg eine Institution, die bei jüdischen wie nichtjüdischen Studenten auf großes Interesse stößt.

Der Friedhof

Die Geschichte jüdischer Friedhöfe und ihre religiöse Bedeutung

In biblischer Zeit wurden die Verstorbenen des Volkes Israel entweder in einfachen Erdgräbern oder in aufwendigeren Gräbern, die in den Fels gehauen oder aus Quadern erbaut wurden, beigesetzt. Die häufige Notiz in der Bibel, daß ein Verstorbener »im Grabe seines Vaters« (z. B. Ri 8,32; 2.Sam 2,32) beigesetzt wurde oder »sich zu seinen Vätern legte« (z. B. bei David 1.Kön 2,10), bezieht sich auf die Einbringung in einer Familiengruft, die über Generationen hin von einer Familie belegt wurde. Schon

damals befanden sich die Begräbnisplätze außerhalb der Siedlungen. Nur die Könige
von Juda hatten ihre Gräber »in der Stadt Davids« (1.Kön 11,43; 14,31; 15,8 u. ö.). Als
Schmach galt es, nicht »im Grab der Väter« beigesetzt zu werden (1.Kön 13,22). Die
Anlage der Familiengräber setzte jedoch einige Wohlhabenheit voraus. Besitzlose und
Fremde wurden vermutlich schon in der Frühzeit auf öffentlich angelegten Plätzen
beigesetzt. Jer 26,23 erwähnt solche »Gräber des niedrigen Volkes«. Diese Grabanlagen sind gewissermaßen die ältesten Vorläufer der späteren jüdischen Friedhöfe.
Bereits in biblischen Zeiten war eine Verbrennung des Leichnames ausgeschlossen. Sie
würde die Integrität des Toten auf das Schlimmste antasten.
Die hebräischen Bezeichnungen für einen Friedhof gehen auf biblische Wendungen
zurück. Beth olam (»Haus der Ewigkeit«) begegnet, wenngleich hier noch auf ein
einzelnes Grab bezogen, bereits Pred 12,5: »der Mensch geht in sein Haus der
Ewigkeit«. Vom »ewigen Ort« als der Begräbnisstätte wird im apokryphen Buch Tob
3,6 geredet. Andere Namen für einen jüdischen Friedhof sind Beth ha-kewaroth
(»Haus der Gräber«, vgl. Neh 2,3; der häufig im Talmud verwendete Begriff für einen
Friedhof, kewer, meint das Einzelgrab) oder Beth ha-chajim (»Haus des ewigen
Lebens«, vgl. Hiob 30,23). Im Jiddisch-Deutschen hat sich auch die Rede vom
»heiligen Ort« oder »guten Ort« (jiddisch »getort«) eingebürgert. Der deutsche
Begriff »Friedhof« ist im christlichen Bereich entstanden und vom »umfriedigten«,
mit Asylrecht ausgestatteten Raum um die Kirche herzuleiten.
Nach alten biblischen Traditionen ist ein Toter nicht einfach tot im Sinne von nichtexis-
tent, vielmehr ist er in ein unlebendiges Sein eingetreten, das unter und hinter dem
mit Schöpfungskraft versehenen lebendigen Sein liegt. Der Tote kehrt zu den Ur-
sprüngen des Lebens zurück, von denen er ausgegangen ist. Deshalb ist Leichenschän-
dung ein schreckliches Verbrechen, das – wie Leichenverbrennung – die Integrität des
Toten im äußeren, wenn auch nicht im tieferen Sinn zerstört. Im weisheitlichen
Denken der Bibel begegnet seit der persischen Zeit (5./4. Jh. v. d. Z.) erstmals die
Erkenntnis, daß dem Gottesverhältnis des Gläubigen ein die physisch-irdische Exi-
stenz übersteigendes transzendentes Sein entspricht. Einer der vermutlich ersten
Belege für dieses Wissen um ein »ewiges Leben« findet sich in Ps 73,24: »Nach deinem
(sc. Gottes) Ratschluß wirst du mich leiten, und endlich nimmst du mich auf in die
Herrlichkeit.« Prophetische Texte kleiden die Auferstehungshoffnung in großartige
Visionen: Hes 37,1–14 beinhaltet die Hoffnung der Wiederbelebung Israels als einer
Auferstehung der Toten. Jes 26,19 drückt dasselbe mit den Worten aus: »Doch deine
(sc. Gottes) Toten leben wieder auf, und ihre Leichen werden wieder auferstehen.
Erwachet und jubelt, die ihr im Staube ruht!«
Im 1. Jahrhundert n. d. Z. war der Glaube an eine leibliche Auferstehung in personaler
Identität bereits weitgehend Allgemeingut im Judentum und wurde nur von einigen
konservativen Gruppen wie den Sadduzäern abgelehnt (vgl. Josephus ant.
XVIII,1.2–4). Allerdings werden den Pharisäern zufolge nur die Gerechten auferste-
hen (Josephus ebd.). Spätestens im 2. Jahrhundert n. d. Z. wurde der Auferstehungs-

Tafel 5   Seit Mitte der siebziger Jahre wurden einige ehemalige Synagogen restauriert und seitdem unter anderem als kulturelle Zentren eines Ortes genutzt (die Aufnahme zeigt die ehemalige Synagoge in Hemsbach).

Tafel 6   (umseitig) Neue Synagoge in Mannheim, 1987 eingeweiht, Innenansicht mit Blick zum Toraschrein und Außenansicht

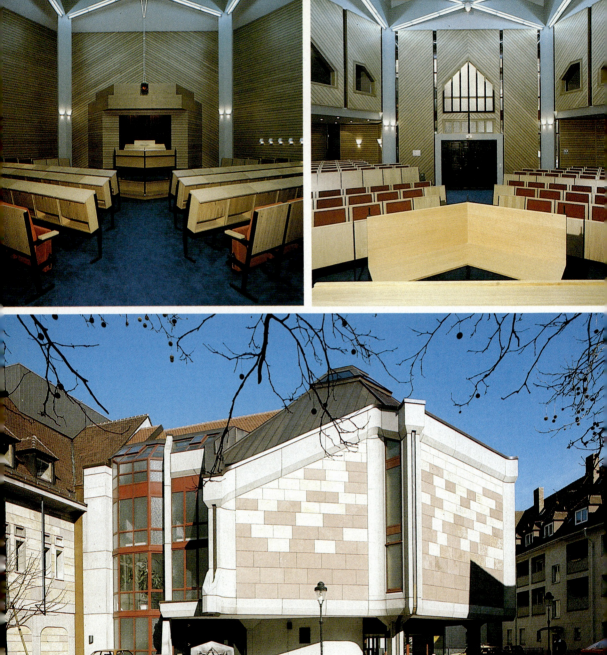

Tafel 8   Neue Synagoge in Freiburg, 1987 eingeweiht.

Tafel 7   (vorhergehende Seite) Toraschrein der neuen Synagoge in Mannheim.

glaube im jüdischen Hauptgebet, dem Achtzehngebet (Schmone esre, zweite Bitte) verankert: »Gelobt seist Du, Ewiger, der Du die Toten belebst.« Im christlichen Gedankengut wurde die Auferstehungshoffnung aus dem Judentum übernommen (am weitesten ausgeführt in 1.Kor 15). Die Auferstehungshoffnung ist einer der in vielen Grabsteininschriften vorkommenden Glaubensinhalte, z.B. »In deine Hand, o Gott, befehle ich meinen Geist, wenn ich entschlafe und wenn ich erwache zum ewigen Leben« (Hechingen, jüd. Friedhof).

Beschließt eine jüdische Gemeinde die Anlage eines Friedhofes, muß sie bestrebt sein, den Boden auf Dauer – und nicht nur für begrenzte Zeit – zu erwerben. Vor der ersten Beisetzung wird der Friedhof feierlich eingeweiht. Das Gelände soll umzäunt sein (lebendige Hecke, Zaun oder Mauer). Unter normalen Umständen soll zumindest ein Raum vorhanden sein, wo alle Gegenstände, die traditionell zu einer Beisetzung erforderlich sind, aufbewahrt werden, unter anderem die Geräte zur Anlage eines Grabes. In vielen Gemeinden gab es auf dem Friedhof eine Räumlichkeit für die Tahara (rituelle Leichenwaschung), die jedoch auch in der Wohnung des Verstorbenen oder bei der Synagoge vorgenommen werden konnte. In ersterem Fall war es von Vorteil, wenn der Friedhof an einem Bach gelegen war. Neben dem Raum für die Tahara konnte noch ein separater Raum zum Sprechen der Liturgie und des »Hesped« (Trauerrede) vorhanden sein (Zidduq ha-din-Haus). Auf größeren Friedhöfen gab (bzw. gibt) es ein Friedhofshaus, das alle diese Räume enthält.

Nach einer talmudischen Vorschrift ist als Entfernung eines Friedhofes von einer Siedlung eine Distanz von mindestens 50 Ellen einzuhalten. Zur Anlage der Gräber gibt es verschiedene Bestimmungen. Sie sollen möglichst von Juden gegraben werden. Sie sind in Reihen anzuordnen, wobei ein Mindestabstand von ca. 40 cm eingehalten werden muß. Trotz der üblichen Beisetzung in Reihen ist es möglich, Grabplätze schon zu Lebzeiten zu erwerben und für den Erwerber zu reservieren. Ein Ehepaar kann zwei nebeneinander gelegene Gräber für sich reservieren lassen. Die Toten werden gewöhnlich so beigesetzt, daß die Füße nach dem Osten liegen und der Tote nach Osten blickt. Der am Kopfende des Toten stehende Stein ist mit den Inschriften auch nach Osten ausgerichtet. Diese Tradition ist von dem Glauben bestimmt, daß der Messias von Osten her kommen wird.

Der biblische Brauch, daß Fromme nicht neben Frevlern liegen dürfen, ist im Talmud zur Norm erhoben worden (Jes 53,9; vgl. auch Jer 26,23). So wurden auf vielen Friedhöfen Rabbiner gesondert bestattet; auch liegen die Gräber der Priesternachkommen (Kohanim) oft nebeneinander. Dabei gibt es auf einigen Friedhöfen Nebeneingänge für die Kohanim, da diese nur mit Toten in Berührung kommen dürfen, mit denen sie erstgradig verwandt sind. Über diesen Zugang können sie bei der Beerdigung von Verwandten anwesend sein, ohne an anderen Gräbern vorbeigehen zu müssen. War ein Nebeneingang nicht vorhanden, durfte der Kohen bei einer Beerdigung nur bis zum Friedhofseingang mitgehen. Vielerorts wurden zunächst auch für Männer und Frauen separate Felder angelegt (so in Göppingen-Jebenhausen und anderen Landgemeinden). Fast überall gibt es besondere Bereiche für Kindergräber und verstorbene Frühgeburten, bisweilen auch für die Mitglieder der Chewra Kadischa (Beerdigungs-Bruderschaft), für Wöchnerinnen, nichtjüdische Ehepartner oder (auf Stadtfriedhöfen des 20. Jahrhunderts) für Urnenbeisetzungen. In früheren Jahrhunderten konnten »verbrannte« Personen nicht im Friedhof beigesetzt werden. So wurde in (Horb-)Nordstetten eine Familie, die bei einem Brandunglück ums Leben kam, abgesondert vor dem Friedhofseingang beigesetzt.

Die Beerdigung erfolgte in früheren Jahrhunderten meist noch am Todestag; seit dem Anfang des 19. Jahrhunderts wurden die staatlichen Vorschriften zum zeitlichen Mindestabstand zwischen Tod und Beisetzung übernommen. Die Grabsteinsetzung (Askara) erfolgt ein Jahr nach der Beisetzung.

Ist ein Friedhof voll belegt, so können die Gräber nicht mehrfach benutzt werden. Die Grabfläche, auf der ein Jude beigesetzt ist, wird zu seiner unantastbaren Ruhestätte. Falls für einen Friedhof keine Erweiterungsmöglichkeit vorhanden ist, können nur dann neue Grabstätten angelegt werden, wenn eine Bodenschicht aufgeschüttet wird. Diese muß so hoch sein, daß beim Graben das darunter befindliche Grab unversehrt bleibt. Auf diese Weise entstehen Friedhöfe mit mehreren übereinanderliegenden Gräberschichten (im Prager Friedhof bis zu 12 Schichten; im Gebiet Baden-Württembergs ist das nur selten festzustellen, vermutlich jedoch in Buchau).

Auf einem Friedhof hat all das zu unterbleiben, was als mangelnde Ehrerbietung gegenüber den Toten angesehen werden kann. Man darf den Friedhof nicht als Wegabkürzung benützen; hier darf man kein Vieh weiden lassen, keine Wassergräben ausheben, nicht Holz oder Beeren sammeln. Hier soll niemand übernachten, essen oder trinken. Auch am Sabbat wird der Friedhof nicht besucht, da dieser Tag kein Tag der Trauer ist. Besucher eines jüdischen Friedhofes sollen sich bemühen, nicht auf die Gräber zu treten und genügend Abstand zu halten. Männer tragen eine Kopfbedeckung. Auf dem Friedhof sollen nur Gebete abgehalten werden, die nach den Pflichten gegenüber den Toten notwendig sind.

Mit dem Untergang des zweiten Tempels in Jerusalem und der Zerstörung der Selbständigkeit des jüdischen Staates durch die Römer (70 n. d. Z.) beschleunigte sich die Zerstreuung der Juden auch über die europäischen Gebiete des Römischen Reiches. Die älteste Urkunde über den Aufenthalt von Juden auf später deutschem Boden liegt aus dem Jahr 321 n. d. Z. vor und setzt für Köln eine größere jüdische Gemeinde voraus. Man weiß nicht, wo die Toten dieser Gemeinde beigesetzt wurden. Die jüdische Gemeinde in Rom begrub in dieser Zeit ihre Verstorbenen in Katakomben, die vor einiger Zeit wiederentdeckt wurden (insbesondere die Katakomben vor der Porta Portese am Monte Verde und vor der Porta Sebastiana). Vielleicht gab es auch in anderen Römerstädten wie Köln unterirdische Grabanlagen, die nicht erhalten sind.

Die ältesten Nachrichten über jüdische Begräbnisstätten in Mitteleuropa begegnen erst im 11. Jahrhundert. In Mainz bestand seit 1049 ein Friedhof, in Worms ab 1076/77. Letzterer ist heute der älteste erhaltene und bis ins 20. Jahrhundert hinein belegte jüdische Friedhof Europas. Im 12. Jahrhundert werden Anlagen in Speyer (ab 1112) und einigen anderen Städten (so in Köln ab 1156) genannt, wenngleich für eine Anzahl weiterer Städte ihr Vorhandensein in dieser Zeit oder schon eher nicht bezweifelt werden kann. Hierzu gehört Prag, wo der erste Friedhof (des 10. Jahrhunderts?) 1389 bei einem Pogrom zerstört wurde. Auf dem heute erhaltenen »Alten jüdischen Friedhof« (der zweite Friedhof der Gemeinde) stammt der älteste Stein aus dem Jahr 1439.

Jüdische Friedhöfe in Südwestdeutschland

In Südwestdeutschland lebten im Mittelalter in fast allen Städten Juden. In einigen dieser Städte konnte die örtliche jüdische Gemeinde auch einen eigenen Friedhof anlegen, der sich entsprechend der jüdischen Vorschriften außerhalb der Stadtmauer befand. Etliche Gemeinden belegten einen gemeinsamen Friedhof. So wurden die Bopfinger Juden in Nördlingen, die Konstanzer wahrscheinlich in Überlingen, die Stuttgarter vermutlich in Esslingen beigesetzt. Im Zusammenhang mit den Judenpogromen der Pestzeit (1348/49) und den Ausweisungen der Juden um 1500 aus den meisten Städten und Herrschaften sind die mittelalterlichen jüdischen Friedhöfe mit wenigen Ausnahmen zerstört worden, so daß ihre Lage bisweilen nur noch über einen Flurnamen oder durch alte Pläne bekannt ist. Die Grabsteine der abgeräumten Friedhöfe wurden für den Haus- und Mauerbau verwendet, in Ulm beim Bau des Münsters oder anderer Gebäude (auch wurden Steine nach anderen Orten verkauft, so in Langenau), in Überlingen beim Bau der Spitalkapelle, des Münsters und der Stadtmauer. Zu den wenigen erhaltenen jüdischen Friedhöfen des Mittelalters zählen Külsheim, Neudenau und Wertheim, wobei die letztgenannte Anlage von herausragender Bedeutung ist. Hier haben sich allein 72 Grabsteine mit Sterbedaten des 15. Jahrhunderts erhalten (ältester Stein von 1405). Etliche der Wertheimer Steine sind somit älter als die ältesten des Prager Judenfriedhofes. An einigen Orten fanden sich bei der Restaurierung von Gebäuden oder auf dem ehemaligen Friedhofsgelände Grabsteine (so in Ehingen/Donau, Heilbronn und Überlingen).

Insgesamt waren im Mittelalter zumindest an folgenden Orten jüdische Friedhöfe vorhanden: (Buchen-)Bödigheim (14./15. Jh.?), Ehingen/Donau, Esslingen (1348 zerstört), Heidelberg (1391 geschlossen), Heilbronn (erster Friedhof 1415 geschlossen, danach zweiter Friedhof), Mengen-Ennetach (14./16. Jh.), Külsheim (spätestens um 1600 entstanden), Neubulach, Neudenau (1492 genannt), Rottenburg a. N. (14./15. Jh.), Schwäbisch Gmünd (13./15. Jh.), (Forchtenberg-)Sindringen, Überlingen, Ulm (erster Friedhof 1281 genannt, zweiter Friedhof 1356 genannt), Waldkirch (erster Friedhof vor 1349?, zweiter Friedhof 15. Jh.), Weil im Schönbuch (?), Wertheim, Winnenden (?).

Im 16. Jahrhundert entstanden an etlichen Orten kleinerer Herrschaften jüdische Gemeinden. Diese waren noch stärker als im Mittelalter auf die Gunst der Obrigkeit angewiesen, um ein Stück Land für die Beisetzungen ihrer Verstorbenen mieten oder

10   *Torhaus des jüdischen Friedhofes in Niederstetten (1986).*

11   *Friedhofsordnung am Eingang zum jüdischen Friedhof in Gailingen (1985).*

erwerben zu können. Zumeist waren dies Grundstücke, die fernab der Ortschaft lagen und landwirtschaftlich nicht nutzbar waren (zum Beispiel Nordhänge, teilweise auch bewaldet). Einige der Friedhöfe dieser Zeit wurden von jüdischen Gemeinden bzw. Familien einer weiten Umgebung benutzt. Im 16. Jahrhundert entstanden an folgenden Orten Friedhöfe, die noch erhalten sind: (Bopfingen-)Aufhausen (ca. 1560 angelegt), (Bad Rappenau-)Heinsheim, Mosbach (1559 genannt), (Horb-)Mühringen (Mitte 16. Jh.), Neckarsulm (um 1550 angelegt oder spätestens im 17. Jh.), Sulzburg, (Lauda-Königshofen-)Unterbalbach (seit 1590), (Haigerloch-)Weildorf (vor 1567 angelegt). Andere im 16. Jahrhundert entstandene Friedhöfe bestehen heute nicht mehr: Aach (16./17. Jh.), Bad Buchau (alter Friedhof des 16./17. Jh. hinter Kappel), Grundsheim (1575–1720 belegt), (Steinheim-)Höpfigheim, Künzelsau (1550–1599 belegt), Mittelbiberach, Mülheim/Donau (1528/1571), (Schwendi-)Orsenhausen (nach 1550), (Horb-)Rexingen (alter Friedhof), Schechingen (16./17. Jh.), (Schwäbisch Gmünd-)Straßdorf, Stühlingen (16.–18. Jh.).

Im 17. Jahrhundert entstanden neue jüdische Friedhöfe, die großenteils bis zur Gegenwart erhalten sind: (Obersulm-)Affaltrach (1683 genannt), (Schöntal-)Berlichingen (vor 1623), Bad Buchau (neuer Friedhof 1659 angelegt), Creglingen, (Oberderdingen-)Flehingen (1688 genannt), Gailingen (1676), Hechingen (Mitte 17. Jh.), Hemsbach (1674 genannt), Kuppenheim (vor 1692), Lörrach (alter Friedhof, 1670), Mannheim (alter Friedhof, 1661), (Bruchsal-)Obergrombach (1632), (Kraichtal-)Oberöwisheim (1629), (Gottmadingen-)Randegg, (Kippenheim-)Schmieheim, Waibstadt (vor 1690), Wiesloch (1661 genannt). Ferner wurden an folgenden Orten Friedhöfe angelegt, die nicht mehr bestehen: Aulendorf (bis 1693 belegt), (Bopfingen-)Baldern (ca. 1631–1658 belegt), Donaueschingen (17./18. Jh.), Essingen (ca. 1685–1780 belegt), Heidelberg (seit 1688 für wenige Jahre belegt), Offenburg (alter Friedhof, im 17. Jh. angelegt, bis 1813 belegt), Weinheim (17./18. Jh.).

Auch die meisten der in dieser Zeit entstandenen Begräbnisstätten dienten noch als zentrale Friedhöfe der in einer weiten Umgebung bestehenden jüdischen Gemeinden. So war der Friedhof bei Waibstadt lange Zeit für Juden aus 30 umliegenden Orten eine gemeinsame letzte Ruhestätte. Wie bei der Aufnahme jüdischer Familien an einem Ort, so standen auch bei der Genehmigung eines jüdischen Friedhofs durch eine Ortsherrschaft gewöhnlich wirtschaftliche Interessen im Vordergrund. In (Kraichtal-)Oberöwisheim besaßen die Herren von Helmstatt und Sternenfels Anfang des 17. Jahrhunderts einen unfruchtbaren Steilhang, der als Schulgut um 1620 jährlich gerade 3 Gulden einbrachte. Nachdem sie ihn den Juden der Umgebung als Begräbnisplatz zugewiesen hatten, mußten diese jährlich 11 Gulden Bodenzins entrichten, zusätzlich bei jeder Beisetzung einen Gulden (Kinder unter 7 Jahren 30 Kreuzer). Für Tote, die auf dem Weg zum Friedhof andere Herrschaftsgebiete passieren mußten, fiel noch der sogenannte Leichenzoll an. Ähnlich hohe Gebühren waren auch an den anderen Orten mit Friedhöfen der Obrigkeit zu entrichten. Der Deutschorden erhielt für die Unterbalbacher Anlage einen Jahreszins von 16 Gulden. Im südbadischen

Sulzburg bestimmte die Friedhofsordnung von 1664, daß bei der Beisetzung eines Erwachsenen 1 Gulden, bei der Beisetzung eines Kindes 30 Kreuzer, für einen auswärtigen Toten 2 Gulden zu bezahlen waren.

Auch auf außerhalb des heute baden-württembergischen Gebietes liegenden jüdischen Friedhöfen wurden von etlichen Gemeinden Beisetzungen vorgenommen, da sie über keine eigenen Friedhöfe verfügten. So diente bis in das 17. Jahrhundert hinein der Wormser Friedhof den Juden der Kurpfalz und des westlichen Kraichgaus als Begräbnisplatz. Im heute hessischen Hirschhorn begruben die Familien aus (Waldbrunn-)Strümpfelbrunn und Zwingenberg ihre Toten. Entsprechendes gilt für die Gemeinden in Freudenberg (Beisetzungen in Fechenbach/Bayern), Grünsfeld und (Lauda-Königshofen-)Messelhausen (Beisetzungen in Allersheim/Bayern). Zahlreiche Gemeinden in den Bereichen Crailsheim und Schwäbisch Hall brachten lange Zeit ihre Toten ins bayrische Schopfloch, die (Riesbürg-)Pflaumlocher Juden benutzten bis ins 19. Jahrhundert hinein den Friedhof in Wallerstein/Bayern. Die Breisacher Juden wurden bis ins 18. Jahrhundert in Mackenheim/Elsaß beigesetzt. Andererseits lassen sich auch zahlreiche Gemeinden auf heute bayrischem Gebiet nennen, die ihre Toten auf den Friedhöfen in heute »grenznahen« Orten wie (Werbach-)Wenkheim oder Weikersheim begruben. Die jüdischen Gemeinden der nördlichen Schweiz, Lengnau und Endingen, bestatteten ihre Toten im 17. und 18. Jahrhundert auf dem sogenannten »Judenäule«, einer auf deutschem Gebiet gelegenen Rheininsel bei Waldshut, die nicht mehr besteht. Lange Zeit dauerte es oft, bis es sich die jüdischen Gemeinden

12   *Grabstein auf dem jüdischen Friedhof in Schopfloch/Bayern (1985). Bis 1841 wurden noch alle verstorbenen Juden aus Crailsheim in Schopfloch beigesetzt. Einzelne Familien behielten auch nach Anlage eines eigenen jüdischen Friedhofes in Crailsheim diese Tradition bei.*

leisten konnten, die Friedhöfe mit Holzzäunen oder Mauern so abzugrenzen, daß der Schutz der Totenruhe besser gewährleistet war.

Im 18. Jahrhundert entstanden weitere jüdische Friedhöfe an Orten, in denen es erst in dieser Zeit eine Gemeinde gab. Vielerorts bemühten sich die jüdischen Familien auch darum, eine Begräbnisstätte in ihrer Nähe zu erhalten, um beim Besuch der Gräber von Angehörigen keine weite Reise auf sich nehmen und bei Beisetzungen keine Leichenzölle mehr zahlen zu müssen. Aus dieser Zeit stammen die Friedhöfe in (Rottenburg-)Baisingen (1779), Binau (18. Jh. oder erst um 1835), Braunsbach (1738), Breisach (alter Friedhof, 1755), (Münsingen-)Buttenhausen (1789), (Hohberg-)Diersburg (um 1770), (Angelbachtal-)Eichtersheim (1781), Emmendingen (alter Friedhof, 1717), Freudental (alter Friedhof, nach 1723 angelegt, 1811 abgeräumt), Heidelberg (Klingenteich-Friedhof, 1702), (Remseck-)Hochberg (1795 oder 1808), (Göppingen-)Jebenhausen (1779), Laupheim (nach 1730), (Horb-)Mühlen (um 1800), Niederstetten (1737/40), (Horb-)Nordstetten (1797), (Horb-)Rexingen (1760/70), (Waldshut-)Tiengen (1760), (Kusterdingen-)Wankheim (um 1780), Weikersheim (1730). Drei der im 18. Jahrhundert angelegten jüdischen Friedhöfe bestehen heute nicht mehr: (Ravenstein-)Hüngheim (1769–1773 belegt), Karlsruhe (erster Friedhof 1723–1826 belegt) und Nußloch (zweite Hälfte des 18. Jh.).

In der Zeit zwischen dem 16. und 18. Jahrhundert muß es noch an zahlreichen weiteren Orten jüdische Friedhöfe gegeben haben, wie die Überlieferung in den Flurnamen vermuten läßt. Wahrscheinlich handelt es sich dabei in den meisten Fällen um Anlagen, die nur kurzzeitig genutzt wurden, bevor sich die betreffende Gemeinde einem Friedhofsverband mit Zentralfriedhof anschloß. An einigen der Orte sind jedoch bis heute keinerlei schriftliche Quellen bekanntgeworden, die eine jüdische Ansiedlung in diesem Zeitraum belegen. Der Flurname »Judenfriedhof« (auch »Judenkirchhof«, »Judengottesacker« oder ähnlich) begegnet an folgenden Orten: (Eppingen-)Adelshofen, (Creglingen-)Archshofen, (Langenbrettach-)Brettach, (Weissbach-)Crispenhofen, (Karlsruhe-)Durlach (?), (Sinsheim-)Ehrstädt, (Balingen-)Erzingen, Gondelsheim, (Leingarten-)Großgartach, (Freiburg-)Hochdorf, (Albstadt-)Lautlingen, (Schwaigern-)Massenbach, Müllheim, (Creglingen-)Münster, (Heilbronn-)Neckargartach, (Zaberfeld-)Ochsenburg, (Jagsthausen-)Olnhausen, (Sinsheim-)Reihen, (Sinsheim-)Rohrbach, (Eppingen-)Rohrbach a. G., (Möckmühl-)Ruchsen, (Neudenau-)Siglingen, (Mulfingen-)Simprechtshausen, (Lichtenstein-)Unterhausen (?), (Widdern-)Unterkessach, Weissbach, Werbach, (Bad) Wimpfen. In Ölbronn(-Dürrn) bestand eine heute nicht mehr lokalisierbare Flur »Judengrab«.

Die meisten dieser Anlagen werden durch natürlichen Verfall unkenntlich geworden sein. Kaum ein jüdischer Friedhof einer Landgemeinde war im 16./17. Jahrhundert mit einer Mauer umgeben. Nicht einmal Grabsteine gab es in allen Fällen. In Aulendorf begnügten sich die dortigen jüdischen Familien nach der Überlieferung mit eichenen Stöcken oder Säulen, auf welchen in hebräischer Sprache der Name des Beerdigten eingeschnitten war (sogenannte »Judenhölzle«). Schnell hat sich die Natur

solcher Begräbnisstätten wieder bemächtigt. Die äußere Gestalt eines alten Landfried-
hofes hat sich noch in (Haigerloch-)Weildorf erhalten. Nur noch wenige Steine sind
hier inmitten eines Waldstückes – ohne jede Abgrenzung des Grundstückes – vorhanden; die meisten sind im Waldboden versunken. Der Friedhof wäre ohne ständige
Pflege in den vergangenen Jahrzehnten schon lange unkenntlich geworden. Wie
schnell eine solche Anlage verschwunden sein kann, zeigt auch die Geschichte des
alten (Horb-)Rexinger Friedhofes, der nach einer örtlichen Überlieferung bei einer
Überschwemmung zerstört wurde und nicht wieder hergerichtet werden konnte.
Nachdem sich im Laufe des 19. Jahrhunderts Juden wieder im ganzen Land niederlassen konnten, entstanden zahlreiche neue Gemeinden in den größeren Städten. Sie
erhielten auch ihre eigenen Friedhöfe. Fast durchweg wurden diese als ein Zeichen des
nun zumeist recht guten Zusammenlebens in die allgemeinen Friedhöfe der Gemeinde
– wenn auch abgesondert – integriert. Dies betrifft vor allem folgende Städte: Bruchsal
(1879), Emmendingen (neuer Friedhof 1899), Esslingen (neuer Friedhof 1899), Heidelberg (neuer Friedhof 1876), Karlsruhe (neuer Friedhof 1896, orthodoxer Friedhof
1896), Konstanz (1869), Lörrach (neuer Friedhof 1891), Ludwigsburg (alter Friedhof
1870), Mannheim (neuer Friedhof 1840), Offenburg (neuer Friedhof 1870), Pforzheim (neuer Friedhof 1877), Stuttgart (Hoppenlauffriedhof 1834, Pragfriedhof 1874),
Ulm (Frauenstraße 1852, Stuttgarter Straße 1899). Unabhängig vom allgemeinen
Friedhof einer Stadt wurden jüdische Begräbnisstätten angelegt in Bretten (1883/84),
Freiburg (1870), Heilbronn (1867/68), Karlsruhe (Kriegsstraße 1826), Pforzheim
(alter Friedhof 1846), Rastatt (1881), Esslingen (alter Friedhof 1807).
Auch in kleineren jüdischen Gemeinden wuchs im Laufe des 19. Jahrhunderts das
Bedürfnis nach einem eigenen Friedhof in unmittelbarer Nähe. Durch das Anwachsen
der jüdischen Landbevölkerung bis zur Mitte dieses Jahrhunderts war es in einigen
Fällen (so in Külsheim) nicht mehr möglich, die zentrale Anlage beliebig zu erweitern,
so daß den bisherigen Gemeinden des Friedhofsverbandes nahegelegt wurde, eigene
Friedhöfe anzulegen. An neuen jüdischen Friedhöfen entstanden im Laufe des
19. Jahrhunderts (da die Jahre der Anlegung fast durchweg bekannt sind, ist eine
chronologische Anordnung möglich): (Dörzbach-)Laibach (um 1800), (Haiterbach-)
Unterschwandorf (1801), Haigerloch (neuer Friedhof 1804), (Schwäbisch Hall-)
Steinbach (1809), Eichstetten (1809), (Neuenstadt-)Stein a. K. (um 1810), Freudental
(neuer Friedhof 1811), (Ravenstein-)Merchingen (1812/33), Durbach (1813), Eppingen (1818/19), (Gerabronn-)Dünsbach (1823), (Bopfingen-)Oberdorf (1825), (Öh-
ningen-)Wangen (1827), (Horb-)Dettensee (1830), (Rheinau-)Freistett (um 1830),
(Riesbürg-)Pflaumloch (1833), Bühl (1833), Weingarten (1833), Krautheim (1837),
(Wallhausen-)Michelbach a. d. L. (1840), (Heilbronn-)Sontheim (1840/41), Crailsheim (1841), Ladenburg (1848), Rottweil (1850), Eberbach (um 1850?), Müllheim
(1850), Königsbach(-Stein) (um 1850), Breisach (neuer Friedhof um 1850), (Dörz-
bach-)Hohebach (1852), (Rielasingen-)Worblingen (1857), (Mannheim-)Feudenheim
(1858), Ilvesheim (um 1860), (Efringen-)Kirchen (1865), (Angelbachtal-)Michelfeld

(1868), (Bad Friedrichshall-)Kochendorf (1870), Ihringen (1870), (Stuttgart-)Bad Cannstatt (1872/73), Schriesheim (1874), Oedheim (1874), Hardheim (1875), König- heim (1875), (Königheim-)Gissigheim (1875), Tauberbischofsheim (1875), (Tauberbi- schofsheim-)Hochhausen (1875), (Bad Schönborn-)Bad Mingolsheim (1878), Hok- kenheim (1879), (Schwanau-)Nonnenweier (1880), Walldorf (um 1880), Bad Rappen- au (1881), (Adelsheim-)Sennfeld (1882), Ittlingen (1887), (Walzbachtal-)Jöhlingen (1888), Philippsburg (1889/90), Sinsheim (1890), Schwetzingen (1893), Meckesheim (1896), Bad Wimpfen (1896), (Leingarten-)Schluchtern (um 1900).

In einigen Gemeinden bestand gleichfalls der Plan, einen eigenen Friedhof zu errich- ten, doch wurde dieser aus unterschiedlichen Gründen nicht verwirklicht. In (Rheinau-)Rheinbischofsheim befürwortete um 1800 die Familie des Löw Simson die Einrichtung einer Begräbnisstätte. Da fast alle anderen Familien des Ortes jedoch für die Beibehaltung des Begräbnisplatzes in Kuppenheim waren, erreichte Löw Simson nur eine Begräbnisstätte für seine Familie. Auch die Pläne zur Errichtung jüdischer Friedhöfe in (Schwaigern-)Massenbach, wo bereits ein Grundstück hierfür angekauft worden war, und in Reilingen (1895) wurden nicht verwirklicht. Zu einer »Notanla- ge« kam es 1871 in Lichtenau, als drei bei einer Blatternepidemie verstorbene jüdische Gemeindeglieder nicht in Freistett beigesetzt werden konnten. Doch blieb es bei diesen drei Beisetzungen in Lichtenau; der kleine Friedhof wurde nicht weiter belegt. Im 19. Jahrhundert setzte ein Prozeß der Schließung jüdischer Friedhöfe ein, da aus etlichen Orten die jüdischen Einwohner abwanderten. So wurden unter anderem in (Dörzbach-)Laibach 1860, in (Haiterbach-)Unterschwandorf 1879, in Durbach 1917 und in (Königheim-)Gissigheim 1927 die jüdischen Begräbnisstätten geschlossen, nachdem die letzten Juden weggezogen waren.

Nicht nur am Ende des Mittelalters war es zu zwangsweisen Auflösungen jüdischer Friedhöfe gegen den Willen der jüdischen Gemeinden gekommen. Auch aus dem 18. und 19. Jahrhundert liegen solche Fälle vor. 1773 mußte ein erst vier Jahre zuvor in (Ravenstein-)Hüngheim angelegter Friedhof auf Anweisung der Ortsherrschaft ge- schlossen und wieder abgeräumt werden. 1811 ließ der württembergische König Friedrich das Schloß Freudental zu einem Sommersitz für den Jagdaufenthalt umbau- en und erweitern. Da der bisherige Friedhof auf dem Gelände einer geplanten Fasane- rie lag, verordnete Friedrich der jüdischen Gemeinde eine neue Anlage und ließ die alte vermutlich rasch entfernen. Die näheren Umstände dieser Aktion sind unklar; jeden- falls bedeutete der willkürliche Beschluß des Königs einen ungeheuren Eingriff in die religiösen Rechte der Freudentaler Juden. In Karlsruhe hatte sich die in der ersten Hälfte des 18. Jahrhunderts entstandene jüdische Gemeinde 1723 einen Friedhof am Mendelssohnplatz eingerichtet. 1826 wurde er geschlossen und eine neue Begräbnis- stätte an der Kriegsstraße angelegt. Von seiner ursprünglich abseitigen Lage vor der Stadt war der alte Friedhof durch die Ausdehnung des Stadtkernes immer mehr in das Zentrum gerückt. 1898 mußte er daher aus verkehrstechnischen Gründen eingeebnet werden. Seitens der jüdischen Gemeinde erhob sich heftiger Widerstand, der keinen

Erfolg hatte: Das Gelände wurde enteignet. So mußten die am Mendelssohnplatz beigesetzten Personen teilweise auf den Friedhof Kriegsstraße oder auf die neue Anlage an der Haid- und Neustraße umgebettet werden. Die Grabsteine wurden entlang der Umfassungsmauern des Friedhofes Kriegsstraße aufgestellt. Weitere Abräumungen jüdischer Friedhöfe geschahen in der NS-Zeit (Mannheim 1938, in anderen Gemeinden von 1938 bis 1943).

Die jüngsten jüdischen Friedhöfe entstanden seit dem Anfang des 20. Jahrhunderts in (Karlsruhe-)Grötzingen (um 1900), Ellwangen (1901), (Mannheim-)Feudenheim (1904), Göppingen (1904), Horb (1904), Nordrach (1907), Öhringen (1911), Baden-Baden (1918/21), Kehl (1924), Stuttgart (Steinhaldenfeld 1937/38). In den ersten Jahrzehnten unseres Jahrhunderts kam es auch immer wieder vor, daß sich Juden in allgemeinen Friedhöfen beisetzen ließen. Dies kam sowohl in Städten wie in Landgemeinden vor (so in Geisingen, 1924 Grab des Tierarzts Dr. Marx oder in Blaustein-Herrlingen, 1919 Grab von Dr. Weimersheimer).

Nach 1918 wurden auf vielen jüdischen Friedhöfen Ehrenmale und Ehrenhaine für die Gefallenen des Ersten Weltkrieges aufgestellt bzw. angelegt. Die Denkmale geben ein erschütterndes Zeugnis von der Verbundenheit der deutschen Juden zu ihrem Vaterland, für das sie in den Krieg gezogen waren: Eiserne Kreuze, Stahlhelme und Eichenlaub sind nicht selten Zierde derartiger Denkmale.

Bereits in den zwanziger Jahren wurden vielerorts jüdische Friedhöfe von Anhängern der Nationalsozialisten heimgesucht und geschändet (unter anderem wurde 1929 der Friedhof in Niederstetten mit Hakenkreuzen beschmiert; an anderen Orten wurden immer wieder Steine umgeworfen), doch konnten die Begräbnisstätten auch nach 1933 zunächst ohne Einschränkungen weiterbelegt werden. In der Reichspogromnacht 9./10. November 1938 teilten jedoch viele Friedhöfe und Friedhofshallen das Schicksal der Synagogen. An zahlreichen Orten brannten die Friedhofshallen nieder oder wurden schwer demoliert.

Nach der Deportation der jüdischen Bewohner seit 1940 wurden die Friedhöfe allesamt geschlossen. Innerhalb weniger Jahre sollten auch diese Erinnerungen der jüdischen Geschichte vom Erdboden verschwinden. Freilich hat man diesen Plan glücklicherweise nur mancherorts in die Tat umgesetzt. In (Waldshut-)Tiengen wurde der Friedhof dem Erdboden gleichgemacht und zu einem Sportplatz umgestaltet. Die Grabsteine wurden unter anderem beim Bau einer Gartenmauer verwendet. In Oedheim haben SA-Leute durch Sprengungen den Friedhof bereits 1938 zerstört. In Neckarsulm wurde die Anlage abgeräumt, die Grabsteine zum Straßenbau verwendet. Besonders schwer zerstört wurden auch die Friedhöfe in (Schwäbisch Hall-)Steinbach und Pforzheim (alter Friedhof). Bei einigen Friedhöfen (z. B. Ellwangen und Öhringen) wurden die Grabsteine entfernt, jedoch von örtlichen Steinmetzen aufbewahrt und nach dem Krieg wieder aufgestellt. Auch an anderen Orten kam es aus verschiedenen Gründen nicht zu einer völligen Zerstörung. In (Bad Rappenau-)Heinsheim sollte die politische Gemeinde den jüdischen Friedhof erwerben, einebnen

13 Auf diesem Ackergrundstück befand sich einst der Friedhof der jüdischen Gemeinde in Grundsheim. Heute weisen keine Spuren mehr darauf hin (1986).

und landwirtschaftlich nutzen. 1944 wurde zwar mit der Reichsvereinigung der Juden in Deutschland ein Kaufvertrag abgeschlossen, dieser jedoch nicht im Grundbuch eingetragen. So kam es, daß die Gräber unangetastet blieben. Nicht einmal das schmiedeeiserne Tor wurde abmontiert und der Verwertung für Rüstungszwecke zugeführt, wie es befohlen worden war.

1943/44 wurden auf vielen Friedhöfen im Auftrag des »Reichsinstitutes für Geschichte des neuen Deutschlands« die Grabinschriften aufgenommen, da »sie die einzige Quelle für die genealogische Erforschung des Judentums und seiner Verbreitung im deutschen Volkskörper darstellen« (zitiert aus einem Schreiben des Staatsarchivs Sigmaringen an den Hechinger Bürgermeister vom 13. November 1943). Aus diesem Grund sollten auch die jüdischen Friedhöfe vor einer weiteren Zerstörung vorläufig verschont bleiben.

1944/45 sind in einigen Gemeinden die Friedhöfe durch Kriegshandlungen zusätzlich in Mitleidenschaft gezogen worden (Stuttgart, Pragfriedhof; aber auch in Landgemeinden wie Neuenstadt-Stein a. K.).

Die Zahl der Grundstücke, auf denen Juden beigesetzt wurden, vermehrte sich gegen Ende des Krieges nochmals beträchtlich durch die Anlage von Massengräbern in der

14/15   Zerstörungen durch Umwelteinflüsse zeigen diese Steine in Eichstetten (1985).

Nähe der zahlreichen in Südwestdeutschland bestehenden grausamen Außenkommandos von Konzentrationslagern. Nach 1945 wurden diese Massengräber aufgelöst und in größere Friedhöfe mit Einzelgräbern umgewandelt, die sich an etlichen Orten Südwestdeutschlands bis zur Gegenwart befinden. Insbesondere zählen dazu die KZ-Friedhöfe in Binau (Teil des jüdischen Friedhofes), Bisingen, Dautmergen und Schömberg (gemeinsamer KZ-Friedhof), Dormettingen (im allgemeinen Friedhof), Esslingen (Teil des jüdischen Friedhofs mit Toten aus dem KZ Echterdingen), (Sachsenheim-)Großsachsenheim, (Bad Friedrichshall-)Kochendorf, Leonberg (Teil des städtischen Friedhofes), (Heilbronn-)Neckargartach, (Kraichtal-)Neuenbürg (Teil des allgemeinen Friedhofes), Offenburg (Teil des jüdischen Friedhofes), (Schömberg-)Schörzingen, Spaichingen, (Gäufelden-)Tailfingen (Teil des allgemeinen Friedhofes), (Markgröningen-)Unterriexingen, Vaihingen/Enz, Welzheim, Westerstetten (sogenanntes »Judengrab« auf allgemeinem Friedhof) und an einigen anderen Orten, bei denen zum Teil unklar ist, ob die Beigesetzten auch jüdische Zwangsarbeiter waren. Ende des Krieges wurden unter Ignorierung der jüdischen Religionsgesetze auch nichtjüdische Zwangsarbeiter und -arbeiterinnen und deren Kinder auf einigen jüdischen Friedhöfen beigesetzt (so in Bad Rappenau).

Das jüdische Grabmonument, besonders in Südwestdeutschland

Der älteste jüdische Grabsteintypus ist ein einfacher, schmuckloser, rechteckiger Grabstein (hebr. Mazewa, vgl. 1.Mose 35,30), oft mit einem Rundbogen- bzw. Korbbogenabschluß oder mit zugespitztem Kopf. Archäologische Funde belegen diese Form von Gedenksteinen bereits in biblischen und vorbiblischen Zeiten für Israel und seine Umwelt. Diese »Masseben« begegnen überwiegend als Kultsteine, als Grenzsteine, als Gedenksteine für Anlässe aller Art, aber auch als Grabsteine (vgl. 2.Sam 14,18f). In Fortentwicklung dieses Typus werden im Mittelalter die Schriftfelder durch eine Umrahmung hervorgehoben (in einfacher oder doppelter Linienführung) oder insgesamt im Grabstein vertieft. Das Inschriftenfeld kann im 14./15. Jahrhundert eine dem Maßwerk eines gotischen Fensters entsprechende Strukturierung erhalten (Steine in Ehingen, Wertheim und an anderen Orten).
Seit dem 17. Jahrhundert gibt es Steine, bei denen der Rundbogenaufsatz gegenüber dem Rechteck abgesetzt ist und nicht in gerader Linie mit dem Unterteil verläuft. Die Rundbögen sind oftmals mit Rosetten oder Akroterien geschmückt (Übergang zum Barock). In der Barockzeit (18. Jh.) begegnen vielfältig ausgeschmückte Monumente. Charakteristisch für diese Zeit sind Voluten, Volutenbänder, Akanthusranken, Kugelverzierungen, gegen Ende auch immer mehr Steine, deren Schriftfeld rechts und links von Halbsäulen oder Pilastern (Wandpfeiler) geschmückt ist. Vom Rokoko geprägte Steine zeigen eine Auflösung der schweren barocken Formen. Diese werden leichter und graziler gestaltet, wobei als Verzierung gern eine Muschel im Giebelfeld dient.
In der ersten Hälfte des 19. Jahrhunderts erscheinen vermehrt neuklassizistische

*16   Aus der Zeit des Dreißig-
jährigen Krieges (1640)
stammt dieser Stein auf dem
Wertheimer Friedhof. Er ist als
einfache Rundbogenstele gestaltet; das Inschriftenfeld liegt
etwas vertieft zur Umrah-
mung (1984).*

Formen in der Grabmalarchitektur. Seitlich der Inschriftenfelder finden sich verbreitet Säulen oder Pilaster; das Giebelfeld zeigt häufig die Form eines Tympanons
(Giebeldreieck), darunter ein Architrav (Hauptbalken). Der Grabstein erinnert insgesamt an ein antikes Tempelchen (Aedicula) bzw. bildet ein klassizistisches Eingangstor. In der Ornamentik begegnen Palmetten, Festons (Blumen-, Laub- oder Frucht-
girlanden) sowie weiterhin die Akanthusranke.
Im weiteren Verlauf des 19. Jahrhunderts beeinflussen die vielfältigen Formen des
Historismus auch die Grabsteinarchitektur. Neuromanische und neugotische Ele-
mente verbreiten sich. Vorübergehend zeigen sich auf einigen Friedhöfen auch neuis-
lamische (maurische) Einflüsse. Gegen Ende des Jahrhunderts erscheinen auf einigen
Stadtfriedhöfen auch grandiose Mausoleen und Tempiettos. So finden sich im Gebiet
Baden-Württembergs vor allem auf dem jüdischen Friedhof Mannheims repräsentati-
ve Erbbegräbnisse bekannter Familien. Glänzend polierter Marmor, fein geschliffener
Syenit, Granit und Basalt halten überall Einzug und verdrängen die bislang üblichen
Sandsteine. Um 1900 prägen für einige Jahre insbesondere schwarze Obelisken die
Gräber vieler Verstorbener. Der Unterschied zwischen christlichen und jüdischen
Grabmälern hatte sich bis dahin mehr und mehr verwischt.
In der Zeit nach dem Ersten Weltkrieg regten sich im deutschen Judentum viele
Stimmen gegen den Monumentalismus der Grabstätten. Im »Jüdischen Lexikon«
(Art. Grabsteine, Bd. II, 1927, Sp. 1259 f) wird kritisch angemerkt: »Zu der Verödung

der neuzeitlichen Friedhöfe, auf denen sich, namentlich in den Großgemeinden, nur zu oft protzige Geschmacklosigkeiten breit machen, hat nicht zum wenigsten die Verwendung polierter schwarzer Steine beigetragen, ebenso der geringe Wert, der auf die künstlerisch bedeutsame Beschriftung gelegt wird. Die Industrialisierung der Friedhofskunst hat auch dem hochentwickelten jüdischen Steinmetzhandwerk ein Ende bereitet.« Trotz der kritischen Stimmen wurden auch in den zwanziger Jahren noch gewaltige Mausoleen erstellt, darunter das 1924 beim jüdischen Friedhof in Waibstadt erstellte Bauwerk für die letzte Ruhestätte des Getreidegroßhändlers Hermann Weil: Der achteckige Kuppelbau hat architektonisch Anleihen am Felsendom in Jerusalem genommen. Der Innenhof wurde einem Ehrenhof ähnlich gestaltet und mit einem kostbaren Marmorboden versehen.

Die jüdischen Friedhöfe der Zeit nach 1945 unterscheiden sich wenig von den allgemeinen, nichtjüdischen Friedhöfen. Relativ häufig entdeckt man jedoch flachliegende Marmorplatten, die das ganze Grab bedecken. Die Tradition der liegenden Grabsteine geht ursprünglich auf sefardische Juden zurück (Nachkommen der im Mittelalter in Spanien und Portugal lebenden Juden). Eine jüdische Gemeinde im Gebiet Baden-Württembergs hat diese Tradition übernommen: In Rottweil begegnen auf dem jüdi-

17 Der Rokokozeit gehören diese Steine auf dem Waibstadter Friedhof an. Volutenbänder und ein charakteristischer Aufsatz umgeben die prägende Rokoko-Muschel (1986).

schen Friedhof nur liegende Grabsteine. Möglicherweise wurde die Rottweiler Sitte auch durch den Friedhof der Herrnhuter Brüdergemeine im nahen Königsfeld beeinflußt.

Die Giebelfelder vieler Grabsteine tragen seit dem 17. Jahrhundert (vielfach auch schon vorher, jedoch am ausgeprägtesten im Barock) charakteristische Symbole. Gewöhnlich wurden diese eingraviert, oft aber auch plastisch durch die Vertiefung der Umgebung herausgearbeitet. In der Fülle symbolischer Motive begegnen etliche, die nur auf einem jüdischen Friedhof vorkommen, andere dagegen finden sich auch auf nichtjüdischen Grabmonumenten.

Einige Symbole bringen eine Besonderheit des hier Bestatteten zum Ausdruck. Darunter sind zunächst die Zeichen der Abstammung aus den Geschlechtern der Kohanim und der Leviim zu nennen: Die *segnenden Hände* weisen darauf hin, daß der hier Bestattete Nachkomme eines Priesters (hebr. Kohen) ist. Ein Kohen erteilt – bis heute – den Segen (Priestersegen, hebr. Birkat Kohanim), der mit den Worten »Jewarechecha...« (4. Mose 6,24–26: »Er segne dich und behüte dich...«) beginnt. In biblischen Zeiten gehörte der Segen zum täglichen Kultus im jerusalemischen Tempel. Seit der Zerstörung des Tempels hat er bis zur Gegenwart seinen Platz im Synagogengottesdienst, insbesondere an den Feiertagen. Den Kohanim ist vorgeschrieben, wie im Jerusalemer Tempel ihre Schuhe abzulegen, ihre Hände zu waschen, die Finger zu spreizen und sich zum Segnen der Gemeinde gegenüber aufzustellen. Dieses Ausbreiten der Finger wird als charakteristisches Symbol auf den Grabsteinen der Kohanim dargestellt. Gewöhnlich weist auch der Familienname auf die Herkunft aus einer Kohen-Familie der biblischen Zeit hin, z. B. Cohen, Cohn, Kahn, Cahn, Katz (= Kohen zedek) usw.

Der *Krug* (einfacher Krug oder Kanne mit Deckel und Henkel sowie Teller) als Zeichen der rituellen Reinheit weist den hier Bestatteten als aus dem Stamm Levi

18 Segnende Hände auf einem Grabstein in (Werbach-)Wenkheim (1986).

19 Segnende Hände und Schofar auf einem Grabstein in Creglingen (1986).

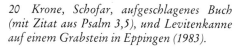

20 *Krone, Schofar, aufgeschlagenes Buch (mit Zitat aus Psalm 3,5), und Levitenkanne auf einem Grabstein in Eppingen (1983).*

21 *Grabstein des Rabbiners Gedalja Metz in (Buchen-)Bödigheim mit aufgeschlagenem Buch, Krone und Löwen (1985).*

stammend aus (gewöhnlich nur bei männlichen Vertretern des Levitengeschlechts). Die Leviten dienten in biblischer Zeit im Tempel Jerusalems. Auch heute noch werden sie in den Synagogen zu besonderen Aufgaben der Reinigung herangezogen: Bevor die Kohanim den Segen erteilen, werden ihnen von den Leviten die Hände gewaschen. Dazu dienen eine Wasserkanne und eine flache Schüssel. Meist erkennt man einen Nachkommen der Leviten am Familiennamen, z.B. Levi, Levy, Lewi(n), Löw, Levi(n)son, Lavi, Löwental usw.

Neben dem Levitenkrug begegnen auch andere Gegenstände aus dem kultischen Bereich, allgemeine Gebrauchsgegenstände und weitere gegenständliche Objekte. Ein *Widderhorn* (hebr. Schofar) zeigt an, daß der hier Beigesetzte an den hohen Festtagen in der Synagoge den Schofar geblasen hat. Dies war eine schwierige Aufgabe, zugleich aber eine hohe Auszeichnung. Der Schofar wurde bereits im Jerusalemer Tempel neben anderen Musikinstrumenten verwendet (Ps 98,6; 150,3). Seine dauernde religiöse Bedeutung bekam er in Zusammenhang mit dem jüdischen Neujahrsfest (Rosch haschana, vgl. 3.Mose 23,24; 4.Mose 29,1) und dem wenig später begangenen Versöhnungstag (Jom Kippur). Das Schofarblasen an diesen Festen weist auf das göttliche Gericht am Ende der Tage und die künftige Erlösung Israels hin (vgl. Jes 27,13).

Ein *Messer* weist darauf hin, daß der hier Bestattete das Amt der Beschneidung in einer oder auch mehreren jüdischen Gemeinden innehatte, also auf den Beruf des »Mohel«, des »Beschneidenden«. Die Beschneidung eines jüdischen Jungen wird gewöhnlich am achten Tag nach der Geburt vollzogen (1.Mose 17,12; 3.Mose 12,3). Mit diesem Akt wird die Namengebung verbunden (1.Mose 21,3.4). Eine *Gänsefeder* erinnert daran, daß der hier Beigesetzte sich als Toraschreiber (hebr. Sofer) betätigt hat. Das aufgeschlagene *Buch* als Symbol der Weisheit und des Wissens zeichnet den Verstorbenen als Schriftgelehrten aus; es ist ein häufiges Symbol für Rabbiner oder Gelehrte. Das Buch kann als Psalmbuch (Sefer tehillim mit den abgekürzten hebr. Buchstaben »s.t.«) näher gekennzeichnet sein; auf dem Grabstein des Rabbiners Metz in Bödigheim sind die jeweiligen Anfänge der Zehn Gebote in diesem Buch eingetragen. Bisweilen dominiert es den gesamten Grabstein, der nur noch als Sockel des Buches dient (Grabstein des Anton Feist Mayer in Stuttgart, Hoppenlau-Friedhof). *Zwei Gebotstafeln* berichten von einem Verstorbenen, daß er in besonders toragetreuer Weise gelebt hat. Ein *Füllhorn* (mit Blumen und Früchten gefülltes Horn) weist auf ein an Gutem überfließendes Leben hin. Füllhörner begegnen bisweilen doppelt, auch mit Händen dargestellt, die sich begrüßen (Hechingen). Eine *Krone* versinnbildlicht einen guten Namen, vgl. Sprüche der Väter 4,17: »Drei Kronen können den Menschen zieren: die Krone der Tora (Keter Tora), des Priestertums (Keter Kehuna), des Königtums (Keter Malchut), aber die des guten Namens (Keter Schem Tow) überragt alle drei.« Die Krone kann auch bedeuten, daß hier das bisherige Oberhaupt einer Familie begraben ist (erinnert an Jer 13,18: »Die Krone ist euch von eurem Haupt gefallen«). Bei einer beigesetzten Frau mag der Bibelvers dargestellt sein: »Ein tugendsam Weib ist eine Krone ihres Mannes« (Spr. 12,4). *Abgeknickte* oder *verlöschende Kerzen* stehen als Zeichen der guten Hausfrau, die an jedem Sabbat die Kerzen anzündete. *Nach unten gerichtete Fackeln* sind Zeichen des erlöschenden Lebens. Das Symbol begegnet auch auf nichtjüdischen Friedhöfen der klassizistischen Zeit: Der antike Genius des Todes trug solche gesenkten Fackeln. Die *Sanduhr* weist auf die verrinnende und begrenzte Lebenszeit hin und wird gleichsam zum Todessymbol. Eine *abgebrochene Säule* oder ein *Baumstumpf* steht für ein Sterben auf der Höhe des Lebens. Eine *Waage* könnte im Zusammenhang mit einem Richteramt des Verstorbenen stehen oder die Hoffnung ausdrücken, daß ihm nach dem Tode durch Gott Gerechtigkeit widerfahren wird. *Amphoren* und *Gefäße* (Vasen) deuten auf den sterblichen Leib hin, der als Gefäß der Seele gesehen werden kann, die mit dem Tod befreit wurde. Diese Symbolik begegnet häufig im Spätklassizismus des 19. Jahrhunderts. Selten findet man auf jüdischen Friedhöfen allgemeine Berufssymbole, den *Äskulapstab* für einen Arzt, die *Gewürzmühle* für einen Apotheker, die *Schere* für einen Schneider und dergleichen. Bei Gegenständen können auch Beziehungen zu Hausnamen Frankfurter oder Wormser Provenienz bestehen oder Zusammenhänge mit Vor- oder Nachnamen des Verstorbenen vorliegen. Dies kann nur im Einzelfall geklärt werden (auf dem Frankfurter Friedhof Battonstraße begegnen beispielsweise Darstellungen von Rad, Laute, Blasebalg, Hufeisen, Flasche, Armbrust, Waage, Pulverflasche usw., die aussagen, daß der Verstorbene aus dem Haus »Zum Rad«, »Zur Laute«, »Zum Blasebalg« usw. herstammt).

Häufig sind Darstellungen von *Tieren* in der Grabsteinsymbolik. In der jüdischen Kultsymbolik haben sie eine lange Tradition. So schmückten Löwen und Rinder einige Gegenstände des Jerusalemer Tempels (1.Kön 7,25.29.36 u.ö.). In alten Syn-

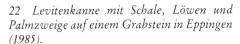

22 Levitenkanne mit Schale, Löwen und
Palmzweige auf einem Grabstein in Eppingen
(1985).

23 Hirsch auf einem Grabstein in (Lauda-
Königshofen-)Unterbalbach (Familienname
Hirsch; 1985).

agogen Palästinas begegnen unter anderem Abbildungen von Tieren in Tierkreisen
(zum Beispiel im Mosaikboden der ehemaligen Synagoge Bet Alfa). In der Symbolsprache der Bibel spielen Tiere eine große Rolle (vgl. die Segenssprüche über die
Stämme Israels 1.Mose 49 usw.). Auf den Grabsteinen erscheinen Tiere häufig in
Verbindung mit einem Familiennamen. Selten bezeichnen sie auch Kalenderfiguren
(nach den Geburtsdaten des Verstorbenen). Ein Löwe begegnet oft bei einem mit
»Löwe« kombinierten Familiennamen (Löwental, Löwenstein, Löwensberg und ähn-
lichen; bei einer Beziehung zum Levitengeschlecht geht jedoch die Krugsymbolik vor)
oder bei den Vornamen Ari (hebr. für Löwe) oder Juda (bzw. Jehuda: der Löwe ist das
Wappentier des Stammes Juda, vgl. 1.Mose 49,8f). Auf Grabsteinen finden sich
Löwen immer wieder in kombinierter Symbolik, zum Beispiel zwei Löwen, die eine
Krone tragen (Sinnbild der Glaubensstärke des hier Bestatteten). Ein Hirsch begegnet

24 Hirsch und Krone auf einem Grabstein in
(Lauda-Königshofen-)Unterbalbach (1984).

25 Zwei Tauben und Herz auf einem Grabstein in (Bad Rappenau-)Heinsheim (1983).

beim Vor- und Familiennamen Hirsch (hebr. Zvi, Zivi), auch in kombinierter Symbolik: eine Krone über einem Hirsch (häufig in Unterbalbach) oder zwei Hirsche, die eine Namenstafel tragen. Ein *Vogel* kann Bezug auf den Vornamen »Vögele« (bzw. hebr. Zippora) haben. *Zwei sich schnäbelnde Tauben* drücken die innige Beziehung zwischen Ehepartnern bzw. ein gutes Familienleben aus. Eine *Taube* (hebr. Jona) kann auf den Vornamen Jona hinweisen. Ein *Schmetterling* gilt als Symbol für die Flüchtigkeit des Lebens bzw. für die Unsterblichkeit der Seele, die sich im Tode aus ihrer irdisch-sterblichen Hülle befreit. In der ersten Hälfte des 19. Jahrhunderts begegnet bisweilen das Symbol der *Schlange:* Die sich zum Kreis rundende Schlange, die sich in den Schwanz beißt, wird zum Symbol der Ewigkeit, da sie, die den Tod in die Welt brachte, sich selbst verzehrt. So weist sie auf des Todes Tod hin. Noch weitere Tiere können mit dem Vor- oder Familiennamen in Zusammenhang stehen (ein Bär für Familienname Bär, Beer, Behr usw., hebr. Vorname Dov; eine Biene für den Vornamen Debora usw.) oder wie bei den erwähnten Gegenständen auf Hausnamen der Frankfurter oder Wormser Judengasse hinweisen. Einige Familien hatten sich auch eine Art Wappentier zugelegt, so einige Linien der Oppenheimer den Skorpion.

Auch *Pflanzen* nehmen in der jüdischen Kultsymbolik einen wichtigen Platz ein. Bereits der salomonische Tempel war prächtig geschmückt: »An allen Wänden des Hauses, im inneren wie im äußeren Raum, ließ er (Salomon) ringsum Kerubim, Palmen und Blütenranken einschnitzen« (1.Kön 6,29). Zahlreiche Motive begegnen wiederum in den Mosaikböden und Steinreliefs antiker Synagogen: Trauben, Feigen, Granatäpfel, Palmzweige, Datteln, Blumen, Ranken, Girlanden und Zweige findet man allein unter den Überresten der Synagoge von Kfar Nahum (Kapernaum). Zahllose Anspielungen, Gleichnis- und Bildworte der Bibel zeugen davon, welchen Rang Pflanzen im Alltag Israels einnahmen. Bäume und Früchte boten sich als Symbole für Schönheit, Reichtum oder einen beispielhaften Lebenswandel an: »Der

26 *Schmetterling auf einem Grabstein in Eppingen (1985).*

27 *Geknickte Rose auf einem Grabstein in (Tauberbischofsheim-)Hochhausen (1984).*

Gerechte sproßt wie die Palme, er wächst heute hoch wie die Zeder auf dem Libanon«
(Ps 92,13). In der Tradition dieser biblischen Sprache liegt es, wenn die spätere
jüdische Grabsteinsymbolik eine *Palme* oder eine *Zeder* für einen Verstorbenen
verwendet, der ein Leben in Gerechtigkeit geführt hat. Dabei kommen Palme und
Zeder noch eine besondere Bedeutung zu. Sie sind höher als die anderen Bäume
Israels. Ihr Verlust ist nicht so leicht zu ersetzen, da sie langsamer als die anderen
Bäume wachsen. Zu den anderen immer wieder vorkommenden Pflanzensymbolen
gehören die *Weinrebe* (bzw. *Weinlaub* und *Trauben*) als Zeichen eines erfolgreichen
Wirkens des Bestatteten. Bereits zu biblischen Zeiten wurde der Wein zu einem
nationalen Symbol Israels, des mit Fruchtbarkeit gesegneten Landes (vgl. den Bericht
von den »Kundschaftern« 4.Mose 13,23). Die Weinrebe kann zugleich Abbild der
Gottesverheißungen für Israels Zukunft werden (vgl. Amos 9,13 f). Auch eine *Getrei-
deähre* kann Sinnbild für ein erfolgreiches (»fruchtbares«) Leben sein. Weizen und
Gerste sind unter den sieben Arten der Fruchtbarkeit Israels (5.Mose 8,7−8) die
erstgenannten Produkte. *Mohnkapseln* knüpfen an die Vorstellung vom Tod als Schlaf
an. Das Symbol begegnet etwa seit 1800 auch auf nichtjüdischen Friedhöfen bzw. ist
von diesen übernommen. Der getrocknete Milchsaft des Schlafmohns (Opium) wurde
bereits in der Antike zur Schmerzstillung und als Schlafmittel verwendet. Eine *Rose*
(auch Rosenranken oder Sträuße mit Rosen) steht für die Verheißung an Israel: »Israel
soll blühen wie eine Rose« (Hos 14,6). Die *abgeknickte Rose* zeigt, daß sie bei diesem
Verstorbenen nicht in Erfüllung gehen konnte (oft bei jungverstorbenen Mädchen).
Manchmal steht die Rose beim Vornamen Rose oder Rösle. Eine *Lilie* war schon in der
Antike Symbol der Schönheit, oft auch von Fruchtbarkeit und Reichtum. Im salomonischen Tempel begegnet sie auf den Säulen der Vorhalle (1.Kön 7,19). Auch die Lilie
weist nach Hos 14,6 auf die Verheißung für Israel hin: »Ich will für Israel sein wie der
Tau, es soll blühen wie die Lilie und Wurzeln schlagen wie die Pappel.« Zum allgemeinen Schmuck der Grabsteine (auch auf nichtjüdischen Friedhöfen) gehören die schon
erwähnten *Akanthusranken, Lorbeerzweige, Laubwerk, Eichenblätter* oder *Palmetten*. Diese Ornamente entstammen dem Barock bzw. dem Klassizismus; Lorbeerzweige galten in der Antike als dem Apollon heilig und sind Symbol der Unverwes-
lichkeit und Jugend. Ein *Kranz* kann für die Jungfernschaft der Verstorbenen stehen
(unverheiratet gestorbene Mädchen).
Selten begegnen auf jüdischen Friedhöfen Symbole, die auf Gott hinweisen. Vereinzelt findet man ein *Dreieck mit Auge* (so in Freudental), das als Gottessymbol von
nichtjüdischen Friedhöfen übernommen wurde. In diesem Zusammenhang kann auch
das Symbol der *Sonne* genannt werden, die an die Offenbarung Gottes erinnert,
Kennzeichen der Unsterblichkeit ist, Quelle des Lichts, der Wärme, des Lebens. Ihre
Strahlen machen die Dinge erkennbar; ihr täglich neuer Anfang erinnert an die
Unendlichkeit. In bezug auf Mal 3,20 erinnert sie auch an die Hoffnung auf den
Messias als Sonne der Gerechtigkeit. Außerordentlich selten sind im Bereich Südwest-
deutschlands *Darstellungen biblischer Szenen* wie der *Opferung Isaaks* (in Eppingen

28   Gottes-Auge in symbolischem Dreieck, darunter Schofar auf einem Grabstein in Eppingen (1985).

auf zwei Grabsteinen), Engelsgestalten (gleichfalls in Eppingen) oder Köpfe von Engeln als der göttlichen Schutzmächte. Darstellungen von Menschen sind gleichfalls selten, besonders was *Bilder von Verstorbenen* betrifft, doch kommt auch dies vor (in Hochberg und Konstanz je einmal). Schon häufiger begegnen *zwei ineinandergelegte Hände* als Zeichen inniger Verbundenheit zwischen Eheleuten oder ein oder zwei *Herzen*. Auffallend ist, daß seit den zwanziger Jahren dieses Jahrhunderts vermehrt allgemeine Symbole des Judentums vorkommen. Hierzu gehört der *Davidstern* (hebr. Magen David, Davidschild, Hexagramm), der erst durch Isaak Lurja (1534–1572) zum beherrschenden Symbol des Judentums wurde. Auf Grabsteinen kann er auch auf den Vornamen David hinweisen. Er steht symbolisch unter anderem für die Durchdringung der diesseitigen und der jenseitigen Welt (zwei Dreiecke von oben und unten). Etwas weniger häufig ist die *Menora*, der siebenarmige Leuchter, der auf den Leuchter der Stiftshütte Moses zurückgeht (2.Mose 25,31 ff).

Insgesamt findet man im südwestdeutschen Raum eine sehr reichhaltige Friedhofssymbolik, wobei starke örtliche Unterschiede festzustellen sind. Besonders ergiebig sind die Friedhöfe in (Bad Rappenau-)Heinsheim, Haigerloch, Hechingen und Hemsbach. Bei manch anderen, vor allem auf den im 19. Jahrhundert angelegten städtischen Friedhöfen sucht man dagegen oft vergeblich nach Spuren der reichen Symbolsprache. Im Mittelalter und bis zum Anfang des 19. Jahrhunderts wurden die Grabsteine nur hebräisch (selten auch jiddisch) beschriftet. Die hebräischen Inschriften sind überwiegend nach einem Muster aufgebaut. Der äußere Rahmen wird bestimmt durch die hebr. Buchstaben P T (oder P N) als Abkürzung für »Hier ruht...« (oder »Hier ist begraben...«) am Anfang und durch die Buchstaben TNZBH als Abkürzung für den Segenswunsch »Seine/ihre Seele möge eingeschlossen sein in den Bund des (ewigen) Lebens«. Dazwischen stehen Angaben über den/die Verstorbene(n), vor allem, was diese(n) auszeichnet (sog. Eulogien). Zum Beispiel:

> »Hier ruht ein Mann, der Treuen einer,
> er wandelte recht, seine Werke waren gut.
> Mit den Friedliebenden und Frommen hielt er
> fest an der Weisung und am Gebet. Sein Name
> war bekannt. Ihn priesen viele.
> Benjamin, Sohn des Salomon. Er wurde geboren,
> am Monat, den 12. Nisan (5)594). Er verstarb
> am heiligen Sabat, dem 17. Cheswan (5)656.
> Das Gedächtnis des Gerechten ist zum Segen.
> Seine Seele möge eingeschlossen sein
> in den Bund des Lebens.«

Die Daten werden in der hebräischen Inschrift nach dem jüdischen Kalender angegeben.

29 *Abraham bei der »Opferung Isaaks« (1.Mose 22) auf einem Grabstein in Eppingen (1985).*

30 *Engelsfigur auf einem Grabstein in Eppingen (1985).*

31   Geflügelte Engelsfigur auf einem Grabstein in Eppingen (1985).

32   Grabstein des Hermann Moos in (Remseck-)Hochberg mit Portrait des Verstorbenen (1984).

Um die Mitte des 19. Jahrhunderts drang die deutsche Sprache in die Grabsteininschriften ein, zunächst auf der Rückseite des Steines (oft nur den Namen betreffend), dann auch auf der Vorderseite, die mit der Zeit zweisprachig wurde. Der hebräische Text wurde im Laufe des ersten Drittels des 20. Jahrhunderts immer stärker zurückgedrängt, bis nur noch die abgekürzten Formeln der ersten und letzten Zeile blieben oder gar auch diese verschwanden. Gegenüber dieser Verdrängung der hebräischen Sprache und die weitere Auflösung traditioneller Gebräuche richtete sich der Widerstand orthodoxer Gruppierungen, doch kam es im Gebiet Baden-Württembergs nur in Karlsruhe zur Anlage eines eigenen orthodox-jüdischen Friedhofes, abgesondert vom »liberalen« Friedhof. Auf ihm finden sich konsequent nur hebräische Inschriften. Auf den Grabsteinen finden sich immer wieder kleine Steine – ein Zeichen, daß das Grab von Angehörigen besucht worden ist. Dieser Brauch ist vermutlich uralt und dürfte noch bis zum nomadischen Ursprung der Israeliten zurückgehen. Nomaden legen Wert darauf, daß ein Grab zum Schutz vor wilden Tieren mit möglichst vielen Steinen bedeckt ist.

Traditionell begegnet auf jüdischen Friedhöfen kein Blumenschmuck. Erst im 20. Jahrhundert erfolgte allmählich eine Angleichung an nichtjüdische Bestattungssitten. Ursprünglich waren Blumen verboten, da nach dem rabbinischen Diktum auf einem Friedhof nichts dem Nutzen der Lebenden dienen soll: An den Blumen würden

33 Ineinandergelegte Hände auf einem Grabstein in Eppingen (1985).

sich die Friedhofsbesucher erfreuen. Doch hat sich der Brauch seit einiger Zeit mit der Begründung geändert, daß auch Blumen allein der Ehre und dem Andenken der Toten dienen können. Der Friedhof diente einer jüdischen Gemeinde auch als Begräbnisplatz nicht mehr gebrauchter heiliger Schriften, insbesondere der Torarollen. Sie dürfen nicht einfach weggeworfen werden, da dies eine Entheiligung des Gottesnamens bedeuten würde. So finden sich auf manchen Friedhöfen auch Gräber mit Torarollen, so in Konstanz mit einem Gedenkstein für sieben Torarollen, die 1935 bei einem Synagogenbrand zerstört wurden.

Friedhöfe als Aufgabe der Denkmalpflege

Bereits 1945 wurden die Grundstücke aller jüdischen Friedhöfe von den alliierten Militärregierungen mit Beschlag belegt. Noch im selben Jahr begannen – soweit dies bei einigen der schwer zerstörten Anlagen noch möglich war – die Instandsetzungsarbeiten. Vielerorts wurden zum Aufstellen der Grabsteine ehemalige Mitglieder der Orts-NSDAP herangezogen.

Vielfach konnten die Friedhöfe nur noch notdürftig wieder hergerichtet werden. In Emmendingen (alter Friedhof) lehnen die im Krieg zerschlagenen Grabsteine in einer langen Reihe an allen vier Innenseiten der Mauer. Wo sie einmal gestanden haben, war nicht mehr auszumachen. Ähnliche Erscheinungsbilder zeigen seither die Friedhöfe in Breisach (alter Friedhof), (Schwäbisch Hall-)Steinbach und Oedheim. In Neckarsulm und Waldshut-Tiengen fanden sich noch einige wenige Grabsteine, die man wieder aufstellen konnte. Ein großer Gedenkstein ersetzt in Waldshut-Tiengen seither die Grabsteine; er trägt die noch feststellbaren Namen der hier Beigesetzten.

Im Jahre 1948/49 übernahm die JRSO (Jewish Restitution Successor Organization) als jüdische Vermögensverwaltung die Friedhofsgrundstücke und übergab sie ihrerseits zur künftigen Pflege den nächstgelegenen jüdischen Gemeinden. Seither gelten die im Eigentum des Oberrates der Israeliten Badens bzw. der Israelitischen Religionsgemeinschaft Württembergs stehenden Friedhöfe an Orten, wo keine jüdischen Gemeinden bestehen, als geschlossen; sie stehen jedoch unter der weiteren Betreuung dieser Gemeinden. Die laufende Pflege wurde zunächst aus Mitteln der JRSO bezahlt; an einigen Orten stellten frühere jüdische Gemeindeglieder Geld zur Verfügung (so in Ahorn-Untereubigheim). 1954 wurde unter anderem der Friedhof (Bad Rappenau-) Heinsheim mit Geldern des »Wiedergutmachungs«-Fonds instandgesetzt. Hierbei hat man wucherndes Gebüsch entfernt, einen Weg durch das Gräberfeld angelegt und die Umfassungsmauern instandgesetzt. In den folgenden Jahren wurde der Friedhof mit Zierpflanzen und Bäumen aufgeforstet. Langfristig sollte eine parkähnliche Anlage entstehen. Doch zeigen sich gerade hier die Schwierigkeiten einer auf Dauer zufriedenstellenden Pflege. Jährlich müßten die Grabsteine aufgerichtet werden, was jedoch seit der Generalinstandsetzung zumeist unterblieben ist. 1956 wurden in ganz Baden-Württemberg 50 000 DM für die Pflege der Friedhöfe ausgegeben.

In einer Absprache vom 21. Juni 1957 zwischen Bund, Ländern und dem Zentralrat der Juden in Deutschland wurde die Finanzierung der Pflege jüdischer Friedhöfe neu geklärt. Seither übernehmen Bund und Länder jeweils die Hälfte der Ausgaben, die bei der Pflege eines Friedhofs im Sinne der jüdischen Gesetze anfallen. Diese Zuschüsse erlauben, die Anlagen in einem würdigen Allgemeinzustand zu erhalten, jedoch nicht Maßnahmen der Denkmalpflege (z. B. eine Konservierung der Grabsteine zum Schutz gegen die Verwitterung oder eine Restaurierung verwitterter Grabsteine). Bei solchen Maßnahmen sind Beiträge aus den Mitteln der Landesdenkmalämter nötig, die punktuell bei Sanierungsmaßnahmen eingesetzt werden. Insgesamt werden alle Arbeiten von den politischen Gemeinden in enger Absprache mit einem Vertreter der zuständigen jüdischen Gemeinde durchgeführt. Auch mit Zustimmung der jüdischen Gemeinden wurden auf einigen Friedhöfen Gedenkstätten eingerichtet und Gedenktafeln aufgestellt, die an das Schicksal der jüdischen Bewohner des Ortes erinnern sollen (so in Münsingen-Buttenhausen, Schöntal-Berlichingen und anderen Orten).

Vereinzelt wurden jüdische Friedhöfe im Land, die eigentlich als geschlossen gelten, in den vergangenen Jahren wieder belegt, teils durch ehemalige Einwohner, die in ihrer Heimat beigesetzt werden wollten, teils durch die wenigen Personen, die die Verfolgungszeit überlebt hatten und an ihren Heimatort zurückgekehrt waren (so in Rottenburg-Baisingen, Kirchardt-Berwangen, Freudental, Öhningen-Wangen usw.).

Auf verschiedenen Anlagen wurden in den letzten Jahrzehnten Generalsanierungen durchgeführt (so in Heidelberg Bergfriedhof 1966/67, Rheinau-Freistett 1966, Bopfingen-Aufhausen 1961 bis 1968, Stuttgart Hoppenlau-Friedhof 1958 bis 1960 und 1983 bis 1985, Kippenheim-Schmieheim 1984 bis 1986 usw.). In allen Fällen mußten die Umfassungsmauern gerichtet und neue Wege angelegt werden. Oft wurden im Blick auf eine künftige einfachere Pflege die Randsteine der Grabeinfassungen entfernt, die Grabsteine aufgerichtet, verdübelt, verankert oder auch isoliert. Die Friedhöfe wurden teilweise mit Bäumen bepflanzt, die als Schattenspender dienen und starkes Graswachstum verhindern sollen, teilweise wurden jedoch auch Bäume entfernt, damit für eine bessere Belüftung gesorgt ist.

Für die laufende Pflege der jüdischen Friedhöfe wird seit den Abmachungen von 1957 ein Pauschalsatz pro Quadratmeter festgesetzt, der von Zeit zu Zeit entsprechend den Preissteigerungen fortgeschrieben wird. Wurden 1956 noch 50 000 DM für alle Friedhöfe ausgegeben, so stieg die Summe unter anderem wegen höherer Kosten für Dienstleistungen und für eine wesentlich bessere Pflege auf 805 000 DM (1980), 875 000 DM (1982), 925 000 DM (1985), 985 000 DM (1987). Diese Beträge werden vom Bund und dem Land Baden-Württemberg für die Pflege der 144 jüdischen Friedhöfe ausgegeben (für insgesamt 506 664 qm Friedhofsfläche). Für 1988 werden 1 000 000 DM, für 1989 1 400 000 DM veranschlagt. Einzelne Gemeinden sorgen ihrerseits für eine über die staatlichen Mittel hinausgehende Pflege der Friedhöfe, unter anderem durch künstlerische Neugestaltung der Eingangstore (Ellwangen, Schriesheim) oder ähnliche Maßnahmen.

Seit 1945 wurden keine neuen jüdischen Friedhöfe mehr angelegt. In Konstanz wurde jedoch eine Erweiterung der Friedhofsfläche vorgenommen. Nach jahrelangen Verhandlungen war es gelungen, angrenzendes Gelände zu erhalten, und am 1. November 1981 konnte der neue jüdische Friedhof von Konstanz durch den Landesrabbiner Dr. Levinson, den Oberkantor Blumberg und den Konstanzer Gemeindevorstand feierlich eingeweiht werden.

Leider wurde auch nach 1945 nochmals ein jüdischer Friedhof durch behördlichen Beschluß aufgelöst. Dies betraf die Anlage auf dem sog. »Judenäule« bei Waldshut. Durch den Ausbau des Rheins für die Schiffahrt, insbesondere den Bau einer Schleuse, war in den fünfziger Jahren die dauernde Überschwemmung der Rheininsel mit dem jüdischen Friedhof absehbar. Aus diesem Grund entschloß sich der »Verein für die Erhaltung und Unterhaltung des Friedhofes Endingen-Lengnau«, die noch vorhandenen Grabsteine mit den möglicherweise noch erhaltenen Gebeinen auf den jüdischen Friedhof in Lengnau-Endingen (Schweiz) zu überführen. Die Arbeiten begannen nach der vom Regierungspräsidium Südbaden am 10. November 1954 erteilten Genehmigung. Es konnten noch 85 Gräber festgestellt sowie Grabsteine aus der Zeit von 1674 bis 1748 zutage gefördert werden. Die Exhumierung wurde 1955 abgeschlossen. Die Beisetzung der gefundenen Gebeine fand auf dem Surbtaler Friedhof zwischen Lengnau und Endingen im Rahmen einer Feierstunde statt. Die Grabsteine wurden auf diesem Friedhof wieder aufgerichtet.

Durch staatliche Gesetze ist heute die Erhaltung der jüdischen Friedhöfe gesichert. Seit 1965 gilt dieser Schutz auch für die Friedhöfe von KZ-Opfern bzw. die Grabstätten aller Opfer des Krieges und der Gewaltherrschaft (Beschluß des Bundestages vom 8. April 1965). KZ-Gräber haben seither denselben Schutz wie Gräber von gefallenen Soldaten (dauerndes Ruherecht). Auch die Kosten für die Erhaltung dieser Gräber trägt der Bund.

Schändungen jüdischer Friedhöfe kamen seit dem Mittelalter vor. Geistliche und weltliche Fürsten hielten es immer wieder für notwendig, diese Anlagen durch besondere Verordnungen zu schützen und ihre Zerstörung oder Schändung unter Strafandrohung zu verbieten. Auch für Südwestdeutschland sind viele Schändungen jüdischer Friedhöfe überliefert (so in Horb-Nordstetten 1795), insbesondere seit den zwanziger Jahren durch Anhänger der Nationalsozialisten. Leider kamen an zahlreichen Orten auch in den Nachkriegsjahren immer wieder schwere Schändungen und Verwüstungen vor. Dabei wurden Grabsteine umgeworfen, mit NS-Parolen besprüht oder ganze Gräber ausgehoben. Allein von 1970 bis 1980 sind folgende Fälle bekanntgeworden (die Übersicht ist vermutlich unvollständig, da nicht alle Schäden gemeldet werden):

　　1970: Schwetzingen, (Walzbachtal-)Jöhlingen, (Gottmadingen-)Randegg, Neudenau
　　1971: (Rottenburg-)Baisingen, (Remseck-)Hochberg, (Stuttgart-)Bad Cannstatt, Wiesloch
　　1972: Stuttgart Hoppenlau-Friedhof, Ulm
　　1973: Waibstadt, Eichstetten
　　1975: Schwetzingen, Freiburg
　　1976: (Wallhausen-)Michelbach a. d. L., Eichstetten
　　1977: (Obersulm-)Affaltrach, Eichstetten
　　1978: Neudenau, Heidelberg, Bad Rappenau, Neckarsulm, Freiburg
　　1980: Freiburg
　　1981: Ulm

In jüngster Vergangenheit (1986/87) wurden weitere schwere Friedhofsschändungen in Freudental, Gailingen, (Gottmadingen-)Randegg und (Oberderdingen-)Flehingen bekannt. In Flehingen konnten Jugendliche als Täter ausfindig gemacht werden, ansonsten bleiben diese sinnlosen Aktionen gewöhnlich unaufgeklärt.

Ein Hauptproblem gegenwärtiger Erhaltungsmaßnahmen ist die Frage, wie den in vergangenen Jahren rapide zunehmenden Zerstörungen der Grabsteine durch Umwelteinflüsse begegnet werden kann. Bis heute gibt es keinerlei Lösung dieses Problems. Alle Maßnahmen können den Verfall allenfalls vorübergehend aufhalten (die derzeit üblichen Methoden sind die Reinigung der Steine, ihre Isolierung gegen die aufsteigende Bodenfeuchtigkeit, die Verfestigung mit Kieselsäureester und die Hydrophobierung gegen Regenwasser und seine Schadstoffe). Um wenigstens die Inschriften für die Nachwelt zu erhalten, wurden in den vergangenen Jahren verschiedene Dokumentationen und Inventarisierungen jüdischer Friedhöfe vorgenommen. Hierbei wurden genaue Pläne erstellt, die Grabsteine fotografiert und die Inschriften übersetzt. Derartige wichtige Dokumentationen wurden für etliche Friedhöfe im badischen Bereich von der Hochschule für Jüdische Studien in Heidelberg erarbeitet (unter H. Künzl), für die Begräbnisstätten in (Hohberg-)Diersburg, Göppingen und (Göppingen-)Jebenhausen von N. bar Giora Bamberger, Jerusalem, für Friedhöfe im Landkreis Schwäbisch Hall von B. Schwedler und H. Kohring, für (Horb-)Nordstetten, (Rottenburg-)Baisingen, Freudental, Hechingen vom Institutum Judaicum Tübingen (F. G. Hüttenmeister, R. Mayer, Th. Lehnardt, H. Kohring und andere), für den Stuttgarter Hoppenlau-Friedhof von J. Hahn, für Heidelberg und (Obersulm-) Affaltrach von B. Szklanowsky, für Ellwangen von I. Burr, für Heilbronn von H. Gräf. Es gibt noch andere derartige Arbeiten. Diese Dokumentationen wurden nur teilweise veröffentlicht.

Das rituelle Bad

In fast allen jüdischen Gemeinden bestanden und bestehen rituelle Bäder, sogenannte Mikwen (sing. Mikwe oder Mikwa). Bisweilen wurde auch von zwei oder mehreren Gemeinden eine gemeinsame Mikwe benutzt. Nach der biblischen Tradition war zur Wiedererlangung der kultischen Reinheit (die insbesondere zum Besuch des Jerusalemer Tempels vorgeschrieben war) aus verschiedenen Anlässen ein Reinigungsbad vorgeschrieben: nach der Heilung von bestimmten Krankheiten, nach Berührung von Toten oder bei Frauen jeweils nach der Menstruation (3.Mose 15,5ff; 4.Mose 19,19; 5.Mose 23,12). Ebenso mußte der Hohepriester am Versöhnungstag (Jom Kippur) vor

34   Reste der ehemaligen Mikwe in (Werbach-)Wenk-heim (1986).

jeder seiner Amtsverrichtungen ein Tauchbad nehmen (3.Mose 16,4; babyl. Talmud Joma VII,4).

Wenn auch diese Bestimmungen seit der Zerstörung des Tempels in Jerusalem ihre Hauptbedeutung verloren haben, so sind doch einige der Vorschriften für Frauen durch die Jahrhunderte bis zur Gegenwart von Bedeutung geblieben. Monatlich einmal nach der Menstruation sowie vor der Hochzeitsnacht und nach einer Niederkunft soll die rituelle Reinigung in der Mikwe erfolgen. Auch bei einer Konversion zum Judentum findet ein Untertauchen – mit einer feierlichen Konversionszeremonie verbunden – statt. Das somit mehr kultischen Zwecken als der körperlichen Reinigung dienende Tauchbad mußte aus fließendem Wasser (Quelle, Fluß) oder in Gruben oder sonstigen Bodenvertiefungen gesammeltem Regenwasser bestehen, das jedoch durch Einschöpfen in ein Gefäß seine Tauglichkeit verlor (auch die Taufe Johannes des Täufers, worin der Ursprung der christlichen Taufe zu sehen ist, geschah im Jordan).

Über die Größe des Beckens einer Mikwe wird im Talmud gesagt (babyl. Talmud Chagiga 11a): »Eine Elle zu einer Elle in der Höhe von drei Ellen. Danach setzten die Weisen fest, daß das Tauchbad vierzig Sea Wasser (ca. 800 Liter) haben müsse.« Das Bassin durfte nicht aus einem Stück bestehen, da es sonst als ein Gefäß betrachtet wurde, in welchem ein rituelles Untertauchen nicht stattfinden durfte, sondern mußte aus einzelnen zusammengefügten Steinplatten gebaut und am Boden befestigt oder noch besser in der Erde eingemauert sein (vgl. die ausführlichen Bestimmungen im Mischna-Traktat »Mikwaot«). Die Mikwe einer jüdischen Gemeinde diente auch dem sogenannten »Toweln«, dem Eintauchen neuer Gefäße aus Glas und Metall vor ihrem Gebrauch.

In Deutschland sind an einigen Orten noch Mikwen mittelalterlicher jüdischer Gemeinden erhalten, allesamt architektonisch und künstlerisch bedeutsame Bauwerke, die schachtartig bis 25 m tief in die Erde eingelassen sind. Bekannt sind insbesondere die rituellen Bäder in Worms, Speyer, Deutz, Andernach und Friedberg in Hessen, die im Zeitraum zwischen dem 11. und 13. Jahrhundert erbaut wurden. Auch in Baden-Württemberg besteht noch eine bedeutende mittelalterliche Mikwe in Offenburg, die um 1300 angelegt worden ist. Sie wurde 1858 im Keller des Hauses Glaserstraße 8 wiederentdeckt. Ein schräger, tonnenförmiger Treppenlauf führt vom Keller über 36 Stufen zu einem quadratischen Badeschacht hinab, in dessen Mitte sich ein rundes, brunnenartiges Tauchbecken befindet, in das man vermutlich mit einer Leiter hinunterstieg. Lichtnischen, Sitznischen und Auflager für Sitzbänke sind noch vorhanden. Der Schacht ist gedeckt durch ein Kreuzrippengewölbe, dessen Rippen im Scheitel zu einem Rippenring einlaufen. Das Bad ist sehr wahrscheinlich bis zu der Judenverfolgung während der Pestzeit 1348/49 benützt worden.

Die Lage zahlreicher anderer mittelalterlicher Mikwen ist in weiteren Städten bekannt (so in Schwäbisch Gmünd, Schwäbisch Hall, Heilbronn, Ravensburg), wenngleich hier keine vollständigen Anlagen wie in Offenburg mehr vorhanden sind. Immerhin fanden sich in dem mit seinen romanischen Würfelknäuelsäulen eindrücklichen Keller des »Judenbad« genannten Hauses in Wildberg noch vor wenigen Jahrzehnten große steinerne Tröge (heute ist nur noch ein kleinerer Trog vorhanden). In einigen Städten gab es im Mittelalter in jüdischen Häusern auch eine Art »Privatmikwe«. In Tübingen finden sich noch in den Kellern mehrerer Häuser der mittelalterlichen Judengasse Wassergruben. Diese sind in der Nähe des Treppenaufganges oder unter dem Licht- und Luftschacht samt seinem daneben befindlichen Feuerloch in den Kellerboden eingelassen und eingemauert. Die rechteckigen Wassergruben haben die Größe und Tiefe einer Badewanne. Die Erwärmung des Wassers erfolgte im Keller selbst, worauf außer den Feuerlöchern auch erhaltene Rußspuren hinweisen.

In Eppingen wurde in den vergangenen Jahren eine Mikwe restauriert, die aus der Zeit des 15./16. Jahrhunderts stammen dürfte. Im Volksmund wird sie, wie an anderen Orten auch (so in Horb-Mühringen), »Jordanbad« genannt. Im 19. Jahrhundert war der Badeschacht mit Schutt gefüllt worden. In mühevoller Arbeit wurde die Anlage 1979 bis 1984 völlig ausgeräumt, der Badeschacht wieder ausgegraben, der Raum für öffentlichen Zutritt hergerichtet und als kleines Zweigmuseum des Eppinger Heimatmuseums ausgestattet. Die Arbeiten wurden vom Landesdenkmalamt durch Zuschüsse in Höhe von knapp 50 000 DM unterstützt. Der Wasserstand der alten Eppinger Mikwe liegt gut 4 m unter dem Erdgeschoß. Von Osten her führen sieben schmale, steile Steinstufen zu einem Viertelpodest, von dem acht weitere Stufen rechtwinklig nach Süden in den sich langsam verbreiternden Schacht führen. Von einem Halbpodest kehrt die Treppe wieder nach Norden um und erreicht mit der dritten Steige nach unten den Wasserspiegel. Am nördlichen Ende des Schachtsumpfes ist ein Holztrog eingetieft. An der Ostwand des Schachtes aus rechteckigen, grob gehauenen Sandsteinquadern befindet sich 50 cm über dem Wasserspiegel eine schmale Nische zum Abstellen von Kerzen- oder Fackelbeleuchtung.

1958 wurden in Lörrach die Reste einer Mikwe aus dem 17. Jahrhundert (oder noch älter) entdeckt. Der im gewachsenen Boden des Kellers eingelassene Sandsteintrog hat die Maße von ca. 1,5 m Länge und jeweils 1 m Breite und Tiefe.

Im 18. und 19. Jahrhundert waren an fast allen Orten, an denen jüdische Gemeinden bestanden, rituelle Bäder vorhanden, die im Volksmund auch »Judentunken« hießen (bekannt aus Bopfingen-Aufhausen, Aulendorf, Riesbürg-Pflaumloch). Mancherorts hatten verschiedene jüdische Häuser eigene Bäder im Keller (so in Boxberg-Unterschüpf). An einigen Orten war die Privatmikwe ein Privileg der reicheren Familien. An den meisten Orten gab es jedoch gemeinsame rituelle Bäder als eine Einrichtung der Gemeinde. Oft waren sie verbunden mit einer anderen Gemeindeeinrichtung, das heißt, sie befanden sich im Keller der Synagoge oder der Schule. So wurde in (Sinsheim-)Ehrstädt (und an etlichen anderen Orten auch) von einer nahe gelegenen Quelle Wasser durch den Keller des Synagogengebäudes geführt. Ähnlich war es in (Ahorn-)Untereubigheim, wo im Keller der 1850 erbauten Synagoge eine Treppe mit vier Stufen in ein Wasserbecken hinunterführt. Daneben standen ein Kessel für die Warmwasserbereitung und zwei Leuchter mit zwei Kerzen. In (Jagsthausen-)Olnhausen befand sich die Mikwe im Keller der jüdischen Schule. Vielerorts sind die Mikwen auch in einem gesonderten Badhäuschen untergebracht worden (so in Bopfingen-Aufhausen, Kirchardt-Berwangen, Freudental, Haigerloch, Hemsbach), gewöhnlich in der Nähe eines Baches oder einer Quelle. In (Horb-)Nordstetten konnte die jüdische Gemeinde ihr Bad in einem alten Wehrturm beim Schloß einrichten. Es wurde bei Grabungen 1983 wiederentdeckt. Das guterhaltene Becken ist 1,2 m tief, 1,50 m lang und 1 m breit und besteht aus vier gehauenen Natursteinplatten, die miteinander verzahnt sind. Vom dazugehörigen Ofen fand man eine gußeiserne Ofenplatte.

Um die Mitte des 19. Jahrhunderts mußten zahlreiche Mikwen aufgrund veränderter hygienischer Anforderungen geschlossen oder neugebaut werden. Nach einer Inspektion des Bades in Haigerloch wird 1833 berichtet: »Der Boden in dem Badehaus liegt tiefer als das Erdreich außerhalb dem Gelände, was große Feuchtigkeit in demselben verursacht; auch ist der Badkasten gerissen und haltet das Wasser nicht mehr.« 1845 errichteten die Haigerlocher Juden anstelle des alten Bades eine neue Mikwe. In Haigerloch (wie auch andernorts) besorgte die Frau des jeweiligen Vorsängers den Badedienst. Sie achtete darauf, daß das Wasser nach jedem Gebrauch abgelassen und das Bad gereinigt wurde. Für dessen Benutzung waren in Haigerloch die Gebühren gestaffelt: Arme jüdische Frauen bezahlten 4 Kreuzer, vermögende 8 bis 12 und eine Braut 20 Kreuzer.

Nach der Abwanderung jüdischer Bewohner aus vielen Landgemeinden, erst recht nach den Auswanderungen und Deportationen der NS-Zeit standen auch die Mikwen leer. An einigen Orten fielen sie der Pogromnacht im November 1938 zum Opfer, so vermutlich auch in Mannheim, wo das Bad in F 5,25 stand. Ende 1938 bzw. Anfang 1939 erbaute die immer kleiner werdende Gemeinde im Keller ihres Altersheims in B 7,3 nochmals eine neue Mikwe, deren Reste erhalten sind. In den Jahren des Zweiten Weltkriegs und danach wurden die Mikwen an vielen Orten abgebrochen und deren Einrichtungen entfernt. In Lehrensteinsfeld erinnert nur noch der Flurname »Judenbad« an eine ehemalige Mikwe. An anderen Orten wurden die Schächte und Becken zugeschüttet, so in Walldürn, wo ein ausgemauerter quadratischer Schacht im Keller eines Hauses bis unter den Spiegel des Marsbaches reichte; er wurde 1969 zugeschüttet. Die Badhäuser wurden zu kleinen Wohnhäusern (so in Bopfingen-Aufhausen, Freudental) oder zu Garagen (das neue Badhaus in Eppingen, Friesenheim) umgebaut. Aus den Kellern jüdischer Häuser und den ehemaligen Synagogen wurden gleichfalls die Badeinrichtungen herausgebrochen (zum Beispiel in Obersulm-Eschenau); kaum einmal wurden die Denkmalbehörden hiervon unterrichtet, die ihrerseits auch erst langsam auf diese jüdischen Kulturdenkmale aufmerksam wurden. An vielen anderen Orten sind jedoch bis zur Gegenwart noch wichtige Reste erhalten, deren Sicherung als Denkmale der jüdischen Vergangenheit eine Aufgabe in den kommenden Jahren ist.

Krankenhäuser und Heime

Der Krankenbesuch (Bikkur cholim) und die Krankenpflege gehören zu den vom Talmud eindringlichst gelehrten Pflichten. Die Kranken wurden zwar in früheren Jahrhunderten gewöhnlich und selbstverständlich in ihren Familien gepflegt, dennoch gab es schon in talmudischer Zeit und im Mittelalter, soweit der Raum in Privathäusern nicht ausreichte, besondere »Hospitäler«, in denen Fremde, falls sie krank waren, gepflegt wurden. Erstmals wird in Deutschland ein »Hospitale Judaeorum« im 11. Jahrhundert in Köln genannt. Im Gebiet Baden-Württembergs ist ein frühes jüdisches Spital in Ulm bekannt, wenngleich es erst beim Verkauf des jüdischen Besitzes nach der Austreibung der Juden 1499 erwähnt wird. Bei diesen mittelalterlichen Krankenhäusern handelt es sich jedoch noch nicht um solche in modernem Sinn, vielmehr waren sie zugleich Krankenhaus, Armenhaus und Herberge mit Ärzten und Wärtern.

Aus allen Jahrhunderten sind im übrigen viele hervorragende jüdische Ärzte bekannt geworden, die großes Ansehen genossen haben, darunter im Mittelalter Walhen in Weinheim (nach 1350), Meister Guotleben aus Colmar (nach 1373 in Freiburg), die Ärztin Sara (nach 1419 in Lauda), Seligmann von Mergentheim (Leibarzt des Bischofs Johann I. in Würzburg, um 1400) sowie Sondermann und Salomon von Wimpfen (in

35 Ehemaliges jüdisches Altersheim »Wilhelmsruhe« in (Heilbronn-)Sontheim (1985).

der ersten Hälfte des 16. Jahrhunderts weitbekannte Ärzte, sie dienten unter anderem als Leibärzte beim Pfalzgrafen Ludwig V.). Im 17. Jahrhundert werden jüdische Ärzte auch bereits in Mannheim genannt. Der erste war Dr. Jacob Hayum (gest. 1682), der 1674 von Hadamar in Nassau nach Mannheim gekommen war, wo er den Kurfürsten Karl Ludwig bei dessen letzter Krankheit behandelte. Die jüdische Gemeinde Mannheims besaß seit 1711/1735 ein eigenes Hospital. Es diente zur Aufnahme und Verpflegung kranker, aber auch als Herberge ortsfremder Juden (»Israelitisches Kranken- und Pfründnerhaus«). Das Krankenhaus bestand bis ins 20. Jahrhundert und hatte 1932 28 Betten. Hier wurden auch nichtjüdische Patienten aufgenommen (nach dem Ersten Weltkrieg ungefähr ein Drittel). 1936 konnte noch ein Neubau in Betrieb genommen werden, der jedoch 1941 von den Nazis beschlagnahmt und als Polizeikrankenhaus verwendet wurde.

Im 18. Jahrhundert wird auch in Hechingen ein »Judenlazareth« genannt (1749). Im 19. Jahrhundert konnte die jüdische Gemeinde in Gailingen ein eigenes Krankenhaus einrichten (1891), das der Arzt Dr. Kalman Heilbronn, später sein Sohn Dr. Sigmund Heilbronn (bis 1939) leitete. Es verfügte 1932 über 26 Betten. Dazu kam 1898 in Gailingen ein Israelitisches Landesasyl zur Aufnahme älterer Menschen (»Friedrichsheim«). Zusammen mit einem angeschlossenen Erholungsheim verfügte es über 86 Betten.

Im württembergischen Bereich entstand 1907 das »Israelitische Altersheim ›Wilhelmspflege‹« in (Heilbronn-)Sontheim. 1932 verfügte es über 34 Plätze. Träger war der Israelitische Landesasyl- und Unterstützungsverein für Württemberg e. V.

An verschiedenen Orten bestanden Israelitische Schwesternheime und Krankenschwesternstationen, so in Stuttgart und Mannheim (beide 1906 gegründet) und in Heidelberg (1909 gegründet). Die einzelnen jüdischen Gemeinden hatten im übrigen allesamt aktive Vereine der allgemeinen Wohlfahrtspflege (insbesondere die »Chewrot Kadischot«, das heißt »Heilige Bruderschaften«, sowie Frauenvereine, Krankenpflegevereine und andere mehr). Alle jüdischen Gemeinden besaßen auch Möglichkeiten der Unterbringung durchreisender Glaubensgenossen (»Judenherbergen« werden bereits im 18. Jahrhundert vielerorts genannt).

Ein spezielles Krankenhaus für weibliche Lungenkranke richtete 1905 die M. A. von Rothschild'sche Lungenheilstätte (Sitz in Frankfurt/Main) in Nordrach/Schwarzwald ein. 1932 hatte die Anstalt 54 Betten. Sie wurde streng rituell geführt. Das Krankenhaus hatte auch eine eigene Synagoge. Im September 1942 wurden die noch verbliebenen Insassen – zusammen mit dem Chefarzt Dr. Nehemias Wehl 26 Personen – nach Auschwitz deportiert und umgebracht.

Im Gebiet Baden-Württembergs gab es zwei jüdische Waisenheime. Das erste wurde bereits 1831 in Esslingen als »Israelitische Waisen- und Erziehungsanstalt ›Wilhelmspflege‹« eröffnet. 1931 konnte feierlich die Jahrhundertfeier begangen werden. Damals lebten 57 Kinder im Heim. In der Pogromnacht 1938 wurde die Einrichtung schwer demoliert. Der letzte Leiter der Anstalt Theodor Rothschild kam nach der

Deportation ums Leben. – In Mannheim bestand seit 1858 ein israelitisches Waisenhaus für ungefähr 20 Kinder.

Die badische Israelitische Religionsgemeinschaft unterhielt seit 1912 ein Erholungsheim für Kinder und minderbemittelte Erwachsene in Bad Dürrheim (»Friedrich-Luisen-Hospiz«), in dem zahlreiche Kinder Erholung fanden sowie Kindermädchen und Praktikantinnen ausgebildet wurden. 1932 hatte das Hospiz 105 Betten; es war das ganze Jahr über geöffnet. 1941 mußte es aufgelöst und verkauft werden. Auch in Württemberg gab es ein jüdisches Kindererholungsheim: 1924 wurde von der Stuttgart-Loge des jüdischen Ordens B'nei B'rit das sogenannte »Schwarzwaldheim« in (Horb-)Mühringen eingerichtet. Es verfügte über 40 Plätze und war im Sommer als Erholungsheim für 8- bis 14jährige Jungen und Mädchen geöffnet. Seit 1913 bestand in Baden-Baden ein Israelitisches Erholungsheim für Frauen und Mädchen, das 29 Betten hatte und von Mai bis September für Erholungssuchende geöffnet war. Private jüdische Kinderheime gab es zwischen 1916 und 1939 in Buchenbach, Unterbaldingen und (Deggenhausertal-)Untersiggingen-Winkelhof sowie in (Görwihl-)Oberwihl und (Blaustein-)Herrlingen.

Mazzenbäckereien und Schlachthäuser

Bereits die mittelalterlichen jüdischen Gemeinden verfügten oft über eigene Backöfen. Sie waren unentbehrlich für die Vorbereitung des Pessach-Festes, zu dem man die Mazzen (hebr. Mazzot, Brotfladen ohne Sauerteig) herstellt, was nur jüdische Hände besorgen können. In manchen Orten hat die ganze Gemeinde hieran Anteil genommen. Die Ursprünge der Traditionen liegen in biblischen Zeiten: Vor dem Auszug aus Ägypten war den Israeliten ausdrücklich befohlen worden, ungesäuerte Brote zu essen (Ex 12,15–20).

Nicht alle Gemeinden hatten eigene Mazzenbäckereien. Diese mußten unter besonderer Aufsicht eines Rabbinats stehen. In Südwestdeutschland läßt sich an einigen Orten vorübergehend eine solche Einrichtung nachweisen (so in Hechingen 1829 bis 1851). Oft waren sie mit anderen Einrichtungen der Gemeinde verbunden. In Eppingen befand sich ein Mazzenbackofen im ersten Stock des bis 1873 benutzten alten Synagogengebäudes, in dessen Keller auch eine Mikwe war. Im 19. Jahrhundert konzentrierte sich die Herstellung der Mazzen immer mehr auf einige wenige Bäckereien, welche die jüdischen Gemeinden einer teilweise weiten Umgebung mit ungesäuertem Brot versorgten. So bezog 1930 die Gemeinde in Freudental ihre Mazzen aus dem nordbadischen (Werbach-)Wenkheim.

Über die Lieferung der Mazzen wird aus Niederstetten berichtet: »Wenige Wochen vor Pessach erschien der Mazzothwagen. Die Mazzenbäcker kamen meist mit großen Leiterwagen, auf denen die Mazzoth in Rollen verpackt lagen. Es gab nur die dünnen runden Mazzoth. Etwa zehn Pfund waren in eine verschnürte Rolle gepackt. In

36　Mitarbeiter und Familienmitglieder der Mazzenbäckerei Lehmann in (Werbach-)Wenk-
heim (hist. Aufnahme).

späteren Jahren wurden die Mazzoth allerdings mit der Bahn versandt und vom Bahnhof aus ausgefahren. In ganz früher Zeit hatten die Gemeindeglieder ihre Mazzoth im Backofen der Familie Strauss noch selbst gebacken« (B. Stern, Meine Jugenderinnerungen S. 98). Ganz ähnlich lautet der Bericht aus (Schwanau-)Nonnenweier: »Am Pessach wurden ausschließlich ungesäuerte Brote, Mazzen, gegessen. Es gab keinen Mazzenbäcker am Ort. Die Mazzen wurden von dem in einem Nachbarort ansässigen Mazzenbäcker geschickt, entweder in großen Paketen, oder ein paar Tage vor Pessach in einem Wagen, der in Nonnenweier in einem Raum untergestellt wurde. Dort holten dann die Leute die Mazzen ab« (E. Labsch-Benz, Die jüdische Gemeinde Nonnenweier S. 87).

Bis zum Beginn der NS-Zeit gab es größere Mazzenbäckereien in Külsheim, (Horb-)Nordstetten, (Heidelberg-)Rohrbach, (Adelsheim-)Sennfeld, (Werbach-)Wenkheim, Wertheim und einigen anderen Orten. Die Bäckereien in (Karlsruhe-)Grötzingen (bis 1914), Freudental und Östringen (beide bis um 1920) waren schon zuvor geschlossen worden.

Gewöhnliche, nicht auf die Herstellung von Mazzen spezialisierte jüdische Bäckereien gab es an vielen anderen Orten. Die am Freitag noch heißen Backöfen wurden auch gern dazu verwendet. Speisen für den Sabbat warm zu halten.

Eine jüdische Gemeinde achtet auch über die Einhaltung der in der Bibel festgelegten und im Talmud näher ausgeführten Gesetze für Nahrungsmittel, insbesondere über die Bestimmungen für den Fleischverbrauch. Zur vorschriftsmäßigen Schlachtung (Schechita) der zum Genuß erlaubten Tiere war nur ein jüdischer Metzger (Schochet, Schächter) zugelassen, dessen Qualifikation ein Rabbiner schriftlich bezeugen mußte. Das rituelle Schlachten setzt eine hohe Technik voraus: Ein Schochet wurde mindestens einmal jährlich geprüft, ob er mit dem Schlachtmesser umgehen konnte und allen Vorschriften gerecht wurde. Er nahm auch die Fleischbeschau vor, entfernte die zum

37   Verpacken von Mazzen in der Mazzenbäckerei Lehmann in (Werbach-) Wenkheim (hist. Aufnahme).

*38   Ehemaliges jüdisches
Schlachthaus in (Tauberbi-
schofsheim-)Hochhausen im
dortigen Judengässle (1985).*

Genuß unerlaubten Teile und bereitete das Fleisch so weit zu, daß es als »koscher«
verkauft oder von jüdischen Metzgern weiterverarbeitet werden konnte.

Eine große Anzahl von Gemeinden besaß selbst ein Schlachthaus oder eine Metzgerei,
kleinere bezogen das Fleisch von einer benachbarten. Vielerorts kam seit der Mitte des
19. Jahrhunderts regelmäßig der vom Bezirksrabbinat beauftragte Schochet zur
Schlachtung. In den Städten wurden in der gleichen Zeit städtische Schlachthäuser
eingerichtet, in denen es eigene Räume für rituelles Schlachten gab.

In den Dörfern herrschte oft ein Konkurrenzverhältnis zwischen christlichen und
jüdischen Metzgern, ob die einen oder die anderen das preisgünstigere Fleisch anbie-
ten konnten. Es kam bisweilen vor, daß jüdische Metzger an einem Ort konkurrenz-
los waren, so in Ittlingen, wo es um 1800 eine »Metz« (einfaches Schlachthaus) im
Erdgeschoß des Rathauses gab. Diese stand nur den jüdischen Metzgern zu, da sie
damals die einzigen gewerblichen Metzger am Ort waren. Das für die christlichen
Bauern wichtige Schweineschlachten besorgten allerdings die Bauern selbst.

Auch das jüdische Schlachthaus war oft mit anderen Einrichtungen einer Gemeinde
verbunden. In Eppingen war es im 19. Jahrhundert im selben Gebäude wie die Schule.
In (Blaufelden-)Wiesenbach und andernorts stand es im Hof bei der Synagoge.
Vielerorts sind ehemalige jüdische Schlachthäuser noch erhalten, wenngleich wie die
anderen Gemeindeeinrichtungen inzwischen völlig anders genutzt (so in Gailingen,
Haigerloch, Tauberbischofsheim-Hochhausen).

Nach der »Machtergreifung« der Nationalsozialisten ist das rituelle Schlachten von
Tieren eigenartigerweise als eine der ersten gesetzlichen Maßnahmen des neuen Regi-
mes verboten worden. Juden wurden der Tierquälerei beschuldigt; die Nationalsozialisten wollten sich als »Tierschützer« profilieren. So mußten Juden seit Frühjahr 1933
das Fleisch von geschächteten Tieren für teures Geld aus dem Ausland beziehen.

Weitere Spuren der jüdischen Geschichte

Jüdische Wohnhäuser, Geschäfte und Gewerbebetriebe

Die größte Gruppe erhaltener Baudenkmäler, die in der folgenden Dokumentation zusammengestellt werden, sind die sich ehemals in jüdischem Besitz befindlichen Wohnhäuser, Geschäfte und Gewerbebetriebe. Hier werden in der Regel Übersichten mit den Anschriften jüdischer Familien und Betriebe nach dem Stand von 1933 gegeben. In einigen Fällen wird auf Bauten aus früheren Jahrhunderten hingewiesen. Nur wenige Angaben lassen sich zum mittelalterlichen jüdischen Wohnhausbau machen, da hierzu bislang noch kaum gesicherte Forschungsergebnisse vorliegen. Es ist jedoch davon auszugehen, daß die Substanz etlicher Gebäude in den im Mittelalter entstandenen »Judengassen« vieler Städte auf den jüdischen Hausbau zurückgeht. Dabei wird im allgemeinen angenommen, daß die mittelalterlichen jüdischen Wohnhäuser keine oder nur wenige formale Unterschiede gegenüber den sonst üblichen Häusern aufgewiesen haben. Überwiegend wird es sich um typische Kleinbürgerhäuser gehandelt haben.

Im Bereich Baden-Württembergs sind Besonderheiten mittelalterlicher jüdischer Wohnhäuser nur aus Tübingen und Ulm bekannt. In Tübingen fielen schon früh die großen und gewölbten Keller einiger Häuser in der Judengasse auf. Diese dienten wohl der Lagerung von Waren. In ihnen fanden sich als jüdische Besonderheit auch ehemalige rituelle Bäder. In Ulm haben sich zahlreiche Reste jüdischer Wohnhäuser am Judenhof erhalten, die in die Nachfolgebauten integriert wurden. So fielen beim Umbau des Hauses Judenhof 10 vor einigen Jahren im Erdgeschoß Reste eines rechteckigen gotischen Doppelfensters auf. Dieses war sehr aufwendig gestaltet und läßt auf einen erheblichen Wohlstand der Erbauer schließen. Als ungewöhnlich wurde bei diesem Fund vor allem bezeichnet, daß sich das Fenster im Erdgeschoß befand. In den Häusern wohlhabender christlicher Bürger finden sich höchstens im Obergeschoß aufwendige Hausteinfenster.

Aus der Zeit vom 16. bis zum 18. Jahrhundert sind noch an mehreren Orten jüdische Wohnhäuser vorhanden. Oft lebten jüdische Familien in gemieteten Häusern, die die Ortsherrschaft für sie erbaut oder ihnen überlassen hatte (darunter auch alte herrschaftliche Gebäude). In der ehemaligen »Judengasse« Mittelbiberachs fällt ein langes Haus mit vier besonderen Eingängen auf, das »Judenhaus« genannt wird. Vermutlich mußten hier wie an vielen anderen Orten Juden in sehr beengten Verhältnissen leben. In (Horb-)Dettensee waren nach 1760 nicht weniger als 23 Familien in drei nicht übermäßig großen herrschaftlichen Gebäuden untergebracht, in denen sie auch noch eine Synagoge und einen Schulraum unterhalten mußten. Auch in (Rottenburg-)Baisingen errichtete die Ortsherrschaft drei sogenannte »Judenschutzhäuser«. Durch ihre massive Bauweise und das herrschaftliche Wappen hoben sie sich von der Masse

39 Ehemaliges Haus des Arztes Dr. Nathan Wolf in (Öhningen-)Wangen; die jüdischen Häuser am Ort hatten ein Walmdach, die christlichen Häuser ein Satteldach (1984).

der übrigen dörflichen Gebäude ab. In Haigerloch bildete ein Zentrum der jüdischen Siedlung im »Haag« das sogenannte »Judenschlößle« unterhalb der Synagoge, in das 1780 zehn Familien einzogen. Zuvor hatte hier Fürst Joseph von Hohenzollern-Sigmaringen gewohnt. Auch in Freudental vermietete ab 1723 die Ortsherrschaft ihr altes, baufälliges Schloß an jüdische Familien. In Talheim bewohnten die Juden zunächst die einstige Ganerbenburg. In (Horb-)Mühlen lebten 1807 13 jüdische Familien im alten, aus zwei Flügeln bestehenden Schloß, das in diesem Jahr abbrannte. An anderen Orten konnten sich Juden selbst Häuser errichten oder – nach dem Dreißigjährigen Krieg – verlassene und zerstörte Gebäude wieder aufbauen (so in Schöntal-Berlichingen). Einige wenige Gebäude der im 18. Jahrhundert aufkommenden jüdischen Hoffaktoren sind erhalten. Das bekannteste Beispiel in Baden-Württemberg ist das klassizistische Palais der Hoffaktorenfamilie Seeligmann (– von Eichthal), 1794 bis 1802 in Leimen erbaut. Es dient heute als Rathaus der politischen Gemeinde. Im ehemaligen Festsaal sind Tapetenmalereien mit Motiven aus der jüdischen Geschichte erhalten.

Im Verlauf der Emanzipation der Juden im 19. Jahrhundert konnten sie nun an vielen Orten erstmals eigene Häuser errichten, wo sie bis dahin nur in Miete leben konnten.

Auffallend sind die in vielen »Judendörfern« in dieser Zeit in städtischem Stil erbauten jüdischen Wohnhäuser. In (Riesbürg-)Pflaumloch hatten die christlichen Bauern eingeschossige Häuser mit steilem Dach (typische »Ries-Bauernhäuser«). Jüdische Familien erbauten sich daneben zweigeschossige Wohnhäuser in städtischem Stil. Die Oberamtsbeschreibung Göppingen (1844, S. 235) berichtet auch bezüglich (Göppingen-)Jebenhausen vom »städtischen Häuserschmuck in der Gemeinde der Juden« gegenüber den »einfachen Wohnungen der Christen«. Gemeint waren hier insbesondere die neuen, entlang der Boller Straße entstandenen Wohn- und Geschäftshäuser. In (Forchtenberg-)Ernsbach zeichneten sich die jüdischen Häuser durch ihre hohen, fensterreichen Fassaden aus. Gegenüber den Häusern christlicher Bauern mit großem Stall hatten vielerorts die Häuser jüdischer Viehhändler einen nur kleinen Stall zum kurzfristigen Unterstellen weniger Tiere. Doch gab es mit der Zeit auch Juden, die neben ihrer Viehhandlung Landwirtschaft betrieben.

In einzelnen Orten entstanden Lokaltraditionen in der unterschiedlichen Bauweise jüdischer und christlicher Häuser. In Talheim hatten erstere oft ein abgewalmtes Giebeldach. In (Öhningen-)Wangen wurden christliche Häuser mit einem Satteldach, jüdische Häuser mit einem Walmdach versehen. In (Remseck-)Hochberg waren die jüdischen Häuser langgezogene Gebäude mit der Firstrichtung zur Hauptstraße.

40 *Eingang zu einem ehemaligen jüdischen Wohnhaus in (Werbach-)Wenkheim mit Mesusa-Ritze am rechten Türpfosten (Bachstr. 1, 1983).*

Neben den Lokaltraditionen des jüdischen Hausbaus sind an allgemeinen Charakteristika zu nennen: Die an den Eingängen (auch an den Eingängen zu den Zimmern im Haus) angebrachte *Mesusa* (hebr. für »Türpfosten«). Dabei handelt es sich um Metallkapseln oder Holzbehälter, in denen die handgeschriebenen Bibelverse 5.Mose 6,4–10 und 5.Mose 11,13–20 eingelegt waren. Der Text enthält die Verpflichtung und die Anweisung, eine Mesusa anzubringen. Zwar ist die Mesusa selbst heute an kaum einem ehemaligen jüdischen Haus mehr vorhanden, dennoch weisen vielfach Spuren auf sie hin, von deutlichen, ungefähr 10 cm langen Vertiefungen und Ritzen im rechten (selten auch im linken) steinernen Türrahmen bis zu Löchern von Schrauben, mit denen eine Mesusa angebracht worden war. Oft haben die nachfolgenden nichtjüdischen Bewohner diese Spur durch Zustreichen und Übermalen, durch Anbringen des Briefkastens über der Vertiefung oder einen neuen Türrahmen zu verwischen versucht.

Selten geworden sind Häuser, an denen sich (gewöhnlich auf dem Türsturz, über dem Eingang oder im Balkenwerk von Fachwerkhäusern) hebräische, jiddische oder deutsche Inschriften finden. Hierbei begegnen Namen von Erbauern oder Eigentümern (noch vorhanden unter anderem in Bad Wimpfen, (Hohberg-)Diersburg, Braunsbach, Hemsbach, Kippenheim), Segenssprüche (hebr. »Er (Gott) behüet deinen Ausgang und Eingang« in (Horb-)Rexingen) oder andere Haussprüche (zum Beispiel »Ohne Gebot, ohne Gottes Wort, geh nie aus deinem Hause fort!« auf dem Grundstein des ehemaligen Hauses Wertheimer in Hardheim).

Selten geworden sind auch bauliche Besonderheiten wie Vorrichtungen zum Bau der *Sukka* (Laubhütte) am Laubhüttenfest. Dieses Fest erinnert daran, daß die Israeliten in Hütten wohnten, als sie aus Ägypten gezogen sind (zum biblischen Ursprung des Festes vgl. Neh 8,14–18). So findet sich bis heute auf dem Balkon des ehemaligen Hauses Berlinger in (Schöntal-)Berlichingen ein Anbau, dessen Dach mit einem Seilzug aufgeklappt werden konnte. Aus Zweigen ließ sich darunter leicht eine Laubhütte unter freiem Himmel bauen und in ihr das Laubhüttenfest (Sukkot) feiern. Gewöhnlich wurden Laubhütten jedoch neben den Häusern, in den Gärten oder für die ganze Gemeinde bei der Synagoge erstellt.

Die jüdischen Geschäfte, Gewerbe- und Dienstleistungsbetriebe wiesen ein großes Spektrum von kleinen und größeren Unternehmen auf. In zahlreichen Orten bestanden bis in die NS-Zeit jüdische Kolonialwarenhandlungen, Textilgeschäfte, Arztpraxen und anderes mehr. Bekannt waren auch die vielen jüdischen Gasthäuser, die jedoch nur ausnahmsweise spezifisch jüdische Namen trugen wie das »Zum König David« in (Göppingen-)Jebenhausen. An anderen Orten hießen die jüdischen Gasthäuser wie die von Christen betriebenen, nämlich »Zum Bären« (Horb-Mühringen), »Zur Blume« (Waldshut-Tiengen, Rust), »Zum Hirsch« (Horb-Mühringen), »Zur Krone« (Kippenheim-Schmieheim), »Zur Rose« (Obersulm-Eschenau), »Zur Sonne« (Graben-Neudorf) usw. Bisweilen erinnert noch eine alte Aufschrift an ein ehemaliges jüdisches Gasthaus, wie im Fall des »Gasthauses zum Pfälzerhof« in Sandhausen, 1933 noch von der Familie Marx betrieben. Manchmal hat sich auch der alte Name bis zur Gegenwart erhalten, so bei dem bis zur Gegenwart bestehenden »Mayerhof« in Nußloch, der nach dem ehemaligen Inhaber Ludwig Mayer genannt ist.

Die Erwerbsquellen jüdischer Unternehmer waren regional sehr unterschiedlich. Im Gebiet Nordbadens hatten Juden wesentlichen Anteil an der im 19. Jahrhundert aufblühenden Zigarrenindustrie; in Württemberg gehörten ihnen zahlreiche Textilfabriken in den Großräumen Stuttgart, Göppingen, Hechingen. In den Städten entstanden Warenhäuser der Kaufhausketten der Geschw. Knopf (so in Freiburg, Karlsruhe), Hertie (Abkürzung für den Inhaber Hermann Tietz), Schocken, Gebr. Landauer (Heilbronn) und andere mehr. In der vorliegenden Dokumentation wurden gewöhnlich die ehemaligen jüdischen Gewerbe- und Dienstleistungsbetriebe nach dem Stand des Jahres 1933 zusammengestellt. Ausnahmen bilden die großen Städte Stuttgart, Heilbronn, Ulm, Mannheim, Heidelberg, Karlsruhe, Freiburg und Konstanz, wo bereits derartige Listen publiziert wurden oder gegenwärtig zusammengestellt werden. Der Druck dieses umfangreichen Materials hätte den Rahmen dieses Buches überschritten.

An vielen Orten zeigen jedenfalls die Listen der jüdischen Handelsunternehmen und Gewerbebetriebe auf, welche wichtige Rolle diese für den Ort gespielt haben, bis sie nach 1933 – wie auch die meisten jüdischen Wohnhäuser – in akuter Notlage oder zwangsweise verkauft werden mußten. Die »Arisierung« jüdischer Betriebe wirkte sich für manche Städte nachteilig aus, so in Hechingen, das durch die Ausschaltung der Juden aus dem Wirtschaftsleben die Stadt fast die gesamte selbständige Industrie und viele andere Geschäftsbetriebe verlor. Die Unternehmen wurden zumeist Filialen auswärtiger Firmen und auf diese Weise an der eigenen Entwicklung gehindert. Der Schaden, der damit angerichtet wurde, konnte lange nicht aufgeholt werden und wirkt teilweise heute noch nach.

Nach 1945 überprüfte die JRSO (Jewish Restitution Successor Organization) im Rahmen der sogenannten »Wiedergutmachungsbemühungen« die Verkaufsumstände in der NS-Zeit, was vielfach zu einer nochmaligen Bezahlung (beziehungsweise Nachzahlung) an überlebende Angehörige, an den ehemaligen Hausbesitzer oder an die JRSO führte.

Flur- und Wegbezeichnungen

Zu den in ihrer Bedeutung nicht zu unterschätzenden Erinnerungen an die jüdische Geschichte gehören die an vielen Orten vorhandenen Flur- und Wegebezeichnungen. Sie sind oft mit volkstümlichen Erklärungen und Überlieferungen verbunden, die jedoch in vielen Fällen nicht kritiklos übernommen werden können. Manche der Bezeichnungen sind bereits in mittelalterlichen Urkunden genannt, andere sind erst im vergangenen oder in diesem Jahrhundert entstanden. Einige davon sind alten

Lagerbüchern entnommen und heute nicht mehr am Ort bekannt. Durch Flurbereini-
gungen, Überbauungen und der weithin veränderten Beziehung zur umgebenden
Natur sind viele Flurnamen inzwischen abgegangen und nicht mehr lokalisierbar. Die
im Gebiet Baden-Württembergs vorkommenden Flur- und Wegebezeichnungen werden im folgenden zusammengestellt. Hierunter fallen auch einige Bezeichnungen für
Bäche, Bäume, Brücken, Brunnen usw., die Fluren der Umgebung den Namen
gegeben haben. Unter den Belegstellen sind auch Orte genannt, die in der Dokumentation nicht aufgeführt werden, da der Flurname die einzige Spur der jüdischen
Geschichte an diesem Ort ist. Diese Orte werden mit * versehen. Nicht aufgenommen
sind Flurnamen, die bereits oben im Abschnitt »Der Friedhof« (Flurnamen »Judenfriedhof«, »Judengottesacker«, »Judenbegräbnis«) oder im Abschnitt »Das jüdische
Wohngebiet« (Bezeichnungen »Judengasse«, »Judenhof«) behandelt wurden oder in
unmittelbarem Zusammenhang mit den Einrichtungen einer jüdischen Gemeinde
stehen (»Synagogengasse«, »Judenschulhof« usw.).

Jud	Stuttgart (im Mittelalter Weinberg im Besitz eines Juden)
de juud	Gottmadingen (Acker, der im Besitz eines Juden aus Gailin-gen war)
Juden	(Herrenberg-)Gültstein*
Am Jüdlein	(Tauberbischofsheim-)Distelhausen* (Straßenbezeichnung)
Auf dem Juden	Altheim
Hinter den Juden	Laupheim (Gebiet hinter dem jüdischen Wohngebiet)
Im Juden	(Erlenbach-)Binswangen, (Gäufelden-)Öschelbronn*, (Rot-tenburg-)Wendelsheim
Baujud	(Karlsruhe-)Durlach
Judenacker,	(Obere und Untere Judenäcker usw.)
Judenäcker	Äcker, die in jüdischem Besitz waren oder im Zusammen-hang mit einem Handelsgeschäft standen (z. B. auch einmal an einen Juden verpfändet waren). Böblingen, Bräunlingen, (Lenningen-)Brucken*, Ölbronn(-Dürrn)*, Schwäbisch Gmünd, (Herrenberg-)Gültstein*, Heuchlingen, Laupheim, Mühlheim, (Horb-)Rexingen, (Blaubeuren-)Seissen*, (Go-maringen-)Stockach*, (Brackenheim-)Stockheim, (Crails-heim-)Tiefenbach*, (Seckach-)Zimmern*
Judenäule	Waldshut(-Tiengen) (Insel, auf der ein jüdischer Friedhof liegt)
Judenangst	Oberkochen* (erinnert an einen Lauchheimer Viehhändler, der sich um 1880 vor seinen in Oberkochen gekauften Stieren auf einen Baum retten mußte. Von ihm sei er erst wieder heruntergekommen, nachdem die Stiere erschossen waren)
Judenbach	Königsbach(-Stein), Wiesloch (Bach am jüdischen Friedhof)

Judenbad	Bräunlingen, Lehrensteinsfeld (Flur, die in Zusammenhang mit einem rituellen Bad stand)
Judenberg	kann das jüdische Wohngebiet bezeichnen (1) oder einen nicht mehr näher bekannten Zusammenhang zur jüdischen Geschichte haben (2). (Bad Schönborn-)Bad Langenbrücken (»Jüdenberg«, 2), Dörzbach (2), (Gaggenau-)Hörden (1), (Göppingen-)Jebenhausen (1), Laupheim (1), (Bad Mergentheim-)Neunkirchen (1)
Judenboden	(Ahorn-)Untereubigheim (Gebiet in der Nähe der ehemaligen Synagoge)
Judenbrücke, *Judenbrückle*	(Wiesloch-)Baiertal (markierte den Treffpunkt der Juden am Sabbat), (Bretten-)Dürrenbüchig* (im Zusammenhang mit einem »Judenweg«), Offenburg (bei einem ehemaligen jüdischen Friedhof), Rosenberg*
Judenbrunnen, *Judenbrünnele,* *Judenbrünnlein*	Brunnen im Zusammenhang mit einem ehemaligen rituellen Bad (1); Brunnen an einem jüdischen Haus (2); Markierung des Sabbatweges (3); Brunnen, an dem die jüdischen Viehhändler ihr Vieh tränkten (4); Brunnen, an dem die jüdischen Einwohner ihr Wasser holten (5). (Bretten-)Bauerbach (1), Bretten (3), (Buchen-)Bödigheim, Bruchsal (1), Igersheim (2), Lahr, Lauda (1?), Malsch (1), Marbach (4), Neudenau (1), Satteldorf* (4), Saulgau, (Baden-Baden-)Steinbach, (Meßstetten-)Tieringen, (Wittighausen-)Unterwittighausen. Bei den Orten ohne nachfolgende Zahl ist die Deutung unsicher.
Judenbrühbronnen	Baden-Baden
Judenbuckel	erinnert an ein ehemaliges jüdisches Wohngebiet (1) oder an einen abgegangenen jüdischen Friedhof (2); steht im Zusammenhang mit einem »Judenweg« (3) oder in sonstigem, nicht näher bekanntem Bezug (4). (Buchen-)Bödigheim (4), (Külsheim-)Eiersheim* (4), Endingen (4, »Judenbuck«), (Bad Buchau-)Kappel (4), Königheim (3, hier schoben die Juden bei Bestattungen in Külsheim mit vereinten Kräften den Leichenwagen hinauf), (Rauenberg-)Malschenberg* (3, erinnert an durchgezogene jüdische Händler), Neidenstein (1), Seckach* (4), Weinheim (2)
Judenbühl	Erolzheim*, Ertingen
Judenbusch, *Judenbosch*	(Karlsruhe-)Durlach, Königsbronn* (Rastplatz jüdischer Händler), Tennenbronn*, Walldorf
Judenchaussee	(Heidelberg-)Kirchheim (Straßenbezeichnung)
Judendamm	Ilvesheim (Uferbezeichnung beim jüdischen Wohngebiet)

Judenfeld	Oberkirch
Judenforchen	Wimsheim*
Judengalgen	Müllheim
Judengänglein	Buchen
Judengarten,	(Riedlingen-)Grüningen, Häusern*, (Steinheim-)Kleinbott-
Judengärtle	war, (Albstadt-)Lautlingen, Lehrensteinsfeld, (Rottenburg-)
	Obernau, (Ahorn-)Untereubigheim, (Wittighausen-)Unter-
	wittighausen
Judengraben	Ingelfingen, (Obersulm-)Willsbach (hier seien Juden umge-
	kommen)
Judengreut	(Crailsheim-)Goldbach (Sammelpunkt von Betteljuden),
	(Kressberg-)Mariäkappel* (in Verbindung mit einem »Juden-
	weg«)
Judengrube	Horb (Ort der Judenverbrennung 1348?), (Affalterbach-)
	Wolfsölden
Judengrund	(Bad Friedrichshall-)Duttenberg*
Judenhalde	Ballendorf*, (Biberach-)Mettendorf*, Ottenbach*, Wild-
	berg
Judenherberge	Ladenburg (vermutlich in Zusammenhang mit einer Einrich-
	tung der jüdischen Gemeinde)
Judenhütte	(»Ober« und »Unter Judenhütte«) Heidelberg
Judenholz,	Aulendorf (Gebiet des ehemaligen jüdischen Friedhofes,
Judenhölzle	nach hölzernen Gedenktafeln genannt), (Buchen-)Eberstadt,
	(Waldstück), (Stödtlen-)Gaxhardt*
Judeninsel	Waldshut (Zusammenhang mit nahegelegenem jüdischem
	Friedhof)
Judenklamm	Bretten
Judenklinge	Külsheim, Osterburken
Judenkopf	Weisweil*
Judenloch	Zusammenhang mit Ort einer Judenverbrennung im Mittel-
	alter (1) oder anderem, nicht mehr näher bekanntem Ereignis
	(2). Aach (2), Endingen (2), Ettenheim (1), Geislingen (2),
	(Rheinau-)Helmlingen* (2), Rottenburg (1), (Külsheim-)
	Uissigheim (2)
Judenlöcher	Stühlingen (Versteck der Juden im Dreißigjährigen Krieg)
Judenmarkt	Schwäbisch Hall (Platz der jüd. Händler an Markttagen)
Judenmatt,	Bad Säckingen, Friesenheim, (Rheinau-)Helmlingen* (Ge-
Judenmättle,	lände von 27 ha, das 1882 durch einen Juden Levi aus Straß-
Judenmatten	burg an die Gemeinde verkauft wurde), Umkirch
Judenmichele	(Heidenheim-)Aufhausen* (hier wurde nach der Überliefe-
	rung ein Jude erschlagen)

Judenpfad	Kenzingen (Handelsweg der jüdischen Viehhändler von Alt-dorf und Kippenheim), (Sinsheim-)Hilsbach (Weg von Wei-ler nach Adelshofen), (Hardheim-)Schweinberg (Waldstück, nach Handelsweg genannt), (Werbach-)Wenkheim (Weg jü-discher Händler)
Judenplan	(Schöntal-)Berlichingen (jüdisches Wohngebiet)
Judenplatz	(Wertheim-)Dertingen
Judenquelle	Baden-Baden
Judenrain	(Bad Mergentheim-)Edelfingen, (Ahorn-)Untereubigheim
Judenreute	Mögglingen*
Judenschlag	(Aglasterhausen-)Daudenzell* (Treffpunkt jüdischer Händ-ler), (Hardthausen-)Lampoldshausen* (Waldstück)
Judenschul	(Blaubeuren-)Weiler* (Bezeichnung für einen Felsen, Deu-tung unklar)
Judenschwanz	(Lauda-)Königshofen
Judenseelein	(Adelsheim-)Sennfeld (in Zusammenhang mit einem rituellen Bad)
Judenspitze	(Neuenstadt-)Stein a. K.
Judenstadt	(Hohberg-)Diersburg (jüdisches Wohngebiet)
Judenstein	(Hohenstein-)Meidelstetten* (Bergbezeichnung, Deutung unklar), (Kressberg-)Waldtann* (Steinkreuz östlich von As-bach, das an einen angeblichen Raubmord an Juden erinnert, die hier begraben wurden)
Judenstaffel	Bad Wimpfen (Aufgang bei einem jüdischen Haus)
Judensteig	Sulz (Weg jüdischer Viehhändler), (Riesbürg-)Utzmemmin-gen
Judenstieg	(Creglingen-)Archshofen
Judenstrang	Ketsch
Judenstraße	zwischen Büsingen* und Gailingen (auf schweizerischem Gebiet sogenannter Handelsweg der Juden nach Schaffhau-sen)
Judenturm	gewöhnlich in Zusammenhang mit der mittelalterlichen Sied-lung. Esslingen, Konstanz, Mühlheim, Ulm, Weinheim oder in anderem Zusammenhang Mühlacker (hier wurden Juden gefangen gehalten), (Bopfingen-)Aufhausen (Burgruine über dem jüdischen Friedhof)
Judenwald, *Judenwäldle*	(auch »Ober«/»Unter Judenwald«), (Hohberg-)Diersburg, Haigerloch, Schönau* (auch »Judenwaldweg«, »Judenwald-rückenweg«), (Rainau-)Schwabsberg*, Wiesenbach* (dazu »Judenwaldkopf«, hängt mit Weg jüdischer Händler zusam-men)

Judenwasen	Oberndorf a. N. (hier auch »Judenwasensteigle«), (Wallhausen-)Michelbach (Gelände beim jüdischen Friedhof)
Judenweg	Weg jüdischer Händler (1); Weg, auf dem die Leichenwagen zu einem jüdischen Friedhof gebracht wurden (2); jüdischer Handelsweg oder aber von einem Diutweg, d. h. einer Nebenstraße zur alten Hochstraße herzuleiten (3), (Heilbronn-)Böckingen (1), (Ingelfingen-)Dörrenzimmern* und (Ingelfingen-)Eberstal* (ursprünglich Diutweg, später vor allem von Bieringer und Krautheimer jüdischen Händlern auf dem Weg ins Kochertal benutzt), (Bretten-)Dürrenbüchig (1, Handelsweg zwischen Bruchsal und Pforzheim), (Bad Friedrichshall-)Duttenberg (3), Ertingen (1), (Bruchsal-)Helmsheim* (1, von Gondelsheim nach Obergrombach), (Adelsheim-)Hergenstadt (1, von/nach Adelsheim), Ingelfingen (1), Kanzach* (1, Richtung Ertingen, benutzt von Juden zwischen Hechingen/Haigerloch und Buchau), (Hardthausen-)Kochersteinsfeld* (1), Königsbronn* (1, vom Brenztal ins Härtsfeld), (Kressberg-)Marktlustenau* (2, aus Crailsheim und Umgebung zum Schopflocher Friedhof), (Künzelsau-)Nagelsberg (1), (Hassmersheim-)Neckarmühlbach* (1, von Heinsheim nach Neckarmühlbach), Oberkochen* (Viehhändler von Lauchheim nach Oberkochen), Ostelsheim* (1), Reilingen (1, nach Waghäusel-Kirrlach), (Calw-)Stammheim* (1), (Neuenstadt-)Stein a. K. (1), (Kressberg-)Waldtann (2, Richtung Schopfloch), Walldorf (1), Zaberfeld (1)
Judenwies, Judenwiesen	Beuren, (Ölbronn-)Dürrn*, (Brackenheim-)Stockheim
Judenwinkel	Rangendingen (Flur außerhalb des Ortes), Stühlingen (in Zusammenhang mit jüdischem Wohngebiet)
Judenzipfel	Grundsheim, (Achstetten-)Stetten

In diesem Zusammenhang sind auch weitere Flurbezeichnungen zu nennen, die mit einzelnen jüdischen Personen zusammenhängen, z. B.:

Hermanns-/Josephsruh	(Sinsheim-)Steinsfurt
Herzelsklinge	Neckarbischofsheim (nach einem Juden Herzel)
Judenmaiers-Brücke	Friesenheim (nach einer in der Nähe lebenden jüdischen Person namens Maier)
Mosemsrain, Mosesrain	(Hayingen-)Indelhausen*, Lehrensteinsfeld
Moseshölzle	(Ehingen-)Bockighofen*
Moschebuckel	(Östringen-)Odenheim
Rabbinerloch	(Schenkenzell-)Wittichen* (ein Jude, der Rabbiner war, sei hier umgebracht worden)

Hierher gehören auch Bezeichnungen einzelner Gebäude wie *Judenschloß/Juden-schlößchen* für herrschaftliche Gebäude, die an Juden vermietet wurden, so in Freu-dental, (Riedlingen-)Grüningen, Talheim; *Judenmühle* in Billigheim, Saulgau, Schwäbisch Gmünd; *Judenstadel* (Gerstetten-)Gussenstadt oder *Judenstall,* so in Vaihingen/Enz (hier stellten jüdische Viehhändler ihr Vieh unter).

Spuren der Verfolgungszeit 1933 bis 1945

Zum Themenbereich der Kulturdenkmale jüdischer Geschichte gehören in einem weiteren Sinn auch alle Spuren der Verfolgungszeit von 1933 bis 1945, die – wenn auch eher als »Schandmale« oder als Denkmale der Unkultur – an die grausamen Leiden der jüdischen Bevölkerung erinnern. Andere Bevölkerungsgruppen von politischen Regimegegnern bis zu Homosexuellen oder Zigeunern teilten das Schicksal der jüdi-schen Minderheit, indem auch sie in Arbeits- oder Vernichtungslager verschleppt wurden. Die Spuren der Verfolgungszeit finden sich an Orten, die im Zusammenhang mit den »Euthanasie-Aktionen« eine Rolle spielten, oder wo Zwischenstationen auf dem Weg in die Deportation eingerichtet wurden. Schließlich gab es 1944/45 in zahlreichen Gemeinden Außenkommandos von Konzentrationslagern. In Zusam-menhang damit stehen die Spuren des Zusammenbruchs 1945.
In verschiedenen südwestdeutschen Heil- und Pflegeanstalten waren bis in die Zeit nach 1933 auch jüdische Patienten untergebracht (so in Kernen-Stetten i. R., Weins-berg, Wiesloch, Zwiefalten). Auch diese wurden im Zusammenhang der Euthanasie-morde der Jahre 1939 bis 1941 umgebracht. Im Gebiet des heutigen Baden-Württem-berg erlangte die Tötungsanstalt Grafeneck (Gomadingen-Dapfen) eine traurige Be-rühmtheit. Hier verloren unter den über 10 000 ermordeten Geisteskranken auch viele Juden ihr Leben. In einigen Orten, von denen aus die Kranken verschleppt worden sind, erinnern heute Gedenktafeln an die Opfer der Verfolgungszeit.
Um möglichst rasch weite Gebiete und viele Orte im Sinne der nationalsozialistischen Gesetzgebung für »judenfrei« erklären zu können, wurden jüdische Personen 1940 bis 1942 vorübergehend an einzelnen Orten konzentriert, um von hier aus mit größeren Sammeltransporten abtransportiert zu werden. Als solche Sammelplätze boten sich Gemeinden mit ehemals zahlreichen jüdischen Familien an, unter anderem (Münsin-gen-)Buttenhausen, (Rottenburg-)Baisingen, (Horb-)Rexingen, Bad Buchau, Laup-heim und (Bopfingen-)Oberdorf. 1941/42 wurden in (Pfronstetten-)Tigerfeld, (Obersulm-)Eschenau, (Lauterstein-)Weißenstein, (Blaustein-)Herrlingen und (Er-bach-)Dellmensingen sogenannte Jüdische Altersheime eingerichtet, in die aus allen Teilen des Landes vorwiegend ältere Juden eingewiesen wurden. Nach einigen Mona-ten wurden sie gewöhnlich direkt in Vernichtungslager des Ostens weitertranspor-tiert.
Das Gesamtgebiet Deutschlands und die nach 1939 von deutschen Truppen besetzten

Gebiete waren mit Konzentrationslagern aller Art durchsetzt. Zu ihnen kamen im Laufe des Krieges immer mehr Außenkommandos, die insbesondere seit Mitte 1944 bis zum Kriegsende in unmittelbarem Zusammenhang mit der auf die Kriegswirtschaft umgestellten Industrie standen. Unter katastrophalen Bedingungen mußten Zehntausende von Männern und Frauen auch im Gebiet des heutigen Baden-Württemberg Zwangsarbeit leisten. Hier gab es vor allem Außenkommandos des Konzentrationslagers Natzweiler/Elsaß in (Mannheim-)Sandhofen, Neckargerach, Neckarelz, Bad Rappenau, Neckarbischofsheim, (Bad Friedrichshall-)Kochendorf, (Heilbronn-)Neckargartach, Obrigheim, (Schwäbisch Hall-)Hessental, Ellwangen, Vaihingen/Enz, Echterdingen, Leonberg, Bisingen, Dautmergen, Dormettingen, Schömberg, (Schömberg-)Schörzingen und einigen anderen Orten. Tausende, vor allem jüdische Menschen, kamen in diesen Monaten in den Lagern ums Leben und ruhen bis heute auf den großen KZ-Friedhöfen dieser Orte. Unter den Außenkommandos waren die Lager der »Gruppe Wüste« im Raum Balingen/Rottweil besonders berüchtigt, wo unter schrecklichen Bedingungen der ölhaltige Posidonienschiefer abgebaut werden mußte. Allein in Bisingen starben etwa 1200 Menschen in wenigen Wochen. An anderen Orten lagen Rüstungsfabriken der Flugzeugindustrie oder anderer Industriezweige, in denen gleichfalls durch das makabre Programm »Vernichtung durch Arbeit« Tausende ums Leben kamen. Vielerorts finden sich noch Reste der Lager, oft sind sie allerdings nach 1945 schnell beseitigt worden und nur die Friedhöfe bestehen noch. In einigen Fällen wurden in den vergangenen Jahren Gedenkstätten für die Opfer dieser Lager eingerichtet. Mancherorts sind inzwischen auch Bemühungen im Gange, die erhaltenen Reste der Außenkommandos unter Denkmalschutz zu stellen: So bemüht sich in Rottweil eine »Initiative Gedenkstätte Eckerwald« darum, die Ruinen des Ölschieferwerks auf den Gemarkungen von Wellendingen, (Schömberg-)Schörzingen und (Rottweil-)Zepfenhan als Mahnmal zu erhalten.

In Zusammenhang mit dem Untergang der nationalsozialistischen Gewaltherrschaft kam es zu furchtbaren Szenen, als die Konzentrationslager geräumt und die Häftlinge vor dem Einmarsch der alliierten Truppen weggebracht wurden. Es kam zu Evakuierungsmärschen, die an vielen Orten weitere Spuren hinterlassen haben. Grausames hat sich insbesondere im Zusammenhang mit dem »Hessentaler Todesmarsch« abgespielt. Er führte mit den überlebenden KZ-Häftlingen aus verschiedenen Lagern von Hessental in Richtung Ellwangen, Wallerstein, Nördlingen, Augsburg nach Dachau. Es gibt kaum einen der berührten Orte, an dem nicht einige der Häftlinge starben oder ermordet wurden. Der Hessentaler Todesmarsch forderte mindestens 170 Opfer. Spuren der Zeit nach den Evakuierungen sind noch an etlichen anderen Orten vorhanden, so in (Kraichtal-)Neuenbürg nach der Auflösung des Lagers Vaihingen/Enz.

Topographischer Teil

Dokumentation
nach Stadt- und Landkreisen

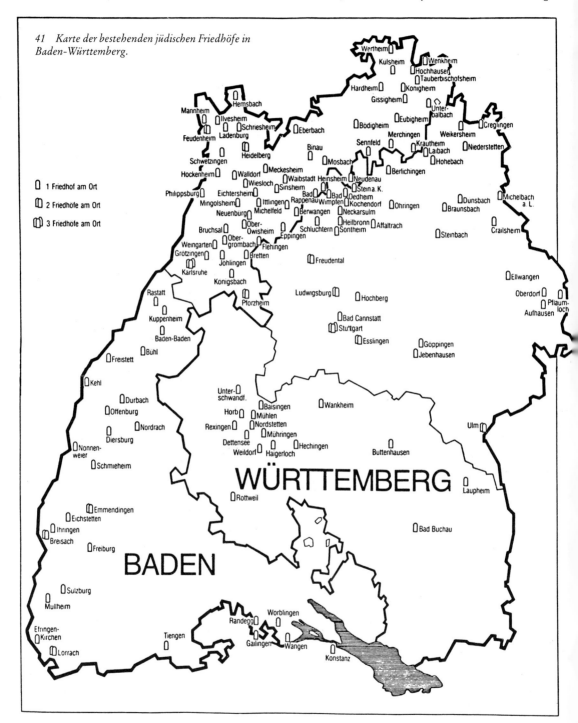

41 Karte der bestehenden jüdischen Friedhöfe in
Baden-Württemberg.

1 Friedhof am Ort

2 Friedhöfe am Ort

3 Friedhöfe am Ort

Wertheim
Kulsheim
Wenkheim
Hochhausen
Tauberbischofsheim
Hardheim
Königheim
Gissigheim
Hemsbach
Unter-
balbach
Mannheim
Ilvesheim
Eubigheim
Creglingen
Schriesheim
Eberbach
Bodigheim
Feudenheim
Ladenburg
Merchingen
Weikersheim
Sennfeld
Schwetzingen
Binau
Krautheim
Niederstetten
Laibach
Heidelberg
Hohebach
Hockenheim
Mosbach
Walldorf
Meckesheim
Berlichingen
Philippsburg
Wiesloch
Waibstadt
Heinsheim
Neudenau
Mingolsheim
Eichtersheim
Sinsheim
Stein a. K.
Michelbach
a. L.
Neuenburg
Ittlingen
Bad
Oedheim
Dunsbach
Michelfeld
Rappenau
Wimpfen
Ohringen
Braunsbach
Kochendorf
Ober-
Eppingen
Uberwangen
Neckarsulm
Bruchsal
Owisheim
Schluchtern
Heilbronn
Affaltrach
Crailsheim
Ober-
Flehingen
Sontheim
Weingarten
grombach
Steinbach
Grötzingen
Bretten
Johlingen
Freudental
Karlsruhe
Ellwangen
Königsbach
Ludwigsburg
Hochberg
Oberdorf
Rastatt
Pforzheim
Pflaum-
loch
Aufhausen
Kuppenheim
Bad Cannstatt
Stuttgart
Baden-Baden
Esslingen
Goppingen
Buhl
Jebenhausen
Freistett
Unter-
schwandf.
Wankheim
Kehl
Horb
Baisingen
Durbach
Mühlen
Offenburg
Rexingen
Nordstetten
Ulm
Nordrach
Mühringen
Diersburg
Dettensee
Hechingen
Buttenhausen
Nonnen-
Weildorf
Haigerloch
weier
Schmieheim
WÜRTTEMBERG
Laupheim
Rottweil
Emmendingen
Eichstetten
Bad Buchau
Ihringen
Breisach
Freiburg
BADEN
Sulzburg
Mullheim
Worblingen
Efringen-
Randegg
Kirchen
Tiengen
Lorrach
Gailingen
Wangen
Konstanz

ALB-DONAU-KREIS

Asselfingen

Spuren der jüdischen Geschichte. In Asselfingen bestand vermutl. zwischen dem 16. und 18. Jh. eine kleine jüd. Gemeinde, über die bislang keine schriftl. Nachweise vorliegen. Die heutige Schillergasse hieß früher »Judengasse«; beim Wohnhaus Schillergasse 3 befand sich zwischen dem Stall- und Wohngebäude einst eine *Synagoge* (angebl. aus der Zeit um 1700).

Ausk. BMA Asselfingen 5. Aug. 1985.

Blaubeuren

Zur Geschichte jüdischer Bewohner. In Blaubeuren lebten im MA vermutl. einige Juden (Samuel ben Kalonymus von Blaubeuren 1334 bis 1345 genannt; 1418 ist die Judensteuer von Blaubeuren nach Konstanz zu bezahlen; 1427 wird Jud Liebermann von Blaubeuren in Ulm genannt). Nach 1850 lassen sich wieder einige jüd. Bewohner nachweisen, insbesondere die Fam. des Kaufmanns Joseph Rosengart aus Buttenhausen (1854 bis nach 1870 im Haus Bührle, Marktstr. 16).

GJ II,1 S. 88; GJ III,1 S. 131; HZAN E, Fasz. 58, Öhringen; Ausk. StadtA Blaubeuren 5. Juni 1984; Ausk. BMA Blaubeuren 17. Febr. 1984, 7. Juni 1984, 16. Apr. 1985; Ausk. O. G. Lonhard, Pforzheim 10. Juni 1984; Ausk. I. Eberl, Tübingen 5. Mai 1985.

Blaustein
Ortsteil Herrlingen

Zur Geschichte jüdischer Bewohner. In Herrlingen lebten im 16. Jh. (nachzuweisen von 1524 bis 1557) einige jüd. Familien. Ob es zur Bildung einer Gemeinde mit eigenen Einrichtungen kam, ist nicht bekannt. Die Juden unterhielten zahlr. geschäftliche Beziehungen in die Umgebung Ulms und nach Württemberg.

Jüdische Einrichtungen im 20. Jahrhundert. Seit 1912 befand sich in Herrlingen ein *Kinderheim* für noch nicht schulpflichtige Kinder, gegr. und geleitet von Klara Weimersheimer, der Gattin des 1919 verstorbenen Herrlinger Bezirksarztes Dr. Moritz Weimersheimer. Es war in dem Gebäude Oberherrlinger Str. 28 untergebracht. 1936 mußte das Heim aufgelöst werden. Dr. Weimersheimer wurde auf dem Friedhof Herrlingens beigesetzt, obwohl hier kein besonderer jüd. Teil vorhanden ist. Das Grab ist erhalten. 1927 bis 1939 gab es ein zweites *Kinderheim*, gegr. und geleitet von Käthe Hamburg, im Haus Karolinensteige 17.

Seit 1927 bestand ein *Landschulheim* (staatl. anerkannte Privatschule), das von Anna Essinger gegr. war. Nach seiner Schließung 1933 war in den Gebäuden das jüd. *Landerziehungsheim* unter Leitung von Hugo Rosenthal untergebracht. Es war in diesen Jahren ein Zentrum jüd. Lebens in Süddeutschland, zeitweise von über 100 Schülern besucht. 1939 wurde die Schule geschlossen. Sie war in den Gebäuden Wippinger Steige 11, 13 und 28 untergebracht. Mind. 15 ehem. Schüler und Lehrer wurden Opfer der Verfolgungszeit 1933 bis 1945.

1939 wurde im Haus Wippinger Steige 28 ein (Zwangs-)*Altenheim* eingerichtet, in dem jüd. Bewohner verschiedener württ. Orte eingewiesen wurden. 1942 wurden die Insassen nach Oberstotzingen verlegt und kurze Zeit später in Vernichtungslager des Ostens weitertransportiert. Zuvor waren bereits 9 Insassen des Altersheimes direkt in Lager deportiert worden.

Die Gebäude Wippinger Steige 11 und 13 wurden 1943 bis 1945 Generalfeldmarschall Erwin Rommel und seiner Familie zur Verfügung gestellt. 1945 wurden sie von der Arbeiterwohlfahrt gekauft, die in ihnen bis 1975 ein Kindererholungsheim für Großstadtkinder unterhielt.

QGJ Nr. 341, 345, 515, 621; Sauer 1966 S. 103 ff;

Ausk. BMA Blaustein 21. Sept. 1981, 27. März
1985; L. Schachne, Erziehung zum geistigen Widerstand. Das jüd. Landschulheim Herrlingen
1933–1939. 1986; R. Fichtner/B. Wegemer,
Kindern eine Zukunft. Von zwei Kinderheimen
in der Weimarer Zeit. Dipl.-Arb. Erziehungswissenschaft Univ. Tübingen. 1986.

Dietenheim

Zur Geschichte jüdischer Bewohner. In Dietenheim bestand ab 1838 die Textilfirma von Isaak
Heinrich Neuburger aus Buchau, zunächst als
Handweberei für bunte Gewebe gegründet. In
wenigen Jahren wurde sie weithin bekannt (u. a.
Industrieausstellung London 1851). 1854/55
wurde der Betrieb nach Ulm, 1869 nach Salach
verlegt. Der ehemalige Standort der Firma in Dietenheim ist nicht mehr bekannt.

A. Aich, Geschichte der Gemeinde Salach und
der Burg Staufeneck. 1960. S. 162 f; Toury, S. 56,
192, 194; Ausk. StV Dietenheim 21. Okt. 1985.

Ehingen(Donau)
Stadtteil Ehingen

Zur Geschichte der jüdischen Gemeinde. In
Ehingen bestand eine Gemeinde vom 13. Jh. (erste Erwähnung 1301/1305) bis zur Ausweisung
jüd. Bewohner 1457, unterbrochen von Jahren
der Verfolgung um 1326 oder 1333 wegen angebl.
Hostienschändung und 1348/49. Vereinzelte
Niederlassungen weniger jüd. Bewohner sind bis
zum 17. Jh. und seit 1871 nachweisbar.

**Wohngebiet und Einrichtungen der jüdischen
Gemeinde.** Das ma. Wohngebiet wird sich auf die
heute noch sog. »Judengasse« konzentriert haben. Wie groß dieses Gebiet war, läßt sich nicht
mehr ausmachen. Auffallend ist der große Abstand zwischen Synagoge und »Judenschule« am
Viehmarkt (möglicherweise Hinweis auf zwei
jüd. Wohnviertel unterschiedl. Zeiten).

Die ma. Gemeinde unterhielt eine *Synagoge*
(Standort Ecke Lederbruckgasse/Tuchergasse).
Das Gebäude wurde 1967 abgerissen; der Platz
nicht neu bebaut. Bis heute erhalten ist die ma.
»Judenschule« am Eingang der Hindenburgstr.
in den Viehmarkt (beim Gasthaus Schwert).

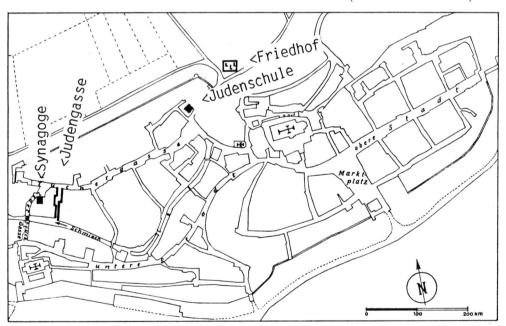

42   *Lage von mittelalterlicher Judengasse, Synagoge und Friedhof in Ehingen (Donau).*

43 Gebäude der mittelalterlichen Synagoge in Ehingen (Donau). Das im 14./15. Jahrhundert erbaute Gebäude wurde 1967 abgebrochen (hist. Aufnahme ca. 1930).

Die Toten wurden auf einem eigenen *Friedhof* beigesetzt, der vor dem Pfisterturm (beim Bildstöckchen, heute Gelände, wo Pfisterstr. und Hindenburgstr. aufeinander treffen) lag. Nach der Ausweisung der Juden wurden die Grabsteine abgeräumt und anderweitig verwendet. Zwei Grabsteine von 1370 und 1482, die 1911 aufgefunden und in das Ehinger Heimatmuseum gebracht worden waren, fielen um 1955 einer Entrümpelungsaktion zum Opfer.
Weitere Spuren der jüdischen Geschichte. An der Stelle der heutigen Lindenhalle (Ecke Lindenstr./Müllerstr.) bestand bis nach 1933 eine Niederlassung der Stuttgarter Baumwoll- und Putzwollfabrik Wolf & Sohn.

QGJ Nr. 110, 119f, 124, 127, 130, 144f, 551; F. M. Weber, Ehingen – Geschichte einer oberschwäb. Donaustadt. 1955. S. 163–166; GJ II,1 S. 190f; GJ III,1 S. 283f; Veitshans 5, S. 52; 6, S. 26; Ausk. Museumsgesellschaft Ehingen 10. Apr. 1984, Ausk. StV Ehingen 30. Apr. 1985, 4. Juni 1985, 19. Dez. 1985; Grabsteine sind abgebildet in JGFW und in »Erinnerungen an Alt-Ehingen« (hg. Museumsgesellschaft Ehingen), o. J.

Stadtteil Stetten

Zur Geschichte jüdischer Bewohner. Als einzige Spur jüd. Geschichte in Stetten ist bekannt, daß 1421 Hans der Jud auf einem Gut in Stetten ansässig war.

F. M. Weber, Ehingen – Geschichte einer oberschwäb. Donaustadt. 1955. S. 164.

Emerkingen

Zur Geschichte jüdischer Bewohner. In Emerkingen waren vermutl. im 18. Jh. einige jüd. Bewohner ansässig. 1762 bis 1765 entrichtete Jonas Weil, Jude in Emerkingen, einen »Judenzoll«.

Ausk. R. Adler, Biberach 4. Okt. 1985 (Hinw. auf Handbücher der Stadtrechnerei Biberach).

Erbach
mit Ortsteil Bach

Zur Geschichte jüdischer Bewohner. In der Herrschaft Erbach waren im 16. Jh. (vermutl. nach Vertreibung der Ulmer Juden) jüd. Bewohner ansässig. Nachweise liegen für die Zeit zwischen 1531 und 1557 vor; namentlich wird ein Jude Aaron zu Bach mehrfach genannt.

QGJ Nr. 393, 494, 622; StadtA Biberach Spitalarchiv Urk. Nr. 1863, 1872; Ausk. BMA Erbach 26. Juni 1984.

Ortsteil Dellmensingen

Spuren der Verfolgungszeit 1933 bis 1945. Im März 1942 wurde im Schloß Dellmensingen ein (Zwangs-)*Altersheim* eingerichtet, das für mehr als 100 württ. Juden Durchgangsstation in die Vernichtungslager des Ostens war. Bis zum Abtransport am 22. August 1942 verstarben in Dellmensingen 18 der Insassen (Beisetzung in Laupheim).

Sauer 1966 S. 66.

Grundsheim

Zur Geschichte der jüdischen Gemeinde. In Grundsheim bestand eine Gemeinde vom 16. bis zum 18. Jh. Eine erste Erwähnung liegt für 1575 vor (Lemli Jud aus Grundsheim in Buchau aufgenommen). 1720 wurden die jüd. Bewohner vertrieben. Zahlreiche Nennungen liegen aus der Zeit um 1700 vor, als ungefähr 15 bis 20 jüd. Fam. am Ort waren. Nach der Vertreibung wanderten sie vermutl. nach Buchau und Laupheim (hier 1724 erwähnt) ab.

Wohngebiet und Einrichtungen der jüdischen Gemeinde. Die jüd. Fam. wohnten in sog. »Judenhäusern«, die von der Herrschaft gemietet waren. Ihr Standort war vermutl. in dem im Volksmund sog. »Judengäßle« am Ortsausgang von Grundsheim nach Oggelsbeuren und Rupertshofen. Das Gebiet wird auch »Bei den Judenhäusern« genannt.

Die Gemeinde unterhielt eine *Synagoge* (1696 erstmals genannt) und seit 1697 eine »Judenschule« (möglicherweise ist damit auch ein Synagogenneubau gemeint). Diese Einrichtung wurde auch von den Juden aus Oberstadion mitbenutzt. Die Synagoge war im Haus Nr. 31 untergebracht, das 1936 abgebrochen wurde.

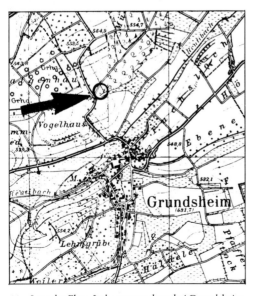

44   Lage der Flur »Judengottesacker« bei Grundsheim.

Die Toten wurden auf einem eigenen *Friedhof* beigesetzt, dessen Lage durch die Überlieferung des FN »Judengottesacker« für ein Grundstück (Parz. Nr. 631/1 an der Kreisstraße zw. Grundsheim und Hundersingen) bekannt ist. Spuren sind nicht mehr vorhanden; der ehem. Friedhof wird als Acker genutzt. Als weiterer FN ist der »Judenzipfel« bekannt.

Th. Selig, Zur Geschichte der Juden in Grundsheim (1942 verfaßt), in: Schwäb. Zeitung Ehingen vom 22. März, 26. März und 2. Apr. 1984; J. Mohn, Der Leidensweg unter dem Hakenkreuz. 1970. S. 12; Ausk. R. Adler, Biberach 3. Juni 1985; Ausk. BMA Grundsheim 12. März 1984, 8. Juli 1985; H. Ströbele, Die Gemeinde Oggelsbeuren. 1974. S. 95.

Illerrieden

Spuren der jüdischen Geschichte. In Illerrieden trägt die von der Donzdorfer Straße abzweigende Berggasse auch den Namen »Judengasse«. Die Lage dieser Gasse außerhalb des alten Ortskerns läßt auf eine Ansiedlung jüd. Bewohner vermutl. in der Zeit zwischen dem 16. und 18. Jh. schließen.

Ausk. BMA Illerrieden 15. Apr. 1985, 29. Mai 1985.

Laichingen

Spuren der jüdischen Geschichte. In Laichingen trägt die heutige Radstraße auf einem Katasterplan des 19. Jh. den Namen »Judengasse«. Aufgrund der wirtschaftl. Bedeutung der Stadt im MA ist eine damalige Ansiedlung von Juden durchaus wahrscheinlich.

Jüdische Textilfabriken im 19. und 20 Jh. Von besonderer Bedeutung für Laichingen waren u. a. die jüd. Textilfabriken: 1864 gründeten Eckstein & Kahn die erste jüd. Leineweberei am Ort, 1912 noch die einzige mech. Weberei im Bezirk (Mech. Leineweberei Laichingen; letzter jüd. Gesellschafter der Fa. bis zur »Arisierung«: Dr. Rudolf Kahn). Während der Weimarer Republik wurden

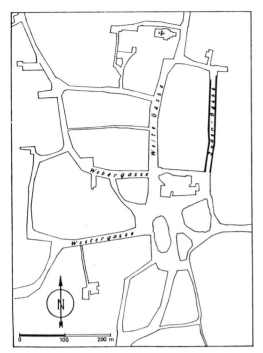

45 Lage der in Laichingen möglicherweise vorhandenen mittelalterlichen »Judengasse«.

zwei weitere jüd. Textilfabriken gegr.: Laichinger Wäschefabrik von Hugo und Paul Mann; Aussteuer- und Wäschenäherei von D. & J. Frank; dazu hatte die Näherei und Stickerei Emil Graf & Co. im Stuttgarter Textilgroßhändler Paul Stempa einen jüd. Mitinhaber.

Veitshans 5, S. 50; 6, S. 5, 24; Toury S. 65, 176, 192–195.

Langenau
Stadtteil Albeck

Zur Geschichte jüdischer Bewohner. In Albeck waren im 16. Jh. wenige jüd. Bewohner ansässig, vermutl. nach Ausweisung der Ulmer Juden 1499. 1533 wird in mehreren Urkunden Guettlin Jüdin von Albeck genannt.

QGJ Nr. 406.

Stadtteil Langenau

Zur Geschichte jüdischer Bewohner. In Langenau wurden Ende des 15. Jh. einige der aus Ulm ausgewiesenen Juden aufgenommen. 1589 ist noch ein Jude am Ort.

Spuren der jüdischen Geschichte. In der ma. Martinskirche wurden bei Bauarbeiten im Sept. 1985 zwei Teile eines ma. jüd. *Grabsteins* (ohne Namen, Jahreszahl 1375) gefunden, die – mit der Inschriftenseite nach unten liegend – jahrelang als Stufen in den Chorraum der Kirche gedient hatten. Möglicherweise stammt der Grabstein vom ma. jüd. Friedhof Ulms. Er wurde an der Kirche aufgestellt. Bereits vor einigen Jahrzehnten war ein jüd. Grabstein aus Ulm in Langenau gefunden worden, der später auf dem Steigerschen Hof als Steintreppe diente, bis er 1934 nach Ulm kam und mit anderen jüd. Grabsteinen in die Friedhofsmauer des Friedhofs Frauenstraße eingemauert wurde (späteres Schicksal unbekannt). – Im Heimatmuseum Langenau befindet sich ein jüd. *Amulett* (Ausst.-St. 1099).

46 Jüdisches Amulett im Heimatmuseum Langenau (Silber; Größe ca. 4 × 3 cm). Die Vorderseite zeigt die Gebotstafeln mit den zehn Geboten, darüber eine stilisierte Krone, an der durch eine Kette ein Röllchen befestigt ist (Megilla, oft ein Geschenk zwischen Braut und Bräutigam, konnte mit Parfüm gefüllt werden).

W. Schmidlin, Die Juden in Ulm, in: Ulm und Oberschwaben 31 (1941) S. 81; Ausk. G. Keitel, Langenau 1. Nov. 1985; Ausk. Heimatmuseum Langenau 13. Febr. 1984, 4. Apr. 1984; Jüd. Gemeindeblatt für Württemberg. 16. Aug. 1937. S. 1.

Merklingen

Spuren der jüdischen Geschichte. Die Hauptstraße zwischen heutigem Rathaus und dem Gasthaus Ochsen trägt auch den Namen »Judengasse« (erste bekannte Nennung 1745). Hieraus kann auf eine in früheren Jh. bestehende jüd. Ansiedlung geschlossen werden. Mehrere jüd. Fam. in (Kehl-)Bodersweier hatten den Fam.-Namen »Merklinger«; möglicherweise stammten deren Vorfahren aus diesem Merklingen. Einige Fam. in Merklingen und Umgebung tragen noch heute den Fam.-Namen »Kohn«. 1675 hatte ein Moses Kohn von Scharenstetten nach Merklingen geheiratet, doch er war bereits evangelisch.

Ausk. P. Bachteler, Merklingen 24. Juni 1985.

Munderkingen

Zur Geschichte jüdischer Bewohner. In Munderkingen waren im MA wenige Juden ansässig (um 1300 Jud Vinelin; weitere Nennung 1384). Auch aus dem 16. Jh. liegt ein Hinweis vor: 1574 verstarb ein jüd. Kind in Munderkingen. Da es hier keinen jüd. Friedhof gab, mußte es in der Grafschaft Hohenzollern beerdigt werden.
1918 bis 1930 existierte hier die Kunstbaumwollfabrik der Fa. Wolff & Söhne als Zweigbetrieb der Fa. in Stuttgart-Untertürkheim (Geschäftsführer: Max Levi/Stuttgart). 1929 beschäftigte sie 70 Arbeiter; die Firmengebäude befanden sich in der Mühlstr. (heute Fa. Stetter).

GJ II,2 S. 559; QGJ Nr. 135; Württ. Städtebuch S. 391; O. Werner, Wie alt ist der Hechinger Judenfriedhof? 1984. S. 1 f; Ausk. W. Nuber, Munderkingen 29. Juni 1985, 19. Febr. 1986.

Oberstadion

Zur Geschichte jüdischer Bewohner. In Oberstadion lebten seit der Mitte des 17. Jh. einige Jahrzehnte lang mehrere jüd. Fam. Eine erste Erwähnung liegt von 1662/63 vor, die letzte Nennung von 1700. Die Juden Oberstadions bildeten eine Filialgemeinde von Grundsheim und be-

nutzten die dortigen Einrichtungen (Synagoge, Schule und Friedhof).

R. Adler, Notizen zur Geschichte der Juden in Biberach (Mschr.). S. 2; Th. Selig, Zur Geschichte der Juden in Grundsheim. 2. Folge, in: Schwäb. Zeitung Ehingen. 26. März 1984.

Schelklingen

Zur Geschichte jüdischer Bewohner. Aus einigen Urkunden der Mitte des 14. Jh., in denen von den »auf den österreichischen Herrschaften Schelklingen und Ehingen sitzenden« Juden (so 1348) geredet wird und aus einer Erwähnung von »des Juden Haus« (1475) kann auf Ansiedlung einiger jüd. Bewohner in Schelklingen für das 14./15. Jh. geschlossen werden.

GJ II,2 S. 743; H. Günter, Geschichte der Stadt Schelklingen bis 1806. 1939. S. 85f; Ausk. StV Schelklingen 16. Mai 1984, 21. Mai 1985.

Westerheim

Zur Geschichte jüdischer Bewohner. In Westerheim betrieb Sally Reutlinger aus Haigerloch ab 1930 einige Jahre eine Viehhandlung.

Ausk. BMA Westerheim 12. Apr. 1985.

Westerstetten

Spuren der Verfolgungszeit 1933 bis 1945. Auf dem Friedhof Westerstetten befindet sich ein im Volksmund sog. »Judengrab«, in dem im Mai 1945 8 Tote begraben wurden (KZ-Häftlinge oder Gefangene). Die Leichen waren einige Wochen zuvor unweit des Bahngleises im Waldteil »Gurgelhaus« (Markung Beimerstetten) verscharrt und dann wieder aufgefunden worden. Bei der Beisetzungsfeier am 31. Mai 1945 war auch ein Rabbiner anwesend.

Westerstetten – Chronik eines Dorfes auf der Ulmer Alb. 1974. S. 116; Ausk. BMA Westerstetten 10. Apr. 1985.

STADTKREIS BADEN-BADEN

Stadtteil Baden-Baden

Zur Geschichte der jüdischen Gemeinde. In Baden-Baden lebten jüd. Bewohner im 16. Jh.; seit dieser Zeit hielten sich hier auch jüd. Kurgäste auf. Nach 1584 bestand zunächst ein Ansiedlungsverbot, doch waren nach dem Dreißigjährigen Krieg bis zur zweiten Hälfte des 18. Jh. wieder Juden in der Stadt ansässig. Nach Aufhebung eines erneuten Ansiedlungsverbotes um 1860 erfolgte eine starke Zuwanderung. 1890 konnte eine Gemeinde begründet werden. Die höchste Zahl jüd. Bewohner wird um 1925 mit 435 Personen erreicht. Mind. 113 Personen wurden Opfer der Verfolgungszeit 1933 bis 1945. 1956 konnte eine kleine Gemeinde wiederbegründet werden, die bis 1984 bestand.

Einrichtungen der jüdischen Gemeinde. Über Einrichtungen im 16. bis 18. Jh. ist nichts bekannt. 1867 wurde für die ortsansässigen und die zur Kur weilenden Juden im Seitenflügel des Ho-

48   *Synagogenbrand 1938 in Baden-Baden.*

47   *Synagoge in Baden-Baden, in neuromanischem Stil 1897/98 erbaut, 1938 zerstört (hist. Aufnahme).*

tels Baldreit ein *Betsaal* eingerichtet (Büttenstr. 15, heute Stadtmuseum). 1898 wurde eine *Synagoge* in der Stephanienstr. 5 erbaut. 1938 wurde sie zerstört und abgerissen, der Platz als Parkanlage (heute Privatparkplatz) hergerichtet. Bei der Synagoge befand sich das jüd. *Gemeindehaus.*
Die Toten wurden (wie bereits im 17. und 18. Jh.) zunächst in Kuppenheim beigesetzt. Hier befinden sich auch Gräber jüd. Kurgäste, die in Baden-Baden verstarben. 1918 bis 1921 wurde ein jüd. *Friedhof* im Stadtteil Lichtental angelegt, der sich innerhalb des dortigen allg. Friedhofs an der Eckbergstr. befindet (Größe 23,81 a). Er wird bis zur

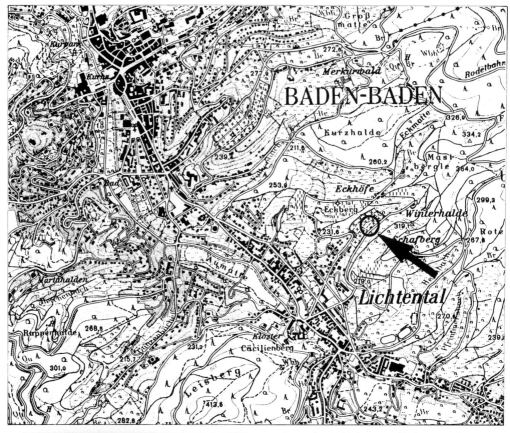

49 *Lage des jüdischen Friedhofs in Baden-Baden (-Lichtental).*

Gegenwart belegt. Auf ihm befinden sich eine *Friedhofshalle* und seit 1976 ein *Gedenkstein* für die zerstörte Synagoge.

Nach 1956 wurden die Gottesdienste in einem *Betsaal* in der Werderstr. 2 abgehalten (Werderstr./Ecke Bühnenstr.). Seit 1984 steht das Gebäude leer, da die jüd. Gemeinde (zumindest vorläufig) aufgelöst wurde.

Weitere Spuren der jüdischen Geschichte. An ehemaligen, bis nach 1933 bestehenden *Gewerbe-, Handels- und Dienstleistungsbetrieben* sind bekannt: Lederwerke Adler & Oppenheim AG; Elektroartikel Emil Baer; Holzgroßhandlung

50 *Gedenkstein für die ehemalige Synagoge in Baden-Baden auf dem dortigen jüdischen Friedhof.*

Fritz Baer; Arztpraxis Dr. Salomon Baer; Arztpraxis Dr. Hugo Beissinger; Tapeziergeschäft Adolf Deutsch; Pferdehandlung Karl Dreyfuß; Weinbrennerei und Wermutweinkellerei Leopold Dreyfuß; Möbelhaus L. Durlacher, Mitinh. Benno Durlacher; Papierhandlung Heinz Fabisch; Holzkaufmann Ludwig Falk; Textilversandgeschäft Max Frank; Arztpraxis Dr. Julius Fuchs; Altwarenhandlung Joseph Götzel; Rechtsanwalt Dr. Hugo Hauser; Sanatorium Dr. Friedrich Heinsheimer; Rechtsanwalt Dr. Rudolf Heinsheimer; Arztpraxis Dr. Bruno W. Herrmann; Rechtsanwalt Dr. Paul Kahn; Herrenkonfektionsgeschäft Louis und Emmy Cassel; Schuhgeschäft J. Hermann OHG, Inh. Lina und Rosa Kaufmann; Schuhgeschäft Eugen Zivy; Damenkonfektionsgeschäft Josef Kleinmann; Herren- und Damenbekleidung Meier Schloß; Hotel Theodor Köhler; Arztpraxis Dr. Robert Kuhn; Hotel Zentral, Inh. Philipp Lieblich; Einheitspreis-Kaufhaus Fa. Robert Lipsky OHG; Fa. Möbelbeschläge Rubin Löwengart; Spielwarengeschäft »Schwarzwald-Bazar« Robert Nachmann; Geschenkartikelgeschäft »Wiener Bazar« Julius Nachmann; Arztpraxis Dr. Wilhelm Neumann; Arztpraxis Dr. Jakob Roos; An- und Verkaufsgeschäft Evel Rosbach; Damenkonfektionsgeschäft OHG L. Mayer, Inh. David und Max Rosenberg; Arztpraxis Dr. Arnold Sack; Arztpraxis Dr. Waldemar Sack; Schuhgeschäft

51 *Betsaal der jüdischen Gemeinde Baden-Baden in der Werderstraße, 1956–1984 benutzt (1987).*

Kurt Schiff; Schuhwarengeschäft Ida Schweizer; Arztpraxis Dr. Herbert Staub; Weinhandlung Samuel Suhler; Kunsthandlung Leopold und Elsa Weiß; Immobilien Wilhelm Wolf.
Im 17. Jh. wird eine Quelle der Stadt, die später in der »Friedrichsquelle« aufging, »Judenbrühbronnen« oder »Judenquelle« genannt. Die Bezeichnungen erinnern an die Kuraufenthalte von Juden in der Stadt im 16. Jh. – Seit 1914 bestand ein Israelitisches Erholungsheim für Frauen und Mädchen in der Werderstr. 24.

Hundsnurscher/Taddey S. 37 ff; O. Stiefvater, Geschichte und Schicksal der Juden im Landkreis Rastatt, in: Um Rhein und Murg 5 (1965) S. 42–83; P. Arnsberg, Die Geschichte der Frankfurter Juden 2. 1983. S. 108; HStAS J 355 Bü Baden-Baden; Ausk. StadtA Baden-Baden 4. Apr. 1986; S. Rahner, Jüd. Gemeinde: Keine Gottesdienste, in: Bad. Tagblatt Baden-Baden. 2. Okt. 1987.

Stadtteil Oos

Zur Geschichte jüdischer Bewohner. In Oos ließen sich nach 1900 einige jüd. Personen nieder. Ihre Höchstzahl wird um 1910 mit 22 erreicht. Sie gehörten zur Synagogengemeinde in Baden-Baden. An ehemaligen, bis nach 1933 bestehenden jüd. Handelsbetrieben ist vor allem das Textilkaufhaus Ernst Mainzer bekannt.

Hundsnurscher/Taddey S. 38.

Stadtteil Steinbach

Zur Geschichte jüdischer Bewohner. In Steinbach lebten vom 16. bis zum 18. Jh. einige jüd. Bewohner. Vermutl. wurden sie erstmals unter Markgraf Philipp II. Mitte des 16. Jh. Juden aufgenommen. 1584 wurden sie ausgewiesen, konnten sich jedoch einige Jahre später wieder niederlassen (vermutl. nach dem Dreißigjährigen Krieg; erwähnt 1673 bis um 1770). Die in Steinbach verstorbenen Juden wurden in Kuppenheim beigesetzt.
Spuren der jüdischen Geschichte. Im Verlauf der alten Römerstraße auf Gemarkung Steinbach lag ein sog. »Judenbrünnele« (Herkunft der Bezeichnung unbekannt).

Rosenthal, Heimatgeschichte S. 66, 190; Bad. Städtebuch S. 377; O. Stiefvater, Geschichte und Schicksal der Juden im Landkreis Rastatt, in: Um Rhein und Murg 5 (1965) S. 46, 48, 53; E. Schneider, Flurnamen der Gemarkung Steinbach, in: Die Ortenau 38 (1958) S. 216–241 (S. 228).

LANDKREIS BIBERACH

Achstetten
Ortsteil Achstetten

Zur Geschichte jüdischer Bewohner. In Achstetten sind im 16. Jh. einige jüd. Bewohner nachweisbar. 1530 wird Jud Wolf von Achstetten in Ehingen genannt, 1534 bis 1540 Jud David zu Achstetten in Äpfingen, dann in Biberach.

StadtA Biberach Spitalarchiv Nr. 1825, 1826; F. M. Weber, Ehingen – Geschichte einer oberschwäb. Donaustadt. 1955. S. 165; R. Adler, Zur Geschichte der Juden in Biberach, in: Zeit und Heimat. Beilage der Schwäb. Zeitung Biberach. 25. Febr. 1972; G. Schenk, Von den Juden in Orsenhausen und Umgebung, in: Pessach-Festschrift 5731 (1971) S. 25 f.

Ortsteil Oberholzheim

Spuren der jüdischen Geschichte. In Oberholzheim gibt es eine im Volksmund sog. »Judengasse«, seit den 60er Jahren »Wielandstr.« genannt. Die Herkunft der Bezeichnung ist unbekannt, da schriftl. Nachweise über eine jüd. Ansiedlung fehlen.

FN-Verz. der Landesstelle für Volkskunde, Stuttgart; Ausk. P. Gugumus, Oberholzheim 7. Nov. 1986; Ausk. OV Oberholzheim 28. Nov. 1986.

Ortsteil Stetten

Spuren der jüdischen Geschichte. In Stetten gab es einen sog. »Judenzipfel«, vermutl. auch eine »Judengasse«. Über Herkunft und genaue Lage dieser Örtlichkeiten ist nichts mehr bekannt.

FN-Verz. der Landesstelle für Volkskunde, Stuttgart; Ausk. OV Oberholzheim 28. Nov. 1986.

Altheim

Spuren der jüdischen Geschichte. In Urkunden des 14. Jh. werden für Altheim genannt: eine Flur »auf dem Juden« (1310) und eine »Judengasse« (1329 und 1349). Beides läßt auf eine jüd. Ansiedlung im MA schließen. Die Lage der Örtlichkeiten ist nicht mehr bekannt.

A. Hauber, Urkundenbuch des Klosters Heiligkreuztal. 1910. S. 155 Nr. 328, S. 279 Nr. 507; Ausk. BMA Altheim 20. Mai 1985.

Bad Buchau
Stadtteil Bad Buchau

Zur Geschichte der jüdischen Gemeinde. In Buchau bestand eine jüd. Gemeinde seit dem 16./17. Jh., deren Entstehung jedoch in ma. Zeiten zurückgeht. Erstmals werden 1382, dann wieder seit 1575 (auch in der Zeit des Dreißigjährigen

Krieges) Juden genannt. Die Gemeinde bestand bis 1938. Die höchste Zahl wird um 1858 mit 828 Personen erreicht. Mind. 56 Personen kamen in der Verfolgungszeit 1933 bis 1945 ums Leben.

Wohngebiet und Einrichtungen der jüdischen Gemeinde. Als ursprüngl. Wohngebiet diente das Gebiet um die »Judengasse« (1933 bis 1986 Freigasse, seither wieder Judengasse genannt) und einiger Nebengassen (vor allem Schuster- und Waldhorngasse). Erst nach 1822 war es erlaubt, sich außerhalb dieses Gebietes in der Stadt anzusiedeln. Bis um 1900 verzogen fast alle jüd. Fam. in eigene Häuser anderer Straßen (in dieser Zeit wurden 60 neue jüd. Häuser vor allem in der Wuhrstr., Schussenrieder Str. und der Hofgartenstr. erbaut).

Vor dem Bau einer ersten Synagoge wurden die Gottesdienste in Häusern mit *Betsälen* abgehalten. Der älteste, vermutl. aus dem 15. Jh. stammende Betsaal befand sich im nach Osten gerichteten (hinteren) Teil des Gebäudes Schustergasse 7. Der Toraschrank war an der Ostwand zwischen einem nördl. und einem südl. Schmalfenster. Ein späterer Betsaal war im Haus Schussenrieder Str. 6. Der letzte vor dem Bau der ersten Synagoge genutzte Betsaal war im Gebäude Judengasse 6. Dort ist noch im zweiten Stockwerk ein Zimmer zu sehen, das eine *mit Blumen bemalte Decke mit beweglichen Feldern* (zur Öffnung an Sukkot) hat.

1730/31 wurde am Eingang der Judengasse/Ecke Schussenrieder Str. (gegenüber dem Platz der zweiten Synagoge, heute Parkplatz) eine erste *Synagoge* erstellt (nach 1838 abgebrochen). 1837/38 wurde an der Ecke Hofgartenstr./Schussenrieder Str. (Flst. 179/6) eine neue Synagoge erstellt. Als vermutl. einzige Synagoge der Welt besaß sie einen Glockenturm. 1938 wurde sie völlig zerstört. Heute befindet sich hier ein Park mit einer großen Trauerweide und einem 1981 aufgestellten Gedenkstein. Bis 1938 war die Synagoge auch von den in Ravensburg, Leutkirch im Allgäu, Riedlingen, Wangen im Allgäu und Saulgau ansässigen Juden besucht worden.

1770 bis 1803 besuchten die jüd. Kinder die kath. Stiftsschule, danach bis 1825 die kath. Volksschule am Marktplatz. Seither gab es eine jüd. Konfessionsschule, zunächst in einem Haus in der Judengasse. Nachdem 1879 die jüd. Schule auch im

52   *Bad Buchau vom Flugzeug aus: im Vordergrund das ehemalige jüdische Wohngebiet; der Schornstein gehört zu der Trikotfabrik Hermann Moos AG; darüber die Synagoge (hist. Luftbildaufnahme um 1925).*

53   *Ehemalige Synagoge in Bad Buchau, 1839 eingeweiht, typisch neuklassizistische Architektur; am linken Bildrand ein Teil des Rabbinatsgebäudes. Die Synagoge wurde 1938 zerstört (hist. Aufnahme ca. 1930).*

54   *Innenaufnahme der ehemaligen Synagoge in Bad Buchau (Aufnahme ca. 1930).*

55   *Blick in die Judengasse in Bad Buchau, links am Bildrand ist ein Teil der Aufschrift der ehemaligen Manufaktur-warenhandlung von Ida Dreifuss (Eugens Witwe) zu erkennen (hist. Aufnahme ca. 1927).*

»Langen Bau« an der Oggelshauser Str. unterge-bracht worden war (bis 1938 in einem Zimmer links gegenüber dem heutigen Haupteingang in den Langen Bau), wurde das Schulgebäude ver-kauft. Seit 1841 soll für einige Zeit auch eine jüd. Realschule bestanden haben, möglicherweise in einem Haus (sog. Möhrlesches Haus) in der In-selstr.

Das *Rabbinat* war seit 1825 vermutl. im damali-gen jüd. Gemeindehaus untergebracht, seit 1841 im Haus Hofgartenstr. 4 unmittelbar neben der Synagoge. In das Rabbinat wurde 1938 auch die

Schule verlegt (Gebäude erhalten, stark umge-baut). Das *rituelle Bad* war im Haus Schusterga-se 11. Der *Schlachtraum* zum Schächten befand sich jeweils im Haus des Schächters, später wurde im städt. Schlachthaus geschächtet.

Der *Friedhof* befand sich ursprünglich »hinter Kappel«, entweder in der Flur »Judenbuckel« bei der Ruhe-Christi-Kapelle oder (wahrscheinli-cher) am Kreuzweg bei der ehem. großen Linde am Weg nach Dürnau, Allmannsweiler und Bruckhof. 1659 wurde zusammen mit den Juden aus Aulendorf und Mittelbiberach ein neuer

56   *Lage des jüdischen Friedhofes in Bad Buchau.*

Friedhof auf der Buchauer »Insel« angelegt (Flst. 464, Fläche 66,98 a). Im 18. Jh. wurde der räumlich beschränkte Platz zweimal aufgefüllt, so daß im heutigen südöstl. Teil die Gräber dreifach übereinander liegen (deutlich überhöhtes Gelände). Der Friedhof wurde nach 1945 noch mehrfach belegt. Auch die verst. Juden aus Ravensburg, Leutkirch, Riedlingen, Wangen und anderen Orten wurden hier beigesetzt.

Weitere Spuren der jüdischen Geschichte. An ehemaligen, bis nach 1933 bestehenden *Handels-, Dienstleistungs- und Gewerbebetrieben* sind bekannt: Zigarrengroßhandlung Adolf Beer (Waldhorngasse, abgebr.), Glas- und Porzellanhandlung J. A. Berliner (Wuhrstr. 14), Lederwarenhandlung Jakob Bernheim (Schussenrieder Str. 17), Haushaltsgeräte- und Porzellanhandlung Julius Bernheim (Marktplatz 12), Strickwarenfabrik und Trikotagen Jakob Dannhauser (Schussenrieder Str. 62), Bankgeschäft Max Dreifuß (Hauptstr. 10), Textilwarengroßhandlung Artur Einstein (Wuhrstr. 18), Zigarettengroßhandlung Artur Einstein und kleine Wäschefabrik Ernst Einstein & Co. (Hofgartenstr. 6), Pferdehandlung Martin Einstein (Wuhrstr. 7),

Tuchgroßhandlung Einstein & Erlanger, Inh. Sally und Siegbert Einstein (Hofgartenstr. 13), Kurz-, Woll- und Textilwarengroßhandlung Sara Einstein (Wuhrstr. 4), Pferdehandlung Moses Erlanger (Schussenrieder Str. 29), Metzgerei Max Heimbach (Helenenstr. 1), Viehhandlung Emil Kahn (Wuhrstr. 17), Viehhandlung Moritz Kahn (Engelgasse 8), Viehhandlung Norbert Kahn (Wuhrstr. 12), Zigarrengeschäft Geschwister Mayer (Schussenrieder Str. 15), Textilwarenhandlung Abraham Moos, Inh. B. Moos (Marktplatz 22), Trikotfabriken Hermann Moos AG (bedeutendster Betrieb in Buchau mit bis zu 450 Beschäftigten, seit 1938 Götzwerke Gebr. Götz, Schussenrieder Str. 18), Kolonialwaren Geschwister Schmal (Schussenrieder Str. 31), Konditorei und Café Moritz Vierfelder (Hofgartenstr. 3), Oel- und Fetthandlung Alfred Weil (Bachgasse 3), Viehhandlung Hermann Weil (Alte Poststr. 9), Wäschefabrik Max Weil & Co. (Hofgartenstr., abgebr.), Kolonialwaren Geschwister Weißberger (Waldhorngasse, abgebr.).

Am *Haus der Eltern von Albert Einstein* in der Hofgartenstr. 14 befindet sich eine Gedenktafel. Im *Federseemuseum* erinnern verschiedene Stücke an die Geschichte der Gemeinde, u.a. ein Grabstein von 1769 aus dem jüd. Friedhof, ein Beschneidungsstuhl und eine Darstellung des Jom Kippur 1870 vor Metz.

Persönlichkeiten. *Max Einstein* (1822 Buchau – 1906 Philadelphia/USA), hatte als Paymaster General von Pennsylvania 1856 den Rang eines Brigadier-Generals und war im amerik. Bürgerkrieg 1861 Kommandant des 27. Regiments. Nach dem Krieg war er amerik. Konsul in Nürnberg. – *Paul Moos* (1863 Buchau – 1952 Raeren/Belgien), Musikschriftsteller, 1899 bis 1932 in Ulm, Ehrendoktorwürde der Univ. Erlangen 1929, publizierte vor allem auf dem Gebiet der Musikästhetik. – *Abraham Schlesinger* (1881–1961), Rabbiner und Schriftsteller, 1916 bis 1939 letzter Rabbiner in Buchau, seit 1939 in Israel; in Anspielung auf die einzigartige Synagogenglocke Buchaus der »Glöckner von Buchau« genannt; Verf. histor. und philosoph. Schriften.

Sauer 1966 S. 31–36; J. Mohn, der Leidensweg unter dem Hakenkreuz. Aus der Geschichte von Stadt und Stift Buchau. 1970; H. Garbelmann,

57   *Jüdischer Friedhof in Bad Buchau (1985).*

Die Buchauer Synagogenglocke, in: Pessach 5725 (1965) S. 20; Ausk. Federseemuseum Bad Buchau 10. Apr. 1984; Ausk. StV Bad Buchau 1. Dez. 1983, 7. Okt. 1985, 1. Febr. 1986; Ausk. G. Ladenburger, Bad Buchau 26. Nov. 1985.

Stadtteil Kappel

Zur Geschichte der jüdischen Gemeinde. In Kappel bestand eine Gemeinde von 1793 (erste Aufnahme 12 jüd. Fam.) bis 1873. Sie hatte stets eine enge Verbindung zur Buchauer Gemeinde, jedoch eigene Einrichtungen. Die höchste Zahl jüd. Bewohner wurde um 1845 mit 163 Personen erreicht. Nach 1900 zogen die letzten aus Kappel weg.

Wohngebiet und Einrichtungen der jüdischen Gemeinde. Das *Wohngebiet* lag im Viertel zwischen den Straßen Kirchstr., Riedlinger Str.

und Auf dem Burren. Hier wurde 1802 eine *Synagoge* eingeweiht. Seit 1872 besuchten die Kappeler Juden die Synagoge in Buchau; die Synagoge in Kappel wurde 1882 abgerissen.

1804 wurde eine *Schule* erbaut, die entweder neben der Synagoge oder an der Riedlinger Str. stand. 1840 wurde das Gebäude aufgestockt und eine Lehrerwohnung eingebaut. Im Schulhaus befand sich auch das *rituelle Bad.* 1867 ist die Schule aufgelöst, das Schulgebäude bald darauf abgebrochen worden. Die Kinder gingen nun in die jüd. Schule nach Buchau. – Die Toten wurden auf dem Buchauer Friedhof beigesetzt.

Weitere Spuren der jüdischen Geschichte. In der Nähe der Ruhe-Christi-Kapelle gibt es den FN »*Judenbuckel*«, möglicherweise ein Hinweis auf den alten Buchauer jüd. Friedhof (s. dort).

Persönlichkeiten. *M. H. Landauer* (1808 Kappel – 1841 Kappel), einer der frühesten modernen Forscher auf dem Gebiet der Kabbala; studierte

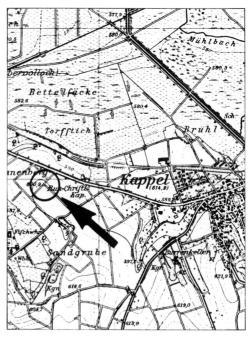

58 *Auch die jüdischen Familien in Kappel begruben ihre Verstorbenen auf dem Buchauer Friedhof; auf dem Stein finden sich als Symbole ein Messer, ein Schofar und ein aufgeschlagenes Buch mit dem Zitat aus 1.Sam 7,5: »Ich will für euch zu G'tt beten« (1985).*

59 *Ungefähre Lage des abgegangenen jüdischen Friedhofes bei (Bad Buchau-)Kappel.*

in München, veröffentlichte dabei einige Aufsätze, war vor seinem frühen Tod noch 3 Monate Rabbiner in Braunsbach.

J. Mohn, Kappel – das Dorf über dem Federsee, 1971; M. Garbelmann, Die jüd. Gemeinde in Kappel, in: Rosch Haschana 5729 (1968) S. 26 f; weitere Lit. s. Bad Buchau.

Bad Schussenried

Spuren der jüdischen Geschichte. In Bad Schussenried bestand bis 1938 als Niederlassung der Buchauer Großtextilfirma Hermann Moos eine Trikotfabrik, die (zus. mit der Filiale Weingarten) über 200 Mitarbeiter beschäftigte. Die Firmengebäude sind erhalten und derzeit im Besitz einer örtlichen Brauerei.

Zur Geschichte jüdischer Patienten in der Anstalt. In der Anstalt Bad Schussenried (heute Psychiatrisches Landeskrankenhaus) wurden seit 1880 auch jüd. Patienten aufgenommen (bis 1940 insgesamt 29 Männer, 23 Frauen). Die in der Anstalt verstorbenen Patienten wurden teilweise auf dem Anstaltsfriedhof beigesetzt; Gräber sind nicht mehr vorhanden. Im Zuge der Euthanasieaktion des »Dritten Reiches« wurden im Sommer 1940 6 jüd. Patienten aus der Anstalt »versetzt« und ermordet. Seit 1983 erinnert auf dem Anstaltsfriedhof (Teil des Gemeindefriedhofes) eine *Gedenktafel* an die Opfer der Euthanasieaktion.

Ausk. BMA Bad Schussenried 30. Apr. 1985, 2. Sept. 1985; Ausk. Psychiatrisches Landeskrankenhaus Bad Schussenried 15. Aug. 1985.

Biberach an der Riß

Zur Geschichte jüdischer Bewohner. In Biberach waren Juden im MA (Erwähnungen einzelner Personen 1298 bis 1427), im 16. Jh. (Ausweisung 1589) und seit der zweiten Hälfte des 19. Jh. ansässig. Zur Bildung einer Gemeinde mit Einrichtungen ist es zu keiner Zeit, vermutl. auch nicht im MA, gekommen. Mind. 2 Personen kamen in der Verfolgungszeit 1933 bis 1945 ums Leben.

Spuren der jüdischen Geschichte. Im MA waren in jüd. Besitz zwei *Häuser,* die auf den heutigen Grundstücken Schulstr. 15 und 19 standen. An ehemaligen *Handelsbetrieben* des 19./20. Jh. sind bekannt: Textilwarengeschäft Fa. Dahlberg & Bergmann, Inh. Bernhard Bergmann (1913–1936, Marktplatz 33), Kaufhaus »Kronenladen«, Inh. Max Michaelis (1930–1936, Hindenburgstr. 15), Manufakturwaren- und Textilgeschäft L. G. Wallersteiner (1890–1913, Marktplatz 16).

Spuren der Verfolgungszeit 1933 bis 1945. In einem ehem. *Kriegsgefangenenlager* auf dem Gelände der heutigen Bereitschaftspolizei an der Birkenharder Str. wurden im Nov. 1944 149 orientalische Juden aus Tripolis (Bengasi) eingesperrt, darunter 29 Kinder, 56 Frauen und 64 Männer. Im Jan. 1945 kamen 133 Personen aus dem KZ Bergen-Belsen, vorwiegend holländische Juden dazu, darunter 26 Kinder, 39 Männer und 68 Frauen. Beide Gruppen waren in schockierendem, halbverhungertem und verlaustem Zustand. Nach dem Einmarsch der Franzosen am 23. Apr. 1945 bezogen sie bis zu ihrer Genesung und Entlassung das Jordanbad bei Biberach.

GJ II,1 S. 79 f; GJ III,1 S. 112 f; Veitshans 5 S. 28 f; R. Adler, Zur Geschichte der Juden in Biberach, in: Zeit und Heimat, Beil. zur Schwäb. Zeitung Biberach. 25. Febr. 1972; Ausk. R. Adler, Ummendorf-Fischbach 3. Juni 1985, 4. Okt. 1985.

Dürmentingen

Spuren der jüdischen Geschichte. In Dürmentingen hieß ein früher außerhalb des Ortes vorbeiführender Weg »Judengasse«. Vermutl. zogen auf ihm Buchauer Juden, denen der Weg durch den Ort nicht möglich war, zum Riedlinger Markt. Seit 1955 ist die Judengasse in »Zellerstraße« umbenannt (Neubaugebiet).

OAB Riedlingen. 1923. S. 456 Anm.; J. Mohn, Leidensweg unter dem Hakenkreuz. Aus der Geschichte von Stadt und Stift Buchau. 1970. S. 10; Ausk. BMA Dürmentingen 13. Juni 1985.

Ertingen

Spuren der jüdischen Geschichte. In Ertingen trägt eine Ortsstraße die Bezeichnung »Judengäßle«. Im Gemeindewald gibt es Abteilungs-Namen »Judenbühl« und »Judenweg«. Der Verlauf des Judenwegs durch den Dürmentinger Wald ist noch nachvollziehbar. Die Bezeichnungen können mit dem Weg jüd. Händler aus Buchau in Orte der Umgebung zusammenhängen. Das Judengäßle könnte ein Hinweis auf eine Ansiedlung früherer Jahrhunderte sein, von der jedoch schriftl. Nachrichten fehlen.

Ausk. BMA Ertingen 23. Mai 1985.

Laupheim
Stadtteil Laupheim

Zur Geschichte der jüdischen Gemeinde. In Laupheim bestand eine Gemeinde bis 1938. Ihre Entstehung geht in die Zeit des 18. Jh zurück, jüd. Familien konnten sich seit 1724/1730 niederlassen. Die höchste Zahl jüd. Bewohner wird um 1869 mit 843 Personen erreicht. Mind. 99 Personen kamen in der Verfolgungszeit 1933 bis 1945 ums Leben.

Wohngebiet und Einrichtungen der jüdischen Gemeinde. Die Siedlung entstand auf dem heute noch sog. »Judenberg«. Die 8 ältesten Häuser standen, in 3 Reihen geordnet, parallel zur Kapellenstr., und hatten von vorn und hinten freien Zugang (keine Abschrankungen; noch heute auffallend). Seit 1828 konnten sich jüd. Bewohner auch außerhalb des Judenbergs niederlassen. Danach entstanden zahlr. neue Häuser, vor allem in der Kapellenstr. (zeitweise auch »Judengasse« genannt), in der Bronner Str., der Oberen Radstr., Fabrikstr. sowie in der Steinerstr.

Bis 1771 wurden die Gottesdienste in einem *Betsaal* im oberen Stock des Hauses Judenberg 30 gefeiert. 1771 wurde neben dem Friedhof eine erste *Synagoge* erbaut. Sie befand sich an der

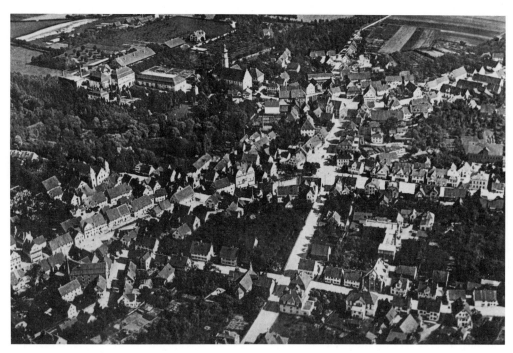

60   *Luftaufnahme von Laupheim um 1925: am linken Bildrand ist der jüdische Friedhof zu sehen, anschließend Häuser des »Judenbergs« um die Synagoge.*

Stelle der späteren Leichenhalle (Judenberg 24);
eine Erhebung an der Südwestecke des Friedhofs
soll den Standort des Toraschreines markieren.
Die Synagoge wurde nach 1822 abgerissen. Eine
zweite Synagoge wurde 1822 erbaut und 1836
durch einen vollständigen Neubau ersetzt (Standort Bronner Str./Synagogenweg). Diese Synagoge wurde 1938 völlig zerstört, das Gelände 1961
mit einem evang.-freikirchl. Gotteshaus überbaut. Ein großer *Gedenkstein* erinnert seit 1958
an die Synagoge, dazu ist eine Hinweistafel in
engl. und hebr. Sprache angebracht.
1823 wurde eine *Volksschule* gegründet, wozu
zunächst ein Schulraum im Gasthaus zum Rad

61   *Mit ihren 1877 angebauten Türmen erinnerte die
neuklassizistisch geprägte Synagoge in Laupheim an eine Kirche; 1938 wurde das Gebäude zerstört (hist. Aufnahme ca. 1930).*

62   *Innenaufnahme der Synagoge in Laupheim (ca. 1930).*

63   *Synagogenbrand 1938 in Laupheim.*

gemietet wurde. 1830 sind in einem der Synagoge gegenüberliegenden Haus das *Rabbinat, die Schule und die Lehrerwohnung* eingerichtet worden. 1868 wurde ein neues Schulhaus an der Oberen Radstr. errichtet, das 1969 wegen Baufälligkeit abgerissen wurde. Eine *Erinnerungstafel* für die »Judenschule« befindet sich an der an ihrer Stelle erbauten Fernmeldevermittlungsstelle.

64   *Lage des jüdischen Friedhofes in Laupheim.*

Der *Friedhof* auf dem Judenberg wurde nach 1730 angelegt und später mehrfach erweitert (Fläche 46,66 a). Er hat die Zeit des »Dritten Reiches« nahezu unversehrt überstanden, nur die Metalltafel am *Gefallenendenkmal* des Ersten Weltkrieges wurde entfernt. Eine solche ist 1955 samt einer *Gedenktafel für die Opfer der NS-Herrschaft* auf der Rückseite des Gefallenendenkmals wieder angebracht worden. Der Friedhof ist auch nach 1945 mehrfach belegt worden. Am Eingang wurde 1984 eine große *Gedenktafel* mit den Namen der Laupheimer Opfer der Verfolgungszeit 1933 bis 1945 angebracht. Die Leichenhalle am Friedhof wurde 1822 erbaut, 1907 durch eine neue am selben Standort (Judenberg 24) ersetzt. – Zu den weiteren Einrichtungen gehörten ein *rituelles Bad* am Laubach und ein Schlachthaus.

Weitere Spuren der jüdischen Geschichte. An ehemaligen, bis nach 1933 bestehenden *Handels- und Gewerbebetrieben* sind bekannt (Auswahl): Kolonialwarengroßhandlung Isidor Adler, Inh. Jakob und Edmund Adler (Kapellenstr. 44), Haarfabrik J. Bergmann & Co. (Radstr. 22), Kaufhaus David Moritz Einstein (Kapellenstr. 6), Tabakwaren Emil Einstein & Co., Inh. Artur Einstein und M. Pauson (Marktplatz 4), Seifensiederei E. Heilbronner (Judenberg 26), Knabenkleiderfabrik E. Heumann Nachf. (Mittelstr. 11), Bankgeschäft O. Heumann und Schuhhaus S. Heumann (Marktplatz 15), Pferdehandlung Emil Kahn (Kapellenstr. 64), Spezereihandlung L. Kirschbaum (Kapellenstr. 60), Metzgerei Samuel Laupheimer (Judenberg 13), Gasthaus »Rothe Ochsen«, Inh. Beno Nördlinger (Kapellenstr. 21; 1982 bis 1984 restauriert und wiedereröffnet), Antiquitäten Adolf Rieser (Kapellenstr. 23), Metzgerei Julius Schmal (Marktplatz 2), Gasthaus »Zum Kronprinzen«, Inh. Hermann Sonnenschein (Kapellenstr. 70), Gerberei und Lederhandlung Leopold Steiner, Inh. Simon L. Steiner (Kapellenstr. 8), Fa. Hopfen-GmbH Simon H. Steiner (Lagerhaus Ecke Schillerstr./Steinerstr.; Verwaltung in der Kapellenstr.), Schloßbrauerei Viktor Steiner, Inh. Muth Steiner (Kirchberg 11). Straßennamen: »Judenberg« und »Judengasse« s. o.; der »Hintere Judenberg« wurde zur Erinnerung an die Synagoge 1984 in »Synagogenweg« umbenannt.

Flurnamen: Das Gebiet nördl. des jüd. Friedhofes trägt den FN »Judenäcker« (um 1800 noch »Hinter den Juden«).

Im *Heimatmuseum* wurde eine Abteilung (Gedächtniswand) zum Gedenken an die jüd. Gemeinde eingerichtet. Hier finden sich vor allem: aus dem Brandschutt der Synagoge gerettete Gegenstände, das Türschloß der 1969 abgerissenen jüd. Schule u. a.

Persönlichkeiten und auf sie bezogene Erinnerungsmale. – *Kilian von Steiner* (1833 Laupheim – 1903), um 1900 die erste Finanzkapazität Württembergs, u. a. Mitbegr. der Württ. Vereinsbank, der BASF Ludwigshafen, hatte zuletzt das Ehrenpräsidium im Aufsichtsrat der Württ. Notenbank inne; Aufsichtsrat zahlr. Banken und Industrieunternehmen; Mitbegr. der Schwäb. Schillergesellschaft und des Schiller-Nationalmuseums. An ihn erinnert die »Steinerstraße« in Laupheim und Marbach am Neckar; 1987 wurde für ihn ein Denkmal im Schloßpark aufgestellt (vgl. bei Oberdischingen). *Moritz Henle* (1850 Laupheim – 1925), Kantor und Komponist, 1879–1913 erster Kantor an der Tempelgemeinde in Hamburg, Kompositionen auf dem Gebiet der Synagogen-Gesangsliteratur; Mitbegr. des Allg. Deutschen Kantoren-Verbandes (Vorsitzender 1906–1919). *Carl Laemmle* (1867 Laupheim – 1939 Hollywood), seit 1883 in den USA, eröffnete 1906 in Chicago sein erstes Kino, begründete 1912 Hollywood. An ihn erinnert der »Carl-Laemmle-Weg« und seit 1987 eine Gedenktafel an seinem Geburtshaus Radstr. 9. Laemmle war Ehrenbürger Laupheims seit 1919. *Friedrich Adler* (1878 Laupheim – 1942 Auschwitz), Kunstgewerbler, seit 1927 Prof. an der staatl. Kunstgewerbeschule Hamburg; bedeutend auf dem Gebiet der Innenarchitektur; entwarf Kultgeräte, Grabdenkmale usw. Auch nach ihm soll eine Straße benannt werden. *Siegfried Einstein* (1919 Laupheim – 1983), Schriftsteller, Verfasser von zahlr. Gedichten und Novellen. *Max Bergmann*, Fabrikant, viele Jahre im Gemeinderat und Bürgermeister-Stellvertreter, gab der »Bergmann-Straße« ihren Namen.

Sauer 1966 S. 116–120; G. Schenk, Die Juden in Laupheim, in: Laupheim. 1979. S. 286–302; E. Schäll, Gedenktafel für die Opfer der Judenverfolgung in Laupheim, in: Schwäb. Heimat (1985) S. 78 f; E. Schäll, Friedrich Adler. Ein Künstler aus Laupheim, in: Schwäb. Heimat (1981) S. 46–61; J. H. Bergmann/E. Schäll, Der gute Ort. Die Geschichte des Laupheimer jüd. Friedhofs im Wandel der Zeit, in: Ulmer Forum (1983/84) S. 37–47; Ausk. E. Schäll, Laupheim 8. Dez. 1984, 30. Apr. 1985 u. ö.; Ausk. J. Braun, Laupheim 9. März 1984.

Stadtteil Obersulmetingen

Zur Geschichte jüdischer Bewohner. In Obersulmetingen sind im 16. Jh. jüd. Bewohner nachweisbar. Quellen liegen aus der Zeit zwischen 1556 und 1575 vor. Ein Platz in Obersulmetingen erinnert an die einstige Judensiedlung.

QGJ Nr. 611, 654, 697, 714, 750; Ausk. E. Schäll, Laupheim 30. Apr. 1985.

Stadtteil Untersulmetingen

Zur Geschichte jüdischer Bewohner. In Untersulmetingen lebte mit ihrer Fam. seit ca. 1920 Karoline Ziegler geb. Gideon aus Rexingen. Ein Sohn kam in einem KZ ums Leben.

Ausk. H. Beth, Laupheim-Untersulmetingen 15. Mai 1985.

Maselheim
Ortsteil Äpfingen

Zur Geschichte jüdischer Bewohner. In Äpfingen waren im 16. Jh. vermutl. einige Juden wohnhaft. 1534 wird Jud David von Achstetten zu Äpfingen genannt, 1540 ist er allerdings in Biberach wohnhaft.

StadtA Biberach Spitalarchiv Urk. Nr. 1825, 1826.

Ortsteil Heggbach

Spuren der Verfolgungszeit 1933 bis 1945. Von 1940 bis 1942 waren in der durch die Euthanasieaktionen weitgehend leeren Anstalt für geistig Behinderte (heute Heggbacher Einrichtungen) bis zu 38 jüd. Pfleglinge untergebracht. Die in dieser Zeit hier Verstorbenen wurden auf dem jüd. Friedhof Laupheim beigesetzt. 1941 und 1942 wurden die hier noch befindlichen Personen (insgesamt 15) in Lager des Ostens abtransportiert. 1981 wurde am alten Klostergebäude eine *Gedenktafel* für die Opfer der Verfolgungszeit, insbes. für die Euthanasieopfer angebracht.

Sauer, Dokumente 2, S. 130, 282 ff; A. Waibel, Das Euthanasieprogramm des Dritten Reiches – die Ereignisse in Heggbach und Ingerkingen, in: Der Fachbericht 3, hg. von den Heggbacher Einrichtungen; H. Franke, Geschichte und Schicksal der Juden in Heilbronn. 1963. S. 347; Ausk. BMA Maselheim 18. Apr. 1985; Ausk. Heggbacher Einrichtungen 18. Dez. 1984.

Mietingen
Ortsteil Baltringen

Zur Geschichte jüdischer Bewohner. In Baltringen unterhielt das Biberacher Spital im 16. Jh. ein »Judenhaus«, in dem von 1567 bis zur Ausweisung 1589 einige Bewohner (Familien?) lebten.

QGJ Nr. 739; StadtA Biberach Spitalarchiv Urk. Nr. 2586, 3371, 3786; R. Adler, Zur Geschichte der Juden in Biberach, in: Zeit und Heimat, Beil. zur Schwäb. Zeitung Biberach. 25. Febr. 1972.

Mittelbiberach

Zur Geschichte der jüdischen Gemeinde. In Mittelbiberach bestand eine Gemeinde von der Mitte des 16. Jh. (erste Erwähnung 1550) bis zur Ausweisung der Bewohner 1672.
Wohngebiet und Einrichtungen der jüdischen Gemeinde. Das Wohngebiet lag außerhalb des Ortes auf der anderen Seite des Rotbaches in der heutigen Vogteigasse (früher auch »Judengasse«

genannt). Eine Anzahl von Häusern tragen hier die Bezeichnung »Judenhäuser« (gezeigt wird v. a. ein langgestrecktes, viergeteiltes Haus).
Aus der Nennung eines »Lehrers« der jüd. Gemeinde kann auf eine vorhandene »Judenschule« (Betsaal in einem der Häuser) geschlossen werden. Die Toten wurden vermutl. zunächst auf einem eigenen *Friedhof* an der Straße nach Reute (in dem Winkel, wo die Straße in den Forst und nach Grodt abzweigt) beigesetzt. Von diesem Friedhof sind keine Spuren erhalten. Später benutzten die Juden Mittelbiberachs den Friedhof in Buchau, zunächst den »hinter Kappel«, seit 1659 den neu angelegten Friedhof auf der »Insel« (s. Buchau).

QGJ Nr. 559, 611, 654, 731, 739, 755; StadtA Biberach Spitalarchiv Ur. Nr. 940; J. E. Schöttle, Geschichte von Stadt und Stift Buchau. 1884. ND 1977. S. 182; »Juden in Mittelbiberach« (o. Verf. und Jahr, vermutl. Vorarbeiten zu einer Ortschronik, Mschr.); Ausk. BMA Mittelbiberach 1. Juli 1985.

Oberdischingen

Spuren der jüdischen Geschichte. Auf einem Waldfriedhof (Familien-Begräbnisstätte der Fam. Steiner) in Oberdischingen befindet sich u. a. das Grabmal Kilian von Steiners (vgl. bei Laupheim).

Schwäb. Zeitung Laupheim 16. Aug. 1985

Ochsenhausen

Zur Geschichte jüdischer Bewohner. In Ochsenhausen lebten im 16. Jh. vermutlich nur wenige Juden (1583 genannt). 1920 bis 1936 betrieb Adolf Haarburger aus Baisingen am Ort eine Viehhandlung und ein Schuhgeschäft.

Hinw. J. H. Bergman, Scarsdale N. Y. USA 9. Dez. 1986 (ohne Nennung der Quelle für 1583); Ausk. BMA Ochsenhausen 12. Juni 1985.

65 *»Judenhäuser« in Mittelbiberach aus dem 16. Jahrhundert; sie lagen etwa 300 m vom christlichen Wohngebiet entfernt (1985).*

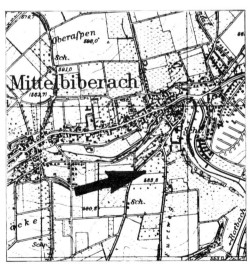

66 *Vermutliche Lage des abgegangenen jüdischen Friedhofes in Mittelbiberach.*

Oggelshausen

Zur Geschichte jüdischer Bewohner. In Oggelshausen wohnten im 16. Jh. auf einem Korneliergut des Stiftes Buchau einige Juden (1560 bis 1571 genannt).

QGJ Nr. 650, 654, 664, 686; J. Mohn, Der Leidensweg unter dem Hakenkreuz. Aus der Geschichte von Stadt und Stift Buchau. 1970. S. 12; Ausk. BMA Oggelshausen 11. Juni 1985.

Riedlingen
Stadtteil Grüningen

Zur Geschichte jüdischer Bewohner. In Grüningen waren vermutl. vom 16. bis zum 18. Jh. wenige jüd. Fam. ansässig. 1577 wird erstmals ein »Judengarten« genannt; 1713 wird in Grunds-

heim Jud Wolf Abraham von Grüningen genannt. Die Juden wohnten vermutl. in dem unteren Grüninger Schloß, das im Volksmund »Judenschlößchen« genannt wird.

OAB Riedlingen. 1923. S. 769; R. Selinka, Grüningen und seine Geschichte. 1928. S. 55; Th.
Selig, Zur Geschichte der Juden in Grundsheim,
1. Folge, in: Schwäb. Zeitung Ehingen. 22. März
1984; Ausk. BMA Riedlingen 2. Okt. 1985.

Stadtteil Riedlingen

Zur Geschichte jüdischer Bewohner. In Riedlingen waren vermutl. im MA Juden ansässig
(einzige Nennung 1384). Erst nach 1867 lassen
sich einige Familien wieder in der Stadt nieder,
die zur Synagogengemeinde Buchau gehörten.
Mind. 5 Personen kamen in der Verfolgungszeit

1933 bis 1945 ums Leben (2 Namen auf dem
Gedenkstein in Buttenhausen).
Spuren der jüdischen Geschichte. An ehemaligen, bis nach 1933 bestehenden jüd. *Handels-
und Gewerbebetrieben* sind bekannt: Manufak-
tur- und Kurzwarenhandlung A. & M. Landauer, Inh. Herbert Oetinger (Marktplatz 15), Elek-
trotechn. Artikel Fa. Hummel & Oechsle, Inh.
Alexander Hummel (Kastanienallee 2), Kurz-
und Wollwarenhandlung Ernst Oetinger, Inh.
Albert Bernheim (Adr. unbekannt), Manufak-
tur- und Kurzwarenhandlung Fa. Julius Weil,
Inh. Isaak Strauß und David Weil (Marktplatz 9),
Herrenbekleidungsgeschäft M. E. Weil (Donaustr. 16).

QGJ Nr. 135 (vgl. 593, 776); OAB Riedlingen.
1923. S. 601; Ausk. BMA Riedlingen 10. Mai
1984, 2. Okt. 1985.

67   *Blick über die ehemalige Judengasse (heute Weiherstraße) in (Schwendi-)Orsenhausen (1985).*

Schemmerhofen
Ortsteil Alberweiler

Zur Geschichte jüdischer Bewohner. In Alberweiler waren vermutl. nach dem Dreißigjährigen Krieg einige Juden ansässig. 1670/71 wird ein Jud Rabi aus Alberweiler genannt. Von der Ansiedlung zeugt die Bezeichnung »Judengasse« für die heutige Weiherstr. Beim Haus Weiherstr. 9 soll es sich um ein ehem. jüd. Wohnhaus handeln.

J. Forderer, Alberweiler. 1923. S. 23 f; R. Adler, Notizen zur Geschichte der Juden in Biberach (Mschr.) S. 3; Ausk. BMA Schemmerhofen 9. Mai 1985, 4. Juni 1985.

Schwendi
Ortsteil Orsenhausen

Zur Geschichte der jüdischen Gemeinde. In Orsenhausen bestand eine Gemeinde – mit einigen Unterbrechungen durch vorübergehende Vertreibungen – vom 15. bis 17. Jh. (erste Erwähnung 1435, letzte von 1673). Vermutl. waren jeweils 8 bis 10 Fam. am Ort.
Wohngebiet und Einrichtungen der jüdischen Gemeinde. Die jüd. Bewohner Orsenhausens wohnten in der »Judengasse«, dem unteren Teilstück der heutigen Weiherstr. (deutlich außerhalb des alten Ortskerns). In der Judengasse stand vermutl. auch die *Synagoge* (1550 genannt). Auch war ein *Friedhof* vorhanden (1550 genannt), dessen Standort nicht mehr bekannt ist.

QGJ Nr. 442, 501, 503, 505, 533, 544, 554, 559, 561 f, 576, 611, 737, 740, 750, 753, 794, 811, 821, 823, 831, 847, 851; StadtA Biberach Spitalarchiv Nr. 542, 1677, 1696, 1990, 1991; G. Schenk, Von den Juden in Orsenhausen und Umgebung, in: Pessach-Festschrift 5731 (1971) S. 25 f; S. Frey, Rechtsschutz der Juden gegen Ausweisung im 16. Jh. 1983. S. 50–68; Ausk. BMA Schwendi 14. Okt. 1985.

Ortsteil Schwendi

Zur Geschichte jüdischer Bewohner. In Schwendi waren im 16. Jh. einige Juden ansässig.

G. Schenk, Die Juden in Laupheim, in: Rosch Haschana 5731 (1970) S. 24 (ohne nähere Quelle).

BODENSEEKREIS

Deggenhausertal
Ortsteil Untersiggingen

Zur Geschichte jüdischer Bewohner. Auf dem Winkelhof bestand von 1924 bis 1937 ein Kinderlandheim unter Leitung von Lilli Ehrlich-Landé und Julius Ehrlich.

R. Fichtner/B. Wegemer, Kindern eine Zukunft. Von zwei Kinderheimen in der Weimarer Zeit. Dipl.-Arb. Univ. Tübingen 1986.

Friedrichshafen

Zur Geschichte jüdischer Bewohner. In Friedrichshafen (bis 1811 Buchhorn) lebten im MA und seit der zweiten Hälfte des 19. Jh. jüd. Bewohner. Im MA werden erstmals 1348 Juden genannt, 1349 kam es zu einer Judenverfolgung. Nach 1401 und bis zur Ausweisung wegen eines angebl. Ritualmordes 1430 waren wieder Juden in der Stadt. Erst nach 1862 konnten sich jüd. Personen wieder ansiedeln, doch erreichte ihre

Zahl nicht mehr als 10 (1905). Mind. eine Person kam in der Verfolgungszeit 1933 bis 1945 ums Leben.

Spuren der Verfolgungszeit 1933 bis 1945. Im Zusammenhang mit den Flugzeug- und Luftschiffwerken Friedrichshafen bestand von Juni 1943 bis Sept. 1944 ein *Außenkommando des Konzentrationslagers Dachau*, in dem bis zu 1500, darunter auch jüd. Häftlinge Zwangsarbeit leisten mußten.

GJ II,1 S. 265; GJ III,1 S. 187; Veitshans 5, S. 42; Württ. Städtebuch S. 355; A. Rückerl, NS-Vernichtungslager. 1977.

Langenargen

Zur Geschichte jüdischer Bewohner. In Langenargen lebten im 15./16. Jh. einige Juden (nachzuweisen 1453 und zwischen 1545 und 1571, Juden Schauch gen. Esaias und Mosse Juden zu Langenargen). 1571 wird ihnen der Schutz gekündigt. 1617 wird in Hohenems Jud Wolf von Langenargen genannt.
1930 bis 1938 lebte der Kaufmann Julius Josephson am Ort.

QGJ Nr. 599, 611, 624, 654, 683, 710; GJ III,1 S. 718; A. Müller/F. Götz, Die Urkunden des Stadtarchivs Meersburg in Regesten. 1971. Nr. 305, 364; OAB Tettnang. 1915. S. 369; HStAS J 355 Bü 77; A. Niederstätter, Die jüd. Gemeinde in Hohenems, in: Rabbiner Dr. Aron Tänzer (Hg. K. H. Burmeister). 1987. S. 13.

Markdorf

Spuren der jüdischen Geschichte. In Markdorf hieß die heutige Schedlerstr. früher »Judengässele«. Dies läßt auf eine jüd. Ansiedlung in früheren Jh. schließen; schriftl. Nachweise fehlen. Wenig bekannt ist auch über die im 19./20. Jh. hier vorübergehend wohnhaften jüd. Personen (1890: 9), die zur jüd. Gemeinde Gailingen gehörten.

Hundsnurscher/Taddey S. 105; Ausk. StadtA Markdorf 31. Dez. 1985.

Meckenbeuren

Zur Geschichte jüdischer Bewohner. In der Heilanstalt Liebenau waren seit ca. 1895 auch wenige jüd. Patienten untergebracht, die unter seelsorgerlicher Betreuung durch den Buchauer Rabbiner standen. 2 Patienten (darunter einer aus Kehlen, Anstalt Pfingstweide) kamen bei den Euthanasieaktionen 1940 ums Leben.

J. Mohn, Der Leidensweg unter dem Hakenkreuz. Bad Buchau. 1970. S. 98; Gedenkbuch S. 25, 378; HStAS J 355 Bü 70.

Meersburg

Zur Geschichte jüdischer Bewohner. In Meersburg lebten vom 15. bis 17. Jh. wenige Juden (nach 1423 Kirssmann Jud und Märkli Jud, 1541 bis 1551 Schay [Esajas] Jud, 1652 bis 1658 ein Ehepaar). Seit der zweiten Hälfte des 19. Jh konnten sich jüd. Personen wieder in der Stadt niederlassen.
1874–1932 bestand die Baumwollweberei Fa. J. Koblenzer/Erlanger (neue Firmengebäude 1910 am Stadtrand am Weg nach Hagnau).

Hundsnurscher/Taddey S. 167; Bad. Städtebuch S. 315; QGJ Nr. 456, 558; Toury S. 95–99, 108, 112; E. Bloch, Geschichte der Juden in Konstanz. 1971, S. 70; H. Ammann, Die Judengeschäfte im Konstanzer Amman-Gerichtsbuch 1423–1434, in: Schriften d. Vereins für Geschichte des Bodensees und Umgebung 71 (1952) S. 37–84.

Salem

Zur Geschichte jüdischer Bewohner. 1919/20 veranlaßte Prinz Max von Baden die Gründung der Schule Salem. Der (jüd.) Leiter dieses Internats, Dr. Kurt Hahn, brachte die Salemer Schule zu internationalem Ansehen. 1933 wurde er verhaftet und emigrierte nach England. 1945 ließ Markgraf Berthold von Baden Dr. Hahn wieder nach Salem kommen, wo er bis zu seinem Tod 1974 die Schule leitete. In der Schule waren auch bald nach Gründung jüd. Schüler.

E. Bloch, Geschichte der Juden von Konstanz. 1971. S. 131 ff; B. Bueb, Schule Schloß Salem, in: Leben am See. Heimatjahrbuch des Bodenseekreises (1984) S. 220–224; Ausk. Schularchiv Schloß Salem 21. Okt. 1985; M. Knoll (Hg.), Kurt Hahn: Erziehung und die Krise der Demokratie. 1986.

Tettnang

Zur Geschichte jüdischer Bewohner. In Tettnang waren im 15./16. Jh. und vermutl. auch am Ende des 19. Jh. wenige jüd. Bewohner ansässig. 1423 bis 1433 wird Salem Jud zu Tettnang, zwischen 1555 und 1573 werden Abraham, Aaron und Mosse, Juden zu Tettnang genannt. Über die im 19. Jh. wohnhaften jüd. Personen (1875: 5) ist nichts mehr bekannt.

H. Ammann, Die Judengeschäfte im Konstanzer Amman-Gerichtsbuch 1423–1434, in: Schriften des Vereins für Geschichte des Bodensees und Umgebung 71 (1952) S. 37–84; QGJ Nr. 599, 611, 742, 754.

Überlingen

Zur Geschichte der jüdischen Gemeinde. In Überlingen bestand eine Gemeinde im MA, die erstmals 1226 genannt wird (1332 Judenverfolgung wegen angebl. Ritualmord: 300–400 Juden in der Synagoge verbrannt; 1349 wieder Judenverfolgung; 1430 Ausweisung der Juden). Erst nach 1862 ließen sich jüd. Personen wieder in Überlingen nieder, die zur jüd. Gemeinde in Konstanz gehörten (um 1900: 10 Pers.).

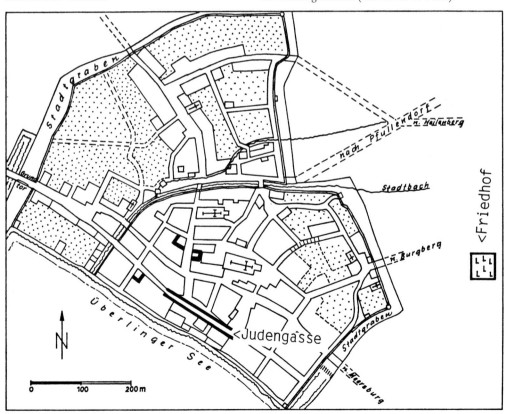

68 *Mittelalterliche »Judengasse« und jüdischer Friedhof in Überlingen.*

Wohngebiet und Einrichtungen der jüdischen Gemeinde. Das Wohngebiet konzentrierte sich auf die »Judengasse« (heute östl. Teil der Jakob-Kessenring-Str. und deren Verlängerung über den heutigen Landungsplatz zur »Greth«, dem

69   Ältester im Gebiet Baden-Württembergs bekannter jüdischer Grabstein aus dem Jahr 1275; ursprünglich auf dem nicht erhaltenen jüdischen Friedhof in Überlingen, heute im dortigen städtischen Museum. Die Inschrift lautet: »Dieser Grabstein wurde errichtet zu Haupt des Asarja, Sohn des Rabbi Peregor (anno) 35« (=5035 nach jüd. Zeitrechnung). (1985).

Gebäude des Verkehrsamtes). Auch außerhalb der Judengasse gab es sog. »Judenhäuser«, u. a. Franziskanergasse 8/10 und Ecke Zeughaus- und Jakob-Kessenring-Str. sowie als markantestes ehem. Judenhaus das »stainin hus« von Jud Gotliep (heute Steinhaus an der Ecke Franziskanergasse/Steinhausgasse), das nach der Judenverfolgung 1349 in den Besitz des Spitals kam.

Die erste bekannte *Synagoge*, die 1332 zerstört wurde, soll an der Stelle des heutigen Gebäudes Christophstr. 16 gestanden haben. Noch um die Mitte des 19. Jh. soll an diesem Haus eine hebr. Inschrift zu lesen gewesen sein. Nach der Verfolgung 1332 wurde eine *neue Synagoge* in der Nähe des Sees, im Bereich des späteren Spitals (heutiger Landungsplatz) errichtet. Nach der Verfolgung 1349 wurde sie vermutl. zu einer Kapelle umgebaut, 1364 als Kapelle des Spitals geweiht (nicht mehr erhalten).

Im Nordosten der Stadt lag an der heutigen St.-Leonhards-Str. der *Friedhof* (noch bis zum 19. Jh. mit FN »Judengottesacker« genannt). Er wurde auch von der Konstanzer Gemeinde benützt. Nach der Judenverfolgung 1349 wurde er weitgehend abgeräumt, die Steine zum Bau des Münsters verwendet. Bei Restaurationsarbeiten im Münster (1910) und durch andere Zufälle wurden mehrere *Grabsteine* aus dem 13./14. Jh. wiederentdeckt, die heute im Garten des Städt. Heimatmuseums (Krummebergstr. 30) aufgestellt sind.

Hundsnurscher/Taddey S. 167 f; GJ I, S. 389; II,2 S. 838—842; Veitshans 5, S. 31 f; 6, S. 3, 17.

LANDKREIS BÖBLINGEN

Aidlingen
Ortsteil Deufringen

Zur Geschichte jüdischer Bewohner. In Deufringen bestand im 16. Jh. vorübergehend eine jüd. Niederlassung. 1526 wird Simon Jud von Deufringen genannt, 1529 ein Jude in Deufringen (vermutl. auch Simon gemeint).

QGJ Nr. 347, 358.

Böblingen

Zur Geschichte jüdischer Bewohner. In Böblingen lebten einige Juden im MA und seit der Mitte des 19. Jh. Im MA kam es möglicherweise zur Gründung einer Gemeinde, doch ist von Einrichtungen einer solchen Gemeinde nichts bekannt.
Spuren der jüdischen Geschichte. Vor 1643 gab es in der Stadt eine »Judengasse«, die an die ma. Ansiedlung erinnert (Lage unbekannt). In Lagerbüchern von 1523 und 1587 wird ein »Judenakker« in der »Zelg Northalden« genannt (genaue Lage nicht mehr bekannt).
Im 19./20. Jh waren zwei Textilfirmen in jüd. Besitz, vor allem die Mech. Trikotweberei Ludwig Maier & Sohn (bis 1939), die unter Leitung von Lyon Sussmann (1843–1935) Weltruhm erlangte. 1913 wurde Sussmann Ehrenbürger Böblingens.

Toury S. 192, 199 ff, 259; Ausk. StadtA Böblingen 24. Juli 1984, 2. Mai 1985, 10. Okt. 1985.

Gärtringen

Zur Geschichte jüdischer Bewohner. In Gärtringen bestanden seit Ende des 19. Jh. kleine jüd. Gewerbebetriebe: die Lumpenverarbeitung (»Lumpenhaus«) von Joseph Levi aus Nordstetten auf dem Anwesen Aidlinger Weg 19, dort seit 1910 auch eine Viehhandlung von Michael und Max Wolf aus Baisingen. Eine weitere Viehhandlung wurde in der Kirchstr. 7 von Hermann Wolf aus Cannstatt eingerichtet.

Ausk. BMA Gärtringen 28. März 1985.

Gäufelden
Ortsteil Tailfingen

Spuren der Verfolgungszeit 1933/45. Auf den Gemarkungen Tailfingen und (Rottenburg-) Hailfingen bestand von 1937 bis 1945 ein Nachtjägerflugplatz. Zur Instandsetzung und Erweiterung des Flugplatzes war ihm von Sept. 1944 bis zur Evakuierung Febr. 1945 ein *Außenkommando des Konzentrationslagers Natzweiler/Elsaß* angeschlossen. Hierher wurden aus anderen Konzentrationslagern u. a. 600 jüd. Häftlinge verlegt, die zur Zwangsarbeit unter katastrophalen Arbeits- und Lebensbedingungen verpflichtet waren. Mehr als die Hälfte der Häftlinge (ca. 390) verstarb in dieser Zeit an Krankheiten und Unterernährung. Die Toten wurden teilweise ins Krematorium nach Reutlingen gebracht, teilweise auf dem Flughafengelände verscharrt. Nach Kriegsende wurden aus einem Massengrab 72 Leichen geborgen und auf dem Friedhof in Tailfingen beigesetzt. 1986 ist die Grabstätte neu gestaltet und mit *Gedenksteinen* versehen worden. Alle Gebäude des ehem. KZ-Geländes sind abgeräumt; das Gebiet der Start- und Landebahn des ehem. Flugplatzes hebt sich noch deutlich von der Umgebung ab, da es nicht rekultiviert wurde.

M. Walter-Becker, Das Lager Hailfingen, in: Vorländer S. 149–178; Ausk. BMA Gäufelden 15. Aug. 1985.

Herrenberg

Zur Geschichte der jüdischen Gemeinde. In Herrenberg bestand im MA eine Gemeinde, die vermutl. im Zusammenhang mit der Judenverfolgung 1349 zerstört wurde. Mitte des 15. Jh. und seit der zweiten Hälfte des 19. Jh. haben sich vereinzelt Juden niederlassen können; 1450 und 1457 werden einige Juden aufgenommen, die jedoch bereits 1458 wieder ausgewiesen wurden.

Einrichtungen der jüdischen Gemeinde. Als Herrenberg 1347 in eine obere und eine untere Stadt geteilt wurde, lebten Juden in beiden Teilen der Stadt. Die *Synagoge* befand sich im oberen Teil und wurde auch nach Teilung der Stadt von den Juden der unteren Stadt benutzt. Als Standort für die Synagoge kommt möglicherweise der Platz der nach 1400 erbauten Spitalkirche oder der Platz zwischen den Häusern Tübinger Str. 22 und 24 in Frage.

QGJ Nr. 58, 347, 873; GJ II,1 S. 355; GJ III,1 S. 546; Ausk. StadtA Herrenberg 13. Aug. 1984, 3. Sept. 1985.

Holzgerlingen

Spuren der jüdischen Geschichte. In Holzgerlingen bestand bis nach 1920 eine Nähereifiliale der Mech. Trikotwarenfabrik Ludwig Maier & Co. aus Böblingen (Wilhelmstr. 7; um 1980 abgerissen).

Ausk. Verein für Heimatgeschichte, Holzgerlingen 30. Sept. 1985.

Leonberg

Zur Geschichte der jüdischen Gemeinde. In Leonberg bestand im MA eine Gemeinde, die vermutl. bereits durch eine Verfolgung 1298 heimgesucht und schließlich durch die Verfolgung 1348/49 zerstört wurde. Vorübergehend waren nach 1470, dann erst wieder seit der zweiten Hälfte des 19. Jh. einzelne jüd. Personen ansässig.

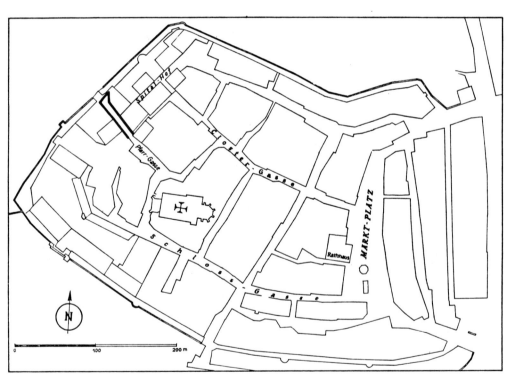

70   In Leonberg lag die mittelalterliche »Judengasse«(?) vermutlich im Bereich der heutigen Pfarrgasse.

Einrichtungen der jüdischen Gemeinde. 1349 wird eine *Synagoge* (»Judenschule«) genannt, die sich vermutl. südl. des ehem. Spitals in der heutigen Pfarrgasse (damalige Judengasse?) befand. 1349 kam die Judenschule in christl. Besitz und wurde später abgerissen.

Weitere Spuren der jüdischen Geschichte. Im Gebäude Bahnhofstr. 1 bestand 1896 bis 1938 die Viehhandlung von David Kaufmann aus Cannstatt (später Fa. Kaufmann & Oppenheimer).

Spuren der Verfolgungszeit 1933 bis 1945. Seit Mai 1944 existierte in Leonberg ein *Außenkommando des Konzentrationslagers Natzweiler/Elsaß*. Die großenteils jüdischen Zwangsarbeiter arbeiteten vor allem in dem zu einem Rüstungsbetrieb umgebauten Autobahntunnel des Engelsbergs. Anfang 1945 war das Lager, das sich auf dem Gelände des heutigen Altersheimes Seestr. 70 (Grundmauern mit denen des Lagers noch teilweise identisch) und auf dem Grünstreifen zwischen den Autobahnfahrbahnen vor dem Tunnel befand, mit ca. 3500 Häftlingen belegt, von denen wegen der katastrophalen Lebens- und Arbeitsbedingungen mind. 374 starben. Sie wurden vor allem in einem Massengrab auf dem Blosenberg (hier heute *Mahnmal* Bolzplatz) beigesetzt, später teilweise in ihre Heimat überführt, teilweise auf den städt. Friedhof Leonberg umgebettet, auf dem eine *Erinnerungsstätte* an die Toten erinnert.

GJ II,2 S. 478f; GJ III,1 S. 740; Veitshans 5 S. 49; 6 S. 4, 23; QGJ Nr. 94a, 354, 387, 402; Nie wieder! KZ in Leonberg. Dokumentation 1979; J. Klingel, Das Lager Leonberg, in: Vorländer S. 46–69; Ausk. StadtA Leonberg 23. Sept. 1985.

Magstadt

Zur Geschichte jüdischer Bewohner. In Magstadt lebte seit 1928 mit ihrer (nicht-jüd.) Fam. Paula Schmidt geb. Strauß aus Dörzbach-Hohebach.

Ausk. BMA Magstadt 5. Juni 1985.

Nufringen

Zur Geschichte jüdischer Bewohner. In Nufringen lebte um 1850 bis 1855 die Fam. des Handelsmannes Sigmund Levi, die vor 1858 wieder verzogen ist.

Ausk. StadtA Waiblingen 12. Juli 1985; Ausk. BMA Nufringen 7. Mai 1986.

Renningen

Spuren der jüdischen Geschichte. In Renningen bestand von 1919 bis 1936 in der Langen Str. 6 die »Süddeutsche Durchschreibefabrik« von Felix Wolff (Stuttgart).

Ausk. BMA Renningen 11. Okt. 1985.

Rutesheim

Zur Geschichte jüdischer Bewohner. In Rutesheim lebte von 1930 bis 1940 Fam. Sigmund Schulheimer (Handel mit Fett, Öl, Waschmittel). Das Ehepaar Schulheimer kam im KZ ums Leben.

Ausk. Evang. Kirchengemeinde Rutesheim 30. Apr. 1985.

Schönaich

Spuren der jüdischen Geschichte. In Schönaich bestand von 1921 bis 1935 (»Arisierung«) eine Niederlassung der Zigarrenfabrik Gebr. Julius und Ludwig Strauß (Cannstatt). Die Firmengebäude in der Bahnhofstr. 37 sind noch erhalten.

Ausk. BMA Schönaich 12. Febr. 1986.

Sindelfingen

Zur Geschichte jüdischer Bewohner. In Sindelfingen trugen jüd. Fabrikanten seit der Mitte des 19. Jh. wesentlich zur Industrialisierung bei; es gab 4 Niederlassungen auswärtiger Textilfirmen. Nach 1900 zogen einige Mitglieder der Fam. Ullmann aus Haigerloch zu, die in der Langen Str. 14 (ehem. »Judenstall«, abgerissen) eine Viehhandlung und in der Oberen Vorstadt 1 eine Schneiderei betrieben. 5 Mitgl. der Fam. kamen in der Verfolgungszeit 1933 bis 1945 ums Leben.

H. E. Specker, Die Ansiedlung der Fa. Daimler-Benz AG in Sindelfingen. Ein Beitrag zur Industriegeschichte der Stadt, in: Sindelfinger Jahrbuch (1967) S. 322 ff; Ausk. BMA Sindelfingen 16. Okt. 1985.

Weil der Stadt

Zur Geschichte der jüdischen Gemeinde. In Weil der Stadt bestand im MA eine Gemeinde (1281 erste Nennung, 1349 Judenverfolgung, nach 1360 wieder Juden in der Stadt). Spätestens um 1500 werden die jüd. Bewohner ausgewiesen worden sein. Im 19./20. Jh. waren nur vorübergehende einzelne Personen in der Stadt wohnhaft.
Wohngebiet und Einrichtungen der jüdischen Gemeinde. Das Wohngebiet des MA lag in der bis 1935 sog. »Oberen« und »Unteren Judengasse« (heute Zwingergasse). Nach mündl. Überlieferung gab es hier auch eine *Synagoge,* für die als

72 *Judentor (heute Calwer Tor) in Weil der Stadt; das Tor führte zur ehemaligen Judengasse (hist. Aufnahme von 1927).*

Standort der Platz der Scheune Calwer Gasse 21 oder die Ecke Calwer Gasse/Zwingergasse in Frage kommen. Zum Wohngebiet führte das »Ju-

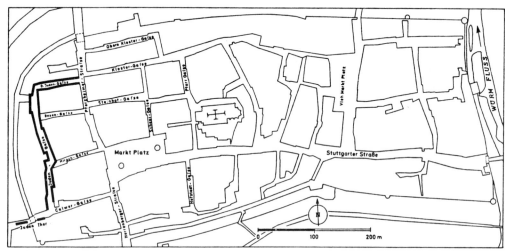

71 *In Weil der Stadt verlief die Judengasse am Rand der mittelalterlichen Stadt.*

dentor« (seit 1935 auch Calwer Tor genannt; eine *Erinnerungstafel* an die jüd. Geschichte ist hier angebracht).

Weitere Spuren der jüdischen Geschichte. 1933 bis 1937 betrieb Siegfried Stern den Gasthof »Rappen« (Pforzheimer Str. 15).

Persönlichkeiten. *Jakob ben Jehuda Weil* (1380 Weil der Stadt – 1456 Erfurt), Rabbiner, studierte an der Talmudschule in Mainz, seit 1412 Hochmeister der Juden in Augsburg, 1438 bis zu seinem Tod in Erfurt, wo er zum weithin verehrten und anerkannten Gelehrten wurde; zu seiner Zeit »Vater der deutschen Judengemeinden«. Seine »Responsen« (Äußerungen auf zahlr. Wissensbieten) fanden weite Verbreitung (71 Aufl., in viele Sprachen übersetzt).

H. Schütz, Das Judentum in den ehem. schwäb. Reichsstädten mit Bezug auf den in der ehem.

schwäb. Reichsstadt Weyl geborenen Rabbiner Jacob Weil. Vortrag am 11. März 1923 in Weil der Stadt; GJ II,2 S. 868f; Veitshans 5, S. 18; 6, S. 1, 9; Ausk. StV Weil der Stadt 24. Okt. 1985, 4. März 1986.

Weil im Schönbuch

Spuren der jüdischen Geschichte. In der Nähe der sog. »Kälberstelle« (unweit der Kreuzung B 27 alt/B 464) heißt eine Waldabt. »Judenkirchhof«. Das Vorhandensein eines alten Friedhofes an dieser Stelle wurde durch Grabungen zwischen 1860 und 1870 bestätigt. 3 Sandsteinplatten sind erhalten, jedoch ohne Spuren von Inschriften. Auf diesem Friedhof wurden im MA möglicherweise die Tübinger Juden (evtl. auch anderer Gemeinden der Umgebung wie Böblingen, Weil

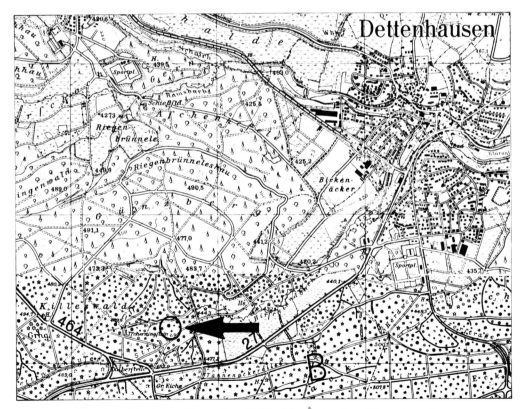

73   *Lage der Flur »Judenkirchhof« auf Gemarkung Weil im Schönbuch südwestlich von Dettenhausen.*

der Stadt, Herrenberg, Leonberg, Reutlingen) beigesetzt.

F. A. Tscherning, Ein Juden-Friedhof in der Mitte des Schönbuchs, in: Reutlinger Geschichtsblätter 5 (1894) S. 27; W. Hahn, Der Waldwanderer im Schönbuch. 1972. S. 26f; Ausk. BMA Weil im Schönbuch 20. März 1985.

Weissach

Zur Geschichte jüdischer Bewohner. In Weissach wohnte 1933 bis 1938 die Fam. Heinrich Zloczower (Dentistenpraxis in der Hauptstr. 10). Das Ehepaar kam 1941 nach der Deportation ums Leben.

Ausk. BMA Weissach 14. März 1985.

LANDKREIS BREISGAU-HOCHSCHWARZWALD

Au

Zur Geschichte jüdischer Bewohner. In Au waren bis in die Zeit des »Dritten Reiches« die Fam. des Textilkaufmanns Simon Fürth und die des Chemikers Dr. Hans Magnus ansässig. 3 Pers. der Fam. Fürth kamen nach der Deportation 1940 ums Leben.

HStAS J 355 Bü 2; Gedenkbuch S. 86.

Bad Krozingen

Zur Geschichte jüdischer Bewohner. In Krozingen konnten sich (nach der Vertreibung der Juden aus Freiburg 1424) seit 1446 einige Juden niederlassen. Auf Veranlassung Freiburgs wurden sie 1523 wieder vertrieben, doch liegen auch danach Erwähnungen von Juden vor (bereits 1520 Joßlin Jud aus Krozingen genannt; 1544 bis 1549 dann Jesel Jud aus Krozingen).

Hundsnurscher/Taddey S. 89; Rosenthal, Heimatgeschichte S. 37, 56, 79; QGJ Nr. 438f, 488; Ausk. BMA Bad Krozingen 16. Apr. 1985.

Badenweiler
Ortsteil Badenweiler

Zur Geschichte jüdischer Bewohner. In Badenweiler ließen sich seit der zweiten Hälfte des 19. Jh einige Familien nieder, die der Synagogengemeinde Müllheim angehörten. Es bestanden bis nach 1933: Arztpraxis Dr. Hermann Haymann (Ernst-Eisenlohr-Str. 1), Hotel Bellevue mit ritueller Gastwirtschaft der Fam. Levi, Inh. Julius Levi-Mager (Luisenstr. 12), Textilgeschäft Adolf Monasch (Luisenstr. 2).
An das Schicksal der in der Verfolgungszeit 1933 bis 1945 umgekommenen Schwestern Monasch erinnert eine *Gedenktafel* auf dem Friedhof Badenweiler. Von der Fam. Levi kamen 4 Pers. ums Leben.

Hundsnurscher/Taddey S. 207; Kaznelson S. 800–806 (zu Fam. Monasch); Ausk. BMA Badenweiler 18. Okt. 1985.

Ortsteil Schweighof

Zur Geschichte jüdischer Bewohner. In Schweighof war bis in die Zeit des »Dritten Reiches« die Fam. Fritz Schaller ansässig, der in Müllheim ein Nähmaschinengeschäft betrieb. 2

Pers. der Fam. kamen nach der Deportation ums Leben.

Ausk. BMA Badenweiler 18. Okt. 1985.

Breisach am Rhein

Zur Geschichte der jüdischen Gemeinde. In Breisach bestand eine Gemeinde im MA (1301 erste Nennung, 1349 Judenverfolgung, 1424 Vertreibung), vom Ende des 15. Jh. und wieder von 1638 bis 1938 bis 1940. Die höchste Zahl jüd. Bewohner wird um 1839 mit 572 Personen erreicht. In der Verfolgungszeit 1933 bis 1945 kamen mind. 68 Pers. ums Leben.

Wohngebiet und Einrichtungen der jüdischen Gemeinde. Über das ma. Wohngebiet und die damaligen Einrichtungen ist nichts mehr bekannt (»Judenstadt« mit »Judenthurm« 1390 genannt). Seit dem Ende des 15. Jh. bzw. seit dem 17. Jh. war das Wohngebiet die frühere »Judengasse« (heute Rheintorstr.) und das Gebiet um den Kupfertorplatz. Bei der Zerstörung der Stadt durch die Franzosen 1793 wurden alle Judenhäuser ein Raub der Flammen.

1565 wird eine »Judenschule« *(Synagoge)* genannt. Näheres ist erst über die zwischen 1830 und 1840 erbaute Synagoge bekannt; sie ersetzte eine ältere Synagoge. Ihr Standort war Ecke Rheintorstr./Klosterle. 1938 wurde die Synagoge zerstört. Seit 1959 erinnert am Synagogenstandort (seit 1968 Parkanlage) ein *Gedenkstein* an das Gotteshaus.

Eine jüd. *Konfessionsschule* bestand von 1835 bis 1876. Das Haus der Judenschule ist als Wohnhaus in der Rheintorstr. 3 erhalten. Die Toten der jüd. Gemeinde wurden zunächst in Mackenheim/Elsaß beigesetzt. Seit 1755 bestand ein eigener *Friedhof* unweit des Wohnviertels (Straße »Klosterle« hinter Synagogenplatz, Lgb. 647, Fläche 17,44 a). Auf dem in der Zeit des »Dritten Reiches« verwüsteten Friedhof wurde ein Großteil der zerstörten Grabsteine in verschiedenen Flächen einbetoniert. 1850 wurde ein *neuer Friedhof* angelegt (im heutigen, von Isenbergstr. und Mühlwasen eingeschlossenen Wohngebiet; Lgb. 4411/1, Fläche 44,13 a), der auch nach 1945 vereinzelt belegt wurde.

Ein *rituelles Bad* war in einem Untergeschoß der Synagoge untergebracht.

Weitere Spuren der jüdischen Geschichte. An ehemaligen, bis nach 1933 bestehenden jüd. *Handels- und Gewerbebetrieben* sind bekannt (großenteils kriegszerstört): Eisengroßhandlung Gebr. Bär (abgebrannt, Neutorstr.), Gasthaus »Zum Schiff«, Inh. David Bergheimer (Kupfer-

74 Gedenkstein für die 1938 in Breisach zerstörte Synagoge (1984).

75 Gebäude der ehemaligen jüdischen Volksschule in Breisach (1984).

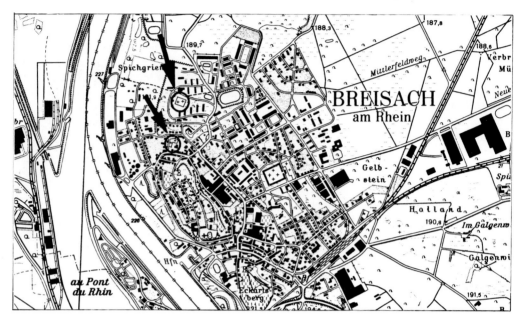

76   Lage der jüdischen Friedhöfe in Breisach am Rhein (kleiner Pfeil markiert den alten Friedhof, großer Pfeil den neuen Friedhof).

torplatz), Holz- und Kohlenhandlung Hermann Blozheimer (Kupfertorstr.), Holz- und Kohlenhandlung Salomon Blozheimer (Kupfertorstr.), Woll- und Weißwarengroßhandel Breisacher und Geismar (Rheintorstr.), Lebensmittelgeschäft und Haushaltwaren Leopold Breisacher (Fischerhalde), Lebensmittelgeschäft Luise Breisacher (Rheintorstr.), Textilgeschäft Karl Dreyfuß (zerstört, Rheinstr.), Herrenkonfektion Leopold Dreyfuß (abgebrannt, Marktplatz), Textilgeschäft Julius Dreyfuß (abgebrannt, Kupfertorstr.), Schuhgeschäft M. Dreyfuß Wwe. (abgebrannt, Kupfertorstr.), Metzgerei Josef Frank (abgebrannt, Neutorstr.), Lederhandlung Geismar-Uffenheimer (Rheintorstr.), Eisengroßhandel Alfred Geismar (Muggensturmstr.), Textil- und Reise-Versandgeschäft Hugo Geismar (Poststr.), Textilgeschäft Herbert Greilsamer (Rheintorstr.), Schneidermeister Hermann Greilsamer (abgebrannt, Bergstr.), Metzgerei Gustav Günzburger (Neutorstr.), Mehl- und Getreidehandlung Salomon Levy (abgebrannt, Richard-Müller-Str.), Metzgerei Max Levy (ab-

gebrannt, Rheinstr.), Mehl- und Getreidehandlung Berthold Ley (Rheintorstr.), Mehl- und Getreidehandlung Abraham Mock (Rheintorstr.), Gasthaus »Zum Adler«, Inh. Abraham Mock (Rheintorstr.), Gasthaus »Zum Bären«, Inh. Emilie Schwab (Rheintorstr.), Spirituosenhandlung Emil Weil (abgebrannt, Gutgesellentorplatz), Textil- und Reisegeschäft Moritz Weil (Rheintorstr.), Eisenwaren Siegfried Weil (abgebrannt, Gutgesellentorplatz), Ledergroßhandlung Julius Weill (Rheintorstr.), Metzgerei David Wurmser (Kupfertorplatz).

Hundsnurscher/Taddey S. 49–53; GJ II,1 S. 124f; F. C. Mone, Quellensamml. der bad. Landesgeschichte 3 (1863) S. 225; G. Haselier, Geschichte der Stadt Breisach am Rhein II, S. 340–351, III. 1985; Ausk. StV Breisach 7. Mai 1985; Ausk. L. Dreyfus, Breisach 5. Nov. 1985, 8. Jan. 1986.

77 *Alter jüdischer Friedhof in Breisach am Rhein; ein Großteil der erhaltenen Grabsteine wurde nach dem Krieg auf einer Fläche zusammengetragen und einbetoniert (1984).*

78 *Neuer jüdischer Friedhof in Breisach (1984).*

Eichstetten

Zur Geschichte der jüdischen Gemeinde. In Eichstetten bestand eine Gemeinde bis 1938. Ihre Entstehung geht in die Zeit Anfang des 18. Jh. zurück. Die ersten Fam. wurden nach 1716 aufgenommen. Die höchste Zahl jüd. Bewohner wird um 1871 mit 420 Personen erreicht. In der Verfolgungszeit 1933 bis 1945 kamen mind. 37 Personen ums Leben.

Wohngebiet und Einrichtungen der jüdischen Gemeinde. Das Wohngebiet konzentrierte sich ursprünglich vor allem auf die »Judengasse« (heute Eisengasse, im Volksmund »Judengäßle«). Die Gottesdienste wurden zunächst in einem *Betsaal* eines Privathauses abgehalten (Standort nicht bekannt). 1829/30 wurde eine *Synagoge* auf dem heutigen Grundstück Altweg 10 erbaut, 1938 wurde sie zerstört und großenteils abgeräumt. Innerhalb der ein bis vier Meter hohen, noch erhaltenen Umfassungsmauern ist heute ein Gemüsegarten. Ein *rituelles Bad* war in der Synagoge untergebracht. 1840 wurde ein *Schulhaus* erbaut, in dem sich die Wohnung des Lehrers (Kantors) befand. Das Gebäude ist erhalten (Bahlinger Str. 7).

Bis 1809 wurden die Toten in Emmendingen beigesetzt; seitdem bestand ein eigener *Friedhof* am südl. Ortsrand (Unterdorf, Friedhofstr., Lgb. Nr. 353/2, Fläche 22,73 a).

Weitere Spuren der jüdischen Geschichte. An ehemaligen, bis nach 1933 bestehenden *Handels-, Dienstleistungs- und Gewerbebetrieben* sind bekannt: Viehhandlung Jakob Bickart (Eisengasse 8), Viehhandlung Bernhard Bloch (Bahlinger Str. 3), Viehhandlung Gustav Bloch (Hauptstr. 27), Viehhandlung Moritz Bloch (Hauptstr. 45), Fam. Liebmann Bloch (Altweg 15), Viehhandlung Max Dreifuß I (Nimburger Str. 8), Mehlhandlung David Epstein (Altweg 17), Papierverarbeitungsfabrik D. S. Epstein, Inh. Heinrich und Siegfried Epstein (Altweg 10), Getreide-, Mehl- und Futtermittelhandlung Her-

79　*Ehemalige, 1829/30 in Eichstetten erbaute Synagoge, 1938 zerstört (hist. Aufnahme).*

80　*Innenansicht der ehemaligen Synagoge in Eichstetten (hist. Aufnahme).*

81 *Ruinengrundstück der ehemaligen Synagoge in Eichstetten. Innerhalb der Umfassungsmauer der Synagoge befindet sich heute ein Gemüsegarten (1985).*

mann Epstein (Hauptstr. 20), Viehhandlung Alfred und Max Hofeler (Bahlinger Str. 5), Handelsmann Isaak Hofeler (Hauptstr. 33), Viehhandlung Siegmund Hofeler (Hauptstr. 14), Handelsmann Isaak Hofeler und Viehhandlung David Klein (Altweg 11), Arzt Dr. Wilhelm Reutlinger (Klarastr. 4), Handelsmann Bernhard Rothschild (Mühlenstr. 16), Handelsmann David Weil I (Altweg 16), Viehhandlung David Weil II (Hauptstr. 25), Viehhandlung Hermann Weil (Hauptstr. 35), Kaufmann Isaak Weil (Hauptstr. 69), Viehhandlung Isidor Weil, Moritz Weil II, Semi Weil (Altweg 6 und 8), Metzgerei Moritz Weil (Altweg 31), Weinhandlung Samuel Weil (Hauptstr. 32).

Die Namen der 5 jüd. Gefallenen des Ersten Weltkriegs finden sich auf dem *Gefallenendenkmal* auf dem Rathausplatz. Die Aufstellung eines *Gedenksteines* für die Gemeinde und das Schicksal der jüd. Mitbürger ist geplant (außerhalb des jüd. Friedhofes).

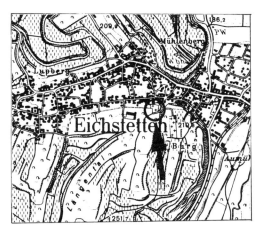

82 *Lage des jüdischen Friedhofes in Eichstetten.*

Hundsnurscher/Taddey S. 62f; Ausk. BMA Eichstetten 9. Mai 1985, 1. Sept. 1986.

Friedenweiler
Ortsteil Rötenbach

Zur Geschichte jüdischer Bewohner. In Rötenbach wohnte um 1870 bis 1875 für einige Jahre eine Fam. Wertheimer.

Ausk. StV Zell am Harmersbach 14. Mai 1985.

Gottenheim

Zur Geschichte jüdischer Bewohner. In Gottenheim konnten sich nach Vertreibung der Juden aus Freiburg 1424 seit 1446 einige Fam. niederlassen. 1523 wurden sie auf Betreiben Freiburgs wieder vertrieben.

Hundsnurscher/Taddey S. 89; Rosenthal, Heimatgeschichte S. 37; Ausk. BMA Gottenheim 18. Apr. 1985.

Hinterzarten

Zur Geschichte jüdischer Bewohner. In Hinterzarten betrieb Emil Kresse seit 1928 ein Foto-Geschäft. Nach jahrelangem KZ-Aufenthalt verstarb er 1945.

Ausk. BMA Hinterzarten 26. März 1985; Ausk. K. Kresse 28. Okt. 1985.

Ihringen

Zur Geschichte der jüdischen Gemeinde. In Ihringen bestand eine Gemeinde bis etwa 1938/40. Ihre Entstehung geht in die Zeit Anfang des 18. Jh. zurück (erste Aufnahmen um 1716). Möglicherweise gab es in früheren Jh. schon Juden am Ort, 1349 wird Jud Anselm von Veringen (=

Ueringen, Ihringen?) genannt. Die höchste Zahl jüd. Bewohner wird um 1885 mit 246 Pers. erreicht. Mind. 35 Pers. kamen in der Verfolgungszeit 1933 bis 1945 ums Leben.

Einrichtungen der jüdischen Gemeinde. Um 1738 wird ein *Betsaal* in einem Privathaus eingerichtet. 1760 wird eine *Synagoge* erbaut, die 1861 durch einen Neubau ersetzt wurde (an der Einmündung des Schulwegs zwischen Bachenstr. 15 und 17 auf der Fläche des Schulwegs, den es 1938 nicht gab). 1938 wurde die Synagoge zerstört. Unweit des Synagogenstandorts erinnert ein *Gedenkstein* an ihr Schicksal.

Neben der Synagoge standen das *Rabbinat* (Bachenstr. 15) und das Gebäude mit dem *rituellen Bad* (Bachenstr. 17). Beide Gebäude sowie das rituelle Bad sind erhalten.

Bis um 1870 wurden die Toten der Gemeinde in Emmendingen beigesetzt, seither auf einem eigenen *Friedhof* (am Weg nach Blankenhornsberg, Gewann Mittlere Gasse, Fläche 16,44 a).

Weitere Spuren der jüdischen Geschichte. An ehemaligen, bis nach 1933 bestehenden jüd. *Handels- und Gewerbebetrieben* sind bekannt: Viehhandlung Hermann Salomon Bloch (Breisacher Str. 15), Viehhandlung Moritz und Julius Bloch (Eisenbahnstr. 30), Manufakturwaren Leo Bloch (Breisacher Str. 17), Viehhandlung Lehmann gen. Ludwig Bloch (Bachenstr. 22), Viehhandlung Hermann Maier Bloch (Breisacher Str. 3), Handelsmann Salomon Bloch (Breisacher Str. 11), Viehhandlung Siegmund Bloch (Eisenbahnstr. 8), Landwirt und Viehhandlung Julius Felsenstein (Wasenweiler Str. 16), Tabakwarengroßhandlung Edmund Geismar (Eisenbahnstr.), Wein- und Essighandel und Brennerei Gebr. Guggenheimer, Inh. Max und Hermann Guggenheimer (Eisenbahnstr. 20), Textilhaus und Möbelgeschäft Gustav Judas (Wasenweiler Str. 2 und 5), Pferdehandlung Isaak und Leopold Judas (Bahnhofstr. 7), Metzgerei Benjamin Lion (Bachenstr. 5), Viehhandlung Philipp Lion (Ei-

83   *Zwischen den beiden ehemals der jüdischen Gemeinde gehörenden Gebäuden in Ihringen (links ehemaliges Rabbinat bis 1885, Gebäude restauriert, rechts jüdisches Schulhaus und rituelles Bad) führte der Weg zur Synagoge, die 1938 zerstört wurde (1985).* ▷

84   *Der jüdische Friedhof in Ihringen liegt inmitten einer in den vergangenen Jahren durch die Flurbereinigung völlig veränderten Kaiserstuhl-Landschaft (1984).* ▷

85 Lage des jüdischen Friedhofes bei Ihringen.

senbahnstr. 2), Lebensmittel- und Textilwarengeschäft Ferdinand Mayer (Kirchstr. 18), Kaufmann Maier Mayer (Bachenstr. 24), Textilwaren-
Versand und Reisehandlung Fa. Heinrich Weil,
Teilh. Karl Bernheimer (Breisacher Str. 8), Holz-
und Kohlenhandlung Hermann Weil (Eisenbahnstr. 17), Kaufmann Isidor Weil und Viehhandlung David Weil (Bachenstr. 4), Eisenhandlung Isidor Weil (Bachenstr. 28), Eisen- und
Kohlenhandlung Salomon Weil (Vogelgasse 6),
Sattlermeister Samuel Weil (Breisacher Str. 12).

Hundsnurscher/Taddey S. 138 ff; GJ II,1 S. 373 f;
Ausk. BMA Ihringen 17. Mai 1985, 29. Aug.
1986.

Kirchzarten

Zur Geschichte jüdischer Bewohner. Auf dem
Gut Markenhof bei Kirchzarten betrieb seit den
20er Jahren Alexander Moch aus Schwanau-
Nonnenweier eine Landwirtschaft, die auch als
Hachschara diente. Seit 1937 wohnte in der Lin-
denaustr. 21 der aus jüd. Fam. stammende Bildhauer Prof. Richard Engelmann (1912–1930

Prof. an der Weimarer Kunsthochschule, 1966 in
Kirchzarten verstorben).

E. Labsch-Benz, Die jüd. Gemeinde Nonnenweier. 1981. S. 37 Anm.; Richard Engelmann.
Ein deutscher jüd. Bildhauer (1868–1966). Farb-
lichtbildreihe der Landesbildstelle Baden Nr.
107601, Erläuterungsheft. 1982; Ausk. BMA
Kirchzarten 1. Apr. 1985.

Ortsteil Burg

Zur Geschichte jüdischer Bewohner. In Burg
betrieb von 1933 bis 1937 die Fam. Julius Günzburger eine Viehhandlung (Hohlgasse 14).

Ausk. BMA Kirchzarten 19. Aug. 1986.

Löffingen

Zur Geschichte jüdischer Bewohner. In Löffingen wohnte Ende des 19. Jh. einige Jahre die Fam.
Heinrich Wertheimer.

Ausk. BMA Löffingen 4. Juni 1985, 30. Okt.
1985.

March
Ortsteil Neuershausen

Zur Geschichte jüdischer Bewohner. In Neuershausen konnten sich seit 1446 einige der aus
Freiburg 1424 vertriebenen Juden niederlassen.
1574 wurden sie wieder ausgewiesen.

Hundsnurscher/Taddey S. 89; Rosenthal, Heimatgeschichte S. 37, 79, 83; Ausk. BMA March
27. März 1985.

Müllheim

Zur Geschichte der jüdischen Gemeinde. In
Müllheim bestand eine Gemeinde bis 1938/40.
Ihre Entstehung geht in die Zeit Anfang des
18. Jh. zurück. Möglicherweise gab es im 15./

16. Jh. Juden in Müllheim. Die höchste Zahl jüd. Bewohner wird um 1864 mit 422 Personen erreicht. Mind. 14 Pers. kamen in der Verfolgungszeit 1933 bis 1945 ums Leben.

Wohngebiet und Einrichtungen der jüdischen Gemeinde. Eine *Synagoge* wird erstmals 1753 genannt. Sie stand in der heutigen Hauptstr., wo sich auch die meisten jüd. Häuser befanden, zwischen den Gebäuden 92 und 94. 1851/52 wurde an der Stelle der alten Synagoge ein stattlicher Neubau errichtet. Von der immer kleiner gewordenen Gemeinde wurden die Gottesdienste bereits vor 1933 im Haus des Kantors abgehalten. Die Synagoge blieb verlassen und daher 1938 unzerstört. 1970 wurde sie abgerissen. Ein *Gedenkstein* erinnert seit 1973 an die jüd. Mitbürger Müllheims und die Synagoge (am Synagogenstandort). Neben der Synagoge stand – direkt am Klemmbach – das *rituelle Bad*, später zu einem Wohnhaus umgebaut (heutiges Gebäude Hauptstr. 94). Von 1828 (bzw. schon 1790) bestand eine

86 *Ehemalige Synagoge in Müllheim, 1851/52 erbaut, 1968 abgebrochen (Aufnahme von 1967).*

jüd. *Konfessionsschule.* In welchem Gebäude der Unterricht erteilt wurde, ist nicht mehr bekannt.

87 *Innenansicht der ehemaligen Synagoge Müllheim (1967).*

Die Toten der Gemeinde wurden bis 1850 in Sulzburg, seither auf einem eigenen *Friedhof* im Gewann »Nußbaumboden« (an der Schwarzwaldstr. in der Nähe der Kasernen, Fläche 19,94 a) beigesetzt. Vermutl. hat es schon in früherer Zeit (15./16. Jh.?) einen Friedhof in Müllheim gegeben, auf den der FN »Judenkirchhof« im Gewann Mattfeld hinweist. Auf dem Friedhof an der Schwarzwaldstr. befindet sich ein *Gefallenendenkmal* für die 7 aus Müllheim gefallenen Gemeindeglieder. Auch sind die *Säulen des Almemors* und der *Schlußstein des Toraschreines der Synagoge* nach ihrem Abbruch hier aufgestellt worden.

Weitere Spuren der jüdischen Geschichte. An ehemaligen, bis nach 1933 bestehenden *Handelsund Gewerbebetrieben* sind bekannt: Kurzwarengeschäft David Bloch Wwe. (Hauptstr. 123), Eisenhandlung Adolf Heimann, Inh. A. Heimann und Heinrich Mayer (Werderstr. 18); Kolonialwaren, Zigarren und Porzellan Emil Mayer (Hauptstr. 81), Lederhandlung Leopold Mayer (Hauptstr. 97), Schneiderwerkstatt Meyer

88 Ausschnitt der bemalten Decke der ehemaligen Synagoge Müllheim (1967).

(Hauptstr. 143), Kleidergeschäft Abraham Rieser, Inh. Lazarus Bernheimer und Arnold Günz-

89 Lage des jüdischen Friedhofs in Müllheim.

90 *Denkmal für die Gefallenen der jüdischen Gemeinde Müllheims auf dem jüdischen Friedhof (1985).*

burger (Hauptstr. 141), Schneiderin Jeanette Schwab (Werderstr. 1 in dem heute abgebr. Nebengebäude), Kaufhaus Weil (Hauptstr. 147), Farbengeschäft Zivi (Hauptstr. 132).
FN: Außer der Flur »Judenkirchhof« gibt es den FN »Judengalgen« für eine Erhöhung an der Str. von Müllheim nach Zunzingen (1653 genannt). Der Sage nach wurde hier ein Jude nach einem Diebstahl erhängt.
Im *Markgräfler Wein- und Heimatmuseum* Müllheim werden zur Erinnerung an die jüd. Gemeinde vor allem eine Fotokopie und Übersetzung der *Urkunde zur Grundsteinlegung* der Synagoge 1851/52 aufbewahrt. Die Stadt Müllheim bewahrt die *Türen des Toraschreins* der ehem. Synagoge auf. In der Graphischen Sammlung der Staatsgalerie Stuttgart finden sich zwei *Skizzen der Synagoge Müllheims* von R. Naegele (1936).

Hundsnurscher/Taddey S. 205 ff; Müllheim/Ba-

den – Aus seiner Geschichte (Hg. AG für Geschichte und Landeskunde des Markgräflerlandes). 1961; »Dem Gedenken der jüd. Gemeinde«, in: Müllheim, Stadt zwischen Wein und Reben. 1978. S. 36; W. Rülke, Zeugnisse der jüd. Gemeinde Müllheim (Mschr.); Ausk. H. Rünzi, Müllheim 24. Febr. 1984, 21. März 1984, 22. Nov. 1985.

Münstertal/Schwarzwald
Ortsteil Untermünstertal

Zur Geschichte jüdischer Bewohner. In dem ma. Bergbaustädtchen Untermünstertal wurde 1309 Johannes der Jude genannt.

GJ II,2, S. 848; A. Lewin, Juden in Freiburg i. Br. 1890. S. 10 Anm.

Neuenburg am Rhein
Stadtteil Neuenburg

Zur Geschichte jüdischer Bewohner. In Neuenburg lebten Juden im MA (erste Nennung 1290; 1293 Enslin Rabi und Gitta Juden von Neuenburg, 1349 Judenverfolgung, Jeckeli der Jude genannt). 1429 wurden die jüd. Bewohner ausgewiesen. 1364 wird eine »Judengasse« genannt, die sich nicht mehr lokalisieren läßt. In späterer Zeit wird nur noch einmal der Jude Nathan Frank von Neuenburg genannt, der 1650 nach Schliengen übersiedelte.

GJ II,2 S. 574 f; Rosenthal, Heimatgeschichte S. 7, 17, 20, 78, 84; F. Huggle, Geschichte der Stadt Neuenburg am Rhein. 1877. S. 102; Ausk. BMA Neuenburg 16. Apr. 1985, 4. Juni 1985.

Stadtteil Steinenstadt

Zur Geschichte jüdischer Bewohner. In Steinenstadt waren 1576 2 jüd. Fam. wohnhaft.

Rosenthal, Heimatgeschichte S. 83.

Schallstadt
Ortsteil Wolfenweiler

Zur Geschichte jüdischer Bewohner. In Wolfenweiler wurden nach der Vertreibung der Juden aus Freiburg 1424 einige von ihnen aufgenommen. Namentlich wird 1563 Lemblin Jud zu Wolfenweiler genannt. 1574 werden die jüd. Bewohner ausgewiesen.

Rosenthal, Heimatgeschichte S. 71, 79, 83; QGJ Nr. 683.

Schluchsee

Zur Geschichte jüdischer Bewohner. In Schluchsee wohnte 1920 bis 1938 das Ehepaar Friedel und Anita Menke aus Frankfurt, das sich hier eine Villa baute (heute Haus Schluchsee, Jugendkurheim, Im Wolfsgrund 20).

Ausk. BMA Schluchsee 25. März 1985, 22. Okt. 1985.

Staufen im Breisgau

Zur Geschichte jüdischer Bewohner. In Staufen waren seit dem MA Juden immer wieder wohnhaft. Erstmals wird 1329 Jud Samuel von Staufen in Basel genannt. Im 16. Jh. waren einige Fam. ansässig, von denen 1559 Jud Nathan Ulmus aus Staufen genannt wird. Vermutl. 1574 wurden die jüd. Bewohner ausgewiesen. Vor 1670 war wieder ein Bewohner am Ort, der in diesem Jahr ausgewiesen wurde und nach Lörrach zog (Nathan Ullmann). Nach 1862 zogen wieder einige Fam. zu, die zur Synagogengemeinde in Sulzburg gehörten. Die höchste Zahl jüd. Bewohner wird um 1875 mit 24 Pers. erreicht. Bis nach 1933 hatte die Fam. Emil Grumbach einen Laden und eine Viehhandlung (Hauptstr. 55). In der Verfolgungszeit 1933 bis 1945 kamen 2 Pers. dieser Fam. ums Leben.

Hundsnurscher/Taddey S. 89, 268; GJ II,2 S. 785; Bad. Städtebuch S. 374; Ausk. BMA Staufen 23. Apr. 1985, 18. Okt. 1985.

Sulzburg

Zur Geschichte der jüdischen Gemeinde. In Sulzburg bestand eine Gemeinde bis 1938/40. Ihre Entstehung geht in die Zeit des 15. Jh. zurück, nachdem 1424 aus Freiburg die Juden vertrieben worden waren. Die höchste Zahl jüd. Bewohner wird um 1864 mit 416 Personen erreicht. In der Verfolgungszeit 1933 bis 1945 kamen mind. 22 Pers. ums Leben.

Wohngebiet und Einrichtungen der jüdischen Gemeinde. Eine bestimmte Wohngegend für Juden gab es in Sulzburg nicht. Gleichwohl ist die heutige Mühlbachstr. (im Volksmund »Judengäßle«) bevorzugtes Wohngebiet gewesen. Hier befanden sich auch die Einrichtungen der Gemeinde.

Eine *Synagoge* wurde vermutl. erst 1823 erbaut, vorher sind die Gottesdienste in einem Betsaal abgehalten worden (bereits 1546 bestand die Erlaubnis, »eine Schul oder Synagog aufzurichten«). Die Synagoge in der Mühlbachstr. wurde

91 Außenansicht der ehemaligen Synagoge in Sulzburg nach der Restaurierung (1987).

1879 renoviert, 1938 schwer beschädigt. Nach dem Erwerb durch die Stadt wurde 1977 mit Restaurierungsarbeiten begonnen, die 1984 abgeschlossen werden konnten. Seitdem dient das Gebäude für kulturelle Veranstaltungen.
Eine jüd. *Konfessionsschule* wurde 1837 eingerichtet. Sie bestand bis 1866; das Gebäude am Klosterplatz 3 gegenüber der alten Klosterkirche ist erhalten. Ein *Gemeindehaus* war im Gebäude Mühlbachstr. 1 eingerichtet (heute Wohnhaus). Das *Rabbinat* war zuletzt (unter Rabbiner Emanuel Dreyfuß, gest. 1866) entweder im heutigen Rathaus an der Hauptstr. oder im heutigen Postgebäude (Hauptstr. 64).

92 *Innenansicht der ehemaligen Synagoge in Sulzburg nach der Restaurierung (1987).*

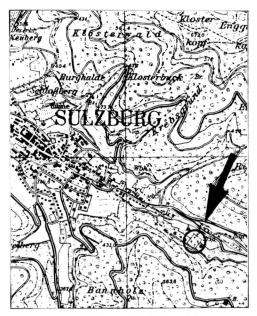

93   *Lage des jüdischen Friedhofes bei Sulzburg.*

Der *Friedhof* wurde in der Mitte des 16. Jh. angelegt. Bis zur Einrichtung des Lörracher Verbandsfriedhofes um 1670 wurden hier Juden einer weiten Umgebung beigesetzt. Im Dreißigjährigen Krieg verfiel der Friedhof, 1663 wurde er als Weide benutzt. 1717 wurde er seiner ursprüngl. Bestimmung wieder übergeben. Aus dieser Zeit stammt auch die in Fachwerk gehaltene kleine *Friedhofshalle.* Der Friedhof (Fläche 61,84 a), an der Badstr. im sog. Berholz gelegen, ist heute teilw. von einem Campingplatz umgeben. 1970 wurde ein *Erinnerungs- und Mahnmal* für die Opfer der Verfolgungszeit 1933 bis 1945 errichtet.

Weitere Spuren der jüdischen Geschichte. An ehemaligen, bis nach 1933 bestehenden *Handels- und Gewerbebetrieben* sind bekannt (Auswahl): Bäckerei Berthold Bloch (Mühlbachstr. 10), Weingroßhandlung David Bloch und Simon Dukas (Hauptstr. 29), Weinhandlung und Branntweinbrennerei Fa. H. Dukas Söhne, Inh. Hermann und Berthold Dukas (Hauptstr. 17), Viehhandlung Leo Kahn (Mühlbachstr. 20), Textilgeschäft Mathilde Kaufmann (Hauptstr. 75), Textilgeschäft Alfons Weil (Hauptstr. 72), Textilge-

schäft Leo Weil-Ruf (Hauptstr. 61), Weinhandlung und Branntweinbrennerei Max und Gustav Weil (Hauptstr. 43), Wirtschaft »Zum wilden Mann« (heute Pizzeria »Zum wilden Mann«, Ernst-Bark-Gasse 4).

Auf den *Gefallenendenkmalen* der Kriege 1870/71 und 1914 bis 1918 auf dem »Graben« unterhalb des Stadttores südl. der Hauptstr. befinden sich auch die Namen der jüd. Gefallenen.

Persönlichkeiten. *Gustav Weil* (1808 Sulzburg – 1889 Freiburg), Orientalist, 1831 an der ägypt. Ärzteschule in Kairo; 1835 Privatdozent, seit 1848 Prof. in Heidelberg; verfaßte zahlr. Untersuchungen zur arab. Literatur und islam. Geschichte (insbes. auch die bedeutendste Übersetzung von »Tausendundeiner Nacht«). Nach ihm hieß bis in die Zeit des »Dritten Reiches« die heutige Mühlbachstr. »Gustav-Weil-Straße«.

Hundsnurscher/Taddey S. 266 ff; B. Michaelis, Die Geschichte der Juden in Sulzburg. 1987; Ausk. B. Michaelis 4. März 1986; J. Hahn, Synagogen in Baden-Württemberg. 1987. S. 68 ff.

Wittnau

Zur Geschichte jüdischer Bewohner. 1316 wird Johannes der Jude zu Wittnau genannt.

Freiburger UB 3, Texte. 1957. S. 288, 16.

Titisee-Neustadt
Stadtteil Neustadt im Schwarzwald

Zur Geschichte jüdischer Bewohner. In Neustadt war von 1928 bis 1933 als Bezirksarzt Dr. Alfred Mayer mit Fam. ansässig. Nach der Entlassung aus dem Staatsdienst wanderte er 1933 nach Palästina aus. 2 Mitgl. der nach 1933 nach Neustadt zugezogenen Fam. Schlessinger kamen in der Verfolgungszeit ums Leben (1941).

Ausk. BMA Titisee-Neustadt 25. Okt. 1985.

Umkirch

Spuren der jüdischen Geschichte. In Umkirch gibt es ein »Judengäßle«, vermutl. in Erinnerung an eine in früheren Jh. bestehende Ansiedlung, vielleicht aus dem MA, da 1482 unter den FN auch eine »Judenmatt« genannt wird, die nicht mehr zu lokalisieren ist.

Ausk. BMA Umkirch 27. März 1985, 1. Juni 1985 (mit Hinw. auf V. Kremp, Ortschronik Umkirch).

LANDKREIS CALW

Altensteig

Zur Geschichte jüdischer Bewohner. In Altensteig lebte nach 1525 mind. 8 Jahre David Jud von Steinbach mit seiner Familie.

Ausk. BMA Altensteig 24. Juni 1985 mit Hinw. auf Quellen im StadtA Altensteig.

Bad Herrenalb

Zur Geschichte jüdischer Bewohner. In Bad Herrenalb wurde das ehem. »Schwarzwaldhotel Sternen« (Kurpromenade 7) 1920 bis 1938 von Eugenie Weil betrieben, die bereits um 1910 mit ihrer Fam. teils in Bad Herrenalb, teils in Baden-Baden wohnte.

Ausk. StV Bad Herrenalb 21. Okt. 1985; HStAS J 355 B. 4.

Bad Liebenzell

Spuren der jüdischen Geschichte. In Bad Liebenzell bestand bis zur »Arisierung« 1938 eine Zweigfabrik der Feuerbacher Bettfedernfabrik. Die Firmengebäude sind erhalten (Lengenbachweg 5).

Ausk. StV Bad Liebenzell 13. Nov. 1985.

Calw
Stadtteil Calw

Zur Geschichte jüdischer Bewohner. In Calw lebten im MA Juden, vermutl. ohne daß es zur Bildung einer Gemeinde kam. 1281 bis 1284 werden Calwer Juden als Gläubiger des Klosters Hirsau genannt; 1434 bis 1438 wird Jud Kalmann von Calw genannt. Seit der zweiten Hälfte des 19. Jh. ließen sich wenige Juden wieder in Calw nieder. Ihre Zahl blieb gering (1925: 12 Pers.). Bis nach 1933 bestanden an Betrieben das Manufakturwarengeschäft Otto Michelson (Marktplatz 24), der Gasthof zur »Linde«, Inh. Georg, später Rosa Creuzberger (Lange Steige 2) und die Viehhandlung Max und Rubin Löwengart aus Rexingen (Burgsteige 6). Mind. 4 Pers. kamen in der Verfolgungszeit 1933 bis 1945 ums Leben.
Spuren der Verfolgungszeit 1933 bis 1945. In Calw bestand von Jan. bis April 1945 ein *Außenkommando des Konzentrationslagers Natzweiler/Elsaß*, in dem 199 jüd. Frauen, die aus anderen Lagern überstellt wurden, zur Zwangsarbeit bei der Fa. LUFAG eingesetzt waren (Flugzeugbau). Eine Frau verstarb in dieser Zeit an Typhus. Das Gebäude der Fa. LUFAG, in dem sie lebten und arbeiteten, ist erhalten (heute Hauptgebäude der Fa. Bauknecht, In der Eiselstätte 7).
GJ II,1 S. 146f; L. Müller, Aus fünf Jahrhunderten, in: Zeitschrift des hist. Vereins für Schwaben und Neuburg 26 (1899) S. 166; Vorländer, S. 11; Ausk. N. Weiß, Calw-Altburg 1985/86.

Stadtteil Stammheim

Zur Geschichte jüdischer Bewohner. Im evang. Erziehungsheim war seit 1940 als Haustochter Gisela Davidsohn aus Köln versteckt.

HStAS J 355 Bü. 162.

Haiterbach
Stadtteil Unterschwandorf

Zur Geschichte der jüdischen Gemeinde. In Unterschwandorf bestand eine Gemeinde bis 1861. Ihre Entstehung geht in die Zeit des 18. Jh. zurück. Die höchste Zahl jüd. Bewohner wird um 1841 mit 109 Pers. erreicht.
Einrichtungen der jüdischen Gemeinde. 1803 wurde eine kleine *Synagoge* erbaut, die 1858 verkauft und um 1920 abgerissen wurde. Sie befand sich unterhalb des Schlosses (Platz heute unbebaut). Eine jüd. Schule gab es nicht; die jüd. Kinder besuchten gemeinsam mit den christl. Schülern die Ortsschule.

1801 oder schon früher wurde ein *Friedhof* an der Alten Haiterbacher Str., ca 1 km außerhalb des Ortes, angelegt. Auf ihm fand 1879 eine letzte Beisetzung statt. Ca. 15 Grabsteine sind erhalten, der Weg zum Friedhof ist ausgeschildert (Fläche 6,34 a).

Sauer 1966 S. 186; Ausk. BMA Haiterbach 5. Aug. 1985, 17. Dez. 1985; S. Kullen, Der Einfluß der Reichsritterschaft auf die Kulturlandschaft im Mittleren Neckarland. 1967. S. 79, 81.

Nagold
Stadtteil Nagold

Zur Geschichte jüdischer Bewohner. In Nagold lebten im MA (1348 Judenverfolgung) und im 19./20. Jh. jüd. Personen. Um 1925/35 sind es vor allem die Fam. des Kaufmanns Sally Löwengart (bis 1927) und der Kaufmann Adolf Kaufmann (1932–1938). Bis zur »Arisierung« 1938 waren Emil und Walter Tannhauser (Stuttgart) Teilh. der Fa. Schwarzwälder Lederkohlen- und

94   *Blick über den jüdischen Friedhof von (Haiterbach-)Unterschwandorf (1986).*

95 *Grabstein in (Haiterbach-)Unterschwandorf (1986).*

Härtemittelwerke Tannhauser & Staedele (Haiterbacher Str.).

Ausk. StadtA Nagold 3. Juni 1985, 28. Okt. 1985.

Stadtteil Gündringen

Zur Geschichte jüdischer Bewohner. 1561 wird Mosse Jud zu Gündringen genannt.

QGJ Nr. 665.

Neubulach

Zur Geschichte der jüdischen Gemeinde. In Neubulach bestand eine Gemeinde vermutl. vom 13. bis zur Mitte des 15. Jh. Schriftl. Quellen liegen nicht vor.

Wohngebiet und Einrichtungen der jüdischen Gemeinde. Das Wohngebiet konzentrierte sich auf die heute noch sog. »Judengasse«, die entlang

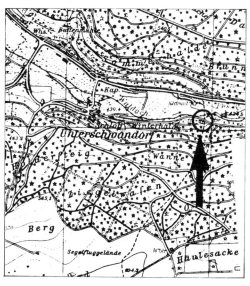

96 *Lage des jüdischen Friedhofes bei (Haiterbach-)Unterschwandorf.*

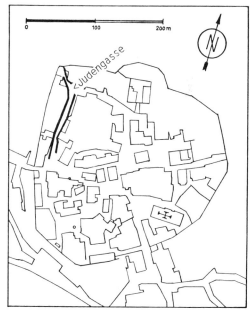

97 *Lage der mittelalterlichen »Judengasse« in Neubulach.*

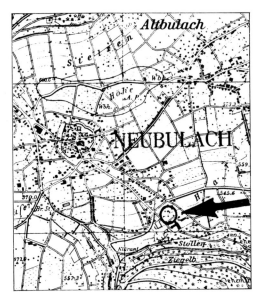

98   *Lage der Flur »Judenkirchhof« bei Neubulach.*

der Stadtmauer zum Diebsturm führt (Abzweigung vom Calwer Tor). Von den Einrichtungen ist nur noch der *Friedhof* bekannt, der sich im heutigen Garten des Anwesens Mühlsteige 57 befand (FN »Judenkirchhof«).

Veitshans 5 S. 49; 6 S. 23; Neubulach. Heimatgeschichte, 1977. S. 197f; Ausk. BMA Neubulach 18. Apr. 1985.

Neuweiler

Zur Geschichte jüdischer Bewohner. In Neuweiler war 1929 bis 1933 Dr. Eugen Marx prakt. Arzt (Praxis im Alten Schulhaus, Nagolder Str.). 1938 konnte die Fam. emigrieren, die beiden Töchter kamen 1941 ums Leben.

Ausk. BMA Neuweiler 3. Apr. 1985.

Schömberg

Zur Geschichte jüdischer Bewohner. In Schömberg bestand bis 1938 die Drogerie mit Fotogeschäft Eckstein (Liebenzeller Str. 9).

Ausk. BMA Schömberg 31. Okt. 1985.

Wildbad im Schwarzwald

Zur Geschichte jüdischer Bewohner. In Wildbad waren bis nach 1933 wohnhaft: der Hotelier Aurel Radowitz und der Kurarzt Dr. Max Günzburger; beide kamen 1942 im KZ ums Leben.

Gedenkbuch S. 102, 277.

99   *Ehemalige Judengasse in Wildberg, an deren Ende das »Judenbad« genannte (Fachwerk-)Haus liegt (1984).*

Wildberg

Zur Geschichte der jüdischen Gemeinde. In Wildberg bestand eine Gemeinde im MA (Erwähnungen 1383 bis 1393 Jud Jakob, 1436 ein Jude von Wildberg in Rottenburg, 1460 Jud Kaufmann, 1462 Juden Isaak und Süßlin).

Wohngebiet und Einrichtungen der jüdischen Gemeinde. Das ma. Wohngebiet war die ehem. »Judengasse«, die zum »Judenbad« (heute Freizeitheim des CVJM) hinabführte. Im Keller dieses Hauses an der Nagold ist bis heute ein von Würfelknäuelsäulen getragenes Gewölbe und ein Steintrog unbekannten Alters zu sehen. Im 15. Jh. war das »Judenbad« ein öffentliches Bad.

Weitere Spuren der jüdischen Geschichte. Ein Steilhang westl. der Stadt außerhalb der Stadtmauer trägt den FN »Judenhalde«.

100   Im Keller des »Judenbades« in Wildberg ist noch ein alter Steintrog erhalten (1984).

Veithans 5, S. 49; 6, S. 24; Quellen zur Verwaltungs- und Wirtschaftsgeschichte der Grafschaft

Hohenberg 2. Bearb. K. O. Müller. 1959. S. 104; Ausk. J. Klaß, Wildberg 3. Mai 1984.

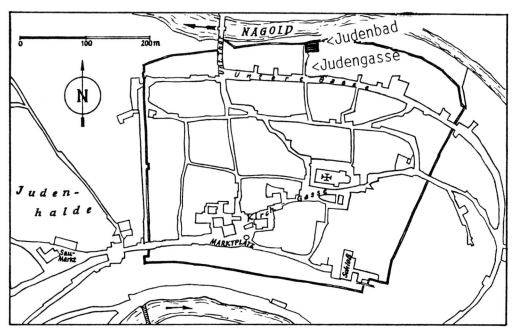

101   Lage von »Judenbad«, »Judengasse« und »Judenhalde« in Wildberg.

LANDKREIS EMMENDINGEN

Denzlingen

Spuren der jüdischen Geschichte. In Denzlingen bestand von 1890 bis vor 1914 die Wollweberei S. Marx & Sohn, Inh. Emanuel Marx (Freiburg). Die Firmengebäude sind erhalten (Hauptstr. 132).

Toury S. 95 f; Ausk. BMA Denzlingen 21. Nov. 1985.

Elzach

Zur Geschichte jüdischer Bewohner. In Elzach lebte 1933 bis zur Auswanderung 1938 der Tierarzt Dr. Türkheimer mit seiner Familie.

Hundsnurscher/Taddey S. 93 f; Ausk. BMA Elzach 25. März 1985.

Emmendingen

Zur Geschichte der jüdischen Gemeinde. In Emmendingen bestand eine Gemeinde bis 1938. Ihre Entstehung geht in die Zeit des 18. Jh. zurück. 1716 wurden die ersten 5 Fam. aufgenommen. Vermutl. lebten bereits im 16. Jh., sicher im 17. Jh. (1660 bis 1670 vorübergehend 2) Juden in der Stadt. Die höchste Zahl wird um 1875 mit 406 Personen erreicht. Mind. 68 Personen kamen in der Verfolgungszeit 1933 bis 1945 ums Leben.
Wohngebiet und Einrichtungen der jüdischen Gemeinde. Die jüd. Fam. siedelten sich im 18./ 19. Jh. sowohl im Stadtgebiet wie seit 1728 in der Vor- oder Unterstadt Niederemmendingen (vor allem in der Karl-Friedrich-Str.) an.
Bald nach 1717 wurde ein *Betsaal* eingerichtet (1746 als »Judenschule« erstmals genannt). Er befand sich im Haus des jüd. Vorstehers am Platz der späteren Synagoge. 1821 wurde eine *Synagoge* erbaut, die 1922 bis 1923 erweitert wurde.

102 *Außenansicht der ehemaligen Synagoge in Emmendingen am Schloßplatz, 1938 zerstört (Aufnahme um 1930).*

1938 wurde sie zerstört und abgebrochen. 1968 wurde am ehem. Synagogenstandort (hinter Kirchstr. 9/11, heute Parkplatz) eine *Gedenktafel* angebracht.
Ein *Gemeindehaus* war im Gebäude Kirchstr. 11 (erhalten, heute Wohnhaus). Hier befand sich 1830 bis 1872 auch die jüd. *Konfessionsschule*. Ein *rituelles Bad* war im Haus Kirchstr. 15 eingerichtet.
1717 wurde ein *Friedhof* angelegt, der bis zur Einrichtung eines *neuen Friedhofes* 1899 neben dem Bergfriedhof genutzt wurde. Am alten Friedhof (neben der Markgrafenschule Ecke Hermann-Günth-Str./Haselmattenstr., Fläche 27,45 a) ist eine *Hinweistafel* angebracht; rechts des Eingangs finden sich Fundamentsteine der ehem. Friedhofshalle. Am Friedhof verlief früher das heute verdohlte »Judenbächle«. Unterhalb des Eingangs zum neuen *jüd. Friedhof* (Fläche

103   *Innenansicht der Synagoge in Emmendingen, 1938 zerstört (Aufnahme um 1930).*

20,88 a) befindet sich ein *Gedenkstein* »Den Opfern des Nazismus 1933–45«.

Weitere Spuren der jüdischen Geschichte. An ehemaligen, bis nach 1933 bestehenden *Dienstleistungs-, Handels- und Gewerbebetrieben* sind bekannt: Kolonialwarenhandlung Max Bloch (Karl-Friedrich-Str. 36), Rechtsanwalt Emil Dreifuß (Karl-Friedrich-Str. 21), Textilgeschäft Theodor Geismar (Karl-Friedrich-Str. 53), Haushaltwaren Hermann Falk (Theodor-Ludwig-Str. 11), Viehhandlung Albert Goldschmidt (Karl-Friedrich-Str. 40), Metzgerei Leopold Goldschmidt (Karl-Friedrich-Str. 17), Viehhandlung Max Goldschmidt (Karl-Friedrich-Str. 38), Viehhandlung Hermann Günzburger (Karl-Friedrich-Str. 47), Weinhandlung Hugo Günzburger (Goetheplatz 2), Viehhandlung Israel Philipp Günzburger (Karl-Friedrich-Str. 9), Viehhandlung Max Günzburger (Brunnenstr. 16), Sackfabrik Günzburger & Haas (Steinstr. 2), Gasthaus »Zum Schwanen«, Inh. Wwe. Rosa Haas (Karl-Friedrich-Str. 19), Branntwein-Brennerei Max Heilbrunner (Moltkestr. 8), Branntwein-Brennerei, Likörfabrik und Weinhandlung Heilbrunner & Co. (Franz-Josef-Baumgartner-Str. 12), Branntwein-Brennerei, Likörfabrik und Weinhandlung Heilbronner & Moch (Franz-Josef-Baumgartner-Str. 13), Weißwarengeschäft Geschw. Kahn (Lammstr. 12), Lumpensortieranstalt und Altwaren Gebr. Kahn (Haselmatten 7), Kaufhaus S. Knopf (Theodor-Ludwig-Str. 1), Schuhvertrieb A. Löwenthal (Hochburgerstr. 39), Arzt Dr. Julius Neuburger (Karl-Friedrich-Str. 24), Viehhandlung Hermann Pickard (Mundinger Str. 6, abgebr.), Viehhandlung Simon Pikkard (Karl-Friedrich-Str. 55), Arzt Dr. Wilhelm

104 Lage der jüdischen Friedhöfe in Emmendingen (kleiner Pfeil markiert den alten Friedhof, großer Pfeil den neuen Friedhof).

Reutlinger (Franz-Josef-Baumgartner-Str. 4), Herrenmode-Artikel E. Schwarz (Markgrafenstr. 2), Textil- und Aussteuergeschäft E. Schwarz (Markgrafenstr. 12), Textilgeschäft Siegfried Schwartz (Lammstr. 14), Metzgerei Albert Veit (Markgrafenstr. 8), Viehhandlung Arthur und Louis Veit (Karl-Friedrich-Str. 32), Viehhandlung Julius Veit (Karl-Friedrich-Str. 63, abgebr.), Lebensmittel- und Futterartikelhandlung Louis Veit und Viehhandlung Arthur Veit (Theodor-Ludwig-Str. 4), Futtermittelhandlung Samuel Veit (Mundinger Str. 13), Metzgerei Samuel Veit (Karl-Friedrich-Str. 39), Viehhandlung Adolf Weil (Karl-Friedrich-Str. 50), Häute-, Fell- und Rauchwaren-Großhandlung Benedikt Weil & Söhne (Markgrafenstr. 4), Schuhgeschäft Ludwig Wolf und Zigarren-Großhandlung Emil Weil (Markgrafenstr. 45), Aussteuer- und Textilgeschäft Hermann E. Weil (Kirchstr. 9), Mehlgroßhandlung J. Weil (Hochburgerstr. 4), Lebensmittel-Großhandlung Max Benedikt Weil

(Landvogteistr. 6), Viehhandlung Adolf Samuel Weil (Mundinger Str. 8), Feinkost-, Wein- und Zigarrenhandlung Sophie Weinstock (Markgrafenstr. 26), Erste Badische Edelbranntwein-Brennerei-GmbH Wertheimer & Cie., Inh. J. M. Wertheimer (Marktplatz 13), Rechtsanwalt Robert Wertheimer (Marktplatz 4).

Auf dem *Gefallenendenkmal* sind auch die 8 jüd. Gefallenen des Ersten Weltkriegs verzeichnet (Standort Stadtgarten).

Persönlichkeiten. *Jacob A. Auerbach* (1810 Emmendingen – 1887 Frankfurt am Main), Theologe und Pädagoge; seit 1865 Direktor des Julius-Flersheim'schen-Instituts in Frankfurt; verfaßte zahlr. Schriften pädagogischer, historischer und theologischer Art.

Hundsnurscher/Taddey S. 74–77; E. Hetzel, Die Anfänge der jüd. Gemeinde in Emmendingen, in: Emmendinger Heimatkalender 1969, S. 41–44; K. Zeis, Die israelitische Privatschule in Emmendingen, in: Emmendinger Heimatkalender 1970, S. 46f; K. Günther, Jüd. Familien in der Unterstadt (Nieder-Emmendingen), in: Nieder-Emmendingen – Erinnerungen an ein Dorf. 1983. S. 37ff (seit 1971 finden sich jährlich in den Artikeln »Kleines Emmendinger Einwohnerlexikon« im Emmendinger Heimatkalender auch Charakterisierungen jüd. Mitbürger); Ausk. StV Emmendingen 14. Febr. 1984, 6. Mai 1985, 28. Okt. 1985.

Endingen
Stadtteil Amoltern

Zur Geschichte jüdischer Bewohner. In Amoltern lebten Anfang des 16. Jh. einige Juden (1534 Jäcklin Jud von Amoltern, 1539 Raphael Jud von Amoltern genannt).

QGJ Nr. 409, 434, 439.

Stadtteil Endingen

Zur Geschichte jüdischer Bewohner. In Endingen lebten Juden im MA und im 19./20. Jh. Im MA werden erstmals 1313 Juden am Ort genannt

(1348/49 Judenverfolgung; danach neue Niederlassung, 1470 Ausweisung wegen angebl. Ritualmords). Vermutl. kam es im MA zur Bildung
einer Gemeinde, wenngleich über Einrichtungen
wie Synagoge oder Friedhof nichts bekannt ist.
Nach 1863 konnten sich Juden wieder niederlassen. Die höchste Zahl wird um 1895 mit 43 Pers.
erreicht. Mind. 3 Pers. kamen in der Verfolgungszeit 1933 bis 1945 ums Leben.

Spuren der jüdischen Geschichte. Das ma.
Wohngebiet konzentrierte sich auf die »Judengasse«, ein Teil der heutigen Hauptstr. zwischen
Riegeler Str. (Riegeler Tor) und der Dielenmarkt-
und Lehnhofstr. An ihrem Ende (Ecke Dielen-
marktstr.) lag der »Judenbrunnen« und ein ehem.
»Judenhaus«, in dem angebl. der Ritualmord
1462 verübt worden war, woran bis 1834 Gemälde an der Hauswand erinnerten. In Zusammenhang mit dem angebl. Ritualmord bestanden
noch weitere Erinnerungen: bis 1967 waren in der
Peterskirche die Relikte der »unschuldigen Kinder« und ihrer Eltern aufbewahrt. Auf einer 1714
gegossenen und erhaltenen Glocke der Peterskir-

che (»Kindlisglocke«) sind auf einem Relief kopf-
lose Kinderleichname festgehalten. An die unter
Folterqualen geständigen und dann umgebrach-
ten Juden (1470) erinnern noch die Fluren »Judenbuck« (westl. von Endingen, wo sie verbrannt wurden) und die naheliegende Flur »Judenloch«.
An ehemaligen, bis nach 1933 bestehenden jüd.
Handelsbetrieben sind bekannt: Strickwaren-
und Wäschegeschäft Rosalie Blum (Hauptstr.
63), Konfektions- und Wäschegeschäft Siegfried
Hauser (Marktplatz 19). Der Name des im KZ
umgekommenen Siegfried Hauser findet sich seit
1967 auch auf dem *Ehrenmal* für die Toten von
1933 bis 1945 an der Nordwand des Turmes der
St.-Martins-Kirche.

Hundsnurscher/Taddey S.73f; GJ II,1 S.209f;
GJ III,1 S.300ff; K. Kurrus, Die unschuldigen
Kinder von Endingen – sog. Christenmord 1462
und Judenverbrennung 1470, in: Schau-ins-Land
83 (1965) S.3–16; Ausk. K. Kurrus, Freiburg
25. März 1985, 4. Apr. 1986 und 18. Apr. 1986.

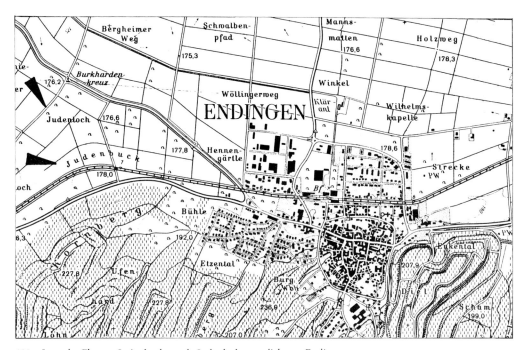

105   Lage der Fluren »Judenbuck« und »Judenloch« westlich von Endingen.

Stadtteil Kiechlinsbergen

Zur Geschichte jüdischer Bewohner. In Kiechlinsbergen wohnte bis zu seiner Emigration 1933 der zum Kreis um Stefan George zählende Dichter und Germanist Karl Wolfskehl (geb. 1869, gest. 1948 in Auckland, Neuseeland; Wohnsitz in Kiechlinsbergen: Tennenbachweg 1).

Hundsnurscher/Taddey S. 92; Tetzlaff, Kurzbiographien S. 363; Ausk. E. Klier, Kiechlinsbergen 18. Juli 1987.

Kenzingen

Zur Geschichte jüdischer Bewohner. In Kenzingen lebten im MA (Judenverfolgung 1348/49, bis um 1574 noch vereinzelt) und nach 1862 jüd. Bewohner. Im 19./20. Jh. wird die höchste Zahl um 1910 mit 30 Pers. erreicht. Sie gehörten zur Synagogengemeinde in Emmendingen. Mind. 2 Pers. kamen in der Verfolgungszeit 1933 bis 1945 ums Leben.
Spuren der jüdischen Geschichte. Der über die Gemarkung Kenzingen verlaufende »Judenpfad« erinnert an alte Handelswege der Viehhändler von Altdorf und Kippenheim.
An ehem., bis nach 1933 bestehenden jüd. *Handelsbetrieben* sind bekannt: Ladengeschäft Siegfried Dreifuß (Brotstr. 15) und Viehhandlung Michael Epstein (Kirchplatz 17, kriegszerstört).

GJ III,1 S. 613; Hundsnurscher/Taddey S. 77; Ausk. StV Kenzingen 14. Nov. 1985.

Riegel

Zur Geschichte jüdischer Bewohner. In Riegel waren seit ca. 1870 wenige Bewohner ansässig, die zur Synagogengemeinde Eichstetten gehörten. Bis zur »Arisierung« 1938 bestand die Weinhandlung Samuel Weil, Inh. zuletzt Edmund Weil.

Hundsnurscher/Taddey S. 73; M. Bosch, Als die Freiheit unterging. 1985. S. 310f.

Teningen

Zur Geschichte jüdischer Bewohner. In Teningen lebten im 16. Jh. einige Juden; namentlich ist Hayim Jud von Neuershausen 1547 in Teningen genannt.

Rosenthal, Heimatgeschichte S. 71; QGJ Nr. 504.

Waldkirch

Zur Geschichte der jüdischen Gemeinde. In Waldkirch bestand eine Gemeinde im MA (Judenverfolgung 1349, danach neue Ansiedlung, 1504 Ausweisung wegen angebl. Ritualmords).
Einrichtungen der jüdischen Gemeinde. Von Einrichtungen sind nur 2 *Friedhöfe* bekannt. Ein älterer Friedhof (FN »Judenkirchhof«, vermutl. bis 1349 belegt) lag auf einem Vorberg des Kandels. Der jüngere Friedhof (FN »Judenkirchhöfle«, vermutl. 15. Jh.) lag in der Ebene nahe der Elz. Das Gewann diente nach Ausweisung der Juden dem Schinder zum Begraben des verendeten Viehs.
Weitere Spuren der jüdischen Geschichte. 1908 errichtete die Fa. Mech. Weberei M. Rothschild & Söhne (Hauptwerk in Uhingen, Lkr. Göppingen) eine Baumwollspinnerei, die mit 10290 Spindeln nach dem Ersten Weltkrieg eine der größten jüd. Fabriken Badens wurde. Nach einer durch die Nazi-Zeit bedingten Unterbrechung von 1938 bis 1950 konnte die Fa. ihren Betrieb wieder aufnehmen.

H. Rambach, Die Waldkircher Juden im Mittelalter, in: Das Elztal. Beilage zur Waldkircher Volkszeitung. 30. Jan. 1954 Nr. 1 und 2; GJ II,2 S. 861; Ausk. H. Rambach, Waldkirch 31. Okt. 1985, 11. Nov. 1985.

ENZKREIS

Heimsheim

Zur Geschichte jüdischer Bewohner. In Heimsheim betrieb der Dentist Heinrich Zloczower von 1930 bis 1938 eine Praxis. Das Ehepaar Zloczower kam nach der Deportation 1941/42 ums Leben.

Ausk. BMA Weissach 14. März 1985.

Kämpfelbach
Ortsteil Ersingen

Spuren der jüdischen Geschichte. In Ersingen gab es eine 1701 erstmals gen. »Judengasse«. Nach der Pfarrbeschreibung 1747 waren früher Juden am Ort, derzeit (1747) keine mehr. Da sich in der »Judengasse« vor allem herrschaftliche Gebäude befanden, ist zu vermuten, daß hier, vermutl. im 16./17. Jh., frauenalbische Schutzjuden wohnten. Ein Haus der Judengasse (1937 das Haus von Wilhelm Ehrhardt) hatte im Volksmund die Bezeichnung »Synagoge«.

G. A. Reiling, Geschichte der ehemals frauenalbischen Dörfer Ersingen und Bilfingen. 1937. S. 63, 166.

Keltern
Ortsteil Ellmendingen

Zur Geschichte jüdischer Bewohner. In Ellmendingen konnten sich Anfang des 18. Jh. Juden niederlassen. Wie viele Personen davon Gebrauch machten, ist nicht bekannt.

Rosenthal, Heimatgeschichte S. 201.

Königsbach-Stein
Ortsteil Königsbach

Zur Geschichte der jüdischen Gemeinde. In Königsbach bestand eine Gemeinde bis 1938. Ihre Entstehung geht in die Zeit Ende des 17. Jh. zurück. 1699 wurde eine erste Fam. aufgenommen. Die höchste Zahl jüd. Bewohner wird um 1875 mit 220 Pers. erreicht. Mind. 27 Pers. kamen in der Verfolgungszeit 1933 bis 1945 ums Leben.
Einrichtungen der jüdischen Gemeinde. In dem im 18. Jh. noch zwischen den Herren v. St. André und dem Markgrafen von Baden geteilten Ort lebten in beiden Ortsteilen jüd. Familien. Eine *Synagoge* befand sich seit Mitte des 18. Jh. in einem von der freiherrl. Verwaltung gemieteten Haus auf St. Andréscher Seite. In diesem Gebäude waren um 1850 neben dem Betsaal im oberen Stockwerk auch das *rituelle Bad*, die *Lehrerwohnung* und im unteren Stockwerk ein *Schulzimmer* eingerichtet. 1938 wurde die Synagoge verwüstet, später abgerissen. Der ehem. Synagogenplatz an der Pforzheimer Str. dient heute als Fabrikeinfahrt (Fa. Eluwa). Die Konfessionsschule bestand von 1835 bis 1876.
Die Toten der Gemeinde wurden zunächst vermutl. in Obergrombach beigesetzt. Um 1850 wurde ein eigener *Friedhof* im Gewann »Steidig« (Flst. 7122, heute bei Neubausiedlung Ende Rhönstr., Fläche 13,89 a) angelegt. Auf dem Friedhof befindet sich ein *Gedenkstein* für die Opfer der NS-Zeit.
Weitere Spuren der jüdischen Geschichte. An ehemaligen, bis nach 1933 bestehenden jüd. *Handels- und Gewerbebetrieben* sind bekannt: Pferdehandlung Julius Benjamin (Durlacher Str. 11), Pferdehandlung Siegmund Benjamin (Bahnhofstr. 11), Tabakhandlung Berta Daube (Durlacher Str. 20), Viehhandlung Elias und Max Daube (Brettener Str. 5), Viehhandlung Ludwig Dreifuß (Durlacher Str. 1), Haustierhandel mit Manufakturwaren Jakob Dreifuß (Marktstr. 17), Viehhandlung Jakob und Hermann Dreifuß (Schulstr. 9), Viehhandlung Lothar Dreifuß (Leopoldstr. 3), Metzgerei und Lebensmittel Aron/Bernhard Kilsheimer (Marktstr. 20), Viehhandlung Adolf und Moses Maier (Ankerstr. 16), Viehhandlung David/Julius oder Isidor Maier (Leopoldstr. 4, abgebr.), Viehhandlung Max und Moses Maier

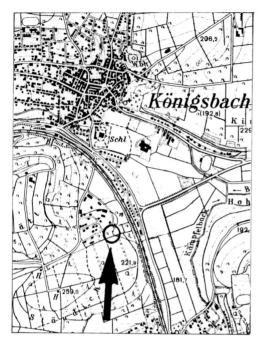

106 Lage des jüdischen Friedhofs in Königsbach (-Stein).

(Leopoldstr. 9), Viehhandlung Leo Stern (Marktstr. 7 oder 9), Viehhandlung Samuel Stern (Pforzheimer Str. 2), Handelsmann Jakob Wassermann (Brettener Str. 1), Viehhandlung Sigmund Wolf (Leopoldstr. 5).
Auf einer *Gefallenen-Gedenktafel* im Rathaus finden sich auch die Bilder und Namen der 3 jüd. Gefallenen des Ersten Weltkrieges.
Der ehem. durch Königsbach führende Bach wird im Volksmund »Judenbach« genannt.

Hundsnurscher/Taddey S. 159 ff; Ausk. BMA Königsbach-Stein 14. 7. 1986; G. Brändle, Die jüd. Mitbürger der Stadt Pforzheim. 1985; Königsbacher Heimatbuch. 1986. S. 266–285.

Ortsteil Stein

Zur Geschichte jüdischer Bewohner. In Stein lebten bis zur zweiten Hälfte des 19. Jh. wenige

jüd. Bewohner. Bereits im 16. Jh. wurden Juden am Ort aufgenommen (1709: 3 Fam.). Eigene Einrichtungen bestanden vermutl. zu keiner Zeit. Im 18./19. Jh. wurden die Einrichtungen der jüd. Gemeinde Königsbach mitbenutzt.

Hundsnurscher/Taddey S. 160; Rosenthal, Heimatgeschichte S. 66, 71, 198, 200.

Maulbronn

Spuren der jüdischen Geschichte. Auf dem Klostergrundstück gab es den um 1800 abgerissenen »Judenturm«, in den Anfang des 14. Jh. drei Hagenauer Juden eingesperrt waren, denen das Kloster beträchtliche Summen schuldete.

Ausk. StV Maulbronn 19. Apr. 1985.

Mühlacker

Zur Geschichte jüdischer Bewohner. In Mühlacker waren im 20. Jh. einige jüd. Pers. ansässig geworden, die zur Synagogengemeinde Freudental gehörten. Bis nach 1933 bestanden an *Handels- und Gewerbebetrieben:* Bijouterie-, Ketten- und Maschinenfabrik GmbH Alfred Emrich (Hindenburgstr. 79/80), Manufakturwarengeschäft Tony Simon (Bahnhofstr. 65), Aussteuer- und Manufakturwarengeschäft Isak Stein (Bahnhofstr. 47). Mind. 5 Pers. kamen in der Verfolgungszeit 1933 bis 1945 ums Leben.
Weitere Spuren der jüdischen Geschichte. Der »Uhland-Bau«, Theater- und Veranstaltungssaal Mühlackers, wurde 1921 aufgrund einer Spende von Alfred Emrich finanziert.

Ausk. StV Mühlacker 31. Aug. 1985; Th. Nebel, Die Geschichte der Freudentaler Juden. 1985. S. 97.

Niefern-Öschelbronn
Ortsteil Niefern

Zur Geschichte jüdischer Bewohner. In Niefern wurden seit 1524 durch Markgraf Philipp I. Juden aufgenommen. 1530/31 werden Abraham und Salomon, Juden zu Niefern genannt.

Rosenthal, Heimatgeschichte S. 66; QGJ Nr. 366, 399.

Tiefenbronn

Zur Geschichte jüdischer Bewohner. In Tiefen-bronn lebten im 17./18. Jh. jüd. Bewohner, über die nicht viel bekannt ist. Als Erinnerung hat sich der jüd. Familienname »Tiefenbronner« erhalten (im 19./20. Jh. v. a. in Pforzheim, Königsbach und Karlsruhe).

Rosenthal, Heimatgeschichte S. 199, 211.

LANDKREIS ESSLINGEN

Aichwald
Ortsteil Aichelberg

Zur Geschichte jüdischer Bewohner. In Aichelberg waren Mitte des 16. Jh. einige Juden ansässig (erstmals 1550 genannt; 1553: 15 Pers.). Offensichtlich hatten die Aichelberger Juden eine enge Beziehung zu den in derselben Zeit in (Kernen-) Stetten im Remstal ansässigen Juden.

Pfaff, Württ. Jahrbücher 2. 1857. S. 189; QGJ Nr. 585.

Altdorf

Zur Geschichte jüdischer Bewohner. In Altdorf betrieb der Kaufmann Artur Baruch (mit Fam. am Ort wohnhaft) 1934 bis 1937 eine Strickwarenfabrik (Raidwanger Str. 3).
Toury S. 189; Ausk. BMA Altdorf 29. März 1985, 30. Okt. 1985.

Beuren

Spuren der jüdischen Geschichte. In Beuren gibt es als Bezeichnung für eine Fußwegverbindung (zwischen Gartenstr. und Schillerstr.) eine »Judengasse« und den FN »Judenwies« für umliegende Gärten, möglicher Hinweis auf eine ma. Ansiedlung (Bezeichnungen erstmals 1526 als »Judengeßlin« und »Judenwis« genannt).

Altwürtt. Lagerbücher aus der österr. Zeit 1520–1534, Bd. 2 Bearb. P. Schwarz. 1959. S. 532; Ausk. BMA Beuren 2. März 1984, 8. Mai 1984.

Bissingen an der Teck

Zur Geschichte jüdischer Bewohner. In Bissingen war seit 1933 Wilhelm Weissburger wohnhaft, der 1943 im KZ Welzheim ums Leben kam.

Gedenkbuch S. 378; Ausk. BMA Bissingen 2. Apr. 1985.

Denkendorf

Zur Geschichte jüdischer Bewohner. In Denkendorf lebte seit ca. 1930 in sog. »Mischehe« Johanna Deuschle geb. Rauner aus Mandel. Sie mußte im »Dritten Reich« zwar den »Judenstern« tragen, blieb aber von der Deportation verschont.

Ausk. BMA Denkendorf 27. März 1985.

Dettingen unter Teck

Spuren der jüdischen Geschichte. In Dettingen wurden 1302 am Deckersberg beim Schloßberg Juden erschlagen und verbrannt; es gab »ein großes Sterben«. Vermutl. bezieht sich die Überlieferung auf eine Verfolgung der Kirchheimer Juden.

GJ II,1 S. 161.

Esslingen am Neckar
Stadtteil Esslingen

Zur Geschichte der jüdischen Gemeinde. In Esslingen bestand eine Gemeinde im MA und vom Anfang des 19. Jh. bis 1939. Im MA wird erstmals 1242 eine jüd. Gemeinde genannt (1348 Judenverfolgung, Selbstverbrennung der Juden in der Synagoge und ihren Häusern; 1366 bis zur Ausweisung 1537 bis 1544 Juden in der Stadt).

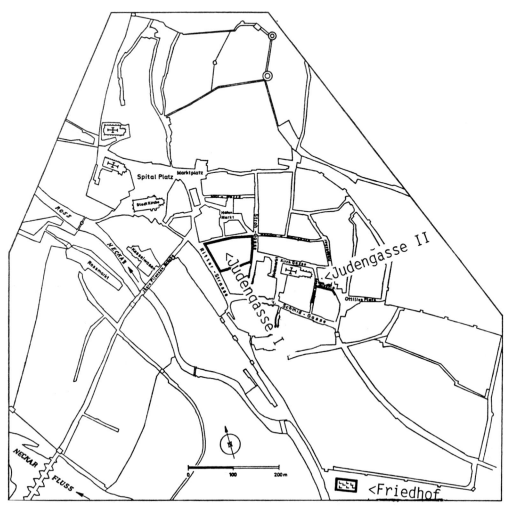

107   *Mittelalterliche jüdische Siedlungsgebiete in Esslingen; am unteren Kartenrand ist der mittelalterliche Friedhof eingetragen.*

Seit 1806 konnten sich jüd. Pers. wieder ansiedeln. Die höchste Zahl wird um 1880 mit 164 Personen erreicht. Mind. 38 Personen kamen in der Verfolgungszeit 1933 bis 1945 ums Leben.

Wohngebiet und Einrichtungen der jüdischen Gemeinde. Im MA lassen sich mehrere, vermutl. zeitlich aufeinanderfolgende Wohngebiete nachweisen. 1279 werden jüd. Häuser in der Pliensau genannt. Später konzentrierte sich (vermutl. bis 1349) die jüd. Ansiedlung auf das »Judengässle« (Judengasse I, ein Teil der heutigen Ritterstr. beim Amtsgericht und die Milchstr. bis zur Straße »Im Heppächer«; die genaue Straßenführung ist durch den Stadtbrand 1701 nicht mehr vorh.). Die spätere »Judengasse« (Judengasse II) war die seit 1933 sog. »Schmale Gasse«. Hier wird sich von Ende des 14. Jh. bis zum Anfang des 16. Jh die Ansiedlung konzentriert haben.

Eine *Synagoge* wird sich im Bereich des »Judengässle« befunden haben (gegenüber dem heutigen Amtsgericht). 1348 ist sie abgebrannt und konnte möglicherweise Ende des 14. Jh. wieder aufgebaut werden (1490 verkauft). Eine »Judenschule« wird 1722 zwischen dem heutigen Hafenmarkt und der Strohstr. lokalisiert. Die genaue Lage der Synagoge bleibt somit unklar.

1327 wird erstmals der jüd. *Friedhof* an der südl. Mauer der Obertor-Vorstadt vor dem Tennetor (auch »Judenturm« genannt) erwähnt. 1348 wurde er zerstört. Es ist nicht bekannt, ob zwischen dem Ende des 14. und Anfang des 16. Jh. noch Bestattungen auf ihm vorgenommen werden konnten. Von ihm sind keine Spuren erhalten (ungefähre Lage beim heutigen Schillerplatz). Die Gemeinde des 19. Jh. richtete 1819 einen *Betsaal* im ehem. Haus der Schneiderzunft (Im Heppächer 3) ein, der bis zur Demolierung 1938 benutzt wurde (heute Galerie der Stadt; zwei *Hinweistafeln* sind angebracht).

1807 konnte ein jüd. *Friedhof* in der Beutau unmittelbar vor der Stadtmauer angelegt werden (Flst. 726 an der Ecke Mittlere Beutau/Turmstr.; Fläche 3,94 a). 1938 wurde der Friedhof stark zerstört; nach 1945 konnten einige Gräber wieder instand gesetzt werden (am Eingang *Hinweistafel*). Ein neuer Friedhof wurde 1874 innerhalb des Ebershalden-Friedhofes angelegt (Landenberger Str. 50; Fläche 5,72 a). Er wurde auch nach 1945 mehrfach belegt. Auf ihm befindet sich ein *Mas-

108 Gebäude der ehemaligen Synagoge in Esslingen, die 1809 im alten Haus der Schneiderzunft eingerichtet werden konnte (1985).

sengrab von 1947 hierher überführten Toten des KZ Echterdingen mit einer Gedenkstätte (1948 eingeweiht).

Weitere Spuren der jüdischen Geschichte. Seit 1831 bestand das *Israelitische Waisenhaus »Wilhelmspflege«* (für bis zu 60 Kinder), seit 1842 in der Entengrabenstr. 10 (heute Kindertagesheim). 1881 wurde es erweitert und vergrößert (Einrichtung eines Betsaals). Seit 1913 befand es sich in einem neuen Gebäude (Mülbergerstr. 146). Seit 1938 wurde das Gebäude demoliert und 1939 in ein Seuchenlazarett umgewandelt. Seit 1953 ist in ihm ein staatl. Waisenhaus untergebracht. 1982 wurde für den letzten Heimleiter Theodor Rothschild (1876 Buttenhausen – 1944 KZ Theresien-

109   *Jüdische Friedhöfe des 19./20. Jahrhunderts in Esslingen (nördlich der Stadt alter Friedhof, östlich der neue Friedhof).*

110   *Alter jüdischer Friedhof vor dem Beutautor in Esslingen (hist. Aufnahme um 1930).*

stadt) eine *Gedenktafel* angebracht (1. Stock des Altbaus, seit 1983 »*Theodor-Rothschild-Haus*« genannt).

An ehemaligen, bis nach 1933 bestehenden *Handels- und Gewerbebetrieben* sind bekannt: Dampfwäscherei und Bügelgeschäft Leopold Dawid (Heustr. 19), Württ. Handschuhfabrik Moritz Feigenbaum (Kesselwasen 13, abgebr.), Schuhhaus P. Gold (Pliensaustr. 48), Gelatinehandlung W. Goldschmidt und Leopold Moses (Plochinger Str. 4), Handschuhfabrik David Jeitteles (Schelztorstr. 54), Viehhandlung Moritz Oppenheimer und Öl- und Fettwarenhandlung Jette Löwenthal (Obertorstr. 45), Kleidergeschäft Josef Süßkind (Bahnhofstr. 3), Schuhhandlung Dina Wolff (Pliensaustr. 13).
Seit 1953 ist die Nikolaus-Kapelle auf der Inneren Brücke *Gedenkstätte* für die Opfer der Jahre 1933 bis 1945.
Nicht in Zusammenhang mit der jüd. Geschichte steht eine Sonnenuhr mit hebr. Inschrift am Kaisheimer Pfleghof, Burgsteige 3.

GJ III,1 S. 334 ff; Sauer 1966 S. 73 – 78; Veitshans

111 Nach den Zerstörungen in der NS-Zeit blieben nur wenige Grabsteine auf dem (alten) Friedhof erhalten (1985).

112 Neuer jüdischer Friedhof in Esslingen, seit 1874 belegt; am rechten Bildrand Denkmal für 85 hier begrabene Opfer des Konzentrationslagers Echterdingen (1985).

5, S. 18 ff, 6, S. 2, 9; Theodor Rothschild zum Gedenken (Hg. Stadt Esslingen). 1985; Ausk. StV Esslingen 14. Aug. 1985.

Stadtteil Kennenburg

Zur Geschichte jüdischer Bewohner. In Kennenburg waren seit ca. 1867 in einer Privatklinik auch mehrere jüd. Patienten untergebracht (1910: 8 Langzeitpatienten).

Sauer 1966 S. 76.

Frickenhausen

Zur Geschichte jüdischer Bewohner. In Frickenhausen lebte 1933 mit seiner (evang.) Fam. Heinrich Wolff aus Heidelberg-Rohrbach. 1941 kam er im KZ Buchenwald ums Leben.

Ausk. BMA Frickenhausen 1. Apr. 1985; Gedenkbuch S. 386.

Kirchheim unter Teck

Zur Geschichte der jüdischen Gemeinde. In Kirchheim bestand eine Gemeinde im MA und als Filialgemeinde von Göppingen vom Ende des 19. Jh. bis 1938. Im MA werden Juden seit 1293 genannt (1349 Judenverfolgung; evtl. auch bereits 1306, vgl. Dettingen; Ende des 14. Jh. bis zum 16. Jh. wieder einige Juden in der Stadt). Nach 1864 zogen einige Familien zu. Ihre höchste Zahl wird um 1933 mit 35 Pers. erreicht. Mind. 12 Pers. kamen in der Verfolgungszeit 1933 bis 1945 ums Leben.
Einrichtungen der jüdischen Gemeinde. 1329 wird eine *Synagoge* (»Judenschule«) genannt (Standort unbekannt). Im 19./20. Jh. werden die Gottesdienste, vor allem an Festtagen, in Göppingen besucht. In Kirchheim war bis 1932 ein *Betsaal* in einem Raum im Dachgeschoß der Kleiderfabrik Salmon (Schlierbacher Str. 7B). Danach traf man sich vermutl. im Haus Reutlinger (Jesinger Str. 18).
Die Kinder erhielten wöchentlich Religionsun-

terricht durch den Göppinger Rabbiner in einem Schulzimmer in der Oberrealschule. Die Toten der Gemeinde wurden im 19./20. Jh. in Göppingen beigesetzt.
Weitere Spuren der jüdischen Geschichte. Im Stadtarchiv haben sich hebr. *Handschriften-Fragmente* des MA als Einbände von Rechnungsbänden der Stadt erhalten. Eine *Machsor-Handschrift*, vermutl. aus Kirchheim, befindet sich in der Niedersächs. Staats- und Universitätsbibliothek Göttingen (cod. Göttingen 5, f 151).
An ehemaligen, bis nach 1933 bestehenden *Handels- und Gewerbebetrieben* sind bekannt: Kaufhaus Bernhard Bernstein (bis 1925, Karlstr. 12), Viehhandlung Emil Hirsch (Obere Alleenstr. 44), Viehhandlung Louis Kahn (Walkstr. 9), Seifenhandlung Emil Salmon und Jakob Mangold (Marktstr. 41), Viehhandlung Emanuel und Jakob Reutlinger (Jesinger Str. 18), Textilgeschäft Gustav Reutlinger (bis 1932, Dreikönigstr. 3), Textilhandlung Gustav und Willi Reutlinger (Obere Alleenstr. 87), Häute- und Fellhandlung Wolf Reutlinger (Jesinger Str. 38), Konfektionsgeschäft Albert Salmon (Dettinger Str. 4), Mech. Kleiderfabrikation GmbH Albert Salmon (Schlierbacher Str. 7B), Schuhhaus Gold, Inh. Adolf Schlächter (Marktstr. 30), Textilgeschäft Hebel und Bernstein und Manufakturwarengeschäft Gebr. Stern (Max-Eyth-Str. 12), Leinenwaren und Wäsche Kurt und Walter Vollweiler und Viehhandlung Moritz Vollweiler (Schlierbacher Str. 36).

GJ II,1 S. 399 f; GJ III,1 S. 615 f; B. Kneher, Chronik der jüd. Bürger Kirchheims seit 1896, in: Stadt Kirchheim unter Teck. Schriftenreihe des Stadtarchivs 3 (1985) S. 71–114; Ausk. StadtA Kirchheim unter Teck 6. März 1984, 29. März 1984.

Leinfelden-Echterdingen
Stadtteil Echterdingen

Zur Geschichte jüdischer Bewohner. In Echterdingen wohnte bis 1938 die Fam. des Rechtsberaters Dr. Kurt Frank.
Spuren der Verfolgungszeit 1933 bis 1945. Von Nov. 1944 bis Febr. 1945 bestand auf Markung

113 Mahnmal für die Toten des Arbeitslagers (Außen-kommando des KZ Natzweiler, Elsaß), das 1944/45 am Flughafen in Echterdingen bestand; das Mahnmal befindet sich im Friedhof in Echterdingen (1986).

Echterdingen, teilw. auf Markung (Filderstadt-) Bernhausen hinüberreichend (Gebiet des heutigen amerik. Flughafens), ein *Außenkommando des Konzentrationslagers Natzweiler/Elsaß.* Die Häftlinge – durchweg Juden verschiedener Staatsangehörigkeit – waren zur Zwangsarbeit auf dem Flughafen und in einem Steinbruch zwischen Bernhausen und Sielmingen eingesetzt. Aufgrund der katastrophalen Arbeits- und Lebensbedingungen kamen von den 600 Häftlingen bis zur Auflösung des Lagers 111 ums Leben. Sie wurden im nahen Gemeindewald »Bernhäuser Forst« in Massengräbern beigesetzt, 1945 auf den jüd. Teil des Esslinger Ebershaldenfriedhofs überführt. Dort befindet sich eine *Gedenkstätte* für die Toten des KZ Echterdingen, außerdem seit 1984 ein *Gedenkstein* auf dem Friedhof Echterdingen (Eingang Plieninger Str.). Vom Lager selbst steht noch ein Hangar (Unterbringungsplatz der Häftlinge) auf dem Gelände des amerik. Flughafens.

B. Keuerleber-Siegle, Das Lager Echterdingen, in: Vorländer S. 131–148.

Neidlingen

Zur Geschichte jüdischer Bewohner. Neidlingen war 1598 für 3 Monate Wohnort für Juden der Fa. Maggino Gabrieli & Co., die Herzog Friedrich I. nach Württemberg geholt hatte, um aus Neidlingen einen Gewerbeort zu machen. Vermutl. wegen unannehmbarer Bedingungen verließen Gabrieli und seine Genossen wieder den Ort.

A. Tänzer, Geschichte der Juden in Jebenhausen und Göppingen. 1927. S. 5 f.

Neuffen

Zur Geschichte jüdischer Bewohner. In Neuffen bestand von ca. 1920 bis 1938 eine Filiale der Cannstatter Mech. Gurten- und Bandweberei Gutmann & Marx. Leiter der Fa. in Neuffen war Julius Marx, der hier bis 1939 wohnte.

Toury S. 189, 204; Strauss S. 188.

Notzingen

Zur Geschichte jüdischer Bewohner. In Notzingen waren um 1523 Juden ansässig. Sie standen in Geschäftsbeziehungen mit Bürgern aus Kirchheim und Dettingen.

QGJ Nr. 337, 340.

Nürtingen

Zur Geschichte jüdischer Bewohner. In Nürtingen waren im MA jüd. Bewohner ansässig (1447 wird Heinrich Jud von Nürtingen genannt). Nach 1858 ließen sich wieder jüd. Pers. in der Stadt nieder. Die höchste Zahl wird um 1910 mit 34 Personen erreicht, die zur Synagogengemeinde in Cannstatt gehörten. Mind. eine Pers. kam in der Verfolgungszeit 1933 bis 1945 ums Leben.

Spuren der jüdischen Geschichte. An ehemaligen, bis nach 1933 bestehenden *Handelsbetrieben* sind bekannt: Viehhandlung Heinrich Herrmann (Plochinger Str. 10), Viehhandlung Josef Herrmann (Schafstr. 22), Viehhandlung Abraham Landauer (Am Kührain 14).

Die Namen der 3 jüd. Gefallenen des Ersten Weltkrieges aus Nürtingen finden sich auf den *Gefallenendenkmalen* des alten Friedhofes Nürtingen und des jüd. Friedhofes in Cannstatt.

QGJ Nr. 231; Jüd. Frontsoldaten aus Württ. und Hohenzollern. 1926. S. 8 ff; Einwohnerbuch für Stadt und Kreis Nürtingen. 1935; Adressenbücher der israelit. Gemeinde. 1928/29.

Unterensingen

Zur Geschichte jüdischer Bewohner. In Unterensingen lebte von ca. 1923 bis zu seinem Tod 1932 Jonas Weil aus Emmendingen, der das Gasthaus »Zur Sonne« (Kirchstr. 53, abgebr.) betrieb.

Ausk. BMA Unterensingen 29. Aug. 1985.

Weilheim an der Teck

Zur Geschichte jüdischer Bewohner. In Weilheim lebte seit ca. 1870 (1887 hier verstorben und in Jebenhausen begraben) der Goldschmied Simon Kaula. 1858–1862 hatte die Göppinger Textilfabrik Hirsch Gutmann & Co. eine Filiale.

Ausk. StV Weilheim an der Teck 14. Apr. 1987; Toury S. 69.

Wendlingen am Neckar

Zur Geschichte jüdischer Bewohner. In Wendlingen lebten um 1528–1536 Juden.

A. Kuppler, Juden in Kirchheim, in: Zwischen Alb und Neckarland. Beiträge zur Heimatgeschichte und Heimatkunde des Kreises. Der Teckbote 30. Okt. 1981; die Angabe 1536 (ohne Q) in: JGFW S. 25.

STADTKREIS FREIBURG IM BREISGAU

Stadtteil Freiburg

Zur Geschichte der jüdischen Gemeinde. In Freiburg bestand eine Gemeinde im MA (erste sichere Erwähnung 1281, Judenverfolgung 1349, Austreibung der Juden 1424) und seit der Mitte des 19. Jh. (Gründung 1863) bis zur Gegenwart, unterbrochen von der Verfolgungszeit 1938 bis 1945, in der mind. 314 Pers. ums Leben kamen. Die höchste Zahl jüd. Bewohner wird um 1925 mit 1399 Pers. erreicht.

Wohngebiet und Einrichtungen der jüdischen Gemeinde. Das ma. Wohngebiet konzentrierte sich auf die Wasserstr. und die benachbarte Weberstr., wo sich vor 1424 mind. 10 jüd. Wohnhäuser und die *Synagoge* (südwestl. Ecke Weberstr./Raustr.) befanden. Es ist unklar, in welchem Verhältnis hierzu die noch zu Beginn des 18. Jh. (1708) sog. »Judengasse« (für den zwischen Bertholdstr. und Franziskanerplatz liegenden Teil der heutigen Universitätsstr.) steht. In der Neuburgvorstadt wurde bis 1678 ein Haus

114 Ehemalige Synagoge in Freiburg, 1869/70 erbaut, 1938 zerstört. Die historische Aufnahme (um 1902) zeigt den ursprünglichen Zustand der Synagoge vor der Erweiterung 1925/26.

»zum Judenberg« genannt, von 1335 bis 1775 auf dem Platz des heutigen Erzbischöfl. Palais auf dem Münsterplatz ein »Haus zum Juden«.

Die Gemeinde des 19./20. Jh. richtete einen ersten Betsaal 1863 im heutigen Hinterhaus des Gebäudes Schusterstr. 27 ein. 1869/70 konnte eine Synagoge am Werthmannplatz (gegenüber Einmündung Sedanstr.) erstellt werden. 1925/26 wurde das Gebäude umgebaut und vergrößert, 1938 zerstört und abgebrochen. Einige Kultgegenstände und die Eichenflügel des Hauptportals konnten gerettet werden und befinden sich wieder im Besitz der Israelitischen Gemeinde. Am Synagogenplatz erinnert seit 1962 ein Gedenkstein an das Schicksal des Gotteshauses.

Bis 1938 befand sich beim Gebäude der Synagoge am Werthmannplatz 1 auch das Gemeindehaus mit der Israelitischen Gemeindeverwaltung (Gemeindesekretariat und Gemeindevertretung). Ein rituelles Bad war angebaut. 1938 wurde das Gemeindehaus nur wenig beschädigt, die Gottesdienste der Gemeinde konnten daher noch einige Zeit im Betsaal der orthodox-jüd. Gemeinde stattfinden, der sich gleichfalls im Gemeindehaus befand.

Das Rabbinat war im Gebäude Hebelstr. 12.

Seit 1945 fanden die Gottesdienste der Israelitischen Gemeinde zunächst im Kaufhaussaal statt, seit 1953 in einem Betsaal in der Holbeinstr. 25. Eine neue Synagoge wurde 1986/87 Ecke Nußmann-/Engelstr. erstellt. In ihr sind die Eichenflügel vom Hauptportal der 1938 zerstörten Synagoge eingebaut.

Ein jüd. Friedhof bestand in Freiburg erst seit 1870 an der Elsäßer Str./Ecke Rosbaumweg (Fläche 82,61 a). Die ma. Gemeinde hatte vermutl. die Friedhöfe in Breisach, Sulzburg oder Waldkirch mitbenutzt (vgl. jedoch FN »Judenfriedhof« in Freiburg-Hochdorf). 1891 wurde auf dem Freiburger jüd. Friedhof eine provisorische Versammlungshalle eingerichtet, die vor 1914 durch einen Neubau einer Friedhofshalle abgelöst wurde. Diese wurde 1938 zerstört. 1949 bis 1952 entstand eine neue Friedhofshalle. Auf dem Friedhof, der bis zur Gegenwart benutzt wird, befinden sich auch eine Gedenkstätte für die im Ersten Weltkrieg gefallenen Mitglieder der jüd. Gemeinde Freiburgs und seit 1986 ein Mahnmal »Den jüdischen Opfern der Gewaltherrschaft 1933−45«.

115 Eingang zum israelitischen Friedhof in Freiburg, 1869 angelegt (1985).

116   *Lage des jüdischen Friedhofes in Freiburg i. Br.*

Der Religionsunterricht wurde seit 1867 in einem Klassenzimmer der evang. Schule neben der Ludwigskirche, später in der kath. Volksschule am Breisacher Tor erteilt. Von 1875 an wurden die jüd. Kinder in der früheren Lateinschule (Herrenstr. 4) unterrichtet, besuchten außer dem Religionsunterricht jedoch die allg. Schulen.

Weitere Spuren der jüdischen Geschichte. Als Platz der Verbrennung der Juden Freiburgs bei der Verfolgung 1349 wird die »Galgen und Rädle Matte« bei der Kapelle hinter der Basler Str. vermutet. Eine weitere Erinnerung an die ma. jüd. Geschichte besteht mit der Figur des hl. Joseph im Bogenfeld über dem Hauptportal des Münsters, der in der ma. Tracht der Juden (mit Judenhut und -mantel) abgebildet ist.

Eine Übersicht über die *Gewerbebetriebe* des 19./20. Jh. ist bislang nicht erstellt worden.

Persönlichkeiten und auf sie bezogene Erinnerungsmale. *Ernst Bloch* (1847–1920), Medizi-

ner, 1892 Privatdozent, 1898 Prof. der Ohrenheilkunde in Freiburg. – *Walter Friedländer* (1873–1966), Kunsthistoriker, 1914 bis 1933 an der Universität Freiburg, 1933 in die USA emigriert; wirkte seit 1935 an der New York University. – *Alfred Wilhelm Dove* (1844–1916), Historiker, Prof. in Leipzig, Breslau, Bonn, seit 1897 in Freiburg. – *Kurt Heilbut* (1888 in Freiburg – 1943 in Auschwitz), Redakteur; 1919 Sekretär der SPD in Berlin, 1920 Redakteur in Thüringen, 1920 bei der Dresdner Volkszeitung. – *Georg von Hevesy* (1885–1966 Freiburg), Chemiker, 1918 bis 1920 Prof. in Budapest, 1926 bis 1934 in Freiburg, 1935 bis 1943 in Kopenhagen, 1943 bis 1946 in Stockholm. Er entdeckte 1922 das Element Hafnium und erhielt für die Einführung der Methode der radioaktiven Indikatoren 1943 den Nobelpreis. – *Edmund Husserl* (1859–1938 Freiburg), Philosoph, 1906 Prof. in Göttingen, 1916 bis 1933 in Freiburg. Seit 1913 entwickelte er die Phänomenologie und gab damit der Philosophie die Richtung zu einem transzendentalen Idealismus. Nach ihm ist die *Husserlstraße* benannt. – *Hermann Kantorowicz* (1877–1940), Jurist, 1913 Prof. in Freiburg, 1929 in Kiel, 1933 emigriert in die USA, seit 1934 in England. Er gehörte zur Freirechtsschule, die dem Zivilrichter größere Freiheit gab, Gesetzeslücken zu schließen. – *Walter Kaufmann* (1921 Freiburg – 1980 Princeton), Philosoph, seit 1939 in den USA, 1962 Prof. in Princeton. – *Max Landau* (1886–1915), Mediziner, arbeitete u. a. als Prof. am pathologisch-anatomischen Institut in Freiburg (Studien zum Cholesterin-Stoffwechsel). – *Otto Lenel* (1849–1935 Freiburg), Rechtshistoriker, war Prof. in Kiel, Marburg, Straßburg und Freiburg. – *Alfred Loewy* (1873–1935 Freiburg), Mathematiker, seit 1902 in Freiburg, 1933 entlassen. – *Carl Mendelssohn-Bartholdy* (1838–1897), Geschichtswissenschaftler, 1868 bis 1875 Prof. in Freiburg. – *Elisabeth Müller* (1859–1941 KZ Theresienstadt), Kinderärztin, in Hannover seit 1925; nach Berufsverbot 1935/36 Leiterin eines von ihr gegründeten Kinderheims in Freiburg, 1937 Oberin am Isr. Krankenhaus Hannover, wurde 1941 mit den Insassen nach Theresienstadt deportiert. – *Fritz Pringsheim* (1882–1967 Freiburg), Rechtshistoriker, war 1921 bis 1925 Prof. für römisches

Recht in Freiburg, 1925 bis 1929 in Göttingen, seit 1929 wieder in Freiburg, 1935 amtsenthoben. Seit 1939 Prof. in Oxford, 1946 nach Freiburg zurückgekehrt. – *Heinrich Rosin* (1855–1927 Freiburg), Staatsrechtler, seit 1883 Prof. in Freiburg, dort 1904 der erste jüd. Rektor an einer deutschen Universität, gehörte 1890–1908 dem Oberrat der Israeliten Badens an. – *Andreas Bertalan Schwarz* (1886–1953), Rechtshistoriker, 1920 Prof. in Leipzig, 1926 in Zürich, 1929 bis 1934 in Freiburg, danach in Istanbul. – *Bernhard von Simson* (1840–1915), Althistoriker, 1874–1905 Prof. in Freiburg.

Hundsnurscher/Taddey S. 86–74; GJ II,1 S. 253–257; GJ III,1, S. 395 ff; A. Lewin, Juden in Freiburg i. Br. 1890; B. Schwineköper/F. Laubenberger, Geschichte und Schicksal der Freiburger Juden. Freiburger Stadthefte 6 (1963); G. Blad, die Entstehung der israelitischen Gemeinde Freiburg 1849–1941. Magisterarbeit Univ. Freiburg. 1985; E. O. Bräunche, Die ›Reichskristallnacht‹ in Freiburg, in: Schau-ins-Land 103 (1984); L. Paepcke, Ein kleiner Händler, der mein Vater war. 1972; Ausk. StadtA Freiburg 23. Okt. 1985, 21. April 1986; Freiburger Adreßbuch. 1935.

Stadtteil Hochdorf

Spuren der jüdischen Geschichte. Eine Wiese im Ettenbachtal trägt den FN »Judenfriedhof«. Die Herkunft der Bezeichnung ist unbekannt.

H. Graner (Hg.), Hochdorf. Eine geographische und geschichtl. Ortsbeschreibung. 1974. S. 46.

Stadtteil Opfingen

Zur Geschichte jüdischer Bewohner. In Opfingen wurden nach 1716 einige jüd. Fam. aufgenommen, die in der seitdem sog. »Judengasse« wohnten. 1762 wird Jud Isaak Hänlein aus Opfingen genannt. Bis um 1820 sind die Bewohner wieder abgewandert, insbesondere nach Emmendingen (1779 Fam. Wertheimer) und nach (Efringen-)Kirchen.

Hundsnurscher/Taddey S. 50; Rosenthal, Heimatgeschichte S. 201, 212; A. Huettner, Die jüd. Gemeinde von Kirchen. 1978. S. 35; Emmendinger Heimatkalender. 1985. S. 17.

LANDKREIS FREUDENSTADT

Baiersbronn

Zur Geschichte jüdischer Bewohner. In Baiersbronn war 1935/36 Albert Abraham Preßburger wohnhaft und bemühte sich noch, als Güteragent und Häusermakler tätig zu sein. Er kam 1942 im KZ ums Leben.

Ausk. BMA Baiersbronn 6. Nov. 1985.

Dornstetten

Zur Geschichte jüdischer Bewohner. In Dornstetten war von 1855 bis 1889 als Stadtarzt Dr. Josef Levi mit Fam. wohnhaft (Sohn Julius seit 1876 als Arzt in Pfalzgrafenweiler).

J. Wößner/K. Bohn, Heimatbuch der Stadt Dornstetten. 1969. S. 571; Ausk. StV Dornstetten 6. Mai 1986.

Empfingen

Zur Geschichte jüdischer Bewohner. In Empfingen waren im 15./16. Jh. einige Juden ansässig (1490 Mosse, 1526 Lazarus, 1550 Salmon, 1554 bis 1558 Gump, Juden von Empfingen genannt; letzte Erwähnung 1561).

QGJ Nr. 295, 560, 564, 595; H. P. Müller, Die Juden in der Grafschaft Hohenberg, in: Der Sülchgau 25 (1981), S. 36–43.

Eutingen im Gäu
Ortsteil Rohrdorf

Zur Geschichte jüdischer Bewohner. In Rohrdorf war um 1670 der aus Polen vertriebene Jud Jesajas Pollak ansässig, der nach einiger Zeit nach Baisingen abwanderte.

M. Silberstein, Rabbinatsbeschreibung Mühringen 1875, in: Horber Zeitung. 26. Sept. 1983.

Freudenstadt

Zur Geschichte jüdischer Bewohner. In Freudenstadt wohnten seit dem Ende des 19. Jh. einige jüd. Personen. An ehemaligen, bis nach 1933 bestehenden *Dienstleistungs- und Handelsbetrieben* sind bekannt: Praxis Dr. Karl Beer (Lauterbadstr. 77), Kur-Pension Dr. Karl Beer (Zeppelinstr. 5), Viehhandlung Salomon und Wilhelm Levi (Stuttgarter Str. 45), Kaufmann Manfred Weil (Badstr. 59, abgebrannt 1945), Mehlgroßhandlung Simon Weil (Dammstr. 6).

G. Hertel, Die Judenfrage in Freudenstadt, in: Freudenstädter Heimatblätter 17,2 (1986); Ausk. StadtA Freudenstadt 30. 4. 1985, 19. 2. 1986.

Glatten
Ortsteil Neuneck

Zur Geschichte jüdischer Bewohner. 1503 wird Symon Jud von Neuneck genannt.

QGJ Nr. 319.

Horb am Neckar
Stadtteil Dettensee

Zur Geschichte der jüdischen Gemeinde. In Dettensee bestand eine Gemeinde bis zum Anfang des 20. Jh. Ihre Entstehung geht in die Zeit des 17. Jh. zurück. Erstmals werden 1688 Bewohner genannt. Die höchste Zahl wird um 1830 mit 173 Pers. erreicht. Mind. eine Person kam in der Verfolgungszeit 1933 bis 1945 ums Leben.

Einrichtungen der jüdischen Gemeinde. Im 18. Jh. waren die Fam. (1764: 23) in drei von der Herrschaft zur Verfügung gestellten Häusern zusammen untergebracht. Bis um 1820 änderte sich an diesen beengten Verhältnissen nichts, zudem war auch ein *Betsaal* und ein *Schulraum* in den Häusern.

1820 konnte eine *Synagoge* gebaut werden, die bis nach 1900 genutzt, 1928 geschlossen und abgebrochen wurde. Ein Pfeiler aus der Synagoge blieb erhalten und wurde auf dem jüd. Friedhof als Grabstein verwendet (Grab des Hermann Hirsch mit Inschrift zum Andenken an die Synagoge). 1826 bis 1902 bestand eine jüd. *Volksschule*, 1822 bis 1836 ein *Rabbinat*.

Die Toten wurden zunächst in Mühringen beigesetzt, seit 1830 auf einem eigenen *Friedhof* östl. des Ortes (Brandsteigweg, am Waldrand, Fläche 12,61 a).

117 *Ehemalige Synagoge in (Horb-)Dettensee, 1820 erbaut, 1928 geschlossen und etwas später abgebrochen (hist. Aufnahme um 1928).*

118 *Innenaufnahme der ehemaligen Synagoge in (Horb-)Dettensee: Blick auf Almemor und Toraschrein. Bis zuletzt gab es in der Synagoge keine festen Bänke, sondern bewegliche »Stände(r)«, von denen noch einige rechts des Toraschreines erkennbar sind.*

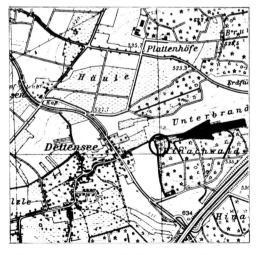

119 *Lage des jüdischen Friedhofes bei (Horb-)Dettensee.*

Persönlichkeiten. *Salomon Hirschfelder* (1832 Dettensee – 1903 München), Maler. Beliebt waren seine heiteren Volksszenen, die er in Bildern kleineren Formats herstellte. Im Horber Heimatmuseum »Hoher Giebel« befinden sich seit 1982/83 zwei Gemälde des Künstlers: »Die Brotvisitation« und »Das Dienstmädchenbureau«.

Sauer 1966 S. 66 ff; H. P. Müller, Die Juden in der Grafschaft Hohenberg, in: Der Sülchgau 25 (1981) S. 36–43; H. I. Bach, Zur Geschichte einer schwäbisch-jüd. Fam., in: Rosch Haschana 5730 (1970) S. 19–22; F. X. Holder, Geschichte des Oberamts Haigerloch. 1928. S. 355 f.

Stadtteil Horb

Zur Geschichte der jüdischen Gemeinde. In Horb bestand eine Gemeinde im MA (Judenverfolgung 1348, neue Ansiedlung 1396/98 bis 1456 erwähnt), vom 17. bis Anfang 18. Jh. (spätestens 1628; 1633: 52 Juden, 1708 letzte Nennung) und nach erneutem Zuzug nach 1862 im 20. Jh. (1903–1939). Die höchste Zahl wird um 1905 mit 138 Pers. erreicht. Mind. 28 Pers. kamen in der Verfolgungszeit 1933 bis 1945 ums Leben.
Wohngebiet und Einrichtungen der jüdischen Gemeinde. Über das ma. Wohngebiet und Einrichtungen dieser Zeit ist nichts bekannt. Das Wohngebiet des 17./18. Jh. lag im Bereich der heutigen »Alten Nordstetter Steige«.
Im 19. Jh. wurden zunächst die Einrichtungen umliegender Gemeinden, bes. Nordstettens benutzt, bis ein eigener *Betsaal* im Gebäude Fürstabt-Gerber-Str. 2 eingerichtet werden konnte (1903 oder schon zuvor). Seit 1926 bestanden Pläne für den Bau einer Synagoge (Bauplatz war vorhanden), doch wurde der Plan nicht mehr verwirklicht. Der Betsaal wurde 1938 demoliert; das Gebäude ist als Wohnhaus erhalten.
Im 17./18. Jh. wurden die Toten in Mühringen beigesetzt (1629 genannt). 1904 wurde ein eigener *Friedhof* an der Mühlener Str. angelegt (ca. 1 km außerhalb Horbs; Fläche 13,11 a).
Weitere Spuren der jüdischen Geschichte. An ehemaligen, bis nach 1933 bestehenden *Handels- und Gewerbebetrieben* sind bekannt: Textilhaus Fa. Carl Augsburger, Inh. Jakob Wolfsheimer

120   *Jüdischer Friedhof in Horb mit der nicht mehr bestehenden (vermutlich 1938 zerstörten) Friedhofshalle (hist. Aufnahme um 1930).*

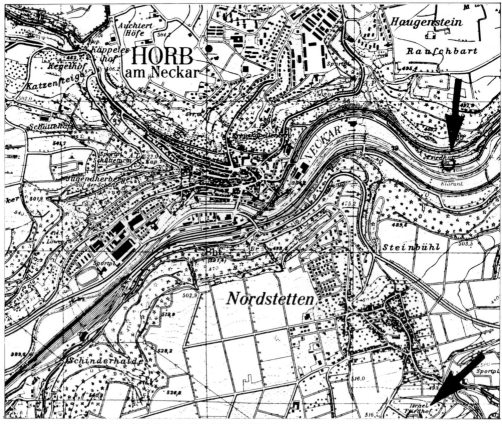

121   *Lage der jüdischen Friedhöfe bei Horb und (Horb-)Nordstetten.*

(Neckarstr. 17), Textilgeschäft Mina Augsburger (Marktstr. 5), Seifen-, Öl- und Fetthandlung Hermann Bernheim (Marktstr. 3), Koschere Metzgerei Emil Dampf, dann Leopold Liebmann (Neckarstr.), Textilgeschäft Josef und Viktor Eßlinger (Schulstr.), Öl- und Fettgroßhandlung Hermann Gideon (Dammstr., abgebr.), Seifenfabrik, Dampftalgschmelze Willy Gideon (Mühlener Torweg 19−23), Textilgeschäft, Bettwäsche Sali Gundelfinger (Marktstr. 9), Dentist Albert Hanhart (Neckarstr. 49), Kolonialwarengeschäft Adolf Landauer (Neckarstr.), Viehhandlung Karl Lemberger (Gutermannstr., abgebr.), Wollhandlung Heinrich Levi (Saarstr. 10), Lederhandlung Gebr. Feigenheimer, Inh. Simon Liebmann (Ihlingerstr. 17), Manufakturwaren- und Weißwarenhandlung Gustav Schwarz (Schillerstr.), Jüd. Café, Gastwirtschaft und Viehhandlung Sigmund Levi (Schillerplatz, abgebr.), Viehhandlung Louis Schwarz (Gutermannstr. 14, abgebr.), Viehhandlung Max Schwarz (Mühlener Str.), Mechanische Kleiderfabrik L. Stern KG., Inh. Heinrich, Sally und Siegfried Stern (Mühlener Torweg 3), Schuhhandlung und Reparaturwerkstätte Hans, Hermann und Julius Tannhauser (Neckarstr., abgebr.), Viehhandlung Viktor Wälder (Neckarstr., abgebr.), Bankgeschäft Karl Weil (Schillerstr.).

FN: 1351 wird eine Flur »Judengrube« genannt, möglicherweise der Ort der Judenverbrennung 1348.

Auf dem *Kriegerdenkmal* an der Kirchenmauer der Stiftskirche stehen auch die Namen der beiden jüd. Gefallenen des Ersten Weltkrieges aus Horb.

GJ III,1 S. 573 f; Sauer 1966 S. 108 ff; H. P. Müller, Die Juden in der Grafschaft Hohenberg, in: Der Sülchgau 25 (1981) S. 36−43; Ausk. B. Ballmann, Horb 20. Jan. 1987.

Stadtteil Mühlen

Zur Geschichte der jüdischen Gemeinde. In Mühlen bestand eine Gemeinde bis vor 1914. Ihre Entstehung geht in die Zeit um 1800 zurück. Die höchste Zahl jüd. Bewohner wird um 1846 mit 142 Pers. erreicht.

Einrichtungen der jüdischen Gemeinde. Die ersten Familien wohnten im ehem. Schloß, das 1807 abbrannte, wodurch 13 Fam. vorübergehend obdachlos wurden. Vermutl. auch im Schloß war zunächst ein *Betsaal* eingerichtet. 1811 wurde eine *Synagoge* erbaut, die bis vor dem Ersten Weltkrieg benutzt, 1922 verkauft und zu einem Wohnhaus umgebaut wurde (Rottenburger Str. 5).

1833 wurde eine *Schule* eingerichtet, die bis 1867 bzw. 1909 bestand. Danach besuchten die Kinder die allg. Ortsschule. Als Gebäude ehem. »Judenschulen« werden zwei Häuser genannt: Talmühleweg 9 (ältere Schule bis 1867?, Haus bis 1891 in jüd. Besitz) und Stauffenbergstr. 3 (jüngere Schule bis 1909?, bis 1921 in jüd. Besitz).

Um 1800 wurde ein *Friedhof* am Egelstaler Weg südwestl. des Bahnhofes angelegt (Fläche 11,82 a).

Weitere Spuren der jüdischen Geschichte. An ehemaligen *jüd. Häusern* sind am Ort bekannt (Name des letzten jüd. Besitzers): Rebekka Bloch (bis 1910, Rathausstr. 11), Sigmund Gideon (bis 1883, Rathausstr. 30), Liebmann Klein Erben (bis 1896, Remigiusstr. 6), Ferdinand und Siegfried Levi (bis 1925, Rathausstr. 9), Ida Levi Erben (bis 1902, Rathausstr. 28), Hermann Stein (bis 1919, Talmühleweg 10), Hugo Franz Stein (bis 1927, Rottenburger Str. 3), Leopold Stein (bis 1924, ehem. Synagoge, Rottenburger Str. 5), Oskar Stein (bis 1936, Lammstr. 5). Dazu ist als ehem. jüd. Textilbetrieb die Weberei Fa. Meyer & Kober zu nennen, die in der ersten Hälfte des 19. Jh. entstanden war (Gebäude Rathausstr. 14); nach 1880 war sie im Alleinbesitz von Theodor Kober.

Auf dem *Gefallenendenkmal* des Gemeindefriedhofes finden sich auch die Namen der 3 jüd. Gefallenen aus Mühlen.

Sauer 1966 S. 128 f; Ausk. OV Mühlen 12. Apr. 1984, 10. Dez. 1985; Toury S. 52 f.

Stadtteil Mühringen

Zur Geschichte der jüdischen Gemeinde. In Mühringen bestand eine Gemeinde bis 1939. Ihre Entstehung geht in die Zeit des 16. Jh zurück.

Erstmals wird 1570 Baruch Jud zu Mühringen genannt. Die höchste Zahl jüd. Bewohner wird um 1846 mit 512 Personen erreicht. Mind. 14 Pers. kamen in der Verfolgungszeit 1933 bis 1945 ums Leben.

Einrichtungen der jüdischen Gemeinde. Die Gottesdienste wurden zunächst in einem Betsaal in Privathäusern abgehalten. Eine erste *Synagoge* wurde 1728 erbaut. 1807 bis 1810 wurde an derselben Stelle eine neue Synagoge erbaut. 1938 wurde das Gebäude angezündet, der Brand je-

doch gelöscht. Im Zweiten Weltkrieg diente das Gebäude als Schäftelager der Waffenfabrik Mauser, 1960 wurde es abgerissen. Am ehem. Synagogenstandort ist 1983 ein *Gedenkstein* (am Aufgang zum Rathaus/Grundschule oberhalb der Spielstr.) errichtet worden.

1826 wurde eine *Schule* gegründet, die 1900 in eine freiwillige Konfessionsschule umgewandelt, 1913 jedoch aufgehoben wurde. Die Schule befand sich seit 1845 im ehem. jüd. Gasthaus »Hirsch« (Gebäude noch als Wohnhaus erhalten,

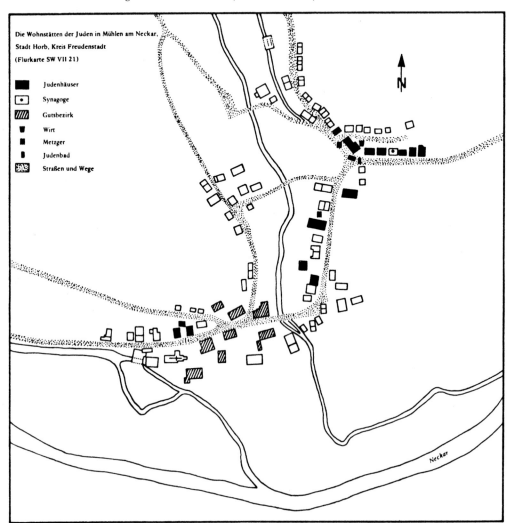

Die Wohnstätten der Juden in Mühlen am Neckar,

Stadt Horb, Kreis Freudenstadt

(Flurkarte SW VII 21)

- Judenhäuser
- Synagoge
- Gutsbezirk
- Wirt
- Metzger
- Judenbad
- Straßen und Wege

N

Neckar

122   *Die Wohnstätten der Juden in (Horb-)Mühlen (Situation im 19. Jh.)*

123 *Blick über den jüdischen Friedhof in (Horb-)
Mühlen (1971).*

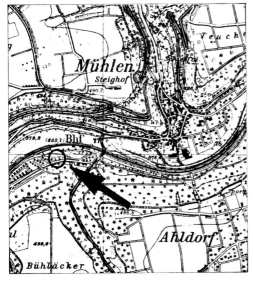

124 *Lage des jüdischen Friedhofes bei (Horb-)Müh-
len.*

Graf-Gerold-Str. 18). Dort war im Oberstock
das *Rabbinat* (bis 1914), im Untergeschoß das
rituelle Bad (»Jordanbad«, bis zur Gegenwart
kaum verändert erhalten).
Bereits Mitte des 16. Jh. wurde der *Friedhof* im
Waldgebiet nördl. des Ortes angelegt (im 17. Jh.
auch für Juden aus Horb, Haigerloch, Rexingen,
Hemmendorf und Poltringen; Flur »Totenhau«,
Fläche 64,85 a).
Weitere Spuren der jüdischen Geschichte. An
ehemaligen, bis nach 1933 bestehenden *Handels-
und Gewerbebetrieben* sind bekannt (Auswahl):
Kleiderfabrik Julius Berlizheimer und Kolonial-

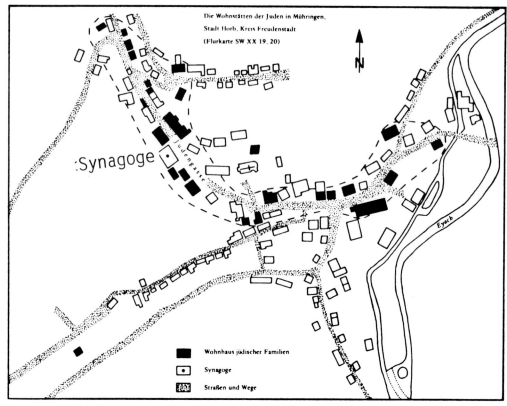

Die Wohnstätten der Juden in Mühringen,
Stadt Horb, Kreis Freudenstadt
(Flurkarte SW XX 19, 20)

:Synagoge

Eyach

■ Wohnhaus jüdischer Familien

☐ Synagoge

▨ Straßen und Wege

125   Die Wohnstätten der Juden in (Horb-)Mühringen (Situation im 19. Jh.)

126 Ehemalige Synagoge in (Horb-)Mühringen, 1807–1810 erbaut, 1938 demoliert, 1960 abgebrochen (hist. Aufnahme um 1930).

127 Gedenkstein für die ehemalige Synagoge in (Horb-)Mühringen (1985).

128 Jüdischer Friedhof in (Horb-)Mühringen (1972).

129 Jüdischer Friedhof in (Horb-)Mühringen (1972).

warengeschäft Siegmund Levi (Neue Str. 3), Schuh- und Lederhandlung Sally Elsässer (Graf-Gerold-Str. 32), Häute- und Lederhandlung Julius Feigenheimer (Burgstr., abgebr.), Aussteuergeschäft Irma Gailinger (Schloßstr. 10), Metzgerei Max Haarburger und Viehhandlung Karl Steinharder (Graf-Gerold-Str. 30), Viehhandlung Gebr. Schwarz (Burgstr. 3). Von 1924 bis 1938 unterhielt der Unabhängige Orden Bene Berith Stuttgart im ehem. jüd. Gasthaus »Zum Bären« ein Kindererholungsheim, das sog. »Schwarzwaldheim« (als Wohnhaus erhalten, Graf-Gerold-Str. 2; Beschriftung über der Haustür).

Die Namen der jüd. Gefallenen des Ersten Weltkriegs finden sich auf dem *Kriegerdenkmal* an der Straßenkurve Graf-Gerold-Str./Neue Str./Schloßstr. beim Pfarrhaus.

Sauer 1966 S. 129 ff; QGJ Nr. 744; H. P. Müller, Die Juden in der Grafschaft Hohenberg, in: Der Sülchgau 25 (1981) S. 36−43; H. P. Müller, Die jüd. Gemeinde, in: 1200 Jahre Mühringen. 1986. S. 135−145; Ausk. OV Mühringen 8. Nov. 1985.

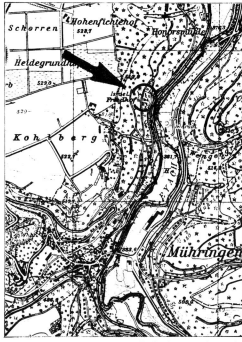

130 Lage des jüdischen Friedhofes bei (Horb-)Mühringen.

Stadtteil Nordstetten

Zur Geschichte der jüdischen Gemeinde. In Nordstetten bestand eine Gemeinde bis 1925. Ihre Entstehung geht in das 17. Jh. zurück. Erstmals wird 1629 ein Jud Aurbacher aus Nordstetten genannt, der in Herrenberg getauft wird. Die höchste Zahl jüd. Bewohner wird um 1846 mit 352 Pers. erreicht. Mind. 3 Personen kamen in der Verfolgungszeit 1933 bis 1945 ums Leben.
Wohngebiet und Einrichtungen der jüdischen Gemeinde. Im 18./19. Jh. lagen fast alle »Judenhäuser« in der Nähe des Schlosses. 1721 wird eine *Synagoge,* vermutlich ein Betsaal in einem der jüd. Privathäuser eingerichtet. 1767 wird eine neue Synagoge erbaut, die 1839 restauriert und vergrößert wurde. 1925 wurde sie geschlossen und verkauft, um 1937 abgerissen. Der Synagogenplatz (gegenüber Haus Hauptstr. 52) wurde zur Verbreiterung der Hauptstr. verwendet; teilweise kleiner Park.
Seit 1728 bestand eine *Religionsschule.* 1810 wurde in einem Teil des ehem. Gasthauses »Zur Sonne« neben der Synagoge ein Schulzimmer eingerichtet, worin 1822 die erste israelit. Volksschule

Württembergs eröffnet wurde (Gebäude Hauptstr. 30). 1844 bezogen die Kinder das dritte Schulzimmer im 1843 erbauten Dorfschulhaus (Hauptstr. 31). 1906 wurde die jüd. Schule aufgelöst. Zwischen Synagoge und dem 1972 abgerissenen Gasthaus »Zur Sonne« befand sich das gleichfalls nicht mehr bestehende *Gemeindehaus* (sog. »Kahlhaus«, Kahal hebr. = Gemeinde). In einem 1586 erbauten alten Wehrturm beim früheren Schloß (heute Rathaus) wurde ein *rituelles Bad* eingerichtet (»Judenbad«). Das Tauchbecken ist erhalten.
Die Toten wurden zunächst in Mühringen, seit 1797 auf einem eigenen *Friedhof* auf einem Hügel in Richtung Dettensee beigesetzt (Fläche: 20,01 a). Auf dem Friedhof ist das Grab von Berthold Auerbach, vor dem Eingang befindet sich ein Erdhügel mit einem Gedenkstein und einer Urne. Hier sind die Überreste der 1821 bei einem Brand umgekommenen siebenköpfigen Fam. Auerbacher beigesetzt.
Weitere Spuren der jüdischen Geschichte. An ehemaligen, bis nach 1933 bestehenden jüd. *Handels- und Gewerbebetrieben* sind bekannt: Fett-, Öl- und Seifenhandlung Siegmund Auerbacher

131   Ehemalige Synagoge in (Horb-)Nordstetten, 1937 abgebrochen (hist. Innenaufnahme um 1925).

132   Blick über den jüdischen Friedhof in (Horb-) Nordstetten (1971).

133 *Berthold Auerbach (1812–1882; Fotografie um 1860).*

(Hauptstr. 50/1), Zigarrenfabrik Gebr. Gideon (Fabrikweg 12), Mazzenbäckerei Leo Rothschild (Hauptstr. 34/36), Viehhandlung Hermann Weil (Fabrikweg 3).

Persönlichkeiten und auf sie bezogene Erinnerungsmale. *Berthold Auerbach* (1812) in Nordstetten – 1882 in Cannes, Grab in Nordstetten) gehörte im 19. Jh. zu den meistgelesenen Schriftstellern Deutschlands (Erzählungen wie die »Schwarzwälder Dorfgeschichten«, Romane

134 *Geburtshaus von Berthold Auerbach in (Horb-) Nordstetten (1985).*

u. a.). An ihn erinnern in Nordstetten: das *Geburtshaus* Fabrikweg 2 (die 1907 angebrachte Gedenktafel wurde 1942 entfernt); eine 1962 am Schloß angebrachte *Gedenktafel*; ein 1986 im Schloß eingerichtetes *Berthold-Auerbach-Museum* und die *Berthold-Auerbach-Straße*.

Sauer 1966 S. 136–139; E. Schneiderhan, Häusergeschichte von Nordstetten bei Horb. 1975; Ausk. und mschr. Manuskripte zur Geschichte der Juden in Nordstetten von H. Wagenpfeil, Nordstetten; Quelle für 1629: Chronik der Stadt Herrenberg von Vogt Heß (gest. 1761), S. 634, und Kirchenbuch Herrenberg über die Taufen 1558–1638 nach Ausk. StadtA Herrenberg 13. Aug. 1984.

Stadtteil Rexingen

Zur Geschichte der jüdischen Gemeinde. In Rexingen bestand eine Gemeinde bis 1939. Ihre Entstehung geht in das 16. Jh. zurück. Erstmals 1516 werden Juden am Ort genannt. Die höchste Zahl wird mit 427 Pers. 1846 bzw. 425 Pers. 1885 erreicht. Mind. 70 Pers. kamen in der Verfolgungszeit 1933 bis 1945 ums Leben. Die Gemeinde erfuhr durch die Auswanderung eines Teils ihrer Mitglieder 1938 eine Neugründung in der israelischen Siedlung Shavej Zion nördl. von Akko.

Wohngebiet und Einrichtungen der jüdischen Gemeinde. Das Wohngebiet konzentrierte sich auf das »Unterdorf« in der Nähe des ehem. Johanniterschlosses. 1790 wurde ein Teil der Häuser durch einen Brand zerstört.

Vor dem Bau einer Synagoge war vermutl. ein Betsaal vorhanden. 1710 wurde eine erste *Synagoge* erbaut, die 1752 erweitert wurde. Eine neue Synagoge wurde 1835 bis 1837 erbaut. 1938 wurde sie demoliert und angezündet. Im Zweiten Weltkrieg wurde in ihr ein Lager der Waffenfabrik Mauser eingerichtet. 1952 wurde das Gebäude als Gemeindezentrum mit Gottesdienstraum der evang. Kirche eingerichtet (Umbau; 1984/85 Renovierung). Das Gebäude der alten Synagoge von 1710 diente nach 1837 als *Gemeindehaus* der jüd. Gemeinde mit Gemeindesaal und Wohnungen. Ein *Armenhaus* war angebaut, gleichfalls ein

135 Ehemalige Synagoge in (Horb-)Rexingen, 1835–1837 erbaut, 1938 demoliert, 1952 zu evangelischer Kirche umgebaut (1987).

136 Innenansicht der ehemaligen Synagoge in (Horb-) Rexingen (hist. Aufnahme um 1930).

rituelles Bad. Das Gebäude der alten Synagoge wurde 1977 abgebrochen, der Platz zur Straßenverbreiterung der Freudenstädter Str. (Gebiet gegenüber der neuen Synagoge/ev. Kirche) verwendet. Im ehem. neuen Synagogengebäude ist ein Gedenkraum für die jüd. Gemeinde eingerichtet (u.a. mit dem Inschriftenstein der alten Synagoge und den Namen der in der NS-Zeit umgekommenen Rexinger Juden).

Seit 1847 war eine *Schule* vorhanden. Sie befand sich im Schul- und Rathaus der Gemeinde, das 1870 abgebrochen und an derselben Stelle neu gebaut wurde. Nach dem Bau des neuen Rathauses 1897/98 befand sich die jüd. Schule bis in die Zeit des »Dritten Reiches« im gesamten 2. Stockwerk des heute noch stehenden Schulhauses in der Freudenstädter Str.

In den Anfangszeiten der Gemeinde (16. Jh.?) wurde ein erster *Friedhof* unterhalb des Unterdorfes (genaue Lage nicht mehr bekannt) angelegt, der nach einer Überschwemmung aufgegeben wurde. Danach wurde der Friedhof in Mühringen benutzt (1629 erwähnt). 1760 bis 1770 wurde ein Friedhof südl. des Ortes angelegt (Weg zum Friedhof über Kapf- und Kirchstr., beschildert, Fläche 64,09 a). Auf dem Friedhof befinden sich zwei *Gedenksteine* für die Gefallenen des Ersten Weltkrieges und die Opfer der Verfolgungszeit 1933 bis 1945 (1946/47 aufgestellt).

Weitere Spuren der jüdischen Geschichte. An ehemaligen, bis nach 1933 bestehenden *Handels- und Gewerbebetrieben* sind bekannt: Lebens- und Futtermittelhandel Ferdinand Bamberger (Bergstr. 30), Vieh- und Rohwarenhandlung Siegmund Bodenheimer (Johanniterstr. 30), Handel mit Hosen, Seifen und Waschartikeln Willi Bodenheimer (Kirchstr. 31), Viehhandlung Isidor David (Schöllerstr. 5), Viehhandlung Max Fröhlich (Freudenstädter Str., abgebr.), Vieh-, Pferde- und Rauchwarenhandlung Elias Gideon (Kirchstr. 27), Viehhandlung Richard Gideon (Johanniterstr. 14), Viehhandlung Samuel Gideon (Bergstr. 29), Viehhandlung Siegmund Gideon (Kirchstr. 25), Viehhandlung und Metzgerei Heinrich Heimann (Bergstr. 30), Vieh- und Fellhandlung Heinrich Heimann (Bergstr. 30), Vieh- und Fellhandlung Alfred Hopfer (Freudenstädter Str. 32), Viehhandlung Hermann Hopfer (Kirchstr. 12), Viehhandlung Julius Hopfer

(Freudenstädter Str. 30), Altgummi- und Autoreifenhandlung Josef Interstein (Lichtenbergstr. 3), Viehhandlung Adolf Landauer (Lichtenbergstr. 5), Viehhandlung Max Landauer (Osterhaldeweg 19), Viehhandlung Hermann Lemberger (Kirchstr. 29), Viehhandlung Karl und Isidor Lemberger (Freudenstädter Str. 11), Viehhandlung Simon Lemberger (Osterhaldeweg 13), Viehhandlung Adolf Levi (Freudenstädter Str. 5), Kohlenhandlung Alfred Levi (Osterhaldeweg 7), Vieh- und Rauchwarenhandlung Elias Levi (Kirchstr. 19), Viehhandlung Jacob Levi (Lichtenbergstr. 22), Viehhandlung Samuel Levi (Kirchstr. 19), Viehhandlung Simon Levi (Freudenstädter Str. 20), Metzgerei und Wirtschaft »Zum Deutschen Kaiser« Leopold Liebmann (Freudenstädter Str. 14), Viehhandlung Manfred Löwengard (Lichtenbergstr. 25), Viehhandlung Max Löwengard (Schöllerstr., abgebr.), Viehhandlung Rudolf Löwengard (Lichtenbergstr. 24), Viehhandlung Walter Löwengard (Lichtenbergstr. 27), Kolonialwaren Juditha Löwenstein (Bergstr. 37), Viehhandlung Leopold Löwenstein (Freudenstädter Str. 22), Manufakturwaren David Neckarsulmer (Bergstr. 18). Kolonial- und Manufakturwaren Viktor Neckarsulmer OHG (Bergstr. 7), Viehhandlung Isidor Ottenheimer (Bergstr. 31), Fischhandel Gertrud Pollack (Kirchstr. 7), Fellhandel Selig Poßnansky (Schöllerstr. 5), Viehhandlung Alfred Pressburger (Lichtenbergstr. 34), Viehhandlung Heinrich Pressburger (Lichtenbergstr. 26), Viehhandlung Josef Pressburger (Freudenstädter Str. 12), Viehhandlung Josef M. Pressburger (Freudenstädter Str. 9), Lebensmittel und Futterhandel Isak Pressburger (Freudenstädter Str. 70), Viehhandlung Julius E. Pressburger (Bergstr. 41), Viehhandlung Julius M. Pressburger (Freudenstädter Str. 18), Viehhandel und Rauchwaren Leopold und Willi Pressburger (Osterhaldeweg 1), Viehhandel und Landwirtschaft Max und Adolf Pressburger (Schöllerstr. 10/12), Viehhandlung Sally Rosenfelder (Bergstr. 36, abgebr.), Woll-Lager Toni Schott (Freudenstädter Str. 36), Viehhandlung Elias Schwarz (Freudenstädter Str. 29, abgebr.), Viehhandlung Leopold Schwarz (Freudenstädter Str. 31), Viehhandlung Ludwig Schwarz (Johanniterstr. 28), Viehhandlung Leopold Schwarz jr. (Bergstr. 36, abgebr.), Teppichgroß-

137 Lage des jüdischen Friedhofes bei (Horb-)Rexingen.

138 Blick über den jüdischen Friedhof in (Horb-)Rexingen (1975).

handlung Martin Schwarz (Bergstr. 29), Viehhandlung Rudolf Schwarz (Freudenstädter Str.
17), Textilwaren Siegfried Schwarz (Lichtenbergstr., abgebr.), Viehhandlung Hirsch Straßburger (Bergstr. 35), Viehhandlung Willi Wälder
(Johanniterstr. 16/18), Viehhandel und Wirtschaft »Zur Rose« Leopold Wälder (Lichten-
bergstr. 14), Mehlhandlung Simon Weil (Bergstr.
5), Viehhandel und Rauchwaren Max Zürndorfer
(Lichtenbergstr. 16), Pferdehandlung Siegmund
Pressburger (Freudenstädter Str. 45 und 48).
Die Namen der 15 jüd. Gefallenen des Ersten
Weltkriegs finden sich auf einer *Gedenktafel* (mit
Bildern) im Rathaus (Ratssaal). Die ehem. in der
Synagoge befindl. Gefallenen-Gedenktafeln wer-
den gleichfalls im Rathaus aufbewahrt.
Die »Friedenslinde« vor dem Schulgebäude
(Freudenstädter Str.) soll 1871 von David Gideon
gepflanzt worden sein. An FN ist die Flur »Ju-
denäcker« nördl. des Ortes bekannt (Flst.
841–865), wobei es sich um eine vermutl. aus
dem 17./18. Jh stammende Bezeichnung handelt.
An einem Baum beim jüd. Friedhof wurde 1938
das hebr. Wort »Alija« (»Einwanderung«) eingeschnitten (mit Datum 14. März 1938 und Initialen
S. L. für Sally Lemberger). Die Inschrift ist stark
vernarbt erhalten.
In *Shavej Zion* erinnert die 1968 von A. Löwengart gestiftete *Gedenkhalle* an die in der Verfolgungszeit umgekommenen Rexinger Juden. In

ihr wird auch eine nach der »Kristallnacht« gerettete Tora-Rolle aus der Synagoge Rexingen aufbewahrt.

Sauer 1966 S. 151 ff; H. P. Müller, Die Juden in
der Grafschaft Hohenberg, in: Der Sülchgau 25
(1981) S. 36–43; A. Löwengart, Geschichte der
Juden in Rexingen, in: Pessach-Festschrift 5731
(1971) S. 12–15; G. und L. Petzold, Shavei Zion.
Blüte in Israel aus schwäb. Wurzel. 1978; Ausk.
A. Sayer, Rexingen, und OV Rexingen 8. Aug.
1986, 27. Aug. 1986.

Pfalzgrafenweiler

Zur Geschichte jüdischer Bewohner. In Pfalzgrafenweiler war seit 1876 die Fam. des Sanitäts-
rats Dr. Julius Levi ansässig, der 1901 zum Ehrenbürger der Gemeinde ernannt wurde. Die
Arztpraxis (im Rathaus, Hauptstr. 1, 2. Stock,
und im eigenen Haus Burgstr. 41) übernahm später der Sohn Dr. Adolf Levi. 5 Mitgl. der Fam.
Levi kamen in der Verfolgungszeit 1933 bis 1945
ums Leben (vgl. Sachsenheim-Großsachsen-
heim).

Ausk. BMA Pfalzgrafenweiler 9. Apr. 1985,
29. Okt. 1985.

LANDKREIS GÖPPINGEN

Deggingen

Spuren der jüdischen Geschichte. In Deggingen
bestanden zwischen 1890 und 1938 drei Filialen
Stuttgarter jüd. Textilfirmen: Korsettenfabrik Fa.
Julius Gutmann (nach 1890, Bahnhofstr. 12), Da-

menwäschefabrik Hayum & Schwartz, J. S. Harburger (1905/1938), Hemdenfabrikation Süßkind & Levison (zw. 1920 und 1930, im Saal des
Gasthauses Engel).

Ausk. BMA Deggingen 25. Apr. 1985.

Donzdorf

Spuren der jüdischen Geschichte. In Donzdorf gibt es bis heute eine »Judengasse«. Nach Überlieferungen am Ort war hier der Platz der jüd. Vieh- und Warenhändler, wenn sie zu ihren Geschäften nach Donzdorf kamen, da sie selbst nicht in die Ortschaft durften.

Ausk. StadtA Donzdorf 15. Apr. 1985.

Ebersbach an der Fils

Zur Geschichte jüdischer Bewohner. In Ebersbach lebten im 19./20. Jh. wenige jüd. Personen. Nach 1874 war August Nathan aus Laupheim Teilhaber der Zementfabrik. Zwischen 1926 und 1929 war die Fam. Julius Cronheim (Direktor der Schwäb. Textilwerke) am Ort (Martinstr. 60). Das Ehepaar Cronheim kam 1940 in Auschwitz ums Leben.

Ausk. StadtA Ebersbach 30. Aug. 1985.

Eislingen/Fils

Zur Geschichte jüdischer Bewohner. In Eislingen waren jüd. Pers. im 16. und 20. Jh. wohnhaft. Im 16. Jh. werden seit 1536 im Ortsteil Großeislingen die Juden Cappelmann (bzw. Kapellman), Schmul, Abraham und Israel genannt, die 1554 ausgewiesen wurden. Seit dem Ende des 19. Jh. bestanden an jüd. *Gewerbebetrieben:* Papierfabrik Moritz Fleischer (1892–1938; nach 1945 bis zur Gegenwart »Papierwaren Fleischer GmbH«), Mech. Strickwarenfabrik Brüder Krämer & Co. (Carl und Simon Krämer, Göppingen, bis um 1928), Mech. Strickwarenfabrik Willy Böhm AG (vor 1924 Mech. Strickerei Carl Böhm AG in Kleineislingen), Kalikofabrik Netter & Eisig (Göppingen, von 1928 bis 1938). In Eislingen wohnte die Fam. Fleischer sowie seit 1928 die Fam. Dr. Bernhard Plawner (Prokurist bei Fa. Fleischer, Richard-Wagner-Str. 26/1; alle 4 Fam.-Mitglieder kamen in der Verfolgungszeit 1933 bis 1945 ums Leben).

QGJ Nr. 360, 427, 446, 588ff; S. Frey, Rechtsschutz der Juden gegen Ausweisung im 16. Jh. 1983. S. 69–86; Toury S. 74, 169, 173, 190; Ausk. StadtA Eislingen 19. Apr. 1985, 30. Juli 1985, 24. Aug. 1985 und 6. März 1986.

Gammelshausen

Zur Geschichte jüdischer Bewohner. In Gammelshausen lebte nach einem Bericht an die fürstl. Kanzlei 1544 ein Schutzjude.

A. Kuppler, Juden in Kirchheim, in: Der Teckbote Nr. 251. 30. Okt. 1981.

Geislingen an der Steige

Zur Geschichte jüdischer Bewohner. In Geislingen waren im MA Juden ansässig (1349 Judenverfolgung; 1380 Josef von Geislingen Rabbiner in Esslingen; nach Vertreibung der Esslinger Juden 1540/41 waren einige von ihnen einige Zeit in Geislingen). Seit dem Ende des 19. Jh. lassen sich wieder Juden in der Stadt nieder, vor allem die Fam. Max Weil (bis 1933 Inh. eines Warenhauses, Hauptstr. 36).
Spuren der jüdischen Geschichte. 1665 und 1727 wird als FN das »Judenloch« zwischen dem »Spitalholz« und dem »Pfaffenhau« genannt.
Spuren der Verfolgungszeit 1933 bis 1945. Von Juli 1944 bis April 1945 bestand in Geislingen ein *Außenkommando des Konzentrationslagers Natzweiler/Elsaß*, in dem ca. 800 jüd.-ungarische Frauen zur Zwangsarbeit in der als Rüstungsbetrieb arbeitenden Württ. Metallwarenfabrik (WMF) eingesetzt waren. Das Lager befand sich unmittelbar östl. der heutigen Einmündung der Robert-Bosch-Str. in die Heidenheimer Str. Nicht mehr arbeitsfähige Frauen wurden vermutl. nach Auschwitz transportiert, im Lager verstorbene Frauen in Geislingen begraben. 1946 sind die Leichname von 12 Frauen auf den jüd. Friedhof Göppingen umgelegt worden. An das ehemalige KZ erinnern noch eine in der Karl-Benz-Str. 13 erhaltene Baracke und seit 1984 *Gedenksteine* im Stadtpark gegenüber Tor 1 der WMF und im Friedhof Heiligenäcker.

GJ II,1 S. 272; Sauer 1966 S. 74f (Abschn. »Esslingen«); Vorländer S. 11f; R. Wagner, Das KZ-Außenlager in Geislingen, in: Geschichte regional. Quellen und Texte aus dem Kreis Göppingen 2 (1982) S. 98–111; K. H. Bauer, Geschichte der Stadt Geislingen a. d. St. 2 (1974) S. 137, 142, 147f; Geislinger UB. Urkunden 1329–1825 (Archivinventare StadtA Geislingen a. d. St.) 1967. Bü. 233, 244.

Göppingen
Stadtteil Göppingen

Zur Geschichte der jüdischen Gemeinde. In Göppingen bestand eine Gemeinde im MA (1349 Judenverfolgung; 1462 wieder Juden in der Stadt, doch vermutl. bald ausgewiesen) und von 1867 bis 1939 (Zuzug vor allem aus Jebenhausen). Die höchste Zahl wird um 1925 mit 351 Pers. erreicht. Mind. 85 Pers. kamen in der Verfolgungszeit 1933 bis 1945 ums Leben.

Einrichtungen der Gemeinde. Ma. Einrichtungen sind nicht bekannt. 1867 wurde ein *Betsaal* in einem Privathaus eingerichtet, in dem sich auch die Wohnung des Vorsängers, das Sitzungszimmer des Synagogenvorstandes und ein Schulraum befanden (Haus 1897 abgerissen, an der Stelle des späteren Hauses Schützenstr. 2). Eine erste *Synagoge* wurde 1871 erbaut und bis 1881 genutzt. Danach befand sich in dem Gebäude der Betsaal der methodistischen Gemeinde; nach 1885 wurde es zu einem bis heute erhaltenen Wohnhaus umgebaut (Pfarrstr. 33). Eine *neue Synagoge* wurde 1881 in der Freihofstr. erbaut. 1907 wurde in einem unmittelbar hierzu benachbarten Haus (Freihofstr. 13; erhalten) das *Rabbinat* mit den Dienstwohnungen für Rabbiner und Vorsänger und dem Sitzungssaal des Synagogenvorstandes (seit 1926) eingerichtet. Die Synagoge wurde 1938 zerstört. An ihrem Platz befindet sich seit 1971 eine *Gedenktafel* (Parkanlage). Bis 1939 konnten im Haus Frühlingsstr. 29 Gottesdienste gefeiert werden.

Die Toten wurden in Jebenhausen, seit 1904 auf einem eigenen Friedhof (Teil des städt. Friedhofes an der Hohenstaufenstr.) beigesetzt (Fläche 22,66 a). Auf dem Friedhof erinnert ein *Gedenkstein* an das Schicksal der in der Verfolgungszeit umgekommenen jüd. Göppinger.

Weitere Spuren der jüdischen Geschichte. An ehemaligen, bis nach 1933 bestehenden *Handels-, Dienstleistungs- und Gewerbebetrieben* sind bekannt (Auswahl): Borato Destillerie, Brennerei und Likörfabrik sowie Tabakfabrikate, Inh. Jakob Bernheimer (Geislinger Str.), Korsettfabrik Bergmann & Sohn, Inh. Alfred Stern und Wilhelm Eckhoff (Ulrichstr. 16), Schürzen- und Wäschefabrik Brüder Block (Schillerstr. 48), Bahnhotel Göppingen, Inh. Geschw. Dettelbacher mit Metzgerei Dettelbacher, Inh. Max Krämer (Bahnhofstr. 4, abgebr.), Viehhandlung Julius Dörzbacher (Bahnhofstr. 28), Baumwollwaren Theodor Dörzbacher (Pfleghofstr. 1), Fell- und Darmgroßhandlung Josef Einstein & Söhne, Inh. Stefan Banemann und Josef Einstein (Burgstr. 12), Kurzwaren Fa. Einstein & Guggenheim, Inh. Julius Guggenheim (Langestr. 11), Textilwaren Einstein & Guggenheim (Rabenstr. 20), Mech. Buntweberei Gebr. Frankfurter, Teilh. Heinrich, Jakob und Sigmund Frankfurter (Bahnhofstr. 34), Fa. Süßkinds Kleidermagazin, Inh. J. Fränkel (Marktstr. 5), Kurz- und Modewaren Fa. Freudenberger & Co., Inh. Willi Böhm (Langestr. 11), Württ. Filztuchfabrik, Inh. David Geschmay (Metzgerstr. 16), Spinnereien und Webereien A. Gutmann & Co. GmbH (Poststr. 2), Textilwaren Julius Gutmann

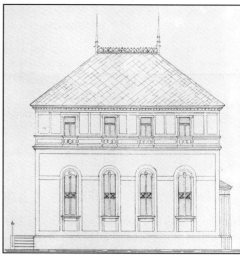

139 *Alte Synagoge in Göppingen, Pfarrstr. 33 (1871–1882; Bauplan von 1871).*

(Marktstr. 72), Baumwollspinnerei an der Fils, Inh. R. & S. Gutmann (Fabrikstr. 12), Gelatinefabrik Paul Hausmeister & Cie., Inh. Paul Hausmeister und Arthur Mändle (Gartenstr. 40), Textilwaren Julius Heimann (Bahnhofstr. 26), Modewaren und Damenkonfektion Fa. Adolf Heimann (Hauptstr. 2), Baumwollwaren Hugo Heumann (Ziegelstr. 2) Textilwaren Emil Hilb (Poststr. 11), Textilwaren Eugen Hilb (Poststr. 6), Futterstoffe Karl Hirsch (Spitalstr. 17), Viehhandlung Max Hirsch (Spitalstr. 17), Dr. med. Salo Krämer (Marktplatz 3), Dr. med. Max Landauer (Hauptstr. 31), Tee- und Kaffeevertretung Klara Lang (Christophstr. 59), Kaufhaus Georg Lendt (Untere Marktstr. 8), Kolonialwaren Gisela Löwenstein (Geislinger Str. 6), Getreidegeschäft Fa. Heinrich Löwenstein, Inh. Julius Löwenstein (Poststr. 18), Büchereinbandstoffe Fa. Netter & Eisig, Inh. Heinrich Netter und Ludwig Eisig (Bahnhofstr. 25–27), Herrenkleiderfabrik Isidor Ostertag, Inh. Sigmund Meinfelder (Langestr. 20), Metzgerei Simon Oppenheimer (Grabenstr. 18), Mech. Weberei Gebr. Ottenheimer, Inh. Max Ottenheimer (Marstallstr. 40), Chemische Produkte Milton Rohrbacher (Gartenstr. 31), Chemische Fabrik Fa. Kinessa, Inh. Siegfried Rohrbacher (Filsstr. 52), Kurzwaren Leopold Rosenthal (Poststr. 12), Korsettenfabrik Rosenthal, Fleischer & Cie., Karela GmbH, Münchner Strickwarenfabrik (Obere Freihofstr. 33), Dr. med. Hans Rothschild (Rosenstr. 8), Zahnarzt Dr. Albert Sallinger (Poststr. 25), Oel- und Leimgroßhandlung, Chem.-techn. Produkte, Wagen- und Pferdedecken, Inh. Max und Viktor Schwab (Karlstr. 38), Rechtsanwalt Dr. Albert Steiner (Bahnhofstr. 6), Dr. med. Erich Steinthal (Uhlandstr. 9), Filztuchfabrik Karl Veit (Ulmer Str. 41), Viehhandlung Berthold Wertheimer (Bleichstr. 10), Staufia-Verkaufsgesellschaft, Fa. Wohlwerth, Inh. Leo Guggenheim (Hauptstr. 40).

Persönlichkeiten und auf sie bezogene Erinnerungsmale. *Aron Tänzer* (1871–1937), seit 1907 Rabbiner in Göppingen, entfaltete bedeutende Aktivitäten im sozialen und kulturellen Bereich, u.a. durch Einrichtung der städt. Bücherei 1909, deren ehrenamtlicher Bibliothekar er bis 1931 war. Seit 1984 erinnert an ihn eine *Gedenktafel* im Erdgeschoß der Stadtbibliothek im Kornhaus.

Sauer 1966 S. 84 ff; GJ II,1 S. 281; GJ III,1 S. 444; D. Kühner, Der Rabbiner Dr. Aron Tänzer und die jüd. Gemeinde in Göppingen. Zulassungsarbeit PH Schwäbisch Gmünd. 1981; W. Keller, Pfarrstr. 33 – Das Haus der ersten Göppinger Synagoge, in: Schwäbische Heimat (1982) S. 190–193; D. Kauß, Juden in Jebenhausen und Göppingen 1777–1945. Veröffentlichungen des StadtA Göppingen 16 (1981); Ausk. StadtA Göppingen 1983/85; K. H. Burmeister (Hg.), Rabbiner Dr. Aron Tänzer. Gelehrter und Menschenfreund 1871–1937. Schriften des Vorarlberger Landesarchivs 3 (1987).

Stadtteil Jebenhausen

Zur Geschichte der jüdischen Gemeinde. In Jebenhausen bestand eine Gemeinde bis 1899. Ihre Entstehung geht in die Zeit des 18. Jh. zurück, als 1777 die ersten 20 Fam. am Ort aufgenommen

140 *Ehemalige Synagoge in Göppingen, 1881 erbaut, 1938 zerstört (hist. Aufnahme um 1930).*

wurden. Die höchste Zahl wird um 1845 mit 550 Personen erreicht.

Wohngebiet und Einrichtungen der jüdischen Gemeinde. Das Wohngebiet befand sich ursprünglich in der Aichgasse, wo die ersten jüd.

141   Ehemalige Synagoge in (Göppingen-)Jebenhausen, 1804 erbaut, 1905 abgebrochen (hist. Aufnahme um 1900).

Wohnhäuser standen (heute Tintenbachstr.) und dehnte sich bald über den »Judenberg« *(Vorderer und hinterer Judenberg),* heute Straßen »Vorderer Berg« und »Hinterer Berg«, und im 19. Jh. über die Poststr. (heute Boller Str. nördl. der Fulbachbrücke) aus. Alle in diesem Gebiet bis zur zweiten Hälfte des 19. Jh. erbauten Häuser sind ehem. jüd. Wohnhäuser. Seit 1777 wurden die Gottesdienste in einem einfachen Betsaal abgehalten. 1779 wurde eine erste *Synagoge* in der Aichgasse erbaut, die jedoch bereits 1804 durch einen wesentlich größeren Neubau abgelöst wurde. Dieser befand sich am Platz des späteren Rathauses am Postplatz. 1899 wurde der letzte Gottesdienst in der Synagoge gefeiert; das Gebäude wurde 1905 abgerissen.

Hinter der Synagoge wurde 1825 ein *Schulhaus* erbaut. 1778 wurde ein *rituelles Bad* in einem kleinen Häuschen untergebracht. 1841 baute man bei der Synagoge ein neues Bad, das bis 1875 in Betrieb war und dann verkauft wurde.

1779 wurde ein *Friedhof* am Kreuzhaldenweg angelegt (Flst. 2997/2; Fläche 28,44 a), der in der zweiten Hälfte des 19. Jh. auch von den Göppinger Juden belegt wurde, bis diese 1904 einen eigenen Friedhof anlegen konnten. Die letzte Beisetzung in Jebenhausen fand 1939 statt.

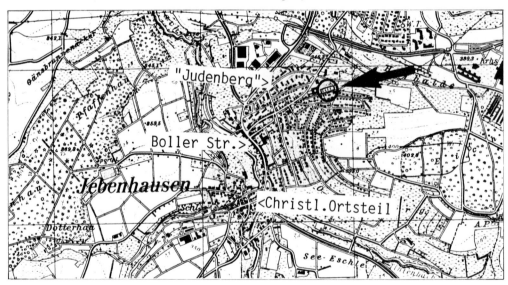

142   Lage des jüdischen Friedhofes in (Göppingen-)Jebenhausen am ehemaligen jüdischen Ortsteil »Judenberg« samt christlichem Ortsteil und der beide Teile verbindenden Boller Straße.

143/144   Gräber auf dem jüdischen Friedhof in (Göppingen-)Jebenhausen (1984).

Weitere Spuren der jüdischen Geschichte. Aus der *Inneneinrichtung der Synagoge* sind in der (alten) evang. Kirche noch erhalten: 10 Bänke mit charakteristischen Läden, in denen Gebetstücher und -bücher aufbewahrt wurden, sowie 5 Kronleuchter. 1905 hatte die Gemeinde dies der evang. Kirche geschenkt. Die Kirche dient künftig als Gedenkstätte mit Museum für die jüd. Gemeinden Göppingen und Jebenhausen. Im städt. Museum in Göppingen wird noch das Wirtshausschild der seit 1799 in Jebenhausen bestehenden ehem. jüd. Wirtschaft »Zum König David« aufbewahrt (der Name blieb bis 1984 bestehen, danach Umbenennung).

Einige der ehem. jüd. Wohnhäuser am Judenberg zeigen noch Charakteristika wie den Dachaufbau für die Feier des Laubhüttenfestes. Unweit des Postplatzes an der Boller Str. die »Villa Wieseneck«, die der Kammersänger Heinrich Sontheim 1873/74 als Urlaubsheim erstellen ließ.

Persönlichkeiten. *Heinrich Sontheim* (1820 Jebenhausen – 1912 in Stuttgart), Kammersänger, zunächst am Hoftheater Karlsruhe, zahlreiche Gastspiele in Europa, nach 1850 an der Stuttgarter Bühne; ausgezeichnet mit in- und ausländischen Orden. Sontheim lebte in Jebenhausen nach 1874 in der Villa Wieseneck.

Sauer 1966 S. 82 ff; D. Kauß, Juden in Jebenhausen und Göppingen 1777 bis 1945, 1981; G. Munz/W. Lang, Die Jebenhäuser Judengemeinde und ihre Bedeutung für die wirtschaftl. Entwicklung der Stadt Göppingen, in: Geschichte regionaler Quellen und Texte aus dem Kreis Göppingen 2 (1982) S. 134–153; G. Munz, Die Geschichte der Juden in Jebenhausen. Zulassungsarbeit PH Schwäbisch Gmünd. 1963.

Lauterstein
Stadtteil Weißenstein

Spuren der Verfolgungszeit 1933 bis 1945. Das Schloß Weißenstein war 1941/42 ein Durchgangslager für eine nicht mehr feststellbare Zahl jüd. Bewohner aus Stuttgart und anderen württ. Orten. In mehreren Transporten wurden die Insassen nach dem Zwangsaufenthalt abgeholt und in Lager des Ostens verschleppt. Mind. 43 Pers. kamen über Weißenstein in Vernichtungslager und kamen dort ums Leben.

Sauer 1966 S. 191.

Salach

Zur Geschichte jüdischer Bewohner. In Salach waren seit der zweiten Hälfte des 19. Jh. einige jüd. Bewohner ansässig. Seit 1870 bestand hier die Mech. Weberei Isaak Heinrich Neuburger OHG (Teilhaber seit 1881 Max R., Martin und Max J. Neuburger; Prokurist David Gebhard aus Innsbruck, der in Salach mit Fam. lebte). 1938 wurde der Betrieb »arisiert«, 1945–1955 nochmals weitergeführt (Firmenstandort an der Gerberstr.; Anlagen inzwischen abgebrochen).
Weitere Spuren der jüdischen Geschichte. Auf dem *Gefallenendenkmal* des Ersten Weltkrieges beim Friedhof findet sich auch der Name des jüd. Gefallenen Albert Neuburger.

A. Aich, Geschichte der Gemeinde Salach und der Burg Staufeneck. 1960. S. 162–165; 700 Jahre Salach 1275–1975 (Festschrift). S. 39f; Ausk. BMA Salach 20. Mai 1985, 9. Sept. 1985.

Süßen

Zur Geschichte jüdischer Bewohner. In Süßen zogen nach 1900 einige jüd. Familien zu. Bis nach 1933 bestanden an ehemaligen *Betrieben:* Mech. Weberei Gebr. Ottenheimer, Inh. Max und Alfred Ottenheimer (Göppingen; Fa. in Süßen, Fabrikstr., bis 1938 Ottenheimerstr. genannt); Viehhandlungen Louis und Leopold Lang. Mind. 13 Pers. kamen in der Verfolgungszeit 1933 bis 1945 ums Leben.
Weitere Spuren der jüdischen Geschichte. Am *Marktbrunnen* in Süßen (1981 errichtet) erinnert eine Figurengruppe an die aus Süßen verschleppten jüd. Mitbürger; nach den Fam. Ottenheimer und Lang werden Straßen im Neubaugebiet »Geigenwiesen« benannt.

Toury S. 62, 65, 72, 190; Ausk. BMA Süßen 26. Juni 1985.

Uhingen

Spuren der jüdischen Geschichte. In Uhingen bestanden zwei jüd. Textilfirmen: 1913 bis 1931 die Württ. Gardinenweberei Uhingen, L. Joseph & Cie., Inh. Joseph Joseph (Stuttgart); 1894 bis zur Gegenwart (durch den Zweiten Weltkrieg Unterbrechung) Mech. Weberei M. Rothschild & Söhne, Inh. Harry Rothschild (bis 1937 Göppingen), die als Spinnweberei Uhingen GmbH noch in Fam.-Besitz ist (Ulmer Str. 27).

Ortschronik der Gemeinde Uhingen. 1975. S. 418f, 424–428; Toury S. 190, 196, 215; Ausk. BMA Uhingen 10. Juli 1985.

Wiesensteig

Zur Geschichte jüdischer Bewohner. In Wiesensteig lebten im MA vermutl. einige Juden. Namentlich ist 1471 Jud Süßkind von Wiesensteig genannt. 1593 wird eine »Judengasse« in Wiesensteig erwähnt, deren Lage nicht mehr bekannt ist.
1901 wurde für einige Jahre die Korsettfedern-Fabrik Heinrich Hirsch aus Göppingen nach Wiesensteig verlegt, ging aber nach Übersiedlung des Inhabers nach München an eine andere Fa. über.

QGJ Nr. 832; Württ. Geschichtsquellen XIII. S. 293, Zeile 24; A. Tänzer, Geschichte der Juden in Jebenhausen und Göppingen. 1927. S. 460.

145   *An die Deportation der jüdischen Ortsbewohner erinnert der Marktbrunnen in Süßen (1983).*

STADTKREIS HEIDELBERG

Stadtteil Handschuhsheim

Zur Geschichte jüdischer Bewohner. In Handschuhsheim lebten Juden vom 15. bis 20. Jh. (erste Nennung 1429, verstärkter Zuzug seit dem 18. Jh., vor allem seit der Eingemeindung nach Heidelberg nach 1900; 1933: 103 jüd. Bewohner). Eigene Einrichtungen waren zu keiner Zeit vorhanden. Bereits 1748 ist überliefert, daß die jüd. Familien die Synagoge und den Friedhof in Heidelberg »von alten Zeit her« benutzten.

GJ III,1 S. 515; Hundsnurscher/Taddey S. 128 f; StA Darmstadt Judaica Urk. Nr. 468; Löwenstein, Kurpfalz S. 36 ff, 149, 177 ff, 211, 259 f.

146 Hinweistafel auf das ehemalige »Judentor« in Heidelberg (1984).

Stadtteil Heidelberg

Zur Geschichte der jüdischen Gemeinde. In Heidelberg bestand eine Gemeinde im MA (erste Nennung 1275, Judenverfolgung 1349, Neuansiedlung um 1356 bis zur Ausweisung 1391) und in der Neuzeit (seit dem 17. Jh. bis zu den Deportationen der NS-Zeit).
Die höchste Zahl jüd. Bewohner wird um 1925 mit 1412 Pers. erreicht. Mind. 288 Pers. kamen in der Verfolgungszeit 1933 bis 1945 ums Leben. Nach 1945 entstand wieder eine, im Vergleich zur Vorkriegszeit wesentlich kleinere Gemeinde, deren Mitglieder in Heidelberg und einigen umliegenden Orten leben.
Wohngebiet und Einrichtungen der jüdischen Gemeinde. Das ma. *Wohngebiet* konzentrierte sich auf die »Judengasse« (im 19. Jh. in »Dreikönigsstr.« umbenannt), an deren Ende das »Judentor« stand. Eine Hinweistafel hält die Erinnerung an das im 18. Jh. abgebrochene Judentor bis zur Gegenwart wach (am Ende der Dreikönigsstr.). Die »Semmelgasse« (früher »Simmelgasse«) ist möglicherweise nach dem Juden Simelin genannt, der nach 1366 in Heidelberg lebte.
Synagogen: Die *Synagoge der ma. Gemeinde* stand in der oberen Dreikönigsstr./Ecke Untere Str. anstelle des heutigen Gebäudes Untere Str. 24–26 (ma. Fundamente im Keller erhalten). Nach Vertreibung der Juden 1391 wurde sie zu einer Marienkapelle umgestaltet (sichtbar auf Merian-Stich um 1630, 1689 zerstört). Neben der Synagoge befand sich an der Stelle des heutigen Gebäudes Dreikönigsstr. 22/Untere Str. vermutl. das *rituelle Bad* (Fundamente erhalten).
Die neuzeitliche Gemeinde hatte seit dem Ende des 17. Jh. eine *Synagoge* (zunächst »Judenschule« genannt). Seit 1704 fanden die Gottesdienste im Haus des Feist Oppenheimer in der Nähe des Jesuitenkollegs statt. Nach 1714 bestand ein weiterer Betsaal im Haus »Zur Blauen Lilie« in der Mantelgasse. Der Betsaal im Haus Oppenheimer (1718 verwüstet) wurde 1721 in das Haus von Wolf Oppenheimer verlegt (die Häuser Oppenheimer sind nicht mehr lokalisierbar). Seit 1736 fanden die Gottesdienste nur noch im Haus »Zur Blauen Lilie« statt.
1878 wurde an der Stelle des Hauses »Zur Blauen Lilie« an der Ecke Große Mantelgasse/Lauerstr. eine *neue Synagoge* erbaut, die 1912 umgebaut, 1937 renoviert, 1938 zerstört, wenig später abgebrochen wurde. Die orthodox-jüd. Gemeinde besaß seit 1929 einen eigenen *Betsaal* in der Plöck 38, der gleichfalls 1938 zerstört, aber 1939 wieder

renoviert werden konnte. Im selben Haus war auch ein *rituelles Bad.*

Seit 1958 befand sich ein Betsaal in der Rohrbacher Str. 18. Seit 1987 ist er in der Sophienstr. 9. Eine neue Synagoge soll in der Weststadt/Blumenstr. erbaut werden. Am Platz der ehem. Synagoge (Obere Mantelgasse/Lauerstr., »Alter Synagogenplatz«) erinnert seit 1959 eine *Gedenktafel* an das Gotteshaus. Der ursprüngliche, schon nach Kriegsende hier aufgestellte Gedenkstein steht inzwischen bei der jüd. Friedhofshalle auf dem Bergfriedhof. 1978 wurde der zunächst als Parkplatz genutzte Synagogenplatz zu einem Park umgestaltet.

Friedhöfe: Der *Friedhof der ma. Gemeinde* befand sich im Bereich der Sandgasse, dort, wo heute die Universitätsbibliothek steht (1369 erweitert, 1391 aufgelöst und abgeräumt). 1971 wurde bei Restaurierungsarbeiten im Haus Unte-

147   *Innenaufnahme der ehemaligen Synagoge in Heidelberg, 1878 erbaut, 1938 zerstört (hist. Aufnahme vor 1938).*

148   *Synagogenbrand 1938 in Heidelberg.*

re Str. 20 ein Inschriftenstein entdeckt, der möglicherweise vom ma. Friedhof stammen könnte (heute in der archäologischen Abteilung des Kurpfälzischen Museums aufbewahrt). Weitere Spuren des Friedhofes sind nicht bekannt.
In den folgenden Jh. wurden verstorbene Juden vermutl. in Worms beigesetzt, im 17. Jh. in Wiesloch. 1688 wurde wieder ein *Friedhof in der Plöck* unweit der Annakirche eingerichtet, der jedoch nach wenigen Jahren geschlossen werden mußte (keine Spuren erhalten).
1701 wurde an der *Klingenteichstr.* (200 m oberhalb des Klingentores) ein bis 1876 belegter und bis zur Gegenwart erhaltener Friedhof angelegt (Fläche 19,66 a), danach erhielt die Gemeinde einen Teil des städt. *Bergfriedhofes* östl. der Rohrbacher Str. für ihre Beisetzungen. Dieser Friedhof wird bis zur Gegenwart benutzt (Fläche 111,52 a). Auf ihm befindet sich auch eine jüd. *Friedhofshalle* mit verschiedenen Gedenksteinen.
Weitere Einrichtungen: An Einrichtungen der Gemeinde des 19./20. Jh. sind noch bekannt (bis nach 1933) das jüd. *Gemeindehaus* (1939/40 auch jüd. Schule, Bunsenstr. 2), Haus der Chewra Kadischa (Beerdigungs- und Sozialverein, Bergheimer Str. 118), Haus des Israelitischen Frauenvereins e. V. (Bahnhofstr. 53a), Haus des Vereins Gemilus Chassodim (Häusserstr. 28), Heim des Vereins für israelitische Krankenschwestern (Akademiestr. 2).
Weitere Spuren der jüdischen Geschichte. Übersichten über die jüd. *Gewerbebetriebe, Rechtsanwalts- und Arztpraxen* usw. finden sich (einschließlich der Anschriften) bei A. Weckbekker, Die Judenverfolgung in Heidelberg 1933–1945. 1985.
Beim Philosophenweg (Nähe Hölderlinanlage) gibt es die Gewannbezeichnungen »Ober Judenhütte« und »Unter Judenhütte«.
Persönlichkeiten und auf sie bezogene Erinnerungsmale.
Albert Fränkel (1864–1938 Heidelberg), Internist, entdeckte 1906 die intravenöse Strophantinbehandlung für Herzkranke, seit 1914 Prof. in Heidelberg; 1933 seiner Ämter enthoben. Hermann Hesse verewigte ihn in »Haus zum Frieden«, Diego Rivera in einem Gemälde der Universität Mexico City. An ihn erinnert in Heidelberg die »Fraenkelstraße«. – *Lewin Goldschmidt*

(1829–1897), Jurist, 1860 Prof. in Heidelberg, seit 1875 in Berlin; Begründer der modernen deutschen Handelsrechtswissenschaft. – *Friedrich Gundolf* (eig. F. Gundelfinger, 1880–1931 Heidelberg), Literaturforscher, gehörte zum Kreis um Stefan George, war seit 1911 Dozent, seit 1920 Prof. für Literaturgeschichte in Heidelberg; Interpret und Kenner Shakespeares, erhielt 1930 den Lessing-Preis der Stadt Hamburg. An ihn erinnert die »Gundolfstraße«. – *Karl Heinsheimer* (1869–1929 Heidelberg), Jurist, Richter, 1907 Prof. bis zu seinem Tod; begründete das Sammelwerk »Zivilrecht der Gegenwart«, übersetzte und kommentierte den Code civil. – *Walter Jellinek* (1885–1955 Heidelberg), Staatsrechtler wie schon sein Vater *Georg Jellinek* (1851–1911); wurde Prof. in Kiel 1911 und Heidelberg 1929 bis 1935 und wieder seit 1945 (von 1939 bis 1945 zwangsemeritiert). Sein Lehrbuch über Verwaltungsrecht ist ein Standardwerk. An Georg und Walter Jellinek erinnern die »Jellinekstraße« und der »Jellinekplatz«. – *Emil Lask* (1875–1915 gefallen), Philosoph, Prof. in Heidelberg, behandelte das Problem der Irrationalität der Erkenntnismaterie. – *Jakob Loewenberg* (1856–1929), Pädagoge; schrieb »Ich war zu Heidelberg Student« für das deutsche Kommersbuch. – *Victor Meyer* (1848–1897), Chemiker, 1871 Prof. in Stuttgart, 1872 in Zürich, 1885 in Göttingen, 1889 bis zu seinem Tod in Heidelberg; hat auf verschiedenartigen chemischen Gebieten Grundlegendes geschaffen. – *Otto Meyerhof* (1884–1951), Biochemiker, Prof. in Kiel und Heidelberg, hier 1924 bis 1938 Leiter eines Instituts für Physiologie; 1938 emigriert (Paris, USA, Prof. an der Univ. Pennsylvania); 1922 Nobelpreisträger. An ihn erinnert die »Meyerhofstraße«. – *Alfred Mombert* (1872 Karlsruhe – 1942), Dichter, erst Rechtsanwalt (1900 bis 1906), lebte in Heidelberg, 1933 aus der Preuß. Akademie der Dichtkunst ausgeschlossen, kam 1940 in das KZ Gurs, durch Bemühungen von Freunden in die Schweiz. An ihn erinnern die »Mombertstraße«, der »Mombertplatz« mit einer hier befindlichen *Gedenktafel.* – *Karl Salomon* (1897 Heidelberg – 1974 Jerusalem), Komponist und Dirigent, 1930 bis 1932 Theaterkapellmeister, Dramaturg und Bariton an der Deutschen Musikbühne in Hamburg; 1933 nach

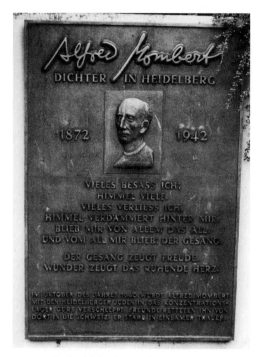

149   *Gedenktafel für den Dichter Alfred Mombert in Heidelberg (1986).*

Palästina, dort 1936 Musikdirektor des Rundfunks (unter dem Namen Karel Salmon). – *Wilhelm Salmon-Calvi* (1868–1941), Geologe, 1901 Prof. in Heidelberg, 1934 in Ankara; viele Jahre Herausgeber der »Geologischen Rundschau«. Eine *Gedenktafel* erinnert an ihn am Gebäude Hauptstr. 52. – *Hermann Schapira* (1840–1898), Mathematiker, Prof. in Heidelberg; einer der ersten Zionisten und Initiator des Jüdischen Nationalfonds. – *Eleonore Sterling-Oppenheimer* (1925 Heidelberg – 1968), Historikerin, emigrierte 1938 in die USA, 1953 bis 1955 an der Univ. Frankfurt, 1962 Dozentin, 1968 Prof. an der PH Osnabrück. – *Eugen Täubler* (1879–1953), Historiker, 1906 bis 1919 Leiter des Archivs der deutschen Juden in Berlin, 1924 bis 1933 Prof. in Heidelberg; bis 1941 Dozent an der Lehranstalt für die Wissenschaft des Judentums in Berlin; seit 1941 in den USA am Hebrew Union College.

Eine ausführliche Übersicht über die »nichtari-

schen« Professoren, Privatdozenten und Lehrbeauftragten, die infolge der NS-Gesetzgebung die Universität Heidelberg verlassen mußten, bei A. Weckbecker, Die Judenverfolgung in Heidelberg 1933–1945.

Hundsnurscher/Taddey S. 121–129; GJ II,1 S. 344f, GJ III,1 S. 523ff; H. Künzl, Auf den Spuren der ersten Heidelberger Synagoge, in: Rhein-Neckar-Zeitung, Heidelberg. 3. Dez. 1981; B. Szklanowski, Der alte jüd. Friedhof am Klingenteich in Heidelberg 1702–1876, in: Neue Hefte zur Stadtentwicklung und Stadtgeschichte 3 (1984); A. Weckbecker, Die Judenverfolgung in Heidelberg 1933–1945, in: Motive – Texte – Materialien 29 (1985); ders., Die Judenverfolgung in Heidelberg 1933–1945. Heidelberg unter dem Nationalsozialismus (hg. von J. Schadt/M. Caroli), in: Motive – Texte – Materialien. 1985. S. 399–412; Ausk. Amt für Öffentlichkeitsarbeit, Heidelberg 9. Dez. 1985; Ausk. G. Heinemann, Heidelberg 30. Nov. 1985, 26. März 1987.

Stadtteil Kirchheim

Zur Geschichte jüdischer Bewohner. In Kirchheim lebten in der zweiten Hälfte des 19. Jh. einige Juden (1880: 7 Pers.).
Spuren der jüdischen Geschichte. Südlich von Kirchheim trägt die Verbindungsstraße zwischen Sandhäuser Str. und Leimen (L 600) die Bezeichnung »Judenchaussee«.

Ausk. StV Heidelberg 15. Mai 1986.

Stadtteil Neuenheim

Zur Geschichte jüdischer Bewohner. In Neuenheim lebten einige Fam. im 17. Jh., die am Anfang des 18. Jh. nach Heidelberg verzogen. Erst seit der zweiten Hälfte des 19. Jh. wohnten kontinuierlich jüd. Pers. am Ort (1933: 186), die zur Gemeinde Heidelberg zählten.

Löwenstein, Kurpfalz S. 153f, 179; (sonstige Lit. s. Heidelberg).

Stadtteil Rohrbach

Zur Geschichte der jüdischen Gemeinde. In Rohrbach bestand eine Gemeinde bis 1937, deren Entstehung in das 17. Jh. zurückgeht (erste Nennung 1689: Jud Moses Mayer). Die höchste Zahl jüd. Bewohner wird um 1865 mit 122 Pers. erreicht.

Einrichtungen der jüdischen Gemeinde. Vor 1845 bestand ein Betsaal im »Würtelischen Haus«. Die *Synagoge*, 1845 auf dem Platz beim ehem. Rathaus erbaut, wurde 1938 zerstört, die baulichen Reste nach 1945 abgebrochen. Seit 1985 erinnert ein *Gedenkstein* am Platz der Synagoge (Rohrbacher Rathausplatz) an ihr Schicksal. Im Synagogengebäude war bis 1876 auch eine jüd. *Konfessionsschule*. Um 1833 wurde ein *rituelles Bad* erstellt (Standort unbekannt).

Weitere Spuren der jüdischen Geschichte. An ehemaligen, bis nach 1933 bestehenden *Betrieben* sind bekannt: Zahnarzt Dr. David Bär (Heinrich-Fuchs-Str. 1), Versicherungsvertretung Sigmund Bodenheimer (Karlsluststr. 12), Nudel- und Mazzenfabrikation Nathan Gutmann, Inh. Sigmund Beer (Rathausstr. 64), Mehl- und Futtermittelhandlung Oskar Ehrmann (Amalienstr. 4), Hutgeschäft Else und Karoline Kahn (Rathausstr. 4), Spitzen- und Hutwarengeschäft sowie Schuhe J. Stern, Inh. Isaak Storch gen. Stern (Heinrich-Fuchs-Str. 41).

Hundsnurscher/Taddey S. 128 f; G. L. Menzer, Rohrbach bei Heidelberg. Eine pfälzische Ortsgeschichte. 1926; K. H. Frauenfeld, Rohrbach – im Wandel der Zeit. 1981; Ausk. StA Heidelberg 15. Mai 1986; Ausk. H. Schwartz, Heidelberg-Rohrbach 17. Mai 1986; Ausk. K. Ziegler, Heidelberg-Rohrbach 3. Aug. 1986; (sonstige Lit. s. Heidelberg).

LANDKREIS HEIDENHEIM

Dischingen
Ortsteil Katzenstein

Zur Geschichte jüdischer Bewohner. In Katzenstein gab es möglicherweise im MA einzelne jüd. Bewohner. 1371 wird Männlin Jud von Katzenstein in Ulm genannt.

QGJ Nr. 110.

Gerstetten
Ortsteil Gerstetten

Zur Geschichte jüdischer Bewohner. In Gerstetten praktizierte als Landarzt von 1892 bis zu seinem Tod 1936 Dr. Achilles Behr aus Leimersheim. 1917 bis 1934 war die Mech. Weberei Gerstetten (Gartenstraße, Gebäude erhalten) im Besitz der Fa. Gebr. Bing, Hechingen (Eigentümer Julius Löwenthal und Ernst Einstein, Hechingen; Löwenthal 1931/32 in Gerstetten wohnhaft).

Toury S. 154, 189, 196; Ausk. BMA Gerstetten 20. Mai 1985, 11. Sept. 1985.

Ortsteil Gussenstadt

Spuren der jüdischen Geschichte. In Gussenstadt bestand ein »Judenstadel«, wobei es sich vermutl. um die Bezeichnung einer 1874 abgebr. Scheuer bei Gebäude Nr. 20 handelte (Herkunft der Bezeichnung unklar, entweder Zusammenhang mit dem Judenzoll oder Lagerraum jüd. Händler).

G. Thierer, Ortsgeschichte von Gussenstadt 2
(1916) S. 114, vgl. Bd. 1 (1912) S. 53; W. Schneider, Ein langer Weg bis zur Anerkennung als
Bürger, in: Heidenheimer Zeitung. 24. Dez.
1984; Ausk. BMA Gerstetten 11. Sept. 1985.

Giengen an der Brenz

Zur Geschichte jüdischer Bewohner. In Giengen lebten zwischen dem 14. und 16. Jh. einige
Juden (Erwähnungen zwischen 1375 und 1582).
Aufgrund rigoroser Gesetze wurden sie Ende des
16. Jh. zur Abwanderung gezwungen.
Im 20. Jh. betrieb bis 1920 der Viehhändler Heinrich Barth aus Flehingen in einem gemieteten
Scheunengebäude in der Lederstr. einen Viehhandel.

GJ III,1 S. 435 f; Veitshans 5, S. 42; W. Schneider,
Ein langer Weg bis zur Anerkennung als Bürger,
in: Heidenheimer Zeitung. 24. Dez. 1984; H.
Keil, Dokumente über die Verfolgung der jüd.
Bürger von Ulm. 1961. S. 311, 383; Ausk. BMA
Giengen 8. Mai 1985, 5. Dez. 1985.

Heidenheim an der Brenz
Stadtteil Heidenheim

Zur Geschichte jüdischer Bewohner. In Heidenheim lebten möglicherweise im MA einzelne
Juden. 1341 wird Baruch ben Eljakim ha-Lewi
von Heidenheim genannt. Seit der zweiten Hälfte des 19. Jh. konnten sich Juden wieder in Heidenheim niederlassen, nachdem bereits um 1800
einige jüd. Facharbeiter aus Frankreich in die Fabrik Meebold gekommen waren. Die jüd. Bewohner Heidenheims (1925: 27 Pers.) gehörten
der Synagogengemeinde Ulm an. Mind. 7 Pers.
kamen in der Verfolgungszeit 1933 bis 1945 ums
Leben.
Spuren der jüdischen Geschichte. An ehemaligen, bis nach 1933 bestehenden *Handelsbetrie-*
ben sind bekannt: Modewaren Fa. Frank & Klau
(Eugen-Jaekle-Platz, Karlstr. 2), Optikgeschäft
Hugo Jontofsohn (Wilhelmstr. 23), Textilwarengeschäft Arthur Metzger (Hauptstr. 36), Fa.
Storch & Cie., Inh. Siegmund Storch und Hermann Weil (Hauptstr. 48, später Wilhelmstr. 1),
Vieh- und Pferdehandlung Liebmann Vollweiler
(Wilhelmstr. 11), Farbenhandlung E. Weinber-

150/151   *Jüdische Geschäfte (Storch & Co. bzw. Frank & Klau) in Heidenheim am Tag des Boykotts, 1. April 1933.*

ger, Inh. Leo Feldmann (Hauptstr. 61), Kaufhaus Wohlwert (Christianstr. 2).

GJ II,1 S. 346 (1341; Deutung auch mögl. auf Heidenheim, Lkr. Weißenburg-Gunzenhausen); Toury S. 77, 189; W. Schneider, Ein langer Weg bis zur Anerkennung als Bürger, in: Heidenheimer Zeitung 24. Dez. 1984; H. Kleinschmidt/J. Bohnert (Hg.), Heidenheim zwischen Hakenkreuz und Heidenkopf. 1983. S. 79–105; Ausk. StadtA Heidenheim 24. Juni 1985, 28. Nov. 1985.

Stadtteil Schnaitheim

Zur Geschichte jüdischer Bewohner. In Schnaitheim lebten im 16. und 17. Jh. Juden. Es liegen Erwähnungen aus den Jahren 1595, 1607 bis 1622 und 1689 vor.

JGFW S. 24 (ohne nähere Q).

Niederstotzingen
Ortsteil Niederstotzingen

Zur Geschichte jüdischer Bewohner. In Niederstotzingen wurden 1646 jüd. Fam. auf 20 Jahre aufgenommen.

Württ. Städtebuch S. 188; Ausk. BMA Niederstotzingen 30. Apr. 1985.

Ortsteil Oberstotzingen

Spuren der Verfolgungszeit 1933 bis 1945. Das Schloß Oberstotzingen war von Juli bis August 1942 als sog. »Jüdisches Altersheim« Durchgangsstation für annähernd 100 jüd. Mitbürger aus Ulm, Stuttgart, Heilbronn und anderen Orten auf dem Weg in die Vernichtungslager des Ostens.

Sauer 1966 S. 144; H. Keil, Dokumente über die Verfolgung der jüd. Bürger von Ulm. 1961. S. 256f, 265; H. Franke, Juden in Heilbronn. 1963. S. 348.

Sontheim
Ortsteil Brenz

Zur Geschichte jüdischer Bewohner. In Brenz lebten im 14. und 16. Jh. Juden: 1323 wird Jud Libermann von Brenz genannt, 1548 ist von einem Juden in Brenz die Rede, 1596–1600 von Jud Seligmann von Brenz, der im Auftrag des württ. Herzogs Friedrich nach Prag reisen soll.

GJ II,1 S. 127; QGJ Nr. 527, 842, 866.

STADTKREIS HEILBRONN

Stadtteil Heilbronn

Zur Geschichte der jüdischen Gemeinde. In Heilbronn bestand eine Gemeinde im MA (spätestens seit der Mitte des 11. Jh., Verfolgungen 1298 mit 143 Ermordeten und 1349, Wiederansiedlung um 1359 bis zur ersten Ausweisung 1437/38, nach Wiederzulassung 1439 bis zur Vertreibung 1476) und im 19./20. Jh. (Neubegründung der Gemeinde 1864) bis 1939. Die höchste Zahl jüd. Bewohner wird um 1885 mit 994 Personen erreicht. Mind. 235 Pers. kamen in der Verfolgungszeit 1933 bis 1945 ums Leben.

Wohngebiet und Einrichtungen der jüdischen Gemeinde. Das Wohnviertel im MA konzentrierte sich auf die ehem. »Judengasse« (heute Lohtorstr., vor allem im Teil zwischen Sülmerstr. und Lammgasse). Dazu gehörte die »Zwerch-Judengasse« für den heute nicht mehr vorhandenen südl. Teil der Lammgasse zwischen Lohtorstr. und Marktplatz.

Die erste *Synagoge* (aus der Zeit um 1050?) befand sich wahrscheinl. am Platz der heutigen Einhorn-Apotheke Ecke Lohtorstr./Sülmerstr. 17. Sie wurde vermutl. 1298 oder 1349 zerstört. Die zweite *Synagoge* stand an der Stelle des Hauses Lohtorstr. 22. *Rituelle Bäder* sind nachweisbar an der Stelle des Hauses Kieselmarkt 1, zu dem eine unterirdische Verbindung zum Haus der (zweiten) Synagoge Lohtorstr. 22 bestand, und in dem früheren Eckhaus Lammgasse/Lohtorstr. 33. Da sich das erstgenannte Bad nahe des ersten jüd. Friedhofes am Kieselmarkt befand, könnte es sich dabei zuerst um einen Totenwaschraum gehandelt haben, der nach Stillegung des Friedhofes 1415 in ein rituelles Bad umgewandelt wurde.

Der erste *Friedhof* lag in der Nähe der Judengasse am Kieselmarkt. An dieser Stelle wurden beim Bau der Rathauserweiterung 1590 bis 1595 und 1795 jüd. Grabsteine gefunden. 1415 wurde der Friedhof stillgelegt. Ein darauf angelegter zweiter *Friedhof* lag »vor dem Brückentor« jenseits des Neckars. In diesem Gelände wurde beim Bau des

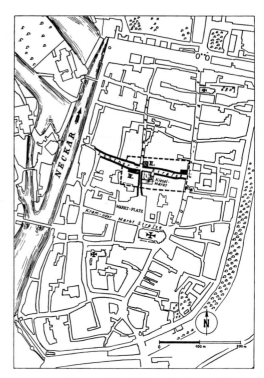

152 *Lage der mittelalterlichen jüdischen Siedlungen (I. und II.) in Heilbronn mit dem ersten jüdischen Friedhof am Kieselmarkt.*

Hafens 1855 ein Grabstein von 1420 gefunden, der auf dem jüd. Friedhof in Sontheim in die Südmauer eingemauert wurde. Ein weiterer Grabstein von 1408 aus dem Friedhof am Kieselmarkt befindet sich im Stadtarchiv.

Die Einrichtungen der Gemeinde kamen nach der Vertreibung der Juden 1467 in kaiserlichen, 1490 in städtischen Besitz. Als besondere Erinnerung an die jüd. Geschichte findet sich im Stadtarchiv ein 1944 nach der Zerstörung Heilbronns aus dem Keller des Hauses Lohtorstr. 22 geborgener, aber schon länger bekannter Stein mit der hebr. Inschrift »Nathan ha-Parnes« (Nathan der Vorsteher; Inschrift aus dem 11. Jh.).

19./20. Jh.: Bis 1857 besuchten die seit 1831 in Heilbronn wieder zugezogenen jüd. Bewohner die Synagoge in Sontheim. Seitdem fanden auch in der Stadt selbst wieder Gottesdienste statt, zunächst in einem Privathaus, kurze Zeit später in einem Raum im Mittelbau des Deutschhofes (Trakt III, in dem sich heute die Volkshochschule befindet). 1871 bis 1877 wurde an der Allee (am heutigen »Synagogenweg«) eine große *Synagoge* erbaut. Bis zur Zerstörung des Gotteshauses 1938 und seinem 1940 beendeten Abbruch fanden hier die Gottesdienste statt. 1966 wurde ein *Gedenkstein* beim Platz der Synagoge aufgestellt. Eine aus der Synagoge gerettete Tora-Rolle befindet sich in einer Synagoge in Baltimore/Maryland, USA.

153   Ehemalige Synagoge in Heilbronn, Innenansicht, 1871–1877 erbaut, 1938 zerstört (hist. Aufnahme um 1930).

154   Lage des jüdischen Friedhofs (19./20. Jh.) in Heilbronn.

Ein *Betsaal* der seit 1910/11 in Heilbronn bestehenden orthodox-jüd. Gemeinde befand sich im Hintergebäude des Hauses Uhlandstr. 7. Im Vorderbau wohnte der orthodoxe Rabbiner, der später in die Kaiserstr. und danach in die Bismarckstr. 3a verzog. Hier wurde 1920 auch ein *rituelles Bad* der orthodoxen Gemeinde eingerichtet. Der Betsaal wurde 1938 teilweise verwüstet, 1944 kriegszerstört, das Grundstück 1952 neu bebaut.

Die *Israelitische Gemeindepflege* und das *Israelitische Kirchenvorsteheramt* befanden sich in der Roßkampfstr. 21. Eine *Schule* bestand in Heilbronn im 19. Jh. nicht mehr. Nur der Religionsunterricht wurde einige Zeit in einem Raum der Knabenvolksschule Ecke Allee und Karlstraße gehalten. 1936 mußte eine jüd. *Privatschule* eingerichtet werden, die im ehem. »Adlerkeller« in der Klarastr. 21 eine vorübergehende Bleibe fand. 1867/68 wurde ein *Friedhof* im »Breitenloch« am

Fuß des Wartbergs angelegt (Flst. 3097/1–3 an der Straße »Im Breitenloch«; Fläche 65,15 a). Der Friedhof wird bis zur Gegenwart belegt. Auf dem Friedhof befinden sich mehrere *Gedenksteine und -tafeln:* ein Gefallenen-Denkmal für die 30 jüd. Gefallenen des Ersten Weltkrieges aus Heilbronn, ein Gedenkstein für die jüd. Gemeinde und die Opfer der Verfolgungszeit 1933 bis 1945 (aufgestellt am Friedhofseingang 1984), ein Gedenkstein für 4 bis 6 unbekannte, im Frühjahr 1943 im Ostteil des Friedhofes bestattete Personen (aufgestellt 1984). Die 1938 ausgebrannte *Friedhofshalle* wurde nicht wieder aufgebaut. Am Friedhofseingang wurde 1987 ein weiteres *Mahnmal* mit den Namen von 235 umgekommenen Heilbronner Juden aufgestellt.

Weitere Spuren der jüdischen Geschichte. Eine Übersicht über die ehem. jüd. *Gewerbebetriebe* Heilbronns (mit Anschriften, auch der privaten Wohnhäuser und Wohnungen) findet sich bei H.

155   *Blick in die obere Kaiserstraße in Heilbronn: links das bekannte Kaufhaus der Gebr. Landauer, Inh. Max Kaufmann, Kaiserstr. 44–48; 1938 wurde das Kaufhaus »arisiert« (hist. Aufnahme 1931).*

Franke, Geschichte und Schicksal der Juden in Heilbronn (s. Lit.).

Persönlichkeiten und auf sie bezogene Erinnerungsmale. *Siegfried Gumbel* (1874 Heilbronn – 1942 KZ Dachau), Rechtsanwalt, aktiv im politischen Leben (Gemeinderat) und in der jüd. Gemeinde, besonders nach 1933 (Leiter des Isr. Oberrats für Württ. in Stuttgart); seit 1961 ist nach ihm die »Siegfried-Gumbel-Straße« benannt. – *Max Rosengart* (1855–1943), Rechtsanwalt, seit 1884 in Heilbronn, hervorragender Anwalt; erhielt 1930 das Ehrenbürgerrecht, 1939 nach Stockholm ausgewandert. Nach ihm ist die »Rosengartstraße« benannt. – *Erwin Rosenthal* (1904 Heilbronn), Orientalist, emigrierte 1933 an die Univ. London als Hebräisch-Lehrer, 1936 in Manchester Dozent für semitische Sprachen, 1948 in Cambridge, 1967 Prof. an der Columbia-Univ. in den USA. – *Heinrich Rothschild* (1870 Heilbronn – 1936 Frankfurt am Main), Frankfurter Großkaufmann, sozialer Wohltäter, nach 1906 mit seinen Brüdern Albert und Max Inh. der Frankfurter Weltfirma »J. Adler jr.« (Alteisen, Schrott, Metallbranche). – *Georg Schwarzenberger* (1908 Heilbronn), Völkerrechtler, 1938 Dozent in London, 1962 bis 1975 Prof.; zahlr. Veröffentlichungen zu internationalen Rechtsfragen. – *Hermann Strauss* (1868 Heilbronn – 1944 KZ Theresienstadt), Internist in Gießen und Berlin, hier als Prof. und Direktor des Jüd. Krankenhauses, das jetzt seinen Namen trägt. – *Victoria Wolff* (1908 Heilbronn), Schriftstellerin, emigrierte 1933 nach Ascona im Tessin, 1939 nach Nizza, 1941 nach Los Angeles; Autorin mehrerer weltbekannter Romane.

Sauer 1966 S. 95–100; H. Franke, Geschichte und Schicksal der Juden in Heilbronn. 1963; GJ II,1 S. 346–350, GJ III,1 S. 531–540; Veitshans 5, S. 13ff, 6 S. 1, 7; Angerbauer/Frank S. 91–101; Ausk. StadtA Heilbronn 18. Apr. 1984, 2. Mai 1985, 30. Okt. 1985; Strauss S. 293; Ausk. Grundbuchamt Heilbronn 5. Mai 1987.

Stadtteil Biberach

Zur Geschichte jüdischer Bewohner. In Biberach lebten im 17./18. Jh. Juden, die nach 1650

aufgenommen worden waren (1685: 7 Haushalte). Da die Juden durch die Kriegsjahre nach 1688 und um 1707 sehr verarmten und ihre Schutzgelder nicht mehr bezahlen konnten, wurden sie nach 1728 ausgewiesen.

QGJ Nr. 314; Angerbauer/Frank S. 51 f; Jüd. Gemeindeblatt für Württ. 16. Juni 1937, S. 42 mit Hinw. auf das Mohelbuch des R. Seligmann, Hüffenhardt, vgl. Der Israelit (1936) Nr. 47.

Stadtteil Böckingen

Zur Geschichte jüdischer Bewohner. In Böckingen lebten im 16. Jh. einige jüd. Fam. (1523, 1527 und 1529 genannt). Sie wurden später ausgewiesen. Im 20. Jh. wohnte bis nach 1933 der Arzt Dr. Ludwig Essinger am Ort.
Der »Bruhweg« (Forts. der Heckenstr.) hieß früher »Judenweg« (Herkunft der Bezeichnung nicht bekannt).

JGFW S. 19; Jüd. Gemeindezeitung für Württ. (1925) S. 196; Ausk. Staatl. Vermessungsamt Heilbronn 31. Juli 1985; H. Franke, Geschichte und Schicksal der Juden in Heilbronn. 1963. S. 318.

Stadtteil Frankenbach mit Hipfelhof

Zur Geschichte jüdischer Bewohner. In Frankenbach lebten im 16. Jh. einige jüd. Fam. (1523, 1527 und 1529 genannt). Sie wurden später ausgewiesen. Auf dem Hipfelhof westl. von Frankenbach lebte Anfang des 17. Jh. Jud Samuel (genannt 1598–1604).

JGFW S. 20; Jüd. Gemeindezeitung für Württ. (1925) S. 196; Angerbauer/Frank S. 109; QGJ Nr. 865.

Stadtteil Horkheim

Zur Geschichte der jüdischen Gemeinde. In der Horkheimer Wasserburg wurden Ende des 17. Jh. einige jüd. Fam. aufgenommen (1729: 50 Pers.), die eine Gemeinde bildeten. Ein Teil verzog 1778 bis 1780 nach Talheim, doch waren auch weiterhin Juden in Horkheim, seit 1811 auch im Dorf. Um 1771 wird die höchste Zahl mit 89 Pers. erreicht. Mind. 5 Pers. kamen in der Verfolgungszeit 1933 bis 1945 ums Leben.

Einrichtungen der jüdischen Gemeinde. In der Burg befanden sich im 17./18. Jh. nicht nur die Wohnungen und jüd. Häuser, sondern auch die Einrichtungen der Gemeinde. Eine *Synagoge* wird 1725 genannt, die sich 1737 in einem Zimmer im großen Burgturm befand. Hebr. Inschriften im 2. Stock des Turms stehen hiermit in Zusammenhang. Seit 1832 besuchten die Horkheimer Juden die Synagoge in Sontheim.

Die Kinder gingen zur Ortsschule in Horkheim (19. Jh.). Im Schloßgraben wurde 1733 ein *rituelles Bad* eingerichtet, das nicht mehr besteht. Die Toten wurden zunächst in Affaltrach, Heinsheim und Neckarsulm beigesetzt, seit 1843 auf dem jüd. Friedhof in Sontheim.

Weitere Spuren der jüdischen Geschichte. An ehemaligen, bis nach 1933 bestehenden jüd. *Gewerbebetrieben* ist bekannt: Viehhandlung und Landwirtschaft Max Maier (Hohenloher Str. 15); bis 1913 bestand die Metzgerei Adolf Kahn (Kurze Gasse 2).

GJ III,1 S. 574; Sauer 1966 S. 103; Duncker, Zur Geschichte der Juden in Horkheim und Talheim, in: Vierteljahreshefte des Zabergäuvereins (1905) S. 4–16; Th. Nebel, Geschichte der jüd. Gemeinde in Talheim. 1963. S. 16–19; Angerbauer/Frank S. 110–115.

Stadtteil Kirchhausen

Zur Geschichte jüdischer Bewohner. In Kirchhausen waren vom 16. bis 18. Jh. mit einigen Unterbrechungen wenige Familien wohnhaft (1598 erste Nennung, 1733 verstarb der letzte Kirchhausener Jude). Nach Schluchtern gezogene Fam. trugen später den Fam.-Namen »Kirchhausen«.

QGJ Nr. 314; Angerbauer/Frank S. 36, 122–125; Jüd. Gemeindeblatt für Württ. 16. Juni 1937, S. 42 mit Hinw. auf das Mohelbuch des R. Seligmann, vgl. Der Israelit (1936) Nr. 47.

Stadtteil Neckargartach

Zur Geschichte jüdischer Bewohner. In Neckargartach lebten im 16. Jh. einige jüd. Fam. (1523, 1527 und 1529 genannt), die später wieder ausgewiesen wurden. Vor einigen Jahrzehnten war noch eine im Volksmund sog. Flur »Judenkirchhof« bekannt, deren Lage nicht mehr festzustellen ist.

Spuren der Verfolgungszeit 1933 bis 1945. Von August 1944 bis Ende März 1945 bestand ein *Außenkommando des Konzentrationslagers Natzweiler/Elsaß* zwischen der Böllinger und der Wimpfener Str. (heute Sportplatz). Das Lager war mit durchschnittlich 1000 bis 1100 Häftlingen belegt, die überwiegend im Salzbergwerk Neckargartach eingesetzt waren, um hierin Rüstungsproduktionen und Lager einzurichten. Aufgrund der katastrophalen Lebens- und Arbeitsbedingungen kamen mind. 295 der Gefangenen ums Leben. Die Toten des Lagers wurden nach 1945 in einem Massengrab oberhalb der Böllinger Str. beigesetzt. Eine *Gedenkstätte* ist hier eingerichtet. Am Friedhofseingang befindet sich eine Hinweistafel zur Geschichte des Lagers.

JGFW S. 23; Jüd. Gemeindezeitung für Württ. (1925) S. 196; Flurnamenverzeichnis der Landesstelle für Volkskunde, Stuttgart; Vorländer S. 109–129; H. Risel, Die Konzentrationslager Neckargartach und Kochendorf, in: Landesgeschichte im Unterricht III. Lehren und Lernen 23 (1982); H. Risel, KZ in Heilbronn. Das »SS-Arbeitslager Steinbock« in Neckargartach. 1987.

Stadtteil Sontheim

Zur Geschichte der jüdischen Gemeinde. In Sontheim bestand bis 1939 eine Gemeinde. Ihre Entstehung geht vermutl. bis in ma. Zeiten zurück (1298 wird eine Judenverfolgung in »Sontheim« genannt, wobei es sich wahrscheinl. um dieses Sontheim handelt). Seit ca. 1660 sind wieder Juden am Ort genannt. Die höchste Zahl wird um 1846 mit 113 Pers. erreicht. Mind. 9 Personen (ohne Landesasyl) kamen in der Verfolgungszeit 1933 bis 1945 ums Leben.

Einrichtungen der jüdischen Gemeinde. Eine

KZ-FRIEDHOF HEILBRONN NECKARGARTACH

Im September 1944 wurde an der Böllinger Straße in Neckargartach ein Konzentrationslager errichtet, das die offizielle Bezeichnung "SS-Arbeitslager Steinbock" führte und ein Außenkommando des Lagers Natzweiler im Elsaß war. Es war für die Aufnahme von ca. 1100 Häftlingen ausgelegt, von denen in den folgenden Monaten zahlreiche verstorben sind. 246 Tote verschiedener Nationalität haben ihre letzte Ruhestätte in diesem Friedhof, einem Massengrab oberhalb des Lagers, gefunden. Mit dem Näherrücken der Amerikaner im Frühjahr 1945 wurde das Neckargartacher Lager Ende März aufgelöst. Die Häftlinge, die zu dieser Zeit noch am Leben waren, wurden mit unbekanntem Ziel nach Osten abtransportiert. Über ihren Verbleib ist nichts bekannt.

Die Männer waren in Heilbronn zunächst beim Ausbau des nahen Salzbergwerkes zum Rüstungsbetrieb eingesetzt, nach dem 4. Dezember 1944, dem Tag des Hauptluftangriffes auf diese Stadt, zur Trümmerräumung sowie zum Bergen der Toten und ihrer Bestattung im Ehrenfriedhof "Köpfer."

Die Grabstätte steht in der Obhut der Stadt. Das schlichte Mahnmal ist von Neckargartachern in selbstloser Gemeinschaftsarbeit errichtet worden.

156   Hinweistafel am KZ-Friedhof (Heilbronn-)Neckargartach (1986).

Synagoge (Betsaal) bestand bereits 1672 im Haus des Juden David. 1773 wird am »Judengängle« (zwischen Deinenbachstr. und Hauptstr.) eine neue Synagoge erbaut, die 1827 an derselben Stelle nochmals durch einen Neubau ersetzt wurde. 1910 wurde das Gebäude renoviert, 1938 blieb die Synagoge unzerstört. Im Zweiten Weltkrieg diente das Gebäude als Kriegsgefangenenlager, nach 1949 als Wohnhaus. Anfang 1985 wurde es im Zusammenhang mit der »Ortssanierung« abgerissen.

Die *Schule* befand sich im Haus Hauptstr. 25 (1835–1924). Hier war zunächst auch ein *rituelles Bad*, seit 1864 in der Hauptstr. 39 gegenüber der Synagoge am Deinenbach. Im Zusammenhang mit der Sanierung der Hauptstr. sind auch diese Gebäude abgebrochen worden.

Die Toten wurden seit der zweiten Hälfte des 17. Jh. in Affaltrach beigesetzt. 1840/41 wurde an der Schozach 1 km südwestl. des Ortes gemeinsam mit den Gemeinden Talheim und Horkheim ein jüd. *Friedhof* angelegt (Flst. 500/1; Fläche 29,37 a). Die 1845 erbaute Friedhofshalle wurde 1938 zerstört.

Weitere Spuren der jüdischen Geschichte. Die ehem. jüd. Häuser an der Hauptstr. wurden im Zuge der Ortssanierung beseitigt. Bis nach 1933 bestanden an *Handelsbetrieben*: Viehhandlung Ludwig Maier (Hauptstr. 25), Kaufmann Emil Strauß (Deinenbachstr. 26), Kaufmann Julius Strauß (Deinenbachstr. 5).

1907 wurde in Sontheim ein jüd. Altersheim (bzw. Landesasyl) »Wilhelmsruhe« erbaut. Es bot zunächst 32 alten Pers. Platz, wurde mehr-

157   Innenansicht der ehemaligen Synagoge in (Heil-
bronn-)Sontheim, 1827 erbaut, 1938 nicht zerstört, 1985
abgebrochen (hist. Aufnahme um 1930).

159   Blick über den jüdischen Friedhof in (Heilbronn-)
Sontheim (hist. Aufnahme um 1930).

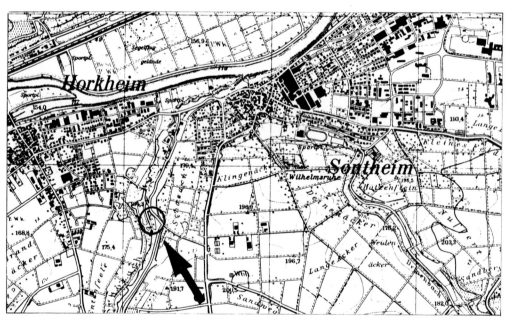

158   Lage des jüdischen Friedhofs bei (Heilbronn-)
Sontheim.

160   Grabmal auf dem jüdischen Friedhof in (Heil-
bronn-)Sontheim (1972).

fach erweitert (1939/40 waren 160 Pers. untergebracht). Ende Nov. 1940 mußte das Heim
zwangsgeräumt werden; die Insassen wurden in
andere Altersheime oder Orte verbracht. In der
»Wilhelmsruhe« brachte man Fam. von Schwer-
beschädigten unter, seit 1946 war hier die Städt.
Frauenklinik, bis zur Gegenwart eine Nachsor-
geklinik.
**Persönlichkeiten und auf sie bezogene Erinne-
rungsmale.** *Hermann Wolf* (1862–1926), Begründer der Mech. Schuhfabrik Wolf & Co. in
Sontheim (WOLKO) mit Anfang des 20. Jh. über
800 Arbeitern. 1938 »Arisierung«. Die Straße
zum ehem. jüd. Altersheim »Wilhelmsruhe« trägt
den Namen »Hermann-Wolf-Straße«. – *Albert*

Güldenstein (1822 Sontheim – 1891 Stuttgart),
Bildhauer, machte sich in Stuttgart durch etliche
Werke (z. B. Tiergruppen in der Wilhelma) einen
Namen. Die »Güldenstein-Straße« ist nach ihm
benannt.

Sauer 1966 S. 101 ff; Angerbauer/Frank
S. 213–221; H. Franke, Geschichte und Schicksal der Juden in Heilbronn. 1963; Ausk. Staatl.
Vermessungsamt Heilbronn 31. Juli 1985; H.
Gräf (Projektleitung), Der jüd. Friedhof Heil-
bronn-Sontheim. Eine Dokumentation, erarbeitet von Schülern der Helene-Lange-Realschule
und dem Arbeitskreis Jüd. Friedhof Heilbronn-
Sontheim. 1987 (mschr. vervielfältigt).

LANDKREIS HEILBRONN

Abstatt

Zur Geschichte jüdischer Bewohner. In Abstatt
gab es möglicherweise am Ende des 15. Jh. Juden.
1481 wird Schmohel von Abstatt als Schutzjude
genannt.

GJ III,1 S. 12; JGFW S. 12 (ohne nähere Angabe).

Bad Friedrichshall
Stadtteil Jagstfeld

Zur Geschichte jüdischer Bewohner. In Jagstfeld bestand von ca. 1879 bis 1893 die jüd. Speise-
wirtschaft von Hermann Herz aus Kochendorf
(Deutschordensstr. 17; zwischen 1879 und 1892
daher nahezu 30 Trauungen jüd. Paare in Jagstfeld).

L. Hantsch, Der jüd. Speisewirt Hermann Herz
in Jagstfeld, in: Heimatgeschichtliche Beilage
zum Friedrichshaller Rundblick Nr. 79/80. 1985.

Stadtteil Kochendorf

Zur Geschichte der jüdischen Gemeinde. In
Kochendorf bestand eine Gemeinde bis 1925. Ihre Entstehung geht in die Zeit des 16./18. Jh.
zurück. Erstmals werden 1535 Juden genannt,
eine Gemeinde wird 1732 erwähnt. Die höchste
Zahl jüd. Bewohner wird um 1846 mit 155 Pers.
erreicht. Mind. 2 Pers. kamen in der Verfolgungszeit 1933 bis 1945 ums Leben.
Einrichtungen der jüdischen Gemeinde. Ende
des 17. Jh. besuchten die Kochendorfer Juden die
Synagoge in Oedheim. Eine *Synagoge* in Kochendorf (vermutl. ein Betsaal im sog. »Judenhaus«) wird erstmals 1738 erwähnt. Ihr Standort
ist nicht bekannt, vielleicht am Platz der späteren
Synagoge, die 1806 erbaut wurde; im Keller des
Gebäudes befand sich wahrscheinlich auch das
rituelle Bad (Nähe zum Mühlkanal). 1872 wurde
das Gebäude renoviert, 1925 verkauft und zu
einem Wohnhaus umgebaut (Mühlstr. 12, umgebaut und um einen Stock erhöht; der Betsaal war
im 1. Stock mit dem Toraschrein zwischen den
beiden Fenstern der Giebelfront).

Die Toten wurden zunächst auf dem Friedhof in Neckarsulm beigesetzt. Seit 1870 bestand ein eigener *Friedhof* in der Flur »Mittlerer Pfad« (am Ende der Kappenstr.; Flst. 4137/38, Fläche 4,65 a). Im »Dritten Reich« wurde der Friedhof schwer beschädigt, nach 1945 wieder hergerichtet.

Weitere Spuren der jüdischen Geschichte. An ehemaligen, bis nach 1933 bestehenden *Handelsbetrieben* sind bekannt: Viehhandlung Emanuel und Julius Herz (Hauptstr. 29), Kurz-, Weiß- und Wollwarengeschäft Hannchen Herz (Kirchbrunnenstr. 4), Mehlhandlung Jakob Herz (Hauptstr. 30).

Spuren der Verfolgungszeit 1933 bis 1945. Von Sept. 1944 bis April 1945 bestand ein *Außenkommando des Konzentrationslagers Natzweiler/Elsaß*. Die Zahl der Insassen betrug zwischen 1200 und 1700 Pers., darunter ein großer Teil Juden. Die Häftlinge arbeiteten vor allem im Salzbergwerk Kochendorf und in zwei Industriebetrieben. Die Lebens- und Arbeitsbedingungen waren katastrophal. Obwohl mehrere Krankentransporte Kochendorf verließen (u.a. nach Dachau und Vaihingen an der Enz), starben hier mind. 389 der Zwangsarbeiter. Sie wurden später auf den KZ-Friedhof am Reichertsberg in Kochendorf umgebettet. *Gedenkstätte* mit Gedenktafel ist eingerichtet.

Sauer 1966 S. 36 f; Angerbauer/Frank S. 126–133; E. Fieß, Beiträge zur Geschichte der jüd. Gemeinde in Kochendorf, und L. Hantsch, Juden in Kochendorf, in: Stadtbuch Bad Friedrichshall. 1983. S. 405–436; L. Hantsch, Von den Kochendorfer Juden, Heimatgeschichtl. Beilage zum Friedrichshaller Rundblick Nr. 48. Sept. 1982; H. Risel, Die Konzentrationslager Neckargartach und Kochendorf, in: Landesgeschichte im Unterricht III. Lehren und Lernen 23 (1982); Bericht über KZ Kochendorf, in: Heilbronner Stimme 67 (1985) S. 12; Ausk. L. Hantsch 7. Mai 1985, 25. Aug. 1985.

161 *Ehemalige Synagoge in (Bad Friedrichshall-)Kochendorf, 1806 erbaut, 1925 zu Wohnhaus umgebaut; die Fenster an der Straßenseite waren nur aufgemalt (hist. Aufnahme um 1928).*

162 *Lage des jüdischen Friedhofs bei (Bad Friedrichshall-)Kochendorf.*

Bad Rappenau
Stadtteil Babstadt

Zur Geschichte der jüdischen Gemeinde. In Babstadt bestand eine kleine Gemeinde bis zur zweiten Hälfte des 19. Jh. Ihre Entstehung geht in das 18. Jh. zurück. Erstmals werden 1713 Juden am Ort genannt. Die höchste Zahl jüd. Bewohner wird vermutl. um 1722 mit 21 Personen erreicht.
Einrichtungen der jüdischen Gemeinde. 1740 wird zwar eine »Judenschule« (Betsaal) genannt, über die nichts Näheres mehr bekannt ist, doch werden die Juden Babstadts vor allem die Einrichtungen der Nachbargemeinden Obergimpern oder Bad Rappenau mitbenutzt haben. Die Toten wurden in Heinsheim beigesetzt.

Hundsnurscher/Taddey S. 36 f; Angerbauer/Frank S. 25 f; Ausk. OV Babstadt 4. Febr. 1986.

Stadtteil Bad Rappenau

Zur Geschichte der jüdischen Gemeinde. In Bad Rappenau bestand eine jüd. Gemeinde bis 1937. Ihre Entstehung geht in die Zeit des 16./17. Jh. zurück. Erstmals wird 1572 ein Jude am Ort genannt. Die höchste Zahl jüd. Bewohner wird um 1875 mit 81 Pers. erreicht. Mind. 4 Pers. kamen in der Verfolgungszeit 1933 bis 1945 ums Leben.
Wohngebiet und Einrichtungen der jüdischen Gemeinde. Die jüd. Fam. wohnten bis zum Anfang des 19. Jh im sog. »Judenhof« (heute Straßen Am Schafgarten und Fasanenstr.). Hier war auch das *Bethaus* der Gemeinde, ein zweistöckiger Bau, in dem auch Wohnungen untergebracht waren (heutiges Gebäude Am Schafgarten 4). 1844 wurde eine neue *Synagoge* erbaut, die bis 1936/37 erhalten wurde. In ihr befand sich vermutl. auch ein *rituelles Bad*. Nach dem Verkauf 1937 ging das Gebäude in das Eigentum der Milchgenossenschaft über und wurde abgebrochen. Danach wurde eine Milchsammelstelle auf dem Grund-

163   Jüdischer Friedhof in Bad Rappenau; auf ihm wurden auch die in Siegelsbach verstorbenen Juden beigesetzt (1983).

164   Lage des jüdischen Friedhofs bei Bad Rappenau.

stück erbaut, die 1970 zu einem Wohnhaus umgebaut wurde (Am Schafgarten 2).
Eine Schule war nicht vorhanden, die jüd. Kinder besuchten die evang. Schule.
Bis 1881 wurden die Toten in Heinsheim beigesetzt. Seither bestand ein eigener *Friedhof* an der Siegelsbacher Str. 150 m hinter dem jetzigen städt. Friedhof. Auf dem Friedhof wurden 1944/45 auch einige Kinder christl. russischer Zwangsarbeiterinnen beigesetzt (Fläche 4,79 a).
Weitere Spuren der jüdischen Geschichte. An ehemaligen, bis nach 1933 bestehenden *Handelsbetrieben* sind bekannt: Viehhandlung Siegfried Adler (Kirchenstr. 111, abgebr.), Viehhandlung Josef Metzger (Babstadter Str. 11, wird abgebr.), Textilwarengeschäft Sigmund Traub (Bahnhofstr. 1).
Auf der Gedenktafel des *Gefallenen-Ehrenmals* der Stadt finden sich auch die Namen der beiden jüd. Gefallenen des Ersten Weltkriegs.
Spuren der Verfolgungszeit 1933 bis 1945. Von Sept. 1944 bis März 1945 bestand als Unterkommando des Lagers Neckarelz ein *Außenkommando des Konzentrationslagers Natzweiler/Elsaß.* Die Häftlinge, vermutl. darunter auch jüd. Pers., arbeiteten in einem SS-Bauhof, in der Landwirtschaft und in einer Kfz-Werkstatt. Das Lager war

auf dem Gelände der früheren Saline (Häftlingszahl unbekannt).

Hundsnurscher/Taddey S. 41 f; Angerbauer/Frank S. 27–31; Ziegler S. 251–260; Ausk. StV Bad Rappenau 15. Febr. 1984, 14. Juni 1985, 6. Febr. 1986; Ausk. Grundbuchamt Bad Rappenau 6. Mai 1987.

Stadtteil Bonfeld

Zur Geschichte der jüdischen Gemeinde. In Bonfeld bestand eine Gemeinde bis 1939. Ihre Entstehung geht in die Zeit des 15./18. Jh. zurück. Erstmals 1469 werden Juden genannt (aus Heilbronn vertriebene Pers.), dann wieder 1598 und seit der ersten Hälfte des 18. Jh. (1717). Die höchste Zahl wird um 1852 mit 131 Pers. erreicht. Mind. 20 Pers. kamen in der Verfolgungszeit 1933 bis 1945 ums Leben.

165   Ehemalige Synagoge in (Bad Rappenau-)Bonfeld; Blick auf Almemor und Toraschrein (Aufnahme um 1930).

Einrichtungen der jüdischen Gemeinde. Um 1780 wurde eine *Synagoge* gebaut, die bis zur Demolierung ihrer Inneneinrichtungen 1938 und dem nachfolgenden Abriß bestand. Der Standort lag zwischen altem Rathaus und dem heutigen Gebäude Rappenauer Str. 6 (heute Garten mit neuer Scheune bebaut, Rappenauer Str. 4). Über die Lage eines rituellen Bades ist nichts mehr bekannt. Die jüd. Kinder besuchten 1828 die Ortsschule, doch bestand vermutl. zeitweise im 19. Jh. eigene Schule (zuletzt einmal wöchentlich jüd. Religionsunterricht in der Volksschule). Die Toten wurden in Heinsheim und Waibstadt beigesetzt.

Weitere Spuren der jüdischen Geschichte. An ehemaligen, bis nach 1933 bestehenden *Handels- und Gewerbebetrieben* sind bekannt: Manufakturenhandlung Max Flehinger (Kirchhausener Str. 19), Viehhandlung und Metzgerei Karl Ladenburger (Herbststr. 13), Viehhandlung Ferdinand und Hermann Ottenheimer (Fürfelder Str. 14), Manufakturwarengeschäft Julius und Sigmund Zion (Rappenauer Str. 27), Landesproduktenhandlung und Schuhgeschäft Leopold Schlesinger (Rappenauer Str. 13), Lebensmittelgeschäft Mathilde und Albert Schlesinger (Martin-Luther-Str. 42), Kolonial- und Manufakturwarenladen Sophie und Moritz Schlesinger (Kirchhausener Str. 18).

GJ III,1 S. 135 f; Sauer 1966 S. 51 f; Angerbauer/ Frank S. 36, 54–58; Ausk. OV Bonfeld 4. Febr. 1986.

Stadtteil Fürfeld

Zur Geschichte jüdischer Bewohner. In Fürfeld haben möglicherweise im 15./16. Jh. einige Juden gelebt. 1495 wird Jud Salmon Firnfeld (vielleicht Salomon von Fürfeld), 1555 Jud Meir und Jud Daniel zu »fuhrfellt« genannt, womit jedoch auch der Ort Fürfeld bei Bad Kreuznach gemeint sein kann. In der Mitte des 18. Jh. waren einige Juden am Ort, so nach 1740 Jud Hirsch, um 1750 Jud Meyer.

Löwenstein, Kurpfalz S. 53; Angerbauer/Frank S. 72 f; Ausk. OV Fürfeld 20. Jan. 1986.

Stadtteil Grombach

Zur Geschichte der jüdischen Gemeinde. In Grombach bestand eine jüd. Gemeinde bis 1937. Ihre Entstehung geht in das 17./18. Jh. zurück. Erstmals werden 1723 Juden genannt. Die höchste Zahl jüd. Bewohner wird um 1838 und um 1880 mit jeweils 53 Pers. erreicht. Mind. 8 Pers. kamen in der Verfolgungszeit 1933 bis 1945 ums Leben.

Einrichtungen der jüdischen Gemeinde. 1840/ 41 wurde eine *Synagoge* mit einem *Schulzimmer* für den Religionsunterricht in der Ortsstr. (früher Hauptstr.) erbaut. Im Obergeschoß des Gebäudes hatte der Vorsänger/Lehrer eine kleine Wohnung. 1938 wurde die Synagoge schwer beschädigt und anschließend abgerissen. Bis 1963 war das Grundstück unbebaut. Danach wurde auf ihm das neue Rathaus (heute örtl. Verwaltungsstelle) erbaut. Ein *Stein vom Türsturz* der Synagoge befindet sich in der Kapelle von Schloß Neuhaus.

Die Kinder besuchten – abgesehen vom Religionsunterricht – die kath. Ortsschule. Die Toten wurden in Waibstadt beigesetzt.

Weitere Spuren der jüdischen Geschichte. An ehemaligen, bis nach 1933 bestehenden *Handelsbetrieben* sind bekannt: Kurzwarengeschäft Isak Federgrün (Ortsstr. 63), Getreidehandlung Emanuel und Lehmann Kirchheimer (Eisenbahnstr., gegenüber Bahnhof), Bürstenmacher Siegfried Kirchheimer (Ortsstr. 31), Lebensmittelgeschäft Julius Strauß (Ortsstr. 47).

Hundsnurscher/Taddey S. 113 f; Angerbauer/ Frank S. 80–83; Ausk. StV Bad Rappenau 15. Febr. 1984; Ausk. OV Grombach 6. Febr. 1986.

Stadtteil Heinsheim

Zur Geschichte der jüdischen Gemeinde. Bis 1937 bestand eine Gemeinde, deren Entstehung in das 16. Jh. zurückgeht. Erstmals wird 1563 ein jüd. Bewohner (Jud Simon von Heinsheim) genannt. Die höchste Zahl wird um 1838 mit 118 Pers. erreicht. Mind. 6 Pers. kamen in der Verfolgungszeit 1933 bis 1945 ums Leben.

166 Ehemalige Synagoge in (Bad Rappenau-)Heinsheim, 1796 erbaut, 1937 verkauft (1987).

Einrichtungen der jüdischen Gemeinde. Ein *Betsaal* oder eine Synagoge bestand bereits um 1600, als die Gottesdienste in Heinsheim auch von den Wimpfener Juden besucht wurden. 1738 war die Synagoge in einem von Mayer Joseph erworbenen Haus. Eine neue *Synagoge* wurde 1796 erbaut (Standort Schloßgasse 3/1), in der bis 1936 Gottesdienste gefeiert wurden. 1937/38 wurde das Gebäude verkauft und dient seither als Werkstatt und Lager. Das äußerlich kaum veränderte Gebäude zeigt über dem Eingang einen *Hochzeitsstein.*

1831/32 wurde neben der Racknitzschen Kelter hinter der kath. Kirche ein neues *rituelles Bad* erstellt. 1935 wurde es an die kath. Kirchengemeinde verkauft.

Bereits im 16. Jh. wurde im Gewann »Schlierbach« (nahe den Heinsheimer Aussiedlerhöfen) ein *Friedhof* angelegt. Er diente bis zum 19. Jh. auch den Juden zahlreicher (bis zu 25) umliegender Gemeinden als Begräbnisstätte. Im »Dritten Reich« blieb der Friedhof unversehrt (Fläche 107,64 a).

Weitere Spuren der jüdischen Geschichte. An ehemaligen, bis nach 1933 bestehenden jüd. *Wohnhäusern* sind bekannt: Handelsmann Hirsch Ottenheimer (Neckarstr. 73), Handelsmann Isak Ottenheimer und Abraham Ottenheimer Wwe. (Neckarstr. 35), Handelsmann Isak Ottenheimer (Gundelsheimer Str. 19), Liebmann Ottenheimer (Neckarstr. 20), Handelsmann Moses Ottenheimer (Neckarstr. 53), Hermann Strauß (Schäfergasse 1, abgebr.), Pfer-

167 Lage des jüdischen Friedhofs bei (Bad Rappenau-)Heinsheim.

168–170 Jüdischer Friedhof in (Bad Rappenau-)Heinsheim (1971).

dehandlung Jakob Strauß (Schloßgasse 8), Lehrer Elieser Zeilberger (Neckarstr. 24).

Auf dem *Gefallenendenkmal* des örtlichen Friedhofes stehen auch die Namen der 4 jüd. Gefallenen des Ersten Weltkriegs.

Hundsnurscher/Taddey S. 130f; Angerbauer/Frank S. 101–109; Ausk. StV Bad Rappenau 15. Febr. 1984; Ausk. OV Heinsheim 3. Juli 1985, 21. Jan. 1986.

Stadtteil Obergimpern

Zur Geschichte der jüdischen Gemeinde. In Obergimpern bestand eine Gemeinde bis 1938. Ihre Entstehung geht in die Zeit des 16./18. Jh. zurück. Erstmals werden 1588/89 Juden (Süßkind und Moses), dann wieder seit der Mitte des 18. Jh. genannt. Ihre höchste Zahl wird um 1841 mit 110 Pers. erreicht. Mind. 4 Pers. kamen in der Verfolgungszeit 1933 bis 1945 ums Leben.

Einrichtungen der jüdischen Gemeinde. Zunächst war ein *Betsaal* in einem jüd. Privathaus

vorhanden (Standort unbekannt). Um 1810 wurde eine *Synagoge* erbaut, 1882 renoviert. Sie befand sich in der Grombacher Str. 10/12. Vor 1938 wurde das Gebäude an die kath. Kirche verkauft, die es für einige Jahre als Jugendhaus benützte. Kurz nach dem Zweiten Weltkrieg wurde das Gebäude abgebrochen, der freie Platz aufgeteilt und an die Nebenlieger verkauft (heute Garten). Ein *rituelles Bad* befand sich seit 1830 im Keller des Hauses des damaligen Vorstehers Hirsch Kaufmann und wurde später in die Synagoge verlegt. Die Kinder besuchten Anfang des 19. Jh. die evang., später die kath., nach 1848 wieder die evang. Schule. Die Toten wurden in Heinsheim und Waibstadt beigesetzt.

Weitere Spuren der jüdischen Geschichte. An ehemaligen, bis nach 1933 bestehenden *Handelsbetrieben* sind bekannt: Kohlen-, Getreide- und Gemischtwarenhandlung Wilhelm Falkenstein (Wagenbacher Str. 16), Viehhandlung David Grombacher (Wagenbacher Str. 12), Farben- und Lackgeschäft Jakob Katzauer (Professor-Kühne-Str. 8), Fam. Kaufmann (Grombacher Str. 22).

Hundsnurscher/Taddey S. 219 f; Angerbauer/ Frank S. 182−186; Ausk. StV Bad Rappenau 15. Febr. 1984; Ausk. OV Obergimpern 8. Juli 1985, 23. Jan. 1986.

Stadtteil Wagenbach

Zur Geschichte jüdischer Bewohner. In Wagenbach lebten im 16./17. Jh. wenige Juden (1575/76 Jud Schmoll, 1589 Jud Süsskind; auch 1598 werden in der Wimpfener Judenordnung Juden aus Wagenbach genannt).

Hundsnurscher/Taddey S. 219; Angerbauer/ Frank S. 36, 182.

Stadtteil Wollenberg

Zur Geschichte der jüdischen Gemeinde. In Wollenberg bestand eine Gemeinde bis 1938. Ihre Entstehung geht in die Zeit des 16./17. Jh. zurück. Die höchste Zahl jüd. Bewohner wird um 1841 mit 156 Pers. erreicht. Mind. 13 Pers. kamen in der Verfolgungszeit 1933 bis 1945 ums Leben. **Einrichtungen der jüdischen Gemeinde.** Die jüd. Fam. wohnten bis in das 19. Jh. hinein vor allem in dem herrschaftl. »Judenhaus«, das mitten im Dorf lag (»langer Bau« bzw. auch »Judenbau« genannt). Hier war auch die »Judenschule« (Betsaal) untergebracht. 1789 wurde der Judenbau mit Betsaal neu erbaut, da der alte wegen Baufälligkeit abgetragen werden mußte. Eine neue *Synagoge* wurde in der heutigen Deinhardstr. 19 1825 erbaut. 1938 wurde sie zerstört, um 1965 abgebrochen; das Grundstück wurde 1971 an die Nebenlieger verkauft. Im 19. Jh. wurde im Gebäude der Synagoge auch der Schulunterricht erteilt.

Das *rituelle Bad* befand sich auf dem Grundstück Deinhardstr. 57. Es wurde 1978 wegen Baufälligkeit abgerissen. Der dazugehörige tiefe Brunnen wurde zugeschüttet.

Die Toten wurden in Heinsheim, seit 1743 in Waibstadt beigesetzt.

Weitere Spuren der jüdischen Geschichte. An ehemaligen, bis nach 1933 bestehenden *Handelsbetrieben* sind bekannt: Viehhandlung Heinrich Kahn (Wohnhaus Deinhardstr. 50, Stall Zum Forst 25), Textilgeschäft Salomon Kahn und Eisenwarengeschäft (Inh. nicht mehr bekannt, Deinhardstr. 15, abgebr.), Schuhcreme-Handel Ferdinand Löbmann (Am Kirchberg 4), Viehhandlung Karl Mayer und Sohn Juske Mayer (Deinhardstr. 5), Eisenwarenhandlung Gustav Reis (Deinhardstr. 4), Kurzwarenhandlung Julius Steinberg (Deinhardstr. 27).

Auf den *Gefallenen-Gedenktafeln* in der evang. Kirche sind auch die Namen der beiden jüd. Gefallenen des Ersten Weltkriegs eingetragen.

Hundsnurscher/Taddey S. 300 f; Angerbauer/ Frank S. 238−244; Ausk. StV Bad Rappenau 15. Febr. 1984; Ausk. OV Wollenberg 8. Juli 1985; Ausk. Grundbuchamt Bad Rappenau 6. Mai 1987.

Stadtteil Zimmerhof

Zur Geschichte jüdischer Bewohner. Auf dem Zimmerhof waren im 18. Jh. einige jüd. Bewohner ansässig (zwischen 1730 und 1770 Fam. Löb Levi).

A. Tänzer, Geschichte der Juden in Jebenhausen und Göppingen. 1927. S. 218; Angerbauer/Frank S. 103; Jüd. Gemeindeblatt für Württenberg. 16. Juni 1937. S. 42 mit Hinw. auf das Mohelbuch des R. Seligmann, Hüffenhardt; vgl. Der Israelit (1936) Nr. 47.

Bad Wimpfen
Stadtteil Hohenstadt

Zur Geschichte jüdischer Bewohner. In Hohenstadt waren im 16. Jh. Juden ansässig. 1580 wird Jud Abraham von Hohenstadt genannt.

Angerbauer/Frank S. 35.

Stadtteil Wimpfen am Berg

Zur Geschichte der jüdischen Gemeinde. In Wimpfen waren jüd. Pers. mit Unterbrechungen vom 13. bis 20. Jh. wohnhaft. Zur Bildung einer Gemeinde mit eigenständigen Einrichtungen kam es im 14./15. Jh. (bis 1940). Die höchste Zahl jüd. Bewohner wird um 1895 mit 65 Personen erreicht. Mind. 6 Pers. kamen in der Verfolgungszeit 1933 bis 1945 ums Leben.

Wohngebiet und Einrichtungen der jüdischen Gemeinde. Im MA gab es in Wimpfen eine »Judengasse« (1327 und 1351 genannt), worauf sich das jüd. Wohngebiet konzentrierte, vermutl. identisch mit der heutigen Schwibbogengasse bzw. Unteren Burggasse. In ihr befanden sich vermutl. auch die *Synagoge* (»Judenschule«) und das »Judenhaus« (vielleicht beides identisch), die im 14. und 15. Jh. genannt werden (erstmals 1327).

Ende des 16. Jh. gab es zwei »Judenhäuser«; bei einem davon handelt es sich um das Eckhaus Schwibbogengasse 5/Burgstaffel (»Judenstaffel«), an dem eine hebr. Inschrift auf den Erbauer

171 Inschrift am Haus Schwibbogengasse 5 in Bad Wimpfen: »Sander, Sohn des Ascher ha Levi seligen Angedenkens, (erbaute dieses Haus) im Jahr (5)340« (nach jüdischem Kalender, d. h. 1580) (1985).

»Sander, Sohn des Ascher ha-Levi« und das Jahr 1579/80 hinweist.

Vom 16. bis 18. Jh. besuchten die Juden die Gottesdienste in Heinsheim, auch diente der dortige Friedhof den Wimpfener Juden als Begräbnisplatz (am Ende des 15. Jh. wurde der Friedhof in Neudenau benutzt). Zeitweise könnte es auch einen eigenen jüd. Friedhof in Wimpfen gegeben haben, worauf der nur im Volksmund bis zum 19. Jh. geläufige FN »Judenkirchhof« hinweist (Lage nicht mehr bekannt). Seit 1750 kam es zu Zusammenkünften der Juden am Sabbat in Wimpfen. Seit 1830 bestand im Haus Schwibbogengasse 5 ein *Betsaal* und eine jüd. *Schule*, seit 1896 am Ortsausgang nach Heinsheim (Erich-Sailer-Str., gegenüber Haus Nr. 72; Fläche 3,30 a) ein eigener jüd. *Friedhof*. Ein *rituelles Bad* wurde 1831 im Haus Jakob Beck eingerichtet; in früherer Zeit befand sich das rituelle Bad im Keller des Hauses Schwibbogengasse 5.

Weitere Spuren der jüdischen Geschichte. An ehemaligen, bis nach 1933 bestehenden *Han-*

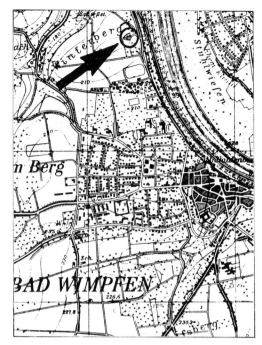

172 *Lage des jüdischen Friedhofs bei Bad Wimpfen.*

delsbetrieben sind bekannt: Viehhandlung Ludwig Adler (Neuer Weg 7), Antiquitätengeschäft Adolf Bär (Marktrain 6), Geschäfts- und Wohnhaus Louis Kahn Erben (Hauptstr. 77), Geschäfts- und Wohnhaus Ernst Mannheimer Erben (Hauptstr. 35), Manufakturwarenhandlung Simon Strauß (Hauptstr. 30 bis 1936, Klostergasse 3 bis 1939).

An den *Bronzetafeln für die Gefallenen* der Weltkriege im Alten Friedhof, Erich-Sailer-Str., findet sich auch der Name des jüd. Gefallenen E. Kahn. Im *Museum* Bad Wimpfen wird eine barocke Sabbatlampe aus Messing aufbewahrt (Inv. Nr. C 166).

Vermutl. nicht in Zusammenhang mit der jüd. Geschichte steht eine *hebr. Inschrift* auf einem Quader der Nordostecke des nördl. der Türme der evang. Stadtkirche (Gottesname hebr. JHWH). Die vermutl. aus dem 13. Jh. stammende Inschrift könnte apotropäische Funktion gehabt haben.

Sauer 1966 S. 43–46; GJ II,2 S. 90f; Veitshans 5, S. 41; Angerbauer/Frank S. 31–45; O. Böcher, Eine hebr. Bauinschrift in Wimpfen, in: Forschungen und Berichte der Archäologie des MA in Baden-Württ. 8 (1983) S. 473–476; Ausk. StV Bad Wimpfen 6. Apr. 1984, 3. Febr. 1986.

Beilstein

Zur Geschichte jüdischer Bewohner. In Beilstein waren möglicherweise in der ersten Hälfte des 16. Jh. Juden ansässig. Der Obervogt zu Lauffen und Beilstein redet 1521 von »seinen Juden«, was sich jedoch auch auf Talheimer Juden beziehen könnte. Nach anderen Darstellungen sollen 1540 in Beilstein Juden gelebt haben.

Württ. Geschichtsquellen XIX, S. 597 Zeile 27ff (1521); H. Franke, Geschichte und Schicksal der Juden in Heilbronn. 1963. S. 37; JGFW S. 19 (1540, ohne Q).

Brackenheim
Stadtteil Brackenheim

Zur Geschichte jüdischer Bewohner. In Brackenheim waren vermutl. vom 13. bis 16. Jh. vereinzelt Juden ansässig. 1280 teilte Esslingen sein Judenrecht der Stadt Brackenheim mit; eine neue Niederlassung wird 1434 bezeugt (Jud Schmul von Brackenheim); um 1540 handelten Juden aus Brackenheim nach Heilbronn.

GJ II,1 S. 101; Angerbauer/Frank S. 58; Ausk. StV Brackenheim 25. Juni 1985.

Stadtteil Neipperg

Zur Geschichte jüdischer Bewohner. In Neipperg waren vermutl. im 13. Jh. Juden wohnhaft, da der Ort im Zusammenhang mit der Judenverfolgung 1298 genannt wird.

GJ II,2 S. 572; Angerbauer/Frank S. 177.

Stadtteil Stockheim

Zur Geschichte jüdischer Bewohner. In Stockheim lebten einige jüd. Fam. (Höchstzahl 3–4 Fam.) zwischen 1699 und 1721. Sie waren aus Ittlingen, Steinsfeld und Gundelsheim zugezogen, haben den Ort bis 1721 jedoch wieder verlassen. Vermutl. im Zusammenhang mit dieser Niederlassung stehen die FN »Judenäcker« und »Judenwiesen«, die dasselbe Flurstück (Nr. 378–388, 436–438) bezeichnen.

Angerbauer/Frank S. 229f; Ausk. StV Brackenheim 25. Juni 1985, 11. Juli 1985.

Eppingen
Stadtteil Adelshofen

Spuren der jüdischen Geschichte. Auf Gemarkung Adelshofen trägt östl. des Ortes eine Flur die Bezeichnung »Beim Judenkerchhof« (Flst. 5243–5250). Vermutl. bestand hier in früheren Jh. eine jüd. Begräbnisstätte.

Ausk. Staatl. Vermessungsamt Heilbronn 31. Juli 1985.

Stadtteil Elsenz

Spuren der jüdischen Geschichte. In Elsenz bestand von 1929 bis zur »Arisierung« 1938 eine Filiale der Zigarrenfabrik Gebr. Weil (Graben). Die Firmengebäude in der Rohrbacher Str. 32 sind erhalten.

Ausk. OV Elsenz 25. Apr. 1986.

Stadtteil Eppingen

Zur Geschichte der jüdischen Gemeinde. In Eppingen bestand eine Gemeinde im MA bis zur Verfolgung 1349 und in der Neuzeit bis 1938. Vom Ende des 14. Jh. an haben, von einigen Unterbrechungen abgesehen, bis in die Zeit des »Dritten Reiches« immer Juden in der Stadt gelebt. Die höchste Zahl wird um 1841 mit 222

Personen erreicht. Mind. 20 Pers. kamen in der Verfolgungszeit 1933 bis 1945 ums Leben.
Einrichtungen der jüdischen Gemeinde. Über ma. Einrichtungen ist nichts bekannt. Im 18. Jh. hielt die Gemeinde ihre Gottesdienste entweder zunächst noch in der »Alten Universität« ab oder (wahrscheinlicher) in dem Gebäude Metzgergasse 1, in dem sich im 19. Jh. im Erdgeschoß die »Judenmetzgerei« und im 1. Stock die jüd. *Konfessionsschule* (1825 bis 1868, danach noch Religionsunterricht) befanden. Die im Volksmund geläufige Bezeichnung »Judenschule« für dieses Gebäude dürfte ein Hinweis auf den alten Betsaal sein. 1772 oder bereits 1732 wurden die Gottesdienste in das 1731 erbaute Haus Küfergasse 2 verlegt. In diesem Haus (»Alte Synagoge«) war schon längere Zeit im Keller ein *rituelles Bad* (»Jordanbad«) eingerichtet, das vermutl. aus dem 16. Jh. stammt; im 19. Jh. wurde es zugeschüttet, 1984/85 wieder ausgegraben und restauriert; es ist öffentlich zugänglich (mit kleinem Museum).

173   Hochzeitsstein an der alten Synagoge in Eppingen; Inschrift: »Gut Glück« und »Stimme der Freude und Stimme des Jubels, (das sind) die Stimme der Braut und die Stimme des Bräutigams« (1987).

Am Haus der »Alten Synagoge« befindet sich an der Straßenseite ein farbenprächtiger *Hochzeitsstein.* Im schmalen Raum des nördl. Nachbarhauses, der in das Erdgeschoß der alten Synagoge hineinreicht, befand sich eine *Mazzenbäckerei.* Als sich die Synagoge zu klein erwies, wurde 1872/73 eine *neue Synagoge* in der Kaiserstr. 6/Ecke Ludwig-Zorn-Str. erbaut. 1938 wurde die Synagoge angezündet, 1940/41 abgerissen. 1980

174 Ehemalige Synagoge in Eppingen, 1872/73 erbaut, nach den Zerstörungen von 1938 (Aufnahme von 1940).

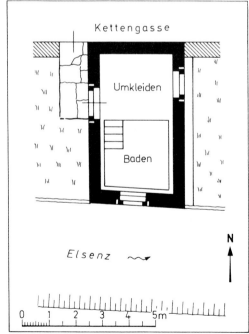

Kettengasse

Umkleiden

Baden

Elsenz

N

0 1 2 3 4 5m

175 Grundriß des jüdischen Badhauses (Mikwe) an der Kettengasse in Eppingen.

wurde eine *Gedenktafel* am Synagogenstandort angebracht.

1838 wurde ein neues *rituelles Bad* eingerichtet, wozu in der Kettengasse 32 ein kleines Badhaus unmittelbar am damaligen Elsenzlauf (Mühlkanal) erbaut wurde (1926 verkauft, z. Zt. Garage). Die Toten wurden zunächst in Oberöwisheim und Heinsheim beigesetzt. Seit 1818/19 bestand ein eigener *Friedhof* in der Flur »Großer Hellberg« am Ende der heutigen Weinbrennerstr. (Flst. 28544, Fläche 41,06 a). Der Friedhof diente auch den umliegenden Gemeinden als Begräbnisstätte. Am Eingang befindet sich ein *Ehrenmal* für die aus Eppingen, Gemmingen, Mühlbach und Richen gefallenen jüd. Gemeindeglieder des Ersten Weltkriegs.

Weitere Spuren der jüdischen Geschichte. An ehemaligen, bis nach 1933 bestehenden *Handelsbetrieben* sind bekannt: Tabakhandlung Samuel Bravmann (Brettener Str. 5), Schuhhandlung Elka Ettlinger/Julius Bravmann und Gebrauchtmöbelhandlung Brüder Hünfeld (Bahnhofstr. 3), Landesprodukten- und Mehlhandlung Sigmund Flegenheimer, Inh. Arthur und Julius Frank (Brettener Str. 25), Getreidehandlung Aron Haber (Brettener Str. 22), Lebensmittelgeschäft Hochherr Wwe. (Mühlbacher Str. 63), Tabakgroßhandlung Gebr. Hochherr (Bahnhofstr. 32−34), Viehhandlung Alfred Schleßinger (Brettener Str. 71a), Tuchwarengeschäft Stern, Inh. Anna Ettlinger (Brettener Str. 28), Fellhandlung Julius Sternweiler (Fleischgasse 5), Pferdehandlung Max Weil (Heilbronner Str. 2).

An FN sind bekannt: Das Gebiet der Weinbrennerstr. vor dem jüd. Friedhof heißt auch »Juddebuggel«, die Mühlbacher Str. hieß früher »s'Hochherre Buggel« nach dem einer jüd. Fam. Hochherr gehörenden Eckhaus zur Brettener Str.

GJ III,1 S. 306f; Hundsnurscher/Taddey S. 77ff; Angerbauer/Frank S. 59−67; E. Kiehnle, Eppingens »Alte Universität«, in: Rund um den Ottilienberg 1 (1979) S. 114−122; ders., Die Judenschaft in Eppingen und ihre Kultbauten, in: Rund um den Ottilienberg 3 (1985) S. 146−170; R. Hauke (Hg.), Jüd. Kindheit in Eppingen in der Mitte des 19. Jh., in: Rund um den Ottilienberg 3 (1985) S. 242−267; Ausk. E. Kiehnle, Eppingen, 1985/86.

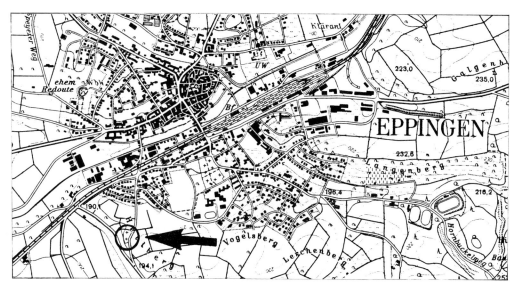

◁ *176 Jüdischer Friedhof in Eppingen in 1970 noch »ver-wildertem« Zustand.*

177 Lage des jüdischen Friedhofs bei Eppingen.

Stadtteil Kleingartach

Zur Geschichte der jüdischen Gemeinde. In Kleingartach bestand im MA eine Gemeinde. Bei der Judenverfolgung 1298 wurden 133 Menschen erschlagen. Auch nach dieser Verfolgung waren offensichtlich wieder Juden in der Stadt, da 1340 bis 1342 Mosse von Gartach in Speyer, 1378 bis 1383 die Brüder Meyer und Anselm, Samuels Söhne von Gartach, genannt werden.

GJ II,1 S. 404; StA Darmstadt Urk. Jud. Nr. 146, 153, 154, 167, 168, 188; Angerbauer/Frank S. 125 f.

Stadtteil Mühlbach

Zur Geschichte der jüdischen Gemeinde. In Mühlbach bestand eine Gemeinde bis 1855, danach als Filiale der Gemeinde Eppingen. Ihre Entstehung geht in das 18. Jh. zurück. Erstmals 1714 werden 2 jüd. Fam. am Ort genannt. Die höchste Zahl jüd. Bewohner wird um 1864 mit 36 Pers. erreicht.

Einrichtungen der jüdischen Gemeinde. Die Gottesdienste wurden in Privathäusern abgehalten, bis 1854 das Haus Hauptstr. 96 zu einer *Synagoge* umgebaut wurde, die jedoch 1862 wieder geschlossen wurde. Seitdem wurden die Gottesdienste in Eppingen besucht. Ein *rituelles Bad* befand sich 1844 in einem Garten der Wwe. Reimold. Die Toten wurden in Oberöwisheim, seit 1819 in Eppingen beigesetzt.

Weitere Spuren der jüdischen Geschichte. An ehemaligen jüd. *Wohnhäusern* sind bekannt (bis Ende 19./Anfang 20. Jh.): Fam. Bär (Hauptstr. 94), Händler Max Fleischer (Brettachstr. 21), Fam. Hans Meier (bis 1931, Hauptstr. 47), Fam. Rau/Bär (Kaltenbergstr. 3 und Klosterweg 3), Kaufmann Ziesel (Pfarrgasse 1), Jüd. Metzgerei (Brettachstr. 27).

Auf dem Gefallenendenkmal des jüd. Friedhofes Eppingen findet sich auch der Name des jüd. Gefallenen aus Mühlbach im Ersten Weltkrieg.

Hundsnurscher/Taddey S. 79; Angerbauer/Frank S. 164 f; Ausk. OV Mühlbach 14. Febr. 1986.

Stadtteil Richen

Zur Geschichte der jüdischen Gemeinde. In Richen bestand eine Gemeinde bis 1935. Ihre Entstehung geht in die Zeit Ende des 17. Jh zurück. Um 1722 waren 6 Fam. am Ort. Die höchste Zahl jüd. Bewohner wird um 1841 mit 169 Pers. erreicht. Mind. eine Pers. kam in der Verfolgungszeit 1933 bis 1945 ums Leben.
Einrichtungen der jüdischen Gemeinde. In der ersten Hälfte des 18. Jh. wurde ein *Betsaal* im Haus der Fam. des Gerson und des Samuel eingerichtet (1730 wird ein Rabbiner, 1749 ein Judenschulmeister am Ort genannt). 1790 wurde eine *Synagoge* eingeweiht (Standort Ittlinger Str. 18), die 1936 verkauft und in den 60er Jahren wegen Baufälligkeit abgerissen wurde. Im Synagogengebäude befand sich auch die *Schule* für den Religionsunterricht der jüd. Kinder, die ansonsten die Ortsschule besuchten. Ein *rituelles Bad* stand hinter dem Haus Hintergasse 15 (abgebr.).
Die Toten wurden zunächst in Heinsheim und Waibstadt, seit 1819 in Eppingen beigesetzt.
Weitere Spuren der jüdischen Geschichte. An ehemaligen, bis nach 1933 bestehenden *Betrieben* sind bekannt: Viehhandlung Adolf und Leopold Dreifuß (Ittlinger Str. 27), Koschere Metzgerei Aaron Freudenthaler (Hintergasse 15) und die Getreide- und Futtermittelhandlung Josua Haber.
Auf dem Gefallenendenkmal des jüd. Friedhofes Eppingen findet sich auch der Name des jüd. Gefallenen aus Richen im Ersten Weltkrieg.
Persönlichkeiten. *Wilhelm Hanauer* (1866 Richen – 1940), Mediziner, Prof. an der Universität Frankfurt am Main; setzte sich für die Tuberkulosenfürsorge und die soziale Hygiene ein.

Hundsnurscher/Taddey S. 248f; Angerbauer/Frank S. 200–205; P. Arnsberg, Die Geschichte der Frankfurter Juden 3. 1983. S. 175f; Ausk. BMA Eppingen 14. Febr. 1986, 20. Juli 1987.

Stadtteil Rohrbach am Gießhübel

Spuren der jüdischen Geschichte. Südwestl. von Rohrbach an der Straße nach Bahnbrücken heißt

eine Flur »Judenkirchhof«. Vermutl. bestand hier in früheren Jh. eine jüd. Begräbnisstätte.

Ausk. Staatl. Vermessungsamt Heilbronn 31. Juli 1985; E. Kiehnle u. a., Heimatbuch Rohrbach a. G. 1973. S. 153.

Erlenbach
Ortsteil Binswangen

Zur Geschichte jüdischer Bewohner. In Binswangen lebten im 17. Jh. vorübergehend einige Juden. 1639 wird Jud Raphael genannt; bis 1669 verzogen die Juden Binswangens nach anderen Orten (zuletzt Jud Benjamin, der nach Neckarsulm zog).
1524 wird in Binswangen der FN »Im Juden« genannt (Herkunft der Bezeichnung unbekannt).

Angerbauer/Frank S. 53; M. Diefenbacher, Territorienbildung des Deutschen Ordens am unteren Neckar im 15. und 16. Jh. 1984. S. 372.

Ortsteil Erlenbach

Zur Geschichte jüdischer Bewohner. In Erlenbach war in der ersten Hälfte des 17. Jh. mind. eine jüd. Pers. ansässig (Jud Hirtz, 1639 nach Neckarsulm verzogen).

Angerbauer/Frank S. 67, 169.

Gemmingen
Ortsteil Gemmingen

Zur Geschichte der jüdischen Gemeinde. In Gemmingen bestand eine Gemeinde bis 1938. Ihre Entstehung geht in die Zeit nach dem Dreißigjährigen Krieg zurück. Erstmals werden 1664 Juden am Ort genannt. Die höchste Zahl jüd. Bewohner wird um 1864 mit 291 Pers. erreicht. Mind. 8 Pers. kamen in der Verfolgungszeit 1933 bis 1945 ums Leben.
Einrichtungen der jüdischen Gemeinde. Eine »Judenschule« *(Betsaal)* wird erstmals 1727 genannt. Um 1821 wurde eine *Synagoge* erbaut, die

bis zu ihrer Demolierung 1938 als Gotteshaus diente. 1975/76 wurde das Gebäude im Zuge der Ortssanierung abgerissen und an seiner Stelle der »Bürgerturmplatz« angelegt. Vor der Synagoge stand die jüd. *Schule*, die 1867 neu erbaut und bis zur Aufhebung der Konfessionsschulen 1876 als solche genutzt wurde. Später waren in dem Gebäude Wohnungen eingerichtet. Hier befanden sich auch die *Lehrerwohnung* und ein *rituelles Bad*. Auch das Gebäude der ehem. jüd. Schule wurde im Zusammenhang mit der Ortssanierung 1975/76 abgerissen. Das Grundstück dient als Parkplatz.

Die Toten wurden in Heinsheim, Flehingen und Waibstadt beigesetzt, seit 1819 in Eppingen.

Weitere Spuren der jüdischen Geschichte. An ehemaligen, bis nach 1933 bestehenden *Handelsbetrieben* sind bekannt: Textilgeschäft Ludwig Herz und Max (Milton) Herz (Schwaigener Str.), Viehhandlung David und Josef Kahn (Stephansberg 5), Viehhandlung Leopold Kahn und Moritz Manasse (Richener Str. 22), Lebensmittelgeschäft und Mehl-/Getreidehandlung Samuel Ottenheimer (Bahnhofstr.).

Auf den *Gefallenendenkmalen* im Eingangsportal der evang. Kirche und in der Leichenhalle beim Friedhof sowie auf dem Gefallenendenkmal des jüd. Friedhofes Eppingen sind die 5 jüd. Gefallenen des Ersten Weltkriegs aus Gemmingen verzeichnet.

Hundsnurscher/Taddey S. 106 f; Angerbauer/ Frank S. 73−80; Ortsmitte Gemmingen – unterm Strich betrachtet. 1972−1983. (Veröffentl. zur Ortssanierung); Ausk. BMA Gemmingen 9. Mai 1985; Ausk. K. Sorg, Gemmingen 20. Jan. 1986.

Ortsteil Stebbach

Zur Geschichte der jüdischen Gemeinde. In Stebbach bestand eine Gemeinde bis 1915. Ihre Entstehung geht in die Zeit Anfang des 18. Jh. zurück. Die höchste Zahl wird um 1814 mit 124 Pers. erreicht. Mind 3 Pers. kamen in der Verfolgungszeit 1933 bis 1945 ums Leben.

Einrichtungen der jüdischen Gemeinde. Eine *Synagoge* (Baujahr unbekannt) wurde 1826 bis 1829 renoviert und erweitert. Sie wurde bis zum Wegzug der meisten jüd. Bewohner Ende des 19. Jh. genutzt. 1947/48 wurde das baufällige Gebäude abgerissen. 1832 wurde ein *rituelles Bad* in der Mitte des Ortes nahe am Bach angelegt. Die jüd. Kinder besuchten die christl. Schule am Ort. Die Toten wurden zunächst in Heinsheim, Oberöwisheim und Waibstadt, seit 1819 zumeist in Eppingen beigesetzt.

Weitere Spuren der jüdischen Geschichte. An ehemaligen, bis nach 1933 bestehenden jüd. *Betrieben* ist bekannt: Einzelhandelsgeschäft Josephine Ottenheimer (Haus Nr. 53). 1826 wurde in Stebbach die Bettfedernfabrik M. Kahn gegründet, die später nach Mannheim übersiedelte und zu einem Großunternehmen wurde.

Hundsnurscher/Taddey S. 107; Angerbauer/ Frank S. 221−224.

Güglingen
Stadtteil Frauenzimmern

Zur Geschichte jüdischer Bewohner. In Frauenzimmern waren im 16. Jh. Juden ansässig, 1540 handelten sie von hier aus nach Heilbronn. An die Ansiedlung erinnerte die »Judengasse«, 1843 als »Weg innerhalb des Etters dem Schafhause zu« beschrieben (heute vermutl. die Schafgasse, die über das Bahnhofsgelände führte).

Klunzinger, Geschichte des Kraichgaus 3. S. 161, 4. S. 177. 1843; Ausk. StV Güglingen 24. Juni 1985.

Stadtteil Güglingen

Zur Geschichte jüdischer Bewohner. In Güglingen lebten vermutl. im 13. und 16. Jh. Juden. Die ma. Ansiedlung wurde durch die Judenverfolgung 1298 zerstört. 1540 handelten in Güglingen ansässig gewordene Juden von hier aus nach Heilbronn.

GJ II,1 S. 309; Klunzinger, Geschichte des Zabergäus 4. 1843. S. 177; Angerbauer/Frank S. 83.

Gundelsheim
Stadtteil Bachenau

Zur Geschichte jüdischer Bewohner.
In Bachenau werden am Ende des Dreißigjährigen Krieges wenige Juden genannt (1644 Nathan, in diesem Jahr nach Gundelsheim verzogen; 1648 noch seine Witwe Freielin).

Angerbauer/Frank S. 27, 86.

Stadtteil Gundelsheim

Zur Geschichte der jüdischen Gemeinde. In Gundelsheim bestand eine kleine Gemeinde im 17./18. Jh. Erstmals 1525 werden jüd. Bewohner genannt (Jud Joseph 1562 und Jud Haym 1570). In der zweiten Hälfte des 17. Jh. waren 7 bis 10 Fam. mit ca. 50 Pers. in der Stadt.
Wohngebiet und Einrichtungen der jüdischen Gemeinde. Im 18. Jh. mußten die Juden vor allem in der Neckarstr. wohnen. Vermutl. in der zweiten Hälfte des 17. Jh. wurde eine *Synagoge* oder ein *Betsaal* (»Judenschule«, 1725 als »uralt« bezeichnet) eingerichtet. Zuletzt wird 1828 eine Synagoge im Besitz des Simon Herz genannt (Standort unbekannt). Ein *rituelles Bad* war im alten Badhaus der Stadt eingerichtet (1747 abgegangen). Die Toten wurden in Heinsheim beigesetzt. Seit der Mitte des 19. Jh. wurden die Einrichtungen in Heinsheim und Kochendorf mitbenutzt.
Weitere Spuren der jüdischen Geschichte. An ehemaligen, bis nach 1933 bestehenden *Handelsbetrieben* sind bekannt: Manufakturwarengeschäft Fritz Levi (Schloßstr. 12), Krämerladen Kallmann Strauß, später Siegfried Levi (Neckarstr. 6), Manufakturwarengeschäft und Viehhandlung Siegfried Strauß (Neckarstr. 6).
Ein Grabstein an der Nordwand der kath. Stadtkirche berichtet über die Taufe des Juden Jankoff Meyer am 11. Apr. 1740.

QGJ Nr. 415, 676; Sauer 1966 S. 37; Angerbauer/ Frank S. 83−91; Ausk. L. Hantsch, Bad Friedrichshall 31. Dez. 1986.

Hardthausen am Kocher
Ortsteil Gochsen

Zur Geschichte jüdischer Bewohner. In Gochsen waren im 16./17. Jh. wenige Juden ansässig (1548/49 Jacob Jud aus Kaltenwesten nach Gochsen verzogen; bis 1699 Jud Mayer, in diesem Jahr nach Stockheim verzogen).

QGJ Nr. 514, 520; Angerbauer/Frank S. 80.

Ittlingen

Zur Geschichte der jüdischen Gemeinde. In Ittlingen bestand eine Gemeinde bis 1937. Ihre Entstehung geht in die Zeit des 16./17. Jh. zurück. Erstmals wird 1663/64 Jud Marx am Ort genannt. Die höchste Zahl jüd. Bewohner wird um 1858 mit 179 Pers. erreicht. Mind. 11 Pers. kamen in der Verfolgungszeit 1933 bis 1945 ums Leben.
Einrichtungen der jüdischen Gemeinde. Bereits 1686 wird eine »Schul und Synagog« genannt. 1805 wurde eine neue *Synagoge* erstellt (Standort: Untere Mühlgasse). 1938 wurde sie zerstört, einige Jahre später abgebr., das Grundstück wird seither als Garten genutzt.
Die jüd. Kinder besuchten die evang. Schule. Die

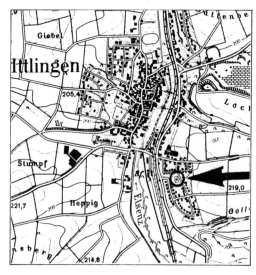

178   Lage des jüdischen Friedhofs bei Ittlingen.

Toten wurden zunächst in Heinsheim und Waibstadt, nach 1819 in Eppingen beigesetzt. Seit 1887
besteht im Gewann »Richener Bühl« (heutiges
Wohngebiet Bergstr.) ein eigener *Friedhof* (Fläche 6,37 a).

Weitere Spuren der jüdischen Geschichte. An
ehemaligen, bis nach 1933 bestehenden *Handelsbetrieben* sind bekannt: Viehhandlung, Häu-
te-, Fell- und Tabakhandlung Arthur Ladenburger; Öl- und Fetthandlung Leon Orbeck; Textil-
und Manufakturwarengeschäft Julius Wimpfheimer; Landesproduktenhandlung Fa. Isaak
Wimpfheimer OHG, Teilh. Leopold und Max
Wimpfheimer; Hausschuhhandel Moritz
Wimpfheimer; Getreide-, Mehl- und Altmateria-
liengeschäft Siegmund Wimpfheimer.
Im 18. Jh. war im Erdgeschoß des Rathauses
(Vorgängerbau des Alten Rathauses bis 1816) eine
»Metz« eingerichtet, die nur den Juden zustand,
die damals die einzigen gewerblichen Metzger in
Ittlingen waren.
Am *Gefallenendenkmal* auf dem Ortsfriedhof
sind auch die Namen der 6 jüd. Gefallenen des
Ersten Weltkriegs aus Ittlingen verzeichnet.

Hundsnurscher/Taddey S. 141 f; G. Neuwirth,
Geschichte der Gemeinde Ittlingen. 1981; An-
gerbauer/Frank S. 115 – 121.

Jagsthausen
Ortsteil Olnhausen

Zur Geschichte der jüdischen Gemeinde. In
Olnhausen bestand eine Gemeinde bis 1938. Ihre
Entstehung geht in die Zeit des 17. Jh. zurück.
Erstmals 1654 werden Juden am Ort genannt.
Ihre höchste Zahl wird um 1829 und wieder um
1846 mit 158 Pers. erreicht. Mind. 13 Pers. kamen
in der Verfolgungszeit 1933 bis 1945 ums Leben.
Einrichtungen der jüdischen Gemeinde. 1732
bestand ein *Betsaal* im 1. Stock des Hauses des
Lazarus (Standort unbekannt). 1736/37 erstellte
die Herrschaft eine *Synagoge* »gegen Schultheiß
Kolben hinüber gelegen«. Eine neue Synagoge
wurde 1772 erbaut, die 1881 abgerissen und an
derselben Stelle neu erbaut wurde. Über dem
Eingang befand sich auch nach dem Neubau die
Jahreszahl 1772 (Türsturz blieb erhalten). 1938

179 *Ehemalige Synagoge in (Jagsthausen-)Olnhau-
sen, 1881 erbaut 1938 demoliert, 1972 abgebrochen
(hist. Aufnahme um 1930).*

wurde die Inneneinrichtung zerschlagen. Bis
1972 diente das Gebäude als Lager und Scheune,
bis es abgerissen wurde, um dem Neubau einer
Sparkassenfiliale Platz zu machen (Standort: Rathausstr. 42).
Der Synagoge schloß sich seit 1842 das jüd.
Schulhaus am Lindenplatz an (im Erdgeschoß
Schulzimmer und *rituelles Bad*; 1. Stock Lehrerwohnung). Nach 1874 besuchten die Kinder die
christl. Schule. Von 1900 bis 1914 war die Schule
nochmals eröffnet. Das Gebäude am Lindenplatz
(Lindenstr. 32) ist als Wohnhaus erhalten. Vor
Einrichtung des Bades im Schulhaus war ein solches unter der Scheuer des Philipp Schmerzer
vorhanden (1774 genannt).
Die Toten wurden vermutl. zunächst auf einem
eigenen Friedhof beigesetzt (FN »Judenkirchhof« ca. 1 km nördl. des Ortes, östl. der Flur
»Kessacher Halde«), bis dann der zentrale Friedhof in Berlichingen benutzt wurde.
Weitere Spuren der jüdischen Geschichte. An
ehemaligen, bis nach 1933 bestehenden *Betrieben*
sind bekannt: Metzger Lippmann Gutmann
(Rathausstr. 64), Viehhandlungen Ludwig und
Nathan Gutmann (Talstr. 86), Textilhandel Jakob und Louis Kaufmann (Talstr. 75), Bäckerei
Salomon Krämer (Kirchstr. 43, abgebr.), Gemischtwarenhandlung Kallmann Levi (Talstr.
73), Gastwirt Leopold Rosenfeld (Widderner Str.

52), Gastwirt Moses Rosenfeld (Kirchstr. 51), Viehhandlung Hirsch Strauß (Widderner Str. 30). Auf dem *Gefallenendenkmal* vor der evang. Kirche finden sich die Namen der beiden jüd. Gefallenen des Ersten Weltkrieges aus Olnhausen.

Sauer 1966 S. 148 f; Angerbauer/Frank S. 194–200; H. Hain, Aus der Vergangenheit des Dorfes Olnhausen. 1981. S. 39 f u. ö.; Ausk. H. Hain, Olnhausen 30. Juni 1986.

Kirchardt
Ortsteil Berwangen

Zur Geschichte der jüdischen Gemeinde. In Berwangen bestand eine Gemeinde bis 1938. Ihre Entstehung geht vermutl. in die Zeit des 17. Jh. zurück. Erstmals 1719 werden Juden am Ort genannt. Die höchste Zahl jüd. Bewohner wird um 1864 mit 177 Pers. erreicht. Mind. 9 Pers. kamen in der Verfolgungszeit 1933 bis 1945 ums Leben.
Einrichtungen der jüdischen Gemeinde. Zu-

181 Reste der Synagoge in (Kirchardt-)Berwangen nach der Zerstörung 1938; erhalten blieb das anschließende Gebäude der ehemaligen jüdischen Schule.

nächst war ein *Betsaal* vorhanden, 1749 wird ein »Judenschulmeister« genannt. Eine *Synagoge* (»Judenschule«) wurde 1770/71 erstellt. In ihr befanden sich auch die *Vorsängerwohnung*, ein *rituelles Bad* und ein Raum für den Religionsunterricht der Kinder. An die Stelle des zu klein gewordenen Gebäudes in der Badersgasse wurde 1845 eine *neue Synagoge* erbaut (1938 zerstört). Auf dem Grundstück befindet sich heute ein Garten mit Holzlager und eine Garage. Wenige Mauerreste gehören zur ehem. Synagoge (zwischen Badersgasse 2 und 4).
Um 1845 wurde eine neue *Schule* mit *Lehrerwohnung* erstellt. Das Gebäude ist als Wohnhaus erhalten (Badersgasse 2). Unweit davon wurde auch ein neues *rituelles Bad* erbaut. Das Gebäude ist – stark umgebaut – als kleines Wohnhaus erhalten (hinter Hausener Str. 20).
Die Toten wurden zunächst in Heinsheim und Waibstadt beigesetzt. Seit der Mitte des 19. Jh. bestand ein eigener *Friedhof* am Fürfelderweg (Flst. 450/1; Fläche 33,09 a; gegenüber Getränkehandlung Kuhn). Auf dem Friedhof befindet sich ein *Gedenkstein* für die »Opfer der Verfolgung 1933–45«. Der Friedhof wurde 1973 zuletzt belegt.
An ehemaligen, teilweise bis nach 1933 bestehen-

180 Blick in die Badersgasse in (Kirchardt-)Berwangen vor 1938; am rechten Bildrand ist die Synagoge zu sehen.

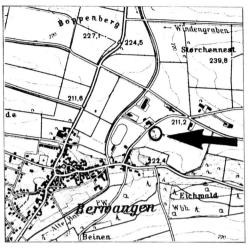

182 Lage des jüdischen Friedhofs bei (Kirchhardt-) Berwangen.

den *Handels- und Gewerbebetriebe* sind bekannt: Kolonialwaren- und Schuhgeschäft Max Emanuel (Badersgasse 3), Kolonialwarengeschäft

Falk Falk (Hausener Str., abgebr.), Viehhandlung Leopold/Nathan Frank (Badersgasse, abgebr.), Kaufmann Abraham Gutmann (Badersgasse 4, bis 1973 jüd. Wohnhaus), Zigarrenfabrik Hahn & Wolf (Hausener Str. 15), Viehhandlung Bernhard Hirsch (Badersgasse 7), Mehl- und Getreidehandlung Josua Hochherr (Salinenstr., abgebr.), Viehhandlung Aron Kirchheimer I (Maiersgasse 4), Viehhandlung Aron Kirchheimer II (Hausener Str., abgebr.), Metzgerei Gerson Kirchheimer (Hausener Str., abgebr.) Händler und Landwirt Leopold Kirchheimer (Salinenstr. 40), Metzgerei Salli Kirchheimer (Neubaugasse 4), Viehhandlung Siegmund Kirchheimer (Entengasse, abgebr.), Stoffe und Kurzwaren Albert Traub (Hausener Str. 4), Viehhandlung Viktor Vollweiler (Hausener Str., abgebr.), Viehhandlung Aron Weil (Neubaugasse 1), Pferdehandlung Marum Weil (Lindengasse 8).

Hundsnurscher/Taddey S. 43f; Angerbauer/Frank S. 46–50; Ausk. BMA Kirchardt 29. Juni 1984; Ausk. M. Hartmann, Berwangen 15. Juli 1984, 19. Aug. 1986, 2. Sept. 1986.

Ortsteil Kirchardt

Zur Geschichte jüdischer Bewohner. In Kirchardt lebten vom 17. bis 19. Jh. wenige jüd. Fam. (1646 Jud Gerson in Kirchardt geb., seit 1724 war die Fam. von Jud Wolf Löw die einzige am Ort, seit 1763 Fam. Gumpel Veit [Horkheimer] bis 1867). Die Verstorbenen wurden in Waibstadt beigesetzt.

Angerbauer/Frank S. 122; Löwenstein, Kurpfalz S. 300; Ausk. StV Rottenburg 5. Juni 1985; Gräberverzeichnis Waibstadt. 1913. S. 23.

Langenbrettach
Ortsteil Brettach

Spuren der jüdischen Geschichte. Auf Gemarkung Brettach besteht südl. des Ortes am Weg nach Siebeneich die Flur »Judenkirchhof« (Flst. 5924, heute Wiesengrundstück, Teil der Flur

183 Haus des Viehhändlers Aron Kirchheimer II in (Kirchardt-)Berwangen (vor 1938).

»Seeberg«). Dabei handelt es sich vermutl. um eine jüd. Begräbnisstätte früherer Jh.

Ausk. H. Schlegel, Langenbrettach 15. Juli 1985.

Lauffen am Neckar

Zur Geschichte jüdischer Bewohner. In Lauffen gab es möglicherweise im MA Juden (1348 Jüdin Guda, Tochter Salmans von »Loufen« genannt; 1468 wird ein Jude in Lauffen genannt).

GJ II,1 S. 472; GJ III,1 S. 721 f; Angerbauer/ Frank S. 138.

Lehrensteinsfeld
Ortsteil Lehren

Zur Geschichte der jüdischen Gemeinde. In Lehren bestand eine Gemeinde bis 1939. Ihre Entstehung geht in die Zeit des 16./17. Jh. zurück. Erstmals wird 1592 Jud Jacob von Lehren genannt. Die höchste Zahl jüd. Bewohner wird um 1844 mit 133 Pers. erreicht. Mind. 3 Pers. kamen in der Verfolgungszeit 1933 bis 1945 ums Leben.

Wohngebiet und Einrichtungen der jüdischen Gemeinde. Das Wohngebiet konzentrierte sich auf die bis heute sog. »Judengasse«. Seit dem 17. Jh. hatte die Gemeinde eine *Synagoge*, vermutl. identisch mit dem bis ins 20. Jh. erhaltenen Gebäude. 1938 wurde es verkauft, um 1950 bis auf Reste der Grundmauern abgerissen (an derselben Stelle heute ein Anbau zum Anwesen Lehrener Str. 41).
1832 bis 1904 bestand eine *Volksschule* in einem eigenen Schulhaus, das als Wohnhaus (Lehrener Str. 35) erhalten ist. Das *rituelle Bad* war am Kaltenbrunnenbach (nicht erhalten). An seinen Standort erinnert der FN »Judenbad« für einige Grundstücke am Kaltenbrunnenbach (Flst. 1309–1310, 1329–1345, 1373). Das *Rabbinat* und die Wohnung des Rabbiners war während der Lehrener Rabbinatszeit (1832–1864) im Haus Lehrener Str. 74 (erhalten).
Die Toten wurden in Affaltrach beigesetzt. Von Lehren über Willsbach führte zum jüd. Friedhof Affaltrach ein »Totenweg«.
Weitere Spuren der jüdischen Geschichte. An ehemaligen, bis nach 1933 bestehenden *Handelsbetrieben* sind bekannt: Viehhandlung Meier Falk (Lehrener Str. 69), Viehhandlung und Gastwirtschaft Leopold Henle (Lehrener Str. 40), Viehhandlung Wolf Hirschheimer (Lehrener Str.

184 Ehemalige Synagoge in (Lehrensteinsfeld-)Lehren, Innenansicht (hist. Aufnahme um 1930).

185 Ehemalige jüdische Gastwirtschaft von Leopold Henle in (Lehrensteinsfeld-)Lehren, 1938 geplündert und zerstört (Foto 1983).

32), Aussteuergeschäft Fam. Talheimer (Carl-Dietzsch-Str. 32).

Im Gebäude Lehrener Str. 35 (ehem. jüd. Schule) war 1935/36 ein jüd. landwirtschaftliches Lehrgut *(Hachschara)*.

Auf dem *Gefallenendenkmal* des jüd. Friedhofes Affaltrach sind auch die beiden jüd. Gefallenen des Ersten Weltkriegs aus Lehren verzeichnet.

Außer der Flur »Judenbad« erinnern die FN »Mosesrain« (Flst. 1506−11) und »Judengarten« (Flst. 1496−1502, beide ca. 1 km südwestl. von Lehren) an die jüd. Geschichte.

Persönlichkeiten. *Zwi Hirsch Lehren* (1784−1853), *Jacob Meier Lehren* (1793−1861) und *Akiba Lehren* (1797−1876): Die drei aus Lehren stammenden Brüder waren die Begründer der angesehenen jüd. Fam. Lehren in Amsterdam, die sich auf dem Gebiet des Handels wie im Gemeinde- und Staatsleben große Verdienste erworben haben. Alle drei waren viele Jahre Vorsteher der jüd. Gemeinde Amsterdam. Sie organisierten Sammlungen für die jüd. Armen Palästinas.

Sauer 1966 S. 120 f; Angerbauer/Frank S. 138−145; Ausk. Staatl. Vermessungsamt Heilbronn 31. Juli 1985; Ausk. H. Rauscher, Lehrensteinsfeld 16. Jan. 1986.

Ortsteil Steinsfeld

Zur Geschichte jüdischer Bewohner. In Steinsfeld waren im 17. Jh. Juden ansässig, die jedoch bald wieder vom Ort verzogen, vor allem nach Lehren. 1707 wird in Stockheim der aus Steinsfeld gebürtige Jud Mayer genannt.

Angerbauer/Frank S. 138−145.

Leingarten
Ortsteil Großgartach

Spuren der jüdischen Geschichte. Südl. von Großgartach trägt am Südosthang des Heuchelbergs eine Flur die Bezeichnung »Judenkirchhof« (Flst. 13497/1−13525). Dabei handelt es sich vermutl. um eine jüd. Begräbnisstätte früherer Jh.

Ausk. BMA Leingarten 10. Febr. 1986.

Ortsteil Schluchtern

Zur Geschichte der jüdischen Gemeinde. In Schluchtern bestand eine Gemeinde bis 1938. Ihre Entstehung geht in die Zeit des 17. Jh. zurück. Erstmals werden 1657/58, dann wieder seit 1680 Juden genannt. Die höchste Zahl jüd. Bewohner wird um 1885 mit 99 Pers. erreicht. Mind. 11 Pers. kamen in der Verfolgungszeit 1933 bis 1945 ums Leben.

Wohngebiet und Einrichtungen der jüdischen Gemeinde. Das Wohngebiet lag ursprünglich vor allem in der Entengasse und ihrer Umgebung. Um 1800 war eine *Synagoge* (bzw. ein Betsaal in einem Privathaus) vorhanden. 1938 wurde das Gebäude demoliert, später diente es als Scheune und wurde dann in den Neubau des Hauses Brunnengasse 15 miteinbezogen. Eine jüd. Schule bestand nicht; die Kinder besuchten bis 1868 die evang., danach bis zur Aufhebung der Konfessionsschulen 1876 die kath. Schule.

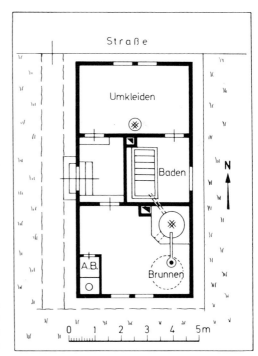

186 *Grundriß des jüdischen Badhauses (Mikwe) in (Leingarten-)Schluchtern (gezeichnet nach dem Bauplan von 1845).*

187 *Lage des jüdischen Friedhofs in (Leingarten-) Schluchtern.*

Rituelle Bäder, die 1850 wegen ihres schlechten Zustandes geschlossen wurden, gab es in den Häusern des Salomon Sontheimer und Heyum Bauernfreund sowie in der »Synagogenschul«. 1845 wurde ein neues Bad im Garten von Leonhard Hutt angelegt (Standort unbekannt).

Die Toten wurden zunächst in Waibstadt und Heinsheim, seit der Zeit um 1900 auf einem eigenen *Friedhof* beigesetzt, der sich heute innerhalb eines Neubaugebiets an der Kiesbergstr. befindet (Flst. 6159, Fläche 3,49 a).

Weitere Spuren der jüdischen Geschichte. An ehemaligen, bis nach 1933 bestehenden *Handels- und Gewerbebetrieben* sind bekannt: Viehhandlung Willi Bauernfreund (Entengasse 8), Zigarrenfabrik Alfred Abraham Kirchhausen (Entengasse 4–6), Fellhandlung Josef Kirchhausen (Entengasse 7, abgebr.), Wirtschaft »Zur Traube«, Inh. Josef Kirchhausen (Entengasse 4), Viehhandlung Josef Kirchhausen (Entengasse 1), Viehhandlung Siegfried Kirchhausen (Eppinger Str. 169), Viehhandlung Moses Oppenheimer

188 *Der jüdische Friedhof in (Leingarten-)Schluchtern ist inzwischen von einem Neubaugebiet umgeben (1983).*

(Eppinger Str. 148), Lehrer, Kantor und Schächter Isaak Rodowitsch (Entengasse 2), Seifenfabrik Elias Schwarzwälder (Entengasse 14), Händler Ludwig Vollweiler (Eppinger Str. 144).

Sauer 1966 S. 157f; Angerbauer/Frank S. 200–205; Israelitischer Friedhof Leingarten (Heft) mit Auszügen aus dem Heimatbuch der Gemeinde Leingarten zu »Juden in unserer Heimat«; Ausk. BMA Leingarten 1. Mai 1985, 10. Feb. 1986; Ausk. Staatl. Vermessungsamt Heilbronn 31. Juli 1985.

Löwenstein

Zur Geschichte jüdischer Bewohner. In Löwenstein waren zwischen dem 15. und 18. Jh. zumindest vereinzelt jüd. Pers. ansässig. Im 16. Jh. wird der jüd. Arzt Gumprecht von Löwenstein genannt, der um 1527 von Löwenstein aus in Heilbronn seinem Gewerbe nachging und spätestens 1531 Leibarzt Markgraf Philipps von Baden war. 1562 wird Jud Jacob von Löwenstein genannt.

QGJ Nr. 429; Württ. Geschichtsquellen XX S. 393 Zeile 29f, ebd. S. 398 Zeile 16ff; Württ. Städtebuch S. 149; B. Sieringhaus, »Das Städtle trägt meinen guten Namen«, in: Heilbronner Stimme. 27. Juli 1984; Angerbauer/Frank S. 145f.

Massenbachhausen

Zur Geschichte der jüdischen Gemeinde. In Massenbachhausen bestand eine Gemeinde bis 1865, zu der seit 1832 eine Zeitlang die Juden aus Massenbach und Bonfeld gehörten. Die Entstehung der Gemeinde geht in das 17. Jh. zurück (erste Erwähnung 1684/85). Die höchste Zahl jüd. Bewohner wird um 1838 mit 58 Pers. erreicht. Nach Auflösung der Gemeinde gehörten sie der Gemeinde in Massenbach an.
Einrichtungen der jüdischen Gemeinde. Eine *Synagoge* wird erstmals 1736 genannt. 1826 wurde eine neue Synagoge erbaut. Das Gebäude diente bis 1865 als Gotteshaus, wurde dann geschlossen und zu einem Wohnhaus mit Scheune

umgebaut. Als solches ist es erhalten (Standort Gartenstr. 3). Über weitere Einrichtungen ist nichts bekannt. Die Toten wurden in Heinsheim und Waibstadt, nach 1819 auch in Eppingen beigesetzt.

Sauer 1966 S. 126; Angerbauer/Frank S. 160–163; Ausk. BMA Massenbachhausen 8. Mai 1985, 20. Jan. 1986.

Möckmühl
Stadtteil Korb

Zur Geschichte der jüdischen Gemeinde. In Korb bestand eine Gemeinde bis 1903. Ihre Entstehung geht in das 18. Jh. zurück, erstmals wird 1743 ein Jude am Ort genannt (Abraham Simon). Die höchste Zahl jüd. Bewohner wird um 1833 mit 102 Pers. erreicht.
Einrichtungen der jüdischen Gemeinde. Zunächst wurden die Gottesdienste in Olnhausen besucht. Eine *Synagoge* wurde 1835 eingerichtet. Sie befand sich im 1. Stock/Dachgeschoß des Hauses Sennfelder Str. 4 (zugleich letztes jüd. Wohnhaus bis 1926 der Fam. Rosenfeld). Reste der Innenverkleidung des Raumes sind erhalten. Im unteren Stock des Gebäudes befand sich auch ein Unterrichtslokal der zeitweise in Korb bestehenden jüd. *Schule* (1835 bis 1844, zuvor und danach besuchten die Kinder die Ortsschule). Auch ein *rituelles Bad* war, vermutl. unterhalb des Vorgartens des Synagogengebäudes, vorhan-

189 Ehemalige Synagoge in (Möckmühl-)Korb, 1835 in diesem Gebäude eingerichtet, das bis 1926 in jüdischem Besitz war (1984).

190   Spuren der ehemaligen Decke der Synagoge in (Möckmühl-)Korb sind bis zur Gegenwart vorhanden (1984).

den (1846 genannt). Im Erdgeschoß befand sich ein *Schächtraum*, daneben ein Viehstall. Die Toten wurden zunächst in Berlichingen und Bödigheim beigesetzt, nach 1885 in Sennfeld.
Die nach 1903 in Korb wohnhaften jüd. Fam. benutzten die Einrichtungen der jüd. Gemeinde Sennfeld.

Hundsnurscher/Taddey S. 168; JGFW S. 22; W. Wetterauer, Die ehem. Synagoge in Sennfeld (Hschr.). 1985; Angerbauer/Frank S. 134−138; Ausk. StV Möckmühl 30. Juli 1986.

Stadtteil Möckmühl

Zur Geschichte der jüdischen Gemeinde. In Möckmühl bestand eine Gemeinde im MA, die durch die Verfolgung von 1298 ausgelöscht wurde (33 Pers. ermordet). Über Wohngebiet und Einrichtungen der Gemeinde ist nichts bekannt (vgl. jedoch Möckmühl-Ruchsen).
Seit der zweiten Hälfte des 19. Jh. ließen sich wieder einige jüd. Pers. in der Stadt nieder (1912 bis 1935 Fam. Eugen Metzger mit Textilgeschäft in der Ruchsener Str. 10).

GJ II,2 S. 544; E. Strohhäcker, Möckmühl. Bild einer Stadt. 1979. S. 50f; Angerbauer/Frank S. 164; Ausk. StV Möckmühl 30. Juli 1986.

Stadtteil Ruchsen

Spuren der jüdischen Geschichte. Auf Gemarkung Ruchsen findet sich ca. 1,5 km nördl. des Ortes unweit der Seeklinge die Gewannbezeichnung »Judenkirchhof« (Flst. 1436, 1461, 1463, 1464, evtl. nur Flst. 1463). Es ist nicht bekannt, zu welcher jüd. Gemeinde dieser Friedhof einmal gehörte (ma. Gemeinde in Möckmühl oder spätere Gemeinde in Ruchsen?).

Ausk. Staatl. Vermessungsamt Heilbronn 31. Juli 1985.

Neckarsulm
Stadtteil Neckarsulm

Zur Geschichte der jüdischen Gemeinde. In Neckarsulm bestand eine Gemeinde im MA (erste Nennung 1298; Judenverfolgung 1349; 1466 wieder Juden in der Stadt) und vom 16. Jh. bis zur Auflösung der Gemeinde Mitte des 19. Jh. Die höchste Zahl jüd. Bewohner wird im 17./18. Jh. erreicht worden sein, als vermutl. zwischen 60 und 90 Pers. ansässig waren. Mind. 3 Pers. kamen in der Verfolgungszeit 1933 bis 1945 ums Leben.
Wohngebiet und Einrichtungen der jüdischen Gemeinde. Die ehem. »Judengasse« (parallel zu einem Teil der Marktstr. und zu einem Teil der Kolpingstr.; gegenüber der Pfarrkirche St. Dionysius; Gebiet nach Kriegszerstörung völlig neu bebaut) könnte Hinweis auf das ma. Wohngebiet sein. Seit dem 17. Jh. konzentrierte es sich auf den östl. Teil der Rathausstr. bis zur Neutorgasse. Hier entstanden auch die *Synagoge* (Gebäude Nr. 205a an der Rathausgasse; eine Synagoge wird erstmals 1625 genannt) und das *rituelle Bad* (Gebäude Nr. 205a, Anbau zur Synagoge). Um 1850 wurde die Synagoge geschlossen und in eine Scheune umgebaut, die 1945 kriegszerstört wurde.
Die Toten wurden im MA vermutl. in Heilbronn, Ende des 15. Jh. in Neudenau beigesetzt. Um 1550 oder erst Anfang des 17. Jh. wurde ein eigener *Friedhof* am Waldenberg (Flst. 4739, neben dem heutigen städt. Friedhof im Stadtteil Neuberg; Fläche 31,92 a) angelegt und bis zum 19. Jh. auch von umliegenden Gemeinden (Kochendorf,

191   Altstadt Neckarsulm nach der württembergischen Landesvermessung von 1834 mit »Judengasse« und Lage
der Synagoge.

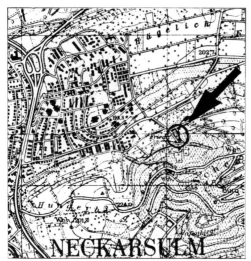

192   *Lage des jüdischen Friedhofs bei Neckarsulm.*

Oedheim) mitbenutzt. 1938 wurde er völlig zerstört, die Grabsteine großenteils zum Straßenbau verwendet. Nach 1945 wurde er als Parkanlage mit wenigen erhaltenen Grabsteinen und einigen Trümmerhaufen zerschlagener Steine angelegt. Die ehem. *Leichenhalle* ist erhalten.

Weitere Spuren der jüdischen Geschichte. An ehemaligen, bis nach 1933 bestehenden *Handelsbetrieben* sind bekannt: »Schuhzentrale Nekkarsulm« Rebekka Nadelreich (Marktstr. 13), Manufakturwarengeschäft H. Rheinganum, Inh. Jakob Rheinganum (Marktstr. 42, kriegszerstört), Herrenkonfektionsgeschäft David Stern (Neckarstr. 5, abgebr.), Viehhandlung David Strauß (Binswanger Str. 35).

Auf den *Gefallenendenkmalen* des städt. Friedhofs Neckarsulm und des jüd. Friedhofs Heilbronn ist auch der Name des jüd. Gefallenen des Ersten Weltkriegs aus Neckarsulm eingetragen.

193   *Jüdischer Friedhof in Neckarsulm um 1930; ein Großteil der Grabsteine wurde in der NS-Zeit zum Straßenbau verwendet.*

194 Jüdischer Friedhof in Neckarsulm: in der Nähe des ehemaligen Friedhofshauses finden sich bis heute einige der noch erhaltenen Grabsteine (1972).

Sauer 1966 S. 132–143; Angerbauer/Frank S. 165–176; GJ II,2 S. 571 f; L. Hantsch, Von den Juden in Neckarsulm, in: Historische Blätter des Heimatvereins Neckarsulm. Sept./Okt. 1985; Ausk. StadtA Neckarsulm 28. Apr. 1985.

Stadtteil Obereisesheim

Zur Geschichte jüdischer Bewohner. In Obereisesheim waren Ende des 16. Jh. einige Juden wohnhaft, worauf die Wimpfener Stadtordnung 1598 Bezug nimmt.

Angerbauer/Frank S. 36.

Neckarwestheim

Zur Geschichte jüdischer Bewohner. In Neckarwestheim (Kaltenwesten) ließen sich nach der Vertreibung der Heilbronner Juden einige von ihnen nieder (1491 Jud Abraham, 1492 2 weitere Juden genannt; 1539 Jud Jacob von Kaltenwesten und sein Sohn Borisch).

QGJ Nr. 447,514; Angerbauer/Frank S. 176 f;

Th. Nebel, Die Geschichte der jüd. Gemeinde in Talheim. 1963. S. 14; vgl. GJ III,1 S. 742 f (Liebenstein).

Neudenau
Stadtteil Neudenau

Zur Geschichte der jüdischen Gemeinde. In Neudenau bestand eine Gemeinde im MA (1298 und 1349 Judenverfolgungen) und vom Ende des 17. Jh. bis zur Auflösung 1937. Auch im 15./ 16. Jh. dürften Juden in der Stadt gewesen sein. Die höchste Zahl wird um 1841 mit 55 Personen erreicht. Mind. 8 Personen kamen in der Verfolgungszeit 1933 bis 1945 ums Leben.

Wohngebiet und Einrichtungen der jüdischen Gemeinde. Das ma. Wohngebiet war vermutl. die 1454 erstmals genannte »Judengasse« (1965 in Kronengasse umbenannt). Über Einrichtungen im MA ist außer dem Friedhof nichts bekannt. Über eine *Synagoge* (»Judenschule«) erfährt man erst 1783. 1875 wird sie neu erbaut (am selben Standort?) und diente der jüd. Gemeinde als Gotteshaus bis 1937. 1938 wurde das Gebäude verkauft, in dem sich damals im Erdgeschoß Stallungen, im 1. Stock der Betsaal befunden haben.

195 Lage der mittelalterlichen »Judengasse« in Neudenau.

Nach 1950 wurde das Obergeschoß wegen Baufälligkeit abgetragen; die ehem. Stallungen wurden 1980 zu einem Getränkelager umgebaut,
Standort Grundstück 245 in der Gasse hinter
Haus Hauptstr. 5 (alte Mauern erhalten). Eine

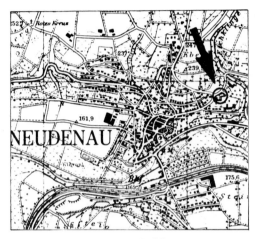

196   Lage des jüdischen Friedhofs bei Neudenau.

197/198   Grabsteine auf dem jüdischen Friedhof in ▷
Neudenau: der einzelne Stein mit der Leviten-Kanne,
datiert von 1759, die Steine der Dreiergruppe wurden
um 1839/40 aufgestellt (1971).

jüd. Schule bestand nicht; die Kinder besuchten
die allg. Schule.

Ein *rituelles Bad* lag bis 1835 im Haus des Gumbel Klein (Standort unbekannt), seither an der
Siglinger Str. (1965 abgebr.), wo es von dem noch
vorhandenen »Judenbrünnle« gespeist wurde.

Auf ma. Zeiten zurück geht der *Friedhof* (erstmals 1492 als damals zentraler Friedhof auch für
Juden um Heilbronn, Wimpfen und »Schwaben«
genannt). Auf ihm wurden bis ins 20. Jh. auch die
Toten einiger umliegender Gemeinden begraben
(u. a. Billigheim; Lage am Eichklingenweg, Flur
»Untere Ebene«, Flst. 2757, Fläche 20,78 a).

Weitere Spuren der jüdischen Geschichte. An
ehemaligen, bis nach 1933 bestehenden *Betrieben*
sind bekannt: Pferdehandlung Leopold Haas
(Kirchplatz 2), Textilgeschäft Heinrich Rosenberg (Neue Anlage 10), Manufakturwarengeschäft Sigmund Weinberg und Textilgeschäft
Helmar Spier (Hauptstr. 5).

Auf dem *Gefallenendenkmal* des städt. Friedhofes ist auch der Name des jüd. Gefallenen des
Ersten Weltkriegs aus Neudenau genannt.

Hundsnurscher/Taddey S. 213f; Angerbauer/
Frank S. 177−181; GJ II,2 S. 574; J. Weihrauch/
U. Heimberger, Neudenauer Überlieferungen.
1979. S. 88; Ausk. BMA Neudenau 28. Juni
1984, 8. Mai 1985, 17. Jan. 1986; Ausk. M. Eder-
le, Neudenau 27. Apr. 1984; Ausk. S. Rupp,
Stuttgart/Neudenau 19. Aug. 1986.

Stadtteil Siglingen

Spuren der jüdischen Geschichte. Auf Gemarkung Siglingen trägt im Gewann »Leiten« ein
Flurstück im Volksmund die Bezeichnung »Judenkirchhof« (Flst. 540−543 zwischen Bahnlinie
und Gemarkungsgrenze zu Herbolzheim). Ver-

mutl. handelt es sich hierbei um eine jüd. Begräbnisstätte früherer Jh.

OAB Neckarsulm. 1881. S. 238, 614; Ausk. OV Siglingen 30. Jan. 1986.

Neuenstadt am Kocher
Stadtteil Bürg

Zur Geschichte jüdischer Bewohner. In Bürg lebte 1675–1707 Jud Isaac, dann verzog er nach Massenbachhausen.

Angerbauer/Frank S. 58.

Stadtteil Kochertürn

Zur Geschichte jüdischer Bewohner. In Ko-
chertürn waren im 17. Jh. einige jüd. Familien ansässig (1625 Jud Mayer; 1639 zogen 4 jüd. Fam. aus Kochertürn nach Neckarsulm; weitere Nennungen bis zum Ende des 17. Jh).

Angerbauer/Frank S. 133 f.

Stadtteil Neuenstadt

Zur Geschichte jüdischer Bewohner. In Neuenstadt lebten möglicherweise einige Juden im MA (1394 Jud Vivel von der Neuenstadt genannt, Deutung auf dieses N. unsicher). In der zweiten Hälfte des 19. Jh. zogen einige jüd. Pers. zu, die zur Synagogengemeinde Oedheim gehörten. U. a. bestand ein kleines Ladengeschäft für Oblaten und Käse in der Hauptstr., von dem noch ein Koscher-Siegel in Privatbesitz erhalten ist.

Württ. Geschichtsquellen XX S. 830 Zeile 18; OAB Neckarsulm. 1881. S. 534; Angerbauer/ Frank S. 182; Ausk. H. Braun, Neuenstadt 18. Febr. 1986.

Stadtteil Stein am Kocher

Zur Geschichte der jüdischen Gemeinde. In Stein bestand eine Gemeinde bis 1937. Ihre Entstehung geht in die Zeit nach dem Dreißigjährigen Krieg zurück (1679 Jud Jacob genannt). Die höchste Zahl jüd. Bewohner wird um 1841 mit 129 Pers. erreicht. Mind. 3 Pers. kamen in der Verfolgungszeit 1933 bis 1945 ums Leben.
Einrichtungen der jüdischen Gemeinde. Die Gemeinde hatte eine *Synagoge* (Jahr der Erbauung nicht bekannt) in einer kleinen Gasse zwischen Grabenstr. und Kurmainzstr. (Gebäude

199 Lage des jüdischen Friedhofs bei (Neuenstadt-) Stein a. K.

Nr. 242, auch »Judenschule« genannt). Das Gebäude wurde 1935 verkauft und wurde 1945 kriegszerstört. Das Gelände blieb unbebaut (heute Gärten).
Ein *rituelles Bad* befand sich im Untergeschoß eines Gebäudes südöstl. des Schlosses (Ecke Kirchweg/Im Kirchhof, Gebäude erhalten).
Die Toten wurden zunächst in Neudenau beigesetzt. Seit ca. 1810 bestand ein eigener *Friedhof* im Kohlbachtal an der Str. nach Kreßbach (ca. 1 km außerhalb des Ortes; Fläche 9,63 a).
Weitere Spuren der jüdischen Geschichte. An ehemaligen, bis nach 1933 bestehenden *Handelsbetrieben* sind bekannt: Textilkaufmann Jakob Holzer und Hermann Zwang (Haus Nr. 162), Viehhandlung Jakob Zwang und Abraham Zwang (Haus Nr. 164).
FN: Ein Teil des Spitzackers am »Degmarner Weg« trägt den FN »Judenspitze«. Im 18./19. Jh. hieß die heutige Flur »Mittleres Gewand« (davon die Flst. 331–335, 377–387 in Kochertürn) nach einem von Stein nördl. von Kochertürn nach Bürg führenden Judenweg (1777 erstmals genannt) »Judenweg«.

Hundsnurscher/Taddey S. 263; Angerbauer/ Frank S. 224–228; N. Jung, Spurensuche S – die Juden von Stein. 1985; Ausk. N. Jung, Neuenstadt 10. Juni 1985; Ausk. G. Reichert, Neuenstadt 6. Mai 1985; Ausk. Staatl. Vermessungsamt Heilbronn 31. Juli 1985.

Obersulm
Ortsteil Affaltrach

Zur Geschichte der jüdischen Gemeinde.
In Affaltrach bestand eine Gemeinde bis 1938. Ihre Entstehung geht in die Zeit des 17. Jh. zurück. Erstmals wird 1600 ein Jude (Jud Gumprecht) genannt. Die höchste Zahl jüd. Bewohner wird um 1858 mit 219 Pers. erreicht. Mind 4 Pers. kamen in der Verfolgungszeit 1933 bis 1945 ums Leben.
Einrichtungen der jüdischen Gemeinde. 1701 wird eine *Synagoge* (»Judenschule«) genannt, zunächst ein Betsaal in einem Privathaus (1737 im Haus des Jud Lemble). Auch die Eschenauer Juden benutzten zeitweise die Affaltracher Synago-

200 *Ehemalige Synagoge in (Obersulm-)Affaltrach, 1850/51 erbaut, 1938 demoliert; das Gebäude wird derzeit restauriert (1987).*

201 *Lage des jüdischen Friedhofs bei (Obersulm-)Affaltrach.*

202 *Jüdischer Friedhof in (Obersulm-)Affaltrach (1983).*

ge. 1820 bis 1824 wurde die vorhandene Synagoge vergrößert und eine Frauenempore eingerichtet (Standort »an der unteren Gasse« bzw. »an der Straße nach Weiler«), 1844 wurde sie wegen Baufälligkeit geschlossen, 1850/51 eine *neue Synagoge* erbaut (Standort Untere Gasse 6), in der neben dem Gottesdienstraum auch die *Schule* mit *Lehrerwohnung* und *rituellem Bad* untergebracht wurden. 1938 wurde das Gebäude demoliert, danach als Lagerraum und für Wohnzwecke genutzt. Eine Restaurierung des Gebäudes als Dokumentationszentrum jüd. Geschichte soll bis Ende 1988 abgeschlossen sein.

Die jüd. *Schule* bestand bereits am Ende des 18. Jh. als »Winkelschule« im Haus des Vorsängers. 1828 besuchten die Kinder die evang. Schule, seit 1849 bestand die jüd. Konfessionsschule. 1880 bis 1890 gab es für Eschenau und Affaltrach eine gemeinsame israelit. Schule mit wechselndem Sitz in Eschenau und Affaltrach.

Im 17. Jh. (1683 genannt) wurde ein *Friedhof* angelegt, der auch umliegenden jüd. Gemeinden (bis 1840 Sontheim, Talheim und Horkheim, danach noch Lehrensteinsfeld und Eschenau) als Begräbnisplatz diente (Lage am Salzberg, Flst. 1078, Fläche 73,30 a). Auf ihm befinden sich noch die *Friedhofshalle* und ein *Gefallenendenkmal* für die im Ersten Weltkrieg aus den jüd. Gemeinden Affaltrach, Eschenau und Lehrensteinsfeld Gefallenen.

Weitere Spuren der jüdischen Geschichte. An ehemaligen, bis nach 1933 bestehenden *Betrieben* sind bekannt: Manufaktur- und Aussteuergeschäft Hugo Levi (Weiler Str. 4), Viehhandlung und Immobilien Heinrich und Aron Levi (Eichelberger Str. 6). Auf dem *Gefallenendenkmal* in der Aussegnungshalle des Ortsfriedhofs finden sich auch die Namen der beiden jüd. Gefallenen des Ersten Weltkriegs aus Affaltrach.

Persönlichkeiten. *August Thalheimer* (1884 Affaltrach – 1948 Havanna), Politiker und Philosoph, 1909 Redakteur in Göppingen, 1915 in

203   *Familienbild der Familie Bernhard Levi um 1900 in (Obersulm-)Affaltrach. Im Hintergrund steht eine zum Laubhüttenfest aufgebaute Sukka.*

Braunschweig, 1919 Theoretiker in der KPD-Zentrale, 1928 aus der KPD ausgeschlossen, leitete er die KPD-Opposition. 1934 emigrierte er nach Frankreich, 1941 nach Kuba. Das Geburtshaus von Thalheimer in Affaltrach ist das Haus Schulgasse 3/1.

Sauer 1966 S. 25 f; Angerbauer/Frank S. 17–24, 311–321; W. Angerbauer, Zum Bau der Affaltracher Synagoge, in: Schwaben und Franken. Heimatgeschichtl. Beilage der »Heilbronner Stimme«. Mai 1985; Ausk. M. Ritter, Obersulm 25. Jan. 1987; J. Hahn, Synagogen in Baden-Württemberg. 1987. S. 83 ff.

Ortsteil Eschenau

Zur Geschichte der jüdischen Gemeinde. In Eschenau bestand eine Gemeinde bis 1900, danach bildeten die Affaltracher und Eschenauer Juden bis 1938 eine gemeinsame Gemeinde. Die Entstehung der Eschenauer Gemeinde geht in das 17./18. Jh. zurück (1660 erstmals Juden am Ort genannt). Die höchste Zahl jüd. Bewohner wird um 1841 mit 112 Pers. erreicht.
Einrichtungen der jüdischen Gemeinde. Im 18. Jh. wurde die Synagoge in Affaltrach mitbenutzt. 1797 wurde in Eschenau eine *Synagoge* erbaut und bis 1904 benutzt. Im 19. Jh. war in ihr auch die *Schule* und die *Lehrerwohnung* sowie im Keller ein *rituelles Bad* untergebracht. Das Gebäude wurde 1904 verkauft und ist als Wohnhaus erhalten (Treuchtlinger Str. 9). Eine Inschrift über dem Eingang wurde beim letzten Umbau entfernt. Ein *Opferstock* (Zedaka-Büchse) aus der Synagoge befindet sich in Privatbesitz.
Die Toten wurden in Affaltrach beigesetzt.
Weitere Spuren der jüdischen Geschichte. An ehemaligen, bis nach 1933 bestehenden *Gewerbebetrieben* sind bekannt: Jüd. Wirtschaft »Zur Rose«, Inh. Max Rothschild und Simon Dames (Bei der Wette 2; Inschrift zur Erbauung von der jüd. Fam. Lindner vorh.), Viehhandlung Bamberger (Schloßstr. 16).
Auf dem *Gefallenendenkmal* in der Einsegnungshalle des Ortsfriedhofes findet sich auch der Name des jüd. Gefallenen des Ersten Weltkrieges aus Eschenau.

Spuren der Verfolgungszeit 1933 bis 1945. 1941/42 wurden mind. 110 ältere Juden aus Stuttgart und anderen Orten in das Eschenauer *Schloß* einquartiert (»Zwangsaltersheim«). Von ihnen starben 11, die auf dem jüd. Friedhof Affaltrach beigesetzt wurden. Die anderen wurden 1942 nach Theresienstadt deportiert und kamen dort oder in den Vernichtungslagern des Ostens ums Leben.

Sauer 1966 S. 73; Angerbauer/Frank S. 67–72; H. Noller, Heimatbuch Eschenau. 1984. S. 330–347; Ausk. H. Noller, Eschenau 9. Mai 1985, 19. Mai 1986; Ausk. F. Hüttenmeister, Tübingen 12. Apr. 1986 (Opferstock).

Ortsteil Willsbach

Zur Geschichte jüdischer Bewohner. In Willsbach lebten vermutl. im 16. Jh. wenige Juden; 1549 wird »Jud Beifeiß (Beifuß?) von Wilspach« genannt. Auf Gemarkung Willsbach findet sich eine Flur »Judengraben«, wo nach der Überlieferung am Ort einstmals Juden ein schmähliches Ende fanden.

Angerbauer/Frank S. 238; FN-Verzeichnis der Landesstelle für Volkskunde, Stuttgart.

Oedheim
Ortsteil Degmarn

Zur Geschichte jüdischer Bewohner. In Degmarn wird 1620 ein jüd. Bewohner genannt.

Angerbauer/Frank S. 58.

Ortsteil Oedheim

Zur Geschichte der jüdischen Gemeinde. In Oedheim bestand eine Gemeinde bis 1938. Ihre Entstehung geht in die Zeit des 17. Jh. zurück (1697 erste Erwähnung). Die höchste Zahl jüd. Bewohner wird um 1858 mit 117 Pers. erreicht. Mind. 5 Pers. kamen in der Verfolgungszeit 1933 bis 1945 ums Leben.
Einrichtungen der jüdischen Gemeinde. Nach

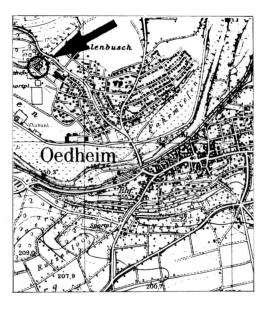

204 *Ehemalige Synagoge in Oedheim, 1864 erbaut,*
1938 geschlossen, heute Wohnhaus (Aufnahme um 1930).

205 *Lage des jüdischen Friedhofs bei Oedheim.*

206 *Jüdischer Friedhof in Oedheim, der in der NS-Zeit schwer zerstört wurde (hist. Aufnahme um 1930).*

1700 war ein erster *Betsaal* im Haus des Juden Moses unweit der Kirche im Ortsteil des Deutschen Ordens vorhanden, der von den Juden beider Ortsteile besucht wurde. Seit 1827 befanden sich *Betsaal* und ein *rituelles Bad* im Garten des Lazarus Stern (zwischen der Gasse und dem zum Bautzschen Schloß gehörigen Garten; im Bereich des zum Schloß gehörenden Hofes wohnten Anfang des 18. Jh. die »Bautzschen Juden«). 1864 wurde eine neue *Synagoge* mit *rituellem Bad* im Erdgeschoß erbaut, 1938 geschlossen, später verkauft, 1966 zu einem bis heute erhaltenen Wohnhaus umgebaut (Fahrgasse 14).

Die jüd. Kinder besuchten die Ortsschule. Die Toten wurden zunächst in Neckarsulm beigesetzt. 1874 wurde ein eigener *Friedhof* angelegt (im Batzenwald außerhalb des Ortes Richtung Heuchlingen unweit der heutigen Sportanlagen, Fläche 3,94 a). 1938 wurde er verwüstet, nach 1945 – soweit möglich – wieder hergestellt.

Weitere Spuren der jüdischen Geschichte. An ehemaligen, bis nach 1933 bestehenden *Handelsbetrieben* sind bekannt: Viehhandlung Fam. Rosenstein (Steige 19), Fam. Mergentheimer (Neuenstadter Str. 14).

Auf dem *Gefallenendenkmal* des örtl. Friedhofes findet sich auch der Name des jüd. Gefallenen des Ersten Weltkriegs aus Oedheim.

Sauer 1966 S. 144 ff; Angerbauer/Frank S. 186–194; Ausk. BMA Oedheim 9. Sept. 1983, 1. Dez. 1983, 23. Juni 1986.

Offenau

Zur Geschichte jüdischer Bewohner. In Offenau betrieben Sigmund und Jakob Grünstein 1924 bis 1933/35 ein Textilgeschäft (Holzstr. 15).

L. Hantsch, Von den Juden in Offenau, in: Heimatgeschichtl. Beilage zum Amtsblatt der Gemeinde Offenau 11/12, 1985.

Schwaigern
Stadtteil Massenbach

Zur Geschichte der jüdischen Gemeinde. In Massenbach bestand eine Gemeinde bis 1938. Ihre Entstehung geht in das 16./18. Jh. zurück (erstmals 1556 Juden am Ort genannt, dann wieder Anfang des 18. Jh.). Die höchste Zahl jüd. Bewohner wird um 1844 mit 89 Pers. erreicht. Mind. 3 Pers. kamen in der Verfolgungszeit 1933 bis 1945 ums Leben.

Einrichtungen der jüdischen Gemeinde. Ein *Betsaal* wurde 1720 eingerichtet, eine *Synagoge* 1796 erbaut. Sie diente bis zur Auflösung der Gemeinde 1938 als Gotteshaus. 1938 blieb sie unzerstört, 1954 wurde das Gebäude abgerissen. Das Anwesen (Raiffeisenstr. 26) wurde mit einer Tankstelle/Autowerkstatt neu überbaut. Unweit der Synagoge war ein *rituelles Bad* (besteht nicht mehr, heute Gartenland). Die Kinder besuchten die Ortsschule, der Religionsunterricht wurde in der jüd. *Schule* abgehalten (1951 abgebr.).

Die Toten wurden zunächst in Waibstadt und Heinsheim, später in Schluchtern beigesetzt. Im 19. Jh. war beabsichtigt, einen eigenen Friedhof anzulegen, wozu ein Grundstück im Gewann »Hetzenkopf« oder »Kleines Feldle« erworben wurde, doch wurde der Plan nicht verwirklicht. Früher war am Ort noch ein FN »Judenkirchhof« (heute unbekannt), der sich auf eine jüd. Begräbnisstätte in früheren Jh. bezogen haben kann (16. Jh.?).

Weitere Spuren der jüdischen Geschichte. An ehemaligen, bis nach 1933 bestehenden *Betrieben* sind bekannt; Gastwirtschaft und Metzgerei Sigmund Abraham (Felsenweg 1), Textilwarengeschäft David Behr (Felsenweg 3), Handelsmann Robert Mannheimer (Schwaigerner Str. 4).

Sauer 1966 S. 125 ff; Angerbauer/Frank S. 146–160; Ausk. OV Massenbach 14. Dez. 1983, 8. Mai 1985.

Siegelsbach

Zur Geschichte der jüdischen Gemeinde. In Siegelsbach bestand eine Gemeinde bis 1938, deren Entstehung in das 18. Jh. zurückgeht. Erstmals

207 *Fahnenweihe des Gesangvereins Eintracht in (Schwaigern-)Massenbach 1930, im Hintergrund die Synagoge (1796 erbaut, 1938 nicht zerstört, 1954 abgebrochen) und das Wohn- und Geschäftshaus Louis Abraham.*

werden jüd. Bewohner um 1720 genannt. Ihre höchste Zahl wird um 1848 mit 104 Personen erreicht.

Einrichtungen der jüdischen Gemeinde. Im 19. Jh. unterhielt die Gemeinde eine *Synagoge* (vor 1812 erbaut), ein *rituelles Bad* und eine *Religionsschule*. Die Einrichtungen befanden sich im Bereich Hauptstr./Ecke Lindenstr. neben der Gemeindekelter. Die Synagoge wurde 1938 verkauft, um 1950 wegen Baufälligkeit abgerissen. Das Gelände ist teilweise neu bebaut.

Abgesehen vom Religionsunterricht besuchten die jüd. Kinder die (kath.) Schule am Ort. Die Toten wurden in Heinsheim beigesetzt.

208 *Ehemalige Synagoge in (Schwaigern-)Massenbach, Innenaufnahme (hist. Aufnahme um 1930).*

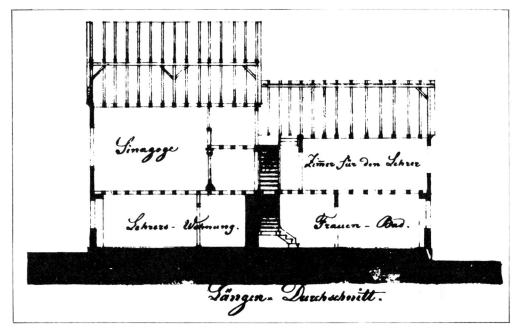

209 Längsschnitt der ehemaligen Synagoge in Siegelsbach (Bauplan des 19. Jh.)

Weitere Spuren der jüdischen Geschichte. An ehemaligen, bis nach 1933 bestehenden *Handels- und Gewerbebetrieben* sind bekannt: Viehhandlung Aron Eisemann (Hauptstr. 67), Manufakturwarengeschäft Josef Fleischmann (Hauptstr. 82), Fa. Süddeutsche Öl- und Fettwarenfabrik J. Grötzinger Söhne (Bahnhofstr. 12).

Auf der *Gefallenen-Ehrentafel* in der Friedhofshalle des Ortsfriedhofes finden sich auch Name und Bild des jüd. Gefallenen des Ersten Weltkriegs aus Siegelsbach (einziger Gefallener der Gemeinde).

Hundsnurscher/Taddey S. 260 f; Angerbauer/Frank S. 209–212.

Talheim

Zur Geschichte der jüdischen Gemeinde. In Talheim bestand eine Gemeinde bis 1941. Ihre Entstehung geht in die Zeit des 15./18. Jh. zurück. Erstmals wird 1491 Jud Nathan von Talheim genannt (zahlr. Nennungen bis zur Mitte des 16. Jh., dann wieder im 18. Jh.). Die höchste Zahl jüd. Bewohner wird um 1858 mit 122 Pers. erreicht. Mind. 35 Personen kamen in der Verfolgungszeit 1933 bis 1945 ums Leben.

Wohngebiet und Einrichtungen der jüdischen Gemeinde. Die 1778 aufgenommenen Fam. wohnten im württ. Teil der Talheimer oberen Burg (westl. Drittel, sog. Schmidbergsches Schlößchen), die seitdem auch »Judenburg« bzw. »Judenschloß« genannt wird. An der Nordwand der oberen Burg wurde 1793 ein Back- und Waschhaus erbaut, in dessen Obergeschoß sich ein *Betzimmer* für die Gottesdienste befand. 1836 wurde das Haus vergrößert. Danach befanden sich im Erdgeschoß das *rituelle Bad*, die *Schule* mit der *Lehrerwohnung*, im Obergeschoß die *Synagoge*. 1870 wurde das Gebäude renoviert, 1938 demoliert, 1945 durch Kriegseinwirkung beschädigt, 1954 abgerissen. Eine Gedenktafel an der Burgmauer erinnert seit 1983 an den Standort der Synagoge. 1938 bis zur Deportation 1941/42 hatte die Gemeinde noch einen Betsaal im jüd. Gasthaus »Löwen« (Hauptstr. 9; Haus besteht nicht mehr).

1857 wurde ein *Schulhaus* mit *Lehrerwohnung* in der Langen Gasse 5 erbaut. Seit 1914 besuchten die Kinder die evang. Schule, abgesehen vom Religionsunterricht im jüd. Schulhaus (Gebäude erhalten, Wohnhaus).

Die Toten wurden zunächst in Affaltrach beigesetzt. 1843 richteten die jüd. Gemeinden Sontheim, Horkheim und Talheim einen gemeinsamen Friedhof auf Sontheimer Gemarkung ein.

Weitere Spuren der jüdischen Geschichte. Jüd. Häuser im Ort (außerhalb der Burg) gab es nach 1806. Sie unterschieden sich vielfach durch ein »abgewalmtes« Giebeldach von den Häusern der Christen. An ehemaligen, bis nach 1933 bestehenden *Handels- und Gewerbebetrieben* sind bekannt: Oel-, Fett-, Woll- und Trikotagenhandel Josua Hirschfeld (Lange Gasse 1), Manufakturwarengeschäft Ludwig Levi (Hauptstr. 20), Viehhandlung Berthold Löwenthal (Hauptstr. 39), Metzger Isaak Manasse (Seligmanns Sohn; Schozacher Str. 2), Vieh- und Rauchwarenhandlung Isaak Manasse (Abrahams Sohn; Gartenstr. 14), Vieh- und Rauchwarenhandlung Julius Manasse (Gustavs Sohn; Hauptstr. 15) Pferde-, Vieh- und Rauchwarenhandlung Julius Manasse (Abrahams Sohn; Gartenstr. 12), Metzgerei und Viehhandlung mit Gastwirtschaft »Löwen« Julius Manasse (Moses Sohn; Hauptstr. 9, abgebr.), Weinhandlung Louis Manasse (Bergstr. 4), Viehhandlung Max Manasse (Hauptstr. 12), Viehhandlung Moritz Manasse (Hauptstr. 46), Manufakturwarenhandlung Herbert Wertheimer (Hauptstr. 10).

Auf dem *Gefallenendenkmal* der Gemeinde finden sich auch die Namen der beiden jüd. Gefallenen des Ersten Weltkriegs aus Talheim.

◁ *210 Sogenanntes »Judenschloß« in Talheim, in dessen westlichem Teil (hohes Walmdach) seit 1778 jüdische Familien wohnten. Rechts des seitlichen Turms ist im Hof der Burg das Dach der ehemaligen Synagoge erkennbar (hist. Aufnahme um 1920).*

◁ *211 Synagoge im Hof des »Judenschlosses« in Talheim, 1793 erbaut, 1938 demoliert, 1954 abgebrochen (hist. Aufnahme um 1930).*

◁ *212 Hof des »Judenschlosses« mit den letzten Spuren der Synagoge an der Mauer (1972); auch diese Spuren sind inzwischen beseitigt worden; eine Gedenktafel erinnert seit 1983 an die Synagoge.*

Sauer 1966 S. 173–176; Angerbauer/Frank S. 230–235; Th. Nebel, Die Geschichte der jüd. Gemeinde in Talheim. 1963; Ausk. R. Ehrenfried, Talheim 12. Aug. 1985.

Untereisesheim

Zur Geschichte jüdischer Bewohner. In Untereisesheim waren im 16./17. Jh. Juden am Ort. Erstmals wird 1531 Jud Aaron genannt, einige Jahre später sind 4 Fam. am Ort. Aufgrund stark eingeschränkter Lebens- und Arbeitsbedingungen verließen die jüd. Fam. vermutl. Anfang des Dreißigjährigen Krieges den Ort.

Löwenstein, Kurpfalz S. 36, 67 f; Angerbauer/Frank S. 36, 235 ff.

Untergruppenbach

Zur Geschichte jüdischer Bewohner. Das Schloß Sternenfels war 1924–1936 im Besitz von Siegfried Levi aus Stuttgart (Mitinh. der Kornwestheimer Salamander-Schuhfabrik), der hier mit seiner Fam. lebte.

Ausk. BMA Untergruppenbach 6. Mai 1985.

Weinsberg
Stadtteil Weinsberg

Zur Geschichte jüdischer Bewohner. In Weinsberg lebten Juden im MA (1298 Judenverfolgung; 1375 Jud Abraham von Weinsberg genannt; im 15./16. Jh. vereinzelte Niederlassungen) und seit der zweiten Hälfte des 19. Jh. An ehemaligen, bis nach 1933 bestehenden *Betrieben* sind bekannt: Viehhandlung Fam. Hirsch Thalheimer (Bahnhofstr. 28 oder 32) und Fam. Alfred Thalheimer (Kanalstr. 37). Mind. 3 Pers. kamen in der Verfolgungszeit 1933 bis 1945 ums Leben.

GJ II,2 S. 871 f; Veitshans 5, S. 41; H. Franke, Geschichte und Schicksal der Juden in Heilbronn. 1963. S. 37; Angerbauer/Frank S. 237 f; Ausk. BMA Weinsberg 22. Jan. 1986.

Stadtteil Weißenhof

Zur Geschichte jüdischer Patienten. In der Heil- und Pflegeanstalt Weißenhof (heute Psychiatrisches Landeskrankenhaus) wurden seit ca. 1902 auch jüd. Patienten aufgenommen (Höchstzahl um 1910: 22). Die seelsorgerliche Betreuung lag in den Händen des Bezirksrabbiners von Heilbronn. Im Zuge der Euthanasieaktionen des »Dritten Reiches« wurden fast alle jüd. Patienten umgebracht (die Namen von 17 Pers. sind bekannt).

F. Andritsch, Die israelitische Seelsorge in der königl. Heil- und Pflegeanstalt Weinsberg (1905–1918), in: Schwaben und Franken. Beil. zur »Heilbronner Stimme«. 25. Febr. 1984; H. Franke, Geschichte und Schicksal der Juden in Heilbronn. 1963. S.319; Angerbauer/Frank S.238; Ausk. Psychiatrisches Landeskrankenhaus Weinsberg 1. Aug. 1985.

Stadtteil Wimmental

Zur Geschichte jüdischer Bewohner. In Wimmental waren Anfang des 17. Jh. bis zur Ausweisung 1616 Juden ansässig.

Bauer S. 382.

Widdern
Stadtteil Unterkessach

Zur Geschichte jüdischer Bewohner. In Unterkessach waren im 16./17. Jh. Juden am Ort (vermutl. 1–2 Fam.). Als Erinnerung an diese Ansiedlung besteht der FN »Judenkirchhof« (erstmals 1729 genannt) für ein Ackergebiet oberhalb der alten Berlichinger Steige.

W. Slizyk, Heimatbuch von Unterkessach. 1963. S. 37.

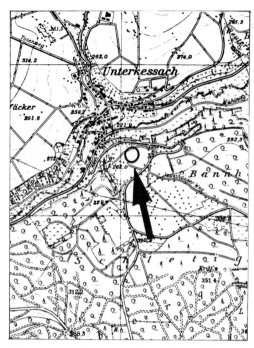

213   *Lage der Flur »Judenkirchhof« bei (Widdern-) Unterkessach.*

Stadtteil Widdern

Zur Geschichte jüdischer Bewohner. In Widdern sind Juden im MA nachweisbar (Judenverfolgungen 1298, 1336/37 und 1349).

GJ II,2 S. 885; Württ. Städtebuch S. 305; Angerbauer/Frank S. 238.

Zaberfeld
Ortsteil Ochsenburg

Spuren der jüdischen Geschichte. In Ochsenburg war noch im 19. Jh. eine Flur »Judenkirchhof« bekannt, die auf eine Ansiedlung von Juden im Städtchen Ochsenburg in früheren Jh. hinweisen könnte.

L. Feigenbutz, der Kraichgau und seine Orte. 1878. S. 228.

Ortsteil Zaberfeld

Zur Geschichte der jüdischen Gemeinde. In Zaberfeld bestand eine Gemeinde bis 1938, deren Entstehung in die Mitte des 18. Jh. zurückgeht (1745 erste Aufnahme eines Juden). Die höchste Zahl jüd. Bewohner wird um 1858 mit 43 Pers. erreicht. Mind 7 Pers. kamen in der Verfolgungszeit 1933 bis 1945 ums Leben.

Einrichtungen der jüdischen Gemeinde. Um 1750 bis 1760 wurde ein Zimmer im Haus des Simon Kahn zu einer »Judenschul« umgebaut (seit 1756 war ein »Judenschulmeister« am Ort). Im 19. Jh. und bis nach 1933 bestand ein *Betsaal* im Haus Michelbacher Str. 3 (zuletzt Haus des Hirsch Jordan), wenngleich die Gottesdienste im 20. Jh. zumeist in Freudental besucht wurden (Haus Jordan 1974 abgebr.).

Ein *rituelles Bad* wurde 1849 an der Zaber eingerichtet (Standort: Bahnhofstr. 5). Das Badhaus wurde 1914 versteigert, 1950 abgebrochen. Die Toten wurden in Freudental beigesetzt.

Weitere Spuren der jüdischen Geschichte. Bis 1903 (Haus abgebrannt) bestand ein jüd. *Schlachthaus* in der Michelbacher Str. 10 (Metzger Wolf Jordan). – Im Gebiet des Strombergs verläuft ein »Judenweg«.

Sauer 1966 S. 82; Angerbauer/Frank S. 244–248; Ausk. BMA Zaberfeld 15. Juli 1985, 13. Feb. 1986; Ausk. R. Wulle, Stuttgart 4. Jan. 1986.

HOHENLOHEKREIS

Dörzbach
Ortsteil Dörzbach

Zur Geschichte der jüdischen Gemeinde. In Dörzbach bestand eine Gemeinde bis 1907. Ihre Entstehung geht in die Zeit des Dreißigjährigen Krieges zurück (erste Erwähnung 1627), unterbrochen von 1688 bis um 1750 (Niederlassungsverbot). Die höchste Zahl wird um 1841 mit 169 Pers. erreicht. Mind. 2 Pers. kamen in der Verfolgungszeit 1933 bis 1945 ums Leben.

Einrichtungen der jüdischen Gemeinde. Ein erster *Betsaal* wurde 1782 eingerichtet (Standort unbekannt). 1822 wurde eine *Synagoge* erbaut, an deren Stelle 1840 ein größerer Neubau trat. Nach 1900 besuchten die Dörzbacher Juden die Synagoge in Hohebach. Das Gebäude der Synagoge ist als Wohnhaus erhalten (Hohebacher Str. 4). An das Gebäude der Synagoge war bis nach 1900 eine *Schule* angeschlossen. Das Gebäude ist nicht erhalten. Der Standort eines rituellen Bades ist nicht mehr bekannt.

Die Toten wurden zunächst in Unterbalbach, Laibach und Berlichingen, nach 1850 in Hohebach beigesetzt.

Weitere Spuren der jüdischen Geschichte. An ehemaligen, bis um 1920/30 bestehenden *Betrieben* sind bekannt: Tierarzt H. Rothschild (Hauptstr. 20), Kurzwaren- und Stoffgeschäft Hugo Sänger (Hauptstr. 28, Wohnhaus Hauptstr. 32).

Ein langgestreckter Berghang rechts der Jagst trägt die Bezeichnung »Judenberg« (Herkunft der Bezeichnung ist unbekannt).

Sauer 1966 S. 68f; J. H. Rauser, Dörzbacher Heimatbuch. 1980 passim; Ausk. I. Junkermann, Stuttgart 11. Juli 1986.

Ortsteil Hohebach

Zur Geschichte der jüdischen Gemeinde. In Hohebach bestand eine Gemeinde im MA (Judenverfolgung 1349) und seit dem 17. Jh. (Aufnahmen seit 1637) bis 1939. Die höchste Zahl jüd.

214 *Heutige Rathausstraße in (Dörzbach-)Hohebach um 1900: am linken Bildrand ist die Synagoge zu sehen.*

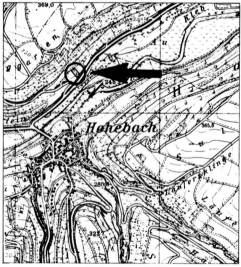

215 *Lage des jüdischen Friedhofs bei (Dörzbach-) Hohebach.*

Bewohner wird um 1858 mit 181 Pers. erreicht. Mind. 7 Pers. kamen in der Verfolgungszeit 1933 bis 1945 ums Leben.

Einrichtungen der jüdischen Gemeinde. Seit 1685 war ein *Betsaal* vorhanden, Anfang des 19. Jh in der Wohnung des Jud Grumbel und Mänle Mul. 1817/18 wurde eine *Synagoge* erbaut, 1838 umgebaut. Im 1. Stock befand sich die jüd. *Schule* und die Lehrerwohnung. Die Synagoge wurde auch von den Ailringer Juden, seit 1900 dazu von den Hollenbacher und Dörzbacher Juden besucht. 1938 wurde die Inneneinrichtung der Synagoge demoliert. Nach 1945 wurde das Gebäude umgebaut und die Gemeindewaschküche eingerichtet, später sind Wohnungen eingebaut worden. 1986 wurde eine *Hinweistafel* am Gebäude angebracht (Standort Rathausstr. 5).

Ein *rituelles Bad* wurde 1828 am Hohebach erbaut. Das Gebäude ist erhalten; seit 1964 befindet sich hier eine Waschküche (Obere Gasse 11).

Die Toten wurden bis 1741 in Unterbalbach, danach in Weikersheim und seit 1852 auf einem eigenen *Friedhof* an der Ailringer Str. (Fläche 18,91 a) beigesetzt. Hier wurden auch Juden aus Dörzbach, Ailringen, Hollenbach und Mulfingen bestattet (letztmals 1940).

Weitere Spuren der jüdischen Geschichte. An ehemaligen, bis nach 1933 bestehenden *Handels- und Gewerbebetrieben* sind bekannt: Damenschneiderei und Manufakturwaren David Adler (Rathausstr. 1), Getreidehandlung Jakob Bär (Dörzbacher Str. 3), Viehhandlung Gustav Furchheimer (Dörzbacher Str., abgebr.), Manufakturwaren, Stoffe und Bankgeschäft Moritz Furchheimer (Weldingsfelder Str. 6), Wirtschaft, Geschirr- und Spielwaren Geschw. Gutmann (Weldingsfelder Steige 6), Viehhandlung Marx Heimann (Äußere Gasse 2), Spezereihandlung Sara Hirsch (Rathausstr. 9, kriegszerstört, wieder aufgebaut), Manufakturwaren und Stoffe Alfred Kahn und Pferde- und Viehhandlung Bernhard Kahn (Weldingsfelder Str. 9), Lederhandlung David Stern (Weldingsfelder Str. 7), Viehhandlung Emanuel Stern (Weldingsfelder Str. 2), Metzgerei und Eisenhandel Ludwig Stern (Weldingsfelder Steige 4), Makler Aron Straßburger (Stachenhäuser Str. 4).

Sauer 1966 S. 107f; L. Eyth, Chronik von Hohe-

216   *Jüdischer Friedhof in (Dörzbach-)Hohebach (1970).*

bach. 1904; J. H. Rauser, Ortsgeschichte Hohebach, in: Dörzbacher Heimatbuch. 1980; Ausk.
OV Hohebach 20. Feb. 1986.

Ortsteil Laibach

Zur Geschichte der jüdischen Gemeinde. In
Laibach bestand eine Gemeinde bis um 1850. Ihre
Entstehung geht in die Zeit des Dreißigjährigen
Krieges zurück. Die höchste Zahl jüd. Bewohner
wird vermutlich um 1806 mit 54 Pers. erreicht
(evtl. im 18. Jh. noch mehr).
**Wohngebiet und Einrichtungen der jüdischen
Gemeinde.** Das Wohngebiet lag in der bis um
1950 sog. »Judengasse«. Dieses Gebiet ist inzwi-
schen mit landwirtschaftl. Anwesen neu überbaut, eine eigentliche Gasse besteht nicht mehr
(Eingang zur ehem. Judengasse ungefähr gegenüber der heutigen Bushaltestelle am Ortseingang
von Klepsau her). In der Judengasse befand sich
die *Synagoge,* die nach Abwanderung der jüd.
Bewohner zu einem Wohnhaus umgebaut und
Ende des 19. Jh. abgerissen wurde.
Um 1800 wurde an der Straße nach Rengershau-
sen (am Rengershausener Sattel, Kaltersberg,
Flst. 552, Fläche 8,87 a) ein *Friedhof* angelegt, der
mit 19 Grabsteinen bis heute an die jüd. Gemeinde erinnert.

Weitere Spuren der jüdischen Geschichte. Die
kleinen Häuser der Judengasse wurden inzwischen alle abgebrochen. Im Grundbuch der Gemeinde sind kurioserweise noch 4 Grundstücke
auf jüd. Ortsbewohner eingetragen, die seit lan-
gem stillschweigend von Laibacher Bauern be-
wirtschaftet werden.

Sauer 1966 S. 112; J. H. Rauser, Ortsgeschichte
Laibach, in: Dörzbacher Heimatbuch. 1980;
Ausk. H. W. Eben-Ebenau, Schloß Laibach
8. Okt. 1985.

Forchtenberg
Stadtteil Ernsbach

Zur Geschichte der jüdischen Gemeinde. In
Ernsbach bestand eine Gemeinde bis 1925. Ihre
Entstehung geht in die Zeit des 17. Jh. zurück
(erste Erwähnung 1680). Die höchste Zahl jüd.
Bewohner wird um 1844 mit 233 Pers. erreicht.
Einrichtungen der jüdischen Gemeinde. Eine
erste *Synagoge* (vermutl. *Betsaal*) wurde 1790 er-
baut/eingerichtet. 1855 erfolgte die Fertigstel-
lung einer neuen Synagoge. 1925 wurde das Gebäude verkauft und diente später als Feuerwehrmagazin. Inzwischen ist es zu einem Wohnhaus
mit Friseurgeschäft im Erdgeschoß umgebaut
(Standort Marktplatz 5).

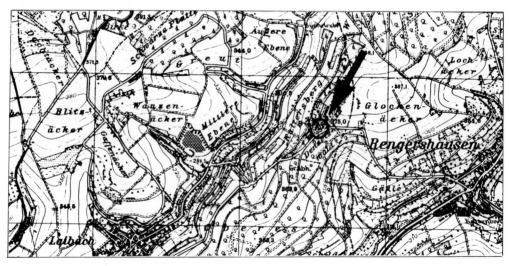

217   *Lage des jüdischen Friedhofs zwischen (Dörzbach-)Laibach und (Bad Mergentheim-)Rengershausen.*

218 Synagoge in (Forchtenberg-)Ernsbach: über dem Haupteingang ein Zitat aus Psalm 118,20; die Stufen am rechten Bildrand führten zum Eingang der Frauenempore (hist. Aufnahme um 1930).

1834 wurde eine Schule mit Lehrerwohnung im jüd. *Schulhaus* eingerichtet. 1907 wurde sie geschlossen, nachdem sie zuletzt nur noch 2 Schüler

219 Ehemalige Synagoge in (Forchtenberg-)Ernsbach heute: das Gebäude dient als Wohn- und Geschäftshaus (1987).

hatte. Das Gebäude ist erhalten (Sindringer Str. 19).

Die Toten wurden auf dem Friedhof in Berlichingen beigesetzt.

Weitere Spuren der jüdischen Geschichte. Anfang des 20. Jh. bestanden noch an *Handels- und Gewerbebetrieben:* Schuhhandlung Bieringer (Marktstr. 5), Pferdehandlung Leopold Hirsch (Kirchweg 14), Weinhandlung Israel (Mühlgasse 1), Metzgerei Seligmann Lang (Brunnensteige 1) Töpferwarenhandlung Samuel Morgenroth (Brunnensteige 5), Viehhandlung Samuel Morgenroth (Sindringer Str. 29), Schuhhandlung Morgenroth (Obere Kirchgasse 3), Jüd. Gasthaus und Metzgerei »Zum Lamm«, Inh. Elieser Rosenthal (Marktstr. 24), Schuhhandlung Moses Stern (bis 1933, Hintere Str. 3). – Für die jüd. Häuser waren oft hohe, fensterreiche Fassaden charakteristisch.

Das Ernsbacher *Rathaus* (Sindringer Str. 30) wurde von dem jüd. Gemeindeglied Samuel Kocherthaler 1909 gestiftet; eine Erinnerungstafel am Rathaus erinnert daran.

Der *Brunnen in der Brunnensteige* war die Markierung, bis zu der bei einer jüd. Beerdigung, die zum Berlichinger Friedhof führte, die jüd. Frauen mitgehen durften. Christl. Mitbürger gingen noch ein Stück weiter mit.

Im *Ernsbacher Heimatmuseum* befinden sich einige Urkunden zur jüd. Geschichte (u. a. Schutzbriefe), Tefillin und eine jüd. Medaille.

Sauer 1966 S. 72 f; Forchtenberger Heimatbuch. 1983. S. 310, 321, 334; Ausk. BMA Forchtenberg 6. März 1984; Ausk. OV Ernsbach 6. Dez. 1983; Ausk. Landratsamt Hohenlohekreis 8. Aug. 1985; Ausk. Ortsbewohner.

Stadtteil Forchtenberg

Zur Geschichte jüdischer Bewohner. In Forchtenberg waren im MA Juden ansässig (1298 Judenverfolgung).

GJ II,1 S. 237.

Stadtteil Sindringen

Zur Geschichte jüdischer Bewohner. In Sindringen lebten im MA Juden (Judenverfolgung 1298 mit 11 Ermordeten aus 2 Fam.). Vermutl. als Erinnerung an die ma. jüd. Bewohner besteht eine Flur »Judenkirchhof« an der Straße nach Ohrnberg (Flst. 2071, dazu könnte auch Flst. 2175/1 gehören; Wiesengrundstück mit Steinriegeln).

GJ II,2 S.765; Ausk. A. Weissmann, Sindringen 25. Apr. 1984.

220   *Lage der Flur »Judenkirchhof« bei (Forchtenberg-) Sindringen.*

Ingelfingen

Zur Geschichte jüdischer Bewohner. In Ingelfingen waren im MA Juden ansässig (1298 Judenverfolgung; danach vermutl. wieder Ansiedlung, 1328 Jud Vivel von Ingelfingen genannt). An FN sind auf Gemarkung Ingelfingen vorhanden: der »Judengraben« und ein »Judenweg«, der oberhalb der Stadt von Nagelsberg her an Ingelfingen vorbeizieht. Er wurde im 17. Jh. angelegt, damit jüd. Händler nicht durch die Stadt zogen.

GJ II,1 S.374f; J. H. Rauser, Ingelfinger Hei-

matbuch 1 – Stadtgeschichte. 1980. S. 222; OAB Künzelsau. 1883. S. 261, 602.

Krautheim
Stadtteil Altkrautheim

Zur Geschichte jüdischer Bewohner. In Altkrautheim waren im 18. und bis zur Mitte des 19. Jh. einige jüd. Pers. ansässig (höchste Zahl um 1822: 9), die zur Synagogengemeinde in Dörzbach zählten.

Bauer S. 384.

Stadtteil Krautheim

Zur Geschichte der jüdischen Gemeinde. In Krautheim bestand eine Gemeinde im MA (Judenverfolgung 1298 und 1336) und in der Neuzeit bis 1939; vermutl. waren zwischen dem 13. Jh. und 1940 immer einige Juden am Ort. Die höchste Zahl wird um 1841 mit 87 Pers. erreicht. Vermutl. 5 Pers. kamen in der Verfolgungszeit 1933 bis 1945 ums Leben.
Einrichtungen der jüdischen Gemeinde. Über ma. Einrichtungen ist nichts bekannt. Seit etwa 1770 war eine »Judenschule« vorhanden, neben der 1860 eine neue *Synagoge* errichtet wurde. 1938 blieb das Gebäude unzerstört. Beim Synagogengebäude befand sich auch das *rituelle Bad* (auf dem Platz der heutigen Jugendherberge, Brunnengasse 3), das 1910 abgerissen wurde. Synagoge und Judenschule wurden später für Schulräume und Wohnungen genutzt; 1975 sind beide Gebäude abgerissen worden. Das Gelände (Brunnengasse 5–7) ist inzwischen mit Stallungen eines landwirtschaftlichen Betriebes neu überbaut.
Die Toten wurden zunächst auf dem Friedhof in Berlichingen beigesetzt. Seit 1837 bestand ein eigener *Friedhof* im Gewann »Im Zücker« (Lage am alten Neunstetter Weg auf Anhöhe, Flst. 2237; Fläche 11,16 a).
Weitere Spuren der jüdischen Geschichte. An ehemaligen, bis nach 1933 bestehenden *Handels- und Gewerbebetrieben* sind bekannt: Holz- und Baumaterialhandlung Hermann Blum (Götz-

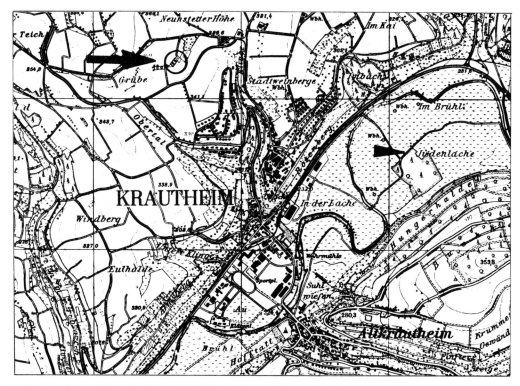

221   *Lage des jüdischen Friedhofs und der Flur »Judenlache« bei Krautheim.*

str. 27), Viehhandlung und Metzgerei Max Metzger (Hintere Gasse 10), Gemischtwarengeschäft Lazarus Munk (König-Albrecht-Str. 4), Viehhandlung und Metzgerei Willy Müller (König-Albrecht-Str. 22), Hausrat- und Eisenwarenhandlung Samuel Rothschild (König-Albrecht-Str. 16), Manufakturwarengeschäft Salomon und Alfred Selner (Rathausgasse 1).

GJ III,1 S. 676; Hundsnurscher/Taddey S. 169 f; J. H. Rauser, Krautheimer Heimatbuch. 1986. S. 86 f; Auszug aus der Stadtchronik von Krautheim (o. Verf., mschr.); Ausk. BMA Krautheim 15. Juli 1985, 6. Nov. 1985; L. Rosenthal, Zur Geschichte der Juden im Gebiet der ehem. Grafschaft Hanau. 1963. S. 170 f (Stammbaum der Fam. Grünebaum bis 1600).

Stadtteil Neunstetten

Zur Geschichte jüdischer Bewohner. In Neunstetten waren im 18. und 19. Jh. einige jüd. Pers. ansässig. Ihre höchste Zahl wird 1833 und wieder 1841 mit 25 Pers. erreicht. Einrichtungen bestanden vermutl. keine. Es werden die Einrichtungen der jüd. Gemeinde in Krautheim mitbenutzt worden sein.

Hundsnurscher/Taddey S. 214; Ausk. BMA Krautheim 15. Juli 1985.

Künzelsau
Stadtteil Künzelsau

Zur Geschichte der jüdischen Gemeinde. In Künzelsau bestand eine Gemeinde im MA (1298 Verfolgung), 1550 bis zur Ausweisung 1599 und

222 Lage des ehemaligen jüdischen Friedhofs in der Flur »Holderrain« bei Künzelsau.

223 Synagoge in Künzelsau, 1907 erbaut, 1938 zerstört (hist. Aufnahme um 1930).

nach 1850 bis 1939. Die höchste Zahl jüd. Bewohner wird um 1880 mit 119 Pers. erreicht. Mind. 20 Personen kamen in der Verfolgungszeit 1933 bis 1945 ums Leben.

Wohngebiet und Einrichtungen der jüdischen Gemeinde. Über ma. Einrichtungen ist nichts bekannt. Die jüd. Bewohner des 16. Jh. wohnten vermutl. alle in der Scharfengasse, wo sich auch eine *Synagoge* befand. Noch um 1700 war hier ein Gebäude mit hebr. Inschriften bekannt (Standort unklar). Ein jüd. *Friedhof* lag in dieser Zeit im »Holderrain« (Gegend des heutigen Holderrainweges; keine Spuren erhalten).

Die im 19. Jh. zugezogenen Bewohner besuchten bis 1907 am Sabbat und an Feiertagen die Synagoge in Nagelsberg. Zudem bestanden seit 1876 *Betsäle* in Künzelsau, zunächst in einer Wohnung in der Schnurgasse gegenüber dem Gasthaus zum Hirsch, danach im Linkeschen Haus am Morsbacher Tor, später im Hintergebäude des Auerbachschen Hauses in der Hauptstr., schließlich im Haus des S. Weinsberger. 1907 fand die Einweihung einer *Synagoge* in der Konsul-Uebele-Str. 22 statt. Sie wurde 1938 zerstört, das Anwesen ist neu bebaut (Tankstelle). 1986 wurde ein *Gedenkstein* auf dem benachbarten Anwesen aufgestellt (Konsul-Uebele-Str. 20).

Die Toten wurden in Berlichingen und Schwäbisch Hall beigesetzt.

Weitere Spuren der jüdischen Geschichte. An ehemaligen, bis nach 1933 bestehenden *Handels- und Gewerbebetrieben* sind bekannt: Bäckerei und Wirtschaft »Zur Kanne«, Eugen Adler (Kannengäßle 3), Getreide- und Mehlgroßhandlung Jakob Baer, Teilh. Sigbert und Siegfried Baer (Lager am Bahngleis; Wohnhäuser Langenburger Str. 5 und Oberamteistr. 25), Bekleidungshaus David Furchheimer (Keltergasse 54), Viehhandlung Immanuel Hanauer (Hauptstr. 74, abgebr.), Viehhandlung Sally Kirchheimer (Hirtengasse 10), Viehhandlung Gustav und Julius Kusiel (Keltergasse 35), Viehhandlung Samuel Morgenroth (Scharfengasse 20), Aussteuergeschäft Jakob Neumann, Beizen- und Politurengeschäft Leo Neumann und Fam. Salomo Neumann (die Geschäfts- und Wohnhäuser Neumann verteilen sich auf An der Stadtmauer 3, Oberamteistr. 9/1, Stuttgarter Str. 8), Handelsmann Hermann Neumann (Schnurgasse 6), Stoffe- und Schuhgeschäft

Rosa Neumann (Hauptstr. 60), Metzgerei und Wirtschaft Adolf Stern (Hauptstr. 9, abgebr.), Fleischer David Stern (Hauptstr. 23 oder 27).

Auf dem *Gefallenendenkmal* des städt. Friedhofes sind auch die Namen der 3 jüd. Gefallenen des Ersten Weltkriegs aus Künzelsau genannt.

Im Künzelsauer *Heimatmuseum* (Lindenstr.) befinden sich einige Gegenstände zur Erinnerung an die jüd. Gemeinde, u.a. Sabbatlampen, ein Chanukka-Leuchter, ein Bruchstück einer Torarolle, ein Gedenkstein für den im Ersten Weltkrieg aus Berlichingen gefallenen Wilhelm Metzger.

In Jerusalem befindet sich in einer Synagoge ein *Toraschrank* zur Erinnerung an die Künzelsauer Synagoge, gestiftet von Leo Wissmann (1905 in Künzelsau geboren, Ehrenbürger Jerusalems; sein Vater war Lehrer in Künzelsau und erster jüd. Stadtrat).

Sauer 1966 S. 111 f; G. Dürr, Das Schicksal der Juden in Stadt und Kreis Künzelsau, in: Feiertagsschrift Rosch Haschana 5729 (1986) S. 22−26; J. H. Rauser, Künzelsauer Heimatbuch. 1981. S. 126, 130, 323, 492 f, 574 f; Ausk. S. Kraut, Künzelsau 14. Apr. 1986; Ausk. L. Wissmann, Jerusalem 6. Febr. 1986; Ausk. R. Schoch, Künzelsau 1. Juli 1986.

Stadtteil Nagelsberg

Zur Geschichte der jüdischen Gemeinde. In Nagelsberg bestand eine Gemeinde bis 1907. Ihre Entstehung geht in die Zeit des 16. Jh. zurück (erste Nennung 1592). Die höchste Zahl jüd. Bewohner wird um 1841 mit 158 Pers. erreicht. Mind. 2 Pers. kamen in der Verfolgungszeit 1933 bis 1945 ums Leben.

Einrichtungen der jüdischen Gemeinde. 1796 wurde eine *Synagoge* erbaut, zuvor war vermutl. ein *Betsaal* vorhanden. In der Synagoge war bis 1876 die jüd. *Schule* untergebracht. 1908 wurde sie geschlossen und verkauft. Bis 1960 diente das Gebäude als Saal der unmittelbar benachbarten Gastwirtschaft (Mühlbergstr. 24). An der Stelle des Synagogengebäudes steht inzwischen ein neuer Saal des Gasthauses »Zum Adler«.

Das *rituelle Bad* befand sich (so bereits 1830,

224 *Synagoge in (Künzelsau-)Nagelsberg, 1908 geschlossen, 1960 abgebrochen (hist. Aufnahme um 1930).*

vermutl. schon längere Zeit zuvor) an der Stelle des 1927 errichteten Pumphauses Mühlbergstr. 30. Die Quelle des darüber liegenden Trogbrunnens diente der Wasserversorgung.

Die Toten wurden in Weikersheim, später auch in Berlichingen und in Hohebach beigesetzt.

Weitere Spuren der jüdischen Geschichte. Die *Schloßgebäude* (Mühlbergstr. 35 und 39) waren seit 1803 in jüd. Besitz und wurden nach einem Brand 1843 wieder aufgebaut.

An ehemaligen, bis nach 1933 bestehenden *Handelsbetrieben* ist bekannt: Krämerladen von Meta und Frida Schlachter (Mühlbergstr. 20).

Auf Gemarkung Nagelsberg erinnert der sog. »Judenweg« an einen früheren jüd. Handelsweg (s. Ingelfingen).

Sauer 1966 S. 110 f; H. Lung, Die Juden in Nagelsberg, in: Künzelsauer Heimatbuch 2. 1983 (hg. J. H. Rauser). S. 512−518, 532 f; H. Lung, Der Brand des Nagelsberger Schlosses. 1843. (Mschr.); Ausk. H. Lung, Nagelsberg 11. Nov. 1985, 12. Jan. 1986; QGJ Nr. 826.

Mulfingen
Ortsteil Ailringen

Zur Geschichte der jüdischen Gemeinde. In Ailringen bestand eine Gemeinde bis um 1840 (erste Nennung 1659). Die höchste Zahl jüd. Bewohner wird um 1846 mit 36 Pers. erreicht.
Einrichtungen der jüdischen Gemeinde. Die Gemeinde verfügte vermutl. über einen *Betsaal* bis zum Anfang des 19. Jh. Spätestens seit 1830 wurde die Synagoge in Hohebach mitbenutzt. Die Toten der jüd. Gemeinde wurden zunächst in Unterbalbach, seit 1730 teilweise in Niederstetten und nach 1850 in Hohebach beigesetzt.

Sauer 1966 S. 27, 107f; Ausk. OV Ailringen 3. Nov. 1985.

Ortsteil Hollenbach

Zur Geschichte der jüdischen Gemeinde. In Hollenbach bestand eine Gemeinde bis 1901 (erste Nennung 1637). Die höchste Zahl jüd. Bewohner wird um 1867 mit 51 Pers. erreicht.
Einrichtungen der jüdischen Gemeinde. Im 19. Jh war ein *Betsaal* in einem Privathaus vorhanden (Haus Nr. 63, das 1859 als das »alte Kornhaus« bezeichnet wird und im Eigentum der jüd. Gemeinde stand, mit Hofraum an der Straße, Gemüsegarten im Schloßhof hinter dem Wohnhaus Moses Schloßberger, damaliger Vorsteher). Weitere Einrichtungen sind nicht bekannt. Die jüd. Kinder besuchten die allg. Schule.
Die Toten der jüd. Gemeinde wurden zunächst in Unterbalbach, nach 1850 in Hohebach beigesetzt.
Weitere Spuren der jüdischen Geschichte. Am Ort sind einige Häuser vorhanden, die noch im 19. Jh. von jüd. Fam. bewohnt waren.

Sauer 1966 S. 107f; Ausk. OV Hollenbach 31. Okt. 1985.

Ortsteil Jagstberg

Zur Geschichte jüdischer Bewohner. In Jagstberg gab es im MA einige jüd. Bewohner; der Ort wird in den Judensteuerlisten 1418 und 1437 genannt. Juden aus Jagstberg werden 1377 in Mergentheim und 1401 in Rothenburg an der Tauber erwähnt.

HZAN E 59; GJ III,1 S. 586.

Ortsteil Mulfingen

Zur Geschichte der jüdischen Gemeinde. In Mulfingen bestand eine Gemeinde bis um 1870. Ihre Entstehung geht in die Zeit des 17. Jh. zurück (erste Nennung 1695). Die höchste Zahl jüd. Bewohner wird um 1838 mit 33 Pers. erreicht.
Einrichtungen der jüdischen Gemeinde. Eine *Synagoge* bestand im 19. Jh. Sie wurde 1902 geschlossen. Das Gebäude mit dem Betsaal (Frauen- und Männerabteil), Lehrerwohnung, kleiner Festsaal der Gemeinde (alle Räume im Dachgeschoß) wurde 1987 abgebrochen.

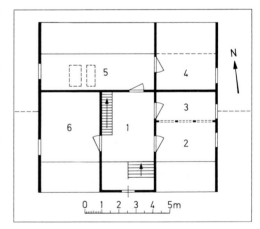

225 *Judenhaus in Mulfingen, Grundriß des Dachgeschosses (3. Stock) mit Betsaal (2 = Männerabteil; der Toraschrein an der Ostwand war rechts des Fensters; 3 = Frauenabteil; zwischen den Abteilen bestand eine holzverkleidete Verbindung), Schulraum (vermutlich 4), Festraum der jüdischen Gemeinde (5, mit 2 gestrichelt markierten Luken zum Dachboden, die beim Laubhüttenfest geöffnet wurden), Lehrerwohnung (6). Die durch die Räume parallel zum Dachfirst gezeichneten Querlinien markieren die Abseiten unter den Dachschrägen.*

226 *Ehemalige Synagoge in Mulfingen, bereits 1902 geschlossen und bis zum Abbruch des Gebäudes 1987 als Wohn- und Geschäftshaus verwendet. Der Betsaal befand sich im Dachgeschoß: das rechts des Daches des Nachbarhauses erkennbare Fenster gehörte zum Frauenabteil, das links davon und bereits vom Dach verdeckte Fenster gehörte zum Männerabteil (1987).*

227 *Ehemaliger Betsaal in Mulfingen vor Abbruch des Gebäudes 1987: in dem zugemauerten Holzrahmen rechts des Fensters war einst der Toraschrein untergebracht (1987).*

Weitere Einrichtungen sind nicht bekannt. – Die Toten wurden zunächst in Unterbalbach, nach 1730 in Niederstetten, seit 1850 in Hohebach beigesetzt.

Weitere Spuren der jüdischen Geschichte. Ehemalige *jüd. Wohnhäuser* sind mit den Gebäuden Hauptstr. 16 und 22 erhalten. Bei letzterem handelt es sich um eine frühere jüd. Fruchtscheuer zur Lagerung von Getreide mit charakteristischen, relativ niedrigen Fruchtböden. An einem Außenbalken findet sich ein achtzackiger Stern mit zwei Namensinschriften und der Jahreszahl 1825.

Sauer 1966 S. 107 f; Ausk. BMA Mulfingen 30. Apr. 1985, 29. Okt. 1985.

Ortsteil Simprechtshausen

Spuren der jüdischen Geschichte. In Simprechtshausen besteht eine Flur »Judenkirchhof«, vermutl. ein Hinweis auf eine frühere jüd. Begräbnisstätte.

J. H. Rauser, Mulfinger Heimatbuch. 1980. S. 461; Ausk. BMA Mulfingen 29. Okt. 1985.

Öhringen

Zur Geschichte der jüdischen Gemeinde. In Öhringen bestand eine Gemeinde im MA (erste Nennung 1253, Judenverfolgungen 1298 und 1349) und seit der zweiten Hälfte des 19. Jh. bis 1939. Auch in der ersten Hälfte des 14. Jh. und am Anfang des 18. Jh. waren vermutl. einige Juden in der Stadt. Die höchste Zahl wird um 1885 mit 180 Pers. erreicht. Mind. 37 Pers. kamen in der Verfolgungszeit 1933 bis 1945 ums Leben.

Wohngebiet und Einrichtungen der jüdischen Gemeinde. Das ma. Wohngebiet lag im Bereich der Altstadt/Gerbergasse. Hier befand sich auch die *Synagoge.* 1353 wurde an ihrer Stelle das Spital erbaut; vermutl. wurde die ehem. Synagoge zum Spital umgebaut, das aber mit der heutigen Spitalkirche nicht identisch ist. Ein *rituelles Bad* dürfte unweit der Synagoge in der Nähe der Ohrn bestanden haben.

Im 19. Jh. besaß die Gemeinde zunächst einen *Betsaal* in der Vorstadt. 1888 kaufte sie den Gasthof zur Sonne und baute ihn zu einer *Synagoge* um. 1938 wurde die Inneneinrichtung der Synagoge demoliert, teilweise auf dem Schillerplatz verbrannt. Das Gebäude diente im Zweiten Weltkrieg als Lehrerbildungsanstalt, danach als Frauen-Fachschule, bis es als Jugendherberge und inzwischen als »Haus der Jugend« Verwendung fand. Eine *Gedenktafel* für die Synagoge ist angebracht (Standort: Untere Torstr. 23). Im Synagogengebäude war neben dem Betsaal auch die *Religionsschule* der Gemeinde untergebracht.

Die Toten wurden zunächst in Affaltrach und Berlichingen beigesetzt; seit 1911 bestand ein eigener *Friedhof* auf dem »Galgenberg«. Nach 1939 wurde er abgeräumt, die Grabsteine verkauft, jedoch 1945/46 wieder aufgestellt bzw. erneuert. Die *Friedhofshalle* ist erhalten (Lage des Friedhofs »Im Schönblick«, Flst. 1684; Fläche 9,22 a).

Weitere Spuren der jüdischen Geschichte. An ehemaligen, bis nach 1933 bestehenden *Handels- und Gewerbebetrieben* sind bekannt: Viehhandlung Gustav Berliner (Wohnung Untere Torstr. 23), Getreide- und Mehlhandlung Julius Bloch, Inh. Ferdinand und Siegfried Bloch (Karlsvorstadt 5), Tabakwarengroß- und -kleinhandel Max Blum (Wintergasse 20 und 22), Viehhandlung Adolf Ehrlich (Rathausstr. 28), Schuhfabrikant

Heinrich Einstein (Obere Gartenstr. 3), Viehhandlung Elias Heidenheimer (Altstadt 57), Oel- und Fetthandlung mit Bäckerei Louis Kaufmann (Poststr. 51), Weinhandlung und Wirtschaft Israel und Friesner, Inh. Adolf Klug (Rathausstr. 3), Textilwarengeschäft Max Kochentaler (Untere Torstr. 11), Viehhandlung Hugo Levi (Bahnhofstr. 10), Prakt. Arzt Dr. Julius Merzbacher (Büttelbronner Str. 6), Viehhandlung Julius Metzger (Poststr. 24), Mehlgroßhandlung Felix Rothschild, Inh. Louis und Samuel Rothschild (Untere Torstr. 18), Kaufhaus Samuel Schlesinger Söhne, Inh. Hugo Schlesinger (Poststr. 59), Viehhandlung Julius und Leopold Stern (Wohnung Untere Torstr. 23), Textilgeschäft August Thalheimer (Poststr. 24), Metzgerei und Wirtschaft Siegmund Weil (Poststr. 46), Auto-Reparaturwerkstätte Thomas Wranowsky (Poststr. 25). Auf dem *Gefallenendenkmal* im Kreuzgang der Stiftskirche sind auch die Namen der beiden jüd. Gefallenen des Ersten Weltkriegs aus Öhringen genannt. Nach dem prakt. Arzt Dr. Julius Merzbacher ist die «Merzbacherstraße» benannt.

Sauer 1966 S. 146 f; GJ II,2 S. 626 f; Veitshans 5, S. 51; 6, S. 5, 25; »Die Öhringer Synagoge wurde verwüstet«, in: Kleine Hohenloher Zeitung 9. Nov. 1983; J. H. Rauser, Ohrntaler Heimatbuch. 1982. S. 40 f, 78 f, 144; Ausk. StV Öhringen 24. Okt. 1985.

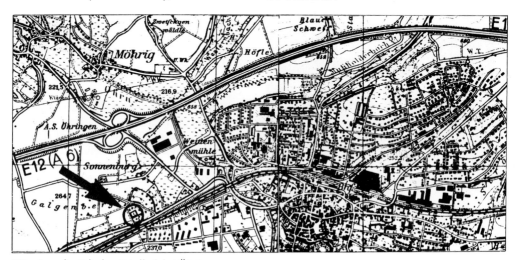

228   *Lage des jüdischen Friedhofs bei Öhringen.*

Schöntal
Ortsteil Altdorf

Spuren der jüdischen Geschichte. Altdorf ist einer der Orte, wo Juden 1298 von einer Verfolgung betroffen waren. Es ist jedoch unklar, ob dieses Altdorf (oder Altdorf bei Nürnberg bzw. auch Altdorf an der Anlauter) gemeint ist.

GJ II,1 S. 9.

Ortsteil Berlichingen

Zur Geschichte der jüdischen Gemeinde. In Berlichingen bestand eine Gemeinde bis 1939 (erste Nennung 1562). Die höchste Zahl jüd. Bewohner wird um 1846 mit 249 Pers. erreicht. Mind. 31 Pers. kamen in der Verfolgungszeit 1933 bis 1945 ums Leben.
Wohngebiet und Einrichtungen der jüdischen Gemeinde. Um 1700 werden eine »Judengasse«

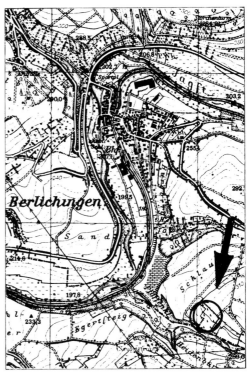

230 *Lage des jüdischen Friedhofs bei (Schöntal-)Berlichingen.*

229 *Synagoge in (Schöntal-)Berlichingen, 1805/06 erbaut, 1938 zerstört (hist. Aufnahme um 1930).*

mitten im Dorf (vermutl. oberhalb/östl. der Kirche) und ein »Judenplan« genannt. Später hieß die heutige Mühlgasse »Judengasse«. In ihr befanden sich 1800 5 jüd. Häuser. Ein ausschließlich von Juden bewohntes Gebiet läßt sich jedoch nicht ausmachen; nach dem Dreißigjährigen Krieg bauten Juden an verschiedenen Stellen öde Hofstätten auf.
Im 18. Jh. befand sich ein *Betsaal* im Haus Nr. 150 (Ecke Tränkweg/Mühlgasse, im oberen Stockwerk). 1805/06 wurde eine *Synagoge* in der Mühlgasse erbaut, in der auch eine Armenstube untergebracht war, die später als Wohnung genutzt wurde. An der Rückseite befand sich (der Jagst zu) das *rituelle Bad*. 1938 wurde die Synagoge zerstört, später abgebrochen.
Eine jüd. *Schule* bestand bis 1840 und wieder in der zweiten Hälfte des 19. Jh. Dazwischen besuchten die Kinder auch die allg. Schule im Rathaus. Die jüd. Schule war im oberen Stockwerk

des Hauses Marum Berlinger (Hauptstr. neben Haus Nr. 71; abgebr.).

Der *Friedhof* der Gemeinde wird erstmals 1623 genannt. Er diente zahlr. jüd. Gemeinden der Umgebung als Begräbnisplatz (1706 genannt: Adelsheim, Sennfeld, Merchingen, Amt Krautheim, Hollenbach, Hohebach, Nagelsberg, teilw. auch Braunsbach; dazu bis ins 18. Jh. Ernsbach, Künzelsau, Bieringen). Der Friedhof liegt ca. 2 km südöstl. über dem Ort (Flur »Judenbegräbnis«; Fläche 147,93 a), am Eingang seit 1985 ein *Gedenkstein*.

Weitere Spuren der jüdischen Geschichte. An ehemaligen, bis nach 1933 bestehenden *Handels- und Gewerbebetrieben* sind bekannt: Buchdruckerei Aron Berlinger und Söhne (Haus Nr. 150, Ecke Tränkweg/Mühlgasse), Gemischtwarenhandlung Marum Berlinger (neben Haus Nr. 71, Hauptstr.), Viehhandlung Samuel Gottlieb (Haus Nr. 71, Hauptstr.), Leder- und Kurzwarenhandlung Hanauer, Inh. Siegmund Gottlieb (Haus Nr. 130, Hauptstr.), Viehhandlung Zion Gottlieb (Haus Nr. 25, Gartenweg; später Haus Nr. 132, Schloßgasse), Häusermakler Jakob und Siegmund Grünstein (Haus Nr. 126, Hauptstr.), Kolonialwaren Emma Kaufmann (Haus Nr. 74, Alte Schulgasse), Wirtschaft und Viehhandlung Felix Kaufmann (Haus Nr. 114, Hauptstr.), Viehhandlung Lazarus Metzger (Haus Nr. 183, Hauptstr.), Viehhandlung und Metzgerei Siegfried Metzger (abgebr.), Metzgerei und Wirtschaft Simon Metzger (abgebr.), Lumpen- und Alteisenhandlung Feodor Roberg (Haus Nr. 163, unterhalb des Gasthaus Schwanen), Seifenhandel Sofie Rosenberg (Haus Nr. 36, Ziegeleistr.), Viehhandlung Salomon Strauß (Haus Nr. 158, Industriestr.).

Im Haus Nr. 150 (ehem. Haus Berlinger) findet sich noch heute ein Anbau, dessen Dach per Seilzug aufgeklappt werden konnte, damit die Laubhütte am Laubhüttenfest unter freiem Himmel war.

Auf dem *Gefallenen-Denkmal* bei der kath. Kirche und auf einer aus der Synagoge Berlichingen stammenden *Gedenktafel* im Heimatmuseum

Künzelsau findet sich auch der Name des im Ersten Weltkrieg gefallenen Wilhelm Metzger.

Sauer 1966 S. 49 ff; QGJ Nr. 673; H. Kühner, in: Schöntaler Heimatbuch. 1982. S. 132–142; E. Schwarz-Kaufmann, Eine Berlichingerin erzählt, in: Feiertagsschrift 5724 (1963) S. 26 f; F. Bloch, Vor 45 Jahren in Berlichingen, in: Pessach 5723 (1963) S. 18; Ausk. OV Berlichingen 5. Jan. 1984, 1. Juni 1986; Ausk. S. Berlinger, Haifa 15. Okt. 1986.

Ortsteil Bieringen

Zur Geschichte der jüdischen Gemeinde. In Bieringen bestand eine Gemeinde bis um 1870. Erstmals werden 1579 Juden am Ort genannt. Die höchste Zahl wird um 1858 mit 53 Pers. erreicht.

Einrichtungen der jüdischen Gemeinde. 1818 werden eine *Synagoge* und eine *Schule* am Ort genannt, die 1832 gegen den Willen der Bieringer Juden durch staatl. Gesetz aufgelöst werden. Seither sollten die Einrichtungen in Berlichingen benutzt werden, was sich nur langsam durchsetzte. 1843 wird gestattet, daß der Berlichinger Lehrer die Bieringer Kinder wieder am Ort unterrichtet. Die Synagoge sollte weiterhin in Berlichingen besucht werden. Die Standorte von Synagoge und Schule sind nicht mehr bekannt.

Die Toten der jüd. Gemeinde wurden in Berlichingen beigesetzt.

Persönlichkeiten. *Ludwig Lämmlein Stern* (1824 Bieringen – 1890 Würzburg), Lehrer und Kantor in versch. Gemeinden Bayerns, dann bis 1872 Seminarlehrer, zuletzt Direktor der isr. Erziehungs- und Unterrichtsanstalt in Würzburg; gehörte zu den Begründern der jüd. Lehrervereine in Württemberg und Bayern.

Sauer 1966 S. 49; QGJ Nr. 782; HStAS E 201c Bü. 8, Fasz. 57–60; J. H. Rauser, Ortsgeschichte Bieringen, in: Schöntaler Heimatbuch. 1982. S. 257 u. ö.; Jüd. Lexikon IV/2 Sp. 719.

◁ *231 Jüdischer Friedhof in (Schöntal-)Berlichingen (1971).*

Ortsteil Halsberg

Zur Geschichte jüdischer Bewohner. Auf dem Gut Halsberg bestand in den 20er Jahren dieses Jh. eine »Hachschara«, eine Ausbildungsstätte für junge Juden, die nach Palästina auswandern wollten, um dort Landwirte zu werden. Das Gut Halsberg war in dieser Zeit vom Berlichinger Israel Metzger und dem Künzelsauer Jakob Baer gepachtet.

Sauer 1966 S. 50; J. H. Rauser, Schöntaler Heimatbuch. 1982. S. 140.

Waldenburg

Zur Geschichte jüdischer Bewohner. In Waldenburg waren im MA Juden ansässig (Judenverfolgungen 1298 und vermutl. auch 1349).
Im Archiv der Fürst. Domänenkanzlei in Waldenburg findet sich ein *Siegel der Judenschaft in Augsburg* aus dem späten MA.

GJ II,2 S. 861; Ausk. Fürstl. Domänenkanzlei Waldenburg 15. Febr. 1984.

Weißbach
Ortsteil Crispenhofen

Spuren der jüdischen Geschichte. In Crispenhofen besteht bis heute nordwestl. des Ortes (Flst. 1387) eine Flur »Judenkirchhof«, vermutl. Hinweis auf eine jüd. Begräbnisstätte früherer Jh.

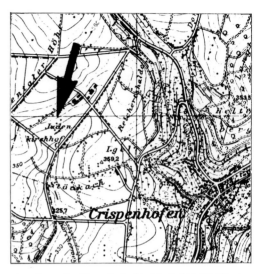

232   *Lage der Flur »Judenkirchhof« bei (Weißbach-) Crispenhofen.*

J. H. Rauser, Weißbacher Heimatbuch. 1982. S. 26; OAB Künzelsau. 1883. S. 464; Ausk. BMA Weißbach 29. Mai 1985.

Ortsteil Weißbach

Spuren der jüdischen Geschichte. In Weißbach gab es eine Flur »Judenkirchhof«, die noch im 19. Jh. bekannt war (heute Lage unbekannt).

OAB Künzelsau. 1883. S. 855; Ausk. BMA Weißbach 29. Mai 1985.

STADTKREIS KARLSRUHE

Stadtteil Durlach

Zur Geschichte der jüdischen Gemeinde. In Durlach bestand eine Gemeinde im MA (1340 Jüdin von Durlach in Speyer genannt; 1349 Judenverfolgung) und vom 16. Jh. bis in die Zeit des »Dritten Reiches«, seit 1895 als Filiale von Grötzingen ohne eigene Einrichtungen. Die höchste Zahl jüd. Bewohner wird vermutl. um 1713 mit über 100 Pers. erreicht; 1925 waren 60 Pers. ansässig.

Einrichtungen der jüdischen Gemeinde. Ma. Einrichtungen sind nicht bekannt. Ein erster *Betsaal* war bis zur Zerstörung Durlachs 1689 vorhanden (Standort unbekannt), danach wurde für einige Zeit der Betsaal in Grötzingen mitbenutzt. Um 1710 bestand ein Betsaal im Haus des Jud Lämlein, seit 1713 im Haus Emanuel Reutlinger (Standorte unbekannt).

Weitere Spuren der jüdischen Geschichte. Die Flur »Judenbusch« (1532 genannt) wurde schon als Hinweis auf einen ehem. jüd. Friedhof gedeutet, Lage an der Straße nach Stupferich vor der Abzweigung zum Rittnerthof. Nicht mehr bekannt ist die Lage der Flur »Baujud« (1768 genannt).

Hundsnurscher/Taddey S. 149 f; E. Schneider, Die Stadtgemarkung Karlsruhe im Spiegel der Flurnamen. 1965. S. 43, 138.

Stadtteil Grötzingen

Zur Geschichte der jüdischen Gemeinde. In Grötzingen bestand eine Gemeinde bis 1938. Ihre Entstehung geht in die Zeit des 15./17. Jh. zurück. Erstmals werden 1472/1532 Juden am Ort genannt, dann wieder seit 1677. Die höchste Zahl wird um 1864 mit 118 Pers. erreicht. Mind. 9 Pers. kamen in der Verfolgungszeit 1933 bis 1945 ums Leben.

Einrichtungen der jüdischen Gemeinde. Ein erster *Betsaal* wurde um 1680 in der Dachkammer des ersten jüd. Wohnhauses in der Mittelgasse eingerichtet. 1799 konnte eine *Synagoge* in der Krummestr. eingeweiht werden (diese Str. hieß ursprünglich »Obere Gasse«, dann bis 1933 Synagogengasse, seither Krummestr.). 1841, 1874 und 1899 wurden Umbauten und Renovierungen vorgenommen. 1938 wurde die Synagoge zerstört, später abgebrochen. Seit 1983 erinnert am Platz der Synagoge eine *Gedenkstele* an das Schicksal des Hauses und der Gemeinde. 1899 wurde im Gebäude der Synagoge ein *Schulraum* für den Religionsunterricht der Kinder eingerichtet.

Die Toten wurden in Obergrombach, seit ca. 1900 auf einem eigenen *Friedhof* im Gewann »Junge Hälden« an der Werrabronner Str. angelegt. Auf diesem Friedhof (»Judengottesacker« genannt) finden sich 13 Grabsteine (Fläche 1,08 a).

Weitere Spuren der jüdischen Geschichte. An ehemaligen, bis nach 1933 bestehenden *Handels- und Gewerbebetrieben* sind bekannt: Viehhandlung und Metzgerei Ludwig Palm (Schustergasse 3), Manufakturwaren Max Palm (Schultheiß-Kiefer-Str. 27), Ellenwarengeschäft Sinauer & Veith (Niddastr. 2), Haus- und Küchengeräte, Eisenwaren Emil Weil (Niddaplatz 3). An früheren Betrieben sind zu nennen: ehem. Mazzenfabrik (bis zum Ersten Weltkrieg, Niddastr. 14); ehem. jüd. Wirtschaft »Zum Kreuz« (1813 von Isaak Goldschmied eingerichtet, Schultheiß-Kiefer-Str. 1); Ölmühle (von Jud Borich 1797 eingerichtet, Schultheiß-Kiefer-Str. 4).

Auf dem von Maler Doll verfertigten *Rathausbild* ist der »Haferfritz«, eine einstmals bekannte jüd. Persönlichkeit Grötzingens abgebildet. Auf der *Gefallenen-Gedenktafel* in der Friedhofskapelle findet sich auch der Name des jüd. Gefallenen des Ersten Weltkrieges aus Grötzingen.

GJ III,1 S. 472; Hundsnurscher/Taddey S. 112 f; W. Mössinger, Grötzingen. 1965. S. 268 ff; Ausk. OV Grötzingen 23. Mai 1986.

Stadtteil Karlsruhe

Zur Geschichte der jüdischen Gemeinde. In Karlsruhe besteht eine Gemeinde seit der Zeit kurz nach Gründung der Stadt (1715), unterbrochen von 1940 bis 1945. Einer der ersten Ansiedler war 1719 Josef Jakob aus Ettlingen, der den Bau des Marstalles übernahm. Die höchste Zahl jüd. Bewohner wird um 1925 mit fast 3400 Pers. erreicht. Ca. 800 Pers. kamen in der Verfolgungszeit 1933 bis 1945 ums Leben. Nach 1945 entstand wieder eine im Vergleich zur Vorkriegszeit wesentlich kleinere Gemeinde, die derzeit ungefähr 400 Mitglieder hat.

Einrichtungen der jüdischen Gemeinde. *Synagogen:* nach 1720 wurde zunächst ein *Betsaal* in einem jüd. Privathaus eingerichtet (Standort unbekannt). Mitte des 18. Jh. erwarb die Gemeinde ein Haus Ecke Kronenstr./Kaiserstr. und richtete eine *erste Synagoge* ein. 1798–1806 wurde an derselben Stelle eine *zweite Synagoge* im Weinbrennerstil erbaut, die 1818 erweitert wurde, 1871 jedoch einem Brand zum Opfer fiel. Die Gottesdienste fanden für 4 Jahre im oberen Saal des israelitischen Krankenhauses und an den hohen Feiertagen im Saal der »Eintracht« statt. 1872 bis 1875 wurde die *dritte Synagoge* auf dem bishe-

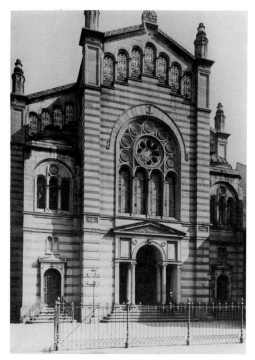

234 Synagoge in Karlsruhe, Kronenstraße, 1873–1875 erbaut, 1938 zerstört.

233 Synagoge in Karlsruhe, 1798 bis 1806 erbaut, von Friedrich Weinbrenner entworfen, 1871 abgebrannt.

235/236 *Synagoge in Karlsruhe nach der Zerstörung im November 1938 und bei den anschließenden Abbruchar-*
beiten.

rigen Synagogenplatz erbaut (Grundstück Kronenstr. 15). 1938 wurde sie angezündet und auf Kosten der jüd. Gemeinde abgetragen. Die Steine wurden vor allem zum Straßenbau in der Friedrichstaler Allee verwendet. 1963 wurde am Synagogengrundstück eine *Gedenktafel* angebracht. 1939/40 konnten die Gottesdienste noch in den früheren Sitzungsräumen des jüd. Gemeindehauses in der Herrenstr. 14 abgehalten werden. Dieser Betsaal wurde auch nach 1945 ein erster Mittelpunkt des erneuerten Gemeindelebens. Ein neues Gemeindezentrum mit der nun *vierten Synagoge* wurde 1971 in der Knielinger Allee 11 eingeweiht.

Neben der liberal eingestellten Gemeinde bestand von 1868 bis 1937 eine kleine orthodox-jüd. Gemeinde (»Israelitische Religionsgesellschaft«). Sie feierte ihre Gottesdienste zunächst in Privathäusern, zuletzt bis 1881 im Haus Ritterstr. 2. 1881 konnte sie ein eigenes Gemeindezentrum mit *Synagoge, Gemeindehaus und rituellem Bad* auf dem Grundstück Karl-Friedrich-Str. 16 erstellen. Auch diese Synagoge wurde 1938 angezündet und auf Kosten der Gemeinde abgetragen. Das Gemeindehaus und das rituelle Bad konnten zunächst weiterhin benutzt werden. Nach 1945 wurde das Grundstück neu überbaut, die ehem. orthodoxe Synagoge befand sich an der Stelle des heute rückwärtigen Teiles der Druckerei G. Braun.

Friedhöfe: 1723 wurde am Mendelssohnplatz ein *erster jüd. Friedhof* angelegt (1756 und 1794 erweitert, 1826 geschlossen), 1898 nach heftigem Protest der Gemeinde enteignet und eingeebnet. Die dort Bestatteten wurden teils auf den neuen Friedhof der orthodoxen Gemeinde, teils auf den ebenfalls schon geschlossenen (zweiten) Friedhof an der Kriegsstr. umgebettet. Hier stehen auch die Grabsteine des ersten Friedhofs vom Mendelssohnplatz. Der *zweite Friedhof* wurde 1826 an der Kriegsstr. 36 angelegt. Er wurde bis 1896 belegt und ist erhalten (Fläche 40,47 a). Ein bis zur Gegenwart benutzter *dritter Friedhof* entstand als Teil des städt. Friedhofes (mit eigenem Eingang) an der Haid- und Neustr. 41–45 (Fläche 95,57 a). Unmittelbar daneben legte die *orthodox-jüd. Gemeinde* einen eigenen *Friedhof* an, der einige Besonderheiten aufweist (nur hebr. beschriftete Grabsteine, Fläche 20,10 a). Am Eingang zur Friedhofshalle des neuen Friedhofes befinden sich *Gedenktafeln* für die aus Karlsruhe und Pforzheim im Ersten Weltkrieg gefallenen Gemeindeglieder.

Schulen: Von 1816 bis zur Aufhebung der Konfessionsschulen 1876 bestand neben der Synagoge eine jüd. Volksschule (Ecke Kronenstr./Kaiserstr.). Danach besuchten die jüd. Kinder die allg. Schulen. 1936 wurde die Einrichtung einer eigenen Schule wieder angeordnet, zunächst in Räumen der Lidellschule (Markgrafenstr. 28), 1938 im gemeindeeigenen Gebäude Kronenstr. 15 (neben der Synagoge), 1939 in einem Raum des Hinterhauses Herrenstr. 14. 1940 wurde der Schulbetrieb eingestellt.

Weitere Einrichtungen: Bereits im 18. Jh. bestand ein jüd. *Spital*, ferner beim Rüppurer Tor ein Haus für die Beherbergung obdachloser Juden.

237 *Oberlandrabbiner Tia Weil (1721–1805), seit 1770 in Karlsruhe tätig.*

Im Zusammenhang mit der 1806 fertiggestellten Synagoge wurden ein *Krankenhaus* und ein *Altenheim* eingerichtet. Seit 1913 befand sich das Israelitische Krankenhaus in der Kronenstr. 62. Außerdem bestanden bis in die Zeit des »Dritten Reiches« an Einrichtungen: das *Israelitische Ge-*

meindehaus (mit Gemeindeverwaltung und Räumen der Vereine, Herrenstr. 14), die *Rabbinate* (zuletzt Rabbiner Dr. Schiff, Kaiserstr. 3a, Rabbiner Andorn, Kronenstr. 20 und orth. Rabbiner Dr. Michalski, Karl-Friedrich-Str. 16), ein *Israelitischer Kindergarten* (Karl-Friedrich-Str. 16), das *Israelitische Landesstift* (Internat für die Zöglinge des Karlsruher Lehrerseminars, seit 1886 im Zirkel 14, später Stefanienstr. 9). Die *Israelitische Wohlfahrtsvereinigung* hatte ihre Geschäftsstelle beim Synagogengebäude Kronenstr. 15. Hier wohnte auch der Kantor und Religionslehrer. Der *Centralverein Deutscher Staatsbürger jüdischen Glaubens* hatte seine Geschäftsstelle in der Herrenstr. 7. Eine *zionistische Ortsgruppe* traf sich im Haus Elsäßer (Lessingstr. 1). Der *Oberrat der Israeliten Badens* hatte seinen Sitz in der Kriegsstr. 154.

Weitere Spuren der jüdischen Geschichte. Eine Übersicht über die ehem. jüd. *Gewerbebetriebe* wurde bislang nicht erstellt.

Persönlichkeiten und auf sie bezogene Erinnerungsmale.

Paul Askenasy (1869–1934 Karlsruhe), Chemiker, 1910 Prof. an der TH Karlsruhe, war Herausg. der Zeitschrift für Elektrochemie und Inhaber von 50 Patenten.

Ernst David Bergmann (1903 Karlsruhe – 1975 Jerusalem), Chemiker, Rabbinersohn, ging 1934 nach Palästina, wurde 1948 Direktor der wissenschaftl. Abteilung des Verteidigungsministeriums, 1952 Prof. an der Universität Jerusalem.

Georg Bredig (1868–1944 New York), Chemiker, 1900 Prof. in Heidelberg, 1911 bis 1939 in Karlsruhe, arbeitete über die Ionenbewegung, Katalyse und Reaktionskinetik.

Samson Breuer (geb. 1891), Mathematiker, 1921 Dozent, 1925 bis 1933 Prof. an der TH Karlsruhe, ging 1933 nach Palästina und bekleidete eine leitende Stellung in der Sozialversicherung.

Moritz Ellstätter (1827 Karlsruhe – 1905 Karlsruhe), erster jüd. Staatsminister in Deutschland, 1868 Finanzminister Badens; seit 1881 war ihm auch das badische Eisenbahnwesen unterstellt, seit 1871 Mitglied des dt. Bundesrates.

Alfons Fischer (1873–1936), Arzt, Mitbegründer der »Badischen Gesellschaft für soziale Hygiene«. An ihn erinnert die »Alfons-Fischer-Straße».

Ludwig Haas (1875–1930 Karlsruhe), Politiker, Rechtsanwalt, 1909 bis 1919 Stadtrat in Karlsruhe, 1912 bis 1918 MdR für die Fortschrittliche Volkspartei, seit 1918 für die DDP, seit 1919 Fraktions-Vors.; der letzte Großherzog von Baden ernannte ihn 1918 zum Innenminister, was er nach der Revolution bis 1919 blieb.

Fritz Haber (1868–1934), Chemiker, 1898 Prof. in Karlsruhe, war von 1911 bis 1935 Leiter des Kaiser-Wilhelm-Instituts für Physikalische Chemie in Berlin, das heute seinen Namen trägt; 1918 Nobelpreis für die Synthese von Ammoniak; 1933 nach Cambridge emigriert. An ihn erinnern die »Fritz-Haber-Straße« und der »Fritz-Haber-Weg«.

Walther Koransky (1889 Karlsruhe – 1963 Berlin), Richter, 1921 Staatsanwalt, 1923 Richter in Karlsruhe, emigrierte 1938 nach Holland, kehrte 1946 nach Karlsruhe als Landesgerichtsdirektor zurück, wurde 1949 Präsident des Verwaltungsgerichtshofs, 1955 des Staatsgerichtshofs von Baden-Württemberg.

Gustav Landauer (1870 Karlsruhe – 1919 München), Politiker, Theoretiker des libertären Sozialismus; sein Aufruf zum Sozialismus (1911) machte in Kreisen der Jugendbewegung großen Eindruck. 1919 gehörte er der Münchener Räterepublik an und wurde bei ihrer Niederwerfung ermordet.

Ludwig Marum (1882–1934 KZ Kislau), Politiker, seit 1908 Rechtsanwalt in Karlsruhe; hier 1911 bis 1922 Stadtverordneter für die SPD; 1914 bis 1930 MdL von Baden und Fraktionsvorsitzender; 1930 bis 1933 MdR. 1918/19 Justizminister in Baden, 1919 bis 1929 Staatsrat im badischen Staatministerium; 1934 wurde er im KZ erhängt aufgefunden. An ihn erinnert die »Ludwig-Marum-Straße«.

Albrecht Mendelssohn-Bartholdy (1874 Karlsruhe – 1936), Völkerrechtler, Prof. in Würzburg und Hamburg, wo er seit 1923 das Institut für auswärtige Politik leitete; setzte sich für Revision des Versailler Vertrags ein. 1933 emigrierte er nach England und wurde Prof. in Oxford.

Alfred Mombert (1872 Karlsruhe – 1942), Dichter, erst Rechtsanwalt 1900 bis 1906, wandte sich dann der Dichtung und philosophischen Studien zu, lebte in Heidelberg (siehe Stadtkreis Heidelberg). An ihn erinnert die »Mombert-Straße«.

Otto Nachmann (1893–1961), Kaufmann, emigrierte 1939 nach Frankreich, kehrte 1945 zurück und rief zusammen mit dem Freiburger Landgerichtsdirektor Dr. Julius Ellenbogen Ende 1945 den Oberrat des Israeliten Badens wieder ins Leben; bis zu seinem Tod Präsident des Oberrats.

Marc Rosenberg (1852–1930), Kunsthistoriker, 1887–1912 Prof. an der TH Karlsruhe, Geheimer Hofrat, war Hauptkenner der Goldschmiedekunst; seine Sammlung von Gold- und Silberarbeiten aller Zeiten wurde 1937 größtenteils von Museen erworben.

Nathan Stein (1881–1966), Bankier, war 1925 bis 1933 Prof. an der TH Karlsruhe; 1922 bis 1937 Präsident des Oberrats des Israeliten Badens, Mitbegründer der Reichsvertretung der deutschen Juden, emigrierte in die USA.

Richard Willstätter (1872 Karlsruhe – 1942), Chemiker, Prof. in München und Zürich, 1912 bis 1915 Direktor des Kaiser-Wilhelm-Instituts für Chemie in Berlin, 1915 Nobelpreis für seine Chlorophyll-Synthese; 1939 in die Schweiz emigriert. An ihn erinnern die »Richard-Willstätter-Allee« und eine *Gedenktafel* an seinem Geburtshaus Kaiserstr. 173.

Bis 1933 war geplant, die östliche Verlängerung des Rosenwegs im Stadtteil Rüppur nach Kommerzienrat Dr. Meier A. Straus (Seniorchef des ehem. Bankhauses Straus & Co.) »Straus-Allee« zu nennen.

Hundsnurscher/Taddey S. 143–150; J. Paulus, Die jüd. Gemeinde Karlsruhe, in: Juden in Baden 1809–1984. 175 Jahre Oberrat der Israeliten Badens. 1984. S. 227–234; »...sie hatten noch die Frechheit zu weinen...«. Materialien zum Thema Judenverfolgung im 3. Reich. Hg. GEW Bezirk Nordbaden, Kreis Karlsruhe. 1979; Nie wieder! Eine alternative Stadtrundfahrt auf den Spuren des Dritten Reiches. Hg. Stadtjugendausschuß e. V. Karlsruhe. 1984; Geschichte und

Schicksal des Karlsruher Judentums. Bearb. Statistisches Amt der Stadt Karlsruhe. 1965 (unveröffentlicht); Die »Reichskristallnacht« 1938 und die Judenverfolgungen in Karlsruhe 1933–1938. Teil 1: 1933–1938. Hg. von der VVN, Bund der Antifaschisten. 1979; Erlebte Geschichte. Karlsruher Frauen berichten aus der Zeit des Nationalsozialismus. Hg. AG Sozialdemokratische Frauen Karlsruhe. 1983; Ausk. StadtA Karlsruhe 16. Febr. 1984, 6. Mai 1985. Eine Gesamtdarstellung »Juden in Karlsruhe« ist derzeit (1987/88) in Bearbeitung.

Stadtteil Mühlburg

Zur Geschichte jüdischer Bewohner. In Mühlburg waren bereits im 17. Jh. Juden ansässig. Seit der Mitte des 19. Jh., vor allem nach der Eingemeindung nach Karlsruhe 1886, nahm ihre Zahl zu. Die Mühlburger Juden hatten keine eigenen Einrichtungen.

Rosenthal, Heimatgeschichte S. 118; Hundsnurscher/Taddey S. 150.

Stadtteil Rüppur

Zur Geschichte jüdischer Bewohner. In Rüppur lebten seit der Gründung der Gartenstadt nach 1900 auch einige jüd. Familien. Mitbegründer und Vorstandsmitglied der Gartenstadt war Dr. Friedrich Ettlinger, dessen Name in die Gedenktafel am Geschäftsgebäude Rüppur (Ostendorfplatz) eingemeißelt ist.

»...sie hatten noch die Frechheit zu weinen...«. Materialien zum Thema Judenverfolgung im 3. Reich. Hg. GEW Nordbaden, Kreis Karlsruhe. 1979. S. 137.

LANDKREIS KARLSRUHE

Bad Schönborn
Ortsteil Bad Langenbrücken

Zur Geschichte jüdischer Bewohner. In Langenbrücken lebten seit 1875/80 einige jüd. Pers. (Höchstzahl 1895: 26 Pers.), die zur Synagogengemeinde in Mingolsheim gehörten. Bis nach 1933 bestanden an jüd. *Gewerbebetrieben:* »Badische Möbelwerke AG«, Isak und Gustav Basnizki (Fabrik gegenüber Bahnhof, Wohnhaus Huttenstr. 27), Zigarrenfabrik Falk-Streckfuß, Teilh. Eugen und Josef Falk (Insel 1), Tabak- und Hopfenhandlung Theodor Isaac (Dammstr. 2/II). Mind 2 Pers. kamen in der Verfolgungszeit 1933 bis 1945 ums Leben.
Auf der Gemarkung heißt ein Gewann »Jüdenberg«. Die Herkunft dieser Bezeichnung ist unbekannt.

Hundsnurscher/Taddey S. 40; Ausk. BMA Bad Schönborn 15. Juli 1985; W. Messmer, Juden unserer Heimat. 1986.

Ortsteil Bad Mingolsheim

Zur Geschichte der jüdischen Gemeinde. In Mingolsheim bestand eine Gemeinde bis 1935. Ihre Entstehung geht in die Zeit des 18. Jh. zurück (1719: 4 jüd. Fam. ansässig). Die höchste Zahl jüd. Bewohner wird um 1875 mit 77 Pers. erreicht. Mind. 4 Pers. kamen in der Verfolgungszeit 1933 bis 1945 ums Leben.
Einrichtungen der jüdischen Gemeinde. Zunächst war ein *Betsaal* (bis 1846 im Haus Herz Sichel Wwe.) vorhanden. 1846 wurde eine *Synagoge* erbaut, 1938 das Gebäude verkauft, danach als Scheune bzw. als Lagerraum genutzt (bis heute erhalten; Standort hinter Friedrichstr. 25, Inschrift über Türsturz, Ps. 118,20 und Jahreszahl). Im 19. Jh. war eine jüd. *Schule* und die *Lehrerwohnung* in dem als Wohnhaus erhaltenen Gebäude Friedrichstr. 25 eingerichtet.
Die Toten wurden zunächst in Obergrombach beigesetzt, seit 1878 auf einem eigenen *Friedhof* am Ende der heutigen Konradin-Kreutzer-Str. am Ortsrand (Fläche 10,65 a).
An ehemaligen, teilweise bis nach 1933 bestehen-

238 Lage des jüdischen Friedhofs bei (Bad Schönborn-)Bad Mingolsheim.

den *Handels- und Gewerbebetrieben* sind bekannt: Zigarrenfabrik Eschelmann (Friedrichstr. 48), Viehhandlung und Landwirtschaft Julius Falk (Leopoldstr. 11), Koschere Metzgerei Albert May und Hopfenhandlung Mayer May (Hammerstadt 8), Zigarrenfabrik Nathan Mayer (Leopoldstr. 9), Viehhandlung Abraham Moses (Bruchsaler Str. 11), Zigarrenfabrik J. Östreicher jun. OHG, Teilh. Ferdinand Neumann, Theodor Neumann und Albert Östreicher (Friedrichstr. 29), Viehhandlung und Landwirtschaft Moritz und Max Östreicher (Leopoldstr. 3), Zigarrenfabrik Max Oppenheimer (Leopoldstr. 7), Zigarrenfabrik Reiß-Mayer (Friedrichstr. 27), Zigarrenfabrik Gustav Stein (Friedrichstr. 58).
Auf dem *Gefallenendenkmal* des Ortsfriedhofes bei der Friedhofshalle ist auch der Name des jüd. Gefallenen des Ersten Weltkrieges aus Mingolsheim genannt.

Hundsnurscher/Taddey S. 40; W. Messmer, Juden unserer Heimat. 1986; Ausk. BMA Bad Schönborn 10. Nov. 1983, 15. Juli 1985; Ausk. W. Messmer, Bad Schönborn 27. Okt. 1985; Ausk. E. Bender, Bad Schönborn 19. Aug. 1986.

Ortsteil Kislau

Spuren der Verfolgungszeit 1933 bis 1945. In der heutigen Außenstelle der Vollzugsanstalt

239 Krankenabteilung des KZ bzw. Arbeitshauses Kislau, Farbstiftzeichnung von Stefan Heymann um 1936/37 (zur Person Heymanns siehe bei Mannheim, »Persönlichkeiten«).

Karlsruhe auf Schloß Kislau war vom 1. 4. 1933 bis 31. 5. 1936 ein *Konzentrationslager für polit. Häftlinge,* darunter auch jüd. Personen, eingerichtet. Unter anderen kam hier Ludwig Marum aus Karlsruhe, Reichstagsabgeordneter der SPD und Mitglied der jüd. Gemeinde Karlsruhe, ums Leben (1934 erhängt aufgefunden). Eine *Gedenktafel* für die Opfer des KZ ist am Schloß vorhanden.

»…sie hatten noch die Frechheit zu weinen…«. Materialien zum Thema Judenverfolgung im 3. Reich. Hg. GEW Nordbaden, Kreis Karlsruhe. 1979. S. 139−142; W. Messmer, Juden unserer Heimat. 1986.

Bretten
Stadtteil Bauerbach

Zur Geschichte der jüdischen Gemeinde. In Bauerbach bestand eine Gemeinde bis 1894 (erste Nennung 1714). Die höchste Zahl jüd. Bewohner wird um 1884 mit 70 Pers. erreicht.
Einrichtungen der jüdischen Gemeinde. Die Gemeinde hatte im 19. Jh. ein kleines Gemeindezentrum mit *Synagoge, Schule* und *rituellem Bad.* Der Gebäudekomplex ist erhalten und wird seit Auflösung der Gemeinde für Wohnzwecke genutzt (Bürgerstr. 48). Um 1890 ist die Synagoge verkauft worden; im selben Jahr wurde das vor der Synagoge befindliche »Judenbrünnle« verdolt. Die Toten wurden in Flehingen beigesetzt.
Weitere Spuren der jüdischen Geschichte. An ehem. jüd. *Wohnhäusern* sind bekannt (bis um 1890 bis 1895 von jüd. Fam. bewohnt): Schäfer Jakob Lichtenberger (Bürgerstr. 29), Handelsmann Löbaser (Bürgerstr. 53), Handelsmann Ferdinand Wertheimer (Brunnenstr. 10), Kaufmann und Handelsmann Salomon Wertheimer (Bürgerstr. 63), Handelsmann Moses Wertheimer (Pfriemenstr. 2).

Hundsnurscher/Taddey S. 86; O. und W. Bickel, Bauerbach. Vom Reichsdorf zum Brettener Stadtteil. 1978. S. 188, 253 f, 304 f; K. Banghard, Fünf Schneeballen. 12 Jh. Flehingen-Sickingen 779−1979. S. 149; Ausk. BMA Bretten 31. Mai 1985, 25. März 1986.

240 *Gebäude der ehemaligen Synagoge in (Bretten-) Bauerbach, bereits 1890 verkauft und zum Wohnhaus umgebaut (1983).*

Stadtteil Bretten

Zur Geschichte der jüdischen Gemeinde. In Bretten bestand eine Gemeinde im MA (erstmals 1264 Juden genannt; Judenverfolgung 1349; 1380 bis 1391 wieder Juden in der Stadt) und in der Neuzeit bis 1938. Die Entstehung der neuzeitlichen Gemeinde geht in die Zeit nach dem Dreißigjährigen Krieg zurück. Die höchste Zahl jüd. Bewohner wird um 1895 mit 265 Pers. erreicht. Mind. 23 Pers. kamen in der Verfolgungszeit 1933 bis 1945 ums Leben.

Einrichtungen der jüdischen Gemeinde. Über ma. Einrichtungen ist nichts bekannt. Bis 1822 fanden die Gottesdienste jeweils in einem *Betsaal* eines jüd. Privathauses statt. Im 19. Jh. entstand im Bereich Engelsberg 4–6 das Gemeindezentrum mit der *Synagoge* (1821/22 erbaut), der *Schule* (Konfessionsschule 1835 bis 1876), dem *Rabbinat* (Engelsberg 6) und einem *rituellen Bad* (Badhaus 1893 als Hintergebäude dieser Häuser erbaut). 1938 wurde die Synagoge vollständig zerstört, das Gemeindehaus demoliert. Das Anwesen ist mit einem Geschäftshaus neu überbaut. Am Parkplatz hierzu erinnert seit 1979 ein *Gedenkstein* an die Synagoge und die jüd. Gemeinde.

Für das rituelle Schlachten stand für die jüd. Metzgerei bis 1933 ein besonderer Schlachtraum im städt. Schlachthof zur Verfügung.

Die Toten wurden zunächst in Waibstadt, seit 1883/84 auf einem eigenen *Friedhof* am heutigen Windstegweg beigesetzt (Flst. 2639/1; Fläche 11,18 a). Auf ihm befindet sich auch ein *Gefallenendenkmal* für die aus der jüd. Gemeinde im Ersten Weltkrieg Gefallenen.

Weitere Spuren der jüdischen Geschichte. An ehemaligen, bis nach 1933 bestehenden *Handels-*

241 *Synagoge in Bretten, 1821/22 erbaut, 1938 zerstört (Vergrößerung aus einer Luftaufnahme von 1931).*

242 *Synagoge in Bretten, Deckenbemalung nach der Renovierung der Synagoge (1929).*

243   *Lage des jüdischen Friedhofs in Bretten.*

und Gewerbebetrieben sind bekannt: Häute- und Fellhandlung Elias Bodenheimer (Melanchthonstr. 90), Nähgeschäft Irma Bodenheimer (Melanchthonstr. 106), Metzgerei Sally Dreifuß (Weißhofer Str. 18), Zigarrenfabrik Max Eichtersheim (Wilhelmstr. 54), Tabakwarengroßhandlung Gustav und Julius Erlebacher OHG (Bahnhofstr. 14), Fell- und Manufakturwarenhandlung Jakob Erlebacher (Melanchthonstr. 57), Viehhandlung und Manufakturwaren Julius Erlebacher (Melanchthonstr. 49), Gasthaus »Zur Blume«, Inh. Emil, dann Louis Ettlinger (Marktplatz 5), Textilhandlung Oskar Grabenheimer (Mönchhofgasse 6), Textilwaren Julius Graf (Melanchthonstr. 124), Manufakturwarenhandlung Julius Herrmann (Wilhelmstr. 10), Herdfabrik M. A. Lämle (Machul Aaron Lämle AG – MALAG; Wilhelmstr. 39), Pferde- und Viehhandlung Siegfried Lichtenberger (Pforzheimer Str. 51), Eisen-, Maschinen- und Glashandlung Leopold Löb (Melanchthonstr. 11), Ellenwarenhandlung Bern-

hard Veis Söhne (Oppenlochgasse 313), Polster- und Roßwarenhandlung Hugo und Jakob Veis OHG (Melanchthonstr. 59), Textil-Großhandelsfirma Gebr. Veis, Inh. Nathan und Karl Veis (Pforzheimer Str. 25), Manufakturwaren-, Weiß- und Wollwarengeschäft Emilie Wertheimer (Marktplatz 2), Manufakturwarengeschäft Isak Wertheimer (Melanchthonstr. 70), Eisen-, Maschinen- und Tafelglasgroßhandlung Sally Wertheimer (Wilhelmstr. 50).

1364 wird als FN eine »Judenklamm« genannt (Lage unbekannt). An der Straße nach Knittlingen gibt es nördl. der heutigen B 35, etwa gegenüber der Reitanlage, eine kleine Wasserfassung, die im Volksmund als »Judenbrünnele« bezeichnet wird. Das Judenbrünnele war die Markierung des sog. Sabbat-Wegs, der bis zu diesem Brunnen führte.

GJ III,1 S. 168; Hundsnurscher/Taddey S. 53 f; G. Ginter, Chronik von Bretten. Aus der Geschichte der Stadt zur 1200-Jahr-Feier. 1967; A. Schäfer, Urkunden, Rechtsquellen und Chroniken zur Geschichte der Stadt Bretten. 1967; A. Schäfer, Geschichte der Stadt Bretten von den Anfängen bis zur Zerstörung im Jahre 1689. 1977. S. 102–105, 304 f; H. Ebert, Die Machtergreifung des Nationalsozialismus in der bad. Kleinstadt Bretten. Staatsexamensarbeit Univ. Mannheim. 1984. S. 133–152 (Mschr.); Ausk. BMA Bretten 31. Mai 1985, 25. März 1986.

Stadtteil Diedelsheim

Zur Geschichte der jüdischen Gemeinde. In Diedelsheim bestand eine Gemeinde bis 1920 (erste Nennung jüd. Bewohner 1548). Die höchste Zahl wird um 1850 mit 112 Pers. erreicht.

Wohngebiet und Einrichtungen der jüdischen Gemeinde. Bis Anfang des 19. Jh. wohnten die Fam. vor allem im »Judengäßle« (heute Brühlstr.), hier befand sich auch die nicht mehr bestehende jüd. Wirtschaft »Zum Lamm«. 1807 wurde das alte Schildwirtshaus »Zum Waldhorn« gekauft, um darin (1820) eine *Synagoge* und ein *rituelles Bad* einzurichten. Nach Auflösung der Gemeinde wurde das Gebäude 1920 verkauft und zu Wohnzwecken umgebaut (noch heute erhalten

Ecke Schwandorfstr. 13/Brühlstr.). An der Stelle des rituellen Bades wurde ein öffentl. Wannenbad, nach 1945 eine Werkstatt eingebaut.

Die Toten wurden vor allem in Obergrombach beigesetzt.

Weitere Spuren der jüdischen Geschichte. An ehemaligen, teilweise bis nach 1930 von jüd. Fam. bewohnten Häusern sind bekannt: Handelsmann August Bodenheimer (Schwandorfstr. 51), Metzgermeister Gutmann Dreifuß (Schwandorfstr. 75), Handelsmann Isaak Dreifuß (Schwandorfstr. 17), Handelsmann Hirsch Dreifuß, dann Handelsmann Samuel Dreifuß (Lessingstr. 1), Mehlhandlung Nathan Dreifuß (Schwandorfstr. 65–67), Handelsmann Maier Grabenheimer (Schwandorfstr. 37).

Hundsnurscher/Taddey S. 55; Löwenstein, Kurpfalz S. 38, 44; O. Bickel, Diedelsheim. Vom ritterschaftlichen Dorf zum Brettener Stadtteil. 1985. S. 458–466; Ausk. BMA Bretten 31. Mai 1985, 25. März 1986.

Stadtteil Rinklingen

Spuren der jüdischen Geschichte. In Rinklingen haben im 14. bis 16. Jh. möglicherweise Juden gelebt (einzige bekannte Nennung: 1373 Jud Gumpert Derinde aus Rinklingen). Unter den FN fällt die 1717 erstmals genannte Bezeichnung »Im Judengäßle« auf, die noch heute für eine Straße im Rinklinger Neubaugebiet besteht. Näheres zur Herkunft der Bezeichnung ist nicht bekannt.

QGJ Nr. 112; O. H. Bickel, Die Flurnamen von Rinklingen. 1934. S. 27; O. Bickel, Rinklingen. Ein Kraichgaudorf in Vergangenheit und Gegenwart. 1969. S. 186; Rosenthal, Heimatgeschichte S. 63; vgl. Löwenstein, Kurpfalz S. 38.

Bruchsal
Stadtteil Bruchsal

Zur Geschichte der jüdischen Gemeinde. In Bruchsal bestand eine Gemeinde im MA (1288 erste Nennung, Judenverfolgung 1349; 1384 bis

244 Synagoge im Rabbinatshaus Bruchsal; das Gebäude wurde im Zweiten Weltkrieg zerstört (hist. Aufnahme um 1925).

1406, danach seit 1609 wieder Juden in der Stadt) und in der Neuzeit bis 1938. Die höchste Zahl jüd. Bewohner wird um 1885 mit 752 Pers. erreicht. Mind. 93 Pers. kamen in der Verfolgungszeit 1933 bis 1945 ums Leben.

Wohngebiet und Einrichtungen der jüdischen Gemeinde. Das ma. Wohngebiet konzentrierte sich auf die »Judengasse« (1344 genannt; bei der Zerstörung Bruchsals 1689 ging die Bezeichnung vermutl. unter, heute der untere Teil der Rathausstr. zwischen John-Bopp-Str. und Kübelmarkt. Hier befanden sich auch die ma. *Synagoge* (1344 genannt) und – zwischen dem alten Stadtgraben (Grundstück Stadtgrabenstr. 17) und dem Saalbach – ein *rituelles Bad* (auf Stadtplan um 1650 als »Judenbad« und »Judenbrunnen« eingetragen).

Die neuzeitliche Gemeinde hatte zunächst einen *Betsaal*, seit der ersten Hälfte des 18. Jh. im Dachstock des Hauses von Judenschultheiß Süßel. Ab

245 Synagoge in Bruchsal, 1880/81 erbaut, 1922 renoviert, 1938 zerstört (hist. Aufnahme vor 1938).

1740 war hier auch die _Rabbinerwohnung_ eingerichtet. Zweimal im Jahr wurden zuletzt in ihm
Gottesdienste gefeiert. Auch die Rabbinerwoh-
nung blieb solange benutzt. Das Haus (Standort:
Huttenstr. 2) wurde durch Kriegseinwirkung
zerstört. Vermutl. befand sich in ihm bis 1876
auch die jüd. _Schule_.
1802 wurde eine _Synagoge_ erbaut, 1880/81 an
ihrer Stelle eine _neue Synagoge_ erstellt, die 1922
völlig renoviert wurde. 1938 wurde sie bis auf die
Grundmauern niedergebrannt. An ihrer Stelle
wurde das städt. Feuerwehrhaus erbaut (Friedrichstr. 78). 1966 ist an diesem Gebäude eine
Gedenktafel für die Synagoge angebracht worden. In der 1849 errichteten Männerstrafanstalt
(Schönbornstr. 32) wurde unterhalb der Orgel
des heute noch erhaltenen Kirchenraumes ein
Betsaal mit 7 Einzelboxen für die jüd. Insassen
eingerichtet. Diese Einrichtung ist nicht mehr
vorhanden.
Das bis ins 19. Jh. genutzte rituelle Bad (am selben Platz wie das Judenbad des MA) bezog sein
Wasser aus dem Saalbach. Der Abfluß lag in
Richtung des Stadtgrabens (Standort Stadtgrabenstr. 17; durch Kriegszerstörung ist nichts erhalten).
Die Toten wurden bis 1632 in Worms, danach auf
einem jüd. _Friedhof_ an der Gemarkungsgrenze
Bruchsal/Obergrombach beigesetzt (s. Obergrombach). 1879 wurde als Teil des städt. Friedhofes in Bruchsal ein hierin integrierter jüd.
Friedhof angelegt (Gewann Roßmarkt, Flst. 592/
1, Fläche 58,36 a), auf dem die _Friedhofshalle_
erhalten ist, die als Geräteschuppen genutzt wird.
Im Innern befindet sich eine Gedenktafel für den
Stifter dieses Gebäudes Leopold Nöther. Der
Friedhof wurde nach 1945 mehrfach belegt.
Weitere Spuren der jüdischen Geschichte. An
ehemaligen, bis nach 1933 bestehenden _Handels-
und Gewerbebetrieben_ sind bekannt (Auswahl,
Gebäude überwiegend kriegszerstört), Rohta-
bake A. Bär und Co. (Friedrichstr. 16), Ausstat-

246 Innenansicht der Synagoge in Bruchsal, Blick auf
den Tora-Schrein und die von Leo Kahn 1928/29 ausgemalte Apsis.

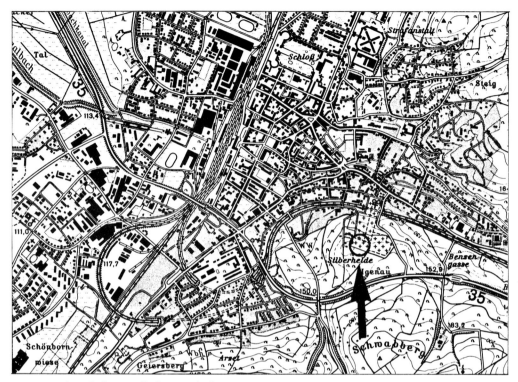

247   *Lage des jüdischen Friedhofs in Bruchsal.*

tungsgeschäft, Kurz- und Weißwaren Alfred Bär (Friedrichstr. 29), Konfektionsgeschäft Gebr. Bär (Kaiserstr. 43), Holzhandlung Moses Bär (Durlacher Str. 143), Häutehandlung Raphael Bär (Friedrichstr. 8–10); Ausstattungsgeschäft Ludwig Bärtig (Kaiserstr. 24), Zigarrenfabrik Barth und Fellheimer (Kaiserstr. 5–7), Tabakagentur Isaak Baruch (Schillerstr. 10), Zigarrengroßhandlung Ludwig Baruch (Schillerstr. 3), Ausstattungsgeschäft Karoline Basinger und Zigarrenfabrik Josef Basinger (Bahnhofplatz 3), Erste Bruchsaler Herdfabrik GmbH (Büchenauer Str.), Manufakturwaren Heinrich Carlebach, Inh. S. Ullmann (Friedrichstr. 8–10), Eisenhandlung Gebr. Dreifuß (Kaiserstr. 76), Ausstattungsgeschäft Isidor Einstein (Friedrichstr. 42), Herdfabrik Josef Falk (Rheinstr. 13), Manufakturwaren und Damenkonfektion Jakob A. Gross (Friedrichstr. 15), Tuchwarengroßhandlung Berthold Herzog (Kaiserstr. 1), Modewaren Lili Hess (Friedrichstr. 21), Damenschneiderei Recha Hess

(Bahnhofstr. 5), Malzfabrik Hockenheimer und Hilb (Rheinstr. 5), Viehhandlung Aaron Kahn (Moltkestr. 18), Seidenstoffhandlung Selma Kahn (Seilersbahn 18), Rohtabake W. Katz und Co. (Durlacher Str. 139a), Farbenfabrik Gebr. Katzauer (Talstr. 37), Hopfenhandlung B. Kauffmann Söhne (Schillerstr. 6), Kartonagenfabrik David Kaufmann GmbH (Zollhallenstr. 4), Tabakagentur Simon Kaufmann (Luisenstr. 6), Kaufhaus Geschw. Knopf (Friedrichstr. 25–27), Manufakturwaren Henriette Levin (Kaiserstr. 101), Rohtabake Gebr. Lindauer (Kaiserstr. 61), Rohtabake Leopold Lindauer (Württemberger Str. 13), Darmhandlung Max Löb, Metzgerei-Bedarfsartikel Julie Löb und Kolonialwaren- und Lebensmittelgeschäft Max Löb (Friedrichstr. 55), Tabakagentur Samuel Marschall (Salinenstr. 13), Rohtabake J. K. Marx (Kaiserstr. 19), Malzfabrik Moritz Marx Söhne AG (Kaiserstr. 29), Bäckerei Simon Marx (Bismarckstr. 10), Schuhwaren Louis Mayer (Kaiserstr. 44), Rohtabake

Adolf Moses (Kaiserstr. 14), Zigarrenfabrik
Ernst Nathan (Kegelstr. 15), Branntweingroß-
handlung Heinrich Odenheimer (Schloßstr. 15),
Tabakagentur Paul Odenheimer (Schloßstr. 4a),
Tuchwarengroßhandlung Louis Oppenheimer
(Bahnhofstr. 4), Ausstattungsgeschäft Max Ro-
senberg (Holzmarkt 37), Polstermaterialien-
handlung Benno Rothschild (Bahnhofstr. 5), Zi-
garrenfabrik Sally Rotheimer (Bismarckstr. 18),
Möbelgeschäft Simon Sandler (Pfarrstr. 3), Ei-
senhandlung Rudolf Schloßberger (Holzmarkt
30), Malzfabrik Schrag und Söhne (Kaiserstr. 31),
Malzfabrik Schrag und Heinsheimer (Schloßstr.
1), Hopfenhandlung Staadecker und Straus
(Schloßstr. 3), Café und Conditorei Saly Strauss
(Bahnhofplatz 9), Schuhwarengeschäft Jenny
Stroh (Wörthstr. 6), Lederhandlung und Schuh-
macherbedarfsartikel Sally Stroh (Kaiserstr. 63),
Kurzwaren Clare Türkheimer (Huttenstr. 2),
Viehhandlung Max Türkheimer (Prinz-Wilhelm-

*249 Stiftungstafel in der Friedhofshalle Bruchsal
(1983).*

Str. 24), Papierverarbeitung Isidor Weil (Güter-
bahnhof 8), Zigarrenfabrik Alexander Wertheimer (Friedrichstr. 60), Ausstattungsgeschäft

248   Jüdischer Friedhof in Bruchsal, Blick zur Friedhofshalle (1983).

Aron Wolf (Kaiserstr. 49), Viehhandlung Leopold Wolf, Inh. Gustav Wolf (Talstr. 12), Malzfabrik Ludwig Wolff (Huttenstr. 28).
Auf dem *Kriegerdenkmal* für die Gefallenen des Ersten Weltkriegs auf dem städt. Friedhof sind auch die 16 jüd. Gefallenen aus Bruchsal verzeichnet.
Persönlichkeiten und auf sie bezogene Erinnerungsmale. *Josef Eschelbacher* (1848–1916), Rabbiner (s. Anhang). *Siegfried Grzymisch* (1875–1944 Auschwitz), Rabbiner (s. Anhang). An den Großherzoglich-badischen Bauinspektor Dr. *Fritz Hirsch*, der 1922 die Ehrenbürgerwürde Bruchsals für die Gesamtrenovation des Schlosses (1904 bis 1909) erhalten hatte, erinnert die *Fritz-Hirsch-Straße.*

Hundsnurscher/Taddey S. 156–160; GJ II,1 S. 135f; GJ III,1 S. 173f; H. Rott, Die Kunstdenkmäler des Amtsbezirks Bruchsal, in: Die Kunstdenkmäler des Großherzogtums Baden IX,2. 1913; F. Gehrig, Ortschronik Gissigheim. 1969. S. 250 (zum Judenbad Bruchsal); Ausk. BMA Bruchsal 4. Juli 1986.

Stadtteil Heidelsheim

Zur Geschichte der jüdischen Gemeinde. In Heidelsheim bestand eine Gemeinde bis um 1930 (1536 erste Nennung). Die höchste Zahl jüd. Bewohner wird um 1839 mit 192 Pers. erreicht. Mind. 3 Pers. kamen in der Verfolgungszeit 1933 bis 1945 ums Leben.
Wohngebiet und Einrichtungen der jüdischen Gemeinde. Das Wohngebiet des 16. Jh. lag in der bis heute sog. »Judengasse«, an deren Ende bis 1844 das 1581 erbaute »Judentor« stand. Eine Erinnerungstafel am Platz des Judentors hält die Erinnerung hieran fest. In der Judengasse befanden sich im 16. Jh. auch die Einrichtungen wie Synagoge und rituelles Bad (vermutl. am Saalbach), deren Standorte nicht mehr bekannt sind. Auch im 18. Jh. wird ein Betsaal oder bereits eine Synagoge vorhanden gewesen sein. Genaues weiß man erst von der 1856 im Kanzelberg 4 erbauten *Synagoge,* in der bis um 1910 Gottesdienste gefeiert wurden. Nach 1945 wurde das Gebäude umgebaut, zunächst als Kochschule,

250 *Hinweistafel auf das ehemalige »Judentor« am Ende der Judengasse in (Bruchsal-)Heidelsheim (1983).*

später für Wohnungen genutzt (Gebäude erhalten). In der Synagoge befand sich auch ein *rituelles Bad.* Eine *Schule* soll sich zunächst in der Zehntgasse befunden haben. Von 1860 bis 1876 diente ein Haus in der Markgrafenstr. als Schulhaus, danach wurde hier noch der Religionsunterricht erteilt.
Die Toten wurden auf dem Friedhof in Obergrombach beigesetzt.
Weitere Spuren der jüdischen Geschichte. An ehemaligen, bis nach 1933 bestehenden *Handelsbetrieben* sind bekannt: Viehhandlung Emanuel Maier (Bahnhofstr.), Handelsmann Isaak Odenheimer (Marktplatz 7).
Persönlichkeiten. *Meyer Sulzberger* (1874 Heidesheim – 1923 Philadelphia), einer der Führer des amerik. Judentums seiner Zeit, lange Vors. des American Jewish Committee und der Jewish Publication Society of America, Gründer der Young Men's Hebrew Association, vorübergehend Präsident des American Jewish Congress. Seine reiche Bibliothek schenkte er dem Jewish Theol. Seminary New York. Von Beruf war er Rechtsanwalt und erster jüd. Richter in Philadelphia.

Hundsnurscher/Taddey S. 129f.

Stadtteil Obergrombach

Zur Geschichte der jüdischen Gemeinde. In Obergrombach bestand eine Gemeinde bis 1888

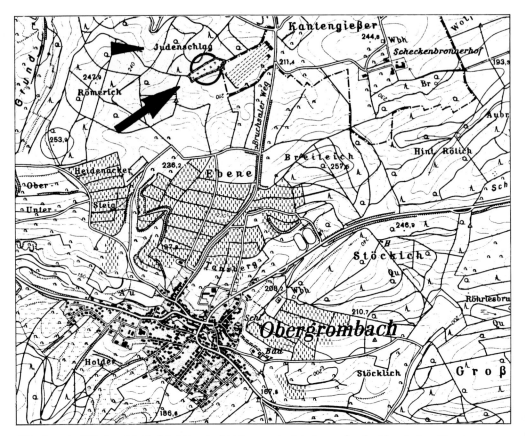

251   Lage des jüdischen Friedhofs bei (Bruchsal-)Obergrombach (mit umgebender Flur »Judenschlag«).

(erste Nennung 1646). Die höchste Zahl jüd. Bewohner wird um 1839 mit 58 Pers. erreicht.
Mind. eine Pers. kam in der Verfolgungszeit 1933
bis 1945 ums Leben.

Einrichtungen der jüdischen Gemeinde. Zunächst war vermutl. ein Betsaal in einem jüd.
Privathaus vorhanden. 1845 erwarb die Gemeinde die aus dem 14. Jh. stammende Burgkapelle St.
Martin und richtete hierin eine *Synagoge* ein.
1846 wurde dazu der Chor der Kapelle abgebrochen. Nach Auflösung der Gemeinde 1888 wurde
in der Kapelle die evang. Kirche eingerichtet. Das
Gebäude ist erhalten. An der Gemarkungsgrenze
Bruchsal/Obergrombach liegt der 1632 angelegte
jüd. *Friedhof* am Waldrand des Eichelberges, der
zahlr. jüd. Gemeinden als Begräbnisplatz diente
(u.a. Bruchsal, Ober- und Untergrombach, Jöh-

lingen, Mingolsheim, Östringen, Bretten, Die-
delsheim, Heidelsheim, Weingarten, Durlach,
Graben, Grötzingen, Pforzheim), bis an einigen
dieser Orte eigene Friedhöfe angelegt wurden.
Der Friedhof wurde in der Zeit des »Dritten Rei-
ches« teilweise abgeräumt (heute Leerflächen;
Friedhofsfläche 129,85 a). Ein *Denkmal* mit der
Aufschrift »Nacht und Tag weine ich nie endend.
Jer 14,17« ist vorhanden (enthüllt am Buß- und
Bettag 1982).

Weitere Spuren der jüdischen Geschichte. An
bis nach 1933 bestehendem *Handelsbetrieb* ist
bekannt: Viehhandlung Bernhard Falk
(Schloßstr. 2).

Hundsnurscher/Taddey S. 279f; H. Rott, Die
Kunstdenkmäler des Amtsbezirks Bruchsal, in:

252 Grabstein auf dem jüdischen Friedhof (Bruchsal-) Obergrombach für einen aus Bruchsal verstorbenen Mann (1970).

Die Kunstdenkmäler des Großherzogtums Baden IX,2. 1913. S. 268 ff.

Stadtteil Untergrombach

Zur Geschichte der jüdischen Gemeinde. In Untergrombach bestand eine jüd. Gemeinde bis 1938, deren Entstehung in die Zeit des Dreißigjährigen Krieges zurückgeht. Die höchste Zahl jüd. Bewohner wird um 1864 mit 130 Pers. erreicht. Mind. 5 Pers. kamen in der Verfolgungszeit 1933 bis 1945 ums Leben.
Einrichtungen der jüdischen Gemeinde. Zunächst war vermutl. ein Betsaal vorhanden. 1827 wurde eine *Synagoge* erbaut, 1938 deren Inneneinrichtung demoliert, das Gebäude später außer einigen Resten der Umfassungsmauern im Erdgeschoß abgebrochen. Diese fanden Verwendung in dem Nachfolgegebäude Sonnwendstr. 7. Neben der Synagoge stand die jüd. *Schule* (bis 1876 Konfessionsschule) mit einer *Lehrerwohnung.* Das Gebäude wurde zu einem Wohnhaus umgebaut

(Sonnwendstr. 6). Die Toten wurden in Obergrombach beigesetzt.
Weitere Spuren der jüdischen Geschichte. Die Sonnwendstraße hieß bis zur NS-Zeit »Synagogenstraße«.
An ehemaligen, teilweise bis nach 1933 bestehenden *Handels- und Gewerbebetrieben* sind bekannt: Viehhandlung Aaron Bär (Weingartener Str. 10); Viehhandlung Berthold Bär (Weingartener Str. 46); Eisenwarengeschäft Berthold Bär (Weingartener Str. 36); Viehhandlung Nathan Bär (Weingartener Str. 17); Stoffhandlung Baruch (Weingartener Str. 1); Metzger Isak Falk (Schulstr. 7); Krämerladen Gerson/Markus Kirnus (Weingartener Str. 38); Lederhandlung Benjamin Joseph (Bruchsaler Str. 36); Kistenfabrik Joseph Karlebach (Bruchsaler Str. 43; geschlossen um 1918); Handlung Jeanette Karlebach (Weingartener Str. 2); Krämerladen Kaufmann (Weingartener Str. 10); Tabakhandel Maier Meerapfel (Büchenauer Str. 24)/Philipp Meerapfel (Büchenauer Str. 41; gest. 1926)/Ernst Meerapfel (Büchenauer Str. 44); Viehhandlung Schajer (Weingartener Str. 9); Hopfen-, Vieh- und Tabakhandel Schajer (Weingartener Str. 4); Baubeschläge und Glas Gustav Oppenheimer (Weingartener Str. 21); Handelsvertreter Siegfried Schrag (Schulstr. 9).

Hundsnurscher/Taddey S. 277 f; J. Lindenfelser, Juden in Obergrombach. (Mschr., hg. Heimatverein Untergrombach).

Dettenheim
Ortsteil Liedolsheim

Zur Geschichte der jüdischen Gemeinde. In Liedolsheim bestand eine Gemeinde bis 1903. Ihre Entstehung geht in die Zeit des 18. Jh. zurück (1709: 3 jüd. Fam. am Ort). Die höchste Zahl jüd. Bewohner wird um 1889 mit 50 Pers. erreicht.
Einrichtungen der jüdischen Gemeinde. Seit der Mitte des 18. Jh. bestand eine *Synagoge.* Nach 1903 wurde das Gebäude abgebrochen, auf dem Grundstück ein Schulhaus erbaut (Bächlestr. 3). Die in Liedolsheim wohnenden Juden gehörten

danach zur Synagogengemeinde Philippsburg. Die Toten wurden in Obergrombach beigesetzt.

Hundsnurscher/Taddey S. 180 f, 239.

Ettlingen

Zur Geschichte der jüdischen Gemeinde. In Ettlingen bestand eine Gemeinde im MA (erste Nennung 1308, Judenverfolgung 1349) und in der Neuzeit (seit 1526, vorübergehende Vertreibungen nach 1584 und 1614) bis 1938. Die höchste Zahl jüd. Bewohner wird um 1910 mit 75 Pers. erreicht. Mind. 20 Pers. kamen in der Verfolgungszeit 1933 bis 1945 ums Leben.
Wohngebiet und Einrichtungen der jüdischen Gemeinde. Über ma. Einrichtungen ist nichts bekannt. Um 1600 wohnten die Fam. in der »Judengasse« (heutige Färbergasse westl. der Sternengasse). Nach der Zerstörung Ettlingens 1689 und dem Wiederaufbau der Stadt wohnten um 1700 mind. 2 Fam. auch außerhalb dieses Gebietes: ein jüd. Haus stand »am Markt an dem kleinen Bruck-Gäßlein«, ein anderes war das *Haus Kirchenplatz 3;* an ihm nennt eine hebr. Inschrift auf dem Türsturz das Baujahr 1703.
Ein erster *Betsaal* (»Judenschule«) wurde 1818 vermutl. im Haus Albstr. 31/Ecke Färbergasse (»Judengasse«) eingerichtet. 1984 wurde bei der Renovierung dieses Hauses eine hebr. Inschrift über dem Eingang Färbergasse entdeckt, die auf das Baujahr des Hauses (1736) und den damaligen jüd. Besitzer hinweist. 1848/49 wurde eine *Synagoge* eingerichtet, wozu ein altes Gerberhäuschen umgebaut wurde, das sich an der Alb gegenüber dem Pfarrhaus St. Martin befand. In diesem Synagogengebäude wurde auch ein *rituelles Bad* eingerichtet. Um 1890 wurde das Gebäude abgerissen. Eine *neue Synagoge* wurde 1889 eingeweiht, in der bis zur Zerstörung des Gebäudes 1938 die Gottesdienste der Gemeinde gefeiert wurden. Auf dem Grundstück der Synagoge wurde nach 1945 ein Wohn- und Geschäftshaus errichtet (Pforzheimer Str. 33). Eine *Gedenktafel* für die Synagoge wurde an diesem Haus 1966 angebracht.
Die Toten wurden in Kuppenheim beigesetzt.
Weitere Spuren der jüdischen Geschichte. An

ehemaligen, bis nach 1933 bestehenden *Handels- und Gewerbebetrieben* sind bekannt: Altwarenhandlung Emil Bodenheimer (Pforzheimer Str. 10), Viehhandlung Berthold Dreifuß (Rheinstr. 21), Mehlhandlung Max Falk (Schöllbronner Str. 32), Viehhandlung Max Machol (Rheinstr. 21), Metzgerei Sigmund Machol (Kronenstr. 16), Schuhgeschäft David Marx (Kronenstr. 8), Viehhandlung Berthold Mayer (Rheinstr. 8), Jüd. Wirtschaft »Zur Rose«, Inh. Elias Mayer (Hirschgasse 4), Viehhandlung Isaac Mayer (Hirschgasse 5), Kaufmann Michael Schiff (Leopoldstr. 9), Althandlung und Geflügelhandlung Paul Spielmann (Marktstr. 6), Kaufmann Zall Wertheimer (Schillerstr.).
Im *Albgau-Museum* befindet sich eine bemalte Holztafel aus der zerstörten Synagoge. Im *Stadtarchiv* sind außer den auf die jüd. Gemeinde bez. Akten und Zeitungsausschnitten ein Stück einer Torarolle aus der zerstörten Synagoge und das »Bürgerliche Standesbuch der israelitischen Gemeinde Ettlingen« (1811 bis 1870) vorhanden.

Hundsnurscher/Taddey S. 81 ff; Ausk. StadtA Ettlingen 29. Mai 1984, 25. Mai 1985.

Forst

Zur Geschichte jüdischer Bewohner. In Forst war seit 1920 Alfred Mannheimer aus Odenheim wohnhaft (nach KZ-Zeit wieder in Forst, 1972 verstorben).

Ausk. BMA Forst 6. Mai 1985.

Gondelsheim

Zur Geschichte der jüdischen Gemeinde. In Gondelsheim bestand eine jüd. Gemeinde bis 1925. Ihre Entstehung geht in die Zeit des 16. Jh. zurück (erste Nennung 1548). Die höchste Zahl jüd. Bewohner wird um 1855 mit 110 Pers. erreicht. Mind. 3 Pers. kamen in der Verfolgungszeit 1933 bis 1945 ums Leben.
Einrichtungen der jüdischen Gemeinde. Zunächst war vermutl. ein Betsaal vorhanden. Um 1840 wurde eine *Synagoge* erbaut. Im Synago-

gengebäude befand sich bis 1876 auch die jüd. *Konfessionsschule.* 1925 wurde die Synagoge geschlossen, das Gebäude 1930 verkauft. Seither dient es zu Wohnzwecken und als Lager eines Getränkehandels (Leitergasse 6).

Die Toten wurden in Obergrombach beigesetzt. In den Anfangszeiten der Gemeinde bestand vermutl. ein eigener Friedhof, woran die Flur »Judenkirchhof« südwestl. des Ortes erinnert (1632 erstmals genannt).

Weitere Spuren der jüdischen Geschichte. An ehemaligen, bis nach 1933 bestehenden *Handelsbetrieben* sind bekannt: Viehhandlung Elias Beissinger (Bahnhofstr. 10), Viehhandlung Moses Beissinger (Bahnhofstr. 12).

Persönlichkeiten. *Jacob Hecht* (geb. 1879 Gondelsheim), Präsident der Neptun-Reederei Basel und Aufsichtsratsvorsitzender der Rhenania-Schiffahrts- und Speditionsgesellschaft in Mannheim, die er 1908 zusammen mit seinem Bruder Hermann begründet hatte. 1958 wurde er Ehrenbürger Gondelsheims.

253 *Synagoge in Gondelsheim, erbaut um 1840, seit 1930 als Wohn- und Geschäftshaus genutzt (1987).*

Hundsnurscher/Taddey S. 55 f; Löwenstein, Kurpfalz S. 38, 44, 188; Ausk. Gemeindeverwaltung Gondelsheim 13. Mai 1985.

Graben-Neudorf
Ortsteil Graben

Zur Geschichte der jüdischen Gemeinde. In Graben bestand eine Gemeinde bis 1938 (erste Nennung 1732). Die höchste Zahl jüd. Bewohner wird um 1895 mit 54 Pers. erreicht. Mind. 7 Pers. kamen in der Verfolgungszeit 1933 bis 1945 ums Leben.

Einrichtungen der jüdischen Gemeinde. Die Gemeinde hatte im 19. Jh. einen *Betsaal* in einem jüd. Wohnhaus. 1938 wurde das Gebäude verkauft und entging dadurch der Zerstörung. Es wurde zu einem Wohnhaus umgebaut, das 1972 abgerissen wurde (Karlsruher Str. 67, inzwischen wieder neu bebaut).

Die Toten wurden in Obergrombach beigesetzt.

Weitere Spuren der jüdischen Geschichte. An ehemaligen, bis nach 1933 bestehenden *Gewerbebetrieben* sind bekannt: Likörfabrik und Branntweinbrennerei Baer & Co. (Karlsruher

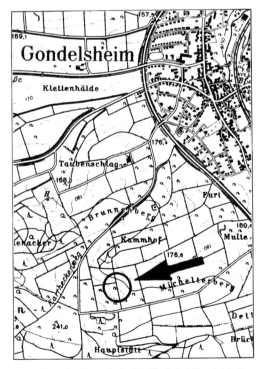

254 *Lage der Flur »Judenkirchhof« bei Gondelsheim.*

255 Gebäude der ehemaligen Synagoge in Graben (-Neudorf), im 19. Jahrhundert erbaut, nach 1938 zum Wohnhaus umgebaut, 1972 abgebrochen (Aufnahme um 1965).

Str. 61), Zigarrenfabrik Isaak Weil (Karlsruher Str. 26), Jüd. Gastwirtschaft »Zur Sonne« (Rheinstr. 2–4, 1782–1936 in jüd. Besitz; auf dem Einfahrtsbogen des Gebäudes Initialen »LG«, hebr. Inschrift und die Jahreszahl 1786). **Persönlichkeiten.** *Heinrich Zimmern* (1862 Graben – 1931), Assyriologe; aus einer jüd. Fam. Grabens, später zum Christentum übergetreten; 1900 bis 1929 Prof. in Leipzig; zahlr. Untersuchungen zur semitischen Sprachwissenschaft und Religion.

Hundsnurscher/Taddey S. 11 f; E. Lacroix, Die Kunstdenkmäler des Amtsbezirks Karlsruhe Land. Kreis Karlsruhe. 1937. S. 121; zu H. Zimmern: Jüd. Lexikon IV/2 Sp. 1572; Ausk. BMA Graben-Neudorf 23. Mai 1985, 4. Nov. 1985.

Kraichtal
Stadtteil Gochsheim

Zur Geschichte der jüdischen Gemeinde. In Gochsheim bestand eine Gemeinde bis zur Mitte des 19. Jh. (erste Nennung 1427, dann 1524/25). Die höchste Zahl jüd. Bewohner wird um 1836 mit 27 Pers. erreicht, möglicherweise waren es im 18. Jh. noch einige mehr.

Einrichtungen der jüdischen Gemeinde. Eine *Synagoge* wird bereits 1662 genannt. 1766 wird eine *neue Synagoge* erbaut. 1882 wurde das Gebäude verkauft und zu einem bis heute erhaltenen Wohnhaus umgebaut (Hauptstr. 70). Ein *rituelles Bad* befand sich vor dem Roten Tor (1805 bis 1844) am Platz einer heute hier befindlichen Scheune (Flst. 381 zum Wohnhaus Vorstadtstr. 52).
Die Toten wurden auf dem Friedhof in Flehingen beigesetzt.

Weitere Spuren der jüdischen Geschichte. Der Platz beim ehem. Synagogengebäude trug die Bezeichnung »Synagogenhof«. Das Gebäude der ehem. »Judenmetzgerei« ist als Gasthaus erhalten (»Sonne«, Hauptstr. 68).

GJ III,1 S. 443; Hundsnurscher/Taddey S. 110 f; R. Herzer/H. Käser, Sippenbuch der Stadt Gochsheim. 1968; Ausk. BMA Kraichtal 18. Nov. 1985.

Stadtteil Menzingen

Zur Geschichte der jüdischen Gemeinde. In Menzingen bestand eine Gemeinde bis 1921 (erste Nennung 1546). Die höchste Zahl jüd. Bewohner wird um 1864 mit 116 Pers. erreicht.

Einrichtungen der jüdischen Gemeinde. Eine *Synagoge* wurde 1787 erbaut (Standort unbekannt). 1870 konnte eine neue Synagoge erbaut werden. Nach Auflösung der jüd. Gemeinde 1921 wurde das Gebäude an die polit. Gemeinde verkauft, die darin eine Gewerbe- und Industrieschule einrichtete; später kamen einige Klassen der Volksschule hinzu. Inzwischen ist das Gebäude zu einem Wohnhaus umgebaut (Standort Mittelstr. 6). Eine jüd. *Schule* (Konfessionsschule bis 1876) war gleichfalls vorhanden. Das Gebäude ist als Wohnhaus erhalten (Heilbronner Str. 33).
Die Toten wurden in Oberöwisheim beigesetzt.

Weitere Spuren der jüdischen Geschichte. Die heutige Mittelstr. hieß früher »Judengasse«, möglicherweise ein Hinweis auf das frühere Wohngebiet oder im Zusammenhang mit der Synagoge.
An bis nach 1933 bestehendem *Handelsbetrieb* ist

bekannt: Lebensmittel- und Manufakturwaren-geschäft Josef Stiefel (Heilbronner Str. 19).

Hundsnurscher/Taddey S. 222 f; G. Bienwald, Menzingen. Ein Gang durch seine 1200 Jahre Geschichte. 1970. S. 52–56; Ausk. BMA Kraichtal 18. Nov. 1985.

Stadtteil Münzesheim

Zur Geschichte der jüdischen Gemeinde. In Münzesheim bestand eine Gemeinde bis 1937. Erstmals 1530 werden Juden am Ort genannt. Die höchste Zahl jüd. Bewohner wird um 1839 mit 98 Pers. erreicht. Mind. eine Person kam in der Verfolgungszeit 1933 bis 1945 ums Leben.
Einrichtungen der jüdischen Gemeinde. Eine *Synagoge* wurde 1726 errichtet (abgesehen vom Fundament hölzerner Bau). Im 19. Jh. war im Synagogengebäude auch eine jüd. *Schule* untergebracht. Seit 1876 besuchten die Kinder die allg. Ortsschule. 1937 wurde die Synagoge nach Auflösung der Gemeinde verkauft und abgebrochen, an derselben Stelle ein Wohnhaus erbaut (Unterdorfstr. 31).
Die Toten wurden in Oberöwisheim beigesetzt.
Weitere Spuren der jüdischen Geschichte. An bis nach 1933 bestehendem *Handelsbetrieb* ist bekannt: Kaufhaus Sally Türkheimer (Unterdorfstr. 15, abgebr.).

Hundsnurscher/Taddey S. 207 f; K. W. Kübler, Münzesheim im Wandel der Zeiten. 1966. S. 77 f; QGJ Nr. 366; Ausk. BMA Kraichtal 18. Nov. 1985.

Stadtteil Neuenbürg

Spuren der Verfolgungszeit 1933 bis 1945. Nach Neuenbürg wurden nach der Besetzung durch franz. Truppen 1945 typhuskranke KZ-Häftlinge aus dem KZ-Außenkommando Vaihingen an der Enz zur Genesung gebracht (über 500 Pers., insbesondere polnische Juden). 7 der befreiten Häftlinge verstarben noch in Neuenbürg und wurden neben dem (heute im) allg. *Ortsfriedhof* beigesetzt (jüd. Friedhof, Fläche 0,30 a).

256 *Grabstein eines in (Kraichtal-)Neuenbürg verstorbenen ehemaligen KZ-Häftlings aus Vaihingen/Enz (1984).*

Hundsnurscher/Taddey S. 220 f; U. Theobald, KZ-Häftlinge starben im evakuierten Dorf, in: Bad. Neueste Nachrichten 19. März 1985. S. 20.

Stadtteil Oberöwisheim

Spuren der jüdischen Geschichte. In Oberöwisheim lebten zu keiner Zeit Juden. Seit 1629 bestand am Ort jedoch ein *jüd. Verbandsfriedhof,* auf dem zunächst fast alle im Kraichgau verstorbenen Juden beigesetzt wurden. Zuletzt war der Friedhof bis in die Zeit des »Dritten Reichs« noch Begräbnisplatz für die jüd. Gemeinden Menzingen, Münzesheim und Odenheim (letzte Beisetzung 1938). Der Friedhof liegt am Hang der Flur Reimenhalden (Flst. 3388, Fläche 91,35 a) unweit der Straße nach Neuenbürg.

Hundsnurscher/Taddey S. 220 f; H. E. Walter, 1200 Jahre Oberöwisheim 771–1971. 1973. S. 294–301.

Kürnbach

Zur Geschichte jüdischer Bewohner. In Kürnbach betrieb der Arzt Dr. Max Kirchhausen 1931

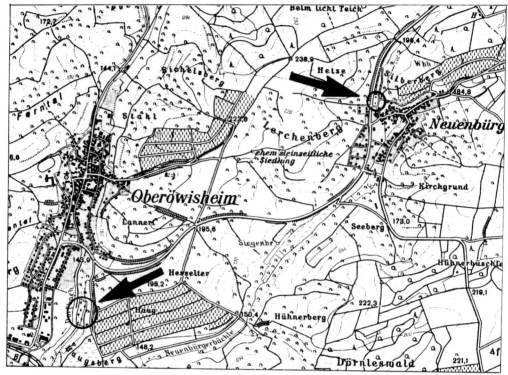

257   Lage der jüdischen Friedhöfe bei (Kraichtal-)Oberöwisheim und (Kraichtal-)Neuenbürg.

bis 1933 eine Praxis im Obergeschoß des Gasthauses »Zur Sonne« (Leiterstr., abgebr.).

Ausk. BMA Kürnbach 9. Dez. 1985.

Malsch

Zur Geschichte der jüdischen Gemeinde. In
Malsch bestand eine Gemeinde bis 1938. Ihre
Entstehung geht in das 17. Jh. zurück, als zu-
nächst – vermutl. während des Dreißigjährigen
Krieges – 3 Fam. aufgenommen wurden. Die
höchste Zahl jüd. Bewohner wird um 1875 mit
320 Pers. erreicht. Mind. 24 Pers. kamen in der
Verfolgungszeit 1933 bis 1945 ums Leben.
Einrichtungen der jüdischen Gemeinde. Zu-
nächst war vermutl. ein Betsaal vorhanden
(Standort unbekannt). Vor 1859 wurde eine *Syn-
agoge* erbaut. Sie wurde 1928 renoviert, 1938 zer-

stört. 1939 wurde die Ruine beseitigt, das Grundstück verkauft. Am ehem. Synagogenstandort
(Hauptstr. 26) befindet sich seit 1985 eine *Gedenktafel.*
Ein Schulhaus bestand nicht. Bis zur Auflösung
der Konfessionsschulen 1876 hatte die Gemeinde
einen Unterrichtsraum in einem gemeindeeigenen Haus neben der Kirche eingerichtet. Danach
besuchten die jüd. Kinder die Ortsschule.
Die Toten wurden in Kuppenheim beigesetzt.
Weitere Spuren der jüdischen Geschichte. An
ehemaligen, bis nach 1933 bestehenden *Handels-
und Gewerbebetrieben* sind bekannt: Händler
Julius Dreyfuß (Hauptstr. 21), Warenhandlung
Ludwig Dreyfuß (Adlerstr. 50, abgebr.), Viehhandlung Alfred Löb (Kreuzstr. 14, abgebr.),
Zigarrenfabrikant Artur Löb (Kronenstr. 2),
Viehhandlung Isidor Löb (Kreuzstr. 8), Viehhandlung Leopold Löb (Kreuzstr. 10), Viehhandlung Gustav Maier (Adlerstr. 38, abgebr.),

Viehhandlung Isidor Maier (Adlerstr. 8), Fellhandlung Jakob Maier (Adlerstr. 4 und 6), Viehhandlung Lippmann Maier (Hauptstr. 33), Textilgeschäft Siegmund Maier (Beethovenstr. 1 und Neuwiesenstr. 6), Fellhandlung Maier Maier (Neudorfstr. 1), Schuhmacher Max Maier I. (Adlerstr. 8), Kaufmann Max Maier II. (Walprechtsstr. 1, abgebr.), Tankstelle Richard Maier (Hauptstr. 13), Handelsmann Samuel Maier (Adlerstr. 52, abgebr.), Metzger und Viehhandlung Stern (Sézanner Str. 54).

Hundsnurscher/Taddey S. 185 f; HStAS J 355 Bü 83; Ausk. BMA Malsch 11. Juni 1985, 19. Febr. 1987.

Marxzell
Ortsteil Schielberg

Spuren der jüdischen Geschichte. In Schielberg entstand 1880 unter der Fa. Raffael Dreyfuß & Söhne im hinteren Albtal unweit der Klosterruine eine Baumwollweberei, die 1895 bis 1897 der Fa. Eymer & Löb gehörte. 1906 wurden die Fabrikgebäude durch Brand zerstört, später unter neuem Namen wieder aufgebaut.

Toury S. 95 ff; Ausk. BMA Marxzell 14. Apr. 1986.

Oberderdingen
Ortsteil Flehingen

Zur Geschichte der jüdischen Gemeinde. In Flehingen bestand eine Gemeinde bis 1938 (erste Nennung 1548). Die höchste Zahl jüd. Bewohner wird um 1832 mit 167 Pers. erreicht. Mind. 17 Pers. kamen in der Verfolgungszeit 1933 bis 1945 ums Leben.
Wohngebiet und Einrichtungen der jüdischen Gemeinde. Das Wohngebiet konzentrierte sich bis ins 19. Jh. vor allem auf das sog. »Hinterdorf« (auch »Judengasse« genannt; heute Gegend der Samuel-Friedrich-Sauter-Str.). Seit der Mitte des 19. Jh. standen jüd. Wohnhäuser auch an der Gemeindegrenze nach Sickingen beim »Grünen Hof« (Franz-von-Sickingen-Str.) und an der Gochsheimer Str.

Eine erste *Synagoge* (vermutl. aus dem 18. Jh.) wurde bis 1873 genutzt. Das Gebäude ist erhalten und wird als Schuppen genutzt (Grundstück Samuel-Friedrich-Sauter-Str. 14). Das dazugehörige Wohnhaus war vermutl. das *Haus des Vorbeters* (mit jiddischer Inschrift) und der alten jüd. *Schule*. 1873 wurde eine *neue Synagoge* erbaut. Bis zu ihrer völligen Zerstörung 1938 wurden in ihr Gottesdienste gefeiert. Das Grundstück wurde neu bebaut (Gochsheimer Str. 14).
Eine jüd. *Schule* befand sich zunächst vermutl. in der Samuel-Friedrich-Sauter-Str. 14 (s. o.). 1841 wurde ein neues Schulhaus erbaut, in dem die Kinder bis zur Auflösung der Konfessionsschulen 1876 unterrichtet wurden. Im Gebäude war auch die Lehrerwohnung, es besteht nicht mehr (Gochsheimer Str. 16).
Ein *Friedhof* wurde 1688 angelegt, mehrfach, zuletzt 1926 erweitert und ist an einem steilen Hang an der (alten) Gochsheimer Str. 1 km außerhalb des Ortes erhalten (Flur »Judenbegräbnis«, Flst. 2300, Fläche 39,35 a).
Weitere Spuren der jüdischen Geschichte. An ehemaligen, bis nach 1933 bestehenden *Handels- und Gewerbebetrieben* sind bekannt: Fa. Berthold Ackermann (Gochsheimer Str. 4, Lagerhaus Bahnhofstr. 30), Handelsmann Gustav Barth (Bissinger Str. 24), Handelsmann Heinrich Weingärtner (Bissinger Str. 22, abgebr.), Handelsmann Louis Barth (Gochsheimer Str. 25), Viehhandlung Wolf Barth (Samuel-Friedrich-Sauter-Str. 8), Handelsmann Elias Heidelberger (Am Senselberg 3), Handelsmann Nathan Heidelberger (Franz-von-Sickingen-Str. 18), Viehhandlungen Maier/Mannheimer und Kahn (Bissinger Str. 39), Handelsmann Moses Schlessinger (Samuel-Friedrich-Sauter-Str. 7), Eisenwarenhandlung Robert Schlesinger (Bahnhofstr. 3), Schuhmachergeschäft Siegmund Uhl (Bissinger Str. 4), Handelsmann Hugo Weingärtner (Gochsheimer Str. 12), Handelsmann Viktor Weingärtner (Samuel-Friedrich-Sauter-Str. 6).
Persönlichkeiten. *Jakob Barth* (1851 Flehingen – 1914 Berlin), Orientalist, 1874 Dozent am Berliner Rabbinerseminar und Prof. der semitischen Philologie an der Universität Berlin (bis 1914); einer der bedeutendsten Orientalisten seiner Zeit (Arbeiten zur Semitistik, Bibelexegese, Ausgaben arab. Handschriften); gehörte vielen jüd. Or-

258   *Jüdischer Friedhof in (Oberderdingen-)Flehingen (um 1975).*

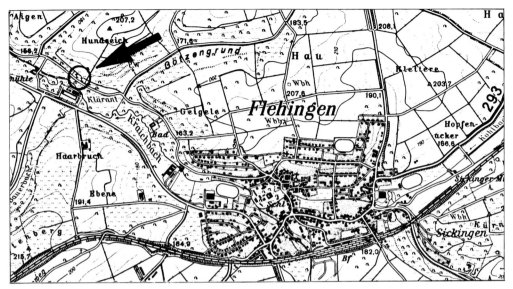

259   *Lage des jüdischen Friedhofs bei (Oberderdingen-)Flehingen.*

ganisationen und dem Verband der deutschen Juden an führender Stelle an.

Hundsnurscher/Taddey S. 85f; F. Banghard, Fünf Schneeballen. Zwölf Jahrhunderte. Ein Kapitel Geschichte des Kraichgaues. Flehingen-Sikkingen 779–1979. S. 148–184; Ausk. BMA Oberderdingen 24. Apr. 1985, 21. Nov. 1985, 25. Juni 1986.

Ortsteil Sickingen

Zur Geschichte jüdischer Bewohner. In Sickingen ließen sich nach 1905 (unmittelbar an der Gemarkungsgrenze zu Flehingen) 2 Fam. nieder, die zur Synagogengemeinde Flehingen gehörten: Viehhandlung Siegbert Heidelberger (Franz-von-Sickingen-Str. 27), Handelsmann Max Heumann (Franz-von-Sickingen-Str. 25).

Ausk. BMA Oberderdingen 25. Juni 1986.

Oberhausen-Rheinhausen
Ortsteil Oberhausen

Zur Geschichte jüdischer Bewohner. In Oberhausen waren seit der zweiten Hälfte des 19. Jh. einige jüd. Pers. wohnhaft (1910: 10), die seit 1895 zur Synagogengemeinde Philippsburg gehörten. Bis nach 1933 bestanden die Viehhandlung Siegfried Henle (Kolpingstr. 40) sowie die Sattlerei und Polsterei Benjamin Samuel (Marienstr. 32).

Hundsnurscher/Taddey S. 239; Ausk. BMA Oberhausen-Rheinhausen 25. Aug. 1986.

Östringen
Stadtteil Odenheim

Zur Geschichte der jüdischen Gemeinde. In Odenheim bestand eine Gemeinde bis 1937. Ihre Entstehung geht in die Zeit des 17. Jh. zurück. Erstmals werden 1691 2 Juden am Ort genannt. Die höchste Zahl wird um 1864 mit 156 Pers. erreicht. Mind. 8 Pers. kamen in der Verfolgungszeit 1933 bis 1945 ums Leben.

Einrichtungen der jüdischen Gemeinde. Im 19. Jh. und bis zur Auflösung der Gemeinde 1937 wurden die Gottesdienste der Gemeinde in einer ehem. Klosterkirche in der Klostergasse gefeiert (»Synagoge«). Nachdem die Klosterkirche nicht mehr genutzt wurde und aufgrund ihres baufälligen Zustandes wurde sie später abgerissen. Weitere Einrichtungen sind nicht bekannt.

Die Toten wurden in Oberöwisheim beigesetzt.

Weitere Spuren der jüdischen Geschichte. An ehemaligen, bis nach 1933 bestehenden *Handels- und Gewerbebetrieben* sind bekannt (Anschriften konnten nicht in Erfahrung gebracht werden): Schuh- und Kohlenhandel Siegmund/Helene Brandt; Zigarrenfabrik Adolf Flegenheimer; Manufakturwarengeschäft Isidor und Julius Odenheimer; Textil- und Manufakturwarengeschäft Fritz Levy; Geschirrhandlung Leopold Mannheimer.

Ein Flurname »Moschebuckel« gegenüber dem Ortsfriedhof erinnert an einen ehem. Besitzer Moses Flegenheimer (19. Jh.). Das noch heute bestehende *Siegfriedsbrunnendenkmal* in Odenheim geht auf eine Stiftung von Siegmund Odenheimer zurück.

Hundsnurscher/Taddey S. 221 f; F. Gehrig, Hilsbach. Chronik der höchstgelegenen Stadt im Kraichgau. 1979. S. 197 (zu 1691); Ausk. K. Fay, Odenheim 27. Nov. 1985.

Stadtteil Östringen

Zur Geschichte der jüdischen Gemeinde. In Östringen bestand eine Gemeinde bis 1938. Ihre Entstehung geht in die Zeit des 17./18. Jh. zurück, 1740 waren 5 Fam. am Ort. Die höchste Zahl jüd. Bewohner wird um 1864 mit 110 Pers. erreicht. Mind. 6 Pers. kamen in der Verfolgungszeit 1933 bis 1945 ums Leben.

Wohngebiet und Einrichtungen der jüdischen Gemeinde. Das Wohngebiet konzentrierte sich zunächst auf die »Judengasse« (1934 in Marschackerstr. umbenannt). 1784 wurde eine *Synagoge* (»Judenschule«) erbaut (auf heutigem Grundstück Saarlandstr. 12). In ihr befand sich auch ein *rituelles Bad.* Bis zum Bau einer neuen Synagoge 1834 wurden hier die Gottesdienste gefeiert, da-

nach wohnte hier der jüd. Lehrer (»Lehrerhaus«). 1980 wurde das Gebäude im Zusammenhang mit der Ortssanierung abgebrochen. Dabei wurde das rituelle Bad wiederentdeckt, jedoch auch beseitigt (heute Zufahrt zur Rathausgarage). Neben dem Gebäude der alten Synagoge wurde 1834 eine neue erbaut (auf heutigem Grundstück Saarlandstr. 10). Sie wurde 1936 auf behördliche Anordnung hin wegen Einsturzgefahr abgerissen. Bis 1935 hieß die heutige Saarlandstr. »Synagogenstraße« (ehemals Hintere Straße; im Volksmund »in der Juddeschul«).

Die Toten wurden in Obergrombach, nach 1878 auch in Mingolsheim beigesetzt.

Weitere Spuren der jüdischen Geschichte. An ehemaligen, teilweise bis nach 1933 bestehenden *Handels- und Gewerbebetrieben* sind bekannt: Viehhandlung Louis Falk (Keltergasse 14/16), Viehhandlung Adam Mayer (Leiberg II/6), Zigarrenfabrik Marx & Schloß, Inh. Sigmund Marx und Moritz Schloß/Heidelberg (Georgstr. 14), Zigarrenfabrik Fa. S. Merzbacher & Co./Stuttgart (Hauptstr. 68), Schuhwarengeschäft (vorm. Mazzenbäckerei) Karoline Strauß (Hauptstr. 110), Zigarrenfabrik Ludwig Wolf (Hauptstr. 114), Zigarrenfabrik Mayer Wolf (Hauptstr. 135, abgebr.), Zigarrenfabrik Wolf-Wolf (Hauptstr. 142).

Im *Östringer Heimatmuseum* finden sich verschiedene Erinnerungen an die jüd. Geschichte, u. a. aquarellierte Zeichnungen der Synagoge und des Lehrerhauses von F. Essenspreis (1927), eine kleine Schriftrolle aus einer Mesusa, ein Grundriß der Synagoge und ein Talith (Gebets-Mantel).

Hundsnurscher/Taddey S. 223 f; W. Messmer, Juden unserer Heimat. 1986; Ausk. J. Hartlieb, Östringen 12. Dez. 1984; Ausk. H. Kieninger, Östringen 26. Aug. 1986; Ausk. Th. Brauch, Östringen 2. Sept. 1986.

Pfinztal
Ortsteil Söllingen

Zur Geschichte jüdischer Bewohner. In Söllingen lebten Anfang des 18. Jh. einige jüd. Pers., über die nichts Näheres mehr bekannt ist.

Rosenthal, Heimatgeschichte S. 201; Ausk. BMA Pfinztal 30. Aug. 1985.

Philippsburg

Zur Geschichte der jüdischen Gemeinde. In Philippsburg bestand eine Gemeinde im MA (1337 genannt, 1348/49 Judenverfolgung) und in der Neuzeit bis 1938. Die Entstehung der neuzeitlichen Gemeinde geht in die Zeit nach dem Dreißigjährigen Krieg zurück. Die höchste Zahl jüd. Bewohner wird um 1871 bis 1880 mit 80 Pers. erreicht. Mind. 17 Pers. kamen in der Verfolgungszeit 1933 bis 1945 ums Leben.
Einrichtungen der jüdischen Gemeinde. Die Gemeinde hatte eine *Synagoge* (Betsaal) in der Weißetorstr./Ecke Alte Kirchenstr. (Alter unbekannt). 1938 wurde das Gebäude angezündet, später wieder renoviert und zu Wohnzwecken verwendet, 1981 abgebrochen, das Anwesen neu überbaut. Eine 1968 am ehem. Synagogengebäude angebrachte *Gedenktafel* wurde auch am neuen Gebäude wieder angebracht.
Die Toten wurden in Obergrombach beigesetzt. Seit 1889 bestand ein eigener *Friedhof*, der seit 1890 (zuletzt 1954) belegt worden ist (auf Gemarkung Huttenheim im Gewann »Im Sandfeld auf dem Wall«, Flst. 921/1; Fläche 11,95 a).
Weitere Spuren der jüdischen Geschichte. An ehemaligen, bis nach 1933 bestehenden *Handels- und Gewerbebetrieben* sind bekannt: Eisen- und Manufakturwarenhandlung Gebr. Gutmann, Inh. Mathilde Faber (Weiße-Tor-Str. 3), Mehl- und Landesproduktenhandlung Jenny Gutmann (Kronenwerkstr. 9), Landesproduktenhandlung Samuel Gutmann (Söternstr. 19), Händler Karl Herrmann (Rote-Tor-Str. 11), Viehhandlung Heinrich Löb (Zeughausstr. 39), Zigarrenfabrik David Meier (hohe Scheune hinter Kronenwerkstr. 3), Viehhandlung Samuel Samuel (Söternstr. 27, abgebr.).
Auf dem *Gefallenendenkmal* der Stadt wurden 1985 nachträglich die Namen der 3 jüd. Gefallenen des Ersten Weltkrieges aus Philippsburg eingetragen.

Hundsnurscher/Taddey S. 237 ff; GJ II,2 S. 655 f; K. Odenwald, Das Schicksal der jüd. Synagogen-

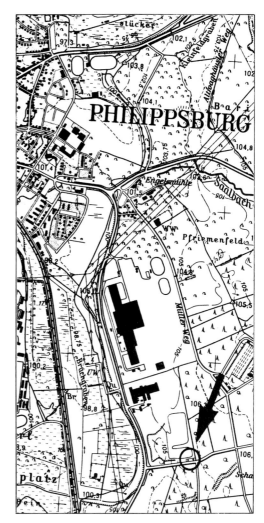

260   *Lage des jüdischen Friedhofs bei Philippsburg.*

gemeinde Philippsburg, in: Heimatbuch Philippsburg. S. 194–204; Ausk. K. Odenwald, Philippsburg 20. Febr. 1984, 11. Nov. 1985.

Stutensee
Ortsteil Staffort

Zur Geschichte jüdischer Bewohner. In Staffort wurden um 1540 einige Juden aufgenommen (1570/71 Salomon Jud zu Staffort genannt). 1666 siedelten sich (Ober- bzw. Unter-)Grombacher Juden wegen Kriegstrubels in Staffort an.

Rosenthal, Heimatgeschichte S. 71, 197; QGJ Nr. 746.

Ortsteil Stutensee

Spuren der jüdischen Geschichte. Im Schloß Stutensee gründete 1919 Dr. Heinrich Wetzlar zus. mit seiner Frau Therese ein *Staatliches Erziehungsheim,* das er selbst bis zu seiner Amtsenthebung 1933 leitete (Wetzlar war bis 1933 Landgerichtspräsident in Mannheim). Das Ehepaar kam 1943 im KZ Theresienstadt ums Leben. Nach dem Begründer wird das Haupthaus des heutigen Landesjugendheims Schloß Stutensee »Heinrich-Wetzlar-Haus« genannt. Über dem Eingang zum Schloß erinnert eine *Gedenktafel* an das Ehepaar Wetzlar und sein Schicksal.

R. Wetzlar (Hg.), Gedenkblätter an den Herrn Landgerichtspräsidenten Dr. Heinrich Wetzlar und seine Gattin Therese. 1962; Landeswohlfahrtsverband Baden (Hg.), Heinrich-Wetzlar-Haus im Landesjugendheim Schloß Stutensee. Erziehungshilfe statt Untersuchungshaft. o. J.; Ausk. Landesjugendheim Schloß Stutensee 18. Nov. 1985.

Sulzfeld

Zur Geschichte jüdischer Bewohner. In Sulzfeld betrieb der Arzt Dr. Max Kirchhausen aus Schluchtern 1925 bis 1931 eine Praxis (Moltkestr. 7).

Ausk. BMA Sulzfeld 25. Apr. 1985.

261 *Landgerichtspräsident Dr. Heinrich Wetzlar (1868–1943), Foto um 1939 mit Frau Therese (zu Schloß Stutensee).*

Walzbachtal
Ortsteil Jöhlingen

Zur Geschichte der jüdischen Gemeinde. In Jöhlingen bestand eine Gemeinde bis 1938. Ihre Entstehung geht in die Zeit des 18. Jh. zurück. 1740 wird ein Jude aus Jöhlingen in Karlsruhe genannt. Die höchste Zahl wird um 1871 bis 1875 mit 99 Pers. erreicht. Mind. 4 Pers. kamen in der Verfolgungszeit 1933 bis 1945 ums Leben.
Einrichtungen der jüdischen Gemeinde. Im 19. Jh. wurden eine *Synagoge,* eine *Schule* und ein *rituelles Bad* eingerichtet. 1938 wurde die Synagoge demoliert, das Gebäude später abgebrochen und das Grundstück verkauft. Das Anwesen ist mit einem Geschäfts- und Wohnhaus neu bebaut (Friedrichstr. 4).
Die Toten wurden zunächst in Obergrombach beigesetzt. 1888 wurde unweit der Bahnlinie an der Straße nach Wössingen ein eigener *Friedhof* angelegt (Flst. 17227, Fläche 12,47 a).

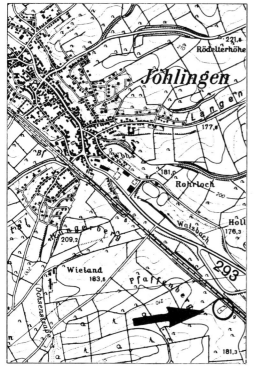

262 *Lage des jüdischen Friedhofs bei (Walzbachtal-) Jöhlingen.*

Weitere Spuren der jüdischen Geschichte. Die Friedrichstraße hieß noch 1933 »Synagogenstraße«. An ehemaligen, bis nach 1933 bestehenden *Handelsbetrieben* sind bekannt: Lebensmittelgeschäft und Bettfedernverkauf Johanna und Sara Fried (Hauptstr. 83), Viehhandlung und Metzgerei Seligmann Klein (Hauptstr. 187), Stoff- und Möbelgeschäft Ludwig Klein (Anschrift nicht bekannt), Viehhandlung Ludwig Metzger (Bahnhofstr. 2), Handelsmann Adolf Wagner (Hauptstr. 96).

Hundsnurscher/Taddey S. 142f; Ausk. BMA Walzbachtal 24. Apr. 1985.

Ortsteil Wössingen

Zur Geschichte jüdischer Bewohner. In Wössingen wurden im 16. Jh. einige Juden aufgenommen, über die Näheres nicht mehr bekannt ist.

Rosenthal, Heimatgeschichte S. 71.

Weingarten (Baden)

Zur Geschichte der jüdischen Gemeinde. In Weingarten bestand eine Gemeinde bis 1938 (erste Nennung 1525). Die höchste Zahl jüd. Bewohner wird um 1864 mit 183 Pers. erreicht. Mind. 29 Pers. kamen in der Verfolgungszeit 1933 bis 1945 ums Leben.
Einrichtungen der jüdischen Gemeinde. Eine erste *Synagoge* wurde im 17. oder 18. Jh. erbaut. Sie stand an der Kirchstr. schräg gegenüber dem evang. Pfarramt bzw. dem Kirchgäßle. Das Gebäude wurde vermutl. bald nach 1840 abgebrochen. Eine *neue Synagoge* entstand 1840 an der Kirchstr./Ecke Keltergasse. 1938 wurde die Inneneinrichtung zerstört, das Gebäude wenig später abgebrochen. Der Platz ist mit einem kleinen Wirtschaftsgebäude überbaut worden. Neben der Synagoge stand das erhaltene Haus des jüd. Lehrers. Seit 1985 erinnert gegenüber dem Synagogenplatz an der kath. Kirche eine *Gedenktafel* an die Synagoge. Bis 1933 hieß die Keltergasse »Synagogengasse«.
Bis 1815 unterhielt die Gemeinde eine eigene

263   *Blick auf das Ortszentrum von Weingarten (Baden) mit kath. Kirche und (links davon) Synagoge (vor 1938).*

Schule (vermutl. im alten Synagogengebäude), danach besuchten die jüd. Kinder zumeist die kath. Schule.

Die Toten wurden vermutl. bis 1632 in Worms, danach in Obergrombach beigesetzt. Seit 1833 bestand ein eigener *Friedhof* im Gewann »Effenstiel« (Flst. 6345, Fläche 14,25 a). Auf dem Friedhof befindet sich eine *Gedenktafel* für die jüd. Gefallenen des Ersten Weltkriegs.

An ehemaligen, bis nach 1933 bestehenden *Handels- und Gewerbebetrieben* sind bekannt: Großschlachterei Adolf Bär (Bahnhofstr. 9, abgebr.), Viehhandlung Gustav Blum (Marktplatz 18), Viehhandlung Nathan Fuchs (Friedrich-Wilhelm-Str. 7), Großschlachterei und Viehhandlung Max Fuchs (Durlacher Str. 24), Textilwarengeschäft Wilhelm Fuchs (Bahnhofstr. 7), Viehhandlung und Metzgerei Albert Hagenauer (Friedrich-Wilhelm-Str. 39), Eisenwaren und Landmaschinen Jakob und Julius Löwenstein (Durlacher Str. 2, abgebr.), Viehhandlung Moritz Löwenstein (Jöhlinger Str. 6), Felle- und Tierhäutehandlung Leo und Max Stengel (Bahnhofstr. 2).

264 *Synagoge in Weingarten mit neu-islamisch (maurisch) geprägtem Eingangsportal (vor 1938).*

265 *Lage des jüdischen Friedhofs bei Weingarten (Baden).*

Persönlichkeiten. *Ernst Fuchs* (1859 Weingarten
– 1929 Karlsruhe), Rechtsanwalt am Oberlandes-
gericht Karlsruhe, Dr. h.c. der Univ. Heidelberg, war Hauptvertreter der Freirechtsschule,
schrieb für viele Fachzeitschriften wie seit 1925
für die Reformzeitschrift »Die Justiz«. Seine
»Gesammelten Schriften« wurden 1969 herausgegeben.

Hundsnurscher/Taddey S. 287 ff; K. Diefenbacher, Ortssippenbuch Weingarten. 1980; H. Büsing, Die Geschichte der Juden in Weingarten
(Baden). Seminararbeit WS 1982/83. Wiss.-
theol. Seminar Univ. Heidelberg (Mschr.); W.
Kelch, Die Weingartener israelitische Gemeinde
und ihre Synagoge (Mschr.); Ausk. H. Büsing,
Heidelberg 11. Jan. 1985; Ausk. W. Kelch, Weingarten 19. Febr. 1985.

LANDKREIS KONSTANZ

Aach

Zur Geschichte der jüdischen Gemeinde. In
Aach bestand eine Gemeinde im 16. und Anfang
des 17. Jh. Erstmals wird 1496 ein Jude in der
Stadt genannt. Die höchste Zahl wird um 1583
mit 10 Fam. erreicht. 1608 ist der letzte Jude aus
Aach weggezogen, nachdem 1604 die meisten
ausgewiesen worden waren.
**Wohngebiet und Einrichtungen der jüdischen
Gemeinde.** Die jüd. Häuser lagen teilweise in der
Stadt, teilweise außerhalb. Möglicherweise befanden sich einige der Häuser in der bis heute sog.
Flur »Judenloch« nordwestl. der Stadt. Auch unmittelbar nördl. der Stadtmauer am Weg entlang
zum Buchbühl könnte oberhalb der Flur »Judenloch« die jüd. Ansiedlung gewesen sein.
Der *Betsaal* befand sich in dem »Haus beim (unteren) Stadttor«. Hier wohnte auch der »Judenschulmeister« (1581 genannt). Ein jüd. *Friedhof*
befand sich auf der Flur (heute Waldgebiet) »Ho-
henhalden«. Die genaue Lage ist unbekannt.

GJ III,1 S. 1; A. Mayer, Aus der Geschichte der
Stadt Aach. Um 1900. S. 20; F. Götz (Hg.),
Aach. 700 Jahre Stadt – 1283–1983. 1983.
S. 48 f; Ausk. BMA Aach 22. März 1984; E. Kel-
ler, Aach 23. März 1984.

Allensbach

Zur Geschichte jüdischer Bewohner. In Allens-
bach lebten im 14. Jh. möglicherweise einige Juden (1337 Jud Lemlein von Allersbach [= Allens-
bach?] genannt). Um 1930 bis 1935 wohnte der
Prof. für Eisenbetonbau an der Hochschule
Karlsruhe Dr. Emil Probst am Ort (Höhren-
bergstr. 16).

GJ II,1 S. 9; HStAS J 355 Bü 1.

Bodman-Ludwigshafen
Ortsteil Bodman

Zur Geschichte jüdischer Bewohner. In Bodman waren um 1666 einige jüd. Fam. ansässig, die
jedoch bald wieder abgewandert sind.

P. Sauer, Die Judengemeinden im nördl. Bodenseeraum, in: ZGO 128 (1980) S. 327–343.

Eigeltingen
mit Ortsteil Honstetten

Spuren der jüdischen Geschichte. Im MA soll
eine »Judenstadt« zwischen Eigeltingen und
Honstetten bestanden haben. 1348 soll die Stadt

zerstört, die jüd. Bewohner umgebracht worden sein.

Hundsnurscher/Taddey S. 98.

Engen

Zur Geschichte der jüdischen Gemeinde. In Engen bestand eine Gemeinde im MA (1322 Ritualmordbeschuldigung, 1496 Juden Süßkind und Moses zu Engen genannt; Ausweisung der Juden 1546). In späteren Jh. werden nur vereinzelt Juden in der Stadt genannt (1670: 1 jüd. Fam., 1780 bis 1784 Jud Maier). Seit der zweiten Hälfte des 19. Jh. ließen sich wieder einige Pers. in der Stadt nieder.
Einrichtungen der jüdischen Gemeinde. Die bis 1546 bestehende Gemeinde hatte eine *Synagoge*. Das Gebäude wurde noch lange als Scheune benutzt, 1925 bei einem Brand der benachbarten Häuserreihe beschädigt und um 1968 abgerissen; es stand auf dem (ehem.) Schulplatz.
Weitere Spuren der jüdischen Geschichte. An die Ritualmordbeschuldigung des 14. Jh. erinnert noch eine inzwischen fast unleserlich gewordene *Grabsteininschrift* des angeblich von Juden ermordeten Knaben in der Engener Pfarrkirche.
An ehemaligen, bis nach 1933 bestehenden jüd. *Betrieben* sind bekannt: Zigarrenfabrik Emanuel Rothschild/Konstanz (bis 1922, Hauptstr. 4), Praxis Dr. Dagobert Rynar (Breitestr. 5).

Rosenthal, Heimatgeschichte S. 74, 171; GJ II,1 S. 210f; GJ III,1 S. 302; Ausk. StV Engen 8. Mai 1985, 13. Nov. 1985.

Gaienhofen
Ortsteil Horn

Zur Geschichte jüdischer Bewohner. In Horn bestand von 1933 bis 1939 ein jüd. landwirtschaftliches Lehrgut *(Hachschara)* der Fam. Dr. Erich Bloch, auf dem durchschnittlich 12 junge Juden auf die Auswanderung nach Palästina vorbereitet wurden (Gebäude nicht erhalten; Lage an der Erbringstr. 41/43).

E. Bloch, Geschichte der Juden von Konstanz. 1971. S. 202f; Ausk. BMA Gaienhofen 28. Okt. 1985.

Gailingen

Zur Geschichte der jüdischen Gemeinde. In Gailingen bestand eine Gemeinde bis 1938/40. Ihre Entstehung geht in die Zeit des 17. Jh. zurück. Seit 1657 wurden jüd. Fam. am Ort aufgenommen. Die höchste Zahl wird um 1858 mit 996 Pers. erreicht. Mind. 160 Pers. (einschließlich Bewohner des jüd. Altersheimes) kamen in der Verfolgungszeit 1933 bis 1945 ums Leben.
Einrichtungen der jüdischen Gemeinde. Die Gottesdienste wurden zunächst in einem *Betsaal* abgehalten, der sich vor dem Bau der Synagoge im mittleren Stockwerk des heutigen Wohnhauses Obergailinger Str. 3 befand. 1764 bis 1838 befand sich eine erste *Synagoge* am Platz der späteren jüdischen Schule. 1830 bis 1836 wurde eine *neue Synagoge* erbaut. Sie diente als Gotteshaus bis zu ihrer Zerstörung 1938. Auf dem Synagogenplatz wurde 1967 eine *Gedenkstätte* eingerichtet (kleiner Park mit *Gedenkstein* und *Gedenktafel*). Die Bezeichnung »Synagogenplatz« wurde beibehalten (an der Ramsener Str.).
Seit 1815 bestand eine jüd. Volksschule (zunächst im Haus Steiner/Brühlstr.). Gegenüber der Synagoge wurde 1845 bis 1847 ein jüd. *Schulhaus* (»Judenschule«) mit drei Klassenzimmern und den Wohnungen für den Rabbiner und den Religionslehrer erbaut. Die Schule bestand bis 1876, danach wurde das Gebäude auch für den Unterricht der allg. Schule benutzt (Gebäude ist erhalten, heute »Bürgerhaus«, Standort Ramsener Str. 12; seit 1985 ist eine *Hinweistafel* am Eingang vorhanden). Nach 1890 bis 1905 bestand am Ort auch eine *Israelitische Handelsschule*.
1891 wurde ein *Krankenhaus* erbaut, das bis 1940 von jüd. Patienten belegt war und heute als Wohnhaus dient (Büsinger Str. 6). 1898 wurde ein *Altersheim* (zu Ehren des badischen Großherzogs »Friedrichsheim« genannt) erbaut, 1909 erweitert. Es wurde gleichfalls bis 1940 benutzt, zuletzt auch zur Zwangseinquartierung älterer jüd. Mitbürger vor der Deportation. Das Gebäude dient heute als Altersheim des Landkreises

Konstanz (Altenpension »Hochrhein«, Gottma-
dinger Str. 1).

Ein *rituelles Bad* bestand im Kellergeschoß der
»Judenschule«. Die Räumlichkeiten sind noch
vorhanden, die Einrichtung ist nicht erhalten.
Am Ortseingang von Randegg her steht das örtliche Schlachthaus, das von Juden zum Schächten
von Großvieh mitbenutzt wurde.

1676 wurde ein *Friedhof* unterhalb des »Bürgli
Schlosses« (Genterweg) angelegt. Auf ihm wurden auch die verstorbenen Juden aus Wangen (bis
1827) und Worblingen (bis 1857) beigesetzt. Der
Friedhof wurde mehrfach erweitert (Fläche
154,74 a). Auf ihm befindet sich noch die *Friedhofshalle* mit den an der Außenwand angebrachten, 1938 aus der Synagoge geretteten *Gedenktafeln* für die 16 jüd. Gefallenen des Ersten Weltkriegs und eine 1948 eingerichtete *Gedenkstätte*
für die durch die Deportationen umgekommenen
Juden aus Gailingen.

Weitere Spuren der jüdischen Geschichte. An
ehemaligen, bis nach 1933 bestehenden *Handels-,
Dienstleistungs- und Gewerbebetrieben* sind bekannt (Auswahl): Gastwirtschaft Adler (Kal-

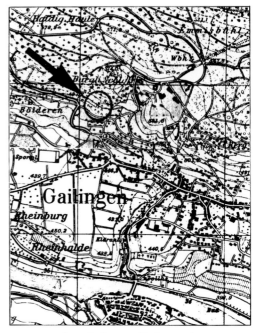

267   *Lage des jüdischen Friedhofs in Gailingen.*

266   *Ehemaliges jüdisches Altersheim (»Friedrichsheim«) in Gailingen (1983).*

mann, Rheinstr. 4), Kolonialwarengeschäft Bach (Ramsener Str. 10), Bäckerei Bach (Ramsener Str. 6), Caféhaus Biedermann (Schloßstr. 11), Cafe Rheingold, Fam. Bloch (Hauptstr. 26), Schuhhaus Bloch (Hauptstr. 24), Aussteuergeschäft Isi Guggenheim (Hauptstr. 4), Krämerladen Isaak und Arztpraxis Dr. Heilbronn (Ramsener Str. 3), Friseurgeschäft Kurz (beim Kronenbrunnen, abgebr.), Metzgerei Fam. Metzger (Ramsener Str. 8), Aussteuergeschäft Neuburger (Hauptstr. 17), Aussteuergeschäft S. H. Weil (Hauptstr. 3). Unter den ehem. jüd. Wohnhäusern des 19./Anfang 20. Jh. sind insbesondere zu nennen: Hauptstr. 14, 16, 20, 21, 22, 23, 25, 36, 40; Ramsener Str. 12, 13, 16, 20, 21, 22, 25, 27, 30; Rheinstr. 2, 12, 19; Schloßstr. 1, 4, 9. Im Rathaus erinnert eine *Tafel der Gailinger Ortsgeschichte* auch an die jüd. Gemeinde und ihre Geschichte. Im Bürgersaal hängt das 1900 von Gemeinderat Simon Rothschild gestiftete *Gemeindewappen*, das bis 1933 als offizielles Gemeindewappen von Gailingen geführt wurde. Am *Kriegerdenkmal* oberhalb des Synagogenplatzes für die Kriegsteilnehmer 1870/71 finden

sich auch Namen jüd. Teilnehmer. Die Namen waren nach 1933 ausgemeißelt worden. Eine aus der Gailinger Synagoge 1938 gerettete Tora-Rolle befindet sich seit 1982 in der Synagoge Beth El/Israel.
Persönlichkeiten. *Mordechai Bohrer* (1895–1938 KZ Dachau), Rabbiner, siehe Anhang. – *Leopold Guggenheim* (1818–1884), war von 1870 bis 1884 anerkannter und viel geschätzter Bürgermeister von Gailingen. Sein Grab befindet sich auf dem jüd. Friedhof.

Hundsnurscher/Taddey S. 98–106; E. Friedrich/ D. Schmieder-Friedrich (Hg.), Die Gailinger Juden, in: Schriftenreihe des Arbeitskreises für Regionalgeschichte e. V. 3 (1981); Ausk. BMA Gailingen 22. Apr. 1986; Gailingens Geschichte im Spiegel seiner wichtigsten Gebäude. Beiträge zur Gailinger Geschichte 3.1987.

Gottmadingen
Ortsteil Gottmadingen

Zur Geschichte jüdischer Bewohner. In Gottmadingen war seit ca. 1925 Dora Schmidt geb. Uhlmann mit ihrer nichtjüd. Fam. wohnhaft.
Spuren der jüdischen Geschichte. Unter den FN ist die Flur »de juud« bekannt (Einzelacker, der eine Zeitlang einem Juden aus Gailingen gehört haben soll).

HStAS J 355 Bü 40; K. S. Bader, Die Flurnamen von Gutmadingen. 1931. S. 25.

Ortsteil Randegg

Zur Geschichte der jüdischen Gemeinde. In Randegg bestand eine Gemeinde bis 1938. Um 1656 siedelten sich die ersten Juden an. Die höchste Zahl jüd. Bewohner wird 1849 mit 351 Pers. erreicht. Mind. 23 Pers. kamen in der Verfolgungszeit 1933 bis 1945 ums Leben.
Einrichtungen der jüdischen Gemeinde. Nach der Überlieferung bestand eine hölzerne *Synagoge* bereits seit dem 17. Jh.; erstmals wird eine »Judenschule« 1758 genannt (Standort vermutl. am Platz der späteren Synagoge). Um 1810 wurde

268 *Bürgermeister Leopold Guggenheim in Gailingen (1818–1884).*

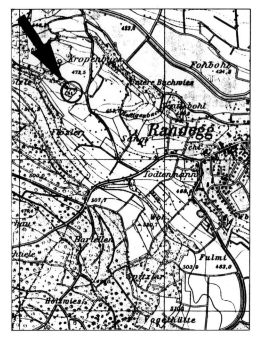

269   *Lage des jüdischen Friedhofs bei (Gottmadingen-)
Randegg.*

eine neue Synagoge erbaut, die bis zu ihrer Zerstörung 1938 als Gotteshaus diente. An ihrer Stelle befindet sich heute eine kleine Parkanlage mit
einem 1968 aufgestellten *Gedenkstein* (Otto-
Dix-Str. neben Gasthaus »Krone«). An das Synagogengebäude waren das *Rabbinat* und ein
Schulraum angebaut. Bis 1876 bestand ferner eine
jüd. Konfessionsschule, für die 1844/45 ein
Schulhaus erbaut wurde (heute als Wohnhaus erhalten).
Bereits im 17. Jh. wurde ein *Friedhof* im Gewann
»Flözler« angelegt (Flst. 1414–15 unmittelbar an
der Schweizer Grenze). Der Friedhof wurde
mehrfach schwer geschändet (1945, 1966, 1970,
1986; Fläche 75,15 a).
Weitere Spuren der jüdischen Geschichte. An
ehemaligen, bis nach 1933 bestehenden *Betrieben*
sind bekannt: Viehhandlung Emil Biedermann,
Vorsänger und Schächter Isidor Biedermann, Fri-
seur und Kleintierfellhandlung Jakob Biedermann, Möbelvertreter Saly Biedermann (Otto-
Dix-Str. 41a), Pferdehandlung A. und S. Bloch
OHG, Inh. Abraham und Salomon Bloch (Im

Winkel 2), Gemischtwarenhandlung Marko,
dann Hans Bloch (Otto-Dix-Str. 30), Handelsmann Salomon Guggenheim (Otto-Dix-Str.
46), Jüd. Bäckerei Wilhelm Moos (bis vor 1900,
Geburtshaus von Dr. Semi Moos, Otto-Dix-Str.
31), Schnaps- und Pferdehandlung Hermann
Rothschild (Kronenstr. 3), Güterhändler Leopold Rothschild (Otto-Dix-Str. 42), Arzt Dr.
Max Rothschild (vor 1933, Schwanenweg 4),
Kleiderfertigung und -handlung Max Rothschild
(Otto-Dix-Str. 34), Arzt Dr. Moses Rothschild
(vor 1933, Im Fröschenbach 1), Pferdehandlung
Fa. Gebr. Weil, Inh. Hermann Samuel Weil (Otto-Dix-Str. 7).
Je ein *Gemälde des jüd. Friedhofs* (von 1934/35)
von Otto Dix sind in der modernen Galerie des
Saarland-Museums Saarbrücken und in der städtischen Galerie Albstadt ausgestellt.
Persönlichkeiten.*Salomon Moos* (1831 Randegg
– 1895), Prof. der Medizin in Heidelberg, erster
Direktor der Universitätsklinik für Hals-, Na-
sen- und Ohrenkrankheiten. – *Elias Elkan Ries*
(1862 Randegg – 1928), Erfinder, studierte Phy-
sik in New York, das zu seiner Heimat wurde;
war einer der bedeutendsten Erfinder auf dem
Gebiet der Elektrotechnik, insbesondere des
elektr. Signal- und Beleuchtungswesens, hatte
über 200 Patente inne. – *Stella Rothschild* geb.
Schott (1840 Randegg – 1936 Frankfurt), Publizi-
stin, Schriftstellerin; »Gedichte und Gedanken«
ersch. 1920 in Frankfurt in 2 Bänden.

Hundsnurscher/Taddey S. 239 ff; Samuel (Semi)
Moos, Geschichte der Juden im Hegaudorf
Randegg. 1986; Ausk. BMA Gottmadingen
19. März 1985, 3. Sept. 1985; P. Arnsberg, Die
Geschichte der Frankfurter Juden 3. 1983.
S. 401 ff (zu St. Rothschild).

Hilzingen

Zur Geschichte jüdischer Bewohner. In Hilzin-
gen war seit 1921 der Land- und Gastwirt Leopold Friedmann mit Fam. wohnhaft (Leopold
Friedmann 1941 im KZ umgekommen).

Hundsnurscher/Taddey S. 241; Ausk. BMA Hil-
zingen 14. Mai 1985.

Hohenfels
Ortsteil Kalkofen

Zur Geschichte jüdischer Bewohner. In Schloß Hohenfels, einem Nebeninstitut der Schule Schloß Salem, gab es bis in die Zeit des »Dritten Reiches« auch jüd. Schüler (1933: 3 Pers.).

HStAS J 355 Bü Kalkofen.

Konstanz

Zur Geschichte der jüdischen Gemeinde. In Konstanz bestand eine Gemeinde im MA (erste Nennung 1241; Judenverfolgungen 1316, 1333, 1349 mit 330 Ermordeten, 1429 mit 80 Ermordeten; 1448 Juden ausgewiesen) und von 1863 bis 1938. Die höchste Zahl wird um 1905 mit 583 Pers. erreicht. Mind. 102 Pers. kamen in der Verfolgungszeit 1933 bis 1945 ums Leben. Nach 1945 konnte sich wieder eine kleine Gemeinde bilden, zunächst im Zusammenhang mit der jüd. Gemeinde Kreuzlingen/Kanton Thurgau, seit 1966 mit der Gemeinde Freiburg im Breisgau.
Wohngebiet und Einrichtungen der jüdischen Gemeinde. Das ma. Wohngebiet lag zunächst in der Münzgasse (»Judengasse« genannt) und in der Gegend der heutigen Salmannweilergasse. Im 14. Jh. werden jüd. Häuser in der heutigen Rosgartenstr. genannt. Zwischen den Häusern Rosgartenstr. 14 und 16 soll eine kleine Gasse nach Westen abgezweigt sein, die auch die Bezeichnung »Judengasse« getragen haben soll. Die *Synagoge* stand vermutl. am Platz des heutigen Hauses Rosgartenstr. 5 bzw. im Garten hierzu (heute Rosgartenmuseum). Hier war auch der »Judenschulhof«. Im 15. Jh. war die Ansiedlung vor allem wieder in der Münzgasse. 1424 war die Synagoge in dem bis heute bestehenden Haus »Zur Katz« eingerichtet (Münzgasse 21). Im Gebiet des Ramnungshofes (Münzgasse 15–17) standen 3 jüd. Wohnhäuser und die »Judenschule«.
Ein Friedhof der ma. Gemeinde ist nicht bekannt; vermutl. wurde der jüd. Friedhof Überlingen mitbenutzt.
Im 19. Jh. wurden seit 1864 die Gottesdienste im heutigen Hotel Falken (Kreuzlinger Str. 13, dort bestand ein *Betsaal*) abgehalten, später in einem Raum des Rosgartenmuseums, nach 1873 in einem Raum des Theatergebäudes. Eine *Synagoge* konnte 1883 in der Sigismundstr. 19 eingeweiht werden. Bereits 1936 wurde die Synagoge ange-

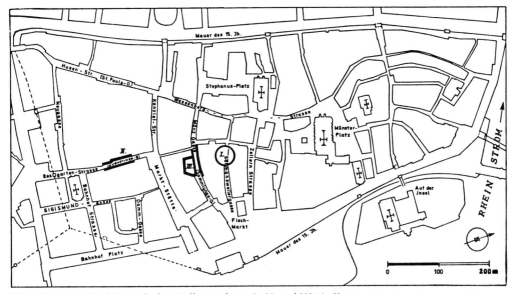

270 *Plan mittelalterlicher jüdischer Siedlungsgebiete (I., II. und III.) in Konstanz.*

zündet, wobei u. a. Torarollen schwer beschädigt wurden, die auf dem jüd. Friedhof begraben wurden (hebr. beschrifteter *Gedenkstein* im Birkenrondell). 1938 wurde die Synagoge zerstört. Von 1946 bis 1960 erinnerte auf dem leerstehenden Grundstück ein aus Bruchstücken der Synagoge angefertigter *Gedenkstein,* der heute gleichfalls auf dem jüd. Friedhof zu finden ist (Birkenrondell). Das Synagogengrundstück ist inzwischen neu bebaut; in dem dortigen Geschäftshaus hat die Gemeinde seit 1964 einen *Betsaal.* An die alte Synagoge erinnert eine *Gedenktafel* am Gebäude. Neben der Synagoge erbaute die jüd. Gemeinde 1908 ein *Gemeindehaus,* das als Wohnhaus erhalten ist (Sigismundstr. 21).

1869 wurde als Teil des städt. Friedhofes an der Wollmatinger Str. ein jüd. *Friedhof* eingerichtet. Er wurde im »Dritten Reich« nicht zerstört und wird bis heute belegt (3. Erweiterung 1981; Fläche 24,93 a).

Weitere Spuren der jüdischen Geschichte. An die ma. Gemeinde erinnert der »Judenturm« bzw. Pulverturm (an der Ecke Rheinsteig/Untere Laube). Eine *Inschrift am Turm* weist auf die Geschichte hin: »...wurde als Stiftung zur Wehr der Stadt von den Juden zu Konstanz im 13. Jh. erbaut ... 1430 und 1443 wurden die Juden hier zur Erpressung von Lösegeldern gefangengehalten«.

Ein jüd. *Siegel* aus Konstanz von 1382 mit drei Spitzhüten findet sich im GLA Karlsruhe (3/188).

Verzeichnisse der jüd. *Gewerbebetriebe* (mit Anschriften), die im 19./20. Jh. in Konstanz bestanden, finden sich bei E. Bloch, Geschichte der Juden in Konstanz (Anhang). Am Haus des ehem. Frauenarztes Dr. Semi Moos (1881–1984) befindet sich eine Gedenktafel seit 1985 (Obere Laube 38/40). Der *Taufstein der evang. Lutherkirche* ist aus einer Säule hergestellt, die aus der 1938 zerstörten Synagoge stammt.

Hundsnurscher/Taddey S. 162–168; GJ II,1 S. 445–450; GJ III,1 S. 665–673; E. Bloch, Geschichte der Juden von Konstanz im 19. und 20. Jh. 1971; Veitshans 5, S. 3, 17; 6, S. 32–35; E. Hörburger, Judenvertreibungen im Spätmittelalter am Beispiel Esslingen und Konstanz, in: Campus-Forschung 237. 1981.

271/272 *»Judenturm« in Konstanz mit Inschrift (1984).*

Öhningen
Ortsteil Schienen

Zur Geschichte jüdischer Bewohner. Im Oberbühlhof wohnte von 1935 bis 1939 mit seiner Fam. der Rechtsanwalt und Notar Dr. Otto Blumenthal aus Berlin.

Ausk. OV Schienen 26. Febr. 1986.

Ortsteil Wangen

Zur Geschichte der jüdischen Gemeinde. In Wangen bestand eine Gemeinde bis 1938. Ihre Entstehung geht in die Zeit des 16./17. Jh. zurück; der erste namentlich bekannte Jude war Baruch Mosis Ainstein, der 1665 von Wangen nach Buchau übersiedelte und Ahnvater der Einstein-Familie Buchau/Ulm wurde. Die höchste Zahl jüd. Bewohner wird um 1864 mit 233 Pers. erreicht. Mind 6 Pers. kamen in der Verfolgungszeit 1933 bis 1945 ums Leben.

Wohngebiet und Einrichtungen der jüdischen Gemeinde. Das Wohngebiet lag bis zum 19. Jh. unmittelbar in Seenähe. Hier stand bis 1825 eine kleine hölzerne *Synagoge.* 1825/26 wurde an ihrer Stelle ein Neubau errichtet. Das Gebäude wurde 1857 renoviert, 1938 niedergebrannt, die Reste abgetragen. Das Grundstück erhielt nach 1945 die politische Gemeinde, die einen Zeltplatz anlegte. Seit 1968 erinnert ein *Gedenkstein* am Synagogengrundstück an das Schicksal der Synagoge.

274   *Lage des jüdischen Friedhofs in (Öhningen-)Wangen.*

1783 war in das Haus des damaligen Gemeindevorstehers, des angesehenen Rabbi Joseph Manes Wolf, eine *Privatsynagoge* eingebaut worden. Ei-

273   *Jüdischer Friedhof in (Öhningen-)Wangen: die letzten Beisetzungen erfolgten 1970/71.*

ne *Schule* bestand im 19. Jh., seit 1852 in einem eigenen Schulhaus, das als Wohnhaus erhalten ist (Hauptstr. 39).

Das *rituelle Bad* befand sich am Dorfbach. Als dieser 1820 in ein neues Bett geleitet wurde, fehlte das Wasser. So wurde 1837 die Erlaubnis zum Bau eines neuen Bades erteilt.

Die Toten wurden zunächst in Gailingen beigesetzt, seit 1827 auf einem eigenen *Friedhof* im Gewann »Am Hardtbühl« (Fläche 30,82 a, zuletzt 1970 und 1971 belegt).

Weitere Spuren der jüdischen Geschichte. Die im 19. Jh. erbauten jüd. Wohnhäuser unterschieden sich von den christlichen Wohnhäusern durch ihr Walmdach (z. B. Hauptstr. 21, 35 und 39); die christl. Häuser hatten ein Satteldach. Auch die Synagoge hatte ein Walmdach. An ehemaligen, bis nach 1933 bestehenden *Betrieben* sind bekannt (Anschrift konnte nicht in Erfahrung gebracht werden): Viehhandlung Maximilian Alexander; Handelsmann Abraham Gump; Kaufmann Alfred Wolf; Kaufmann Emil Wolf; Arzt Dr. Nathan Wolf.

Am Haus Hauptstr. (Metzgerei Isele, ehem. Haus Rothschild?) findet sich über dem Eingang eine *hebr. Inschrift.*

Auf dem *Gefallenendenkmal* der Gemeinde finden sich auch die Namen der 4 jüd. Gefallenen des Ersten Weltkriegs (vorübergehend in der Zeit des »Dritten Reiches« aus der Tafel entfernt).

Persönlichkeiten. *Jacob Picard* (1883 Wangen – 1967 Konstanz), Rechtsanwalt und Schriftsteller; zunächst Rechtsanwalt in Konstanz, 1940 in die USA emigriert; nach Europa zurückgekehrt, erhielt er 1964 den Bodenseepreis (Literaturpreis der Stadt Überlingen). – *Leo Picard* (1900 Wangen), wirkte seit 1924 als Geologe in Palästina und wurde 1939 Prof. der Geologie an der Universität Jerusalem.

Hundsnurscher/Taddey S. 284–287; O. Blumenthal, Die Verhaftung, in: Wir haben es gesehen (hg. G. Schoenberner). 1981. S. 53–61; zu Ainstein: J. Mohn, Der Leidensweg unter dem Hakenkreuz. Aus der Geschichte von Stadt und Stift Buchau. 1971. S. 14; Ausk. von Ortsbewohnern; H. Dicker, Aus Württembergs jüdischer Vergangenheit und Gegenwart. 1984. S. 120–125 (zu J. Picard).

Radolfzell am Bodensee
Stadtteil Markelfingen

In Markelfingen hieß ein alter Lehenshof »Judenhof« bzw. »Judengut« (Nähe der Neumühle, Mühlenweg 7). Ein Zusammenhang mit der jüd. Geschichte liegt jedoch nicht vor, da der Hof vom 14. bis zum 16. Jh. einer in Markelfingen ansässigen christlichen Fam. mit dem Familiennamen »Judan« gehörte.

B. Rosenthal, Juden als Lehensträger des Klosters Reichenau, in: ZGO 84 (1932) S. 495–498 (zieht falsche Schlüsse); W. Fiedler (Hg.), Markelfingen. Geschichte eines Reichenauischen Dorfes, in: Hegau-Bibliothek 30 (1975) S. 50 ff.

Stadtteil Radolfzell

Zur Geschichte jüdischer Bewohner. In Radolfzell lebten Juden im MA (seit etwa 1100; Judenverfolgung 1349) und seit der Mitte des 19. Jh. (höchste Zahl 1880: 14 Pers.). An ehem. *Handelsbetrieben* bestanden (bis 1927) Herrenkonfektionshaus Guido Freund/Konstanz (Seetorstr. 1) und (bis 1936) Bekleidungsgeschäft Josef Bleicher (Poststr. 1, nach 1927 Schützenstr. 1). Mind. eine Pers. kam in der Verfolgungszeit 1933 bis 1945 ums Leben.

Hundsnurscher/Taddey S. 167; GJ II,2 S. 673; Ausk. StadtA Radolfzell 21. Nov. 1985.

Reichenau

Zur Geschichte jüdischer Bewohner Nach einer Sage hat es zu Zeiten Heinrichs I. (10. Jh.) auf der Insel Reichenau Juden gegeben.

Von 1913 bis 1940 waren im Psychiatrischen Landeskrankenhaus Reichenau auch jüd. Patientinnen und Patienten untergebracht, die vom Konstanzer Rabbiner seelsorgerlich mitbetreut wurden. 1940/41 wurden die jüd. Patienten im Zusammenhang mit den Euthanasieaktionen abtransportiert. Mind. 13 jüd. Personen (davon waren nur 7 kurzzeitig in Reichenau) kamen auf diese Weise ums Leben.

GJ I, S. 305 f; Ausk. Psychiatrisches Landeskrankenhaus Reichenau 11. März 1886.

Rielasingen-Worblingen
Ortsteil Worblingen

Zur Geschichte der jüdischen Gemeinde. In Worblingen bestand eine Gemeinde bis 1902. Ihre Entstehung geht in die Zeit nach dem Dreißigjährigen Krieg zurück; 1666 waren 3 jüd. Fam. am Ort. Die höchste Zahl jüd. Bewohner wird um 1857 mit 139 Pers. erreicht.

Einrichtungen der jüdischen Gemeinde. Seit 1775 bestand ein *Betsaal* im Haus des Jakob Salomon (Haus Nr. 12 auf dem Worblinger Ortsplan von 1758); um 1808 wird in diesem Haus, das inzwischen der jüd. Gemeinde gehörte, die *Synagoge* eingerichtet (ein »Judenschulmeister« wird erstmals 1786 genannt). Das Gebäude wurde 1906 auf Abbruch verkauft; an seiner Stelle wurde ein Wohnhaus erbaut, in dem der Synagogentürsturz erhalten blieb (mit der *Inschrift* »Wisse, vor wem du stehst«; heute Anwesen Riedernstr. 3, Gasthaus »Zum Rößle«).

275 *Lage des jüdischen Friedhofs in (Rielasingen-) Worblingen.*

Die Toten wurden zunächst in Gailingen beigesetzt. 1857 wurde ein Grundstück zur Anlage eines eigenen *Friedhofs* im Gewann »Im Burgstall« (gegenüber Hardbergschule, bei Anwesen Am Burgstall 12b; Fläche 7,84 a) gekauft. Der Friedhof wurde bis nach 1900 belegt.

Weitere Spuren der jüdischen Geschichte. Das Worblinger *Schloß* war in der zweiten Hälfte des 19. Jh. in jüd. Besitz. Hier wurde ein Krämerladen eingerichtet und die jüd. Wirtschaft »Zum Blumenkranz« betrieben.

Am Haus der örtl. Verwaltungsstelle (ehem. Schul- und Rathaus, Höristr. 40) findet sich eine *Gedenktafel* »Den tapfern Kriegern der Gemeinde Worblingen 1870−1871«, auf der sich auch der Name von Emanuel Rothschild findet.

276 *Gedenktafel an die Kriegsteilnehmer 1870/71 in (Rielasingen-)Worblingen mit dem Namen von Emanuel Rothschild (1984).*

Hundsnurscher/Taddey S. 301 f; E. Zinsmayer/ K. Wieland, Worblingen. Geschichte eines ehemaligen Ritterdorfes des Kantons Hegau. 1952; Ausk. BMA Rielasingen-Worblingen 10. Okt. 1985.

Singen (Hohentwiel)
Stadtteil Bohlingen

Zur Geschichte jüdischer Bewohner. In Bohlingen lebte nach 1930 Johanna Schwarz geb. Michel, die nach der Deportation 1943 ums Leben kam.

Gedenkbuch S. 316.

Stadtteil Schlatt unter Krähen

Zur Geschichte jüdischer Bewohner. In Schlatt unter Krähen war nach 1670 eine jüd. Fam. ansässig.

B. Rosenthal, Heimatgeschichte S. 171.

Stadtteil Singen

Zur Geschichte jüdischer Bewohner. In Singen ließen sich um 1666 jüd. Familien nieder, die jedoch bald wieder aus dem Ort abgewandert sind. Erst um 1900 zogen wieder einige Juden – vor allem aus Gailingen und Randegg – zu. Die höchste Zahl wird um 1933 mit 44 Pers. erreicht. Mind. 10 Pers. kamen in der Verfolgungszeit 1933 bis 1945 ums Leben.

In der Zeit des »Dritten Reiches« war Singen Durchgangsstation für viele jüd. Flüchtlinge in die Schweiz.

Einrichtungen der jüdischen Bewohner. Die jüd. Bewohner Singens gehörten zur Synagogengemeinde Konstanz. 1931 wurde in einem Privathaus (Standort nicht mehr bekannt) ein *Betsaal* eingerichtet, zur selben Zeit ein Synagogenbaufonds angelegt. Das »Dritte Reich« zerstörte die Pläne einer hier entstehenden jüd. Gemeinde.

Weitere Spuren der jüdischen Geschichte. An ehemaligen, bis nach 1933 bestehenden *Handels- und Gewerbebetrieben* sind bekannt: Taxameterbetrieb Ludwig Bab (Scheffelstr. 7), Elektro- und Rundfunkgeräte-Großhandlung Wilhelm Guggenheim (Bahnhofstr. 17), Kaufhaus S. Guttmann & Co. (Damen- und Herrenkonfektion und Schuhwaren), Inh. Sally, Berthold und Siegfried Guttmann (Scheffelstr. 26), Tabakhandlung Helene Löwinstein (Hadwigstr. 28), Häute-, Fell- und Darmhandlung Isidor Mayer (Harsenstr. 26), Kleintierhandlung Josef Niedermann (Audifaxstr. 3), Konfektionsgeschäft Pollak, Kurz & Sohn, Teilh. Franz Josef Pollak (Ekke-

hardstr. 89), Möbelhaus Gebr. Schärf OHG., Inh. Salo Schärf (Freiheitsstr. 19–21).

Hundsnurscher/Taddey S. 167; P. Sauer, Die Judengemeinden im nördl. Bodenseeraum, in: ZGO 128 (1980) S. 327–343; F. Dutzki, In Israel an Prälat August Ruf erinnert, in: Singener Jahrbuch (1981) S. 38–45; M. Bosch, »Der Abschied von Singen fiel uns nicht schwer...«. Die Hohentwielstadt als letzte deutsche Station auf der Flucht verfolgter Juden, in: Singener Jahrbuch (1983) S. 40–43; Ausk. StV Singen 28. Aug. 1986.

Stockach

Zur Geschichte jüdischer Bewohner. In Stockach waren im 15./16. Jh. einige Juden ansässig (1496 Haim Jud, 1518 Jud Mann, 1519 Ausweisung der Juden). Nach 1862 ließen sich wieder einige Fam. nieder (Höchstzahl 1871: 26 Pers.). An ehemaligen, bis nach 1933 bestehenden *Betrieben* sind bekannt: Zahnarztpraxis Dr. Gerhard Bütow (Goethestr. 4, nach 1931 Bahnhofstr. 4), Apotheke, Inh. Heinz Cohn (Hauptstr. 20), Wirtschaft »Deutsches Haus«, Inh. Ida Erlanger (Hauptstr. 13), Manufakturwarengeschäft Isaak/Hermann Weil (Hauptstr. 8). Mind. eine Pers. kam in der Verfolgungszeit 1933 bis 1945 ums Leben.

Hundsnurscher/Taddey S. 105; Ausk. StadtA Stockach 21. März 1985, 18. Okt. 1985.

Tengen
Stadtteil Blumenfeld

Zur Geschichte jüdischer Bewohner. In Tengen war seit 1880 die jüd. Fam. Weil ansässig.

Ausk. BMA Tengen 19. März 1985.

LANDKREIS LÖRRACH

Efringen-Kirchen
Ortsteil Efringen

Zur Geschichte jüdischer Bewohner. In Efringen waren wenige jüd. Fam. seit Anfang des 20. Jh. wohnhaft, insbesondere Fam. Sigmund Harburger (Weinhandlung, Hauptstr. 2). Mind. eine Pers. kam in der Verfolgungszeit 1933 bis 1945 ums Leben.

A. Huettner, Die jüd. Gemeinde von Kirchen 1736–1940. 1978. S. 160, 257.

Ortsteil Huttingen

Zur Geschichte jüdischer Bewohner. In Huttingen waren um 1560 bis zur Vertreibung 1581 einige Juden ansässig.

Rosenthal, Heimatgeschichte S. 83.

Ortsteil Istein

Zur Geschichte jüdischer Bewohner. In Istein lebten 1576 2 jüd. Fam.; 1581 wurden sie vertrieben.

Rosenthal, Heimatgeschichte S. 83.

Ortsteil Kirchen

Zur Geschichte der jüdischen Gemeinde. In Kirchen bestand eine Gemeinde bis 1938. Ihre Entstehung geht in die Zeit des 18. Jh. zurück; 1736 waren 5 jüd. Fam. ansässig. Die höchste Zahl jüd. Bewohner wird um 1871 mit 192 Pers. erreicht. Mind. 22 Pers. kamen in der Verfolgungszeit 1933 bis 1945 ums Leben.
Einrichtungen der jüdischen Gemeinde. Bis 1789 wurden die Gottesdienste im Haus des Julius Bloch abgehalten. Dann wurde ein *Betsaal*

eingerichtet (»Alte Synagoge«), der bis 1831 benutzt wurde. Dieses Gebäude wurde 1831 bis 1871 als Armenhaus der jüd. Gemeinde benutzt, dann verkauft. 1831 wurde eine (neue) *Synagoge* erbaut. In ihrem Obergeschoß wurde eine Lehrerwohnung eingerichtet. 1896 wurde sie reno-

277 *Gedenktafel auf dem jüdischen Friedhof in (Efringen-)Kirchen (1984).*

278   Lage des jüdischen Friedhofs in (Efringen-)Kirchen.

viert, 1938 zerstört (Ruine 1945 abgebr.). Heute ist noch ein ca. 1 m hoher, 8 m langer Mauerrest erhalten, das Synagogengelände ist als Garten genutzt (Grundstück hinter Basler Str. 57).
Neben der Synagoge befand sich das jüd. *Schulhaus* (bis 1876 Konfessionsschule) mit 2 Klassenräumen. Im Keller befand sich ein *rituelles Bad*. Auch das Schulhaus wurde 1938 schwer beschädigt, später abgebrochen.
Die Toten der Gemeinde wurden zunächst in Lörrach beigesetzt, seit 1865 auf einem eigenen *Friedhof* im Gewann Kehlacker (Flst. 3646). Er wurde auch nach 1945 mehrfach geschändet (1965, 1973, 1977). Links des Eingangs befindet sich seit 1966 eine *Gedenktafel* mit den Namen der Opfer der Verfolgungszeit 1933 bis 1945 aus Kirchen (Friedhofsfläche 18,42 a).
Weitere Spuren der jüdischen Geschichte. An ehemaligen, bis nach 1933 bestehenden *Handelsbetrieben* sind bekannt (Auswahl, weitere Gebäude kriegszerstört): Viehhandlung Isaak und Salomon Bloch (Basler Str. 38), Viehhandlung Veist Bloch (Bergrain 1), Viehhandlung Isaak Braunschweig (Bergrain 4), Handelsmann

Samuel Moses I. (Basler Str. 21), Fellhandlung Gebr. Moses, Inh. Alfred Weil (Neusetze 20).

Hundsnurscher/Taddey S. 70 ff; A. Huettner, Die jüd. Gemeinde von Kirchen 1736–1940. 1978; Ausk. BMA Efringen-Kirchen 7. Apr. 1986.

Fischingen

Zur Geschichte jüdischer Bewohner. In Fischingen lebten im 18. bis Anfang des 19. Jh. wenige Juden (1801: 5 Pers.).

Hundsnurscher/Taddey S. 303.

Grenzach-Wyhlen
Ortsteil Grenzach

Zur Geschichte jüdischer Bewohner. In Grenzach war um 1544 vorübergehend ein Jude Schmoll ansässig, der wieder nach Weil verzog. Im 20. Jh. lebten bis in die Zeit des »Dritten Reiches« wieder wenige jüd. Pers. am Ort, insbesondere die Fam. des Kaufmanns Salomon Bloch (Basler Str. 7), die zur Synagogengemeinde Lörrach gehörte. Mind. 2 Pers. kamen in der Verfolgungszeit 1933 bis 1945 ums Leben.

Hundsnurscher/Taddey S. 183; Ausk. BMA Grenzach-Wyhlen 9. Dez. 1985; A. Bloch, Aus der Vergangenheit der Lörracher Juden, in: Unser Lörrach (1979) S. 25.

Kandern

Zur Geschichte jüdischer Bewohner. In Kandern waren vom 16. bis 20. Jh. vereinzelt einige Juden am Ort (1570 Jud Jakob von Aach aufgenommen, 1582 ausgewiesen; 1686 Löwel, Jude zu Kandern, als Agent des Markgrafen Friedrich Magnus genannt; 1709 Simchoh bar Mosche aus Kandern in Hegenheim/Elsaß beigesetzt).

Rosenthal, Heimatgeschichte S. 72, 199; H. Schnee, Die Hoffinanz und der moderne Staat 4. 1963. S. 44.

Lörrach
Stadtteil Lörrach

Zur Geschichte der jüdischen Gemeinde. In Lörrach bestand eine Gemeinde bis 1938. Ihre Entstehung geht in die Zeit des 17./18. Jh. zurück. Erstmals werden um 1660/70 Juden genannt, danach wieder seit 1716 und nach 1736. Die höchste Zahl wird um 1875 mit 248 Pers. erreicht. Mind. 47 Pers. kamen in der Verfolgungszeit 1933 bis 1945 ums Leben.

Einrichtungen der jüdischen Gemeinde. Im 17./18. Jh. wurden die Gottesdienste zunächst abwechselnd in Privathäusern gehalten. Später wurde eine als *Betsaal* hergerichtete Wohnung gemietet. Zuletzt war der Betsaal (1797) in der Wallbrunnstr. ungefähr gegenüber der heutigen Post (Bahnübergang) im Haus des Hofküfermeisters Herbster im unteren Stock (bis 1808). 1806 bis 1808 wurde an der Teichstr. eine *Synagoge* erbaut (Standort zwischen heutigem Gebäude Teichstr. 11 und Marktplatz). 1899 und 1922 wurde sie renoviert, 1938 zerstört und abgebr. Das Gelände wurde mit einem Wohn- und Geschäftshaus neu bebaut. Eine *Gedenktafel* wurde hier angebracht.

1779 wurde eine »Judenherberge« für durchreisende Juden eingerichtet. Sie befand sich im »Rumpel« gegenüber dem Kornhaus und bestand bis um 1818/19. In diesem Jahr wurde neben der Synagoge ein *Gemeindehaus* eingerichtet. Dieses war in den folgenden Jahren abwechselnd Herberge, Spital, Schulhaus und Lehrerwohnung. Das Gebäude ist erhalten (Teichstr. 15).

Ein *rituelles Bad* bestand schon seit dem 17. Jh. 1958 wurde ein aus dieser Zeit stammendes Bad in einem Kellergewölbe in der Turmstr. wiederentdeckt (ehem. Haus Schwald, 1958 abgebr., Keller mit *Sandsteintrog* des Bads blieb erhalten, heute Lager des darüber befindlichen Schuhgeschäfts). Im 18./19. Jh. befand sich das *rituelle Bad* am Gewerbekanal im Gebiet der heutigen Tuchfabrik (nicht mehr erhalten).

Bereits 1670 konnte am nördl. Fuß des Schädelberges ein *Friedhof* angelegt werden (Schützenwaldweg), auf dem bis 1902 Beisetzungen stattfanden. 1934/35 wurde der Friedhof schwer beschädigt, nach 1945 wieder hergerichtet (ca. 20

279 Synagoge in Lörrach (*Südseite Marktplatz*).

Grabsteine erhalten, Fläche 22,81 a). Eine *Hinweistafel* ist vorhanden. Der Friedhof wurde auch von Juden der Umgebung (Tumringen, Fischingen und, bis 1865, Kirchen) mitbenutzt. 1891 wurde mit der Anlage eines *neuen jüd. Friedhofes* unmittelbar am städt. Friedhof begonnen. Dieser Friedhof wird bis zur Gegenwart belegt (Fläche 20,11 ar).

Weitere Spuren der jüdischen Geschichte. An ehemaligen, bis nach 1933 bestehenden *Handels-, Dienstleistungs- und Gewerbebetrieben* sind bekannt (Auswahl): Prakt. Arzt Dr. Dagobert Abel (Haus Hebeleck), Metzgerei B. Beck (Teichstr. 9), Schuhgeschäft Alfred Bodenheimer (Basler Str. 173/Teichstr. 1), Kleidergeschäft Abraham Erreich (Turmstr. 35), Lederhandlung Guggenheimer (Grabenstr. 11), Zahnärztin Dr. Amalie Joseph (Schützenstr.), Eisenhandlung Simon Joseph (Schwarzwaldstr. 31), Weingroßhandlung und Brennerei Ludwig Kahn (Bergstr. 36, abgebr.), Warenhaus Geschw. Knopf (Basler Str. 152), Lebensmittelgroßhandlung Silas Mayer Söhne (Schwarzwaldstr.), Prakt. Arzt Dr. Samuel Moos (Haagener Str. 6), Strumpf-Wählbazar

Nowytarger (Tumringer Str. 16), Möbelhandlung E. Pistiner Nachf., Inh. W. Schärf (Am Bahnhof), Möbelhandlung Gebr. Roll (Grabenstr. 4), Eisenhandlung Rosenthal & Jacobi (Luisenstr. 31, abgebr.), Exporthandlung mit Armaturen David Schwab (Spitalstr. 54), Buchdruckerei Hermann Selinger (Teichstr.), Textilhandlung August Weil (Tumringer Str. 190), Ausverkaufsbazar Wolff (Tumringer Str. 26).

Im *Heimatmuseum Lörrach* (Museum am Burghof) finden sich zahlreiche Gegenstände, die an die jüd. Geschichte erinnern, so ein Gipsmodell für eine nicht mehr bestehende Gefallenen-Gedenktafel für die jüd. Gefallenen des Ersten Weltkriegs, ein Zinnteller zum Pessachfest (Sederteller), 2 Hängeleuchter, eine Menora, 2 Grabplatten des alten jüd. Friedhofes, ein Gebetbuch von 1829 sowie Photos und Dokumente.

Hundsnurscher/Taddey S. 181–184; J. Wilhelm, Der Lörracher Judenfriedhof von 1670. 1932; G. Moehringen, Der Lörracher Judenfriedhof, in: Unser Lörrach (1970), S. 65–70; F. Selinger, Marie Beck – ein Lörracher Schicksal, in: Unser

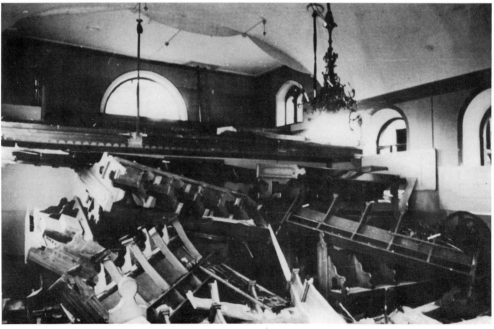

280 *Innenansicht der Synagoge in Lörrach nach der Zerstörung 1938.*

281   *Alter jüdischer Friedhof in Lörrach (ca. 1980).*

282   *Neuer jüdischer Friedhof in Lörrach (1985).*

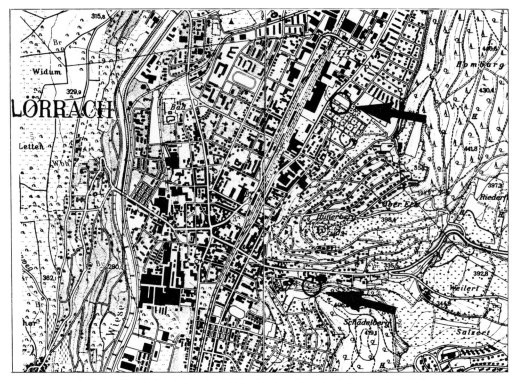

283   Lage der jüdischen Friedhöfe in Lörrach (südlich: alter Friedhof; nördlich: neuer Friedhof).

284   Jüdische Familie aus der Serie der »Zizenhauser Terrakotten« (um 1820; Sammlung Museum am Burghof, Lörrach).

Lörrach (1975) S. 163–174; A. Bloch, Die Geschichte der Lörracher Juden, in: Unser Lörrach (1979) S. 22–57 (1. Teil 1650–1756), (1980) S. 85–178 (2. Teil 1756–1848), (1981) S. 95–159 (3. Teil 1848–1922); J. Güttes, Die Judenemanzipation in Baden und die Folgen für die Lörracher Judengemeinde. Schriftenreihe Museum am Burghof. 1984; Ausk. BMA Lörrach 21. Apr. 1984, 21. Okt. 1985, 18. Apr. 1986.

Stadtteil Rötteln

Zur Geschichte jüdischer Bewohner. In Rötteln lebten im 18. Jh. wenige Juden (1749: 6, 1751: 7 Pers.).

A. Huettner, Die jüd. Gemeinde in Kirchen 1736–1940. 1978. S. 45 Anm. 27.

Stadtteil Tumringen

Zur Geschichte jüdischer Bewohner. In Tumringen lebten im 18. bis Anfang des 19. Jh. jeweils 2 jüd. Fam. (1738 Fam. Salomon Grombach und Moses Winterrich; 1801 Fam. Meier Braunschweig und Salomon Braunschweig), die zur Synagogengemeinde Lörrach gehörten.

A. Bloch, Aus der Vergangenheit der Lörracher Juden, in: Unser Lörrach (1979) S. 22–57.

Schliengen
Ortsteil Mauchen

Zur Geschichte jüdischer Bewohner. In Mauchen waren nach 1542 bis zur Vertreibung um 1581 2 jüd. Fam. ansässig.

Rosenthal, Heimatgeschichte S. 83; A. Bloch, Aus der Vergangenheit der Lörracher Juden, in: Unser Lörrach (1979) S. 25.

Ortsteil Schliengen

Zur Geschichte jüdischer Bewohner. In Schliengen wohnten im 15./16. Jh. einige jüd. Fam. (nach 1424 einige der aus Freiburg vertriebenen Juden; 1542 2 Fam., 1579/80 Isaac Jud zu Schliengen genannt, 1576 7 jüd. Fam., 1581 Vertreibung der Juden; nach 1648 vorübergehend Jud Nathan Frank aufgenommen).

Rosenthal, Heimatgeschichte S. 37, 83 f, 196; Hundsnurscher/Taddey S. 89.

Schopfheim

Zur Geschichte jüdischer Bewohner. In Schopfheim wird erstmals 1650 ein Jude genannt, der evang. wurde. Um 1870 zogen einige Fam. zu, die zur Synagogengemeinde Lörrach gehörten (Höchstzahl um 1910: 34 Pers.). An ehemaligen, bis nach 1933 bestehenden *Handelsbetrieben* sind bekannt: Viehhandlung Salomon Auerbacher (Wallstr. 5), Manufakturwarenhandlung Maier

Mayer (Hauptstr. 49), Textilwarengeschäft Hirschel Lehmann (Hauptstr. 42), Konfektionsgeschäft Isac Picard (bis 1931, Scheffelstr. 7). Mind. 8 Pers. kamen in der Verfolgungszeit 1933 bis 1945 ums Leben.
Persönlichkeiten und auf sie bezogene Erinnerungsmale. *Max Picard* (1888 Schopfheim – 1965 Lugano), Schriftsteller, Philosoph, anfangs Arzt; stand dem Expressionismus nahe, schrieb Kulturkritiken und philosophische Schriften. An seinem Geburtshaus (Hauptstr. 49) ist eine *Gedenktafel* angebracht.

Hundsnurscher/Taddey S. 183 f; A. Bloch, Aus der Vergangenheit der Lörracher Juden, in: Unser Lörrach (1981) S. 139; Ausk. StV Schopfheim 30. Apr. 1985, 29. Okt. 1985.

Steinen

Zur Geschichte der jüdischen Bewohner. In Steinen betrieb der prakt. Arzt Dr. Erich Oppenheim 1914 bis 1933 eine Praxis.

Ausk. BMA Steinen 27. März 1985.

Todtnau

Spuren der jüdischen Geschichte. In Todtnau bestand von ca. 1870 bis 1885 die Baumwollweberei von Oscar Wolff aus Elberfeld, der auch selbst vorübergehend am Ort wohnte.

Toury S. 95 ff; Ausk. BMA Todtnau 17. Mai 1985.

Weil am Rhein
Stadtteil Haltingen

Zur Geschichte jüdischer Bewohner. In Haltingen war zwischen 1542 und 1581 eine Fam. ansässig.

Rosenthal, Heimatgeschichte S. 83; A. Bloch, Aus der Vergangenheit der Lörracher Juden, in: Unser Lörrach (1979) S. 25.

Stadtteil Märkt

Zur Geschichte jüdischer Bewohner. In Märkt lebten nach 1820 einige jüd. Pers. (Jakob Bloch-Dornacher aus Lörrach und Herz Piquardt aus Niedersept/Elsaß genannt).

A. Huettner, Die jüd. Gemeinde in Kirchen 1763–1940. 1978. S. 44 Anm. 22.

Stadtteil Weil am Rhein

Zur Geschichte jüdischer Bewohner. In Weil lebten vom 15. bis 20. Jh. immer wieder einige Juden (nach 1424 einige der aus Freiburg vertriebenen Juden; im 16. Jh. werden genannt: Schmoll 1544, Salomon 1554, Isack, Sohn des Schmoll, 1557 und Schaub 1570, der in einem Haus beim unteren Brunnen wohnte; 1615 Ausweisung der Juden; 1730 ein jüd. Bewohner genannt, der sich taufen ließ). An ehemaligen, bis nach 1933 bestehenden *Handelsbetrieben* sind bekannt: Tabakwarengroßhandlung Edmund Geismar; Textilgeschäft Siegfried Metzger (Hauptstr.). Mind. 2 Pers. kamen in der Verfolgungszeit 1933 bis 1945 ums Leben.

A. Bloch, Aus der Vergangenheit der Lörracher Juden, in: Unser Lörrach (1979) S. 25–29; HStAS J 355 Bü 180; StadtA Weil 27. März 1985.

LANDKREIS LUDWIGSBURG

Asperg

Spuren der jüdischen Geschichte. In Asperg bestand von 1912 bis zur »Arisierung« 1938 die Farbenfabrik Hans Frischauer (Ludwigsburg; Fabrikgebäude an der Ecke Monreposstr./ Hirschbergstr., abgebr.).

Ausk. BMA Asperg 10. Febr. 1986.

Besigheim
Stadtteil Besigheim

Zur Geschichte jüdischer Bewohner. In Besigheim waren vermutl. im MA vereinzelt Juden ansässig (1387 und 1394 Jud Seiligmann von Besigheim). 1728 werden württembergische Hofschutzjuden genannt. Im 19./20. Jh. kam es nur zu vorübergehenden Niederlassungen (um 1925 Dr. Ernst Einstein, stellvertretender Amtsrichter in Besigheim).

GJ III,1 S. 112; Württ. Geschichtsquellen XX S. 830 Zeile 20 f; H. Franke, Geschichte und Schicksal der Juden in Heilbronn. 1963. S. 31; Strauss S. 59; Weber S. 47; Ausk. StV Besigheim 25. Apr. 1985, 22. Juli 1985.

Stadtteil Ottmarsheim

Zur Geschichte jüdischer Bewohner. In Ottmarsheim waren in der ersten Hälfte des 16. Jh. einige Juden ansässig (1523 Abraham und Moses, 1530 Moses von Ottmarsheim, jetzt in Höpfigheim genannt).

QGJ Nr. 339; Württ. Geschichtsquellen XX S. 397 Zeile 8.

Bietigheim-Bissingen
Stadtteil Bietigheim

Zur Geschichte jüdischer Bewohner. In Bietigheim zogen wenige Fam. nach 1900 zu. An ehemaligen, bis nach 1933 bestehenden *Gewerbebe-*

trieben sind bekannt: Germania Linoleum-Werke (Gründer und Generaldirektor David Heilner bis 1925, danach war sein Sohn Richard bis nach 1933 Teilh.; die Linoleumwerke fusionierten 1926 zur noch bestehenden Deutschen Linoleumwerke AG), Manufakturwaren- und Aussteuergeschäft Ludwig Stein (Hauptstr. 11).

Toury S. 192f, 208; M. Zelzer, Geschichte der Stuttgarter Juden. 1964. S. 75, 104, 270, 468; M. Schirpf, Die Machtergreifung in Bietigheim und Bissingen 1933. Blätter zur Stadtgeschichte 1 (1983) S. 84ff; Ausk. StadtA Bietigheim-Bissingen 13. Juni 1985.

Bönnigheim

Zur Geschichte jüdischer Bewohner. In Bönnigheim lebten im 15./16. Jh. wenige Juden (1493 erste Nennung, 1496 Salomon Jud, 1501 Menlin Jud und Schwager Salomon sowie Feyflen Jud zu Bönnigheim genannt; Ausweisung spätestens 1541).

GJ III,1 S. 134f; QGJ Nr. 303; Württ. Geschichtsquellen XV S. 544 Zeile 23; ebd. S. 545 Zeile 4, 15, 19; Württ. Städtebuch S. 53; Angerbauer/Frank S. 176.

Erligheim

Zur Geschichte jüdischer Bewohner. In Erligheim lebten am Ende des 15. Jh. Juden (1493 genannt).

GJ II,1 S. 330f; Württ. Geschichtsquellen XV S. 544 Zeile 23; Angerbauer/Frank S. 176.

Freiberg am Neckar
Stadtteil Beihingen

Zur Geschichte jüdischer Bewohner. In Beihingen wurden im 16. Jh. 6 jüd. Fam. aufgenommen, die vermutl. 1548 wieder ausgewiesen wurden (1537 bis 1548 werden der Arzt Jud Salomon und Mosse, Jud zu Beihingen, genannt). Von Mosse Jud stammt die später u. a. in Randegg ansässige Fam. Moos ab.

QGJ Nr. 422, 456, 493, 499, 513, 531f; A. Ritz, Gestalten und Ereignisse aus Beihingen am Neckar. 1939. S. 35; S. Moos, Geschichte der Juden im Hegaudorf Randegg. 1986. S. 116; Ausk. StV Freiberg 24. Juni 1985.

Stadtteil Heutingsheim

Spuren der jüdischen Geschichte. In Heutingsheim heißt die heutige Eberhardstr. im Volksmund auch »Judengässle« (erstmals 1689 genannt), vermutl. Hinweis auf eine Ansiedlung früherer Jh.

Ausk. StV Freiberg 24. Juni 1985.

Freudental

Zur Geschichte der jüdischen Gemeinde. In Freudental bestand eine Gemeinde bis 1939. Ihre Entstehung geht in die Zeit des 18. Jh. zurück. 1723 oder kurz danach werden mehrere jüd. Fam. aus Flehingen aufgenommen. Vermutl. lebten bereits in der ersten Hälfte des 16. Jh. Juden am Ort (1544 genannt). Die höchste Zahl wird um 1862 mit 377 Pers. erreicht. Mind. 19 Pers. kamen in der Verfolgungszeit 1933 bis 1945 ums Leben.

Wohngebiet und Einrichtungen der jüdischen Gemeinde. Die ersten Fam. wohnten im Bereich des Oberschlosses im Bau des heute noch sog. »Judenschlößles« in der heutigen Strombergstr. (bis zum »Dritten Reich« »Judengasse«). In diesem Gebäude wurde vermutl. auch bald ein *Betsaal* eingerichtet, möglicherweise in dem mit einer Stuckdecke geschmückten Raum im ersten Stock. Eine erste *Synagoge* wurde um 1738 bis 1750 erstellt, wahrscheinlich in einem Gebäude, das über dem heutigen Keller zwischen Judenschlößchen und dem Treppenturm stand (d. h. im heutigen Synagogenhof). Eine *neue Synagoge* wurde 1770/71 in dem Garten hinter der alten Synagoge erstellt (heute Strombergstr. 25). Das Gebäude wurde 1938 demoliert; seit 1955 diente

285   Ehemalige Synagoge in Freudental, 1770 erbaut, 1938 demoliert, 1983 bis 1985 restauriert als »Pädagogisch-Kulturelles Centrum« (1987).

es als Schlosserei, dann als Lagerraum. 1983 bis 1985 wurde das Synagogengebäude restauriert und dient mit den angrenzenden, teils neu aufgebauten Gebäuden als ein »Pädagogisch-Kulturelles Centrum«. Am Gebäude finden sich eine *Gedenktafel* und ein *Hochzeitsstein*.

Seit 1816 gab es eine jüd. Konfessionsschule, die zunächst in gemieteten Räumen, ab 1862 in einem eigenen *Schulhaus* untergebracht war (Strombergstr. 16). Im Erdgeschoß waren ein Klassenzimmer, im ersten Stock die Rabbinats-, später die Lehrerwohnung untergebracht.

Ein *rituelles Bad* befand sich ursprünglich entweder in der Nähe des Steinbachs oder in dem Brunnenhäuschen des Oberschlosses neben dem Treppenturm. Im 19. Jh. war das Bad im Gebäude Seestr. 24, das um 1900 verkauft und umgebaut wurde.

Kurz nach 1723 wurde ein *Friedhof* im Alleenfeld angelegt (Flst. 421, Fläche 16,40 a). Auf ihm wurden bis 1795 auch Juden aus Stuttgart, Aldingen, Hochberg und Zaberfeld beigesetzt. 1811 mußte der Friedhof geschlossen und geräumt werden (wegen Anlage einer königl. Fasanerie). Ein *neuer Friedhof* wurde am Nordwesthang des Steinbachtales (Flst. 6899, Markung Bönnigheim, Fläche 24,92 a) angelegt. Auf diesem ist eine kleine *Friedhofshalle* erhalten (letzte Belegung 1970).

Weitere Spuren der jüdischen Geschichte. An ehemaligen, bis nach 1933 bestehenden *Handels- und Gewerbebetrieben* sind bekannt: Viehhandlung Josef Blum (Hauptstr. 8), Viehhandlung Moritz Blum (Gartenstr. 2), Manufakturwarenhandlung Salomon Falk (Seestr. 21), Viehhand-

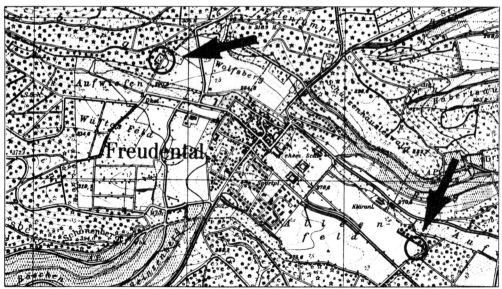

286   Lage der jüdischen Friedhöfe in Freudental (östlich: alter, abgegangener Friedhof; westlich: neuer Friedhof).

287 *Jüdischer Friedhof in Freudental; der Grabstein im Vordergrund erinnert an eine 1836/37 verstorbene junge Frau (um 1975).*

lung Erich Jordan (Hauptstr. 18), Pferdehandlung Abraham Levi (Pforzheimer Str. 1), Kleinviehhandlung Abraham Manasse (Seestr. 18),
Handelsmann Max Marx (Pforzheimer Str. 4),
Landwirt Moritz Herrmann [und jüd. Lehrer Simon Meißner] (Strombergstr. 11), Kolonialwarenhandlung Ernestine Spatz (Pforzheimer Str.
8), Viehhandlung Julius Stein (Strombergstr. 16),
Viehhandlung Moritz Stein (Schloßstr. 23), Metzgerei Emil Weil (Hauptstr. 15, abgebr.), Pferdehandlung Leopold Wertheimer (Hauptstr. 3).
Zahlreiche Erinnerungen an die jüd. Gemeinde
werden im »Pädagogisch-Kulturellen Centrum«
aufbewahrt (hier auch Funde aus einer Genisa).
Persönlichkeiten. *Marum Samuel von Mayer*
(1797 Freudental – 1862 Tübingen), Rechtswis-
senschaftler; 1821 Advokat in Stuttgart, 1829 Privatdozent und 1831 Prof. des Rechts in Tübingen
(1838 zum Christentum konvertiert), 1849 und
1850 Rektor der Universität Tübingen.
Spuren der Verfolgungszeit 1933 bis 1945. Nach
Auflösung des KZ Vaihingen an der Enz 1945
waren im *Freudentaler Schloß* sog. »displaced
persons« zur Genesung untergebracht. 2 poln.
Juden verstarben in dieser Zeit und wurden auf
dem jüd. Friedhof beigesetzt.

Sauer 1966 S. 78–82; Th. Nebel, Die Geschichte
der Freudentaler Juden. 1985; QGJ Nr. 491; J.
Hahn, Synagogen in Baden-Württemberg. 1987.
S. 72 ff.

Gerlingen

Zur Geschichte jüdischer Bewohner. Um 1933
wohnten in Gerlingen wenige jüd. Pers., darunter Wolfgang Reisach, der nach Rückkehr aus
dem KZ Theresienstadt 1945/46 von der amerikanischen Militärregierung zum Bürgermeister
Gerlingens ernannt wurde.

Ausk. StV Gerlingen 22. Apr. 1985.

Großbottwar

Zur Geschichte jüdischer Bewohner. In Großbottwar ließen sich vermutl. einige der 1487 aus
Heilbronn vertriebenen Juden nieder (1540 erwähnt). Außerhalb des Mauerrings der Stadt
erinnert noch eine kleine, im Volksmund »Juden-
höfle« genannte Sackgasse an diese jüd. Niederlassung.

JGFW S. 20 (ohne Q); H. Franke, Geschichte
und Schicksal der Juden in Heilbronn. S. 37;
Ausk. H. Neuffer, Großbottwar 12. Apr. 1985,
17. Apr. 1985.

Kornwestheim

Zur Geschichte jüdischer Bewohner. In Kornwestheim lebten seit dem Ende des 19. Jh. einige
jüd. Pers., die der Synagogengemeinde Ludwigsburg angehörten (1933: 7). Zu *Ehrenbürgern* der
Stadt wurden Konsul Max Levi (1868–1925, Ehrenbürger seit 1916) und Isidor Rothschild
(1860–1929, Ehrenbürger seit 1927), die an der
Entwicklung der Schuhfabrik Salamander maßgeblich mitgewirkt haben.

Ausk. BMA Kornwestheim 2. Aug. 1985.

Ludwigsburg

Zur Geschichte der jüdischen Gemeinde. In
Ludwigsburg bestand eine Gemeinde bis 1938.
Ihre Entstehung geht in die Zeit des 18. Jh. zurück, als zunächst einige jüd. Hoffaktoren aufgenommen wurden (seit 1718). 1849 wird eine Gemeinde gegründet. Die höchste Zahl jüd. Bewohner wird um 1900 mit 243 Pers. erreicht. Mind. 56
Pers. wurden Opfer der Verfolgungszeit 1933 bis
1945.
Einrichtungen der jüdischen Gemeinde. Ein
Betsaal wurde 1824 in einem nicht mehr bestehenden Gebäude Ecke Mömpelgardstr./Ro-
senstr. im Hof des Hauses von Jud Süß Oppenheimer (Mömpelgardstr. 18) eingerichtet. 1855
wurde der Betsaal in die Marstallstr. 4 (Haus der
Fam. Elsas) verlegt, bis 1884 eine *Synagoge* an der
Ecke Alleen-/Solitudestr. eingeweiht werden
konnte. Diese wurde 1938 zerstört und abgebrochen. Seit 1959 erinnert am Synagogenstandort
ein *Gedenkstein* an das Schicksal des Hauses.

Die Toten wurden bis 1795 bzw. 1808 in Freudental beigesetzt, dann in (Remseck-)Hochberg, seit 1870 auf einem eigenen *Friedhof* an der Meiereistr. (unmittelbar am alten städt. Friedhof; Fläche 5,31 a). Auf diesem Friedhof befindet sich ein *Gefallenendenkmal* 1870/71. Auf dem städt. Friedhofsteil ist unweit der Mauer zum jüd. Friedhof ein *Denkmal* »Den Opfern der Gewaltherrschaft« aufgestellt. 1904 wurde inmitten des neuen städt. Friedhofes an der Harteneckstr. ein *neuer jüd. Friedhof* angelegt, auf dem sich auch das *Gefallenendenkmal* mit den Namen der 6 jüd. Gefallenen des Ersten Weltkriegs aus Ludwigsburg befindet. Der Friedhof wurde auch nach 1945 mehrfach belegt (Fläche 17,14 a).

Weitere Spuren der jüdischen Geschichte. An ehemaligen, bis nach 1933 bestehenden *Handels-, Dienstleistungs- und Gewerbebetrieben* sind bekannt (Auswahl): Pferdehandlung Beretz (Leonberger Str. 17), Kaufhaus Ebstein, Inh. Julius Ebstein (Wilhelmstr. 22), Mech. Buntweberei Elsas & Söhne GmbH und prakt. Arzt Dr. Ludwig Elsas (Marstallstr. 4), Württ. Papierzentrale Greilsamer & Co. (Myliusstr. 15), Kaufhaus Gebr. Grumach (Kirchstr. 1), Schuhhaus Katz & Cie. »Im Zentrum« (Körnerstr. 8/1), Sportschuhfabrik Kaufmann & Cie. (Mathildenstr. 8), Manufakturwarengeschäft Emma Laupheimer (Holzmarkt 6), Pferdehandlung Max Marx (Alleenstr. 4), Pferdehandlung Josef Neuburger (Leonberger Str. 18), Damenkleiderfabrik Ottenheimer (Hohenzollernstr. 3), prakt. Arzt Dr. Walter Pintus (Mathildenstr. 6), prakt. Arzt Dr. David Schmal (Mathildenstr. 12), Rechtsanwalt Julius Schmal (Myliusstr. 29), Altpapier- und Alteisenhandlung Samuel Schylit (Hospitalstr. 37), Kaufhaus Gebr. Stern (Körnerstr. 9, kriegszerstört), Pferdehandlung Alfred Strauß (Seestr. 49), Rechtsanwalt Dr. Dr. Jakob Waitzfelder (Alleenstr. 2).

Im *städtischen Museum* werden an Erinnerungen zur jüd. Geschichte Bilder und Flugblätter zum Tod von Joseph Süß Oppenheimer aufbewahrt, der auch zeitweise in Ludwigsburg wohnte (Mömpelgardstr. 18, Haus um 1726 erbaut).

Persönlichkeiten und auf sie bezogene Erinnerungsmale. *Max Elsas* (1858 Ludwigsburg – 1942 Theresienstadt), Fabrikant; lange Jahre Stadtrat, im Ersten Weltkrieg versah er die Amtsgeschäfte des Oberbürgermeisters, seit 1918 Seniorchef der Buntweberei Elsas & Söhne. Nach ihm ist die *Max-Elsas-Straße* benannt. – *Walter Pintus* (1880 Berlin – 1938 KZ Dachau), prakt. Arzt in Ludwigsburg. Nach ihm ist die *Walter-Pintus-Straße* benannt.

Sauer 1966 S. 121 ff; B. M. Schüßler, Das Schicksal der jüd. Bürger von Ludwigsburg während der Zeit der nationalsozialistischen Verfolgung. Ludwigsburger Geschichtsblätter 30 (1978); B. Gut, Die Judenverfolgungen im Dritten Reich und deren Darstellung in der Ludwigsburger Zeitung. Hausarbeit für die zweite Lehramtsprüfung PH Schwäbisch Gmünd. 1971; W. Schmierer, Ludwigsburg, in: Hist. Atlas Baden-Württemberg IV, 11 Erläuterungen S. 8; Ausk. StadtA Ludwigsburg 8. Dez. 1983, 7. Okt. 1985; Städt. Museum Ludwigsburg 14. Feb. 1984.

Marbach am Neckar

Zur Geschichte jüdischer Bewohner. In Marbach ließen sich vermutl. einige der 1487 aus Heilbronn vertriebenen Juden nieder, 1540 wird eine jüd. Ansiedlung genannt. An der alten Straße von Marbach nach Poppenweiler beim Eichgraben gab es früher ein »Judenbrünnele« (bereits 1955 als Brunnen nicht mehr feststellbar), an dem die zum Marbacher Viehmarkt ziehenden Juden aus Aldingen und Hochberg ihre Tiere tränkten. Nach dem großen Förderer der Marbacher Schillerverehrung Dr. Kilian von Steiner (s. Laupheim) ist die »Steinerstraße« bekannt.

JGFW S. 22 (ohne Q); H. Franke, Geschichte und Schicksal der Juden in Heilbronn. 1963. S. 37; Ausk. BMA Marbach 9. Mai 1985.

Markgröningen
Stadtteil Markgröningen

Zur Geschichte jüdischer Bewohner. In die Landesfürsorgeanstalt Markgröningen kamen zwischen 1936 und 1938 auch 3 jüd. Pers., die 1940 im Zusammenhang mit den Euthanasieaktionen in Grafeneck ermordet wurden.

Ausk. StV Markgröningen 17. Mai 1985.

Stadtteil Unterriexingen

Spuren der Verfolgungszeit 1933 bis 1945. In Unterriexingen bestand von Nov. 1944 bis April 1945 ein *Außenkommando des Konzentrationslagers Natzweiler/Elsaß* als Nebenlager von Vaihingen an der Enz. Ende 1944 waren ca. 500 jüd. Häftlinge zur Zwangsarbeit eingesetzt (Fliegerhorst Großsachsenheim, Stollenbau für eine unterirdische Munitionsfabrik, Barackenbau, Steinbrucharbeit, Räumungsarbeit nach Fliegerangriffen in Stuttgart und Umgebung), dazu kamen Anfang 1945 noch 150 bis 200 polnische Häftlinge (Überlebende des Warschauer Aufstandes) und weitere Zwangsarbeiter anderer Herkunft. Aufgrund der katastrophalen Lebens- und Arbeitsbedingungen starben mind. 250 Häftlinge, die in einem Massengrab in Unterriexingen (mit *Gedenkstein*) beigesetzt sind.

Vorländer S. 12.

Mundelsheim

Zur Geschichte jüdischer Bewohner.
In Mundelsheim gab es im 16. Jh. einige jüd. Bewohner (1530 wird Jud Byfuss bzw. Byfüss, 1544 bis 1595 Jud David zu Mundelsheim genannt).

QGJ Nr. 376, 379, 587, 623, 633.

Remseck am Neckar
Ortsteil Aldingen

Zur Geschichte der jüdischen Gemeinde. In Aldingen bestand eine Gemeinde bis um 1860/70. Ihre Entstehung geht in die Zeit des 18. Jh. zurück (erstmals 1731 Juden am Ort genannt). Die höchste Zahl jüd. Bewohner wird um 1850 mit 122 Pers. erreicht.
Einrichtungen der jüdischen Gemeinde. 1796 wurde als Anbau an ein Privathaus (heutiges Gebäude Kirchstr. 15) eine *Synagoge (Betsaal)* erstellt, in der bis um 1870 Gottesdienste gefeiert wurden. Nach 1945 wurde der Anbau wegen Baufälligkeit abgebrochen. Ein *rituelles Bad* be-

fand sich im Haus Neckarstr. 18 (1844 und 1858 genannt; Gebäude erhalten). 1835 bis 1858 bestand eine jüd. *Konfessionsschule* vermutl. im Haus Kornwestheimer Str. 12, eine Zeitlang auch im Haus Cannstatter Str. 5 und 6.
Die Toten wurden bis 1795 in Freudental, dann in Hochberg beigesetzt.
Weitere Spuren der jüdischen Geschichte. An ehemaligen jüd. *Wohnhäusern* sind bekannt: Haus der Fam. Löwenthal (bis 1863, Kirchstr. 15), Fam. Wolf bzw. Mayer Levi (1849/50, Kornwestheimer Str. 12). Besonders viele Fam. wohnten in der Kirchstraße.

Sauer 1966, S. 121; JGFW S. 19; Ortschronik von Fr. Müller, 1899. S. 158−162 (Mschr.); Ausk. H. Pfitzenmayer, Remseck 11. Juli 1985.

Ortsteil Hochberg

Zur Geschichte der jüdischen Gemeinde. In Hochberg bestand eine Gemeinde bis 1907. Ihre Entstehung geht in die Zeit des 18. Jh. zurück; erste jüd. Bewohner um 1750 aufgenommen. Die höchste Zahl wird um 1852 mit 305 Pers. erreicht.
Einrichtungen der jüdischen Gemeinde. Eine erste *Synagoge* wurde 1772 oder erst 1781 erbaut (nach 1828 zu Wohnhaus umgebaut, Hauptstr. 30). Als sie nicht mehr ausreichte, wurde eine *neue Synagoge* erstellt, die 1828 erbaut, bis 1907 genutzt und 1914 von der methodistischen Kirche erworben wurde (heute noch methodistische Kirche). Das Gebäude ist äußerlich noch im alten Zustand erhalten. Eine *Gedenktafel* erinnert an die Geschichte des Hauses (Hauptstr. 37).
Eine jüd. *Konfessionsschule* bestand von etwa 1828 bis 1872. Das alte Schulhaus brannte 1842 ab. Bis zum Neubau der Schule am selben Platz fand der Unterricht in der Synagoge statt. Das Schulhaus befand sich unweit der Synagoge am Alexandrinenplatz/Hauptstr. Im Gebäude war das *rituelle Bad* untergebracht. 1872 bis 1858 wurde noch Religionsunterricht erteilt, danach ist das Schulhaus zu einem Wohnhaus umgebaut worden, das um 1980 abgebrochen wurde (heute neu bebaut, Alexandrinenplatz 3).
Ein *Friedhof* wurde 1795 (nach früherer Ansicht 1808) südl. des Ortes auf einer Hochterrasse über

288 *Ehemalige Synagoge in (Remseck-)Hochberg, 1828 erbaut, seit 1914 evangelisch-methodistische Kirche (1987).*

290 *Lage des jüdischen Friedhofs in (Remseck-)Hochberg.*

Sauer 1966 S. 105 ff; B. Reinhardt/S. Weyrauch, Bauten jüd. Dorfgemeinschaft im Kreis Ludwigsburg (Freudental, Hochberg und Aldingen), in: Denkmalpflege in Baden-Württemberg 8 (1979) S. 70–76; W. Streng, Hochbergs Vergangenheit, Vortragsreihe an der Schiller-Volkshochschule Ludwigsburg. 1984 (Mschr.); A. Breuning, »Erneuert von seinen Söhnen«. Beobachtungen und Gedanken zum alten Israelitenfriedhof in Hochberg (Mschr.); Ausk. W. Kuhn, Remseck 13. Febr. 1984, 26. März 1984.

289 *Blick über den jüdischen Friedhof in (Remseck-) Hochberg zum Neckar (hist. Aufnahme um 1925/30).*

dem Neckar angelegt. Er wurde auch von Juden aus Aldingen, Ludwigsburg (bis 1870), Cannstatt und Stuttgart (bis 1834) belegt. 1925 fanden die letzten Beisetzungen statt (Fläche 22,37 a).
Weitere Spuren der jüdischen Geschichte. Die meisten *jüd. Häuser* standen an der Hauptstraße, wobei es sich vor allem um die langgezogenen Häuser mit der Firstrichtung zur Hauptstr. handelt.

Ortsteil Neckarrems

Spuren der jüdischen Geschichte. In Neckarrems hieß der Weg entlang der Rems von der alten Remsbrücke bis zur Mündung der Rems »von alters her« »Judengasse« (im »Dritten Reich« Hindenburgstr., nach 1945 wieder Judengasse, seit den 50er Jahren »Am Remsufer«). Die Herkunft der Bezeichnung ist unbekannt.

Ausk. H. Pfizenmayer, Remseck 25. Juni 1985.

Sachsenheim
Stadtteil Großsachsenheim

Spuren der Verfolgungszeit 1933 bis 1945. In Großsachsenheim wurde im Okt. 1944 im Zusammenhang mit den Lagern Vaihingen an der Enz und Unterriexingen *(Außenkommandos des Konzentrationslagers Natzweiler/Elsaß)* ein sog. »Krankenlager« für bis zu 600 Zwangsarbeiter der anderen Lager eingerichtet. Es bestand aus zahlreichen mit Stacheldraht umgebenen Barakken und befand sich am Südrand des Flugplatzgeländes, ca. 200 m hinter der Abzweigung nach Oberriexingen. Das Lager wurde im April 1945 aufgegeben; kurz nach Kriegsende wurden die Baracken beseitigt. Die in diesem Lager wegen der katastrophalen Zustände Verstorbenen wurden auf einem Friedhof, 100 m von der Straße nach Unterriexingen entfernt, beigesetzt, auf dem heute ein *Gedenkstein* an die Geschehnisse erinnert (665 Tote, darunter 257 Frauen, 56 Kinder und Jugendliche). Im Lager arbeitete der jüd. Arzt Dr. Levi aus Pfalzgrafenweiler, der bei einem Luftangriff am 19. Dez. 1944 ums Leben kam und auf dem Großsachsenheimer Friedhof beigesetzt wurde.

Ausk. Dokumentationsarchiv des Deutschen Widerstandes, Frankfurt am Main (mschr. Notizen).

Stadtteil Hohenhaslach

Zur Geschichte jüdischer Bewohner. In Hohenhaslach lebte um 1825 eine Fam., die zur Synagogengemeinde Freudental gehörte.

HStAS E 201c Bü 76 (Notizen über das Schulwesen der israelit. Gemeinden vom 9. Febr. 1825).

Steinheim an der Murr
Stadtteil Höpfigheim

Zur Geschichte jüdischer Bewohner. In Höpfigheim waren im 16. Jh. Juden ansässig (1530 Moses Jud von Ottmarsheim, jetzt in Höpfigheim, 1531 Michel Jud, 1549 Jacob Jud zu Höp-

figheim genannt). Als Erinnerung an die Niederlassung besteht die Flur »Judenkirchhof« (erstmals 1606 genannt »Im Judenkirchhof an der Klingen«) zwischen dem Gehöft Ditting und der Straße Steinheim-Höpfigheim, wo in der ersten Hälfte des 19. Jh. Gräber entdeckt wurden.

QGJ Nr. 539, 543; Ausk. BMA Steinheim und G.-A. Thumm, Höpfigheim 22. Okt. 1985.

Stadtteil Kleinbottwar

Zur Geschichte jüdischer Bewohner. In Kleinbottwar lebten vermutl. im 15./15. Jh. einige Juden. In Abgabenlisten zwischen 1435 und 1444 ist mehrfach »der Jud« genannt; 1540 wird eine jüd. Ansiedlung erwähnt. An FN besteht bis heute der »Judengarten« (erstmals 1572 genannt) am Weg zum Wehrbachsee bei der alten Wasserstaffel.

JGFW S. 20 (ohne Q); Ausk. BMA Steinheim und G. Ziegler, Kleinbottwar 22. Okt. 1985.

Vaihingen an der Enz

Zur Geschichte jüdischer Bewohner. In Vaihingen lebten jüd. Bewohner im MA (Judenverfolgung 1349), vereinzelt auch im 19./20. Jh.
Spuren der jüdischen Geschichte. Das ma. Wohngebiet war vermutl. in der »Judengasse« (Teil der Auricher Str. in der Altstadt), falls die Bezeichnung nicht auf den Platz jüd. Händler bei den Markttagen in späteren Jh. zurückgeht. Ein sog. »Judenstall« war im Haus Oberamteigasse 3, worin bis z. Zt. des »Dritten Reiches« jüd. Viehhändler aus Freudental und Ludwigsburg ihr Vieh unterstellten.
Spuren der Verfolgungszeit 1933 bis 1945. In Vaihingen bestand von August 1944 bis April 1945 ein *Außenkommando des Konzentrationslagers Natzweiler/Elsaß*. Ein Großteil der hier zur Arbeit unter katastrophalen Bedingungen gezwungenen Häftlinge waren Juden (2188 pol. Juden aus dem Ghetto Radom trafen im Aug. 1944 ein). In Vaihingen war die Errichtung unterirdischer Rüstungsbetriebe geplant (Produktions-

stätten für Flugzeuge und Waffen). Die Baustelle des Lagers war ein Steinbruch auf der Flur »Am Ensinger Weg«; das Lager selbst (Stacheldrahtbereich des KZ »Wiesengrund«) lag zwischen dem heutigen KZ-Friedhof und dem Glattbach. Seit Okt. 1944 wurde ein Großteil der Häftlinge in andere Arbeitslager verlegt, da das Bauprojekt aufgegeben wurde. Das Arbeitslager wurde in ein zentrales »Krankenlager« für andere Lager in Südwestdeutschland umgewandelt. In den unweit der Baracken angelegten Massengräbern wurden bis zum April 1945 1578 Häftlinge begraben (neue Beisetzung auf dem Feld des jetzigen *KZ-Friedhofes* 1956, *Gedenkstein* seit 1958). Von der früheren Baustelle des Lagers ist nichts erhalten, nachdem der Steinbruch jahrelang als Auf-

292 *Feldhütte bei Vaihingen an der Enz, auf den Betonfundamenten der ehemaligen SS-Kantine des KZ Vaihingen erbaut (Aufnahme vor Bau der Umgehungsstraße 1986).*

291 *KZ-Friedhof Vaihingen an der Enz: in die Umfassungsmauer eingefügter Grabstein für einen umgekommenen Lagerinsassen (1984).*

füllplatz diente und das Gelände neu überbaut wurde (Gebiet Hauffstr./Marienburger Str. bis zu den Bahngleisen). Auch von den Baracken des Lagers ist nichts mehr erhalten. Bis zur Gegenwart sind noch mehrere Fundamente der ehem. SS-Kantine, auf der eine Feldscheune steht, und der Entlausungsanstalt erhalten.

Im städtischen Museum befindet sich eine *Geschichtstafel,* auf der auch auf die Geschichte des KZ Vaihingen an der Enz hingewiesen wird. Gleichfalls liegt im Museum noch ein Original eines unbenutzten »Judensterns« aus der NS-Zeit.

GJ II,2 S.850; B. Böckle, Das Arbeits- und Krankenlager Vaihingen an der Enz, in: Vorländer S. 175–224; B. Martin, Das Konzentrationslager »Wiesengrund«, in: Schriftenreihe der Stadt Vaihingen an der Enz 4 (1985) S. 135–178; H. Großpeter, Mit dem Rücken zur Wand. Autobiographische Erzählungen vom Alltag und Überleben im Konzentrationslager-Revierlager Vaihingen an der Enz, in: ebd. S. 179–325; Ausk. StadtA Vaihingen 7. Mai 1985; Städt. Museum Vaihingen 21. Mai 1984.

Ahorn
Ortsteil Berolzheim

Zur Geschichte jüdischer Bewohner. In Berolzheim lebten vermutl. im 17./18. Jh. einige jüd. Personen. Die Toten wurden in Bödigheim beigesetzt.

W. Wertheimer, Judenfriedhof im Odenwald, in: Mitteilungsblatt des Oberrats der Israeliten Badens 1 (1966).

Ortsteil Schillingstadt

Zur Geschichte jüdischer Bewohner. In Schillingstadt waren vermutl. im 17. Jh. einige Juden ansässig (1673 Salomon von Schillingstadt genannt).

Löwenstein, Kurpfalz S. 92.

Ortsteil Untereubigheim

Zur Geschichte der jüdischen Gmeinde. In Untereubigheim bestand eine Gemeinde bis 1938 (erste Nennung 1664). Die höchste Zahl jüd. Bewohner wird um 1885 mit 96 Pers. erreicht. Mind. eine Pers. kam in der Verfolgungszeit 1933 bis 1945 ums Leben.
Wohngebiet und Einrichtungen der jüdischen Gemeinde. Bereits 1686 wird eine »Judengasse« genannt, die nicht mehr lokalisierbar ist. Vermutl. lag sie im Bereich der 1755 in der Nähe der Burg genannten herrschaftlichen »Judenhäuser« (hier auch ein »Judengarten«).
Zunächst wurden die Gottesdienste in Privathäusern abgehalten (1826 wird ein *Betsaal* im Haus Isak Löbs genannt). 1850 wird eine *Synagoge* in dem bis heute erhaltenen Haus Meisenstr. 5 erbaut. Der Betsaal war links des Eingangs mit einer Frauenempore im ersten Stock. Im Keller war ein *rituelles Bad*. 1938 wurde das Gebäude

verkauft und entging dadurch der Zerstörung. Es wird zu Wohnzwecken genutzt (erhalten ist u. a. der Grundstein von 1850 mit den Initialen »J. G.« für »Jüd. Gemeinde«). In der Synagoge fand bis zur Auflösung der Konfessionsschulen auch der Unterricht der Kinder statt.
Die Toten wurden zunächst in Bödigheim beigesetzt. Um 1850 wurde im Gewann »Vierzehnmorgen« ein eigener *Friedhof* angelegt (Flst. 3033, Fläche 4,13 a).
Weitere Spuren der jüdischen Geschichte. An ehemaligen, bis nach 1933 bestehenden *Handelsbetrieben* sind bekannt: Viehhandlungen Samuel Brückheimer und Leopold Rosenthal (Schloßstr. 40), Viehhandlung Adolf Reich (Bahnhofstr. 6), Haushaltwarengeschäft und landwirtschaftl. Maschinen Bernhard Reis, später Salomon Katzenstein (Industriestr. 2), Jüd. Gasthaus »Zum Löwen«, Inh. Anna Samstag

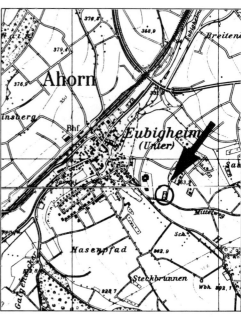

293 *Lage des jüdischen Friedhofs bei (Ahorn-)Untereubigheim.*

294 Jüdischer Friedhof in (Ahorn-)Untereubigheim (1984).

(Schulstr. 1, abgebr., neu bebaut), Vieh- und Pferdehandlung Sally Siegel (Schloßstr. 37).
Auf dem *Gefallenendenkmal* zwischen Rathaus und kath. Kirche finden sich auch die Namen der jüd. Gefallenen des Ersten Weltkrieges aus Untereubigheim.
FN: »Judenrain« und »Judenboden« (unweit der ehem. Synagoge).

Hundsnurscher/Taddey S. 83f; F. Gehrig, Eubigheim. Ortschronik aus dem Bauland. 1978. S. 175–179; Ausk. BMA Ahorn 30. Apr. 1985, 23. Okt. 1985, 7. Febr. 1986.

Bad Mergentheim
Stadtteil Althausen

Zur Geschichte jüdischer Bewohner. In Althausen waren um 1590 einige Juden ansässig.

G. A. Renz, Die Juden in Mergentheim. 1943. S. 15.

Stadtteil Bad Mergentheim

Zur Geschichte der jüdischen Gemeinde. In Bad Mergentheim bestand – von einigen Unterbrechungen abgesehen – eine Gemeinde vom MA bis 1939. Juden werden seit 1293 genannt (Judenverfolgungen 1298, 1336 und 1349). Bis zum 17. Jh. waren jeweils nur wenige Fam. in der Stadt, die bis 1658 zur Synagogengemeinde Neunkirchen gehörten. Die höchste Zahl jüd. Bewohner wird um 1895 mit 280 Pers. erreicht. Mind. 61 Pers. kamen in der Verfolgungszeit 1933 bis 1945 ums Leben.
Wohngebiet und Einrichtungen der jüdischen Gemeinde. Ein ma. Wohngebiet läßt sich nicht nachweisen. Im 16. Jh. bestanden Häuser in der

Burgstr., Nonnengasse und in der Hadergasse.
Erst später konzentrierte sich das Wohngebiet auf
die Holzapfelgasse, die seitdem auch »Judengasse« genannt wurde (17.–19. Jh.). Seit der Mitte
des 19. Jh. konnten Juden auch außerhalb der
Holzapfelgasse wieder Häuser erwerben oder erbauen.
Über ma. Einrichtungen ist nichts bekannt. Vor
1658 besuchten die Mergentheimer Juden die
Synagoge in Neunkirchen. Eine *Synagoge* wurde
1658 erbaut, 1762 von Grund auf erneuert. Sie
blieb Mittelpunkt des Gemeindelebens bis zu ihrer Demolierung 1938. 1946 wurde sie renoviert
und neu geweiht, bald aber wieder geschlossen
und 1957 abgebrochen. An derselben Stelle wurde die St.-Bernhard-Realschule erbaut (Holzapfelgasse 15; Synagoge war an der Stelle des Hin-
tergebäudes; *Hinweistafel* und seit 1983 eine *Gedenktafel* sind vorhanden).
In dem 1761 erbauten Vorderhaus Holzapfelgasse 15 wurde im 19. Jh. das *Gemeindehaus* mit
Rabbinat (bis 1910) und *Lehrerwohnung* eingerichtet; es wurde 1975 abgebrochen. Der Torbogen des Eingangs mit den schmiedeeisernen To-
ren (Erinnerungen an das 1761 von Simon Baruch
erbaute Haus) sind erhalten; der Torbogen soll an
der Realschule aufgestellt werden. Ein *rituelles
Bad* befand sich gleichfalls im Gemeindehaus
(hier bereits 1638 ein Bad genannt).
Die Toten wurden in Unterbalbach beigesetzt.
Weitere Spuren der jüdischen Geschichte. An
ehemaligen, bis nach 1933 bestehenden *Handels-,
Dienstleistungs- und Gewerbebetrieben* sind bekannt: Baumaterialien Adler & Cie. (Oberer
Markt 24), Schuhgeschäft Albert Adler (Marktplatz 11), Getreide- und Landesproduktenhand-
lung Hermann Adler (Ochsengasse 22), Vieh-
handlung Julius Berg (Ochsengasse 18), Vieh-
handlung Leopold Edelstein (Ochsengasse 22),
Auskunftei Kreditreform Max Fechenbach
(Bahnhofstr. 9), Oel- und Fetthandlung Fisch &
Cie., Inh. Isidor Fisch, und Vertretung Jakob
Fisch (Mühlwehrstr. 19), Exportschlächterei Da-
vid Fröhlich und Sohn (Holzapfelgasse 6–8),
Metzgerei B. Fröhlich (Mühlwehrstr. 18), Aus-
steuerartikel Falk Furchheimer (Burgstr. 22),
Pension Sara Gerstner (Untere Mauergasse 11),
Eisenwarenhandlung Benny Heidelberger
(Gänsmarkt 4/Holzapfelgasse 7), Getreide- und

295   *Gedenktafel für die ehemalige Synagoge in Bad
Mergentheim.*

Landesproduktenhandlung Moses Hess (Goe-
thestr. 2), Bankier Samuel Hirsch (Kirchstr. 1/
Mühlwehrstr. 2), Bäckerei Max Hirschhorn
(Gänsmarkt 6), Herrenkonfektion Em. Igershei-
mer und Salamander-Schuhhaus, Inh. Igershei-
mer (Kapuzinerstr. 14), Viehhandlung Benno
Kahn (Neunkircher Str. 5), Textil-, Wäsche-
(Reise-)Geschäft Hugo Kahn (Härterichstr. 6),
Viehhandlung Max Kahn (Unterer Graben 7),
Manufakturwarenhandlung Gustav Oppenheimer (Marktplatz 4), Mühlenprodukten-Groß-
handlung David Ostheimer, Inh. Siegmund und
Nathan Ostheimer (Mittlerer Graben 56), Stein-
gut, Porzellan S. Prager (Oberer Markt 28), Pferdehandlung Ferdinand Rosenthal (Wettgasse 13),
Viehhandlung Ferdinand Rothschild (Unterer
Graben 19/Boxberger Str. 15), Viehhandlung
Gerson Rothschild (Holzapfelgasse 20), Metzgerei Jakob Salomon (Nonnengasse 17), Putzge-
schäft Schad und Rothschild (Kirchgasse 7), Manufakturwaren Geschw. Strauß (Härterichstr. 8),
Viehhandlung Heinrich Strauß (Holzapfelgasse
15), Viehgeschäft Jakob Strauß (Oberer Markt

24), Auskunftei und We-Pe-Pe Einheitspreisgeschäft Louis Weil (Marktplatz 17), Althändler
Leopold Weißburger (Obere Mauergasse 68), Lederhandlung Hirsch Westheimer (Ochsengasse
21), Likör- und Spirituosenfabrik Ferdinand
Würzburger (Wettgasse 8–10, abgebr.). An früheren Betrieben ist die Bierbrauerei Simon Baruch zu nennen (18. Jh.), die sich in der Mühlwehrstr. 25 befand (hier noch Wappen mit Davidstern, Symbol für Bierbrauer und darin einge-
schriebenen Initialen »SB«).
Im *Deutschordensmuseum Bad Mergentheim* finden sich zahlreiche Gegenstände, die an die jüd.
Geschichte erinnern (Gebetbücher, Gesangbücher und andere Bücher aus dem 19./20. Jh.,
Holzschnitte, Gemälde und Photos jüd. Häuser,
der Synagoge und einiger jüd. Mitbürger). Auf
dem Gelände der evang. Kirchengemeinde in der
Härterichstr. 18 befindet sich ein *Gedenkstein* für
die jüd. Mitbürger und ihr Schicksal.
Persönlichkeiten. *Simon Baruch* (1722 Oedheim
– 1802 Mergentheim), erfolgreicher Geschäfts-
agent bei der Deutschordens-Komturei in Nekkarsulm, später in den Sitz des Großmeisters
nach Mergentheim berufen, um sich schließlich
als Finanzagent des köln. Kurfürsten in Bonn
anzusiedeln. – *Jacob Baruch* (1763 Mergentheim
– 1827 Frankfurt, Sohn von Simon), Bankier,
politischer Repräsentant der israelitischen Gemeinde Frankfurt; Vater des Dichters Ludwig
Börne; vertrat die Interessen der Frankfurter Juden beim Reichstag in Regensburg (Reichsdepu-
tationshauptschluß) und beim Wiener Kongreß.
– *Felix Fechenbach* (1894 Mergentheim – 1933
beim Transport in ein KZ), Journalist, Sekretär
des bayer. Ministerpräsidenten Kurt Eisner in
München (bis 1919), 1922 »Fechenbach-Affäre«:
durch einen Justizirrtum kam Fechenbach 1922
bis 1924 ins Zuchthaus; 1924 Redakteur der Det-
molder SPD-Zeitung, 1925 bis 1929 des »Vor-
wärts«. – *Hermann Fechenbach* (1897 Mergentheim – 1986 London), Künstler, bekannt durch
zahlreiche Holzschnitte; 1939 emigriert, seit
1944 in London; Verf. des Buches »Die letzten
Mergentheimer Juden«.

Sauer 1966 S. 37–43; GJ II,2 S. 538f; H. Fechenbach, Die letzten Mergentheimer Juden. 1972;
Ausk. Deutschordensmuseum Bad Mergentheim
1. März 1984; Ausk. BMA Bad Mergentheim
9. Okt. 1981; Ausk. H. Behr, Bad Mergentheim
23. Feb. 1986. P. Arnsberg, Die Geschichte der
Frankfurter Juden 3. 1981. S. 39–42.

Stadtteil Edelfingen

Zur Geschichte der jüdischen Gemeinde. In
Edelfingen bestand eine Gemeinde bis 1938/41
(erste Nennung 1538). Die höchste Zahl jüd. Bewohner wird um 1858 mit 198 Pers. erreicht.
Mind. 20 Pers. kamen in der Verfolgungszeit
1933 bis 1945 ums Leben.
**Wohngebiet und Einrichtungen der jüdischen
Gemeinde.** Das Wohngebiet konzentrierte sich
bis ins 19. Jh. hinein auf die »Judenstraße« (heute
Alte Frankenstraße).
1680 wurde ein Betsaal eingerichtet (Standort unbekannt). Eine *Synagoge* wurde 1791 erbaut, in
der bis in die Zeit des »Dritten Reiches« die Gottesdienste gefeiert wurden. 1938 entging das Gebäude der Zerstörung, im Frühjahr 1945 wurde es
durch Kriegseinwirkung schwer beschädigt, später abgebrochen. Das Gelände wurde neu überbaut (Alte Frankenstr. 18). Der *Chuppa-Stein*
(Hochzeitsstein) von der Außenmauer der Synagoge konnte gerettet werden und wurde im ersten Stock des Rathauses im Sinne eines Gedenksteines an die jüd. Gemeinde angebracht. Auf
dem Synagogengelände war auch die *Schule* und

296 *Jüdisches Gemeindezentrum (Synagoge, jüdische
Schule und Wohnung des Lehrers) in (Bad Mergent-
heim-)Edelfingen (hist. Aufnahme um 1930).*

etwas unterhalb davon ein *rituelles Bad*. Auch hiervon ist nichts erhalten.

Die Toten wurden in Unterbalbach beigesetzt.

Weitere Spuren der jüdischen Geschichte. An ehemaligen, bis nach 1933 bestehenden *Handels- und Gewerbebetrieben* sind bekannt (bei Anschrift ohne Haus-Nr.: das Gebäude wurde 1945 zerstört bzw. später abgebr.): Mehlhandlung Adolf Adler (Alte Frankenstr.), Viehhandlung Adolf Adler (Theobaldstr.), Viehhandlung Aron Adler (Ratstr. 13), Metzgerei Julius Adler (Ratstr.), Viehhandlung Moses Adler (Theobaldstr.), Viehhandlung Samuel Adler (Alte Frankenstr.), Händler Jakob Bamberger (Alte Frankenstr.), Gastwirtschaft Max Bamberger (Alte Frankenstr.), Spezerei Lina Bierig (Mittlere Str.), Viehhandlung Isaak Bierig (Mittlere Str. 1), Viehhandlung Siegmund Bierig (Alte Frankenstr.), Metzger Salomon Bravmann (Alte Frankenstr.), Gemischtwarengeschäft Jette David (Alte Frankenstr.), Viehhandlung Hermann Frank (Ratstr.), Viehhandlung Leopold Frank (Theobaldstr. 13), Viehhandlung Moses Frank (Theobaldstr. 12), Viehhandlung Salomon Frank (Theobaldstr.), Eisenwarenhandlung Samuel Frank (Alte Frankenstr.), Metzgerei Bernhard Heß (Alte Frankenstr. 8), Fam. Wendel Markus (Theobaldstr. 10), Aussteuer- und Bettengeschäft Seligmann Rosenheimer (Alte Frankenstr. 9), Großschlächterei Benjamin Schloß (Alte Frankenstr.), Fam. Henrie Schloß (Alte Frankenstr. 26), Spezerei Elias Schorsch (Alte Frankenstr.).

Im Garten des Anwesens Am Taubergrund 8 befindet sich ein sog. »Judenstein« mit der Jahreszahl 1701, Tetragramm IHVH und Symbolik, dessen Herkunft (evtl. Markierung des Sabbatweges) nicht näher bekannt ist. Der Stein wurde von seinem ursprüngl. Standort etwa 200 m entfernt an seinen jetzigen Standort versetzt.

Auf dem *Gefallenendenkmal* der Gemeinde auf dem Friedhof sind auch die Namen der 4 jüd. Gefallenen des Ersten Weltkriegs aus Edelfingen eingetragen.

An FN ist eine Flur »Judenrain« westl. der Bahnlinie Edelfingen-Bad Mergentheim bekannt.

Sauer 1966 S. 70f; Ausk. P. Ulshöfer, Edelfingen 12. Febr. 1986.

Stadtteil Löffelstelzen

Zur Geschichte jüdischer Bewohner. In Löffelstelzen waren im 16./17. Jh. Juden ansässig.

QGJ Nr. 687.

Stadtteil Markelsheim

Zur Geschichte der jüdischen Gemeinde. In Markelsheim bestand eine Gemeinde bis 1938 (erste Nennung 1582). Die höchste Zahl jüd. Bewohner wird um 1880 mit 70 Pers. erreicht. Mind. 4 Pers. kamen in der Verfolgungszeit 1933 bis 1945 ums Leben.

Einrichtungen der jüdischen Gemeinde. Ein *Betsaal* war seit 1654 vorhanden (Standort unbekannt). 1828 wurde eine *Synagoge* erbaut, jedoch besuchten die Markelsheimer Juden bis um 1900 vor allem die Gottesdienste in Igersheim. Seit 1900 kamen die Igersheimer Juden nach Markelsheim in die Synagoge. 1938 blieb das Gebäude unversehrt und wurde 1954 zu einem Wohnhaus umgebaut (Standort: Kirchgängle 7). Im Kellerboden des Hauses wurde beim Umbau eine Bodenplatte mit Stern aus dem ehem. Betsaal eingesetzt. Weitere Einrichtungen sind nicht bekannt. Die Toten wurden in Unterbalbach beigesetzt.

Weitere Spuren der jüdischen Geschichte. An ehemaligen, bis nach 1933 bestehenden *Handels- und Gewerbebetrieben* sind bekannt: Metzgerei und Viehhandlung Aaron Adler (Scheuerntorstr. 1), Metzgerei und Viehhandlung Josua, Ludwig und Nathan Adler (Schulberg 2), Viehhandlung Leopold Adler (Kitzlesweg 5), Manufakturwarengeschäft Erwin Ottensoßer (Kitzlesweg 1), Stoffe, Kolonialwaren, Getreidehandlung David Strauß (Scheuerntorstr. 2, abgebr.), Viehhandlung Julius Strauß (Kitzlesweg 3).

Sauer 1966 S. 124f; QGJ Nr. 793, 817; Ausk. OV Markelsheim 7. Dez. 1983, 16. Okt. 1985; Ausk. E. Friedlander, London 23. März 1987.

Stadtteil Neunkirchen

In Neunkirchen bestand eine Gemeinde bis 1879

(erste Nennung 1523). Die höchste Zahl jüd. Bewohner wird um 1832 mit 63 Pers. erreicht (evtl. um 1750 bis 1770 noch höhere Zahl).

Wohngebiet und Einrichtungen der jüdischen Gemeinde. Im 17./18. Jh. wohnten die Fam. im Gebiet des heutigen Häldenweges, im Volksmund »Judenberg« genannt. Durch die Ansiedlung war eine Umgehung der alten württ. Geleitstr. (heute Althäuser Weg) möglich. Trotzdem gab es jüd. Häuser auch bald außerhalb des Gebiets, z.B. das Anwesen Stuppacher Str. 2 (sog. »Judenhof«), das 1710–1823 im Besitz der Fam. Hirsch war.

Eine erste *Synagoge* befand sich im Vorderen Gäßlein, Haus Nr. 2, hinter dem ehem. Gasthaus zur Krone. Aus unbekannten Gründen ist sie um 1648 abgegangen. Bis dahin hatten auch die Mergentheimer Juden die Gottesdienste in Neunkirchen besucht. Eine *zweite Synagoge* wurde 1776 im »Judenberg« (heute Häldenweg Nr. 9) errichtet. Der letzte Gottesdienst wurde in ihr 1879 gefeiert, danach wurde das Gebäude verkauft und als Scheune mit Stall benutzt (1971 abgebrochen). Bei der Synagoge befanden sich ein *rituelles Bad* (bis 1867, Standort in der Nordostecke des benachbarten Gemüsegartens; abgebr.) und eine jüd. *Schule* (1732 eingerichtet, 1826 aufgelöst, gleichfalls abgebrochen).

Die Toten wurden in Unterbalbach beigesetzt.

E. Deeg, Geschichte der jüd. Gemeinde in Bad Mergentheim-Neunkirchen, in: Fränkische Nachrichten 1. Sept., 3. Sept. und 5. Sept. 1980; E. Deeg, Geschichte der jüd. Gemeinde in Bad Mergentheim-Neunkirchen (Mschr.). 1980; Ausk. E. Deeg, Neunkirchen 18. Mai 1985.

Stadtteil Wachbach

Zur Geschichte der jüdischen Gemeinde. In Wachbach bestand eine Gemeinde bis 1902 (erste Nennung 1570). Die höchste Zahl jüd. Bewohner wird um 1844 mit 218 Pers. erreicht. Mind. 2 Pers. kamen in der Verfolgungszeit 1933 bis 1945 ums Leben.

Wohngebiet und Einrichtungen der jüdischen Gemeinde. Im 18. Jh. wohnte ein Teil der jüd. Fam. in einem der Herrschaft gehörenden »Ju-

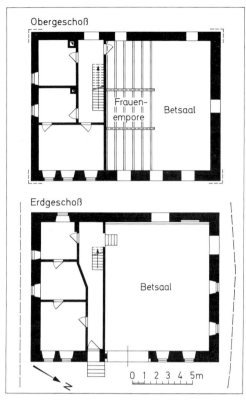

297 *Grundrisse der ehemaligen Synagoge in (Bad-Mergentheim-)Wachbach. In den dem Betsaal gegenüberliegenden Räumen befanden sich die Lehrerwohnung und die jüdische Schule. Im Keller des Gebäudes war das rituelle Bad untergebracht.*

denhaus« (vermutl. am heutigen Ritterplatz beim Haus Speidel, Gebäude nicht erhalten).

Zunächst bestand vermutl. ein *Betsaal* (Standort unbekannt, evtl. im »Judenhaus«). 1822 wurde eine *Synagoge* in der Alten Schloßstr. 44 errichtet. Im Synagogengebäude befanden sich auch die *Lehrerwohnung* (1. Stock) und im Keller ein *rituelles Bad*. 1902 wurde das Gebäude verkauft und zu einem Bauernhaus umgebaut. Seit 1970 war es leerstehend, bis es 1987/88 abgebrochen wurde. Die Toten wurden in Unterbalbach beigesetzt.

Sauer 1966 S.187; QGJ Nr.745; A. Bengel, Ortsarchiv Wachbach Heft 2. 1984; Ausk. A. Bengel, Wachbach 22. Mai 1985, 25. Sept. 1985.

Boxberg
Stadtteil Angeltürn

Zur Geschichte der jüdischen Gemeinde. In Angeltürn bestand eine Gemeinde bis 1913 (erste Nennung 1722). Die höchste Zahl jüd. Bewohner wird um 1841 mit 69 Pers. erreicht.
Einrichtungen der jüdischen Gemeinde. In der ersten Hälfte des 19. Jh. wurde eine *Synagoge* erbaut (Standort Steinstr. 1). Vor 1900 wurde sie verkauft und danach als Scheune und Stall genutzt, 1981 wurde das Gebäude abgebrochen (bis zuletzt waren im Innern die gewölbten Fenster erkennbar). Weitere Einrichtungen sind nicht bekannt.
Die Toten wurden in Bödigheim beigesetzt.
Weitere Spuren der jüdischen Geschichte. An bis nach 1933 bestehendem *Handelsbetrieb* ist bekannt: Viehhandlung Jakob und Wolf Freudenberger (Steinstr. 19).
Auf dem *Gefallenendenkmal* des jüd. Friedhofes Bödigheim steht auch der Name des jüd. Gefallenen des Ersten Weltkriegs aus Angeltürn.

Hundsnurscher/Taddey S. 36; Löwenstein, Kurpfalz S. 269; Ausk. OV Angeltürn 25. Sept. 1985; Ausk. M. Trabold, Angeltürn 15. Okt. 1985.

Stadtteil Boxberg

Zur Geschichte jüdischer Bewohner. In Boxberg sind jüd. Bewohner vom 17. bis zum 19./20. Jh. nachweisbar (erste Nennung 1673; Anfang des 19. Jh. eine jüd. Fam.; kaum mehr als 10 Pers. am Ort). In der Verfolgungszeit 1933 bis 1945 kam eine Pers. ums Leben.
Die Toten wurden in Bödigheim beigesetzt.

L. Löwenstein, Geschichte der Juden in der Kurpfalz. 1985. S. 92, 269, 276.

Stadtteil Uiffingen

Zur Geschichte jüdischer Bewohner. In Uiffingen lebten vermutl. im 17./18. Jh. einige jüd. Personen. Die Toten wurden in Bödigheim beigesetzt.

W. Wertheimer, Judenfriedhof im Odenwald, in: Mitteilungsblatt des Oberrates der Israeliten Badens 1 (1966).

Stadtteil Unterschüpf

Zur Geschichte der jüdischen Gemeinde. In Unterschüpf bestand eine Gemeinde bis um 1870 (erste Nennung 1643). Die höchste Zahl jüd. Bewohner wird um 1838 mit 64 Pers. erreicht.
Einrichtungen der jüdischen Gemeinde. Die Gemeinde hatte eine *Synagoge* (Baujahr unbekannt), die nach Auflösung der Gemeinde verkauft und 1882 in eine Scheune umgebaut wurde. Als solche ist das Gebäude erhalten (auf Anwesen Unterschüpfer Str. 62).
Ein allg. *rituelles Bad* war nicht vorhanden, vielmehr bestanden in mehreren jüd. Häusern private Bäder (u. a. im Haus Rosenbergweg 8, wo das Bad 1980 entfernt wurde).
Die Toten wurden in Unterbalbach beigesetzt.
Weitere Spuren der jüdischen Geschichte. Ehem. jüd. Wohnhäuser sind in einer Karte im Unterschüpfer Heimatbuch (S. 198) eingezeichnet.

Hundsnurscher/Taddey S. 280; R. Rüdiger/A. Burger, Unterschüpfer Chronik. 1982. S. 215→232; Ausk. R. Rüdiger, Unterschüpf 1. Apr. 1984, 5. Okt. 1985; Ausk. K. Hohstadt, Unterschüpf 4. Apr. 1984.

Creglingen
Stadtteil Archshofen

Zur Geschichte der jüdischen Gemeinde. In Archshofen bestand eine Gemeinde bis um 1936 (erste Nennung 1696). Die höchste Zahl jüd. Bewohner wird um 1844 mit 144 Pers. erreicht. Mind. 7 Pers. kamen in der Verfolgungszeit 1933 bis 1945 ums Leben.
Einrichtungen der jüdischen Gemeinde. Um 1700 wurden die Gottesdienste in Creglingen besucht. Um 1720 wurde im Zimmer eines Privathauses ein *Betsaal* (»Judenschule«) eingerichtet. 1740 wurde vermutl. im Gebäude Nr. 31 (Haus der späteren jüd. Schule) in der heutigen

298 Synagoge in (Creglingen-)Archshofen, 1796 erbaut, 1865 umgebaut, 1938 beschädigt (hist. Aufnahme um 1930).

Hauptstr. eine neue *Synagoge* eingerichtet. 1796 wurde nochmals eine neue Synagoge erstellt, die 1865 und 1912 renoviert wurde (Standort zwischen Dorfplatz und Tauber, Gebäude Nr. 40), 1821 wurde im *Synagogengebäude* ein rituelles Bad eingebaut, in das Wasser aus dem Mühlkanal eingeleitet wurde. Hinter der Synagoge stand in einem kleinen Anbau der Leichenwagen. Das Gebäude wurde 1938 und später immer wieder beschädigt. Es diente der bürgerlichen Gemeinde seit 1941 als Lagerraum, später als Feuerwehrmagazin und als Gemeinschaftsraum der örtlichen Vereine (letzterer im ersten Stock auf Höhe der früheren Frauenempore). Das Gebäude ist mit dieser Nutzung bis heute erhalten.
Aus der Synagoge war bis vor einigen Jahren ein *Leuchter* erhalten (in der evang. Kirche). Überreste von Synagogenbänken finden sich noch in einigen Gärten und Hinterhöfen des Ortes.
1840 wurde die jüd. *Volksschule* mit Lehrerwohnung an der Hauptstr. eingerichtet (vermutl. im Gebäude der früheren Synagoge, Haus Nr. 31). Das Gebäude ist erhalten und dient als Wohnhaus.
Die Toten wurden vor allem in Creglingen, aber auch in Niederstetten bzw. möglicherweise auf einem eigenen *Friedhof* beigesetzt; 2 Äcker auf der Höhe südl. von Archshofen tragen den Namen »Judenkirchhof«. Hier konnten in früheren

Jh. Juden bestattet worden sein, die die Beerdigung in Creglingen nicht bezahlen konnten.
Weitere Spuren der jüdischen Geschichte. An ehemaligen, bis nach 1933 bestehenden *Handelsbetrieben* sind bekannt: Großviehhandlung Hermann Güthermann (Rothenburger Str. 15), Großviehhandlung Adolf Kahn (Rothenburger Str. 23), Kaufmann Lippmann Kohn (Schönersteige 12, abgebr.), Handelsmann Ferdinand Löwenthal (Finsterlohrer Str. 52, abgebr.), Viehhandlung Samuel Rosenheimer (Creglinger Str. 5), Manufakturgeschäft Siegfried Rosenheimer (Rothenburger Str. 33, abgebr.).
An FN ist der »Judenstieg« zwischen Archshofen und Craintal bekannt.

Sauer 1966 S. 27 ff; E. Bauer, Die Geschichte der jüd. Minderheit in Archshofen. Zulassungsarbeit zur Fachgruppenprüfung in Geschichte 1964. 1985; Ausk. StV Creglingen 25. Apr. 1985, 28. Nov. 1985.

299 Blick von einer Tauberbrücke auf die ehemalige Synagoge in (Creglingen-)Archshofen, die als Feuerwehrmagazin und Vereinshaus genützt wird (Rückseite des Gebäudes; im Anbau war ehemals der Leichenwagen der jüdischen Gemeinde untergebracht) (1987).

Stadtteil Craintal

Zur Geschichte jüdischer Bewohner. In Craintal lebten einige Fam. seit der Zeit um 1700 bis um
1860. Die Höchstzahl jüd. Bewohner wird um
1833 mit 13 Pers. erreicht. Die Craintaler Juden
besuchten zu den Gottesdiensten die Synagogen
in Creglingen und Archshofen. Die Toten wurden in Creglingen beigesetzt.

E. Bauer, Die Geschichte der jüd. Minderheit in
Archshofen. 1985. S. 16; Sauer 1966 S. 28, 63; B.
Stern, Jugenderinnerungen. 1986. S. 20.

Stadtteil Creglingen

Zur Geschichte der jüdischen Gemeinde. In
Creglingen bestand eine Gemeinde im MA (Judenverfolgung 1298) und in der Neuzeit bis 1938.
Die Entstehung der neuzeitlichen Gemeinde geht
in die Zeit des 16./17. Jh. zurück (erste Erwähnungen 1532 bis zur Vertreibung 1560, dann wieder seit 1620). Die höchste Zahl jüd. Bewohner
wird um 1846 mit 130 Pers. erreicht. Mind. 18
Pers. kamen in der Verfolgungszeit 1933 bis 1945
ums Leben.
Einrichtungen der jüdischen Gemeinde. Ein erster *Betsaal* von 1680 befand sich in der Badgasse,
wo auch ein *rituelles Bad* war (genaue Standorte
unbekannt). 1799 wurde am Faulturm eine *Synagoge* erbaut (Neue Str. 28), seitdem war dort
auch das rituelle Bad. 1938 wurde das Gebäude
im Innern demoliert, sämtliche Fenster eingeschla-
gen. Nach 1945 wurde im Synagogengebäude eine
Jugendherberge eingerichtet, bis es um 1970 in
Privatbesitz überging und danach Lagerzwecken
diente. 1987 wurde das Gebäude restauriert und
wird seitdem als Restaurant genutzt. Eine Hinweistafel zur Erinnerung an die Geschichte des
Hauses wurde 1987 am Gebäude angebracht.
Im 17. Jh. wurde südöstl. der Stadt (unweit der
Straße nach Standorf, Flst. 2302, Fläche 56,91 a)
ein jüd. *Friedhof* angelegt. Er diente auch umliegenden Gemeinden als Begräbnisplatz (Archshofen, Craintal, Waldmannshofen). Der Friedhof
wird im Volksmund »Judenbegräbnis« und »Judenkirchhof« genannt, der Weg zu ihm »Juden-
begräbnisweg«.

300   *Ehemalige Synagoge in Creglingen; nach langjähriger Nutzung als Jugendherberge wird das Gebäude inzwischen als Restaurant verwendet.*

301   *Chanukka-Leuchter in der Synagoge Creglingen
(hist. Aufnahme um 1930).*

Weitere Spuren der jüdischen Geschichte. An
ehemaligen, bis nach 1933 bestehenden *Handelsbetrieben* sind bekannt: Landesproduktenhandlung G. Ehrenberger und Söhne (Hauptstr.

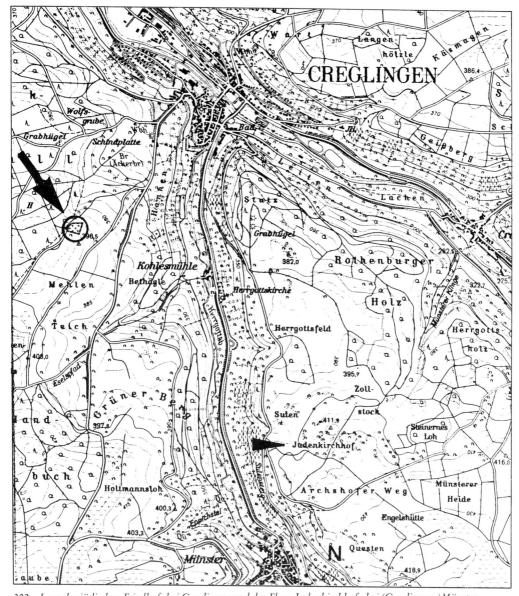

302 Lage des jüdischen Friedhofs bei Creglingen und der Flur »Judenkirchhof« bei (Creglingen-)Münster.

7), Aussteuerhaus Gutmann, Inh. Gutmann und Landauer (Kreuzstr. 5), Handelsmann David Gutmann (Torstr. 19), Tabak- und Zigarettengeschäft Emil Gutmann (Neue Str. 17), Kaufmann Karl Gutmann (Neue Str. 15), Handelsmann Isaak Gutmann und Viehhandlung Max Gutmann (Lindleinstr. 4), Viehhandlung Siegfried Güthermann (Poststr. 7), Manufakturwaren-

303/304   Jüdischer Friedhof in Creglingen (1985).

handlung Emil Lissberger (Hauptstr. 30), Manufakturwarenhandlung Adolf Oberndörfer (Hauptstr. 41), Manufaktur- und Korbwarenhandlung Rudolf Sinsheimer (Hauptstr. 23), Pferdehandlung Emil Stern. Weitere Geschäfte waren in der Hauptstr. 21 und Lindleinstr. 16.

Im Sitzungssaal des Rathauses befindet sich eine *Gedenktafel* zur Erinnerung an den Mord an 2 Creglinger Juden durch die SA am 25. März 1933.

Persönlichkeiten. *David Blumenfeld* (1828 in Creglingen – 1905 in Watertown, USA), Journalist und Verleger, begründete und verlegte nach seiner Auswanderung 1850 den »Watertown Weltburger«, eine der bedeutendsten deutschsprachigen Zeitungen Amerikas. Das Elternhaus von Blumenfeld stand Ecke Hauptstr./Neue Str. – *Josef Preßburger* (1858–1938), seit 1877 Vorsänger und jüd. Lehrer in Creglingen, zeitweise Vorsitzender im Verein israelitischer Lehrer Württ., bedeutende Rolle im Verband der israelitischen Lehrer Deutschlands.

Sauer 1966 S. 63–66; GJ II,1 S. 154; GJ III,1 S. 217; E. Bauer, Die Geschichte der jüd. Minderheit in Archshofen. 1985; E. Bauer, Schülerarbeitsbogen: Juden im Kreis Mergentheim während des Dritten Reiches. Unterrichtseinheit zum Geschichtsunterricht des 8. Schuljahres (Mschr.). 1965; Ausk. StV Creglingen 17. Aug. 1981, 28. Sept. 1981, 21. Juli 1983, 28. Nov. 1985.

Stadtteil Münster

Spuren der jüdischen Geschichte. Auf Markung Münster heißt eine Flur »Judenkirchhof«, Hinweis auf eine abgegangene jüd. Begräbnisstätte früherer Jh.

E. Bauer, Die Geschichte der jüd. Minderheit in Archshofen. 1985. S. 124; Ausk. StV Creglingen 10. Mai 1985.

Stadtteil Waldmannshofen

Zur Geschichte jüdischer Bewohner. In Waldmannshofen lebten einige Fam. bis zum Anfang des 20. Jh. (1808: 2 Fam.; Höchstzahl jüd. Pers. um 1858: 26 Pers.). Die Juden besuchten die Synagogen in Archshofen, seit 1832 in Creglingen, später wieder in Archshofen, zuletzt in Wachbach (1880 erwähnt).

JGFW S. 24; Sauer 1966 S. 64; B. Stern, Jugenderinnerungen. 1968. S. 20; OAB Mergentheim. 1880. S. 767.

Freudenberg

Zur Geschichte der jüdischen Gemeinde. In Freudenberg bestand eine Gemeinde im MA (Judenverfolgung 1298, seit 1442 wieder Juden am Ort) und in der Neuzeit bis 1938. Die Entstehung der neuzeitlichen Gemeinde geht auf das 17. Jh. zurück (Erwähnungen seit 1634). Die höchste Zahl jüd. Bewohner wird um 1864 mit 81 Pers. erreicht. Mind. 13 Pers. kamen in der Verfolgungszeit 1933 bis 1945 ums Leben.

Einrichtungen der jüdischen Gemeinde. Eine

305 Ehemalige Synagoge in Freudenberg, 1891 erbaut, 1938 demoliert, heute als Wohnhaus genutzt (1987).

Synagoge unbekannten Alters stand bis 1891 an der Ecke Maingasse/Hauptstr. 139. In diesem Jahr brannte das Gebäude ab. An derselben Stelle wurde wieder eine Synagoge eingerichtet (Betsaal im zweiten Stock). Auch der Schulunterricht wurde im Synagogengebäude erteilt. 1938 wurde die Synagoge demoliert, später zu einem Wohnhaus umgebaut. Als solches ist das Gebäude bis heute erhalten.

Die Toten wurden im bayerischen (Collenberg-) Fechenbach beigesetzt.

Weitere Spuren der jüdischen Geschichte. An ehemaligen, bis nach 1933 bestehenden *Handelsbetrieben* sind bekannt: Stoff-, Pferde- und Wagenhändler Emanuel Heilmann (Hauptstr. 165), Textilverkäufer Benno Levy (Haaggasse 278), Textilverkäufer Josef Sommer (Hauptstr. 212). Andere jüd. Wohnhäuser sind: Hauptstr. 123 und Hauptstr. 206.

Aus der Synagoge konnte 1938 eine *Torarolle* gerettet werden. Sie wurde 1979 Israel übergeben und dient seit 1983 wieder kultischen Zwecken in der Synagoge Kidumim (50 km nördl. von Jerusalem).

GJ III,1 S. 405; Hundsnurscher/Taddey S. 95 f; Bad. Städtebuch S. 67; Ausk. BMA Freudenberg 11. Nov 1983; Ausk. H. Lauf, Freudenberg 15. Mai 1985.

Großrinderfeld
Ortsteil Gerchsheim

Zur Geschichte jüdischer Bewohner. In Gerchsheim konnten sich 1576 einige der aus Grünsfeld vertriebenen Juden niederlassen.

E. Weiß, Geschichte der Stadt Grünsfeld. 1981. S. 560.

Ortsteil Großrinderfeld

Zur Geschichte jüdischer Bewohner. In Großrinderfeld waren in der ersten Hälfte des 17. Jh. Juden ansässig.

Rosenthal, Heimatgeschichte S. 63.

Grünsfeld

Zur Geschichte der jüdischen Gemeinde. In Grünsfeld bestand eine Gemeinde im MA und in der Neuzeit bis 1938. Jüd. Bewohner werden seit 1218 genannt (Judenverfolgung 1298, 1377 wieder ein Jude in der Stadt). Die Entstehung der neuzeitlichen Gemeinde geht in die Zeit Anfang des 16. Jh. bzw. in das 17. Jh. zurück (1576 bis um 1640 Niederlassungsverbot). Die höchste Zahl wird um 1871 mit 63 Pers. erreicht. Mind. 12 Pers. kamen in der Verfolgungszeit 1933 bis 1945 ums Leben.

Wohngebiet und Einrichtungen der jüdischen Gemeinde. Im 17./18. Jh. konzentrierte sich das Wohngebiet vermutl. auf das »Judengäßlein« (heute Treppengasse).

Die ma. Gemeinde hatte eine *Synagoge* (»Judenschul«), 1502 als »steinernes Haus« genannt, möglicherweise identisch mit dem später als Pfarrhaus (ehem. »Tempelhaus«) benutzten Gebäude (1861 abgebrannt). Vermutl. bestand auch im 16. Jh. eine Synagoge. Um 1800 wird wieder ein *Betsaal* genannt, der 1893 renoviert und vergrößert wurde. 1931 brannte das Gebäude ab. Es wurde später wieder aufgebaut (ohne Betsaal, Wohnhaus Rieneckstr. Haus Nr. 4 hinter Nr. 2). 1932 bis 1938 wurden die Gottesdienste in einem jüd. Privathaus beim Rathaus abgehalten. Der Plan zum Bau einer neuen Synagoge am Seegraben (Bauplatz war vorhanden) konnte nicht mehr verwirklicht werden. Der Betsaal wurde 1938 geplündert. Ein allgemeines rituelles Bad bestand in Grünsfeld nicht.

Die Toten wurden im bayerischen Allersheim beigesetzt.

Weitere Spuren der jüdischen Geschichte. An ehemaligen, bis nach 1933 bestehenden *Handelsbetrieben* sind bekannt: Manufakturwarengeschäft Hermann Rosenbaum (Hauptstr. 27), Manufakturwarengeschäft Rosenbusch, Inh. Hilde Rosenbusch, Oskar und Selma Schiller (Leuchtenbergstr. 8), Viehhandlung Samson Rothschild (Treppengasse 1), Viehhandlung Simon, gen. Siegfried Rothschild (Abt-Wundert-Str. 1), Viehhandlung Leopold Sichel (Hauptstr. 16). Ein weiteres ehem. jüd. Wohnhaus ist das Haus Hauptstr. 10.

Auf dem lange als »Näpfchenstein« bezeichneten

Stein in der Außenwand der Achatiuskapelle handelt es sich vermutl. um einen aus einer ma. Synagoge stammenden *Chanukka-Leuchter* (11./12. Jh.). An einem Haus am Anfang der Treppengasse befindet sich ein in Stein gehauenes *Kopfrelief eines Juden.*

Hundsnurscher/Taddey S. 117; E. Weiß, Geschichte der Stadt Grünsfeld. 1981. S. 553–581; GJ II,1 S. 307; GJ III,1 S. 477f; Ausk. StV Grünsfeld 24. Okt. 1985; Ausk. Kath. Pfarramt Grünsfeld 18. Febr. 1986, 10. März 1986.

Igersheim

Zur Geschichte der jüdischen Gemeinde. In Igersheim bestand eine Gemeinde bis um 1900, als Filialgemeinde von Markelsheim bis um 1938. Die Entstehung der Gemeinde geht in das 16. Jh. zurück (erste Nennung 1564). Die höchste Zahl jüd. Bewohner wird um 1838 mit 51 Pers. erreicht (Ende des 18. Jh. möglicherweise noch mehr Pers.). Mind. 5 Pers. kamen in der Verfolgungszeit 1933 bis 1945 ums Leben.

Einrichtungen der jüdischen Gemeinde. Eine *Synagoge* (»Judenschule«) wurde 1832/33 erbaut. Sie wurde bis um 1900 auch von den Markelsheimer Juden besucht und war im noch als Wohnhaus erhaltenen Gebäude Burgstr. 22. Nach 1900 besuchten die Igersheimer Juden die Gottesdienste in Markelsheim. Vermutl. befand sich im Synagogengebäude auch das *rituelle Bad*. Das Gebäude soll 1988 abgebrochen werden. Die Toten wurden in Unterbalbach beigesetzt.

Weitere Spuren der jüdischen Geschichte. An ehemaligen, bis nach 1933 bestehenden *Handelsbetrieben* sind bekannt: Viehhandlung Schmai und Julius Hartheimer (Goldbachstr. 1/ Stall Bad Mergentheimer Str. 3), Tabakladen Salomon Löb (Bad Mergentheimer Str. 11), Manufakturwarengeschäft Lina Klages (Goldbachstr. 3). Vor dem Haus Bad Mergentheimer Str. 11 befand sich ein nicht mehr vorhandenes »Judenbrünnle« (evtl. nach dem hier stehenden jüd. Haus so benannt).

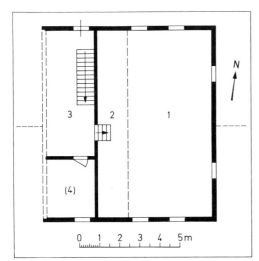

306 Grundriß der ehemaligen Synagoge in Igersheim (Obergeschoß) mit Markierung des Betsaales der Männer (1; Bodenniveau lag ein Stockwerk tiefer), der Frauenempore (2), Flur und Treppenaufgang zur Frauenempore (3), Raum für die Laubhütte am Laubhüttenfest (4).

307 Ehemaliges jüdisches Gemeindezentrum in Igersheim: die Synagoge befand sich im rückwärtigen Teil (zwei Seitenfenster sind sichtbar, schräg darüber zwei kleinere Fenster in Höhe der ehemaligen Frauenempore und des Treppenaufgangs zur Empore) (Aufnahme 1984).

Sauer 1966 S. 124 f; E. Weiß, Die Juden in Igersheim. 1984; Ausk. BMA Igersheim 4. Juni 1985, 6. Febr. 1986.

Königheim
Ortsteil Gissigheim

Zur Geschichte der jüdischen Gemeinde. In Gissigheim bestand eine Gemeinde bis 1894. Ihre Entstehung geht in die Zeit des 16./17. Jh. zurück (erste Nennung 1612). Die höchste Zahl jüd. Bewohner wird um 1865 mit 120 Pers. erreicht.
Einrichtungen der jüdischen Gemeinde. Eine »Judenschule«, vermutl. ein Betsaal in einem Privathaus, wird bereits 1617 genannt, 1780 wird eine Synagoge erwähnt. Die Standorte sind nicht mehr bekannt. 1837 wird eine *neue Synagoge* erbaut, die bis 1894 als Gotteshaus diente (Standort Schloßstr. 27, Hintergebäude). Nach Schließung der Synagoge besuchten die verbliebenen jüd. Bewohner die Königheimer Synagoge. Das Gebäude wurde zu einem Wohnhaus umgebaut. Über dem Eingang hat sich eine hebr. Inschrift (Ps 118,20 mit Jahreszahl »1837«) erhalten.

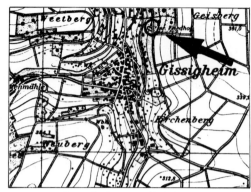

309 Lage des jüdischen Friedhofs bei (Königheim-) Gissigheim.

(Gewann »Kirchberg«) finden sich auch die Namen der beiden jüd. Gefallenen des Ersten Weltkriegs aus Gissigheim.

Hundsnurscher/Taddey S. 110; F. Gehrig, Ortschronik Gissigheim. 1969. S. 249–252; Ausk. J. Winzig, Königheim 14. Okt. 1985, 20. März 1986.

308 Inschrift über dem ehemaligen Eingang zur Synagoge in (Königheim-)Gissigheim (1985).

Ein *rituelles Bad* war gleichfalls vorhanden. 1858 mußte es verlegt werden, da das bisherige Bad wegen Versiegung eines Baches untauglich wurde. Danach befand sich das Bad in der Lochgasse (genauer Standort unbekannt).
Bis 1875 wurden die Toten in Külsheim beigesetzt; in diesem Jahr wurde ein eigener *Friedhof* am Eulenberg angelegt (Tannenweg, Flst. 10504, Fläche 4,12 a). Bis 1927 (letzte Beisetzung) fanden 14 Bestattungen statt.
Weitere Spuren der jüdischen Geschichte. Auf dem *Gefallenendenkmal* im Gemeindefriedhof

Ortsteil Königheim

Zur Geschichte der jüdischen Gemeinde. In Königheim bestand eine Gemeinde im MA und seit dem 15. Jh. bis 1940. Über die ma. Gemeinde erfährt man durch die Judenverfolgung 1298; seit 1422 sind wieder Juden am Ort genannt. Die höchste Zahl wird um 1875 mit 121 Pers. erreicht. Mind. 13 Pers. kamen in der Verfolgungszeit 1933 bis 1945 ums Leben.
Einrichtungen der jüdischen Gemeinde. Bis 1726 wurden einige Jahre lang die Gottesdienste in Gissigheim besucht, davor und danach wurden sie in Betsälen in jüd. Privathäusern gefeiert. 1831 wurde eine *Synagoge* mit angebautem Wohnhaus (*Lehrerwohnung* und *Schule*) und dazugehörigem Badhaus (*rituelles Bad*) erstellt. In der Schule erhielten die Kinder bis zur Auflösung der Konfessionsschulen 1876 ihren Unterricht. 1886 brannte die Synagoge ab und wurde im folgenden Jahr wieder aufgebaut. 1938 wurde sie geplündert und die Kultgegenstände auf dem Sternplatz verbrannt. Im März 1945 wurde das Gebäude

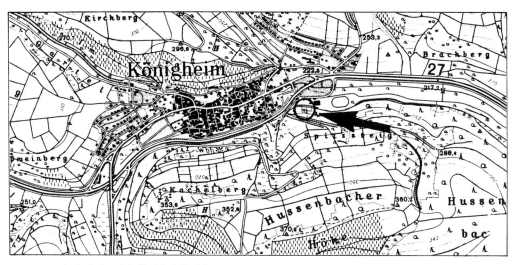

310   Lage des jüdischen Friedhofs bei Königheim.

kriegszerstört. Der Platz ist inzwischen neu bebaut worden (Münzgasse 2/Hauptstr.). Seit 1985 erinnert am Gebäude der Post (Münzgasse 2) eine *Gedenktafel* an die Synagoge.

Die Toten wurden bis 1875 in Külsheim beigesetzt. In diesem Jahr wurde ein eigener *Friedhof* im Gewann »Bachhelle« angelegt (Flst. 1747, Fläche 7,64 a). Dort befindet sich ein *Gefallenendenkmal* für die 4 jüd. Gefallenen des Ersten Weltkriegs aus Königheim.

Weitere Spuren der jüdischen Geschichte. An ehemaligen, bis nach 1933 bestehenden *Handels- und Gewerbebetrieben* sind bekannt: Viehhandlung Hermann und Leo Bauer (Spitzsteiggasse 2) Stoffhandel und Gemischtwaren Meta und Jakob Bauer (Hartmannsgasse 1), Getreide- und Landesproduktenhandlung Semmy Block (Hauptstr. 6), Kurz- und Wollwaren Babette Groß (Langgasse 3, abgebr.), Stoffhandlung, Konfektion und Grünkernaufkauf Josef Groß (Hauptstr. 25), Glas- und Porzellanwaren Hermann Heinemann (Neugasse 2; teilw. abgebr.), Viehhandlung Benno Sommer (Faktoreigasse 3), Viehhandlung Bernhard Sommer (Plangasse 1, abgebr.), Metzgerei und Viehhandlung Bernhard und Philipp Sommer (Hauptstr. 39), Viehhandlung Moses Sommer (Kapellengasse 1, abgebr., Torbogen und Wirtschaftsgebäude erhalten), Steingut- und Tonwarengeschäft Nanette Sommer (Neugasse 3), Textil- und Schuhgeschäft Sigmund Stern (Hardheimer Str. 8).

Die 1939 in Königheim verbliebenen 13 jüd. Pers. wurden bis Herbst 1940 in das Haus von Moses Sommer (Kapellengasse 1) zwangseinquartiert. Auf dem *Gefallenendenkmal* der Gemeinde auf dem Gemeindefriedhof finden sich auch die Namen der 4 jüd. Gefallenen des Ersten Weltkriegs aus Königheim.

An der westl. Gemarkungszone gegen Eiersheim heißt ein Gewann »Judenbuckel«. Nach den Erinnerungen am Ort wurde an dem dortigen steilen Grenzweg bei Bestattungen in Külsheim hier der Leichenwagen von den Juden mit vereinten Kräften hinaufgeschoben.

Hundsnurscher/Taddey S. 157 ff; GJ II,1 S. 442; GJ III,1 S. 650 f; F. Gehrig, Marktflecken Königheim. Ortschronik. 1986; Ausk. BMA Königheim 7. Mai 1985; Ausk. J. Winzig, Königheim 14. Okt. 1985, 20. März 1986.

Külsheim
Stadtteil Külsheim

Zur Geschichte der jüdischen Gemeinde. In Külsheim bestand eine Gemeinde im MA (Juden-

verfolgungen 1337 und 1348/49) und in der Neuzeit bis 1940. Die Entstehung der neuzeitl. Gemeinde geht in die Zeit des 17./18. Jh. zurück,
wenngleich seit dem Ende des 14. Jh. vermutl.
immer einige Juden in der Stadt waren. Die
höchste Zahl wird um 1864 mit 211 Pers. erreicht.
Mind. 15 Pers. kamen in der Verfolgungszeit
1933 bis 1945 ums Leben.

Einrichtungen der jüdischen Gemeinde. Über
ma. Einrichtungen ist nichts bekannt. Eine *Synagoge* wurde 1770 erbaut, 1798 renoviert und
vergrößert. In ihr war auch die *jüd. Schule* (bis
1876) bzw. die Religionsschule untergebracht.
Das Gebäude blieb 1938 unzerstört, brannte jedoch 1944 nieder (durch Brandstiftung oder
»Kurzschluß«). Das Grundstück (Nr. 593 an der
Bergstr., gegenüber Bergstr. 8, früher »Judenschulweg« genannt) wurde neu überbaut. Ein *rituelles Bad* befand sich auf dem heute als Garten
genutzten Grundstück Nr. 543 im Meßhofweg.
Das Badhaus wurde abgebrochen.

Der im Osten der Stadt befindliche *jüd. Friedhof*
(an der Straße nach Steinbach/Ecke Eckweg, Flst.
13034, Fläche 59,77 a) geht mindestens auf die
Zeit um 1600 zurück (vermutl. schon im MA
benutzt). Vom 17. bis 19. Jh. diente er als Verbandsfriedhof für zahlreiche jüd. Gemeinden
(Gissigheim, Königheim, Tauberbischofsheim,
Hochhausen, Hardheim u. a.). 1875 legten diese
Gemeinden eigene Friedhöfe an, da der Külsheimer Friedhof wegen Platzmangel nicht mehr zur
Verfügung stand.

Weitere Spuren der jüdischen Geschichte. An
ehemaligen, bis nach 1933 bestehenden *Handelsbetrieben* sind bekannt: Viehhandlung Lazarus Adler (Hauptstr. 64, abgebr.), Hutladen
Hannchen Baum (Hauptstr. 65, abgebr.), Viehhandlung und Metzgerei Max Brückheimer (Box-
talstr., abgebr.), Weiß- und Wollwarengeschäft
Zerline Brückheimer (Badersrain 7), Viehhandlung Abraham Hahn (Spitalstr. 7), Viehhandlung
Bernhard Hahn (Molkereiweg 4), Schuhgeschäft
Kahn (Hauptstr. 52), Jüd. Wirtschaft Meier Nau-
mann (Hauptstr. 57), Mazzenbäckerei Albert
Reichert (Rathausstr., abgebr.), Öl- und Fett-
handlung Samuel Schauer (Hauptstr. 44, abgebr.,
Wohnhaus Hauptstr. 51), Viehhandlung Anselm
Stern (Spitalstr. 14), Kolonialwarengeschäft Max
Zucker (Hauptstr. 56).

*311 Synagoge in Külsheim, 1770 erbaut, 1944 abge-
brannt (hist. Aufnahme um 1930).*

Auf der *Ehrentafel 1870/71* am alten Rathaus
stehen auch die Namen jüd. Kriegsteilnehmer.
Auf der *Gefallenen-Gedenktafel 1914/18* an der
kath. Kirche sind die Namen der 4 jüd. Gefallenen des Ersten Weltkriegs aus Külsheim verzeichnet.

An FN stehen im Zusammenhang mit der jüd.
Geschichte: »Beim Judenbegräbnis« am jüd.
Friedhof und im Amorsbacher Tal nördl. der
Stadt die »Külsheimer Judenklinge« (Herkunft
unbekannt).

Hundsnurscher/Taddey S. 170 f; GJ II,1 S. 459 f;
GJ III,1 S. 694; W. Spengler, Wirkendes Leben.
Ein Arzt erzählt. o. J., S. 85–92; Ausk. BMA
Külsheim 29. Mai 1985; Ausk. F. Krug, Küls-
heim 19. und 27. Nov. 1985.

312   Innenaufnahme der Synagoge in Külsheim (hist. Aufnahme vor 1938).

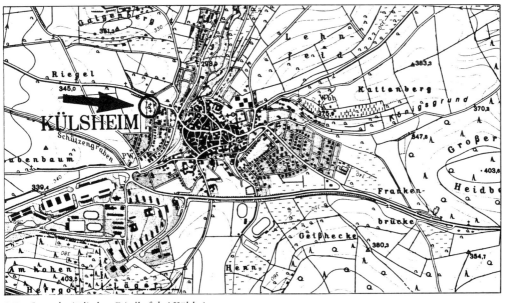

313   Lage des jüdischen Friedhofs bei Külsheim.

314/315 Jüdischer Friedhof in Külsheim (1973).

Stadtteil Uissigheim

Zur Geschichte jüdischer Bewohner. In Uissigheim lebten Juden im MA (Judenverfolgung 1298) und im 16./17. Jh. (seit 1578 genannt).
1336 initiierte Ritter Arnold III. von Uissigheim eine neue Welle von Judenverfolgungen im fränkischen Raum (Selbstbezeichnung »König Armleder«). Im Nov. 1336 kam er hierbei ums Leben; jahrhundertelang wurde sein Grab in der Uissigheimer Kirche verehrt. Arnold galt als wundertätiger Volkstäter, der nach der Volkssage durch Juden umkam (unhistorisch).
Nördl. von Uissigheim liegt die Flur »Judenloch« (Herkunft unbekannt).

GJ II,2 S. 843; Heimatbuch Uissigheim S. 200–203; Rosenthal, Heimatgeschichte S. 7, 16, 60, 150; Ausk. BMA Külsheim 29. Mai 1985.

Lauda-Königshofen
Stadtteil Gerlachsheim

Spuren der jüdischen Geschichte. In Gerlachsheim befindet sich auf einem Pfeiler in der Pfarrkirche ein sog. »Judenbild«, auf dem die Geschichte des angeblichen Blutwunders von Röttingen/Ufr. 1298 dargestellt wird (angebl. Hostienschändung).

Ausk. Kath. Pfarramt Gerlachsheim 28. Jan. 1987.

Stadtteil Königshofen

Zur Geschichte der jüdischen Gemeinde. In Königshofen bestand eine Gemeinde bis 1906. Ihre Entstehung geht in die Zeit des 17. Jh. zurück. Die höchste Zahl jüd. Bewohner wird um 1833 mit 65 Pers. erreicht.
Einrichtungen der jüdischen Gemeinde. Eine *Synagoge* (»Judenschule«) bestand mindestens seit 1770 und wurde bis 1906 genutzt. Das Gebäude befand sich an der Ecke Untere Mauerstr./Amalienstr. (abgebrochen). Nach 1906 gehörten die jüd. Bewohner zur Synagogengemeinde Tau-

berbischofsheim. Die Toten wurden in Unterbalbach beigesetzt.

Weitere Spuren der jüdischen Geschichte. An bis nach 1933 bestehendem *Handelsbetrieb* ist bekannt: Ladengeschäft Johanna Eisenmann (Hauptstr. 54/Ecke Amalienstr.; kriegszerstört). An der Gemarkungsgrenze nach Unterbalbach trägt ein Gewann die Bezeichnung »Judenschwanz« (Herkunft unbekannt).

Hundsnurscher/Taddey S. 271; Ausk. StV Lauda-Königshofen 9. Mai 1985, 17. Okt. 1985.

Stadtteil Lauda

Zur Geschichte der jüdischen Gemeinde. In Lauda bestand eine Gemeinde im MA (Judenverfolgungen 1235, 1298, 1337 und 1349; in der zweiten Hälfte des 14. und im 15. Jh. waren wieder Juden ansässig: 1378 Jud Endegut, 1449 Juden Johel, Josslin und Löw, 1450 Jud Smohl genannt). Später lebten keine Juden mehr in der Stadt.

Wohngebiet und Einrichtungen der jüdischen Gemeinde. Das Wohngebiet konzentrierte sich auf die »Judengasse«. Vermutl. standen auch in der Bachgasse jüd. Häuser. Der Standort der *Synagoge* ist nicht mehr genau bekannt. In Frage kommen der Standort der Heilig-Blut-Kapelle in der ehem. Judengasse (heute Kapellengasse) oder der Platz des abgebrochenen Hauses Hemm in der Bachgasse. Möglicherweise handelt es sich auch um zwei verschiedene Synagogenstandorte unterschiedlicher Zeiten.

Die *Heilig-Blut-Kapelle* erinnert an eine angebl. Hostienschändung im MA durch Juden. In der Kapelle befindet sich hierzu bis heute eine Votivtafel, die die Geschichte der Hostienschändung darstellt (Bild 1683 gemalt, zuletzt 1957 restauriert). Die Kapelle wurde 1683/84 auf den Grundmauern eines aus dem 13. Jh. stammenden Baus errichtet (alte Synagoge?). Für den anderen Synagogenstandort (Haus Hemm, Ecke Bach-/Spitalgasse) sprechen die für ein Bauernhaus ungewöhnlich solide Bauweise mit großen Räumen im Obergeschoß, eine hier beim Abbruch des Hauses aufgefundene und im Laudaer Heimatmuseum aufbewahrte *Steinsäule* (Inv. 1196/97)

316 »Heilig-Blut-Kapelle« in Lauda, möglicherweise am Platz der mittelalterlichen Synagoge erbaut (1983).

und der vor dem Haus ehemals vorhandene »Judenbrunnen« (Hinweis auf ein rituelles Bad?).

GJ II,1 S. 470f; GJ III,1 S. 720f; K. Schreck, Lauda. Schicksale einer ehemaligen fränkischen Oberamtsstadt. 1973. S. 141–148; Hundsnurscher/Taddey S. 1, 203, 269, 298; Rosenthal, Heimatgeschichte S. 60f; H. Fischer, Die kath. Kirchen in Lauda, in: Schnell Kunstführer 1420 (1984) S. 16–22; Ausk. I. Hauer, Lauda 24. Apr. 1984.

Stadtteil Messelhausen

Zur Geschichte der jüdischen Gemeinde. In Messelhausen bestand eine Gemeinde bis 1931. Ihre Entstehung geht in die Zeit des 18. Jh. zurück. 1783 bis 1788 wurden 5 Fam. aufgenommen. Die höchste Zahl jüd. Bewohner wird um 1871 mit 86 Pers. erreicht. Mind. 4 Pers. kamen in der Verfolgungszeit 1933 bis 1945 ums Leben.

Einrichtungen der jüdischen Gemeinde. Die Gottesdienste wurden zunächst in einem jüd.

Wohnhaus abgehalten, das 1796 von Lazarus Faißt erbaut worden war. Im zweiten Stock dieses Hauses befand sich ein *Betsaal,* im Keller ein *rituelles Bad.* Das Gebäude ist als Wohnhaus erhalten (Freiherr-von-Zobel-Str. 13). 1858/59 wurde eine *Synagoge* erbaut, in der bis 1931 Gottesdienste gehalten wurden. 1933 wurde das Gebäude verkauft, der neue Besitzer baute es zum Gasthof »Deutsches Haus« um (bis zur Gegenwart erhalten, Freiherr-von-Zobel-Str. 24). Äußerlich erinnern noch die Rundbogenfenster und die Bögen des Synagogeneingangs an die Vergangenheit des Gebäudes.

Das rituelle Bad wurde im Haus Faißt auch nach dem Synagogenbau weiterbenutzt. Der *Schulunterricht* für die Kinder fand zunächst abwechselnd in jüd. Häusern statt, seit 1858/59 im Synagogengebäude, in dem sich auch die *Lehrerwohnung* befand. Nach 1876 besuchten die Kinder die allgemeine Schule am Ort.

Die Toten wurden im bayerischen Allersheim beigesetzt.

Weitere Spuren der jüdischen Geschichte. An ehemaligen, von Juden im 18./19. Jh. erbauten und lange Zeit bewohnten *Häusern* sind bekannt: Fam. Lazarus Faißt (1783 bis 1796 wurden erbaut: Freiherr-von-Zobel-Str. 10, 12 und 13); Alexander Löb (1839, St.-Burkhard-Str. 3), Schmul Löb (nach 1786, Freiherr-von-Zobel-Str. 6), Frum Stein (nach 1788, Löhlein 3), Jakob Stein (seit 1811, Freiherr-von-Zobel-Str. 19 und 40), Moritz Stein (seit 1866, Freiherr-von-Zobel-Str. 20), Metzgerei Sender Stein (Freiherr-von-Zobel-Str. 36), Wolf Stein (seit ca. 1820, Freiherr-von-Zobel-Str. 15 und 26), Wolf Stein und/oder Mosche/Leopold Stern (Kirchholzstr. 7), Josef Strauß (nach 1820, Kirchholzstr. 5). Einige andere Wohnhäuser sind abgebrochen.

Hundsnurscher/Taddey S. 200f; J. A. Zehnter, Geschichte des Ortes Messelhausen. 1901. S. 251–260; Ausk. BMA Lauda-Königshofen 9. Mai 1985, 17. Okt. 1985.

317 Votivtafel in der »Heilig-Blut-Kapelle« mit Bildern einer angeblichen Hostienschändung im mittelalterlichen Lauda.

318 Lage des jüdischen Friedhofs bei (Lauda-Königs- ▷ *hofen-)Unterbalbach.*

Stadtteil Oberbalbach

Zur Geschichte jüdischer Bewohner. In Oberbalbach waren im 16./17. Jh. Juden ansässig.

QGJ Nr. 687.

Stadtteil Sachsenflur

Zur Geschichte jüdischer Bewohner. In Sachsenflur waren im 18. und in der ersten Hälfte des 19. Jh. einige Fam. ansässig. Erstmals werden 1722 Juden genannt, 1743 die Fam. Isaac und Löw, 1829 noch 11 Pers. am Ort, die vermutl. zur Synagogengemeinde in Unterschüpf gehörten.

Rosenthal, Heimatgeschichte S. 118; Löwenstein, Kurpfalz S. 300.

Stadtteil Unterbalbach

Zur Geschichte jüdischer Bewohner. In Unterbalbach waren im 16./17. Jh. Juden ansässig

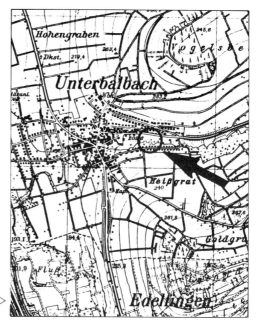

319   Jüdischer Friedhof in (Lauda-Königshofen-)Unterbalbach (1971).

(1597 Berlin Jud, 1625 Hirsch Jud von Unterbalbach genannt). Möglicherweise kam es zur Bildung einer Gemeinde, worauf der vorhandene Friedhof schließen läßt. Der jüd. *Friedhof* Unterbalbachs wird erstmals 1590 genannt. Auf ihm wurden verstorbene Juden aus einer weiten Umgebung beigesetzt (Mergentheim, Igersheim, Markelsheim, Weikersheim, Laudenbach, Niederstetten, Mulfingen, Hollenbach, Hohebach; in diesen Orten jedoch teilweise später eigene Friedhöfe; von 1880–1940 noch von den jüd. Gemeinden Mergentheim, Edelfingen, Wachbach, Igersheim, Angeltürn, Markelsheim und Königshofen). Der Friedhof liegt an der Str. nach Oberbalbach am Ortsausgang (Flst. 1427, Fläche 82,21 a).

Sauer 1966 S. 39; Hundsnurscher/Taddey S. 276 f; Löwenstein, Kurpfalz S. 275 Anm. und S. 276 Anm.; QGJ Nr. 687, 817, 847.

Niederstetten

Zur Geschichte der jüdischen Gemeinde. In Niederstetten bestand eine Gemeinde im MA (1298 Judenverfolgung) und in der Neuzeit bis 1939. Die Entstehung der neuzeitlichen Gemeinde geht in die Zeit des 17. Jh. zurück (erste Nennung 1647). Die höchste Zahl wird um 1844 mit 217 Pers. erreicht. Mind. 48 Pers. kamen in der Verfolgungszeit 1933 bis 1945 ums Leben.

Einrichtungen der jüdischen Gemeinde. 1714 wurde ein *Betsaal* eingerichtet (Standort unbekannt). Eine erste *Synagoge* wurde 1744 erbaut; das Gebäude ist als Wohnhaus erhalten (Mittelgasse 2/1). Eine *neue Synagoge* wurde 1824 erstellt, 1938 entging sie der Zerstörung. Bei einem Fliegerangriff 1945 wurde das Gebäude völlig zerstört. Reste der Umfassungsmauer sind in einem heute hier stehenden Wohn- und Geschäftshaus erhalten (eine Wand unverputzt; Mittelgasse

4). Im Synagogengebäude war auch die *Schule* und eine *Lehrerwohnung* untergebracht. Im Hof vor der Synagoge befand sich ein Badhaus mit dem *rituellen Bad*. Die heutige Mittelgasse hieß bis in die Zeit des »Dritten Reiches« Synagogengasse.

Die Toten wurden ursprünglich in Schopfloch oder Unterbalbach beigesetzt, seit 1730 in Weikersheim. 1737 bis 1741 wurde ein eigener *Friedhof* angelegt, der zuletzt 1933 vergrößert wurde. Zeitweise wurden hier auch Juden aus Archshofen, Creglingen, Gerabronn und Mulfingen beigesetzt (Lage im Gewann »Salmhof«, Flst. 479, Fläche 35,69 a).

Weitere Spuren der jüdischen Geschichte. An ehemaligen, bis nach 1933 bestehenden *Handels- und Gewerbebetrieben* sind bekannt (Auswahl; Gebäude teilweise kriegszerstört): Fellhandlung Hirsch Braun (Zehntscheunegasse 1, zerst.), Fell-

handlung Max und Wolf Braun und jüd. Wirtschaft Wolf Braun (Lange Gasse 12, zerst.), Wein- und Landesproduktenhandlung Max Ehrenberg und Max Thalheimer (Lange Gasse 14, zerst.), Textilgeschäft Albert (Aron) Kahn, (Bahnhofstr. 11), Metzgerei Max Kahn (Bahnhofstr. 8), Viehhandlung Abraham Kirchheimer (Frickentalstr. 14), Manufakturwaren Max Kirchheimer (Bahnhofstr. 38, zerst., und Hauptstr. 26, zerst.), Viehhandlung Simon Kirchheimer (Frickentalstr. 25), Diamantenschleiferei Michael Levy (Frickentalstr. 27), Viehhandlung Jakob Neu (Erbsengasse 11), Fellhandlung Fritz Neuburger (Bahnhofstr. 1), Weinhandlung Hermann Ney (Brunnenstr. 3, zerst.), Manufakturwaren Klara Reichenberger (Bahnhofstr. 16), Weinhandlung Otto Reis (Lange Gasse 17, zerst.), Textilgeschäft Siegfried Schlesinger (Hauptstr. 18), Viehhandlung Julius

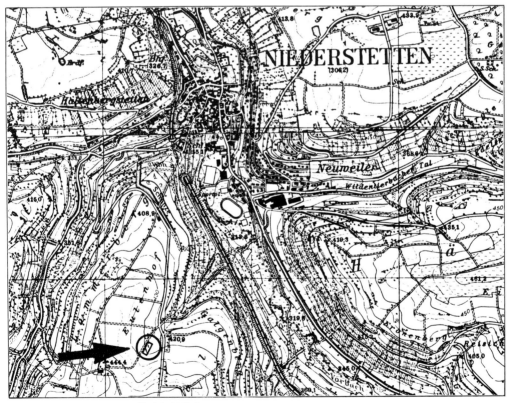

320   *Lage des jüdischen Friedhofs bei Niederstetten.*

321 Grabstein des Baruch Simon von Mergentheim (Großvater von Ludwig Börne) auf dem jüdischen Friedhof in Unterbalbach (1986).

Tauberbischofsheim
Stadtteil Dittigheim

Zur Geschichte der jüdischen Gemeinde. In Dittigheim bestand eine Gemeinde bis 1895 (erste Nennung um 1600: Jud Benjamin, 1637 Jud Hirsch). Die höchste Zahl jüd. Bewohner wird um 1841 mit 120 Pers. erreicht.
Einrichtungen der jüdischen Gemeinde. Eine *Synagoge* bestand vermutl. seit dem 18. Jh., die bis Ende des 19. Jh. benutzt und 1908 verkauft wurde; seit 1895 besuchten die noch in Dittigheim wohnenden Juden die Synagoge in Tauberbischofsheim. Das Synagogengebäude ist als Wohnhaus in der *Synagogengasse* 4 erhalten; ein Hochzeitsstein erinnert an die Vergangenheit des Gebäudes. *Rituelle Bäder* waren in einzelnen jüd. Häusern vorhanden. So befand sich im ehem. Wohnhaus Samuel Strauß (in der Synagogengasse, 1979 abgebr.) im Keller ein Brunnen, der vermutl. zu einer solchen Privatmikwe gehörte. Die Toten wurden im bayerischen Allersheim, später (19. Jh.) auch in Külsheim, seit 1875 in Tauberbischofsheim beigesetzt.
Weitere Spuren der jüdischen Geschichte. Einige Wiesen nahe des Ortes tragen die Bezeichnung »Natelacker«, nachdem sie im 19. Jh. im Besitz von Nathan Samuel Strauß waren.

Hundsnurscher/Taddey S. 270; E. Weiß, Geschichte der Stadt Grünsfeld. 1981. S. 570; Ausk. H. W. Siegel, Tauberbischofsheim 15. Dez. 1985, 6. Aug. 1986.

und Leopold Schloßberger (Vorbachzimmerstr. 13, zerst.), Bankier David Wolf (Lange Gasse 20, zerst.).
Auf dem *Gefallenendenkmal* am Eingang zum Ortsfriedhof finden sich auch die Namen der beiden jüd. Gefallenen des Ersten Weltkriegs aus Niederstetten.

Sauer 1966 S. 134ff; GJ II,1 S. 323; B. Stern, Meine Jugenderinnerungen an eine württ. Kleinstadt und ihre jüd. Gemeinde. 1968; B. Stern, So war es. Leben und Schicksal eines jüd. Emigranten. 1985; Ausk. C. Weber, Niederstetten 31. Okt. 1985, 6. Nov. 1985.

Stadtteil Dittwar

Zur Geschichte jüdischer Bewohner. In Dittwar lebten im 17. Jh. einige Juden.

Rosenthal, Heimatgeschichte S. 150.

Stadtteil Hochhausen

Zur Geschichte der jüdischen Gemeinde. In Hochhausen bestand eine Gemeinde bis 1913. Ihre Entstehung geht in die Zeit des 17. Jh. zurück. Die höchste Zahl jüd. Bewohner wird um 1875 mit 103 Pers. erreicht.

322   *Jüdischer Friedhof in Niederstetten (1985).*

323   *Bauliche Reste der ehemaligen Synagoge in (Tauberbischofsheim-)Hochhausen, um 1779 erbaut, 1914 verkauft, derzeit Schreinerei (1985).*

Einrichtungen der jüdischen Gemeinde. Die Einrichtungen der Gemeinde befanden sich im heute noch sog. »Judengäßle« bzw. der »Judengasse«. Hier wurde um 1770 eine *Synagoge* erbaut, die bis 1914 genutzt, dann verkauft wurde. Das Gebäude wurde teilweise abgetragen; die erhaltenen Umfassungsmauern (bis zur Höhe des ersten Stocks) sind heute Lagerhaus einer Schreinerei. Unterhalb der Synagoge befand sich die »Judenschule« (vermutl. jüd. Schulhaus des 19. Jh.), das nicht mehr besteht (Ecke Judengasse/Schmiedegasse). Erhalten ist das Gebäude der ehem. »Judenmetzgerei« (zugleich Wohnhaus des jüd. Metzgers) unterhalb der Ecke Judengasse/Schmiedegasse. Ein *rituelles Bad* befand sich am Mühlenwehr und kam um 1920 in den Besitz der Mühle (nicht mehr erhalten).

Die Toten wurden bis 1875 in Külsheim beigesetzt, seit 1876 bestand ein eigener *Friedhof* (westl. des Bahnhofes, Fläche 7,45 a).

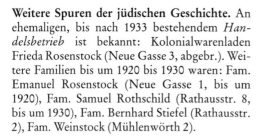

324   Lage des jüdischen Friedhofs bei (Tauberbischofs-heim-)Hochhausen.

325   Ehemalige Synagoge in (Tauberbischofsheim-)Impfingen, 1919 verkauft, danach als Wohnhaus genutzt (1985).

Weitere Spuren der jüdischen Geschichte. An ehemaligen, bis nach 1933 bestehendem *Handelsbetrieb* ist bekannt: Kolonialwarenladen Frieda Rosenstock (Neue Gasse 3, abgebr.). Weitere Familien bis um 1920 bis 1930 waren: Fam. Emanuel Rosenstock (Neue Gasse 1, bis um 1920), Fam. Samuel Rothschild (Rathausstr. 8, bis um 1930), Fam. Bernhard Stiefel (Rathausstr. 2), Fam. Weinstock (Mühlenwörth 2).

Hundsnurscher/Taddey S. 271; Ausk. H. Frank, Hochhausen vom 9. Febr. 1986.

Stadtteil Impfingen

Zur Geschichte der jüdischen Gemeinde. In Impfingen bestand eine Gemeinde bis 1913. Ihre Entstehung geht in die Zeit des 16./Anfang des 18. Jh. zurück (1591/92 Juden Berlin und Mosse genannt; 1704 bis 1717 Löw, Mayer und Sambsel). Die höchste Zahl jüd. Bewohner wird um 1841 mit 57 Pers. erreicht. Mind. eine Pers. kam in der Verfolgungszeit 1933 bis 1945 ums Leben.

Einrichtungen der jüdischen Gemeinde. Die Gemeinde hatte eine *Synagoge* (Baujahr unbekannt), die bis 1913 als solche genutzt, 1919 verkauft und zu einem Wohnhaus umgebaut wurde. Das Gebäude ist erhalten (Am Baumgarten 7, zur Zeit leerstehend).

Hundsnurscher/Taddey S. 271; QGJ Nr. 821, 827, 847; E. Weiß, Geschichte der Stadt Grünsfeld. 1981. S. 571.

Stadtteil Tauberbischofsheim

Zur Geschichte der jüdischen Gemeinde. In Tauberbischofsheim bestand eine Gemeinde im MA (Verfolgungen 1235, 1298 mit 130 Toten, 1337 und 1348/49, 1373 wieder Juden genannt) und in der Neuzeit bis 1939. Vermutl. waren zwischen dem 13. und 20. Jh. mit nur wenigen Unterbrechungen Juden in der Stadt. Die höchste Zahl jüd. Bewohner wird um 1885 mit 207 Pers. erreicht. Mind. 35 Pers. kamen in der Verfolgungszeit 1933 bis 1945 ums Leben.

Einrichtungen der jüdischen Gemeinde. Von ma. Einrichtungen ist nichts bekannt. Eine (neue?) *Synagoge* wurde um 1730 bis 1740 erbaut, 1938 ihre Inneneinrichtung demoliert. Nach der Deportation der jüd. Bewohner diente das Haus bis 1945 als Kriegsgefangenenlager, danach wurde es zu einem bis heute bestehenden Wohnhaus umgebaut (Bachgasse 9).

Ein *Gemeindehaus* mit weiteren Einrichtungen (*Schule* im 19. Jh.; *Lehrerwohnung*) war gleichfalls vorhanden. In ihm mußten 1939 die noch in der Stadt verbliebenen jüd. Bewohner zusammengedrängt leben. Das Gebäude ist als Wohnhaus erhalten (Hauptstr. 72).

Die Toten wurden bis 1875 in Külsheim beigesetzt. In diesem Jahr wurde am städt. Friedhof an der Hochhäuser Str. ein eigener jüd. *Friedhof* angelegt, der bis 1939 belegt wurde (Flst. 343/1, Fläche 8,06 a).

Weitere Spuren der jüdischen Geschichte. An ehemaligen, bis nach 1933 bestehenden *Handels- und Gewerbebetrieben* sind bekannt (Auswahl): Weinhandlung Adler (Würzburger Str. 1), Viehhandlungen Rafael Bauer und Leo Brückheimer (Gartenstr. 2), Damenhütegeschäft Nelly Bloch (Hauptstr. 44), Manufakturwaren Justin Blum (Marktplatz 11), Fa. Heumann & Kraft, Inh. Max Heumann und Louis Kraft (Grabenweg 4), Schuhgeschäft Jakob und Marie Levy (Hauptstr. 64), Metzger Emil Sauer (Hauptstr. 46), Lederhandlung Hermann Sauer (Hauptstr. 53), Manufakturwarenhandlung Willi Sauer (Hauptstr. 46), Kolonialwarengeschäft Moritz Spiegel (Marktplatz 10), Weingroßhandlung Adolf Strauß (Hauptstr. 46).

Im Foyer des Rathauses wurde 1981 eine *Gedenktafel* zum Gedenken an die in der Verfolgungszeit 1933 bis 1945 umgekommenen jüd. Mitbürger angebracht.

Im Pfarrarchiv der Pfarrei St. Martin befanden sich eine Tora aus der Synagoge Freudenberg sowie verschiedene Gebetbücher; die Bestände sind inzwischen nach Israel weitergeleitet worden.

Persönlichkeiten. Aus Tauberbischofsheim stammte die Fam. *Bischoffsheim*, aus der u.a. hervorgegangen sind: *Raphael (Nathan) Bischoffsheim* (1773 Tauberbischofsheim – 1814 Mainz), lange Jahre Vors. der Mainzer jüd. Gemeinde, wirkte tatkräftig für Reformen im Ju-

326 Lage des jüdischen Friedhofs in Tauberbischofsheim.

dentum. Sein Sohn *Jonathan Raphael Bischoffsheim* (1808–1883) wurde einer der bedeutendsten Finanzmänner Belgiens (seit 1863 im Senat, galt als erster Sachverständiger auf dem Gebiet des Finanzwesens). Der andere Sohn *Louis Raphael Bischoffsheim* (1800–1873) gründete in Holland und Belgien große Bankhäuser, war belgischer Generalkonsul in Amsterdam, seit 1850 in Paris (Gründer von Banken, Förderer des Eisenbahnbaus). Ein Sohn von Louis Raphael, *Raphael Louis Bischoffsheim* (1823 geb.), wurde Generalinspektor der südfranzösischen Eisenbahn.

Hundsnurscher/Taddey S. 269f; B. Müller, Juden und Judenpolitik in Tauberbischofsheim von 1933–1945. Wissenschaftl. Arbeit zur Prüfung für das Lehramt an Gymnasien (Mschr.). Univ. Heidelberg. 1980; S. Bergmann, Juden in Tauberbischofsheim. Seminararbeit (Mschr.). Univ. Würzburg. 1979; Ausk. H. W. Siegel, Tauberbi-

327   Jüdischer Friedhof in Tauberbischofsheim (1985).

schofsheim   20. Febr.   1984,   15. Dez.   1985,
6. Aug. 1986.

Weikersheim
Stadtteil Elpersheim

Zur Geschichte jüdischer Bewohner. In Elpersheim waren im 17. Jh. einige Juden ansässig (1637
bis 1640 eine Fam. aufgenommen).

J. H. Rauser, Dörzbacher Heimatbuch. 1980.
S. 340.

Stadtteil Laudenbach

Zur Geschichte der jüdischen Gemeinde. In
Laudenbach bestand eine Gemeinde im MA (Verfolgung 1336) und in der Neuzeit bis 1939. Die

*328   Synagoge in (Weikersheim-)Laudenbach, 1799/
1800 erbaut, 1938 demoliert, seither Wohnhaus (hist.
Aufnahme um 1930).*

Entstehung der neuzeitlichen Gemeinde geht in das 17. Jh. zurück (erste Nennung 1677, 1696 Jud Mayer). Die höchste Zahl jüd. Bewohner wird um 1858 mit 158 Pers. erreicht. Mind. 10 Pers. kamen in der Verfolgungszeit 1933 bis 1945 ums Leben.

Einrichtungen der jüdischen Gemeinde. Eine *Synagoge* wurde 1799–1800 erbaut. Zuvor bestand vermutl. ein Betsaal. 1938 wurde die Synagoge schwer demoliert, später zu einem Wohnhaus umgebaut (Am Markt 3). Das Gebäude ist in der Substanz erhalten (neuer Dachstock; Türsturz alt). Seit 1828 bestand in einem Anbau zur Synagoge die jüd. *Schule.* 1880 befanden sich im Rathaus zwei Schulzimmer: eines für die kath., eines für die jüd. Schule.

Ein *rituelles Bad* war im Keller eines Hauses im Marktplatzgäßle (früheres Gebäude Marktplatz 93). Hier wohnte auch der jüd. Lehrer. Das Gebäude wurde abgebrochen, an demselben Platz befindet sich eine Scheune.

Die Toten wurden zunächst in Unterbalbach, seit 1729 in Weikersheim beigesetzt.

Weitere Spuren der jüdischen Geschichte. An ehemaligen, bis nach 1933 bestehenden *Handels- und Gewerbebetrieben* sind bekannt: Viehhandlung Siegfried Eisemann (Marienstr. 14, abgebr.), Kohlenhandlung Löwengardt (Bachstr. 18), Viehhandlung Lippmann Löwenstein (Erbsengasse 6, abgebr., und Hintere Furchgasse 2), Viehhandlung Simon Löwenstein (Furchgasse 4), Textilgeschäft Josef Rosenthal (Herrgottstr. 4), Metzgerei, Viehhändler, Makler Isaak Schloß (Am Markt 4), Metzgerei, Viehhändler, Makler Karl Schloß (Zehnthof 5), Textilgeschäft Sigmund und Wilhelm Selz (Bachstr. 17).

Auf dem *Kriegerdenkmal* im Friedhof oberhalb der Pfarrkirche finden sich auch die Namen der 5 jüd. Gefallenen des Ersten Weltkriegs aus Laudenbach.

Eine *Gedenktafel* für die jüd. Gemeinde und das Schicksal ihrer letzten Mitglieder soll am Dorfgemeinschaftshaus angebracht werden.

Persönlichkeiten. *Dr. Joseph Maier* (1797 Laudenbach – 1837 Stuttgart; Geburtsname Joseph Rosenthal), Rabbiner, s. Anhang; sein Geburtshaus ist erhalten (Herrgottstr. 4).

Sauer 1966 S. 155 f; E. Bauer, Die Geschichte der jüd. Minderheit in Archshofen. 1985. S. 12, 18; GJ II,1 S. 471; Ausk. OV Laudenbach 17. Febr. 1986.

Stadtteil Weikersheim

Zur Geschichte der jüdischen Gemeinde. In Weikersheim bestand eine Gemeinde im MA (Judenverfolgungen 1298, 1336/37 und 1349, 1437 Seligmann Löw genannt, 1445 Verbot der Ansiedlung) und in der Neuzeit bis 1938. Die Entstehung der neuzeitlichen Gemeinde geht in die Zeit des Dreißigjährigen Krieges zurück (seit 1637 werden wieder Juden genannt). Die höchste Zahl jüd. Bewohner wird um 1807 mit 158 Pers. erreicht. Mind. 3 Pers. kamen in der Verfolgungszeit 1933 bis 1945 ums Leben.

Einrichtungen der jüdischen Gemeinde. Von Einrichtungen der ma. Gemeinde ist wenig bekannt; im 16. Jh. wird als Ortsbezeichnung eine »Judengerch« bzw. »Judenkirch« genannt, ver-

329 Ehemalige Synagoge in Weikersheim, 1830 erbaut, 1928 geschlossen, derzeit Schreinerei (1984).

mutl. als Erinnerung an die ma. Synagoge (Standort unbekannt). 1648 wird wieder eine *Synagoge genannt*, 1688 und 1768 werden neue Synagogen erstellt. Nochmals 1830 wird ein neues Synagogengebäude erbaut, in dem bis 1928 Gottesdienste abgehalten wurden. 1938 wurde der Innenraum demoliert. Das Gebäude ist erhalten und dient als Schreinerei (Hintergebäude zu Wilhelmstr. 16). Zahlreiche Spuren im Innenraum (Deckenmalereien, Arkaden der Frauenempore u.a.) erinnern an die kultische Vergangenheit. 1981 wurde eine *Gedenktafel* angebracht.

Im Bereich der Wilhelmstr. gab es (vermutl. bereits im 17. Jh.) die Straßenbezeichnung »In der Judenschulgasse«. Die jüd. *Schule* war seit ihrer Gründung 1835 im Vorderhaus des Gebäude-

◁ *330   Jüdischer Friedhof in Weikersheim: der Grabstein mit dem Sonnensymbol erinnert an einen 1852/53 verstorbenen Mann (1973).*

331   Lage des jüdischen Friedhofs bei Weikersheim.

komplexes Wilhelmstr. 16 untergebracht. Hier befand sich auch das *Rabbinat* (bis 1914) bzw. die *Lehrerwohnung*.

Die Toten wurden zunächst in Unterbalbach beigesetzt. 1730 wurde – gemeinsam mit den Juden in Niederstetten und Laudenbach – an der (alten) Straße nach Honsbronn im Gewann Stadelhof ein *Friedhof* angelegt (Flst. 1121, Fläche 46,38 a). Lange Zeit haben auch jüd. Gemeinden des bayerischen Grenzgebiets (z.B. Bütthart, Tauberrettersheim, Gaukönigshofen, Achelshausen u.a.) den Friedhof mitbenutzt.

Weitere Spuren der jüdischen Geschichte. An ehemaligen, bis nach 1933 bestehenden *Handelsbetrieben* sind bekannt: Textilgeschäft Jakob Ascher (Hauptstr. 45), Landesproduktenhandlung Sigmund Emrich (Marktplatz 6), Textilgeschäft Sara Königsberger (Hauptstr. 26). Weitere Wohn- und Geschäftshäuser waren Friedrichstr. 5, Hauptstr. 5 und 27, Hohenloher Str. 2 und 5, Marktplatz 2 und 4 (im 19./Anfang 20. Jh.). Im 18. Jh. hatte der Hoffaktor Lazarus Hirsch Hauseigentum am Gebäude Marktplatz 10 (mit einem privaten rituellen Bad).

An den Hoffaktor und Hofbankier der Fürsten von Langenburg Lämmle Seeligmann (18. Jh.) erinnert im Weikersheimer Schloßpark eine *Miniaturstatue*. Auf dem *Gefallenendenkmal* des Stadtfriedhofs findet sich auch der Name des jüd. Gefallenen des Ersten Weltkriegs aus Weikersheim.

Sauer 1966 S. 188–191; GJ II,2 S. 867; Ausk. BMA Weikersheim 10. Okt. 1985, 10. März 1986; Ausk. Landratsamt Main-Tauber-Kreis 11. März 1986; H. Hermann, Zur Geschichte der Juden in Weikersheim, 4 Teile, in: Weikersheimer Wochenspiegel Sept. 1987; Ausk. H. Hermann, Tauberbischofsheim 27. Nov. 1987.

Werbach
Ortsteil Gamburg

Zur Geschichte jüdischer Bewohner. In Gamburg lebten Juden im MA (1298 wurden in Gamburg 130 Juden aus Tauberbischofsheim und Gamburg verbrannt) und im 16.–18. Jh. (Erwähnungen 1578, 1621 und im 18. Jh.).

Rosenthal, Heimatgeschichte S. 7, 16, 60, 63, 160; GJ II,1 S. 268; Ausk. BMA Werbach 17. Okt. 1985.

Ortsteil Wenkheim

Zur Geschichte der jüdischen Gemeinde. In Wenkheim bestand eine Gemeinde bis 1938. Ihre Entstehung geht in die Zeit des 16. Jh., möglicherweise in ma. Zeiten zurück (erste Erwähnungen 1576 und 1591). Die höchste Zahl jüd. Bewohner wird um 1880 mit 181 Pers. erreicht. Mind. 12 Pers. kamen in der Verfolgungszeit 1933 bis 1945 ums Leben.

Einrichtungen der jüdischen Gemeinde. Eine *Synagoge* wurde 1841 erbaut. Zuvor war vermutl. ein Betsaal vorhanden. 1938 wurde die Inneneinrichtung der Synagoge demoliert. Das Gebäude wurde teilweise zu einem Wohnhaus umgebaut, wenngleich äußerlich kaum etwas verändert wurde (Inschrift Ps. 118,20 über dem Eingang); es wird derzeit renoviert und instandgesetzt (Breite Str. 7).

Im Keller der Synagoge gab es ein *rituelles Bad*, das im Zuge der Renovierung des Gebäudes freigelegt werden soll.

Im 17. Jh. oder früher wurde östl. des Orts im Gewann »Großer Wald« ein *Friedhof* angelegt,

332 Ehemalige Synagoge in (Werbach-)Wenkheim, 1841 erbaut, 1938 demoliert, seither Wohnhaus (1987).

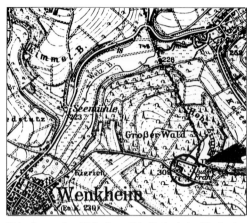

334 Lage des jüdischen Friedhofs bei (Werbach-) Wenkheim.

333 Blick von der Frauenempore in den Betsaal der Synagoge (Werbach-)Wenkheim vor Beginn der Restaurierungsarbeiten 1987.

335 Jüdischer Friedhof in (Werbach-)Wenkheim (1985).

der bis 1938 belegt wurde (Flst. 10321, Fläche 55,80 a).

Weitere Spuren der jüdischen Geschichte. An ehemaligen, bis nach 1933 bestehenden *Handels- und Gewerbebetrieben* sind bekannt: Viehhandlung Bernhard Grünebaum (Lindenstr. 24), Viehhandlung und Metzgerei Louis Grünebaum (Pfarrgasse 4), Viehhandlung Samuel Grünebaum, Levis Sohn (Herrenstr. 6), Viehhandlung/Landwirtschaft Samuel Grünebaum III (Herrenstr. 7), Altwarenhandlung Samuel Grünebaum IV (Frankenstr. 14), Viehhandlung und Metzgerei Simon Grünebaum (Obertorstr. 21), Textilgeschäft Abraham Hubert (Frankenstr. 10), Handelsmann Lippmann Karpf (Obertorstr. 11), Mazzenbäckerei Sigmund Lehmann (Lindenstr. 33), Textilgeschäft Hermann Schartenberg (Breite Str. 5 und Lindenstr. 31, beides abgebr.), Kaufmann Jakob Schuster (Hindenburgstr. 1). Ein charakteristisches jüd. Wohnhaus ist das Gebäude Bachstr. 1 (große Mesusa-Ritze).

Ein Fußweg zur Abkürzung der Straße von Wenkheim nach Großrinderfeld trägt die Bezeichnung »Judenpfad« (Flst. 12509). Auf ihm zogen die jüd. Handelsleute in den sog. »Gau«.

Hundsnurscher/Taddey S. 292f; G. A. Renz, Geschichte der Juden in Mergentheim. 1943. S. 15; Ausk. OV Wenkheim 17. Okt. 1985; J. Hahn, Synagogen in Baden-Württemberg. 1987. S. 81ff.

Ortsteil Werbach

Spuren der jüdischen Geschichte. Auf Gemarkung Werbach trägt nördl. des Ortes ein Gewann zwischen dem Limbach und der Str. nach Böttigheim die Bezeichnung »Judenkirchhof« (Flst. 9498–9502 und 9531), vermutl. ein Hinweis auf eine frühere jüd. Begräbnisstätte.

Ausk. BMA Werbach 17. Okt. 1985.

Wertheim
Stadtteil Dertingen

Zur Geschichte der jüdischen Gemeinde. In Dertingen bestand eine Gemeinde bis um 1925. Ihre Entstehung geht auf das 15. oder 18. Jh. zurück. Die höchste Zahl jüd. Bewohner wird um 1850 mit 54 Pers. erreicht. Mind. 2 Pers. kamen in der Verfolgungszeit 1933 bis 1945 ums Leben.

Einrichtungen der jüdischen Gemeinde. 1814 wurde eine *Synagoge* erbaut, die bis 1925 in Gebrauch war, 1926 von der politischen Gemeinde erworben und zu einer Schule umgebaut wurde (Kochschule für Mädchen, Fortbildungsschule für Jungen). Seit 1942 diente das Gebäude als Altersheim, 1956 wurde es zu einem bis heute erhaltenen Wohnhaus umgebaut (Obere Str. 23). In den nicht mehr bestehenden Nebengebäuden der Synagoge befanden sich ein *rituelles Bad* und ein *jüd. Schlachthaus* (heute hier Parkplatz). Die Toten wurden in Wertheim beigesetzt.

Weitere Spuren der jüdischen Geschichte. Auf Gemarkung Dertingen gibt es den FN »Judenplatz« (Herkunft unbekannt).

Hundsnurscher/Taddey S. 66; Ausk. OV Dertingen 22. Apr. 1986.

Stadtteil Urphar

Zur Geschichte jüdischer Bewohner. In Urphar waren Juden im 14./15. Jh. und bis zum Anfang des 19. Jh. ansässig (nach 1800 noch 3–4 jüd. Fam.).

Rosenthal, Heimatgeschichte S. 59; Dreifuß S. 66; H. Kluge, Die Siedlungen der Juden. 1938. S. 133.

Stadtteil Wertheim

Zur Geschichte der jüdischen Gemeinde. In Wertheim bestand eine Gemeinde, von nur kurzen Unterbrechungen abgesehen, vom MA (erste Nennung 1212, Judenverfolgungen 1298 und 1349) bis 1940. Die höchste Zahl jüd. Bewohner wird um 1885 mit 221 Pers. erreicht. Mind. 35 Pers. kamen in der Verfolgungszeit 1933 bis 1945 ums Leben.

Wohngebiet und Einrichtungen der jüdischen

Gemeinde. Das Wohngebiet des MA konzentrierte sich auf die ehem. (alte) »Judengasse«, nach 1447 »Kapellengasse« genannt. Vermutl. befand sich an der Stadtmauer (Ausgang Kapellengasse) das »Judentürlein«. Seit der zweiten Hälfte des 15. Jh. war das Wohngebiet vor allem in der Gerbergasse bzw. dem um sie gelegenen »Brückenviertel«. Die Gerbergasse trug bis 1934 die Bezeichnung »Judengasse«.

Im Laufe ihrer 700jährigen Geschichte hatte die Gemeinde fünf *Synagogen.* Die *erste* bestand bis zu ihrer Zerstörung 1349. Die vermutl. an derselben Stelle erbaute *zweite Synagoge,* 1381 genannt (vielleicht in diesem Jahr erbaut), wurde 1447 von der christlichen Bevölkerung zerstört. An ihrer Stelle wurde die Marienkapelle (Standort in der Kapellengasse) erbaut, an der bis heute die Inschrift zu lesen ist: »Anno Domini 1447 ist hie zerbrochen und verstört eine Judenschule und angehoben diese Kapelle«. Nach der Wiederaufnahme der Juden 1449 bestand eine *dritte Synagoge* (»Judenschule«, 1520 genannt) im sog. Brückenviertel unweit des Spitzen Turms. 1592/93 wurde sie neu erbaut *(vierte Synagoge).* Die *fünfte Synagoge* wurde 1798/99 erbaut, in der bis 1938 Gottesdienste abgehalten wurden (Standort vermutl. identisch mit dem der dritten und vierten Synagoge an der Stadtmauer zwischen Gerbergasse 18 und Spitzem Turm). 1949 wurde in dem Gebäude die Stadtschreinerei eingerichtet, 1961 beim Ausbau der Rechten Tauberstr. abgerissen. 1976 wurde am Synagogenstandort eine *Gedenktafel* angebracht. Unweit der Synagoge befand sich am Neuplatz ein *rituelles Bad* (abgebr.).

Ein *Friedhof* wurde bereits im MA angelegt (12./ 13. Jh., spätestens Anfang des 15. Jh.). Es handelt sich hierbei um den ältesten erhaltenen und bis ins 20. Jh. genutzten jüd. Friedhof in Baden-Württemberg (Lage am Schloßberg gegenüber der Mainbrücke, Fläche 73,44 a).

Weitere Spuren der jüdischen Geschichte. An ehemaligen, bis nach 1933 bestehenden *Handels- und Gewerbebetrieben* sind bekannt: Viehhandlung Adolf Adler (Neugasse, mit Stall in der Schulgasse), Bankhaus Bernhard Benario, Inh. Adolf Oppenheimer (Am Engelsbrunnen), Viehhandlung Ludwig und Max Brückheimer (Bahnhofstr., mit Stall im Lehmgrubenweg), Schuhgeschäft Brückheimer (Bahnhofstr. 7), Metzgerei

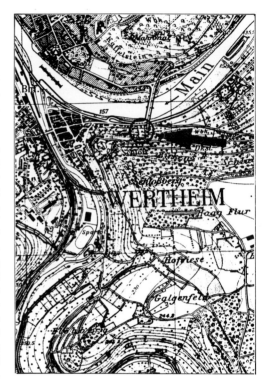

336   *Lage des jüdischen Friedhofs bei Wertheim.*

Bedarfsartikel Gustav Brunngässer (Ecke Hospitalstr./Hans-Bardon-Str.), Manufakturwarengeschäft Leopold Cahn (Maingasse 20), Tabakwarengroßhandlung Sigmund Cahn (Fischergasse 3), Viehhandlung Gottlieb Häusler (Brummgasse, mit Stall in der Hans-Bardon-Str.), Buchdruckerei Häusler (Maingasse 7), Textilkaufhaus Menco Held, Inh. Max Held (Marktplatz 8/10), Café und Mazzenbäckerei Isidor Israel (Maingasse 17), Viehhandlung Isaak Karpf (Lehmgrubenweg 6), Antiquitäten, Hüte und Mützen Daniel/ Ernst Klaus (Maingasse 3), Viehhandlung Siegfried Schwarzschild (Veitsgasse 2 oder 6), Maschinen- und Fahrradhandlung Sigmund Schwarzschild (Ecke Lindenstr./Kapellengasse), Buchbinderei und Papierwarenhandlung Isaak Strauß (Maingasse 1), Metzgerei Isaak Strauß (Mühlenstr. 6), Manufakturwarengeschäft Simon Thalmann (Rathausgasse 4, zugl. Stammhaus der Fam. Benario seit 1806).

Auf dem *Gefallenendenkmal* unter dem Portikus der städt. Friedhofskapelle sind auch die beiden jüd. Gefallenen des Ersten Weltkriegs aus Wertheim genannt.

Hundsnurscher/Taddey S. 294–298; E. L. Rapp, Die hebr. Steininschriften in Wertheim, in: Wertheimer Jahrbuch (1961/62) S. 19–48; M. Eschelbacher, Leopold Benario 1822–1906. Ein Lebensbild, in: Main-Tauber-Post 11. Nov. 1963, 10. Febr. 1968, Wertheimer Zeitung 12. Aug. 1976, Fränkische Nachrichten 9. Nov. 1978, 21. Okt. 1980; F. Metz, Das Tauberland, in: Vom Bodensee zum Main 37 (1930) S. 95; Ausk. StV Wertheim 11. Apr. 1986, 14. Mai 1986.

Wittighausen
Ortsteil Unterwittighausen

Zur Geschichte jüdischer Bewohner. In Unterwittighausen lebten seit 1576 einige der aus

Grünsfeld vertriebenen Juden. Verschiedene Gewannbezeichnungen erinnern an die jüd. Geschichte: südwestl. des Ortes die Flur »Judenbrünnlein«, nördl. die Flur »Judengarten« und an der Gemarkungsgrenze zu Poppenhausen die Flur »Jerusalem«. Die Herkunft der Bezeichnungen ist nicht bekannt.

E. Weiß, Geschichte der Stadt Grünsfeld. 1981. S. 560; Ausk. BMA Wittighausen 18. Juni 1985, 26. Juni 1985.

Ortsteil Vilchband

Zur Geschichte jüdischer Bewohner. In Vilchband lebten seit 1576 einige der aus Grünsfeld vertriebenen Juden.

E. Weiß, Geschichte der Stadt Grünsfeld. 1981. S. 560.

STADTKREIS MANNHEIM

Stadtteil Feudenheim

Zur Geschichte der jüdischen Gemeinde. In Feudenheim bestand eine Gemeinde bis 1938. Ihre Entstehung geht in die Zeit des 18. Jh. zurück (1774: 17 Juden am Ort). Die höchste Zahl jüd. Bewohner wird um 1864 mit 129 Pers. erreicht.
Wohngebiet und Einrichtungen der jüdischen Gemeinde. Das Wohngebiet konzentrierte sich bis ins 19. Jh. auf die untere Talstraße, die auch »Judengass« genannt wurde.
Die Gottesdienste wurden zunächst in einem *Betsaal* im Haus des Isaak Löw abgehalten. 1819 wurde eine *Synagoge* erbaut, die 1840/41 umgebaut und 1938 zerstört wurde. Auf dem Synagogengrundstück in der Neckarstr. 8 ist bis zur Gegenwart die südl. Mauer der Synagoge mit den Ansätzen von drei Fenstern erhalten und durch Anbringung einer *Gedenktafel* (1965) als Erinnerungsstätte hergerichtet.
1845 wurde gegenüber der Synagoge eine *Schule* eingerichtet, in der sich neben dem Schulzimmer das *rituelle Bad* und im Obergeschoß eine *Lehrerwohnung* befanden. 1876 wurde die Konfessionsschule aufgelöst, das Schulgebäude 1962 wegen Baufälligkeit abgebrochen.
Die Toten wurden zunächst in Hemsbach beigesetzt. Seit 1858 bestand ein eigener *Friedhof* an der Scheffelstr. 33, der bis 1900 benutzt wurde

337 Lage der jüdischen Friedhöfe in (Mannheim-) Feudenheim.

(Hinweistafel an der Außenmauer vorh.; Fläche 4,17 a). Von 1900 bis 1941 wurde ein *neuer Friedhof* im allg. Ortsfriedhof angelegt (auch hier *Hinweistafel* am Eingang zum jüd. Teil; Lage an der Talstr., Fläche 4,85 a).
Weitere Spuren der jüdischen Geschichte. An ehemaligen, teilweise bis nach 1933 bestehenden *Handels- und Gewerbebetrieben* sind bekannt: Viehhandlung Gustav Kahn (Hauptstr. 66), Viehhandlung Hermann Kahn (Talstr. 16), Bäckerei Julius Kaufmann (bis nach 1900, Brunnenstr. 4), Viehhandlung Sigmund Kirchheimer (Talstr. 19), Metzgerei Reimann (Hauptstr. 88), Textilgeschäft Fam. Scherrmann (bis um 1900, Hauptstr./Ecke Blücherstr.).

Hundsnurscher/Taddey S. 196; K. O. Watzinger, Die jüd. Gemeinde in Feudenheim, in: Mannheimer Hefte (1965) S. 14–17; H. Huth, Die Kunstdenkmäler des Stadtkreises Mannheim 2 (1982) S. 1427, 1461.

Stadtteil Mannheim

Zur Geschichte der jüdischen Gemeinde. In Mannheim besteht eine Gemeinde seit Mitte des 17. Jh. Erstmals wurden 1652 5 jüd. Fam. in der Stadt aufgenommen. Die höchste Zahl jüd. Bewohner wird um 1925 mit 6972 Pers. erreicht. Durch die Pogrome und Deportationen des »Dritten Reiches« bedingt, bestand von 1942 bis 1945 keine Gemeinde. Mind. 1300 Pers. kamen in der Verfolgungszeit 1933 bis 1945 ums Leben. 1945 konnte wieder eine – im Vergleich zur Vor-

338 Hauptsynagoge in Mannheim, 1855 erbaut, 1938 zerstört (hist. Aufnahme um 1910).

339   Inneres der Hauptsynagoge in Mannheim (hist. Aufnahme um 1900).

kriegszeit wesentlich kleinere – Gemeinde be-gründet werden.

Einrichtungen der jüdischen Gemeinde. *Synagogen:* Um 1660 wurden eine erste *Synagoge* und ein *rituelles Bad* (Standort unbekannt, möglicherweise in F 2.13/14) errichtet. Sie fielen der Zerstörung der Stadt durch die Franzosen 1689 zum Opfer. Um 1700 wurde eine neue Synagoge in F 2.13 erbaut (1851 abgebr.). 150 Jahre später wurde an derselben Stelle eine dritte Synagoge erbaut (1855 eingeweiht, *Hauptsynagoge* genannt). 1933 wurde sie erstmals demoliert, 1938 gesprengt. Die Ruine wurde 1955 abgetragen. Im heutigen Gebäude F 2.13 findet sich im Eingangsbereich eine *Gedenktafel* für die Synagoge.

1708 wurde aufgrund einer Stiftung von Lemle Moses Reinganum in F 1.11 ein *Beth Hami-drasch* (jüd. Lehrhaus mit Synagoge) errichtet (»Lemle-Moses-Klaus«). Nach dem Bau der Hauptsynagoge 1855 blieb die Lemle-Moses-Klaus Zentrum der konservativen Juden. 1887/88 wurde sie vollständig umgebaut, 1929/30 nochmals umfassend erneuert. In dem Gebäudekomplex F 1.11 waren auch die Wohnungen der Rabbiner und verschiedene Gemeinde-Einrichtungen (u. a. Bibliothek). 1938 wurde die Klaus demoliert, doch konnten nach der Renovierung an Pessach 1939 hier wieder Gottesdienste gefeiert werden (bis 1940). Das Gebäude wurde 1944 kriegszerstört; das Anwesen wurde nach Abbruch der Ruinen 1951/52 neu bebaut.

Ein weiteres *Beth Hamidrasch* wurde um 1730 von Michael May gestiftet (»Michael May'sche Klaus«), doch bereits 1765 wieder aufgelöst. Län-

340 Klausstiftung in Mannheim nach dem Umbau 1929/30 (Aufnahme um 1930).

341 Innenansicht der Lemle-Moses-Klaus-Synagoge vor dem Umbau 1929/30.

ger bestand das von Elias Hayum begründete *Beth Hamidrasch* (1758 bis 1880, sog. »Stuttgarter Schul« in G 2.19/20).

Neben den beiden Synagogen entstanden ab etwa 1900 bis in die Zeit des »Dritten Reiches« (u. a. in F 3 und F 7) noch mehrere »Betstübel« von aus dem Osten zugewanderten Juden. 1946 wurde im ehem. jüd. Waisenhaus R 7.24 eine *Behelfssynagoge* eingerichtet. 1957 konnte ein *Gemeindezentrum* mit einer *Synagoge* in der Maximilianstr. 6 eingeweiht werden, 1985 bis 1987 wurde ein neues Gemeindezentrum mit Synagoge in F 3 errichtet (Einweihung September 1987).

An die alten Synagogen erinnern nur noch wenige Stücke: Die *Gebotstafeln der Hauptsynagoge* sind im Innern der Synagoge Maximilianstraße angebracht. Ein *Portal-Fragment* der Lemle-Moses-Klaus und ein *Stein aus der Hauptsynagoge* finden sich in der Synagoge in Millburn/USA. Ein weiterer *Stein der Hauptsynagoge* befindet

sich in New York (United Jewish Appeal). In der Synagoge Habonim in New York ist ein *Stein der Friedhofshalle* in ein Mahnmal eingebaut. Große Teile der *Bibliothek der Klaus* sind im Hebrew Union College in Cincinnati/USA.

Schulen: 1821 wurde in Mannheim die erste öffentliche *jüd. Volksschule* Badens eröffnet. Sie bestand bis zur Auflösung der Konfessionsschulen 1876. Der Unterricht fand in Räumen der Lemle-Moses-Klaus statt.

1934 mußte wieder eine jüd. *Schule* eingerichtet werden, zunächst für Schulanfänger in der Luisenschule (Tattersallstr. 28−30), dann für alle Klassenstufen im Schulhaus K 2.5 (seit 1936). 1939 mußte das Schulhaus K 2 geräumt werden, seitdem wurde der Unterricht ganz in den Räumen der Klaus, 1941/42 zuletzt noch im jüd. Gemeindehaus B 7.2 erteilt (bis 30. Juni 1942).

Mikwen: Die bis 1938 in F 5.25 bestehende Mikwe wurde beim November-Pogrom zerstört; die danach (bis 1942) benutzte Mikwe in B 7.3 ist erhalten.

Friedhöfe: Die Toten wurden bis 1661 in Worms beigesetzt. 1661 konnte ein *Friedhof* im Quadrat F 7 (33–37) angelegt werden, auf dem bis 1840 die Toten beigesetzt wurden. 1840 wurde neben dem neuen Hauptfriedhof an der Feudenheimer Straße auch ein *neuer jüd. Friedhof* angelegt, der bis zur Gegenwart belegt wird (Fläche 273,81 a). 1938 mußte der alte Friedhof F 7 geräumt werden; die Gebeine von 3586 hier bestatteten Toten wurden in einem Sammelgrab auf dem neuen Friedhof beigesetzt (unweit des Eingangs; Gedenksteine und einige alte Grabsteine, z.B. von Lemle Moses, erinnern daran). Die Fläche des alten Friedhofes wurde teilweise überbaut, teilweise zu einer Grünanlage umgestaltet. An die frühere Bestimmung erinnert eine *Gedenktafel.* – Auf dem neuen Friedhof wurde im Eingangsbe-

reich 1900 eine *Bethalle* anstelle eines zuvor hier bestehenden Vorgängerbaus erstellt. 1938 wurde die Bethalle gesprengt. Ein gleichfalls um 1900 erbautes Nebengebäude der Bethalle konnte 1954 restauriert werden und dient nun als *Friedhofshalle.* 1954 wurde im Eingangsbereich des Friedhofes ein *Gedenkstein* »Denen, die kein Grab fanden« aufgestellt.

Weitere Einrichtungen: 1711 wurde in E 5.9 ein Haus zur Beherbergung armer und fremder Juden erworben. Auch eine koschere Metzgerei und eine rituelle Bäckerei wurden hier untergebracht. 1832 wurde am selben Platz ein »Kranken- und Pflegeheim« (»Israelitisches Kranken- und Pfründnerhaus«) eingerichtet, das als Krankenhaus später mehrfach um- und ausgebaut wurde. 1936 mußte es geschlossen und abgebrochen werden. An seiner Stelle wurde das Technische Rathaus erbaut. Das Krankenhaus wurde

342 *Grabstein des Lemle Moses auf dem alten jüdischen Friedhof in Mannheim vor dessen erzwungener Auflösung 1938.*

343   *Gebäude am Eingang zum jüdischen Friedhof Mannheims, die Bethalle wurde 1938 gesprengt (hist. Aufnahme um 1925).*

344   *Familiengrab auf dem jüdischen Friedhof Mannheim (1985).*

1936 in das seit 1931 bestehende Gebäude des jüd. *Altersheims* in der Bassermannstr. 47–53 (damals Collinistr.) verlegt. Hier war nach 1931 auch das *Israelitische Krankenschwesternheim* (zuvor C 2,19). Das Gebäude des Altersheimes wurde 1941 beschlagnahmt, danach bestand noch einige Monate ein Ersatzaltersheim im Haus Würzweiler B 7.3, aus dem 1943 das Haus der Gestapo wurde. Das Gebäude des Altersheimes in der Bassermannstr. dient heute wieder als Alters- und Pflegeheim und wurde nach der letzten jüd. Oberschwester »Pauline-Maier-Haus« benannt (Hinweis- und Erinnerungstafel im Haus).

Ein *israelitisches Schlachthaus* wurde nach 1726 am Rheinhafen erbaut. Anfang des 19. Jh. wurde es neu gebaut, diente jedoch bereits in der zweiten Hälfte des 19. Jh. als Lagerraum (besteht nicht mehr). Jüd. Metzger benutzten später einen gesonderten Raum im Städt. Schlachthof.

1869 wurde ein Verein für Kinderpflege begründet, der ein *Kinderheim* zur Betreuung von 250 noch nicht schulpflichtigen Kindern hatte (Elfenstr. 7). 1907 bis 1911 bestand eine jüd. *Kinder-*

◁ 345 *Denkmal für die auf den neuen jüdischen Friedhof Mannheims 1938 umgebetteten Gebeine aus dem alten Friedhof (1985), dahinter links der Grabstein des Lemle Moses.*

346 *Israelitisches Altersheim Mannheim am Neckar (Aufnahme um 1932), heute »Pauline-Maier-Haus«.*

stube in K 7.12; 1911 wurde sie in G 7.20 verlegt, 1932 in die Werftstr. 2. 1893 wurde ein *Waisenhaus* für Jungen in R 7.24 eingerichtet; Mädchen wurden in Familien untergebracht. Das *Jugendheim* bestand neben der Synagoge in F 2.13 (nach 1960 abgebr.). Der jüd. *Gesangverein »Liederkranz«* hatte sein Heim bis 1936 in E 5.4, danach in Q 2.16 (nach Umwandlung des »Liederkranzes« in den *jüd. Kulturbund*). Dazu bestanden die Israelitische Beerdigungsbruderschaft (C 7.11) und der Israelitische Frauenverein (F 1.11), der Hilfsverein der Deutschen Juden (D 3.6) und das Israelitische Wohlfahrts- und Jugendamt (bis 1936 in M 6.12). Wichtig waren auch die *August-Lamey-Loge* in C 4.12, der *Turn- und Sportverein Bar Kochba*, die *Ressource-Gesellschaft* (jüd. geselliger Verein) in C 1.2, das *Lehrhaus* (nach dem Vorbild des Frankfurter Lehrhauses), gegr. 1929, verteilt in verschiedene Räume, hauptsächlich M 6.12, später E 7.28. 1925 konnte ein neues jüd. *Gemeindehaus* in M 6.12–14 mit dem Stadtrabbinat, Vereins- und Jugendräumen, Bibliothek u.a. als Mittelpunkt für das Gemeindeleben eingerichtet werden. Ab 1937 befand es sich in E 7.28, ab 1938/39 in B 7.2 (bis 1942).

Weitere Spuren der jüdischen Geschichte. *Straßenbezeichnungen:* Ende des 17. Jh. wird bei der Synagoge ein »Judenschulplatz« genannt; in der zweiten Hälfte des 18. Jh., als geplant war, die jüd. Fam. zu konzentrieren, gab es eine »Judengasse« (später in Lazarettstr. umbenannt, heute zwischen F 6 und F 7). Beide Bezeichnungen existieren nicht mehr, dasselbe gilt für das nördl. Bollwerk der Festungsanlagen des 17. Jh., »Judenbollwerk« genannt.

Stiftungen: 1906 konnte durch eine Stiftung der Fam. Kahn die erste Volksbücherei in Mannheim mit Lesehalle und Kinderlesezimmer eingerichtet werden (»Bernhard-Kahn-Lesehalle« in der Neckarstadt, Lortzingstr. 13; kriegszerstört, heute an ders. Stelle *Bernhard-Kahn-Bücherei*).

Das Ehepaar Julius und Henriette Aberle ermöglichte 1907 durch eine große Stiftung die Errichtung der *Kunsthalle.* Diese, das Reißmuseum und die Stadtbibliothek besitzen bedeutende Kunstwerke und kostbare Buchausgaben, die vor allem von den jüd. Mitbürgern Sally Falk, Richard Lenel, Carl Baer und Julius Mammelsdorf gestiftet worden sind. Mit der *Sammlung Carl Baer* waren

347 *Ehemalige »Bernhard-Kahn-Lesehalle« in Mannheim; das Gebäude wurde im Zweiten Weltkrieg zerstört.*

bis zum Zweiten Weltkrieg 3 Räume des Schloßmuseums gefüllt (Kaminsaal, Pavillon-Ecksaal und Kleinporträtsaal).

Mit Geldern aus der Stiftung des Stadtrates Bernhard Herschel konnte 1912/13 in U 3.1 das *Herschelbad* erbaut und 1920 eröffnet werden, jahrzehntelang das einzige Hallenbad der Stadt (kriegszerstört, jedoch bis 1961 wieder aufgebaut). Im Vorraum des Herschelbades findet sich eine Gedenktafel für Bernhard Herschel, der außerdem bereits 1890 für den Ehrenhof des Schlosses 2 Monumentalbrunnen stiftete, die 1942 entfernt und eingeschmolzen wurden.

Der Geheime Kommerzienrat Victor Lenel übergab 1911 der Stadt ein von ihm finanziertes Erholungsheim für Schulkinder Mannheims in Neckargemünd (s. dort, »Victor-Lenel-Heim«).

Gedenksteine und -tafeln: In der Zeit des »Dritten Reiches« verschwanden die Gedenksteine und -tafeln, die bereits zuvor an jüd. Personen erinnern sollten, vor allem die Ehrentafeln für die jüd. Wohltäter und Stifter im Turmsaal des Rathauses, die Aberle-Gedenktafel im Vestibül der Kunsthalle (1936 entfernt), das Denkmal für Ludwig Frank und eine Gedenktafel im Vorraum des Theaters zur Erinnerung an die Stiftung der Fam. Gallenberg. Im Zweiten Weltkrieg wurde das Denkmal des Ministers August Lamey, des Vaters der befreienden Judengesetze von 1862, von seinem Standort am Friedrichsring westl. des Rosengartens (R 7.46) entfernt und eingeschmolzen.

Museumsbestände: Im städt. *Reiß-Museum* befinden sich einige Porträts jüd. Persönlichkeiten aus dem 18. bis 20. Jh. sowie Ansichten und Photographien der Synagoge aus dem 19. Jh. Eine Darstellung der bibl. Kundschafter (»Josua und Kaleb, die Traube tragend«) stammt möglicherweise vom Oberlichtgitter der ersten 1705 erbauten, 1851 abgebrochenen Hauptsynagoge.

Im Mainfränkischen Museum in Würzburg befindet sich ein Seder-Teller aus Mannheim, im Jewish Museum in New York ein goldener Kidduschbecher und ein Toramantel, im Israel Museum in Jerusalem zwei Schächtstempel, ein Beschneidungsbuch und ein Buch der Chewra Kadischa.

Eine Übersicht über die ehem. jüd. *Gewerbebetriebe Mannheims* ist bislang nicht erstellt worden.

Persönlichkeiten und auf sie bezogene Erinnerungsmale.

Elisabeth Altmann-Gottheimer (1874–1930), Volkswirtin, 1912 bis 1921 Hrsg. der Jahrbücher der Frauenbewegung, seit 1919 Prof. an der Handelshochschule in Mannheim, Frau des Prof. der Finanzwissenschaft *Sally Altmann* (1878–1931). Sie gründete in Mannheim die Soziale Frauenschule und schrieb für Arbeiterinnenschutz und Frauenstimmrecht.

Alice Bensheimer (1864–1935), war ehrenamtlich in stadträtlichen Kommissionen sozial tätig, Schriftführerin des Bundes dt. Frauenvereine, leitete 1921 bis 1931 dessen Nachrichtenblatt, richtete eine Rechtsschutzstelle für Frauen und die Mannheimer Jugendgerichtshilfe ein.

Jakob Bensheimer (1807–1863), Verleger und Buchhändler, Gründer des Verlages J. Bensheimer, der sich vor allem auf rechts- und staatswissenschaftliche Literatur spezialisierte; nach ihm ist in Mannheim die *Jakob-Bensheimer-Straße* benannt. Sein Sohn *Julius Bensheimer* (1850–1915) führte den Verlag über 40 Jahre lang.

Paul Eppstein (1902–1944 KZ Theresienstadt), leitete von 1928 bis 1933 die Volkshochschule Mannheim, war Privatdozent an der Handelshochschule ebd.; seit 1934 Vorstandsmitglied

348 *Alice Bensheimer (1864–1935, Foto um 1910).*

der Reichsvertretung der deutschen Juden in Berlin, wo er die Auswanderungsstelle leitete. In den Räumen der Volkshochschule wurde 1972 eine Büste von Eppstein aufgestellt, der Vortragssaal 1985 *»Paul-Eppstein-Saal«* genannt.

Ludwig Frank (1874–gef. 1914), siehe bei (Schwanau-)Nonnenweier; das für ihn 1924 in Mannheim aufgestellte Denkmal wurde im »Dritten Reich« beseitigt; an ihn erinnern heute die *Ludwig-Frank-Straße*, eine 1950 im Luisenpark aufgestellte Jünglingsfigur, ein Gymnasium und eine Bundeswehrkaserne, die seinen Namen tragen.

Rosa Grünbaum (1881–1942 KZ Auschwitz), gründete vor dem Ersten Weltkrieg mehrere Kindergärten zur Linderung des Elends unter Arbeiterkindern und ein Kindergärtnerinnenseminar (1920 zum städt. »Fröbelseminar« ausgebaut). Am Eingang des 1926 errichteten Gebäudes des Fröbelseminars erinnert eine *Gedenktafel* an Rosa und ihre Schwester Dora Grünbaum.

Max Hachenburg (1860–1951), Handelsrecht-
ler, wurde 1885 Rechtsanwalt in Mannheim und
war ein führender Vertreter des Juristenstandes;
1939 nach England emigriert, 1946 in die USA;
1949 Ehrenbürger der Stadt Mannheim; die *Max-
Hachenburg-Schule* (Handelsschule) trägt seinen
Namen, gleichfalls eine Straße im Stadtteil Feudenheim *(Max-Hachenburg-Straße).*
Hermann Hecht (1877–1969), Begründer der
Rhenania-Schiffahrts- und Speditionsgesellschaft
(1908); bis 1934 tätig in verschiedenen Aufsichts-
räten, auch im Vorstand des Vereins zur Wahrung
der Rheinschiffahrtsinteressen.
Stefan Heymann (1896 Mannheim – 1967 Berlin-
Ost), Politiker, seit 1919 in führenden Stellungen
der KPD; 1929 Chefredakteur der »Arbeiterzei-
tung«, 1933 bis 1945 in verschiedenen Konzentrationslagern; nach 1945 Politiker der SED in
Berlin; 1950 bis 1953 Botschafter der DDR in
Ungarn, 1953 bis 1957 in Polen.
Daniel-Henry Kahnweiler (1884 Mannheim –
1979 Paris), Kunsthändler, Verleger, Schriftsteller, förderte Künstler des 20. Jh., u.a. Picasso,
Gris, Braque.
Karl Ladenburg (1827–1909), Bankier, leitete
das von seinem Großvater Wolf Haium Ladenburg begründete Bankgeschäft, das an der Gründung zahlreicher bedeutender Firmen beteiligt
war; Mitglied im Aufsichtsrat vieler Firmen; 1907
Ehrenbürger der Stadt Mannheim; nach ihm
wurde die *Karl-Ladenburg-Straße* im Stadtteil
Neuostheim benannt.
Victor Lenel (1838–1917), Unternehmer, begründete 1873 mit seinem Bruder die Rheinische
Hartgummifabrik, die später als Rheinische
Gummi- und Celluloidfabrik Weltruhm erlangte;
1903 bis 1911 Präsident der Handelskammer;
stiftete 1911 ein Erholungsheim für Kinder in
Neckargemünd.
Richard Lenel (1869–1950), Unternehmer, 1909
bis 1920 Handelsrichter, 1920 bis 1933 Präsident
der Handelskammer, 1949 Ehrenbürger der Stadt
Mannheim. Eine Straße im Stadtteil Feudenheim
trägt seinen Namen *(Richard-Lenel-Straße);* an
seinem Geburtshaus in der Maximilianstraße ist
eine *Gedenktafel* angebracht.
Ernst Joseph Lesser (1879–1928), Physiologe,
1907 Dozent in Halle, 1910 bis 1928 Laborato-
riumsvorstand der Krankenanstalten in Mann-

349   *Carl Ladenburg (1827–1909, Foto um 1900).*

heim, trat für wissenschaftliche Forschung an
städt. Krankenhäusern ein. Seine Untersuchungen der Pankreas (Bauchspeicheldrüse), 1913,
bahnten den Weg zur Entdeckung des Insulins.
1930 wurde eine *Gedenkbüste* für ihn in der Vorhalle der Krankenanstalten aufgestellt, die 1933
entfernt und heute in der Kunsthalle aufgestellt
ist.
Pauline Maier (1877–1942), s. bei (Wiesloch)-
Baiertal.
Gershon Meron (erst Gerhard Muenzner, 1904
Mannheim – 1958 Tel Aviv), Volkswirt und
Rechtsanwalt, ging 1933 nach Palästina, war 1948
bis 1952 Direktor der Wirtschaftsabteilung im
Außenministerium von Israel.
Lemle Moses Reinganum (1666–1724), nach
1700 vom Kurfürst ernannter Hof- und Obermi-
lizfaktor; erfolgreicher Geschäftsmann, Förderer
der Landwirtschaft und der Viehzucht; Begrün-
der des nach ihm benannten Lehrhauses (Lemle-
Moses-Klaus).

350   Pauline Maier (1877–1942, Foto um 1930).   *351   Otto Selz (1881–1943, Foto um 1930).*

Eugen Isaak Neter (1876–1966), Kinderarzt; Verfasser zahlreicher Schriften zur Kleinkinderpflege und -erziehung; Mitbegründer des Fröbelseminars für angehende Kindergärtnerinnen; 1940 bis 1945 im KZ Gurs, danach Auswanderung nach Palästina. An seiner ehemaligen Praxis in Q 1.9 erinnert eine *Gedenktafel* an den Arzt; im Stadtteil Blumenau ist die »Eugen-Neter-Schule« nach ihm benannt.

Berthold Rosenthal (1875–1957), Historiker, Verfasser der »Heimatgeschichte der badischen Juden« (1927) und weiterer historischer Abhandlungen. 1940 in die USA emigriert.

Otto Selz (1881–1943 KZ Auschwitz), seit 1923 Prof. für Philosophie, Psychologie und Pädagogik an der Handelshochschule Mannheim, 1929/30 Rektor. 1932 wurde das Institut für Psychologie der Universität Mannheim in »Otto-Selz-Institut für Psychologie und Erziehungswissenschaft« umbenannt.

Nathan Stein (1857–1927), Jurist, 1889 Oberamtsrichter in Mannheim, 1900 Oberlandesgerichtsrat in Karlsruhe, 1914 als erster Jude in Deutschland Präsident eines Landgerichts (in Mannheim).

Florian Waldeck (1886–1960), Politiker, 1926 Fraktionsvorsitzender der DVP, 1929 Vizepräsident des Landtags, Förderer der Kultur der Stadt Mannheim, 1939 bis 1945 in der Emigration in Belgien; 1948 Präsident der Rechtsanwaltskammer Nordbaden, 1959 Präsident der Bundesrechtsanwaltskammer. Ein Vortragssaal im Reiß-Museum wurde »Florian-Waldeck-Saal« benannt.

Heinrich Wetzlar (1868–1943 KZ Theresienstadt), s. bei Stutensee.

Hundsnurscher/Taddey S. 186–196; H. J. Fliedner, Die Judenverfolgung in Mannheim 1933–1945. 2 Bde. 1971; H. Huth, Die Kunstdenkmäler des Stadtkreises Mannheim 2. 1982; K. O. Watzinger, Die Geschichte der jüdischen

Gemeinde Mannheims. 1981; V. Keller, Die Klaus-Synagoge in Mannheim. Zur Geschichte der Lemle-Klaus-Stiftung, in: Mannheimer Hefte 1 (1984) S. 32–53; R. Bell, Die jüd. Rechtsanwälte Mannheims, in: Mannheimer Hefte 1 (1985) S. 35–38; V. Keller, Die ehem. Hauptsynagoge in Mannheim, in: Mannheimer Hefte 1 (1982) S. 2–14; P. V. Bohlman, Das Musikleben während der jüd. kulturellen Renaissance in Mannheim vor dem Zweiten Weltkrieg, in: Mannheimer Hefte 2 (1985) S. 111–119; Ausk. W. O. Watzinger, Mannheim 23. Apr. 1986, 26. Sept. 1986; Ausk. Städt. Reiß-Museum 16. Febr. 1984; Ausk. V. Keller, Mühlacker 31. März 1987, 8. Apr. 1987; Festschrift zur Einweihung des jüd. Gemeindezentrums Mannheim F 3. Sonderveröffentlichung des Stadtarchivs Mannheim 17. 1987.

Stadtteil Sandhofen

Spuren der Verfolgungszeit 1933 bis 1945. In Sandhofen bestand von Sept. 1944 bis März 1945 ein *Außenkommando des Konzentrationslagers Natzweiler/Elsaß.* Das Lager war in Gebäuden der heutigen Gustav-Wiederkehr-Schule untergebracht (Kriegerstr. 15, 18 und 28). Ein Teil der Häftlinge waren Überlebende des Warschauer Aufstandes. Die zus. ca. 1000 Häftlinge leisteten Zwangsarbeit in Mannheimer Betrieben. Am Gebäude Kriegerstr. 28 befindet sich seit 1982 eine Gedenktafel zur Erinnerung an das KZ-Außenkommando und die ums Leben gekommenen Häftlinge.

Mannheimer Stadtkunde (Hg. Stadt Mannheim). 1982. S. 57; A. Schmid, Die Geschichte des Konzentrationslagers Mannheim-Sandhofen. Ein Beitrag zur Zeitgeschichte im regionalen Bereich. Zulassungsarbeit PH Ludwigsburg. 1976; J. Ziegler, Mitten unter uns. 1986. S. 160–182.

Stadtteil Seckenheim

Zur Geschichte jüdischer Bewohner. In Seckenheim waren vom 18. bis 20. Jh. einige Fam. ansässig (erste Nennung 1712 Jud Löw und Sohn Kusel; 1722: 3 Fam. am Ort), die zur Synagogengemeinde Ilvesheim gehörten (1827 genannt). An ehemaligen, bis nach 1933 bestehenden *Handelsbetrieben* sind bekannt: Viehhandlung Fritz Bär (Seckenheimer Hauptstr. 183), Eisenwarenhandlung Sigmund Oppenheimer (Seckenheimer Hauptstr. 105).

Hundsnurscher/Taddey S. 196; Löwenstein, Kurpfalz S. 162, 180, 210; Adreßbuch Mannheim. 1933/34.

NECKAR-ODENWALD-KREIS

Adelsheim
Stadtteil Adelsheim

Zur Geschichte der jüdischen Gemeinde. In Adelsheim bestand eine Gemeinde im MA und in der Neuzeit bis 1938. Im MA werden 1338 bis 1382 Juden in der Stadt genannt, für die Neuzeit seit 1690. Die höchste Zahl wird um 1885 mit 70 Pers. erreicht. Mind. 10 Pers. kamen in der Verfolgungszeit 1933 bis 1945 ums Leben.
Einrichtungen der jüdischen Gemeinde. Um 1700 war der *Betsaal* vermutl. in einem 1952 abgebrochenen Haus in der Torgasse, später in einem gleichfalls nicht mehr bestehenden Gebäude im Hof des Oberschlosses. Von der Mitte des 19. Jh. bis 1889 bestand eine *Synagoge* in der

Turmgasse 27. Dieses Gebäude wurde 1965/66 abgebrochen. 1889 wurde in der Tanzbergstr./ Ecke Untere Austr. eine *neue Synagoge* erstellt. 1938 wurde die Inneneinrichtung zerstört. 1939 bis 1977 diente das Gebäude als Milchsammelstelle und als Lager der landwirtschaftlichen Ein- und Verkaufsgenossenschaft. Im Sommer 1977 wurde es abgebrochen. Der Platz ist neu überbaut (Volksbank Franken).

Ein *rituelles Bad* und eine jüd. *Schule* waren im 19. Jh. im Gebäude der Synagoge Turmgasse 27 untergebracht.

Die Toten wurden bis 1883 in Bödigheim, danach in Sennfeld beigesetzt.

Weitere Spuren der jüdischen Geschichte. An ehemaligen, bis nach 1933 bestehenden *Handelsbetrieben* sind bekannt: Öle und Fette Max Alexander (Reitstr. 3), Schuh- und Lederwarengeschäft Moses Bieringer (Obere Austr. 4), Tabakwarengroßhandlung Manfred Bloch (Hardtstr. 1), Textilien Brunner & Goldschmidt, später Max Fleischmann (Lachenstr. 6), Textilien Leopold Hanauer (Marktstr. 13, abgebr.), Viehhandlung und Landesprodukte David Keller (Marktstr. 28), Viehhandlung Sally Rosenfeld (Marktstr. 15), Kohlen- und Landesprodukten-Großhandlung Adolf Schorsch (Bahnallee 4).

In den *Sammlungen der Stadt* befinden sich zwei Urkunden zur jüd. Geschichte aus den Jahren 1378 und 1763.

Hundsnurscher/Taddey S. 33 ff; GJ II,1 S. 3; StA Darmstadt Judaica Urk. Nr. 123, 136, 176, 179; G. Graef, Die Geschichte der Adelsheimer Juden, in: Heimatbilder aus der Geschichte der Stadt Adelsheim. 1969. S. 175 ff; Ausk. StV Adelsheim 29. Dez. 1983, 17. Febr. 1984, 21. Juni 1985; Ausk. G. Schneider, Wedemark 16. Aug. 1985; Ausk. W. Wetterauer, Adelsheim 10. Sept. 1985.

Stadtteil Sennfeld

Zur Geschichte der jüdischen Gemeinde. In Sennfeld bestand eine Gemeinde bis 1938. Ihre Entstehung geht in die Zeit des 17. Jh. zurück. Die höchste Zahl jüd. Bewohner wird um 1895 mit 124 Pers. erreicht. Mind. 22 Pers. kamen in der Verfolgungszeit 1933 bis 1945 ums Leben.

352 Ehemalige Synagoge in (Adelsheim-)Sennfeld, 1836 erbaut, 1938 demoliert, derzeit Vereinshaus (1984).

Einrichtungen der jüdischen Gemeinde. Im 18. Jh. war eine *Synagoge* (»Judenschule«) auf dem Platz der 1836 erbauten Synagoge oder in der unmittelbaren Nähe vorhanden. Hier lag vermutl. auch ein *rituelles Bad*, evtl. bei dem bis 1920 bestehenden, mit einem Abfluß in Richtung Hauptstr. versehenen »Judenseelein« (1920 aufgefüllt).

1836 wurde die *Synagoge* in der Hauptstr. 43 erbaut. Das Gebäude enthielt *Betsaal, rituelles Bad, Unterrichtsraum der jüd. Schule* (bis 1876 Konfessionsschule) und die *Lehrerwohnung*. 1938 wurde die Inneneinrichtung vollständig zerstört. 1951 bis 1961 diente das Gebäude als kath. Kirche. Seit einem Umbau 1964 ist im ehem. Betsaal ein Versammlungsraum für örtliche Vereine und Veranstaltungen der evang. Kirchengemeinde. 1973 wurde auf der ehem. Frauenempore das Ortsmuseum untergebracht. Am äußerlich weitgehend unveränderten Gebäude befindet sich noch der *Grundstein* mit der Jahreszahl »1836«, die darüber befindliche Inschrift (Ps. 118,20 hebr.) wurde im »Dritten Reich« herausgemeißelt.

Die Toten wurden bis 1882 in Bödigheim beigesetzt. In diesem Jahr wurde in einem Waldgebiet

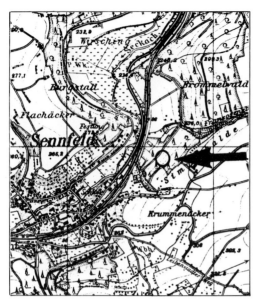

353 Lage des jüdischen Friedhofs bei (Adelsheim-) Sennfeld.

nordöstl. von Sennfeld (Flst. 4985, Gewann Greßbach, Fläche 6,23 a) ein eigener *Friedhof* angelegt, der seit 1883 auch von den Adelsheimer und Korber Juden benutzt wurde. Auf dem Friedhof befindet sich ein *Ehrenmal* für die 7 im Ersten Weltkrieg aus der jüd. Gemeinde Gefallenen.

Weitere Spuren der jüdischen Geschichte. An ehemaligen, bis nach 1933 bestehenden *Handels- und Gewerbebetrieben* sind bekannt: Metzgerei Ferdinand Falk (Hauptstr. 45, abgebr., ehem. Schlachthaus wird als Lager genutzt), Metzgerei Schmai Falk (Schloßstr. 6), Schuhmacher Isaak Hamburg (Hauptstr. 43), Bäckerei und Mazzenversand Leopold Kaufmann (bis 1924, Hauptstr. 44), Pferdehandlung Maier Levi (Hauptstr. 26), Getreide- und Viehhandlung mit Landwirtschaft Siegfried Levi (Hauptstr. 38), Viehhandlung und Landwirtschaft Adolf Neuberger (Hauptstr. 55), Viehhandlung mit Landwirtschaft Isaak Neuberger (Hauptstr. 60), Metzgerei Sally Neumann (Bahnhofstr. 2), Getreide-Großhandlung Karl Reiß (Hauptstr. 61), Viehhandlung mit Landwirtschaft Salomon Neuberger (Kirchgasse 2), Viehhandlung mit Landwirtschaft Isaak Thalheimer (Hauptstr. 37).

1936 bis 1939 bestand eine *Hachschara*, ein landwirtschaftliches Lehrgut für die Vorbereitung von Jungen und Mädchen zur Auswanderung nach Palästina, in den Anwesen Adolf und Isaak Neuberger, Hauptstr. 55 und 60.

Im *Ortsmuseum* im ehem. Synagogengebäude bzw. in den *Sammlungen Sennfeld* werden als Erinnerungsgegenstände aufbewahrt: eine Mesusa, ein hölzerner einarmiger Leuchter (vermutl. aus jüd. Besitz), Ausweise (jüd. Kennkarten mit Aufdruck »J«) verstorbener, ausgewanderter oder deportierter Sennfelder Juden.

Hundsnurscher/Taddey S. 259 f; W. Wetterauer, Das ehemalige landwirtschaftliche jüd. Lehrgut in Sennfeld; ders., Die ehem. Synagoge in Sennfeld; ders., Der israelitische Friedhof in Sennfeld; ders., Das Judenseelein in Sennfeld (Mschr.). 1985; Ausk. StV Adelsheim 29. Dez. 1983, 17. Febr. 1984, 29. März 1984, 21. Juni 1985; Ausk. W. Wetterauer, Adelsheim 10. Sept. 1985.

Aglasterhausen

Zur Geschichte jüdischer Bewohner. In Aglasterhausen lebte seit 1909 Julius Nauen mit seiner Fam., Teilhaber einer Peitschen- und Lederfabrik (1942 in Auschwitz umgekommen).

Ausk. BMA Aglasterhausen 26. Apr. 1985, 15. Mai 1985.

Billigheim

Zur Geschichte der jüdischen Gemeinde. In Billigheim bestand eine Gemeinde bis 1938. Ihre Entstehung geht in die Zeit des 17. Jh. zurück. Die höchste Zahl jüd. Bewohner wird um 1836/ 39 mit 140 Pers. erreicht. Mind. 12 Pers. kamen in der Verfolgungszeit 1939 bis 1945 ums Leben.

Einrichtungen der jüdischen Gemeinde. Zunächst war vermutl. ein Betsaal vorhanden, 1804 wurde eine *Synagoge* erbaut. 1938 wurde sie durch in den Kamin geworfene Granaten schwer beschädigt. Später wurde das Gebäude zu einem Wohnhaus umgebaut. Im Zuge des Ausbaus der Schefflenztalstr. soll das Gebäude abgerissen

354 *Ehemalige Synagoge in Billigheim, 1804 erbaut, 1938 demoliert, Abbruch steht derzeit bevor (1985).*

werden (Schefflenztalstr. 35). Äußerlich erinnert vor allem noch der Türsturz mit hebr. Jahreszahl für 1804 an die Vergangenheit als Gotteshaus.
1835 wurde ein jüd. *Schulhaus* erbaut und bis 1876 als solches genutzt. Das Gebäude ist erhalten (Standort Entengasse, Flst. 205).
Die Toten wurden in Neudenau beigesetzt.
Weitere Spuren der jüdischen Geschichte. An ehemaligen, bis nach 1933 bestehenden *Handelsbetrieben* sind bekannt: Hausierhandel Abraham Bendheim (Schefflenztalstr. 27), Viehhandlung Adolf Siegel (Entengasse 18), Textilhandlung Klara Strauß (Schefflenztalstr. 72), Textilgeschäft Hermann Wertheimer (Schefflenztalstr. 13),
Zwischen Billigheim und Allfeld befindet sich ein landwirtschaftliches Einzelgehöft, das im Volksmund »Judenmühle« genannt wird (Allfelder Str. 1, Herkunft der Bezeichnung unbekannt).
Eine *Gedenktafel* für die in der Verfolgungszeit umgekommenen jüd. Einwohner ist an der Friedhofshalle des Ortsfriedhofes angebracht.

Hundsnurscher/Taddey S. 44f; Ausk. Staatl. Vermessungsamt Mosbach 23. Sept. 1985; Ausk. BMA Billigheim 26. Apr. 1984, 7. Mai 1985, 19. Juni 1985, 17. Dez. 1985.

Binau

Zur Geschichte der jüdischen Gemeinde. In Binau bestand eine Gemeinde bis 1938. Ihre Entstehung geht in die Zeit des 17. oder Anfang des 18. Jh. zurück. Die höchste Zahl jüd. Bewohner wird um 1839 mit 146 Pers. erreicht. Mind. 11 Pers. kamen in der Verfolgungszeit 1933 bis 1945 ums Leben.
Bereits vor 1792 war eine *Synagoge* (»Judenschule«) vorhanden. 1792 wurde sie wegen Baufälligkeit abgebrochen und eine *neue Synagoge* erbaut, in der sich auch die Wohnung des Lehrers befand; 1938 wurde das Gebäude beschädigt. Nach 1945 waren hier das Postamt und eine Wohnung untergebracht, inzwischen dient das ganze Haus Wohnzwecken (Reichenbucher Str. 7).
Das *rituelle Bad* befand sich auf dem Anwesen Alte Dorfstr. 35. Es ist erhalten.
Um 1835 oder bereits im 18. Jh. wurde ein *Friedhof* der Gemeinde an der Reichenbucher Str. (100 m vom christl. Friedhof entfernt) angelegt (Flst. 972, Fläche 7,74 a). Auf diesem Friedhof wurde auch ein Teil der in den KZ-Außenkommandos Neckargerach und Neckarelz umgekom-

355 *Lage des jüdischen Friedhofs bei Binau.*

menen Häftlinge und Zwangsarbeiter beigesetzt.
Ein *Gedenkstein* erinnert an die Opfer der Lager.
Weitere Spuren der jüdischen Geschichte. An
ehemaligen, bis nach 1933 bestehenden *Handelsbetrieben* sind bekannt: Stoffladen Samuel
Eisemann (Reichenbucher Str. 12), Viehhandlung Karl Kaufmann (Alte Dorfstr. 16), Viehhandlung Willi Kaufmann (Alte Dorfstr. 20), Viehhandlung Fam. Ödheimer (Reichenbucher
Str. 3), Kleinviehhandlung Jakob Würzburger
(Reichenbucher Str. 5).
Spuren der Verfolgungszeit 1933 bis 1945. Im
Binauer Schloß war von Dez. 1944 bis Apr. 1945
die *Verwaltung des ehem. Konzentrationslagers
Natzweiler/Elsaß* untergebracht.
Persönlichkeiten. *Selig Scheuermann* (1873 Binau – 1935 Frankfurt a. M.), 1910 erster Kantor
an der neuen Synagoge Frankfurt (Westendsynagoge), 1925 Oberkantor ebd., veröffentlichte
auf dem Gebiet synagogalen Gesangs.

Hundsnurscher/Taddey S. 45 f; Die Binauer Juden, in: Heimatbuch Binau s. 181–188; P. Arnsberg, Die Geschichte der Frankfurter Juden 3.
1983. S. 264; Ziegler S. 263–279; Ausk. BMA
Binau 17. Nov. 1983, 3. Mai 1985, 26. Aug. 1985.

Buchen (Odenwald)
Stadtteil Bödigheim

356   Lage des jüdischen Friedhofs bei (Buchen-)Bödigheim.

Zur Geschichte der jüdischen Gemeinde. In Bödigheim bestand eine Gemeinde bis 1938. Ihre
Entstehung geht in das 14. Jh. zurück (erste Nennung 1345). Seitdem haben vermutl. ununterbrochen bis in die Zeit des »Dritten Reiches« Juden
in Bödigheim gelebt. Die höchste Zahl wird um
1836 mit 119 Pers. erreicht. Mind. 5 Pers. kamen
in der Verfolgungszeit 1933 bis 1945 ums Leben.
**Wohngebiet und Einrichtungen der jüdischen
Gemeinde.** Das Wohngebiet konzentrierte sich
vor allem auf die »Judengasse« (heute Hindenburgstr., Teilstück ab der Kreuzgasse).
Über Einrichtungen bis Anfang des 19. Jh. ist
nichts bekannt. Die Gemeinde verfügte vermutl.
über eine Synagoge oder zumindest einen Betsaal. 1818 wurde eine neue *Synagoge* in der heutigen Hindenburgstr. 14 erbaut, in der auch die
Lehrerwohnung untergebracht war. 1938 wurde

sie demoliert, bis 1945 stand das Gebäude leer.
Nach gewerblicher Nutzung des Synagogenraums und zur Unterbringung von Flüchtlingsfamilien 1946 bis 1950 wurde das ganze Gebäude
1951 zu einem bis heute bestehenden Wohnhaus
umgebaut. Erhalten ist der beschriftete *Grundstein* am Gebäude.
Neben der Synagoge befand sich ein Badhaus mit
rituellem Bad und einem Brunnen (besteht nicht
mehr). Auf dem Anwesen Hindenburgstr. 12
stand das *jüd. Schlachthaus* (besteht nicht mehr).
Vermutl. aus dem MA stammt der große jüd.
Verbandsfriedhof an der Straße nach Waldhausen
(Flst. 10385 »Judenkirchhof«, daneben Flst.
10386–88 »Judenacker«, Fläche 140,69 a). Dieser Friedhof diente bis zu 30 jüd. Gemeinden aus
dem Raum zwischen Eberbach und Boxberg als
Begräbnisstätte (1932 noch für 10 Gemeinden).

357/358 Grabsteine auf dem jüdischen Friedhof (Buchen-)Bödigheim (1985).

Die Schätzungen über die Zahl der Grabstätten liegen zwischen 2000 und 4000. An besonderen Erinnerungsmalen sind vorhanden: eine *Friedhofshalle* von 1888 (1984 renoviert) mit dem *Leichenwagen* (1910) und einer (beschädigten) hölzernen *Trage;* ein *Gefallenendenkmal* für die jüd. Gefallenen des Ersten Weltkrieges aus Angeltürn, Bödigheim, Buchen, Eberstadt, Großeicholzheim, Hainstadt, Kleineicholzheim und Strümpfelbrunn; ein als *steinerne Bank* gestaltetes Denkmal für die drei gefallenen Brüder Rothschild aus Eberstadt; eine *Gedenktafel* für die »Opfer des Faschismus« mit den Namen eines Teils der aus Kleineicholzheim umgekommenen jüd. Bewohner.

Auf dem *Gefallenendenkmal 1870/71* auf dem Kirchplatz finden sich auch Namen jüd. Gefallener aus Bödigheim. Auf den *Gefallenendenkma-*

len 1914/18 des jüd. wie auch des christlichen Friedhofes finden sich auch die Namen der beiden jüd. Gefallenen aus Bödigheim.

Weitere Spuren der jüdischen Geschichte. An ehemaligen, bis nach 1933 bestehenden *Handels- und Gewerbebetrieben* sind bekannt: Metzger und Viehhändler Julius Bravmann (Hauptstr. 45), Gemischtwarenladen Michael Eisenmann (Hausemer Weg 16), Leder- und Fellhandlung Ferdinand Haas (Hauptstr. 43), Gemischtwarenhandlung und Tankstelle Max Neumann (Hauptstr. 26), Krämerladen Salomon Salm (Hindenburgstr. 6).

FN: Außer den beim Friedhof bestehenden FN gab es die Bezeichnungen »Vorderer« und »Hinterer Judenbuckel« (heute Weinbergstr. und Hausemer Weg). Unweit der Kirche heißt ein alter Schöpfbrunnen in Volksmund »Judenbrunnen«.

Hundsnurscher/Taddey S. 47 ff; W. Wertheimer, Judenfriedhof im Odenwald, in: Odenwald-Klub 18 (1932) Nr. 9 und 10 (wieder abgedruckt, in: Mitteilungsblatt des Oberrats der Israeliten Badens 1. 1966); K. Schimpf, Bödigheim, in: 700 Jahre Buchen. 1980. S. 343 ff; M. Walter, Die Volkskunst im bad. Frankenland, in: Heimatblätter, Vom Bodensee zum Main 33 (1926) S. 85; GJ II,1 S. 90 f; Ausk. Staatl. Vermessungsamt Mosbach, Außenstelle Buchen 10. Sept. 1985; Ausk. OV Bödigheim 26. Jan. 1984; Ausk. BMA Buchen 29. Okt. 1985, 13. Jan. 1987.

Stadtteil Buchen (Odenwald)

Zur Geschichte der jüdischen Gemeinde. In Buchen bestand eine Gemeinde im MA (Erwähnungen zwischen 1337 und 1470, Verfolgungen 1337 und 1348/49) und in der Neuzeit bis 1938. Die Entstehung der neuzeitlichen Gemeinde geht in das 17. Jh. zurück. Die höchste Zahl jüd. Bewohner wird um 1864 mit 140 Pers. erreicht. Mind. 13 Pers. kamen in der Verfolgungszeit 1933 bis 1945 ums Leben.

359 Gefallenendenkmal auf dem jüdischen Friedhof in (Buchen-)Bödigheim für die Gefallenen des Ersten Weltkriegs (1985).

Wohngebiet und Einrichtungen der jüdischen Gemeinde. Um 1700 befanden sich die jüd. Wohnungen/Häuser vor allem in der Kellereigasse, in der Haaggasse (früher Oberes Kellereigäßlein, hier auch Rabbiner-Wohnung) und in der Wilhelmstr. (früher Obere Gasse). Das »Judengäßlein« (früher »Judengänglein«, zuvor Gerbersgäßlein) war damals nicht von Juden bewohnt. Der Name entstand erst einige Jahrzehnte später; das Judengänglein verbindet noch heute die Obere Gasse mit der Marktstr.

Der Standort einer ma. Synagoge (vermutl. vorhanden) ist unbekannt. Möglicherweise stand ein «Badbrunnen» in der Linsengasse mit einem 1415 erwähnten *rituellen Bad* in Zusammenhang.

Eine erste *Synagoge* der neuzeitlichen Gemeinde wird um 1700 genannt. Sie befand sich in der heutigen Haagstr. und grenzte an die seit 1791 in der Pfarrgasse 13 befindliche *Judenschule* an. Durch einen Brand 1861 wurde diese Synagoge schwer beschädigt. 1864 wurde in der Vorstadtstr. 35 eine neue Synagoge erbaut. Sie galt als die schönste im Bezirk. 1938 wurde das Gebäude verkauft, 1939 abgebrochen und an ihrer Stelle zunächst eine Autowerkstatt, später ein Einkaufsmarkt errichtet. Eine *Synagogen-Gedenktafel* wurde 1983 angebracht.

Eine jüd. *Schule* wurde 1791 in der ehem. Wirtschaft »Sonne« in der Pfarrgasse/Ecke Haagstr. eingerichtet (Pfarrgasse 13). 1843 bis 1877 befand sich in dem Gebäude die jüd. Volksschule. Das Gebäude wurde vor einigen Jahren im Zusammenhang mit der Stadtsanierung abgebrochen.

Das *rituelle Bad* war vor 1864 in der Linsengasse 9, danach in der Synagoge Vorstadtstr. 35.

Die Toten wurden in Bödigheim beigesetzt.

Weitere Spuren der jüdischen Geschichte. An ehemaligen, bis nach 1933 bestehenden *Handelsbetrieben* sind bekannt: Öl-, Fett- und Landesproduktenhandlung Jakob Bär (Marktstr. 34), Manufakturwaren-, Konfektions- und Schuhgeschäft Herbert Levi (Marktstr. 12), Viehhandlung und Gemischtwarengeschäft Leo Meyer (Vorstadtstr. 13), Manufakturwarenhandlung Adolf Oppenheimer (Wilhelmstr. 1), Textilgeschäft Joseph Oppenheimer und Hausierhandel Albert Oppenheimer (Marktstr. 21), Handelsmann Adolf Strauß (Walldürner Str. 10), Mehlhandlung Julchen Strauß (Amtsstr. 3), Manufakturwaren Leopold Strauß (Marktstr. 28), Textilgeschäft Max Sichel (Marktstr. 36).

Auf dem *Gefallenendenkmal 1870/71* bei der Kreuzkapelle findet sich auch der Name des jüd. Gefallenen aus Buchen. Auf dem *Gefallenendenkmal 1914/18* bei der Stadtkirche finden sich auch die Namen der beiden jüd. Gefallenen aus Buchen.

Gegenüber dem Gebäude Amtsgasse 12 (Café) bestand noch vor wenigen Jahrzehnten ein alter *Röhrenbrunnen*. Die linke der vier Röhren war den jüd. Bewohnern vorbehalten. Der Röhrenbrunnen ist inzwischen aufgefüllt, ein neuer Brunnen ist angelegt. Im Besitz des *Bezirksmuseums Buchen* sind an Erinnerungsstücken: der *Grundstein* der ehem. Synagoge von 1862 (Urkunde hierzu im Stadtarchiv), eine *Mesusa* vom Haus Max Sichel, Gemälde und Graphiken des Kunstmalers Ludwig Schwerin und literarische Beiträge ehemaliger Buchener Juden. Im Fürstl. Leiningenschen Archiv Amorbach befindet sich ein Geschäftsbuch eines jüd. Tuchhändlers aus Buchen aus der Mitte des 18. Jh.

Persönlichkeiten und auf sie bezogene Erinnerungsmale. *Jacob Mayer* (1866–1939), Lokal- und Heimatdichter Buchens. Nach ihm ist in Buchen die *Jacob-Mayer-Straße* benannt. – *Ludwig Schwerin* (1897–1983), aus Buchen gebürtiger bedeutender Maler in Israel. Nach ihm wurde die *Ludwig-Schwerin-Straße* benannt.

GJ III,1 S. 186f; Hundsnurscher/Taddey S. 61 f; R. Trunk, Die jüd. Gemeinde Buchen, in: 700 Jahre Stadt Buchen. 1980. S. 83–98, 174–177; H. Brosch, Buchen in alten Ansichten. Bilder 24, 55. 1979; Fränk. Nachrichten Nr. 260. 10. Nov. 1983; Ausk. Bezirksmuseum Buchen 16. Febr. 1984; Ausk. BMA Buchen 9. Nov. 1983, 29. Okt. 1985, 16. Dez. 1986; Ausk. R. Trunk, Buchen 14. Aug. 1985; Ausk. Staatl. Vermessungsamt Mosbach, Außenstelle Buchen 10. Sept. 1985.

Stadtteil Eberstadt

Zur Geschichte der jüdischen Gemeinde. In Eberstadt bestand eine Gemeinde bis 1936. Ihre Entstehung geht mind. in die Zeit des 18. Jh.

zurück. Die höchste Zahl jüd. Bewohner wird um 1836 mit 112 Pers. erreicht. Mind. 5 Pers. kamen in der Verfolgungszeit 1933 bis 1945 ums Leben.

Einrichtungen der jüdischen Gemeinde. Von den Einrichtungen der Gemeinde ist die *Synagoge* aus dem 19. Jh. erhalten. Ihr Standort ist unterhalb des Gasthauses »Krone« (Rathausstr. 21). 1937 wurde das Gebäude verkauft, 1953 durch die Gemeinde erworben. Nach einer Verwendung für gemeindliche Zwecke (Versammlungsraum) dient das Gebäude inzwischen als Lagerraum.

Die Toten wurden auf dem Friedhof in Bödigheim beigesetzt.

Weitere Spuren der jüdischen Geschichte. An ehemaligen, bis nach 1933 bestehenden *Handels- und Gewerbebetrieben* sind bekannt: Schankwirtschaft »Linde« Moses Lehmann (Rathausstr. 14), Branntweinbrennerei und -handlung mit

360 Ehemalige Synagoge in (Buchen-)Eberstadt, derzeit Lagerraum (1985).

Landwirtschaft Abraham Steinhardt (Dorfstr. 7), Kolonial- und Schuhwarengeschäft mit Landwirtschaft Emil Stern (im Synagogengebäude), Handelsmann Hirsch Stern (Rathausstr. 8/12), Gemischtwarenhandlung Susanna Stern und Handelsmann/Landwirt Josef Stern (Dorfstr. 2). Auf dem *Gefallenendenkmal* gegenüber dem Haus Rathausstr. 16 und auf den *Gefallenendenkmalen* (auch steinerne Bank) des jüd. Friedhofes Bödigheim finden sich auch die Namen der jüd. Gefallenen des Ersten Weltkriegs aus Eberstadt.

Der Distrikt II des Gemeindewaldes von Eberstadt nördl. des Steigeweges trägt die Bezeichnung »Judenhölzle« (Flst. 8990).

Hundsnurscher/Taddey S. 69f; Ausk. Staatl. Vermessungsamt Mosbach, Außenstelle Buchen 10. Sept. 1985; Ausk. OV Eberstadt 18. Jan. 1984; Ausk. BMA Buchen 29. Okt. 1985, 13. Jan. 1987.

Stadtteil Hainstadt

Zur Geschichte der jüdischen Gemeinde. In Hainstadt bestand eine Gemeinde bis 1938. Ihre Entstehung geht in die Zeit des 16. Jh. zurück. Die höchste Zahl jüd. Bewohner wird um 1839 mit 249 Pers. erreicht. Mind. 7 Pers. kamen in der Verfolgungszeit 1933 bis 1945 ums Leben.
Einrichtungen der jüdischen Gemeinde. Um 1600 wurde eine *Synagoge* im sog. »Judenbau« eingerichtet, die bis zum Anfang des 19. Jh. gottesdienstlichen Zwecken diente. In diesem Gebäude waren auch die Wohnungen zweier Familien und das Schlachthaus. Das Gebäude ist erhalten (Wohnhaus Hornbacher Str. 13—15), an ihm ist noch ein »Händedruck« erkennbar; Inschriften wurden entfernt.
1819 wurde eine neue *Synagoge* erbaut, 1938 demoliert, später abgebrochen (Standort Buchener Str. 15). Im Synagogengebäude befand sich auch die jüd. *Konfessionsschule* (1820 bis 1869, danach Religionsschule). Ein *rituelles Bad* war im Gebäude Hornbacher Str. 17 (nicht erhalten).
Die Toten wurden in Bödigheim beigesetzt.
Weitere Spuren der jüdischen Geschichte. An ehemaligen, bis nach 1933 bestehenden *Handels-*

und Gewerbebetrieben sind bekannt: Pferdehandlung Max Hofmann (Brunnenstr. 4), Uhrmacher Lazarus Kaufmann (Buchener Str. 20), Landwirt Willi Kaufmann (Bürgermeister-Keller-Str. 5/8), Zigarren- und Patentartikel Julius Mannheimer (Buchener Str. 17), Viehhandlung Eugen Neuberger (Hornbacher Str. 6), Viehhandlung, Öl- und Fetthandlung Josef Neuberger (Buchener Str. 6), Manufakturwarenhandlung Fanny und Moritz Rosenbaum (Hornbacher Str. 13/15).

Auf dem *Kriegerehrenmal 1914/18* in Hainstadt und auf dem Gefallenendenkmal des jüd. Friedhofes Bödigheim findet sich auch der Name des jüd. Gefallenen aus Hainstadt.

Persönlichkeiten und auf sie bezogene Erinnerungsmale. *Joseph Eschelbacher* (1848 Hainstadt – 1916 Berlin), Rabbiner, s. Anhang. Sein Name ist auf dem *Hainstadter Ehrenbrunnen* verzeichnet, der sich an der Friedhofsmauer befindet. Im »Dritten Reich« wurde der Name entfernt, 1973 wieder eingemeißelt.

Hundsnurscher/Taddey S. 118f; Ausk. StadtA Buchen 13. Jan. 1987; Ausk. Jad Waschem, Jerusalem 26. Dez. 1986.

Stadtteil Waldhausen

Zur Geschichte jüdischer Bewohner. In Waldhausen waren im 18. Jh. und bis kurz nach 1864 einige jüd. Pers. ansässig. Die Verstorbenen wurden in Bödigheim beigesetzt. Vermutl. wurden auch sonst die Einrichtungen in Bödigheim mitbenutzt.

Volkszählungsergebnisse des 19. Jh.; Kurzhinweis Dreifuß S. 49, 66; W. Wertheimer, Judenfriedhof im Odenwald, in: Mitteilungsblatt des Oberrats der Israeliten Badens. 1966.

Hardheim
Ortsteil Hardheim

Zur Geschichte der jüdischen Gemeinde. In Hardheim bestand eine Gemeinde bis 1938. Ihre Entstehung geht in die Zeit des 17. Jh. zurück,

361   *Ehemalige Synagoge in Hardheim, 1805 erbaut, 1938 demoliert, seither Wohnhaus (1985).*

wenngleich schon in früheren Jh. Juden genannt werden (1314 erste Nennung, 1349 Verfolgung, 1544 Jude Moße, 1567 Jud Abraham, dann wieder ab 1703). Die höchste Zahl wird um 1880 mit 158 Pers. erreicht. Mind. 15 Pers. kamen in der Verfolgungszeit 1933 bis 1945 ums Leben.

Einrichtungen der jüdischen Gemeinde. Eine Synagoge war nicht vorhanden. Im Gebäude Inselgasse 4 (1805 erbaut) befand sich ein *Betsaal*. 1938 wurde er demoliert, 1939 ist das Gebäude verkauft worden (heute Wohnhaus). Die Inselgasse hieß bis nach 1933 »Judengasse«. Ein *rituelles Bad* war in der Holzgasse 13. Die Toten wurden bis 1875 in Külsheim beigesetzt. Seither bestand ein eigener *Friedhof* (Flst. 1320 am Hohen Schmalberg, unmittelbar an das heutige Kasernengelände angrenzend, Fläche 8,54 a).

Weitere Spuren der jüdischen Geschichte. An ehemaligen, bis nach 1933 bestehenden *Handels- und Gewerbebetrieben* sind bekannt: Lederwarenhandlung Pfeifer Billigheimer (Wertheimer Str. 24), Viehhandlung Max Eschelbacher (Burggasse 7/8, abgebr.), Handelsvertreter Max Halle (Wertheimer Str. 61), Viehhandlung Liebmann Rosenthal (Walldürner Str. 20), Metzger und Viehhändler Sigmund Rosenthal (Bretzinger Str. 27), Kurz- und Wollwarengeschäft Amalie und Sophie Schwarzmann (Walldürner Str. 32), Eisen- und Maschinenhandlung Abraham Selig, Geschäftsführer Alfred Katz (Walldürner Str. 29), Getreidehandlung und Seifen- und Waschmittelfirma Julius Sinsheimer (Holzgasse 3, Bretzinger Str. 8, abgebr.), Viehhandlung Bernhard Strauß (Walldürner Str. 7), Schuh- und Manufakturwarenhandlung Julius Strauß (Walldürner Str. 18), Kolonialwarengeschäft mit Mehl- und Futtermittelhandlung Moses Strauß (Walldürner Str. 21–23), Textilhaus Fa. A. H. Urspringer OHG, Inh. Jakob Urspringer (Walldürner Str. 8).

Auf dem *Gefallenendenkmal 1870/71* findet sich auch der Name des jüd. Gefallenen aus Hardheim.

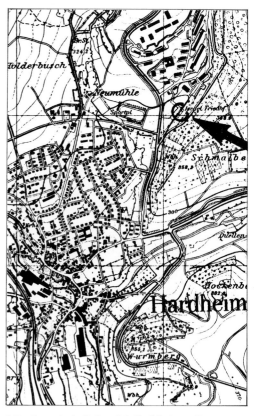

362   *Lage des jüdischen Friedhofs bei Hardheim.*

Hundsnurscher/Taddey S. 119 ff; QGJ Nr. 487; GJ II,1 S. 341; E. Weiß, Geschichte der Stadt Grünsfeld. 1981. S. 558, 567; Heimatbuch Hardheim. 1988; Ausk. Grundbuchamt Hardheim 25. Aug. 1986; Ausk. Kath. Pfarramt Hardheim 11. Febr. 1987.

Ortsteil Schweinberg

Zur Geschichte der jüdischen Gemeinde. In Schweinberg bestand vom 16. bis 18. Jh. eine kleine Gemeinde (erste Nennung 1578; 1621: 7 Fam. ansässig; Abwanderung vermutl. im 18. Jh.).
Spuren der jüdischen Geschichte. Südl. von Schweinberg heißt ein Waldstück (Flst. 6705–6749) »Judenpfad«, das vermutl. die Bezeichnung von einem alten, zwischen Hardheim und Königheim/Gissigheim verlaufenden Weg jüd. Händler bekam.

Rosenthal, Heimatgeschichte S. 60, 63, 160; Ausk. Staatl. Vermessungsamt Mosbach, Außenstelle Buchen 10. Sept. 1985.

Haßmersheim
Ortsteil Hochhausen

Zur Geschichte der jüdischen Gemeinde. In Hochhausen bestand eine Gemeinde bis 1913. Ihre Entstehung geht vermutl. in die Zeit des 17./ 18. Jh. zurück. Die höchste Zahl jüd. Bewohner wird um 1832 mit 127 Pers. erreicht.
Einrichtungen der jüdischen Gemeinde. Die Gemeinde besaß eine *Synagoge,* in der zugleich eine *Schule* (Konfessionsschule bis 1876, danach Religionsschule) untergebracht war. 1914 wurde das Gebäude verkauft und zu einem Wohnhaus umgebaut (Standort Mühlgasse 6).
Die Toten wurden in Mosbach beigesetzt.

Hundsnurscher/Taddey S. 205; Ausk. BMA Haßmersheim 28. Aug. 1985, 23. Jan. 1986, 3. März 1986.

Hüffenhardt

Zur Geschichte der jüdischen Gemeinde. In Hüffenhardt bestand eine Gemeinde bis 1938. Ihre Entstehung geht in die Zeit des 17. Jh. zurück. Die höchste Zahl jüd. Bewohner wird um 1890 mit 42 Pers. erreicht. Mind. 2 Pers. kamen in der Verfolgungszeit 1933 bis 1945 ums Leben.
Einrichtungen der jüdischen Gemeinde. Eine kleine *Synagoge* bestand in der Reisengasse/Ecke Bohnengasse (Baujahr unbekannt). Zuletzt wurden die Gottesdienste auch von Juden aus Wollenberg besucht. 1938 wurde die Synagoge zerstört und dem Erdboden gleichgemacht. An ihrer Stelle befinden sich heute Garagen und ein kleiner Garten zum Gebäude Reisengasse 15.
Die Toten wurden in Waibstadt beigesetzt, teilweise auch in Heinsheim und Bad Rappenau.
Weitere Spuren der jüdischen Geschichte. An ehemaligen, bis nach 1933 bestehenden *Handelsbetrieben* sind bekannt: Viehhandlung Bernhard Eisemann und Max Hofmann (Reisengasse 16), Manufakturwarenhandlung Gustav Kander (Reisengasse 4), Eisenwaren- und Getreidehandlung Leopold und Sigmund Kander (Hauptstr. 72).
Auf der *Ehrentafel 1914/18* im Sitzungssaal des Rathauses sind auch die Namen des jüd. Gefallenen und Kriegsteilnehmer aus Hüffenhardt eingetragen.

Hundsnurscher/Taddey S. 137 f; Heimatbuch Hüffenhardt (S. 86–89 »Der erste Weltkrieg 1914–18«, S. 168 »Die Juden im Dorf«); Ausk. BMA Hüffenhardt 17. Mai 1985, 10. Sept. 1985.

Mosbach
Stadtteil Mosbach

Zur Geschichte der jüdischen Gemeinde. In Mosbach sind jüd. Bewohner vom 13. bis zum 20. Jh. nachweisbar. Eine Gemeinde bestand im MA (Verfolgungen 1298, 1343 und 1348/49) und in der Neuzeit von der ersten Hälfte des 18. Jh. bis 1938. Die höchste Zahl jüd. Bewohner wird um 1871 mit 229 Pers. erreicht. Mind. 38 Pers. kamen in der Verfolgungszeit 1933 bis 1945 ums Leben.
Einrichtungen der jüdischen Gemeinde. Ma.

Einrichtungen sind nicht bekannt. Vor dem Bau der *Synagoge* 1860 befand sich ein *Betsaal* in der (nicht mehr bestehenden) Wilhelm-Stern-Schule am Bahnhof. Um 1860 wurde in der Frohndbrunnengasse (hinter Durchgang zwischen Hauptstr. 42 und 44) eine *Synagoge* erbaut. In ihr befand sich auch das *rituelle Bad*. 1938 wurde die Synagoge zerstört und dem Erdboden gleichgemacht. Der Platz wurde danach als Holzplatz benutzt; in den 50er Jahren wurden hier Garagen erbaut. An einer dieser Garagen befand sich seit 1969 eine *Gedenktafel* für die Synagoge. 1985/86 wurde der Platz als *Gedenkstätte* neu gestaltet (Abbruch der Garagen; neuer Gedenkstein).

Seit 1827 war Mosbach Sitz eines Bezirksrabbiners. Das *Rabbinat* befand sich zuletzt (1924 bis 1938) in der Pfalzgraf-Otto-Str. 3.

Der *Friedhof* der Gemeinde (zwischen heutigem städt. Friedhof und Kapellenweg, Flst. 2727, Fläche 16,27 a) wird bereits 1559 genannt. Auf dem im »Dritten Reich« schwer beschädigten Friedhof befindet sich ein *Gedenkstein* »Zum Gedenken an die verstorbenen jüd. Mitbürger der Stadt Mosbach«.

Weitere Spuren der jüdischen Geschichte. An ehemaligen, bis nach 1933 bestehenden *Handelsbetrieben* sind bekannt: Mehl- und Weinhandlung Gebr. Altmann (Hauptstr. 12), Landesprodukte Baer & Sohn (Eisenbahnstr. 18), Handlung und Bank Aron Blum (Hauptstr. 56), Zigarrenfabrik Leopold Blum (Neckarelzer Str. 11), Mehlhandlung Salomon und Manfred Braun (Eisenbahnstr. 20, Lager Güterbahnhofstr. 3), Schuhgeschäft Dilsheimer (Hauptstr. 41), Schreinerbedarf Berthold Hahn (Eisenbahnstr. 14), Modegeschäft Held (Seligmann-Held-Bloch, Hauptstr. 25), Tuchgeschäft Sigmund Kaufmann (Hauptstr. 45), Schreinereibedarf Sigmund Levi-

363 Synagogenbrand in Mosbach 1938.

364 Verbrennen des Synagogeninventars auf dem Rathausplatz in Mosbach, 10. November 1938.

◁ 365
Inschrift auf dem Gedenkstein für die ehemalige Synagoge in Mosbach (1987).

ta (Hauptstr. 76), Zahnarzt Dr. Alfred Mayer (Hauptstr. 100, bis 1928), Pferdehandlung Reuter (Hauptstr. 102–104), Lederhandlung Siegel (Hauptstr. 6), Öl- und Fetthandlung Vogel (Entengasse 2, abgebr.).

Auf dem *Gefallenendenkmal 1870/71* vor der Polizeidirektion Hauptstr. 81 findet sich auch der Name des jüd. (?) Gefallenen. Auf dem *Gefallenendenkmal 1914/18* auf dem städt. Friedhof finden sich auch die Namen der 5 jüd. Gefallenen aus Mosbach.

Im *Stadtmuseum Mosbach* befindet sich eine kleine Tora. In Privatbesitz sind erhalten: eine hebräische Fibel für Schulanfänger, ein jüd. Lesebuch und Bilddokumente zur Synagogenzerstörung 1938.

Persönlichkeiten. *Leopold Löwenstein* (1843–1923), Bezirksrabbiner in Gailingen, später in Mosbach, verfaßte zahlreiche Werke zur Geschichte der Juden in Baden. Löwenstein wurde erster Ehrenbürger der Stadt Mosbach. – Für den im KZ ermordeten Bezirksrabbiner *Julius Greilsheimer* und die anderen ermordeten Mosbacher Juden wurde 1947 in Gan Joskar/Israel ein Hain von 100 Bäumen gepflanzt.

Hundsnurscher/Taddey S. 203 ff; GJ II,2 S. 548 f; zu L. Löwenstein: Mitteilungen der städt. Sammlungen Mosbach 6 (1974) S. 5 f; »Als die Synagogen brannten...«, in: Landkreis Mosbach. Informationsdienst für Kommunalpolitik, Wirtschaft und Kultur 20 (1963) S. 5; Ausk. BMA Mosbach 24. Febr. 1984, 22. Juli 1985; Ausk. W. Haas, Mosbach 19. und 26. Apr. 1984, 3. Sept. 1985.

Stadtteil Neckarelz

Zur Geschichte jüdischer Bewohner. In Neckarelz waren in der ersten Hälfte des 18. Jh. einige Juden ansässig: 1745 wird in Waibstadt Malach bar Jospe aus Neckarelz beigesetzt.

Spuren der Verfolgungszeit 1933 bis 1945. In Neckarelz befand sich von März 1944 bis März 1945 ein *Außenkommando des Konzentrationslagers Natzweiler/Elsaß.* Die Häftlinge waren zur

366 *Lage des jüdischen Friedhofs in Mosbach.*

Zwangsarbeit in den Stollen der Rüstungsindustrie in Obrigheim eingesetzt. Das *Lager I* (März 1944 bis März 1945, durchschnittliche Zahl der Häftlinge 800) befand sich im Schulhaus Neckarelz und auf dem dazugehörigen Gelände. Eine Gedenktafel an der Rückseite der Schule erinnert an die umgekommenen Zwangsarbeiter. Das *Lager II* (Herbst 1944 bis März 1945, durchschnittliche Zahl der Häftlinge 1200) befand sich auf dem Gelände des alten Bahnhofs Neckarelz. Die Toten der Lager wurden auf dem jüd. Friedhof in Binau beigesetzt. Es ist nicht bekannt, ob und wieviele jüd. Häftlinge in den Lagern waren, da zu den Haftkategorien keine Vermerke gemacht wurden.

Gräberverzeichnis Waibstadt. 1913. S. 34; J. Ziegler S. 183–238.

Mudau

Zur Geschichte jüdischer Bewohner. In Mudau lebten möglicherweise in der Mitte des 14. Jh. einige Juden. 1359 wird in Aschaffenburg ein Jude aus Mudau genannt (Isaak Barechis Sohn).

GJ III,1 S. 30, 32.

Neckargerach
mit Ortsteil Guttenbach

Spuren der Verfolgungszeit 1933 bis 1945. In Neckargerach war als Unterkommando von Neckarelz von April 1944 bis März 1945 ein *Außenkommando des Konzentrationslagers Natzweiler/Elsaß.* Die Zwangsarbeiter (durchschnittlich 1200), unter ihnen auch jüd. Gefangene, waren zur Arbeit in den Stollen der Rüstungsindustrie in Obrigheim eingesetzt. Das Lager befand sich in Neckargerach an der Odenwaldstr.; ein *Gedenkstein* (frz. Inschrift) erinnert am Zugang zum ehemaligen Lager an die Geschichte des Außenkommandos. Die Kommandantur des Lagers befand sich am Ortsrand von Guttenbach. Ein Teil der umgekommenen Häftlinge wurde auf dem jüd. Friedhof in Binau beigesetzt.

Vorländer S. 14; Ziegler S. 238–245; Neckargerach. Guttenbach. Bilder aus der Vergangenheit. 1984. S. 51.

Neckarzimmern

Zur Geschichte der jüdischen Gemeinde. In Neckarzimmern bestand eine Gemeinde bis 1938 (erste Nennung 1534). Die höchste Zahl jüd. Bewohner wird um 1832 mit 74 Pers. erreicht. Mind. 12 Pers. kamen in der Verfolgungszeit 1933 bis 1945 ums Leben.
Einrichtungen der jüdischen Gemeinde. Eine *Synagoge* war (bereits im 18. Jh.) in einem von der Grundherrschaft gemieteten Haus untergebracht (1823 von der Gemeinde käuflich erworben). Um 1827 wurde dort ein *rituelles Bad* eingerichtet. Wegen Baufälligkeit wurde das Haus 1873 abgebrochen und einstöckig wieder aufgebaut. Auch im *Neubau* war ein rituelles Bad und zugleich ein Raum für den Schulunterricht (gegenüber dem Betsaal). 1938 wurde das Gebäude demoliert, später verkauft und zu einem bis heute erhaltenen Wohnhaus umgebaut (Standort: Steige 4).
Die Toten wurden in Heinsheim beigesetzt.
Weitere Spuren der jüdischen Geschichte. An ehemaligen, bis nach 1933 bestehenden *Handelsbetrieben* sind bekannt: Gemischtwarengeschäft Bauer (Hauptstr. 39), Manufakturwarengeschäft Oppenheimer (Neckarstr. 11, abgebr.).

Hundsnurscher/Taddey S. 210f; H. Obig, Die jüd. Gemeinde Neckarzimmern, in: 1200 Jahre Neckarzimmern 773–1973. 1973. S. 224–228; Löwenstein, Kurpfalz S. 36 (vgl. 38, 44, 130); Ausk. BMA Neckarzimmern 18. Nov. 1983, 29. Nov. 1985.

Obrigheim
Ortsteil Asbach

Spuren der Verfolgungszeit 1933 bis 1945. Im Gemeindewald zwischen Asbach und Daudenzell bestand von Okt. 1944 bis April 1945 als Unterkommando des Lagers Neckarelz ein *Außenkommando des Konzentrationslagers Natz-*

weiler/Elsaß. Hier wurden ca. 200 Häftlinge festgehalten und zur Zwangsarbeit in der Umgebung eingesetzt (insbesondere in Obrigheim). Reste des Lagers sind erhalten (Fundamente mehrerer Baracken im Wald; Fundamente der Sportplatzhütte von Asbach sind die der ehem. Wachbaracke des Lagers).

Schätzle S. 64; Ziegler S. 246–250.

Ortsteil Obrigheim

Spuren der Verfolgungszeit 1933 bis 1945. In den Gipsgruben »Friede« der Portland-Zementwerke Heidelberg befanden sich 1944/45 ausgedehnte *Produktionsanlagen von Rüstungsbetrieben*, in denen Tausende von Zwangsarbeitern umliegender Außenkommandos des Konzentrationslagers Natzweiler/Elsaß (Neckarelz, Neckargerach, Asbach) eingesetzt waren. Zahlreiche Spuren dieser Produktionsanlagen sind bis zur Gegenwart vorhanden.

Ziegler S. 226 ff und passim.

Osterburken
Stadtteil Bofsheim

Zur Geschichte jüdischer Bewohner. In Bofsheim waren im 17./18. Jh. Juden ansässig. Die Verstorbenen wurden in Bödigheim beigesetzt.

W. Wertheimer, Judenfriedhof im Odenwald. Mitteilungsblatt des Oberrats der Israeliten Badens 1. 1966 (ohne Q).

Stadtteil Osterburken

Zur Geschichte jüdischer Bewohner. In Osterburken waren seit dem 17. Jh. immer wieder wenige Juden ansässig, ohne daß es zur Bildung einer Gemeinde gekommen ist (1668: 3, 1809: 1 Fam.). Die seit der zweiten Hälfte des 19. Jh. wohnhaften Fam. gehörten der Synagogengemeinde Merchingen an. Bis 1938 bestanden das Manufakturwarengeschäft Abraham Strauß und

die Getreidehandlung Max Haberer (beide Friedrichstr. 8).
Spuren der jüdischen Geschichte. FN: Östl. der Stadt trägt eine Flur 1882 noch die Bezeichnung »Judenklinge« (in neueren Plänen nicht erhalten; Herkunft der Bezeichnung unbekannt).

Hundsnurscher/Taddey S. 199 f; Bad. Städtebuch S. 134; Ausk. E. Stätzler, Stuttgart 28. Juni 1986; Ausk. Staatl. Vermessungsamt Mosbach, Außenstelle Buchen 10. Sept. 1985.

Ravenstein
Stadtteil Ballenberg

Zur Geschichte der jüdischen Gemeinde. In Ballenberg bestand eine kleine Gemeinde bis zur zweiten Hälfte des 19. Jh. (erste Nennung 1674). Die höchste Zahl jüd. Bewohner wird um 1836 mit 21 Pers. erreicht.
Einrichtungen der jüdischen Gemeinde. 1770 wird eine *Synagoge* genannt, womit bei der geringen Zahl von Gemeindegliedern nicht mehr als ein kleiner Betsaal gemeint sein wird (Standort unbekannt). Die Toten wurden in Bödigheim, im 19. Jh. in Merchingen beigesetzt.
Weitere Spuren der jüdischen Geschichte. Nur ein ehem. jüd. Wohnhaus ist am Ort noch in Erinnerung, das jedoch nach 1960 abgebrochen wurde (Standort neben dem Rathaus in der Stadtstr.).

Hundsnurscher/Taddey S. 43; Bad. Städtebuch S. 47; Ausk. BMA Ravenstein 27. Nov. 1985.

Stadtteil Hüngheim

Zur Geschichte der jüdischen Gemeinde. In Hüngheim bestand eine Gemeinde bis um 1900. Ihre Entstehung geht in die Zeit des 17. Jh. zurück. Die höchste Zahl jüd. Bewohner wird um 1832 mit 51 Pers. erreicht.
Einrichtungen der jüdischen Gemeinde. Vermutl. war ein Betsaal vorhanden oder es wurde die Synagoge in Merchingen mitbenutzt.
Die Toten wurden zunächst in Bödigheim und Berlichingen beigesetzt. 1769 bis 1773 bestand

ein eigener *Friedhof*, der 1773 abgeräumt werden
mußte. Danach wurden die Toten wieder in Berlichingen, nach 1812 bzw. 1833 in Merchingen
beigesetzt. Der Hüngheimer Friedhof befand
sich auf dem »Doktorsrain« an der Gemarkungsgrenze zwischen Hüngheim und Merchingen
(Spuren nicht mehr feststellbar; Hang des Doktorsrain wurde 1953 bis 1956 zur Aufschüttung
eines Dammes abgetragen).
Weitere Spuren der jüdischen Geschichte. An
ehemaligen jüd. Wohnhäusern (bis um 1900) sind
noch die Gebäude Mozartstr. 2 (Fam. Isaak
Schorsch), Mozartstr. 4 (Luise Mai) und Mozartstr. 11 bekannt.
Persönlichkeiten. *Emil Schorsch* (1899 Hüngheim – 1982 USA), Rabbiner, bis 1938 2. Rabbiner in Hannover, nach Auswanderung bis 1964
Rabbiner in Pottstown/Pennsylvania.

Hundsnurscher/Taddey   S. 138;   Akten   im
Schloßarchiv Jagsthausen zu »Jüd. Gottesdienst
und Judengemeinden« XV,15–16; Ausk. BMA
Ravenstein 27. Nov. 1985; Ausk. W. Essig,
Hüngheim 4. Juli 1986; Ausk. S. Berlinger, Haifa
25. Sept. 1986; H. Dicker, Aus Württembergs
jüd. Vergangenheit, 1984 (zu E. Schorsch).

Stadtteil Merchingen

Zur Geschichte der jüdischen Gemeinde. In
Merchingen bestand eine Gemeinde bis 1938. Ihre Entstehung geht in die Zeit des 17. Jh. zurück.
Die höchste Zahl jüd. Bewohner wird um 1849
mit 325 Pers. erreicht. Mind. 10 Pers. kamen in
der Verfolgungszeit 1933 bis 1945 ums Leben.
Einrichtungen der jüdischen Gemeinde. 1737
erwarben die jüd. Fam. ein Haus, das sie zu einer
Synagoge umbauten. Im 19. Jh. wurde das Gebäude umgebaut oder durch einen Neubau ersetzt. 1938 wurde die Synagoge demoliert; sie
stand zunächst leer und wurde 1951 als kath.
Kirche hergerichtet, die bis zur Gegenwart besteht (Standort: Buchenweg 15). Ein *Gedenkstein*
und eine *Gedenktafel* erinnern an die Geschichte
des Gebäudes.
Neben der Synagoge stand das Gebäude des *Rabbinats* (Merchingen war bis 1886 Rabbinatssitz,
danach Mosbach), zuletzt als Wohnhaus genützt

367 *Ehemalige Synagoge in (Ravenstein-)Merchin-
gen, 1737 eingerichtet 1938 demoliert, seit 1951 katholische Kirche (1984).*

368 *Gedenkstein an der ehemaligen Synagoge in (Ra-
venstein-)Merchingen.*

369 Lage des jüdischen Friedhofs bei (Ravenstein-) Merchingen.

370/371 Jüdischer Friedhof in (Ravenstein-)Merchingen (1970).

(1965 abgebr., heute Garten bei der Synagoge). Im 19. Jh. war bis zur Aufhebung der Konfessionsschulen 1876 auch eine jüd. *Schule* vorhanden.

Ein *rituelles Bad* befand sich in einem kleinen zweigeschossigen Häuschen bei der Schafbrücke. In einer angebauten Remise wurde ein Sargwagen aufbewahrt. Das Häuschen wurde um 1960 abgebr. (Standort: Ulmenstr. 5, neu überbaut).

Die Toten wurden zunächst in Berlichingen und Bödigheim, zwischen 1769 und 1773 vorübergehend in Hüngheim beigesetzt. 1812 oder 1833 wurde ein eigener *Friedhof* an der Straße nach Ballenberg angelegt (Flst. 2400, Fläche 47,00 a).

Weitere Spuren der jüdischen Geschichte. An ehemaligen, bis nach 1933 bestehenden *Handels- und Gewerbebetrieben* sind bekannt: Schuhgeschäft Simon Falk (Eichenstr. 2), Metzgerei und Schächterei Adolf Fleischhacker (Eichenstr. 7, abgebr.), Einzelhandels- und Lebensmittelgeschäft Nathan Fleischhacker (Akazienstr. 3), Lebensmittelgeschäft Fam. Götz (Kastanienweg 2, Buchenweg 1/3, abgebr.), Textilgeschäft Hermine Kahn (Eichenstr. 12), Textilgeschäft Fam. Levi (Eichenstr. 18), Viehhandlung Fam. Mai (Holunderweg 4), Haferflockenherstellung und Grün-

372   *Gefallenendenkmal in (Ravenstein-)Merchingen mit dem Namen von Nathan Kahn (1985).*

kernerzeugung Fam. Rhonheimer (Birnbaum-weg 1), Viehhandlung Max Rhonheimer (Bu-chenweg 17), Schuhgeschäft Albert Rödelshei-mer (Eichenstr. 4).
Auf dem *Gefallenendenkmal 1870/71 und 1914/ 18* beim Schloß und auf einer *Wandtafel* im Rat-haus finden sich auch die Namen und Bilder der jüd. Gefallenen und Kriegsteilnehmer aus Mer-chingen.

Hundsnurscher/Taddey S. 198 ff; Ausk. BMA Ravenstein 28. Dez. 1983, 10. Mai 1985, 4. Sept. 1985, 27. Nov. 1985, 10. Juli 1986.

Rosenberg
Ortsteil Rosenberg

Zur Geschichte der jüdischen Gemeinde. In Ro-senberg bestand eine Gemeinde bis 1888. Ihre Entstehung geht in die Zeit des 18. Jh. zurück. Die höchste Zahl jüd. Bewohner wird um 1832 mit 74 Pers. erreicht.
Einrichtungen der jüdischen Gemeinde. Über den Standort einer Synagoge oder eines Betsaals ist am Ort nichts mehr bekannt. Nach 1888 be-suchten die jüd. Bewohner die Gottesdienste in Sindolsheim (evtl. auch bereits einige Zeit zuvor). Ein *rituelles Bad* befand sich unweit der Brücke der Hauptstr. über die Kirnau auf Flst. 338 (Ge-wann »Oberer See«). Es wurde 1968 abgebro-chen.

Die Toten wurden in Bödigheim beigesetzt.
Weitere Spuren der jüdischen Geschichte. An ehem. *jüd. Wohnhäusern* sind noch die Gebäude Kirnautalstr. 23 und Marktstr. 6 bekannt.

Hundsnurscher/Taddey S. 249; Ausk. BMA Ro-senberg 3. Mai 1985, 23. Sept. 1985.

Ortsteil Sindolsheim

Zur Geschichte der jüdischen Gemeinde. In Sindolsheim bestand eine Gemeinde bis 1921. Ih-re Entstehung geht in die Zeit des 18. Jh zurück. Die höchste Zahl jüd. Bewohner wird um 1839 mit 71 Pers. erreicht. Mind. 7 Pers. kamen in der Verfolgungszeit 1933 bis 1945 ums Leben.
Einrichtungen der jüdischen Gemeinde. Seit der ersten Hälfte des 19. Jh. stand eine *Synagoge* an der Stelle des heutigen Gartens beim Haus Kronenstr. 2. Sie wurde bis in die Zeit vor 1914 benutzt und wegen Baufälligkeit um 1920 abge-brochen. Ein *rituelles Bad* war in einem Haus oberhalb der ehem. Dorfmühle (Kirnautalstr. 2) neben dem Mühlkanal vorhanden. Schon zu An-fang des 20. Jh. wurde das Bad nicht mehr be-nützt. Anfang der 30er Jahre brannte das Gebäu-de ab (heute Gartenland).
Die Toten wurden in Bödigheim beigesetzt.
Weitere Spuren der jüdischen Geschichte. An ehemaligen, bis nach 1933 bestehenden *Handels- und Gewerbebetrieben* sind bekannt: Bäckerei David Hecht (Kirnautalstr. 23), Metzgerei Herz-löb Heimberger und Bäckerei Lazarus Heimber-ger (in 2 an das Gebäude Marktstr. 8 angebauten Häuschen), Gemischtwarenladen David Keller und Albert Niedermann (Lammstr. 10, abgebr.), Textilgeschäft Jakob Keller (Lammstr. 8), Schuh-geschäft Ephraim Schorsch (Bofsheimer Str. 4).

Hundsnurscher/Taddey S. 70; Ausk. A. Gram-lich, Rosenberg-Sindolsheim 2. Okt. 1985.

Schefflenz
Ortsteil Kleineicholzheim

Zur Geschichte der jüdischen Gemeinde. In Kleineicholzheim bestand eine Gemeinde bis

1938. Ihre Entstehung geht in die Zeit des 18. Jh. zurück. Die höchste Zahl jüd. Bewohner wird um 1864 mit 107 Pers. erreicht. Mind. 12 Pers. kamen in der Verfolgungszeit 1933 bis 1945 ums Leben.

Einrichtungen der jüdischen Gemeinde. *Synagoge*, jüd. *Schule* (bis 1876) und *Lehrerwohnung* befanden sich seit 1843 in dem in diesem Jahr von einem jüd. Bewohner erworbenen ehem. Schloß der Grafen von Waldkirch. Im Mittelteil des Schlosses war die Synagoge, im unteren Teil Schule und Lehrerwohnung, im oberen Teil wohnte bis vor 1914 eine jüd. Familie. 1938 wurde die Synagoge demoliert; im Zweiten Weltkrieg war das ehem. Schloßgebäude von Mannheimer Familien, nach dem Krieg von Flüchtlingsfamilien bewohnt. Seit den 50er Jahren ist das Gebäude völlig umgebaut worden, in seiner Bausubstanz jedoch erhalten.

373   Im mittleren Teil des ehemaligen Schlosses der Grafen von Waldkirch in (Schefflenz-)Kleineicholzheim befand sich von 1843 bis 1938 die Synagoge der jüdischen Gemeinde (1985).

Ein *rituelles Bad* befand sich am westl. Ortsrand am Eberbach. Das Badhaus steht noch und ist in Privatbesitz.

Die Toten wurden in Bödigheim beigesetzt.

Weitere Spuren der jüdischen Geschichte. An ehemaligen, bis nach 1933 bestehenden *Handels- und Gewerbebetrieben* sind bekannt: Textilgeschäft Max Bär (Seckacher Str. 3), Vieh- und Pferdehandlung Moses Böttigheimer mit Gastwirtschaft »Krone« (Odenwaldstr. 19), Metzgerei Samuel Böttigheimer (Odenwaldstr. 7), Vieh- und Pferdehandlung Theodor Böttigheimer (Odenwaldstr. 18), Gemischtwarenhandlung Malchen Lißberger (Odenwaldstr. 16), Gastwirtschaft »Engel«, Inh. Manuel Kahn (Seckacher Str. 1, abgebr.), Textilgeschäft Rosenstock (Seckacher Str. 2).

Auf dem *Kriegerdenkmal 1914/18* in Kleineicholzheim und auf dem *Gefallenendenkmal* des jüd. Friedhofs Bödigheim finden sich auch die Namen der jüd. Gefallenen (und Kriegsteilnehmer) des Ersten Weltkriegs aus Kleineicholzheim. Auf dem jüd. Friedhof in Bödigheim ist eine *Gedenktafel* für 8 der jüd. Opfer der Verfolgungszeit 1933 bis 1945 aus Kleineicholzheim.

Hundsnurscher/Taddey S. 156f; S. Großkopf, Schefflenz in den vergangenen 50 Jahren, in: E. Roedder (Hg.), 774–1974 Gemeinde Schefflenz. 1974. S. 280f; Ausk. BMA Schefflenz 17. Nov. 1983, 19. Juni 1985; Ausk. L. Scheuermann, Kleineicholzheim 10. Sept. 1985.

Seckach
Ortsteil Großeicholzheim

Zur Geschichte der jüdischen Gemeinde. In Großeicholzheim bestand eine Gemeinde bis 1938. Ihre Entstehung geht in die Zeit des 16. Jh. zurück. Erstmals wird 1541/42 Jud Mosse zu Großeicholzheim genannt. Die höchste Zahl jüd. Bewohner wird um 1900 mit 112 Pers. erreicht. Mind. 17 Pers. kamen in der Verfolgungszeit 1933 bis 1945 ums Leben.

Einrichtungen der jüdischen Gemeinde. Eine *Synagoge* bestand im 19. Jh. in der Wettgasse 14. 1886 (nach dem erhaltenen Grundstein) wurde an derselben Stelle eine *neue Synagoge* erbaut. 1938 wurde sie im Innern demoliert. Nach 1945 wurden in dem Gebäude Wohnungen eingerichtet. An die Vergangenheit des Gebäudes erinnert eine hebr. Inschrift über dem Eingang (Zitat aus Jes. 56,7).

Ein *rituelles Bad* war in der Tränkgasse (hier heute Stromhäuschen des Elektrizitätswerks). Es wurde vor 1945 abgebrochen.

Die Toten wurden in Bödigheim beigesetzt.

Weitere Spuren der jüdischen Geschichte. An ehemaligen, bis nach 1933 bestehenden *Handels- und Gewerbebetrieben* sind bekannt: Metzgerei und Kolonialwarengeschäft Simon Freudenthal (Friedhofstr. 13), Viehhandlung und Schuhgeschäft Max Kälbermann (Kirchgasse 8), Gasthaus »Lamm«, Inh. Moses Marx (Hauptstr. 9), Textilwarengeschäft Siegfried Rosenthal (Hauptstr. 2), Woll- und Weißwarengeschäft Westheimer (Wettgasse 9).

Auf dem *Gefallenendenkmal* des jüd. Friedhofs Bödigheim und auf einer *Bildtafel* für die Gefallenen des Ersten Weltkriegs im Rathaus Bödigheim finden sich auch die Namen der jüd. Gefallenen aus Großeicholzheim (Nachtrag auf Gefallenendenkmal vor dem Rathaus/Schloß ist geplant).

Hundsnurscher/Taddey S. 115 f; Ausk. BMA Seckach 29. Dez. 1983, 30. Apr. 1985, 24. Sept. 1985, 26. Juni 1986.

Waldbrunn
Ortsteil Strümpfelbrunn

Zur Geschichte der jüdischen Gemeinde. In Strümpfelbrunn bestand eine Gemeinde bis 1938 (erste Nennung 1757). Die höchste Zahl jüd. Bewohner wird um 1836 mit 78 Pers. erreicht. Mind. 9 Pers. kamen in der Verfolgungszeit 1933 bis 1945 ums Leben.

Einrichtungen der jüdischen Gemeinde. Bis um 1830 wurden die Gottesdienste in einem Privathaus gehalten. 1831 wurde das Obergeschoß dieses Hauses in der Kirchenstr. zu einem *Synagogenraum* ausgebaut. Im Erdgeschoß erhielt der Lehrer/Vorbeter eine Wohnung. 1938 wurde die Synagoge demoliert, später abgebrochen (hier heute Gartengrundstück am Eingang der Kirchenstr., hinter Edeka-Markt).

Ein *rituelles Bad* befand sich im Hofraitenbereich des jetzigen Anwesens D. Steck in der Kirchenstr.; es wurde 1937 verkauft, später abgebrochen.

Die Toten wurden in Hirschhorn (Hessen) und Bödigheim beigesetzt.

Weitere Spuren der jüdischen Geschichte. An ehemaligen, bis nach 1933 bestehenden *Handels- und Gewerbebetrieben* sind bekannt: Viehhandlung und Landwirtschaft Salomon Bär (Buchener Str. 4), Gasthaus »Zum Löwen«, Inh. Heinrich Israel (1938 demoliert und niedergebrannt, war im Bereich des heutigen Hotels »Sockenbacher Hof«, Kuranlage 4), Viehhandlung Alex Monatt (Alte Marktstr. 20), Viehhandlung Heinrich Israel (Alte Marktstr. 36).

Auf dem *Kriegerdenkmal* des Ortsfriedhofs finden sich auch die Namen der jüd. Kriegsteilnehmer und Gefallenen der Kriege 1870/71 und 1914 bis 1918.

Hundsnurscher/Taddey S. 265 f; P. Arnsberg, Die jüd. Gemeinden in Hessen 1 (1971) S. 370 ff (zu Hirschhorn); Ausk. BMA Waldbrunn 11. Okt. 1983, 29. Apr. 1985, 3. Sept. 1985.

Walldürn

Zur Geschichte der jüdischen Gemeinde. In Walldürn bestand eine Gemeinde im MA (1298 und 1348/49 Judenverfolgungen, Nennungen wieder um 1378) und in der Neuzeit bis 1938 (Nennungen wieder seit 1713). Die höchste Zahl jüd. Bewohner wird um 1864 mit 38 Pers. erreicht. Mind. 9 Pers. kamen in der Verfolgungszeit 1933 bis 1945 ums Leben.

Einrichtungen der jüdischen Gemeinde. Um 1770 wurde in dem (1755 erbauten) Gebäude Zunftgasse 3 ein *Betsaal* eingerichtet (auch »Synagoge« genannt); er befand sich im zweiten Stockwerk. 1937 wurde das Gebäude verkauft und zu einem Wohnhaus umgebaut. Im Erdgeschoß ist in einem Raum eine barocke Stuckdecke erhalten. Hier wurden Bücher und andere Gegenstände der Gemeinde aufbewahrt. Aus diesem Raum führte eine Treppe zum Betsaal, von dem nichts mehr erkennbar ist.

Ein *rituelles Bad* befand sich im Haus Untergasse

31, ein ausgemauerter quadratischer Schacht, der bis unter den Spiegel des Marsbachs reichte, aber auch Wasserzuleitung hatte. Das Bad wurde schon vor 1900 nicht mehr benutzt, 1969 zugeschüttet.

Die Toten wurden in Bödigheim beigesetzt.

Weitere Spuren der jüdischen Geschichte. An ehemaligen, bis nach 1933 bestehenden *Betrieben* sind bekannt: Gasthof »Sonne«, Inh. Eduard Neuberger (Am Plan 3), Eisenwarengeschäft Isaac Riselsheimer (Hauptstr. 13), Trikotagen- und Wollwarengeschäft Sophie Riselsheimer (Hauptstr. 21).

Im *Heimat- und Wallfahrtsmuseum* gibt es an jüd. Erinnerungsstücken: zwei Schriftrollen und eine Messinglampe, beides vermutl. aus dem ehem. Betsaal, sowie eine eiserne Schächtmaske aus dem Walldürner Schlachthaus (wurde Rindern beim Schächten übergestülpt).

Hundsnurscher/Taddey S. 283f; GJ II,2 S. 862f; Ausk. P. Assion, Walldürn 6. Juli 1984, 30. Aug. 1985, 4. Okt. 1985.

Zwingenberg

Zur Geschichte der jüdischen Gemeinde. In Zwingenberg bestand eine Gemeinde bis 1937 (erste Nennung 1757). Die höchste Zahl jüd. Bewohner wird um 1839 mit 46 Pers. erreicht. Mind. 2 Pers. kamen in der Verfolgungszeit 1933 bis 1945 ums Leben.

Einrichtungen der jüdischen Gemeinde. Ein *Betsaal* (»Synagoge« genannt) befand sich in der Alten Dorfstr. 21. 1938 wurde das Gebäude verkauft, nach 1945 abgebrochen. Das Grundstück ist neu überbaut.

Die Toten wurden auf dem Friedhof im hessischen Hirschhorn (Neckar) beigesetzt.

Weitere Spuren der jüdischen Geschichte. Von einigen Häusern in der Alten Dorfstr. ist noch bekannt, daß es sich um ehem. *jüd. Wohnhäuser* handelt, u. a. Alte Dorfstr. 31.

Hundsnurscher/Taddey S. 302; P. Arnsberg, Die jüd. Gemeinden in Hessen 1 (1971) S. 370ff (zu Hirschhorn); Ausk. BMA Zwingenberg 30. Apr. 1985; Ausk. F. Rullmann, Zwingenberg 3. Okt. 1985.

ORTENAUKREIS

Achern

Zur Geschichte jüdischer Bewohner. In Achern ließen sich nach 1850 einige jüd. Personen nieder, die zur Synagogengemeinde Bühl gehörten. Bis nach 1933 lebten am Ort die Fam. des Zahnarztes Dr. Gerber und Fam. Hummel. Die Sensenfabrik in der Kirchstr. gehörte Sigmund Bühler/Bühl. Mind. eine Pers. kam in der Verfolgungszeit 1933 bis 1945 ums Leben.

Zur Geschichte jüdischer Patienten in der Illenau. In der Heil- und Pflegeanstalt Illenau waren seit der zweiten Hälfte des 19. Jh. auch jüd. Patienten, die unter seelsorgerlicher Betreuung durch den Offenburger Rabbiner standen. 1940 wurden im Zusammenhang mit den Euthanasieaktionen auch die jüd. Patienten in Vernichtungslager transportiert. Mind. 5 jüd. Patienten kamen dadurch ums Leben.

Hundsnurscher/Taddey S. 65f; Ausk. StV Achern 8. Okt. 1985; Ausk. Psychiatrisches Landeskrankenhaus Reichenau 11. März 1986; Ausk. R. Sinai, Kibbuz Yifat/Israel 26. Dez. 1986.

Appenweier

Zur Geschichte jüdischer Bewohner. In Appenweier ließen sich nach 1850 einige jüd. Personen nieder. An ehemaligen, bis nach 1933 bestehenden *Betrieben* sind bekannt: Arztpraxis Dr. Leo Wolff (Ebbostr. 30), Kaufmann Julius Wormser (Bahnhofstr. 1), Oberrhein. Dampfsäge- und Hobelwerke, Direktor Heinrich Falk (Bahnhofstr. 3). Mind. eine Pers. kam in der Verfolgungszeit 1933 bis 1945 ums Leben.

Ausk. BMA Appenweier 18. Okt. 1985.

Durbach

Zur Geschichte der jüdischen Gemeinde. In Durbach bestand eine Gemeinde bis 1900. Ihre Entstehung geht in die Zeit um 1700 zurück. Die höchste Zahl jüd. Bewohner wird um 1801 mit 106 Pers. erreicht. Mind. 4 Pers. kamen in der Verfolgungszeit 1933 bis 1945 ums Leben.
Einrichtungen der jüdischen Gemeinde. Die Gemeinde besaß eine *Synagoge* (erste Nennung 1810) auf dem Anwesen Grol 70 (Flst. 137), die vor 1900 geschlossen wurde. Es handelte sich dabei um einen Betsaal im Obergeschoß eines Wohnhauses, das bis zur Gegenwart erhalten ist (mehrfach umgebaut).
Die Toten wurden bis 1813 in Offenburg beigesetzt, danach wurde ein eigener *Friedhof* im Gewann »Allmend« angelegt. Die letzte Beisetzung fand 1917 statt. Der Friedhof liegt in einem Neubaugebiet zwischen den Gebäuden Klingelberger Str. 2 und 4 (Flst. 420/7, Fläche 4,16 a).
Weitere Spuren der jüdischen Geschichte. An ehemaligen *jüd. Wohnhäusern* sind die Gebäude Tal 223 und 209 (abgebr.) sowie das Gebäude neben der »Synagoge« bekannt (auf die Gebäude verteilten sich die Fam. Julius Bodenheimer und Albert Strauß, beide Weinbau und Landwirtschaft, Strauß hatte eine Bäckerei). Seit 1933 betrieben die Fam. Bodenheimer und Strauß eine *Hachschara* in Durbach (Ausbildungsstätte für junge Juden, die nach Palästina auswandern wollten).

Hundsnurscher/Taddey S. 228; L. Dengler, Die

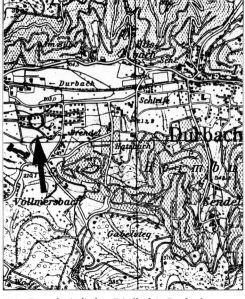

374 Lage des jüdischen Friedhofs in Durbach.

letzte Beisetzung fand im Jahre 1917 statt – Der Durbacher Judenfriedhof, in: Offenburger Tageblatt 3. Nov. 1973; Ausk. BMA Durbach 28. Juni 1985, 25. Okt. 1985; Ausk. R. Sinai, Kibbuz Yifat/Israel 26. Dez. 1986.

Ettenheim
Stadtteil Altdorf

Zur Geschichte der jüdischen Gemeinde. In Altdorf bestand eine Gemeinde bis 1938, deren Entstehung geht in das 17. Jh. zurück. Die höchste Zahl jüd. Bewohner wird um 1839 mit 289 Pers. erreicht. Mind. 22 Pers. kamen in der Verfolgungszeit 1933 bis 1945 ums Leben.
Einrichtungen der jüdischen Gemeinde. Die Gemeinde erbaute 1867 bis 1869 anstelle einer älteren Synagoge, die abgerissen wurde, eine neue *Synagoge* (Standort: Eugen-Lacroix-Str. 2). 1938 wurde die Inneneinrichtung demoliert. Während des Zweiten Weltkriegs wurde das Gebäude als Gefangenenlager benutzt, nach 1945 wurde es von der Gemeinde gekauft, 1953/54 als Fabrik umgebaut. Seit 1974 ist es in Privatbesitz und wird teilweise als Lagerraum genutzt.

375 Ehemalige Synagoge in (Ettenheim-)Altdorf, 1867 erbaut, 1938 demoliert, derzeit Lagerhalle (1985).

1835 bis 1876 bestand eine *Volksschule* (»Juden-schule«) im erhaltenen Gebäude Schmieheimer Str. 7. In einer Quergasse zur Schmieheimer Str. befand sich das *rituelle Bad*. Das Gebäude ist erhalten (Schmieheimer Str. 27).

Die Toten wurden auf dem Verbandsfriedhof in Schmieheim beigesetzt.

Weitere Spuren der jüdischen Geschichte. An ehemaligen, bis nach 1933 bestehenden *Handels- und Gewerbebetrieben* sind bekannt: Antiquitä-ten Louis Blum (Jakob-Dürrse-Str. 6), Vieh-handlung David und Gustav Dreifuß (Schmiehei-mer Str. 30), Kaufmann Julius Dreifuß (Lö-wenstr. 11), Mazzenbäckerei Kaufmann Dreifuß (Eugen-Lacroix-Str. 5), Koschere Metzgerei Leopold Dreifuß (Eugen-Lacroix-Str. 1), Textil-geschäft mit Tierhaar- und Borstengroßhandlung Fa. Jakob Groß, Inh. Cilly und Bernhard Groß (Jakob-Dürrse-Str. 10), Viehhandlung Moritz Gundelfinger (Schmieheimer Str. 6), Viehhand-lung Abraham Levi (Orschweierer Str. 38), Ma-nufakturwarengeschäft Julius Levi (Orschwei-erer Str. 28), Viehhandlung Leopold Levi (Orsch-weierer Str. 4), Branntwein- und Zigarrenhand-lung sowie Textilien Emil Rothschild (Schmiehei-mer Str. 11), Viehhandlung Jakob Weiß (Lö-wenstr. 11), Viehhandlung Leopold/Fanny Wertheimer (Jakob-Dürrse-Str. 31), Vieh- und Pferdehandlung, 1930 bis 1935 Tabakhandlung Robert Wertheimer (Jakob-Dürrse-Str. 32).

An *Wirtschaften* bestanden das ehem. Gasthaus »Fortuna« als erste jüd. Wirtschaft aus dem 18. Jh. (Schmieheimer Str. 6) und das ehem. Gasthaus »Zum Hirschen«, jüd. Wirtschaft 1764 bis 1887, Ecke Jakob-Dürrse-Str./Eugen-La-croix-Str.

Auf dem *Gefallenendenkmal* des Ortsfriedhofs neben der Kirche und auf dem *Gefallenendenk-mal* des jüd. Friedhofs Schmieheim finden sich die Namen der beiden jüd. Gefallenen des Ersten Weltkriegs aus Altdorf.

1814 wird ein »Judenschulweg« genannt, ver-mutl. Bezeichnung der an der Synagoge vorbei-führenden Straße (heute Eugen-Lacroix-Str.).

Persönlichkeiten. *Moses Präger* (1817 Altdorf – 1861 Mannheim), Rabbiner (vgl. Anhang).

Hundsnurscher/Taddey S. 35 f; A. Köberle/H. Scheer, Ortssippenbuch Altdorf, in: Bad. Orts-sippenbücher 37. 1976; Ausk. BMA Ettenheim 2. Juli 1985; Ausk. OV Altdorf 10. Nov. 1983, 5. Sept. 1986.

Stadtteil Ettenheim

Zur Geschichte der jüdischen Gemeinde. In Et-tenheim bestand eine Gemeinde im MA (Verfol-gungen 1336 bis 1338 und 1349) und in der Neu-zeit bis 1938. Die Entstehung der neuzeitl. Ge-meinde geht in die Zeit des 17. Jh. zurück. Die höchste Zahl jüd. Bewohner wird um 1890 mit 92 Pers. erreicht. Mind. 4 Pers. kamen in der Verfol-gungszeit 1933 bis 1945 ums Leben.

Einrichtungen der jüdischen Gemeinde. Über ma. Einrichtungen ist nichts bekannt. Im 18. Jh. war vermutl. ein Betsaal vorhanden. Eine *erste Synagoge* wird seit 1819 genannt, die zuletzt 1858 renoviert wurde. Es handelte sich dabei um einen Betsaal in einem nicht mehr vorhandenen Hinter-gebäude des Hauses Klotz, Friedrichstr. (Hof hinter der Volksbank). 1880/81 wurde eine *neue Synagoge* an der Alleestr. erbaut. 1938 wurde die Inneneinrichtung zerstört. Das Gebäude kam 1938 in Privatbesitz und wird heute als Wohn-

376 Synagoge in Ettenheim, 1858 erbaut, 1938 demoliert (hist. Aufnahme um 1930).

und Geschäftshaus genützt (Alleestr. 22, Gebäude stark umgebaut, im Mauerwerk weitgehend erhalten).

Eine jüd. Schule bestand in Ettenheim nicht, die Kinder besuchten bis 1876 die Schule in Altdorf, danach die allg. Schule in Ettenheim.

Ein *rituelles Bad* befand sich in der zweiten Hälfte des 18. Jh. im Stadtgraben. 1778 wird ein solides Badhaus aus Stein erstellt, von dem jedoch nichts mehr vorhanden ist. Vom 19. Jh. an benutzten die Ettenheimer jüd. Frauen das rituelle Bad in Altdorf.

Die Toten der jüd. Gemeinde wurden in Schmieheim beigesetzt.

Weitere Spuren der jüdischen Geschichte. An ehemaligen, bis nach 1933 bestehenden *Handels- und Gewerbebetrieben* sind bekannt: Manufaktur-Aussteuer-Konfektion Fa. Adolf Forsch (Rohanstr. 17), Viehhandlung Julius Levistein (Festungsstr. 8), Viehhandlung Leopold Lion (Berggasse 1), Gastwirtschaft »Krone«, Inh. Mina Lion (Festungsstr.), Metzgerei Raphael und Josef Lion (Friedrichstr. 55), Woll- und Kurzwarenhandlung Karoline Schnurmann (Thomasstr.).

Auf dem *Kriegerdenkmal* beim östl. Aufgang des Friedhofs der Stadtkirche und auf dem *Gefalle-*

nendenkmal des jüd. Friedhofs Schmieheim finden sich auch die Namen der jüd. Gefallenen/ Kriegsteilnehmer des Ersten Weltkriegs aus Ettenheim. Auf dem *Gedenkbrunnen vor dem städt. Gymnasium* (Johann-Baptist-von-Weiß-Str.) sind auch die Namen der gefallenen jüd. Schüler aus Altdorf, Rust und Kippenheim aufgeführt.

Im Rathaus (Bürgersaal) befindet sich seit 1969 eine *Gedenktafel* für die jüd. Gemeinde Ettenheims und das Schicksal ihrer Mitglieder. Im Rathaus werden von der ehem. Synagogeneinrichtung ein großes, mit Ornamentik und Schrift besticktes Tuch und ein hebr. Buch aufbewahrt; 5 Tora-Rollen wurden 1947 an die damalige Israelitische Kultusgemeinde Südbaden zurückgegeben.

FN: Das 1609 erstmals genannte »Judenloch« (Flst. 3753–3780 an der Einmündung der K 5348 in die B 3 westl. Ettenheims) könnte den Ort markieren, an dem 1349 die Ettenheimer Juden verbrannt worden sind. Gestützt wird die Vermutung durch die Nähe des ma. Richtplatzes Ettenheims unweit des Judenlochs.

Hundsnurscher/Taddey S. 79 ff; H. Kewitz, Die Juden in Ettenheim, in: St. Bartholomäus Ettenheim. Beiträge zur 200. Wiederkehr der Weihe der Ettenheimer Stadtpfarrkirche. 1982. S. 142 f; Ausk. BMA Ettenheim 2. Juli 1985, 29. Aug. 1986; Ausk. H. Kewitz, Ringsheim 12. Jan. 1986.

Friesenheim
Ortsteil Friesenheim

Zur Geschichte der jüdischen Gemeinde. In Friesenheim bestand eine Gemeinde bis 1938. Ihre Entstehung geht in das 17. Jh. zurück, doch waren vorübergehend bereits 1581 bis 1586 Juden am Ort. Die höchste Zahl wird um 1880 mit 135 Pers. erreicht. Mind. 11 Pers. kamen in der Verfolgungszeit 1933 bis 1945 ums Leben.

Wohngebiet und Einrichtungen der jüdischen Gemeinde. Das heutige Baugebiet »Hochgasse« trug im 18. Jh. noch die Bezeichnung »Auf der Judengass«, möglicherweise Hinw. auf ein jüd. Wohngebiet im 17./18. Jh.

Für die Gottesdienste der Gemeinde war zunächst ein *Betsaal* vorhanden (1809 im Haus des Lazarus Kallmann). Eine *Synagoge* wurde 1820 erbaut (Standort hinter Lahrgasse 8). 1938 wurde das Gebäude nicht beschädigt, 1940 von der Gemeinde erworben und 1944 abgebrochen. Am gleichen Standort wurden nach 1945 Einfachwohnungen errichtet, die heute noch mit »Synagoge« bezeichnet werden. Ein *rituelles Bad* lag in der Mühlgasse (Lgb.-Nr. 602/1). Es wurde 1863 erbaut, 1933 verkauft; auf den Grundmauern wurde inzwischen eine Garage errichtet.

Die Toten wurden in Schmieheim und Diersburg beigesetzt.

Weitere Spuren der jüdischen Geschichte. An ehemaligen, bis nach 1933 bestehenden *Betrieben* sind bekannt: Schuhe, Häute und Felle Edgar Cerf (Hauptstr. 103), Tierarzt Dr. Siegfried Dreyfuß (Engelgasse 31), Damenschneiderei Bettina und Blandina Greilsheimer (Hauptstr. 58), Versandgeschäft Hermann Greilsheimer (Lahrgasse 14, abgebr.), Tuchwaren Hugo Greilsheimer (Hauptstr. 38), Viehhandlung Josef Greilsheimer (Hauptstr. 95), Chem. Produkte, Vertretung Josef Greilsheimer II (Adlerstr. 19), Viehhandlung Julius Greilsheimer (Friedenstr. 22), Viehhandlung Ludwig Greilsheimer (Bärengasse 1), Eisenwarenhandlung Benjamin Haberer, Inh. Alfred Levy (Hauptstr. 87/89), Stoffe Lucien Kahn (Kronenstr. 5), Manufakturwaren- und Wäschehandlung Berthold Weil (Hauptstr. 53).

Auf dem *Gefallenendenkmal* des jüd. Friedhofs Schmieheim finden sich auch die Namen der 3 jüd. Gefallenen des Ersten Weltkriegs aus Friesenheim.

Auf der westl. Gemarkung findet sich die Gewannbezeichnung »Judenmatt« (»Die Judenmatt«, »Bei der Judenmatt«, »Auf dem Buck und der Judenmatt«). Die Herkunft der Bezeichnung ist unbekannt. Zudem bestand im Volksmund die »Judenmaiers-Brücke«, die nach einer in der Nähe wohnenden jüd. Fam. benannt war.

Persönlichkeiten. *Julius Greilsheimer* (1891 Friesenheim – 1944 Auschwitz), Rabbiner, s. Anhang.

Hundsnurscher/Taddey S. 96 ff; J. Stude, Die jüdische Gemeinde Friesenheim. Beiträge zur Heimatgeschichte Friesenheim. Bd. 4. 1988; W. Zim-

mermann, Beiträge zur Familien- und Flurnamenkunde von Friesenheim, in: Die Ortenau 12 (1925) S. 156–175; Ausk. BMA Friesenheim 7. Mai 1985; Ausk. J. Stude Sept./Okt. 1987.

Ortsteil Schuttern

Spuren der jüdischen Geschichte. Im Kloster Schuttern betrieb Josua Uffenheimer 1773 bis ca. 1793 eine Weberei (»K. K. v. Oest. privilegirte Fabrique«).

Toury S. 7–17; Ausk. J. Stude, Friesenheim Okt. 1985.

Gengenbach
Stadtteil Bermersbach

Zur Geschichte jüdischer Bewohner. In Bermersbach lebten im Kreispflegeheim Fußbach zwischen 1895 und 1918 auch einige jüd. Personen.

Ausk. StV Gengenbach 2. Mai 1985.

Stadtteil Gengenbach

Zur Geschichte der jüdischen Gemeinde. In Gengenbach bestand eine Gemeinde im MA (erste Nennung 1308) und als Filialgemeinde zu Offenburg von der zweiten Hälfte des 19. Jh. bis 1938. Die höchste Zahl jüd. Bewohner wird um 1885 mit 56 Pers. erreicht. Mind. 9 Pers. kamen in der Verfolgungszeit 1933 bis 1945 ums Leben.

Wohngebiet und Einrichtungen der jüdischen Gemeinde. Das Wohngebiet des MA konzentrierte sich vermutl. auf die »Judengasse« (1877 in »Engelgasse« umbenannt).

Die Filialgemeinde des 19./20. Jh. hatte 1903 bis 1934 im zweiten Stock des alten Kaufhauses am Marktplatz (heute städt. Verkehrsamt) einen *Saal für ihre Gottesdienste* gemietet. 1985 wurde eine Erinnerungstafel am Gebäude angebracht.

Die Toten wurden in Offenburg beigesetzt.

Weitere Spuren der jüdischen Geschichte. An ehemaligen, bis nach 1933 bestehenden *Han-*

delsbetrieben sind bekannt: Viehhandlung Siegmund Bloch (Feuergasse 3), Textilgeschäft Ferdinand und Siegfried Blum (Hauptstr. 50), Tabakwarengroßhandlung Berthold Meier (Grünstr. 21), Weinhandlung Isaak und Adolf Valfer (Hauptstr. 38), Textilwarenhandlung Ludwig und Sophie Valfer (Hauptstr. 38).

Hundsnurscher/Taddey S. 228 f; GJ II,1 S. 276; G. Aubele, Jüd. Mitbürger in Gengenbach während der Zeit des Nationalsozialismus. 1983; Ausk. StV Gengenbach 2. Mai 1985; Ausk. G. Aubele, Berghaupten 14. Apr. 1984, 17. Mai 1985.

Haslach im Kinzigtal

Zur Geschichte der jüdischen Gemeinde. In Haslach bestand eine Gemeinde im MA (1349 Judenverfolgung) und als Filialgemeinde zu Offenburg von der zweiten Hälfte des 19. Jh. bis 1938. Die höchste Zahl jüd. Bewohner wurde um 1900 mit 43 Pers. erreicht. Mind. 3 Pers. kamen in der Verfolgungszeit 1933 bis 1945 ums Leben.
Einrichtungen der jüdischen Gemeinde. Ma. Einrichtungen sind nicht bekannt. Die Filialgemeinde des 19./20. Jh. hatte einen *Betsaal* in der Sägerstr. 20 (Haus Bloch, daher »Synagoge« genannt). Das Haus besteht nicht mehr. Die Toten wurden in Offenburg beigesetzt.
Weitere Spuren der jüdischen Geschichte. An ehemaligen, bis nach 1933 bestehenden *Betrieben* sind bekannt: Öl- und Fetthandlung Joseph Bloch (Sägerstr. 20, abgebr.), Dentist Eugen Geismar (Niederhofweg 1), Altwarenhandlung Alfred Moses (Mühlenstr. 9).
Auf einer *Gedenktafel* am Gefallenenehrenmal beim Kloster sind auch die Namen der in der Verfolgungszeit 1933 bis 1945 ums Leben gekommenen 3 jüd. Pers. verzeichnet.
Spuren der Verfolgungszeit 1933 bis 1945. In Haslach bestand von Aug. 1944 bis Apr. 1945 ein *Außenkommando des Konzentrationslagers Natzweiler/Elsaß* und von Nov. 1944 bis Apr. 1945 ein zweites *Konzentrationslager* mit Häftlingen (franz. Widerstandskämpfer) aus dem KZ Vorbruck-Schirmeck. Die Häftlinge waren unter katastrophalen Bedingungen zur Arbeit in den Stollen der Hartsteinwerke »Vulkan« am Urenkopf (zur Unterbringung von Rüstungsbetrieben) gezwungen. Das Wohnlager des Außenkommandos Natzweiler war in der Nähe des Haslacher Sportplatzes (Barackenlager), die Häftlinge des zweiten KZ wohnten monatelang in den Stollen. Ungefähr 400 Häftlinge kamen in den Lagern bis April 1945 ums Leben. 75 sind in einem Massengrab beim Haslacher Friedhof beigesetzt, viele wurden unter Geröllschutt in den Stollen verscharrt. Eine *Gedenktafel* an der Markthalle Haslach erinnert an die Konzentrationslager. Es ist nicht bekannt, ob und wie viele unter den Zwangsarbeitern jüd. Häftlinge waren.

Hundsnurscher/Taddey S. 229; M. Hildenbrand, Der »Vulkan« in Haslach im Kinzigtal. Hartsteinwerke – Konzentrationslager – Munitionslager – Mülldeponie, in: Die Ortenau 57 (1977) S. 326–332; ders., Die nationalsozialistische Machtergreifung in einer Kleinstadt – Haslach i. K. im Jahre 1933, in: Die Ortenau 63 (1983) S. 2–48, bes. S. 34 ff; ders., Das mittlere Kinzigtal zur Stunde Null – Kriegsende und Besatzung 1944/45, in: Die Ortenau 65 (1985) S. 2–24; ders., Zeitungsartikel im Offenburger Tagblatt. Kinzigtäler Ausgabe, 29. Dez. 1984 und 23. Febr. 1985; Ausk. M. Hildenbrand, Hofstetten 24. Apr. 1985, 10. Okt. 1985, 28. Nov. 1985.

Hausach

Zur Geschichte jüdischer Bewohner. In Hausach lebten seit der zweiten Hälfte des 19. Jh. einige jüd. Pers. 1883 bis 1887 bestand die Filiale einer Zigarrenfabrik von Nathan Bloch (Schmieheim); seit 1899 war das vorm. Schwarzwälder Blechwalzwerk im Besitz der Fa. Netter & Jacobi (Bühl). Der Betrieb wurde 1938 »arisiert«. An die jüd. Besitzer erinnern in Hausach die »Netterstraße« und die »Jacobistraße«.

K. Klein, Das Walzwerk – das Herzstück der Hausacher Industrie, in: Die Ortenau 61 (1981) S. 232–237; H. Raulff, Die Wolf Netter & Jacobi-Werke, in: Die Ortenau 62 (1982) S. 175–189; Ausk. BMA Hausach 7. Mai 1985.

Hohberg
Ortsteil Diersburg

Zur Geschichte der jüdischen Gemeinde. In Diersburg bestand eine Gemeinde bis 1938 (erste Nennung 1737). Die höchste Zahl jüd. Bewohner wird um 1832 mit 306 Pers. erreicht. Mind. 12 Pers. kamen in der Verfolgungszeit 1933 bis 1945 ums Leben.

Wohngebiet und Einrichtungen der jüdischen Gemeinde. Das Wohngebiet befand sich nach 1791 vor allem in der »Strittmatt« (sog. »Judenstadt«), wenngleich jüd. Fam. auch außerhalb dieses Gebietes wohnen konnten. Vor 1801 war bereits ein *Betsaal* vorhanden (Standort unbekannt). 1801 wurde in der »Strittmatt« eine *Synagoge* erbaut, 1938 wurde sie demoliert. In dem baulich stark veränderten Gebäude befindet sich heute eine Schreinerei.

Eine *Schule* bestand von 1830 bis 1877 im Gebäude Strittmatt 4. Über dem Eingang befindet sich bis heute eine hebr. *Inschrift* (Übs.: »Es naht sich die Zeit unserer Befreiung und unserer Erlösung« mit der hebr. Jahreszahl für 1826).

Ein *rituelles Bad* wurde auf dem Anwesen Talstr. 30 eingerichtet. Es befand sich beim Bach und ist in seiner äußeren Form erhalten. Eine hebr. *Inschrift* vom Judenbad (Zitate aus Ezechiel 36,25 und Sprüche 31,30 mit der hebr. Jahreszahl für 1850/51) wurde um 1933 in die Bachmauer unterhalb des Häuschens eingemauert (erhalten).

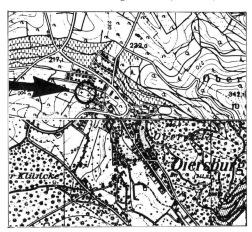

377 Lage des jüdischen Friedhofs bei (Hohberg-) Diersburg.

378 Kellereingang mit Inschrift »Nathanael und Sarale« an einem Haus in (Hohberg-)Diersburg (1985).

Die Toten wurden zunächst in Offenburg beigesetzt. Um 1770 wurde ein eigener *Friedhof* angelegt (in der Bachstr., Flur »Rebacker«, Flst. 88, Fläche 13,49 a).

Weitere Spuren der jüdischen Geschichte. An ehemaligen, bis nach 1933 bestehenden *Handels- und Gewerbebetrieben* sind bekannt: Händler Bruchsaler (Strittmatt 6), Schuh-, Leder- und Eisenwarenhandlung Heinrich Bruchsaler (Talstr. 2), Viehhandlung Samuel Bruchsaler (Talstr. 9), Viehhandlung David Dreyfuß (Talstr. 27), Stoffe und Aussteuer Ludwig Lederer (Waldrain 8), Stoffe und Aussteuer Moritz Lederer (Waldrain 5), Schlächterei Meier-Kahn (Talstr. 33), Krämerladen Siegfried Meuer (Talstr. 29), Händler David Moch (Talstr. 28), Lebensmittel, Stoffe und Medikamente Julius Valver (Talstr. 17), Gasthaus »Badischer Hof«, Inh. Julius Valver (Talstr. 27).

Hebr. Inschriften sind in *Kellerbogeninschriften* der Häuser Strittmatt 10 (»Nathanael und Sarale«) und Talstr. 35 (»Paul und Lea«), jeweils Hinw. auf ehem. Besitzer. Im Roederschen Heimatmuseum findet sich eine aus dem Türsturz der »Judenschule« stammende *Mesusa*.

Unter den FN erinnert die Bezeichnung »Judenwald« (südl. des Schuckenhofes) an die jüd. Geschichte.

Persönlichkeiten. *Isaac Blum* (1833 Diersburg – 1903 Frankfurt am Main), Lehrer, Naturforscher und Botaniker, seit 1865 Lehrer im Philanthropin in Frankfurt am Main, veröffentlichte auf dem Gebiet der Botanik.

Hundsnurscher/Taddey S. 66f; »Die Juden in Diersburg«, in: Heimatbuch Hohberg-Diersburg S. 56–65; N. Bar-Giora Bamberger, Der jüd. Friedhof von Diersburg, in: Die Ortenau 75 (1985) S. 364–377; P. Arnsberg, Die Geschichte der Frankfurter Juden 3 (1983) S. 48; Ausk. BMA Hohberg 20. Mai 1985, 15. Jan. 1986.

Ortsteil Niederschopfheim

Zur Geschichte jüdischer Bewohner. In Niederschopfheim werden in der ersten Hälfte des 17. Jh. Juden genannt (allg. 1607, namentlich 1631 Juden Abraham und Marx).

O. Kähni, Geschichte der Offenburger Judengemeinde, in: Die Ortenau 49 (1969) S. 85f.

Hornberg

Zur Geschichte jüdischer Bewohner. In Hornberg lebten im MA vermutl. einige Juden. 1287/88 fanden in Hornberg 4 Juden den Tod (unklar jedoch, ob dieses Hornberg gemeint). 1342 wurden bei Hornberg 13 Juden wegen eines angebl. Sakrilegs verbrannt (»Mitschuldige« seien in Schaffhausen, Freiburg im Breisgau und Villingen mit dem Tod bestraft worden).
Bis nach 1933 hatte die Elektrogerätefirma Schiele und Bruchsaler Industriewerke AG in Eugen Bruchsaler einen jüd. Teilh.; als Chefkonstrukteur war Ernst Besag (beide wohnhaft in Baden-Baden) in der Firma.

GJ II,1 S. 371; HStAS J 355 Bü 2.

Kappel-Grafenhausen
Ortsteil Grafenhausen

Zur Geschichte jüdischer Bewohner. In Grafen-

hausen waren im 17. Jh. vermutl. einige Juden ansässig; 1676 wird Jud Salomon von Grafenhausen genannt.

O. Kähni, Geschichte der Offenburger Judengemeinde, in: Die Ortenau 49 (1969) S. 87.

Kehl
Stadtteil Bodersweier

Zur Geschichte der jüdischen Gemeinde. In Bodersweier bestand eine Gemeinde bis 1938. Ihre Entstehung geht in die Zeit Mitte des 17. Jh. zurück. Die höchste Zahl jüd. Bewohner wird um 1875 mit 116 Pers. erreicht. Mind. 17 Pers. kamen in der Verfolgungszeit 1933 bis 1945 ums Leben.
Einrichtungen der jüdischen Gemeinde. Bereits im 18. Jh. war eine *Synagoge* vorhanden; 1812/13 wurde ein Neubau notwendig (Standort Querbacher Str. 33). 1938 wurde die Inneneinrichtung der Synagoge zerstört. Danach diente das Gebäude als Garage, 1951 abgebrochen.
Neben der Synagoge stand das *Gemeindehaus* (Querbacher Str. 35), in dem auch ein *rituelles Bad* untergebracht war (1860 erneuert). 1940/41 wurde das Gebäude abgebrochen.
Die Toten wurden in Kuppenheim, später (seit 1830?) in Freistett beigesetzt.

379 *Synagoge in (Kehl-)Bodersweier, 1812/13 erbaut, 1938 demoliert, 1951 abgebrochen (hist. Aufnahme um 1930).*

Weitere Spuren der jüdischen Geschichte. An ehemaligen, bis nach 1933 bestehenden *Handelsbetrieben* sind bekannt: Mehlhandlung Isidor Bensinger (Querbacher Str. 14), Viehhandlung Salomon Frank (Grabenstr. 7), Eisenhandlung Leopold Kaufmann und Karl Bensinger (Querbacher Str. 18), Kolonialwaren Ludwig Meier (Querbacher Str. 15), Viehhandlung David Merklinger (Querbacher Str. 37), Kolonialwaren Emanuel Merklinger (Grabenstr. 8), Fellhandlung Emanuel Merklinger (Querbacher Str. 16), Viehhandlung Max Merklinger (Querbacher Str. 3), Textilhandlung Julius Wertheimer (Rastatter Str. 13), Viehhandlung Leo Wertheimer (Rastatter Str. 33), Schuhgeschäft Simon Wertheimer (Rastatter Str. 5, abgebr.).

Auf dem *Gefallenendenkmal* auf dem Friedhof sind auch die Namen der beiden jüd. Gefallenen des Ersten Weltkriegs aus Bodersweier eingetragen. Neben dem Gefallenendenkmal findet sich seit 1984 ein *Gedenkstein* für die Opfer der Verfolgungszeit 1933 bis 1945.

Hundsnurscher/Taddey S. 46 f; Bodersweier. Berichte, Erzählungen und Bilder aus der Geschichte eines Dorfes im Hanauerland (Hg. Ortschaftsrat Kehl-Bodersweier). 1984. S. 49–74; Ausk. StV Kehl 24. Mai 1986, 16. Jan. 1986.

Stadtteil Kehl

Zur Geschichte der jüdischen Gemeinde. In Kehl bestand eine Gemeinde von 1881 bis 1938; seit 1862 konnten sich jüd. Pers. in Dorf und Stadt Kehl niederlassen. Die höchste Zahl jüd. Bewohner wird um 1905 mit 156 Pers. erreicht. Mind. 38 Pers. kamen in der Verfolgungszeit 1933 bis 1945 ums Leben.

Einrichtungen der jüdischen Gemeinde. 1889 wurde an der Ecke Schul-/Kasernenstr. eine *Synagoge* erbaut, 1938 zerstört; das Anwesen wurde neu bebaut. Seit 1983 befindet sich an der evang. Friedenskirche eine *Gedenktafel* für das Schicksal der jüd. Gemeinde und der Synagoge.

380   Synagoge in Kehl, Innenansicht, 1889 erbaut, 1938 zerstört.

Die Toten wurden zunächst in Freistett beigesetzt. 1924 wurde ein eigener *Friedhof* als Teil des
allg. städt. Friedhofs (Friedhofstr.) angelegt, der
bis zur Gegenwart belegt wird (Fläche 6,08 a).
Weitere Spuren der jüdischen Geschichte. An
ehemaligen, bis nach 1933 bestehenden *Handels-,
Dienstleistungs- und Gewerbebetrieben* sind bekannt: Sack- und Deckenfabrik OHG Karl Baum
(Siegfriedstr. 8), Fahrradgeschäft Bensinger
(Spießgasse), Woll- und Weißwarengeschäft Gertrud Bensinger & Co. (Hauptstr.), Viehhandlung
Louis Bensinger II (Kinzigstr. 48), Leder- und
Schumacherbedarfsartikel Ludwig Bensinger
(Rheinstr.), Stoffe und Kurzwaren Karoline und
Rosa Blum (Adr. unbek.), Pferdehandlung Heinrich Bodenheimer (Rheinstr. 7), Feuerzeuge und
Rauchartikel Samuel Bodenheimer (Adr. unbek.), Viehhandlung Emil Dreifuss (Adr. un-
bek.), Herrenkonfektionsgeschäft Julius Durla-
cher (Hauptstr. 76), Uhren- und Schmuckge-
schäft Bernhard Goldschmidt (Hauptstr. 14),
Kurzwarenhandlung Siegmund Gradwohl
(Hauptstr.), Getreide-, Futtermittel- und Mehl-
handlung Michael Kaufmann und Söhne, Teilh.
Julius Dreifuss und Martin Kaufmann (Schulstr.
14), Vereinigte Lichtspiele GmbH, Geschäftsführer Otto Rosenberg (Adr. unbek.), Facharzt
für innere Krankheiten Dr. Karl Rosenthal
(Chefarzt im Kehler Krankenhaus, Wohnhaus
Großherzog-Friedrich-Str./Ecke Kinzigstr.),
Textilhandel Laja und Pinkas Schwarzkächel
(Hauptstr./Ecke Gewerbestr.), Altmaterialien-
großhandlung Fa. Weil und Wertheimer, Teilh.
Simon Weil und Paul Wertheimer (Kasernenstr.
19/Im Hafen), Getreide- und Landesproduktenhandlung Eduard/Rosa Wertheimer (Adr. unbek.), Viehhandlung Jacob Wertheimer I
(Schulstr. 14), Viehhandlung Leopold Wertheimer (Schulstr. 27), Metzger Siegfried Wertheimer
(Hauptstr./Ecke Kasernenstr.).
1975 wurde im Kehler Neubaugebiet »Nieder-
eich« eine Straße nach dem 1944 in Auschwitz
umgekommenen jüd. Arzt Dr. Karl Rosenthal in
»Dr.-Rosenthal-Weg« benannt.

Hundsnurscher/Taddey S. 151 f; Jüd. Mitbürger
in Kehl zwischen 1930 und 1930. Versuch einer
Dokumentation. Erarbeitet durch Schüler der
Klasse 10b der Tulla-Realschule Kehl, Okt./

Nov. 1982; 8. Mai 1945 – 8. Mai 1985. Veröffentlichung Nr. 1 der Tulla-Realschule Kehl. 1985;
Ausk. StV Kehl 25. Mai 1985; Ausk. Rektor Mel-
cher 22. Okt. 1985, 18. Apr. 1986.

Stadtteil Kork

Zur Geschichte jüdischer Bewohner. In Kork
wohnten seit Anfang des 20. Jh. wenige jüd.
Pers., darunter die Fam. Friedrich Lichtenauer,
die 1929 bis 1933 in der »Alten Mühle« lebte.

Ausk. StV Kehl 20. Mai 1985.

Kippenheim
Ortsteil Kippenheim

Zur Geschichte der jüdischen Gemeinde. In
Kippenheim bestand eine Gemeinde bis 1938.
Ihre Entstehung geht in die Zeit des 17. Jh. zurück (erstmals 1676 Jud Hirsch Levi genannt).
Die höchste Zahl jüd. Bewohner wird um 1875
bis 1880 mit 305 Pers. erreicht. Mind. 31 Pers.
kamen in der Verfolgungszeit 1933 bis 1945 ums
Leben.
**Wohngebiet und Einrichtungen der jüdischen
Gemeinde.** Im Ortskern trägt eine Verbindungs-
gasse zwischen Friedhofstr. und Bergstr. die Bezeichnung »Judengäßle«, die möglicherweise mit
einem ersten jüd. Wohngebiet zusammenhängt.
1793 wurde eine erste *Synagoge* eingerichtet, die
bis 1851 als Gotteshaus der Gemeinde diente
(Standort Friedrichstr. 5, Lgb.-Nr. 18). Seit 1852
wurde das Gebäude als Lagerraum und Schuppen
benutzt und vor einigen Jahren abgebrochen.
1850/51 wurde eine *neue Synagoge* erbaut, die bis
zu ihrer Demolierung 1938 benutzt wurde
(Standort Poststr. 17, Lgb-Nr. 488). Während
des Zweiten Weltkriegs wurde im Gebäude ein
Kriegsgefangenenlager eingerichtet. Nach 1945
wurde es als Werkstatt, 1955 bis 1985 als Lager
der Raiffeisengenossenschaft genutzt. Eine Inschrift über dem Eingang (hebr. »Hier ist nichts
anderes als das Haus Gottes«) erinnert an die
kultische Vergangenheit des Hauses. Eine Restaurierung (äußerlich nach Originalzustand, innen nur Konservierung der erhaltenen Substanz)

381 Synagoge in Kippenheim, 1850/51 erbaut, 1938 demoliert, Außenrestaurierung 1986/89 (hist. Aufnahme um 1930).

382 Innenansicht der Synagoge in Kippenheim (hist. Aufnahme um 1930).

wurde 1986/89 durchgeführt; ein Restaurator nutzt das Gebäude seitdem als Atelier und Werkstatt. Im Vorraum wird eine Gedenkstätte für die jüd. Gemeinde eingerichtet.

Eine jüd. *Schule* stand im 19. Jh. in der Unteren Hauptstr. (Lgb-Nr. 31). Sie brannte um 1876 nieder und wurde nicht mehr aufgebaut. Später erhielten die jüd. Kinder Religionsunterricht im Gebäude Obere Hauptstr. 15 (Lgb.-Nr. 361). Das Haus ist erhalten.

Ein *rituelles Bad* war in einem Schuppen auf dem Gelände der bestehenden Synagoge untergebracht (besteht nicht mehr).

Die Toten wurden in Schmieheim beigesetzt.

Weitere Spuren der jüdischen Geschichte. An ehemaligen, bis nach 1933 bestehenden *Handels- und Gewerbebetrieben* sind bekannt: Schuhhandlung Alfred Auerbacher (Bahnhofstr. 12), Textilhandlung Berthold Auerbacher (Poststr. 20), Viehhandlung Hermann Auerbacher (Bahnhofstr. 6), Viehhandlung Jakob Auerbacher (Poststr. 4), Viehhandlung Josef Auerbacher (Bachgasse 12), Viehhandlung Max Auerbacher (Obere Hauptstr. 4), Gemischtwarenhandlung Salomon Auerbacher (Bergstr. 4), Gemischtwarenhandlung Siegfried Auerbacher (Querstr. 11), Bäckerei Salomon Bauer (Poststr. 7), Wein- und Spirituosenhandlung Flora und Nathan Durlacher (Obere Hauptstr. 13), Tabakwarengroßhandlung Max Valfer (Poststr. 2), Textilhandlung Gebr. Wachenheimer (Untere Hauptstr. 13), Lederhandlung Fritz Weil (Obere Hauptstr. 20), Metzgerei Abraham Wertheimer (Friedhofstr. 5, hebr. Inschrift am Kellereingangsbogen), Viehhandlung David Wertheimer (Untere Hauptstr. 2), Getreide-, Mehl- und Futtermittelhandlung Eugen Wertheimer (Bahnhofstr. 2), Eisenhandlung Hermann Wertheimer (Untere Hauptstr. 7),

Metzgerei Hermann Wertheimer (Poststr. 12), Metzgerei Julius Wertheimer (Obere Hauptstr. 3), Viehhandlung Leopold Wertheimer (Bahnhofstr. 25), Textil- und Stoffhandlung Poldi Wertheimer (Obere Hauptstr. 27).

Auf dem *Gefallenendenkmal* auf dem Kirchplatz vor der evang. Kirche und auf dem *Gefallenendenkmal* des jüd. Friedhofs Schmieheim sind auch die 8 jüd. Gefallenen des Ersten Weltkriegs aus Schmieheim genannt.

Persönlichkeiten. *Selma Stern-Täubler* (1890 Kippenheim – 1981), Historikerin, emigrierte 1941 nach Cincinnati/USA, 1947 bis 1957 Archivarin der amerikanischen Jüdischen Archive, seit 1960 in Basel; bedeutende Werke auf dem Gebiet der jüd. Geschichte.

Hundsnurscher/Taddey S. 153–156; O. Kähni, Geschichte der Offenburger Judengemeinde, in: Die Ortenau 49 (1969) S. 87; A. Köberle/K. Siefert/H. Scheer, Ortssippenbuch Kippenheim. 1979; Ausk. BMA Kippenheim 17. Okt. 1985, 13. Febr. 1987, 12. März 1987; J. Hahn, Synagogen in Baden-Württemberg. 1987. S. 77 ff.

Ortsteil Schmieheim

Zur Geschichte der jüdischen Gemeinde. In Schmieheim bestand eine Gemeinde bis 1938 (erste Nennung 1624). Die höchste Zahl jüd. Bewohner wird um 1864 mit 580 Pers. erreicht. Mind. 45 Pers. kamen in der Verfolgungszeit 1933 bis 1945 ums Leben.

Einrichtungen der jüdischen Gemeinde. Eine *Synagoge* bestand bereits im 18. Jh., 1812 wurde sie durch einen größeren Neubau ersetzt (Standort: Schloßstr. 41), 1843 und 1875 renoviert. 1938 wurde die Inneneinrichtung zerstört. Seit Nov. 1938 wird das Gebäude als Fabrik benutzt.

Bis 1828 besuchten die jüd. Kinder die evang. Schule. Ein jüd. Lehrer wurde seit 1828 angestellt; die Kinder wurden bis 1855 in sehr bescheidenen Räumlichkeiten des Schlosses unterrichtet.

Schmieheim (Baden).

383   *Ansichtskarte der Synagoge in (Kippenheim-)Schmieheim (um 1930).*

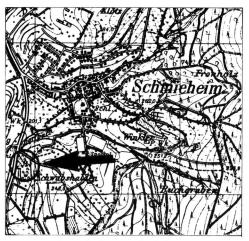

384 Im ehemaligen Synagogengebäude in (Kippen-heim-)Schmieheim befindet sich derzeit eine Fabrik (1985).

385 Lage des jüdischen Friedhofs bei (Kippenheim-) Schmieheim.

1867 wurde ein *Schulhaus* erbaut, das als Wohnhaus erhalten ist (Kirchstr. 6). Auch das *Rabbinat* war bis zur Verlegung nach Offenburg 1893 im Schulhaus untergebracht. Neben der jüd. Schule war ein *rituelles Bad* eingerichtet. Das Gebäude ist erhalten und wird als Wohnung genutzt (Kirchstr. 8).

Im 17. Jh. wurde ein *Friedhof* angelegt (ältester erhaltener Grabstein von 1703). Auf ihm wurden auch die Toten der jüd. Gemeinden Altdorf, Ettenheim, Friesenheim, Kippenheim, Nonnenweier, Orschweier und Rust beigesetzt (größter Verbandsfriedhof in Südbaden: Fläche 140,04 a; Lage: an der Straße nach Wallburg an der Abzweigung nach Altdorf). Auf dem Friedhof befindet sich ein *Gefallenendenkmal* für die Gefallenen der Verbandsgemeinden des Ersten Weltkriegs. Die *Friedhofshalle*, von der Reste noch auf dem Friedhof liegen, wurde 1938 zerstört.

Weitere Spuren der jüdischen Geschichte. An ehemaligen, bis nach 1933 bestehenden *Handels- und Gewerbebetrieben* sind bekannt (Auswahl): Bäckerei Isidor Bloch (Kirchstr. 20), Likörfabrik Nathan Bloch (Schloßstr. 9), Zigarrengeschäft Viktor Dreyfuß (Waldstr. 15), Mazzenbäckerei Leopold Hofmann (Schloßstr. 21), Drahtgeflecht- und Siebfabrik Leopold Hofmann (Schloßstr. 28), Manufakturwarengeschäft Offenheimer (Schloßstr. 39), Manufakturwarenge-schäft Schnurmann (Dorfstr. 52), Jüd. Gastwirtschaft »Zur Krone«, Inh. David Schwab (Dorfstr. 13), Kolonialwarengeschäft Rosa Wachenheimer (Waldstr. 13).

Auf dem *Gefallenendenkmal* der Gemeinde wie auf dem Gefallenendenkmal des jüd. Friedhofs sind auch die jüd. Gefallenen des Ersten Weltkriegs aus Schmieheim verzeichnet.

386 Gefallenendenkmal auf dem jüdischen Friedhof in (Kippenheim-)Schmieheim (1985).

Hundsnurscher/Taddey S. 252–255; A. Köberle/H. Scheer/E. Ell, Ortssippenbuch Schmieheim. 1979; Ausk. BMA Kippenheim 17. Okt. 1985, 13. Febr. 1986.

Lahr/Schwarzwald
Stadtteil Dinglingen

Zur Geschichte jüdischer Bewohner. In Dinglingen ließen sich nach 1871 einige jüd. Pers. nieder, die zur Synagogengemeinde in Lahr gehörten (Fam. Leopold Auerbacher bis 1898 in der Kruttenaustr. 204; Familien Jakob, Marx und Heinrich Hofmann).

H. Kattermann, Geschichte und Schicksale der Lahrer Juden (Hg. Stadtverwaltung Lahr). 1979[2].

Stadtteil Hugsweier

Zur Geschichte jüdischer Bewohner. In Hugsweier lebte seit 1930 Klara Marz geb. Meier (mit nichtjüd. Fam.).

H. Kattermann, Geschichte und Schicksale der Lahrer Juden (Hg. Stadtverwaltung Lahr). 1979[2].

Stadtteil Lahr

Zur Geschichte der jüdischen Gemeinde. In Lahr bestand eine Gemeinde im MA (Judenverfolgung 1349) und von 1888 bis 1938 (Niederlassung wieder seit ca. 1850). Die höchste Zahl jüd. Bewohner wird um 1905 mit 143 Pers. erreicht. Mind. 27 Pers. kamen in der Verfolgungszeit 1933 bis 1945 ums Leben.
Wohngebiet und Einrichtungen der jüdischen Gemeinde. Das ma. Wohngebiet lag in der »Ju-

387   *Synagoge/Betsaal in Lahr (hist. Aufnahme um 1935).*

dengasse« (heute Lammstr. und Metzgerstr.), wo sich auch eine *Synagoge* und der »Judenbrunnen« (genaue Standorte nicht mehr bekannt) befanden. Die Gemeinde des 19./20. Jh. hatte einen *Betsaal* im Obergeschoß des Hauses Bismarckstr. 12. 1938 wurde er demoliert. In einem *Schulraum* neben dem Betsaal wurde der Religionsunterricht erteilt, später auch in einzelnen Wohnungen. Das Haus Bismarckstr. 12 ist als Wohnhaus erhalten. Nach 1938 war noch ein Betsaal im Haus der jüd. Fam. Schnurmann vorhanden (Schlossstr. 7). In dieses Haus wurden 1939 auch einige Fam., die noch in Lahr geblieben waren, zwangsweise einquartiert.
Die Toten wurden in Schmieheim beigesetzt.

Weitere Spuren der jüdischen Geschichte. An ehemaligen, bis nach 1933 bestehenden *Handels- und Gewerbebetrieben* sind bekannt (Auswahl): Zigarrenfabrik Isak Bloch (Voelckerstr. 1/11), Kurzwarenhandlung Nathan und Simon Dreyfuß (Marktplatz 5), Herrenbekleidungshaus Adolf Friedmann (Kaiserstr. 27), Metzgerei und Weinstube Karl Haberer (Zollamtstr. 5), Schuhgeschäft Leo und Eugen Haberer (Friedrichstr. 6), Arztpraxis Dr. Ernst Hofmann (Bismarckstr. 2), Eisenwarenhandlung Lazarus (später Carl) Maier (Kirchstr. 28), Ledergroßhandlung Berthold Ullmann (Alte Bahnhofstr. 3), Metallwerk Hugo Weil, Fa. Oscar Weil (Tramplerstr. 27–31), Kaufhaus Wohlwerth (Marktstr. 52). Auf dem *Gefallenendenkmal* des jüd. Friedhofs Schmieheim sind auch die Namen der 4 jüd. Gefallenen des Ersten Weltkriegs aus Lahr verzeichnet. An den aus Nonnenweier stammenden Rechtsanwalt Ludwig Frank, der 1885 bis 1897 in Lahr wohnte (1893 Abitur am Gymnasium Lahr), erinnern die *Ludwig-Frank-Straße* und das Altenheim »Ludwig-Frank-Haus«.

Hundsnurscher/Taddey S. 176f; GJ II,1 S. 463f; H. Kattermann, Geschichte und Schicksale der Lahrer Juden (Hg. Stadtverwaltung Lahr), 1979²; Ausk. StadtA Lahr 15. Mai 1985.

Mahlberg
Stadtteil Orschweier

Zur Geschichte der jüdischen Gemeinde. In Orschweier bestand eine Gemeinde bis 1886 (erste Nennung 1676). Die höchste Zahl jüd. Bewohner wird 1836 mit 47 Pers. erreicht.
Einrichtungen der jüdischen Gemeinde. Vermutl. war ein Betsaal vorhanden, doch dürften auch die Einrichtungen in Altdorf mitbenutzt worden sein. Die Toten wurden in Schmieheim beigesetzt.

Hundsnurscher/Taddey S. 81; O. Kähni, Geschichte der Offenburger Judengemeinde, in: Die Ortenau 49 (1969) S. 87; E. M. Dreifuß, Familiennamen der Juden. 1927. S. 78; Ausk. StV Mahlberg 2. Mai 1985.

Nordrach

Zur Geschichte jüdischer Bewohner. In Nordrach bestand seit 1905 ein im Besitz der Rothschildstiftung in Frankfurt am Main stehendes Sanatorium für jüd. weibliche Lungenkranke (heute St.-Georgs-Krankenhaus). Chefarzt war von 1921 bis 1942 Dr. Nehemias Wehl. Zwischen 1933 und 1943 befanden sich insgesamt 116 Patientinnen und Pflegepersonal in der Lungenheilstätte, von denen mind. 56 Opfer der Verfolgungszeit 1933 bis 1945 wurden.
Für die in Nordrach verstorbenen Patientinnen

388 *Lage des jüdischen Friedhofs bei Nordrach.*

wurde im Untertal 1907 ein jüd. *Friedhof* angelegt (bis 1942 29 Patientinnen, eine letzte Beisetzung 1977). Am Friedhof sind Hinweisschilder
angebracht. Bis zur Gegenwart ist auch die *Friedhofshalle* erhalten.

Hundsnurscher/Taddey S. 229 f; P. Arnsberg,
Geschichte der Frankfurter Juden 2, S. 126 ff;
Ausk. H. G. Kluckert, Nordrach 24. Jan. 1985,
10. Juni 1985.

Oberkirch

Zur Geschichte jüdischer Bewohner. In Oberkirch lebten jüd. Bewohner im MA (Judenverfolgung 1348), bis zum Anfang des 18. Jh. und seit
der zweiten Hälfte des 19. Jh. (zuletzt bis nach
1933 der Arzt Dr. Booß, Stadtgartenstr. 26, dessen Frau 1942 in Theresienstadt umkam).
Spuren der jüdischen Geschichte. Nördl. von
Oberkirch befindet sich unweit der Landesstraße
86a das Gewann »Judenfeld« (Flst. 1030–1046;
Herkunft der Bezeichnung unbekannt).

GJ II,2 S. 615 f; Stadtgeschichte Oberkirch 1,
S. 104, 156, 191 f; Ausk. H. Bock, Oberkirch
24. Apr. 1985.

Offenburg

Zur Geschichte der jüdischen Gemeinde. In Offenburg bestand eine Gemeinde im MA (13./
14. Jh. bis zur Judenverfolgung 1348), im 17. Jh.
(bis zur Zerstörung Offenburgs 1689) und von
1862 bis 1938. Die höchste Zahl jüd. Bewohner
wird um 1900 mit 337 Pers. erreicht. Mind. 97
Pers. kamen in der Verfolgungszeit 1933 bis 1945
ums Leben.
**Wohngebiet und Einrichtungen der jüdischen
Gemeinde.** Das ma. *Wohngebiet* war vermutl. im
Bereich der Glaserstr. und der Bäckergasse (bis
1824 »Judengäßchen« genannt). Von den Einrichtungen ist noch das *rituelle Bad* erhalten, das
sich unter dem Haus Glaserstr. 8 befindet. Es
wurde gegen 1300 angelegt (ältestes Baudenkmal
Offenburgs, ein in Baden-Württemberg einzigar-
tiges Relikt der jüd. Geschichte des MA). Zum

eigentlichen Bad führen 36 Stufen hinab; in der
Mitte des quadratischen Badeschachtes befindet
sich ein rundes Tauchbecken. Hier sind auch
Lichtnischen, Sitznischen und Auflager für Sitzbänke vorhanden.
Von der Gemeinde des 17. Jh. ist bekannt, daß sie
über zwei Synagogen verfügte, deren Standorte
nicht mehr bekannt sind. Ein *Friedhof* wurde
damals auf dem Gebiet des heutigen Freiburger
Platzes (»am Hohen Rain beim ehemaligen Gut-
leuthaus«) angelegt und wurde bis 1813 u. a. von
Juden aus Durbach benutzt. 1835 waren noch 2
Grabsteine erkennbar; 1836 wurde der Platz versteigert. Eine »Judenbrücke«, die auf älteren
Stadtplänen verzeichnet ist und über den Wald-
bach führte, erinnert an den Weg auswärtiger
Juden zum Friedhof.
Die Gemeinde des 19./20. Jh. richtete zunächst
einen *Betsaal* in der Essigfabrik Pfaff ein (Seestr.
1, 1868 bis 1875), danach in dem Saal des ehem.
Gasthauses »Salmen« (Lange Str. 52, Hinterhaus). Vor diesem Betsaal war das *Rabbinatsgebäude* mit der Wohnung des Synagogendieners.
1938 wurde die Inneneinrichtung der Synagoge
zerstört. Seit dem Krieg sind in dem Gebäude
verschiedene Firmen untergebracht (derzeit eine
Electronic-Firma). 1978 wurde eine *Gedenktafel*
für die Synagoge und das Schicksal der jüd. Gemeinde am ehem. Synagogengebäude angebracht.
1870 wurde als Teil des allg. städt. (heute alten)
Friedhofs an der Moltkestr. ein jüd. *Friedhof* angelegt. Dieser Friedhof wird bis zur Gegenwart,
auch nach Schließung des allg. städt. Friedhofs,
immer wieder belegt. Auf ihm befinden sich eine
Gedächtnisstätte und 45 Gräber von »Opfern der
Gewaltherrschaft 1933–45« (Zwangsarbeiter,
darunter viele Juden). Verschiedene Hinweis-
und Gedenktafeln sind angebracht (Fläche des
Friedhofs: 26,67 a).
Weitere Spuren der jüdischen Geschichte. An
ehemaligen, bis nach 1933 bestehenden *Handels-
und Gewerbebetrieben* sind bekannt (Auswahl):
Manufakturwaren Gebr. Bloch, Inh. Bernhard
und Siegmund Kahn (Hauptstr. 85a), Webwaren-
und Möbelhandlung Leo Haberer (Steinstr. 28),
Webwaren und Damenkonfektion Hauser und
Levi, Inh. Daniel Hauser (Hauptstr. 88), Manufakturwaren en gros Gebr. Kahn, Inh. Adolf und

Karl Kahn (Kornstr. 4), Zigarrenfabrik Adolf Kahn, Inh. Adolf Kahn (Okenstr. 57), Wäschefabrik und Textilgroßhandel Emil Neu, Inh. Emil Neu (Wasserstr. 4), »Elektromotor« GmbH R. Scheirmann und Cie. (Elektromotorengroßhandel und Reparaturwerkstätte), Inh. Raphael Scheirmann (Moltkestr. 53), Roßhaarspinnerei Gebr. Stein, Inh. Isaak Stein und Oskar May (Lange Str. 41), Kaufhaus Sturmann (Strümpfe, Wollwaren, Wäsche), Inh. Willi Sturmann (Steinstr. 7), Konfektionshaus Gebr. Tannhauser, Inh. Hulda Tannhauser (Fischmarkt 1), Schuhhandlung J. Valfer, Inh. Elias Schnurmann (Hauptstr. 73).

Im *Ritterhausmuseum* befindet sich zur Erinnerung an die jüd. Geschichte ein *Sederteller* des 19. Jh. aus Zinn, der 1983 in Straßburg erworben wurde.

Persönlichkeiten. *Siegfried Ucko* (1905–1976), Rabbiner in Offenburg 1932 bis 1935, s. Anhang. Die Rabbinatswohnung war in Offenburg im Haus Grimmelshausenstr. 20 (Begegnungsstätte für versch. Gruppen der Gemeinde).

Hundsnurscher/Taddey S. 224–227; O. Kähni, Geschichte der Offenburger Judengemeinde, in: Die Ortenau 49 (1969) S. 80–114; GJ II,2 S. 625 f; S. Möschle, Das Schicksal der jüd. Bevölkerung Offenburgs in der Zeit des Nationalsozialismus. Zulassungsarbeit für das Lehramt an der Univ. Freiburg 1977; Ausk. StV Offenburg 10. Mai 1985, 9. Okt. 1985; Ausk. Museum Offenburg 16. Febr. 1974; Ausk. R. Sinai, Kibbuz Yifat/Israel 26. Dez. 1986.

Ortenberg

Zur Geschichte jüdischer Bewohner. In Ortenberg lebten im 16. Jh. vermutl. einige jüd. Personen (1553 ist Menche Jud von Ortenberg in der Ortenau genannt). Zeugnisse ma. jüd. Bewohner Ortenbergs beziehen sich auf Ortenberg in Oberhessen.

QGJ Nr. 583.

Renchen

Zur Geschichte jüdischer Bewohner. In Renchen lebten Juden im MA (1301 und 1348/49 Judenverfolgungen) sowie vereinzelt vom 18. bis 20. Jh. (1712 übersiedelt Jud Daniel von Renchen nach Oberkirch; nach 1713 wurde von Renchener Juden der Offenburger Friedhof weiterbenutzt). Im 20. Jh. hatten jüd. Viehhändler aus Offenburg, Freistett und Rheinbischofsheim Stallungen im Gasthaus »Zur Linde« gemietet.

GJ II,2 S. 693; Hundnurscher/Taddey S. 230; O. Kähni, Geschichte der Offenburger Judengemeinde, in: Die Ortenau 49 (1969) S. 88; Stadtgeschichte Oberkirch 1, S. 104, 192; Ausk. BMA Renchen 25. Apr. 1985.

Rheinau
Stadtteil Freistett

Zur Geschichte der jüdischen Gemeinde. In Altfreistett waren im 17. Jh. vereinzelt jüd. Personen ansässig. In Neufreistett bestand eine Gemeinde bis 1935. Ihre Entstehung geht in die Zeit der Gründung Neufreistetts 1739 zurück. Die höchste Zahl jüd. Bewohner wird um 1885 mit 84

389 Synagoge in (Rheinau-)Freistett (hist. Aufnahme ▷ um 1930).

Pers. erreicht. Mind. 6 Pers. kamen in der Verfolgungszeit 1933 bis 1945 ums Leben.

Einrichtungen der jüdischen Gemeinde. Eine *Synagoge* wurde im 19. Jh. am Marktplatz (Ecke Rheinstr./Freiburger Str., Flst. 379/1) erbaut. Ein Badhaus mit dem *rituellen Bad* war angebaut. Die Synagoge wurde nach 1935 verkauft und später abgerissen (heute unbebauter Platz).

Die Toten wurden zunächst in Kuppenheim beigesetzt. Um 1830 wurde ein eigener *Friedhof* im Gewann »Hungerfeld« an der heutigen B 36 (Flst. 1400/1, Fläche 29,4 a) angelegt, den auch die Juden aus Rheinbischofsheim, Kehl (bis 1924) und Lichtenau mitbenutzten. Auf dem Friedhof befindet sich ein *Gefallenendenkmal* für die im Ersten Weltkrieg aus Lichtenau gefallenen jüd. Gemeindemitglieder.

Weitere Spuren der jüdischen Geschichte. An ehemaligen, bis nach 1933 bestehenden *Handels- und Gewerbebetrieben* sind bekannt: Zigarrenfabrikant Leo Braunschweig (Hauptstr. 21),

390 Lage des jüdischen Friedhofs bei (Rheinau-)Freistett.

Wolle- und Aussteuerartikel Erich Hammel (Hauptstr. 19), Textilgeschäft »Neues Kaufhaus« Jenny und Julie Hammel (Rheinstr. 7), Viehhandlung Leopold Hammel (Hauptstr. 9), Schneiderei Reich (Rheinstr. 9).

Auf dem *Gefallenendenkmal* der Gemeinde finden sich auch die Namen der 4 jüd. Gefallenen des Ersten Weltkriegs aus Neufreistett.

Hundsnurscher/Taddey S. 94f; Ausk. StV Rheinau 11. Sept. 1985; Ausk. N. Honold, Rheinau-Freistett 28. Dez. 1985.

Stadtteil Rheinbischofsheim

Zur Geschichte der jüdischen Gemeinde. In Rheinbischofsheim bestand eine Gemeinde bis 1938. Ihre Entstehung geht in die Zeit des 17. Jh. zurück. Die höchste Zahl jüd. Bewohner wird um 1875 mit 155 Pers. erreicht. Mind. 11 Pers. kamen in der Verfolgungszeit 1933 bis 1945 ums Leben.

Einrichtungen der jüdischen Gemeinde. Um 1815 wurde eine *Synagoge* erbaut (Standort Oberdorfstr. 3, Flst. 230/1). Im Synagogengebäude befanden sich ein *Schulsaal* und die Wohnung des jüd. Lehrers. Vermutl. war in einem Nebengebäude auch ein *rituelles Bad* untergebracht, das 1933 nicht mehr benutzt wurde. 1938 wurde die Synagoge demoliert, 1953 abgebrochen.

Die Toten wurden zunächst in Kuppenheim, seit 1830 in Neufreistett beigesetzt. Um 1800 waren Überlegungen in Gange, einen eigenen Friedhof in Rheinbischofsheim anzulegen, was von der Fam. Löw Simson befürwortet wurde. Da fast alle Juden Rheinbischofsheims für die Beibehaltung des Begräbnisplatzes in Kuppenheim waren, erreichte Löw Simson nur eine eigene *Begräbnisstätte* für seine Familie. Bis heute besteht dieser kleinste jüd. Friedhof Badens auf dem Gewann »Schießrain« mit einem noch erhaltenen Grabstein von 1819.

Weitere Spuren der jüdischen Geschichte. An ehemaligen, bis nach 1933 bestehenden *Handels- und Gewerbebetrieben* sind bekannt: Textilgeschäft Gustav Bloch (Hauptstr. 222), Textilgeschäft Joseph Bloch (Lindenplatz 2), Viehhandlung Joseph Bloch (Altrheinstr. 27), Mehl- und Getreidehandlung Moritz Bloch (Lindenplatz 3), Viehhandlung Moses Bloch (Kirchstr. 23), Textilgeschäft Grumbacher (Lindenplatz 6), Edelbranntweinbrennerei Liebmann & Simon Kahn (Hauptstr. 119), Viehhandlung Nathan Kahnheimer (Altrheinstr.).

Auf dem *Gefallenendenkmal* der Gemeinde finden sich auch die Namen der 4 jüd. Gefallenen des Ersten Weltkriegs aus Rheinbischofsheim.

Persönlichkeiten. *Clementine Sophie Kraemer* geb. Cahnmann (1873 Rheinbischofsheim – 1942 KZ Theresienstadt), Sozialarbeiterin, war führend in der jüd. Sozialarbeit und der allgemeinen Wohlfahrtspflege in München tätig, seit 1905 für den Verein Israelitische Jugendhilfe, wurde 1942 nach Theresienstadt deportiert.

Hundsnurscher/Taddey S. 247 f; N. Honold, Der Rheinbischofsheimer Judenstein. Der Begräbnisplatz des Löw Simson von Bischofsheim, in: Die Ortenau 75 (1985) S. 360–363; Ausk. StV Rheinau 11. Sept. 1985; Ausk. N. Honold, Rheinau-Freistett 28. Dez. 1985.

Ringsheim

Zur Geschichte jüdischer Bewohner. In Ringsheim betrieb seit 1924 Ludwig Heilbronn aus Rust ein Rohproduktengeschäft (Bahnhofweg 1). 1942 kam er im KZ Oranienburg ums Leben.

Ausk. BMA Ringsheim 13. Juni 1985, 9. Okt. 1985.

Rust

Zur Geschichte der jüdischen Gemeinde. In Rust bestand eine Gemeinde bis 1938. Ihre Entstehung geht in das 17. Jh. zurück (erste Nennung 1676 Jud Samuel von Rust). Die höchste Zahl jüd. Bewohner wird um 1864 mit 219 Pers. erreicht. Mind. 4 Pers. kamen in der Verfolgungszeit 1933 bis 1945 ums Leben.

Einrichtungen der jüdischen Gemeinde. Eine erste *Synagoge* bestand um 1800 (Standort: Klarastr. 14). Nach 1857 wurde das Gebäude zu

391 *Synagoge in Rust, 1895 erbaut, 1938 demoliert, 1964 abgebrochen (Aufnahme 1962).*

392 *Gedenktafel für die Synagoge in Rust (1985).*

einem bis heute bestehenden Wohnhaus umgebaut. 1856/57 wurde eine *neue Synagoge* an der Ritterstr. erbaut. 1938 wurde das Gebäude leicht beschädigt; seit 1941 im Besitz der Gemeinde, wurde es 1964 abgebrochen. Das Gelände wurde mit einem Lagerhaus der Raiffeisenbank überbaut, an dem eine *Gedenktafel* für die Synagoge angebracht ist.

Die Toten wurden in Schmieheim beigesetzt.

Weitere Spuren der jüdischen Geschichte. An ehemaligen, bis nach 1933 bestehenden *Betrieben* sind bekannt (Auswahl): Jüd. Wirtschaft mit Metzgerei »Zur Blume«, Inh. Bernhard Johl (Karl-Friedrich-Str. 8), Wein- und Spirituosenhandlung Leopold Grumbacher (Ritterstr. 14).

Auf dem *Gefallenendenkmal* der Gemeinde auf dem Friedhof sowie auf dem *Gefallenendenkmal* des jüd. Friedhofs Schmieheim sind auch jeweils der Name des jüd. Gefallenen des Ersten Weltkriegs aus Rust verzeichnet.

Hundsnurscher/Taddey S. 249f; A. Köbele, Ortssippenbuch Rust. Geschichte des Dorfes und seiner Familien. 1969; O. Kähni, Geschichte der Offenburger Judengemeinde, in: Die Ortenau 49 (1969) S. 87; Ausk. BMA Rust 15. Mai 1985, 7. Okt. 1985.

Schutterwald

Spuren der jüdischen Geschichte. In Schutterwald verläuft parallel zur Kirchgasse eine »Judengasse« (im »Dritten Reich« »Adolf-Hitler-Straße« genannt), vermutl. ein Hinweis auf eine frühere jüd. Ansiedlung.

Ausk. BMA Schutterwald 3. Mai 1985 mit Hinw. auf die ungedruckte Ortschronik (im »Dritten Reich« verfaßt).

Schwanau
Ortsteil Nonnenweier

Zur Geschichte der jüdischen Gemeinde. In Nonnenweier bestand eine Gemeinde bis 1938. Ihre Entstehung geht in die Zeit des 18. Jh. zurück (erste Nennung 1707). Die höchste Zahl jüd. Bewohner wird um 1885 mit 250 Pers. erreicht. Mind. 21 Pers. kamen in der Verfolgungszeit 1933 bis 1945 ums Leben.

393 Synagoge in (Schwanau-)Nonnenweier, 1771 erbaut, 1938 zerstört (hist. Aufnahme um 1927).

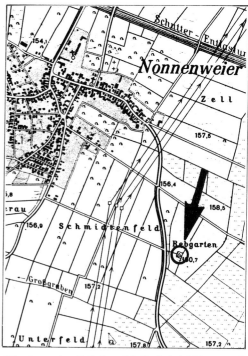

394 Lage des jüdischen Friedhofs bei (Schwanau-) Nonnenweier.

Einrichtungen der jüdischen Gemeinde. Von einer *Synagoge* wird erstmals 1771 berichtet (Standort: Schmidtenstr. 10). 1806 und 1865 wurde das Gebäude renoviert. 1938 wurde die Synagoge zerstört, der Platz später eingeebnet. 1833 wurde eine jüd. *Volksschule* eingerichtet (Standort: Ottenheimer Str. 10). Das Anwesen wurde 1840 durch den Anbau einer Lehrerwohnung und eines Schulzimmers erweitert. Auch das *rituelle Bad* war in diesem Gebäude untergebracht. Nach Auflösung der Schule 1876 diente das Gebäude als jüd. Gemeindehaus. Es ist als Wohnhaus erhalten.
Bis 1880 wurden die Toten in Schmieheim beigesetzt. In diesem Jahr erwarb die Gemeinde einen Acker »Auf dem Rebgarten« (Flst. 3739, Fläche 9,33 a), um einen eigenen *Friedhof* anzulegen.
Weitere Spuren der jüdischen Geschichte. Die jüd. Häuser verteilten sich auf den ganzen Ort und konzentrierten sich dabei auf die Hauptstr., die Schmidtenstr. und die Ottenheimer Str. Bekannt sind vor allem die bis nach 1933 bestehenden Einrichtungen der »Judenmetzgerei« von Jakob Meyer (Schmidtengasse 6) und der jüd. Wirtschaft »Zum Strauß« mit koscherer Metzgerei von David Frank (Hauptstr. 30).
Auf dem *Gefallenendenkmal* der Gemeinde finden sich auch die Namen der 7 jüd. Gefallenen des Ersten Weltkriegs aus Nonnenweier.
Persönlichkeiten und auf sie bezogene Erinnerungsmale. *Ludwig Frank* (1874 Nonnenweier – 1914 gefallen), Rechtsanwalt in Mannheim, wurde 1906 Mitglied des Reichstags (sozialdemokratische Fraktion), galt Jahre hindurch als der glänzendste Sprecher im Deutschen Reichstag und gehörte zu den Vorkämpfern der Arbeiterjugendbewegung. In Mannheim erinnert ein Denkmal an ihn, gleichfalls ist in Mannheim seit 1974 eine Bundeswehrkaserne nach ihm benannt (vgl. auch Lahr). In Nonnenweier ist an seinem Geburtshaus Poststr. 4 eine *Gedenktafel* angebracht; die Grundschule heißt »Ludwig-Frank-Schule«.

Hundsnurscher/Taddey S. 214–217; K. L. Bender/J. Krämer/E. Eble, Ortssippenbuch Nonnenweier. 1971. S. 151–168; H. Kattermann, Das Ende einer jüd. Landgemeinde. Nonnenweier in Baden 1933–45. 1984; E. Labsch-Benz, Die jüd. Gemeinde Nonnenweier. Jüdisches Leben und Brauchtum einer bad. Landgemeinde zu Beginn des 20. Jh. 1981; Ausk. BMA Schwanau 13. Mai 1985.

Ortsteil Ottenheim

Zur Geschichte jüdischer Bewohner. In Ottenheim waren vermutl. im 17./18. Jh. einige jüd. Fam. ansässig (1728 Erwähnung). Von ihnen zeugt noch der später an verschiedenen anderen Orten (u.a. Mannheim, Bonfeld, Gemmingen, Heinsheim) belegte jüd. Familienname »Ottenheimer«.

Toury S. 6 Anm. 20; Ausk. BMA Schwanau 15. Jan. 1986.

Willstätt

Zur Geschichte jüdischer Bewohner. In Willstätt waren in der ersten Hälfte des 17. Jh. einige jüd. Fam. ansässig (Erwähnungen seit 1619, namentl. 1625 die Juden Abraham, Isaak d. Ä., Isaak d. J. und Jakob, um 1635 Isaak und Moses Mayer). Von der Ansiedlung zeugt noch der später an verschiedenen anderen Orten belegte jüd. Familienname »Willstätter«.

O. Kähni, Geschichte der Offenburger Judengemeinde, in: Die Ortenau 49 (1969) S. 85; Ausk. BMA Willstätt 8. Mai 1985.

Wolfach

Zur Geschichte jüdischer Bewohner. In Wolfach waren jüd. Personen vereinzelt im MA (1294 ein Jude von Wolfach genannt; weitere Nennungen sprechen 1488, 1493 und 1505 von Wilhelm Jud und Heinrich Jud von Wolfach; »Jud« könnte auch Familiennamen meinen) und seit der zweiten Hälfte des 19. Jh. ansässig (1885: 4 Pers.).

Rosenthal, Heimatgeschichte S. 7, 29; Freiburger UB Bd. VII, Urk. 1 S. 10; Urk. 163 S. 283; Bd. IV, Urk. Nr. 383.

Zell am Harmersbach
Stadtteil Unterentersbach

Zur Geschichte jüdischer Bewohner. In Unterentersbach war 1924 bis 1933 Dr. Alexander Weinberg Besitzer der Papierfabrik. Sein Bruder Leo Weinberg war 1925 bis 1927 als Diplomingenieur am Ort.

Ausk. StV Zell a. H. 14. Mai 1985.

Stadtteil Zell

Zur Geschichte jüdischer Bewohner. In der Grabenstr. 8 betrieb Dr. Moritz Joel von 1922 bis 1926 eine Arztpraxis.

Ausk. StV Zell a. H. 14. Mai 1985.

OSTALBKREIS

Aalen
Stadtteil Aalen

Zur Geschichte jüdischer Bewohner. In Aalen haben vermutl. bereits im MA Juden gelebt, wenngleich die vorhandenen Quellen kein eindeutiges Urteil zulassen. Um 1900 ließen sich einige Fam. nieder, die zur Synagogengemeinde in Schwäbisch Gmünd gehörten.
An ehemaligen, bis nach 1933 bestehenden *Handelsbetrieben* sind bekannt: Warenhaus Heilbron, Inh. Alfred Biermann (Bahnhofstr. 18), Korbmöbelhandlung Fanny Kahn (Oesterleinstr. 10), Textilgeschäft Moritz Pappenheimer (Bahnhofstr. 51), Herrenkonfektionsgeschäft Max Pfeffer (Bahnhofstr. 14).
Mind. 2 Pers. kamen in der Verfolgungszeit 1933 bis 1945 ums Leben.

GJ III,1 S. 2; Württ. Städtebuch S. 34f; QGJ Nr. 182; K. Bauer, Juden im Raum Aalen, in: Aalener Jahrbuch (1984) S. 302–344; Ausk. K. Bauer, Aalen 30. Juli 1985, 11. Nov. 1985.

Stadtteil Unterkochen

Zur Geschichte jüdischer Bewohner. In Unterkochen wohnte bis 1934 Dr. Rudolf Schreiber (in der Verfolgungszeit umgekommen).

K. Bauer, Juden im Raum Aalen, in: Aalener Jahrbuch (1984) S. 328 ff.

Stadtteil Wasseralfingen

Zur Geschichte jüdischer Bewohner. In Wasseralfingen lebten nach 1900 wenige jüd. Fam., zunächst die Fam. David Pappenheimer aus Oberdorf, später der Generaldirektor der Papierfabrik Unterkochen Bruno Arthur Tugendhat (jüd. Herkunft, kath. geworden, 1924 Ehrenbürger Unterkochens).
Spuren der Verfolgungszeit 1933 bis 1945. In Wasseralfingen bestand von Aug./Sept. 1944 bis Apr. 1945 ein *Außenkommando des Konzentrationslagers Natzweiler/Elsaß.* Das Lager war ab Nov. 1944 mit 200 bis 300 Häftlingen (Überlebende des Warschauer Aufstandes) belegt. Sie arbeiteten in verschiedenen Industrieunternehmen der Umgebung als Zwangsarbeiter. An die Toten des Lagers erinnert seit 1986 ein *Gedenkstein* an der Schillerlinde oberhalb der Wasseralfinger Erzgrube. Auf dem jüd. Friedhof in (Bopfingen-) Oberdorf wurden etliche der umgekommen und nach 1945 noch verstorbenen KZ-Häftlinge beigesetzt.

K. Bauer, Juden im Raum Aalen, in: Aalener Jahrbuch (1984) S. 328, 330; Gedenkbuch S. 313; Vorländer S. 13.

Bartholomä

Spuren der jüdischen Geschichte. In Bartholomä heißt die Lauterburger Str. im Volksmund »Judengasse«, die Bewohner der Straße werden »Juden-Gäßler« genannt. Vermutl. deutet die Bezeichnung auf eine jüd. Ansiedlung früherer Jh. hin.

Ausk. BMA Bartholomä 5. Aug. 1985.

Bopfingen
Stadtteil Aufhausen

Zur Geschichte der jüdischen Gemeinde. In Aufhausen bestand eine Gemeinde bis 1910, danach bis 1925 als Filialgemeinde zu Oberdorf. Ihre Entstehung geht in die Zeit des 16. Jh. zurück (erste Nennung 1560). Die höchste Zahl jüd. Bewohner wird um 1846 mit 378 Pers. erreicht. Mind. 4 Pers. kamen in der Verfolgungszeit 1933 bis 1945 ums Leben.

Einrichtungen der jüdischen Gemeinde. Vor 1730 bestand vermutl. ein Betsaal oder eine Synagoge. 1730 wird eine *Synagoge* erbaut (Standort nicht bekannt), die 1777 durch einen Neubau ersetzt wurde (Gebäude Nr. 41). Nochmals wird 1825 eine neue *Synagoge* erbaut. 1931 wurde die Synagoge geschlossen, in der Zeit des »Dritten Reichs« als Heim der HJ verwendet. Nach 1945 wurde das Gebäude verkauft, zum Teil abgebrochen; die Grundmauern des Erdgeschosses sind in dem hier stehenden Wohnhaus mit Stallungen erhalten (Lauchheimer Str. 21).

Gegenüber der Synagoge (auf der anderen Seite der Eger) ist das Gebäude des *rituellen Bades* erhalten, das 1839 erbaut und vor 1914 verkauft wurde. Danach wurde das als »Judentunke« bezeichnete Bad zu Wohnzwecken verwendet (heute leerstehend).

Seit 1825 bestand eine jüd. *Konfessionsschule* (seit 1829 im Gebäude der Synagoge untergebracht). 1857 wurde sie in ein Wohnhaus verlegt, nach 1864 in das neu erbaute Schulhaus der Ortsgemeinde (Gebäudekomplex, in dem von der Straße »Am Bahndamm« aus gesehen in der Mitte das Rathaus, links die jüd., rechts die kath. Schule untergebracht waren).

395 *Synagoge in (Bopfingen-)Aufhausen, 1825 erbaut, 1931 geschlossen (hist. Aufnahme um 1930).*

396 *Ehemaliges jüdisches Badhaus (Mikwe) in (Bopfingen-)Aufhausen (1986).*

Der *Friedhof* der Gemeinde wurde vermutl. bald nach der ersten Erwähnung jüd. Bewohner Aufhausens angelegt (1560). Als 1658 die Juden aus

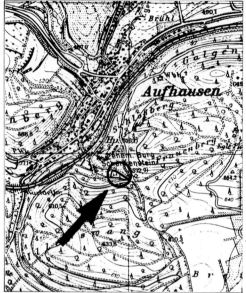

Baldern vertrieben wurden, nahmen sie die Grabsteine ihres Friedhofes mit und richteten sie auf
dem Aufhausener Friedhof auf. Bis 1936 wurden
auch Juden aus Bopfingen, Lauchheim, Ellwangen (bis 1901) beigesetzt (Fläche 41,43 a; Lage
oberhalb des allg. Friedhofs, Schenkensteinstr.).
Weitere Spuren der jüdischen Geschichte. Auf
den *Gedenktafeln* für die Gefallenen im jüd.
Friedhof Oberdorf finden sich auch die Namen
der beiden jüd. Gefallenen des Ersten Weltkriegs
aus Aufhausen.
Der Bergfried der Ruine Schenkenstein wird auch
»Judenturm« genannt, vermutl. aufgrund seiner
exponierten Lage über dem jüd. Friedhof.

◁ *397 Lage des jüdischen Friedhofs bei (Bopfingen-)
Aufhausen.*

*398 Jüdischer Friedhof in (Bopfingen-)Aufhausen mit
der Burgruine Schenkenstein (1972).*

Sauer 1966 S. 29 ff; U. Laurentzsch, Zur Geschichte der Judengemeinde Aufhausen bei Bopfingen. Zulassungsarbeit PH Schwäbisch Gmünd (Mschr.). 1978; Ausk. Bürgermeister i. R. Nitsche, Aufhausen 21. Mai 1984.

Stadtteil Baldern

Zur Geschichte der jüdischen Gemeinde. In Baldern waren Juden im MA (Erwähnungen von 1344 bis 1348) und im 17. Jh. (Erwähnungen 1631 bis 1658) ansässig, als es vorübergehend zur Bildung einer jüd. Gemeinde kam. 1657 wurde eine *Synagoge* für die anwesenden 12 Fam. erbaut, auch war ein *Friedhof* vorhanden. 1658 wurden die Juden vertrieben und ließen sich in Aufhausen und Lauchheim nieder. Die Grabsteine des jüd. Friedhofs wurden nach Aufhausen mitgenommen (nicht mehr erhalten). Das Gebäude der ehem. Synagoge war zuletzt (1872–1909) Armenasyl der Gemeinde und wurde danach abgebrochen (Standort zwischen Schule und Gasthaus »Löwen«). Anfang des 18. Jh. wurden am gräflichen Hof sog. »Hofjuden« aufgenommen.

GJ II,1 S. 47 ff; L. Müller, Aus fünf Jahrhunderten, in: Zeitschrift des histor. Vereins für Schwaben und Neuburg 26 (1899) S. 176; K. Bauer, Juden im Raum Aalen, in: Aalener Jahrbuch (1984) S. 302–344.

Stadtteil Bopfingen

Zur Geschichte jüdischer Bewohner. In Bopfingen waren Juden im MA (erste Nennung 1241, Judenverfolgung 1349, neue Ansiedlung 1383 bis zur Ausweisung 1504) und seit der zweiten Hälfte des 19. Jh. ansässig. Es ist nicht bekannt, ob es im MA zur Bildung einer Gemeinde mit eigenen Einrichtungen kam. Die Verstorbenen wurden im MA in Nördlingen beigesetzt (für 1432 bis 1495 nachgewiesen). Seit der Mitte des 19. Jh. gehörten die jüd. Bewohner der Synagogengemeinde Oberdorf an. Die höchste Zahl wird um 1900 mit 52 Pers. erreicht. Mind. 9 Pers. kamen in der Verfolgungszeit 1933 bis 1945 ums Leben.
Spuren der jüdischen Geschichte. An ehemali-

gen, bis nach 1933 bestehenden *Betrieben* sind bekannt: Viehhandlung Gustav Kahn (Badgasse 6), Viehhandlung Otto Neumetzger (Bahnhofweg 15), Textilwarenhandlung Sally Pappenheimer (Hauptstr. 17), Viehhandlung Leo Rosenstrauch (Marktplatz 4), Viehhandlung David Sicherer (Spitalplatz 12), Viehhandlung Nathan Sicherer (Spitalplatz 3), prakt. Arzt Dr. Spatz (Hauptstr. 39), Textilwarenhandlung Adolf Wassermann (Hauptstr. 1), Textilwarenhandlung Theodor Wassermann (Hauptstr. 20).
Im *Heimatmuseum »Heimatstuben«* befindet sich ein Buch der jüd. Gemeinde Oberdorf mit Eintragungen über Prüfungen des Rabbinats Oberdorf. Auf den *Gedenktafeln* für die Gefallenen im jüd. Friedhof Oberdorf findet sich auch der Name des jüd. Gefallenen des Ersten Weltkriegs aus Bopfingen.

GJ II,1 S. 95; GJ III,1 S. 138 f; H. Enßlin, Bopfingen. Freie Reichsstadt. Mittelpunkt des württ. Rieses. 1971. S. 51, 63, 183–187; Ausk. BMA Bopfingen 30. Okt. 1985; Ausk. Bund der Heimatfreunde e. V., Bopfingen 20. Febr. 1984.

Stadtteil Flochberg

Zur Geschichte jüdischer Bewohner. In Flochberg waren in der ersten Hälfte des 16. Jh. Juden ansässig (Erwähnungen 1514 und 1538).

GJ III,1 S. 340 f; L. Müller, Aus fünf Jahrhunderten, in: Zeitschrift des histor. Vereins für Schwaben und Neuburg 26 (1899) S. 178; H. Enßlin, Bopfingen. 1971. S. 185.

Stadtteil Itzlingen

Zur Geschichte jüdischer Bewohner. In Itzlingen waren Anfang des 17. Jh. Juden ansässig (Erwähnungen 1600 bis 1609).

L. Müller, Aus fünf Jahrhunderten, in: Zeitschrift des histor. Vereins für Schwaben und Neuburg 26 (1899) S. 179.

Stadtteil Oberdorf am Ipf

Zur Geschichte der jüdischen Gemeinde. In Oberdorf bestand eine Gemeinde bis 1939. Ihre Entstehung geht in die Zeit Anfang des 16. Jh. zurück (Ausweisung der Juden aus Nördlingen 1507). Die höchste Zahl jüd. Bewohner wird um 1846 mit 548 Pers. erreicht. Mind. 36 Pers. kamen in der Verfolgungszeit 1933 bis 1945 ums Leben.
Einrichtungen der jüdischen Gemeinde. Erste *Synagogen* wurden 1704 und 1754 erbaut. Nähere Angaben liegen jedoch erst zu der 1812 erbauten Synagoge (Standort: Lange Str. 15) vor. 1858 wurde das Gebäude renoviert, 1938 beschädigt. Nach 1945 diente das Gebäude als kath. Kirche, bis es 1970 in Privatbesitz überging und seither als Lagerraum dient.
1828 bis 1930 war Oberdorf Rabbinatssitz (*Rabbinat* im Haus Kirchweg 1). Im Haus Ipfstr. 11 wurde Anfang des 19. Jh. ein *rituelles Bad* eingerichtet. 1832 wurde dieses Gebäude aufgestockt, um die Räume der jüd. *Schule* unterbringen zu

400 *Eingang für Frauen zur ehemaligen Synagoge in (Bopfingen-)Oberdorf mit einem Zitat aus Gen 28,17 (»Wie ehrfurchtgebietend ist dieser Ort...«) (1987).*

können. Das Gebäude ist als Wohnhaus erhalten. Die Toten wurden in Aufhausen, seit 1825 auf einem eigenen *Friedhof* (an der Karksteinstr., Flst. 217/2, Fläche 26,93 a) beigesetzt. Dort befinden sich auch *Gedenktafeln* für die jüd. Gefallenen des Ersten Weltkriegs aus Oberdorf, Aufhausen und Bopfingen sowie seit 1985 für die Opfer der Verfolgungszeit 1933 bis 1945.
Weitere Spuren der jüdischen Geschichte. An ehemaligen, bis nach 1933 bestehenden *Handels- und Gewerbebetrieben* sind bekannt (Auswahl): Textilwarengeschäft H. L. Heimann (Ellwanger Str. 46/48), Viehhandlung Gustav Lamm (Lange Str. 6), Viehhandlung Isaak Lehmann (Lange Str. 19), Viehhandlung Aron Mayer (Ellwanger Str. 65), Viehhandlung Hermann Meyer (Altbachweg 1), Metzgerei Nathanael Neumetzger (Altbachweg 4a, jüd. Schlachthaus), Viehhandlung Siegfried Neumetzger (Ellwanger Str. 32), Textilwarenhandlung Jakob Sänger (Ellwanger Str. 30), Viehhandlung Jakob Strauß (Ellwanger Str. 22), Kolonialwarenhandlung Moritz Strauß (Altbachweg 6), Viehhandlung Moritz Thalheimer (Herrnschmidtweg, abgebr.), Leim-, Collagen- und Degras-Werke Veit Weil (Lange Str. 7). Ein jüd. Gasthaus befand sich Lange Str. 1.
Auch auf dem *Gefallenendenkmal* vor der Kirche sind die Namen der jüd. Gefallenen des Ersten Weltkriegs aus Oberdorf verzeichnet. Im *Germanischen Nationalmuseum* Nürnberg finden

399 *Synagoge in (Bopfingen-)Oberdorf am Ipf (hist. Aufnahme um 1930).*

sich aus der jüd. Gemeinde Oberdorf: ein Gebetsmantel (Tallit) aus dem 19. Jh., zwei Mesusot aus dem 19. Jh. (Bestand JA 1 und JA 2,4). Ein *Opferstock* (Zedaka-Büchse) aus der ehem. Synagoge dient heute in der evang. Kirche als Opferstock.

401 Jüdischer Friedhof in (Bopfingen-)Oberdorf (1972).

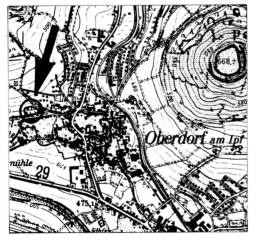

402 Lage des jüdischen Friedhofs bei (Bopfingen-) Oberdorf am Ipf.

Persönlichkeiten. *Simon Leon Schwabacher* (1820 Oberdorf – 1888 Odessa), Rabbiner; zuerst Prediger in Prag, dann Rabbiner in verschiedenen deutschen Gemeinden, wurde 1860 nach Odessa berufen, entfaltete hier als Stadtrabbiner eine große soziale Tätigkeit, zahlr. Veröffentlichungen. – *Carl Maison* (1840 Oberdorf – 1896 München), Teilh. der Fa. A. Maison, Posamentenhandel in München; im Vorstand der Oberbayerischen Handels- und Gewerbekammer, Handelsrichter; 1887 bis 1896 Mitglied des Bayerischen Landtags; Konsul von Dänemark, Schweden und Norwegen, 1888 kgl. Kommerzienrat.

Sauer 1966 S. 139–143; W. Kucher, Die Geschichte der Oberdorfer Judengemeinde von der Gründung bis zur Emanzipation. Zulassungsarbeit PH Schwäbisch Gmünd. 1976; Ausk. BMA Bopfingen 30. Okt. 1985; Ausk. Germanisches Nationalmuseum Nürnberg 14. Febr. 1984; Ausk. G. Schwarz, Oberdorf 3. Dez. 1985.

Ellwangen (Jagst)
Stadtteil Eggenrot

Spuren der Verfolgungszeit 1933 bis 1945. Beim sog. »Hessentaler Todesmarsch« wurde am 6. April 1945 kurz nach Eggenrot einer der (vermutl. jüd.) Häftlinge von einem Wachmann erschossen.

Vorländer S. 99.

Stadtteil Ellwangen

Zur Geschichte der jüdischen Gemeinde. In Ellwangen bestand eine Gemeinde im MA (Judenverfolgungen 1298 und 1349) bis zum 15. Jh. und im 19./20. Jh. von 1870 bis 1935. Die höchste Zahl jüd. Bewohner wird um 1885 mit 99 Pers. erreicht.
Einrichtungen der jüdischen Gemeinde. Ma. Einrichtungen sind nicht bekannt. Die Toten wurden in Nördlingen beigesetzt (1428 und 1443 belegt).
Die Gemeinde des 19./20. Jh. feierte ihre Gottesdienste in einem *Betsaal*, der sich seit 1877 im

damaligen Gasthaus »Rössle« (Zimmer im mittleren Stock, Marienstr. 20) befand. 1909 wurde der Betsaal in das alte Kapuzinergebäude in der Marienpflege verlegt. 1926 erhielt die Gemeinde einen Raum im Erdgeschoß des Kammergebäudes (Peutinger Str. 2) als Betsaal, in dem bis 1933 Gottesdienste gefeiert werden konnten. In diesem Jahr wurde der jüd. Gemeinde gekündigt, da die NSDAP den Raum für BDM- und HJ-Versammlungen beanspruchte.

Die Toten wurden bis 1901 auf dem Friedhof in Aufhausen beigesetzt. Seit 1901 bestand ein eigener *Friedhof* am »Hungerberg« (heute im Neubaugebiet Dalkinger Str., Flst. 527/1, Fläche 8,07 a). Bis 1938 wurden auf diesem Friedhof 23 Beisetzungen vorgenommen, 1943 bis 1945 waren die Grabsteine abgeräumt, danach wieder aufgestellt.

Weitere Spuren der jüdischen Geschichte. An

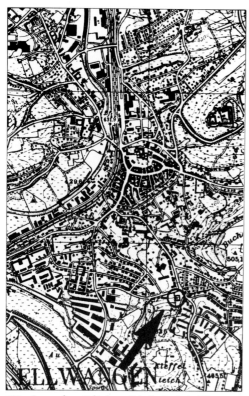

403 Lage des jüdischen Friedhofs bei Ellwangen (Jagst).

ehemaligen, teilweise bis nach 1933 bestehenden *Handels- und Gewerbebetrieben* sind bekannt: Hadernfabrik Louis Ballenberger und Emanuel Neuhaus (bis 1910, Haller Str. 8), Gastwirtschaft »Zum Waldhorn«, Inh. Maier Fröhlich, dann Isak Rosenheimer (bis 1895, Pfarrgasse 2), Antiquariat und Buchhandlung Isaak Heß, später Joseph, Moritz und Sigmund Heß (1847–1905, Schmiedstr. 6), Vieh- und Pferdehandlung Elias Levi (bis 1917, Marktplatz 12), Zucht- und Nutzviehhandlung Julius Levi (bis 1938, Schmiedstr. 3), Pferdehandlung Neuburger, später Zucht- und Nutzviehhandlung Sigmund Levi (bis 1937/38, Haller Str. 3 und 3/1), Landmaschinenhandel und Werkstatt Stein (vor 1930, Haller Str. 6), Druckerei- und Zeitungsverlag Weil (bis 1903, Spitalstr. 17–19).

Persönlichkeiten und auf sie bezogene Erinnerungsmale. *Isaak Heß* (1789–1866), Buchhändler und Antiquar, erwarb sich um das jüd. Schul- und Armenwesen in Württemberg große Verdienste. Zu der in Ellwangen beabsichtigten Gründung eines Pensionats für die jüd. Theologen ist es zu keiner Zeit gekommen. Das Wohnhaus von Isaak Heß war Adelbergergasse 1 (1824 bis 1847), dann Schmiedstr. 6.

Spuren der Verfolgungszeit 1933 bis 1945. In Ellwangen bestand vom Sommer 1943 bis März 1945 ein *Außenkommando des Konzentrationslagers Natzweiler/Elsaß*, in dem sich zwischen 50 und 100 Häftlinge befanden, die zum Arbeitseinsatz im Straßen-, Bunker-, Wohnungs- und Kasernenbau eingeteilt waren. Im Zusammenhang mit dem »Hessentaler Todesmarsch« wurde das Lager am 6./7. Apr. 1945 evakuiert und am Bahnhof Ellwangen wurden kranke Gefangene zurückgelassen, von denen die meisten (ca. 20) kurze Zeit später in Dalkingen erschossen wurden. Beim Verlassen Ellwangens wurde ein Häftling an der Neunheimer Steige (heute »Alte Steige«) erschossen. In der Nacht vom 6./7. Apr. übernachteten die Häftlinge in einem Steinbruch bei Neunheim.

GJ III,1 S. 297; Sauer 1966 S. 71 f; I. Burr, Der jüd. Friedhof in Ellwangen. Notizen zur Geschichte der Juden in dieser Stadt, in: Ellwanger Jahrbuch 1983–84; Vorländer S. 11, 99; Ausk. BMA Ellwangen 20. März 1986.

Stadtteil Rötlen

Zur Geschichte jüdischer Bewohner. In Rötlen war der Handelsmann Salomon Schuhmann 1901 bis 1918 Besitzer der Rötlenmühle.

Ausk. BMA Ellwangen 20. März 1986.

Eschach

Zur Geschichte jüdischer Bewohner. In Eschach waren vermutl. im 16. Jh. einzelne jüd. Pers. ansässig. 1554 wird Isak Jud zu Aschach (= Eschach?), 1567 Hanna Judin, Ehefrau des Sunderlin Jud zu Eschach genannt.

QGJ Nr. 596, 725; Ausk. BMA Eschach 16. Mai 1985.

Essingen
Ortsteil Essingen

Zur Geschichte der jüdischen Gemeinde. In Essingen bestand im 17. und 18. Jh. eine jüd. Gemeinde (1685 erste Fam. aufgenommen, um 1780 wieder ausgewiesen). Der jüd. Familienname »Essinger« erinnerte später noch an sie (Anfang des 20. Jh. bei zahlreichen jüd. Fam. in Crailsheim, Stuttgart und Esslingen).
Spuren der jüdischen Geschichte. An die jüd. Niederlassung erinnert die »Judengasse« (heute Teil der Hauptstr. unterhalb des herrschaftl. Reitstalles), ein »Judenhaus« (Bahnhofstr. 8, möglicherweise auch Wohnhaus eines erst später hier lebenden Juden aus Aufhausen) und die Flurbezeichnung »Judenkirchhof«, wo die Toten der Gemeinde beigesetzt wurden (Grundstück »Kemmle« an der Einmündung der Bahnhofstr. von Essingen in die B 290, nahe beim Anwesen Holz, Bahnhofstr.).

Sauer 1966 S. 2, 140; G. Wiedmann, Alte Geschichten aus Essingen und Lauterburg. 1976. S. 111 ff; H. Schnee, Hoffinanz und der moderne Staat 4. S. 106; Gräberverzeichnis Waibstadt 1914, S. 11; Ausk. E. Keefer, Essingen 15. Apr. 1985; Ausk. BMA Essingen 16. Apr. 1985.

404   *Lage der Flur »Judenkirchhof« in Essingen.*

Ortsteil Lauterburg

Zur Geschichte jüdischer Bewohner. In Lauterburg waren vermutl. am Ende des 15. Jh. einige Juden ansässig (1491 erwähnt).

L. Müller, Aus fünf Jahrhunderten, in: Zeitschrift des histor. Vereins für Schwaben und Neuburg 26 (1899) S. 168; GJ III,1 S. 726.

Heuchlingen

Zur Geschichte jüdischer Bewohner. In Heuchlingen waren vermutl. im 16. Jh. einige Juden ansässig; zwischen 1560 und 1563 wird Jacob Jud zu Heuchlingen genannt. Zwischen Bergfeld und Gehren bestand die Flur »Judenäcker« (Herkunft der Bezeichnung ist unbekannt).

QGJ Nr. 648, 684; Flurnamenverzeichnis der Landesstelle für Volkskunde, Stuttgart; Ausk. BMA Heuchlingen 28. Mai 1985.

Lauchheim
Stadtteil Lauchheim

Zur Geschichte der jüdischen Gemeinde. In Lauchheim bestand eine Gemeinde bis 1922. Ihre Entstehung geht in die Zeit des 17. Jh. zurück, als 1658 sechs aus Baldern ausgewiesene jüd. Fam. aufgenommen wurden. Die höchste Zahl wird um 1858 mit 176 Pers. erreicht. Mind. 6 Pers. kamen in der Verfolgungszeit 1933 bis 1945 ums Leben.
Wohngebiet und Einrichtungen der jüdischen Gemeinde. Das Wohngebiet konzentrierte sich bis ins 19. Jh. auf die »Judengasse« (heute Obere und Untere Bleichstr.). Eine erste *Synagoge* wird 1686 genannt; 1743 brannte sie ab. 1768 bis 1770 wurde eine neue Synagoge erbaut, die 1856/59 erneuert und vergrößert wurde. Das Gebäude der Synagoge wurde 1921 verkauft, trotzdem wurde es 1938 in Brand gesetzt, konnte jedoch gelöscht werden. Bis 1965 diente das Gebäude als Scheune, danach wurde es abgebrochen und der Platz neu bebaut (Bleichstr. 3).
1849 wurde ein Haus gekauft, das zum *Schulhaus* mit einem Gemeindesaal umgebaut wurde. In ihm wurde auch ein *rituelles Bad* eingebaut, zu dem vom Gasthaus »Bären« eine Wasserleitung gelegt wurde. Das Gebäude ist erhalten (Bienner Str. 15/Ecke Pfarrer-Bestlin-Str.).
Die Toten wurden in Aufhausen beigesetzt.
Weitere Spuren der jüdischen Geschichte. An ehemaligen, bis nach 1933 bestehenden *Handelsbetrieben* sind bekannt: Mehl- und Textilhandlung Anna und Lina Freimann (Obere Bleichstr. 23), Textilgeschäft Leopold Meier (Hauptstr. 29).
Auf dem *Gefallenendenkmal* vor dem Oberen Tor ist auch der Name des jüd. Gefallenen des Ersten Weltkriegs aus Lauchheim verzeichnet. Im *Heimatmuseum Lauchheim* finden sich verschiedene Gegenstände zur Erinnerung an die jüd. Geschichte: ein Chanukkaleuchter, hebr. Schuldscheine des 17./18. Jh., eine Kopie eines Schutzbriefs u. a.

Sauer 1966 S. 113f; Ausk. BMA Lauchheim 17. Jan. 1986; Ausk. P. Maile, Lauchheim 16. März 1984.

Stadtteil Röttingen

Zur Geschichte jüdischer Bewohner. In Röttingen waren im 16. Jh. Juden ansässig (Erwähnungen 1566 Mayer Jud, 1587 bis 1600 Juden Meir, Barmann, Anstall und Samuel). An die Ansiedlung erinnert vermutl. das sog. »Judengässle«, ein nördl. der Kirche auf der anderen Seite der Balderner Str. abzweigender alter Fußweg in Richtung Baldern.

L. Müller, Aus fünf Jahrhunderten, in: Zeitschrift des histor. Vereins für Schwaben und Neuburg 26 (1899) S. 181; Ausk. BMA Lauchheim 17. Jan. 1986.

Leinzell

Zur Geschichte jüdischer Bewohner. In Leinzell lebte seit 1898 Julius Uhlmann, der eine für den Ort sehr bedeutende Trikotfabrik betrieb, die 1933 aus wirtschaftl. Gründen zusammenbrach (Fabrikgebäude in der Austr. 5 erhalten).

Ausk. BMA Leinzell 17. Apr. 1985, 1. Okt. 1985.

Neresheim
Stadtteil Dehlingen

Zur Geschichte jüdischer Bewohner. In Dehlingen lebten Juden im 16./17. Jh. (Erwähnungen zwischen 1587 und 1597 Juden David, Mossy, Mann, Abraham, Seligmann und Löw, und zwischen 1601 und 1611).

L. Müller, Aus fünf Jahrhunderten, in: Zeitschrift des histor. Vereins für Schwaben und Neuburg 26 (1899) S. 177.

Stadtteil Dorfmerkingen

Zur Geschichte jüdischer Bewohner. In Dorfmerkingen lebten Juden im 16./17. Jh. (Erwähnungen zwischen 1555 und 1560 sowie 1657 bis 1660). 1555/56 waren 3 Dorfmerkinger Juden in einen Ritualmordprozeß verwickelt, der jedoch mit ihrem Freispruch und dem Todesurteil gegen die Anklägerin endete.

L. Müller, Aus fünf Jahrhunderten, in: Zeitschrift des histor. Vereins für Schwaben und Neuburg 26 (1899) S. 121 ff; OAB Neresheim. 1872. S. 272.

Stadtteil Neresheim

Zur Geschichte jüdischer Bewohner. In Neresheim waren von der Mitte des 15. Jh. (erste Nennung 1449) bis ins 17. Jh. (letzte Nennung 1658) und in der zweiten Hälfte des 19. Jh. jüd. Pers. ansässig. Im 17. Jh. waren höchstens ca. 5 Fam. am Ort, die zur Synagogengemeinde Aufhausen oder Kleinerdlingen gehörten; im 19. Jh. höchstens 13 Pers. (1864), die zur Synagogengemeinde Oberdorf gehörten.

Im *Härtsfeldmuseum* Neresheim liegt ein »Judenfreibrief« von 1583 aus.

QGJ Nr. 712, 761, 839; L. Müller, Aus fünf Jahrhunderten, in: Zeitschrift des histor. Vereins für Schwaben und Neuburg 25 (1898) S. 62, 26 (1899) S. 81 ff; OAB Neresheim. 1872. S. 169, 181; Ausk. BMA Neresheim 25. Apr. 1985.

Rainau
Ortsteil Dalkingen

Spuren der Verfolgungszeit 1933 bis 1945. In Dalkingen wurden beim sog. »Hessentaler Todesmarsch« am 6. Apr. 1945 zwischen 8 und 20 (vermutl. jüd.) Häftlinge aus dem KZ Hessental erschossen. 1956/57 wurden die zunächst in Dalkingen beigesetzten Toten auf den KZ-Friedhof Kochendorf umgesetzt.

Vorländer S. 99.

Riesbürg
Ortsteil Pflaumloch

Zur Geschichte der jüdischen Gemeinde. In Pflaumloch bestand eine Gemeinde bis 1904. Ihre Entstehung geht in die Zeit des 15./16. Jh. zurück (erste Nennung 1487). Die höchste Zahl jüd. Bewohner wird um 1846 mit 255 Pers. erreicht.
Wohngebiet und Einrichtungen der jüdischen Gemeinde. Das Wohngebiet konzentrierte sich bis ins 19. Jh. um das Gebäude der Synagoge in der Hauptstr. Über eine *Synagoge,* die vermutl. bereits im 16./17. Jh. bestand, erfährt man erst anläßlich des Synagogenbaus von 1756. Sie befand sich neben den Gebäuden Hauptstr. 23/25. Beim Großbrand 1802 brannte die Synagoge mit 57 anderen Häusern nieder. 1803 wurde sie an derselben Stelle wieder erbaut. Nachdem sie sich später als zu klein erwies, wurde 1844 bis 1846 nochmals eine *neue Synagoge* erbaut (Hauptstr. 13). Das alte Synagogengebäude, zu einem landwirtschaftl. Gebäude umgebaut, brannte um 1850 ab. Nach Abwanderung der meisten jüd. Bewohner schenkte die jüd. Gemeinde der Ortsgemeinde 1907 das Synagogengebäude. Es dient seit 1963 als Rathaus. 1984 wurde eine *Gedenktafel* am Eingang angebracht. Das äußerlich kaum veränderte Gebäude enthält in seinem Innern noch einige Deckenmalereien auf dem Dachboden.
Ein *rituelles Bad* (»Judentunke«) wurde 1821 neben dem Gebäude Schulstr. 15 und damit direkt an der ehem. Wette erbaut (hier heute Pumpenhaus von 1927). 1832 wurde das rituelle Bad in das neuerbaute jüd. *Ratsgebäude* verlegt (Schulstr. 5). In ihm war auch die *Schule* und eine Lehrerwohnung untergebracht. In der Hauptstr. wird noch ein anderes Haus (Bonifaz-Haus) »Judenschule« genannt (Zusammenhänge unklar).
Bis 1833 wurden die Toten im bayerischen Wallerstein (Lkr. Donau-Ries) beigesetzt. Seither bestand ein eigener *Friedhof* in der Flur »Platten« (Flst. 284) unmittelbar beim heutigen Gemeindefriedhof, der bis zur Gegenwart erhalten ist (Fläche 5,68 a).
Weitere Spuren der jüdischen Geschichte. Der Brand 1802 vernichtete 18 jüd. Wohnhäuser; als einziges blieb das Haus Schulstr. 15 erhalten (der heutige Bau allerdings von 1901). Die im 19. Jh. erbauten jüd. Häuser zeichnen sich durch ihren städtischen Baustil aus (Zweigeschossig; die Riesbauernhäuser sind sonst einstöckig mit steilem Dach), vgl. Hauptstr. 2 (erbaut 1844), 3 (1845), 4

405   Innenansicht der Synagoge in (Riesbürg-)Pflaumloch (hist. Aufnahme um 1900).

407   Jüdischer Friedhof in Pflaumloch (1972).   ▷

406   Lage des jüdischen Friedhofs in (Riesbürg-) Pflaumloch.

(1844), 6 (1830), 7 (1802), 8 (1830), 14, 19 (1848), 29, 32, Kirchgasse 3 (1836), Schulstr. 17 und Obere Gasse 8 (mit früher angebauter Laubhütte).

Persönlichkeiten. *Alexander von Pflaum* (1839 Pflaumloch – 1910 Berlin), Geh. Kommerzienrat, Bankier und Industrieller, Kgl.-Sächs. Generalkonsul; er übernahm das von seinem Vater Elias Pflaum 1855 in Stuttgart begründete Bankgeschäft; er hatte größten Einfluß auf das württ. Bankwesen und die gesamte württ. Volkswirtschaft. Eine Gedenktafel am ehem. Synagogengebäude (heute Rathaus) in Pflaumloch erinnert an ihn.

Sauer 1966 S. 149 f; E. Stäbler, Pflaumloch im Ries – eine Ortsgeschichte. 1956. S. 59–64; S. Loewengart, Der Familienname »Loewengart«, in: Rosch Haschana 5732 (1971) S. 29 f; Ausk. BMA Riesbürg 24. Juni 1984.

Ortsteil Utzmemmingen

Zur Geschichte jüdischer Bewohner. In Utzmemmingen waren vom 15. bis 17. Jh. Juden ansässig (erste Nennung 1487; 1538 4 jüd. Fam., deren Zahl bis Ende des 16. Jh. noch stark zunahm; letzte Nennung 1625, zuletzt nur noch eine Jüdin Bela am Ort; Grund der Abwanderung unklar). Als Erinnerung an die jüd. Ansiedlung bestand früher die Flurbezeichnung »Judenhof« für die heutigen Anwesen Nördlinger Str. 2 und 6. An der Gemarkungsgrenze nach Trochtelfingen liegt das Gewann »Judensteig«.

Spuren der Verfolgungszeit 1933 bis 1945. Auf Gemarkung Utzmemmingen wurde 1938 Josef Schuster, Mitglied der jüd. Gemeinde Oberdorf, von SA-Leuten erschossen.

L. Müller, Aus fünf Jahrhunderten, in: Zeitschrift des histor. Vereins für Schwaben und Neuburg 26 (1899) S. 81, 82 Anm. 2, 84 Anm. 2, 181 f; Gedenkbuch S. 314; Ausk. BMA Riesbürg 28. Nov. 1985.

Schechingen

Zur Geschichte der jüdischen Gemeinde. In Schechingen bestand im 16./17. Jh. eine Gemeinde (einziges bisher bekanntes Jahr der Erwähnung 1559, Urkunden noch nicht ausgewertet).

Wohngebiet und Einrichtungen der jüdischen Gemeinde. Das Wohngebiet lag in der »Judengasse« (heute Langenstr.). In ihr befanden sich die *Synagoge* (»Judenschule«) und ein Rabbinerhaus. Westl. des Ortes lag ein jüd. *Friedhof* (Flst. 200/3 heißt »Judenkirchhof«, Lage des Friedhofs zwischen dem hinteren und vorderen Hag am Federbach). Nach der Pfarrchronik von vor 1782 war der Friedhof mit einem Wall umgeben, rechts des Eingangs lag ein Brunnen für die rituellen Waschungen der Toten. Spuren haben sich nicht erhalten. Nach Ausweisung der Juden wurde die Synagoge von einer Dorfbewohnerin in Brand gesteckt, wodurch die ganze Judengasse »zum Aschenhaufen wurde« (Pfarrchronik).

Württ. Jahrbücher für vaterländ. Geschichte II, S. 203; Pfarrchronik von Pfr. Mettmann (gest. 1782), Original auf dem Ev. Pfarramt Schechingen; Ausk. BMA Schechingen 27. Feb. 1984, 18. Juni 1985.

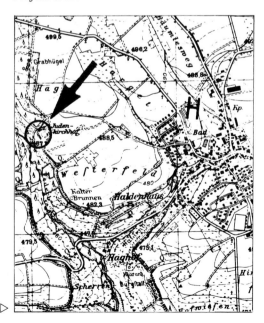

408 *Lage der Flur »Judenkirchhof« bei Schechingen.* ▷

Schwäbisch Gmünd
Stadtteil Rechberg

Zur Geschichte jüdischer Bewohner. In Rechberg lebten im 16. Jh. einige Juden, die vermutl. 1554 wieder vertrieben wurden.

S. Frey, Rechtsschutz der Juden. 1983. S. 69.

Stadtteil Schwäbisch Gmünd

Zur Geschichte der jüdischen Gemeinde. In Schwäbisch Gmünd bestand eine Gemeinde im

MA (erste Nennung 1241, Verfolgung 1349, 1412 wieder Juden in der Stadt, 1469 erste und 1501 zweite Ausweisung) sowie von 1890 bis 1939. Die höchste Zahl jüd. Bewohner wird (bei der Gemeinde im 19./20. Jh.) um 1890 mit 97 Pers. erreicht. Mind. 18 Pers. kamen in der Verfolgungszeit 1933 bis 1945 ums Leben.

Wohngebiet und Einrichtungen der jüdischen Gemeinde. Im MA lebten die Juden in einem relativ abgeschlossenen Wohnbezirk, dem »Judenhof«, südöstl. des Marktplatzes an der ehem. Stadtmauer (Gasse von der Rinderbachgasse 6 zur Kornhausstr.; die Bezeichnung »Judenhof«

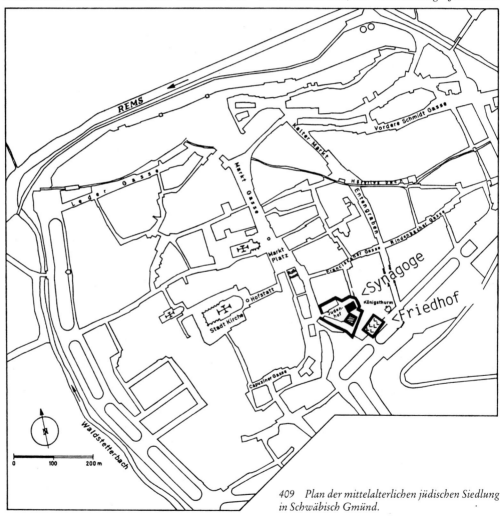

409　*Plan der mittelalterlichen jüdischen Siedlung in Schwäbisch Gmünd.*

wurde bis 1936 beibehalten, dann der Imhofstr. angegliedert). Im Judenhof befanden sich auch die ma. Einrichtungen: eine *Synagoge* stand anstelle des Hauses Imhofstr. 11; wegen Baufälligkeit wurde sie 1788 abgebrochen, Reste des Gebäudes sind in das Nachfolgegebäude übernommen worden. Ein *rituelles Bad* (noch heute im Volksmund »Judenbad«) befand sich im Haus Imhofstr. 9 (großes Kellergewölbe). Unweit davon lag die »Judenmühle« (sonst auch als »Überschlagmühle« bezeichnet). Bei der Synagoge befand sich der »Judenschulhof«. Nicht ganz geklärt ist, wieso die heutige Klarenbergstr. im Südosten der Stadt auch »Judengasse« hieß. Möglicherweise hieß diese zum Anwesen der Judenmühle führende Gasse zunächst »Judenmüllergasse«. Ende des 15. Jh. waren das »Judenbad« (später »Spitalbad«) und die »Judenmühle« bereits nicht mehr in jüd. Besitz. Unweit der jüd. Siedlung lag außerhalb der Stadtmauer vor dem Königsturm der jüd. *Friedhof* (vermutl. im Gebiet zwischen heutiger Königsturmstr. und Oberbettringer Str./Gemeindehausstr.).

Die jüd. Gemeinde des 19./20. Jh. feierte erste Gottesdienste im Haus von David Meyer (Rinderbacher Gasse 21, seit 1887). Von 1890 bis 1918 wurde im städt. Gebäude »Schmalzgrube« ein *Betsaal* unterhalten. 1918 zog die Gemeinde in den Bolzschützensaal des damaligen Hotels »Rad«, 1919 in einen Raum im »Prediger« (Ecke Kasernenplatz, Freudental; Zugang zum Betsaal vom Freudental). 1925 konnte das Gebäude einer um 1905 gebauten ehem. Fabrik in der Katharinenstr. 4 erworben werden, das zur *Synagoge* umgebaut und 1926 eingeweiht wurde. 1936 (!) wurde das Gebäude im Innern verwüstet, Anfang der 50er Jahre abgebrochen. Im Nachfolgebau der Kreissparkasse (Katharinenstr. 2) befindet sich seit 1979 im Vorraum eine *Gedenktafel* für die Synagoge.

Weitere Spuren der jüdischen Geschichte. An ehemaligen, bis nach 1933 bestehenden *Betrieben* sind bekannt: Textilhandlung Ella Fuchs (Marktplatz 26), Textilhandlung Samuel Fuchs, Inh. Max Marberg (Bocksgasse 25), Schuhwarenhandlung R. Altschüler GmbH Heidelberg und

410   *Innenansicht der Synagoge in Schwäbisch Gmünd, 1926 eingerichtet, 1936 und 1938 demoliert, nach 1950 abgebrochen (hist. Aufnahme um 1930).*

411   Einweihung der Synagoge in Schwäbisch Gmünd 1926.

Bank Gutmann & Naschold KG (Kornhausstr. 4), Rechtsanwalt David Heimann (Kornhausstr. 10), Textilhandlung D. Heimann, Inh. Sofie und Ludwig Heimann (Marktplatz 29), Groß-Silberwarenfabrik Fa. Käser & Uhlmann OHG (Gemeindehausstr. 14), Lederhandlung Emil Laster (Nikolausgasse 7), Viehhandlung Isidor Lemberger (Lorcher Str. 22), Schuhfabrik Fa. J. R. Mayer, Inh. Gustav Mayer (Vord. Schmidgasse 20), Warenhaus Alfred Meth (Bocksgasse 29), Viehhandlung Max Neumaier (Sebaldstr. 10), Viehhandlung Karl Rothschild (Vord. Schmidgasse 18), Viehhandlung Rudolf Rothschild (Bahnhofstr. 10).
Das Gebiet zwischen Schwerzerallee und Rems (Hauberstr.) trägt auf einer Flurkarte 1831 die Bezeichnung »Judenacker« (Herkunft unbekannt).

Sauer 1966 S. 158–161; Veitshans 5, S. 23 f, 6, S. 2, 13; J. A. Grimm, Zur Geschichte der Juden in Schwäbisch Gmünd, Zulassungsarbeit PH Schwäbisch Gmünd. 1962; E. Lämmle, Die Gmünder Juden. Wege und Schicksale 1681–1945. 1979; Geschichte der Stadt Gmünd (hg. StadtA Schwäbisch Gmünd. 1984; Ausk. Stadtvermessungsamt Schwäbisch Gmünd 22. Juli 1985; StV Schwäbisch Gmünd 15. Juli 1985.

Stadtteil Straßdorf

Zur Geschichte jüdischer Bewohner. In Straßdorf lebten im 16. Jh. einige Juden (1532 bis 1558 Jacob Jud in Straßdorf genannt, vermutl. 1554 ausgewiesen).
Auf der Gemarkung wurden früher im Volksmund zwei Fluren »Judenfriedhof« genannt: im Neidlingswald und als Flurteil des Schirenhofes (beide Fluren heute nicht mehr genau lokalisierbar). Vermutl. wurden auf diesen Friedhöfen die in Straßdorf, Rechberg und Großeislingen im 16. Jh aufgenommenen und dort verstorbenen Juden beigesetzt.

QGJ Nr. 400, 534 f, 592, 601, 603 f, 615, 626, 682; S. Frey, Rechtsschutz der Juden. 1983. S. 69 ff; Veitshans 6, S. 24 Anm.

Stödtlen
Ortsteil Regelsweiler

Zur Geschichte jüdischer Bewohner. In Regelsweiler waren einige jüd. Pers. von der ersten Hälfte des 19. Jh. bis vor 1871 ansässig (1812: 12), die zur Synagogengemeinde im benachbarten bayerischen Mönchsroth gehörten. Es ist nicht bekannt, wie lange die Niederlassung in Regelsweiler zurückreicht. Bis zur Gegenwart ist am Ort noch ein »Judenhaus« bekannt, in dem »generationenlang« Juden gelebt haben (Gebäude um 1955 abgebrochen).

H. Kluge, Die Siedlungen der Juden. 1938. S. 134; Ausk. BMA Stödtlen 1. Juli 1985.

Tannhausen

Zur Geschichte jüdischer Bewohner. In Tannhausen lebten vermutl. am Ende des 15. Jh. einige Juden (1480 wird in Gmünd Simon Jud von Tannhausen, 1485 ebd. David Jud, dessen Sohn, genannt).

QGJ Nr. 285–289; Ausk. BMA Tannhausen 24. Mai 1985.

Unterschneidheim
Ortsteil Zipplingen

Zur Geschichte jüdischer Bewohner. In Zipplingen werden zwischen 1528 und 1593 jüd. Bewohner genannt. Am Ort gab es früher ein »Judengäßle«, dessen Lage nicht mehr bekannt ist.

L. Müller, Aus fünf Jahrhunderten, in: Zeitschrift des histor. Vereins für Schwaben und Neuburg 26 (1899) S. 182f; Ausk. BMA Unterschneidheim 29. Mai 1985; FN-Verzeichnis der Landesstelle für Volkskunde, Stuttgart.

Ortsteil Zöbingen

Zur Geschichte jüdischer Bewohner. In Zöbingen werden im 16. und 17. Jh. jüd. Bewohner genannt (Erwähnungen seit 1520). An die Ansiedlung erinnert bis heute die westl. des Ortskerns liegende »Judengasse«.

L. Müller, Aus fünf Jahrhunderten, in: Zeitschrift des histor. Vereins für Schwaben und Neuburg 26 (1899) S. 81, 182f; Ausk. BMA Unterschneidheim 29. Mai 1985; FN-Verzeichnis der Landesstelle für Volkskunde, Stuttgart.

STADTKREIS PFORZHEIM

Stadtteil Huchenfeld

Zur Geschichte jüdischer Bewohner. In Huchenfeld lebten im 16. Jh. einige jüd. Bewohner, die seit 1524 von Markgraf Philipp aufgenommen worden waren.

Rosenthal, Heimatgeschichte S. 66.

Stadtteil Pforzheim

Zur Geschichte der jüdischen Gemeinde. In Pforzheim bestand eine Gemeinde im MA und in der Neuzeit bis 1938/41. Im MA werden Juden erstmals 1267 genannt (angebl. Ritualmord, Judenverfolgung; erneute Verfolgung 1348). Vom 15. bis 17. Jh. waren Juden vereinzelt in der Stadt. Im 18./19. Jh. nahm ihre Zahl stark zu, die höchste Zahl wird um 1927 mit 1000 Personen erreicht. Mind. 161 Pers. kamen in der Verfolgungszeit 1933 bis 1945 ums Leben. Die nach 1945 wieder zugezogenen jüd. Pers. (1986: ca. 120) gehören zur jüd. Gemeinde in Karlsruhe.
Wohngebiet und Einrichtungen der jüdischen Gemeinde. Das ma. Wohngebiet war vermutl. die (allerdings erst im 15./16. Jh genannte) »Judengasse«, möglicherweise identisch mit der späteren Barfüßergasse. Über Einrichtungen der ma. Gemeinde ist nichts bekannt.
Die neuzeitl. Gemeinde hatte spätestens seit 1784 einen *Betsaal* im Hasenmayerschen Haus in der Barfüßergasse (1805 abgebrannt). Eine erste *Synagoge* wurde 1812 in der Metzgerstr. (heute ungefähr die Str. Am Waisenhausplatz) erbaut. 1893 wurde eine neue Synagoge in der Zerrennerstr. erbaut, die 1930 nochmals renoviert, 1938 zerstört und auf Kosten der jüd. Gemeinde abgetra-

gen werden mußte. Unweit des ehem. Synago-genstandortes wurde 1967 ein *Gedenkstein* aufgestellt.

Seit 1923 bis 1938 bestand in der Rennfeldstr. ein *Betsaal* der »Israelitischen Bethausgemeinschaft«, der kleinen ostjüd. Gemeinde.

Die wieder bestehende kleine jüd. Gemeinde Pforzheims verfügt über einen eigenen *Betsaal*.

1832 bis zur Auflösung der Konfessionsschulen 1876 bestand eine *Schule*, die im Gebäude der Synagoge untergebracht war. 1936 mußte wieder eine jüd. Schule eingerichtet werden, in der bis 1940 die jüd. Schüler aus Pforzheim und Königsbach unterrichtet wurden.

Die Toten wurden zunächst in Obergrombach beigesetzt. 1846 konnte ein eigener *Friedhof* an der Eutinger Str. (beim Verwaltungsgebäude des späteren städt. Gaswerks) angelegt werden. Er wurde bis 1878 belegt, 1940 abgeräumt und eingeebnet. 1985 bis 1988 ist der Friedhof als *Gedenkstätte* (mit *Gedenkstein*) hergerichtet worden. Reste von Grabsteinen sind in der 1940 errichteten Umfassungsmauer zu erkennen. Ein neuer jüd. Friedhof wurde 1877 als Teil des städt.

Friedhofs eingerichtet. Er wird bis zur Gegenwart belegt (Fläche 18,04 a). Am Friedhofseingang wurde 1983 eine *Gedenktafel* angebracht.

Weitere Spuren der jüdischen Gemeinde. An die Geschichte des angebl. Ritualmordes 1267 erinnert die *»Margarethenkapelle«* der Schloßkirche, in der die «Märtyrerin« Margarethe beigesetzt wurde. In der Kapelle selbst sind keine Spuren der Erinnerung mehr vorhanden. Auf dem Dach der Kapelle (Fialenspitze) ist die Figur eines Mädchens mit einem Märtyrer-Kranz erkennbar; am rechten Strebepfeiler ist die gemeißelte Büste eines Juden erkennbar (Deutung umstritten).

Ende des 17. Jh. wird ein »Judenhof« in der Tränkgasse (ungefähr die heutige Deimlingstr.) genannt (vermutl. jüd. Herberge).

An ehemaligen, bis nach 1933 bestehenden *Dienstleistungs-, Handels- und Gewerbebetrieben* sind bekannt (Auswahl): Kaufhaus Schokken, Geschäftsführer Kurt Aschner (W.-Karl-Friedrich-Str. 17), Juwelenfabrik Carl Ballin (Habermehlstr. 14), Eisengroßhandlung Jakob und Salomon Bensinger (Güterstr. 17–18), Miederhaus Julie Bergmann-Cohen (W.-Karl-Fried-

412 *Synagoge in Pforzheim auf einer historischen Ansichtskarte.*

rich-Str. 38), Rechtsanwalt Dr. Artur Bloch (Bahnhofstr. 16), Bankhaus Robert Bloch, Inh. Josef Alfred Bloch (Dillsteiner Str. 3), Konfektionshaus »Globus«, Inh. Leopold Blum (Leopoldstr. 4), Autogeschäft Nikolaus Deutsch (Grenzstr. 3), Zahnarzt Dr. Kurt Ehrenberg (W.-

414 *Hinweistafel am jüdischen Friedhof in Pforzheim (1985).*

Karl-Friedrich-Str. 360), Schuhwarenhändler Hermann Ehrlich (W.-Karl-Friedrich-Str. 1), Weingroßhandlung Oskar Emsheimer (Stiftstr. 2), Tierarzt Walter Freundlich (Zerrennerstr. 7), Bankhaus Fuld, Inh. Emil Fuld (Kiehnlestr. 15), Schmuckwarengroßhandlung Max Fuld (Barfüßergasse 14), Kolonialwaren- und Geflügelhandlung Emma Gabriel (Scheuernstr. 15), Tabakwarengeschäft Friederike Geller (Zerrennerstr. 2), Kunstgießerei Alfred Großmann (Holzgartenstr. 36), Herrenschneiderei Nathan Heitlinger (Bleichstr. 17), Kaufhaus Geschw. Knopf (Marktplatz 13/14), Zahnarzt Dr. Bernhard Kern (Leopoldstr. 13), Frauenarzt Medizinalrat Dr. Rudolf Kuppenheim (Luisenstr. 6), Edelsteinhandlung Alfred Landau (Durlacher Str. 37), Schuhgeschäft Erna Mlotek (Metzgerstr. 15), Fa. Nachmann & Cie., Inh. Ludwig Nachmann (Große Gerberstr. 33), Photograph Max Rödelsheimer (Schloßberg 11), Schuhgeschäft Israel Schläffer (Metzgerstr. 2), Bijouterie Fa. Ludwig Schlesinger & Co. (Grünstr. 5), prakt. Arzt Dr. Fritz Schnurmann (Nagoldstr. 15), Rechtsanwalt Julius Schnurmann (Bahnhofstr. 19), Lederhandlung Max Tannhauser (Schloßberg 11), Rechtsanwalt Adolf Weil (Leopoldstr. 16), Kunsthand-

413 *Gedenkstein für die Synagoge in Pforzheim (1985).*

415 Gedenktafel für die Gefallenen der Pforzheimer jüdischen Gemeinde auf dem jüdischen Friedhof Karlsruhe (1986).

416 Gedenktafel für Dr. Rudolf Kuppenheim in Pforzheim (1985).

neuen jüd. Friedhofs in Karlsruhe (Haid- und Neustr. 44).

Persönlichkeiten und auf sie bezogene Erinnerungsmale. *Mely Joseph* (1886 Pforzheim – 1920 Berlin), Malerin und Kunstgewerblerin; bekannt sind ihre mystischen Darstellungen zu jüd. Themen. – *Dr. Rudolf Kuppenheim* (1885 Pforzheim – 1940 Freitod in Pforzheim), Frauenarzt, Medizinalrat; war 1893 bis 1933 Chefarzt der Geburtshilfeabteilung im Krankenhaus Siloah. Nach ihm ist die »Kuppenheimstraße« benannt, wo sich seit 1981 auch ein *Gedenkstein* für den Arzt befindet (gegenüber dem neuen Siloah-Krankenhaus).

Hundsnurscher/Taddey S. 231–237; GJ II,2 S. 645f; G. Brändle, Die jüd. Mitbürger der Stadt Pforzheim. 1985; Ausk. G. Brändle, Pforzheim 1. Apr. 1986.

lung Edwin Weil (Bahnhofstr. 6), Bekleidungsgeschäft Julius Weil (W.-Karl-Friedrich-Str. 8), Rechtsanwalt Dr. Robert Weil (Bahnhofstr. 16), Wäschegeschäft Adolf Weinschel (Dillsteiner Str. 26). Die Gebäude sind überwiegend kriegszerstört bzw. abgebrochen.

Eine *Gefallenen-Gedenktafel* für die 12 aus der jüd. Gemeinde Pforzheim im Ersten Weltkrieg Gefallenen befindet sich an der Friedhofshalle des

LANDKREIS RASTATT

Bühl

Zur Geschichte der jüdischen Gemeinde. In Bühl bestand eine Gemeinde bis 1938 (erste Nennung 1579). Die höchste Zahl jüd. Bewohner wird um 1864 mit 301 Pers. erreicht. Mind. 24 Pers. kamen in der Verfolgungszeit 1933 bis 1945 ums Leben.

Wohngebiet und Einrichtungen der jüdischen Gemeinde. Das *Wohngebiet* lag bis ins 19. Jh. hinein am Johannesplatz und in den anschließenden Seitengassen (Hänferdorf). Im 17. und 18. Jh. waren ein *Betsaal* und ein *rituelles Bad* (1778 genannt) vorhanden, in einem Gebäude, das an der Stelle des heutigen Hauses Schwanenstr. 16 stand. 1823 wurde am Johannesplatz eine *Synagoge* erbaut. Benachbart lag in einem Garten der »Meierhof«, wo der Vorsänger, später der Rabbiner wohnte. An der Kanalmauer des Johannesplatzes wurde ein *jüd. Schulhaus* erbaut (eine jüd. Konfessionsschule bestand 1830 bis 1877), in dem sich auch die Lehrerwohnung befand. 1938 wurde die Synagoge zerstört und später samt den Gebäuden des Meierhofes und der jüd. Schule abgebrochen. Der Platz wurde 1983 neu überbaut; ein *Gedenkstein* erinnert seither an die Synagoge (Johannesplatz 10). Bis in die Zeit des »Dritten Reichs« hieß der Johannesplatz »Synagogenstraße«.

Die Toten wurden zunächst in Kuppenheim beigesetzt, seit 1833 auf einem eigenen *Friedhof* auf der »Honau« am Ende der heutigen Karl-Netter-Straße. Der Friedhof wurde nach 1945 wieder hergerichtet und ist seitdem vereinzelt belegt worden (Fläche 18,60 a).

Weitere Spuren der jüdischen Geschichte. An ehemaligen, bis nach 1933 bestehenden *Handels- und Gewerbebetrieben* sind bekannt: Antiquitätengeschäft Bernheim (Hauptstr. 78), Branntweinbrennerei Darnbacher (Hauptstr. 80), Branntweinbrennerei Darnbacher-Ries (Schwanenstr.), Herrenkonfektionsgeschäft Dreifuß, Inh. Flora, Isaak und Samuel Dreifuß (Hauptstr. 18), Trikotfabrik Edesheimer (Hauptstr. 49), Textilgeschäft Gernsbacher (Schwanenstr.), jüd. Bäckerei Heimann (Schwanenstr.), Gemischt- und Haushaltwarengeschäft Mina Lieber (Hauptstr. 78), Weberei und Spinnerei Massenbach (bis 1879, Schulstr. 3), Strumpfhaus Recha Metzger (Hauptstr. 83), Fa. Wolf Netter & Jaco-

417   *Lage des jüdischen Friedhofs in Bühl.*

bi (Gründerhaus, Hauptstr. 62; Hauptwerk Güterstr./Ecke Rheinstr.), jüd. Metzgerei Rosenfeld (Drehergasse), Papier- und Schreibwarenhandlung mit Druckerei Hugo Odenheimer und Berthold Schweizer (Schwanenstr. 2), Kurzwarenhandlung Rosenfeld (Postgasse), Viehhandlung Sigmund Sinsheimer (Rheinstr. 18), Eisen- und Haushaltwaren Alfred Weil (Johannesplatz 15), Kurzwarengeschäft Weil (Hauptstr. 77), Viehhandlung Wertheimer-Beisinger (Hauptstr. 79), Getreidehandlung Gustav Wertheimer (Postgasse 2), Eisenwarenhandlung Heinrich und Leo Wertheimer (Postgasse 6), Viehhandlung Max Wertheimer (Postgasse).

Auf den *Gefallenendenktafeln* am Rathaus finden sich auch die Namen der jüd. Gefallenen des Ersten Weltkriegs aus Bühl. Im *Heimatmuseum Bühl* sind an Erinnerungsstücken: eine Rabbiner-Mütze, die Judenordnung der Markgrafschaft Baden von 1746 und ein »Haupt- und Zeugen-Eyd der Juden« nach der Kameralgerichtsordnung von 1800.

Persönlichkeiten und auf sie bezogene Erinnerungsmale. *Karl Leopold Netter* (1864 Bühl – 1922 Berlin), Industrieller; das Familiengeschäft Wolf Netter & Jacobi (Bühl – Straßburg – Berlin) entwickelte sich unter seiner Führung zu einer weltbekannten Firma. Netter war Mitglied der Ältesten der Berliner Kaufmannschaft und der Berliner Handelskammer, gehörte dem Kuratorium der Berliner Handelshochschule an und wirkte bei der Errichtung der Berliner Metallbörse mit. Die Universität Heidelberg verlieh ihm den Dr. h. c. In Bühl stiftete Netter u. a. den 1905 angelegten Stadtgarten mit dem Denkmal des Großherzogs Karl Friedrich, wo sich heute ein Granitfindling mit *Bronzetafel* zur Erinnerung an Adolf und Karl Leopold Netter befindet, sowie den Aussichtsturm (Großherzog-Friedrich-Jubiläumsturm, volkstümlich *Netter-Turm* genannt; auch hier eine große Bronzetafel zur Erinnerung an Adolf und Karl Leopold Netter; Standort am Affentaler Weg). An Karl Netter erinnert heute auch die »Karl-Netter-Straße«.

Hundsnurscher/Taddey S. 62–66; M. Rumpf, Bühler Judenfriedhof. Beitrag zu einer Monographie XXXI. 1985; H. Pieges, Schicksale jüd. Familien Bühls. Zulassungsarbeit PH Freiburg.

1962/63; O. Stiefvater, Geschichte und Schicksal der Juden im Landkreis Rastatt, in: Um Rhein und Murg 5 (1965) S. 42–83; H. Raulff, Die Wolf Netter & Jacobi-Werke, in: Die Ortenau 62 (1982) S. 175–189; Ausk. BMA Bühl 8. Nov. 1985, 30. Apr. 1986.

Gaggenau
Stadtteil Gaggenau

Zur Geschichte jüdischer Bewohner. In Gaggenau waren seit der zweiten Hälfte des 19. Jh. einige jüd. Personen ansässig, die bis 1928 zur Synagogengemeinde Hörden, danach Gernsbach gehörten. An ehemaligen, bis nach 1933 bestehenden *Handelsbetrieben* sind bekannt: Viehhandlung Nathan Kahn (Hauptstr. 101, abgebr.), Textilien- und Kleidergeschäft Max Ladenburger (Hauptstr. 24, kriegszerstört).

Der Begründer der Gaggenauer Eisenwerke, Michael Flürscheim (1844–1912), entstammte einer jüd. Fam. Frankfurts. Nach ihm ist eine Fußgängerbrücke im Stadtzentrum benannt worden («Flürscheimsteg«, seit 1982).

Ausk. StV Gaggenau 23. Apr. 1985, 11. Nov. 1985.

Stadtteil Hörden

Zur Geschichte der jüdischen Gemeinde. In Hörden bestand eine Gemeinde bis 1928, danach bis 1939 in Verbindung mit der Gernsbacher Gemeinde. Ihre Entstehung geht in die Zeit des 17. Jh. zurück (erste Nennung 1683). Die höchste Zahl jüd. Bewohner wird um 1864 mit 80 Pers. erreicht. Mind. 7 Pers. kamen in der Verfolgungszeit 1933 bis 1945 ums Leben.

Wohngebiet und Einrichtungen der jüdischen Gemeinde. Am Südende des Orts liegt ein kahler Bergkegel, im Volksmund »Judenberg« genannt. Am Fuße des Berges sollen sich die ersten jüd. Bewohner niedergelassen haben.

Zunächst war vermutl. ein Betsaal vorhanden. 1860 bis 1862 wurde eine *Synagoge* erbaut und bis 1928 als solche genutzt. In diesem Jahr wurde das Gebäude verkauft und zu einem Wohnhaus um-

418 Synagoge in (Gaggenau-)Hörden, 1860 erbaut, 1928 geschlossen, derzeit Wohnhaus (hist. Aufnahme um 1925).

gebaut (Standort: Landstr. 89). Seit 1928 besuchten die Hördener Juden die gemeinsame Synagoge in Gernsbach.
Die Toten wurden in Kuppenheim beigesetzt.
Weitere Spuren der jüdischen Geschichte. An ehemaligen, bis nach 1933 bestehenden *Betrieben* sind bekannt: Metzgerei Emil Maier (Dorfstr. 108), Herren- und Damenkonfektion Julius Meier (Landstr. 79), Kolonialwarengeschäft und Stoffhandel Herz Nachmann, Inh. Alfred Ettlinger (Landstr. 47), Gastwirtschaft und Pension »Zum Adler«, Inh. Ludwig Stern (Landstr. 18).

Hundsnurscher/Taddey S. 109f; Ausk. StV Gaggenau 23. Apr. 1985, 29. Aug. 1985, 11. Nov. 1985, 11. März 1986.

Stadtteil Rotenfels

Zur Geschichte jüdischer Bewohner. In Rotenfels betrieb der Arzt Dr. Isidor Meyerhoff 1906 bis 1938 eine Praxis (Murgtalstr. 101). 1933 bis

1936 lebten am Ort auch Hedwig und Lotte Kahn.

Hundsnurscher/Taddey S. 110; Ausk. StV Gaggenau 23. Apr. 1985, 11. Nov. 1985.

Gernsbach
Stadtteil Gernsbach

Zur Geschichte der jüdischen Gemeinde. In Gernsbach bestand eine Gemeinde bis 1938 (erste Nennung 1683). Die höchste Zahl jüd. Bewohner wird um 1910 mit 71 Pers. erreicht. Mind. 11 Pers. kamen in der Verfolgungszeit 1933 bis 1945 ums Leben.
Wohngebiet und Einrichtungen der jüdischen Gemeinde. Das Wohngebiet konzentrierte sich zunächst auf die heute noch sog. »Judengasse« in der Altstadt. Um die Mitte des 19. Jh. wurde im Haus Hauptstr. 45 ein *Betsaal* eingerichtet. Eine *erste Synagoge* konnte 1860 eingeweiht werden. Sie befand sich in der Färbertorstr. gegenüber der Einmündung in den Mühlgraben. Das Gebäude wurde 1927 verkauft und später als Wohnhaus verwendet (nach 1960 abgebrochen). Eine *neue*

419 Gebäude in Gernsbach, in dem von 1860 bis 1927 die alte Synagoge eingerichtet war.

420 *Neue Synagoge in Gernsbach, 1928 erstellt, 1938 zerstört (Aufnahme vor 1938).*

422 *Synagogenbrand in Gernsbach 1938.*

421 *Innenansicht der Synagoge in Gernsbach (vor 1938).*

Synagoge wurde 1928 erstellt. 1938 wurde sie zerstört, an ihrem Standort unter Verwendung von erhaltenen Mauern ein Wohnhaus erbaut, das 1944 kriegszerstört wurde. Inzwischen ist das Anwesen wieder neu bebaut (Austr. 3). Seit 1985 erinnert eine *Gedenktafel* an die Synagoge.

Eine jüd. Schule bestand nicht; im 19. Jh. wurde der Unterricht zeitweilig in Räumen der Höheren Bürgerschule am Marktplatz abgehalten. Auch ein rituelles Bad bestand nicht; die Einrichtung scheiterte am Widerstand des Gemeinderates der Stadt.

Die Toten wurden in Kuppenheim beigesetzt.

Weitere Spuren der jüdischen Geschichte. An ehemaligen, bis nach 1933 bestehenden *Handels- und Gewerbebetrieben* sind bekannt: Gemischtwarengeschäft Friederike Baer (Igelbachstr. 21, abgebr.), Manufaktur- und Möbelgeschäft Julius und Max Baer (Igelbachstr. 7), Eisenhandlung Emanuel Dreyfuß (Igelbachstr. 5), Kleidergeschäft Leopold Dreyfuß (Bleichstr. 4), Metzgerei Adolf Maier (Hauptstr. 14), Kaufhaus für Konfektions- und Manufakturwaren, Wäsche- und Ausstattungsgeschäft, Möbellager, Inh. Emil Nachmann und Julius Ochs (Igelbachstr. 8), Eisenwarengeschäft, Haus- und Küchengeräte, Inh. Hermann Nachmann und Herbert Walter

(Bleichstr. 2), Viehhandlung Josef Salomon Stern (Igelbachstr. 17, abgebr.).

Weitere Gebäude: Im Eckhaus Judengasse/Amtsstr. wohnte um 1800 der vermögende Handelsmann Salomon Kaufmann, in der Loffenauer Str. 9 Eli Neter, der Vater des berühmten Mannheimer Kinderarztes Dr. Eugen Neter. An die Fam. Neter erinnert die 1922 an einem Wanderweg Richtung Müllenbild/Baden-Baden errichtete Schutzhütte, noch heute »Neter-Hütte« genannt. Die bis 1903 bestehende Eisengroßhandlung der Fam. Neter war in der Hauptstr. 21.

Auf dem *Gefallenendenkmal* der Stadt (1936 erstellt) wurden 1985 nachträglich auch die Namen der jüd. Gefallenen des Ersten Weltkriegs aus Gernsbach eingetragen.

Hundsnurscher/Taddey S. 107 ff; O. Stiefvater, Geschichte und Schicksal der Juden im Landkreis Rastatt, in: Um Rhein und Murg 5 (1965) S. 42–83; Ausk. BMA Gernsbach 17. Nov. 1983, 2. Mai 1985, 15. Apr. 1986.

Stadtteil Staufenberg

Zur Geschichte jüdischer Bewohner. In Staufenberg lebten gegen Ende des 18. Jh. einige jüd. Familien.

Rosenthal, Heimatgeschichte S. 517 Nachtrag 5.

Kuppenheim

Zur Geschichte der jüdischen Gemeinde. In Kuppenheim bestand eine Gemeinde bis 1938. Ihre Entstehung geht in die Zeit des 16./17. Jh. zurück (Unterbrechung der Ansiedlung 1584 und 1620 jeweils für einige Jahre). Die höchste Zahl jüd. Bewohner wird um 1864 mit 142 Pers. erreicht. Mind. 13 Pers. kamen in der Verfolgungszeit 1933 bis 1945 ums Leben.

Wohngebiet und Einrichtungen der jüdischen Gemeinde. Das Wohngebiet konzentrierte sich bis zur ersten Hälfte des 19. Jh. auf die Löwengasse (im Volksmund auch »Judengasse« genannt). Die Gottesdienste wurden zunächst in Privathäusern abgehalten. Zwischen 1725 und

423   *Synagogenbrand in Kuppenheim 1938.*

424   *Lage des jüdischen Friedhofs bei Kuppenheim.*

1728 wurde eine erste Synagoge am Ende der Löwengasse erbaut; im Synagogengebäude befand sich auch ein *rituelles Bad.* Anfang des 19. Jh. glich die Synagoge nach einem Bericht einem »schlechten Stall« und wurde 1826 durch einen Neubau ersetzt. 1938 wurde die Synagoge zerstört, die Ruine nach 1945 abgebrochen (Anwesen heute teilweise mit Garagen überbaut, teilweise als Vorplatz zu dem ehem. stark umgebauten *Haus des Vorsängers*). Vom Synagogengebäude ist noch ein Türstock erhalten.

Im 17. Jh. (1692 oder zuvor) wurde ein *Friedhof* angelegt, auf dem auch die Toten der umliegenden jüd. Gemeinden beigesetzt wurden (zeitweise aus Baden-Baden, Bodersweier, Bühl, Kehl, Lichtenau, Neufreistett, Muggensturm, Rastatt, Rheinbischofsheim, Stollhofen; bis zum 20. Jh. vor allem Ettlingen, Gernsbach, Hörden, Malsch; Fläche 104,0 a). Der Friedhof liegt außerhalb des Ortes an der Stadtwaldstraße, dort befindet sich ein *Gedenkstein* für die Gefallenen des Ersten Weltkriegs.

Weitere Spuren der jüdischen Geschichte. An ehemaligen, bis nach 1933 bestehenden *Handels- und Gewerbebetrieben* sind bekannt: Viehhandlung Berthold Dreyfuß (Schloßstr. 1), Manufakturwarengeschäft Heinrich Dreyfuß (Friedrichstr. 72), Manufakturwarengeschäft Max Dreyfuß (Murgtalstr. 2), Viehhandlung Hermann Kahn (Friedrichstr. 79), Viehhandlung Simon Kahn (Friedrichstr. 59, abgebr.), Pferdehandlungen Alfred und Emil Maier (Friedrichstr. 90, abgebr.), Viehhandlung Nathan Maier (Rheinstr. 9), Metzgerei Lehmann Salomon (Friedrichstr. 75), Eisenwarengeschäft Herz & Schlorch (Friedrichstr. 86).

Auch auf einer bebilderten *Gedenktafel* im Bürgersaal des Rathauses und im *Ehrenhain* des städtischen Friedhofs finden sich die Namen der jüd. Gefallenen des Ersten Weltkriegs aus Kuppenheim.

Persönlichkeiten. *Julius Kahn* (1861 Kuppenheim – 1924 San Francisco), ursprünglich Schauspieler und Rechtsanwalt; in die USA ausgewandert, 1892 Abgeordneter des Repräsentantenhauses für den Staat California, 1898 bis 1924 im Kongreß, dem er damit während 12 Legislaturperioden angehörte.

Hundsnurscher/Taddey S. 171 ff; O. Stiefvater, Geschichte und Schicksal der Juden im Landkreis Rastatt, in: Um Rhein und Murg 5 (1965) S. 42–83; Ausk. StV Kuppenheim 15. Okt. 1985.

Lichtenau

Zur Geschichte der jüdischen Gemeinde. In Lichtenau bestand eine Gemeinde bis 1939. Ihre Entstehung geht in die Zeit des 17. Jh. zurück (erste Nennung 1632, dann 1664). Die höchste Zahl jüd. Bewohner wird um 1871 mit 244 Pers. erreicht. Mind. 28 Pers. kamen in der Verfolgungszeit 1933 bis 1945 ums Leben.

Einrichtungen der jüdischen Gemeinde. Seit dem 18. Jh. war ein *Betsaal* vorhanden. 1860 bis 1862 wurde eine *Synagoge* mit daneben befindlicher *Schule* und *rituellem Bad* erbaut. 1938 blieb die Synagoge unzerstört, wurde jedoch später abgetragen, der Platz eingeebnet. Das Grundstück blieb unbebaut, ein *Gedenkstein* wurde 1986 aufgestellt. Das ehem. jüd. Schulhaus ist erhalten und gehört inzwischen zum Kindergarten Schmiedstr. 2. Die Schmiedstr. hieß von 1862 bis in die Zeit des »Dritten Reiches« *Synagogenstraße.*

Die Toten wurden zunächst in Kuppenheim, seit 1830 in Freistett beigesetzt. Während einer Blatternepidemie 1871 konnten 3 in dieser Zeit verstorbene Gemeindemitglieder nicht in Freistett beigesetzt werden. Elias Roos und seine Mutter wurden auf einem Platz östl. des städt. Friedhofes Lichtenau beigesetzt, ein weiteres »Judengrab« wurde im Gewann »Galgenfeld« angelegt. Die Grabsteine wurden im »Dritten Reich« entfernt; der kleine jüd. *Friedhof* am städt. Friedhof (das 9 qm große Flst. 244, heute ein Blumenbeet ohne Hinweis) ist erhalten.

Weitere Spuren der jüdischen Geschichte. An ehemaligen, bis nach 1933 bestehenden *Handels- und Gewerbebetrieben* sind bekannt: Manufakturwarengeschäft Arthur Adler (Hauptstr. 49), Manufakturwarengeschäft Berta Cahn (Hauptstr. 27), Viehhandlung Löb Cahn (Hauptstr. 33), Schuhgeschäft Heinrich Durlacher (Hauptstr. 32), Schneiderei Ludwig Essinger (Wörtstr. 1), Seifengeschäft Joseph Hammel (Kronenstr. 3), Viehhandlung Abraham Kauf-

425 *Jüdische Kriegsteilnehmer aus Lichtenau, Gruppenbild zu Rosch Haschana 1915.*

mann (Hauptstr. 68), Manufakturwarengeschäft Abraham Kaufmann (Hauptstr. 14), Vieh- und Mehlhandlung Abraham Kaufmann (Mühlstr. 5, kriegszerstört), Mehl-, Getreide- und Futtermittelhandlung Hedwig Kaufmann (Hauptstr. 40), Viehhandlung Julius Kaufmann (Mühlenstr. 4), Viehhandlung Leopold Kaufmann (Pfarrstr. 7), Viehhandlung Louis Kaufmann (Schmiestr. 1), Viehhandlung Elias Roos (Hauptstr. 54), Korbwarenfabrik Hugo Roos (Hauptstr. 35), Viehhandlung Leopold und Alfred Roos (Pfarrstr. 2), Manufakturwarengeschäft Lippmann Roos (Hauptstr. 25), Viehhandlung Michel Roos (Hauptstr. 37), Eisenwarenhandlung Nathan Roos (Hauptstr. 60), Viehhandlung Samuel Roos (Hauptstr. 29), Viehhandlung und Kolonialwarengeschäft Leo Weil (Pfarrstr. 3, abgebr.).

Auf der *Gefallenen-Gedenktafel* des Friedhofs Lichtenau finden sich auch die Namen der 5 jüd. Gefallenen des Ersten Weltkriegs aus Lichtenau.

Hundsnurscher/Taddey S. 179 f; Ausk. StV Lichtenau 4. Juli 1985, 25. Nov. 1985.

Muggensturm

Zur Geschichte der jüdischen Gemeinde. In Muggensturm bestand eine Gemeinde bis 1913 (erste Nennung 1701). Die höchste Zahl jüd. Bewohner wird um 1875 mit 80 Pers. erreicht. Mind. 2 Pers. kamen in der Verfolgungszeit 1933 bis 1945 ums Leben.

Einrichtungen der jüdischen Gemeinde. Bis 1834 wurden die Gottesdienste in einem Dachzimmer des einstöckigen Häuschens des Isaak Roos abgehalten. In diesem Jahr wurde eine Scheune gekauft und zur *Synagoge* umgebaut, 1837 auch ein *rituelles Bad* eingebaut. 1913 wurde das Gebäude verkauft und wieder als Scheune genutzt (1972 abgebrochen). Am ehem. Synagogenstandort befindet sich ein Park (Wilhelmstr.

2/Ecke Hauptstr. 44). Nach 1913 besuchten die
Juden die Synagoge in Rastatt.
Die Toten wurden in Kuppenheim beigesetzt.
Weitere Spuren der jüdischen Geschichte. Eines
der letzten *jüd. Wohnhäuser* war das Haus des
Metzgers Moritz Heimann (Schafhof 1).

Hundsnurscher/Taddey S. 245 f; »Holzbalken
mit hebr. Inschrift verschwand spurlos«, in: Ba-
disches Tagblatt. Ausg. Rastatt. 4. Jan. 1984; E.
Schneider, Muggensturmer Ortschronik. 1985.
S. 128 ff; Muggensturm im Wandel der Zeiten, in:
Landkreis Rastatt 4 (1977) S. 31.

Ottersweier

Zur Geschichte jüdischer Bewohner. In Otters-
weier lebten 1933 2 jüd. Pers., von denen Rosa
Baader in der Verfolgungszeit ums Leben kam.

Gedenkbuch S. 10.

Rastatt

Zur Geschichte der jüdischen Gemeinde. In Rastatt bestand eine Gemeinde im MA (1337/38
Judenverfolgung) und in der Neuzeit bis 1938.
Die Entstehung der neuzeitl. Gemeinde geht in
das 16./17. Jh. zurück (vorübergehende Auswei-
sungen 1584 und 1620). Die höchste Zahl jüd.
Bewohner wird um 1875 mit 230 bzw. um 1900
mit 227 Pers. erreicht. Mind. 53 Pers. kamen in
der Verfolgungszeit 1933 bis 1945 ums Leben.
Einrichtungen der jüdischen Gemeinde. Im
18. Jh. wurde eine »Judenschule« (Betsaal) im
Haus Murgtalstr. 6/Ecke Schloßstr. eingerichtet
(Gebäude kriegszerstört). 1829 konnte eine *erste
Synagoge* eingeweiht werden, die sich im Haus
Ottersdorfer Str. 9 befand. 1906 wurde sie geschlossen, das Gebäude zu einem Wohnhaus umgebaut. Als solches ist es bis heute erhalten. 1982
wurde der alte Torbogen wieder freigelegt, an
dem jedoch die hebr. Inschrift vermutl. in der
Zeit des »Dritten Reiches« herausgeschlagen
wurde. Eine *neue Synagoge* wurde 1905/06 am
Leopoldring 2 erbaut, zusammen mit einem daneben befindlichen *Rabbinatsgebäude.* 1938

426 *Synagoge in Rastatt, 1905/06 erbaut, 1938 zerstört (Aufnahme vor 1938).*

wurde die Synagoge demoliert und niedergebrannt, kurz darauf gesprengt und der Platz eingeebnet. Erhalten blieb nur das Rabbinatsgebäude, an dem 1964 eine *Gedenktafel* für die Synagoge angebracht wurde. Das Synagogengrundstück
ist neu überbaut.
Die Toten wurden zunächst in Kuppenheim beigesetzt. 1881 konnte ein eigener *Friedhof* eingeweiht werden, auf dem bis in die Zeit des »Dritten
Reiches« 90 Beisetzungen erfolgten (Fläche 9,37
a; Lage an der Karlsruher Str./Ecke Gerwigstr.).
Seit 1932 bestanden Pläne zur Anlage eines neuen
Friedhofs, die nicht mehr zur Ausführung kamen. Auf dem Friedhof befindet sich seit 1972 ein
Gedenkstein mit den Namen der Opfer der Verfolgungszeit 1933 bis 1945.
Weitere Spuren der jüdischen Geschichte. An
ehemaligen, bis nach 1933 bestehenden *Handels-
und Gewerbebetrieben* sind bekannt: Lumpensortieranstalt Richard Baer (Rauentaler Str. 26),
Eisenwarenhandlung Dreyfuß und Ettlinger,
Inh. Julius Ettlinger (Kapellenstr. 7), Kartonagenfabrik Dreyfuß & Roos, Inh. Manfred Dreyfuß (Militärstr. 2), Manufakturwarengeschäft Alfred Durlacher (Hansjakobstr. 6), Manufakturwarengeschäft Julius Ettlinger (Friedrich-Ebert-
Str. 11), prakt. Arzt Dr. Alfred Grünebaum
(Murgtalstr. 6), Schuhhandlung Samuel Herrmann (Am Grün 11), Warenhaus Geschw. Knopf

427   *Innenansicht der Synagoge in Rastatt (Aufnahme vor 1938).*

(Kaiserstr. 11), Pferdehandlung Salomon Kuppenheimer (Am Grün 25), Rechtsanwalt Arnold Lion (Bahnhofstr. 7a), Pferdehandlung Leopold und Alfred Loeb (Roonstr. 3), Faß-, Öl- und Fetthandlung Albert Maier (Am Grün 11), Viehhandlung Sally Maier und Moritz Wertheimer (Bahnhofstr. 8), Schuhhandlung »Schuh-Zentrale« Isaak Markewitz (Kaiserstr. 15), Tabakwarengroßhandlung Moritz Mayer, Inh. Josef Julius Maier (Murgtalstr. 5), Garn- und Strickwarengeschäft Ida und Ernestine Nachmann (Kapellenstr. 9), Haushalts-, Eisen- und Kurzwarenhandlung Leopold Nachmann (Bleichstr. 6), Technische Fette, Kurz- und Eisenwarenhandlung Leopold Nachmann (Werderstr. 1), Lederhandlung Nachmann & Wachter, Inh. Karl Nachmann und Alfred Wachter (Kaiserstr. 27), Lebensmittelgeschäft Simon Roos (Dreherstr. 10), Hutgeschäft Emma Simon (Kaiserstr. 1), Schuhfabrik S. Weil und Söhne OHG (Rauenta-

428   *Synagogenbrand in Rastatt 1938.*

ler Str.), Möbelhandlung Julius Weinheimer (Kaiserstr. 41), Viehhandlung mit Gasthaus »Zum Wilden Mann« Isaak Wertheimer (Schloßstr. 2).

Vom *Haus einer jüd. Hoffaktorenfamilie* (Poststr. 8, Vorgängergebäude) ist eine Inschriftentafel von 1703 vorhanden. Sie befindet sich im Innenhof des Heimatmuseums. Das Gebäude wurde kriegszerstört. An Erinnerungsmalen für jüd. Mitbürger besteht ein *Gedenkstein* für den ehem. Stadtrat Hugo Levi, der im Apr. 1945 auf dem Todesmarsch vom KZ Dachau ums Leben kam (Standort im alten Friedhof, heute Patientengarten des Kreiskrankenhauses).

Hundsnurscher/Taddey S. 243–246; GJ II,2 S. 675; O. Stiefvater, Geschichte und Schicksal der Juden im Landkreis Rastatt, in: Um Rhein und Murg 5 (1965) S. 42–83; K. Schiwek, Der israelitische Friedhof an der Karlsruher Str. in Rastatt, in: Heimatbuch. Landkreis Rastatt 9 (1982) S. 144 ff; W. Reiß, Die »neue« Synagoge in Rastatt. 1906–1938, in: Heimatbuch. Landkreis Rastatt 10 (1983) S. 107–114; R. Liessem-Breinlinger, Jules Wertheimer – Autobiographie eines Juden aus Baden, in: Geroldsecker Land 27 (1985) S. 185–196; Ausk. StadtA Rastatt 16. Febr. 1984, 21. Juni 1985, 11. Apr. 1986.

Rheinmünster
Ortsteil Schwarzach

Zur Geschichte der jüdischen Gemeinde. In Schwarzach bestand eine kleine Gemeinde bis zur Mitte des 19. Jh. (erste Nennung 1582). Es ist nicht bekannt, ob es eigene Einrichtungen der Gemeinde gab. Die höchste Zahl jüd. Bewohner wird um 1893 mit 28 Pers. erreicht. Die Toten wurden in Kuppenheim beigesetzt.

Hundsnurscher/Taddey S. 256 f, 264; Ausk. BMA Rheinmünster 30. Mai 1985.

Ortsteil Stollhofen

Zur Geschichte der jüdischen Gemeinde. In Stollhofen bestand eine kleine Gemeinde bis zur Mitte des 19. Jh. (erste Nennung 1582). Es ist nicht bekannt, ob es eigene Einrichtungen der Gemeinde gab. Die höchste Zahl jüd. Bewohner wird um 1839 mit 41 Pers. erreicht. Die Toten wurden in Kuppenheim beigesetzt.

Hundsnurscher/Taddey S. 256 f, 264; A. Bloch, Aus der Vergangenheit der Lörracher Juden, in: Unser Lörrach. 1979. S. 38; Ausk. BMA Rheinmünster 30. Mai 1985.

LANDKREIS RAVENSBURG

Aitrach
Ortsteil Oberhausen

Zur Geschichte jüdischer Bewohner. In Oberhausen lebten im 16. Jh. Juden. 1561 wird Nathan Jud zu Oberhausen genannt.

QGJ Nr. 663.

Altshausen

Zur Geschichte jüdischer Bewohner. In Altshausen betrieb der Kaufmann Edmund Roos 1929 bis 1939 ein Sägewerk (Ulrichstr.), außerdem bestand 1930 bis 1938 die Viehhandlung Siegfried Bernheim (Ulrichstr. 2).

Ausk. BMA Altshausen 21. Mai 1985, 4. Okt. 1985.

Aulendorf

Zur Geschichte der jüdischen Gemeinde. In
Aulendorf bestand eine Gemeinde bis 1693. Es ist
nicht bekannt, seit wann die Niederlassung bestand (erste Nennung 1653). Vor der Ausweisung
1693 waren bis zu 20 Fam. am Ort.
**Wohngebiet und Einrichtungen der jüdischen
Gemeinde.** Das Wohngebiet konzentrierte sich
um die heutige Radgasse. Hier lagen auch die
Einrichtungen der Gemeinde. Eine *Synagoge*
(»Judenschule«) befand sich zwischen Radgasse
und Eckstr. gegenüber der Einmündung der
Kornhausstr. (späteres Haus Walser, 1673 im Besitz von Israel Günzburger). Ein *rituelles Bad*
war am Ende der Radgasse im späteren Gasthaus
»Zum Rad«. Es wurde auch »Tunke« genannt.
Die Toten wurden auf einem eigenen *Friedhof*
beigesetzt, der sich »beim Tiergarten« befand,
entweder zwischen dem nordöstl. Teil des Stee-
ger Sees und der heutigen Bahnlinie nach Leutkirch oder nördl. davon zwischen der Schussen
und der Bahnlinie nach Ulm. 1659 wurde gemeinsam mit den Mittelbiberacher und Buchauer
Juden ein neuer Friedhof auf der Buchauer »Insel« angelegt. Nach alten Überlieferungen wurde
der Aulendorfer jüd. Friedhof noch längere Zeit
von Buchauer Jüdinnen mitbetreut. Auf ihm sei-
en eichene Stöcke oder Säulen gestanden, auf welchen in hebr. Sprache der Name des Beerdigten
eingeschnitten gewesen sei (daher vermutl. die
Bezeichnung »*Judenhölzle*« für den Friedhof).

M. Buck, Ein Vortrag über die Judenschaft in
Aulendorf, in: Verhandlungen des Vereins für
Kunst und Altertum im Ulm und Oberschwaben
NR 7 (1895) S. 30–40; J. Mohn, Der Leidensweg
unter dem Hakenkreuz. Aus der Geschichte von
Stadt und Stift Buchau. 1970. S. 12 ff.; Ausk. H.
Hasenmaile, Aulendorf 12. Okt. 1985.

Bad Waldsee

Zur Geschichte jüdischer Bewohner. In Bad
Waldsee lebten möglicherweise im MA wenige
Juden. In einem auf die Mitte des 14. Jh. zurück-
gehenden Rechtsbuch findet sich ein Judeneid,
der dem aus Ravensburg entsprechend formuliert

wurde, hier freilich ohne die Formulierung, daß
der Eid in der Synagoge zu leisten wäre.

GJ II, 2 S. 862; M. Barczyk, Ein trübes Kapitel
Waldseer Geschichte, in: »Schwäbische Zeitung«
Bad Waldsee. 10. Mai 1982 (zu den auswärtigen
jüd. Viehhändlern in Bad Waldsee im »Dritten
Reich«).

Isny im Allgäu
Stadtteil Isny

Zur Geschichte jüdischer Bewohner. In Isny
lebten möglicherweise im MA wenige Juden, wo-
für eine Nennung in der Reichssteuerliste von
1401 sprechen könnte. Im 16. Jh. wurden in Isny
einige hebr. Druckwerke unter Paul Fabius verlegt; hierzu war 1540 bis 1542 der jüd. Wissen-
schaftler Elias Levita am Ort, um seinen »Tisch-
bi« (Erklärungen zu schweren biblischen Wort-
formen) drucken zu lassen. Seit der zweiten Hälfte des 19. Jh. zogen nur wenige Juden zu, die zur
Synagogengemeinde Buchau gehörten, darunter
Fam. Wolf, deren Sohn Hermann zu den Gefallenen des Ersten Weltkriegs gehört.

Ausk. StadtA Isny 21. Febr. 1984.

Stadtteil Menelzhofen

Zur Geschichte jüdischer Bewohner. In Me-
nelzhofen waren vermutl. im 16. Jh. Juden ansässig; 1582 bis 1584 wird Jäcklin Jud zu Menelzho-
fen genannt.

QGJ Nr. 792, 801 f.

Leutkirch im Allgäu

Zur Geschichte jüdischer Bewohner. In Leutkirch waren im MA wenige Juden ansässig (1401
in der Reichssteuerliste, 1413 wird Jud Salman
aus Leutkirch in Ulm genannt). Seit der zweiten
Hälfte des 19. Jh. zogen einige Juden in Leutkirch
zu, insbesondere die Fam. Lippmann Gollowitsch, Inh. des Kaufhauses »Zum Anker«

(Marktstr. 25; nach 1925 Inh. Fritz und Heinrich Gollowitsch). 1938 wurde das Geschäft »arisiert«. 8 Mitgl. der Fam. kamen in der Verfolgungszeit 1933 bis 1945 ums Leben.

Veitshans 5, S. 43; GJ II, 1 S. 479; Ausk. StadtA Leutkirch 16. Apr. 1985.

Ravensburg
Stadtteil Burach

Zur Geschichte jüdischer Bewohner. In Burach lebte seite 1925 die Fam. Dr. Ludwig Erlanger, der (in Burach 2) Obstgutbesitzer und Landwirt war. Auf dem Gut wurden nach 1933 jüd. Jugendliche zur Auswanderung nach Palästina ausgebildet (Hachschara).

L. Schachne, Erziehung zum geistigen Widerstand. Das jüd. Landschulheim Herrlingen 1933–1939. 1986. S. 260f.; Ausk. StadtA Ravensburg 29. Aug. 1985.

Stadtteil Ravensburg

Zur Geschichte der jüdischen Gemeinde. In Ravensburg bestand eine Gemeinde im MA (erste Nennung 1330, Judenverfolgung 1349, neue Ansiedlung 1380 bis zur Ausweisung 1429/30). Seit der zweiten Hälfte des 19. Jh. zogen wieder jüd. Personen zu, die zur Synagogengemeinde in Buchau gehörten. Die höchste Zahl wird um 1895 mit 57 Pers. erreicht. Mind. 8 Pers. kamen in der Verfolgungszeit 1933 bis 1945 ums Leben.
Wohngebiet und Einrichtung der jüdischen Gemeinde. Das ma. Wohngebiet konzentrierte sich auf die »Judengasse« (seit 1934 »Grüner-Turm-Str.« genannt). Hier war auch die *Synagoge* (»Judenschule«), die sich wie auch ein *rituelles Bad* am Platz des heutigen Gebäudes Grüner-Turm-Str. 5 befand. Eine hier angebrachte *Gedenktafel* erinnert seit 1983 an das Schicksal der ma. Gemeinde, ihrer Synagoge und das Schicksal der Ravensburger Juden im »Dritten Reich«. Im 19./20. Jh. wurden die Einrichtungen in Buchau mitbenutzt.
Weitere Spuren der jüdischen Geschichte. An

429 Gedenktafel in der ehemaligen »Judengasse« in Ravensburg.

ehemaligen, bis nach 1933 bestehenden *Handelsbetrieben* sind bekannt: Viehhandlung Isaak Bernheim (Gartenstr. 77, nach 1933 Georgstr. 14), Pferdehandlung Martin Erlanger (Pfannenstiel 1, führende Pferdehandlung im südl. Oberschwaben), Elektrotechnisches Geschäft Raimund Finsterhölzl (Friedensstr. 17), Warenhaus Geschw. Knopf (Marienplatz 23–25), Textilgroßhandlung Joseph Kohn und Leopold Rosenthal (bis um 1910, Schulstr. 2–4), Warenhaus Friedrich und Julius Landauer (Marienplatz 1), Schuhhaus Merkur, Inh. Hans und Siegfried Sondermann (Kirchstr. 1), Damen- und Herrenkonfektion Fa. Hermann Wallersteiner, Inh. Gustav Adler (Marienplatz 31).
Vom Grünen Turm befinden sich zwei einzigartige »Judenkopf-Ziegel« im Bayerischen Nationalmuseum München (Inv. KER 138) und im städt. Museum Ravensburg (Darstellungen eines bärtigen Kopfes eines Juden mit spitzem Hut auf Ziegel, vermutl. aus der Zeit um 1400).
Im städt. Museum wird eine *Schriftrolle aus einer Mesusa* aufbewahrt.

GJ II, 2 S. 676ff.; Veitshans 5, S. 29f., 6, S. 3, 16; A. Dreher, Geschichte der Reichsstadt Ravensburg 1–2. 1972; P. Eitel, Die spätmittelalterlichen »Kopfziegel« vom Grünen Turm in Ravensburg und ihre Bedeutung, in: Schriften des Vereins für Geschichte des Bodensees und seiner Umgebung 95 (1977) S. 135–139; Ausk. StadtA Ravensburg 15. Febr. 1984, 12. Apr. 1985, 29. Aug. 1985, 15. Okt. 1985.

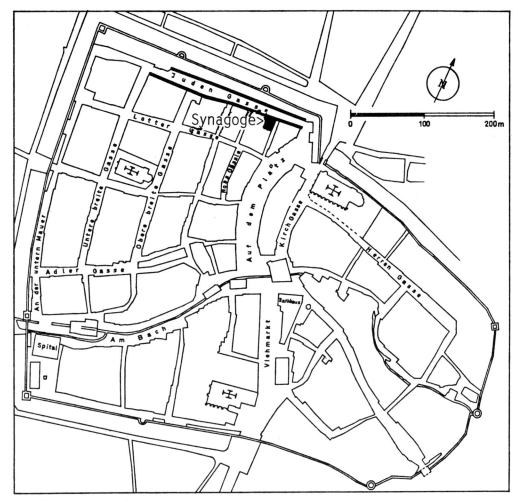

430 *Plan der mittelalterlichen jüdischen Siedlung in Ravensburg.*

Stadtteil Weißenau

Zur Geschichte jüdischer Patienten in der Anstalt. In der Anstalt Weißenau (heute Psychiatrisches Landeskrankenhaus) waren seit dem Ende des 19. Jh. jüd. Patienten untergebracht. Sie wurden vom Rabbiner aus Buchau seelsorgerlich mitbetreut. Mind. 5 der in der Zeit des »Dritten Reiches« noch hier untergebrachten Patienten kamen im Zusammenhang mit den Euthanasieaktionen 1940 ums Leben. Ein allg. *Gedenkstein* für

die Opfer der NS-Zeit wurde 1986 am Krankenhaus aufgestellt.

Ausk. Psychiatrisches Landeskrankenhaus Weißenau 18. März 1986.

Wangen im Allgäu

Zur Geschichte jüdischer Bewohner. In Wangen lebten vermutl. im MA einige Juden, wenngleich die Quellenlage dafür nicht eindeutig ist (Urkunden von 1348 und 1401). Seit der zweiten Hälfte des 19. Jh. zogen einige jüd. Fam. zu.

An ehemaligen, bis nach 1933 bestehenden *Handelsbetrieben* sind bekannt: Kaufhaus Dahlberg, Inh. Werner Lehmann und David/Jenny Dahlberg (Gegenbaurstr. 10), Viehhandlung Ferdinand Fröhlich (Adr. unbekannt), Viehhandlung Martin Lindauer (Klosterbergstr. 18, abgebr.), Konfektionsgeschäft Siegmund Stern, Inh. Erwin Jung (Postplatz 3). Die jüd. Bewohner gehörten zur Synagogengemeinde in Buchau. Mind. eine Pers. kam in der Verfolgungszeit 1933 bis 1945 ums Leben.

GJ II,1 S. 479 (zu Leutkirch); Veitshans 5, S. 43; Ausk. StV Wangen 6. Nov. 1985, 13. Nov. 1985.

Weingarten

Zur Geschichte jüdischer Bewohner. In Weingarten bestand von 1904 bis 1932 eine Nähfiliale der Trikotfabrik Hermann Moos aus Buchau, in der bis zu 180 Arbeiter beschäftigt waren. Seit 1920 wohnte Fanny geb. Haag aus Stuttgart in Weingarten.

Ausk. StadtA Weingarten 30. Apr. 1985, 15. Okt. 1985.

Wilhelmsdorf

Zur Geschichte jüdischer Bewohner. In Wilhelmsdorf war seit 1902 in der Taubstummenanstalt (heute Rotachheim) ein jüd. Patient, Moses Frisch aus Galizien, der 1942 in Auschwitz umkam. Im Heim der Inneren Mission wurden am Ende der Kriegszeit mind. 2 jüd. Frauen versteckt gehalten.

Ausk. H. Gutbrod, Wilhelmsdorf, und BMA Wilhelmsdorf 14. Mai 1985.

REMS-MURR-KREIS

Backnang

Zur Geschichte jüdischer Bewohner. In Backnang haben sich einige jüd. Pers. erstmals um 1870 niedergelassen (höchste Zahl 1880: 23). Anfang des 20. Jh. war es vor allem die Fam. des Lederfabrikanten Julius Feigenheimer. Um 1930 lebten noch die Fam. des Kaufmanns Wolfgang Feigenheimer und des Kaufmanns Jacques Caspari, Inh. der Fa. Brüder Löwenthal, in der Stadt.

Strauss S. 68; Verzeichnis der Behörden, Mitglieder, Vereine der israelit. Gemeinden. 1929/30. S. 82.

Fellbach

Zur Geschichte jüdischer Bewohner. In Fellbach lebten erst seit ca. 1920 einige jüd. Pers., die zur Synagogengemeinde in Stuttgart gehörten. Mind. 4 Pers. kamen in der Verfolgungszeit 1933 bis 1945 ums Leben.

Verzeichnis der Behörden, Mitglieder, Vereine der israelit. Gemeinden. 1929/30. S. 77.

Kernen im Remstal
Ortsteil Stetten

Zur Geschichte jüdischer Bewohner. In Stetten waren im 16. Jh. Juden ansässig (erste Nennung

1528 Jud Baruch; 1553 waren 23 Juden am Ort, darunter der Arzt Salomon zu Stetten). 1555/56 wurden die jüd. Bewohner vermutl. ausgewiesen.

Zur Geschichte jüdischer Patienten in der Anstalt. In den Heimen der Anstalt in Stetten und Rommelshausen wurden nach 1870 auch jüd. Patienten aufgenommen (1925: 10). Von ihnen ist besonders das Schicksal Josef Ettlingers bekannt, der seit 1880 in der Anstalt war und 1940 im Zuge der Euthanasieaktionen umkam.

QGJ Nr. 299, 351, 584—587, 605; Ausk. Anstalt Stetten 15. Okt. 1985.

Murrhardt

Spuren der jüdischen Geschichte. In Murrhardt bestand in der zweiten Hälfte des 19. Jh. eine Filiale der Mechanischen Buntweberei Elsas & Cie. (Cannstatt).

Toury S. 192, 196; Ausk. StV Murrhardt 2. Apr. 1985.

Oppenweiler
Ortsteil Reichenberg

Zur Geschichte jüdischer Bewohner. In Reichenberg war um und nach 1930 in der Lungenheilstätte Wilhelmsheim Dr. Otto Neuburger als Arzt tätig. Im Evang. Landheim für Frauen und Mädchen wohnte 1934 bis 1941 Paula Hirsch, die nach der Deportation 1941 umkam.

Verzeichnis der Behörden, Mitglieder, Vereine der israelit. Gemeinden. 1929/30. S. 82; L. Zapf, Die Tübinger Juden. 1978. S. 198ff.; Ausk. BMA Oppenweiler 12. März 1986.

Remshalden
Ortsteil Buoch

Zur Geschichte jüdischer Bewohner. In Buoch wurde 1834 der vielgefeierte Rechtslehrer der Tübinger Universität Marum Samuel Mayer (1797—

1862, s. Freudental) getauft. Um 1933 war in Buoch vorübergehend der Stuttgarter Architekt Ernst Guggenheimer wohnhaft, danach verzog er wieder nach Stuttgart.

L. Zapf, Die Tübinger Juden. 1978. S. 33f.; Ausk. BMA Remshalden 10. Mai 1985.

Rudersberg

Spuren der Verfolgungszeit 1933 bis 1945. In Rudersberg befand sich von 1942 bis Anfang 1945 auf dem Gelände des ehem. Gasthofs »Zur Ritterburg« ein sog. »*Frauenerziehungslager*«, in dem viele aus der Sowjetunion, Polen, Frankreich und Deutschland verschleppte Frauen unter katastrophalen Bedingungen Zwangsarbeit leisten mußten. Unter den Häftlingen (durchschnittliche Belegung 200 und mehr Frauen) waren viele jüd. Frauen und Mädchen. Einmal pro Woche ging von Rudersberg ein Transport nicht mehr arbeitsfähiger Frauen in die KZ Ravensbrück und Auschwitz ab. Auf dem Friedhof Rudersberg befinden sich Gräber von Frauen, die während der Lagerzeit umkamen.

Schätzle S. 45—48; Dokumentation »Das Frauenerziehungslager in Rudersberg« (hg. AG sozialdemokratischer Frauen im Rems-Murr-Kreis). o.J.

Schorndorf

Zur Geschichte jüdischer Bewohner. In Schorndorf lebten seit dem Ende des 19. Jh. einige jüd. Pers., darunter insbesondere die Fam. Julius Anspach, Inh. eines kleinen Warenhauses am oberen Marktplatz (1924 bis 1936 Inh. Selma Anspach).

Ausk. StadtA Schorndorf 6. Aug. 1985.

Sulzbach an der Murr

Spuren der jüdischen Geschichte. In Sulzbach war bis um 1935 die »1. Württ. Fruchtsaftbrennerei mit Dampfbetrieb, Branntweinbrennerei und Fabrik feiner Liköre« von Chr. Küenzlen in jüd. Hand (Inh. Josef Oppenheimer/Stuttgart).

Strauss S. 234.

Waiblingen

Zur Geschichte der jüdischen Gemeinde. In Waiblingen bestand eine Gemeinde im MA (erste Nennung 1342; Judenverfolgung 1349). Erst seit der zweiten Hälfte des 19. Jh. konnten sich wieder wenige jüd. Pers. in der Stadt niederlassen. Mind. eine Pers. kam in der Verfolgungszeit 1933 bis 1945 ums Leben.
Einrichtungen der jüdischen Gemeinde. Die ma. Gemeinde hatte eine *Synagoge* (»Judenschule«), die 1350 genannt wird (Standort unbekannt).
Weitere Spuren der jüdischen Geschichte. 1350 wird ein »Judenacker« genannt (Lage unbekannt).
Zwischen 1880 und 1933 bestanden 3 jüd. Viehhandlungen in der Stadt: Viehhandlung Ferdinand Levi, später Adolf Kahn (1880 bis 1933 Am Stadtgraben 26), Viehhandlung Benjamin Löb (1881 bis 1890, Adr. unbek.), Viehhandlung Ludwig Kahn (1911 bis 1930 Stuttgarter Str. 13).

GJ II,2 S. 859; Ausk. StadtA Waiblingen 28. Juni 1985, 12. Juli 1985.

Welzheim

Zur Geschichte jüdischer Bewohner. In Welzheim war 1933 Helene Adler wohnhaft. Sie kam nach der Deportation 1941 ums Leben.
Spuren der Verfolgungszeit 1933 bis 1945. 1935 wurde das Amtsgerichtsgefängnis Welzheim von der Gestapo übernommen, um darin ein *Konzentrationslager* einzurichten (»Schutzhaftlager« genannt). Hier waren deutsche wie nichtdeutsche Häftlinge, zunächst vor allem politische Häftlinge untergebracht und zur Zwangsarbeit verurteilt. Auch zahlreiche jüd. Häftlinge lassen sich nachweisen. Viele der Lagerinsassen wurden bis zur Auflösung im Apr. 1945 exekutiert, teilweise

auf dem Friedhof in Welzheim beigesetzt oder im Steinbruch an der Boxeiche vergraben. Eine *Gedenkstätte* auf dem Friedhof erinnert an die Opfer des Lagers.

Schätzle S. 54–62.

Winnenden
Stadtteil Birkmannsweiler

Zur Geschichte jüdischer Bewohner. In Birkmannsweiler lebte nach 1930 Hermann Grünspahn. Er kam in der Verfolgungszeit ums Leben.

Ausk. StadtA Winnenden 5. Juli 1985.

Stadtteil Hanweiler

Zur Geschichte jüdischer Bewohner. In Hanweiler lebte von 1924 bis 1933 der Kunstmaler Erwin Josef Heilbronner, der nach 1933 in die Schweiz emigrierte.

Ausk. StadtA Winnenden 5. Juli 1985.

Stadtteil Winnenden

Zur Geschichte jüdischer Bewohner. In Winnenden lebten jüd. Pers. im MA (1418 in der Steuerliste Konrads von Weinsberg genannt) und seit der zweiten Hälfte des 19. Jh. Bis 1923 bestanden zwei Viehhandlungen der Brüder Alfred und Jakob Kaufmann, um 1910 außerdem die Viehhandlung Benno Buxbaum. Die jüd. Bewohner Winnendens gehörten der Synagogengemeinde Cannstatt an.
Spuren der jüdischen Geschichte. Am Bogen links der alten Straße nach Breuningsweiler hieß früher eine Flur »Judenkirchhof«, vermutl. ein Hinweis auf den ma. jüd. Friedhof.
Jüdische Patienten in der Paulinenpflege. In der Paulinenpflege Winnenden waren bis 1921/24 2 jüd. Patienten untergebracht.
Jüdische Patienten in der Anstalt. In der ehem. Anstalt Winnenden (heute Psychiatrisches Landeskrankenhaus) waren seit ca. 1875 auch jüd. Patienten aufgenommen. 1940 kamen alle 7 zu-

letzt untergebrachten jüd. Patienten im Zuge der Euthanasieaktionen in Grafeneck ums Leben.

Veitshans 5, S. 45; FN-Verzeichnis der Landesstelle für Volkskunde, Stuttgart; Ausk. BMA Winnenden 1. Apr. 1985; Ausk. Paulinenpflege Winnenden 15. Juli 1985; Ausk. Psychiatrisches Landeskrankenhaus Winnenden 9. Okt. 1985.

LANDKREIS REUTLINGEN

Bad Urach
Stadtteil Seeburg

Zur Geschichte jüdischer Bewohner. Schloß und Gut Uhenfels waren seit 1899 im Besitz der jüd. Fam. des Bankiers Georg Warburg (Hamburg). 1938 mußte es verkauft werden, bis zuletzt bewohnt von Lucie Warburg (Wwe. von Georg), die zur Synagogengemeinde in Stuttgart gehörte.
Persönlichkeiten. *Siegmund G. Warburg* (1902 Urach – 1982 London), Bankier; aufgewachsen auf Schloß Uhenfels, 1916 bis 1919 als jüd. Student im Evang. Stift Tübingen; begründete nach Emigration 1933 bis 1934 in London die Bank S. G. Warburg & Co. und wurde bedeutendster Bankier Londons, Berater der engl. Regierung, eine der wichtigsten Persönlichkeiten in der Finanzwelt des 20. Jh.

J. Attali, Siegmund G. Warburg. Das Leben eines großen Bankiers. 1986.

Eningen unter Achalm

Spuren der jüdischen Geschichte. In Eningen bestand seit 1895 die *Mechanische Baumwollweberei Eningen GmbH,* begründet von Richard Einstein, Otto Massenbach und Franz Saulmann, seit 1927 Inh. Ernst Saulmann (nach dem Ersten Weltkrieg bedeutendstes Industriewerk der Gemeinde; 1937 »arisiert«, 1950 bis 1955 Inh. Agathe Saulmann; Standort Reutlinger Str. 19).

Ausk. BMA Eningen 22. Okt. 1985.

Gomadingen
Ortsteil Grafeneck

Spuren der Verfolgungszeit 1933 bis 1945. Auf Schloß Grafeneck war 1939 bis 1945 eine der Tötungsanstalten im Zusammenhang mit den Euthanasieaktionen des »Dritten Reiches« eingerichtet. Allein in Grafeneck kamen mehr als 10 000 Menschen ums Leben. Es sind die Namen von mind. 66 jüd. Opfern bekannt, die tatsächliche Zahl liegt weit höher. Die Baracken, in denen Massenvergasungen vorgenommen wurden, bestehen nicht mehr. Seit 1962 erinnert auf dem naheliegenden Friedhof eine Gedenkstätte an die Opfer der Vernichtungsaktionen.

Schätzle S. 70–75.

Lichtenstein
Ortsteil Unterhausen

Spuren der jüdischen Geschichte. Auf Gemarkung Unterhausen trägt im Gewann »Linsenäkker« an der Holzelfinger Steige ein Flurstück die Bezeichnung »Judenkirchhof«. Bei Grabungsarbeiten 1891 und 1971 wurden in diesem Bereich Gräber entdeckt, davon eines aus der frühen Karolingerzeit. Nach der örtl. Überlieferung wurden hier ein oder zwei Juden beigesetzt. Es ist durchaus wahrscheinlich, daß hier ein älterer Begräbnisplatz vorliegt, der in späterer Zeit auch einmal zur Bestattung verstorbener Juden benutzt werden konnte.

OAB Reutlingen 1 S. 544, 2 S. 214. 1893; Ausk. BMA Lichtenstein 12. Apr. 1984.

431 *Lage der Flur »Judenkirchhof« in (Lichtenstein-) Unterhausen.*

Metzingen

Zur Geschichte jüdischer Bewohner. In Metzingen bestanden seit dem Ende des 19. Jh. vorübergehend 2 Filialen jüd. Textilfirmen aus Cannstatt (um 1890 eine Korsettfabrik und eine Mechanische Spinnerei). Nach 1920 entstanden eine Filiale der Stuttgarter Fa. Mechanische Weberei Pausa, Inh. Artur und Felix Löwenstein (Stuttgart) und die Strickwarenfabrik Adolf Herold, der mit Fam. in Metzingen lebte (Schillerstr. 13). Beide Betriebe wurden 1938 »arisiert«, das Ehepaar Herold kam nach der Deportation 1941 ums Leben.

Toury S. 191; Ausk. StV Metzingen 30. Mai 1985.

Münsingen
Stadtteil Buttenhausen

Zur Geschichte der jüdischen Gemeinde. In Buttenhausen bestand eine Gemeinde bis 1938. Ihre Entstehung geht in die Zeit des 18. Jh. zurück; erstmals werden 1755 2 jüd. Bewohner genannt. Die höchste Zahl wird um 1870 mit 442 Pers. erreicht. Mind. 42 Pers. kamen in der Verfolgungszeit 1933 bis 1945 ums Leben.
Wohngebiet und Einrichtungen der jüdischen Gemeinde. Das Wohngebiet konzentrierte sich

zunächst außerhalb des Ortskernes jenseits der Lauter in der »Judengasse« (heute Mühlsteige). Noch um 1825 lagen hier die meisten jüd. Häuser und alle Einrichtungen.

Zunächst war ein *Betsaal* in einem Privathaus vorhanden, 1795 wurde eine *Synagoge* erbaut, die 1871 vergrößert wurde. 1938 wurde sie zerstört und abgebrochen. An ihrem Standort an der Mühlsteige erinnern seit 1966 ein *Gedenkstein* und eine *Gedenktafel* an das Schicksal des Gebäudes.

1787 wurde ein *rituelles Bad* am Lauterkanal erbaut, das 1804 durch einen Neubau ersetzt wurde. Später war das Bad im Erdgeschoß des Rabbinats am Anfang der Mühlsteige untergebracht und bis in die Zeit des »Dritten Reiches« genutzt. Eine *Schule* bestand von 1823 bis 1933. Sie befand sich im Erdgeschoß der Synagoge, später im Erdgeschoß des Rabbinats, bis 1862 eine neue Ortsschule an der Münsinger Str. erbaut wurde, in der neben der christl. auch die jüd. Volksschule untergebracht war (zwei nebeneinander befindliche Eingänge, Gebäude erhalten). Nach 1933 fand der Unterricht der Kinder noch für einige Jahre im Rabbinat statt.

1789 konnte ein *Friedhof* am Nordhang des Mühlbergwaldes (über dem jüd. Wohngebiet) angelegt werden (Fläche 39,87 a). Auf ihm befinden sich ein *Gedenkstein* für die jüd. Gemeinde und

432 *Synagoge in (Münsingen-)Buttenhausen, 1795 erbaut, 1938 zerstört (hist. Aufnahme um 1930).*

433   *Innenansicht der Synagoge in (Münsingen-)Buttenhausen (Aufnahme vor 1938).*

434   *Lage des jüdischen Friedhofs in (Münsingen-)Buttenhausen.*

eine *Hinweistafel* auf ihre Geschichte (Weg zum Friedhof ist von der Ortsmitte an ausgeschildert). An zusätzlichen Einrichtungen hatte die Gemeinde bis 1873 ein *Armenhaus* (Haus 95 an der Mühlsteige).

Weitere Spuren der jüdischen Geschichte. An ehemaligen, bis nach 1933 bestehenden *Handels- und Gewerbebetrieben* sind bekannt: Manufakturwarengeschäft Adler & Neumann (Haus 70), Metzgerei und Viehhandlung Julius Dreifuß (Haus 48), Lumpenhandlung Josef Einstein (Haus 110), Flaschnerei und Blechwarenhandlung Siegfried Henle (Haus 97), Spezerei- und Kolonialwaren Berta Kahn (Haus 28, abgebr.), Bäckerei und Mehlhandlung Leopold Kirchheimer (Haus 74), Viehhandlung Emanuel Levi (Haus 103), Wäscheartikel und Waschmaschinen Jakob Levi jun. (Haus 135), Seifen und Viehhandlung Julius Levi (Haus 135), Hutmacherei, Textilhandlung Sofie Löwenberg (Haus 37), Viehhandlung Gebr. Löwenthal (Haus 72), Viehhandlung Hugo Lö-

437 *Ehemalige Bernheimer'sche Realschule in (Münsingen-)Buttenhausen (1973).*

wenthal (Haus 105), Viehhandlung Berthold Maier (Haus 94), Viehhandlung Hermann Marx (Haus 119), Viehhandlung Max Marx jun. (Haus 27), Viehhandlung Salomon Rothschild (Haus 8), Seifen- und Fettwaren Hanna Tannhäuser (Haus 102), Gasthaus »Schweizerhof« (bis heute), letzte jüd. Besitzer Julie und Sophie Schweizer; bis 1928 bestand die Zigarrenfabrik S. Lindauer (heute Textilfabrik Euchner).

Das *Haus der Ortsverwaltung* war bis 1924 eine staatl. vierklassige Realschule, 1901 von Kommerzienrat Lehmann Bernheimer aus München gestiftet.

Auf dem *Ehrenmal für die Gefallenen* des Ersten Weltkrieges finden sich auch die Namen der 3 jüd. Gefallenen. In der Ortsmitte wurde 1961 ein *Mahnmal* zum Gedenken an die in der Verfolgungszeit umgekommenen jüd. Mitbürger eingeweiht (Namen von 45 Pers. sind genannt, darunter 42 aus Buttenhausen).

Persönlichkeiten. *Lehmann Bernheimer* (1841 Buttenhausen – 1918 München), Kommerzienrat, Münchner Kunsthändler und Stifter, maßgeblich an der Einrichtung der bayerischen Königsschlösser beteiligt. An ihn und seinen Sohn Otto Bernheimer (1877–1960) erinnert in München die *Bernheimerstraße.*

436 *Grabstein auf dem jüdischen Friedhof in (Münsingen-)Buttenhausen (1973).*

◁ 435 *Gedenkstein auf dem jüdischen Friedhof in (Münsingen-)Buttenhausen (1983).*

Sauer 1966 S. 54–58; G. Jahn u.a., Alltag im Nationalsozialismus, dargestellt am Schicksal der Juden von Buttenhausen. Schülerwettbewerb Deutsche Geschichte (Klasse 10b der Freibühlschule Engstingen). 1980/81; Juden und ihre Heimat Buttenhausen. Hg. von der Stadt Münsingen. Bearb. von Günter Randecker. 1987; P. Sauer, Zweihundert Jahre Judenschutzbrief Buttenhausen, in: ZWLG 47 (1988) S. 309ff.; Ausk. W. Ott, Buttenhausen 21. Apr. 1985, 26. Okt. 1985.

Stadtteil Hundersingen

Zur Geschichte jüdischer Bewohner. In Hundersingen betrieb zwischen 1842 und ca. 1856 die Fam. Rosengart eine Landwirtschaft und das Gasthaus zum »Rößle« (besteht noch heute).

H. Franke, Geschichte und Schicksal der Juden in Heilbronn, 1963. S. 197f.

Stadtteil Münsingen

Zur Geschichte jüdischer Bewohner. In Münsingen ließen sich seit dem Ende des 19. Jh. wenige jüd. Pers. aus Buttenhausen nieder. Von den beiden 1933 wohnhaften Pers. kam Sara Levi in der Verfolgungszeit ums Leben (Name auf Mahnmal für KZ-Opfer in Buttenhausen).

Gedenkbuch S. 203.

Pfronstetten
Ortsteil Tigerfeld

Spuren der Verfolgungszeit 1933 bis 1945. In Tigerfeld waren von März 1941 bis Aug. 1942 45 ältere jüd. Pers. in einem alten Bau des ehem. Klosters Zwiefalten (sog. »Schlößle«, bis 1942 Armenhaus) zwangseinquartiert. Im Aug. 1942 wurden sämtliche Insassen, die nicht schon verstorben waren, in das KZ Theresienstadt transportiert. Mind. 41 Pers. sind bis 1945 umgekommen.

Sauer 1966 S. 176.

Pfullingen

Zur Geschichte jüdischer Bewohner. In Pfullingen waren seit der zweiten Hälfte des 19. Jh. einige jüd. Pers. ansässig (1905: 14), darunter die Fam. Ernst Saulmann (Geschäftsführer der Mech. Baumwollweberei Ehingen), die bis nach 1933 den Erlenhof in Pfullingen bewohnte und bewirtschaftete.

Ausk. BMA Eningen 22. Okt. 1985; HStAS J 355 Bü. 149.

Reutlingen
Stadtteil Bronnweiler

Spuren der jüdischen Geschichte. In Bronnweiler bestand von 1887 bis zur »Arisierung« 1938 die Mechanische Buntweberei Bronnweiler Fa. Bernheim & Co.; die Inh. wohnten in Hechingen. Die Firmengebäude stehen noch an der Gönninger Str. (mehrfach umgebaut).

Toury S. 156ff., 189ff.; L. Zapf, Die Tübinger Juden. 1978. S. 125ff.; Ausk. H. Reiff, Bronnweiler 20. Nov. 1985.

Stadtteil Reutlingen

Zur Geschichte der jüdischen Gemeinde. In Reutlingen bestand eine Gemeinde im MA (erste Nennung 1331, Judenverfolgung 1348, neue Niederlassung um 1371 bis zur Ausweisung 1495). Seit 1861 konnten sich jüd. Pers. wieder niederlassen, die zur Synagogengemeinde in Wankheim, dann Tübingen gehörten. Die höchste Zahl wird um 1910 mit 72 Pers. erreicht. Mind. 12 Pers. kamen in der Verfolgungszeit 1933 bis 1945 ums Leben.
Wohngebiet und Einrichtung der jüdischen Gemeinde. Das ma. Wohngebiet konzentrierte sich auf die 1424 erstmals genannte »Judengasse« (heutige Rebentalstr. und ein Stück der Kanzleistr. zwischen Marktplatz und Oberamteistr.). Hier befanden sich eine *Synagoge* am Platz des späteren Gebäudes Kanzleistr. 2 und ein *rituelles Bad* an der Stelle des Gebäudes Kanzleistr. 24 (im

Keller noch heute kleine Nischen, vermutl. als Kleiderablagen). Ein weiteres rituelles Bad soll sich im Gebäude des ehem. Gasthauses zum Falken in der Katharinenstr. befunden haben (nicht näher belegbar). Ein jüd. Friedhof war vermutl. nicht vorhanden. Möglicherweise wurde der Friedhof in Esslingen mitbenutzt. Die jüd. Bewohner des 19./20. Jh. benutzten die Einrichtun-

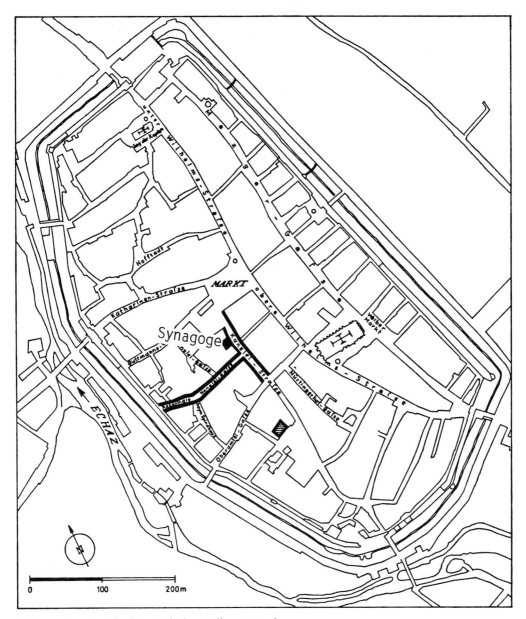

438   *Lage der mittelalterlichen jüdischen Siedlung in Reutlingen.*

gen der Gemeinde in Wankheim bzw. in Tübingen mit. Die verstorbenen Reutlinger Juden wurden in Wankheim beigesetzt.

Weitere Spuren der jüdischen Geschichte. An ehemaligen, bis nach 1933 bestehenden *Betrieben* sind bekannt (fast alle kriegszerstört, Auswahl): Rechtsanwalt Dr. Egon Gottschalk (Hohenzollernstr. 19), Warenhaus Samuel Kahn (Marktplatz 5), »Kronenladen«, Inh. Gebr. Landauer (Wilhelmstr. 17), Kleidergeschäft Fa. Lederer Nachf., Inh. Alfred Hamburger und Walter Hirsch (Wilhelmstr. 110), Immobiliengeschäft Adolf Maier (Gartenstr. 9), Lebensmittelgeschäft Mayer (Wilhelmstr. 29), Schuhgeschäft Frime Rosenrauch (Wilhelmstr. 31), Tabakwarenhandlung Herta Salmon (Wilhelmstr. 46), Elektrogeschäft Willi Salmon (Krämerstr. 4), Einheitspreisgeschäft Tanne (Wilhelmstr. 18/20).

Auf den *Gefallenengedenktafeln* auf dem Friedhof Unter den Linden stehen auch die Namen der beiden jüd. Gefallenen des Ersten Weltkriegs aus Reutlingen. Seit Mai 1987 besteht eine *Gedenktafel* für die früheren jüd. Einwohner gegenüber der Stadtbibliothek.

Spuren der Verfolgungszeit 1933 bis 1945. Im Krematorium des Friedhofs Unter den Linden wurden die 128 ersten Toten der Konzentrationslager in (Rottenburg-)Hailfingen, Bisingen und anderer Lager der »Gruppe Wüste« verbrannt (zwischen Okt. 1944 und Jan. 1945). Auf dem Friedhof wurde 1952 eine *Gedenkstätte* »Den Opfern der Gewalt von 1933 bis 1945« erstellt.

Persönlichkeiten. *Alice Haarburger* (1881 Reutlingen – 1942 ermordet), Künstlerin, schuf ca. 150 Ölbilder (Stilleben, Landschaften, Interieurs, Bildnisse), lebte seit 1903 mit ihrer Familie in Stuttgart; auf Ausstellungen seit 1927.

GJ II,2 S.. 694 ff.; Th. Schön, Geschichte der Juden in Reutlingen, in: Reutlinger Geschichtsblätter V (1894) S. 36 ff., 59–62, VI (1895) S. 64; W. Jäger, Die Freie Reichsstadt Reutlingen V. Die Judenschaft in Reutlingen. 1940. S. 94 ff.; Veitshans 5, S. 20 ff., 6, S. 2, 10; »Wo ihre Asche ist, weiß keiner«, in: »Schwäb. Tagblatt« Reutlingen, 12. Nov. 1983; Ausk. BMA Reutlingen 28. Okt. 1985.

Römerstein
Ortsteil Böhringen

Zur Geschichte jüdischer Bewohner. In Böhringen hatte der Arzt Dr. Ernst Baer 1929 bis 1939 eine Praxis (Poststr. 13, genannt »Doktorhaus«, danach Hölderlinstr. 2).

Ausk. BMA Römerstein 18. Okt. 1985.

Zwiefalten

Zur Geschichte jüdischer Patienten in der Heilanstalt. In der Heilanstalt (heute Psychiatrisches Landeskrankenhaus) wurden seit ca. 1860 auch einige jüd. Patienten aufgenommen; zwischen 1934 und 1942 waren es insgesamt 32, von denen fast alle Opfer der Euthanasieaktionen in Grafeneck wurden. Seit 1987 erinnert ein allg. *Gedenkstein* im Friedhof des Krankenhauses an die unter dem NS-Regime umgekommenen Patienten.

Ausk. Psychiatrisches Landeskrankenhaus Zwiefalten 11. Juni 1985.

RHEIN-NECKAR-KREIS

Angelbachtal
Ortsteil Eichtersheim

Zur Geschichte der jüdischen Gemeinde. In Eichtersheim bestand eine Gemeinde bis 1938. Ihre Entstehung geht in die Zeit des 17./18. Jh. zurück (erste Nennung 1710). Die höchste Zahl jüd. Bewohner wird um 1839 mit 149 Pers. erreicht. Mind. 4 Pers. kamen in der Verfolgungszeit 1933 bis 1945 ums Leben.
Einrichtungen der jüdischen Gemeinde. Die Gemeinde hatte eine *Synagoge* in der Hauptstr. 37/39 (erbaut vermutl. Ende 18. Jh.). 1938 wurde das Gebäude an Privatleute verkauft und blieb unzerstört. Bis heute wird es als Lagerraum und Schreinerwerkstatt genutzt.

Von 1840 bis 1876 bestand eine jüd. *Volksschule* im Haus Hauptstr. 50. Nach 1876 (Auflösung der Konfessionsschulen) befand sich im jüd. Schulhaus die allg. Ortsschule. Das Gebäude ist als Wohnhaus erhalten.
Ein *rituelles Schlachthaus* war in der Hauptstr. 57 (Gebäude erhalten). In ihm wurden wöchentlich Schlachtungen von Groß- und Kleinvieh unter Aufsicht des Bruchsaler oder Heidelberger Rabbinates durchgeführt.
Die Toten wurden zunächst in Waibstadt, seit 1781 auf einem eigenen Friedhof an der Straße nach Wiesloch beigesetzt (Flst. 1182/1; Fläche 10,52 a).
Weitere Spuren der jüdischen Geschichte. An ehemaligen, teilweise bis nach 1933 bestehenden

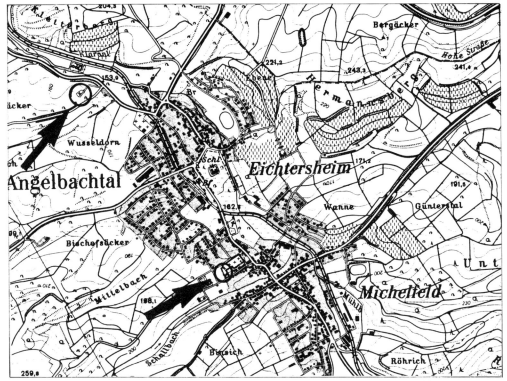

439   Lage der jüdischen Friedhöfe in (Angelbachtal-)Eichtersheim und (Angelbachtal-)Michelfeld.

Handels- und Gewerbebetrieben sind bekannt: Metzgerei und Kälbergroßhandel Leopold Metzger (Kirchgasse 1), Kurzwarenhandlung Robert Oberdörfer (Friedrich-Hecker-Str. 1, abgebr.), Fellgroßhandlung Moritz Sandler (Hauptstr. 55), Kurzwarenhandlung Jakob Sternweiler (Hauptstr. 59, abgebr.), Textilwarengeschäft mit Kurzwaren Gustav Traub (Hauptstr. 38), Rechtsanwalt Josef Wertheimer (Hauptstr. 52), Zigarrenfabrikant Max Wertheimer (Schloßstr. 8).

Hundsnurscher/Taddey S. 74; G. Schleckmann, Die jüd. Gemeinde Eichtersheim, in: Ortsgeschichte Eichtersheim. 1986; Ausk. BMA Angelbachtal 12. März 1984; Ausk. G. Schleckmann, Eichtersheim 16. Mai 1985, 26. Okt. 1985.

Ortsteil Michelfeld

Zur Geschichte der jüdischen Gemeinde. In Michelfeld bestand eine Gemeinde bis 1935. Ihre Entstehung geht in die Zeit des 16./18. Jh. zurück (erste Nennungen 1548, dann wieder seit 1721). Die höchste Zahl jüd. Bewohner wird um 1839 mit 242 Pers. erreicht. Mind. eine Pers. kam in der Verfolgungszeit 1933 bis 1945 ums Leben.
Wohngebiet und Einrichtungen der jüdischen Gemeinde. Das Wohngebiet konzentrierte sich auf das »Judengässel« (heute Schallbachgasse); im 19. Jh. entstanden viele jüd. Häuser in der Karlstraße.
Die Gemeinde unterhielt eine *Synagoge*, die 1838 in der Schallbachgasse erbaut wurde. Zuvor bestand vermutl. ein Betsaal. Im Synagogengebäude fand bis 1876 auch der Schulunterricht der Kinder statt. Nach Auflösung der Gemeinde 1935 wurde die Synagoge verkauft (1937) und abgebrochen. Heute befindet sich hier ein Garten (Spuren nicht vorhanden).
Die Toten wurden vor 1751 in Oberöwisheim, danach in Waibstadt beigesetzt. 1868 wurde neben dem christl. Friedhof ein eigener *Friedhof* angelegt (Flst. 319, Fläche 14,42 a).
Weitere Spuren der jüdischen Geschichte. An ehemaligen, teilweise bis nach 1933 bestehenden *Handelsbetrieben* sind bekannt: Krämerladen Hannchen Lang (Karlstr. 15), Landesproduktenhandlung Fam. Strauß (Schallbachgasse 3).

Die »Fabrikstraße« erinnert an die von 1803 bis 1938 zuerst in Michelfeld (bis 1872), danach in Bruchsal bestehende Wolltuchfabrik der Gebr. Oppenheimer (Fabrikgebäude in der Fabrikstr. 7).
Auf dem *Gefallenendenkmal* bei der evang. Kirche findet sich auch der Name des jüd. Gefallenen des Ersten Weltkriegs aus Michelfeld.
Persönlichkeiten. *Zacharias Oppenheimer* (1830 Michelfeld – 1904 Heidelberg), Mediziner; seit 1864 Prof. der Medizin in Heidelberg, veröffentlichte Schriften zu neurologischen Fragestellungen.

Hundsnurscher/Taddey S. 201 f.; »Die jüd. Gemeinde in Michelfeld« und »Die Tuchfabrik Oppenheimer«, in: Heimatbuch Michelfeld. 1986; Toury S. 36–41; Ausk. BMA Angelbachtal 20. Mai 1986; Ausk. J. Jenne, Angelbachtal 4. Nov. 1985.

Bammental

Zur Geschichte jüdischer Bewohner. In Bammental lebte 1913 bis 1932 mit seiner Fam. der Generaldirektor (seit 1924) der Tapetenfabrik Bammental Ernst Freund aus Mannheim (Wohnhaus »Villa«, Diersteinstr. 1).

Hundert Jahre Bammental-Qualitäts-Tapeten 1838–1938. Festschrift der Tapetenfabrik. 1938. S. 26, 29 f.; Ausk. BMA Bammental 17. Mai 1985; Ausk. Gebr. Ditzel GmbH Tapetenfabrik, Bammental 2. Dez. 1985.

Brühl

Zur Geschichte jüdischer Bewohner. In Brühl lebten einige jüd. Pers. seit der Zeit um 1900, die zur Synagogengemeinde Ketsch gehörten. Mind. 3 Pers. kamen in der Verfolgungszeit 1933 bis 1945 ums Leben.

Hundsnurscher/Taddey S. 153; Gedenkbuch S. 283 f.

Dossenheim

Zur Geschichte der jüdischen Gemeinde. In Dossenheim bestand eine kleine Gemeinde im 19. Jh., deren Entstehung in das 18. Jh. zurückgeht (erste Nennung 1712). Die höchste Zahl jüd. Bewohner wird um 1885 mit 30 Pers. erreicht. Mind. 3 Pers. kamen in der Verfolgungszeit 1933 bis 1945 ums Leben.

Einrichtungen der jüdischen Gemeinde. Es ist nicht bekannt, ob die kleine Gemeinde eigene Einrichtungen (möglicherweise einen Betsaal) unterhielt. Im 19. Jh. besuchten die Dossenheimer Juden die Gottesdienste zumeist in Schriesheim. Die Toten wurden in Hemsbach beigesetzt.

Weitere Spuren der jüdischen Geschichte. An bis nach 1933 bestehendem *Handelsbetrieb* ist bekannt: Mehl-, Getreide- und Futtermittelhandlung Bernhard, später Sigmund Oppenheimer (Beethovenstr. 22/24; 1937 »arisiert«, später Raiffeisen-Lagerhaus).

Hundsnurscher/Taddey S. 256; Löwenstein, Kurpfalz S. 162; Heimatverein Dossenheim (Hg.), Dossenheim – Eine traditionsreiche Bergstraßengemeinde im Wandel ihrer Geschichte. 1984. S. 59; H. Brunn, 1200 Jahre Schriesheim. 1979². S. 260; R. Conzelmann, Dossenheim. Die Geschichte einer 1200jährigen Bergstraßengemeinde. 1966. S. 217, 255 Anm. 604a; Ausk. W. Wölfing, Dossenheim 27. Dez. 1985.

Eberbach

Zur Geschichte der jüdischen Gemeinde. In Eberbach lebten jüd. Bewohner im MA (1349 Judenverfolgung, 1381 wieder ein Jude am Ort) und seit der zweiten Hälfte des 17. Jh. (1683 erneut Juden genannt). Eine Gemeinde bestand vom 18. Jh. bis 1938. Die höchste Zahl jüd. Bewohner wird um 1900 mit 138 Pers. erreicht. Mind. 17 Pers. kamen in der Verfolgungszeit 1933 bis 1945 ums Leben.

Wohngebiet und Einrichtung der jüdischen Gemeinde. Das Wohngebiet konzentrierte sich bis ins 19. Jh. hinein vor allem auf die Kellereistraße. Ein *Betsaal* wird in der ersten Hälfte des 19. Jh. genannt. 1860 wurde er in das Haus Zwin-

gerstr. 7 verlegt, worin bis 1913 die Gottesdienste gefeiert wurden (Haus ist erhalten). Die Gottesdienste wurden auch von den Juden aus Hirschhorn besucht. 1912/13 wurde eine *Synagoge* an der heutigen Einmündung der Adolf-Knecht-Str. in die (1951 angelegte) Brückenstr. erbaut. 1938 ist das Gebäude zerstört und abgebrochen worden. Ein *Gedenkstein* für die Synagoge steht an ihrem Standort seit 1979. Im Sommer 1978 wurden bei Baggerarbeiten im Neckar die *steinernen Gebotstafeln* vom First der Synagoge wiederentdeckt. Sie werden im derzeit im Aufbau befindlichen städt. Museum aufgestellt.

Die Toten wurden zunächst in Hirschhorn beigesetzt (1785 genannt). Im 19. Jh. wurde in Eberbach ein eigener *Friedhof* angelegt (hinter dem

440 Gebotstafeln der ehemaligen Synagoge Eberbach, 1978 bei Baggerarbeiten im Neckar wiedergefunden (1985).

441   Lage des jüdischen Friedhofs in Eberbach.

christl. Friedhof am Ohrsberg, Flst. 5063; Fläche
7,56 a).
Weitere Spuren der jüdischen Geschichte. An
ehemaligen, bis nach 1933 bestehenden *Handels-
und Gewerbebetrieben* sind bekannt: Metzgerei
Ferdinand Bär (Kellereistr. 28), Kolonialwaren
Adolf David (Kellereistr. 9), Schuhgeschäft Aron
David (Hauptstr. 14), Eisenwaren und Werkzeu-
ge Alfred Freudenberger (Hauptstr. 15), Viehhandlung Jakob Götz (Neckarstr. 25), Textilgeschäft Benjamin Löw (Obere Badstr. 18), Metzgerei Israel Mayer (vor 1930, Backgasse 1), Eisenhandlung David Österreicher (Obere Badstr. 21),
Sägewerk Moritz Salomon (vor 1930, Hirschhor-
ner Landstr. 30), Textilgeschäft, Schirme, Möbel
Hermann Wolf (Obere Badstr. 14).
Persönlichkeiten. *Sante David* (1908 Eberbach),
Germanist; nach 1933 Prof. für deutsche Literatur an der Universität Bologna, 1950 in Siena;
erhielt deutsche und italienische Auszeichnungen, darunter 1982 den Ehrenring der Stadt Eberbach.

Hundsnurscher/Taddey S. 68f.; Eberbacher Geschichtsblatt (1979) S. 148f., (1980) S. 95ff.,
(1983) S. 185f.; P. Arnsberg, Die jüd. Gemein-

den in Hessen. 1971. S. 370ff. (zu Hirschhorn);
Ausk. H. Joho, Eberbach 10. Juni 1985, 10. Mai
1986.

Edingen-Neckarhausen
Ortsteil Edingen

Zur Geschichte jüdischer Bewohner. In Edin-
gen betrieb der Kaufmann Siegfried Wolf seit
1928 ein Geschäft für Manufakturwaren, Kon-
fektionswaren und Möbel (Rathausstr. 23). 1933
bis 1936 wohnte am Ort außerdem die ungarisch-
jüd. Fam. Edenburg.

Ausk. BMA Edingen-Neckarhausen 2. Mai
1985.

Helmstadt-Bargen
Ortsteil Bargen

Zur Geschichte jüdischer Bewohner. In Bargen
lebten im 17./18. Jh. wenige Juden. 1734 bzw.
1746 wurden in Waibstadt beigesetzt: Jettel, Frau
des Lase, und Levi bar David, beide aus Bargen.

Gräberverzeichnis Waibstadt. 1914. S. 1.

Ortsteil Helmstadt

Spuren der jüdischen Geschichte. In Helmstadt
hatte bis nach 1933 Julius Frank aus Neckarbischofsheim ein Holzwarengeschäft.

Ausk. P. Beisel, Neckarbischofsheim 11. März
1986.

Hemsbach

Zur Geschichte der jüdischen Gemeinde. In
Hemsbach bestand eine Gemeinde bis 1938 (erste
Nennung 1660). Die höchste Zahl jüd. Bewohner
wird um 1846 mit 146 Pers. erreicht. Mind. 15
Pers. kamen in der Verfolgungszeit 1933 bis 1945
ums Leben.
Einrichtungen der jüdischen Gemeinde. Vor

442 *Ehemalige Synagoge in Hemsbach, Innenaufnahme: Blick in den restaurierten Betsaal (Erdgeschoß) (1987).*

443 *Blick über die Frauenempore der ehemaligen Synagoge in Hemsbach (1987).*

1845 bestand eine *erste Synagoge* vermutl. an der ehem. pfälzischen Zollstätte (Anbau zum Wehrtorhaus). In ihr war auch ein *rituelles Bad* untergebracht. Das Gebäude besteht nicht mehr. 1845/46 wurde eine *neue Synagoge* auf dem Anwesen Mittelgasse 16 erbaut. Im Synagogengebäude befand sich neben dem Gottesdienstraum auch ein *Schulraum* (Erdgeschoß) und die *Lehrerwohnung* (oberer Stock). Auf dem Platz vor der Synagoge wurde ein Badhaus mit dem *rituellen Bad* erstellt. 1938 wurde das Synagogeninnere durch eine Sprengladung verwüstet. Später wurde das Gebäude zu einem Wohnhaus mit Werkstatt umgebaut. Der gesamte Komplex wurde 1985 bis 1987 restauriert. Der Hauptbau wird seitdem für kulturelle Veranstaltungen genutzt; das ehem. Badhaus ist eine Gedenkstätte für die Hemsbacher jüd. Gemeinde geworden.

Ein jüd. *Friedhof* wurde 1674 östl. des Ortes am oberen Mühlweg angelegt (Gewann Teufelsloch, Lgb. Nr. 1238, Fläche 142,61 a), auf dem auch die Verstorbenen einiger umliegender Gemeinden beigesetzt wurden.

Weitere Spuren der jüdischen Geschichte. 1852 erbaute Karl Mayer Freiherr von Rothschild (seit 1839 Ehrenbürger Hemsbachs) sich ein Schloß in englischem Stil mit großer Parkanlage. Seit 1925 ist das ehem. Schloß von Rothschilds Rathaus der Gemeinde Hemsbach. An ehemaligen, bis nach 1933 bestehenden *Handels- und Gewerbebetrie-*

444 *Jüdischer Friedhof in Hemsbach: Grabstein eines Mohel, der das Amt der Beschneidung innehatte; die hierfür wichtigen Geräte sind abgebildet (Weinbecher rechts und links, Teller, zweihenkliges Gefäß und Messer; 1984).*

ben sind bekannt: Zigarrenfabrikant Ernst Günz-
burger (Pumpwerkstr. 1), Landwirtschaft Leopold Maas (Schloßgasse 39), Textilwarenhandlung Cäsar Oppenheimer (Schloßgasse 29, abgebr.), Manufakturwarengeschäft Jakob und Josef
Oppenheimer (Handgasse 1), Metzgerei und
Schlachterei Louis und Wilhelm Oppenheimer
(Bachgasse 61), Zigarrenfabrik Moses Pfälzer &
Cie. (Rückgasse 5), Jüd. Gastwirtschaft »Zum
Hirsch« Moses Simon (Bachgasse 1, abgebr.).
In der Scheune des Anwesens Schloßgasse 21 findet sich an einem Balken die *Inschrift* »Von Samuel Maas und seiner Ehefrau erbaut 1813«. Auf
dem *Gefallenendenkmal* vor dem Rathaus sind
auch die Namen der 4 jüd. Gefallenen des Ersten
Weltkriegs aus Hemsbach verzeichnet. Eine *To-
rarolle* aus der Synagoge, die 1938 gerettet werden konnte, befindet sich in der Synagoge Tom's
River/USA.

Hundsnurscher/Taddey S. 131 ff.; M. Richter
und Schülergruppe der Friedrich-Schiller-
Hauptschule Hemsbach, Dokumentation »Spuren – Erinnerungen« – unsere Nachbarn jüd.
Glaubens. 1984; H. Hößler, Juden in Hemsbach
von 1660–1933. Zulassungsarbeit PH Heidelberg. 1984; »Die israelitische Gemeinde bis
1940«, in: Heimatbuch Hemsbach, hg. J. F. Kastner. 1980. S. 434–462; R. Kienle, Das ehemalige
jüd. Gemeindezentrum in Hemsbach, Rhein-
Neckar-Kreis, in: Denkmalpflege in Bad.-Württ.
(1983) S. 8–12; H. Huth, Die Kunstdenkmäler
des Landkreises Mannheim, in: Die Kunstdenkmäler Badens X, 3 (1967) S. 66, 74; Ausk. BMA
Hemsbach 17. Nov. 1983, 24. Okt. 1985, J.
Hahn, Synagogen in Baden-Württemberg. 1987.
S. 79 ff.

Hirschberg an der Bergstraße
Ortsteil Großsachsen

Zur Geschichte der jüdischen Gemeinde. In
Großsachsen bestand eine kleine Gemeinde bis
um 1930. Ihre Entstehung geht in die Zeit des 16./
17. Jh. zurück (erste Nennungen 1550, dann wieder 1712). Die höchste Zahl jüd. Bewohner wird
um 1871 mit 37 Pers. erreicht.
Einrichtungen der jüdischen Gemeinde. Die

Gemeinde unterhielt einen *Betsaal* im Haus Am
Mühlgraben 14; nach 1930 wurden die Gottes-
dienste in Leutershausen besucht. Das Haus des
Betsaals ist heute als Wohnhaus erhalten.
Die Toten wurden in Hemsbach beigesetzt.
Weitere Spuren der jüdischen Geschichte. An
ehemaligen, teilweise bis nach 1933 bestehenden
Handels- und Gewerbebetrieben sind bekannt:
Textilgeschäft Julius Adler (Brunnengasse 10),
Pferdehandlung Hermann Buchheimer (Kirch-
gasse 24), Pferdehandlung Julius Buchheimer
(Landstr. 6), Gemischtwaren Gustav Eppsteiner
(Kirchgasse 31), Mehlhandel und Schächter Klein
(Am Mühlgraben 16), Schneider Jakob Posnatzki
(Kirchgasse 33), Kurzwaren Salomon (Am Mühl-
graben 14).
Auf dem *Ehrenmal* der Gemeinde für die Gefalle-
nen des Ersten Weltkriegs ist auch der Name des
jüd. Gefallenen verzeichnet.

Hundsnurscher/Taddey S. 116; Löwenstein,
Kurpfalz S. 162; Ausk. BMA Hirschberg 7. Nov.
1985.

Ortsteil Leutershausen

Zur Geschichte der jüdischen Gemeinde. In
Leutershausen bestand eine Gemeinde bis 1938.
Ihre Entstehung geht in die Zeit des 16./Anfang
des 18. Jh. zurück (erste Nennung 1548, dann seit
1715). Die höchste Zahl jüd. Bewohner wird um
1864 mit 165 Pers. erreicht. Mind. 4 Pers. kamen
in der Verfolgungszeit 1933 bis 1945 ums Leben.
Einrichtungen der jüdischen Gemeinde. Eine
erste *Synagoge* (Betsaal) bestand seit 1781 in der
Hauptstr. 1 (Haus seit 1728 in jüd. Besitz). Das
Gebäude ist als Wohnhaus erhalten. Eine zweite
Synagoge wurde 1867 in der Hauptstr. 27 erbaut.
1938 blieb sie unzerstört. Seit Mitte 1942 diente
das Gebäude als Übernachtungsstätte für Kriegs-
gefangene. Bis zur Herrichtung und Erneuerung
als Wohnhaus 1983 wurde es vor allem als Lagerraum verschiedener Gewerbebetriebe benutzt.
Ein *rituelles Bad* wurde 1923 hinter dem Haus
Vordergasse 13 (Anwesen Kraft) erbaut. Eine jüdische *Volksschule* bestand 1858 bis 1876 in dem
Haus Mittelgasse 15. Hier war auch die Wohnung
des jüd. Lehrers.

Die Toten wurden in Hemsbach beigesetzt.
Weitere Spuren der jüdischen Geschichte. An ehemaligen, bis nach 1933 bestehenden *Handels- und Gewerbebetrieben* sind bekannt: Metzgerei Abraham Eppsteiner (Hauptstr. 6), Metzgerei Isaak Eppsteiner (bis 1924, Bahnhofstr. 3), Viehhandlung Max Harburger (Hauptstr. 29), Viehhandlung Rudolf Harburger (Hauptstr. 19), Schuhgeschäft und Kohlenhandlung Alfred Schriesheimer (Hauptstr. 1), Viehhandlung Eugen Straßburger (Hauptstr. 41), Lebensmittelhandlung Flora Straßburger (Hauptstr. 35), Viehhandlung Julius Straßburger (Hauptstr. 33), Hausierhandel Sara Straßburger (Mittelgasse 21). An den *Gefallenen-Gedenktafeln* in der Bahnhofstr. stehen auch die Namen der beiden jüd. Gefallenen des Krieges 1870/71 und der beiden jüd. Gefallenen des Ersten Weltkriegs aus Leutershausen.

Hundsnurscher/Taddey S. 177f.; »Ehemalige Synagoge soll restauriert werden«, in: »Weinheimer Nachrichten« 11. Nov. 1978 Nr. 260; Löwenstein, Kurpfalz S. 37, 207.

445 *Synagoge in Hockenheim (gezeichnet nach den Bauplänen von 1877).*

Hockenheim

Zur Geschichte der jüdischen Gemeinde. In Hockenheim bestand eine Gemeinde bis 1938. Ihre Entstehung geht in das 16./Anfang des 18. Jh. zurück (erste Nennungen 1510 bis nach 1550, dann wieder seit 1710). Die höchste Zahl jüd. Bewohner wird um 1864 mit 146 Pers. erreicht. Mind. 13 Pers. kamen in der Verfolgungszeit 1933 bis 1945 ums Leben.
Einrichtungen der jüdischen Gemeinde. Am Anfang des 19. Jh. bestand ein *Betsaal* in einem Privathaus (Standort unbekannt). 1833 wurde in der Ottostr./Ecke Rathausstr. eine *Synagoge* erbaut, die 1877 umgebaut und renoviert wurde. 1938 wurde sie bis auf die Grundmauern zerstört. Der Platz wurde neu überbaut (Rathauserweiterung). Eine *Gedenktafel* zur Erinnerung an die Synagoge wurde angebracht.
Ein *rituelles Bad* befand sich ursprünglich im Keller des jüd. Hauses Goth in der Ottostr. 7 (gegenüber der Synagoge). Seit dem Umbau der Synagoge 1877 stand im Synagogenhof ein »Bad-

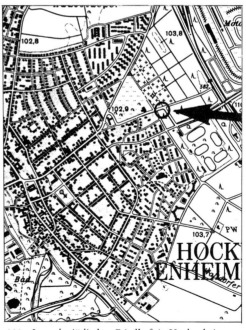

446 *Lage des jüdischen Friedhofs in Hockenheim.*

haus« mit *rituellem Bad* (mit der Synagoge zerstört).

Die Toten wurden zunächst in Wiesloch beigesetzt. Seit 1879 (?) bestand ein eigener *Friedhof* an der Heidelberger Str. (Fläche 5,72 a).

Weitere Spuren der jüdischen Geschichte. An ehemaligen, bis nach 1933 bestehenden *Handels- und Gewerbebetrieben* sind bekannt: Viehhandlung Sally Adelsberger (Schwetzinger Str. 1), Zigarrenfabrik Halle & Bensinger (Parkstr. 1 a, abgebr.), Zigarrenfabrik J. Hockenheimer & Söhne (Bahnhofstr. 2), Textilgeschäft Hermann Maier (Untere Hauptstr. 8), Textilgeschäft Seligmann Türkheimer (Untere Hauptstr. 10), Kaufhaus Reichert, Inh. Leopold Wertheimer (Obere Hauptstr./Ecke Rathausstr.).

GJ III,1 S. 564; Hundsnurscher/Taddey S. 133 f.; E. Brauch, Das Schicksal der Hockenheimer Juden, in: Hockenheim, Stadt im Auf- und Umbruch. 1965. S. 185–194; W. A. Loeb, Laß dir die Fremde zur Heimat – aber nie die Heimat zur

Fremde werden, in: Dokumentation der Stadt Hockenheim zum 1200jährigen Bestehen. 1969. S. 70 f.; H. Huth, Die Kunstdenkmäler des Landkreises Mannheim, in: Die Kunstdenkmäler Badens X, 3 (1967) S. 85, 92 f.; Ausk. StV Hockenheim 14. Mai 1985.

Ilvesheim

Zur Geschichte der jüdischen Gemeinde. In Ilvesheim bestand eine Gemeinde bis 1938. Ihre Entstehung geht in die Zeit des 17. Jh. zurück (erste Nennungen um 1700). Die höchste Zahl jüd. Bewohner wird um 1864 mit 156 Pers. erreicht. Mind. 12 Pers. kamen in der Verfolgungszeit 1933 bis 1945 ums Leben.

Wohngebiet und Einrichtungen der jüdischen Gemeinde. Das *Wohngebiet* konzentrierte sich ursprünglich auf die Hauptstr.

Bereits um 1700 hatten die Ilvesheimer Juden eine *Synagoge* (das jüd. Gotteshaus war das erste am

447   Jüdischer Friedhof in Ilvesheim (1984).

Ort vor dem Bau einer evang.-ref. und einer kath. Kirche). Ihr Standort ist nicht mehr bekannt. 1810 wurde eine *neue Synagoge* in der Hauptstr. 25 erbaut. 1938 wurde sie demoliert, 1951 das Gebäude zu einem bis heute erhaltenen Wohnhaus umgebaut. Von 1835 bis 1870 befand sich im Synagogengebäude auch eine jüd. *Schule*. Um 1860 wurde ein *Friedhof* angelegt (Lage Ecke Scheffelstr./Hebelstr., Flst. 1741, Fläche 7,27 a).
Weitere Spuren der jüdischen Geschichte. An ehemaligen, bis nach 1933 bestehenden *Betrieben* sind bekannt: Praxis Dr. Sigmund Friedlein (Deidesheimer Str. 8), Viehhandlung Julius Kahn (Verbindungsstr. 1), Landesproduktenhandlung Leo Kaufmann (Hauptstr. 31 mit Magazin Gässel 3), Textilhaus Moritz Kaufmann (Schloßstr. 16), Tabakhandlung Max und Adolf Kuhn (Hauptstr. 27 mit Magazin in der Neuen Schulstr.).
Vor dem Bau der Seckenheimer Str. am Neckar

448 Lage des jüdischen Friedhofs in Ilvesheim.

wurde der Weg zwischen Neckar und den Häusern der Hauptstr. »Judendamm« genannt.

Hundsnurscher/Taddey S. 140f.; H. Probst, Ilvesheim im Wandel der Zeit. 1983. S. 19ff., 74f.; H. Huth, Die Kunstdenkmäler des Landkreises Mannheim, in: Die Kunstdenkmäler Badens X, 3 (1967) S. 125; Ausk. BMA Ilvesheim 18. Juli 1985, 6. Dez. 1985.

Ketsch

Zur Geschichte der jüdischen Gemeinde. In Ketsch bestand eine Gemeinde bis 1937 (erste Nennung 1727). Die höchste Zahl jüd. Bewohner wird um 1853 mit 44 Pers. erreicht. Mind. 6 Pers. kamen in der Verfolgungszeit 1933 bis 1945 ums Leben.
Einrichtungen der jüdischen Gemeinde. Bereits um 1750 bestand ein *Betsaal* (Synagoge), dessen Standort nicht mehr bekannt ist. Zeitweise besuchten auch die Juden aus Schwetzingen die Ketscher Synagoge. Da um 1800 nur 2 jüd. Fam. am Ort lebten, besuchten diese nun die Gottesdienste im Schwetzinger Betsaal. Eine *zweite Synagoge* wurde in Ketsch 1824 im Haus Hockenheimer Str. 42 eingerichtet. Der Gottesdienstraum an der bruchseitigen Giebelfront des Gebäudes nahm ein Viertel des Hauses ein. 1939 wurde es verkauft und zu einem bis heute bestehenden Wohnhaus umgebaut.
Die Toten wurden in Wiesloch, nach 1890 in Schwetzingen beigesetzt.
Weitere Spuren der jüdischen Geschichte. Außer dem Haus der Synagoge sind an *jüd. Häusern* noch die Gebäude Hockenheimer Str. 40 (im 19. Jh. Samuel Levi) und Hockenheimer Str. 34 (Fam. Samuel Rhein) bekannt.
FN: An Flurnamen ist auf Gemarkung Ketsch das Gewann »Judenstrang« bekannt, das sich früher im Besitz eines Schwetzinger Juden befand.

Hundsnurscher/Taddey S. 152f.; R. Fuchs, Die Kirchengeschichte von Ketsch, 3. Abschnitt: Die ehem. israelitische Gemeinde Ketsch. o.J.; A. Lohrbächer, Sie gehörten zu uns. Geschichte und Schicksale der Schwetzinger Juden. 1978. S. 56, 60f.; Ausk. BMA Ketsch 22. Mai 1985.

Ladenburg

Zur Geschichte der jüdischen Gemeinde. In Ladenburg bestand im MA (Nennungen zwischen 1291 und 1391) und in der Neuzeit bis 1938 eine Gemeinde. Die Entstehung der neuzeitlichen Gemeinde geht in das 17. Jh. zurück (Nennungen seit 1622). Die höchste Zahl jüd. Bewohner wird um 1864 mit 125 Pers. erreicht. Mind. 29 Pers. kamen in der Verfolgungszeit 1933 bis 1945 ums Leben.

Einrichtungen der jüdischen Gemeinde. Von der *Synagoge* der ma. Gemeinde (14. Jh.) sind bauliche Reste im heutigen Wohnhaus Metzgergasse 5 erhalten (ein Maßwerkbiforium nach Osten und ein kleines Maßwerkfenster nach Norden).

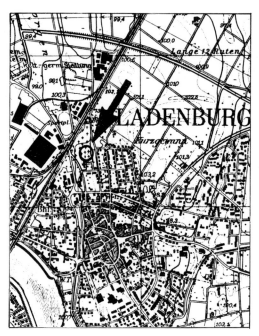

450   *Lage des jüdischen Friedhofs in Ladenburg.*

449   *Ehemalige Synagoge in Ladenburg, 1832 erbaut, 1938 zerstört, 1967 abgebrochen (1962).*

Im 18. und 19. Jh. wurde der Gottesdienst in einem *Betsaal* im Haus Kirchenstr. 45 (heute Gasthaus »Zur Sackpfeife«) abgehalten. 1832 wurde durch Umbau eines Privathauses in der Hauptstr. 46 eine neue *Synagoge* erstellt. Dabei handelte es sich um ein Gemeindezentrum, in dem die *Schule*, das *Gemeindehaus*, eine *Lehrerwohnung* und ein *rituelles Bad* untergebracht waren. 1938 wurde die Synagoge zerstört, 1967 die Ruine bis auf wenige bauliche Reste beseitigt. Seit 1976 erinnert eine *Gedenktafel* am Synagogenstandort an das Schicksal des Gebäudes.

Die Toten wurden im MA und in der frühen Neuzeit vermutl. in Worms, seit 1674 bis 1847 in Hemsbach beigesetzt. 1848 wurde am Ostrand des allg. Friedhofs ein jüd. *Friedhof* angelegt

(heute integriert in den städt. Friedhof; Fläche 7,92 a).

Weitere Spuren der jüdischen Geschichte. An ehemaligen, bis nach 1933 bestehenden *Handelsund Gewerbebetrieben* sind bekannt: Manufakturwaren Adolf und Moritz Driels (Hauptstr. 38), Eisenwarenhandlung Baruch Hönigsberg (Kirchenstr. 19), Maschinen- und Reparaturwerkstätte Jakob Kapustin (Neue Anlage 1), Stoffrestegeschäft Kaufmann (Mühlgasse 3), Schuhmacherei Salomon Löwenstein (Schwarzkreuzstr. 8), Manufakturwaren Max Rhein (Neugasse 3) sowie der prakt. Arzt Dr. Justin Vogel (Hauptstr. 5) und der Zahnarzt Dr. Weil-Kander (Hauptstr. 53).

Im Lobdengaumuseum befindet sich ein *Chanukkaleuchter*. Auf dem allg. Friedhof ist ein *Ehrenmal* für die »Opfer der Kriege und der Gewalt«.

FN: Zwischen der heutigen L 542 und dem Nekkarkanal liegt an der Gemarkungsgrenze zu Ilvesheim eine Flur »Judenherberge« (Herkunft der Bezeichnung unbekannt).

Persönlichkeiten. *Moritz Lenel* (1811 Ladenburg – 1876 Mannheim), Mitbegründer verschiedener bedeutender Unternehmen und Banken; 1871 bis 1876 Präsident der Handelskammer Mannheim. – *Carl Friedrich Loening* (Zacharias Löwenthal; 1810 Ladenburg – 1884 Jena), ab 1835 Verleger in Mannheim, ab 1845 in Frankfurt (verlegte u. a. den »Struwwelpeter« Dr. Heinrich Hoffmanns).

Hundsnurscher/Taddey S. 173 ff.; GJ II,1 S. 462; GJ III,1 S. 698; K. Hoffmann, Die Juden in Ladenburg, in: Der Lobdengau 32 (1985); H. Huth, Die Kunstdenkmäler des Landkreises Mannheim, in: Die Kunstdenkmäler Badens X, 3 (1967) S. 212 f.; Ausk. BMA Ladenburg 30. Mai 1985; Ausk. I. Stahlberger, Ladenburg 11. Nov. 1985.

Laudenbach

Zur Geschichte der jüdischen Gemeinde. In Laudenbach bestand eine kleine Gemeinde vermutl. bereits im MA (Judenverfolgung 1349) und in der Neuzeit bis zur zweiten Hälfte des 19. Jh. Die Entstehung der neuzeitlichen Gemeinde geht in das 17. Jh. zurück (erste Nennung 1670). Die höchste Zahl jüd. Bewohner wird um 1864 mit 24 Pers. erreicht.

Wohngebiet und Einrichtungen der jüd. Gemeinde. Im 18./19. Jh. wohnten die Fam. in dem von der Hauptstr. abzweigenden »Judengäßchen« (Berggäßchen). Hier sollen insgesamt 7 jüd. Häuser gestanden haben, die sich im einzelnen nicht mehr bestimmen lassen.
Es sind keine Einrichtungen der Gemeinde bekannt. Die Juden besuchten die Synagoge in Hemsbach, möglicherweise auch in Heppenheim. Im 19. Jh. besuchten die Kinder die jüd. Schule in Hemsbach (bis zur Auflösung der Konfessionsschulen 1876). Die Toten wurden in Hemsbach beigesetzt.

Weitere Spuren der jüdischen Geschichte. Bis um 1900 bestanden an *Handels- und Gewerbebetrieben:* Getreidehandlung Fam. Major (Hauptstr. 1) und Zigarrenfabrikation Fam. David Pfälzer.

Hundsnurscher/Taddey S. 177; H. Frieß, Laudenbach an der Bergstraße. Ein Geschichts- und Heimatbuch. 1980. S. 48 f.; J. F. Kastner, Heimatbuch Hemsbach. 1980. S. 435–439; W. Metzendorf, Geschichte und Schicksal der Heppenheimer Juden. 1982. S. 49, 90, 354; Ausk. BMA Laudenbach 30. Okt. 1985; Ausk. H. Frieß, Laudenbach 18. Nov. 1985.

Leimen
Stadtteil Leimen

Zur Geschichte der jüdischen Gemeinde. In Leimen bestand eine Gemeinde bis 1905. Ihre Entstehung geht in die Zeit um 1700 zurück (erste Nennung 1712). Die höchste Zahl jüd. Bewohner wird um 1780 mit 82 Pers. erreicht. Mind. 4 Pers. kamen in der Verfolgungszeit 1933 bis 1945 ums Leben.

Wohngebiet und Einrichtungen der jüdischen Gemeinde. Das *Wohngebiet* konzentrierte sich im 18./19. Jh. vermutl. in der heutigen Hessengasse, woher die zeitweilige Bezeichnung dieser Straße als »Judengasse« herkommen wird. Die Gemeinde unterhielt eine *Synagoge* am Marktplatz. Nach Auflösung der Gemeinde wurde sie 1905 verkauft, das Gebäude vermutl. um 1926/27 abgebrochen.
Die Toten wurden in Heidelberg und Wiesloch beigesetzt.

Weitere Spuren der jüdischen Geschichte. An ehemaligen, bis nach 1933 bestehenden *Gewerbebetrieben* ist bekannt: Die Bergbrauerei Leimen, Heltenstr. 4, war bis in die Zeit des »Dritten Reiches« im Besitz von Hugo Mayer. Von der jüd. Hoffaktorenfamilie Seligmann wurde 1794 bis 1802 das nach ihr benannte *Palais* erbaut, in dem sich heute das Rathaus befindet. Im ehem. Festsaal sind Tapetenmalereien mit Darstellungen der jüd. Geschichte vorhanden.
Der *Almemor der Synagoge* Leimen, der von der Fam. Seligmann gestiftet worden war, befand sich nach dem Wegzug der Fam. von Leimen im Museum für jüd. Altertümer in Frankfurt am Main (1938 zerstört).

Hundsnurscher/Taddey S. 218 f.; Löwenstein, Kurpfalz S. 162; Ausk. BMA Leimen 21. Mai 1985.

Stadtteil St. Ilgen

Zur Geschichte jüdischer Bewohner. In St. Ilgen waren im 18./19. Jh. wenige jüd. Pers. ansässig (erste Nennung 1809).

Dreifuß S. 56 f.; Ausk. BMA Leimen 21. Mai 1985.

Lobbach
Ortsteil Lobenfeld

Zur Geschichte jüdischer Bewohner. In Lobenfeld waren in der ersten Hälfte des 18. Jh. wenige jüd. Pers. ansässig. 1750 wird in Waibstadt Avigdor bar Judel aus Lobenfeld beigesetzt.

Gräberverzeichnis Waibstadt. 1914. S. 22.

Malsch

Zur Geschichte der jüdischen Gemeinde. In Malsch bestand eine Gemeinde bis 1938. Ihre Entstehung geht in die Zeit Anfang des 18. Jh. zurück (erste Nennung 1740). Die höchste Zahl jüd. Bewohner wird um 1885 mit 123 Pers. erreicht. Mind. 13 Pers. kamen in der Verfolgungszeit 1933 bis 1945 ums Leben.
Wohngebiet und Einrichtungen der jüdischen Gemeinde. Das Wohngebiet konzentrierte sich ursprünglich auf die Brunnengasse (auch »Judengasse« und »Synagogengasse« genannt). 1834 wurde eine *Synagoge* erbaut. 1938 wurde sie demoliert, 1939 abgebrochen (Standort: Brunnengasse 4, Flst. 64). Auf dem Grundstück stand seit 1834 auch ein *rituelles Bad* und der damit zusammenhängende »Judenbrunnen«, der von einer starken Quelle gespeist wurde. Der »Judenbrunnen« wurde 1952 abgebaut, die Quelle für die Wasserversorgung der Gemeinde gefaßt. 1894 wurde neben dem Synagogengrundstück ein angrenzendes Wohnhaus als jüd. *Schule* mit *Lehrerwohnung* umgebaut (Flst. 63, Brunnengasse 4). Das Gebäude wurde 1960 abgebrochen.
Die Toten wurden in Obergrombach, nach 1878 auch in Mingolsheim und Eichtersheim beigesetzt.

Weitere Spuren der jüdischen Geschichte. An ehemaligen, bis nach 1933 bestehenden *Handelsbetrieben* sind bekannt: Schuhhandlung Adolf Heß (Hauptstr. 81), Bohnenhandlung Ludwig Heß (Letzenbergstr. 9), Tabakhandlung Max Heß (Hauptstr. 17), Viehhandlung Salomon Heß (Brunnengasse 1), Viehhandlung Samuel Heß (Hauptstr. 93), Viehhandlung Simon Heß (Friedhofstr. 2), Häute- und Fellhandlung Simon Heß (Mühlgasse 13), Viehhandlung Wilhelm Heß (Hauptstr. 86).
Auf dem *Gefallenendenkmal* am Eingang zum örtl. Friedhof finden sich auch die Namen der jüd. Gefallenen des Ersten Weltkriegs aus Malsch.

Hundsnurscher/Taddey S. 184 f.; Heimatbuch »1200 Jahre Malsch, Menschen – Schicksale – Ereignisse, die Geschichte einer Gemeinde«. 1983. S. 261; Ausk. BMA Malsch 31. Okt. 1983, 5. Aug. 1985, 18. Dez. 1985; W. Messmer, Juden unserer Heimat. 1986.

Meckesheim

Zur Geschichte der jüdischen Gemeinde. In Meckesheim bestand eine Gemeinde bis 1937. Ihre Entstehung geht in die Zeit um 1700 zurück. Die höchste Zahl jüd. Bewohner wird um 1880 mit 66 Pers. erreicht. Mind. 9 Pers. kamen in der Verfolgungszeit 1933 bis 1945 ums Leben.
Einrichtungen der jüdischen Gemeinde. Zunächst wurden die Gottesdienste in einem Betsaal eines Privathauses abgehalten (Standort unbekannt). Nach 1830 wurde eine *Synagoge* in der Leopoldstr. 23 erbaut. Ende 1937 wurde das Gebäude verkauft. Seither dient es als Wohnhaus und Werkstatt.
Die Toten wurden zunächst in Wiesloch beigesetzt. 1896 wurde hinter dem christl. Friedhof ein eigener *Friedhof* angelegt (Flst. 6837/1, Fläche 4,56 a).
Weitere Spuren der jüdischen Geschichte. An ehemaligen, bis nach 1933 bestehenden *Handelsbetrieben* sind bekannt: Landesproduktenhandlung Moses Eisemann (Leopoldstr. 9 mit Lagerhalle Industriestr. 60, abgebr.), Kolonialwarengeschäft und Altwaren Meier Kaufmann

451 *Ehemalige Synagoge in Meckesheim, nach 1830 erbaut, 1937 verkauft, derzeit Wohnhaus mit Werkstatt (1987).*

(Bahnhofstr. 7), Manufakturwarengeschäft Max Neuberger (Friedrichstr. 30), Kurzwarengeschäft Lina Stein (Friedrichstr. 1, abgebr.). Die Gastwirtschaft »Zur Krone« (Mandelgasse) war im 19. Jh. jüd. Gastwirtschaft.

Hundsnurscher/Taddey S. 197 f.; Ausk. BMA Meckesheim 23. Mai 1985, 19. Nov. 1985; Ausk. E. Kirsch, Meckesheim 4. Nov. 1985.

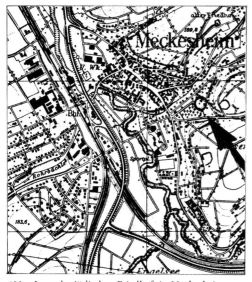

452 *Lage des jüdischen Friedhofs in Meckesheim.*

Mühlhausen
Ortsteil Mühlhausen

Spuren der jüdischen Geschichte. In Mühlhausen bestand seit 1907 die Zigarrenfabrik Flegenheimer, die vor 1914 bis zu 200 Pers. beschäftigte.

F. Hodecker, Odenheim. 1962. S. 226 f.; W. Messmer, Juden unserer Heimat. 1986. S. 127.

Ortsteil Tairnbach

Zur Geschichte der jüdischen Gemeinde. In Tairnbach bestand eine Gemeinde bis zur zweiten Hälfte des 19. Jh. Ihre Entstehung geht in die Zeit des 16. Jh. zurück. Die höchste Zahl jüd. Bewohner wird um 1836 mit 172 Pers. erreicht.

Einrichtungen der jüdischen Gemeinde. Die Gemeinde hatte eine *Synagoge*, die bis 1875/80 benutzt wurde. Gleichfalls bestand eine jüd. *Schule*. Über den Standort von Synagoge und Schule ist nichts bekannt.
Die Toten wurden in Waibstadt beigesetzt.

Hundsnurscher/Taddey S. 268 f.; 1200 Jahre Mühlhausen im Kraichgau mit den Ortsteilen Rettigheim und Tairnbach. 1982. S. 276 f., 285; Gräberverzeichnis Waibstadt. 1913. S. 52 ff.; Ausk. BMA Mühlhausen 15. Aug. 1985.

Neckarbischofsheim
Stadtteil Helmhof

Zur Geschichte jüdischer Bewohner. In Helmhof lebten um 1700 einige jüd. Pers.

Jüd. Gemeindeblatt für Württemberg. 16. Juni 1937, S. 42 mit Hinw. auf das Mohelbuch des R. Seligmann, Hüffenhardt; vgl. Der Israelit 47 (1936).

Stadtteil Neckarbischofsheim

Zur Geschichte der jüdischen Gemeinde. In Neckarbischofsheim bestand eine Gemeinde bis 1940. Ihre Entstehung geht in die Zeit des 16./

17. Jh. zurück (1652: 8 Fam.). Die höchste Zahl jüd. Bewohner wird um 1859 mit 202 Pers. erreicht. Mind. 11 Pers. kamen in der Verfolgungszeit 1933 bis 1945 ums Leben.

Einrichtungen der jüdischen Gemeinde. 1746 wird eine *Synagoge* (»Judenschule«) mit *rituellem Bad* in der Rathausgasse genannt, die 1769 neu erbaut und bis 1848 genutzt wurde. 1840 bis 1848 wurde eine *neue Synagoge* in der Schulgasse auf der sog. alten Mühlhofstatt, dem Gelände der Bannmühle, errichtet. 1938 wurde die Synagoge zerstört und eingeebnet. Die nördlichen Grundmauern der Umfassungsmauern des Eingangshofes sind erhalten. Hier wurde 1981 eine *Gedenkstätte* mit Menora und Gedenktafel eingerichtet. An der Ecke des ehem. Wohnhauses des Vorsängers (jetzt Schulgasse 9) steht ein *Torpfeiler* (linker Pfeiler des Eingangstores zum Eingang in das Gelände der Synagoge).

Am Platz der alten Synagoge wurde 1848 ein jüd. *Schulhaus* erbaut; nach Auflösung der Konfessionsschulen 1876 wurde das Gebäude als jüd. Religionsschule genutzt, in dem im Winter auch die Gottesdienste abgehalten wurden. 1938 ist das Gebäude der Schule zerstört und eingeebnet worden (heute unbebauter Platz vor Gebäude Rathausgasse 6).

Ein *rituelles Bad* wird bereits 1648 genannt. 1746 befand es sich im Gebäude der Synagoge in der Rathausgasse. Möglicherweise wurde seit 1848 in der neuen Synagoge ein Bad eingerichtet.

Die Toten wurden in Waibstadt beigesetzt.

Weitere Spuren der jüdischen Geschichte. An ehemaligen, bis nach 1933 bestehenden *Handels- und Gewerbebetrieben* sind bekannt: Buchbinderei Faller (Hauptstr. 16), Textilgeschäft Samuel Jesselsohn (Hauptstr. 20), Reisehandlung Max Katz (Hauptstr. 47), Reisehandlung Markus Reiss (Hauptstr. 30), Landesproduktenhandlung Max Berthold Wolf und Ernst Wolf (M. B. Wolf & Sohn, Hauptstr. 36).

Die »Schulgasse« erinnert, da bereits vor dem Bau der späteren allg. Schule so genannt, an die an ihrem damaligen Ende bestehende Judenschule.

FN: Im Zusammenhang mit einer über den jüd. Bewohner Mosche Herzel berichteten Sage steht die Flurbezeichnung »Herzelsklinge« am »Höllentalweg« an der Markungsgrenze zwischen Neckarbischofsheim und Waibstadt.

Spuren der Verfolgungszeit 1933 bis 1945. In Neckarbischofsheim bestand von Sept. 1944 bis März 1945 als Unterkommando des Lagers Neckarelz ein *Außenkommando des Konzentrationslagers Natzweiler/Elsaß.* Das Lager befand sich beim Bahnhof. Es bestand aus zwei mit einem Zaun umgebenen Baracken. Die Häftlinge arbeiteten in Gipsstollen in Obrigheim, in denen Rüstungsbetriebe eingerichtet waren.

Hundsnurscher/Taddey S. 218 ff.; H. Benz/H. Bräumer, Die Juden in Neckarbischofsheim, und S. Jeselsohn, Das Ende unserer Heiligen Gemeinde Neckarbischofsheim, und H. Teichert, Zur Geschichte des Judenfriedhofs im Mühlbergwald, in: Kraichgau 7 (1981) S. 233–242. M. Schmid, Das Konzentrationslager Neckarelz. Zulassungsarbeit Univ. Heidelberg. 1981; Ziegler S. 261; Ausk. P. Beisel, Neckarbischofsheim 16. Nov. 1985, 2. Jan. 1986, 11. März 1986.

Stadtteil Untergimpern

Zur Geschichte der jüdischen Gemeinde. In Untergimpern bestand eine Gemeinde bis zur Auflösung 1883/84. Ihre Entstehung geht in die Zeit des 17./18. Jh. zurück. Die höchste Zahl jüd. Bewohner wird um 1864 mit 56 Pers. erreicht.

Einrichtungen der jüdischen Gemeinde. Bis 1807 wurden die Gottesdienste in Obergimpern besucht. Danach wurde eine eigene *Synagoge* erbaut, die bis zur zweiten Hälfte des 19. Jh. genutzt wurde und derzeit als Scheune erhalten ist (hinter Wohnhaus Landstr. 11 auf Flst. 46 an der Schulstr.).

Die Toten wurden in Waibstadt beigesetzt.

Weitere Spuren der jüdischen Geschichte. Beim Haus Landstr. 11 handelt es sich um ein ehem. jüd. Wohnhaus.

Hundsnurscher/Taddey S. 277; Dreifuß S. 48 f., 60 ff.; Angerbauer/Frank S. 182 ff.; Ausk. BMA Neckarbischofsheim 20. Okt. 1985.

Neckargemünd
Stadtteil Dilsberg

Zur Geschichte jüdischer Bewohner. In Dilsberg lebten vermutl. im 17./18. Jh. wenige jüd. Personen. Von ihnen ist nur bekannt, daß um 1700 Moses Marx und sein Bruder Götz von Dilsberg nach Meckesheim verzogen.

Hundsnurscher/Taddey S. 197; Jüd. Gemeindeblatt für Württ. 16. Juni 1937. S. 42 mit Hinw. auf das Mohelbuch des R. Seligmann, Hüffenhardt; vgl. Der Israelit 47 (1936).

Stadtteil Neckargemünd

Zur Geschichte jüdischer Bewohner. In Neckargemünd waren seit dem Ende des 19. Jh. einige jüd. Pers. wohnhaft (1910: 10). Mind. 3 Pers. kamen in der Verfolgungszeit 1933 bis 1945 ums Leben.

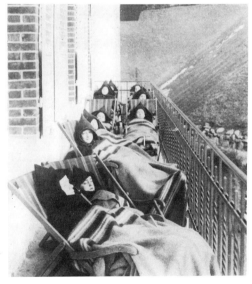

453 Kinder auf dem Balkon des Viktor-Lenel-Stifts in Neckargemünd: das Heim sollte der Kräftigung der Gesundheit in frischer Luft dienen. Dazu legten sich die Kinder auf die auf den Balkonen aufgestellten Liegestühle und wurden bei kühlem Wetter in Mäntel und Decken gehüllt (Foto vermutlich um 1920/1930).

Spuren der jüdischen Geschichte. Von dem Mannheimer jüd. Mitbürger Viktor Lenel wurde 1922 das *»Viktor-Lenel-Stift«* als Erholungsheim für Kinder aus Mannheim gestiftet. Die Gebäude des Stifts wurden 1970 abgebrochen, das Grundstück in das heutige Rehabilitationszentrum für Kinder und Jugendliche integriert (Im Spitzerfeld 25). Der *»Richard-Lenel-Weg«* erinnert an den Mannheimer Präsidenten der Handelskammer Richard Lenel (Sohn von Viktor Lenel), der im letzten Jahr vor seinem Tod 1950 in Neckargemünd lebte.

Persönlichkeiten. *Georg Hamann* (eigentlich G. H. Borchardt, 1871–1943 Auschwitz), Schriftsteller; begann als Kunsthistoriker, lebte von 1911 bis 1916 mit seiner Familie in Neckargemünd, danach wieder in Berlin; wurde bekannt durch seine Romane aus dem Berliner Judentum der Biedermeierzeit, emigrierte 1933 nach Holland.

K. O. Watzinger, Die Geschichte der Juden in Mannheim. 1984. S. 117–121; Gedenkbuch S. 155, 284; »Treffen in Tel Aviv«, in: Der Neckarbote. Neckargemünder Heimat- und Anzeigenblatt 41 (1979) S. 1 f.; Ausk. StV Neckargemünd 13. Mai 1985, 30. Nov. 1985, 17. Febr. 1986.

Neidenstein

Der Geschichte der jüdischen Gemeinde. In Neidenstein bestand eine Gemeinde bis 1938. Ihre Entstehung geht in die Zeit des 16./17. Jh. zurück. Die höchste Zahl jüd. Bewohner wird um 1839 mit 254 Pers. erreicht. Mind. 19 Pers. kamen in der Verfolgungszeit 1933 bis 1945 ums Leben.

Wohngebiet und Einrichtungen der jüdischen Gemeinde. Im 18. Jh. konzentrierte sich das *Wohngebiet* auf die Schmalgasse und den »Judenbuckel«. 1796 wird eine »Judenschule« *(Synagoge)* genannt (Standort unbekannt). 1831 wurde eine neue Synagoge erbaut, die 1930 restauriert wurde. 1938 ist das Gebäude zerstört, kurze Zeit später abgebrochen worden. Das Anwesen (Grundstück Nr. 252, Kirchgraben 6) wurde mit einer Scheuer und einem Stall neu überbaut. Die Toten wurden in Waibstadt beigesetzt.

Weitere Spuren der jüdischen Geschichte. An

ehemaligen, bis nach 1933 bestehenden *Handels-und Gewerbebetrieben* sind bekannt: Kolonial-warengeschäft Alfred Dührenheimer (Bahn-hofstr. 31), Mehl- und Getreidehandlung Ludwig Mayer (Eschelbronner Str. 4), Jüd. Gastwirt-schaft »Hirsch«, Inh. Jakob Lipmann (Berg-str. 12), Manufakturwarengeschäft Ludwig Löb-mann (Kirchgraben 12), Manufakturwarenge-schäft Ida Mayer (Bergstr. 32), Metzgerei Josef Mayer (Schloßstr. 6), Kohlen- und Eisenhand-lung Ludwig Mayer (Eschelbronner Str. 4). Eines der ältesten bekannten jüd. Wohnhäuser ist das Haus Bahnhofstr. 5 (von 1797). Im *Ehrenbuch* der Gemeinde finden sich auch die Namen der beiden jüd. Gefallenen des Ersten Weltkriegs aus Neidenstein.

Hundsnurscher/Taddey S. 211f.; K. Ziegler, Ortschronik von Neidenstein. 1962. S. 95f.; Ausk. BMA Neidenstein 14. Jan. 1985, 27. Jan. 1986.

Nußloch

Zur Geschichte der jüdischen Gemeinde. In Nußloch bestand eine Gemeinde bis 1938. Ihre Entstehung geht in die Zeit des 17./18. Jh. zurück (erste Nennung 1712). Die höchste Zahl jüd. Be-wohner wird um 1871 mit 68 Pers. erreicht. Mind. 6 Pers. kamen in der Verfolgungszeit 1933 bis 1945 ums Leben.
Einrichtungen der jüdischen Gemeinde. Ver-mutl. schon seit der Mitte des 18. Jh. befanden sich eine *Synagoge* und ein *rituelles Bad* auf dem Grundstück Friedrichstr. 1. Die Gebäude wur-den nach 1938 abgebrochen; auf dem Grundstück wurde ein Wohnhaus erstellt.
Einen *Friedhof* der jüd. Gemeinde hat es in der zweiten Hälfte des 18. Jh. gegeben (Lage unbe-kannt). Im 19. und 20. Jh. wurden die Toten in Heidelberg und Wiesloch beigesetzt.
Weitere Spuren der jüdischen Geschichte. An ehemaligen, bis nach 1933 bestehenden *Handels-und Gewerbebetrieben* sind bekannt: Schuh-handlung und Damenschneiderei Fam. Adler (Hauptstr. 61), Gasthaus »Zum Adler« Fam. Bernheim (Hauptstr. 56, Gasth. nur bis um 1915); Bäckerei und Viehhandlung Fam. Bierig

(Sinsheimer Str. 19), Hopfenhandlung und Roh-tabakfermentationsbetrieb Gebr. Ehrmann (Hauptstr. 88), Kaufmann Mayer (Friedrich-str. 6), Pferdehandlung und Textilwarengeschäft Fam. Neumann (Hauptstr. 60). Die Gastwirt-schaft »Mayerhof« (bis heute bestehend) ver-dankt ihren Namen dem früheren jüd. Inhaber Ludwig Mayer (Loppengasse 14).

Hundsnurscher/Taddey S. 217f.; Heimatbuch Nußloch. 1966. S. 103; Löwenstein, Kurpfalz S. 162; Ausk. BMA Nußloch 31. Juli 1985.

Reilingen

Zur Geschichte der jüdischen Gemeinde. In Reilingen bestand eine Gemeinde bis 1927 (erste Nennung 1743). Die höchste Zahl jüd. Bewohner wird um 1864/71 mit 121 Pers. erreicht. Mind. 5 Pers. kamen in der Verfolgungszeit 1933 bis 1945 ums Leben.
Wohngebiet und Einrichtungen der jüdischen Gemeinde. Das *Wohngebiet* konzentrierte sich ursprünglich auf die »Judengasse« (heute Wörschgasse), später (19. Jh.) wohnten jüd. Fam. im ganzen Ort, vor allem in der Hockenheimer Str., der Schulgasse und der Hauptstr. Ein Bet-saal war bis 1841 im Haus des Jakob Levi in der Wörschgasse (erstes Haus auf der linken Straßen-seite) untergebracht. Das Gebäude besteht nicht mehr (heute Parkplatz). 1841 wurde eine *Synago-ge* in der Hockenheimer Str. 18 erbaut. In ihr waren auch ein *rituelles Bad* und die jüd. *Schule* untergebracht. 1929 wurde das Gebäude verkauft und zu einem Wohnhaus umgebaut. Die neuro-manischen Formelemente an der Fassade des Ge-bäudes erinnern noch an die frühere Geschichte des Hauses. Seit 1984 befindet sich zudem eine *Hinweistafel* am Gebäude. Ein *Tora-Vorhang* aus der Synagoge, der 1936 nach Israel gebracht wur-de, wird in der Synagoge von Kefar Schemariaju (nördl. von Tel Aviv) aufbewahrt.
Die Toten wurden in Wiesloch beigesetzt. Der Plan, neben dem allg. Friedhof Reilingens 1895 auch einen jüd. Friedhof einzurichten, wurde nicht verwirklicht.
Weitere Spuren der jüdischen Geschichte. An ehemaligen, bis nach 1933 bestehenden *Handels-*

454 *Hockenheimer Straße in Reilingen nach 1900, links die 1841 erbaute und bis 1929 benutzte Synagoge.*

456 *Ehemalige Synagoge in Reilingen (1987).*
◁ 455 *Ehemalige Synagoge in Reilingen um 1938, damals bereits fast zehn Jahre als Wohnhaus genutzt.*

und Gewerbebetrieben sind bekannt: Zigarrenfabrik Gebr. Bär (Hauptstr. 68 und 74), Textilhandlung Hedwig Broda (Hauptstr. 101), Vieh- und Hopfenhandlung Nathan Falk (Hauptstr. 54), Textilhandlung Geschwister Else und Betty Kahn (Hauptstr. 182) sowie die Arztpraxis Dr. Herbert Kohn (Hauptstr. 159).

Auf einer *Gedenktafel* am Rathaus finden sich auch die Namen der beiden jüd. Kriegsteilnehmer am Krieg 1870/71 aus Reilingen.

Ein von Reilingen nach Waghäusel-Kirrlach über die Steinerne Brücke führender Weg trägt die Bezeichnung »Judenweg«.

Hundsnurscher/Taddey S. 246 f.; Bildband 700 Jahre Reilingen. 1984; Reilinger Nachrichten vom 20. Dez. 1984; Ph. Bickle, Aus der Geschichte der Reilinger Juden, in: Ortschronik Reilingen. 1986; Ausk. BMA Reilingen 8. Nov. 1985, 23. Juli 1986; H. Huth, Die Kunstdenkmäler des Landkreises Mannheim, in: Die Kunstdenkmäler Badens X, 3 (1967) S. 310.

Sandhausen

Zur Geschichte der jüdischen Gemeinde. In Sandhausen bestand eine Gemeinde bis 1938 (erste Nennung 1743). Die höchste Zahl jüd. Bewohner wird um 1871 mit 104 Pers. erreicht. Mind. 6 Pers. kamen in der Verfolgungszeit 1933 bis 1945 ums Leben.

Einrichtungen der jüdischen Gemeinde. Eine erste *Synagoge (Betsaal)* wurde in dem von der Gemeinde um 1840 bis 1845 erworbenen Gebäude Bahnhofstr. 2 eingerichtet und auch die jüd. *Schule* untergebracht. Ein *rituelles Bad,* das auf einer tief- und abseitsgelegenen Wiese stand, war ebenfalls vorhanden; dessen genauer Standort läßt sich jedoch nicht mehr ausmachen (bereits 1870 in baulich schlechtem Zustand). Die Gebäude in der Bahnhofstr. 2 bestehen nicht mehr; das Gelände ist neu überbaut.

Eine neue *Synagoge* wurde in der 1867 erworbenen, 1755 bis 1757 erbauten ehem. reform. Kirche in der Hauptstr. 115 eingerichtet. Sie diente als Gotteshaus bis zum Verkauf des Gebäudes 1938. Bis 1960 wurde es als Lagerraum, nach einer Renovierung 1960 bis 1962 als Bücherei und

für andere Einrichtungen der bürgerlichen Gemeinde benutzt. Inzwischen werden im Haus unter der Bezeichnung »Alte Kirche/Synagoge« kulturelle Veranstaltungen abgehalten. Unmittelbar neben dem Gebäude erinnert seit 1961 ein *Gedenkstein* an die jüd. Gemeinde.

Die Toten wurden in Wiesloch beigesetzt.

Weitere Spuren der jüdischen Geschichte. An ehemaligen, bis nach 1933 bestehenden *Handels- und Gewerbebetrieben* sind bekannt: Viehhandlung Max Freund I (Hauptstr. 119), Wein-, Hopfen- und Tabakhandlung Kaufmann Freund (Hauptstr. 141), Viehhandlung Max Freund II und Textilvertretung Heinrich Freund (Bahnhofstr. 2, abgebr.), Gasthaus »Pfälzer Hof«, Inh. Fam. Marx (Hauptstr. 96), Zigarrenfabrik Fam. Marx (Schulstr. 15, Vereinshaus), Zigarrenfabrik Gebr. Mayer (Hauptstr. 92, abgebr.), Viehhandlung Julius Wahl (Hauptstr. 108, abgebr.).

Persönlichkeiten und auf sie bezogene Erinnerungsmale. *Alexander Kann,* aus Essen; um 1885 jüd. Lehrer in Sandhausen, schickte im Kriegsjahr 1917 100 Bahnwaggons Kohle nach Sandhausen und erhielt zum Dank die Ehrenbürgerwürde. – *Ludwig Marx* (1891 Sandhausen – 1964), Dichter und Lehrer; 1920 bis 1927 Vorstand der Bürgerschule von St. Georgen im Schwarzwald; 1927 bis 1933 Gymnasial-Professor in Bruchsal. – *Emil Mayer* (1848–1910), Chef der Zigarrenfabriken der Gebr. Mayer (wohnhaft in Mannheim), verhalf den Arbeitern seiner Zigarrenfabrik zu eigenen Wohnhäusern in der Gemarkung »Großes Loch«. 1909 stiftete er einen ansehnlichen Betrag zur Errichtung der Gemeindebibliothek. Nach ihm bzw. den Gebr. Mayer ist die »Mayerstraße« benannt.

Hundsnurscher/Taddey S. 251 f.; E. Lacroix, Die ehem. reformierte Kirche, spätere Synagoge in Sandhausen, in: Nachrichtenblatt der Denkmalpflege in Baden-Württemberg 6 (1963) Heft 1, S. 20–24; Gedichte. Prof. Dr. Ludwig Marx 1891–1964. Eine Zusammenstellung der in den Gemeindenachrichten Sandhausen veröffentlichten Gedichte. 1983; R. Dorsch, Die israelitische Gemeinde, in: Heimatbuch Sandhausen. 1985; H. Dorsch, Alltag im Nationalsozialismus – Unterdrückung und Verfolgung der Juden in Sandhausen. Preisausschreiben des Bundespräsidenten 1981 (Mschr.); Ausk. BMA Sandhausen 7. Mai 1985; Ausk. R. Dorsch, Sandhausen 7. Mai 1985.

St. Leon-Rot
Ortsteil Rot

Spuren der jüdischen Geschichte. In Rot bestand von 1925 bis 1939 die Zigarrenfabrik von Artur und Friedrich Löb aus Malsch. Die Fabrikgebäude in der Hauptstr. 77 wurden kriegszerstört, nach 1945 wieder aufgebaut.

Ausk. BMA St. Leon-Rot 6. Nov. 1985.

Schriesheim

Zur Geschichte der jüdischen Gemeinde. In Schriesheim bestand eine Gemeinde im MA (1349 Judenverfolgung; 1411 bis 1473 neue Ansiedlung) und in der Neuzeit bis 1938. Die Entstehung der neuzeitl. Gemeinde geht in das 17. Jh. zurück (Nennungen seit 1651). Die höchste Zahl jüd. Bewohner wird um 1864 mit 132 Pers. erreicht. Mind. 5 Pers. kamen in der Verfolgungszeit 1933 bis 1945 ums Leben.

Einrichtungen der jüdischen Gemeinde. Ma. Einrichtungen sind nicht bekannt. Im 15. Jh. wurden die Verstorbenen in Worms beigesetzt (1421 erwähnt). Von den Einrichtungen der neuzeitl. Gemeinde ist bekannt, daß eine erste *Synagoge* mit *Schule* 1807 im Obergeschoß des Hau-

457   *Davidstern und Menora auf dem Eingangstor zum jüdischen Friedhof in Schriesheim (1985).*

ses Talstr. 49 an der Gäulsbrücke eingerichtet wurde (Haus seit 1708 im Besitz der jüd. Fam. Marx). 1842/43 wurde im östl. Teil der seitherigen luth. Kirche in der Luth. Kirchgasse 12 eine neue *Synagoge* eingerichtet. 1938 wurde sie demoliert. 1954 wurde das Gebäude völlig umgebaut und diente später der neuapostolischen Kirche als Gotteshaus, bis diese eine eigene Kirche erbaute. Die baulichen Reste der ehem. luth. Kirche/Synagoge sind inzwischen zu einem Wohnhaus umgebaut.

1858 wurde das inzwischen stark baufällige Gebäude der ersten Synagoge abgebrochen und an seiner Stelle ein jüd. *Gemeindehaus* mit *Schule, rituellem Bad* und *Lehrerwohnung* eingerichtet. 1897 wurde das Gebäude verkauft, da im Bereich der Synagoge das ehem. evang. Pfarrhaus erworben und als jüd. Gemeindehaus hergerichtet werden konnte.

Die Toten wurden vor 1874 in Hemsbach beige-

setzt. Dann konnte in Schriesheim ein eigener *Friedhof* in der Plöck (Flst. 617 gegenüber dem christl. Friedhof am Friedhofsweg, Fläche 5,78 a) angelegt werden.

Weitere Spuren der jüdischen Geschichte. An ehemaligen, bis nach 1933 bestehenden *Handelsbetrieben* sind bekannt: Viehhandlung Julius Fuld (Passein 1), Fellhandlung Hayum Marx und Fell- und Textilhandel Levi Schlösser (Oberstadt 12), Futtermittelgeschäft der Fam. Marx (Heidelberger Str. 29), Viehhandlung Ferdinand Marx (Heidelberger Str. 5), Textilgeschäft Oppenheimer/Sussmann (Heidelberger Str. 8, abgebr.), Futtermittelgeschäft Oppenheimer/ Weinberg (Schulgasse 3). Im 19. Jh. bestanden jüd. Wirtschaften von Michel Oppenheimer und Hertz Hayum (Untere Schulgasse 3), Feidel Rosenfeld (Heidelberger Str. 15), Joseph Oppenheimer (Herrengasse 10/12).

Die hebr. Inschrift am Haus Rosengasse 2 (Ps. 122,7) steht nicht im Zusammenhang mit der jüd. Geschichte; vielmehr gehen die (auch griech.) Inschriften auf den Pfarrer Conrad Widerholt zurück, der dieses Haus 1662 erbauen ließ.

Hundsnurscher/Taddey S. 255 f.; H. Brunn, 1200 Jahre Schriesheim. 1979²; H. Huth, Die Kunstdenkmäler des Landkreises Mannheim, in: Die Kunstdenkmäler Badens X,3 (1967) S. 335, 344; StA Darmstadt Urkunde Judaica 421 (für 1421); Ausk. BMA Schriesheim 12. Nov. 1985.

Schwetzingen

Zur Geschichte der jüdischen Gemeinde. In Schwetzingen bestand eine Gemeinde bis 1938. Ihre Entstehung geht in die Zeit des 17. Jh. zurück (erste Nennung 1698). Die höchste Zahl jüd. Bewohner wird um 1880 mit 119 Pers. erreicht. Mind. 23 Pers. kamen in der Verfolgungszeit 1933 bis 1945 ums Leben.

Einrichtungen der jüdischen Gemeinde. Im 18. Jh. wurden gemeinsam mit den Juden aus Ketsch Gottesdienste in jüd. Häusern Schwetzingens gefeiert; zeitweise besuchten die Schwetzinger Juden auch Gottesdienste in Ketsch. 1864 wurde eine erste *Synagoge* (Betsaal) in dem heute als Wohnhaus erhaltenen Gebäude Invalidenstr. 6 eingerichtet (daher hieß die Invali-

458 Lage des jüdischen Friedhofs in Schriesheim.

459 Ehemalige Synagogenstraße in Schwetzingen mit Blick auf das Gebäude, in dem von 1864 bis 1898 die Gottesdienste der jüdischen Gemeinde gefeiert wurden (1985).

denstr. bis in die Zeit des »Dritten Reichs« »Synagogenstraße«).

Von 1898 an fanden die Gottesdienste in einem Raum des Schlosses statt (seit 1898 im ersten Vorsaal des rechten Zirkelhauses; seit 1901 im seitherigen Militär-Vereins-Saal, dritter Saal im nördl. Zirkel, Eingang von der Zeyherstr. her; 1914 bis 1917 vorübergehend in einem Raum der Zigarrenfabrik Moses Monatt am Bismarckplatz, danach wieder im Schloß). 1933 bis 1936 wurden die Gottesdienste im Haus des Kaufmanns Pinkas Gottlieb (Mannheimer Str. 41/Kleine Planken), seit 1936 im Haus Springer in der Heidelberger Str. 12 (1. Stock) abgehalten. Dieser Betsaal wurde 1938 verwüstet.

Die Toten wurden zunächst in Wiesloch beigesetzt. 1893 wurde ein eigener *Friedhof* an der nordwestl. Seite des heutigen städt. Friedhofs (unweit der Bochumer Str./Ecke Am Langen Sand, Fläche 5,11 a) eingerichtet. Der geplante Bau einer Friedhofshalle konnte nicht mehr verwirklicht werden.

460 Lage des jüdischen Friedhofs in Schwetzingen.

461 Gedenkstein für die jüdische Gemeinde in Schwetzingen vor dem Schloß/Zeyherstraße (1985).

An ehemaligen, bis nach 1933 bestehenden *Dienstleistungs-, Handels- und Gewerbebetrieben* sind bekannt: Maklergeschäft Max Bierig (Bruchhäuser Str. 11), Metzgerei Nathan Frank, Inh. Peter und Berta Stein (Herzogstr. 22), Möbel- und Textilgeschäft Pinkas Gottlieb (Dreikönigsstr. 25/Ecke Kleine Planken), Möbelgeschäft Louis Hanf, Inh. Moritz Rosenfeld (Mannheimer Str. 14), Zigarrenfabrik Hess und Monatt, Inh. Ernst Hess und Moses Monatt (Bismarckplatz), Rechtsanwalt Dr. Katzenstein (Schloßplatz 3), Metzgerei-Bedarfsartikel Siegfried Kaufmann (Heidelberger Str. 33), Lumpensortieranstalt Heinrich Ohlhausen und Söhne (Heidelberger Str. 29), Porzellan-, Steingutwaren- und Lumpenhandlung Gebr. Springer (Heidelberger Str. 12), Eisenwarengeschäft Edmund Vogel (Carl-Theodor-Str. 21), Textilgeschäft S. Wronker & Cie., Inh. I. Hirschfeld, später Geschw. Metzger (Carl-Theodor-Str. 16).
Zur Erinnerung an die jüd. Gemeinde befindet sich seit 1978 ein *Gedenkstein* vor dem ehem. Synagogenraum am Schloß (Zeyherstr.).

Hundsnurscher/Taddey S. 257 f.; A. Lohrbächer/M. Rittmann, Sie gehörten zu uns – Geschichte und Schicksal der Schwetzinger Juden. Schriften des StadtA Schwetzingen 7 (1978).

Sinsheim
Stadtteil Dühren

Zur Geschichte der jüdischen Gemeinde. In Dühren bestand eine kleine Gemeinde bis zur zweiten Hälfte des 19. Jh. Ihre Entstehung geht in die Zeit des 17. Jh. zurück (erste Erwähnung 1717/18: 5 Fam.). Die höchste Zahl jüd. Bewohner wird um 1836 mit 36 Pers. erreicht.
Einrichtungen der jüdischen Gemeinde. Von den Einrichtungen ist noch die ehemalige *Synagoge* bekannt, die 1828 bis 1830 erbaut und 1877 nach Auflösung der Gemeinde wieder verkauft wurde. Sie wird derzeit als Garage und Scheune genutzt (Standort »Zum Gässel«).
Die Toten wurden in Waibstadt beigesetzt.
Weitere Spuren der jüdischen Geschichte. An ehem. *jüd. Häusern* ist noch das Haus Karlsruher Str. 33 bekannt (nach 1793 bis 1800 im Besitz von Aaron Nathan Straßburger).

462 Ehemalige Synagoge in (Sinsheim-)Dühren, 1828/30 erbaut, bis 1877 benutzt, derzeit Garage und Lager (1987).

Hundsnurscher/Taddey S. 67 f.; H. Lau, Dühren. Entwicklung eines Dorfes von 1600 bis 1900. In: Kraichgau 7 (1981) S. 29–39; H. Lau, »Juden«, Arbeiten zum Ortssippenbuch Dühren (Kopie von der Verwaltungsstelle Dühren); Ausk. OV Dühren 13. Juni 1985, 29. Okt. 1985.

Stadtteil Ehrstädt

Zur Geschichte der jüdischen Gemeinde. In Ehrstädt bestand eine Gemeinde bis 1912. Ihre Entstehung geht in die Zeit des 16./17. Jh. zurück. Erstmals werden 1548 bis 1550 Jud Moses, 1577 bis 1580 Jud Gutkind genannt. Die höchste Zahl jüd. Bewohner wird um 1848 mit 70 Pers. erreicht.

Einrichtungen der jüdischen Gemeinde. 1787 wurde eine »Judenschule« *(Betsaal)* eingerichtet (Standort unbekannt). 1836 wurde eine *Synagoge* erbaut (Standort Eichwaldstr. 15). In ihr befand sich auch das *rituelle Bad,* wozu aus einer gegenüber der Synagoge entspringenden Quelle Wasser in das Gebäude geleitet wurde. Nach Auflösung der Gemeinde wurde die Synagoge verkauft und dient seither als Viehstall und Scheune. Eine *Inschrift* über dem Eingang (hebr. Zitat Ps. 118,20) und ein *Hochzeitsstein* erinnern an die Vergangenheit des Gebäudes.

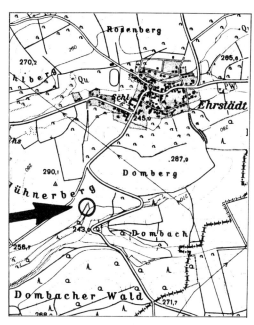

464   *Lage der Flur »Judenkirchhof« bei (Sinsheim-) Ehrstädt.*

Die Toten wurden in Waibstadt beigesetzt. Allerdings bestand auch in Ehrstädt, vermutl. im 16./ 17. Jh. oder auch noch später, ein jüd. *Friedhof.* Ein Waldstück in der Flur »Im Grund« in Richtung Schloß Neuhaus trägt die Bezeichnung »Judenfriedhof«, wenngleich sichtbare Spuren nicht mehr vorhanden sind.

Weitere Spuren der jüdischen Geschichte. An ehem. jüd. *Häusern* sind bekannt: Weidengasse 1 und 5 (in letzterem wohnte bis nach 1900 der Metzger Moses Götter; das neben dem Haus befindliche Schlachthaus ist abgebrochen). Eine *Judenwirtschaft* (um 1800, Daniel Österreicher) stand am Ende der Eichwaldstr. beim alten Rentamt.

Hundsnurscher/Taddey S. 114; Löwenstein, Kurpfalz S. 38, 44; QGJ Nr. 764, 771; F. Hub, Ortschronik Ehrstädt; Ausk. OV Ehrstädt 14. Mai 1985, 31. Juli 1985.

463   *Ehemalige Synagoge in (Sinsheim-)Ehrstädt, 1836 erbaut, 1912 verkauft, seither Scheune/Stall (1987).*

Stadtteil Eschelbach

Zur Geschichte der jüdischen Gemeinde. In Eschelbach bestand eine kleine Gemeinde bis zur zweiten Hälfte des 19. Jh. Ihre Entstehung geht vermutl. in die Zeit des 17. Jh. zurück. Die höchste Zahl jüd. Bewohner wird um 1832 mit 59 Pers. erreicht.

Einrichtungen der jüdischen Gemeinde. Eine *Synagoge* befand sich im »Heiligenhof« in der Hirschhornstr. 21. Näheres zu ihrer Geschichte ist nicht bekannt (vor 1870 geschlossen und verkauft). Das Gebäude ist als Wohnhaus erhalten. Die Toten wurden in Waibstadt beigesetzt.

465 Ehemalige Synagoge in (Sinsheim-)Eschelbach, vor 1870 geschlossen, seither Wohnhaus (1986).

Weitere Spuren der jüdischen Geschichte. Als ehem. jüd. Wohnhaus ist bekannt: Haus Am Kloster 14 (zuletzt von einem jüd. Herrn Dotter bewohnt).

Hundsnurscher/Taddey S. 79; Gräberverzeichnis Waibstadt. 1913. S. 11; Ausk. OV Eschelbach 24. Mai 1985.

Stadtteil Eulenhof

Zur Geschichte jüdischer Bewohner. In Eulenhof lebten um 1700 einige Juden.

Jüd. Gemeindeblatt für Württ. 16. Juni 1937. S. 42 mit Hinw. auf das Mohelbuch des R. Seligmann, Hüffenhardt; vgl. Der Israelit 47 (1936).

Stadtteil Hilsbach

Zur Geschichte der jüdischen Gemeinde. In Hilsbach bestand eine kleine Gemeinde bis zum Ende des 19. Jh. Ihre Entstehung geht in die Zeit des 17. Jh. zurück (erste Nennung 1674). Die höchste Zahl jüd. Bewohner wird um 1825 mit 46 Pers. erreicht.

Einrichtungen der jüdischen Gemeinde. Die Gemeinde unterhielt besonders enge Beziehungen zur Nachbargemeinde in Weiler. Aus diesem Grund wurde in Weiler die Synagoge am Ortsausgang nach Hilsbach eingerichtet. In Hilsbach gab es nur eine kleine *Synagoge* (»Nebenschule«). Das Gebäude ist erhalten und wird als Scheune genutzt (Standort: Mettengasse). Die Toten wurden in Waibstadt beigesetzt.

Weitere Spuren der jüdischen Geschichte. Über die Gemarkung Hilsbach führte ein »Judenpfad« (seit 1627 genannt), ein Fußweg von Weiler nach Adelshofen, dessen genauer Verlauf nicht mehr festzustellen ist.

Hundsnurscher/Taddey S. 281, 287; Löwenstein, Kurpfalz S. 91, 180, 300; Bad. Städtebuch S. 85; F. Gehrig, Hilsbach. Chronik der höchstgelegenen Stadt im Kraichgau. 1979. S. 164, 227; Ausk. OV Hilsbach 29. Mai 1985, 22. Nov. 1985.

Stadtteil Hoffenheim

Zur Geschichte der jüdischen Gemeinde. In Hoffenheim bestand eine Gemeinde bis 1938. Ihre Entstehung geht in die Zeit des 15./18. Jh. zurück (erste Nennung 1471/1717). Die höchste Zahl jüd. Bewohner wird um 1839 mit 227 Pers. erreicht. Mind. 18 Pers. kamen in der Verfolgungszeit 1933 bis 1945 ums Leben.

466 *Gedenktafel für die Opfer des Nationalsozialismus auf dem allgemeinen Friedhof in (Sinsheim-)Hoffenheim (1985).*

467 *Lage der Flur »Judengottsacker« bei (Sinsheim-)Reihen.*

Einrichtungen der jüdischen Gemeinde. Um 1750 wird eine *Synagoge* erbaut, in der sich auch die Lehrerwohnung befand. Auf dem Synagogenhof stand ein Badhaus mit dem *rituellen Bad.* 1865 wurde das Gebäude renoviert, 1938 teilweise zerstört, später abgebrochen. Das Grundstück (Flst. 92, Neue Str. 2a) wurde inzwischen neu überbaut.

Die Toten wurden in Waibstadt beigesetzt.

Weitere Spuren der jüdischen Geschichte. Anschriften ehem. jüd. Gewerbebetriebe/Häuser konnten nicht ermittelt werden.

Auf dem *Kriegerdenkmal* im Friedhof finden sich die Namen der 3 jüd. Kriegsteilnehmer des Krieges 1870/71 und die Namen der beiden jüd. Gefallenen des Ersten Weltkriegs aus Hoffenheim. Gleichfalls befindet sich hier eine *Gedenktafel* für die Opfer des Nationalsozialismus (mit Menora und Kreuzen).

GJ III,1 S. 570f.; Hundsnurscher/Taddey S. 135ff.; D. Neu, Aus der Vergangenheit von Hoffenheim. 1953. S. 134ff.; Ausk. OV Hoffenheim 26. Nov. 1985.

Stadtteil Reihen

Spuren der jüdischen Geschichte. Auf Gemarkung Reihen gibt es eine Flur »Judengottesacker« als Hinweis auf eine ehem. jüd. Begräbnisstätte. Die Flur liegt südl. der Straße Reihen – Weiler,

östl. der Flur »Innere Bockenhälde« (Flst. 8890 und 8891–93/Waldstück und Wiesen).

Ausk. OV Reihen 20. Mai 1985.

Stadtteil Rohrbach

Zur Geschichte der jüdischen Gemeinde. In Rohrbach bestand eine Gemeinde bis 1906. Ihre Entstehung geht in die Zeit des 17./18. Jh. zurück. Die höchste Zahl jüd. Bewohner wird um 1839 mit 121 Pers. erreicht. Mind. 2 Pers. kamen in der Verfolgungszeit 1933 bis 1945 ums Leben.

Einrichtungen der jüdischen Gemeinde. Vor dem Bau der Synagoge bestand vermutl. ein *Betsaal.* 1832 wird die *Synagoge* in der Heilbronner Str. 43 erbaut. Nach Auflösung der Gemeinde wurde sie 1907 an die politische Gemeinde verkauft und diente danach als Kindergarten und Schulhaus (derzeit Lagerraum).

Die Toten wurden in Waibstadt begraben. Vermutl. hatte die jüd. Gemeinde in früherer Zeit (17./18. Jh.) auch einen eigenen *Friedhof*, da im Gewann Untere Hälden (östl. des Bruchweges, Flst. 3601/3602, landwirtschaftlich nicht genutzte Böschung) die Flurbezeichnung »Judenkirchhof« besteht.

Weitere Spuren der jüdischen Geschichte. An ehemaligen jüd. *Häusern* des 19. Jh. sind bekannt: Fam. Hirsch (Heilbronner Str. 14), Fam. Würzburger (Heilbronner Str. 45), Fam. Israel/

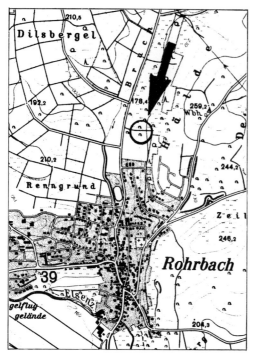

468   Lage der Flur »Judenkirchhof« bei (Sinsheim-) Rohrbach.

Gumbel Wertheimer (Heilbronner Str. 55), Fam. Hayum/Gumbel Würzburger (Heilbronner Str. 54), Fam. Hayum Würzburger (Heilbronner Str. 56), Fam. Samson Seligman (Heilbronner Str. 56).

Im *Heimatmuseum Sinsheim* wird als Leihgabe eine *Mesusa* aus Rohrbach aufbewahrt, die hier bei einem Hausabbruch gefunden wurde. Auf der Verwaltungsstelle Rohrbach werden verschiedene Dokumente, u. a. Ausweiskarten von 1938/39 der beiden letzten Rohrbacher Juden aufbewahrt.

Hundsnurscher/Taddey S. 262 f.; Ausk. OV Rohrbach 12. und 19. Juni 1985, 28. Okt. 1985.

Stadtteil Sinsheim

Zur Geschichte der jüdischen Gemeinde. In Sinsheim gab es eine Gemeinde im MA (Quellen liegen für die Zeit Anfang des 14. bis Ende des 15. Jh. vor) und in der Neuzeit. Die Entstehung der neuzeitl. Gemeinde geht in das 18. Jh. zurück. Die höchste Zahl jüd. Bewohner wird um 1890 mit 149 Pers. erreicht. Mind. 23 Pers. kamen in der Verfolgungszeit 1933 bis 1945 ums Leben. **Einrichtungen der jüdischen Gemeinde.** Ende des 18. Jh. bis 1818 befand sich ein *Betsaal* im Haus Joseph Marx (Rosengasse 10), von 1818 bis 1837 im Haus Liebmann und Joseph Freudenberger (Hauptstr. 103). 1836/37 konnte eine *Synagoge* in der Kleinen Grabengasse erbaut werden (im Volksmund wird die Kleine Grabengasse seither auch »Synagogengasse« genannt). Es handelte sich um einen zweigeschossigen Backsteinbau mit Speicher. Im Erdgeschoß war außer dem Betsaal ein *rituelles Bad*, im Obergeschoß neben der Frauenempore eine *Schulstube*. Das Grundstück der Synagoge lag zwischen der Großen und Kleinen Grabengasse. 1938 wurde sie zerstört, später abgebrochen. Das Gelände ist neu überbaut (Kleine Grabengasse 6). Erhalten blieb nur der einige Jahre später wieder aufgefundene *Grundstein* der Synagoge (im Heimatmuseum). Für Nov. 1988 ist die Aufstellung eines *Gedenksteines* geplant.

Die Toten wurden zunächst in Waibstadt beigesetzt. Um 1890 wurde ein eigener *Friedhof* unmittelbar nördl. des heutigen städt. Friedhofs im Gewann »Krebsgrund« angelegt (Fläche 17,36 a). **Weitere Spuren der jüdischen Geschichte.** An ehemaligen, bis nach 1933 bestehenden *Handels- und Gewerbebetrieben* sind bekannt: Weinhandlung Max Adler (Muthstr. 13, Initialen »MA« an Türsturz), Hadernsortieranstalt Jacob und Julius Beer (Jahnstr. 9, abgebr.), Textilwarengeschäft Max Kohn (Hauptstr. 106), Feinkost- und Lebensmittelgeschäft Gebr. Krell (Bahnhofstr.), Landesprodukthandlung Albert Ledermann (Freitagsgasse), Lebens- und Futtermittelhandlung Ledermann (Ladestr.), Schreibwarengeschäft Gustav Münzesheimer (Hauptstr.), Mehl- und Getreidehandlung Gebr. Oppenheimer (bis 1920, Bahnhofstr. 7), Bäckerei Leopold Reinach (Hauptstr.), Textilwarengeschäft Max Scherer (Bahnhofstr. 23/25), Bäckerei Moritz Scherer (Hauptstr. 82), Manufakturwarengeschäft und Auswandereragentur Abraham Seligmann (Hauptstr. 88, abgebr.), Öl- und Fetthandlung

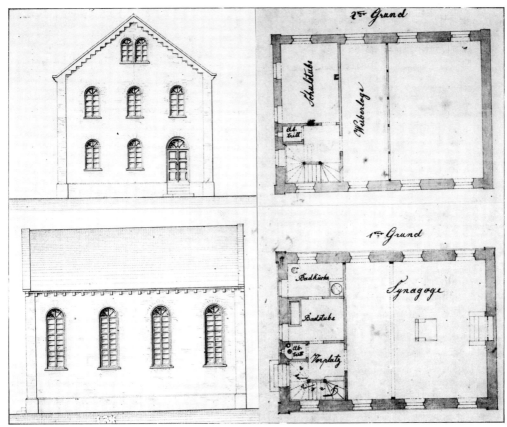

469   *Ansichten und Grundrisse der ehemaligen Synagoge in Sinsheim (Baupläne von 1835).*

Julius Wertheimer (Weihergäßchen mit Lagerhalle in der Langen Gasse).

Im *Heimatmuseum* befinden sich außer dem Grundstein der Synagoge: ein Leuchter, eine Gedenkvitrine mit Erinnerungsstücken verschiedener Art, ferner eine *Gedenktafel* des Turnvereins Sinsheim für die Gefallenen des Ersten Weltkrieges, auf dem auch der Name der jüd. Gefallenen verzeichnet ist.

Hundsnurscher/Taddey S. 261 f.; W. Bauer, Die ehemalige jüd. Gemeinde von Sinsheim – ihre Geschichte und ihr Schicksal. 1985; L. Vögely, Aus der Geschichte der jüd. Gemeinden im Landkreis Sinsheim, in: Kraichgau 2 (1970)

470   *Lage des jüdischen Friedhofs in Sinsheim.*   ▷

S. 142–153; GJ I, S. 516; GJ II,2 S. 765; Quellen StA Darmstadt Urkunden Judaica Nr. 211; Ausk. W. Bauer, Sinsheim 13. und 27. Nov. 1985.

Stadtteil Steinsfurt

Zur Geschichte der jüdischen Gemeinde. In Steinsfurt bestand eine Gemeinde bis 1937 (erste Nennung 1688). Die höchste Zahl jüd. Bewohner wird um 1871 mit 83 Pers. erreicht.

Einrichtungen der jüdischen Gemeinde. Eine *Synagoge* (»Judenschule«, Jahr der Einrichtung unbekannt) befand sich bis 1893 im Haus Lerchenneststr. 2 (abgebrochen). 1893 wurde eine *neue Synagoge* in der Adersbacher Str. 12 erbaut. Das Gebäude wurde 1937 verkauft und dient seitdem als Lagerraum (Grundstein erhalten).

Die Toten wurden zunächst in Waibstadt, seit dem Ende des 19. Jh. auch in Sinsheim beigesetzt.

Weitere Spuren der jüdischen Geschichte. An ehemaligen, bis nach 1933 bestehenden *Handels- und Gewerbebetrieben* sind bekannt: Holz- und Baustoffhandlung Moritz Eichtersheimer (Ansbachstr. 30), Viehhandel und Althandel Max Kahn (Steinsfurter Str. 27), Handelsmann Adolf Weil (Lerchenneststr. 7), Händler Aron Weil (Steinsfurter Str. 28), Viehhandlung und Metzgerei Gustav Weil (Dickwaldstr. 1), Viehhandlung Hugo Weil (Steinsfurter Str. 38), Viehhandlung Josef Weil (Lerchenneststr. 2, abgebr.), Viehhandlung und Landwirtschaft Karl Weil (Steinsfurter Str. 21), Getreide- und Futtermittelhandlung Siegfried Weil (Steinsfurter Str. 29). Im Haus Alte Friedhofstr. 4 befand sich eine 1925 von Hermann Weil gestiftete *Haushaltsschule* (seit 1984 mit Gedenktafel für den Stifter). Auf der *Gedenktafel für die Gefallenen* des Ersten Weltkriegs stehen auch die Namen der 3 jüd. Gefallenen. In der ehem. Synagoge befindet sich ebenfalls eine Gefallenen-Gedenktafel.

Persönlichkeiten und auf sie bezogene Erinnerungsmale. *Hermann Weil* (1868 Steinsfurt – 1927 Frankfurt am Main), Getreidehändler 1888–1907 in Buenos Aires, danach in Frankfurt; seine Firma »Weil Hermanos & Cie.« beherrschte nach 1900 für einige Jahre den Weltgetreidemarkt (mit eigener Schiffscharterfirma); Weil stiftete Millionenbeträge für zahlreiche

471 *Synagoge in (Sinsheim-)Steinsfurt, 1893 erbaut, 1937 verkauft, derzeit Lagerraum (1985).*

wohltätige Zwecke (Ehrenbürger der Stadt Frankfurt a. M.; Ehrendoktor der Universität Frankfurt a. M.). Erinnerungen in Steinsfurt und Umgebung: Gebäude der Haushaltsschule (s. o.) mit Gedenktafel; »Hermann-Weil-Weg« (Waldweg am Ortsausgang in Richtung Adersbach), hier auch die »Hermannsruh« und die nach dem Vater von Hermann Weil benannte »Josephsruh«; Weil-Mausoleum in Waibstadt (s. dort.).

Hundsnurscher/Taddey S. 264; W. Bauer, Die ehem. jüd. Gemeinde von Sinsheim. 1985; Ausk. OV Steinsfurt 23. Mai 1985, 28. Nov. 1986, 2. Dez. 1986.

Stadtteil Weiler

Zur Geschichte der jüdischen Gemeinde. In Weiler bestand eine Gemeinde bis 1904. Ihre Entstehung geht in die Zeit des 16./17. Jh. zurück (erste Nennung 1548 Jud Jacob von Weiler unter Steinsberg). Die höchste Zahl jüd. Bewohner wird um 1825 mit 106 Pers. erreicht.

Einrichtungen der jüdischen Gemeinde. Die Gemeinde hatte eine *Synagoge* (»Judenschule«), in der auch ein *rituelles Bad* untergebracht war. Das 1795 erbaute Fachwerkhaus ist später zu einem Wohnhaus umgebaut worden und als solches erhalten (Kaiserstr. 95). Die Synagoge stand am Ortsrand nach Hilsbach, da auch die Hilsbacher Juden hierher zu den Gottesdiensten kamen. 1904 wurde die Synagoge geschlossen; die Juden aus Hilsbach und Weiler gehörten danach der Synagogengemeinde Sinsheim an.

Die Toten wurden in Waibstadt beigesetzt.

Weitere Spuren der jüdischen Geschichte. An ehemaligen *jüd. Wohnhäusern* sind bekannt: Fürstenstr. 10 (um 1700), Kaiserstr. 28 (1603 erbaut), 45 (zuletzt Abraham Blum um 1900), 46 (um 1700 erbaut, zuletzt bis 1915 Fam. Isak Simon), 52 (zuletzt bis 1890 Metzger Isak Weil), Steinstr. 7 (um 1700 erbaut).

Hundsnurscher/Taddey S. 287; Löwenstein, Kurpfalz S. 38, 44, vgl. S. 108, 206; F. Gehrig, Hilsbach. Chronik der höchstgelegenen Stadt im Kraichgau. 1979. S. 164, 197, 227; Ausk. OV Weiler 20. Mai 1985, 18. Dez. 1985.

Waibstadt

Zur Geschichte der jüdischen Gemeinde. In Waibstadt bestand eine Gemeinde im MA (erste Nennung 1337, 1348/49 Judenverfolgung) und in der Neuzeit bis 1937. Die Entstehung der neuzeitl. Gemeinde geht in die Zeit des 17. Jh. zurück (1648: 3 Fam.). Die höchste Zahl jüd. Bewohner wird um 1885 mit 64 Pers. erreicht. Mind. 3 Pers. kamen in der Verfolgungszeit 1933 bis 1945 ums Leben.

Einrichtungen der jüdischen Gemeinde. 1648 wird eine *Synagoge* erstmals genannt. 1845 bis 1847 wurde eine *neue Synagoge* eingerichtet, die bis 1937 genutzt wurde (Standort Schloßstr./Abgang zur Lammstr.). 1938 wurde das Gebäude verkauft, um 1970 wegen Baufälligkeit abgebrochen (zuletzt als Schuppen und Lagerhalle benutzt, heute unbebauter Abstellplatz). Zwischen 1648 und 1690 (ältester bekannter Grabstein) wurde auf Waibstadter Gemarkung ein *Verbandsfriedhof* für die Gemeinden in Waibstadt und einer weiten Umgebung (um 1860 für 30, nach dem Ersten Weltkrieg noch für 10 jüd. Gemeinden) angelegt (Lage »Am Mühlbergwald«, Flst. 14382, Fläche 233,32 a).

Im westl. Teil des Friedhofs errichtete die Frankfurter Fam. Dr. Hermann Weil (aus Steinsfurt abstammend, vgl. dort) 1924 ein *Mausoleum* (Fläche 1425 qm). 1927 wurde Weil hier beigesetzt. 1938 bis 1940 wurde das Mausoleum

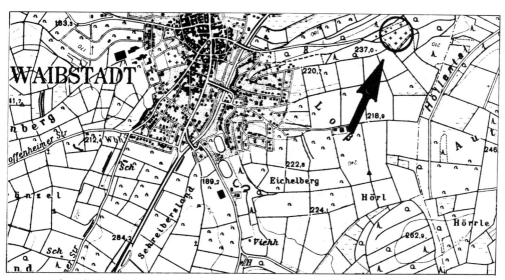

472   *Lage des jüdischen Friedhofs bei Waibstadt.*

473   Mausoleum der Familie Hermann Weil auf dem jüdischen Friedhof in Waibstadt (1985).

schwer beschädigt, die Urnen von Weil und seiner Frau entfernt. 1980 bis 1983 wurde das Bauwerk restauriert. Zum Friedhof führt die 1924
von Hermann Weil erbaute Fahrstraße (»Dr.
Weil-Weg«, Forts. der Pfarrstr.).
Weitere Spuren der jüdischen Geschichte. An
ehemaligen, bis nach 1933 bestehenden *Handelsbetrieben* sind bekannt: Händler Bernhard
Bodenheimer (Leopoldstr. 20), Kleinvieh- und
Fellhandlung Isaak Bodenheimer (Pfarrstr. 7),
Händler Karl Bodenheimer (Helmstadter Str. 2),
Textilgeschäft Karl Glück (Langestr. 13), Schnei-
dergeschäft Max Glück (Langestr. 3), Viehhandlung Albert Kahn (Langestr. 36) sowie die Arztpraxis Dr. Zürndorfer (Hauptstr. 25).

Hundsnurscher/Taddey S. 280f.; H.-P. Ebert,
Weil-Denkmal in Waibstadt, in: Schwarzbachtal-
Bote 4 (1982); Gräberverzeichnis Israelitischer
Verbandsfriedhof Waibstadt. 1914; Ausk. BMA
Waibstadt 14. Okt. 1983, 26. Apr. 1985, 21.
Nov. 1985.

Walldorf

Zur Geschichte der jüdischen Gemeinde. In
Walldorf bestand eine Gemeinde bis 1938. Ihre
Entstehung geht in die Zeit des 15. bis 18. Jh.
zurück (erste Nennung 1470 Jud Kotzer von
Walldorf, weitere Erwähnungen seit 1712). Die
höchste Zahl jüd. Bewohner wird um 1852 mit
169 Pers. erreicht. Mind. 27 Pers. kamen in der
Verfolgungszeit 1933 bis 1945 ums Leben.
Einrichtungen der jüdischen Gemeinde. Eine
erste *Synagoge* (Betsaal) bestand im 18. Jh. in der
Hauptstr. 45 (1748 Haus von »Moses der Jud«
genannt; hier spätestens 1767 der Betsaal). Das
Gebäude ist erhalten (Gewerbebetrieb/Wohn-
haus). 1860 wurde nach dem Kauf der bisherigen,
1716 erbauten reformierten Kirche in ihr eine
Synagoge eingerichtet. 1938 wurde sie demoliert.
Seit 1954 ist das Gebäude die Neuapostolische
Kirche. Am Gebäude ist eine *Erinnerungstafel*
vorhanden (Standort: Synagogenstraße/Ecke Al-
bert-Fritz-Str. 7). Eine *Inschrift* vom Hauptpor-

474 *Jüdischer Friedhof in Waibstadt (hist. Aufnahme um 1925).*

475 *Jüdischer Friedhof in Waibstadt (1985).*

476 *Hinweistafel an der ehemaligen Synagoge in Walldorf (1986).*

tal der Synagoge mit der hebr. und deutschen Inschrift von 1.Mose 28,7 findet sich im Heimat-museum (der Stein war bereits Bestandteil der reformierten Kirche). Die heute wieder *Synago-genstraße* genannte Straße hieß 1938 bis 1945 »Straße der SA«.

Eine jüd. *Schule* befand sich 1830 bis 1876 samt einer Lehrerwohnung in der Badstr. 8. Das Ge-bäude ist als Wohnhaus erhalten. In ihm war möglicherweise auch im 18./19. Jh. ein rituelles Bad, worauf der Name »Badstraße« hinweisen könnte. Daher wurde die Straße 1938 bis 1945 in »Schillerstr.« umbenannt.

Die Toten wurden zunächst in Wiesloch beige-setzt. Um 1880 wurde in Walldorf ein jüd. *Fried-hof* unmittelbar westl. des allg. Friedhofes ange-legt und eine Friedhofshalle erbaut, die bis heute erhalten ist (Friedhofsfläche: 12,55 a). Bei der neuen Friedhofshalle des allg. Friedhofs erinnern seit 1985 *Gedenktafeln* an das Schicksal der jüd. Gemeinde.

Weitere Spuren der jüdischen Geschichte. An ehemaligen, bis nach 1933 bestehenden *Handels- und Gewerbebetrieben* sind bekannt: Kolonial-waren und Lebensmittel Eduard Bär (Heidel-berger Str. 11), Tabakhandlung Sigmund Bär (Schwetzinger Str. 32), Schuhwaren- und Arbei-terkleidungsgeschäft Salomon Broder (Heidel-berger Str. 6), Darm- und Gewürzegroßhand-lung Julius Durlacher (Hauptstr. 38), Tabak-handlung Hermann Hess (Hirschstr. 1), Futter-mittelhandlung Ludwig Klein (Schwetzinger Str. 15), Kolonialwarengeschäft (zuvor jüd.

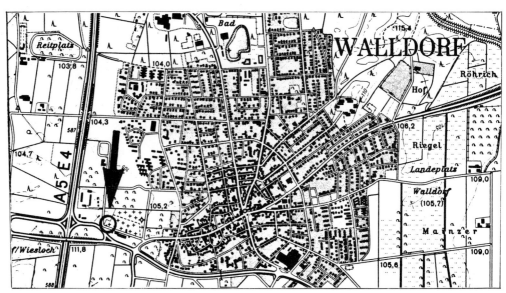

477   *Lage des jüdischen Friedhofs bei Walldorf.*

478   *Jüdischer Friedhof in Walldorf (1986).*

Wirtschaft) Sarah, Mina und Flora Klein (Hauptstr. 27), Textilgeschäft Leopold Klein und Sohn (Hauptstr. 26, abgebr.), Rohtabakhandlung Scherer, Inh. Moritz Mayer (Hauptstr. 52), Zigarrenfabrik Simon & Lehmann (Johann-Jakob-Astor-Str. 24), Tabakhandlung Simon Klein, Inh. Eduard Salomon (Bahnhofstr. 17, abgebr.), Schuhgeschäft Karoline Würzburger, Inh. Ludwig Klein (Hauptstr. 10). Eine jüd. Gastwirtschaft »Zum Stern« befand sich im 19. Jh. Hauptstr. 38.

Auf dem *Kriegerehrenmal 1870/71* finden sich auch die Namen von 3 jüd. Kriegsteilnehmern (Standort Friedhof). Die *Hirschgasse* (1938 bis 1945 »Hermann-Göring-Str.«, heute Hirschstr.) ist nach der ehem. jüd. Wirtschaft »Zum Hirsch« benannt (bis 1860 von Moses Löser Mayer betrieben).

An der Straße nach Reilingen finden sich die Bezeichnungen »Alter« und »Junger Judenbusch« (früher auch »Vorderer« und »Hinterer Judenbusch« oder »Im Judeneck« genannt) und die Bezeichnung »Judenweg«.

Persönlichkeiten. *Sali Levi* (1883 Walldorf – 1941 Berlin), Rabbiner; bis 1918 Zweiter Rabbiner in Breslau; im Ersten Weltkrieg Feldrabbiner im Osten (u.a. Aufbauarbeit für die jüd. Gemeinde Wilna), 1918 bis 1941 Rabbiner in Mainz, 1940/41 auch für Darmstadt, Worms, Bingen und Gießen; setzte sich bis zu seinem Tod für eine baldige Ausreise der verbliebenen jüd. Pers. ein. – *Hugo Hahn* (1893 Tiengen – 1967), Rabbiner, s. Anhang. – *Rositta Oppenheimer-Kramer* (1892 Walldorf – 1972 Heidelberg); vor allem in Heidelberg in der jüd. und städt. Sozialarbeit tätig, unterbrochen von vierjähriger KZ-Zeit; 1949 bis 1963 Mitglied des Oberrats der Israeliten Badens.

Hundsnurscher/Taddey S. 282f.; StA Darmstadt Urk. Judaica Nr. 700 (für 1470); D. Herrmann, Geschichte und Schicksal der Walldorfer Juden. 1985; Ausk. D. Herrmann, Neudenau 27. Juli 1984, 6. Mai 1985, 25. Juli 1985, 21. Jan. 1986.

Weinheim
Stadtteil Hohensachsen

Zur Geschichte jüdischer Bewohner. In Hohensachsen wird 1693 ein jüd. Bewohner genannt.

J. Fresing, Ortschronik von Lützelsachsen. 1965. S. 58.

Stadtteil Lützelsachsen

Zur Geschichte der jüdischen Gemeinde. In Lützelsachsen bestand eine Gemeinde bis 1938. Ihre Entstehung geht in die Zeit des 17./18. Jh. zurück. Die höchste Zahl jüd. Bewohner wird um 1871 mit 122 Pers. erreicht. Mind. 5 Pers. kamen in der Verfolgungszeit 1933 bis 1945 ums Leben.
Einrichtungen der jüdischen Gemeinde. Seit dem 18. Jh. (1797 erste Nennung) bestand eine *Synagoge* (»Judenschule«) in der Sommergasse 80. 1841 wurde das Gebäude zu einem Wohnhaus umgebaut, das bis heute erhalten ist. 1841 wurde eine *neue Synagoge* in der bisherigen luth. Kirche in der Wintergasse 77 eingerichtet. Diese Kirche war 1809 aus Steinen der kath. Weinheimer Deutschordenskapelle erbaut worden (von dort stammt auch das »Lamm Gottes« am Giebel zur Straßenseite, 16. Jh.). 1938 wurde das Gebäude verkauft und entging damit einer Zerstörung. Es ist zu einem bis heute erhaltenen Wohnhaus umgebaut worden.
Die Toten wurden in Hemsbach beigesetzt.
Weitere Spuren der jüdischen Geschichte. An ehemaligen, bis nach 1933 bestehenden *Handels- und Gewerbebetrieben* sind bekannt: Koschere Metzgerei Jonas und Emanuel Bär (Sommergas-

479 Ehemalige lutherische Kirche, dann Synagoge, seit 1938 Wohnhaus in (Weinheim-)Lützelsachsen (1984).

se 73, abgebr.), Viehhandlung Beni und Max Benjamin (Wintergasse 61, abgebr.), Textilgeschäft Emil Neu (Weinheimer Str. 11), Pelzhandlung Neu (Weinheimer Str. 32), Mehl- und Futtermittelgeschäft David Sommer (Weinheimer Str. 23, abgebr.), Eisenhandlung und Lebensmittelgeschäft Alfred Weil (Sommergasse 83).

Hundsnurscher/Taddey S. 178 f.; J. Fresin, Ortschronik von Lützelsachsen. 1965. S. 57–64; Ausk. OV Lützelsachsen 22. Mai 1985, 19. Nov. 1985.

Stadtteil Weinheim

Zur Geschichte der jüdischen Gemeinde. In Weinheim bestand eine Gemeinde im MA (Nennungen zwischen 1228 und 1391, Judenverfolgungen 1298 und 1348/49) und in der Neuzeit bis 1938. Die Entstehung der neuzeitl. Gemeinde geht in das 17. Jh. zurück. Die höchste Zahl jüd. Bewohner wird um 1905 mit 192 Pers. erreicht. Mind. 49 Pers. kamen in der Verfolgungszeit 1933 bis 1945 ums Leben.
Wohngebiet und Einrichtungen der jüdischen Gemeinde. Das ma. *Wohngebiet* befand sich in der noch heute sog. »Judengasse«, die vom Marktplatz zum Grundelbach hinabführt. Hier war auch eine *Synagoge,* in der bei der Verfolgung 1298 70 Pers. verbrannten. An der Stadtmauer wurde 1875 ein steinerner Torbogen mit hebr. Inschrift entdeckt, die vermutl. über dem Eingang der ma. Synagoge stand (Fundstelle wurde wieder zugemauert). Unweit davon wird ein rituelles Bad gewesen sein (Nähe des Grundelbachs). Am Ende der Judengasse stand der *Judenturm* (1434 genannt; Baureste bei Haus Judengasse 9). Die neuzeitl. Gemeinde richtete 1690 in der Hauptstr. 143 eine *Synagoge* ein, die bis 1906 als Gotteshaus diente (im 19. Jh. mehrere Umbauten und Vergrößerungen des Gebäudes). 1906 wurde das Haus verkauft, deutliche Baureste sind erhalten (Rückfassade von der Gerberstr.). Eine *neue Synagoge* wurde 1906 in der Bürgermeister-Ehret-Str. 5 erbaut. 1938 wurde sie zerstört, das Grundstück später neu überbaut. Eine *Gedenktafel* unweit des Synagogengrundstücks erinnert an das Schicksal des Gebäudes.

480   *Mittelalterliche Judengasse in Weinheim (1984).*

Die Toten wurden im MA vermutl. in Worms beigesetzt. Im 17./18. Jh. bestand ein eigener *Friedhof* auf der heutigen Flur »Judenbuckel« südl. der Altstadt. Hier wurde um 1880 ein hebr. beschriebener Grabstein ausgegraben, der allerdings damals weder entziffert noch erhalten wurde. Im 19./20. Jh. wurden die Toten in Hemsbach beigesetzt.

Weitere Spuren der jüdischen Geschichte. An ehemaligen, bis nach 1933 bestehenden *Handels- und Gewerbebetrieben* sind bekannt (Auswahl): Mehl- und Getreidehandlung Ludwig Altstädter (Tannenstr. 13), Mehl- und Getreidehandlung Nathan Altstädter (Hauptstr. 50), Modehaus Bergen, Inh. Siegfried Bergen (Hauptstr. 96), Eisenhandlung Moritz Hamburger (Entengasse 4), Textilgeschäft Isaak Heil (Hauptstr. 63), Fa. Lederwerke Sigmund Hirsch (im Gewann »Zwischen den Dämmen«), Inh. Artur Hirsch (Bismarckstr. 4), Julius Hirsch (Bismarckstr. 5), Max Hirsch (Bergstr. 6), Metzgerei Hermann Hirsch (Müllheimer Talstr. 24), Textilgeschäft Gabriel

Lehmann (Hauptstr. 17), Textilgeschäft Heinrich Liebmann (Hauptstr. 97), Viehhandlung Moses Maas (Nördl. Hauptstr. 70), Warenhaus Geschw. Mayer (Institutsstr. 3), Holz- und Kohlenhandlung Louis Oppenheimer (Lindenstr. 16), prakt. Arzt Dr. Friedrich Reiss (Bahnhofstr. 21), Textilhaus Hugo Rothschild (Hauptstr. 75), Schuhhandlung Leopold Schloss (Grundelbachstr. 18), Schuhmacherei Samuel Simon (Amtsgasse 2), Textilgeschäft Ferdinand Stiefel (Amtsgasse 3), Textilgeschäft Josef Wetterhahn (Hauptstr. 69 sowie der Rechtsanwalt Dr. Moritz Pfälzer (Ehretstr. 10).

Auf dem *Gefallenendenkmal* in der Bahnhofstr. (bei Gebäude 16) sind auch die 5 jüd. Gefallenen des Ersten Weltkriegs aus Weinheim verzeichnet.

Persönlichkeiten und auf sie bezogene Erinnerungsmale. *Sigmund Hirsch* (1845–1908), Gründer der Fa. Lederwerke Sigmund Hirsch. Die Anfänge der Firma gehen auf 1867 zurück; noch nach 1933 beschäftigten die Lederwerke unter Max und Julius Hirsch 350 bis 400 Beschäftigte.

Das Unternehmen hatte sich zur bedeutendsten Roßlederfabrik Europas entwickelt. 1938 mußte die Firma liquidiert werden. An den Firmengründer erinnert der »Sigmund-Hirsch-Platz«.

Hundsnurscher/Taddey S. 289–292; GJ II,2 S. 870f.; D. Horsch, Sie waren unsere Bürger. Die jüd. Gemeinde in Weinheim a. d. Bergstraße. Weinheimer Geschichtsblatt 26 (1964); H. Huth, Die Kunstdenkmäler des Landkreises Mannheim, in: Die Kunstdenkmäler Badens X,3 (1967) S. 348, 350, 431, 434, 465; Ausk. StV Weinheim 15. Nov. 1985.

Wiesloch
Stadtteil Baiertal

Zur Geschichte der jüdischen Gemeinde. In Baiertal bestand eine Gemeinde bis 1937. Ihre Entstehung geht in die Zeit des 18. Jh. zurück (erste Nennung 1716: 3 Fam.). Die höchste Zahl jüd. Bewohner wird um 1850 mit 170 Pers. erreicht. Mind. 15 Pers. kamen in der Verfolgungszeit 1933 bis 1945 ums Leben.

481   Synagoge in (Wiesloch-)Baiertal, um 1810 erbaut, 1938 zerstört (Aufnahme um 1930).

Einrichtungen der jüdischen Gemeinde. Um 1810 wurde eine *Synagoge* erbaut (Standort: heutiger »Synagogenplatz«, Ecke Mühlstr./Pauline-Maier-Str.). An das Gebäude angebaut war auch die 1839 bis 1868 bestehende *Schule,* in der sich vermutl. auch ein *rituelles Bad* befand. 1938 wurde die Synagoge demoliert und niedergebrannt, die Ruine später abgebrochen. Eine *Säule* der Synagoge ist erhalten und erinnert (mit einer *Gedenktafel*) vor dem Bürgerhaus an die Synagoge. Die Toten wurden in Wiesloch beigesetzt.

Weitere Spuren der jüdischen Geschichte. An ehemaligen, bis nach 1933 bestehenden *Handels- und Gewerbebetrieben* sind bekannt: Tabakhandlung Nathan Gumberich (Alte Bahnhofstr. 16), Pferdehandlung Raphael Maier (Hauptstr. 8, Elternhaus von Pauline Maier s. u.), Mehlhandlung Betty und Johanna Marx (Hauptstr. 39), Gemischtwarenhandlung Gustav Oppenheimer (Mühlstr. 2), Zigarrenfabrik Gebr. Wolf (Alte Bahnhofstr. 45).

Auf den *Gefallenendenkmalen* der Kriege 1870/71 und 1914/18 auf dem Ortsfriedhof sind auch die Namen der 3 jüd. Gefallenen aus Baiertal verzeichnet.

Die Brücke der Schatthäuser Str. über den Maisbach – unweit dessen Einmündung in den Gauangelbach – wird im Volksmund »Judenbrücke« genannt (Treffpunkt der jüd. Bewohner am Sabbat nach dem Gottesdienst).

Persönlichkeiten und auf sie bezogene Erinnerungsmale. *Pauline Maier* (1877 Baiertal – 1942 Auschwitz), seit 1922 Oberin am jüd. Altersheim in Mannheim; nach Deportation nach Gurs 1940 bis 1942 dort als Krankenschwester tätig, ging freiwillig mit ihren Patienten 1942 nach Auschwitz. Nach ihr ist die »Pauline-Maier-Straße« benannt. In Mannheim besteht seit 1964 das *Pauline-Maier-Heim* (Alters- und Pflegeheim).

Hundsnurscher/Taddey S. 42f.; Chr. Sachs, Die Geschichte der Wieslocher und Baiertaler Juden im Dritten Reich (Mschr.). 1983; K. O. Watzinger, Geschichte der Juden in Mannheim. 1983. S. 125f.; H. Kaeckel, In memoriam Pauline Maier, in: Rhein-Neckar-Zeitung. 22. Okt. 1969; Ausk. BMA/StadtA Wiesloch 11. Jan. 1985, 21. Nov. 1985; Ausk. A. Willaschek, Baiertal 18. Nov. 1985, 11. Dez. 1985, 27. Dez. 1985.

Stadtteil Wiesloch

Zur Geschichte der jüdischen Gemeinde. In Wiesloch bestand eine Gemeinde im MA (1348/ 49 Judenverfolgung, neue Ansiedlung 1381 bis zur Vertreibung 1391, dann seit 1449) und in der Neuzeit bis 1938. Die Entstehung der neuzeitl. Gemeinde geht in das 17. Jh. zurück. Die höchste Zahl jüd. Bewohner wird um 1880 und wieder um 1910 mit jeweils 125 Pers. erreicht. Mind. 31 Pers. kamen in der Verfolgungszeit 1933 bis 1945 ums Leben.

Einrichtungen der jüdischen Gemeinde. Über ma. Einrichtungen ist nichts bekannt. Vermutl. aus dem 18. Jh. stammt die Einrichtung einer für Männer und Frauen getrennten *Synagoge:* die »Männerschule«, die sich bis 1837 am Platz der späteren Synagoge befand, und die »Weiberschule«, die in einem benachbarten Haus (Grundstück Rathausgasse 1, abgebr.) untergebracht war. Im Haus der Weiberschule war auch die Wohnung des jüd. Lehrers. 1837 wurde eine *neue Synagoge* erbaut, in der nun Frauen und Männer (erstere auf der Empore) Platz hatten. 1938 wurde die Synagoge zerstört. Nach zeitweiliger Nutzung des Gebäudes als Garage wurde es 1957 abgebrochen. Seit 1978 erinnert eine *Gedenktafel* an den Standort der Synagoge (Ecke Synagogengasse/Hauptstr. 103, Anwesen neu überbaut; Gedenktafel an der Stelle des ehem. Synagogeneingangs). Nach der Synagoge wurde die *Synagogengasse* benannt, die im Volksmund auch den Namen »Judengäßle« hat (im »Dritten Reich« »Kleine Gasse«).

Ein *rituelles Bad* (Badhaus), erstmals 1865 genannt und bis um 1900 benutzt, befand sich zwischen den heutigen Anwesen Badgasse 10 und 12. Der *Friedhof* am Rande der Altstadt (Merianstr./ Bahnweg, Flst. 577, 590, 591, Fläche 56,80 a) wird erstmals 1661 genannt. Auf ihm wurden im 17. Jh., teilweise bis ins 20. Jh. die Toten der jüd. Gemeinden im ehem. Oberamt Heidelberg begraben. Nach Abriß der Synagoge 1957 wurde ein Teil des Eingangsportals (mit Inschrift) in die Umfassungsmauer des Friedhofs eingemauert. Im Volksmund heißt er »Judengottesacker«, der Leimbachlauf beim Friedhof »Judenbach«.

Weitere Spuren der jüdischen Geschichte. An ehemaligen, bis nach 1933 bestehenden *Handels- und Gewerbebetrieben* sind bekannt (Auswahl): Modegeschäft Frieda Bodenheimer (Blumenstr. 6), Vieh- und Pferdehandlung Lyon Flegenheimer & Söhne (Schwetzinger Str. 59), Pferdehandlung Marschall (Hesselgasse 8), Wäsche- und Stoffladen Leopold Marschall (Hauptstr. 106), Mehlhandlung Marx (Dreikönigsstr. 1), Häute- und Fellhandlung Karl Menges (Hauptstr. 116), Tabakfabrik Ebner und Kramer, Inh. Oppenheimer (Altwieslocher Str. 8–10) sowie die Arztpraxis Dr. Jakob Borg (Heidelberger Str. 56).

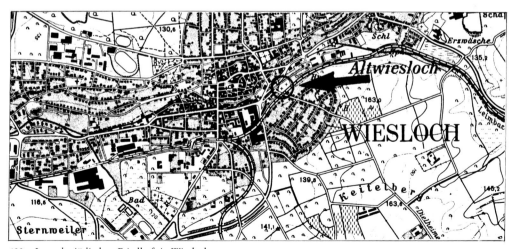

482 Lage des jüdischen Friedhofs in Wiesloch.

483   Jüdischer Friedhof in Wiesloch (1984).

Im *Ehrenbuch* der Stadt für die Gefallenen des Ersten Weltkriegs sind auch die Namen der beiden jüd. Gefallenen eingetragen.

Zur Geschichte jüdischer Patienten in der Anstalt. In der Anstalt Wiesloch (heute Psychiatrisches Landeskrankenhaus) waren bis in die Zeit des »Dritten Reiches« auch jüd. Patienten untergebracht. Mind. 14 von ihnen kamen im Zusammenhang mit den Euthanasieaktionen ums Leben. Eine Gedenktafel erinnert am Landeskrankenhaus an die Opfer der Euthanasie.

Hundsnurscher/Taddey S. 298 ff.; A. Hochwarth/O. Zehe, Die Kultstätten der jüd. Gemeinde in Wiesloch und Die jüd. Gemeinde in Wiesloch; in: Kraichgau 9 (1985) S. 170–189; G. Filsinger, Der Weg in die Katastrophe, in: 1000 Jahre Marktrecht Wiesloch. 1965. S. 128–131; T. Raupp, Flurnamen in Wiesloch. 1938. S. 44; Chr. Sachs, Die Geschichte der Wieslocher und

Baiertaler Juden im Dritten Reich (Mschr.). 1983; Gedenkstunde in Wiesloch, in: Mitteilungsblatt des Oberrats der Israeliten Badens. 1974; Ausk. StadtA/BMA Wiesloch 22. Febr. 1984, 7. März 1984, 5. Juni 1984, 11. Jan. 1985, 21. Nov. 1985; E. Müller-Hill, Geheimnis und Vernichtung. Bemerkungen zur deutschen Anthropologie und Psychiatrie, in: Psychiatrie und deutscher Faschismus (hg. E. Wulff), Manuskript; F. E. Peschke, Ausländische Patienten in Wiesloch 1939–1982. Diss. Heidelberg. 1984.

Zuzenhausen

Zur Geschichte der jüdischen Bewohner. In Zuzenhausen war um 1550 die Fam. des Jud Jakob ansässig.

Löwenstein, Kurpfalz S. 38, 44.

LANDKREIS ROTTWEIL

Deißlingen
Ortsteil Laufen

Zur Geschichte jüdischer Bewohner. In Laufen waren in der Mitte des 19. Jh. einige jüd. Bewohner ansässig, insbesondere eine Fam. Degginger (1862 verzog Gabriel Degginger nach Rottweil).

R. Klein, Beiträge zur Geschichte der Juden in Rottweil. 1924. S. 70; Ausk. BMA Deißlingen 15. Apr. 1985, 7. Mai 1985.

Dietingen
Ortsteil Böhringen

Spuren der jüdischen Geschichte. In Böhringen heißt die Schlichemstr. im Volksmund »Judengasse«, vermutl. ein Hinweis auf eine jüd. Ansiedlung in früheren Jh.

Ausk. BMA Dietingen 15. Apr. 1985.

Dornhan
Stadtteil Dornhan

Zur Geschichte jüdischer Bewohner. In Dornhan war von ca. 1850 bis 1855 der Arzt Dr. Josef Levi mit Fam. ansässig und tätig. Danach verzog die Fam. nach Dornstetten.

Ausk. BMA Dornstetten 6. Mai 1986.

Stadtteil Marschalkenzimmern

Zur Geschichte jüdischer Bewohner. In Marschalkenzimmern waren im 16. Jh. vermutl. einige jüd. Pers. ansässig. 1552 bis 1558 wird Gumpf Jud zu Marschalkenzimmern genannt.

QGJ Nr. 574, 595.

Oberndorf am Neckar
Stadtteil Aistaig

Spuren der Verfolgungszeit 1933 bis 1945. Südwestlich des Ortes bestand 1944/45 ein *Außenkommando des Konzentrationslagers Natzweiler/Elsaß*. Die Häftlinge arbeiteten in den Mauserwerken Oberndorf. Am Platz des Lagers über dem Lautenbachtal erinnert ein *Gedenkstein*.

Ausk. Evang. Pfarramt Aistaig 25. Sept. 1985.

Stadtteil Oberndorf

Zur Geschichte jüdischer Bewohner. In Oberndorf lebten jüd. Pers. im MA (erste Nennung 1316, danach bis zum 15. Jh.) und im 19./20. Jh. (Höchstzahl um 1867: 20 Pers.). Mind. 4 Pers. kamen in der Verfolgungszeit 1933 bis 1945 ums Leben.
Spuren der jüdischen Geschichte. Es ist nicht bekannt, ob es im MA zur Bildung einer jüd. Gemeinde mit eigenen Einrichtungen kam. In einem Haus im sog. »Loch« wurde auf Grund einer alten Sage bereits eine Synagoge vermutet, doch ließ sich diese Angabe nicht bestätigen.
Seit dem 15. Jh. sind die Fluren »Judenwasen« und »Juden(wasen)steige« genannt (erstmals 1497), der Judenwasen beim »Unteren Bühl«, das Judensteige rechts des Neckars zur Grenze von Aistaig und Boll führend.
Bis 1938 (Geschäft demoliert) betrieb Josef Epstein eine Schuhhandlung in der Bahnhofstr. 19.
Spuren der Verfolgungszeit 1933 bis 1945. In den Mauserwerken bestand von Ende 1944 bis Anfang 1945 ein *Außenkommando des Konzentrationslagers Natzweiler/Elsaß*. Das Lager selbst war auf Gemarkung Aistaig (s. o.).

GJ II, 2 S. 617; H. P. Müller, Geschichte der Stadt Oberndorf a. N. 1. (1982). S. 176, 426; Ausk. StadtA Oberndorf 22. Mai 1985, 1. Okt. 1985.

Rottweil
Stadtteil Rottenmünster

Zur Geschichte jüdischer Bewohner. In der
Heilanstalt Rottenmünster (heute Fachklinik für
Psychiatrie und Neurologie) waren seit ca. 1900
auch einige jüd. Patienten untergebracht. Bis
nach 1933 war Dr. Hans Levi Assistenzarzt in der
Klinik.

Sauer 1966 S. 156.

Stadtteil Rottweil

Zur Geschichte jüdischer Bewohner. In Rottweil bestand eine Gemeinde im MA (erste Nennung 1315, Judenverfolgung 1348/49, 1380 bis
um 1418 wieder vereinzelte Erwähnungen) und
im 19./20. Jh. bis 1938. Seit 1806 hatten sich wieder Juden in Rottweil niederlassen können. Die
höchste Zahl wird um 1880 mit 134 Pers. erreicht.

Mind. 9 Pers. kamen in der Verfolgungszeit 1933
bis 1945 ums Leben.

**Wohngebiet und Einrichtungen der jüdischen
Gemeinde.** Das ma. *Wohngebiet* konzentrierte
sich auf den 1315 erstmals genannten »Judenort«
(später St.-Lorenz-Ort genannt) bzw. die »Judengasse« (heutige Lorenzgasse). Unklar sind die
Standorte der Einrichtungen, vor allem der Synagoge (»Judenschule«; vielleicht an Stelle der
späteren Lorenz-Kapelle), eines rituellen Bades
und eines Friedhofes (falls vorhanden).
Die jüd. Bewohner des 19. Jh. gehörten zunächst
der Synagogengemeinde Mühringen an, hatten
jedoch bereits um 1816 einen *Betsaal* im Haus des
Mose Kaz. 1849 wurde ein Raum für die Gottesdienste in der »Krone« (Hochbrücktorstr. 16) gemietet. 1861 wurde im Haus Cameralamtsgasse 6
eine *Synagoge* eingerichtet. 1938 wurde sie demoliert, die Kultgegenstände verbrannt. Nach 1945
diente das Gebäude als Wohn- und Geschäftshaus. Der Betsaal wurde 1982 vom Stadtjugend-
ring restauriert, wird jedoch als Schulraum einer

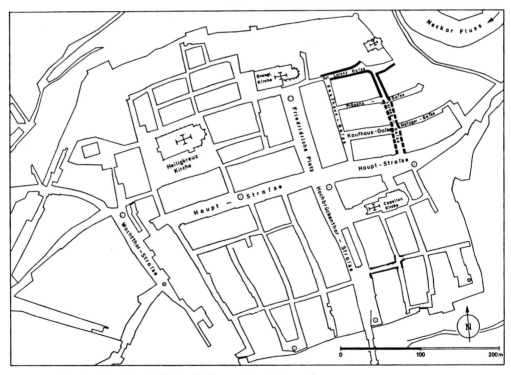

484   Lage des mittelalterlichen jüdischen Siedlungsgebiets in Rottweil.

485   *Jüdischer Friedhof in Rottweil (1985).*

Fahrschule benutzt. Am Gebäude ist eine *Hinweistafel* vorhanden.

In der ersten Hälfte des 19. Jh. bestand ein *rituelles Bad*, das nach 1806 auf dem Gelände des heutigen Hotels Johanniterbad an der Grafenstr. eingerichtet wurde. 1838 wurde es verkauft.

Die Toten wurden zunächst in Mühringen und Hechingen beigesetzt, seit 1850 auf einem eigenen *Friedhof* an der Hoferstr./Ecke Lindenstr. Als Charakteristikum fallen die liegenden Grabsteine auf. Da die Inschriften stark ausgewaschen sind, wurden auf einem *Gedenkstein* die Namen der auf dem Friedhof Beigesetzten eingetragen (1966 erstellt, Fläche des Friedhofs 11,58 a).

Weitere Spuren der jüdischen Geschichte. An ehemaligen, bis nach 1933 bestehenden *Handels- und Gewerbebetrieben* sind bekannt: Vertretung Max Adler (Hochbrücktorstr. 17), Textil- und Modewarengeschäft sowie Webwarengesellschaft und Textilwarengroßhandlung Isidor Augsburger (Hauptstr. 33), Textilwaren Bermann und Wälder (Hochbrücktorstr. 22/22 a), Rottweiler Hemdenfabrik A. Degginger & Cie., Inh. Julius und Adolf Röder (Königstr. 2), Manufaktur- und Herrenkleidergeschäft Gabriel Degginger, Inh.

Max und Louis Brandenburger (Hochbrücktorstr. 4), Schuhgeschäft Nathan Fröhlich (Oberndorfer Str. 15), Viehhandlung Josef Landauer (Dammstr. 17), Schneider Nathan Oko (Hauptstr. 64), Buchdruckerei Moritz Rothschild (Friedrichsplatz 16), Textilgeschäft Steinberger & Co., Inh. Max Blochert (Friedrichsplatz 9), Viehhandlung Julius Steinharter (Lindenstr. 18) sowie die Arztpraxen Dr. Reinhard Lewin (Bahnhofstr. 3) und Dr. Siegfried Oettinger (Bahnhofstr. 7), ferner der Rechtsanwalt Berthold Singer (Königstr. 11).

Auf einer *Gefallenentafel* im Rathaus findet sich auch der Name des im Ersten Weltkrieg gefallenen jüd. Soldaten Erich Wolf; der Name von Siegfried Rothschild wurde nach 1933 getilgt. Im Stadtarchiv befindet sich ein umfangreiches *Textfragment mit hebr. Texten* aus dem Josua- und dem Richterbuch, das aus dem Besitz der ma. jüd. Gemeinde stammen dürfte und als Akteneinband Verwendung gefunden hatte.

Sauer 1966 S. 153–157; GJ II,2 S. 720 ff.; W. Hecht, Zur Geschichte der Rottweiler Juden im Spätmittelalter, und L. Weisser, Juden im Rottweiler Wirtschaftsleben des 19. Jh., in: Rottweiler Heimatblätter 2 (1979); Ausk. StadtA Rottweil 5. Dez. 1983, 27. März 1985, 13. Sept. 1985, 14. März 1986; J. Hahn, Synagogen in Baden-Württemberg. 1987. S. 85 f.

Stadtteil Zepfenhan

Zur Geschichte jüdischer Bewohner. In Zepfenhan lebten in der ersten Hälfte des 19. Jh. einige jüd. Bewohner, insbesondere die Fam. Moses Weil, die zur Synagogengemeinde in Mühringen gehörte.
Spuren der Verfolgungszeit 1933 bis 1945. An der Gemarkungsgrenze zwischen Zepfenhan und Schörzingen bestand im Zusammenhang mit den *Außenkommandos des Konzentrationslagers Natzweiler/Elsaß* der »Gruppe Wüste« von Sept. 1944 bis Apr. 1945 eine Ölschiefer-Abbaufläche zum Lager Schörzingen (vgl. dort). Aufgrund der katastrophalen Lebens- und Arbeitsbedingungen im »Wüste«-Werk 10 in Zepfenhan kamen Hunderte von Häftlingen ums Leben, die auf dem KZ-Friedhof in Schörzingen beigesetzt sind. Ruinenreste von Industrieanlagen finden sich im Waldgebiet 1,5 km südl. des Landeplatzes Zepfenhan (westl. der Erddeponie). Zu den Ruinen führt ein damals angelegter Schotterdamm (heute Waldweg) von der ehem. Eisenbahnlinie Schörzingen–Wellendingen (Kreuzung mit Straße Neuhaus–Feckenhausen).

R. Klein, Beiträge zur Geschichte der Juden in Rottweil. 1924. S. 62 f.; R. Holoch, Das Lager Schörzingen in der »Gruppe Wüste«, in: Vorländer S. 225–266.

Schramberg

Zur Geschichte jüdischer Bewohner. 1912 wurde die Schramberger Majolikafabrik Gebr. Meyer GmbH von Leopold und Moritz Meyer begründet. 1938 mußte der Betrieb geschlossen werden. Nach 1949 konnte von Moritz Meyer der Betrieb wieder aufgebaut werden. Meyer wurde 1964 zum Ehrenbürger ernannt (1970 verstorben).

Ausk. StadtA Schramberg 16. Apr. 1985.

486 *Der Ehrenbürger der Stadt Schramberg Moritz Meyer liegt neben seiner Ehefrau auf dem jüdischen Friedhof Freiburg begraben.*

Sulz am Neckar
Stadtteil Glatt

Zur Geschichte jüdischer Bewohner. In Glatt waren um 1700 vermutl. einige jüd. Personen ansässig; in der Jahresrechnung der Herrschaft Oberndorf 1699/70 wird ein Jude in Glatt genannt.

H. P. Müller, Die Juden in der Grafschaft Hohenberg, in: Der Sülchgau 25 (1981) S. 41.

Stadtteil Sulz

Zur Geschichte jüdischer Bewohner. In Sulz waren im 16. Jh. jüd. Pers. ansässig. 1573 wird Mosse von Sulz genannt, der für die Bestattung eines jüd. Kindes aus Sulz in der Grafschaft Zollern zahlte.
Westl. der Stadt führt eine »Judensteige« zur Höhe, die vermutl. an den Weg auswärtiger jüd. Viehhändler erinnert.

O. Werner, Wie alt ist der Hechinger Judenfriedhof? 1984. S. 7; Württ. Städtebuch S. 454.

Wellendingen

Zur Geschichte jüdischer Bewohner. In Wellendingen lebten im 17. und 18. Jh. jeweils für einige Jahre jüd. Pers. 1679 wird Jud Scholam in Wellendingen aufgenommen, 1849 bis 1863 wohnte die Fam. H. J. Schweizer am Ort, die 1863 nach Rottweil verzog.

R. Klein, Beiträge zur Geschichte der Juden in Rottweil. 1924. S. 38, 70.

Zimmern ob Rottweil

Spuren der jüdischen Geschichte. In Zimmern trug die heutige Hansjakobstr. früher die Bezeichnung »Judengasse«, vermutl. ein Hinweis auf eine jüd. Ansiedlung früherer Jh.

Ausk. BMA Zimmern ob Rottweil 7. Mai 1985.

LANDKREIS SCHWÄBISCH HALL

Blaufelden
Ortsteil Blaufelden

Zur Geschichte jüdischer Bewohner. In Blaufelden lebten am Ende des 19. Jh. einige jüd. Pers., insbesondere die Fam. des Handelsmannes Isak Stern aus Wiesenbach, die später nach Crailsheim verzog.

Ausk. StadtA Crailsheim (Personalbögen der Crailsheimer jüd. Mitbürger).

Ortsteil Wiesenbach

Zur Geschichte der jüdischen Gemeinde. In Wiesenbach bestand eine Gemeinde bis 1928. Ihre Entstehung geht in die Zeit des 16./17. Jh. zurück (vermutl. erste Ansiedlung nach 1520 von aus Rothenburg vertriebenen Juden; 1690: 3 Fam.). Die höchste Zahl jüd. Bewohner wird um 1858 mit 53 Pers. erreicht. Mind. eine Person kam in der Verfolgungszeit 1933 bis 1945 ums Leben.
Wohngebiet und Einrichtungen der jüdischen Gemeinde. Das Wohngebiet konzentrierte sich vermutl. zunächst auf die ehem. »Judengasse« (heute Engelhardshauser Str., im Volksmund

»Gäßle«). 1790 war ein *Betsaal* vorhanden, der 1824 zu einer *Synagoge* erweitert wurde. Es handelte sich um einen einstöckigen Bau mit Riegel-

487 Synagoge in (Blaufelden-)Wiesenbach, 1824 erbaut, 1928 geschlossen, nach 1933 abgebrochen (hist. Aufnahme um 1930).

wänden und ohne Fundamente. 1928 wurde die Synagoge geschlossen, 1933 auf Abbruch verkauft (heute Garten gegenüber dem »Jägerstüble«, Engelhardshauser Str. 42, seit 1986 mit einer kurzen *Steinsäule*, vermutl. vom Almemor der Synagoge und *Hinweistafel*). Im Hofraum der Synagoge stand ein jüd. *Schlachthaus*, das 1877 verkauft und 1923 abgebrochen wurde. Seit dem Verkauf wurde im Schlachthaus einer örtl. Metzgerei geschlachtet. Ein jüd. *Schulhaus* stand in der Hirtengasse, wobei es sich um ein einstöckiges Haus mit einer *Lehrerwohnung* und Schulraum handelte. Das Haus wurde um 1935 bis 1940 verkauft (neu überbaut mit Haus Hirtengasse 14). Anfang des 20. Jh. besuchten die jüd. Kinder bereits die Schule in Crailsheim. Im Untergeschoß der jüd. Schule befand sich ein *rituelles Bad*.

Die Toten wurden in Michelbach an der Lücke beigesetzt.

Weitere Spuren der jüdischen Geschichte. An ehemaligen, bis nach 1900 bestehenden *Handelsbetrieben* sind bekannt: Viehhandlung Albert Neumann (Engelhardshauser Str. 33, abgebr.), Textilhandlung Isaak Rosenthal (Goldbiegelgasse 13), Pferde- und Viehhandlung Maier Max Stern (Blaufelder Str. 144, bis nach 1935), Vieh- und Textilhandlung Nathan und Klara Stern (Schmalfelder Str. 90).

Sauer 1966 S. 191 f.; R. Walter u. a., Wiesenbach – eine kleine Chronik. 1983². S. 162 ff.; Ausk. R. Walter, Wiesenbach 6. und 18. Febr. 1984; Ausk. W. Dietz, Stuttgart 10. März 1986, 11. Juni 1986.

Braunsbach
Ortsteil Braunsbach

Zur Geschichte der jüdischen Gemeinde. In Braunsbach bestand eine Gemeinde bis 1939. Ihre Entstehung geht in die Zeit des 17. Jh. zurück (erste Nennung 1673: 4 Fam.). Die höchste Zahl jüd. Bewohner wird um 1843 mit 293 Pers. erreicht. Mind. 18 Pers. kamen in der Verfolgungszeit 1933 bis 1945 ums Leben.

Wohngebiet und Einrichtungen der jüdischen Gemeinde. Das *Wohngebiet* konzentrierte sich ursprünglich auf die ehem. »Judengasse« unterhalb des Schlosses (heute Obere und Untere Pfalzgasse). Hier befinden sich auch einige der »typischen« ehem. jüd. Häuser, die an ihrer zwei-, gelegentlich dreistöckigen Bauweise mit größeren Stallungen und Lagerräumen erkennbar sind. Im 19. Jh. wurden jüd. Häuser auch um den Marktplatz, um das Rabbinat und an der Straße nach Künzelsau erbaut.

Zunächst war vermutl. ein Betsaal vorhanden. 1732 wurde eine *Synagoge* erbaut, die bis zur Demolierung und Zerstörung ihrer Inneneinrichtung 1938 als Gotteshaus der Gemeinde diente. Das Gebäude wurde 1952 von der Ortsgemeinde zu einer Festhalle umgebaut, 1984 in den Neubau der »Burgenland-Halle« miteinbezogen (der Synagogenraum ist Bühnenraum der Festhalle). Eine *Gedenktafel* wurde 1978 angebracht, seit 1984 am Eingang zum Rosensteinsaal. Ein *rituelles Bad* befand sich im Untergeschoß der Synagoge (nicht erhalten).

1825 besuchten die Kinder die evang. Schule, seit 1834 bestand eine eigene jüd. *Schule*. Das Schulzimmer wurde 1841 im Erdgeschoß des Rabbinatsgebäudes eingerichtet. Die Lehrerwohnung lag im zweiten Stock dieses Gebäudes, seit 1870 in einem Privathaus. 1923 wurde die Schule aufgelöst, danach besuchten die Kinder wieder die

488 *Synagoge in Braunsbach, 1732 erbaut, 1938 demoliert, 1984 wurde das Gebäude in den Neubau der Burgenland-Halle integriert (hist. Aufnahme um 1930).*

489 *Innenansicht der Synagoge in Braunsbach (hist. Aufnahme um 1930).*

evang. Schule. Im Frühjahr 1936 wurde eine *Bezirksschule* eingerichtet (auch im Rabbinatshaus) für jüd. Kinder aus Schwäbisch Hall, Braunsbach, Dünsbach und Künzelsau. Sie bestand bis 1938/39.

Seit 1832 war Braunsbach Rabbinatssitz. Das Gebäude des *Rabbinats* ist bis heute als Wohnhaus erhalten (Straße »Im Rabbinat« 8). 1900 bzw. 1914 wurde es nach Schwäbisch Hall verlegt.

Die Toten wurden zunächst in Berlichingen beigesetzt. 1738 wurde ein eigener *Friedhof* angelegt (Flst. 419 in halber Höhe des Schaalberges zwischen der Str. »Im Schönblick« und dem Waldrand; Hinweistafeln sind vorh., Friedhofsfläche 7,92 a).

Weitere Spuren der jüdischen Geschichte. An ehemaligen, bis nach 1933 bestehenden *Handelsbetrieben* sind bekannt: Kolonialwaren Na-

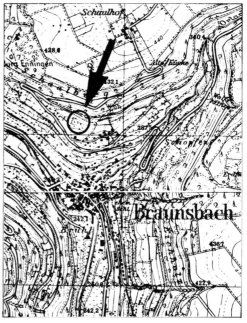

490 *Lage des jüdischen Friedhofs in Braunsbach.* ▷

nette Adler (Marktplatz 1–2, abgebr.), Viehhandlung Abraham Frey (Orlacher Str. 5), Fellhandlung Elias Frey (Kirchsteige 4–6), Bilderhandlung Isak Frey (Kirchsteige 4–6), Manufakturwaren Isaak Heumann (Geislinger Str. 35), Viehhandlung Falk Löb (Döttinger Str. 4), Viehhandlung Julius Pfeiffer (neben Döttinger Str. 6, abgebr.), Viehhandlung Abraham Sahm (Schulstr. 4), Vieh- und Lederhandlung Falk Sahm (Marktplatz 3, abgebr.), Pferdehandlung Moses Sahm (Geislinger Str. 23), Manufakturwaren Hermann/Sophie Schiller (Inselstr. 7), Viehhandlung Lazarus Schlachter (Pfalzgasse 1), Viehhandlung Wolf Schlachter (Inselstr. 2, abgebr.), Kurz- und Wollwaren Jette Stern (Raingasse 2), Wollwaren und Reste Sophie Wertheimer und Viehhandlung Gebr. Wollenberger (Kirchsteige 2).

◁ *491   Eingangstor zum jüdischen Friedhof Braunsbach (1985).*

492   Grabsteine auf dem jüdischen Friedhof Braunsbach (1970).

Am Haus Obere Pfalzgasse 114 findet sich rechts und links am unteren Eingang die Spur je einer Mesusa, am Haus 115 ist eine *hebr. Inschrift* vorhanden (übs. »Lippmann, Jetel, 1783«).
Auf dem *Gefallenendenkmal* unterhalb des Schlosses findet sich auch der Name des jüd. Gefallenen des Ersten Weltkriegs aus Braunsbach.
In Privatbesitz ist noch ein sog. »Sabbat-Ofen« vorhanden, mit dem über Sabbat Speisen warmgehalten werden konnten.

Sauer 1966 S. 52 ff.; B. Rau, Die Geschichte der israelit. Gemeinde Braunsbach (Mschr.). 1970; M. Majer, Nachwort zur Arbeit von B. Rau (Mschr.). 1985; Ausk. BMA Braunsbach 18. April 1986; Ausk. S. Berlinger, Haifa 1. Oktober 1986; J. Hahn, Synagogen in Baden-Württemberg. 1987. S. 86 f.

Ortsteil Döttingen

Spuren der jüdischen Geschichte. In Döttingen wurde 1986 auf dem Dachstuhl eines Hauses eine farbig bemalte *Sukka* (Laubhütte) entdeckt, die 1682 hergestellt worden ist. Die Sukka befindet sich inzwischen im Besitz des Hällisch-Fränkischen Museums in Schwäbisch Hall. Es ist nicht bekannt, woher sie stammt.

Ausk. Kulturamt Schwäbisch Hall 13. März 1987.

Bühlertann

Spuren der Verfolgungszeit 1933 bis 1945. In Bühlertann kamen beim sog. »Hessentaler Todesmarsch« Anfang Apr. 1945 (Evakuierung des KZ Hessental) 4 Häftlinge ums Leben (vermutl. ermordet). Sie wurden auf dem Friedhof begraben.

Vorländer S. 99.

Crailsheim
Stadtteil Crailsheim

Zur Geschichte der jüdischen Gemeinde. In Crailsheim bestand eine Gemeinde im MA (Judenverfolgung 1349, seit 1382 wieder Juden genannt) und in der Neuzeit bis 1939. Die höchste Zahl jüd. Bewohner wird um 1910 mit 325 Pers. erreicht. Mind. 42 Pers. kamen in der Verfolgungszeit 1933 bis 1945 ums Leben.
Einrichtungen der jüdischen Gemeinde. Über ma. Einrichtungen ist nichts bekannt. 1696 wurde ein *Betsaal* eingerichtet. Das Gebäude befand sich in der Ringgasse (hinter den heutigen Gebäuden Karlstr. 25 und 27, jetzt Lager der Buchhandlung Baier). Nach 1745 wurde das Haus des Betsaals (bereits 1738 als Synagoge bezeichnet) vermutl. verkauft; der Betsaal mit seinen Ausmalungen blieb bis ins 20. Jh. hinein erhalten (vgl. Unterlimpurger Synagoge im Keckenburg-Museum Schwäbisch Hall). Das Gebäude wurde 1945 kriegszerstört.
1745 wurde in der Ringgasse eine *Synagoge* erbaut, von der nichts mehr erhalten ist. Eine *neue Synagoge* wurde 1783 erbaut, 1863 wurde sie ver-

493 *Synagoge in Crailsheim, 1783 erbaut, 1938 demoliert, 1945 kriegszerstört (hist. Aufnahme um 1930).*

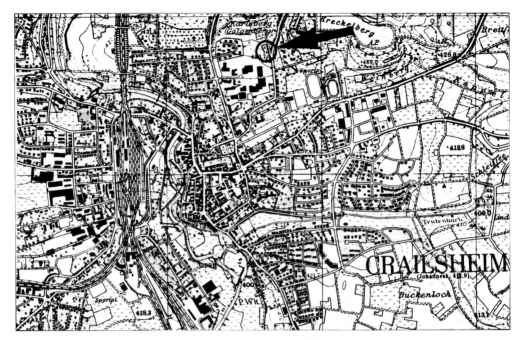

494   Lage des jüdischen Friedhofs in Crailsheim.

größert, 1938 ihre Inneneinrichtung demoliert.
1945 wurde sie kriegszerstört. Eine *Gedenktafel*
am ehem. Standort (Adam-Weiß-Str. 5) erinnert
an die Synagoge. Eine Neugestaltung des Synagogenplatzes ist für 1988 geplant. Von 1835 bis
1923 bestand eine israelitische *Volksschule*.
Die Toten wurden zunächst in Schopfloch (Lkr.
Ansbach) beigesetzt, seit 1841 bestand an der
Beuerlbacher Str. (Flst. 1296) ein eigener *Friedhof*. Auf ihm befinden sich eine *Gedenktafel* für
die 7 jüd. Gefallenen des Ersten Weltkriegs aus
Crailsheim und eine *Gedenktafel* mit den Namen
der jüd. Opfer der Verfolgungszeit 1933 bis 1945
(Friedhofsfläche: 24,93 a).
Weitere Spuren der jüdischen Geschichte. An
ehemaligen, bis nach 1933 bestehenden jüd. *Gewerbebetrieben* sind bekannt: Haushandlung mit
Schuhwaren Sofie Adler, Inh. A. Adler (Karlstr. 9), Maschinenstickerei, Teeverkauf usw. Klara Bär (Adam-Weiß-Str. 6), Textilwaren Josef
Böhm (Ringgasse 7), Woll- und Manufakturwaren Moses Eppstein (Schweinemarktplatz 8),
Viehhandlung Max Essinger (Karlstr. 4), Klei-
der- und Tuchhandlung Dina Friedmann (Lange

495   Jüdischer Friedhof in Crailsheim (1986).

Str. 39), Viehhandlung Julius Goldstein (Schmale Str. 6), Wurstwaren, Kaffee-, Tee- und Geflügelhandlung Paula Goldstein (Webergasse 12), Schlachtviehverkauf Julius Gutmann (Lange Str. 64), Viehhandlung Karl Hallheimer (Untere Ludwigstr. 4), Viehhandlung Albert Heinsfurter (Schulstr. 9), Wurstwaren, Pflanzenfette u. a. Ida Heinsfurter (Ringgasse 17), Seifen-, Oel- und Fetthandlung Hermann Hilb (Ratsgasse 3), Tabakwarenhandlung, Zuckerwaren Nathan Kohn (Wilhelmstr. 19), Großhandlung mit Leder, Häuten, Fellen, Branntweinbrennerei Nathan Landauer (Kronprinzenstr. 29), Zigarrengroßhandlung Julius Levi (Schulstr. 26), Damenschneiderin Flora Levy (Fronbergstr. 14), Wein-, Mehl- und Landesproduktenhandlung Mezger & Stein, Inh. Nathan Mezger und David Stein (Kapellenweg 6), Viehhandlung Louis Mezger (Gartenstr. 14), Metzgerei Max Mezger (Hirschstr. 7), Landesprodukten- und Wollhandlung Rosenfeld & Cie., Inh. Bert Rosenfeld und Ludwig Breyfuß (Wilhelmstr. 25), Bäckerei Moses Rosenthal (Schweinemarktplatz 1), Manufakturwaren Julius Schlesinger, Inh. Sidonie Schlesinger und Erich Freund (Wilhelmstr. 2), Eisen- und Farbwarenhandlung Albert Stein (Wilhelmstr. 15), Eisen- und Farbwarengeschäft Brüder Stein, Inh. Mathilde, Bernhard und Alfred Stein (Lange Str. 29), Kolonialwarengeschäft, Maschinen- und Fahrzeughandlung, Altmetallhandlung Siegfried Stein (Wilhelmstr. 21), ferner der prakt. Arzt Dr. Max Königsberger (Bahnhofstr. 22). Die Gebäude sind durchweg kriegszerstört.

Im *Heimatmuseum* sind aus der ehemal. Synagoge noch ein Messinggehänge, eine Docht-Ablage aus Zinn und eine Decke vorhanden.

Sauer 1966 S. 58–63; GJ II, 1 S. 154; GJ III, 1 S. 216f.; Ausk. H.-J. König, Crailsheim 27. Jan. 1984, 3. Sept. 1984, 12. Dez. 1985; Ausk. StV Crailsheim 27. Febr. 1984; H.-J. König, Die Crailsheimer Juden und ihr Schicksal in sechs Jh., in: Mitteilungsblätter des Hist. Vereins Crailsheim 4 (1987).

Stadtteil Goldbach

Zur Geschichte der jüdischen Gemeinde. In Goldbach bestand eine Gemeinde bis 1873. Ihre Entstehung geht in die Zeit des 17./18. Jh. zurück. Erstmals werden 1594 Jud Daniel, 1626 4 jüd. Fam. genannt. Die höchste Zahl jüd. Bewohner wird um 1858 mit 113 Pers. erreicht.

Wohngebiet und Einrichtungen der jüdischen Gemeinde. Das Wohngebiet konzentrierte sich in der »Judengasse« (heute Goldbacher Hauptstr., östl. Teil). Im Zentrum des jüd. Viertels stand die *Synagoge*. Das Gebäude (1748 erbaut) wurde 1874 nach Auflösung der Gemeinde verkauft und zu einem bis heute erhaltenen Wohnhaus umgebaut (Goldbacher Hauptstr. 110, ohne den Teil mit erhöhtem Giebel). Im Synagogengebäude befand sich auch ein Backofen zur Herstellung der Mazzen (1815 genannt). Die Kinder besuchten seit 1824 die allgemeine Dorfschule.

Ein *rituelles Bad* befand sich in der Nähe des Hauses Goldbacher Hauptstr. 143/145. Es handelte sich um ein einstöckiges Haus an der Rotsteige, das 1858 erbaut und 1874 abgebrochen wurde. Zuvor wurde ein rituelles Bad (»Tunke« genannt) im Keller des Synagogengebäudes benutzt (1815 genannt).

Die Toten wurden in Schopfloch (Lkr. Ansbach) seit 1843 auch in Crailsheim beigesetzt.

Weitere Spuren der jüdischen Geschichte. 1829 waren die jüd. Wohnhäuser: Goldbacher Hauptstr. 104, 106, 108, 143/145 (mit Judenmetzgerei), Zum Bernsbühl 15 und ein nicht mehr bestehendes Haus an der Ecke Goldbacher Hauptstr./Bäckergäßle. Später wohnten jüd. Fam. auch in einigen anderen Häusern.

Auf Gemarkung Goldbach besteht eine Flur »Judengreut«, wo sich bei einer großen Eiche jüd. Bettler sammelten, die nach Goldbach kommen wollten.

Sauer 1966 S. 58, 61; H.-J. König, Goldbach. Seine Bürger, Bauern und Ritter. 1983; Ders., Die Crailsheimer Juden (s. o. bei Crailsheim).

Stadtteil Ingersheim

Zur Geschichte der jüdischen Gemeinde. In Ingersheim bestand eine kleine Gemeinde bis 1832, danach gehörten die jüd. Bewohner zur Synagogengemeinde Crailsheim. Erstmals werden um 1680/1690 Juden genannt. Die höchste Zahl wird um 1833 mit 40 Pers. erreicht.
Einrichtungen der jüdischen Gemeinde. Die Gemeinde hatte einen *Betsaal* (Standort unbekannt), der vermutl. bis 1832 benutzt wurde.
Weitere Spuren der jüdischen Geschichte. Zwei ehem. jüd. *Wohnhäuser* sind noch erhalten: Ingersheimer Hauptstr. 1 und Untere Gasse 7.

Sauer 1966 S. 58, 61; JGFW S. 21; Ausk. H.-J. König, Crailsheim 12. Dez. 1985; Ders., Die Crailsheimer Juden (s.o. bei Crailsheim) S. 30, 38f., 51.

Stadtteil Jagstheim

Zur Geschichte jüdischer Bewohner. In Jagstheim lebten von 1601 bis 1650 mehrere jüd. Fam., ehe sie nach Crailsheim übersiedelten.

JGFW S. 21; Ausk. H.-J. König, Crailsheim 27. Jan. 1984; Ders., Die Crailsheimer Juden (s.o. bei Crailsheim) S. 24.

Stadtteil Triensbach

Zur Geschichte jüdischer Bewohner. In Triensbach werden 1543 Juden genannt.

König, Die Crailsheimer Juden (s.o. bei Crailsheim) S. 18.

Fichtenau
Ortsteil Unterdeufstetten

Zur Geschichte der jüdischen Gemeinde. In Unterdeufstetten bestand eine Gemeinde bis 1912. Ihre Entstehung geht in die Zeit des 18. Jh. zurück (1714 sind 13 Fam. aufgenommen). Die höchste Zahl jüd. Bewohner wird um 1858 mit 65 Pers. erreicht. Seit 1832 war Unterdeufstetten Filialgemeinde der Gemeinde Crailsheim.
Einrichtungen der jüdischen Gemeinde. 1765

496   Ehemalige Synagoge in (Fichtenau-)Unterdeufstetten, 1848/49 erbaut, 1912 geschlossen, seither Wohnhaus (Aufnahme um 1930).

wurden für die jüd. Fam. 2 Häuser mit je 6 Wohnungen in der Marktstr. erbaut, worin vermutlich auch ein Betsaal eingerichtet wurde. 1848/49 wurde eine *Synagoge* erbaut, die nach Abwanderung der jüd. Bewohner 1912 geschlossen, verkauft und zu einem bis heute bestehenden Wohnhaus umgebaut wurde (Dinkelsbühler Str. 9). Die jüd. Kinder besuchten die kath. Schule (1884 genannt). Ein *rituelles Bad* (»Judentunke«) befand sich an der Rotach (nicht mehr bestehend).

Sauer 1966 S. 185f.; Ausk. BMA Fichtenau 3. Juni 1985.

Ortsteil Wäldershub

Zur Geschichte jüdischer Bewohner. In Wäldershub werden 1607 4 jüd. Fam. genannt.

König, Die Crailsheimer Juden (s.o. bei Crailsheim) S. 24.

Ortsteil Wildenstein

Zur Geschichte jüdischer Bewohner. In Wildenstein werden 1608 7 jüd. Fam. genannt.

König, Die Crailsheimer Juden (s.o. bei Crailsheim) S. 24.

Gerabronn
Stadtteil Dünsbach

Zur Geschichte der jüdischen Gemeinde. In Dünsbach bestand eine Gemeinde bis 1914, zuletzt in enger Verbindung mit der Gemeinde in Gerabronn. Ihre Entstehung geht in die Zeit des 17. Jh. zurück (erste Nennung 1607). Die höchste Zahl jüd. Bewohner wird um 1829 mit 103 Pers. erreicht. Mind. 7 Pers. kamen in der Verfolgungszeit 1933 bis 1945 ums Leben.

Wohngebiet und Einrichtungen der jüdischen Gemeinde. Die jüd. Fam. wohnten zunächst vermutl. in der bis heute sog. »Judengasse«. Hier befand sich auch seit 1725 ein erster *Betsaal* (nach mündl. Überlieferung in einem der Häuser Judengasse 57–60, die untereinander durch Zugänge im oberen Stock verbunden waren). 1799 wurde eine *Synagoge* erbaut, die sich im Zentrum der Judengasse befand. 1930 bis 1935 wurde sie nach Auflösung der jüd. Gemeinde verkauft und wegen Baufälligkeit abgebrochen. Am Platz des Gebäudes sind noch die unteren Steine der Umfassungsmauer erhalten und grenzen ein Gartenstück ein.

Die Toten wurden zunächst vermutl. in Braunsbach, seit 1823 auf einem eigenen *Friedhof* östl. des Ortes (Flst. 567) beigesetzt. Die Umfassungsmauer wurde laut Inschrift 1884 von »Hirsch Steiner aus Schigago« gestiftet (Friedhofsfläche 10,62 a).

Weitere Spuren der jüdischen Geschichte. An ehemaligen, bis nach 1933 bestehenden *Handelsbetrieben* sind bekannt: Gemischtwarengeschäft Rudolf Adler (Haus 88 am Marktplatz), Gemischtwarengeschäft Felix Wassermann (Haus 43, Lange Str.).

497 *Häuser in der ehemaligen Judengasse in (Gerabronn-)Dünsbach (1983).*

Sauer 1966 S. 69; Ausk. OV Dünsbach 7. Dez.
1983, 7. Aug. 1985, 14. Nov. 1985; König, Die
Crailsheimer Juden (s. o. bei Crailsheim) S. 24.

500 Lage des jüdischen Friedhofs bei (Gerabronn-) Dünsbach.

498 Synagoge in (Gerabronn-)Dünsbach, 1799 erbaut, 1930/35 verkauft und abgebrochen (Aufnahme um 1930).

499 Innenansicht der Synagoge in (Gerabronn-) Dünsbach (um 1930).

Stadtteil Gerabronn

Zur Geschichte der jüdischen Gemeinde. In Gerabronn bestand eine kleine Gemeinde, von 1832 bis zur Auflösung beider Gemeinden 1914 in enger Verbindung mit der jüd. Gemeinde Dünsbach. Die Entstehung der Gemeinde geht in das 17. Jh. zurück (erste Nennung 1670). Die höchste Zahl jüd. Bewohner wird um 1844 mit 51 Pers. erreicht.

Einrichtungen der jüdischen Gemeinde. 1814 wurde ein *Betsaal* eingerichtet, der vermutl. bei Auflösung der Gemeinde 1860 geschlossen wurde (Standort unbekannt).

Die Toten wurden zunächst vermutl. in Schopfloch (Lkr. Ansbach), seit 1737 in Niederstetten, seit 1832 in Dünsbach beigesetzt.

Persönlichkeiten und auf sie bezogene Erinnerungsmale. *Alfred Landauer* (1843 Gerabronn – 1913 ebd.), Bankier; Begründer der Volksbank Gerabronn, der Molkereigenossenschaft, der Hohenloheschen Nährmittelfabrik. Er ergriff die Initiative zum Bau der Bahnlinie Blaufelden – Gerabronn, erstellte die erste vereineigene Turnhalle Deutschlands und schuf den Zuchtviehmarkt für die Viehzüchter im Gerabronner Bereich. Sein Sohn Israel Landauer (gest. 1932 in Stuttgart) war Direktor der Gerabronner Volksbank. An Alfred Landauer erinnern in Gerabronn das »Landauerhaus« in der Bahnhofstr., eine Stiftung der Fam. Landauer für die Arbeiter der Stadt, und die »Landauerstr.«.

Sauer 1966, S. 69; S. Haenle, Geschichte der Juden im ehem. Fürstentum Ansbach. 1967. S. 66; M. Wankmüller, »Um mit Kleist zu sprechen…«, in: Hohenloher Tagblatt Gerabronn 25. Aug. 1983 (zu Fam. Landauer); Ausk. StV Gerabronn 18. Juni 1985; König, Die Crailsheimer Juden (s.o. bei Crailsheim) S. 38.

Stadtteil Morstein

Zur Geschichte jüdischer Bewohner. In Morstein lebten um 1840 bis 1850 einige jüd. Pers., die zur Synagogengemeinde Dünsbach gehörten. 1853 wanderten Nathan Stern, 1854 der Metzger Abraham Stern aus Morstein nach Amerika aus.

B. Stern, Meine Jugenderinnerungen. 1968. S. 43 f. (s. Niederstetten).

Ilshofen

Zur Geschichte jüdischer Bewohner. In Ilshofen wohnten nach 1680 Magdalene, die Witwe des Juden Lämblin, und ihr verheirateter Sohn (beide aus Unterlimpurg ausgewiesen). Von ca. 1900 bis zu seinem Tod 1926 hatte der Arzt Dr. Simon Friedrich Liebmann eine Praxis in Ilshofen.

G. Wunder, Die Bürger von Hall. 1980, S. 96 f.; Ausk. BMA Ilshofen 3. Sept. 1985.

Kirchberg an der Jagst
Stadtteil Kirchberg

Zur Geschichte jüdischer Bewohner. In Kirchberg lebte Ende des 18. Jh. die jüd. Fam. Gundelfinger (Hofjuden). Auch im 19./20. Jh. lebten wenige jüd. Pers. am Ort (Höchstzahl 1867: 7 Pers.), die zur Synagogengemeinde Gerabronn gehörten.

Württ. Städtebuch S. 127; Bauer, Die Israeliten im wirt. Franken, in: Württ. Franken 5, Heft 3 (1861) S. 384.

Stadtteil Lendsiedel

Zur Geschichte jüdischer Bewohner. In Lendsiedel waren 1607 2 jüd. Fam. wohnhaft.

König, Die Crailsheimer Juden (s.o. bei Crailsheim) S. 24.

Langenburg

Zur Geschichte jüdischer Bewohner. In Langenburg lebte seit 1912 Jeanette Grüb geb. Adler (aus Dünsbach) mit ihrer nichtjüd. Fam.

HStAS J 355 Bü. zu Langenburg.

Mainhardt
Ortsteil Hütten

Spuren der Verfolgungszeit 1933 bis 1945. Im Zuge der Evakuierung der Konzentrationslager am Neckar (u.a. Neckargartach) zogen Anfang Apr. 1945 mehrere Häftlingskolonnen durch die Mainhardter Gegend Richtung Hessental. Um den 13./14. Apr. übernachteten in einem Wald bei Hütten 1000 bis 1500 Häftlinge, von denen in diesen Tagen 47 verstarben. Sie wurden zunächst im Wald begraben, später auf dem Friedhof Hütten beigesetzt. Nach dem Krieg wurde ein Denkmal aufgestellt. 1957 sind die Toten zum KZ-Friedhof in Kochendorf gebracht worden. Das Denkmal in Hütten wurde entfernt; an der Stelle des Grabes befindet sich heute ein Rasenfeld, das seitdem nicht belegt wurde.

M. S. Koziol, Rasenfeld, wo Gräber waren, in: Hohenloher Tagblatt Schwäbisch Hall. 26. Aug. 1982, S. 22.

Ortsteil Mainhardt

Zur Geschichte jüdischer Bewohner. In Mainhardt lebte 1894 bis 1929 als Distriktsarzt Dr. Heinrich Simon (Praxis Hauptstr. 13) mit seiner Familie.

Ausk. BMA Mainhardt 21. Mai 1985.

Schrozberg

Zur Geschichte jüdischer Bewohner. In Schrozberg ließen sich nach 1841 einige jüd. Pers. nieder, die zur Synagogengemeinde Niederstetten gehörten. 1875 wurde die Höchstzahl jüd. Bewohner mit 23 Pers. erreicht. Bis um 1900 verzogen sie nach anderen Orten oder wanderten aus.

Bauer, Die Israeliten im wirt. Franken, in: Württ. Franken 5, Heft 3 (1861) S. 384.

Schwäbisch Hall
Stadtteil Hessental

Spuren der Verfolgungszeit 1933 bis 1945. In Hessental bestand von Okt. 1944 bis Apr. 1945 ein *Außenkommando des Konzentrationslagers Natzweiler/Elsaß*. Die Häftlinge, überwiegend polnische Juden, waren zur Zwangsarbeit auf dem Fliegerhorst Hessental, in Steinbrüchen und in Industriebetrieben der Umgebung eingesetzt. Die durchschnittliche Zahl der Häftlinge betrug 800. Das Lager befand sich in der Nähe des Hessentaler Bahnhofs (heute Gelände der Fa. Schrott-Böhme, Am Bahnhof Hessental 12). Auf Grund der katastrophalen Lebens- und Arbeitsbedingungen kamen mind. 182 Häftlinge ums Leben, die auf dem jüd. Friedhof Steinbach beigesetzt wurden. Die Auflösung des Lagers war der Beginn des grausamen »Hessentaler Todesmarsches« in Richtung Dachau, bei dem zahlreiche Häftlinge umkamen bzw. ermordet wurden. An das Lager Hessental erinnern Grab- und Gedenksteine auf dem jüd. Friedhof Steinbach und seit 1981 ein Schriftband an einer Betonwand am ehem. Standort des Lagers.

E. Schabet-Berger, Das Lager Hessental, in: Vorländer S. 71–107; M. S. Koziol, Rüstung, Krieg und Sklaverei. Der Fliegerhorst Schwäbisch-Hall-Hessental und das KZ. 1986.

Stadtteil Schwäbisch Hall

Zur Geschichte jüdischer Bewohner. In Schwäbisch Hall bestand eine Gemeinde im MA (erste Nennung 1241/42, Judenverfolgung 1349, 1373 bis 1393 und bis 1415 wieder Juden genannt) und im 19./20. Jh. (Neuansiedlung nach 1864 möglich) bis 1939. Die höchste Zahl jüd. Bewohner wird um 1880 mit 263 Pers. erreicht. Mind. 20 Pers. kamen in der Verfolgungszeit 1933 bis 1945 ums Leben.

Wohngebiet und Einrichtungen der jüdischen Gemeinde. Das *Wohngebiet* des MA lag auf dem südl. Gelände des zugeschütteten »Blockgassenkochers« zwischen Haal und Steinernem Steg, begrenzt von der Haalstr. im Norden, dem Haalplatz im Westen, der Stadtmauer am Kocher im Süden und der Straße zum Unterwöhrdstor im Osten. In diesem Wohngebiet lagen die *Synagoge* (»Judenschule«, 1356 genannt) an der Stelle des späteren Schlachthauses (heutiges Grundstück Haalstr. 8–9), der »Judenhof« und die *rituellen Bäder* (vermutl. beim Sulfertor am Kocher, Grundstück Haal 1 und im Keller des Gebäudes Haalstr. 9, wo vom Kocher direkt Wasser eingeleitet werden konnte, heute noch Tür erkennbar; ein weiteres Bad lag vermutl. im Keller des Hauses Am Steinernen Steg 8).

Die im 19. Jh. zugewanderten jüd. Pers. besuchten zunächst die Gottesdienste in Steinbach. 1893 (bzw. schon 1869 bis 1880) wurde im Haus Obere Herrengasse 8 ein *Betsaal* eingerichtet. An Festtagen wurden bis 1935 die Gottesdienste weiterhin in Steinbach gefeiert. Der Betsaal befand sich der Unteren Herrengasse zu (Erdgeschoß, hinterer Teil; davor die Wohnung des Vorsängers; ein Schulsaal war vor der Frauenempore). 1938 wurde der Betsaal verwüstet, das Inventar auf dem Marktplatz verbrannt. Das Gebäude blieb erhalten, seit 1985 ist eine *Hinweistafel* angebracht. Das *Rabbinat* (seit 1900 oder 1914) befand sich im Haus Obere Herrengasse 1.

Die Kinder besuchten die evang. Schule in Hall, zum Religionsunterricht die jüd. *Schule* in Steinbach (seit 1824), die 1869 nach Hall verlegt wurde und bis 1936 bestand. Danach bestand bis 1938/ 39 eine jüd. Bezirksschule in Braunsbach.

Die Toten wurden im 19./20. Jh. in Steinbach beigesetzt.

Weitere Spuren der jüdischen Geschichte. An ehemaligen, bis nach 1933 bestehenden *Handels- und Gewerbebetrieben* sind bekannt: Kurzwarenhandel Flegenheimer und Schorsch (Lange

Str. 18), Antiquitäten- und Fellhandlung Isaak Frey (Mauerstr. 13), Kurzwaren Heinrich Herz, Inh. Moses Herz (Schwatzbühlgasse 20), Zigarrenfabrik Gebr. Heumann (Heilbronner Str. 25), Konfektionsgeschäft Julius Kapp (Neue Str. 33), Modewaren und Aussteuergeschäft Otto Maute, Inh. Hugo Oettinger (Marktstr. 1–3), Metzgerei und Gastwirtschaft Josef Pfeiffer (Schwatzbühlgasse 11), Lederhandlung Maier Pfeiffer (Klosterstr. 8), Kurzwaren Jakob Rosenberg (Haalstr. 4), Metzgerei und Gastwirtschaft Louis Rothschild (zuvor Raphael Marx, Untere Herrengasse 4), Viehhandlung Abraham Schlachter (Neue Str. 6), Viehhandlung Josua Schwab (Stuttgarter Str. 3), Tabakwaren Simon Schwab (Haalstr. 3), Tabakwaren David Stobezki (Spitalstr. 16), Lederhandlung Leopold Wertheimer (Neue Str. 14), Viehhandlung Nathan Wertheimer (Heilbronner Str. 81), Lebensmittelhandel Geschw. Wolf (Schulgasse 12); Kaufhaus Konfektionsgeschäft Jakob Würzburger (Neue Str. 22).

Auf dem *Kriegerdenkmal* der Stadt finden sich auch die Namen der beiden jüd. Gefallenen des Ersten Weltkriegs.

Aus der Zeit des 18. Jh., als jüd. Händler wieder die Märkte besuchen konnten, stammt die Bezeichnung »Judenmarkt« für deren Standorte (heute »Hinter der Post«).

Im *Hällisch-Fränkischen Museum* befindet sich ein Teil der *Innenausstattung der ehem. Synagoge Unterlimpurg*, deren Holzwandmalereien 1739 von dem aus Brody (Polen) stammenden Elieser Sußmann ben Salomo Katz geschaffen wurden;

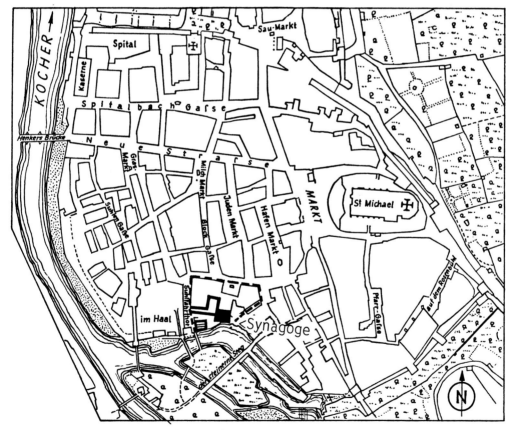

501 Lage der mittelalterlichen jüdischen Ansiedlung in Schwäbisch Hall.

502/503   *Inneneinrichtung des Unterlimpurger Betsaales, ab 1907 im sog. Renaissance-Bau in Schwäbisch Hall aufgestellt, seit 1956 im Hällisch-Fränkischen Museum (Keckenburg; die beiden Fotos entstanden 1927).*

dazu sind mehrere Sabbatlampen und andere Erinnerungsstücke vorhanden.

Persönlichkeiten und auf sie bezogene Erinnerungsmale. *Heinrich Wolf* (1873 Schwäbisch Hall – 1943 Auschwitz), Rechtsanwalt in Stuttgart, nach 1920 Vors. der Ortsgruppe Stuttgart des Centralvereins deutscher Staatsbürger jüd. Glaubens und Präsident der israelitischen Landesversammlung für Württemberg. – *Moses Herz* (1878 Schwäbisch Hall – 1953 London); Kaufmann in Schwäbisch Hall, seit 1924 (1936 wiedergewählt) Mitglied des Israelitischen Oberrates in Stuttgart; an ihn erinnert seit 1982 der »Moses-Herz-Weg«.

Sauer 1966 S. 161 ff.; GJ II,2 S. 750–753; G. Wunder, Die Bürger von Hall. Sozialgeschichte einer Reichsstadt 1216–1802. 1980. S. 94–99; W. Germann, Die Holzsynagoge in Schwäbisch Hall, in: Schwäbisches Heimatbuch 14 (1928) S. 30–35; I. Wendnagel, Zur Geschichte der Juden in Schwäbisch Hall vom Mittelalter bis zur Gegenwart (Mschr.). o. J.; Veitshans 5, S. 15 f.; 6, S. 1, 8; Ausk. StV Schwäbisch Hall 22. Juli 1985; Ausk. S. Berlinger, Haifa 1. Okt. 1986.

Stadtteil Steinbach

Zur Geschichte der jüdischen Gemeinde. In Steinbach bestand eine Gemeinde bis 1938, zuletzt als Filiale zur Synagogengemeinde Schwäbisch Hall. Ihre Entstehung geht in die Zeit des 17. Jh. zurück (erste Nennung 1631). Die höchste Zahl jüd. Bewohner wird um 1844 mit 90 Pers. erreicht.

Wohngebiet und Einrichtungen der jüdischen Gemeinde. Das Wohngebiet konzentrierte sich auf die »Judengasse« (heute Neustetter Str.). Zunächst war vermutl. ein Betsaal vorhanden, im 18. Jh. in einer Bodenkammer des Aron Herz (»Judenschule«, 1737 genannt). 1809 wurde beim Torturm nach Unterlimpurg eine *Synagoge* erbaut, die bis zu ihrer Demolierung 1938 Gotteshaus der jüd. Gemeinden Schwäbisch Hall und Steinbach blieb. Bis 1935 wurden an Festtagen die Gottesdienste der beiden Gemeinden zusammen in Steinbach gefeiert. Das Gebäude der Synagoge ist, zu einem Wohnhaus umgebaut, erhalten

504 Synagoge in (Schwäbisch Hall-)Steinbach, 1809 erbaut, 1938 demoliert, seither Wohnhaus (hist. Aufnahme um 1930).

(Neustetter Str. 34). Seit 1828 bestand eine *Schule,* 1869 wurde sie nach Hall verlegt. Ein *rituelles Bad* wurde 1809 im Gebäude der Synagoge eingerichtet. Der Anbau ist erhalten (am Haus Neustetter Str. 34 unter dem Balkon).

Die Toten wurden zunächst in Schopfloch (Lkr. Ansbach) beigesetzt. Seit 1809 bestand ein eigener *Friedhof* an der Steinbacher Straße. Der Friedhof wurde im »Dritten Reich« zerstört; nur ein Teil der Grabsteine konnte wieder aufgestellt werden. Mehrere *Gedenksteine* erinnern seit 1947 an die Opfer des KZ Hessental und für Opfer der Verfolgungszeit aus Schwäbisch Hall (Friedhofsfläche 35,03 a; Lgb.-Nr. 418/1, 419/2 und 431).

Weitere Spuren der jüdischen Geschichte. An ehem. jüd. *Wohnhäusern* ist u. a. das Haus Neustetter Str. 32 bekannt.

505   *Jüdischer Friedhof in (Schwäbisch Hall-)Steinbach (1970).*

506   *Lage des jüdischen Friedhofs bei (Schwäbisch Hall-)Steinbach.*

Persönlichkeiten. *Lippmann Hirsch Loewenstein* (1809 Steinbach – 1848 Rödelheim), Orientalist, Dr. phil.; seit 1827 in Frankfurt am Main, aktiv in der Revolution 1848 bei der linksradikalen Arbeiterbewegung; übersetzte bibl. Schriften, gab ein israelitisches Andachtsbuch heraus und verfaßte historische Darstellungen.

Sauer 1966 S. 164; P. Arnsberg, Die Geschichte der Frankfurter Juden 3. 1983, S. 279–282; weitere Lit. s. Schwäbisch Hall.

Stadtteil Sulzdorf

Spuren der Verfolgungszeit 1933 bis 1945. Bei Sulzdorf starben im Zusammenhang mit dem »Hessentaler Todesmarsch« Anfang Apr. 1945 17 KZ-Häftlinge, als der Häftlingszug von amerikanischen Jagdbombern angegriffen wurde. Die Toten wurden auf dem Nikolaifriedhof beigesetzt (Denkmal vorhanden), später auf dem jüd. Friedhof in Steinbach umgelegt.

Zeitungsartikel im Hohenloher Tagblatt Schwäbisch Hall 26. Aug. 1982. S. 22, 12. Okt. 1983. S. 15.

Stadtteil Unterlimpurg

Zur Geschichte der jüdischen Gemeinde. In Unterlimpurg bestand eine kleine Gemeinde im 18. Jh.; erstmals werden 1541, dann 1677 und nach 1688 jüd. Bewohner genannt. Anfang des 19. Jh. gehörten die wenigen Unterlimpurger Juden zur Synagogengemeinde Steinbach.
Einrichtungen der jüdischen Gemeinde. Seit 1712 wurden im Haus Moses Mayer immer wieder, besonders an Festtagen, Gottesdienste gehalten; seit 1727 wurden regelmäßige Gottesdienste im oberen Stockwerk des sog. Waller-'schen Hauses in der Unterlimpurger Str. 65 gefeiert. 1738/39 wurde dieser *Betsaal* prächtig ausgemalt (durch Elieser Sußmann ben Salomo Katz aus Brody/Polen). Nach Einrichtung der Steinbacher Synagoge 1809 wurde dieser Betsaal aufgegeben; 1907 wurde er durch den Historischen Verein Schwäbisch Hall aufgekauft und im sog.

Renaissance-Bau aufgestellt, seit 1956 im Hällisch-Fränkischen-Museum (restauriert 1985 bis 1988). Das Haus des Betsaals in Unterlimpurg ist erhalten.

Lit. s. Schwäbisch Hall; Ausk. StV Schwäbisch Hall 22. Juli 1985.

Wallhausen
Ortsteil Hengstfeld

Zur Geschichte der jüdischen Gemeinde. In Hengstfeld bestand eine Gemeinde bis 1898, zuletzt als Filiale der Synagogengemeinde Michelbach. Ihre Entstehung geht in die Zeit des 16./17. Jh. zurück (erste Nennung 1588). Die höchste Zahl jüd. Bewohner wird um 1845 mit 144 Pers. erreicht.
Wohngebiet und Einrichtungen der jüdischen Gemeinde. Das *Wohngebiet* konzentrierte sich auf den unteren Teil des Ortes. Um 1735 wurde eine erste *Synagoge* erbaut. 1810 wurde eine *neue Synagoge* erstellt, die vermutl. um 1895 geschlossen, später abgebrochen wurde. Sie befand sich auf dem Grundstück Hauptstr. 142, das seither als Rasen und Gemüsegarten genutzt wird. Eine *Schule* befand sich im 19. Jh. in dem als Wohnhaus erhaltenen Gebäude Kurze Str. 5.
Die Toten wurden zunächst in Schopfloch (Lkr. Ansbach), seit 1840 in Michelbach beigesetzt.
Weitere Spuren der jüdischen Geschichte. An ehem., bis Ende des 19. Jh. bestehenden *Handels- und Gewerbetrieben* sind bekannt: Metzgerei Fam. Alexander (Kurze Str. 1), Pferdehandlung Fam. Eichberg I (Hauptstr. 123), Pferdehandlung Fam. Eichberg II (Hauptstr. 154; der Stall der Pferdehandlungen Eichberg war Hauptstr. 150); Getreidehandlung Fam. Rosenfeld (Marktweg 2).
Persönlichkeiten. *Adolf Jandorf* (1870 Hengstfeld – 1932 Berlin), Kaufmann, eröffnete 1892 in Berlin ein Geschäft, aus dem er einen Warenhaus-Konzern entwickelte, 1907 das KaDeWe (»Kaufhaus des Westens«). Jandorf wurde Kommerzienrat und verkaufte 1926 den Konzern (3000 Angestellte) an die Fam. Hermann Tietz. Sein Elternhaus stand in der Mittelgasse 5.

Sauer 1966 S. 127; E. Bauer, Geschichte der jüd. Minderheit in Archshofen. S. 18 (zu 1595); Ausk. BMA Wallhausen 22. Mai 1985; Ausk. OV Hengstfeld 16. Apr. 1986; S. Henle, Geschichte der Juden im ehem. Fürstenthum Ansbach. 1867.

Ortsteil Michelbach an der Lücke

Zur Geschichte der jüdischen Gemeinde. In Michelbach bestand eine Gemeinde bis 1939. Ihre Entstehung geht in die Zeit des 16./17. Jh. zurück (erste Nennungen 1556 und 1594 bis 1596). Die höchste Zahl jüd. Bewohner wird um 1858 mit 225 Pers. erreicht. Mind. 17 Pers. kamen in der Verfolgungszeit 1933 bis 1945 ums Leben.
Wohngebiet und Einrichtungen der jüdischen Gemeinde. Das *Wohngebiet* konzentrierte sich zunächst auf die heute noch sog. »Judengasse«, später wohnten jüd. Fam. auch in anderen Straßen des Ortes.
Bis 1757 befand sich ein *Betsaal* (»Judenschule«) in einem Privathaus (Standort unbekannt). 1756/ 57 wurde eine *Synagoge* erbaut, die 1844 erneuert wurde. 1938 wurde sie nicht zerstört. Das Gebäude diente im Krieg als Munitionsdepot, dann als Mostkellerei und Lagerraum, bis es 1983/84 grundlegend restauriert wurde und seither als

508 Jüdischer Friedhof bei (Wallhausen-)Michelbach a.d.L. (1971).

Gedenkstätte und *Museum* für die jüd. Geschichte der Region Franken dient (Standort: Judengasse).
Ein *rituelles Bad* befand sich unter der heutigen Scheune des Anwesens Judengasse 9. Das Bad-

507 Ehemalige Synagoge in (Wallhausen-)Michelbach a.d.L., 1756 erbaut, 1938 nicht zerstört, 1983/84 restauriert, seither Museum (1984).

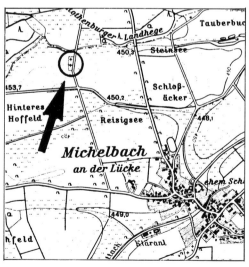

509 Lage des jüdischen Friedhofs bei (Wallhausen-)Michelbach a.d.L.

haus wurde 1938 abgebrochen, die Scheune darüber 1949 erbaut. Ein *Schulhaus* bestand seit 1842. Das Gebäude ist als Wohnhaus erhalten (Leitsweilerstr. 15).

Die Toten wurden zunächst in Schopfloch (Lkr. Ansbach) beigesetzt, seit 1840 auf einem eigenen *Friedhof* nordwestlich des Ortes (Gewann »Judenwasen«, Flst. 639, Fläche 23,01 a; das Gewann »Judenwasen« umfaßt auch die am Friedhof angrenzenden Flurstücke 640–646).

Weitere Spuren der jüdischen Geschichte. An ehemaligen, bis nach 1933 bestehenden *Handelsbetrieben* sind bekannt: Viehhandlung Moritz Eichberg (Wallhäuser Str. 22); Viehhandlung David Gundelfinger (Reubacher Str. 32), Viehhandlung Samuel Gundelfinger (Reubacher Str. 10), Viehhandlung Louis Ries (Reubacher Str. 20), Woll- und Schnittwaren Vaitel Stern (Reubacher Str. 6).

Sauer 1966 S. 126 ff.; G. Taddey, Die jüd. Gemeinde von Michelbach/Lücke. 1984; Gedenkstätte Synagoge Michelbach/Lücke. Dokumentation zur Geschichte der Juden in der Region Franken. 1984; Ausk. BMA Wallhausen 22. Mai 1985, 26. März 1986; J. Hahn, Synagogen in Baden-Württemberg. 1987. S. 70 ff.

Ortsteil Wallhausen

Zur Geschichte jüdischer Bewohner. In Wallhausen lebten Anfang des 18. Jh. einige jüd. Personen (1714: 2 jüd. Fam.).

S. Henle, Geschichte der Juden im ehem. Fürstenthum Ansbach. 1867. S. 139.

SCHWARZWALD-BAAR-KREIS

Bad Dürrheim

Zur Geschichte jüdischer Bewohner. In Bad Dürrheim bestand von 1912 bis 1941 ein Erholungsheim für jüd. Kinder und eine Ausbildungsstätte für jüd. Kindermädchen und Praktikantinnen *(Friedrich-Luisen-Hospiz).* Von den Bewohnern (Heimleitung, Angestellte und Mitglieder des Pflegepersonals) kamen mind. 7 Pers. in der Verfolgungszeit 1933 bis 1945 ums Leben. Das Gebäude des Hospizes diente bis 1945 als Lazarett, seit 1954 gehört es dem Chrischona-Schwestern-Verband (Chrischonaheim, Sattelweg 1).

Hundsnurscher/Taddey S. 105; Ausk. StV Bad Dürrheim 9. Apr. 1985; Ausk. Diakonissen-Mutterhaus St. Chrischona, Bettingen 19. Juni 1985.

Bräunlingen

Zur Geschichte jüdischer Bewohner. In Bräunlingen waren Juden im 15. bis 17. Jh. ansässig (1408 »Judengasse« genannt; 1516 Juden David und Hirsch, ab 1552 Nathan und Sohn Hirsch, 1548 u. a. Salmon von Bräunlingen; gegen Ende des 16. Jh. vermutl. Ausweisung der Juden, 1651 nochmalige Aufnahme einer jüd. Person). Vermutl. auf die Zeit dieser jüd. Ansiedlung gehen die FN »Judenäcker« und »Judenbad« zurück, die heute nicht mehr lokalisierbar sind.

GJ III,1 S. 144 f.; Rosenthal, Heimatgeschichte S. 74, 79 ff.; Bad. Städtebuch S. 197; Inventar über die Bestände des Stadtarchivs Villingen. 1–2. Bearb. H. J. Wollasch. 1971–1972. Schriftenreihe der Stadt Villingen (zu 1516) Nr. 980.

Donaueschingen

Zur Geschichte der jüdischen Gemeinde. In Donaueschingen bestand eine Gemeinde von der Mitte des 17. Jh. (um 1650 erste Aufnahme, 1662: 9 Fam., 1713: 18 Fam.) bis zur Ausweisung der jüd. Bewohner 1743. Danach lebte noch eine Hoffaktorenfamilie in der Stadt. Im Laufe des 19. Jh. nahm die Zahl jüd. Bewohner wieder zu. Um 1880 wird die Höchstzahl mit 33 Pers. erreicht. Mind. 2 Pers. kamen in der Verfolgungszeit 1933 bis 1945 ums Leben.
Einrichtungen der jüdischen Gemeinde. Die jüd. Gemeinde des 17./18. Jh. hatte vermutl. einen *Betsaal* (Standort unbekannt) und einen Anfang des 18. Jh. erwähnten *Friedhof* (Lage gleichfalls unbekannt; beim Rathausbrand 1908 verbrannten die meisten Urkunden).
Die Bewohner des 19./20. Jh. gehörten zur Synagogengemeinde in Randegg und benutzten die dortigen Einrichtungen. Der jüd. Religionslehrer aus Randegg unterrichtete auch in Donaueschingen.
Weitere Spuren der jüdischen Geschichte. Um 1725 waren mind. 3 Häuser in jüd. Besitz, zwei in der Biergasse (Haus Nr. 72 Salomon Levi und Haus vor dem »Hirschen« Marum Weyl), eines in der Stockergasse (heute Karlstr. zwischen »Engel« und »Sonne«, Haus Nr. 90 des Hofjuden Samuel Weil). Die Gebäude lassen sich nicht mehr genau lokalisieren.
An ehemaligen, bis nach 1933 bestehenden *Handelsbetrieben* sind bekannt: Manufakturwarengeschäft Fritz Bensinger (Rosenstr. 11), Konfektions-, Kurz-, Weiß- und Spielwarengeschäft Fa. Guggenheim & Cie. oHG, Teilh. Bona und Dagobert Guggenheim (Max-Egon-Str. 14), Konfektions- und Manufakturwarengeschäft Max Lindner (Zeppelinstr. 10).

Hundsnurscher/Taddey S. 104; Rosenthal, Heimatgeschichte. S. 165–182; H. Schnee, Die Hoffaktorenfamilie Kaulla an süddeutschen Fürstenhöfen, in: Zeitschrift für württ. Landesgeschichte 20 (1961) S. 238–267; Zur Orts-, Bevölkerungs- und Namenskunde von Donaueschingen, in: Schriften des Vereins für Geschichte und Naturgeschichte der Baar 11 (1904) S. 174–273; Inventar über die Bestände des Stadtarchivs Vil-

lingen. 1–2. Bearb. H. J. Wollasch. 1971–1972. Nr. 2412; Ausk. StadtA Donaueschingen 22. Aug. 1985, 22. Sept. 1986.

Hüfingen

Zur Geschichte jüdischer Bewohner. In Hüfingen lebten in der zweiten Hälfte des 19. Jh. einige jüd. Personen (1875: 11), insbesondere die Fam. Gut. Im 20. Jh. waren bis in die Zeit des »Dritten Reiches« im fürstl.-fürstenbergischen Landesheim auch jüd. Pfleglinge untergebracht (1933: 2 Pers.).
Persönlichkeiten. *Elias Gut* (1872 Hüfingen – 1942 Stockholm), Lehrer und Pädagoge: 1898 bis 1934 Lehrer am Philanthropin in Frankfurt am Main; Autor von Büchern für die jüd. Jugend.

HStAS J 355; P. Arnsberg, Die Geschichte der Frankfurter Juden 3. 1983. S. 169 (zu E. Gut).

Königsfeld im Schwarzwald

Zur Geschichte jüdischer Bewohner. In Königsfeld lebte 1922 bis 1933 Helene Schweitzer geb. Breßlau, die Gattin Dr. Albert Schweitzers (Wohnhaus Schramberger Str. 5).

Ausk. W. Rockenschuh, Königsfeld 10. Apr. 1985.

St. Georgen im Schwarzwald

Zur Geschichte jüdischer Bewohner. In St. Georgen lebten seit Ende des 19. Jh. wenige jüd. Pers.; 1920 bis 1927 war Prof. Dr. Ludwig Marx aus Sandhausen Vorstand der Bürgerschule.

Hundsnurscher/Taddey S. 242; Bad. Städtebuch S. 247; Gedichte. Prof. Dr. Ludwig Marx 1891–1964 (hg. von der Gemeindeverwaltung Sandhausen). 1983.

Triberg im Schwarzwald

Zur Geschichte jüdischer Bewohner. In Triberg

lebten seit Ende des 19. Jh. wenige jüd. Pers., die zur Synagogengemeinde Offenburg gehörten. Von den 1933 bis 1940 hier gemeldeten 10 Personen kamen 5 in der Verfolgungszeit bis 1945 ums Leben.

Hundsnurscher/Taddey S. 230.

Villingen-Schwenningen
Stadtteil Schwenningen

Zur Geschichte jüdischer Bewohner. In Schwenningen lebten seit Ende des 19. Jh. wenige jüd. Personen. An ehemaligen, bis nach 1933 bestehenden *Handels- und Gewerbebetrieben* sind bekannt: Dentist Max Bikard (Karlstr. 72), Konfektionsgeschäft Salomon Bloch (Alte Herdstr. 28), Heilpraktiker Richard Schlesinger (Hirschbergstr. 10).

Ausk. StadtA Schwenningen 8. Okt. 1985.

Stadtteil Villingen

Zur Geschichte der jüdischen Gemeinde. In Villingen bestand eine Gemeinde im MA (erste Nennung 1324, Judenverfolgung 1348/49, vom Ende des 14. Jh. bis zur Ausweisung 1510 waren wieder Juden in der Stadt) und als Filialgemeinde zu Randegg von 1895 bis 1938 (Neuansiedlung nach 1862 möglich). Die höchste Zahl jüd. Bewohner wird um 1900 mit 62 Pers. erreicht. Mind. 19 Pers. kamen in der Verfolgungszeit 1933 bis 1945 ums Leben.
Wohngebiet und Einrichtungen der jüdischen Gemeinde. Das ma. jüd. *Wohngebiet* lag in der Oberstadt. Hier war auch die *Synagoge* (im Winkel zwischen Münsterplatz und der heutigen Kronengasse). Nach 1349 ging sie in den Besitz des Spitals über.
Ende des 19. Jh. wurde ein *Betsaal* in der Gerberstr. 33 (im ersten Obergeschoß) eingerichtet, 1938 demoliert. Unweit davon erinnert in der Gerberstr. ein Brunnen mit einer *Gedenktafel* an den ehem. Betsaal.
Der jüd. Religionslehrer aus Randegg unterrichtete die jüd. Kinder in Villingen.

510 Gedenktafel für den Betsaal der jüdischen Gemeinde in Villingen (1986).

Die Toten wurden im 19./20. Jh. in Randegg beigesetzt.
Weitere Spuren der jüdischen Geschichte. An ehemaligen, bis nach 1933 bestehenden *Handelsbetrieben* sind bekannt: Viehhandlung Hermann Bikart (Kanzleigasse 6), Viehhandlung Louis Bikart (Waldstr. 11), Konfektionsgeschäft Salomon Bloch (Rietstr. 15), Textilgeschäft Josef Boß (Obere Str. 1), Immobilien Karl Rothschild (Waldstr. 27), Textilgeschäft Heinrich Schwab und Viehhandlung Jakob Schwab (Rietstr. 40), Viehhandlung Hugo Schwarz (Gerberstr. 33), Reisegeschäft Felix Zaitschek (Friedrichstr. 7), ferner Rechtsanwalt Bernhard Schloß (Luisenstr. 8).
Im *Stadtmuseum* befindet sich eine *Sabbatlampe* (aus der Zeit um 1800); 1970 wurden aus dem Stadtarchiv 3 Torawimpel der Israelitischen Gemeinde Stuttgart übergeben.

Hundsnurscher/Taddey S. 242 f.; GJ II,2 S. 854 f.; Inventar über die Bestände des Stadtarchivs Villingen. 1–2. Bearb. H. J. Wollasch. 1971–1972; Ausk. StadtA Villingen 18. Apr. 1984, 13. Mai 1985, 5. März 1986.

Vöhrenbach

Zur Geschichte jüdischer Bewohner. In Vöhrenbach waren seit der zweiten Hälfte des 19. Jh. wenige jüd. Pers. wohnhaft (1933 bis 1937 noch 5 Pers., die bis 1937 weggezogen sind).

Ausk. BMA Vöhrenbach 29. Juli 1985.

LANDKREIS SIGMARINGEN

Beuron

Spuren der jüdischen Geschichte. In Beuron befindet sich neben der Abteikirche das »*Sepulchrum Familiae Haber*«, in dem mehrere Mitglieder der Fam. Gustav Alfred von Haber beigesetzt sind. Der Großvater von Gustav war der jüd. Hofbankier Salomon von Haber in Karlsruhe, der Vater Jordan von Haber trat 1854 zum Christentum über.

H. Schnee, Die Hoffinanz und der moderne Staat 4. 1963. S. 68−85.

Gammertingen
Ortsteil Bronnen

Zur Geschichte jüdischer Patienten in Mariaberg. In den Mariaberger Heimen wurden seit 1847 auch jüd. Patienten aufgenommen (zwischen 1847 und 1940 insgesamt 24). Die 1939/1940 noch dort befindlichen beiden jüd. Heimbewohner wurden Opfer der Euthanasieaktionen.

Ausk. Direktion der Mariaberger Heime, Gammertingen 1. Apr. 1985.

Ortsteil Gammertingen

Zur Geschichte jüdischer Bewohner. In Gammertingen waren seit dem Ende des 19. Jh. wenige jüd. Pers. wohnhaft (um 1890 Fam. Abraham Hilb; um 1910 Fam. Friedrich Kappenmacher).

Ausk. StV Gammertingen 15. Mai 1985.

Mengen
mit Stadtteil Ennetach

Zur Geschichte jüdischer Bewohner. In Mengen und Ennetach lebten vom 14. bis 16. Jh. jüd.

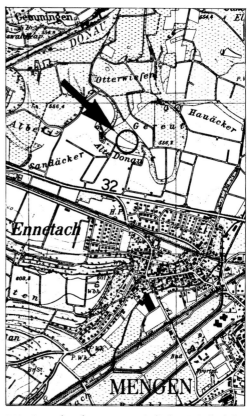

511 Lage des abgegangenen jüdischen Friedhofs bei Mengen-Ennetach.

Pers. (1340 Jud Senwill genannt, 1349 Judenverfolgung, 1375 wieder Juden genannt; um 1570 Ausweisung). Ende des 17. Jh. und zwischen 1871 und 1925 waren wieder wenige jüd. Bewohner in Mengen.
Spuren der jüdischen Geschichte. Die jüd. Bewohner hatten im MA und vermutl. bis zum 16. Jh. einen eigenen *Friedhof*, den 1767 erstmals genannten »Judengottesacker« nördl. von Ennetach an der »Alten Donau« und dem »Gereut« (heute noch sog. Flur »Jud«). Spuren sind nicht erhalten.

GJ II,2 S. 537; Württ. Städtebuch S. 384; Löwenstein, Bodensee S. 30; Ausk. W. Bleicher, Mengen 26. Apr. 1984, 15. Okt. 1985.

Meßkirch

Zur Geschichte jüdischer Bewohner. In Meßkirch lebten im MA (1349 Judenverfolgung) und im 19./20. Jh. einige jüd. Pers. (nach 1862 Niederlassung wieder möglich; 1880: 12 Pers.). Unklar ist, wieso am Ort berichtet wird, daß das Gebäude Stockacher Str. 18 als *Synagoge* benutzt worden ist. Möglicherweise wurden hier zeitweise Gottesdienste der jüd. Bewohner aus Meßkirch und der weiteren Umgebung (Sigmaringen, Pfullendorf, Mengen) gefeiert.

GJ II,2 S. 540; Ausk. BMA Meßkirch 20. Mai 1985.

Pfullendorf

Zur Geschichte jüdischer Bewohner. In Pfullendorf waren möglicherweise im 14./15. Jh. Juden ansässig (1475 wird im Zusammenhang mit dem Trienter Judenprozeß ein angebl. Ritualmordfall für Pfullendorf angegeben). Im 19./20. Jh. kam es zu keinen längerfristigen Niederlassungen; der Viehhändler Leopold Jakob Guggenheim aus Gailingen unterhielt von ca. 1880 bis um 1908 ein Handelsdepot für seinen Vieh- und sonstigen Handel in Pfullendorf.

GJ II,2 S. 665; Bad. Städtebuch S. 344; Veitshans 5, S. 43; J. Schupp, Geschlechterbuch der Stadt Pfullendorf, in: Die ehemals freie Reichsstadt Pfullendorf und ihre Geschlechter. 1964. S. 105; Ausk. H. Ruck, Pfullendorf 19. Aug. 1986.

Saulgau

Zur Geschichte jüdischer Bewohner. In Saulgau lebten einige jüd. Pers. im MA (1306 Jud Gotschach genannt; 1349 Judenverfolgung) und seit dem Ende des 19. Jh. (1910: 9 Pers.).

Spuren der jüdischen Geschichte. Das Wohnviertel des MA lag vermutlich im Gebiet zwischen Hauptstr. und Pfarrstr.; zwischen der Rückseite des Hauses Dreikönigsgasse 4 und dem Haus Hauptstr. 61/1 befand sich ein »Judenbrunnen«. Im 18. Jh. wird die Lindenmühle (im Besitz des Stifts Buchau) auch als »Judenmühle« bezeichnet.

An ehemaligen *Handelsbetrieben* des 19./20. Jh. sind bekannt: Gemischtwarengeschäft Sigmund Stern (1888 bis 1891, Anschrift unbek.), Weiß- und Wollwarengeschäft Jonas Weil (1881 bis 1904, Hauptstr. 42), Weiß- und Wollwarengeschäft Julius Weil (1904 bis 1927, danach Inh. Gebr. Stern bis 1934, Hauptstr. 47); Getreide- und Futtermittelhandlung Fa. S. Weil & Co. (1919 bis 1937, Blauweg).

Spuren der Verfolgungszeit 1933 bis 1945. In Saulgau bestand von Sept. 1934 bis Apr. 1945 ein *Außenkommando des Konzentrationslagers Dachau*. Bei der Maschinenfabrik Bautz war eine nicht mehr genau feststellbare Zahl (mind. 48) vermutl. polnischer Juden zur Zwangsarbeit eingesetzt. Bei Kriegsende brannten sie selbst ihr Lager nieder, waren dann noch einige Zeit in verschiedenen Häusern Saulgaus untergebracht und verzogen bis 1950 meist nach den USA und nach Israel.

GJ II,2 S. 739; G. Hämmerle, Juden in Saulgau, in: Saulgauer Hefte 3 (1982) S. 83–95.

Scheer

Zur Geschichte jüdischer Bewohner. In Scheer wurde 1696 Antoni Beron als Schutzjude aufgenommen.

Gemeinderatsprotokolle Scheer 1696 (Hinw. W. Bleicher, Mengen 15. Okt. 1985).

Sigmaringen

Zur Geschichte jüdischer Bewohner. In Sigmaringen lebten jüd. Pers. im 19./20. Jh., darunter die Fam. Neuburger (um 1830), die Fam. des Fabrikanten Siegfried Frank (1907 bis 1938), des

Apothekers Gustav Rieser, der Handelsmann
Siegfried Rödelsheimer und der Kaufmann Samuel Laufer (bis in die Zeit des »Dritten Reiches«). Mind. eine Pers. kam in der Verfolgungszeit 1933 bis 1945 ums Leben.
Persönlichkeiten. *Morris Newburger* (Neuburger, 1834 Sigmaringen – 1917 USA), Bankier,
begründete die Buchgemeinschaft »Jewish Publication Society of America«.

Kaznelson S. 973 (zu Newburger); Ausk. BMA
Sigmaringen 12. Dez. 1985.

Stetten am kalten Markt

Spuren der Verfolgungszeit 1933 bis 1945. Auf
dem Truppenübungsplatz Heuberg bei Stetten
am kalten Markt bestand von März bis Dez. 1933
das erste württ. *Konzentrationslager.* In dieser

Zeit wurden hier auch etliche jüd. Häftlinge eingeliefert und unter schlimmsten Bedingungen
festgehalten und mißhandelt. Am 9. Dez. 1933
wurde der jüd. Häftling Simon Laibowitsch aus
Eberbach auf grausame Weise ermordet.

Schätzle S. 15–24.

Wald

Zur Geschichte jüdischer Bewohner. In Wald
waren in der zweiten Hälfte des 17. Jh. wenige
Juden ansässig. 1674 wird Jud Isak Henlin zu
Wald genannt, 1675 waren 2 Juden am Ort. Vermutl. wurden sie wie die Aulendorfer Juden 1693
ausgewiesen.

M. Buck, Ein Vortrag über die Judenschaft zu
Aulendorf. 1874. S. 33.

STADTKREIS STUTTGART

Stuttgart – Inneres Stadtgebiet

Zur Geschichte der jüdischen Gemeinde. In
Stuttgart bestand eine Gemeinde im MA (erste
Nennung 1343 Jud Leo; Judenverfolgung 1348;
vom Ende des 14. Jh. bis zur Ausweisung um
1482 bis 1486 wieder einige Fam. in der Stadt)
und in der Neuzeit bis 1943. Die Entstehung der
neuzeitlichen Gemeinde geht auf das 18. Jh. zurück; seit ca. 1710 konnten sich die ersten »Hofjuden« niederlassen. 1832 wurde eine Gemeinde
gegründet. Die höchste Zahl jüd. Bewohner wird
um 1932 mit ca. 4900 Pers. erreicht. Mind. 1200
Pers. kamen in der Verfolgungszeit 1933 bis 1945
ums Leben.
Nach 1945 konnte eine jüd. Gemeinde wiederbegründet werden. Sie umfaßt bis zur Gegenwart
auch die im gesamten ehemaligen Gebiet Würt-

tembergs und Hohenzollerns lebenden Gemeindeglieder (ca. 750).
**Wohngebiet und Einrichtungen der jüdischen
Gemeinde.** Das ma. Wohngebiet lag zunächst
vermutl. im Bereich der Münzstr./Dorotheenstr.
(bis 1348), im 15. Jh. in der St. Leonhards-Vor-
stadt in der bis 1894 sog. »Judengasse« (seither
Brennerstr., Hinweisschild für ehem. Judengasse
vorhanden). Die erste *Synagoge* (1350 erwähnte
»Judenschule«) lag vermutl. auf dem Gelände des
heutigen Innenministeriums (Dorotheenstr. 6).
Die *Synagoge* des 15. Jh. und ein *rituelles Bad*
waren auf dem Anwesen Brennerstr. 12.
Im 19. Jh. wurden die Gottesdienste zunächst in
Privathäusern abgehalten, vor allem in den Häusern des Hoffaktors Seligmann in der Kron-
prinzstr. und der Fam. Kaulla (Schmale Str. 11
bzw. Königstr. 35; alle Gebäude bestehen nicht

mehr). 1808 wurde ein *Betsaal* im »Alten Waldhorn« gemietet; 1835 konnte ein größerer Betsaal
in der Langen Gasse 16 eingerichtet werden (220
Plätze; Gebäude bestehen nicht mehr). 1858 bis

1861 wurde eine *Synagoge* in der Hospitalstr. 36
erbaut. Sie diente bis zu ihrer Zerstörung und
ihrem Abbruch 1938 als Gotteshaus der Gemeinde. Von dieser Synagoge sind noch die Gebotsta-

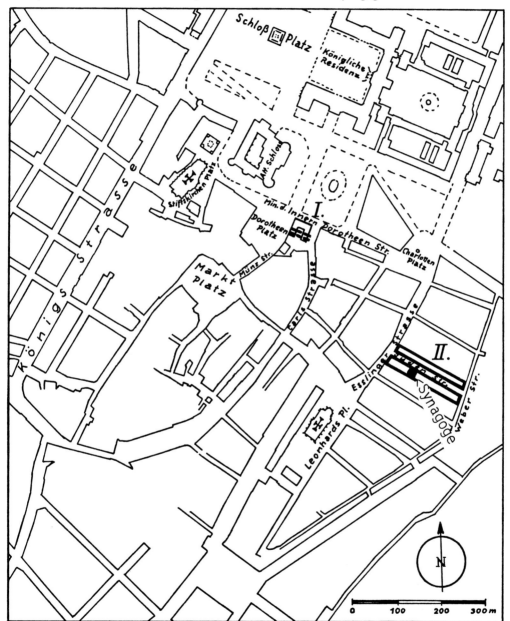

512   *Lage der mittelalterlichen jüdischen Siedlungsgebiete in Stuttgart.*

513 *Hinweistafel für die ehemalige Judengasse in Stuttgart (1985).*

feln vom Dach des Gebäudes und das Gefallenendenkmal erhalten (in der jetzigen Synagoge aufbewahrt). Die Steine der 1938 abgebrochenen Synagoge wurden an Weingärtner aus dem Remstal zum Bau von Weinbergmauern verkauft.

Außer der liberalen jüd. Gemeinde bestand die kleine orthodoxe »Israelitische Religionsgesellschaft«, die 1880 einen *Betsaal* in der Urbanstr. 6,

515 *Synagoge in Stuttgart, 1858–1861 erbaut, 1938 zerstört (hist. Aufnahme um 1930).*

514 *Altes Katharinenstift in Stuttgart, Ecke Friedrich- und Schloßstraße, links davon das ehemalige Wohnhaus des Hoffaktors Jud Süß Oppenheimer (um 1736; hist. Aufnahme um 1910?).*

später in der Alexanderstr. 52, bis 1934 im Erdgeschoß des Hinterhauses Rosenstr. 37, danach in der Schlosserstr. 2 hatte. Seit 1937 wurden die Gottesdienste im jüd. Gemeindehaus Hospitalstr. 34 gefeiert. Da der orthodoxe Betsaal 1938 nicht zerstört wurde, konnten in ihm noch bis 1943 Gottesdienste stattfinden. Eine weitere orthodoxe Gruppe, »Linat Hazedek«, hatte einen Betsaal im Haus Geißstr. 1, ab 1929 in der Kasernenstr. 13.

Neben der Synagoge Hospitalstr. stand das *Gemeindehaus* (Hospitalstr. 34), in dem 1861 zunächst auch 2 Schulzimmer und die Wohnung des Vorsängers eingerichtet wurden. Später waren in den 18 Räumen des dreistöckigen Gebäudes verschiedene Einrichtungen der Gemeindeverwaltung (Rabbinat usw.) untergebracht (bis 1943).

Nach 1945 war der Betsaal der wiederbegründeten Israelitischen Religionsgemeinschaft Württembergs zunächst in der Reinsburgstr. 26. 1951/52 konnte in der Hospitalstr. 36 ein neu erbautes *Gemeindezentrum* mit Synagoge, Schulräumen,

516 Innenansicht der Synagoge in Stuttgart (Aufnahme um 1930).

517 Gebotstafeln der Synagoge in Stuttgart, nach 1945 auf dem Grundstück der abgebrochenen Synagoge entdeckt und in der neuen Synagoge 1952 eingefügt (1962).

Kindergarten, Gemeindesaal und *rituellem Bad* untergebracht werden.

Ein *Betsaal* für die jüd.-amerikanischen Soldaten befindet sich derzeit in den Robinson Barracks (Gebäude 118, erster Stock).

Friedhöfe: Die Toten der ma. Gemeinde wurden möglicherweise auf dem Friedhof einer anderen Gemeinde (Esslingen?) beigesetzt, da in Stuttgart kein ma. jüd. Friedhof genannt wird. Im 18. Jh. und bis 1834 wurden die Verstorbenen in Hochberg, Freudental und Hechingen (Fam. Kaulla) beigesetzt. 1834 wurde ein jüd. *Friedhof* als Teil des Hoppenlaufriedhofes eingerichtet und bis 1873 belegt (Rosenbergstr. 7, Fläche 13,70 a). Seit 1874 besteht ein jüd. Friedhof als östl. Teil des Pragfriedhofs (Friedhofstr. 44, Fläche 150,87 a). Die dortige jüd. Friedhofshalle wurde 1944 kriegszerstört. Seit 1925 befinden sich hier eine Gedenkstätte für die 98 jüd. Gefallenen des Ersten Weltkriegs aus Stuttgart und seit 1947 ein Mahnmal für die in der NS-Zeit ermordeten Juden Württembergs. Seit 1945 finden die Beisetzungen nur noch vereinzelt auf dem jüd. Teil des Pragfriedhofs statt; dafür besteht seit 1937/38 bzw. 1945 auf dem *neuen Zentralfriedhof im Steinhaldenfeld* ein jüd. Teil mit einer Friedhofshalle (Ziegelbrennerstr. 23, Fläche 145,46 a). Hier befindet sich ein *Gedenkstein für die Opfer der Konzentrationslager.* Der Stein wurde 1952 vom Lager Föhrenwald (Oberbayern) hierher gebracht.

Weitere Einrichtungen: Seit 1834 war in Stuttgart ein *Bezirksrabbinat* (damals für Stuttgart, Esslingen, Aldingen und Hochberg). Die orthodox-jüd. Religionsgesellschaft hatte von 1922 bis 1943 einen eigenen Rabbiner. Nach 1945 wurde Stuttgart zum Sitz des Landesrabbinats für Württemberg und Hohenzollern.

Der »Oberrat der Israeliten Württembergs« hatte seit 1912 seine Verwaltung in der Königstr. 82 (besteht nicht mehr).

Außer der Schule im Gemeindehaus bestand von 1852 bis 1880 ein privates »Erziehungsinstitut für Töchter israelitischer Religion«, zunächst in der

518	*Neue Synagoge in Stuttgart mit anschließendem Gemeindezentrum vor dem Umbau 1987/88.*

Königstr. 51, seit 1869 in der Paulinenstr. 37. 1882 begründeten Gustav und Isabella Schloß eine jüd. »Höhere Töchterschule«, bis 1896 in der Neuen Weinsteige 16, dann bis 1914 in der Uhlandstr. 25. Eine allgem. jüd. *Schule* mußte 1935 wieder eingerichtet werden. Sie befand sich im Hof- und Gartenplatz neben dem Gemeindehaus in der Hospitalstr. und bestand bis 1941.

1899 wurde die »Stuttgart-Loge Bnei Brith« gegründet, die zum Ziel vor allem eine Betätigung auf sozialem Gebiet hatte (Vereinslokal in der Calwer Str. 33). Von der Loge wurde für jüd. Krankenschwestern das »Jüdische Schwesternheim« in der Dillmannstr. 9 begründet (1914). 1937 wurde auch die Stuttgart-Loge zwangsaufgelöst.

1926 wurde der Verein »Jüdisches Lehrhaus« für Erwachsenenbildung und Kulturpflege begründet. Mehrfach war Martin Buber Gesprächspartner bei den Veranstaltungen, die auch dem jüd.-christl. Dialog dienten, u. a. 1928 im großen Saal des Oberen Museums Kanzleistr. 11 (Gespräch M. Buber/W. Michel), 1929 in der Villa Roser am Bismarckturm (Gespräch M. Buber/W. Hauer). Das jüd. Lehrhaus bestand bis 1941.

Weitere Spuren der jüdischen Geschichte. An die ma. Ansiedlung erinnert indirekt ein heute über dem Aposteltor der Stiftskirche (Südseite) angebrachter Schlußstein (aus der Zeit um 1480) mit einer *Abbildung zweier ma. Juden* mit charakteristischem Spitzhut (Szene aus der »Heiligkreuzlegende«, die dritte Gestalt ist vermutl. Kaiser Konstantin d. Gr.). Eine weitere Erinnerung bestand in der 1350 genannten Flurbezeichnung »Jud« (evtl. für den Grundbesitz eines Juden).

Eine Übersicht über die jüd. *Gewerbebetriebe* des 19./20. Jh. mit genauen Anschriften findet sich bei M. Zelzer, Weg und Schicksal der Stuttgarter Juden (Lit.).

519 Innenansicht der neuen Synagoge in Stuttgart, 1951/52 erbaut, Blick auf Almemor und Toraschrein.

Der Brunnen auf der östl. Terrasse der Villa Berg wurde 1853 vom jüd. Bildhauer Albert Güldenstein (1822–1891) erstellt. – Für den Kopf der *Stuttgardia-Figur* von Bildhauer Friz (1905, zuerst an der Vorderfront des Rathausturms, seit 1953 im Lapidarium, danach am Rathaus Ecke Hirschstr./Marktplatz) stand Else Weil (Tochter des Arztes Dr. Weil) Modell (Else Weil verstarb 1947 in Heidelberg).

1962 wurde auf dem Killesberg ein *Gedenkstein* zur Erinnerung an die Deportation württembergischer Juden, die vom Killesberg ausging, aufgestellt. 1970 wurde zur Erinnerung an die Opfer der NS-Zeit ein *Mahnmal beim Alten Schloß* errichtet (drei Granitblöcke).

Persönlichkeiten und auf sie bezogene Erinnerungsmale.

Karl Adler (1890–1973), bis 1933 Direktor des Konservatoriums für Musik in Stuttgart. Nach seiner Entlassung Leiter von musikalischen, jüd.-

kulturellen Veranstaltungen. Nach seiner Auswanderung Musikprofessor in New York/USA.

Hans Bach (1902 Stuttgart – 1977 London), Germanist; 1928 Dr. phil. in Berlin, Hrsg. einer Jean-Paul-Ausgabe und der Monatsschrift »Der Morgen«, emigrierte 1939 nach London; 1958 bis 1966 Redakteur der »Synagogue Review of Great Britain«.

Fritz Bauer (1903 Stuttgart – 1968 Frankfurt am Main), Jurist; 1933 bis 1936 im KZ, 1936 bis 1949 im Exil in Dänemark und Schweden, seit 1950 Generalstaatsanwalt in Braunschweig, seit 1956

520 Grabstein von Rabbiner Dr. Joseph von Maier auf dem jüdischen Teil des Hoppenlaufriedhofs in Stuttgart (1987).

521   *Denkmal für die aus Württemberg in der NS-Verfolgungszeit umgekommenen Juden auf dem Pragfriedhof in Stuttgart (1963).*

*522 Ehrenfeld für die Gefallenen des Ersten Welt-
kriegs auf dem jüdischen Teil des Pragfriedhofs in Stuttgart (1963).*

in Frankfurt; Verf. zahlreicher Werke zur Staats-
rechtsreform; nach ihm ist der »Fritz-Bauer-
Preis« genannt.

Max Bodenheimer (1865 Stuttgart – 1965 New
York), Rechtsanwalt in Köln, leitete als bedeutender Vertreter der zionistischen Bewegung
1907 bis 1914 den Jüdischen Nationalfonds, ging
1935 nach Jerusalem.

Julius Elbau (1881 Stuttgart – 1965 New York),
Journalist; war bis 1914 Redakteur der Frankfurter Zeitung, 1914 bis 1933 im Ullstein-Verlag;
verfaßte seit 1918 politische Leitartikel, 1930 bis
1933 letzter Chefredakteur der Vossischen Zeitung, emigrierte 1938 in die USA.

Bruno Frank (1887 Stuttgart–1945 Beverly Hills),
Schriftsteller; war bis 1933 in München tätig, da-

523 Neue Friedhofshalle auf dem jüdischen Teil des ▷
Steinhaldenfeld-Friedhofs in Stuttgart (1963).

524   Sitzung der Israelitischen Landesversammlung um 1928/29 im Gebäude des Württembergischen Landtages.

nach Emigration, 1939 in die USA. Nach ihm ist die »Bruno-Frank-Straße« benannt.

Berthold Heymann (1870–1939), Politiker und Journalist; seit 1901 Redakteur des »Wahren Jakob«, des in Stuttgart erscheinenden satirischen Wochenblattes der SPD, 1906 bis 1933 MdL in Württemberg, 1918f. Kultusminister, 1919f. In-

525   Kaufhaus Schocken in Stuttgart, gehörte zum Kaufhauskonzern von Salmann Schocken (Berlin); Architekt des Gebäudes (1928 erbaut, 1959/60 abgebrochen) war der jüdische Baukünstler Erich Mendelsohn (Berlin); die Aufnahme ist von 1929.

nenminister, emigrierte nach 1933 in die Schweiz.

Otto Hirsch (1885 Stuttgart – 1941 KZ Mauthausen), Jurist; 1911 Rechtsanwalt in Stuttgart, 1920 Ministerialrat im württ. Innenministerium; förderte als Leiter der Neckar-AG die Neckar-Kanalisation; 1933 Direktor der Reichsvertretung der dt. Juden. Nach ihm sind seit 1958 die »Otto-Hirsch-Brücken« oberhalb des Stuttgarter Hafengebietes zwischen Hedelfingen und Obertürkheim benannt, wo sich auch eine *Gedenktafel* und ein 1985 aufgestellter *Gedenkstein* befinden. Die Stadt Stuttgart verleiht jährlich eine »Otto-Hirsch-Medaille«. In Shavej Zion/Israel erinnert an ihn seit 1959 das »Otto-Hirsch-Memorial«.

Philipp Hirsch (1784 Stralsund – 1865 Stuttgart), Steinschneider; wurde 1813 württ. Hofgraveur und schnitt zahlreiche bekannte Bildnisse, u.a. auch des Königs Friedrich von Württemberg, des Kronprinzen Wilhelm, von Goethe und Schiller.

Jakob Holzinger (1878 – 1940 Freitod in Stuttgart), bekannter und beliebter Arzt am Ostendplatz (Landhausstr. 181); nach ihm ist die »Jakob-Holzinger-Gasse« benannt.

Max Horkheimer (1895 Stuttgart-Zuffenhausen – 1973 Nürnberg), Soziologe; seit 1925 an der Universität Frankfurt, 1930 Prof. ebd.; emigrierte 1933 nach New York, 1949 bis 1964 wieder Prof. in Frankfurt, daneben Prof. an der Univ. of Chicago. Er erhielt 1970 als erster die Bürgermedaille der Stadt Stuttgart. An ihn erinnert die Max-Horkheimer-Anlage in Zuffenhausen.

Alfred von Kaulla (1852 Stuttgart – 1924 Stuttgart), Bankier; war Vorsitzender der Württ. Vereinsbank, die nach seinem Tod in der Deutschen Bank aufging, finanzierte die Mauserwerke (Waffenfabrik) und entwickelte den Bagdadbahn-Plan; 1910 bis 1922 Aufsichtsrats-Vors. der Daimler-Motoren-Gesellschaft.

Rudolf Kaulla (1872 Stuttgart – 1954 Oberstdorf), Bankier; 1910 Prof. an der TH Stuttgart, ging 1920 nach Frankfurt als Mitinhaber in das Bankhaus Jakob S. H. Stern, emigrierte nach 1933; Verf. von wirtschaftl. und histor. Werken.

Siegmund Lebert (1822 Ludwigsburg – 1884 Stuttgart), Klavierpädagoge; seit 1856 Leiter des von ihm gegründeten Stuttgarter Konservatoriums und Verfasser erfolgreicher klavierpädagogischer Werke.

Adolf Löwe (geb. 1893 in Stuttgart), Volkswirt, Prof. in Kiel und Frankfurt, Berater der Reichsregierung; 1924 bis 1926 im Statistischen Reichsamt; gründete das Institut für Konjunkturforschung; 1933 bis 1940 an der University of Manchester, später New York.

Albert Mainzer (1882 Nürnberg – 1944 KZ Auschwitz), Rechtsanwalt in Stuttgart, 1935 Vors. des Landesverbands Württemberg des Centralvereins deutscher Staatsbürger jüd. Glaubens, 1938 Berufsverbot, dann Rechtskonsulent, 1943 deportiert.

Eduard von Pfeiffer (1835 Stuttgart – 1921 Stuttgart), Geheimer Hofrat; hatte bedeutende Stellungen im württ. Wirtschaftsleben inne; gründete und förderte zahlreiche soziale Einrichtungen (u. a. Errichtung der Arbeiterwohnkolonie Ostheim um 1900), weswegen er 1909 Ehrenbürger Stuttgarts wurde. Nach ihm sind seit 1910 (und wieder seit 1948) die »Eduard-Pfeiffer-Straße« und das »Eduard-Pfeiffer-Haus« (Heusteigstr. 45) benannt, in dem 1947 bis 1961 der Landtag von Württemberg-Baden bzw. Baden-Württemberg tagte.

Friedrich Pollock (1894 Stuttgart – 1970 Montagnola), Soziologe; 1923 Begründer, später Leiter des Instituts für Sozialforschung in Frankfurt, das 1933 seine Tätigkeit im Ausland fortsetzte und 1950 in Frankfurt wieder aufgebaut wurde; 1950 Prof. in Frankfurt.

Adolf Wolff (1832 Esslingen – 1885 Stuttgart), Architekt; vollendete den Synagogenbau in Stuttgart 1861; baute 1863 bis 1870 den (alten) Stuttgarter Bahnhof, errichtete seit 1873 viele Bauwerke der Stadt als Baurat, zudem Erbauer der Synagogen in Nürnberg, Ulm, Heilbronn und Karlsbad.

An weitere jüd. Persönlichkeiten erinnern die *Fritz-Elsas-Straße* (vgl. Cannstatt) und seit 1986 eine Gedenktafel für *Daniel-Henry Kahnweiler* am Haus Herdweg 35, wo der Kunsthändler (vgl. Mannheim) von 1896 bis 1902 lebte.

Sauer 1966 S. 164–172; M. Zelzer, Weg und Schicksal der Stuttgarter Juden. 1964; GJ II,2 S. 809 ff.; H. Veitshans 5, S. 46 f.; H. M. Decker-Hauff, Geschichte der Stadt Stuttgart 1. 1966. S. 200 ff.; O. Borst, Stuttgart. Die Geschichte einer Stadt. 1986³. S. 406–411 und passim; M. Zelzer, Stuttgart unterm Hakenkreuz. Chronik aus Stuttgart 1933–45. 1984²; W. Kress, Die alte Stuttgarter Synagoge, in: Stuttgarter Illustrierte. Mai 1986. S. 4–8; Versch. Beiträge in der Reihe »Stuttgart im Dritten Reich«. Ausstellung des Projekts Zeitgeschichte. 5 Bde. 1984; J. Hahn, Hoppenlaufriedhof, israelit. Teil (Friedhöfe in Stuttgart 2. Veröffentl. des StadtA Stuttgart 40) 1988.

Stadtteil Bad Cannstatt

Zur Geschichte der jüdischen Gemeinde. In Cannstatt wird erstmals 1471 ein jüd. Bewohner Bonin genannt. Zur Bildung einer Gemeinde kam es im 19. Jh., nachdem sich um 1825 bis 1850 jüd. Pers. niederlassen konnten (Gründung der Gemeinde 1871; Vereinigung mit der Stuttgarter Gemeinde 1936). Die höchste Zahl jüd. Bewohner wird um 1900 mit 484 Pers. erreicht. Die in der Verfolgungszeit 1933 bis 1945 umgekommenen Pers. sind bei der Zahl der umgekommenen Stuttgarter Juden mitgerechnet (s. dort).

Einrichtungen der jüdischen Gemeinde. 1832 wurde ein *Betsaal* im Haus des Fabrikanten Otto Pappenheimer eingerichtet (Hofener Str. 5, Gebäude besteht nicht mehr). 1875/76 wurde eine *Synagoge* erbaut, 1938 zerstört. An ihrem Standort befindet sich seit 1961 ein *Gedenkstein* (König-Karl-Str. 51).

1872/73 wurde ein *Friedhof* angelegt (bei der heutigen Rupertus-Kirche am Sparrhämlingweg 24 oberhalb des Steigfriedhofs, Fläche nach Erweiterung 1926: 35,03 a). Auf ihm befindet sich auch ein *Gefallenendenkmal* für die aus der jüd. Gemeinde im Ersten Weltkrieg Gefallenen. Eine *Hinweistafel* an der Außenmauer ist vorhanden.
Weitere Spuren der jüdischen Geschichte. Eine Übersicht über die jüd. Gewerbebetriebe des 19./20. Jh. in Cannstatt findet sich bei M. Zelzer, Weg und Schicksal der Stuttgarter Juden (Lit. s. Stuttgart).
Persönlichkeiten und auf sie bezogene Erinnerungsmale. *Samuel Amberg* (geb. 1874 Cannstatt), Prof. für Kinderheilkunde an der John Hopkins University in Baltimore, dann in Rochester; verfaßte einige Werke zur Pädiatrie.
Arnold Cahn (1858–1927), Arzt; nach 1918 Chefarzt der Inneren Abteilung des Cannstatter Krankenhauses (im Volksmund »Rettungskahn« genannt). Nach ihm ist seit 1952 der *Arnold-Cahn-Weg* in Cannstatt benannt.
Fritz Elsas (1890 Cannstatt – 1945 KZ Sachsen-

526   Synagoge in (Stuttgart-)Bad Cannstatt, 1875/76 erbaut, 1938 zerstört (hist. Aufnahme um 1930).

527   Eingang zum jüdischen Friedhof in (Stuttgart-) Bad Cannstatt (1963).

528   Grabstein für den im Ersten Weltkrieg gefallenen Julius Löwenthal auf dem jüdischen Friedhof in (Stuttgart-)Bad Cannstatt (1963).

hausen), Kommunalpolitiker und Jurist; 1919 Stadtrechtsrat von Stuttgart, 1926 Vizepräsident des Deutschen Städtetages, 1931 bis 1933 Zweiter Bürgermeister in Berlin; nach ihm ist die *Fritz-Elsas-Straße* in Stuttgart benannt. Auch in Berlin trägt eine Straße seinen Namen.

Ferdinand Hanauer (1868–1955), Fabrikant in Cannstatt (Bettfedernfabrik Rothschild & Hanauer), jahrelang rumänischer Konsul; nach ihm ist seit 1968 die *Ferdinand-Hanauer-Straße* in Cannstatt benannt.

Leopold Marx (1889–1983), Dichter und Schriftsteller; bis 1939 in Cannstatt, später in Shavej Zion/Israel; Mitbegründer des Stuttgarter Lehrhauses (1926); am Platz seines Geburtshauses in Cannstatt (Wilhelmstr. 12, 1944 zerstört, heute Wilhelmscenter) erinnert an ihn seit 1983 ein *Gedenkstein*.

Ernst Ezechiel Pfeiffer (1831–1904), Geheimer Hofrat, 1869 bis 1873 im Bürgerausschuß Cannstatts; auf Grund zahlreicher wohltätiger Stiftungen 1879 zum Ehrenbürger Cannstatts ernannt; in der Eingangshalle des Mineralbads Cannstatt (Sulzerrainstr. 4) erinnert eine *Gedenktafel* an ihn; am Teckplatz steht ein *Ezechiel-Pfeiffer-Denkmal;* die nach ihm benannte *Ezechiel-Pfeiffer-Straße* wurde 1937 in Remscheider Straße umbenannt (seit 1986 Hinweistafeln auf frühere Bezeichnung).

An jüdische Persönlichkeiten Württembergs erinnern ferner: ein *Gedenkstein für Berthold Auerbach* im Kurpark Cannstatt (seit 1909 bzw. 1951) und das *Einstein-Haus* (die Großeltern von Albert Einstein wohnten in der Badstr. 20).

GJ III,1 S. 204; sonstige Lit. s. Stuttgart.

Stadtteil Degerloch

Zur Geschichte jüdischer Bewohner. In Degerloch lebten seit der zweiten Hälfte des 19. Jh. einige jüd. Pers., die zur Synagogengemeinde Stuttgart gehörten (1933: 24). An ehemaligen, bis nach 1933 bestehenden *Betrieben* sind bekannt: Arzt Dr. Alexander Benedikt (Epplestr. 17), Weinvertretung Heinrich Edheimer (Erwin-Bälz-Str.), Vertretungen Kaufmann Viktor Strauß (Eschenweg 2).

Lit. s. Stuttgart.

Stadtteil Feuerbach

Zur Geschichte jüdischer Bewohner. In Feuerbach lebten seit der zweiten Hälfte des 19. Jh. einige jüd. Pers., die zur Synagogengemeinde Stuttgart gehörten (1933: 13). An ehemaligen, bis nach 1933 bestehenden *Handels- und Gewerbebetrieben* sind bekannt: Bettfedernfabrik Fa. Herz & Kops (Kremser Str. 5), Weinbrennerei und Likörfabrik Fa. Hirsch & Mayer (Wartbergstr. 19), Fa. Kunstbaumwollfabriken Leo Mayer (Affalterstr. 8), Eisengroßhandlung, Öfen, Herde S. Weil GmbH. (Adr. unbek.).

Lit. s. Stuttgart.

Stadtteil Gaisburg

Zur Geschichte jüdischer Bewohner. In Gaisburg lebten seit ca. 1900 einige jüd. Pers., die zur Synagogengemeinde Stuttgart gehörten (1910 und 1933: 15).

An ehemaligen, bis nach 1933 bestehenden *Handelsbetrieben* sind bekannt: Baumwollabfallgroßhandlung Berthold und Siegmund Gottlieb (Ulmer Str. 149), Därme und Metzgereiartikel Fa. Herz & Burgheimer (Schlachthofstr. 7), Därme und Metzgereiartikel Julius Hirsch (Talstr. 108), Pferdehandlung Josef Rohrbacher (Schlachthofstr. 4).

Lit. s. Stuttgart.

Stadtteil Möhringen

Zur Geschichte jüdischer Bewohner. In Möhringen (ehem. Gebiet der Reichsstadt Esslingen) wurden seit 1798 (vorübergehende Ausweisung 1799) 3 bis 4 jüd. Fam. aufgenommen. Bis um 1850 lebte hier noch die Fam. des Handelsmannes Isak Grünwald. Zu weiteren längeren Niederlassungen kam es bis in die Zeit des »Dritten Reiches« nicht.

Ausk. T. Schröder, Göppingen 4. Juni 1987; L. Hantsch, Der jüd. Speisewirt Hermann Herz in Jagstfeld, in: Heimatgeschichtl. Beilage zum Friedrichshaller Rundblick 79/80 (1985). F. Grünwald heiratete 1880 in Jagstfeld.

Stadtteil Obertürkheim

Zur Geschichte jüdischer Bewohner. In Obertürkheim lebten seit Ende des 19. Jh. wenige jüd. Pers., die zur Synagogengemeinde Stuttgart gehörten. An bis nach 1933 bestehendem jüd. *Gewerbebetrieb* ist bekannt: Fa. Obertürkheimer Möbelfabrik, Inh. Sigmund Bender.

Lit. s. Stuttgart.

Stadtteil Plieningen

Zur Geschichte jüdischer Bewohner. In Plieningen bestanden seit ca. 1835 zwei jüd. Textilunternehmen von Benedikt Baruch und Heinrich Heilbronner, die jedoch 1845 bzw. 1853 in deren Heimatstadt Hechingen verlegt wurden (hier als Fa. Benedikt Baruch bzw. J. Heilbronner & Söhne bekannt geworden).

Toury S. 49f., 55, 153.

Stadtteil Steckfeld

Zur Geschichte jüdischer Bewohner. In Steckfeld lebte in einem der ersten hier erbauten kleinen Häuser in den 30er Jahren bis zur Auswanderung 1939 die Fam. des Kunstmalers Hermann Fechenbach aus Bad Mergentheim (s. dort; Steckfeldstr. 25, abgebr.).

H. Fechenbach, Die letzten Mergentheimer Juden. 1972. S. 162–165.

Stadtteil Untertürkheim

Zur Geschichte jüdischer Bewohner. In Untertürkheim lebten nach 1900 einige jüd. Pers., die

zur Synagogengemeinde Cannstatt gehörten. An ehemaligen, bis nach 1933 bestehenden *Gewerbebetrieben* sind bekannt: Weinbrennerei und Likörfabrik Fa. Jacobi AG. (Mercedesstr. 23), Ideal-Steppdeckenfabrik GmbH Karl Straus (Mühlstr. 153), Baumwoll-, Putzwollfabrik Fa. Wolf & Söhne (Mercedesstr. 35).

Lit. s. Stuttgart.

Stadtteil Wangen

Zur Geschichte jüdischer Bewohner. In Wangen lebten nach 1900 einige jüd. Pers., die zur Synagogengemeinde Stuttgart gehörten. An ehemaligen, bis nach 1933 bestehenden *Handels- und Gewerbebetrieben* sind bekannt: Papiergroßhandlung Fa. Köster & Cie., Teilh. Hugo Marx und Paul Köster (Ulmer Str. 225), Spinnerei Ernst Strauss (Adr. unbek.).

Lit. s. Stuttgart.

Stadtteil Zuffenhausen

Zur Geschichte jüdischer Bewohner. In Zuffenhausen lebten nach 1900 einige jüd. Pers. (1925: 22), die zur Synagogengemeinde Stuttgart gehörten.
An ehem., bis nach 1933 bestehenden *Handels- und Gewerbebetrieben* sind bekannt: Herren- und Knabenkleider Max Böhm (Franklinstr. 6), Fa. Kunstbaumwollwerke, Spinnerei Horkheimer (Schwieberdinger Str. 58), Fa. Lederfabrik Zuffenhausen Sihler & Co. (Adr. unbek.), Baumwollhandlung Fa. J. und S. Wertheimer (Spitalwaldstr. 5).
Zu Ehrenbürgern Zuffenhausens wurden 1918 ernannt: *Moses gen. Moritz Horkheimer,* Fabrikant, Kommerzienrat (1858–1945), nach dem die *Moritz-Horkheimer-Str.* benannt ist, und *Samuel Rothschild,* Fabrikant, Mitbegründer der Lederfabrik Zuffenhausen Sihler & Co. (1853–1924). Zu Max Horkheimer s. Stuttgart.

Lit. s. Stuttgart.

LANDKREIS TÜBINGEN

Ammerbuch
Ortsteil Poltringen

Zur Geschichte jüdischer Bewohner. In Ammerbuch werden 1629 jüd. Bewohner genannt, denen nach einer Urkunde gestattet ist, weiterhin ihre Toten auf dem jüd. Friedhof in Mühringen zu begraben.

H. P. Müller, Die Juden in der Grafschaft Hohenberg, in: Der Sülchgau 25 (1981) S. 40.

Dußlingen

Zur Geschichte jüdischer Bewohner. In Dußlingen lebte zwischen ca. 1826 und ca. 1833 eine jüd. Person, die zur Synagogengemeinde Wankheim gehörte (Näheres ist nicht bekannt).

L. Zapf, Die Tübinger Juden. 1978². S. 27.

Gomaringen

Zur Geschichte jüdischer Bewohner. In Gomaringen bestand von 1905 bis zur »Arisierung« 1936 eine Filiale der Baumwollweberei Fa. Bernheim & Co. (Nehrener Str. 4–6, Firmensitz Reutlingen-Bronnweiler). Seit 1919 hatte der prakt. Arzt Dr. Sally Adamsohn eine Praxis in der Linsenhofstr. 24. Adamsohn kam 1942 im KZ Theresienstadt ums Leben.

Ausk. BMA Gomaringen 22. Febr. 1984, 23. Apr. 1985, 17. Sept. 1985.

Hirrlingen

Spuren der jüdischen Geschichte. In Hirrlingen bestand von 1920 bis zur »Arisierung« 1938 eine Stickereifiliale der IG Trikotindustrie C. M. Koblenzer (Hechinger Str. 45; Firmensitz in Hechingen).

1852 wurde der Hechinger Handelsjude Isak Liebmann nach einem Streit von einem Hirrlinger Bewohner erschlagen. Seitdem tragen die Hirrlinger den unrühmlichen Namen »Judenmetzger«.

Toury S. 160f.; Ausk. H. Linder, Hirrlingen 6. Mai 1985, 6. Nov. 1985.

Kusterdingen
Ortsteil Kusterdingen

Spuren der Verfolgungszeit 1933 bis 1945. In Kusterdingen finden sich in einer Scheune (»Herrenscheuer«) Inschriften von ungarisch-jüd. Frauen, die hier nach der Evakuierung des KZ-Außenkommandos Calw 1945 übernachteten.

Ausk. N. Weiss, Calw 15. Sept. 1985.

Ortsteil Wankheim

Zur Geschichte der jüdischen Gemeinde. In Wankheim bestand eine Gemeinde bis 1882. Ihre Entstehung geht in die Zeit des 18. Jh. zurück (seit 1776 wurden jüd. Fam. aufgenommen). Die höchste Zahl jüd. Bewohner wird um 1844 mit 118 Pers. erreicht.

Einrichtungen der jüdischen Gemeinde. Zunächst bestand ein *Betsaal* in einem der von der Herrschaft gemieteten »Judenhäuser«. 1833 bis 1835 wurde eine *Synagoge* erbaut, die bis zum Bau der Tübinger Synagoge genutzt und 1882 abgebrochen wurde (Standort zwischen den heutigen Häusern Heerstr. 1 und 7). 1835 wurde an die Synagoge ein jüd. *Schulhaus* angebaut, das zumindest in Teilen bis heute erhalten ist (Heerstr. 1).

Ein *rituelles Bad* bestand »auf hiesiger Allmand im Wörth« (heute Römerstr.). Von ihm ist nichts erhalten. Es lag vermutl. bei der starken Quelle, die den heutigen Feuerlöschteich speist.

Um 1870 oder etwas später wurde ein *Friedhof*

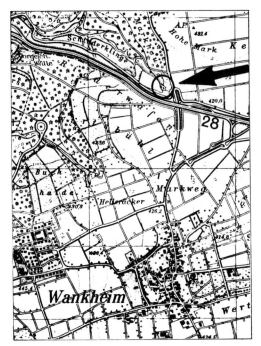

529 *Lage des jüdischen Friedhofs bei (Kusterdingen-) Wankheim.*

530 *Ehemaliges »Judenhaus« in (Kusterdingen-) Wankheim, in das Ende des 18. Jahrhunderts jüdische Familien aufgenommen wurden; links Eingang zum alten (christlichen) Friedhof (Aufnahme 1961).*

außerhalb des Ortes in Richtung Tübingen (an der heutigen B 28) angelegt. Auf ihm wurden bis in die Zeit des »Dritten Reiches« auch die aus Tübingen und Reutlingen verstorbenen jüd. Pers. beigesetzt (Fläche 10,88 a). Auf dem Friedhof befindet sich ein *Gedenkstein* für 14 aus der jüd. Gemeinde Tübingens in der Verfolgungszeit 1933 bis 1945 umgekommene Personen.

Weitere Spuren der jüdischen Geschichte. Eines der ersten von der Herrschaft St. André eingerichteten *Judenhäuser* ist noch mit dem Gebäude Heerstr. 20/22 erhalten. Ursprünglich war es eine Scheune, die 1795 (Jahreszahl am Türsturz) zu einem jüd. Wohnhaus mit 4 Wohnungen hergerichtet wurde.

Nach dem jüd. Friedhof trägt ein dort nördl. angrenzendes Waldstück die Bezeichnung »Judenfriedhof«.

Sauer 1966 S. 187 f.; L. Zapf, Die Tübinger Juden. 1978[2]. S. 25–28 u.ö.; Ausk. J. Seubert, Wankheim 17. Juni 1985.

Mössingen
Stadtteil Mössingen

Spuren der jüdischen Geschichte. In Mössingen bestand seit ca. 1905 bis zur »Arisierung« 1936 eine Filiale der Baumwollweberei Fa. Bernheim & Cie. (Reutlingen-Bronnweiler). 1919 übernahmen die Brüder Arthur und Felix Löwenstein (Stuttgart) den Betrieb als Niederlage der Gardinenweberei Pausa.

Ausk. StadtA Mössingen 8. Okt. 1985.

Stadtteil Talheim

Spuren der jüdischen Geschichte. In Talheim wird 1522 ein Acker als »vor den Judengassen« gelegen bezeichnet. Die Herkunft der Bezeichnung ist unbekannt. Eventuell war Talheim einer der Orte, wo sich einige Juden nach der Vertreibung aus Tübingen (1477) oder Reutlingen (1495) vorübergehend niederlassen konnten.

Altwürtt. Lagerbücher aus der österr. Zeit

1520–1534. Bd. 2. Bearb. P. Schwarz. 1959.
S. 127.

Rottenburg am Neckar
Stadtteil Baisingen

Zur Geschichte der jüdischen Gemeinde. In
Baisingen bestand eine Gemeinde bis 1938. Ihre
Entstehung geht in die Zeit des 16./17. Jh. zurück
(erste Nennung 1596 Juden Handle, Wolf und
David von Baisingen). Die höchste Zahl jüd. Be-
wohner wird um 1844 mit 238 Pers. erreicht.
Mind. 34 Pers. kamen in der Verfolgungszeit
1933 bis 1945 ums Leben.

**Wohngebiet und Einrichtungen der jüdischen
Gemeinde.** Das Wohngebiet konzentrierte sich
bis zum Anfang des 19. Jh. auf 4 von der Ortsherrschaft erbaute »Judenhäuser« (zwei davon

sind erhalten: Kaiserstr. 61 oder 63 und Kaiserstr. 69) und das »Judengäßle«. Danach entstanden neue Wohnhäuser im ganzen Ort mit
teilweise städt. Charakter (z. B. Kaiserstr. 55).
Zunächst bestand vermutl. ein *Betsaal* in einem
der Judenhäuser. 1782 wurde eine *Synagoge* im
Judengäßle erbaut, 1837 vergrößert, 1938 demoliert. Nach 1945 zu einer Scheune umgebaut, die
bis heute erhalten ist.

Seit 1827 war eine *Schule* vorhanden, die sich
zunächst in einem Haus befand, in dem auch der
jüd. Lehrer seine Wohnung hatte (Standort unbekannt). Später war sie im Haus Kaiserstr. 104
(Obergeschoß). 1933 mußte sie geschlossen werden.

Die Toten wurden bis 1779 in Mühringen beigesetzt. Seither bestand ein eigener *Friedhof* nordwestl. des Orts (Galgenweg, am Waldrand, Gewann »Im Tannen«, Fläche 19,59 a). Auf ihm

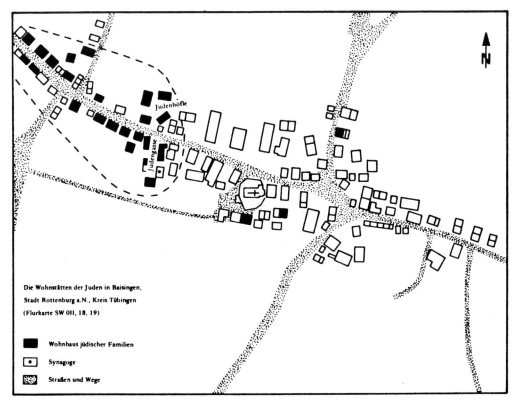

Die Wohnstätten der Juden in Baisingen,
Stadt Rottenburg a.N., Kreis Tübingen
(Flurkarte SW 011, 18, 19)

■ Wohnhaus jüdischer Familien

[•] Synagoge

▨ Straßen und Wege

531 Lage der jüdischen Wohnhäuser in (Rottenburg-)Baisingen (Situation im 19. Jh.).

532   Gottesdienst in der Synagoge in (Rottenburg-)Baisingen vermutlich an Sukkot (Laubhüttenfest) 1937.

534   Ehemalige Synagoge in (Rottenburg-)Baisingen, 1782 erbaut, 1938 demoliert, nach 1945 als Scheune genutzt; an der Stelle der rechten Scheunentür befand sich einmal der Platz des Toraschreines (1987).

◁ *533   Eingang zur ehemaligen Synagoge in (Rottenburg-)Baisingen (1987).*

535   Jüdischer Friedhof in (Rottenburg-)Baisingen ▷ *(1971).*

536 *Lage des jüdischen Friedhofs bei (Rottenburg-) Baisingen.*

befindet sich auch ein *Gedenkstein* für die in der Verfolgungszeit 1933 bis 1945 umgekommenen Baisinger Juden, der von dem nach dieser Zeit zurückgekehrten Harry Kahn gestiftet wurde.
Weitere Spuren der jüdischen Geschichte. An ehemaligen, bis nach 1933 bestehenden *Handels- und Gewerbebetrieben* sind bekannt: Zigarren, Zigaretten, Tabake Arthur und Berta Daube (Kaiserstr. 108), Schuhmacherbedarfsartikel Julius Erlebacher (Kaiserstr. 62), Hausierhandel in Kurzwaren Sally Erlebacher (Kaiserstr. 81), Viehhandlung und Metzgerei Josef Gideon (Kaiserstr. 57), Kolonialwaren und Schneiderei Ludwig und Rosa Haarburger (Kaiserstr. 109), Kolonialwaren Benedikt Hirsch Wwe. (Kaiserstr. 108), Schuhwaren Berta Kahn und Viehhandlung Hermann Kahn (Weberstr. 6), Kurz- und Textilwaren Hanne Kahn (Kaiserstr. 56), Schuhwaren Julius Kahn und Viehhandlung Friedrich Kahn (Kaiserstr. 61), Kurz- und Textilwaren Berta Kiefe (Kaiserstr. 104), Viehhandlung Max Lassar (Kaiserstr. 11),Viehhandlung Jakob Marx (Kaiserstr. 58), Viehhandlung Louis Marx (Kaiserstr. 66), Viehhandlung Sally Marx (Kaiserstr. 107), Viehhandlung Berthold und Sally Schweizer (Kaiserstr. 73), Viehhandlung Max Wolf (Kaiserstr. 110), Viehhandlung Siegfried

Wolf (Kaiserstr. 60), Viehhandlung Wilhelm Wolf (Mötzinger Str. 14).
Auf dem *Kriegerehrenmal* vor der kath. Kirche und auf einer *Bildtafel* für die Gefallenen des Ersten Weltkriegs finden sich auch die Namen (und Bilder) der 4 jüd. Gefallenen aus Baisingen.

Sauer 1966 S. 46–49; H. P. Müller, Die Juden in der Grafschaft Hohenberg, in: Der Sülchgau 25 (1981) S. 36–43; Hinw. H. P. Müller, Tübingen 8. Dez. 1986 (auf 1596, HStAS A 157 Bü 189 und B 582 Bü 85); Ausk. StV Rottenburg 2. Mai 1985, 18. Dez. 1985.

Stadtteil Hemmendorf

Zur Geschichte jüdischer Bewohner. In Hemmendorf waren in der ersten Hälfte des 17. Jh. Juden ansässig (Erwähnungen 1621 und 1629). 1629 wird den Hemmendorfer Juden gestattet, ihre Toten weiterhin auf dem jüd. Friedhof in Mühringen beizusetzen.

Württ. Vierteljahreshefte für Landesgeschichte 14 (1905) S. 261; H. P. Müller, Die Juden in der Grafschaft Hohenberg, in: Der Sülchgau 25 (1981) S. 40.

Stadtteil Kiebingen

Zur Geschichte jüdischer Bewohner. In Kiebingen war von 1527 bis ca. 1549 Jud Mayr mit seiner Fam. ansässig.

QGJ Nr. 340, 350, 425; H. P. Müller, Die Juden in der Grafschaft Hohenberg, in: Der Sülchgau 25 (1981) S. 39.

Stadtteil Obernau

Zur Geschichte jüdischer Bewohner. In Obernau waren im 16. Jh. Juden ansässig (erste Nennung 1533, zahlreiche weitere Juden bis zur Ausweisung um 1570 genannt).
Spuren der jüdischen Geschichte. Die jüd. Fam. wohnten im sog. »Judenhof« (im Volksmund Be-

zeichnung für den »Kalkofenweg«). Unweit davon besteht die Flurbezeichnung »Judengärtle«. Somit wohnten die Juden außerhalb der Stadtmauer (charakteristisch für eine Ansiedlung im 16. Jh.).

QGJ Nr. 407, 431, 521, 525, 540, 545, 560, 629, 655, 670, 698, 704; H. P. Müller, Die Juden in der Grafschaft Hohenberg, in: Der Sülchgau 25 (1981) S. 36–43; Ausk. A. Schweinbenz, Obernau 5. Mai 1986.

Stadtteil Rottenburg

Zur Geschichte der jüdischen Gemeinde. In Rottenburg bestand eine Gemeinde im MA (erste Nennung 1286 Jud Isaak von Rottenburg, 1348/49 Judenverfolgung, zwischen ca. 1392 und Ende des 15. Jh. wieder Juden in der Stadt). Nach 1860 konnten sich wieder jüd. Pers. in Rottenburg ansiedeln, die zur Synagogengemeinde Tübingen gehörten. Die höchste Zahl jüd. Bewohner wird um 1885 mit 32 Pers. erreicht. Mind. 5 Pers. kamen in der Verfolgungszeit 1933 bis 1945 ums Leben.

Wohngebiet und Einrichtungen der jüdischen Gemeinde. Das ma. *Wohngebiet* befand sich im östl./südöstl. Teil der Altstadt und hat sich vermutl. durch die Verfolgung 1348/49 verlagert. Das ältere Wohngebiet könnte das Gebiet westl. der Stadtlanggasse gewesen sein, da der Platz der ma. *Synagoge* vermutl. zwischen der Stadtlanggasse und der Schulergasse lag. An späteren Wohngebieten kommen das »Rote Meer« östl.

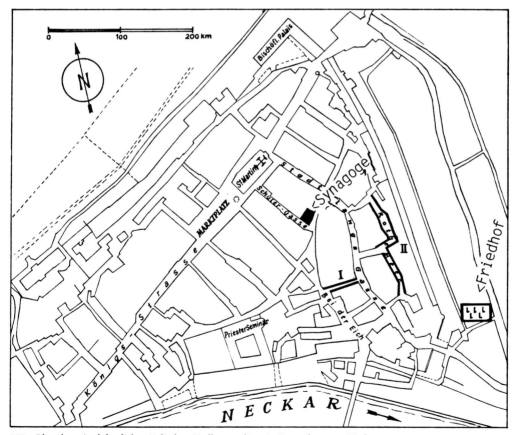

537 *Plan der mittelalterlichen jüdischen Siedlungsgebiete in Rottenburg am Neckar.*

der Stadtlanggasse und das heute noch sog. »Judengässle« südl. davon in Frage. Von weiteren Einrichtungen ist noch die ungefähre Lage des *Friedhofes* vor dem Kiebinger Tor bekannt (Gebiet zwischen dem südl. Teil des östl. Stadtgrabens und der Sprollstr.).

Im 19./20. Jh. wurden die Einrichtungen in Tübingen mitbenutzt. Die aus Rottenburg in dieser Zeit Verstorbenen wurden in Wankheim beigesetzt.

Weitere Spuren der jüdischen Geschichte. An ehemaligen, bis nach 1933 bestehenden *Handels- und Gewerbebetrieben* sind bekannt: Herrenbekleidungsgeschäft Josef/Rosa Berlizheimer (Königstr. 73), Putzwollfabrik Rudolf Horkheimer Söhne (Sprollstr. 27).

An der Gemarkungsgrenze zwischen Rottenburg und Hirschau wird 1360 und später eine Flur »Judenloch« als der Platz genannt, auf dem die Rottenburger Juden 1349 ermordet wurden.

GJ II,2 S. 719; Veitshans 5, S. 51 f.; 6, S. 5, 26; H. P. Müller, Die Juden in der Grafschaft Hohenberg, in: Der Sülchgau 25 (1981) S. 36—43; Ausk. BMA Rottenburg 5. Juni 1985.

Stadtteil Wendelsheim

Zur Geschichte jüdischer Bewohner. In Wendelsheim lebten im 16. Jh. einige Juden (1526 Lazarus Jud, 1561 David Jud von Wendelsheim genannt). Später erinnern noch die heute nicht mehr geläufigen Flurbezeichnungen »Im Juden« und vermutl. auch »Mäuschele« an die jüd. Geschichte.

FN-Verzeichnis der Landesstelle für Volkskunde, Stuttgart; Ausk. BMA Rottenburg 20. März 1986.

Starzach
Ortsteil Sulzau

Zur Geschichte jüdischer Bewohner. In Sulzau waren im 17. Jh. Juden ansässig (1689: 6 jüd. Pers., vermutl. mit Fam. genannt). Spuren dieser Niederlassung sind am Ort nicht bekannt.

OAB Horb. 1865. S. 250; Ausk. BMA Starzach 21. Mai 1986.

Tübingen
Stadtteil Bühl

Zur Geschichte jüdischer Bewohner. In Bühl sind im 16. Jh. einige Juden wohnhaft (1515 Jud Mayer, 1559 Schay Jud, 1530 allg. von Juden in Bühl die Rede).

QGJ Nr. 327, 371, 632.

Stadtteil Kilchberg

Zur Geschichte jüdischer Bewohner. In Kilchberg sind Ende des 18. und Anfang des 19. Jh. einige Familien wohnhaft (1796 Gottlieb Dessauer genannt; nach 1811 für wenige Jahre 4 jüd. Familien Dessauer und Kaufmann am Ort).

Kilchberg. Ein Streifzug durch acht Jahrhunderte. 1986. S. 58, 81 f.

Stadtteil Tübingen

Zur Geschichte der jüdischen Gemeinde. In Tübingen bestand eine Gemeinde im MA (erstmals 1335 Juden genannt; 1348/49 Judenverfolgung; später bis zur Ausweisung 1477 wieder Juden in der Stadt) und im 19./20. Jh. bis 1939 (Ansiedlungen wieder seit 1848 möglich, Begründung der Gemeinde 1882). Die höchste Zahl wird um 1910 mit 139 Pers. erreicht. Mind. 18 Pers. kamen in der Verfolgungszeit 1933 bis 1945 ums Leben.

Wohngebiet und Einrichtungen der jüdischen Gemeinde. Das ma. *Wohngebiet* konzentrierte sich auf die heute noch sog. »Judengasse«, die das sog. »Süße Löchle« (abgeleitet vom Duft der Gewürzhändler oder von einem Juden namens Süß) mit umfaßt. In der Judengasse befand sich eine *Synagoge* (möglicherweise am Platz einer inzwischen abgebrochenen Scheune zwischen Judengasse 2 und 4, Gebäude Nr. 276). *Rituelle Bäder* scheinen in mehreren Häusern vorhanden gewesen zu sein; noch heute befinden sich in den Kel-

538   *Synagoge in Tübingen, 1882 erbaut, 1938 zerstört.*

lern der Gebäude Judengasse 1, 3 A und 7 Wassergruben. Ein Friedhof läßt sich in unmittelbarer Nähe der Stadt nicht nachweisen. Möglicherweise wurde der »Judenkirchhof« auf Gemarkung Weil im Schönbuch oder der jüd. Friedhof in Rottenburg mitbenutzt.

Im 19. Jh. wurden zunächst die Gottesdienste in Wankheim besucht. 1882 wurde eine *Synagoge* erbaut (Gartenstr. 33), 1938 zerstört. Auf dem Grundstück befindet sich seit 1978 ein »Synagogenbrunnen« mit *Inschrift* zur Erinnerung an das Gebäude und die Gemeinde.

Die Toten wurden in Wankheim beigesetzt.
Weitere Spuren der jüdischen Geschichte. An ehemaligen, bis nach 1933 bestehenden *Betrieben* sind bekannt: Damenkonfektions- und Aussteuergeschäft Eduard Degginger, seit 1906 Jakob Oppenheim (Neue Str. 16), Optiker und Graveur Adolf Dessauer (Neckargasse 2), Rechtsanwalt Dr. Simon Hayum, seit 1934 bis 1938 Dr. Heinz Hayum (Uhlandstr. 15), Herrenkonfektionsgeschäft Leopold Hirsch (Kronenstr. 6, 1859–1939 von Fam. Hirsch betrieben), Textilgeschäft Fa. Gebr. Heinrich & Max Katz (Am Holzmarkt 2, 1876–1901), Viehhandlung Max und Heinrich Liebmann (Hechinger Str. 9, bis 1927), Herrenkonfektionsgeschäft Julius Stern, seit 1930 Gustav Lion (Neckargasse 4a), Viehhandlung Liebmann und Max Marx (Herrenberger Str. 46, bis 1920), Damenkonfektionsgeschäft Jakob Oppenheim und Walter Schäfer (Neue Str. 1), Bankkommandite Siegmund Weil (Wilhelmstr. 33).
Im *Gedenkbuch* der Stadt für die Gefallenen des Ersten Weltkriegs finden sich auch die Namen der beiden jüd. Gefallenen. An die Opfer der Verfolgungszeit 1933 bis 1945 erinnert eine 1983 am Holzmarkt (Mauer zur Stiftskirchenseite) angebrachte *Gedenktafel*. Auf dem Wankheimer jüd. Friedhof findet sich ein *Gedenkstein* mit den Namen von 14 umgekommenen Tübinger und Reutlinger Juden.

Sauer 1966 S. 176 ff.; L. Zapf, Die Tübinger Juden. 1978[2]; Ausk. StadtA Tübingen 21. Mai 1985, 4. Juni 1985.

LANDKREIS TUTTLINGEN

Geisingen

Zur Geschichte jüdischer Bewohner. In Geisingen lebten Juden bis zur Ausweisung 1518 wegen eines angebl. Ritualmordes. Es ist nicht bekannt, wann sie zugezogen sind. Vermutl. lebten in der zweiten Hälfte des 16. Jh. wieder Juden in der Stadt, da 1590 bis 1601 Juden aus Geisingen an anderen Orten genannt werden. Seit der zweiten Hälfte des 19. Jh. zogen wieder einige Pers. zu, die zur Synagogengemeinde Randegg gehörten. 1912 bis 1924 betrieb der Tierarzt Daniel Marx eine Praxis (Mohrengasse 13). Marx wurde 1924 auf dem städt. Friedhof Geisingens beigesetzt; das Grab ist erhalten. 1933 war in Geisingen Seligmann Hirsch wohnhaft, der 1944 in Auschwitz umkam.

QJ III,1 S. 427; QGJ Nr. 330, 816, 843; W. Kramer/L.-I. Penka, Die Tuttlinger Juden, in: Tuttlinger Heimatblätter. 1984. S. 74 f.; Hundsnurscher/Taddey S. 241; Ausk. BMA Geisingen 24. Okt. 1985.

Immendingen

Zur Geschichte jüdischer Bewohner. In Immendingen lebten in der zweiten Hälfte des 19. Jh. wenige jüd. Pers., insbesondere eine Fam. Falk.

H. Keil, Dokumentation über die Verfolgung der jüd. Bürger von Ulm. 1962. S. 328 (nennt Bertha geb. Falk, geb. 1889 in Immendingen).

Mühlheim an der Donau

Zur Geschichte jüdischer Bewohner. In Mühlheim lebten Juden vermutl. im MA, sicher im 16. Jh. (von 1528 bis 1571 werden mehrere Fam. in der Stadt genannt), danach kam es zu keinen längeren Niederlassungen mehr.
Spuren der jüdischen Geschichte. Außer dem um 1400 genannten »Judenaekerlin« (noch 1583 als »Judenacker« genannt, genaue Lage unbekannt) erinnert an die jüd. Geschichte noch der »Judenturm«, der um 1610 sog. südöstl. Stadtturm. Bei der Aufnahme jüd. Fam. 1528 wurde ihnen als *Friedhof* das »Zeinslöchlin« zugewiesen (genaue Lage unbekannt).

QGJ Nr. 449, 729; E. Blessing, Die Juden, in: Stadtgeschichte Mühlheim. S. 46 ff.; Inventar über die Bestände des Stadtarchivs Villingen. 1. Bearb. H. J. Wollasch 1971. Urk. Nr. 1484; Ausk. BMA Mühlheim 23. Sept. 1985, 9. Okt. 1985.

Spaichingen

Zur Geschichte jüdischer Bewohner. In Spaichingen lebten seit dem Ende des 19. Jh. wenige jüd. Pers., insbesondere eine Fam. Levi (um 1890). 1933 verlor der prakt. Arzt Dr. Berger seine Arztzulassung.
Spuren der Verfolgungszeit 1933 bis 1945. In Spaichingen bestand von Okt. 1944 bis Apr. 1945 ein *Außenkommando des Konzentrationslagers Natzweiler/Elsaß*, in dem vor allem jüd. Häftlinge zur Zwangsarbeit eingesetzt waren (in der Fa. Metallwerke GmbH Spaichingen). Mind. 96 der Zwangsarbeiter kamen wegen der katastrophalen Arbeits- und Lebensbedingungen ums Leben. Am Stadtfriedhof erinnert seit 1966 ein *Ehrenmal* mit den Namen der Toten des Lagers an ihr Schicksal.

E. Bloch, Geschichte der Juden von Konstanz. 1971. S. 104 (zu Karl Levi, geb. 1890 in Spaichingen); Vorländer S. 12; A. Rieth, Denkmal ohne Pathos. 1967. S. 45 Tafel 114 f.

Tuttlingen
Stadtteil Möhringen

Spuren der jüdischen Geschichte. In Möhringen lebten entweder bereits im MA (Stadtrechte seit 1308) oder in der frühen Neuzeit (16. Jh.) Juden. 1546 wird ein »Jud zu Meringen« in Villingen genannt.
Spuren der jüdischen Geschichte. Bis ins 19. Jh. gab es im Westen der Stadt ein »Judentor« und eine »Judengasse« (heute Teil der Schwarzwaldstr.), die auf ein ehem. jüd. Wohngebiet hinweisen.

Bad. Städtebuch S. 319, 321; W. Kramer/L.-I. Penka, Die Tuttlinger Juden, in: Tuttlinger Heimatblätter (1984) S. 75; Ausk. KreisA Tuttlingen 25. März 1985; Inventar über die Bestände des Stadtarchivs Villingen. 1. Bearb. H. J. Wollasch. 1971. Urk. Nr. 1484.

Stadtteil Tuttlingen

Zur Geschichte jüdischer Bewohner. In Tuttlingen lebten einige jüd. Pers. seit der zweiten Hälfte des 19. Jh. (Höchstzahl 1910: 24), die zur Synagogengemeinde in Mühringen, nach 1880 in Rottweil gehörten, wenngleich sich die jüd. Fam. stärker mit Rexingen verbunden fühlten, woher die Fam. Gideon und Fröhlich stammten.

An ehemaligen, bis nach 1933 bestehenden *Betrieben* sind bekannt: Arztpraxis Dr. Hans Meyer Chassel (Blumenstr.), Schuhwarengroßhandlung Gideon & Co. GmbH, Inh. Elias Gideon und Artur Landauer (Obere Hauptstr. 9), Viehhandlung Julius Fröhlich (Hermannstr. 14, nach 1930 Dammstr. 15), Schuhfabrik und Leder- und Schuhwarengroßhandlung Gebr. Kälbermann, Inh. Isidor und Ludwig Kälbermann (Hermannstr. 23), Lederwarengeschäft Ludwig Maier (Karlstr. 36, dann Olgastr. 56, zuletzt Möhringer Str. 52).

Mind. 3 Pers. kamen in der Verfolgungszeit 1933 bis 1945 ums Leben. Ihre Namen finden sich auf einem *Ehrenfeld* im Alten Tuttlinger Friedhof.

W. Kramer/L.-I. Penka, Die Tuttlinger Juden, in: Tuttlinger Heimatblätter (1984) S. 74–85; Ausk. KreisA Tuttlingen 25. März 1985.

STADTKREIS ULM

Stadtteil Söflingen

Zur Geschichte jüdischer Bewohner. In Söflingen lebten um 1933 die Fam. Hirsch und Leiter, die zur Synagogengemeinde Ulm gehörten.

Ausk. StadtA Ulm 26. Apr. 1985, 9. Aug. 1985.

Stadtteil Ulm

Zur Geschichte jüdischer Bewohner. In Ulm bestand eine Gemeinde im MA (erste Erwähnung 1241, Verfolgung 1349, Ausweisung der Juden 1499) und im 19./20. Jh. von 1845/56 bis 1938. Die höchste Zahl jüd. Bewohner wird um 1880 mit 694 Personen erreicht. Mind. 118 Pers. kamen in der Verfolgungszeit bis 1945 ums Leben.

Wohngebiet und Einrichtungen der jüdischen Gemeinde. *Mittelalter:* 1331 wird eine *Judengasse* genannt, die vermutl. mit der späteren *Alten Judengasse* identisch ist, dem westl. Teil der (seit 1873 sog.) Schuhhausgasse zwischen Kram- und Karpfengasse. Nach anderen Überlegungen (weniger wahrscheinl.) lag das ursprüngl. Wohngebiet in der Gegend der Hirschstr. und der Donaustr. Eine *Neue Judengasse*, auch »Süßloch« genannt (1469 zusammen erwähnt), war die heutige Paradiesgasse. Ab 1353/54 konzentrierte sich die Gemeinde mit ihren Einrichtungen auf die Stelle des noch heute *Judenhof* genannten Platzes, der im MA fast ganz überbaut war. Hier wohnten jedoch auch weiterhin Christen; der Besitz einzelner Häuser wechselte oft zwischen Angehörigen beider Religionsgemeinschaften. Nach der Ausweisung der Juden 1499 fiel der gesamte Gebäudebesitz (11 Häuser und alle Einrichtungen) an die Stadt. Ein ehem. Judenhaus ist vermutl. in Resten (u. a. gotisches Fenster im Erdgeschoß) im Gebäude Judenhof 10 erhalten. Beim Haus Judenhof 1 handelt es sich nach der Tradition um das *Rabbinat*. Beim Umbau des Gebäudes 1987 wurde eine ausgemalte Nische entdeckt, in der vermutlich ein Toraschrein eingebracht war (ma. Betsaal des 15. Jh.?).

Die *Synagoge* der ma. Gemeinde stand im sog. *Judenschulhof*, der einen Teil des heutigen Judenhofes einnahm. Im Gebiet des Judenhofes befanden sich auch das *rituelle Bad*, eine *Frauensynagoge*, ein *jüd. Spital* und ein *Judentanzhaus* (letzteres vermutl. 1349 zerstört). Ein erster *Friedhof* (1281 genannt), der bis zum Anfang des

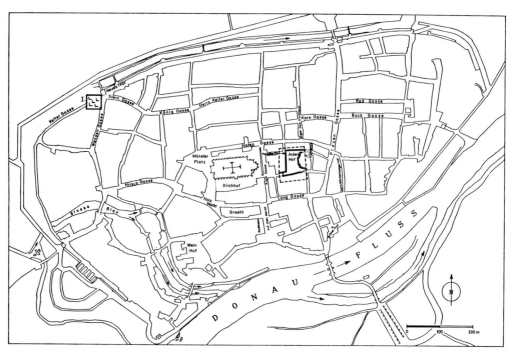

539   Lage des mittelalterlichen »Judenhofes« in Ulm und des ersten jüdischen Friedhofs am Neuen Tor.

14. Jh. belegt wurde, lag am Platz des späteren Neuen Tores (heute Kreuzung zwischen Kelter-, Wengen- und Sterngasse). Hier wurden bei Kanalisationsarbeiten 1950 und 1953 Skelette aufgefunden. Im Zuge der Stadterweiterung mußte der Friedhof verlegt werden. Der zweite ma. Friedhof lag außerhalb des Neuen Tores (1356 erstmals genannt), weswegen das »Neue Tor« gelegentlich auch »Judentor« oder »Judenturm« genannt wurde. Aufgrund des ältesten erhaltenen Stadtplans (Schlumberger-Plan 1597) und zahlreicher Knochenfunde beim Bau des Hauptpostamts 1895 bzw. 1953 ist die Lage dieses Friedhofs gleichfalls bekannt. Nach 1499 wurden die Grabsteine abgeräumt und beim Haus- und Münsterbau verwendet. Das Friedhofsgelände diente nun den Tuchwebern als Trockenplatz (1597 erwähnt). 1987 wurden beim Bau des neuen Fernmeldeamts 22 Skelette des jüd. Friedhofs geborgen und später auf dem jüd. Friedhof an der Stuttgarter Str. beigesetzt. Einige der *Grabsteine des ma. Friedhofes* wurden im 18./19. Jh. wiederentdeckt; ein Teil

wird in der Bauhütte des Ulmer Münsters aufbewahrt (Grabsteine von 1243, 1298, 1305, 1379, 1457 und 1491), ein weiterer Stein (von 1344) ist in der Außenwand des Hauses Rabengasse 7 eingemauert. Auch der Weihestein zur Grundsteinlegung des Münsters von 1377 (im Ulmer Museum) ist ein auf der Rückseite beschriebener Grabstein des jüd. Friedhofs (von 1341). Dieselbe Herkunft hat der Stocker-Grabstein der Dreifaltigkeitskirche. Ein 1985 in Langenau aufgefundener Grabstein wird ebenfalls vom jüd. Friedhof Ulms stammen (s. d.).

19./20. Jahrhundert: Im 19. Jh. besuchten die ersten seit 1806 bis 1813 ansässig gewordenen jüd. Bewohner zunächst die Gottesdienste in Laupheim. Seit 1845 wurden in Ulm in einem angemieteten Saal des Gasthauses zum Schwanen Gottesdienste sowie der Religionsunterricht abgehalten. 1873 konnte am Weinhof eine in maurischem Stil erbaute *Synagoge* eingeweiht werden (Weinhof 2 und 3; hier auch *Gemeindehaus* und *Rabbinat*). 1938 wurde die Synagoge zerstört und abgerissen. Das Grundstück ist inzwischen mit einem Gebäude der Kreissparkasse (Neue Str. 66, mit einer seit 1958 angebrachten Gedenktafel für die Synagoge) überbaut worden.

1852 konnte vor dem Frauentor (nördl. Teil des alten städt. Friedhofs an der Frauenstr., Parzelle 841/2 und 3) wieder ein jüd. *Friedhof* angelegt werden. Dieser Friedhof wurde zwischen 1936 und 1945 völlig zerstört; nur 3 Grabsteine sind erhalten. Das Gelände ist heute Bestandteil der Parkanlage Frauenstraße. 1987 wurde ein *Gedenkstein* als Hinweis auf diesen Friedhof aufgestellt. 1899 wurde der jüd. Gemeinde eine Abteilung des städtischen Friedhofes an der Stuttgarter Straße eingeräumt (Parz. 1252; Fläche 31,52 a).

Dieser Friedhof wird bis zur Gegenwart belegt und enthält einen *Gedenkstein* für die im Ersten Weltkrieg aus der jüd. Gemeinde Ulms Gefallenen (Namenverzeichnis), einen *Gedenkstein* für die im Ersten Weltkrieg in Ulmer Lazaretten verstorbenen jüd. Kriegsgefangenen sowie einen *Gedenkstein* für den Oberstabsarzt Dr. Franz Hirsch. Auf dem Hauptfriedhof steht unweit der Friedhofshalle ein *Mahnmal für die Opfer der nationalsozialistischen Herrschaft.*

Weitere Spuren der jüdischen Geschichte. Im Münster befindet sich unter den vier Prophetenfiguren auch die Figur *Jeremias,* die von der jüd. Gemeinde 1877 für das Münster gestiftet wurde (Inschrift an der Konsole: »Stiftung der Israeliti-

540   *Blick über den mittelalterlichen »Judenhof« in Ulm (Aufnahme um 1930).*

541 *Ausgemalte Nische, 1987 beim Umbau des Hauses Judenhof 1 entdeckt, vermutlich zur Unterbringung eines Toraschreines eines mittelalterlichen Betsaals.*

schen Gemeinde 1877«). Das »Israel-Fenster« im Münster erinnert seit 1986 (Künstler: Stockhausen) vielfältig an die jüdische Geschichte. Im *Ulmer Museum* befanden sich bis zur Zeit des »Dritten Reiches« verschiedene Kultgegenstände, die bei einer »Säuberungsaktion« entfernt wurden.

Übersichten über *jüd. Gewerbetriebe* und weitere *Anschriften* der jüd. Einwohner Ulms bis in die Zeit des Dritten Reiches finden sich bei H. Keil, Dokumentation, im Anhang (s. Lit.).

Persönlichkeiten und auf sie bezogene Erinnerungsmale. *Jäcklin* (14. Jh.), »Financier« Ulms in der zweiten Hälfte des 14. Jh.; die Stadt Ulm konnte direkt oder indirekt durch seine Kredite ihr Gebiet wesentlich erweitern (u. a. Langenau) und zahlreiche Projekte verwirklichen (in dieser Zeit auch der Baubeginn des Münsters). *Albert*

Einstein (1879 Ulm – 1955), Physiker; stellte um 1905 die spezielle, 1915 die allg. Relativitätstheorie auf. Das Geburtshaus Einsteins war in der Bahnhofstr. 20 (im Zweiten Weltkrieg zerstört; hier heute die *Einstein-Stele*, daneben eine von einer indischen Organisation gestiftete Einstein-Plakette). An Einstein erinnern dazu die »Einsteinstraße« im Westen der Stadt (seit 1922, im »Dritten Reich« in Fichtestr. umbenannt), das »Einsteinhaus« der Ulmer Volkshochschule mit einer Gedenkwand für Einstein. Eine *Einstein-Büste* befindet sich auch beim Behördenzentrum

542 *Grabstein des mittelalterlichen jüdischen Friedhofs in Ulm, mit anderen Steinen aufbewahrt im Ulmer Münster; er wurde 1607 im Garten des Zeughauses am Gänstor entdeckt und 1815 ins Münster gebracht; der Stein erinnert an die im April 1305 verstorbene Mirjam, Tochter des R. Salomo; auffallend ist der schöne gotische Bogen des Steines.*

543   Synagoge in Ulm, 1871–1873 erbaut, 1938 zerstört (Aufnahme um 1920).

544   Synagoge in Ulm am 15. November 1938; die Pogromnacht hatte ihre Spuren hinterlassen; die Kuppeldächer
der 4 Ecktürme waren bereits 1929 auf behördliche Veranlassung durch Flachpyramidenaufsätze ersetzt worden, da
jene nicht in das Stadtbild passen würden.

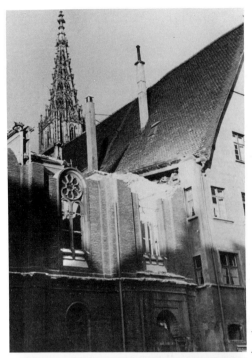

547   *Albert Einstein (1879—1955; Fotografie wohl um 1915).*

◁ 545   *Abbruch der Ulmer Synagoge Ende 1938.*

◁ 546   *Figur des Propheten Jeremias im Münster, 1877 von der israelitischen Gemeinde Ulms zur 500jährigen Grundsteinlegung des Münsters gestiftet.*

Zeughausgasse. *Julius Baum* (1882—1959), 1929 bis 1933 Prof. an der TH Stuttgart (Publikationen zur schwäb. Kunstgeschichte); 1924 bis 1933 Direktor des Ulmer Museums; 1945 bis 1955 Leiter des Württ. Landesmuseums.

Sauer 1966, S. 178—185; GJ II,2 S. 843—846; Veitshans 5, S. 26ff.; 6, S. 2, 14; H. Keil, Dokumentation über die Verfolgung der jüdischen Bürger von Ulm. 1962; R. Wortmann, Reste eines ma. Judenhauses in Ulm? in: Aus Archiv und Bibliothek. Max Huber zum 65. Geburtstag. 1969. S. 60—66; H. Bender (Bearb.), Ulm — Historische Bausubstanz. 1975. S. 189, 192; A. Engel, Juden in Ulm im 19. Jh. — Anfänge und Entwicklung der jüd. Gemeinde von 1803—1873. Mag.-Arb. im Fachbereich Geschichte der Univ. Tübingen. 1982; H. E. Specker (Hg.), Einstein und Ulm. Forschungen zur Geschichte der Stadt Ulm. Reihe Dokumentation 1. 1979; Toury S. 174—182; Ausk. Ulmer Museum 13. Febr. 1984.

LANDKREIS WALDSHUT

Bad Säckingen

Zur Geschichte jüdischer Bewohner. In Säckingen lebten im MA (1348/49 Judenverfolgung) bis zur Ausweisung 1517 und seit der zweiten Hälfte des 19. Jh. einige jüd. Personen (1900: 17).
Spuren der jüdischen Geschichte. Einzige Spur scheint eine nördl. von Obersäckingen gelegene Flur »Judenmättle« zu sein, die bereits 1501 als »juden matt« genannt wird.
Über Namen und Gewerbebetriebe jüd. Pers. des 19./20. Jh. konnte nichts in Erfahrung gebracht werden.

GJ II,2 S. 728; Hundsnurscher/Taddey S. 275; Toury S. 95ff.; Ausk. BMA Bad Säckingen 11. Nov. 1985.

Bernau

Zur Geschichte jüdischer Bewohner. In Bernau lebte um 1910 bis 1920 der Kunstmaler Leo Kahn, ein Schüler von Albert Haueisen, der später nach Palästina auswanderte.

Ausk. BMA Bernau 23. Apr. 1985.

Bonndorf im Schwarzwald

Zur Geschichte jüdischer Bewohner. In Bonndorf lebten seit der zweiten Hälfte des 19. Jh. einige jüd. Pers., die zur Synagogengemeinde Tiengen gehörten (1910: 9 Pers.). Nach der Überlieferung am Ort war in der »Alten Turnhalle« beim Schloß eine Synagoge (Betsaal) eingerichtet (vermutl. für gelegentliche Gottesdienste an jüd. Feiertagen; die Angabe konnte nicht überprüft werden). Mind. 2 Pers. kamen in der Verfolgungszeit 1933 bis 1945 ums Leben.

Ausk. BMA Bonndorf 27. März 1985.

Eggingen
Ortsteil Untereggingen

Zur Geschichte jüdischer Bewohner. In Untereggingen betrieb Alfred Lewi um 1920/30 eine Viehhandlung (Haus Nr. 75). Er war ca. 10 Jahre am Ort wohnhaft und verzog anschließend nach Tiengen.

Ausk. BMA Eggingen 28. März 1985.

Görwihl
Ortsteil Oberwihl

Zur Geschichte jüdischer Bewohner. In Oberwihl bestand von 1922 bis 1927 ein *Kinderlandheim* unter Leitung von Käthe Hamburg (nach 1927 in Herrlingen).

R. Fichtner/B. Wegemer, Kindern eine Zukunft. Von zwei Kinderheimen in der Weimarer Zeit. Diplomarbeit Univ. Tübingen (Erziehungswissenschaft). 1986.

Jestetten

Zur Geschichte jüdischer Bewohner. In Jestetten waren bis 1934 die Fam. des Kürschners Alexander Kohn und der Kaufmann Michael Weiss ansässig.

HStAS J 355 Bü. 61.

Lauchringen
Ortsteil Oberlauchringen

Zur Geschichte jüdischer Bewohner. In Oberlauchringen sind im 17. Jh. einige Juden ansässig (1662 sind genannt: Judele Jud, Mauschele Jud und Janid Meyer; 1667/68 wohnte der Mauscheljude in einem vom Ortspfarrer gepachteten Haus).

Ausk. BMA Lauchringen 9. Apr. 1985.

Ortsteil Unterlauchringen

Zur Geschichte jüdischer Bewohner. In Unterlauchringen lebten im 17./18. Jh. einige jüd. Pers. (erste Nennung 1624: 2 Pers., 1752 Nachman Levi, 1761 Mengge Levi und gegen Ende des 18. Jh. die Witwe Rachel Guggenheim mit ihren Söhnen).

Ausk. BMA Lauchringen 9. Apr. 1985.

Laufenburg (Baden)

Zur Geschichte jüdischer Bewohner. In Laufenburg lebten bis in die Zeit des »Dritten Reiches« Siegfried und Emilie Löwenstein (Herr Löwenstein als Geschäftsführer der Fa. Dampfsägewerke Laufenburg GmbH; im Betrieb als Angestellter: Siegfried Wertheimer). Das Ehepaar Löwenstein kam 1942 ums Leben.

Gedenkbuch S. 213 f.; HStAS J 355 Bü. 77.

St. Blasien

Zur Geschichte jüdischer Bewohner. Im ehem. Kloster richtete der Karlsruher Bankier David Seligmann Freiherr von Eichthal 1811 mehrere Fabriken ein, in der bis zu 800 Pers. Arbeit fanden. 1827 war die Fabrik eine eigene politische Gemeinde mit Seligmann als Gemeindevorsteher (seit 1835 als Bürgermeister). Nach 1862 zogen weitere jüd. Pers. nach St. Blasien zu (um 1900 bis 1910: 20 Pers.). An ehemaligen, bis nach 1933 bestehenden *Handelsbetrieben* sind bekannt: Kaufhaus Gustav Grumbach (Hauptstr. 3), Fotogeschäft Alexander Mendelsohn (Hauptstr. 11), Feinkostgeschäft Ferdinand Odenheimer (Hauptstr. 27). Die jüd. Bewohner St. Blasiens gehörten zur Synagogengemeinde Tiengen.

Hundsnurscher/Taddey S. 154, 175; D. Petri, Die Tiengener Juden, 1984[2]. S. 166 ff. (Abschnitt »David Seligmann, Freiherr von Eichthal« auch

in: Juden in Baden 1809–1984. S. 199–202); Ausk. BMA St. Blasien 29. März 1985, 4. März 1986.

Stühlingen
Stadtteil Eberfingen

Zur Geschichte der jüdischen Gemeinde. In Eberfingen waren Anfang des 18. Jh. einige jüd. Fam. wohnhaft. Vermutl. wurden sie wie die Stühlinger Juden 1743 ausgewiesen.

Rosenthal, Heimatgeschichte S. 173.

Stadtteil Stühlingen

Zur Geschichte jüdischer Bewohner. In Stühlingen bestand eine Gemeinde bis 1743 (Ausweisung der jüd. Bewohner). Ihre Entstehung geht in die Zeit des 16. Jh. zurück (im ersten Drittel des 16. Jh. wird in Frankfurt am Main ein Stühlinger Jude genannt). Die höchste Zahl wird nach 1671 mit 26 Fam. erreicht. Im 19./20. Jh. zogen nur wenige jüd. Pers. wieder zu, insbesondere eine Fam. Bloch, die 1926 von hier nach Waldshut verzog.
Wohngebiet und Einrichtungen der jüdischen Gemeinde. Das Wohngebiet konzentrierte sich auf die »Judengasse« (seit 1933 Gerberstraße), die sich vom ehem. Gasthaus »Schwarzer Adler« schräg gegen den im Volksmund noch sog. »Judenwinkel« und dann als Hintere Gasse zum Marktplatz erstreckte.
Im Haus Gerberstr. 7 befand sich ein Durchgang, der zur *Synagoge* (»Judenschule«) führte, die außerhalb der Stadtmauer, an diese angelehnt, am Abhang gegen das Tal stand. Um 1720 wurde eine *neue Synagoge* erbaut, die sich hinter dem Brunnen im Judenwinkel befand, später als Scheune genutzt und inzwischen zu einem Wohnhaus umgebaut wurde. Ein *rituelles Bad* war vor 1724 in einem Haus neben dem Rathaus untergebracht. Ein *Judenbad*, das nichtrituellen Zwecken diente, befand sich im Stadtgraben an der Westseite des Städtchens.
Auch ein *Friedhof* war vorhanden, der sich nicht mehr lokalisieren läßt (Ortsangaben: jenseits der

548 Sog. »*Judenwinkel*« in Stühlingen; die Scheune hinter dem Brunnen war die ehemalige Synagoge, das Haus rechts daneben die Wohnung des Rabbiners (hist. Aufnahme um 1925).

Wutach gelegen, »obem Schaffhauser Weg«). Er wurde nach Ausweisung der Juden vermutl. abgeräumt, die Grabsteine fanden teilweise als Dohlendeckel Verwendung.

Weitere Spuren der jüdischen Geschichte. In Tiengen ist ein *Grabstein von 1764* eines aus Stühlingen stammenden Seligmann, Sohn des Josef aus Stühlingen, vorhanden.

Im Dreißigjährigen Krieg waren die Stühlinger Juden 1633 zur Flucht aus der Stadt gezwungen und versteckten sich in den südl. der Stadt gelegenen »Judenlöchern« (Bezeichnung noch heute üblich).

Rosenthal, Heimatgeschichte S. 171–183; G. Häusler, Stühlingen, Vergangenheit und Gegenwart. 1966. S. 152–160; D. Petri, Die Tiengener und Waldshuter Juden. 1984[2]. S. 156 f.; Ausk. G. Kurth, Stühlingen 10. Apr. 1985, 26. Febr. 1986.

Todtmoos

Zur Geschichte jüdischer Bewohner. In Todtmoos lebten seit dem Ende des 19. Jh. wenige jüd. Pers., seit 1920 Heinrich Wollheim aus Berlin, der 1942 nach der Deportation ums Leben kam.

Ausk. BMA Todtmoos 10. Apr. 1985.

Waldshut-Tiengen
Stadtteil Tiengen

Zur Geschichte der jüdischen Gemeinde. In Tiengen bestand eine Gemeinde bis 1938. Ihre Entstehung geht in die Zeit des 15. Jh. zurück (erste Nennung 1454, 1650: 8 jüd. Fam. aufgenommen). Die höchste Zahl wird um 1885 mit 233 Pers. erreicht. Mind. 14 Pers. kamen in der Verfolgungszeit 1933 bis 1945 ums Leben.

Wohngebiet und Einrichtungen der jüdischen Gemeinde. Das *Wohngebiet* konzentrierte sich

549   1935 wurde in (Waldshut-)Tiengen die bisherige »Judengasse« in »Turmgasse« umbenannt; eine Rückbenennung wurde bis heute nicht vorgenommen.

im 16. Jh. auf die (ältere) »Judengasse« (heute Priestergasse), nach dem Dreißigjährigen Krieg und im 18. Jh. auf die (jüngere) »Judengasse« (seit 1935 Turmgasse genannt). Hier befanden sich vermutl. auch zunächst jeweils ein Betsaal oder eine Synagoge (Näheres nicht bekannt).
1790 bis 1793 wurde in der heutigen Fahrgasse (Haus Nr. 13) eine *Synagoge* erbaut, die 1863 und 1929 renoviert wurde. 1938 ist das Gebäude demoliert worden, 1939 wurde es verkauft, nach 1945 zu einem Gewerbebetrieb umgebaut, dabei wesentlich vergrößert und um einen Stock erhöht (der ehem. *Synagogenhof* wurde überbaut). Eine

Hinweistafel für die Synagoge wurde an einem ihr gegenüber befindlichen Baum angebracht.
Der Schulunterricht fand zunächst in Privathäusern statt. Seit 1814 besuchten die jüd. Kinder die kath. Schule. Ein jüd. *Schulhaus* mit Schulzimmer im Erdgeschoß und Lehrerwohnung im Obergeschoß wurde 1827 erbaut. 1876 wurde die Konfessionsschule aufgelöst. Das Schulhaus ist nicht erhalten (1915 abgebrannt, Brandplatz zwischen Turmgasse 7 und 9, *Hinweistafel* am Nachbarhaus vorhanden).
Ein *rituelles Bad* befand sich im Haus Fahrgasse 2. Der separate Eingang zum Bad wurde bei der letzten Renovierung des Gebäudes zugemauert (*Hinweistafel* vorhanden).
Ein *Friedhof* wurde um 1760 an der heutigen Feldbergstr. (vor dem Bahnübergang) angelegt. 1938 wurde er eingeebnet und zu einem Sportplatz umgestaltet. Die Steine des Friedhofs wurden großenteils zum Bau einer *Stützmauer* westl. des Gebäudes Sailerbergweg 3 verwendet (Grabsteine deutlich erkennbar). Nach 1945 wurde der Friedhof als *Gedenkstätte* wieder hergerichtet; ein großer Gedenkstein enthält die Namen von 50 seit 1889 hier beigesetzten jüd. Bewohnern aus Tiengen, Waldshut und St. Blasien. An der östl. Friedhofsmauer sind drei Grabsteine von 1764, 1790 und 1793 erhalten. 1981 wurde eine zusätzliche *Hinweistafel* am Friedhofseingang angebracht (Fläche 16,82 a).
Weitere Spuren der jüdischen Geschichte. An

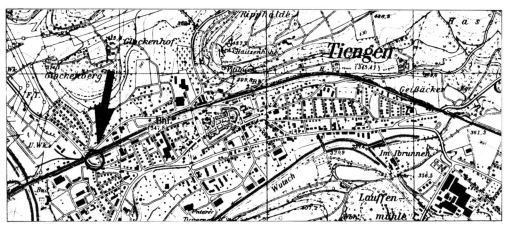

550   Lage des jüdischen Friedhofs in (Waldshut-)Tiengen.

551 Das Denkmal auf dem jüdischen Friedhof in (Waldshut-)Tiengen ersetzt die in der NS-Zeit zerstörten Grabsteine des Friedhofs (1984).

ehemaligen, bis nach 1933 bestehenden *Handelsbetrieben* sind bekannt: Aussteuergeschäft Berthold und Isak Bernheim (Hauptstr. 55), Aussteuergeschäft Hermann Bernheim (Hauptstr. 64), Geflügelhandlung Hermann Guggenheim (Hauptstr. 59), Konfektionsgeschäft Jakob Guggenheim (Hauptstr. 90), Fellhandlung Jakob Guggenheim (Hauptstr. 85), Schuhgeschäft Julius Guggenheim (Hauptstr. 48), Metzgerladen Max Guggenheim (Weihergasse 26, bis 1920), Farbengeschäft Heinrich Guggenheim (Hauptstr. 41), Lederhandlung Paul Guggenheim (Hauptstr. 57), Spezereiengeschäft Rosa Guggenheim und Sofie Schwartz (Priestergasse 4), Viehhandlung Moritz Maier (Hauptstr. 10), Pferdehandlung Ferdinand Schleßinger (Zubergasse 2). 1559/60 bestand eine *hebr.* Druckerei von Josef ben Naftali und Elieser ben Josef Herz (im Gebäude Priestergasse 13). Die erste jüd. *Metzgerei* war (vermutl. seit 1783) in der Weihergasse 7 (heute Archivraum der Stadtverwaltung). Später wurde im öffentl. Schlachthaus bzw. in der örtlichen Metzgerei geschlachtet. Jüd. *Wirtschaften* bestanden im 18. Jh. mit dem Gasthaus »Zum Ochsen« (Hauptstr. 74) und von 1842 bis 1913 mit dem Gasthaus »Zur Blume« der Fam. Guggenheim (Hauptstr. 93).

Auf dem *Kriegerdenkmal 1870/71* in der Stadt-

mitte (Peter-Thumb-Str./Hauptstr.) und auf dem *Kriegerdenkmal 1914/18* auf dem Vitibuck finden sich auch die Namen der 3 bzw. 4 jüd. Gefallenen aus Tiengen.

Hundsnurscher/Taddey S. 272–276; D. Petri, Die Tiengener Juden und die Waldshuter Juden. Schriften des Arbeitskreises für Regionalgeschichte e. V. 4. 1984[2]; Ausk. M. Emmerich, Tiengen 10. März 1986.

Stadtteil Waldshut

Zur Geschichte jüdischer Bewohner. In Waldshut waren Juden im MA (Judenverfolgung 1348), seit dem Ende des 14. Jh. (1388 wieder Nennung eines Juden, 1517 Ausweisung der Juden) und nach 1862 ansässig. Die höchste Zahl jüd. Bewohner wird um 1925 mit 30 Pers. erreicht. Im 19./20. Jh. gehörten die Waldshuter Juden der Synagogengemeinde in Tiengen an. Mind. eine Pers. kam in der Verfolgungszeit 1933 bis 1945 ums Leben.

Spuren der jüdischen Geschichte. Auf Gemarkung Waldshut befand sich bis um 1965 eine kleine Insel, »Judenäule« genannt, auf der zwischen 1603 und 1750 die Toten der schweizerischen jüd. Gemeinden Lengnau und Endingen beigesetzt wurden, bis diese einen eigenen Friedhof zwischen ihren Orten anlegen konnten. Durch den Bau des Kraftwerks Koblenz-Kadelburg war die Überflutung der Insel absehbar; 1954/55 wurden die in 85 Gräbern gefundenen Totengebeine und die Grabsteine auf den Lengnauer Friedhof umgelegt. Vom Judenäule her erklärt sich die im Volksmund gebräuchliche Bezeichnung »Judeninsel« für die Insel Mühlegrien (oberhalb der Rheinbrücke Waldshut – Koblenz). Vom Judenäule ist nichts mehr sichtbar (ungefähr gegenüber dem Hauptportal der Fa. Lonza-Werke).

An ehemaligen, bis nach 1933 bestehenden *Handelsbetrieben* sind bekannt: Schuhgeschäft Jenny und Klara Aufrichtig (Kaiserstr. 17), Herrenbekleidungsgeschäft Siegfried Aufrichtig (Kaiserstr. 21), Viehhandlung Levi Bloch (Bismarckstr. 13, Stall in der Wallstr. 64), Stoffgeschäft Simon Schwarzkopf (Kaiserstr. 66), Manufakturgeschäft Sigmund Siegbert (Kaiserstr. 14), ferner die Zahnarztpraxis Dr. Michael Dreyfuß (Bismarckstr. 15).

Hundsnurscher/Taddy S. 275 f.; GJ II,2 S. 862; D. Petri, Die Tiengener und die Waldshuter Juden. 1984[2]; K. Sutter, Der Judenfriedhof bei Waldshut, in: Badische Heimat 3 (1982) S. 439–443.

Wutöschingen
Ortsteil Horheim

Zur Geschichte jüdischer Bewohner. In Horheim lebten im 17. und in der ersten Hälfte des 18. Jh. einige jüd. Fam., die vermutl. der Synagogengemeinde Stühlingen oder Tiengen angehörten. 1743 wurden die Horheimer Juden wie diejenigen aus Stühlingen ausgewiesen.

Rosenthal, Heimatgeschichte. S. 173–177.

Ortsteil Ofterdingen

Zur Geschichte jüdischer Bewohner. In Ofterdingen lebten um 1600 einige jüd. Fam. (1601 werden Phaal und Mausche, Juden aus Ofterdingen, genannt).

Rosenthal, Heimatgeschichte S. 75.

ZOLLERNALBKREIS

Albstadt
Stadtteil Ebingen

Zur Geschichte jüdischer Bewohner. In Ebingen ließen sich seit Ende des 19. Jh. wenige jüd. Pers. nieder, insbesondere die Fam. Ernst, Sigmund und Walter Gideon (Geschäftsreisende, Obere Vorstadt 35), der Arzt Dr. Otto Hammel (Kirchgrabenstr. 4), der Geschäftsreisende Hermann Hirsch (Spitalhof 8) und der Viehhändler Heinrich Weil. Mind. 4 Pers. kamen in der Verfolgungszeit 1933 bis 1945 ums Leben.
Nicht im Zusammenhang mit der jüd. Geschichte steht eine im Volksmund sog. »Judenschule« im Kirchgraben (1790 erbaut, 1944 zerstört). Hierbei handelt es sich um eine gewöhnliche Schule, die vermutlich diesen Necknamen erhielt.

Ausk. StadtA Albstadt 2. Juli 1984, 10. Sept. 1985, 19. März 1987.

Stadtteil Laufen an der Eyach

Spuren der jüdischen Geschichte. In Laufen trug der vordere und untere Teil der heutigen Dobelstr. die Bezeichnung »Judengasse« (erste Erwähnung der »Judengaß« 1737), vermutl. ein Hinweis auf eine jüd. Ansiedlung früherer Jh.

Ausk. StadtA Albstadt 2. Juli 1984.

Stadtteil Lautlingen

Spuren der jüdischen Geschichte. In Lautlingen besteht eine Flur »Judengarten«, in anderen Quellen »Judenkirchhof« genannt (Lage an der Eisbachstr. unterhalb des »Bühl«). Die Herkunft der Bezeichnung ist unbekannt; sie könnte auch auf einen Pestfriedhof vor dem Ortsetter aus der Zeit des Dreißigjährigen Krieges hinweisen.

OAB Balingen. 1880. S. 257; Der Landkreis Balingen 2. 1961. S. 478; Ausk. StadtA Albstadt 22. Febr. 1984.

Stadtteil Onstmettingen

Spuren der jüdischen Geschichte. In Onstmettingen arbeiteten in der zweiten Hälfte des 19. Jh. etliche Heimarbeiter für die Trikotweberei David Levy (Hechingen); dies war die Grundlage für die Entstehung von Trikotwebereien in Onstmettingen.

Toury S. 51, 156.

Stadtteil Tailfingen

Spuren der jüdischen Geschichte. In Tailfingen arbeiteten seit dem Ende des 19. Jh. zahlreiche Heimarbeiter an eigenen Rundstühlen für die Trikotweberei David Levy (Hechingen); dies war die Grundlage für die Entstehung von Tritkotwebereien in Tailfingen. 1930 bis 1936 wohnte Flora Julie verw. Stern geb. Weil in Tailfingen, die mit dem prakt. Arzt Dr. Marx Klatschko verheiratet war, der aus diesem Grund 1933 seine Zulassung als Arzt verlor.

Toury S. 51, 156; L. Zapf, Die Tübinger Juden. 1978[2]. S. 61.

Balingen
Stadtteil Balingen

Zur Geschichte jüdischer Bewohner. In Balingen ließen sich seit dem Ende des 19. Jh. einige jüd. Pers. nieder. An ehemaligen, bis nach 1933 bestehenden Handels- und Gewerbebetrieben sind bekannt: Trikotwarenfabrik Herbert Schatzki & Co. (Bahnhofstr., vorm. Fa. Salomon Stern, Trikotwarenfabrik), Viehhandlung Wilhelm Levi (aus Haigerloch mit einer »Judenscheuer« in Balingen), ferner die Arztpraxis Dr. Alexander Bloch (Ebertstr. 2).

Ausk. StadtA Balingen 4. Sept. 1985.

Stadtteil Erzingen

Spuren der jüdischen Geschichte. Auf Gemarkung Erzingen befindet sich nördl. des Ortes an der Straße nach Geisingen eine Flur »Judenkirchhof«, vermutl. Hinweis auf eine jüd. Begräbnisstätte früherer Jh.

552   Lage der Flur »Judenkirchhof« bei (Balingen-)Erzingen.

Spuren der Verfolgungszeit 1933 bis 1945. In Erzingen bestand von März 1944 bis Apr. 1945 ein *Außenkommando des Konzentrationslagers Natzweiler/Elsaß* (der »Gruppe Wüste«). Das Lager war mit durchschnittlich 200 Häftlingen belegt, die beim Aufbau der Ölschieferindustrie eingesetzt waren.

Ausk. StadtA Balingen 29. Febr. 1984; Vorländer S. 13.

Stadtteil Frommern

Spuren der Verfolgungszeit 1933 bis 1945. In Frommern bestand von März 1944 bis Apr. 1945 ein *Außenkommando des Konzentrationslagers Natzweiler/Elsaß* (der »Gruppe Wüste«). Das Lager war mit durchschnittlich 120 Häftlingen belegt, die beim Aufbau der Ölschieferindustrie eingesetzt waren.

Vorländer S. 13 f.

Bisingen

Zur Geschichte jüdischer Bewohner. In Bisingen war von ca. 1905 bis 1924 die Fam. Alexander Cahn wohnhaft, danach verzog sie nach Mannheim.
Spuren der Verfolgungszeit 1933 bis 1945. In Bisingen bestand von Aug. 1944 bis Apr. 1945 ein *Außenkommando des Konzentrationslagers Natzweiler/Elsaß* (der »Gruppe Wüste«). Das Lager war mit durchschnittlich 1500 Häftlingen belegt, darunter großenteils jüd. Häftlinge, die aus Auschwitz und Stutthof hierher verlegt worden waren. Das Lager befand sich an der Schelmengasse bis zur Freesienstr. die Ölschieferabbaustätte, wo die Häftlinge arbeiteten, im sog. »Kuhloch« im Außenbachtal. Aufgrund der katastrophalen Lebens- und Arbeitsbedingungen verstarben bis zur Auflösung des Lagers mindestens 1158 Häftlinge, die auf dem Bisinger KZ-Friedhof 1946 (aus Massengräbern umgebettet) beigesetzt wurden. Der Friedhof ist als *Gedenkstätte* mit mehreren Gedenktafeln und Gedenksteinen gestaltet. Vom KZ-Lager ist in Bisingen an der

553   Gedenktafel am Mahnmal des KZ-Friedhofs Bisingen (1985).

Schelmengasse noch die ehemalige Entlausungsbaracke erhalten. Auf dem Gelände des Sportvereins Bisingen ist eine weitere *Gedenkstätte* eingerichtet (Standort im »Kuhloch«, wo bis heute die Abraumhalden des Ölschieferabbbaus zu sehen sind).

Protokoll von der Einweihung der Erinnerungsstätte im Begegnungszentrum für Erholung und Sport am 6. Juli 1969 (Hg. Fußballverein Bisingen); W. Sörös, Nationalsozialisitische Konzentrationslager und Kriegswirtschaft im regionalgeschichtlichen Unterricht (dargestellt am Beispiel des Konzentrationslagers Bisingen). Zulassungsarbeit PH Ludwigsburg. 1977; Das KZ Bisingen. Eine Dokumentation (Hg. Juso-AG Bisingen). 1984.

Burladingen

Zur Geschichte jüdischer Bewohner. In Burladingen waren im 16. Jh. einige jüd. Pers. ansässig.

O. Werner, Zur Geschichte der Juden in Hechingen, in: Hohenzoll. Zeitung. 12. Nov. 1986 (ohne Q).

Dautmergen

Spuren der Verfolgungszeit 1933 bis 1945. In Dautmergen bestand von Aug. 1944 bis Apr. 1945 ein *Außenkommando des Konzentrationslagers Natzweiler/Elsaß* (der »Gruppe Wüste«). Bis zu 2000 Häftlinge waren im Lager unter katastrophalen Lebens- und Arbeitsbedingungen untergebracht. Ihre Arbeitsstellen waren die Ölschieferabbaustellen der Umgebung. Nachdem in den ersten Wochen täglich 40 bis 50 Häftlinge verstarben, verbesserten sich die Zustände unter dem KZ-Kommandanten Erwin Dold, der sich unter mehrfachem Wagnis des eigenen Lebens für bessere Zustände im Lager und gegen die Widerstände der SS und der Organisation Todt einsetzte. Erwin Dold wurde 1947 beim Prozeß vor dem französischen Militärtribunal in Rastatt auf Bitten zahlreicher befreiter Gefangener von Dautmergen hin als einziger KZ-Chef der NS-Zeit freigesprochen. Die in Dautmergen verstorbenen Häftlinge wurden 1946 auf den KZ-Friedhof an der Straße nach Schömberg umgebettet.

A. Möller, »Ich wollte, daß sie leben«. Bericht über einen Helden, in: Schwarzwälder Bote 15./ 16. Dez. 1973; Vorländer S. 13.

Dormettingen

Spuren der Verfolgungszeit 1933 bis 1945. In Dormettingen bestand von Jan. 1945 bis Apr. 1945 ein *Außenkommando des Konzentrationslagers Natzweiler/Elsaß* (der »Gruppe Wüste«). Bis zu 3000 Häftlinge waren in den am Ort bestehenden beiden Lagern untergebracht. Sie arbeiteten unter katastrophalen Bedingungen in den Ölschieferabbaustätten zwischen Dormettingen und Dotternhausen. Eine nicht bekannte Zahl von Häftlingen kam dabei ums Leben. Sie wurden auf dem KZ-Friedhof Schömberg und auf dem Friedhof in Dormettingen (*Gedenkstein* auf Grab vorhanden) beigesetzt.

Vorländer S. 13; Der Zollernalbkreis (Reihe »Heimat und Arbeit«). 1979. S. 153.

Dotternhausen

Spuren der Verfolgungszeit 1933 bis 1945. Westlich von Dotternhausen liegen die größten Ölschieferabbaustellen, in denen die Zwangsarbeiter der umliegenden Konzentrationslager 1944/ 45 zur Arbeit unter katastrophalen Bedingungen eingesetzt waren.

Geislingen
Stadtteil Binsdorf

Zur Geschichte jüdischer Bewohner. In Binsdorf lebten Anfang des 18. Jh. einige jüd. Pers. (1708 genannt).

H. P. Müller, Die Juden in der Grafschaft Hohenberg, in: Der Sülchgau 25 (1981) S. 41; Ausk. BMA Geislingen 23. Jan. 1986.

Grosselfingen

Zur Geschichte jüdischer Bewohner. In Grosselfingen lebten im 16. Jh. einige jüd. Personen.

O. Werner, Zur Geschichte der Juden in Hechingen, in: Hohenzoll. Zeitung. 12. Nov. 1986 (ohne Q).

Haigerloch
Stadtteil Gruol

Zur Geschichte jüdischer Bewohner. In Gruol lebten in der zweiten Hälfte des 16. und im 18. Jh. einige jüd. Pers. (1573 die Juden Schmai, Mendle und Abraham, 1732 Jud Moyses Frank genannt).

F. X. Hodler, Geschichte des Oberamts Haigerloch. 1928. S. 327, 335.

Stadtteil Haigerloch

Zur Geschichte jüdischer Bewohner. In Haigerloch bestand eine Gemeinde im MA (1346 Jud Vifelin genannt, 1348 Judenverfolgung, 1431 ein Haigerlocher Jude in Rottenburg genannt) und in der Neuzeit bis 1941. Die Entstehung der neuzeitlichen Gemeinde geht auf das 16. Jh. zurück (seit 1546 wieder Juden in der Stadt genannt). Die höchste Zahl wird um 1858 mit 397 Pers. erreicht. Mind. 84 Pers. kamen in der Verfolgungszeit 1933 bis 1945 ums Leben.
Wohngebiet und Einrichtungen der jüdischen Gemeinde. Bis 1780 wohnten die Juden meist in Miete in der Stadt. Um 1780 wurde im Stadtviertel »Haag« ein jüd. *Wohngebiet* eingerichtet. Zunächst wurden alle Juden, die kein eigenes Haus besaßen, in den im Haag stehenden herrschaftlichen Gebäuden untergebracht (vor allem im »Haagschloß« und seinen Nebengebäuden). Das Haag blieb das Wohnviertel bis zur Deportation der jüd. Familien 1941/42.
Bereits 1595 ist eine »Judenschule« (*Synagoge*) genannt (Standort unbekannt, vermutl. Betsaal in Privathaus). Noch bis zum Bau der Synagoge im Haag wird ein Betsaal in einem jüd. Haus in der Oberstadt benutzt (Standort unbekannt). 1783

wurde im Haag eine *Synagoge* erbaut, 1863 wurde sie erweitert, 1938 demoliert. Seit 1939 war das Gebäude im Besitz der Stadt und diente im Krieg als Lagerraum. Nach 1945 wurde ein Kino, um

1968 ein Lebensmittelgeschäft eingerichtet. Derzeit wird das Gebäude als Lager verwendet (Gebäude Im Haag 14).

Südl. der Synagoge wurde ein *rituelles Bad* eingerichtet (Nebengebäude zur Synagoge). Das heute noch erhaltene Badhaus stammt von 1845. Auch erhalten ist das nach 1780 erbaute *Schlachthaus* (»Judenmetzig«) im Haag.

1823 wurde eine israelitische Volksschule eröffnet, die bis 1939 bestand. Sie war anfangs in einem an die Synagoge angebauten Haus untergebracht, das 1863 bei Erweiterung der Synagoge abgebrochen wurde. 1844 wurde ein *Gemeindehaus* mit Schule und Wohnung für den Rabbiner und den Lehrer fertiggestellt. Später war die jüd. Schule im Haigerlocher Rathaus untergebracht, wo auch die kath. und evang. Kinder unterrichtet wurden. 1938 mußte das Rathaus geräumt werden. Bis 1939 war der Unterricht wieder im Gemeindehaus.

Ein jüd. *Friedhof* bestand vermutl. schon seit dem 16. Jh. bei Weildorf. Der älteste – 1929 noch festgestellte Grabstein – soll aus dem Jahr 1567 stammen. Im Dreißigjährigen Krieg hatten die Haigerlocher Juden jedoch die Erlaubnis, ihre Toten in Mühringen beizusetzen (1629 genannt). Der Friedhof bei Weildorf (Fläche 12,74 a) wurde bis 1884 belegt. Seit 1804 wurde ein *neuer Friedhof* unterhalb des Wohnviertels Haag angelegt (Flst. 232, Fläche 23,08 a). Auf ihm wurden nach

554   *1780 wurde den in das Wohngebiet »Haag« in Haigerloch zwangsweise umgesiedelten Juden das alte Haag-Schlößchen des Fürsten Joseph Friedrich von Hohenzollern-Sigmaringen angeboten. In ihm befand sich später auch ein jüdisches Gasthaus (Aufnahme 1985).*

555   *Synagoge in Haigerloch, 1783 erbaut, 1938 demoliert. (hist. Aufnahme um 1925).*

556   *Die ehemalige Synagoge in Haigerloch dient derzeit als Lagerraum (1985).*

557 Innenansicht der Synagoge in Haigerloch (Aufnahme um 1925).

1945 noch vereinzelt Beisetzungen vorgenommen (zuletzt 1977). Auf dem Friedhof findet sich ein *Gefallenendenkmal* für die 6 jüd. Gefallenen des Ersten Weltkriegs aus Haigerloch und ein *Gedenkstein* für die in der Verfolgungszeit 1933 bis 1945 umgekommenen Haigerlocher Juden. Sowohl am Eingangstor zu diesem Friedhof wie am Waldfriedhof bei Weildorf sind *Gedenktafeln* mit Hinweisen zur Geschichte der jüd. Gemeinde.

Weitere Spuren der jüdischen Geschichte. An ehemaligen, bis nach 1933 bestehenden *Handels- und Gewerbebetrieben* sind bekannt: Kolonialwaren Max Behr (Pfleghofstr. 5), Viehhandlung Israel Behr (Im Haag 31), Viehhandlung Louis Bernheim (Im Haag 4), Mazzenbäckerei Markus

558　*Inschrift über dem Eingang zum jüdischen Friedhof in Haigerloch mit Zitat aus Pred. 12,7: »Es fällt der Staub auf die Erde als das, was er war; es kehrt der Atem zu Gott zurück, der ihn gegeben hat.«*

559　*Denkmal für die jüdischen Opfer der NS-Zeit aus ▷ Haigerloch auf dem jüdischen Friedhof (1985).*

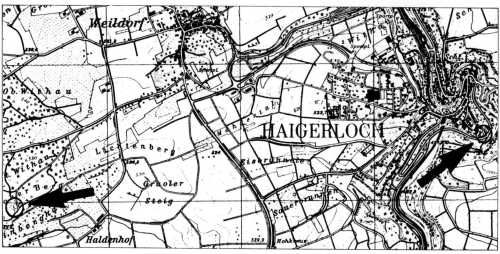

560　*Lage der jüdischen Friedhöfe in (Haigerloch-)Weildorf und Haigerloch*

van Gelder (Im Haag 39), Häute und Felle Samuel Hallheimer (Im Haag 31), Textilwaren Hilb & Levy (Hauptstr. 36), Viehhandlung Isaak Hilb (Im Haag 22), Viehhandlung Sally Levi und Manufakturwaren H. und H. Levi (Im Haag 51), Viehhandlung Sally Hilb (Im Haag 7), Manufakturwaren Josef Hirsch (Im Haag 1), Gastwirtschaft Julie Hirsch (Im Haag 3), Manufakturwaren Sigmund Hohenemser (Hauptstr. 15), Viehhandlung Siegfried Katz (Im Haag 47), Mehlhandlung Heinrich/Jettchen Levi (Im Haag 31), Viehhandlung Julius Levi jun. (Im Haag 51), Viehhandlung Wilhelm Levi (Im Haag 32), Kolonialwaren Sofie Löwenstein (Im Haag 45), Öl- und Fetthandlung Eugen Nördlingen, Inh. Bernheim (Im Haag 20), Viehhandlung Ernst Schwab und Mehlhandlung Bella Schwab (Im Haag 28), Viehhandlung Adolf Ullmann (Hauptstr. 40), Viehhandlung Louis Ullmann (Im Haag 30), Ingenieur Fritz Weil (Pfleghofstr. 3), Fellhändler Isaak Weil (Pfleghofstr. 8), Viehhandlung Louis Weil (Im Haag 39), Viehhandlungen Jakob Levi jun. und Seligmann Levi (Pfleghofstr. 18), Viehhandlung Benno Weil (Pfleghofstr. 19), Öl- und Fetthandlung J. B. Reutlinger und Kolonialwarenhandlung Julie Weil (Pfleghofstr. 10), Viehhandlung Heinrich Weil (Pfleghofstr. 9).

Das Stadtviertel Haag wird im Volksmund noch heute »Judenhaag« genannt. Ein in der Nähe gelegenes Waldstück trägt die Bezeichnung »Judenwäldle«.

Sauer 1966 S. 87—90; GJ II,1 S. 316; GJ III,1 S. 491; Quellen zur Verwaltungs- und Wirtschaftsgeschichte der Grafschaft Hohenberg. Bearb. K. O. Müller. 2. S. 65 (für 1431); W. Schäfer, Geschichte und Schicksal der Juden in Haigerloch. Zulassungsarbeit PH Reutlingen. 1971; F. G. Hüttenmeister, Drei Grabsteine des jüd. Friedhofes von Haigerloch, in: Les Juifs au Regard de l'Histoire. Melánges en l'honneur de Bernhard Blumenkranz. 1985. S. 383—392; H. P. Müller; Die Juden in der Grafschaft Hohenberg, in: Der Sülchgau 25 (1981) S. 36—43; Ausk. StV Haigerloch 3. Juni 1985, 28. Okt. 1985.

Stadtteil Karlstal

Spuren der jüdischen Geschichte. In Karlstal wurde 1836 bis 1839 als Sozialunternehmen für erwerblose Untertanen von Fürst Anton von Hohenzollern die Makkospinnerei Fa. Kober und Meyer gegr. (jüd. Unternehmer Theodor Kober und Heinrich Meyer, 1880 H. Meyer Alleininhaber). Die Fa. besteht nach einer Unterbrechung durch die NS-Zeit bis zur Gegenwart (Maschenstoffe und Bettwäsche Meyer).

Toury S. 52f.

Stadtteil Owingen

Zur Geschichte jüdischer Bewohner. In Owingen lebten im 16. Jh. einige jüd. Personen (1544: 4 jüd. Fam.; 1549 wird in Rangendingen Klein Mosse Jud genannt, zuvor in Owingen ansässig; 1563 wird Jud Jacob von Heinsheim genannt, nun in Owingen wohnhaft).

Angerbauer/Frank S. 34, 102, 146; J. Haug, Juden in Rangendingen, in: Hohenzoll. Zeitung. Sept. 1986; O. Werner, Zur Geschichte der Juden in Hechingen, in: Hohenzoll. Zeitung 12. Nov. 1986; Die Juden in Hechingen, in: Gemeindezeitung für die israelit. Gemeinden Württembergs. 1930. S. 171 (beruft sich auf das Lagerbuch Berchtold Hagens von 1544).

Stadtteil Stetten

Zur Geschichte jüdischer Bewohner. In Stetten waren im 16. Jh. einige jüd. Personen ansässig.

O. Werner, Zur Geschichte der Juden in Hechingen, in: Hohenzoll. Zeitung. 12. Nov. 1986.

Stadtteil Weildorf

Spuren der jüdischen Geschichte. Im Stadtwald Weildorf liegt der alte Friedhof der jüd. Gemeinde Haigerloch (s. dort).

Hausen am Tann

Spuren der jüdischen Geschichte. In Hausen bestand seit ca. 1770 für einige Jahre eine Filiale der Fa. Josua Uffenheimer, k. k. Fabrik-Entrepreneur aus Breisach.

Toury S. 12, 16.

Hechingen

Zur Geschichte jüdischer Bewohner. In Hechingen bestand eine Gemeinde bis 1941 (erste Nennung 1490). Die höchste Zahl jüd. Bewohner wird um 1844 mit 809 Pers. erreicht. Mind. 29 Pers. kamen in der Verfolgungszeit 1933 bis 1945 ums Leben.

Wohngebiet und Einrichtungen der jüdischen Gemeinde. Das Wohngebiet konzentrierte sich zunächst vermutl. in der Goldschmiedstr. (zeitweise auch »Judengasse« genannt), spätestens seit dem 18. Jh. waren auch Häuser in anderen Straßen in jüd. Besitz. 1754 wurde ein eigenes Wohnviertel in der Siedlung »Friedrichstraße« eingerichtet (ehem. fürstl. Kasernen), wo die bis auf 10 in der Kernstadt verbliebenen jüd. Fam. zu wohnen hatten.

Synagogen: Eine erste *Synagoge* (»Judenschule«) konnte 1546 in einem Haus an der südöstl. Stadtmauer an der Goldschmiedstr. (vermutl. Platz der späteren Synagoge Goldschmiedstr. 20) eingerichtet werden. Es ist nicht bekannt, wann diese Synagoge durch einen Neubau abgelöst wurde; möglicherweise wurde sie immer wieder nur umgebaut (weitgehender Umbau 1765 bis 1767). 1850 bis 1852 wurde sie erneut umgebaut und beträchtlich erweitert; dazu wurde die vor der Synagoge stehende Wohnung des Vorsängers abgebrochen und das Grundstück für den Erweiterungsbau verwendet. 1938 wurde die Inneneinrichtung der Synagoge zerstört. Seit 1952 diente das Gebäude als Lagerraum; 1983 bis 1986 wurde es grundlegend restauriert und für kulturelle Veranstaltungen, zugleich als Gedenkstätte, hergerichtet.

Im Wohngebiet der Friedrichstraße wurde 1761 eine *Synagoge* erbaut, die bis 1870 benutzt, 1878 verkauft und abgebrochen wurde (Standort auf

Flst. 3450). Eine weitere Synagoge wurde von der Fam. Kaulla in der »Münz« (am Ende der heutigen Münzgasse) eingerichtet (um 1803, »Stiftssynagoge« genannt). Sie wurde bis 1850 genutzt (Gebäude seitdem als Fabrikgebäude verwendet, 1937 abgebrochen). Der *Schlußstein* (Portalstein) blieb erhalten (1986 wiederentdeckt).

Schulen: Durch die Kaulla'sche Rabbinatsstiftung konnte 1803 neben der Synagoge in der Münz ein *Bet Hamidrasch* (jüd. Lehrhaus) eingerichtet werden. Dazu bestand eine Talmud-Tora-Schule, die 1825 in der israelitischen Volksschule aufging. Das Bet Hamidrasch bestand bis 1850. Neben der Synagoge wurde am Platz der bisherigen Hagenscheuer 1830 bis 1832 ein *Gemeinde- und Schulhaus* erbaut. Hier waren auch die Woh-

561 Synagoge in Hechingen, 1765 bis 1767 umgebaut, 1850 bis 1852 vergrößert, 1938 demoliert (hist. Aufnahme um 1930).

562 *Innenansicht der Synagoge in Hechingen (vor 1938).*

nungen des Rabbiners, Lehrers und Vorsängers. 1926 wurde die israelitische Volksschule aufgehoben. Seit 1942 war das Gebäude im Besitz der Stadt und wurde später als Wohnhaus genutzt. 1983 bis 1988 wurde in die Restaurierungsmaßnahmen der ehem. Synagoge auch das ehem. Schul- und Gemeindehaus miteinbezogen.

Rituelle Bäder: Rituelle Bäder bestanden in der Kernstadt (Standort unbekannt), in der Friedrichstr. (1767 genannt, 1871 verkauft und später abgebrochen; bei der Synagoge auf Flst. 3450), im Gebäude des Bet Hamidrasch und vermutl. im Privatbesitz der Fam. Kaulla. Von allen Bädern sind keine Spuren mehr vorhanden.

Friedhof: Die Toten wurden zunächst vermutl. in (Haigerloch-)Weildorf und Mühringen beigesetzt. Seit der Mitte des 17. Jh. bestand ein eigener *Friedhof* in Hechingen (Lage am sog. »Galgenrain« zwischen Hechingen und Sickingen; Flst. 1903, bereits dazugekauft zu einer künftigen Erweiterung war das Waldstück 1902; Fläche 47,45

563 *Blick zur Frauenempore und zur sternenbemalten Decke mit Kuppel der Synagoge in Hechingen nach der Restaurierung als kulturelles Zentrum 1986.*

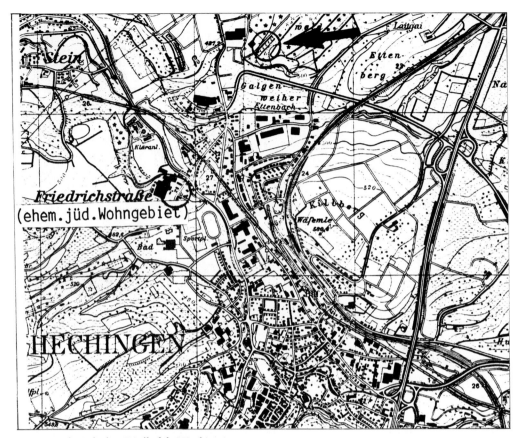

564 Lage des jüdischen Friedhofs bei Hechingen.

a). 1907 wurde eine *Friedhofshalle* erbaut, deren Inneneinrichtung 1939/40 zerstört wurde. Heute befindet sich in ihr eine *Gedenktafel* mit den Namen von 22 aus Hechingen verschleppten jüd. Mitbürgern.

Sonstige Einrichtungen: Im 19. Jh. bestanden im Stadtteil Friedrichstraße ein Schlacht- und Waschhaus (bei der Synagoge), eine rituelle Bäckerei (1829 bis 1851) und eine Herberge für durchreisende Juden (später bei der Ankerbrücke).

Weitere Spuren der jüdischen Geschichte. An ehemaligen, bis nach 1933 bestehenden *Handels- und Gewerbebetrieben* sind bekannt: Mehl- und Getreidehandlung Isidor Bernheim (Turmstr. 2), Kaufmann Max Einstein (Vertretung der Teuta

Margarine, Kaufhausstr. 13), Kolonialwaren Edmund Eppstein (Schadenweiler Str. 56), Flaschenbierhandlung (Glaserei) Rosa Fauser (Firststr. 11), Kurz- und Wollwarengeschäft Simon Flehinger (Turmstr. 3), Trikotfabrik A. Gutmann & Co., Abt. Baruch & Söhne (Friedrichstr.), Manufakturwaren Heinrich Hofheimer Wwe. (Hohenberger Str. 3), Trikotfabrik C. M. Koblenzer (Runkellenstr. 9), Viehhandlung Adolf (David) Levi (Herrenackerstr. 29), Manufakturwaren Louis Levi (bis 1925, Schloßstr. 13), Eisenhandlung M. A. Levi, Inh. L. Marx (Schloßstr. 21), Mechanische Trikotweberei Hermann Levy (Haigerlocher Str.), Nähfadenfabrik und Färberei J. Levy & Co. AG (Obere Mühlstr. 1), Mechanische Trikotwarenfabrik Carl Loewen-

gard (Oberer Torplatz 8), Kolonial- und Tabak-
waren Alfred Löwenthal (Schloßstr. 8), Reisege-
schäft Max Singer (Ermelestr. 1), Viehhandlung
Moritz Ullman (Löwenstr. 11), Konfektionsge-
schäft Josef Walther (Marktplatz 6), Zigarren und
Spirituosen Isidor Weil (Bahnhofstr. 11), Württ.-
Hohenzoll. Privatbank Sigmund Weil (Wohnung
Staig 19).

Auf dem *Kriegerdenkmal* hinter der Stiftskirche
stehen auch die Namen der beiden jüd. Gefallenen des Ersten Weltkriegs aus Hechingen.

Ein (1627 erstmals genannter) »Judenbrunnen«
befand sich vor dem Oberen Tor neben der Stadtmauer (nicht erhalten). Um 1880 wurde die
ehem. Pfarrhofstr. in »Synagogenstraße« umbenannt, 1934 bis 1986 hieß sie Hohenberger Straße, seither wieder Synagogenstraße.

565 *Jakob Raphael Kaulla (gest. 1810) nach einem* ▷
Gemälde von Johann Baptist Seele.

566 *Grabmale der Familie Kaulla auf dem jüdischen*
Friedhof in Hechingen, in der Mitte der Stein für Ma-
dame Kaulla (1986).

Im *Heimatmuseum Hechingen* erinnern mehrere Stücke an die jüd. Geschichte, u.a. 3 Sabbat-Lampen, 2 Chanukka-Leuchter und eine Mesusa. Zahlreiche Erinnerungsstücke wurden beim Umbau der Synagoge in einer Genisa entdeckt (Literatur unterschiedlicher Art, kleine Kultgegenstände).

In der Stuttgarter Synagoge werden u.a. noch 3 Hechinger Tora-Schilde aufbewahrt (von 1680, 1779 und 1906).

Persönlichkeiten und auf sie bezogene Erinnerungsmale. *Familie Kaulla.* Bedeutende Hechinger Hoffaktorenfamilie im 18./19. Jh. Ihre Mitglieder gründeten in Stuttgart und München Bankgeschäfte und waren Hofbankiers der Könige von Württemberg und Bayern. Dazu wirkten sie an den Höfen von Hechingen, Sigmaringen, Donaueschingen, Darmstadt, Hanau, Zweibrücken, Mannheim, Wien und Ansbach. Die Fam. Kaulla erwarb den hohenzollerisch-hechingischen, den württembergischen und den bayrischen Adel. Besonders bekannt sind *Karoline (Chaile) Kaulla* (1739–1809), bekannt als »Madame Kaulla«, Chefin des Hauses Kaulla; *Jakob Kaulla* (gest. 1810), königlicher und kaiserlicher Rat, seit 1800 Hofbankier in Stuttgart. In Hechingen erinnert an die Familie außer dem Familiengrab auf dem Friedhof die »Kaullastraße«. *Samuel Mayer* (1807–1875), Rabbiner (vgl. Anhang). *Paul Levy* (1883 Hechingen – 1930 Berlin), Rechtsanwalt und Politiker, Verteidiger u.a. von Rosa Luxemburg; seit 1919 erster Vorsitzender der KPD, 1922 Rückkehr zur SPD, Vertreter des oppositionellen Flügels der Partei (MdR 1920 bis 1930). An ihn erinnert in Hechingen die »Levistraße«. *Leon Schmalzbach* (1882–1942), Rabbinatsverweser (vgl. Anhang).

GJ III,1 S. 522 (Angabe zu 1465 ist unrichtig und Druckfehler für 1565!); Sauer 1966 S. 90–94; H. Breimesser, Ursprung, Entwicklung und Schicksal der jüd. Gemeinde Hechingen. Zulassungsarbeit PH Schwäbisch Gmünd. 1968; O. Werner, Wie alt ist der Hechinger Judenfriedhof? 1984; ders., Leon Schmalzbach (1882–1942). Lehrer und Rabbinatsverweser in Hechingen in: ZHG 103 (1980) S. 115–195; M. Werner, Die Juden in Hechingen als religiöse Gemeinde, Teil 1, in: ZHG 107 (1984) S. 103–213; Teil 2, in: ZHG 108 (1985) S. 49–169; zahlreiche kleine Art. in ZHG, Hohenzoll. Heimat, Hohenzoll. Zeitung; Ausk. O. Werner, Hechingen, 1984/87; J. Hahn, Synagogen in Baden-Württemberg. 1987. S. 75 ff.

Meßstetten
Stadtteil Tieringen

Spuren der jüdischen Geschichte. In Tieringen hieß die heutige Hausener Str. bis 1934 »Judengasse«; gegenüber der Einmündung der Thomaslochstr. lag ein »Judenbrunnen«. Die Herkunft der Bezeichnungen ist unbekannt.

Ausk. BMA Meßstetten 12. Juni 1985.

Nusplingen

Spuren der jüdischen Geschichte. In Nusplingen bestand von 1760 bis 1767 eine von der vorderösterreichischen Regierung eingerichtete Baumwollspinnerei des Hechinger Hoffaktors Maier Levi.

Toury S. 17.

Rangendingen

Zur Geschichte jüdischer Bewohner. In Rangendingen lebten im 16. Jh. jüd. Pers. (1541 bis 1566 werden Jacob, Mosse und Borrach genannt, 1573 Salomo von Rangendingen). Das Wohngebiet befand sich in der »Judengasse« (heute Schulweg). Nordöstl. des Ortes trägt eine Flur die Bezeichnung »Judenwinkel«. Anfang des 20. Jh. errichteten zwei jüd. *Textilfirmen* aus Hechingen Niederlassungen in Rangendingen: Fa. Carl Löwengard (gegenüber dem Bahnhof, bis 1933) und Fa. Hermann Levi (Hechinger Str. 35, bis 1937).

QGJ Nr. 456, 518, 538, 556, 568, 577, 606; Toury S. 155, 161; J. Haug, Die Geschichte der Rangendinger Juden, in: Hohenzoll. Zeitung. Sept. 1986; Ausk. J. Haug, Rangendingen 15. Dez. 1985.

Rosenfeld
Stadtteil Heiligenzimmern

Zur Geschichte jüdischer Bewohner. In Heiligenzimmern wird 1573 Jud David genannt.

F. X. Hodler, Geschichte des Oberamts Haigerloch. 1928. S. 327.

Schömberg
Stadtteil Schömberg

Zur Geschichte jüdischer Bewohner. In Schömberg sind Anfang des 18. Jh. jüd. Pers. wohnhaft (1708 genannt).
Spuren der Verfolgungszeit 1933 bis 1945. In Schömberg bestand von Dez. 1943 bis Apr. 1945

567 *Gedenktafel auf dem KZ-Friedhof Schömberg (1986).*

568 *Denkmal auf dem KZ-Friedhof Schömberg (1986).*

ein *Außenkommando des Konzentrationslagers Natzweiler/Elsaß* (Lager der »Gruppe Wüste«). Die Häftlinge (Zahl unbekannt) waren beim Ölschieferabbau eingesetzt. Aufgrund der katastrophalen Lebens- und Arbeitsbedingungen kamen viele von ihnen ums Leben. Auf dem *KZ-Friedhof* Schömberg an der Straße nach Dautmergen wurden 1946 1740 Tote aus Massengräbern der Lager Dautmergen, Dormettingen und Schömberg beigesetzt.

H. P. Müller, Die Juden in der Grafschaft Hohenberg, in: Der Sülchgau 25 (1981) S. 41; Vorländer S. 14.

Stadtteil Schörzingen

Spuren der Verfolgungszeit 1933 bis 1945. In Schörzingen bestand von Jan. 1944 bis Apr. 1945 ein *Außenkommando des Konzentrationslagers Natzweiler/Elsaß* (Lager der »Gruppe Wüste«). Lager und Arbeitsstätte lagen an der Straße nach Wilflingen südl. von Schörzingen. Die Zahl der Häftlinge betrug mehr als 1000 (überwiegend Juden). Aufgrund der katastrophalen Lebens- und Arbeitsbedingungen verstarben mindestens 549 Häftlinge, die auf dem nach Ende des Krieges angelegten *KZ-Friedhof* (unmittelbar beim ehemaligen Lager-Gelände) beigesetzt wurden. In der Friedhofshalle befinden sich Tafeln mit den Namen von 433 Opfern des KZ Schörzingen. Die Spuren des Lagers sind – zuletzt noch zwei erhaltene Baracken – alle beseitigt worden.

R. Holoch, Das Lager Schörzingen in der »Gruppe Wüste«, in: Vorländer S. 225–267.

Winterlingen

Zur Geschichte jüdischer Bewohner. In Winterlingen war die Ehefrau des prakt. Arztes Dr. Burkhardt, Sara geb. Muschel, jüd. Glaubens. Sie kam nach der Deportation 1944 ums Leben.

Ausk. BMA Winterlingen 2. Mai 1985.

ANHANG

RABBINER DER JÜDISCHEN GEMEINDEN IM GEBIET DES HEUTIGEN LANDES BADEN-WÜRTTEMBERG

Der Titel »Rabbiner« leitet sich vom hebräischen »Rabbi« = »Mein Lehrer« ab. Die Belehrung in allen religiösen, rituellen und rechtlichen Fragen gehört zum traditionellen Aufgabengebiet des Rabbiners. Bis zur rechtlichen Gleichstellung im 19. Jahrhundert hatte die jüdische Gemeinschaft ihre eigene, vom Staat legitimierte innere Rechtsordnung, die die Rabbiner garantierten. Diese sprachen Recht nach der Halacha, dem jüdischen Recht, das alle Lebensbereiche umfaßt. Das Rabbinatsstudium in den Lehrhäusern (Jeschiwot) umfaßte somit auch alle praktischen Gebiete dieses Rechts, das im Talmud und den mittelalterlichen Gesetzeskodizes niedergelegt ist und ständig ergänzt wird. Im 19. Jahrhundert verschob sich der Aufgabenbereich der Rabbiner vom Wirken im rabbinischen Gerichtshof in den gemeindlichen, seelsorgerlichen und innerreligiösen Bereich, ohne daß ersteres ganz verdrängt wurde. Seit dem 19. Jahrhundert ist auch die akademische Ausbildung der Rabbiner vorgeschrieben; sie erfolgte gewöhnlich in einer Kombination von Rabbinerseminar (z. B. in Breslau oder Berlin) und einer Universität, an der eine Promotion zum Dr. phil. angestrebt wurde.

Anfang des 19. Jahrhunderts hatten zahlreiche jüdische Gemeinden ihre Rabbiner. Im Zusammenhang mit den umfassenden rechtlichen Veränderungen wurden auch die Rabbinatsausbildung und die Einteilung in Rabbinatsbezirke neu geregelt. In Baden erhielten 1827 14 Orte ein Rabbinat (Bezirkssynagoge): Breisach am Rhein, Bretten, Bruchsal, Bühl, Gailingen, Heidelberg, Karlsruhe, Mannheim, Merchingen, Mosbach, Schmieheim, Sinsheim, Sulzburg und Wertheim; 1828 kam das Bezirksrabbinat Ladenburg hinzu. In Württemberg erfolgte 1832 die Neueinteilung der württembergischen Gemeinden in 13 Rabbinatsbezirke. Ihre Sitze befanden sich seither in acht Dörfern (Berlichingen, Braunsbach, Buttenhausen, Freudental, Jebenhausen, Lehrensteinsfeld, Mühringen, Oberdorf), in vier kleinen Landstädten (Buchau, Laupheim, Mergentheim und Weikersheim) sowie in der Residenzstadt Stuttgart.

Die Neueinteilungen machten viele bisherige Rabbiner arbeitslos. Diejenigen, die nicht die nun geforderte akademische Ausbildung nachweisen konnten, wurden entlassen. In Württemberg waren 45 der bisherigen Geistlichen davon betroffen, darunter weitbekannte Persönlichkeiten wie der Freudentaler Rabbiner Joseph Schnaittach. Im Laufe der Zeit sind wegen Abwanderung der jüdischen Bevölkerung in die Städte einige Rabbinatssitze ebenfalls in Städte verlegt worden: in Württemberg von Lehrensteinsfeld nach Heilbronn, von Jebenhausen nach Göppingen, von Braunsbach nach Schwäbisch Hall, von Mühringen nach Horb, in Baden von Breisach nach Freiburg, von Schmieheim nach Offenburg. Andere Bezirke wurden im Laufe der Jahre zusammengelegt. Vorübergehend wurden andere Orte Sitz eines Bezirksrabbinats, zum Beispiel Tauberbischofsheim nach 1852. In Hohenzollern hatten Haigerloch und Hechingen bis zum Anfang des 20. Jahrhunderts eigene Rabbiner, danach sog. Rabbinatsverweser.

1933 war Baden in 15 Rabbinatsbezirke gegliedert: Bretten und Bruchsal (gemeinsames Rabbinat in Bruchsal); Bühl und Offenburg (Rabbinat in Offenburg); Freiburg und Sulzburg (Rabbinat in Freiburg); Konstanz; Heidelberg, Ladenburg und Sinsheim (Rabbinat in Heidelberg); Karlsruhe-Pforzheim (Rabbinat in Karlsruhe); Mannheim; Mosbach, Merchingen und Wertheim (Rabbinat in Mosbach). Württemberg hatte neun Rabbinatsbezirke: Buchau; Göppingen; Schwäbisch Hall; Heilbronn; Horb; Mergentheim; Stuttgart-Stadt; Stuttgart-Bezirk; Ulm. In den Jahren nach 1945 wurden für die Bereiche der Israelitischen Religionsgemeinschaft in Württemberg und Hohenzollern und des Oberrats der Israeliten in Baden je ein Landesrabbinat eingerichtet.

Verzeichnis der Rabbiner in jüdischen Gemeinden

Aach, Jehuda Löb (geb. Trier, gest. 1820 Hechingen): studierte in Prag, seit 1784/85 Rab. in Hechingen (später auch für Haigerloch und Dettensee zuständig), seit 1803 Direktor der Kaulla'schen Talmud-Hochschule Hechingen (Stiftsrabbiner).

Adler, Gabriel (geb. 1788 Hannover, gest. 1859): aus der Frankfurter Rab.-Fam. Adler, Sohn des Landrab. Markus Adler in Hannover, verwandt mit dem Chief Rabbi Nathan Adler in London (1845–1890), Rab. in Mühringen 1812–1834, in Oberdorf 1835–1859.

Adler, Leo (Löb) (geb. 1884 Braunsbach, gest. 1966 Forest Hills, N. Y./USA): 1906–1908 Rabbinatsverweser, Lehrer und Kantor in Hechingen.

Ahrweiler, Matthes (Matisjahu) (gest. 1728 Heidelberg; Sohn des Herz Ahrweiler): bis 1708 Rab. in Bingen, danach Klaus-Rab. in Mannheim, im selben Jahr zum Landrab. mit Sitz in Heidelberg berufen.

Alsenz, Gottschalk (Getschlik) Abraham (geb. Alsenz, gest. 1824): ab 1800 Klaus-Rab. in Mannheim, zunächst als Rabbinatsassessor, später Oberrab. an der Klaus, schließlich Oberlandrab., ab 1809 auch Stadtrab. in Mannheim.

Altmann, Josef: Rabbinatskandidat, seit 1851 Sekretär des Oberrats der Israeliten Badens (orthodox eingestellt), Mitglied des Oberrats in der Religionskonferenz.

Amschel, Maier: im 18. Jh. Klaus-Rab. in Mannheim.

Amson, Löw (Leopold) (geb. 1817 Creglingen, gest. 1851 Stuttgart): studierte in Tübingen, 1840 Rabbinatsverweser in Lehrensteinsfeld, 1841–1843 in Freudental.

Andorn, Dr. Hans (geb. 1903 Hattingen, gest. 1945 KZ Bergen-Belsen): 1932–1934 Rab. in Karlsruhe, 1934 in Nürnberg, emigrierte 1938 nach Den Haag als Rab. der Liberal Joods Gemeente, 1943 KZ Westerbork, 1944 nach Bergen-Belsen, wo er verhungerte.

Ansbacher, Jehuda (geb. 1907 Frankfurt am Main): studierte in Frankfurt und Berlin, 1933 Lehrer und Rab. in Brüssel, 1940–1942 leiste-te er als Rab. in den Lagern St. Cyprien und Gurs den dorthin deportierten badischen Juden höchst verdienstvollen Beistand, 1943–1957 in Madrid, seit 1957 Rab. in Tel Aviv.

Ansbacher, Dr. Jonas (geb. 1879 Nürnberg): 1911–1922 Rab. der orthodoxen »Israelitischen Religionsgesellschaft« Adass Jeschurun Heilbronn, 1922–1925 orth. Rab. der Religionsgesellschaft Stuttgart, nach 1925 in Wiesbaden, später nach England emigriert.

Anschel, aus Schopfloch (Lkr. Ansbach): 1799–1804 Rab. in Jebenhausen.

Appel, Dr. Maier (geb. 1851, gest. 1919; verh. mit Anna Willstätter, Tochter von Rab. Benjamin Willstätter): 1887–1894 Stadtrab. in Mannheim, 1894–1919 Rab. in Karlsruhe (Konferenzrabbiner).

Aron, Isack: vor 1685 als Rab. in Breisach am Rhein genannt.

Ascher, Elias (gest. 1760; Sohn des Rabbinatsassessors Ascher aus Frankfurt am Main): nach 1708 Klaus-Rab. in Mannheim.

Auerbach, Dr. Heimann (geb. 1880 Konin/Rußland, gest. USA): 1909–1911 akad. Religionslehrer in Dresden, 1909–1925 Rab. in Elbing, 1925–1929 Rab. in Göttingen, 1929–1939 2. Stadtrab. in Stuttgart (Vorlesungen im Lehrhausverein, 1938 im KZ Dachau), nach den USA ausgewandert, wo er verstorben ist.

Auerbacher, Moses (Großvater des Dichters Berthold Auerbach): um 1800 Rab. in Nordstetten (besaß bei den österr. Behörden so großes Ansehen, daß sie ihn als Sprecher der Juden von Horb bis Freiburg anerkannten).

Bär, Jakob (auch Beer und Kohn) aus Fellheim: ca. 1745 bis 1760 Rab. in Laupheim.

Bamberger, Jakob Koppel (gest. 1864; Sohn des Rab. Moses B.): 1820–1824 Rab. in Neckarbischofsheim, 1824–1864 Rab. in Worms; nach 1824 wurde das Rabbinat nicht mehr besetzt, 1827 Sinsheim zugeteilt.

Bamberger, Jehuda Moses (bar Jakob Koppel, gest. 1820): bis 1820 Rab. in Neckarbischofsheim.

Bamberger, Dr. Simon (gest. 1957 in Bne Brak/Israel): 1929–1939 orthodoxer Rab. der Israelit. Religionsgesellschaft Stuttgart (1938 im KZ Dachau), 1939 nach Palästina ausgewandert, zuletzt Leiter einer Schule in Bne Brak.

Beermann, Dr. Max (geb. 1873 Berlin, gest. 1935 Heilbronn): 1898–1915 Rab. in Insterburg/Ostpreußen, 1915–1935 Rab. in Heilbronn.

Bensheim, Hajum Löb (ben Simcha, gest. 1790): im 18. Jh. Klaus-Rab. in Mannheim.

Bensheim, Simcha (gest. 1750): 1. Hälfte 18. Jh. Klaus-Rab. in Mannheim.

Bensheim, Simcha (ben Hajum Löb, gest. 1845): ab 1797 Klaus-Rab. in Mannheim.

Berger, Joel: seit 1981 Landesrabbiner der Israelit. Religionsgemeinschaft in Württemberg (Sitz in Stuttgart), zuvor seit 1973 Rab. in Bremen.

Berlinger, Bär: Anfang 19. Jh. Rab. in Berlichingen.

Berlinger, Hirsch Jakob (geb. 1798, gest. 1874; Schwiegersohn des Rab. Moses Lazarus in Weikersheim): bis 1834 Rab. in Berlichingen, danach pensioniert.

Berlinger, Jakob (aus Berlichingen): 1818–1829 Rab. in Buchau.

Berlinger, Dr. Jakob (geb. 1866 Braunsbach, gest. 1945 Bne Brak/Israel; Sohn des Rab. Menco Berlinger): Studium in Tübingen, 1894–1900 Rabbinatsverweser in Braunsbach, 1900 Rab. in Braunsbach, 1914–1934/39 mit Sitz in Schwäbisch Hall, Zurruhesetzung 1. Apr. 1934, 1939 nach Palästina emigriert.

Berlinger, Menco (geb. 1831 Berlichingen, gest. 1903 Braunsbach, Sohn von Rab. Hirsch Jakob Berlinger): Studium in Tübingen, 1859 Rab. in Oberdorf, 1860–1900 in Braunsbach.

Berlinger, Naphtalie (geb. 1876 Berlichingen, gest. 1942 KZ Theresienstadt): 1908–1934 Oberlehrer und (seit 1919) »Rabbiner« in Buttenhausen.

Binswanger, Moses: bis 1804 Rab. in Buttenhausen.

Bloch, Dr. Fritz Elieser (geb. 1903 München, gest. 1979): Studium in Breslau, Litauen und Berlin, 1932–1938 Rab. in Aschaffenburg, danach nach Palästina emigriert, 1953–1979 Landesrab. von Württemberg und Hohenzollern, mehrere Jahre Leiter der Rabbinerkonferenz der Bundesrepublik Deutschland; nach ihm ist in Haifa eine Synagoge benannt.

Bloch, Moses (geb. 1804 Gailingen, gest. 1841 Buchau): 1830–1834 Rab. in Oberdorf, 1834–1841 Rab. in Buchau.

Bloch, Salomon: 1717 als Rab. in Stühlingen genannt.

Bloch, Salomon (geb. 1746 Randegg, gest. 1833 Randegg; seine Eltern mußten aus Stühlingen fliehen): 1816–1833 Rab. in Randegg.

Bloch, Schmuel: 1728–1833 Rab. in Lauchheim.

Blumenstein, Dr. Isaak (geb. Merchingen, gest. Luxemburg): einer der beiden jüd. Feldgeistlichen der deutschen Armee 1870/71 (Vorbeter bei einer Jom-Kippur-Feier vor Metz 1870), um 1870 Rabbinatskandidat in Mannheim, 1871–1903 Landesrab. von Luxemburg.

Bodenheim, Löb (gest. 1841 Mannheim): ab 1807 Rabbinatsassessor in Mannheim.

Bohrer, Dr. Mordechai (geb. 1895 Ansbach, gest. 1938 KZ Dachau): seit 1927 Rab. in Gailingen und Randegg; nach dem 9. Nov. 1938 kam er in das KZ Dachau, wo er Ende Dezember 1938 starb.

Brilin (oder *Brillin*), *Isaak* (gest. 1678 Mannheim; Sohn des Rab. Sussmann Brillin in Fulda): 1659–1671 Rab. in Hammelburg (Lkr. Bad Kissingen), 1671–1678 Rab. in Mannheim (von Kurfürst Karl Ludwig wegen seiner Gelehrsamkeit sehr geschätzt).

Broda, Abraham (gest. 1790; Sohn des Rab. Salomon Broda): 1763–1790 Rab. in Mergentheim.

Broda, Salomon Abraham (gest. 1742): 1. Hälfte 18. Jh. Rab. in Mergentheim.

Brom, Dr. Samuel (geb. 1888 Wielum/Rußland, gest. 1963 Luzern): bis 1917 in Straßburg, 1917–1919 Rab. in Randegg, ab 1919 Rab. in Luzern.

Calvaria, Lewin Löb: zunächst vermutl. Hausrab. beim »Judenschultheißen« Süßel in Bruchsal, ab 1752 Rab. der Judenschaft des Hochstifts Speyer mit Sitz in Bruchsal.

Chajim (gest. 1729): Rab. in Hildesheim, danach Klaus-Rab. in Mannheim.

Chone, Dr. Heymann (Chaim, Hermann) (geb. 1874 Punitz/Polen, gest. 1946 Jerusalem): seit 1907 Rab. in Konstanz, im 1. Weltkrieg Feldseelsorger im deutschen Heer, 1925 Bezirksrab. in Konstanz, nach seiner Pensionierung 1935 nach Palästina ausgewandert; das Rabbinat Konstanz konnte nach Chones Wegzug nicht mehr besetzt werden und kam 1937 zum Bezirksrabbinat Freiburg.

Cohen, Dr. Benjamin (Benno) (geb. 1895 Hamburg-Altona): ca. 1923–ca. 1928 Rab. der orthodoxen »Israelit. Religionsgesellschaft« Adass Jeschurun in Heilbronn; weiteres Schicksal unbekannt.

Cohn, Dr. Julius (geb. 1878 Graudenz, gest. England): 1915–1919 Rab. in Hoppstädten (Lkr. Birkenfeld), 1919–1924 2. Stadtrab. in Karlsruhe, 1924–1928 Bezirksrab. in Stuttgart, 1928–1939 Rab. in Ulm, 1939 nach England ausgewandert.

Darmstadt, Samuel Lazarus (gest. 1782 Mannheim; Sohn des Rab. Elieser Hakohen in Darmstadt): ab 1732 Vorsänger und Rabbinatsassessor an der Klaus in Mannheim.

Dispeck, David (auch David ben Joel Dispecker, aus Baiersdorf, Lkr. Erlangen-Höchstadt): zunächst Handelsmann und Dajan (Rabbinatsbeisitzer) in Fürth, 1771–1778 Rab. in Mühringen (begründete eine Talmud-Hochschule in Hechingen, die bis 1780 bestand, schrieb das Werk »Pardes David«), 1778 Klaus-Rab. in Metz und Leiter der dortigen Rabbinatsschule.

Dispecker, Benjamin: 1825 als Rab. in Breisach am Rhein genannt.

Dispecker, Chajim (auch Hayum Moses Diesbecker, aus Fürth, gest. 1832): 1803–1832 Stiftsrab. und Lehrer an der Kaulla'schen Talmud-Hochschule Hechingen, dazu 1820–1829 Rabbinatsverwalter in Hechingen (hinterließ zahlreiche Manuskripte mit Talmud-Studien).

Doctor, Dr. Max (geb. 1870 Zülz, gest. 1918 Kassel): 1900–1906 Bezirksrab. in Bruchsal, ab 1906 Landrab. in Kassel.

Donath, Emanuel (geb. 1888 Preßburg): 1920–1924 Rab. in Randegg, 1924–1939 in Lübeck, emigrierte 1939 nach Jerusalem.

Dreyfuß, Emanuel (geb. 1804, gest. 1886): 1832–1886 Bezirksrab. in Sulzburg (schrieb eine Zusammenfassung der ethischen Forderungen des Judentums im Geist der Schule Mendelsohns, 1872²); 1886 wurde der Sitz des Rabbinats nach Freiburg i. Br. verlegt.

Einstein, Dr. Berthold (geb. 1862 Ulm, gest. 1935 London): Studium in Tübingen, 1889–1892 Rabbinatsverweser in Heilbronn, 1892–1894 Rabbinatsverweser in Laupheim, 1894–1935 Rab. in Landau in der Pfalz.

Ellingen, Neta (gest. 1839): seit 1789 Klaus-Rab. in Mannheim, 1809–1821 Oberhaupt der Talmudschule Hamburg, 1821–1839 Rab. in Bingen.

Ellinger, Rab.-Familie in Niederstetten (Marum Ellinger sowie dessen Sohn Michael Wolf Ellinger): der junge Ellinger verlor 1834 sein Amt, da er nicht die von der württembergischen Regierung vorgeschriebene Ausbildung hatte.

Ellinger, Abraham: 1812–1815 Rab. in Buttenhausen.

Elsässer, Alexander Nathan (geb. 1729 Wittersheim, gest. 1816): Studium in Darmstadt, danach Lehrer an der Klaus in Mannheim, 1762–1769 Rab. in Aldingen und Hochberg, 1769–1816 Rab. in Freudental und Umgebung (1805 »fürstlich württembergischer Oberlandesrabbiner«, auch unter dem Namen Reb Sender Freudental).

Engelbert, Dr. Moses (geb. 1830 Gudensberg, Schwalm-Eder-Kreis, gest. 1891): 1862–1864 Rab. in Lehrensteinsfeld, hierauf Verlegung des Rabbinats nach Heilbronn, wo er als Rab. 1864–1891 wirkte.

Epstein, Pelta (aus Offenbach am Main): seit 1798 Rab. in Bruchsal, später Talmudlehrer an der Model'schen Stiftung in Karlsruhe; leitete mit seinem Schwager Hirsch Moses Wormser eine hebräische Druckerei in Rastatt, später in Karlsruhe.

Eschelbacher, Dr. Joseph (geb. 1848 Hainstadt, gest. 1916 Berlin): studierte in Breslau, 1876–1900 Bezirksrab. in Bruchsal, langjähriger Vorsitzender des »Landesvereins zur Erziehung israelit. Waisen im Großherzogtum Baden«, noch in Bruchsal Vorarbeiten zu seinem Werk »Das Judentum im Urteile der modernen protestantischen Theologie«, 1900–1916 Rab. in Berlin, verfaßte hier »Das Judentum und das Wesen des Christentums« (1908², gegen Harnacks »Das Wesen des Christentums«).

Eschelbacher, Dr. Max (geb. 1880 Bruchsal, gest. 1964 London): 1906–1922 Bezirksrab. in Bruchsal, 1911–1912 Rab. in Freiburg, 1912–1939 Rab. in Düsseldorf (Nachfolger Leo Baecks), Verfasser zahlreicher Werke, Jan. 1939 nach England emigriert.

Ettlinger, Abraham: im 18. Jh. Rab. in Karlsruhe.

Ettlinger, Aron: um 1800 Rab. in Karlsruhe.

Ettlinger, Jakob Aron (geb. 1798 Karlsruhe, gest. 1871 Altona; Sohn des Rab. Aron E.): einer der ersten deutschen Rabbiner mit Universitätsstudium, seit 1825 Rab. und Lehrer an der Klaus in Mannheim (»Klaus-Primator«, ab 1827 auch Konferenz-Rab.), 1836 Kreis-Rab. (Oberrab.) in Altona (verfaßte zahlr. Beiträge zur Wahrnehmung des gesetzestreuen Judentums).

Ettlinger, Löw (Löb) (geb. 1803, gest. 1883, Schwiegersohn des Rab. Veit Flehinger in Bretten): ab 1838 Klaus-Rab. in Mannheim.

Falk, Sohn des Rab. Nesanel: ab 1708 Klaus-Rab. in Mannheim.

Feinberg, Dr. Gerson: zunächst Rab. an der Israelit. Lehrerbildungsanstalt in Würzburg, 1922–1929 Rab. der orthodoxen »Israelitischen Religionsgesellschaft« Adass Jeschurun in Heilbronn.

Feis, Moses (gest. 1788): 1748–1788 Rab. in Weikersheim (»Landrabbiner«), sehr gelehrt und weithin berühmt, verfaßte u. a. einen Kommentar zum Talmud-Traktat Schekalim (Darbone Sahab, 1785 in Fürth gedruckt).

Finkelscherer, Herbert (geb. 1903 München): 1935–1937 Bezirksrab. in Offenburg, 1938–1940 Rab. in Stettin, deportiert 1942 nach Piaski bei Lublin, später Treblinka oder Auschwitz, wo er vermutlich umgekommen ist.

Flamm, Kurt (geb. 1910 Kitzingen): bis 1939 Rab. der orthodoxen Israelit. Religionsgesellschaft »Adass Jeschurun« in Heilbronn, März 1939 in die USA emigriert.

Flehinger, B. H.: bis 1886 (?) Bezirksrab. in Merchingen (Konferenz-Rab.); Verfasser von Lehrbüchern für den israelit. Religionsunterricht.

Flehinger, Isack (gest. 1794, aus Flehingen): bis 1794 Rab. in Bretten.

Flehinger, Simon (bzw. Simon Fryt Flegenheim[er] oder Samson Veis/Feis aus Flehingen, Bruder des Rab. Isack Flehinger in Bretten): 1750–1771 Rab. in Mühringen, danach »Judenlandrabbiner« in Darmstadt bis 1793.

Flehinger, Veit (= Feidel Flegenheimer) (geb. 1769 Bretten, gest. 1854; Sohn des Rab. Isack Flehinger): studierte in Mannheim und Mainz, 1794–1854 Rab. in Bretten.

Fränkel, Hirsch (gest. 1740; Sohn des Rab. Henoch Levi, entstammte einer 1670 aus Wien vertriebenen Familie): 1702–1708 Landrab. mit Sitz in Heidelberg, Talmudgelehrter, 1709–1712 Landrab. von Ansbach in Schwabach, 1718–1737 gefangen in Schwabach aufgrund von Denunziationen.

Franck, Mayer: ab 1796 Klaus-Rab. in Mannheim (zuvor Klauspräzeptor).

Frank, Aron: um 1680 Rab. der Markgrafschaft Baden-Durlach, zugleich in der Markgrafschaft Baden-Baden (Wohnsitz in Durlach).

Frankfurter, Moses: 1828–1832 Rab. in Oberdorf.

Frankfurter, Dr. Naftali (geb. 1810 Oberdorf, gest. 1866 Hamburg): 1834 Rabbinatsverweser in Lehrensteinsfeld, 1836–1840 Rab. in Braunsbach, 1840–1866 Tempel-Prediger in Hamburg (wurde 1848 in die Hamburger Konstituierende Versammlung gewählt; gab zusammen mit Berthold Auerbach 1838 die »Gallerie der ausgezeichneten Israeliten aller Jh.« heraus).

Fried, Dr. Seligmann (geb. 1847 O'Gyalla/Ungarn, gest. 1906): Rab. in Ratibor, 1888–1906 Rab. in Ulm.

Friedmann, Dr. Bernhard (geb. 1820, gest. 1886): seit 1861 Stadt-Rab. in Mannheim (Nachfolger Prägers), 1869–1879 im Oberrat der Israeliten Badens (Konferenz-Rab.).

Friedmann, Moses siehe Fürther (Fürth), Moses.

Fürst: zunächst Rab. in Gailingen, um 1845 in Bühl, 1848 wegen seiner konservativen Gesinnung aus der Religionskonferenz des Oberrats verdrängt.

Fürst, Dr. Julius (geb. 1826, gest. 1899 Mannheim; Sohn des Rab. Salomon Fürst): Rab. in der Schweiz, in Merchingen, Bayreuth und Mainz, 1880–1899 Rab. an der Klaus in Mannheim (gab 1890 ein »Glossarium Graeco-Hebraeum« heraus, in dem er die im rabbinischen Schrifttum enthaltenen griech. und lat. Worte verzeichnete und ihre Bedeutung in Midrasch und Talmud erforschte).

Fürst, Salomon (geb. 1792, gest. 1870): zunächst Religionslehrer in Mannheim, danach Studium in Würzburg, Rab. an der niederrheinischen Bezirkssynagoge, 1827–1872 Bezirksrab. in Heidelberg (veranlaßte 1845 die erste allgemeine Rabbinerkonferenz Badens zu Reformfragen).

Fürth, Henle (Elchanan, Elkan) (gest. 1802): ab 1776 Klaus-Rab. in Mannheim.

Fürth, Jakob Samuel (gest. 1817): Klaus-Rab. in Mannheim.

Fürth, Samuel (gest. 1786; Schwiegersohn des Rab. Jehuda Insbruck): ab 1735 Klaus-Rab. in Mannheim.

Fürther (Fürth), Moses (gest. 1848): 1769–1773 als Rab. im Haus des Hoffaktors Aron Elias Seligmann in Leimen, ab 1805 Klaus-Rab. in Mannheim, nannte sich seither Moses Friedmann.

Geis, Dr. Robert Raphael (geb. 1906 Frankfurt, gest. 1972 Baden-Baden): studierte in Berlin, Breslau und Köln, zuerst Jugend-Rab. in München, 1934–1937 Jugend-Rab. in Mannheim, seit April 1937 Landesrab. in Kassel, 1938 im KZ Buchenwald, während des Krieges in Palästina, nach 1945 Lehrer und Rab. in England, Zürich, Amsterdam, 1952–1956 Landesrab. in Baden mit Sitz in Karlsruhe, 1969 Prof. an der PH Duisburg, 1971 an der Univ. Gießen (Träger der Buber-Rosenzweig-Medaille).

Geißmar, David (aus Eppingen): seit 1827 (oder schon zuvor) Bezirksrab. in Sinsheim (bis ca. 1848).

Geißmar, Joseph (geb. 1828 Sinsheim): 1848–1874 als Nachfolger seines Vaters Rab. David G. Bezirksrab. in Sinsheim, Mitglied in der Religionskonferenz des Oberrats, gemäßigter Befürworter der Reform, doch gegen die Einführung der Orgel in der Synagoge; 1874 wurde das Bezirksrabbinat Sinsheim mit Heidelberg verbunden.

Gerber, Benjamin: im 18. Jh. Klaus-Rab. in Mannheim.

Gersfeld, Josef ben David: 1790–1799 Rab. in Mergentheim.

Glogau, Josef (aus Polen): bis 1814 Stifts-Rab. an der Kaulla'schen Talmud-Hochschule in Hechingen.

Gottschalk (Goudecheaux), Seligmann (aus Pfalzburg): 1. Hälfte des 19. Jh. Stifts-Rab. in

Hechingen an der Kaulla'schen Talmud-Hochschule, 1844 Konsistorialrab. in Colmar.

Greilsheimer, Julius (geb. 1891 Friesenheim, gest. 1944 KZ Auschwitz): Bezirksrab. in Mosbach (auch für Wertheim und Merchingen), 1939 nach Holland ausgewandert, 1944 mit seiner schwangeren Frau und seinen beiden Töchtern über das KZ Westerbork nach Auschwitz verschleppt, wo die ganze Familie ermordet wurde.

Grotwohl, Moses (gest. 1682): 1679–1682 Rab. in Mannheim, zeichnete sich durch talmudische Gelehrsamkeit und Scharfsinn aus.

Grün, Dr. Samuel (geb. 1841 Ung.Brod, gest. Wien): 1883–1887 Rab. in Hohenems, 1887–1894 Rab. in Oberdorf, 1894 pensioniert.

Grünbaum, Juda Lema (geb. in Frankfurt, gest. 1775): seit 1751 Klaus-Rab. in Mannheim.

Grünewald (Gruenwald), Dr. Max (geb. 1899 Königshütte, lebt in Millburn, New Jersey/ USA): Studium in Breslau, seit 1925 Jugend-Rab. in Mannheim, 1929 Initiator des Lehrhauses in Mannheim, 1933 Stadtrab. in Mannheim, 1934 als erster deutscher Rab. zugleich Vorsitzender seiner Mannheimer Gemeinde (einer der wenigen Berufsrabbiner, die nach 1933 eine zentrale Rolle in der Reichsvertretung der Juden in Deutschland spielten), 1935 Konferenzrab. im Oberrat, 1938 nach Berlin, dann über Palästina 1939 in die USA, 1944 Rab. in Millburn, 1955 Präsident des Leo-Baeck-Instituts, 1970 Ehrung durch die Hebr. Universität Jerusalem für seine Verdienste um die jüd. Erziehung.

Grünewald, Seligmann (geb. 1800 Mühringen, gest. 1856; Schwiegersohn des Rab. Veit Flehinger in Bretten): 1832–1835 Rabbinatsverweser in Braunsbach, 1835–1844 Rab. in Lehrensteinsfeld, 1844–1856 Rab. in Freudental.

Grzymich, Dr. Siegfried (geb. 1875 Pleschen/Polen, gest. 1944 KZ Auschwitz): 1911–1940 Bezirksrab. in Bruchsal und Bretten (Sitz in Bruchsal), erstellte nach 1920 neue Lehrpläne für den israelit. Religionsunterricht in Baden, 1940 mit seiner Ehefrau nach Gurs deportiert, später nach Drancy, 1944 nach Auschwitz.

Güldenstein, Dr. Michael (geb. 1814 Sontheim, gest. 1861): 1841–1861 Rab. in Buchau.

Günzburger, David: um 1790 vor der Franz. Revolution aus Bollweiler nach Schmieheim geflohen, wo er nach 1790–1817 Rab. war.

Günzburger, Joseph (geb. um 1757, gest. 1842): 1817–1847 Bezirksrab. in Schmieheim (folgte seinem Vater David G. im Amt nach).

Gunzenhauser, Samson (geb. 1830 Binswangen, gest. 1893): 1855–1859 Rab. in Reckendorf, 1859–1867 Rab. in Buttenhausen, 1867–1893 Rab. in Mergentheim.

Haas, Dr. Moses (geb. 1811, gest. 1887): Rab. in Hofgeismar, 1857–1887 Rab. in Freudental; danach wurde das Rabbinat Freudental nicht mehr besetzt.

Hachenburg, Nathan Neta ben Jehuda Löb (gest. 1743 Mannheim): zuerst Rab. in Hagenau, vorübergehend nach Palästina ausgewandert, später Klaus-Rab. in Mannheim.

Hahn, Dr. Hugo (geb. 1893 Tiengen, aufgewachsen in Walldorf, gest. 1967 New York): Studium in Breslau, Erlangen und Heidelberg: 1912–1920 Rabbinatsverweser in Offenburg, 1922–1939 Rab. in Essen, Vorsitzender des Verbandes jüd. Jugendvereine Deutschland, 1939 in die USA emigriert, bis 1957/1965 Rab. der Congregation Habonim in New York.

Halle, Samuel (Sohn des Benjamin Bunem aus Halle an der Saale): 1755 als Rab. der Michael-May'schen Klaus in Mannheim aufgenommen.

Halpersohn, Dr.: 1924–1925 Bezirksrab. in Offenburg.

Hamburg, Elieser (Lase) (gest. 1821): ab 1803 Klaus-Rab. in Mannheim.

Hamburg, Jakob: im 18. Jh. Klaus-Rab. in Mannheim.

Hannes, Dr. Ludwig (geb. 1868 Fraustadt, Prov. Posen): 1897–1907 erster Gemeinderab. in Konstanz, bekannt als hervorragender Prediger.

Hannover, Liebmann (gest. 1748): Klaus-Rab. in Mannheim.

Heilblut, Dr.: im 19. Jh. Bezirksrab. in Merchingen.

Heilbronn, Dr. Isak (geb. 1828 Fulda, gest. 1909 Nürnberg): Rab. in Erfurt, 1862–1903 Rab. in Weikersheim, danach pensioniert.

Heimann, Dr. Harry (geb. 1910 Bromberg): 1935–1938 Rab. in Heilbronn, Dez. 1938 in die USA ausgewandert.

Helman, Samuel (geb. Krotoschin, gest. 1764 Metz): studierte in Prag, 1719–1726 Rab. in Kremsier/Mähren, 1726–1751 als Klaus-Rab. in Mannheim (Oberrab. und Stadtrab.), trat in Wort und Schrift gegen die jüdische Sekte des Sabbatianismus auf, 1751 als Rab. nach Metz übergesiedelt.

Henle(i)n, Juda Manasse (geb. Lehrensteinsfeld): 1834–1838 Rabbinatsverweser in Freudental.

Herz, Isai (gest. 1798 Jebenhausen): 1778–1782 und 1798 Rab. in Jebenhausen.

Herz, Max (Manasse) (geb. 1815 Kochendorf, gest. 1904 Göppingen): 1844–1868 Rab. in Jebenhausen, dann Verlegung des Rabbinats nach Göppingen, 1868–1894 Rab. in Göppingen.

Herz, Naftali: ca. 1657–1671 erster Rab. in Mannheim (?).

Herzfeld, Moses Samuel (gest. 1796; Sohn des Samuel Herzfeld = Heidingsfeld): seit 1750 Klaus-Rab. in Mannheim.

Herzthal, Salomon: ca. 1830 Klaus-Rab. in Mannheim.

Hess, David (Tebele) (geb. Abterode, Gde. Meißner, Werra-Meißner-Kreis, gest. 1767 Mannheim): 1761–1767 Klaus-Rab. in Mannheim (Oberrab. und Stadtrab.), wurde u. a. in den berühmten Scheidungsfall eines Mannheimer Ehepaares verwickelt (sog. Clever Getstreit), der eine jahrelange Flut von gelehrten Streitschriften über die Rechtmäßigkeit der Scheidung hervorrief.

Hilb, Maier (gest. 1880): studierte in Hechingen (Talmudschule), in Karlsruhe (Lyzeum), Heidelberg und Tübingen (Studienfreund Berthold Auerbachs), 1836 Rabbinatsverweser, 1840–1880 Rab. in Haigerloch und Dettensee.

Hirsch (aus Mönchsdeggingen, Lkr. Donau-Ries): nach 1731–1754 Rab. in Buchau.

Hirsch, Josef (gest. 1762 Offenbach; aus Fürth stammend): nach 1735 Rab. in Wertheim.

Hirsch, Dr. Maier (geb. 1812 Mergentheim, gest. 1860): 1838–1841 Rab. in Freudental, 1841–1860 Rab. in Braunsbach.

Hirsch, Marx: um 1830–1840 Unterrab. in Dettensee.

Hirsch, Naftali (gest. 1800), zunächst Hausrab. bei Hoffaktor Aron Elias Seligmann in Leimen, 1763 Oberrab. der pfälzischen Landjudenschaft, verlegte 1768 seinen Amtssitz von Leimen nach Mannheim, hier gleichzeitig Oberrab. an der Klaus, entfaltete eine reiche Lehr- und Forschungstätigkeit (insbesondere zum Talmud).

Hirsch, Samuel: seit 1798 Rab. in Wertheim; ihm wurde von der Regierung auch die Stelle des wertheimischen Landrabbiners übertragen.

Hoffmann, Dr. Moses (geb. 1873 Berlin; Sohn des bekannten Rab. David H., Rektor des Rabbinerseminars Berlin): 1903–1912 Rab. in Randegg, 1912–1921 Rab. in Emden, von da an Rab. in Breslau, Mitglied des Rates des Preußischen Landesverbands jüdischer Gemeinden, emigrierte nach Palästina.

Hüttenbach, Wolf: als Nachfolger Calvarias im 18. Jh. Rab. in Bruchsal.

Insbruck, Jehuda ben Jakob (gest. 1794; Sohn des Rab. Jakob Insbruck aus Hamburg): 1737 Hauslehrer in Mannheim, ab 1745 Rabbinatsassessor in Mannheim.

Isaak: als Rab. 1715 in Durlach genannt.

Isaak, Josef: 1744–1751 Rab. in Lauchheim.

Isaak aus Worms (Jizchak ben Jakob) (gest. 1730): zunächst Rab. in Neckarsulm und Umgebung, seit 1708 Klaus-Rab. und Lehrer in Mannheim.

Isak, Jechiel (genannt Wertheimer, geb. 1728, gest. 1797 Jebenhausen; Sohn des Rab. Isak Lewuw = Lemberg in Wallerstein, Lkr. Donau-Ries), 1751–1782 Rab. in Wertheim und Aub (Lkr. Würzburg), 1782–1797 Rab. in Jebenhausen.

Ischah: Anfang des 18. Jh. Rab. in Weikersheim.

Jakob: um 1690–nach 1700 erster Rab. in Weikersheim.

Jacob ben Issachar (aus Fellheim, Lkr. Unterallgäu): 1754–1785 Rab. in Buchau.

Jacob ben Samuel (aus Gailingen): 1780–1803 Rab. in Nordstetten.

Jacobowitz, Dr. Julius (geb. 1886): bis 1914 in Berlin, 1914–1917 Rab. in Randegg, seit 1917 Rab. in Köln, später in Königsberg; 1936 nach England emigriert; Vater von Sir Dr. Immanuel Jakobowits (seit 1967 Chief Rabbi of the Jewish Communities of Great Britain and the Commonwealth, 1987 geadelt, erster Oberrabbiner, der zum Lord erhoben wurde).

Jankau, Emanuel Mendel (gest. 1755 Mann-

heim): zunächst Rab. in Mergentheim, seit ca. 1720 Klaus-Rab. in Mannheim und Oberrab.

Jaraczewsky, Dr. Adolph (geb. 1829 Borek, Prov. Posen, gest. 1911 Mühringen): 1868–1881 Rab. in Erfurt (schrieb die »Geschichte der Juden in Erfurt«), 1881–1884 Rab. in Schüttenhofen/Böhmen, 1884–1911 Rab. in Mühringen; 1911 wurde das Rabbinat Mühringen nicht mehr besetzt, seit 1914 war der Sitz in Horb.

Jehuda: um 1800 in Nordstetten wohnender, wegen seiner Gelehrsamkeit berühmter Rab.

Jeremia: im 16. Jh. als Rab. in Wertheim genannt; war auch als Hymnendichter bekannt.

Jochanan, Sohn des Rab. Eljakim: Rab. in Heilbronn im 13. Jh., bei der Verfolgung am 19. Okt. 1298 ermordet.

Juda: im 18. Jh. Rab. in Neckarsulm.

Kahn, David (gest. 1744, aus Rappoltsweiler/ Elsaß): um 1720 Rab. in Breisach, seit 1727 erster Rab. in Sulzburg (für das badische Oberland).

Kahn, Isaak: 1744–1797 als Nachfolger seines Vaters David K. Rab. in Sulzburg.

Kahn (Kaan), Isaak Salomon (aus Krakau): seit 1710 Rab. in Philippsburg, schlichtete 1713 lange Streitigkeiten zwischen den Grötzinger und Durlacher Juden, 1713 zum ersten Landrab. von Baden-Durlach mit Sitz in Durlach gewählt.

Kahn, Ludwig (geb. 1845 Baisingen, gest. 1914): studierte in Breslau, 1871–1876 Rabbinats-Vikar in Stuttgart, 1876–1892 Rab. in Laupheim, 1892–1914 Rab. in Heilbronn, Mitglied der Israelit. Oberkirchenbehörde.

Kahn, Dr. Moses (Moritz) (geb. 1871 Baisingen, gest. 1946 Bne Brak/Israel): bis 1910 Lehrer in Esslingen, 1910–1939 Rab. in Mergentheim, 1939 nach Palästina emigriert.

Kahn, Nathan Uri: erster Rab. von Karlsruhe, hatte 1720 seinen Wohnsitz von Pforzheim nach Karlsruhe verlegt, 1720–1750 Oberlandesrab. in Karlsruhe.

Kallmann, Isack (Sohn des Elias Ascher): 2. Hälfte 18. Jh. Klaus-Rab. in Mannheim.

Kallmann, Marx (geb. 1795 Kochendorf, gest. 1863): 1835–1858 Rab. in Buttenhausen, 1858–1861 Rab. in Lehrensteinsfeld, danach pensioniert.

Katzenellenbogen, Naftali Hirsch Moses (geb. Schwabach, gest. 1800 Mannheim; Sohn des R. Moses): studierte in Frankfurt, 1741–1763 Rab. von Mergentheim, 1763–1800 Oberrab. der Kurpfalz in Heidelberg/Leimen, 1763–1768 zugleich Hausrab. des Hoffaktors Aron Elias Seligmann, seit 1768 Sitz in Mannheim (Klaus-Rab., Oberrab.).

Kaufmann, Jakob (geb. 1783 Berlichingen, gest. 1853 Laupheim): 1810–1834 Rab. in Weikersheim, dann in Buchau, 1835–1851 Rab. in Laupheim, danach pensioniert.

Kohn, Moses (gest. 1634): Rab. in Weikersheim.

Kohn, Moses Jakob (geb. 1731): 1778 als Rab. in Jebenhausen genannt.

Kohn, Salomon: 1801–1811 Rab. in Mergentheim.

Kroner, Dr. Hermann (geb. 1870 Münster/Westfalen, gest. 1930 Oberdorf; Sohn des Kirchenrats Kroner aus Stuttgart): 1895–1897 Rabbinatsverweser in Göppingen, 1897–1930 in Oberdorf am Ipf (bedeutender Maimonides-Forscher).

Kroner, Dr. Theodor (geb. 1845 Dyhernfurth, Prov. Schlesien, gest. 1923 Stuttgart): Studium in Breslau, 1869–1872 Seminardirektor in Münster i. W., 1872–1883 Rab. in Stadtlengenfeld, 1883–1885 Rab. in Erfurt, 1885–1893 Seminardirektor in Hannover, 1894–1922 1. Stadtrab. in Stuttgart und theologisches Mitglied der Oberkirchenbehörde (verfaßte mehrere historische Arbeiten).

Kunreuter, Hirsch Levi: 1813–1819 Rab. in Mergentheim.

Kurrein, Dr. Viktor (geb. 1882 Linz): 1919–1923 Rab. in Karlsruhe, seit 1923 wieder in Linz.

Lämmle, Maier: 1763–1804 Rab. in Laupheim.

Landauer, M. H. (geb. 1808 Kappel, gest. 1841 Kappel): einer der frühesten modernen Forscher auf dem Gebiet der Kabbala, studierte in München, war vor seinem Tod 3 Monate Rabbinatsverweser in Braunsbach.

Lauer, Chaim (geb. 1876 Brzesko, gest. 1945 Biel): studierte in Basel und Berlin, seit 1925 Rab. und Lehrer an der Klaus in Mannheim, nach der Auswanderung von J. Unna war Lauer der einzige Rab. der Klaus-Synagoge, Ende 1938 nach Biel/Schweiz emigriert, dort Rab. bis 1945.

Laupheimer, Dr. Jonas (geb. 1846 Laupheim, gest. 1914): 1880–1887 Rabbinatsverweser in Buttenhausen, 1887–1914 Rab. in Buchau.

Lazarus, Michael (gest. 1766): Unterrab. in Heidelberg.

Lazarus, Moses (gest. 1840; Sohn des Rabbinatsassessors Elieser in Mainbernheim): 1819–1825 Rab. in Weikersheim, 1825–1840 Rab. in Trier und Konsistorialpräsident des Trierer Bezirks.

Lehren, Akiba (gest. 1732 Mannheim, Sohn des Rab. Jehuda Löb aus Lehrensteinsfeld): Klaus-Rab. in Mannheim.

Lehren, Akiba (gest. 1788 Mannheim, Sohn des Hirsch Lehren): Klaus-Rab. in Mannheim.

Lehren, Isaak: um 1746 Klaus-Rab. in Mannheim.

Lemle, Dr. Heinrich (Henrice) (geb. 1909 Augsburg, gest. 1978 Rio de Janeiro): studierte in Breslau, Berlin und Würzburg, zunächst Prediger in Nordhausen, 1933–1934 Jugendrab. in Mannheim, 1934–1938 Jugendrab. in Frankfurt, 1938 über England nach Brasilien emigriert, seit 1952 Oberrab. in Brasilien und Prof. der hebr. Sprache an der Universität Rio de Janeiro, 1959 Ehrenbürger von Rio.

Leser aus Kanitz (gest. 1729 Wien): ab 1708 Klaus-Rab. (Oberrab. und Lehrer) in Mannheim.

Levi, Amsel (von Rosenheim; aus Endingen-Lengnau, Kanton Aargau/Schweiz): 1808–1818 Rab. in Buchau, danach in Mutriz (Elsaß).

Levi, Ascher: 1798–1799 Rab. in Jebenhausen.

Levi, David: 1804–1824 Rab. in Laupheim.

Levi, David Isack (aus Worms): 1744 als Rab. an der Michael-May'schen Klaus in Mannheim angestellt.

Levi (oder Lehmann), Leopold (aus Straßburg): studierte in Fürth, zunächst Privatlehrer in Emden, 1820–1830 Rab. in Buttenhausen.

Levi, Louis, auch Levi-Kocherthaler, Pseudonym: Levi-Hechingen (geb. 1849 Rexingen, gest. 1907 Tübingen): 1875–1900 Rabbinatsverweser, Vorsänger und Lehrer in Hechingen.

Levi, Maier (geb. 1767 Markt Erlbach, gest. 1849 Jebenhausen): 1804–1809 Rab. in Buttenhausen, ab 1809 Rab. in Jebenhausen, 1834 pensioniert.

Levi, Salomon: 1832–1834 Rab. in Buttenhausen, 1834 in die USA ausgewandert.

Levinson, Dr. Nathan Peter (geb. 1921 Berlin): 1941 in die USA emigriert, studierte am Hebrew Union College in Cincinnati/Ohio, 1951–1953 Rab. von Berlin, 1953–1960 in Japan, Korea und USA, 1961–1964 Rab. in Mannheim, 1964–1986 Landesrab. von Baden und amtierender Landesrab. von Hamburg.

Lewin, Dr. Adolf, Pseudonym: Dolfe, Alwin (geb. 1843 Pinne, Prov. Posen, gest. 1910 Freiburg i. Br.): zunächst in Koblenz, seit 1885 erster Rab. der Freiburger jüd. Gemeinde (schrieb u. a. über die Geschichte der Freiburger Juden).

Lewin, Dr. Alex: seit 1913 Bezirksrab. in Offenburg, später Rab. in Hoppstätten, zugleich Landrab. des Landesteils Birkenfeld des Freistaats Oldenburg (so noch 1933).

Lewin, Hirschel (geb. 1721 Rischa/Polen, gest. 1800 Berlin; Sohn des Rab. Arje Löb in Amsterdam): 1757 Rab. in London, 1764–1770 Rab. in Halberstadt, 1770–1773 Stadtrab. in Mannheim, 1773 nach Berlin (war befreundet mit Moses Mendelssohn).

Lindmann, Liebmann (Lippmann) (geb. 1808, gest. 1877): ca. 1830–1860 Rabbinatsverweser, dann Stadtrab. in Mannheim (auch Klaus-Rab.), verfaßte 1852 eine Denkschrift, in der er nachzuweisen versuchte, daß der Gebrauch der Orgel in der Synagoge erlaubt sei.

Lipmann, Eliser (gest. 1680, Sohn des Rab. Jekutiel; Schwiegersohn des Vorgängers Isaack Brilin): 1660 Rab. in Aub bei Würzburg, 1678–1679 Rab. in Mannheim.

Löw, Ascher (geb. 1754, gest. 1837): 1805–1837 Oberlandesrab. in Karlsruhe, im Oberrat der Israeliten für Religionsunterricht, Studienpensum und Ehewesen zuständig, 1827 erblindet, seither war Elias Willstätter als Rabbinatskandidat an seiner Seite.

Löwengart, Maier Hirsch, nannte sich später »Salem« (geb. 1813 Rexingen, gest. 1886 Basel): 1836–1840 Rabbinatsverweser in Berlichingen, 1840–1844 in Jebenhausen, 1844–1858 Rab. in Lehrensteinsfeld, 1858–1886 Dajan und Schiur-Rabbi in Basel.

Löwenstein, Jakob (geb. 1799 Bruchsal, gest. 1869 Tauberbischofsheim): 1829–1852 Rab. in Gailingen, seit 1852 Bezirksrab. in Tauberbischofsheim.

Löwenstein, Dr. Leopold (geb. 1843 Gailingen, gest. 1923 Mosbach): zunächst Rab. in Gailingen, typischer Vertreter der orthodoxen Gelehrsamkeit in Baden, später Bezirksrab. in Mosbach, erster Ehrenbürger der Stadt Mosbach, seit 1920 Mitglied der Rabbinerkonferenz des Oberrats, Verfasser mehrerer Werke zur Geschichte der Juden in badischen Landesteilen.

Macner, Samuel: seit 1987 Landes-Rab. in Baden.

Maier, Dr. Joseph von, Geburtsname Joseph Rosenthal (geb. 1798 Laudenbach, gest. 1873 Stuttgart): Studium in Fürth, Mainz und Heidelberg, 1827 Religionslehrer in Frankfurt, 1832/34–1873 Rab. in Stuttgart und theol. Mitglied der Israelit. Oberkirchenbehörde, 1844 Teilnehmer an der ersten Rabbiner-Versammlung in Braunschweig mit liberalen Ansichten; als erster Rab. in Deutschland geadelt.

Maier, Maier (aus Illereichen, Markt Altenstadt, Lkr. Neu-Ulm): 1830–1832 Rab. in Buttenhausen.

Mainzer, Dr. Maier Aron (geb. 1798, gest. 1861): 1825–1861 Rab. in Weikersheim.

Mayer, Dr. Baruch (geb. 1845, gest. 1927 Bühl): 1887–1925 Bezirksrab. in Bühl, erfreute sich allgemeiner Beliebtheit, nach 1911 Konferenzrabbiner, Ehrenbürger der Stadt Bühl; nach seiner Zurruhesetzung wurde der Rabbinatsbezirk Bühl mit Offenburg vereinigt.

Mayer, Dr. Samuel Wolf (geb. 1807 Hechingen, gest. 1875): studierte in Hechingen, Mannheim, Würzburg und Tübingen, 1834–1875 Rab. und (seit 1849) Rechtsanwalt in Hechingen, hatte einen großen Ruf als Schriftsteller, Kanzelredner und Theologe; mit seinem Tod 1875 erlosch das Rabbinat Hechingen (bis 1941 noch Rabbinatsverweser).

Meir ben Baruch aus Rothenburg (Maharam, geb. um 1220 Worms, gest. 1293): Rab. in Rothenburg o. d. T., Augsburg, 1250–1260 Rab. in Konstanz, die berühmteste rabbinische Autorität seiner Zeit; nach 1260 Rab. in Mainz, zuletzt 7 Jahre in Gefangenschaft; sein Grab in Worms ist erhalten.

Metz, Gedalja (gest. 1850 Bödigheim): bis 1850

Rab. in Bödigheim, konnte seinen Stammbaum auf Rab. Meir aus Rothenburg zurückführen; 1850 wurde das Rabbinat Bödigheim aufgelöst, das nach 1700 als Unterrabbinat des Oberrabbinats Heidingsfeld eingerichtet worden war.

Minz, Hillel (gest. 1731 Mannheim; aus der Gelehrtenfamilie Minz-Katzenellenbogen): zunächst Rab. in Leipnik (wohl Lipnica bei Krakau), ab 1710 Klaus-Rab. in Mannheim, seit 1729 Stellvertreter des Landrab. David Ullmann in Heidelberg.

Mosche, Abraham (aus Zülz, Prov. Schlesien): um 1770 Klaus-Rab. in Mannheim.

Moses, Isaak: um 1800 Klaus-Rab. in Mannheim.

Moyses, Hirsch s. Katzenellenbogen, Naftali Hirsch.

Nehm, Simcha (Bensheim) (gest. 1750): Klaus-Rab. in Mannheim.

Nesanel: ab 1708 Klaus-Rab. in Mannheim (Oberrab. und Lehrer).

Neufeld, Dr. Siegbert Isak (geb. 1891 Berlin, gest. 1971 Ramat Chen/Israel): Studium in Berlin, 1915 Rab. in Briesen, Prov. Westpreußen, danach Feldrab., 1918 Rab. in Insterburg, 1925–1939 Rab. in Elbing, Prov. Westpreußen, während des Zweiten Weltkriegs in Tel Aviv, 1951–1953 Landesrab. von Württemberg und Hohenzollern in Stuttgart.

Neugass, Löw (gest. 1818): ab 1802 Klaus-Rab. (Rabbinatsassessor) in Mannheim.

Noe, Samuel Isaak (gest. 1744): seit ca. 1710–1744 Oberrab. in Mergentheim.

Oberdorfer, Jakob (geb. 1807 Wallerstein, gest. 1884 Oberdorf): 1861–1884 Rab. in Oberdorf am Ipf.

Offenbach, Löb (gest. 1821 Mannheim): nach 1800 Rabbinatsassessor in Mannheim.

Onil (Unna), Menachem Menle (Menli, Man) (gest. 1722 Worms): zunächst Rabbinatsassessor in Lissa und Worms, ab 1708 Klaus-Rab. in Mannheim.

Oppenheim, Abraham ben Löb (gest. um 1785): Klaus-Rab. in Mannheim, später in Amsterdam, danach Hannover.

Oppenheim, Dr. Gustav (geb. 1862 Eschwege, gest. 1939 Sydney/Australien): seit ca. 1900–1933 Stadtrab. in Mannheim, seit 1923 Konferenz-Rab. des Oberrats, Mitglied der

Spinoza-Loge (Obermeister 1908–1913 und 1923–1926), 1933 Zurruhesetzung.

Oppenheim, Juda: Ende 18. Jh. Landrab. des Hochstifts Speyer in Bruchsal.

Picard, Eliahu: um 1900 Rab. in Randegg.

Pinkuss, Dr. Fritz (Frederico) (geb. 1905 Egeln/Prov. Sachsen): Studium in Berlin, 1930–1936 Bezirksrab. in Heidelberg, Auswanderung im August 1936 nach Brasilien, Oberrab. in Sao Paulo, 1945 Prof. für hebr. und jüd. Wissenschaft in Sao Paulo, erhielt 1972 das Große Bundesverdienstkreuz.

Pinkuss, Dr. Hermann: 1899–1930 amtierender Bezirksrab. in Heidelberg.

Präger, Elias Hirsch (gest. 1847): bis 1822 Lehrer in Altdorf, 1822–1847 Bezirksrab. in Bruchsal.

Präger, Moses Elias (geb. 1817 Altdorf, gest. 1861 Mannheim): studierte in Karlsruhe, 1847–1854 Rab. in Bruchsal, 1854–1861 Stadtrab. in Mannheim, gab 1855 ein neues israelit. Gebetbuch heraus, das heftigen Widerstand konservativer Kreise herausforderte; rief den Mannheimer Waisenverein ins Leben.

Raphael, Abraham: nach 1803 Rab. in Nordstetten.

Rawicz, Dr. Victor Meier (Mer, Meyer) (geb. 1846 Breslau, gest. 1915 Berlin): 1874 Rab. in Kempen (Reg.Bez. Posen), seit 1876 Bezirksrab. in Schmieheim, seit 1893 (Verlegung des Rabbinatssitzes) bis 1913 in Offenburg, lebte seit 1913 (fast erblindet) im Ruhestand in Berlin; bedeutend durch eine Übersetzung des babylon. Talmuds und der Herausgabe von Maimonides-Werken.

Reckendorf, Wolf (gest. 1772): Lehrer an der Talmudhochschule Heidelberg und »Unterrabbiner«.

Rehfuß, Jakob Simcha: Anfang 19. Jh. Rab. in Schmieheim.

Reichenberger, Nathan (gest. 1853; Sohn des Rab. Samuel R. aus Schwabach): 1816–1853 Stiftsrab. und Lehrer an der Kaulla'schen Talmud-Hochschule in Hechingen.

Reinganum, Isaak Moses (gest. 1803; Sohn des Mose R.): seit 1751 Klaus-Rab. in Mannheim.

Reinganum, Mose(s) (gest. 1833): Klaus-Rab. in Mannheim.

Reischer, Ephraim: 1728–1735 Rab. in Wertheim, besaß bedeutende Kenntnisse zum Talmud und in der Medizin.

Reiß (Reis), Alexander: 1806 Rab. in Breisach am Rhein, Verfasser eines hebräischen Lobgedichts aus Anlaß des Anfalls der Stadt Breisach an Baden.

Reiß (Reis), Moses: bis um 1850/70 Bezirksrab. in Breisach, Schwiegersohn von Rab. Kaufmann Roos.

Richen, Löb Herz (gest. 1815 Heidelberg; aus Richen, Lkr. Heilbronn): Lehrer an der Elias-Haium'schen Klaus in Mannheim, später Rabbinatsassessor in Heidelberg, wo er auch eine Talmudschule unterhielt.

Richter, Dr. Karl (geb. 1910 Stuttgart): seit April 1938 Stadt-Rab. in Mannheim als Nachfolger von M. Grünewald, seit Nov. 1938 einziger Rab. in Mannheim, Apr. 1939 in die USA ausgewandert, 1939–1940 Rab. in Springfield, 1940–1950 Rab. in Sioux Fall, 1950–1976 Rab. am Sinai Tempel Michigan City, Indiana, zugleich 1965–1971 Prof. an der Purdue University.

Rieger, Dr. Paul (geb. 1870 Dresden, gest. 1939 Stuttgart): 1896–1902 Rab. in Potsdam, 1902–1916 Rab. in Hamburg, 1916–1922 Rab. in Braunschweig, 1922–1936 Erster Stadtrab. in Stuttgart und theol. Mitglied der Israelit. Oberkirchenbehörde bzw. des Oberrats, 1936 pensioniert; schrieb u.a. über die »Geschichte der Juden in Rom«.

Ries, Abraham: 1797–1813 Rab. in Mühringen (1803–1806 Sitz in Nordstetten), 1813 nach Lengnau/Schweiz berufen.

Roos, Kaufmann (geb. um 1807 Lichtenau, gest. 1875 Schmieheim): 1847–1875 Rab. in Schmieheim.

Rosenfeld, Abraham (gest. 1867 Mannheim): ab 1837 Klaus-Rab. in Mannheim (Primator).

Rosenthal, Frank (geb. 1911 Beuthen/Oberschlesien, gest. 1978): seit April 1939 Rab. in Mannheim (Nachfolger von Karl Richter), im März 1940 in die USA ausgewandert; das Rabbinat Mannheim konnte danach nicht mehr besetzt werden.

Rosenthal, Dr. Ludwig (geb. 1870 Wittelshofen, Lkr. Ansbach, gest. 1938 Köln): 1895–1897 Rab. an der Klaus-Synagoge Mannheim.

Rosenzweig, Dr. Arthur (geb. 1883 Teplitz/Böh-

men, gest. 1936 Prag): zunächst Rab. in Schneidemühl und der Grenzmark Posen-Westpreußen, 1909–1919 Rab. in Aussig, 1920–1922 Bezirksrab. in Stuttgart, 1926–1935 Rab. in Schneidemühl, ab 1935 in Prag.

Sänger, Dr. Hirsch (geb. 1843 Buttenwiesen, gest. 1909): zunächst Rab. in Bingen a.Rh., 1893–1909 Rab. in Mergentheim.

Sänger, Dr. Max (geb. 1821 Laupheim, gest. 1882): studierte in Tübingen, zunächst Hauslehrer in Wien, 1855–1867 Rab. in Mergentheim, 1867–1882 Rab. am Großen Tempel in Hamburg, bedeutender hebr. Philologe.

Salba, Lazarus: Studium in Fürth, bis 1827 Rab. in Messelhausen, das in diesem Jahr dem Rabbinatsbezirk Wertheim zugeteilt wurde; Salba besorgte bis 1830 den Religionsunterricht in Messelhausen.

Schach, Moses: 1819–1828 Rab. in Mergentheim.

Scheuer, Michael (geb. Frankfurt, gest. 1809; Sohn des Rab. David Michael Scheuer): 1778–1782 Rab. in Worms, 1782–1809 Stadtrab. in Mannheim, seit 1800 auch Oberrab. der Landjudenschaft; kurz vor seinem Tod noch Mitglied im 1809 geschaffenen Oberrat der badischen Israeliten.

Scheuer, Veitel (aus Fürth): bis 1828 Rab. in Archshofen.

Scheuermann, Dr. Siegfried (geb. 1910 Frankfurt am Main): Rab. in Freiburg i. Br., 1938 ins KZ Dachau eingeliefert.

Schiff, Dr. Hugo (aus Mannheim): im Ersten Weltkrieg als Theologiestudent Feldseelsorger im deutschen Heer, später Rab. in Braunschweig, 1925–März 1939 Stadtrab. in Karlsruhe, Bezirksrab. für Karlsruhe-Pforzheim, danach ausgewandert.

Schlesinger, Dr. Abraham (geb. 1882 Mergentheim, gest. 1961 Jerusalem): 1916–1938 Rab. in Buchau, im Okt. 1938 im KZ Welzheim, 1939 nach Palästina emigriert.

Schleßinger, Dr. L.: bis 1924 Bezirksrab. in Bretten; nach seinem Tod wurde das Rabbinat Bretten mit dem Bruchsaler Rabbinat vereinigt.

Schmalzbach, Leon (geb. 1882 Jaroslau/Galizien, gest. 1942 nach der Deportation): studierte in Würzburg, 1908–1941 Rabbinatsverweser, Lehrer und Vorsänger in Hechingen, zugleich

Heimatforscher und Liederkomponist, im Dienst bis 1934, zuletzt vor seiner Deportation nochmals jüdischer Lehrer 1939–1941.

Schnaittach, Joseph (oder Maier, Joseph aus Schnaittach, Lkr. Nürnberger Land, geb. Fürth 1774 oder 1769/70, in Schnaittach aufgewachsen, gest. 1861 Freudental): bis 1821 Rab. in Braunsbach, 1821–1834 Rab. in Freudental und Umgebung, 1834–1861 als »Rabbinatsassessor«, stand im Ruf als Kabbalist und Wundertäter.

Schott, Leopold (geb. 1807 Randegg, gest. 1869 Bühl): studierte in Hechingen, Karlsruhe und Heidelberg, 1833 Rab. in Randegg (1845 Teilnehmer an der Rab.-Versammlung Frankfurt, seit 1848 einer der entschiedensten und fortschrittlichsten Reformer in der Religionskonferenz des Oberrats, u.a. für die Einführung der Orgel in der Synagoge), später Rab. in Gailingen und zuletzt bis 1869 Bezirksrab. in Bühl.

Schotten, Hillel Samuel (geb. 1751, gest. 1823; Sohn des Rab. Samuel Kohen Sch.): Klaus-Rab. in Mannheim.

Schotten, Samuel Kohen (gest. 1796; Schwiegersohn des Rab. Hillel Minz): seit 1749 Klaus-Rab. in Mannheim.

Schwabacher, Jakob Samuel: um 1775 Rab. in Gailingen, um 1780–1791 Rab. in Nordstetten und Mühringen, seit 1791 Rab. in Burgpreppach (Lkr. Haßberge).

Schwarz, Dr. Adolf (geb. 1846 Teuel/Ungarn, gest. 1931): studierte in Breslau, 1875–1893 Stadtrab. in Karlsruhe, zum Hofrat ernannt, hervorragender Kanzelredner und Talmudforscher (Tossefta-Untersuchungen), 1893 als Direktor an das Wiener Rabbinerseminar berufen (Israelit.-theol. Lehranstalt), erlangte Weltruf.

Schweizer, Dr. Abraham (geb. 1875 Schopfloch, Lkr. Ansbach, gest. 1942 KZ Maly Trostinec/Polen): 1900–1913 Rab. in Weikersheim (Rabbinat 1914 aufgelöst), 1913–1936 Rab. in Horb, 1936 Ruhestand, nach Stuttgart übergesiedelt, 1938 KZ Dachau, 1941 nach Oberdorf deportiert, von hier 1942 nach Theresienstadt, später nach Maly Trostinec.

Sichel, Lemle (gest. 1854): Klaus-Rab. in Mannheim.

Silberstein, Dr. Michael (geb. 1834 Witzenhau-

sen, Werra-Meißner-Kreis, gest. 1910 Wiesbaden): 1860–1868 Rab. in Lyck/Prov. Ostpreußen, 1868–1874 Rab. in Buttenhausen, 1874–1884 Rab. in Mühringen, 1884–1908 Rab. in Wiesbaden, danach pensioniert.

Sondheimer, Dr. Hillel (gest. 1899): seit ca. 1860 Rab. in Gailingen, später Bezirksrab. in Heidelberg, verfaßte Lehrbücher für den Schulunterricht, 1889 Konferenzrab. des Oberrats.

Sontheimer, Moses: bis 1769 Hausrab. beim Hoffaktor Aron Elias Seligmann in Leimen.

Spitz, Dr.: 1889–1894 Rab. in Haigerloch, 1894–1925 Bezirksrab. in Gailingen; nach seiner Zurruhesetzung wurde der Sitz des Bezirksrabbinats Gailingen nach Konstanz verlegt.

Staadecker, Zacharias: im 19. Jh. Bezirksrab. in Merchingen.

Steckelmacher, Dr. Moritz (geb. 1851 Biskowitz/Mähren, gest. 1920 Bad Dürkheim, begraben in Mannheim): studierte in Breslau, Budapest und Preßburg, 1880–1920 Stadtrab. in Mannheim (seit 1889 Konferenzrab. des Oberrats), verfaßte philosophische Beiträge (»Das Prinzip der Ethik«), hervorragender Gelehrter und Prediger.

Stern, Dr. Jakob (geb. 1843 Niederstetten, gest. 1911 Stuttgart): studierte in Preßburg und Tübingen, 1873–1874 Rabbinatsverweser in Mühringen, 1874–1880 Rab. in Buttenhausen, vom Amt suspendiert, danach Journalist und freier Schriftsteller in Stuttgart, wurde über lange Jahre zum Wortführer der Sozialdemokraten Württembergs.

Steuer, Ulrich: 1936–Sept. 1938 Bezirksrab. in Heidelberg, danach Auswanderung in die USA, nach 1945 Rab. in Columbus/Ohio, wo er nach 1960 verstarb.

Stössel, Dr. David (geb. 1848 Lackenbach/Ungarn, gest. 1919): studierte in Preßburg, Prag und Leipzig, zunächst Lehrer und Prediger in Jung-Bunzlau, 1881 Hilfsgeistlicher und Religionslehrer, 1886–1893 Rabbinatsvikar in Stuttgart, 1894–1919 2. Stadt- und Bezirksrab. in Stuttgart.

Straßburger, Dr. Ferdinand (geb. 1884 Buchau oder Ulm, gest. 1927 Ulm): 1911–1915 Rab. in Hoppstädten, Lkr. Birkenfeld, 1915–1916 Rab. in Buchau, 1916–1927 Rab. in Ulm.

Straßburger, Jesaias (geb. 1871 Buttenhausen, gest. 1915): Studium in Tübingen, 1895–1897 Rabbinatsverweser in Oberdorf, 1897–1905 Rab. in Göppingen, 1905–1915 Rab. in Ulm.

Süßkind, Lemle (gest. 1789): seit 1760 Klaus-Rab. in Mannheim.

Tänzer, Dr. Arnold (Aron) (geb. 1871 Preßburg, gest. 1937 Göppingen): Studium in Preßburg, Berlin und Bern, 1896–1905 Rab. in Hohenems, 1905–1907 Rab. in Meran, 1907–1937 Rab. in Göppingen (1915–1918 Feldrab.), unermüdliches Engagement für soziale und kulturelle Belange, Verfasser zahlreicher lokalhistorischer Werke.

Traub, Hirsch (geb. 1791 Mannheim, gest. 1849; Sohn des Mayer A. Traub): studierte in Würzburg, seit 1824 Stadtrab. in Mannheim (vertrat die orthodoxe Richtung), seit 1827 im Schulvorstand, 1837–1849 Stadt- und Bezirksrab. in Mannheim.

Traub, Mayer Alexander (gest. 1815): 1807 Rabbinatsassessor in Mannheim.

Treitel, Dr. Leopold (geb. 1845 Breslau, gest. 1931, Sohn des Breslauer Rab. Josefsohn T.): studierte in Breslau, 1878–1881 Rab. in Koschmin, 1881–1884 Rab. in Briesen, 1884–1895 2. Stadtrab. in Karlsruhe, 1895–1922/25 Rab. in Laupheim, dann pensioniert.

Ucko, Dr. Siegfried Sinai (geb. 1905 Gleiwitz, gest. 1976 Israel): 1931–1932 zur Unterstützung von Rab. Grünewald Jugendrab. in Mannheim, Juni 1932–1935 Bezirksrab. in Offenburg und Bühl (Sitz in Offenburg), Jan. 1935 nach Palästina ausgewandert, Leiter eines Kindergärtnerinnen- und Lehrerseminars in Tel Aviv, danach Dozent und später Prof. für Pädagogik an der Universität Jerusalem.

Ulf, Joseph David (geb. Frankfurt, gest. 1719 Mannheim, Sohn des Rab. Jizchak Ulf): zunächst Rabbinatsassessor in Frankfurt, 1706 Stadtrab. in Mannheim, 1708 Klaus-Rab. (beteiligte sich an der Einweihung der Klaus), zeichnete sich durch große Gelehrsamkeit aus.

Ullmann (Ulmo), David: 1728–1762 Landrab. der kurpfälzischen Landjudenschaft mit Sitz in Heidelberg.

Unna, Dr. Isak (geb. 1872 Würzburg, gest. 1948 Jerusalem, mütterlicherseits ein Enkel des

»Würzburger Raw« Seligmann Bär Bamberger): Studium in Würzburg und Berlin, zunächst Rabbinatsassistent in Frankfurt am Main, seit 1898 Klaus-Rab. in Mannheim, seit 1920 3. Stadtrab. in Mannheim (1924 Konferenzrab. des Oberrats, Exponent des gesetzestreuen Judentums, seit 1932 Vorsitzender der »Gesetzestreuen Rabbinervereinigung Deutschlands«, schrieb ein Werk zur Geschichte der Klaus-Synagoge Mannheim), Sept. 1935 nach Palästina emigriert, Autor einer posthum 1964 in Jerusalem herausgegebenen Sammlung rabbinischer Gutachten (Responsen).

Wälder, Dr. Abraham (geb. 1808 Rexingen, gest. 1876 Laupheim): 1836–1840 Rabbinatsverweser in Jebenhausen, 1840–1851 Rab. in Berlichingen, 1852–1876 Rab. in Laupheim.

Wagner, Hayum (geb. 1831, gest. 1892): seit 1848 Klaus-Rab. in Mannheim, setzte sich entschieden für Reformen ein.

Wassermann, Dr. Moses (geb. 1811 Gunzenhausen, Lkr. Weißenburg-Gunzenhausen, gest. 1892; Sohn des Rab. Salomon W. in Ansbach): Studium in Würzburg und Tübingen, 1834 Rabbinatsverweser in Mergentheim, 1835–1873 Rab. in Mühringen, 1874–1882 Bezirksrab. in Stuttgart und theol. Mitglied der Israelit. Oberkirchenbehörde (Kirchenrat).

Wassermann, Salomon (geb. 1780 Oberdorf, gest. 1859 Lauchheim): bis 1825 Rab. in Ansbach, 1825–1835 Rab. in Laupheim, 1835–1855 Rab. in Mergentheim, dann pensioniert.

Weil: um 1875 Rab. in Mosbach.

Weil, Abraham (Sohn des Karlsruher Oberlandrab. Tia Weil): 1789–1791 Rab. in Mühringen, 1797–1832 Rab. in Sulzburg.

Weil, Elias (aus Haigerloch): 1728–1731 Rab. in Mühringen und Umgebung.

Weil, Isaak (aus Uehlfeld, Lkr. Neustadt a. d. Aisch-Bad Windsheim): 1740–1743 Hausrab. beim Judenschultheiß Süßel von Bruchsal.

Weil, Jakob: in der 2. Hälfte des 18. Jh. Rab. in Bruchsal, Landrab. des Hochstifts Speyer.

Weil, Jakob ben Jehuda (geb. 1380 Weil der Stadt, gest. 1456 Erfurt): studierte in Mainz, seit 1412 Hochmeister der Juden in Augsburg, 1438 bis zu seinem Tod in Erfurt, wo er zum weithin verehrten und anerkannten Gelehrten wurde;

zu seiner Zeit »Vater der deutschen Judengemeinde«; seine »Responsen« (Äußerungen auf zahlreichen Wissensgebieten) fanden weite Verbreitung (71 Auflagen, übs. in viele Sprachen).

Weil, Nathanael (geb. 1687 Stühlingen, gest. 1769 Rastatt, beigesetzt in Karlsruhe; entstammte einer alten Gelehrtenfamilie; sein Großvater Moses Meier Weil trug den Titel eines Maharam und hatte sich 1672 in Stühlingen niedergelassen und die dortige Synagoge erbaut): studierte in Fürth, Prag, Metz und Frankfurt, Rab. in Offenbach, später in Prag, 1745–1750 Rab. in Mühringen, 1750–1769 Rab. in Karlsruhe, hochangesehener Oberlandesrab. für die Markgrafschaften Baden-Baden und Baden-Durlach, verfaßte den weit verbreiteten Kommentar Korban Nathanael zum Talmud-Kommentar Aschere (gedruckt 1755 in Karlsruhe).

Weil, Samuel (Sohn des Landrab. Nathanael Weil in Karlsruhe): seit 1747 Rab. und Judenschulmeister in Rastatt.

Weil, Tia gen. Jedidja (geb. 1721, gest. 1805; ältester Sohn von Nathanael Weil): studierte in Prag, zunächst Rab. in Utiz/Böhmen, danach wieder in Prag, 1770–1805 Oberlandrab. in Karlsruhe; gab eine Pessach-Haggada mit hebr. Erklärungen heraus.

Weimann, Elkan (geb. 1818 Treuchtlingen, Lkr. Weißenburg-Gunzenhausen, gest. 1886): Rab. in Welbhausen (Stadt Uffenheim, Lkr. Neustadt a. d. Aisch-Bad Windsheim), danach in Lehrensteinsfeld, 1862–1886 Rab. in Buchau.

Willstätter, Benjamin (geb. 1813, gest. 1895; Bruder von Elias W.): 1842 Rabbinatsverweser für die Stadt Karlsruhe, 1847–1875 Rab. in Karlsruhe und Mitglied des Oberrats, seit 1875 Sekretär des Oberrats (führte die Reformbestrebungen seines Bruders weiter).

Willstätter, Elias (geb. 1796 Karlsruhe, gest. 1842): studierte in Hanau und Würzburg, zunächst Lehrer an der Talmud-Tora-Schule in Karlsruhe, seit 1837 dortiger Rabbinatsverweser, gehörte der Schulkonferenz des Oberrats an (trat für Reformen im Gottesdienst ein).

Willstätter, E.: seit 1852 Rab. in Gailingen.

Wochenmark, Dr. Josef (geb. 1881 Rozwado/ Österreich, gest. 1943 durch Freitod vor der Deportation): zunächst Lehrer in Crailsheim, 1925–1933 Vorsänger und Religionslehrer in Tübingen, 1934–1940 Oberlehrer in Schwäbisch Gmünd und Vorsänger, 1940–1943 orthodoxer Rab. in Stuttgart bei der Israelitischen Religionsgesellschaft (hatte 1941 das Rabbinats-Diplom von der Lehranstalt für die Wissenschaft des Judentums in Berlin erhalten).

Wolf (Sohn des Vorstehers Aron aus Mannheim): ab 1708 Klaus-Rab. und Lehrer in Mannheim.

Wolf (Wolff), Dr. Albert (aus Buchen): um 1920 einige Monate Rab. in Offenburg, spätestens 1924 (auch noch 1933) Stadtrab. in Dresden.

Wolf, Dr. Aron (aus Posen): 1880–1888 Rab. in Haigerloch.

Wolf, Joseph Manes (aus Hohenems, Vorarlberg): im 18. Jh. Rab. in Wangen.

Wolf, Salomon (aus Mainz): bis 1752 Rab. in Bödigheim.

Wolf, Samuel (aus Krakau): ca. 1710–1740 Klaus-Rab. in Mannheim.

Wolff, David (geb. 1760): um 1790 Rab. in Weilersbach, Lkr. Forchheim, danach in Kissingen, Halle a. d. S. und Uehlfeld, 1804–1807 Rab. in Jebenhausen.

Wolff, Felix (geb. 1870 Schwäbisch Hall): 1900–1906 Rabbinatsverweser, Vorsänger und Lehrer in Hechingen.

Wolff, Maier (aus Kleinerdlingen, Stadt Nördlingen, Lkr. Donau-Ries): 1785–1808 Rab. in Buchau (weihte 1804 die Synagoge Kappel ein).

Worms, Isaak Aron (geb. Metz, gest. 1722, Sohn des Rab. Josef Israel Worms): zunächst Rab. in Trier und Breisach, 1685–1693 Rab. in Mannheim, seit 1693 Rab. in Metz.

Wormser, Moses: 1811 als Rab. in Breisach am Rhein genannt.

Zimels, Dr. Julius: zunächst 2. Rab. in Karlsruhe, 1912 bis um 1935/36 Rab. in Freiburg, danach pensioniert, wanderte nach Palästina aus.

Zivi (Zifi), Raphael: studierte in Metz und Fürth, 1804–1836 Rab. in Haigerloch, seit 1821 auch für Dettensee.

Zlocisti, Dr. Isidor (geb. 1878): 1920–1925 Stadt-Rab. in Mannheim, später pädagogischer Referent beim Oberrat, 1927–1932 Bezirks-Rab. in Offenburg.

Zucker, Dr. Hans (John) (geb. 1909 Lossen, Prov. Schlesien): Studium in Breslau und Berlin, 1931–1936 Prediger an der liberalen Synagoge und der Hermann-Falkenberg-Synagoge in Berlin (Rabbinatskandidat), 1937 Rab. in Koblenz, danach Lehrer an der jüd. Schule Frankfurt, Jan.–Apr. 1939 Rab. (Rabbinatskandidat) in Heidelberg, dann nach England und USA ausgewandert, 1939–1942 Rab. in Cleveland, Reno und anderen Orten, lebte 1975 in Kalifornien.

ABKÜRZUNGEN

Vorbemerkung: Die allgemeinen Abkürzungen richten sich nach dem Duden »Wörterbuch der Abkürzungen« (neubearb. von J. Werlin, Duden-Taschenbücher, Bd. 11; Mannheim – Wien – Zürich 1987); vereinzelt aus dem Bereich der biblischen Literatur oder aus dem rabbinischen Schrifttum vorkommende Abkürzungen finden ihre Auflösung im Abkürzungsverzeichnis der Theologischen Realenzyklopädie (zusammengestellt von S. Schwertner, Berlin – New York 1976).
Im allgemeinen werden verwendet:

A	Archiv
abgebr.	abgebrochen
AG	Aktiengesellschaft
Ausk.	Auskunft, Auskünfte von …
Ausst.-St.	Ausstellungs-Stück
BMA	Bürgermeisteramt
Bü	Büschel
dt.	deutsch/e/r
Fam.	Familie(n)
Fasz.	Faszikel
Ffm.	Frankfurt/Main
Flst.	Flurstück
FN	Flurname
Gebr.	Gebrüder
gegr.	gegründet
GJ	Germania Judaica
GV	Gemeindeverwaltung
GLA	Generallandesarchiv Karlsruhe
hebr.	hebräisch
Hinw.	Hinweis
HStAS	Hauptstaatsarchiv Stuttgart
HZAN	Hohenlohe-Zentralarchiv Neuenstein
JGFW	Jüdische Gotteshäuser und Friedhöfe in Württemberg
KreisA	Kreisarchiv

KZ	Konzentrationslager
MA	Mittelalter
ma.	mittelalterlich/e/r(s)
mech.	mechanisch/e
mind.	mindestens
Mschr.	maschinenschriftlich
OAB	Oberamtsbeschreibung
oHG	offene Handelsgesellschaft
OV	Ort(schaft)sverwaltung
Parz.	Parzelle(n)
Q	Quelle(n), Quellenangabe(n)
QGJ	Quellen zur Geschichte der Juden bis zum Jahr 1600 im Hauptstaatsarchiv Stuttgart und im Staatsarchiv Ludwigsburg (bearb. von W. Braunn)
Ri.	Richtung
s.	siehe
SA	Sturmabteilung (nationalsozialistischer Begriff)
s. d.	siehe dort
SS	Schutzstaffel (nationalsozialistischer Begriff)
StA	Staatsarchiv
StadtA	Stadtarchiv
StV	Stadtverwaltung
UB	Urkundenbuch
Urk.	Urkunde
verst.	verstorben
Verz.	Verzeichnis
vorh.	vorhanden
zahlr.	zahlreich/e
zerst.	zerstört
ZGO	Zeitschrift für die Geschichte des Oberrheins
ZHG	Zeitschrift für Hohenzollerische Geschichte
zus.	zusammen
zw.	zwischen
ZWLG	Zeitschrift für Württembergische Landesgeschichte

ALLGEMEINE LITERATUR UND QUELLEN

Geschichte der Juden in Baden-Württemberg

Angerbauer, Wolfram und Hans Georg Frank, Jüdische Gemeinden in Kreis und Stadt Heilbronn. Geschichte – Schicksale – Dokumente. Schriftenreihe des Landkreises Heilbronn Bd. 1. Heilbronn 1986.

Badisches Städtebuch. Hg. von Erich Keyser. 1959.

Bauer, Hermann, Israeliten im wirtembergischen Franken. In: Zeitschrift des Historischen Vereins für das wirtembergische Franken 5, 3 (1861) S. 365–384.

Braunn, Wilfried (Bearb.), Quellen zur Geschichte der Juden bis zum Jahr 1600 im Hauptstaatsarchiv Stuttgart und im Staatsarchiv Ludwigsburg. Hauptstaatsarchiv Stuttgart. Thematische Repertorien Bd. 1. Stuttgart 1982 (zit. QGJ).

Dicker, Hermann, Aus Württembergs jüdischer Vergangenheit und Gegenwart. Gerlingen 1984.

Dreifuß, Erwin Manuel, Die Familiennamen der Juden unter besonderer Berücksichtigung der Verhältnisse in Baden zu Anfang des 19. Jahrhunderts. Frankfurt a. M. 1927.

Führer durch die jüdische Gemeindeverwaltung und Wohlfahrtspflege in Deutschland 1932–33. Berlin 1932/33.

Gedenkbuch zum 125jährigen Bestehen des Oberrats der Israeliten Badens. Frankfurt a. M. 1934.

Germania Judaica. Bd. I: Von den ältesten Zeiten bis 1238. Im Auftrag der Gesellschaft zur Förderung der Wissenschaft des Judentums nach dem Tode von M. Brann hg. von Ismar Elbogen, Aron Freimann und Haim Tykocinski, Tübingen 1963 (Nachdruck der Erstausgabe von 1934) (zit. GJ I).

Germania Judaica. Bd. II: Von 1238 bis zur Mitte des 14. Jahrhunderts. Hg. von Zvi Avneri. 1. Halbband: Aachen – Luzern, 2. Halbband: Maastricht – Zwolle. Tübingen 1968 (zit. GJ II).

Germania Judaica. Bd. III: 1350–1519. Hg. von Arye Maimon. 1. Teilband: Aach – Lychen. Tübingen 1987 (zit. GJ III).

Handbuch der jüdischen Gemeindeverwaltung und Wohlfahrtspflege 1924/25. Hg. von dem Deutsch-Israelitischen Gemeindebund und von der Zentralwohlfahrtsstelle der deutschen Juden. Berlin 1925.

Hof- und Staatshandbuch des Großherzogtums Baden (ab 1927: Staatshandbuch für Baden), Karlsruhe 1827 (mit Volkszählungsergebnissen von 1825), 1834 (1832), 1838 (1836), 1843 (1841), 1868 (1864), 1873 (1871), 1876 (1875), 1884 (1880), 1886 (1885), 1892 (1890), 1898 (1895), 1902 (1900), 1910 (1905), 1913 (1910), 1927 (1925).

Hof- und Staatshandbuch, Königlich Württembergisches (ab 1869: ... des Königreichs Württemberg, ab 1928: Staatshandbuch für Württemberg), Stuttgart 1806 (mit Volkszählungsergebnissen von 1806?), 1808 (1808?), 1824 (1822), 1828 (1826), 1831 (1829), 1835 (1833), 1839 (1838), 1843 (1841), 1847 (1844), 1854 (1846), 1862 (1858), 1869 (1867), 1873 (1871), 1877 (1875), 1881 (1880), 1887 (1885), 1892 (1890), 1896 (1895), 1901 (1900), 1907 (1905), 1912 (1910), 1928 (1925).

Hundsnurscher, Franz und Gerhard Taddey, Die jüdischen Gemeinden in Baden. Denkmale, Geschichte, Schicksale. Veröffentlichungen der Staatlichen Archivverwaltung Baden-Württemberg Bd. 19. Stuttgart 1968.

Jeggle, Utz, Judendörfer in Württemberg. Volksleben Bd. 23. Tübingen 1969.

Juden in Baden 1809–1984. 175 Jahre Oberrat der Israeliten Badens. Hg. vom Oberrat der Israeliten Badens. Karlsruhe 1984.

Jüdische Frontsoldaten aus Württemberg und Hohenzollern. Hg. vom Württembergischen Landesverband des Centralvereins deutscher Staatsbürger jüdischen Glaubens. Stuttgart 1926.

Die jüdischen Gefallenen des deutschen Heeres, der deutschen Marine und der deutschen Schutztruppen 1914–1918. Ein Gedenkbuch.

Hg. vom Reichsbund jüdischer Frontsoldaten. Berlin 1932.

Lewin, Adolf, Geschichte der badischen Juden seit der Regierung Karl Friedrichs (1738–1909). Karlsruhe 1909.

Löwenstein, Leopold, Geschichte der Juden am Bodensee und Umgebung. 1. Teil. O. O. 1879.

–, Geschichte der Juden in der Kurpfalz. Beiträge zur Geschichte der Juden in Deutschland Bd. 1. Frankfurt a. M. 1895.

Mandelbaum, Hugo, Jewish Life in the Village Communities of Southern Germany. New York/Jerusalem 1985.

Pfaff, Karl, Die früheren Verhältnisse und Schicksale der Juden in Württemberg. In: Württembergische Jahrbücher 1857 Heft 2, S. 157–198.

Rosenthal, Berthold, Heimatgeschichte der badischen Juden seit ihrem geschichtlichen Auftreten bis zur Gegenwart. Bühl/Baden 1927. Nachdruck Magstadt/Stuttgart 1981.

Sauer, Paul, Die jüdischen Gemeinden in Württemberg und Hohenzollern. Denkmale, Geschichte, Schicksale. Veröffentlichungen der Staatlichen Archivverwaltung Baden-Württemberg. Bd. 18. Stuttgart 1966 (zit. Sauer 1966).

Staatshandbuch s. Hof- und Staatshandbuch.

Strauss, Walter, Lebenszeichen. Juden aus Württemberg nach 1933. Gerlingen 1982.

Tänzer, Aron, Die Geschichte der Juden in Württemberg. Frankfurt a. M. 1937. Nachdruck Frankfurt a. M. 1983.

Tänzer, Paul, Die Rechtsgeschichte der Juden in Württemberg 1806–1828. Stuttgart 1922.

Toury, Jacob, Jüdische Textilunternehmer in Baden-Württemberg 1683–1938. Wissenschaftliche Abhandlungen des Leo-Baeck-Instituts Bd. 42. Tübingen 1984.

Veitshans, Helmut, Die Judensiedlungen der schwäbischen Reichsstädte und der württembergischen Landstädte im Mittelalter. Nebst kartographischer Darstellung. Arbeiten zum Historischen Atlas von Südwestdeutschland. Heft 5 und 6. Stuttgart 1970.

Die Wohnbevölkerung in Baden und ihre Religionszugehörigkeit nach der Volkszählung vom 16. Juni 1933, bearb. und hg. vom Badischen Statistischen Landesamt 1934.

Württembergisches Städtebuch. Unter Mitwirkung der Kommission für geschichtliche Landeskunde in Baden-Württemberg und des Statistischen Landesamts Baden-Württemberg hg. von Erich Keyser. Stuttgart 1962.

Einrichtungen der jüdischen Gemeinden

Cohn, Gustav, Der jüdische Friedhof. Seine geschichtliche und kulturgeschichtliche Entwicklung. Mit besonderer Berücksichtigung der ästhetischen Gestaltung. Frankfurt a. M. 1930.

Däschler-Seiler, Siegfried, Die Errichtung jüdischer Volksschulen in Württemberg im 19. Jahrhundert und die damit geschaffene Tradition als erziehungswissenschaftliches Problem. Dipl.-Arbeit PH Ludwigsburg (Mschr.) 1985.

Eschwege, Helmut, Die Synagoge in der deutschen Geschichte. Wiesbaden 1980.

Hahn, Joachim, Jüdische Friedhöfe in Baden-Württemberg. In: Entwurf. Religionspädagogische Mitteilungen. 1985. Heft 2, S. 36–48.

–, Synagogen in Baden-Württemberg. Hg. vom Innenministerium des Landes Baden-Württemberg. Stuttgart 1987.

Hammer-Schenk, Harold, Synagogen in Deutschland. Geschichte einer Baugattung im 19. und 20. Jahrhundert. 2 Bände. Hamburg 1981.

Jüdische Gotteshäuser und Friedhöfe in Württemberg. Hg. vom Oberrat der Israeliten Württembergs. Stuttgart 1932 (zit. JGFW).

Kroner, Hermann, Die Geschichte der jüdischen Ritualbäder in Württemberg. Anläßlich der Ausstellung für Gesundheitspflege. Stuttgart/Bopfingen 1914.

Künzl, Hannelore, Synagogen in Baden (Mittelalter bis Neuzeit). In: Juden in Baden 1809–1984 (s. o.) S. 71–90.

Liedel, Herbert und Helmuth, Dollhopf, Haus des Lebens. Jüdische Friedhöfe. Würzburg 1985.

Rosenthal, Berthold, Die jüdischen Volksschulen in Baden. In: Gedenkbuch zum 125jährigen Bestehen des Oberrats der Israeliten Badens (s. o.) S. 125–165.

Roth, Ernst, Zur Halacha des jüdischen Friedhofes. In: UDIM. Zeitschrift der Rabbinerkonferenz in Deutschland. 4 (1973) (Teil I) und Bd. 5 1974/75 (Teil II).
Theobald, Alfred Udo (Hg.), Der jüdische Friedhof. Zeuge der Kultur. Karlsruhe 1984.

Verfolgungszeit 1933 bis 1945

Eichmann, Bernd, Versteinert, verharmlost, vergessen. KZ-Gedenkstätten in der Bundesrepublik Deutschland. Frankfurt a. M. 1985.
Gedenkstätten für die Opfer des Nationalsozialismus. Eine Dokumentation. Schriftenreihe der Bundeszentrale für politische Bildung Bd. 245. Bonn 1987.
Lauber, Heinz, Judenpogrom: »Reichskristallnacht« November 1938 in Groß-Deutschland. Gerlingen 1981.
Metzger, Hartmut, Kristallnacht. Dokumente von gestern zum Gedenken an heute. Stuttgart 1978.
Die Opfer der nationalsozialistischen Judenverfolgung in Baden-Württemberg 1933–1945. Ein Gedenkbuch. Veröffentlichungen der Staatlichen Archivverwaltung Baden-Württemberg, Beiband zu Bd. 20. Stuttgart 1969.
Sauer, Paul, Dokumente über die Verfolgung der jüdischen Bürger in Baden-Württemberg durch das nationalsozialistische Regime 1933–1945. Veröffentlichungen der Staatlichen Archivverwaltung Baden-Württemberg Bd. 16/17. Stuttgart 1966 (zit. Sauer, Dokumente).
–, Die Schicksale der jüdischen Bürger Baden-Württembergs während der nationalsozialistischen Verfolgungszeit. Veröffentlichungen der Staatlichen Archivverwaltung Baden-Württemberg Bd. 20. Stuttgart 1969.
–, Württemberg in der Zeit des Nationalsozialismus. Ulm 1975.
Schätzle, Julius, Stationen zur Hölle. Konzentrationslager in Baden und Württemberg 1933–1945. Frankfurt a. M. 1980.
Vorländer, Herwart (Hg.), Nationalsozialistische Konzentrationslager im Dienst der totalen Kriegsführung. Sieben württembergische Außenkommandos des Konzentrationslagers Natzweiler/Elsaß. Veröffentlichungen der Kommission für geschichtliche Landeskunde in Baden-Württemberg, Reihe B Bd. 91. Stuttgart 1978.
Ziegler, Jürgen, Mitten unter uns. Natzweiler-Struthof: Spuren eines Konzentrationslagers. Hamburg 1986.

Persönlichkeiten

Encyclopedia Judaica. Bd. 1–18. Jerusalem 1971–1979.
Kaznelson, Siegmund, Juden im deutschen Kulturbereich. Ein Sammelwerk. Berlin 1962.
Künstlerschicksale im Dritten Reich in Württemberg und Baden. Hg. vom Verband Bildender Künstler Württemberg e.V. Stuttgart. Stuttgart/Gerlingen o.J. (1987).
Tetzlaff, Walter, 2000 Kurzbiographien bedeutender deutscher Juden des 20. Jahrhunderts. Lindhorst 1982.
Wininger, Salomon, Große Jüdische Nationalbiographie mit mehr als 12000 Lebensbeschreibungen namhafter jüdischer Männer und Frauen aller Zeiten und Länder. Bd. 1–7. 1925–1936. Nachdruck 1986.

GLOSSAR

Almemor (oder Bima) Die erhöhte Estrade in einer Synagoge (traditionell in der Mitte oder nach Osten verschoben) mit einem Pult oder Tisch (Schulchan), von dem während des Gottesdienstes die Tora gelesen wird.

Apsis Nischenartiger Raumteil an der Ostwand einer Synagoge, in die der Toraschrein (Aron Hakodesch) eingebaut ist.

Aron Hakodesch (oder Toraschrein) An der östlichen Synagogenwand eingebauter, oft kunstvoll gearbeiteter Schrank zum Aufbewahren der Torarollen. Er ist mit einem Vorhang (Parochet) versehen.

Bar Mizwa (»Sohn der Pflicht«) Jüdischer Junge, der am Sabbat nach Vollendung des dreizehnten Lebensjahres feierlich als Vollmitglied in die Synagogengemeinde aufgenommen wird. Die Feier wird als die Bar Mizwa bezeichnet.

Berches (in Süddeutschland üblicher Name; hebr. Challa, Plural Challot) Sabbatbrot; das in jüdischen Familien an Sabbat- und Festtagen gebräuchliche Weizengebäck von länglicher, geflochtener Form.

Bet Hamidrasch Ein neben der Synagoge in einigen Gemeinden vorhandenes Bethaus zum Studium von Bibel, Talmud und anderen Büchern.

Bima → Almemor

Brit Mila Beschneidung, wird nach dem biblischen Gebot (1. Mose 17) am achten Tag nach der Geburt vollzogen.

Chanukka Lichterfest im Dezember zur Erinnerung an die siegreichen Kämpfe in der Makkabäerzeit (2. Jh. v. d. Z.).

Chasan (oder Vorbeter, Vorsänger, Kantor) Trägt beim Gottesdienst Gebete und Texte aus der Bibel nach vorgeschriebenen Ordnungen und Melodien vor.

Cheder Schulstube der Kleinkinder; jüdische Elementarschule.

Chewra Kadischa (»Heilige Bruderschaft«) Religiöser Verein in den meisten jüdischen Gemeinden, u. a. verantwortlich für Beerdigungen und Krankenbesuche.

Chuppa-Stein (oder Hochzeitsstein) Im süddeutschen Raum verbreitet, an der Außenwand der Synagoge angebracht; spielte eine Rolle im Ablauf des Hochzeitsrituals.

Davidstern (Hexagramm) Der sechszackige Stern, begegnet vereinzelt bereits in der Antike, allgemeines Symbol für das Judentum seit dem 17. Jahrhundert.

Genisa Aufbewahrungsort nicht mehr gebrauchter, alter Schriften im Synagogengebäude.

Ghetto Stadtteil oder Stadtviertel, in dem Juden an zahlreichen Orten bis zur Emanzipation leben mußten (vgl. z. B. Haigerloch).

Hachschara Landwirtschaftliche oder handwerkliche Ausbildungsstätte für jüdische Auswanderer nach Palästina in den zwanziger und dreißiger Jahren.

Jeschiwa Traditionelle talmudische Hochschule: Akademie oder höhere Lehranstalt zur Heranbildung von Gelehrten und Rabbinern. Hauptsächlicher Lehrstoff ist der Talmud.

Jom Kippur Versöhnungstag. Der höchste jüdische Feiertag (September/Oktober); wird als strenger Fasten- und Bußtag begangen.

Kahal (oder Kehila) Hebräische Bezeichnung für eine jüdische Gemeinde.

koscher Bezeichnung für Speisen, die den rituellen Vorschriften entsprechen.

Mazza (Pl. Mazzot; Mazzen) Ungesäuertes Brot, in Erinnerung an den fluchtartigen Auszug der Israeliten aus Ägypten (vgl. 2. Mose 12); ist für das Passa-Fest vorgeschrieben.

Menora Siebenarmiger Leuchter, zu Zeiten Moses' in der Stiftshütte. Im salomonischen Tempel standen sieben solcher Leuchter. Nach der Zerstörung des herodianischen Tempels (70 n. d. Z.) wurde eine Menora nach Rom gebracht (Darstellung auf dem Titusbogen).

Mesusa (Pl. Mesusot, »Türpfosten«) Kleine Pergamentrolle mit Texten aus der Tora (5. Mose 6,4-9; 11,13–21), die in einer Holz- oder Metallhülle am rechten Türpfosten in Augenhöhe angebracht wird.

Mikwe Rituelles Tauchbad, das Zufluß von »lebendigem Wasser«, insbesondere Fluß- und Quellwasser, haben sollte.

Minjan Mindestzahl von zehn männlichen Betern über 13 Jahre (d.h. nach der Bar Mizwa), die für einen Gemeindegottesdienst vorgeschrieben ist (nach 1. Mose 18,32).

Mohel Beschneider (→ Brit Mila).

Ner Tamid (Ewiges Licht) Die ununterbrochen brennende Lampe vor dem Toraschrein.

Parnos Vorsteher der jüdischen Gemeinde.

Passa (Pessach) Fest zur Erinnerung an den Auszug aus Ägypten; wird im Frühjahr gefeiert.

Purim Freudiges Fest zur Erinnerung an die 480 v.d.Z. von Esther beim Perserkönig Xerxes (Ahasverus) bewirkte Errettung der Juden. Das Fest hat karnevalistische Züge: Aufführung von Spielen, Verkleiden der Kinder.

Rosch Haschana Jüdisches Neujahrsfest (September/Oktober); der jüdische Kalender zählt die Jahre »seit Erschaffung der Welt« (5749 jüdischer Zeitrechnung ≙ 1988–1989).

Sabbat Jüdischer Feiertag am Ende jeder Woche; beginnt am Freitag etwa 45 Minuten vor Sonnenuntergang und endet am Samstag etwa 15 Minuten nach Sonnenuntergang.

Schawuot Wochenfest, Fest zur Erinnerung an die Offenbarung Gottes am Sinai; wird im späten Frühjahr gefeiert.

Schechita Rituelle Schlachtung.

Schochet Schächter.

Schofar Widderhorn, das als Blasinstrument verwendet wird. Der Schofar wird am Neujahrsfest (→ Rosch Haschana) und am Schluß des Versöhnungstages (→ Jom Kippur) geblasen.

Simchat Tora Fest der Torafreude.

Sukka Laubhütte.

Sukkot Laubhüttenfest, gefeiert zur Erinnerung an den Wüstenzug nach dem Auszug aus Ägypten, als die Israeliten vorübergehend in Hütten wohnten.

Talit Gebetsmantel; viereckiges Tuch zum Umschlagen aus Wolle oder Seide mit Quasten, sogenannten Schaufäden, an den vier Ecken.

Talmud Neben der Bibel das Hauptwerk des Judentums, aus langer mündlicher Tradition erstellt. Im 4. Jahrhundert (Jerusalem Talmud) bzw. um 500 n.d.Z. entstanden (Babylonischer Talmud).

Tefilin Gebetsriemen.

Torarolle Die für den gottesdienstlichen Zwekke der Tora-Vorlesung bestimmte Pergamentrolle mit der Niederschrift der Tora, d.h. der Fünf Bücher Moses. Die Torarolle wird mit der Hand geschrieben; die Rollen werden im Toraschrein aufbewahrt (→ Aron Hakodesch).

Torawimpel Leinenstreifen (»Windel«) bei einer Beschneidung, später mit gestickter oder bemalter Widmung für das Binden der Torarolle verwendet.

PERSONENREGISTER

Verzeichnis der unter »Persönlichkeiten« bei einzelnen Orten aufgeführten Personen – ohne Rabbiner der jüdischen Gemeinden, die im Anhang S. 577–592 gesondert aufgeführt sind:

ORTSREGISTER

Nicht berücksichtigt sind Orte im Allgemeinen Teil und Orte außerhalb Baden-Württembergs.

BILDNACHWEIS

Die angegebenen Zahlen beziehen sich auf die Abbildungsnummern.

Vorsätze: Teilkarten von Karte VIII,13 des Historischen Atlas von Baden-Württemberg: Jüdische Einwohner in Baden-Württemberg; bearbeitet von J. Kerkhoff (1973).
Karten aus dem Buch von H. Veitshans, Die Judensiedlungen der schwäbischen Reichsstädte und der württembergischen Landstädte im Mittelalter (s. o. S. 595), Heft 6: 42, 45, 68, 70, 71, 97, 101, 107, 152, 270, 409, 430, 484, 501, 512, 537, 539.
Karten aus dem Beitrag von S. Kullen, Reichsritterschaft und Siedlungsbild, in: Zwischen Schwarzwald und Schwäbischer Alb (hrsg. von F. Quarthal, 1984): 122, 125, 531.
Die Karte der jüdischen Friedhöfe in Baden-Württemberg (Abb. 41) wurde erstmals veröffentlicht in: J. Hahn, Jüdische Friedhöfe in Baden-Württemberg (s. o. S. 595).
Die Grundrisse der jüdischen Badhäuser (Abb. 175, 186) aus: E. Kiehnle, Die Judenschaft in Eppingen und ihre Kultbauten, in: Rund um den Ottilienberg 3, 1985, S. 155.
Die Grundrisse der Synagogen zeichnete nach Vorlagen von E. Hornig (Abb. 225, 306) und R. Stütz (Abb. 297) L. Schwarzenbek, Stuttgart. Die Baupläne der Synagogen (Abb. 209, 445, 469) finden sich im Generallandesarchiv Karlsruhe (Sign. 373/8116; 363/810; 377/3390).

Alle übrigen Karten sind Ausschnitte aus der Topographischen Karte 1:25 000 des Landesvermessungsamtes Baden-Württemberg (mit freundlicher Genehmigung des Landesvermessungsamtes unter AZ.5.11/463; thematisch ergänzt durch J. Hahn).

StadtA Baden-Baden: 47
R. Basler, Offenburg: Tafel 1
Foto-Besserer, Lauda: 350, 368
BMA Braunsbach: 488
StadtA Bretten: 241, 242
W. Breyer, Baden-Baden: 51
StadtA Bruchsal: 245
The Central Archives for the History of the Jewish People, Jerusalem: 117, 118, 301
Foto-Dittmar, Stuttgart: 518
E. Ejtan, Jerusalem: 376, 379−383, 387, 389
L. Eyth, Chronik des fränkischen Dorfes Hohebach, Stuttgart 1904: 214
Federsee-Verlag, Bad Buchau: 52, 54
H. G. Frank, Flein: 163, 180, 181, 183, 185
StadtA Freiburg: 114
C. Füller, Worms: 5
Foto-Gloge, Lichtenau: 425
StadtA Göppingen: 139 (Bauakte Pfarrstr. 33; Repro: D. Dehnert, Göppingen-Jebenhausen) – 141
R. Häussler, Mannheim: Tafeln 6, 7
Foto Hahn, Gernsbach: 418−421
J. Hahn, Plochingen: 1, 6, 8−24, 26−33, 35, 38−40, 46, 50, 57, 58, 65, 67, 69, 74, 75, 77, 78, 81, 83, 84, 90, 94, 95, 99, 100, 108, 111−113, 115, 127, 134, 143−146, 149, 156, 171, 188, 202, 226, 227, 240, 248−250, 256, 266, 271−273, 276, 277, 282, 291, 292, 294, 295, 303, 304, 307, 308, 316, 322, 323, 325, 327, 329, 335, 344, 345, 352, 354, 357−361, 365, 367, 372, 373, 375, 378, 384, 386, 392, 396, 412 (Repro), 413−416, 429, 435, 444, 447, 457, 459, 461, 463, 465, 466, 471, 473, 475, 476, 478−480, 483, 485, 486, 491, 497, 507, 510, 513, 524 (von L. Wissmann, Jerusalem), 542, 551, 553, 554, 556, 558, 559, 566−568
L. Hantsch, Bad Friedrichshall: 161

HStAS: 48, 203, 255, 291, 422, 423, 449, 517, 549, sowie 63 (Staatsanwaltschaft Ravensburg), 79, (Paula Lichtenstein, New York), 80 (Julius Bloch, New York), 363, 364 (Staatsanwaltschaft Mosbach)
StadtA Heidelberg: 147, 148
StadtA Heidenheim (H. Kleinschmidt/J. Bohnert): 150, 151
StadtA Heilbronn: 155
Foto Hirsmüller, Emmendingen: 102, 103
Foto Karl Hoch, Adelsheim: 189, 190
H. Illich, Oppenweiler: 495
Jüdische Gotteshäuser und Friedhöfe in Württemberg, hrsg. vom Oberrat der Israelitischen Religionsgemeinschaft Württemberg, 1932 (Fotograf insbesondere W. Moegle, Leinfelden-Echterdingen): 43, 53, 61, 62, 110, 120, 126, 131, 136, 153, 157, 159, 165, 179, 184, 193, 204, 206, 208, 211, 218, 223, 224, 229, 296, 298, 300, 316, 328, 395, 399, 405, 410, 432, 487, 489, 493, 496, 498, 499, 504, 526, 538, 543
H. Joho, Eberbach: 440
F. Kahn, Nagold: 532
Foto-Kammerländer, Eppingen: 174
StadtA Karlsruhe: 233−236
Foto Keidel, Hechingen: Tafel 2; 561, 562
R. Klotz, Eislingen: Tafel 3; 25, 123, 128, 129, 132, 138, 160, 168−170, 175, 194, 197, 198, 212, 216, 231, 252, 258, 287, 314, 315, 319, 330, 370, 371, 398, 401, 407, 436, 437, 492, 505, 508, 520, 535
F. Krug, Külsheim: 311
Künstner, Ulm: 541
Landesbildstelle Württemberg, Stuttgart: 55, 72, 133, 210, 289, 502, 503, 514, 519, 521−523, 525, 527, 528, 530, 540, 547, 565
Landesdenkmalamt Baden-Württemberg, Karlsruhe: 312
StadtA Laupheim: 60
Leo-Baeck-Institut, New York: 246
StadtA Lörrach: 279−281, 284
StadtA Mannheim: 239, 261, 338, 340, 341, 343, 346, 348−351, 453
I. Meyer, Jubiläumsschrift der jüdischen Gemeinde Nonnenweier, 1927: 393
B. Michaelis, Müllheim: 4
Müller, Bad Mergentheim: 321
StadtA Neckarsulm: 191
StadtA Neudenau: 195
G. Randecker, Juden und ihre Heimat Buttenhausen, 1987: 433
R. Rasemann, Leutkirch: Tafeln 4, 5; 3, 7, 91, 92, 135, 166, 173, 200, 219, 253, 288, 299, 305, 332, 333, 400, 442, 443, 451, 456, 462, 533, 534, 563
StadtA Rastatt: 426−428
BMA Reilingen: 454, 455
K. Reinhart, Werbach-Wenkheim: 34, 36, 37
B. Rosenthal, Heimatgeschichte der badischen Juden, 1927: 2, 237, 244, 268, 474, 548
Foto Schnitzer, Freiburg: Tafel 8
StadtA Schwäbisch Gmünd: 411
A. W. Steinert, Weingarten: 263, 264
StadtA Stuttgart: 515, 516
E. Tschepe, Ludwigsburg: 285
StadtA Ulm: 544−546
Foto-Studio Wagener, Müllheim: 86−88
K. Wagner, Nordheim: 207
F. Walter, Mannheim in Vergangenheit und Gegenwart, 1907: 339, 342, 347
Foto Weber, Haigerloch: 555, 557
A. Willaschek, Wiesloch: 481 (Repro)

Landesgeschichte/Zeitgeschichte · Konrad Theiss Verlag

Die Geschichte Baden-Württembergs

Herausgegeben von Reiner Rinker und Wilfried Setzler, 458 Seiten mit 203 Abbildungen, Stammtafeln, Zeittafel. Kunstleinen.
26 Beiträge namhafter Fachleute fügen sich zu einem gut verständlichen und reich illustrierten Buch zusammen: Vor- und Frühgeschichte, die wichtigsten Stationen und Besonderheiten der badischen, württembergischen, pfälzischen und hohenzollerischen Geschichte, Herrschergeschlechter, industrielle Entwicklung, neuere Geschichte bis zur Gegenwart.

Badische Geschichte

Vom Großherzogtum bis zur Gegenwart.
Herausgegeben von der Landeszentrale für politische Bildung Baden-Württemberg.
392 Seiten mit 148 Abbildungen und zahlreichen Kartenskizzen.
Das Sachbuch über 170 Jahre badische Geschichte – von der Gründung des Großherzogtums Baden bis zur Gegenwart –, erstmals umfassend und in allgemein verständlicher Weise behandelt, veranschaulicht durch Kartenskizzen und dokumentarisches Bildmaterial. Zeittafel, Literaturangaben und Register erleichtern die Übersicht und ergänzen das Buch zu einem praktischen Nachschlagewerk.

Willi A. Boelcke
Wirtschaftsgeschichte Baden-Württembergs von den Römern bis heute

805 Seiten mit 169 Abbildungen auf 80 Tafeln. Kunstleinen.
Die erste umfassende Wirtschaftsgeschichte Südwestdeutschlands von der Römerzeit bis zur Gegenwart. Eine Darstellung, die von modernen Fragestellungen ausgeht und auch die aktuellen Probleme der heutigen Volkswirtschaft eines Bundeslandes behandelt.

Joachim Hahn
Synagogen in Baden-Württemberg

Mit einem Geleitwort von Dietmar Schlee. 130 Seiten mit 103 Abbildungen und 4 Farbtafeln. Kartoniert.
Die Geschichte der Synagogen in Baden-Württemberg vom Mittelalter bis zur Gegenwart in Wort und Bild.

Das Dritte Reich in Baden-Württemberg

Herausgegeben von Otto Borst. Mit einem Vorwort von Manfred Rommel. Band 1 der Schriftenreihe des Stuttgarter Symposions. 320 Seiten mit 15 Abbildungen. Kartoniert.
Dieses Buch unternimmt zum erstenmal den Versuch, des Dritten Reiches im deutschen Südwesten habhaft zu werden. Elf Zeithistoriker untersuchen die Auswirkungen der braunen Ideologie vor Ort. Auf diese Weise ist ein Kapitel südwestdeutscher Heimatkunde entstanden, das betroffen macht.

Roland Müller
Stuttgart zur Zeit des Nationalsozialismus

Mit einem Geleitwort von Manfred Rommel. 740 Seiten mit 48 Tafeln. Kunstleinen.
Nach sechsjähriger Forschungsarbeit in lokalen und auswärtigen Archiven legt Roland Müller die Geschichte Stuttgarts zwischen 1930 und 1945 vor. Exemplarisch wohl für alle deutschen Kommunen wird deutlich, wie sich die nationalsozialistische Herrschaft in sämtlichen kommunalen Bereichen durchsetzen und bis zum Ende in Tod und Zerstörung reibungslos funktionieren konnte.

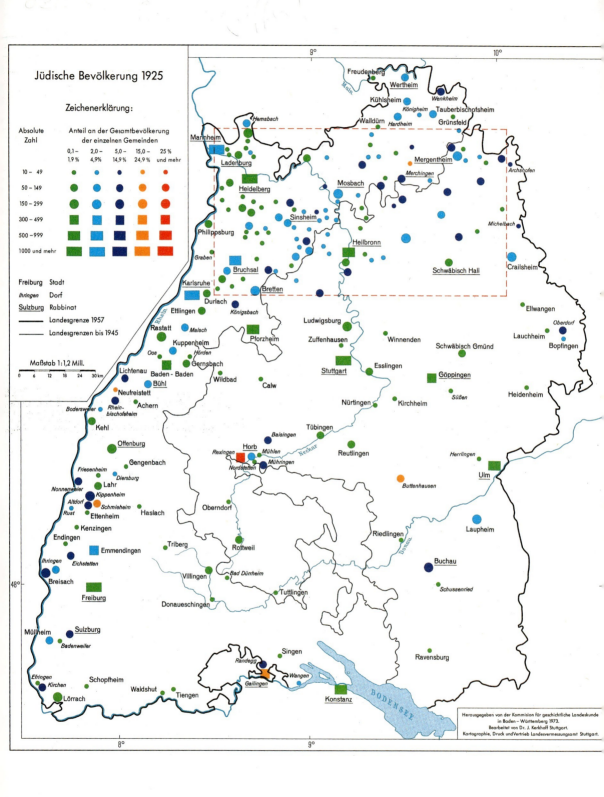

Jüdische Bevölkerung 1925

Zeichenerklärung:

Absolute Zahl	Anteil an der Gesamtbevölkerung der einzelnen Gemeinden				
	0,1–1,9 %	2,0–4,9 %	5,0–14,9 %	15,0–24,9 %	25 % und mehr
10 – 49					
50 – 149					
150 – 299					
300 – 499					
500 – 999					
1000 und mehr					

Freiburg   Stadt
Ihringen   Dorf
<u>Sulzburg</u>   Rabbinat

━━━ Landesgrenze 1957
─── Landesgrenzen bis 1945

Maßstab 1:1,2 Mill.
0 6 12 18 24 30 km

Herausgegeben von der Kommission für geschichtliche Landeskunde in Baden – Württemberg 1973.
Bearbeitet von Dr. J. Kerkhoff Stuttgart.
Kartographie, Druck und Vertrieb Landesvermessungsamt Stuttgart.

Freudenberg, Wertheim, Kühlsheim, Wenkheim, Königheim, Tauberbischofsheim, Walldürn, Hardheim, Grünsfeld, Hemsbach, Mannheim, Mergentheim, Archshofen, Ladenburg, Merchingen, Heidelberg, Mosbach, Sinsheim, Michelbach, Philippsburg, Heilbronn, Graben, Schwäbisch Hall, Crailsheim, Bruchsal, Bretten, Karlsruhe, Durlach, Königsbach, Ludwigsburg, Ellwangen, Ettlingen, Oberdorf, Rastatt, Malsch, Pforzheim, Zuffenhausen, Winnenden, Lauchheim, Kuppenheim, Hörden, Schwäbisch Gmünd, Bopfingen, Oos, Gernsbach, Stuttgart, Esslingen, Heidenheim, Lichtenau, Baden-Baden, Wildbad, Calw, Göppingen, Bühl, Neufreistett, Achern, Nürtingen, Kirchheim, Süßen, Bodersweier, Rhein-bischofsheim, Kehl, Baisingen, Tübingen, Offenburg, Rexingen, Horb, Mühlen, Herrlingen, Gengenbach, Nordstetten, Mühringen, Neckar, Reutlingen, Ulm, Friesenheim, Diersburg, Lahr, Nonnenweier, Kippenheim, Buttenhausen, Altdorf, Schmieheim, Rust, Ettenheim, Haslach, Oberndorf, Riedlingen, Laupheim, Kenzingen, Endingen, Triberg, Rottweil, Buchau, Ihringen, Eichstetten, Emmendingen, Schussenried, Breisach, Villingen, Bad Dürrheim, Tuttlingen, Freiburg, Donaueschingen, Müllheim, Sulzburg, Badenweiler, Ravensburg, Singen, Efringen, Kirchen, Randegg, Wangen, Schopfheim, Gailingen, Waldshut, Tiengen, Lörrach, Konstadt, BODENSEE, Main, Rhein